Karl Baedeker

Palästina und Syrien

Handbuch für Reisende

Karl Baedeker

Palästina und Syrien
Handbuch für Reisende

ISBN/EAN: 9783741150098

Manufactured in Europe, USA, Canada, Australia, Japa

Cover: Foto ©Lupo / pixelio.de

Manufactured and distributed by brebook publishing software
(www.brebook.com)

Karl Baedeker

Palästina und Syrien

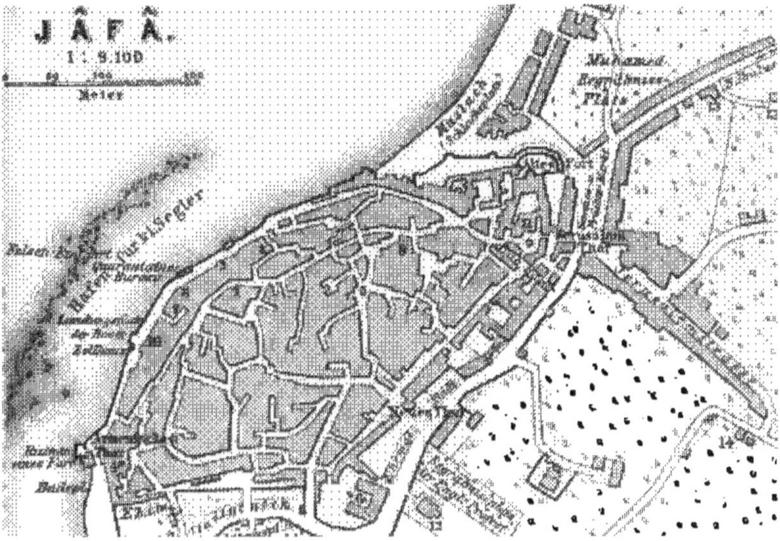
JÂFÂ.
1 : 9.100
Meter
Muhamed

יהוה
STUDIO THEOLOGI
Ps. CXIX
JOH. XVII.

PALÄSTINA

UND

SYRIEN

HANDBUCH FÜR REISENDE

HERAUSGEGEBEN VON

K. BÆDEKER

Mit 18 Karten, 44 Plänen und 1 Panorama von Jerusalem

Dritte verbesserte und vermehrte Auflage

LEIPZIG: KARL BÆDEKER

1891

PALÄSTINA

UND

SYRIEN

Wie die andern Baedekerschen Reisebücher verfolgt auch das Reisebuch für *Palästina und Syrien* zunächst den Zweck, dem Reisenden an Ort und Stelle ein zuverlässiger Berater und Führer zu sein. Daneben will es in wissenschaftlicher Hinsicht den gegenwärtigen Stand der Palästina-Forschung, soweit diese für ein Reisebuch in Frage kommt, in möglichster Vollständigkeit und Klarheit zum Ausdruck bringen.

Verfasser des Buches in erster und zweiter Auflage ist Herr Professor *Dr. Albert Socin* in Leipzig. Die vorliegende 3. Auflage ist unter seinem gutachtlichen Beirat von Herrn *Dr. Immanuel Benzinger* umgearbeitet, vielfach ergänzt, teilweise auch verkürzt worden. Herr Dr. Benzinger hat für dieselbe im Frühjahr 1890 auf mehrmonatlicher Reise das Land durchstreift. Mit geringen Ausnahmen kann der ganze Inhalt des Buches als auf eigener Anschauung beruhend bezeichnet werden.

Den Karten und Plänen ist wiederum eine besondere Sorgfalt zugewendet worden. Die Übersichtsblätter über das südliche und nördliche Palästina, über die Landschaft südl. von Damascus und den Ḥaurân, sowie die Karte des Hochlands von Judäa sind Ausschnitte aus der *Neuen Handkarte von Palästina von Dr. H. Fischer und Prof. Lic. H. Guthe*, welche die Verleger, Herren Wagner & Debes in Leipzig, in dankenswerter Weise zur Verfügung gestellt haben. Die übrigen Karten und die Pläne sind nach dem neusten Material oder nach Angaben des Herrn Dr. Benzinger berichtigt und zum Teil erneut worden. Die Transcription der arabischen Namen richtet sich auch im Text nach der Fischer-Guthoschen Karte. Wo eine abweichende Form richtiger erschien, ist sie dem Text in Klammern beigesetzt. Daß auf einigen Kärtchen die Schreibweise damit nicht ganz übereinstimmt, möge der Leser entschuldigen.

Die in diesem Buche angewandten Abkürzungen bedürfen kaum der Erklärung:

r., R. = rechts
l., L. = links
n., N. = nördlich, Norden
ö., O. = östlich, Osten
s., S. = südlich, Süden
w., W. = westlich, Westen
Pens. = Pension für die ganze Verpflegung
m. W. = mit Wein
o. W. = ohne Wein
St. = Stunde
Min. = Minute
Vm. = Vormittags
Nm. = Nachmittags
S. = Seite
R. = Route. Pl. = Plan.
m = Meter
cm = Centimeter
km = Kilometer
qm = Quadratmeter
qkm = Quadratkilometer
bezw. = beziehungsweise
l. = lang
br. = breit
So., Mo., Di., Mi., Do., Fr., Sa. — Sonntag, Montag, Dienstag, Mittwoch, Donnerstag, Freitag, Samstag
fr., c. Frank, Centimes
Pi. = Piaster
Pa. = Para.

Vorzugsweise Beachtenswertes ist durch Sternchen (*) hervorgehoben. Die Entfernungsangaben sind, wo nicht ausdrücklich anders angegeben, auf die landesübliche Beförderung zu Pferde zu beziehen und zwar auf die gewöhnliche Gangart, Schritt.

Der Reisende merke sich folgende häufig vorkommende geographischen Bezeichnungen der arab. Sprache (vgl. auch das Vokabular S. cx)

'Ain, Quelle.
Arḍ, Erde.
Bâb, Thor.
Baḥr, See.
Beled, Dorf.
Bêt, Haus.
Bilâd, Gegend.
Bîr, Brunnen.
Birke, Teich.
Chân, Karawanserai.
Chirbe, Ruine.
Dêr, Kloster.
Derb, Weg.
Dschebel, Berg.
Dschisr, Brücke.
Ḳabr, Grab.
Kafr, Dorf.
Ḳal'a, Schloß.
Ḳarja, Dorf.
Ḳaṣr, Schloß.
Mâr, Heiliger.
Maghâra, Höhle.
Merdsch, Wiese.
Nahr, Fluß.
Nebi, Prophet.
Naḳb, Paß.
Râs, Vorgebirge.
Tell, Hügel.
Wâdi, Thal.
Weli, Heiligengrab.

INHALTS-VERZEICHNIS.

EINLEITUNG.

Seite

I. Praktische Vorbemerkungen XI
A. Reiseplan. Reisezeit. Reisegesellschaft. Reiserouten XI
B. Dampfboote XVIII
C. Art und Weise des Reisens zu Lande XXII
D. Ausrüstung und Vorbereitungen zur Reise. Zur Gesundheitspflege XXIX
E. Reisekosten. Kreditbriefe. Münzwesen. Maße . XXXII
F. Paß- und Zollwesen XXXV
G. Konsulate XXXVI
H. Briefpost und Telegraphenverbindung XXXVII
J. Bettler. Bachschisch XXXVIII
K. Öffentliche Sicherheit. Waffen. Militär- und Beduinen-Begleitung. Hunde XXXIX
L. Gasthöfe. Klöster. Gastfreundschaft. Châne . XL
M. Kaffeehäuser XLI
N. Bäder XLI
O. Basare XLIV
P. Tabak XLV
Q. Moscheen XLVI
R. Wohnungen XLVII
S. Regeln für den Umgang mit Orientalen XLVIII
II. Geographische Übersicht L
Klima LII
Geologie LIV
Flora LV
Fauna LIX
III. Bevölkerung, Einteilung und Namen des Landes zu verschiedenen Zeiten LXII
IV. Zur Geschichte Palästinas und Syriens LXV
Chronologische Übersicht LXXVIII
V. Heutige Bevölkerung und Statistik von Syrien. — Religionen LXXXVI
VI. Die Glaubenslehre des Islâm XCIII
Einiges über Sitten und Gebräuche der Eingebornen Syriens, besonders der Muslimen . CV

Seite
VII. Die arabische Sprache CVII
Arabisches Vokabular CX
VIII. Zur Kunstgeschichte Syriens CXX
IX. Zur Literatur über Palästina und Syrien CXXVII

Route I. Jerusalem und nähere Umgebung. Seite
1. Aus Europa (von Genua, Brindisi, Triest, Marseille) über Alexandrien und Port Sa'îd nach Jâfâ und Beirût . . . 3
2. Jâfâ 9
3. Von Jâfâ nach Jerusalem 13
4. Jerusalem 21
5. Nähere Umgebungen von Jerusalem 89

II. Judäa, der Süden des Landes und das Ostjordanland.
6. Von Jerusalem nach dem Kreuzkloster, 'Ain Kârim, Philippsbrunnen 114
7. Von Jerusalem nach en-Nebi Samwîl und el-Kubêbe (Emmaus) 118
8. Von Jerusalem nach 'Anâtâ, 'Ain Fâra, Dscheba', Michmâs 120
9. Von Jerusalem nach Bethlehem 121
10. Von Jerusalem (Bethlehem) nach den Salomonischen Teichen, Charêtûn und dem Frankenberg 132
11. Von Jerusalem nach Hebron (Südende des Toten Meeres) 137
12. Petra 147
13. Von Hebron nach Bêt Dschibrîn und Gaza 154
14. Von Gaza nach Jerusalem über 'Askalân 160
15. Von Jerusalem nach Jericho, der Jordanfurt, dem Toten Meer, zurück über Mâr Sâbâ 163
16. Von Jericho nach es-Salt und Dscherasch 178
17. Von Dscherasch nach 'Ammân, 'Arâk el-Emîr, Hesbân, Mâdebâ, el-Kerak 187
18. Der Haurân 195

III. Samaria, Galiläa, Phönicien.
19. Von Jerusalem nach Nâbulus (Sichem) 214
20. Von Nâbulus nach Dschenîn und Haifâ 225
21. Haifâ (der Karmel und 'Akkâ) 230
22. Von Haifâ nach 'Atlît und Cäsarea (Jâfâ) 237
23. Von Haifâ nach Nazareth 241
24. Von Dschenîn nach Nazareth 243
25. Nazareth 245
26. Von Nazareth nach Tiberias 249
27. Von Tiberias nach Tell Hûm und Safed 256
28. Von Safed nach Damascus 263
29. Von Haifâ nach Beirût über Tyrus und Sidon 271
30. Beirût 284

Route IV. Der Libanon. Mittelsyrien. Seite

31. Von Sidon nach Ḥâṣbêjâ und Râschêjâ (Beirût, Damascus). Der Hermon 296
32. Von Beirût nach Damascus (auf der Poststraße) 303
33. Damascus 307
34. Von Damascus nach Ba'albek 336
35. Von Ba'albek über die Cedern des Libanon nach Tripoli und Beirût 349
36. Von Damascus nach Palmyra 362

V. Nordsyrien.

37. Von Tripoli auf dem Küstenweg nach Lâdiḳîje 381
38. Von Beirût nach Alexandrette und Mersina zur See . . 392
39. Von Alexandrette nach Aleppo 395
40. Von Damascus nach Aleppo durch das Binnenland . . . 397
41. Aleppo 404
42. Von Aleppo nach Alexandrette über Antiochien 414

VERZEICHNIS DER KARTEN.

1. Karte der Umgebungen von Jâfâ, zu R. 2, zwischen S. 12 u. 13.
2. Karte des südlichen Palästina, zu R. 3, 13-17, zwischen S. 14 u. 15.
3. Karte der näheren Umgebung von Jerusalem, zu R. 3, zwischen S. 86 u. 87.
4. Karte des Hochlands von Judäa, zu R. 6-11, zwischen S. 114 u. 115.
5. Karte des Peträischen Arabiens, zu R. 11 u. 12, zwischen S. 142 u. 143.
6. Karte der Landschaft südlich von Damascus und des Haurân zu R. 18 u. 28, zwischen S. 198 u. 199.
7. Karte des nördlichen Palästina, zu R. 20-29, zwischen S. 214 u. 215.
8. Karte des nördlichen Karmelgebirges, zu R. 21, zwischen S. 234 u. 235.
9. Karte der Gegend zwischen Nazareth u. Tiberias, zu R. 26 u. 27, zwischen S. 248 u. 249.
10. Karte der Umgebung von Tyrus (Ṣûr), zu R. 29, zwischen S. 276 u. 277.
11. Karte der Umgebung von Sidon (Saidâ), zu R. 29, zwischen S. 282 u. 283.
12. Karte der Umgebung von Beirût, zu R. 30, zwischen S. 290 u. 291.
13. Karte des südlichen Libanon, zu R. 31, 32, 34, zwischen S. 296 u. 297.
14. Karte der Umgebung von Damascus, zu R. 33, zwischen S. 334 u. 335.
15. Karte des nördlichen Libanon, zu R. 34 u. 35, zwischen S. 348 u. 349.
16. Routenkarte von Syrien (mit Übersichtsnetz der Specialkarten), hinter dem Register.

PLÄNE

1. Jâfâ, auf S. 12.
2. Jerusalem, S. 22.
3. Das alte Jerusalem, S. 38.
4. Harâm esch-Scherîf, S. 39.
5. Kubbet eṣ-Ṣachra (Felsendom), S. 44.
6. Moschee el-Akṣâ, S. 51.
7. Grabeskirche, S. 66.
8. Mûristân, S. 76.
9. Mariengrab, S. 91.
10. Himmelfahrts-Kapelle (auf den Ölberg), S. 94.
11. Prophetengräber, S. 96.
12. Absaloms und Josaphats Grab, S. 99.
13. Jakobshöhle, S. 100.
14. Gräberstadt im Hinnomthal, S. 105.
15. Baumwollengrotte, S. 108.
16. Gräber der Könige, S. 110.
17. Gräber der Richter, S. 112.
18. Marienkirche in Bethlehem, S. 126.
19. Geburtsgrotte in Bethlehem, S. 129.
20. Hebron (el-Chalîl), S. 142.
21. Masada (Sebbe), S. 145.
22. Petra (Wâdi Mûsâ), S. 148.
23. Dscherasch (Gerasa), S. 182.
24. ʿAmmân (Philadelphia), S. 188.
25. ʿArâk el-Emîr, S. 190.
26. Boṣrâ (Bostra), S. 204.
27. el-Kanawât, S. 207.
28. Nâbulus (Sichem), S. 219.
29. Haifâ und der Karmel, S. 231.
30. ʿAkkâ und Umgebung, S. 235.
31. Verkündigungskirche in Nazareth, S. 237.
32. Nazareth (en-Nâṣira), S. 248.
33. Sidon (Ṣaidâ), S. 280.
34. Beirût, S. 284.
35. Damascus, S. 307.
36. Die Akropolis von Baʿalbek, S. 343.
37. Die Cedern des Libanon, S. 350.
38. Tripoli (Ṭarâbulus) und el-Mînâ, S. 355.
39. Palmyra, S. 367.
40. Östl. Porticus der großen Säulenreihe (Palmyra), S. 370.
41. Seleucia, S. 390.
42. Aleppo (Haleb), S. 405.
43. Kalʿat Simʿân, S. 412.
44. Antiochien (Anṭâkije), S. 418.

Panorama von Jerusalem vom Ölberge aus, zwischen S. 94 u. 95.

I. Praktische Vorbemerkungen.

A. Reiseplan. Reisezeit. Reisegesellschaft. Reiserouten.

Palästina und Syrien können nicht als Touristenziel im gewöhnlichen Sinne gelten. An Naturschönheiten bietet das Land verhältnismäßig wenig. Der Typus des Orients mit seinem bunten Farbenreichtum ist in Ägypten viel mehr ausgeprägt. Auch große Kunstgenüsse hat man nicht zu erwarten; diesseit des Jordans bekommt der Reisende nur wenige gut erhaltene alte Bauten zu Gesicht, und die Ausflüge zu den entfernter liegenden großartigen Ruinen von Petra (S. 147), Dscherasch (S. 178), Palmyra (S. 362) sind nicht nur zeitraubend und kostspielig, sondern erfordern auch eine gewisse Vertrautheit mit dem Orient. Der einzige Zweck einer Reise nach Palästina kann darin bestehen, den historischen Erinnerungen des Landes nachzugehen. Je klarer der Reisende diesen Zweck vor Augen hat, je ernster und sorgfältiger er sich dazu vorbereitet hat, desto mehr wird er sich auch über die mit der Reise verbundenen Unannehmlichkeiten, wie Müdigkeit, schlechte Unterkunft und die Einförmigkeit des Zeltlebens hinwegsetzen und vor Enttäuschung bewahrt bleiben.

Ein vor Antritt der Reise entworfener Reiseplan läßt sich im Orient nicht so genau durchführen, wie dies die Verkehrsverhältnisse in den meisten europäischen Ländern gestatten. Der Reisende ist in Syrien für seinen Transport größtenteils auf das Pferd und für einzelne Wüstenstrecken, die den meisten indes fern liegen, auf das Kamel angewiesen (vgl. S. 362). Der Erfolg der Reise ist daher, außer von den verschiedensten Nebenumständen, und deren begegnen recht viele, in weit höherm Grade als in Europa, vom körperlichen Wohlbefinden und vom Wetter abhängig. Aber gerade deswegen ist ein sorgfältiges Vorstudium in Bezug auf das, *was* man sehen will, und *wie* dies zu erreichen, um so unerläßlicher; die genauesten Angaben für diesen Zweck zu liefern, hat der Herausgeber niemals aus den Augen verloren.

Reisezeit. Die besten Jahreszeiten, um Syrien zu besuchen, sind im Frühjahr die Monate von Anfang März bis Mitte Juni und im Herbst Ende September bis Ende Oktober. Der große Strom der Reisenden kommt im Frühjahr um die Osterzeit an und zwar gewöhnlich aus Ägypten. Jerusalem ist alsdann von Reisenden und Pilgern überfüllt. Das Frühjahr hat den Vorzug, daß die erwachende Natur frischer und reicher erscheint; im Herbst ist die Landschaft ausgedörrt und fahl, auch werden die Tage kurz.

Da jedoch viel weniger Fremde da sind, so ist das Reisen im Herbst billiger. Es ist in diesem Fall ratsam, die Tour durch Syrien mit dem N. zu beginnen, um etwa noch nachträglich einfallenden heißen Tagen im höheren Gebirge auszuweichen. Umgekehrt wird der Reisende im Frühjahr den Libanon auf das Ende der Reise versparen. Aber auch S.-Palästina kann man nicht gut vor Mitte oder Ende März bereisen, da oft noch Regentage in diesen Monat fallen. Erst im April reist man mit größerer Annehmlichkeit; im Gebirge wird man bis Ende Juni Touren machen können.

Reisegesellschaft. Den Orient *allein* zu bereisen, ist auf die Dauer ermüdend und meist um $^1/_3$–$^1/_4$ teurer als in Gesellschaft. Der Betrag einer Menge von Ausgaben, die *einmal* zu machen sind, genügt in vielen Fällen für Mehrere ebenso gut, wie für einen Einzelnen. Aber auch sonst wird der Einzelne weniger schnell mit den Leuten, mit denen er in Verkehr treten muß, fertig werden, als eine Gesellschaft. Zudem ist nicht zu vergessen, daß die ganze Reise durch ein Land führt, dessen Bewohner in Sprache und Lebensanschauungen uns völlig fremd sind, und daß den Einzelnen daher leicht ein drückendes Gefühl des Alleinseins beschleicht; zwei oder mehrere haben gegenseitig einen Halt. Wer nach europäischen Begriffen hofft, an jedem Abend in einen Gasthof zu kommen, in jedem Städtchen eine Unterhaltung zu finden, wird sich im Orient getäuscht finden; selbst wenn er mit der Landessprache vertraut ist, wird er der immer gleichen Fragen der Eingebornen bald satt werden. Zudem wird Mancher, der des Reitens ungewohnt ist, nach einförmiger Tagesreise abends gar oft abgespannt auf seinen Stuhl oder Teppich sinken. Ganz anders, wenn man in angenehmer Gesellschaft reist, mit der man sich aussprechen, die Erlebnisse und Beobachtungen des Tages noch einmal durchleben, auch über Unannehmlichkeiten, über die sich der Einzelne ärgert, lachend hinwegsehen kann. Während der Saison trifft man in Palästina und Syrien fast immer angenehme Reisegesellschaft. Vorsicht in der Wahl derselben ist natürlich um so mehr am Platze, als man bei Touren ins Innere bis zum Ende derselben eng an einander gebunden ist und die Freiheit und die Ansprüche des Einzelnen sich dem Allgemeinen unterzuordnen haben; besonders verständige man sich vorher über die einzuhaltenden Ruhetage. Über Religion zu sprechen liegt in Palästina eben so nahe wie in Europa über Politik; um sich nicht zu entzweien, wird man gut thun, jeden Meinungsaustausch darüber von der Unterhaltung mit Fremden auszuschließen.

Gesellschaftsreisen nach dem Orient werden jedes Jahr (Frühjahr und Herbst) eine ziemliche Anzahl in verschiedener Ausdehnung unternommen von *Karl Stangens* Reisebureau, Berlin W. und von *Thomas Cook & Son*, London, Ludgate Circus. Wir müssen es natürlich ganz jedem Einzelnen überlassen, ob er sich an einer solchen Gesellschaftsreise beteiligen will. Den großen Vorteilen, welche diese Reiseart solchen bietet, die als Vergnügungsreisende mit möglichster Bequemlichkeit rasch die Hauptsehenswürdigkeiten des Orients besuchen wollen, steht als nicht zu unterschätzende (s. oben) Schattenseite gegenüber, daß der Teilnehmer an einer Gesellschaftsreise an eine Gesellschaft gebunden ist, die er sich nicht selbst wählen kann und ebenso sich der freien Verfügung über seine Zeit und den Reiseweg ganz begeben muß. Was die Kosten anlangt, so kann auch ein einzelner Reisender (und namentl. eine Gesellschaft) mit derselben Summe, die Stangen und Cook fordern (35-40 ℳ p. Tag) bequem auskommen (S. xxxii). Cook arrangiert auch jede beliebige andere Tour; seine Agenturen und Hôtels sind an den betr. Orten angeführt. Für alles Nähere müssen wir auf die Programme der betr. Reisebureaux verweisen.

Reiserouten. Man notiere sich genau (Datum und Wochentag) Ankunft und Abfahrt der verschiedenen Dampfer (S. xviii) sowohl für *Jâfâ* und *Beirût*, als auch für die Zwischenstation *Haifâ*.

Um einen *flüchtigen* Einblick in das Land zu gewinnen, die interessantesten Punkte im S. und die schönsten im N. zu besuchen, genügen vier Wochen, die sich folgendermaßen verteilen lassen:

I. Jâfâ — Jerusalem — Bethlehem — Totes Meer *(und zurück nach Jâfâ)*, 14 Tage.

1. Tag. *Jâfâ.* Die Dampfer treffen in der Regel morgens früh ein, so daß zur Besichtigung von Jâfâ (mit Führer) und einem etwaigen Ausflug nach Sarona (S. 12) der Tag ausreicht. Im Gasthof sichere man sich sogleich Transportmittel nach Jerusalem (S. 13). Nm. unter Umständen bis *Ramle* (S. 14). Die Fahrt nach Jerusalem bei Nacht zu machen, ist nur bei großer Hitze ratsam.

Man reise nicht ohne das Gepäck ab und höre nicht auf die Versicherungen der alsbaldigen Nachbeförderung desselben.

2. Tag. *Von Jâfâ* (bezw. *Ramle*) *nach Jerusalem;* zu Wagen 8-9 St., zu Pferd 10-11 St. Zeitig aufbrechen, Mundvorrat mitnehmen (S. 19).

3. Tag. *Jerusalem* (1. Tag, zu Fuß; der Neuling in orientalischen Städten nimmt am besten einen Führer). Besuch auf dem Konsulat, um die Besorgung der Erlaubnis zum Besuch des Tempelplatzes (*Harâm*, S. 39) und event. auch zum Eintritt in das Kloster *Mâr Sâbâ* (S. 176) bitten. Wanderung durch die Stadt und gegen Abend auf den Ölberg (S. 89).

Es kann dem Fremden nicht genug empfohlen werden, in Jerusalem wie in Damascus möglichst viel, sei es mit Führer oder an der Hand des beigegebenen Stadtplanes in den Straßen der Stadt zu bummeln, nicht nur um sich überhaupt zu orientieren, sondern namentlich, um das orientalische Leben voll auf sich wirken zu lassen.

4. Tag. *Jerusalem* (2. Tag, zu Fuß, wenn nicht ein Freitag, sonst mit Tag 5 vertauschen). Tempelplatz mit den Moscheen (*Harâm esch-Scherîf*, Pl. G, 3, 4, S. 39). Äußere Rundtour (S. 58), Klageplatz der Juden (S. 60, an einem Freitag zu wiederholen). *Mûristân* (Pl. D, 4, S. 77), abends Baumwollengrotte (S. 109).

5. Tag. *Jerusalem* (3. Tag, zu Fuß). Frühspaziergang auf den Ölberg (Nordkuppe); via Dolorosa (S. 79). Nm. Grabeskirche (*Kenîset el-Ḳijâme*, Pl. 15, S. 63), Patriarchenteich (*Birket Ḥammâm el-Baṭraḳ*, Pl. D, 4, S. 83), Goliathsburg und Citadelle (S. 84).

6. Tag. *Jerusalem* (4. Tag). Zu Fuß, wenn nicht allzu heiß, sonst zu Pferd oder Wagen nach *Bethlehem* (S. 121) und den *Salomonischen Teichen* (*el-Burak*, S. 132).

Dieser Ausflug läßt sich (zu Pferd oder Wagen) auch zu einem zweitägigen bis Hebron (*el-Chalîl*, S. 137) ausdehnen. In diesem Fall thut man indessen gut, dem Besuch von Bethlehem einen eigenen halben Tag zu widmen, etwa in Verbindung mit Tag 8 oder 12.

Hebron ist Ausgangspunkt für die Touren nach dem S.-Ende des Toten Meeres (S. 142), nach Petra (*Wâdi Mûsâ*, S. 147) und nach dem Sinai (siehe Bædekers Ägypten). Beduineneskorte notwendig.

7. Tag. *Jerusalem* (5. Tag, zu Fuß). Vm. Mariengrab (*Ḳabr Marjam*, Pl. H, 2, S. 90), Gethsemane (*Dschesmânîje*, Pl. H, 3, S. 92), Thal Josaphat mit Gräbern (*Wâdi Sitti Marjam*, Pl. II, 4, S. 98), Nm. Siloa (*Silwân*, S. 100), durch das Hinnomthal (*Wâdi er-Rebâbi*, S. 103) zum Sultansteich (S. 108); Jâfâ-Vorstadt (S. 85).

8. Tag. *Jerusalem* (6. Tag, zu Fuß). Deutsche Templerkolonie (S. 106), Zionsvorstadt (S. 87); Nm. Ausflug nach dem Kreuzkloster und *'Aîn Kârim* (S. 114).

9. Tag. *Jerusalem* (7. Tag; zu Fuß). Vm. nördliche Umgebung: Jeremiasgrotte (S. 109), Stephanskirche (S. 110), Königsgräber (*Ḳubûr es-Salâṭîn*, S. 110); Nm. Richtergräber (*Ḳubûr el-Ḳuḍât*, S. 111) und Ausflug nach en-Nebi Samwîl (S. 118).

10-12. Tag. *Jericho — Jordan — Totes Meer — Kloster Mâr Sâbâ* oder umgekehrt (S. 163).

Man trete gleich nach der Ankunft in Jerusalem mit einem Dragoman, den man aussucht oder sich empfehlen läßt, in Verbindung, damit Pferde und Eskorte zu dieser Tour rechtzeitig bestellt werden können. In Begleitung von Damen sind Zelte angenehm. Für Mâr Sâbâ Insektenpulver mitnehmen! Die Tour kann als Probe für die etwa zu unternehmende Landreise nach Beirût-Damascus dienen; doch hüte man sich, dem Dragoman gegenüber zu vertrauensselig zu werden. Über Preise s. S. xxxii.

10. Tag. *Von Jerusalem* über Bethanien (*el-'Âzarîje*, S. 164) *nach* (5½ St.) *Jericho* (*Erîḥâ*, S. 166); abends Spaziergang gegen den Berg *Ḳarantal*, zur Sultansquelle (*'Aîn es-Sulṭân*, S. 168).

11. Tag (anstrengend, wegen der Hitze im Jordanthal früh aufbrechen). *Von Jericho* zur (1½-2½ St.) Jordanfurt (*el-Ḥenu*, S. 169), von hier zum (1 St.) Toten Meer (*Baḥr Lûṭ*, S. 173) und dann bergan *zum* (5 St.) *Kloster Mâr Sâbâ* (S. 176).

12. Tag. *Von Mâr Sâbâ nach Jerusalem* (3½ St.); wer diesen Tag besser ausnutzen will (mit dem Dragoman vorher zu verabreden), kann von Mâr Sâbâ nach (3 St.) Bethlehem reiten und über die Salomonischen Teiche (vgl. 6. Tag) nach Jerusalem zurückkehren.

In diesen 12 Tagen sind alle diejenigen Merkwürdigkeiten von Jerusalem und dessen Umgebungen enthalten, welche man füglich sehen „muß“. Wer nicht nach Hebron (Tag 6) geht, hat noch 1 Tag zu beliebiger Verwendung. Mancher wird den oder jenen Punkt zum zweiten Mal zu besuchen oder Einkäufe (S. 22) zu machen wünschen. In Jerusalem ist noch empfehlenswert der Besuch der St. Annenkirche (*es-Salâhîje*, Pl. G, 2, S. 79), des Modells der Grabeskirche (S. 64), des Aussätzigenhauses (S. 105, nicht für jedermann geeignet), der Gräber im Hinnomthal (S. 103), des „Berges des bösen Rates" (*Dschebel Abu Tôr*, S. 122); ein Rundgang um die Stadtmauer. Von kürzeren Ausflügen nennen wir: *'Ain Fâra* $1/2$ Tag (S. 120), Philippsbrunnen und *Bittîr* $1/2$ Tag (S. 117); Frankenberg und Adullamshöhe 1 Tag (S. 135). — Für die Rückreise nach Jâfâ sind rechtzeitig Pferde bezw. Wagen zu bestellen.

14. Tag. *Von Jerusalem nach Jâfâ* (auf der Fahrstraße; die S. 20 f. beschriebenen Wege sind bedeutend anstrengender). Es empfiehlt sich (außer wer etwa bei Nacht fahren wollte, S. xiii), die Nacht vor Abgang der Dampfer in Jâfâ zuzubringen.

II. Beirût — Damascus — Ba'albek — Beirût.

a. direkt (zu Wagen) mindestens 8 Tage.

1. Tag. *Beirût.* Besuch auf dem Konsulat. Dampfschiffkurse notieren! Plätze auf der morgens früh nach Damascus abgehenden französischen Post (Pl. F, 3) belegen (Extrapost für 5 Personen S. 303). Die übrige Zeit des Tags verwende man zu Spaziergängen in Beirût (Pinien, Râs Beirût S. 289).

2. Tag. *Von Beirût nach Damascus* (S. 303). Ankunft 6 Uhr Nm.; die Hôtels befinden sich in der Nähe des Halteplatzes. Am Abend Führer für den folgenden Tag bestellen.

3. Tag. *Damascus* (1. Tag, zu Fuß). Besuch auf dem Konsulat, Begleitung eines Kawassen für die große Moschee (*Dschâmi' el-Umawi*, S. 330) erbitten. Nach Besichtigung derselben Wanderung durch die sehr reichhaltigen Basare (S. 315) mit ihren Chânen; großartiges Straßenleben. Möglichst oftmaliges planloses Umherwandern in den Basaren kann nicht genug empfohlen werden. Abends zu Wagen nach *es-Sâlehîje* und *Dschebel Kasjûn* (S. 334).

4. Tag. *Damascus* (2. Tag, zu Fuß). Wanderung durch die Basare und die s. Vorstadt *el-Meidân* (S. 325); von hier ö. und n. um die Stadt herum. Besuch eines oder des andern Café am Baradâ. Besuch der *Tekkîje* (S. 335).

5. Tag. *Damascus* (3. Tag, zu Fuß). Besuch einiger Privathäuser (S. 320), Wanderung durch das Christenquartier (S. 328) u. die Baumgärten der Umgebung. Abends Fahrt nach *Dummar* (S. 306).

6. Tag. Morgens mit der Post nach *Schtôra*, von dort im Wagen nach *Ba'albek*. Ankunft Nm. c. 4 Uhr. Besichtigung der Burg (S. 336 ff.)

7. Tag. *Ba'albek*; Besichtigung der Burg. Nm. 4 Uhr zurück im Wagen nach *Schtôra*, von da mit der Nachtpost nach Beirût. (Plätze im voraus bestellen.)

8. Tag. Ankunft in *Beirût* Morgens 8 Uhr. Spaziergänge in Beirût oder Ausflug zu Wagen an den Hundsfluß (S. 291).

Hierbei bleibt dem Reisenden für Beirût und Umgebung keine Zeit. Es empfiehlt sich deshalb sehr, auch für den, der nicht die unter II b. (s. unten) gen. Tour machen will, 14 Tage auf die Tour zu verwenden und in Damascus länger zu verweilen. Einige Tage in Beirût und seiner schönen Umgebung sind gleichfalls sehr lohnend, namentlich im Herbst.

b. Von Ba'albek über die Cedern und Tripoli nach Beirût (nur zu Pferd), 14 Tage.

Von Damascus aus in Begleitung von Damen mit Zelten und Dragoman. Wer in Tripoli den französischen Dampfer (S. 362) benutzen will, muß die Besichtigung von Beirût auf den Anfang seiner Tour verlegen und gleichzeitig ein Billet lösen, um in Tripoli seiner Kabine sicher zu sein. Größeres Gepäck kann der Agentur übergeben werden (nicht ohne Schein). Wer nach Beirût zurückkehren will, wird das Gepäck am besten dem Gasthofsbesitzer zur Aufbewahrung übergeben.

1. und 2. Tag wie oben unter a.

3. Tag. *Damascus* (1. Tag) wie unter a, statt der Fahrt nach *es-Sâleḥîje* Besuch der *Tekkîje* S. 336.

4. Tag. *Damascus* (2. Tag) wie unter a.

5. Tag. *Damascus* (3. Tag). Ausflug zu Pferd nach *es-Sâleḥîje* und über den *Dschebel Ḳasjûn* nach *Dummar* (S. 334).

6. Tag. *Damascus* (4. Tag) wie oben unter a Tag 5.

7. Tag. *Von Damascus* über *'Ain Fîdsche nach* (6$^3/_4$ St.) *ez-Zebedânî* (S. 337).

8. Tag. *Von ez-Zebedânî nach* (6$^1/_2$ St.) *Ba'albek* (S. 340); früh aufbrechen, damit man Nm. noch die Burg besuchen kann.

9. Tag. *Ba'albek.* Morgens Besichtigung der Burg. Nm. nach *Dêr el-Aḥmar* (S. 349) 3 St.

Von Ba'albek über Schtôra nach Beirût s. unter a (S. xv).

10. Tag. *Von Dêr el-Aḥmar* zu den (6 St.) *Cedern des Libanon* (S. 349) und *nach* (3 St.) *Ehden* (S. 352).

11. Tag. *Von Ehden nach* (5$^1/_2$ St.) *Tripoli* (S. 353). (Hier event. Einschiffung auf den französischen Dampfer nach Smyrna.)

12. Tag. *Von Tripoli nach* (9$^1/_4$ St.) *Dschebeil* (S. 357).

13. Tag. *Von Dschebeil* über den Hundsfluß (*Nahr el-Kelb*, S. 359) *nach* (8 St.) *Beirût.*

14. Tag. *Beirût* und Umgebungen (S. 284).

In diesen 3-4 Wochen, mit welchen sich viele Besucher begnügen, hat man ohne besondere Anstrengungen eine Anzahl der interessantesten Punkte Palästinas und Syriens gesehen. Die Reise (Ritt) durchs Land berührt nun eine Anzahl weiterer interessanter Punkte.

III. Landreise von Jerusalem nach Damascus, bezw. Beirût, 14 Tage.

Über Reisearten, Kontrakt mit dem Dragoman, Wahl der Pferde etc. s. S. xxii. In Begleitung von Damen sind Zelte unerläßlich; die ganze Tour ist immerhin etwas anstrengend. Bei Tour b versäume man nicht, eine längere Aufenthaltszeit für Damascus sich im Kontrakt mit dem Dragoman auszubedingen (S. xxvi).

a. Jerusalem — Nâbulus — Nazareth — Tiberias — Ḥaifâ — Karmel (sog. kleine Landreise), mindestens 7 Tage.

1. Tag. Aufbruch gegen Mittag. Nachtquartier ohne Zelte in *Râmallâh* $3^3/_4$ St. (latein. Kloster oder bei den Quäkern S. 214), mit Zelten in *Bêtîn* 4 St. (S. 216).

2. Tag. *Von Râmallâh* (bezw. *Bêtîn*) *nach* (7 St.) *Nâbulus* (S. 218). Nachtquartier im latein. Kloster (Empfehlung von Jerusalem nötig). Wenn man frühe ankommt, Besteigung des *Garizim*.

3. Tag. *Von Nâbulus* über *Sebasṭîje nach* (6 St.) *Dschenîn* (S. 226), leidliches Unterkommen in Privathäusern.

4. Tag. *Von Dschenîn* über die Ebene *Jesreel nach* (7 St.) *Nazareth* (S. 243). Unterkunft im Gasthof oder Franziskanerkloster.

5. Tag. *Von Nazareth* über den *Tabor* (S. 249) *nach* (7 St.) *Tiberias*. Unterkunft im latein. oder griech. Kloster oder einer arab. Lokanda (S. 252).

6. Tag. *Von Tiberias* über *Kafr Kennâ* nach (6 St.) *Nazareth* zurück.

7. Tag. *Von Nazareth nach* (6 St.) *Ḥaifâ* (Fahrstraße).

Wer je den Dampfer verfehlen sollte, kann entweder zu Pferd in 3 Tagen nach *Beirût* gelangen (s. unter c) oder (zu Pferd oder Wagen) in $1^1/_2$-2 Tagen nach *Jâfâ* (S. 237).

Hierbei sind Ruhetage nicht eingerechnet. Es empfiehlt sich sehr, wenigstens *einen* solchen entweder in Nazareth (event. die 2. Nacht auf dem Tabor zubringen) oder in Tiberias (Besichtigung der Umgegend) einzuschieben. Ebenso lassen sich weitere freie Tage in Ḥaifâ sehr gut ausnützen (Tour auf den Karmel S. 232, Besuch von *'Akkâ* S. 234, *'Aṭlît* und *Ṭanṭûra* S. 237).

b. Jerusalem — Ḥaifâ — Nazareth — Tiberias — Ṣafed — Bâniâs — Damascus (sog. große Landreise), mindestens 12 Tage.

1.-3. Tag. *Jerusalem-Dschenîn* s. o. unter a (Tag 1-3).

4. Tag (anstrengend). *Von Dschenîn* über *Tell el-Ḳasîs nach* ($9^1/_2$ St.) *Ḥaifâ* s. o. Ohne Zelte früh aufbrechen, um noch an demselben Tag Ḥaifâ zu erreichen; mit Zelten übernachtet man bequemer irgendwo unterwegs.

5. Tag. *Ḥaifâ*. Besuch des Karmelklosters (S. 232) unter Umständen Ausflug nach *'Akkâ* ($2^1/_2$ St. s. u.). Dampfer s. S. 230; fahrbarer Weg nach Jâfâ s. S. 237.

Ḥaifâ (gutes Hôtel auf der deutschen Kolonie) ist der geeignetste Platz für einen Rasttag. Außerdem lassen sich 2-3 Tage Aufenthalt (Kontrakt mit dem Dragoman s. S. XXVI) hier gut ausfüllen (s. o.). Wer Eile hat, kann von Dschenîn direkt nach Nazareth gehen (s. Tour a, Tag 4) und von da weiter s. Tag 7 ff.

6. Tag. *Von Ḥaifâ nach* (6 St.) *Nazareth* (Fahrstraße) s. o.

7. Tag. *Von Nazareth nach Tiberias* s. unter a, Tag 5. Auch Tiberias eignet sich trefflich zu einem Rasttag.

8. Tag. *Von Tiberias* über *Chân Minje* und ($3/_4$ St.) *Tell Ḥûm* (Kapernaum, S. 256 ff.) *nach* ($6^1/_2$ St.) *Ṣafed* (S. 260).

Wer am Abend von Ṣafed noch nach (1 St.) *Ṭaiṭeba* (S. 263) reitet, kann zur Not am folgenden Tage *Bâniâs* erreichen.

9. Tag. *Von Safed nach* (6 St.) *Mês* (S. 263).

10. Tag. *Von Mês* über *Hunîn* (S. 264) zur Jordanbrücke und *nach* (6½ St.) *Bânijâs* (Cäsarea Philippi, S. 265).

11. Tag. *Von Bânijâs* zu Fuß über *Kal'at eṣ-Ṣubêbe* (S. 267), dann zu Pferd *nach* (6½ St.) *Kafr Hauwar* (S. 269).

12. Tag. *Von Kafr Hauwar nach* (6½ St.) *Damascus* (S. 269).

Damascus vgl. oben Tour II, a und b.

c. Jerusalem — Haifâ — 'Akkâ — Tyrus — Sidon — Beirût, 10 Tage (über Nazareth und Tiberias 14 Tage).

Von Jerusalem nach Haifâ vgl. Tour III b, 1.-5. Tag (oder Tour III a, 1.-7. Tag). Aufenthalt in *Haifâ* s. o.

6. Tag. *Von Haifâ* mittags *nach* (2½ St.) *'Akkâ* (St. Jean d'Acre, S. 285), Unterkunft im Kloster (wenig zu sehen).

7. Tag. *Von 'Akkâ* über das Vorgebirge *Râs en-Nâkûra* (S. 273) und *Râs el-Abjad* (S. 273) *nach* (8 St.) *Tyrus* (S. 274); Unterkunft im Kloster oder bei dem griech. Geistlichen *(chûri rûmi)*.

8. Tag. *Von Tyrus nach* (7 St.) *Saidâ* (*Sidon*, S. 279); arab. Lokanda.

9. Tag. *Von Saidâ nach* (8 St.) *Beirût* (S. 283); ermüdender Tagmarsch, daher früh aufbrechen.

10. Tag. *Beirût* vgl. Route II a und b.

Andere Touren lassen sich mit Hilfe des vorliegenden Buches leicht zusammenstellen, erfordern aber schon eine gewisse Vertrautheit mit dem Lande. — Die Reisen nach Petra, Ostjordanland und Palmyra können nur bei ruhiger politischer Lage gemacht werden (vgl. S. xxxix).

B. Dampfboote.

Da die nachstehend angegebenen Fahrten der verschiedenen Dampfbootgesellschaften Änderungen unterworfen sind, wird man wohl thun, überall, in den Bureaux, auf den Schiffen etc., Erkundigungen darüber einzuziehen. Noch zu Hause wende man sich in einem frankierten Brief 1. an die *Generalagentur des Norddeutschen Lloyd* in Bremen und bitte um Übersendung eines „*Handbuchs für Passagiere etc.*" 2. „*à l'Administration des Services des Messageries Maritimes, Marseille, 16, rue Cannebière,*" (oder Paris, 1, rue Vignon) desgl. um „*Itinéraires et tarifs des services de la Méditerranée et de la Mer Noire*", 3. an den „*Verwaltungsrat der Dampfschiffahrtsgesellschaft des Österreichisch-Ungarischen Lloyd in Triest*" desgl. um „*Auskunft über den Passagierdienst des österreich. Lloyd*". Vermöge dieser Angaben läßt sich ein Reiseplan schon ziemlich genau feststellen. Direkte Fahrten nach den syrischen Häfen giebt es weder von Marseille noch von Triest aus; man muß entweder über Alexandrien oder über Smyrna reisen und empfiehlt sich die erste (kürzere) Route mehr für die Hin-, die zweite für die Rückfahrt.

Die deutschen, franz., engl. und öster. Schiffe sind bezüglich des Ganges, der Verpflegung, Reinlichkeit und Bedienung ziemlich gleich; es giebt darunter schöne und große Dampfer, und mittelmäßige. In der Zeit um Ostern, wenn die christlichen Pilger aus allen Teilen der Welt herbeiströmen, oder in der Zeit des sich jährlich verschiebenden Ramadânfestes, wenn die Muslimen nach Mekka pilgern, sind die Schiffe mit Passagieren hauptsächlich der 3. Klasse oft so überfüllt, daß es nicht immer gelingen will, die gewohnte Ordnung und Reinlichkeit aufrecht zu erhalten.

Die Salons der ersten Klasse sind durchgängig elegant eingerichtet und die Schlafstellen bequem; die Einrichtung der zweiten Klasse ist ebenfalls bequem und genügt vollständig etwas bescheidenern Ansprüchen. Damen ist natürlich nur die erste Klasse zu empfehlen.

Die Verpflegung (außer Getränke), im Billetpreis der ersten und zweiten Klasse einbegriffen, ist durchweg sehr gut und ausreichend: morgens Kaffee oder Thee; um 10 oder 11 Uhr Gabelfrühstück aus mehreren Gängen; um 12 oder 1 Uhr (nicht auf allen Linien) zweites Gabelfrühstück; um 5 oder 6 Uhr Nm. sehr reichliches Diner, abends Thee. Die Messageries geben einen guten Tischwein nach Belieben. Ist man seekrank geworden, also verhindert mitzuspeisen, so wird für kleinere Erfrischungen, wie Limonade etc., nichts berechnet.

Als Trinkgeld pflegt man dem Kellner für den Tag $^1/_2$–1 fr. (am Schluß der Reise) zu geben; hat man ihm durch Krankheit besondere Mühe verursacht, nach Verhältnis mehr.

Auf den neueren Schiffen befinden sich gute Badeeinrichtungen, deren Benutzung (gratis) besonders morgens sehr wohlthuend ist. Man giebt dem Aufwärter am Schlusse der Fahrt ein Trinkgeld.

Die Sprache auf den Schiffen ist die des Landes, auf den österreich. Schiffen italienisch.

Fahrkarten nehme man nur in der Agentur der betreffenden Gesellschaft, und zwar persönlich, und lasse die von den in der Nähe lungernden Subjekten gemachten Offerten ganz unbeachtet. Auf der Fahrkarte, die mit dem Namen des Käufers versehen wird, ist die Abfahrtszeit und der Name des Schiffes bemerkt. Über ermäßigte Preise für Rückfahrt- und Rundreisekarten s. u. — Gepäck s. u.

Einschiffung s. S. 8 ff. Auf dem Schiff wird man von einem Unterbeamten oder auch wohl Kellner empfangen, an den man seine Fahrkarte abgiebt, und erhält seine Kajüte bezw. Bett angewiesen. Nachtsack kann man mit hineinnehmen, Koffer und größere Gepäckstücke (auf denen der Name des Eigentümers und Bestimmungsorts nicht fehlen sollte) werden in den unteren Schiffsraum geschafft.

Beschwerden richte man an den Kapitän.

Nachstehend geben wir ein Verzeichnis der wichtigsten Dampferlinien. Vgl. die S. XVIII erwähnten Programme und das deutsche Reichskursbuch, aus dem man die betr. Seiten auf die Reise mitnehme.

1. Norddeutscher Lloyd, asiatische bezw. australische Linie (R.-Kursbuch Nr. 697) alle 14 Tage, von *Genua* nach *Port Saʿîd* in 5 Tagen für 250 ℳ, 160 ℳ; von *Brindisi* nach *Port Saʿîd* alle 14 Tage für 250 ℳ, 160 ℳ. Rückfahrt jede 3. und 4. Woche, s. S. 4.

Rückfahrkarten bei 6 monatl. Gültigkeit mit $33^1/_3$%, bei 9 monatl. Gültigkeit mit 30%, bei 12 monatl. Gültigkeit mit 25% Ermäßigung auf den Betrag der Rückfahrt. — *Freigepäck* bis zu $^1/_2$ cbm. Umfang.

2. Österreichisch-Ungarischer Lloyd. — a. Eillinie *Triest-Alexandrien* (R.-Kursbuch Nr. 694), wöchentlich hin und zurück in 5 Tagen mit kurzem Aufenthalt in *Brindisi*. Jede 2. Woche Anschluß an die

b) *Syrische Linie* (R.-Kursbuch Nr. 694): Von *Alexandrien* über

Port Sa'îd, Jâfâ, Haifâ, Beirût, Larnaka, Smyrna und andere Zwischenhäfen nach *Constantinopel* und auf demselben Weg zurück.

c) Linie *Fiume-Beirût* (R.-Kursbuch Nr. 694) jede 4. Woche über *Corfu, Alexandrien, Port Sa'îd, Jâfâ* und *Haifâ;* zurück auf demselben Weg

Für die weiteren Linien Triest-Constantinopel, Triest-Piräus-Smyrna etc. vgl. das R.-Kursbuch und die Fahrpläne der Gesellschaft.

Fahrpreise: (in *Gulden*) von	Klasse	Nach: Alexandrien	Beirût	Constantinopel	Corfu	Jâfâ	Piräus	Port Sa'îd	Smyrna	Syra	Triest
Triest	1.	120	171	130	56	157	100	133	121	105	
	2.	80	116	93	38	106	68	93	82	73	
Brindisi	1.	88	135	97	14.50	119	60	101	81	68	
	2.	59	91	66	10.20	80	11.20	70	56	46	
Alexandrien	1.	—	61	158	101	35	145	19	124		158
	2.		31	108	76	23	99	12.00	85		108
Constantinopel	1.	158	107	—	87		40		32.00		137
	2.	108	73	—	60		26		22.20		91

Diese Preise verstehen sich in österr. Gulden Gold einschl. Verköstigung, jedoch ohne Wein; sie gelten für die kürzeste Route, sind daher einer Erhöhung unterworfen, falls ein indirekter Weg vorgezogen werden sollte. *Rückfahrkarten* I. und II. Klasse zu ermäßigten Preisen mit Gültigkeitsdauer von 1-4 Monaten je nach der Entfernung von 300 bis über 1000 Seemeilen. — *Rundreisekarten* für Touren, welche auf indirektem Weg und mit Unterbrechungen unternommen werden dürfen. Gültigkeitsdauer 2-4 Monate, Ermäßigung von 25% des Fahrpreises (abzüglich der Gebühr für die Verköstigung) für die ganze Strecke. *Familienkarten* für mindestens 3 Personen mit entsprechendem Rabatt von dem Fahrpreis (ausschl. Verköstigung).

3. **Messageries Maritimes.** — a. Mittelmeerlinie (R.-Kursbuch Nr. 696): *Marseille - Piräus - Smyrna - Alexandrette - Tripoli - Beirût - Alexandrien - Marseille* (mit Berührung weiterer Zwischenhäfen). Von Marseille aus alle 14 Tage in beiden Richtungen.

b. Asiatische Linie (R.-Kursbuch Nr. 699) alle 14 Tage von *Marseille* nach *Alexandrien* und *Port Sa'îd* und zurück (vgl. S. 4).

c. Australische Linie (R.-Kursbuch Nr. 707) einmal im Monat von *Marseille* nach *Port Sa'îd* und zurück; ebenso auf der ostafrikanischen Linie (R.-Kursbuch Nr. 710).

Die Fahrkarten für die ganze *Rundreise* (Gültigkeitsdauer vier Monate) müssen in Marseille, rue Cannebière 16, wenigstens vier Stunden vor Abgang des Schiffes genommen werden. — *Rückfahrkarten* mit 10% Rabatt sind vier Monate gültig aber nur für die Mittelmeerlinie. — *Familienfahrkarten* (für mindestens 3 Pers.) erhalten einen Rabatt von 10%, Familien-Rückfahrkarten einen solchen von 15%. Der Rabatt erstreckt sich jedoch nur auf den Fahrpreis, nicht auf die Kosten der Verpflegung.

FAHRPREISE (in Franken) der Linien a (b und c erheblich teurer) von *Marseille* nach:

		1. Kl.	2. Kl.			1. Kl.	2. Kl.
Alexandrette	{ über Alexandrien	475	335	Mersina	{ über Alexandrien	500	350
	üb. Smyrna	415	290		über Smyrna	390	275
Alexandrien	{ direkt	300	210	Piräus	....	225	150
	üb. Smyrna	580	390				
Beirût	{ über Alexandrien	420	295	Port Sa'îd	{ über Alexandrien	360	250
	über Smyrna	405	325		über Smyrna	525	370
Constantinopel	....	300	210	Saloniki	{ über Piräus	250	170
Dardanellen	....	290	200		über Smyrna	290	200
Jâfâ	{ über Alexandrien	390	275	Smyrna	{ über Piräus-Saloniki	275	190
	über Smyrna	500	350		über Syra	275	190
Larnaka	{ über Alexandrien	460	320		üb. Alexandrien	650	455
	über Smyrna	450	315	Syra	....	290	175
Lâdikije	{ über Alexandrien	460	320	Tripoli	{ über Alexandrien	440	310
	über Smyrna	440	310		über Smyrna	450	315

In diesen Preisen ist die Verköstigung (einschl. Tischwein) inbegriffen.

4. **Peninsular and Oriental Company.** — a. *Venedig-Brindisi-Alexandrien* (R.-Kursbuch Nr. 685a) alle 14 Tage hin und zurück in 6 Tagen. Fahrpreise von Venedig £ 10 und £ 7, von Brindisi aus £ 9 und £ 6.
b. *Brindisi-Port Sa'îd* bezw. *Ismaîlija* (R.-Kursbuch Nr. 698) wöchentlich hin und zurück in 4½ Tagen.
c. *Neapel-Port Sa'îd* bezw. *Ismaîlija* (R.-Kursbuch Nr. 698) alle 14 Tage hin und zurück in 4½ Tagen.
5. Ägyptische Post-Dampfer (R.-Kursbuch Nr. 695b) wöchentlich von *Alexandrien* über *Jâfâ*, *Beirût*, *Tripoli* nach *Mersina* und zurück; auf der Rückfahrt wird auch *Alexandrette* und *Port Sa'îd* angelaufen.
6. Italienische Dampfer *(Florio & Rubattino).* — a. *Genua-Neapel-Alexandrien* (R.-Kursbuch Nr. 695) wöchentlich in 9½ Tagen hin, in 8 Tagen zurück für 303 fr., 235 fr. von Genua, 222 fr., 164 fr. von Neapel aus.
b. Asiatische Linie *Neapel-Alexandrien-Port Sa'îd* (R.-Kursbuch Nr. 708) alle 14 Tage.
7. **Russische Dampfschiffe** (R. - Kursbuch Nr. 696a) wöchentlich von *Odessa* über *Constantinopel*, *Smyrna*, *Beirût* und andere Zwischenstationen nach *Alexandrien* und zurück.
Die Dampfer dieser Gesellschaft sind etwas klein und nicht gerade zu empfehlen, es wird über Mangel an Reinlichkeit geklagt; bes. in der Osterzeit sind sie voll russischer Pilger.
8. Schließlich mag noch der englischen Güterdampfer gedacht sein, die zwischen *Alexandrien, Beirût und Mersina* verkehren, jedoch zu unregelmäßigen Zeiten. Die Verpflegung ist gut.

C. Art und Weise des Reisens zu Lande.

Syrien hat noch keine Eisenbahnen. Die seit vielen Jahren geplante Bahn von Jâfâ nach Jerusalem ist 1890 begonnen worden. Neuerdings wird auch das Projekt einer Bahn von Saidâ nach Damascus (mit Anschluß nach Beirût und Haifâ) lebhaft besprochen. Für Damascus und das Hinterland erscheint eine solche Verbindung mit der Küste immer mehr als dringende Notwendigkeit, auch liegen die wirthschaftlichen Bedingungen hier bedeutend günstiger als in S.-Palästina. Fahrbare Landstraßen giebt es zwar mehrfach, namentlich von der Küste nach dem Innern, aber gerade auf der großen Tour durch die Mitte des Landes (S. xvi ff.) fehlen solche gänzlich. Dem Reisenden bleibt kein anderes Mittel übrig, als der Landessitte folgend zu reiten.

Die **Pferde** (*chêl*, Karawanenpferd *gedîsch*) sind im Orient durchgängig gutmütig, auch der Ungeübte kann sich ihnen anvertrauen. Sie besitzen eine erstaunliche Gewandtheit im Klettern, sodaß man an Stellen im Sattel bleiben kann, wo man in Europa kaum wagen würde, ein Pferd zu führen. Der Tiervermieter heißt *mukâri*, von den Franken mißbräuchlich „muker" genannt.

Des **Kamels** (das Reittier heißt *delûl*, in Ägypten *hegîn*; das Lasttier *dschemel*; nur das arabische einhöckerige Kamel kommt in Syrien vor) wird man sich nur für größere Wüstenstrecken bedienen (vergl. S. 362). Das geduldige „Schiff der Wüste" sieht stets mürrisch aus; man lernt es wohl achten, wird aber niemals sich zutraulich zu ihm hingezogen fühlen. Um das Tier zum Reiten benutzen zu können, muß es gerade wie das Pferd dressiert werden, und so wenig wir uns zu Hause eines schweren Brabanter Karrengauls zum Reiten bedienen, ebenso wenig eignet sich das Lastkamel dazu. Dagegen sitzt es sich auf dem hohen Rücken eines Delûl nicht minder sicher und angenehm, für den des Pferdereitens Ungewohnten vielleicht noch besser, als auf einem Pferde, und diese Art der Beförderung verdient in keiner Weise die bösen Nachreden (Seekrankheit etc.), die Unkundige ihr andichten.

Vor dem Mieten muß ein Pferd (wie Kamel) immer erst versucht werden; man achte hierbei besonders auf einen guten, ruhigen Schritt und überzeuge sich, ob das Tier keinen Satteldruck hat, was sehr häufig ist. Hat man ein passendes Thier gefunden, so merke man sich genau dessen Farbe und sonstige Eigentümlichkeiten, um es bei Antritt der Reise wieder zu erkennen, denn es ist ein gewöhnlicher Kunstgriff der Pferdevermieter, die guten Tiere über Nacht durch schlechte zu ersetzen. Über Sattel etc. s. S. xxiii. — Es ist Sitte, dem Vermieter ein Haftgeld (*rabûn*) zu zahlen, das ihm später abgerechnet wird. In diesem Fall und wenn die Route beim Mieten angegeben wird, ist der Reisende für etwaigen Schaden, den die Tiere nehmen, nicht verantwortlich.

Es sind nun verschiedene Arten des Fortkommens möglich, je nach den Geldmitteln und der Bequemlichkeitsliebe des Reisenden, und zwar: a. mit Dragoman und Zelt; b. mit Dragoman ohne Zelt (s. S. xxviii); c. mit Mukâri (s. S. xxviii).

a. Die große Mehrzahl der Reisenden, mit Landessitte und Sprache unbekannt, wird sich ganz der Führung eines Dragomans (arab. *terdschumân*, innerhalb des Kontraktes meist ganz zuverlässige Leute) anvertrauen müssen.

Die Dragomane sind eigentlich Unternehmer von Reisen und Karawanen; sie entheben den Fremden jeder Mühe der Vorbereitung und des Verkehrs mit den Eingebornen. Sie besorgen und liefern alles, was der Reisende von ihnen verlangt. Die syrischen Dragomane sprechen meist französisch und englisch, einige auch deutsch und italienisch; in Bezug auf Kenntnis des Landes und vor allem der Altertümer sind sie sehr zurück. Sie sind an ihre bestimmten Routen gewöhnt und schwer von denselben abzubringen. Die Karawanenwege sind gewiß seit alter Zeit unverändert dieselben geblieben. Für größere Touren empfiehlt sich mit dem Dragoman einen Kontrakt schriftlich festzustellen und denselben sowohl von dem Manne selbst unterschreiben, als auch auf der Kanzlei des Konsulats beglaubigen zu lassen.

Wir lassen hier den möglichst ausführlichen Entwurf für einen solchen mit den nötigen Erläuterungen dazu folgen.

Zwischen den Reisenden NN einerseits und dem Dragoman NN andrerseits ist folgender Kontrakt festgesetzt worden:

Art. 1. Der Dragoman NN. verpflichtet sich, die Reisenden NN., x an der Zahl, die folgende Route zu führen: Von Jerusalem nach Beirût und zwar über Nâbulus, Dschenîn, Haifâ etc. Ohne Einwilligung der Reisenden darf der Dragoman auf dieser Route keine andern Mitreisenden mitnehmen.

Es ist geraten, die Tour (womöglich sogar die Nebenrouten) vorher möglichst genau zu bestimmen, weil die Maultiertreiber meist den kürzesten Weg einzuschlagen geneigt sind.

Art. 2. Der Dragoman hat auf diesem ganzen Wege alle Kosten der Reise, als Transport-, Nahrungs- und Aufenthaltsspesen, Trinkgelder etc. zu bestreiten, so daß der Reisende von Nachforderungen durchaus unbelästigt bleibt.

Wenn man mit den Mukâris zufrieden ist, kann man ihnen am Schluß der Reise noch ein kleines Bachschisch geben; während der Reise dulde man unter keinen Umständen, daß sie ein solches fordern.

Art. 3. Der Dragoman verpflichtet sich, zu täglichem Gebrauche der Reisenden x Reitpferde mit guten Zügeln und europäischen Sätteln, darunter x Damensättel, zu stellen, sowie x Maultiere oder kräftige Pferde, um das Gepäck der Reisenden zu transportieren. Die Pferde müssen gut gefüttert werden, andernfalls haben die Reisenden das Recht, Futter für die Pferde zu kaufen und den Betrag bei der Bezahlung des Dragomans in Abrechnung zu bringen.

a. *Sattel und Reitzeug.* Bei einer längeren Reise zu Pferde hängt das Wohlbefinden des Touristen zum guten Teil von der Güte des Sattelzeugs ab. Die arabischen Sättel sind enge, vorn und hinten sehr hoch, zu längeren Ritten für europäische Reiter unbrauchbar. Daher bedinge man sich unter allen Umständen vom Dragoman einen europäischen Sattel mit starken Gurten aus. Wer größere Reisen im Innern Syriens beabsichtigt, der kaufe einen solchen in Beirût oder in Jâfâ, oder bringe ihn von Hause mit. Gebrauchte Sättel können am Schluß der Reise verkauft werden. Damensättel sich zu verschaffen, hat in Syrien immer noch Schwierigkeiten. Eine Satteltasche (arab. *cherdsch*) ist sehr bequem; man kann solche (europäische und arab.) in Jerusalem und Beirût billig kaufen. Beim Zaumzeug achte man darauf, daß man Zügel aus Leder erhält. Sporen sind wenig im Gebrauch, dagegen ist eine gute Reitpeitsche (3-5 fr.) nötig.

b. *Gepäck.* Es ist ratsam, auf eine Reise ins Innere nur das allernotwendigste Gepäck mitzunehmen, da viel Gepäck die Kosten und bisweilen auch die Langsamkeit der Reise bedeutend vermehrt. Das Gepäcktier muß auf beiden Seiten gleichmäßig belastet sein; große schwere Koffer sind dazu unbrauchbar; am bequemsten sind kleine, wohl verschließbare und recht solide Lederköfferchen.

Art. 4. Die Reisenden sind für keinen Schaden verantwortlich, den die Tiere ohne des Reiters Schuld durch Stürzen etc., sowie etwa durch Diebstahl erleiden; sie haben das Recht, die Tiere täglich nach ihrem Gefallen zu benutzen, oder auch einen Umweg zu machen, während die Lasttiere die nächste Route einschlagen; auch dürfen die Lasttiere nicht durch zu große Lasten von Seiten des Dragomans oder Mukâri am Marsche verhindert werden.

Die Reitpferde sind bei längeren Touren durchweg in einem guten Schritt zu halten. Die syrischen Pferde gehen keinen Trab; Galoppieren ermüdet unnötiger Weise, auch ist nicht außer Acht zu lassen, daß wenn auch nur ein kleines „Unglück" passiert, man keinen Arzt zur Hand hat. Empfehlenswert und für Menschen und Tiere angenehm ist, die erste Tagereise kurz zu machen. Die Tiere sind gewöhnt, hinter einander zu gehen; man gebe acht, nicht zu nahe hinter dem Vordermann zu marschieren, denn bisweilen schlagen einzelne Pferde aus. Mit einiger Geduld wird man die Pferde auch können neben einander gehen machen; Maultiere sind in dieser Beziehung viel störriger. Hinter den Lasttieren einherzuschreiten, ist sehr langweilig, da diese äußerst langsam gehen: wir werden bei manchen Touren einzelne Seitenwege angeben; man verlasse sich dabei auf die Angaben des Buches und nehme von den Vorstellungen und dem Geschrei der Mukâri keine Notiz.

Art. 5. Der Dragoman wird liefern: 1 gutes Zelt (resp. x Zelte zu 2 Personen, in Begleitung von Damen ein besonderes „Kabinet"-Zelt) und für jeden Reisenden ein vollständiges Bett mit reinen Matratzen, Decken, Leintüchern und Kissen. Das ganze Material zum Lagern, nebst Tisch und Stühlen soll sich in gutem Zustande befinden, widrigenfalls die Reisenden es auf Kosten des Dragomans reparieren lassen werden.

Art. 6. Der Dragoman garantiert für die Sicherheit der Reisenden und ihres Gepäcks. Er hat, wo er den Weg nicht kennt, stets für Wegweiser zu sorgen; ebenso hat er die nötigen Wachen und Eskorte zu bezahlen, alles auf seine Kosten.

Art. 7. Der Dragoman hat einen guten Koch, sowie eine genügende Zahl von Dienern mitzunehmen, damit die Reisenden nirgends in ihren Bewegungen gehindert seien und damit das Auf- und Abpacken der Lasttiere keine allzu große Zeit in Anspruch nehme. Die Angestellten haben sich den Reisenden gefällig und dienstfertig zu erweisen, sie nicht im Schlafe zu stören u. s. w.

Es ist eine gewöhnliche Unsitte der Pferdevermieter, die Pferde ganz in der Nähe der Zelte anzubinden und die Nacht über gerade vor den Zelten zu plaudern.

Art. 8. Das erste Frühstück soll täglich aus x Gerichten nebst Kaffee (Thee, Chocolade etc.) bestehen, das zweite Frühstück, unterwegs, aus kalter Küche, Braten, Huhn, Eiern und Früchten; das Diner, nach der Tagesreise im Lager, aus x Gängen. Orangen sind stets zur Disposition der Reisenden zu halten. Der Dragoman ist verpflichtet, die Getränke, die die Reisenden kaufen werden, ohne besondere Entschädigung zu transportieren.

Jeder Reisende kann sich den Küchenzettel nach seinen Bedürfnissen selbst ausbedingen. Die Hauptmahlzeit verlege man stets auf den Abend, wenn die Tagereise zurückgelegt ist. Während der Hitze geistige Getränke (außer etwa einen Schluck guten Cognac) zu sich zu nehmen, macht schläfrig, was beim Reiten sehr unangenehm ist. Für den Durst leistet kalter Thee gute Dienste. Frisches Fleisch ist natürlich nur in größeren Ortschaften zu bekommen und auch da meist nur vormittags; Hühner und Eier finden sich überall, verleiden einem aber auch leicht. Das arabische Brot, dünne, runde, tellergroße Fladen, schmeckt nur, wenn es frisch ist; der Dragoman wird gewöhnlich einen größeren Vorrat fränkisches Brot mitnehmen, das dann mit der Zeit natürlich sehr trocken wird. Konserven sind überall in den Städten zu haben. Den Wein kauft man in der Regel am besten selbst; auf der Reise thut ein Glas guten Rotweins die beste Wirkung, und es ist zu raten, sich genügend damit zu versehen. Der süße Landwein ist für die Reise nicht zu empfehlen. — Hier ist auch zu erwähnen, daß der Reisende sich genügend mit Tabak versehen soll, um den Mukâris oder einer etwaigen Eskorte gelegentlich davon mitteilen zu können. Man wird gut thun, hierfür ein besonderes Kraut mit sich zu führen.

Art. 9. Der Dragoman hat sich den Reisenden gegenüber jederzeit gesittet zu benehmen, widrigenfalls dieselben ihn während der Tour aufgeben können. Die Reisenden haben die Freiheit, die Halte und die Orte, wo man die Zelte aufschlagen soll, zu bestimmen, sowie die Essenszeiten; sie wollen vollständig Herr ihrer Bewegungen bleiben, und der Dragoman hat ihnen hierin nicht zu widersprechen.

Der eine oder der andere Dragoman wird, wenn er in dem Reisenden einen Neuling in orientalischen Verhältnissen erkennt, wohl geneigt sein, ihm gegenüber den großen Herrn zu spielen. Je schneller und bestimmter man ihm zeigt, daß er nur der Diener ist, desto besser wird man mit ihm auskommen. Ferner liegt es (vgl. Baedeker, Ägypten) im Interesse aller Reisenden, daß bei der Ausstellung der Zeugnisse für den Dragoman der etwaige Tadel nicht aus Freude über die glückliche Beendigung der Reise unterdrückt, sondern dabei mit strenger Wahrheitsliebe, welche allein zu einer Besserung der Leute dienen kann, verfahren werde. Für nähere Mitteilungen in dieser Beziehung (Name des Dragoman, Sprachkenntnisse, Benehmen und Preise) wird der Herausgeber dieses Reisehandbuchs stets sehr dankbar sein. — Die Etappen der Reise richten sich nach den Quellen und Verproviantierungsorten, an denen in Syrien kein Überfluß ist. Man breche zeitig auf, um möglichst früh am Abend ruhen und sich etwa dann noch durch einen kleinen Gang erholen zu können.

Art. 10. Die Dauer der Reise soll wenigstens x Tage betragen oder dafür gerechnet werden, und zwar vom x April an, für welchen Tag der Dragoman um x Uhr des Morgens alles bereit zu halten verpflichtet ist. Eine Entschädigung für seinen Rückweg hat der Dragoman nicht zu beanspruchen. Sollte die Dauer der Reise durch die Schuld des Dragomans verlängert werden, so hat der Reisende für die überschüssigen Tage nichts zu bezahlen.

Art. 10 enthält gegenüber Art. 9 für den *Dragoman* die Sicherheit, daß die Reisenden ihn unterwegs nicht z. B. in einem größeren Ort, von wo er einen weiten Rückweg hätte, ohne Entschädigung aufgeben können.

Ein Dragoman macht im Jahr selten mehr als 2-3 größere Touren und bedingt sich daher gewöhnlich eine möglichst große Anzahl von Reisetagen aus. Auch schützt ihn dieser Artikel davor, daß die Fremden ihre Reise der Ersparnis wegen unverhältnismäßig beschleunigen.

Die Preise der Dragomane sind hoch, einesteils weil die Reisezeit eine beschränkte ist, andernteils aber auch, weil die Reisenden viel zu bereitwillig auf die Forderungen dieser Leute einzugehen pflegen. Mitglieder verschiedener Staats- und Privatexpeditionen haben die Dragomane gewöhnt, nur noch von englischen Pfunden zu träumen, und jeden kleinen Extradienst mit schwerem Gelde sich bezahlen zu lassen.

Art. 11. Der tägliche Betrag, welchen die Reisenden pro Person dem Dragoman zahlen werden, beträgt x fr. während der ganzen Dauer der Reise. Der Betrag wird in Gold bezahlt. In Städten oder Ortschaften, wie Damascus, Haifâ u. a. steht es den Reisenden frei, nach eigner Wahl in Gasthöfen und Klöstern, oder im Zelte zu logieren; der Dragoman hat alle Kosten zu tragen.

[Oder: Während des Aufenthalts in Damascus, Beirût u. a. gehen die Reisenden auf eigene Kosten in einen Gasthof und bezahlen dem Dragoman nur die tägliche Miete der Reitpferde (zu 3-4 fr. das Pferd), die aber dann zu ihrer Verfügung bleiben.]

Der Reisende hat bisweilen das Bedürfnis, statt im Zelt in einem geschlossenen Raume zu schlafen, weshalb er sich die Möglichkeit wahren muß, in den Städten in einem Gasthof sich einzuquartieren. Die Dragomane erhalten von den Gastwirten eine bedeutende Ermäßigung des Pensionspreises und nebenbei freie Wohnung und Kost.

Art. 12. Im Fall des Ausbruchs von Streitigkeiten zwischen dem Dragoman und den Reisenden unterwirft sich der Dragoman unbedingt der Entscheidung des nächsten Deutschen Konsulats.

Art. 13. Die Hälfte (ein Drittel) des ganzen Betrags wird dem Dragoman vor Antritt der Reise eingehändigt, der Rest erst nach vollständigem Abschluß der Reise. Unterwegs darf er keine Geldforderungen an die Reisenden machen.

Folgen die Unterschriften

N. N.
Dragoman

Folgt das Visum des Konsulats.

Als Abschlagszahlung auf obige Reise von den Herrn N. N. die Summe von fr. erhalten zu haben bescheinigt

N. Dragoman.

Datum.

Contrat. — Entre les voyageurs . . . d'une part et le drogman . . . d'autre part, a été passé le contrat suivant.

Art. 1. Le drogman . . . s'oblige envers les voyageurs . . ., au nombre de . . ., à les conduire de Jérusalem à Beyrout par Naplouse, Djénîn, Haifâ etc. Sans le consentement des voyageurs il est défendu au drogman d'en emmener d'autres pour le même parcours.

Art. 2. Sur tout ce parcours, le drogman aura à son compte tout les frais de voyage, tels que frais de transport, de nourriture et de séjour, tous les pourboires et les gratifications nécessaires, de sorte que le voyageur n'est pas importuné par des exigences ou réclamations.

Art. 3. Le drogman s'engage à fournir tous les jours aux voyageurs, pour leur usage, . . . chevaux de selle, avec de bonnes rênes et des selles européennes, entre autres . . . selles de dame, ainsi que . . . mulets ou chevaux vigoureux pour transporter les bagages des voyageurs. Les chevaux seront toujours bien nourris; sinon les voyageurs auront le droit de se procurer la nourriture pour les chevaux et d'en déduire le prix en payant le drogman.

Art. 4. Les voyageurs ne sont responsables d'aucun dommage arrivé aux animaux, soit qu'il arrive à ces derniers une chute ou tout autre accident, sans qu'il y ait de la faute des cavaliers, non plus que dans le cas de vol. Ils ont le droit de se servir des montures tous les jours selon leur bon plaisir et aussi de faire un détour pendant que les bêtes de somme prennent la route la plus courte. Le drogman et les moucres ne doivent point trop charger ces dernières au point d'entraver leur marche.

Art. 5. Le drogman fournira: une bonne tente (ou . . . tentes, chacune pour 2 personnes) et un lit complet pour chaque voyageur, avec des matelas, des couvertures des draps et des coussins propres. S'il y a des dames, on organisera des lieux réservés. Tout le matériel de campement, y compris une table et des chaises, sera en bon état, sinon les voyageurs les feront réparer aux frais du drogman.

Art. 6. Le drogman garantit la sûreté des voyageurs et de leurs bagages; il est en outre toujours tenu de procurer des guides là où il ne sait pas le chemin. Il a de même à payer pour la garde du camp durant la nuit, si c'est nécessaire, à payer l'escorte dont on peut avoir besoin le jour et à prendre des mesures de sûreté lorsqu'il y a lieu, le tout à ses frais.

Art. 7. Le drogman s'oblige à emmener un bon cuisinier, un nombre suffisant de domestiques afin que les voyageurs ne soient pas gênés dans leurs mouvements et que le chargement et le déchargement des bêtes de somme ne durent pas trop longtemps. Les gens ainsi engagés ont à se montrer complaisants et serviables envers les voyageurs, à ne pas les troubler dans leur sommeil, etc.

Art. 8. Le premier déjeuner à servir aux voyageurs se composera tous les jours de . . . plats, avec du café (thé, chocolat, etc.); le second déjeuner, en route, de mets froids, de rôti, de poulet, d'œufs et de fruits, et le dîner, à la fin de la journée, dans le camp, de . . . plats. Des oranges seront toujours tenues à la disposition des voyageurs. Le drogman s'engage à transporter sans indemnité la bière et le vin achetés par les voyageurs.

Art. 9. Le drogman se conduira toujours convenablement pendant le voyage, sinon le contrat sera rompu. Les voyageurs sont libres de déterminer les haltes à faire, les endroits où l'on campera et les heures des repas; ils entendent rester complètement libres de leurs mouvements et le drogman n'a pas à les contredire à ce sujet.

Art. 10. Il est convenu que le voyage sera de 18 jours au minimum ou du moins payé comme tel, à partir du . . . avril . . ., jour où le drogman s'engage à tenir toutes choses prêtes pour le départ. Le drogman n'aura pas droit à une indemnité de retour. Dans le cas où la durée du voyage serait prolongé par la faute du drogman les voyageurs n'auraient à payer aucun supplément.

Art. 11. Les voyageurs paieront de leur côté au drogman chacun . . . francs par jour pendant toute la durée du trajet. Le payement sera effectué en or. Dans les villes ou localités comme Damas, Ḥaifâ, etc., les voyageurs auront la liberté de se loger à leur convenance dans les hôtels et les couvents ou sous la tente, et tous les frais seront à la charge du drogman.

[Ou bien: pendant le séjour à Damas, à Beyrout, les voyageurs iront à l'hôtel à leurs frais et ne paieront rien au drogman ou paieront seulement (3 à 4 fr. chacun) pour les chevaux, qui alors resteront à leur disposition.]

Art. 12. En cas de différend entre le drogman et les voyageurs, le drogman se soumet sans condition à la décision du consul . . . . de la résidence la plus voisine.

Art. 13. La moitié (un tiers) de la somme stipulée pour le voyage sera payée au drogman avant le départ, l'autre moitié (les deux autres tiers), seulement à la fin du trajet; il n'a pas le droit de demander de l'argent en route.

Suivent les signatures . . . . N. N. Drogman.

Visa du consulat

Reçu comme à-compte de M. M . . ., pour le voyage ci-dessus mentionné, la somme de . . . fr. N. N. Drogman.

Date.

b. Herren, die auf die Bequemlichkeit eines europ. Betts verzichten wollen, können auf den S. XIII ff. angeführten Hauptrouten auch ohne Zelt reisen. Besorgung und Bezahlung des Nachtquartiers ist Sache des Dragomans, ebenso die Beköstigung (wie oben unter a). Man bedinge sich ausdrücklich für die Orte, wo ein Hôtel oder Kloster vorhanden, das Übernachten in diesem aus. Dabei ist man natürlich mehr an bestimmte Tagtouren gebunden, da nicht überall ordentliches Nachtquartier zu finden ist. (Preise s. S. XXXIII.)

c. Wer mit Landessprache und Sitte etwas vertraut ist, kann auch des Dragomans ganz entbehren und nur mit Mukâri reisen. Dann ist jedoch darauf zu sehen, daß der Mukâri eine genügende Anzahl von Pferdejungen mitnimmt (Preise der Pferde s. S. XXXIII).

Bei längerem Aufenthalt empfiehlt es sich, einen eigenen Diener zu mieten (30-60 fr. p. Monat) und außerdem einen Pferdejungen mitzunehmen. Es finden sich Leute von allen Schattierungen, die bei der fabelhaften Leichtigkeit, welche die Eingebornen Syriens in praktischer Erlernung einer fremden Sprache an den Tag legen, hinreichend einige Worte Französisch oder Italienisch radebrechen, bis sich ein Fremder, der seinerseits ein wenig Sprachtalent besitzt, im notdürftigen Gebrauch der Landessprache zurecht gefunden hat; Zeichensprache und praktisches Geschick können hier viel ersetzen.

Für Verköstigung hat der Reisende in diesem Fall selbst zu sorgen. Nach dem S. XXV gesagten empfiehlt es sich, wenigstens für den Anfang sich mit Konserven zu versorgen. Ebenso nehme man hinreichende Quantitäten von Wein, Cognac und Thee mit sich. Das beste ist auch hier für längere Touren einen Kontrakt aufzusetzen. — Das Nachtquartier nimmt man wie oben (unter b) in den Häusern der Fellachen (s. S. XL). Man lasse den Mukâri resp. Bedienten hiebei alle Bedürfnisse baar bezahlen und gebe sodann für das Nachtlager etwa 1 Medschîdi p. Reisenden. Für die Kinder der Bauern nehme man Zuckerwerk oder etwas drgl. mit. Gepäck und Sattel, sowie Waffen lasse man stets zu sich ins Zimmer legen.

Inwiefern ein nicht verwöhnter Reisender auch für weitere und abgelegene Touren ein Zelt entbehren zu können glaubt, das zu beurteilen muß der Verfasser jedem Einzelnen anheimstellen. Karawanserais (Chân) zum Unterstellen der Pferde giebt es in jedem größeren Dorf und auch in den Hütten der Einwohner Räume, in welchen der Reisende seine Decken ausbreiten und die Nacht zubringen mag. Hierbei ist aber zu bedenken, daß von demjenigen, was beißt, in diesen Wohnungen gewöhnlich ein großer Überfluß ist. Die Häuser der Fellachen bestehen meist aus

Lehm; auch der Boden ist nur festgestampfter Lehm, und in diesem sitzen oft Erdflöhe in Scharen. Beim Eintritt in ein solches Zimmer sei das erste Geschäft, die Strohmatten, welche den Boden bedecken, herausnehmen und tüchtig ausklopfen zu lassen. Unterdessen lasse man Wasser auf den Boden sprengen und verlange, daß alle Kleidungsstücke und Betten der Bauern in ein anderes Zimmer geschafft werden; diese Maßregeln schützen einigermaßen, aber keineswegs vollständig. Wanzen giebt es nur wo viel Holz ist. Die Beduinen haben in ihren Zelten keine Flöhe, desto mehr Läuse. Gutes persisches Insektenpulver ist nur in Jerusalem und Beirût zu kaufen; es ist unverhältnismäßig teuer. Skorpione giebt es in Syrien viele; man braucht an manchen Orten nur einige Steine aufzuheben, um welche zu finden, aber sie stechen in der Regel nur, wenn sie gereizt werden; eine kleine Erhöhung des Lagers schützt vollständig gegen sie. Stechfliegen (Moskitos) sind besonders in der Nähe von Sümpfen und im Hochsommer unangenehm; sonst kennt man in Syrien diese Plage wenig, da die Nächte zu kalt sind.

Wer also diese Leiden nicht scheut oder ihnen zu begegnen weiß, der kann sich ein Zelt sparen. Namentlich wer mehr mit den Eingebornen und ihren Sitten vertraut zu werden wünscht, mag diese Art der Reise wählen; sie ist auch bedeutend billiger, da die Transportkosten für viele Dinge wegfallen. Das Mitbringen eigener Decken und Plaids ist jedoch unbedingt notwendig.

d. Ein Reisender, der längere Zeit im Lande zu reisen gedenkt und mit Land und Leuten, sowie mit der Sprache vertraut ist, kann sich Reisegeräte, Küchengeschirr, Betten und Zelt selbst anschaffen, und nachher alles bei seiner Abreise wieder verkaufen; er kann sich einen Koch und Diener mieten. Doch ist es geraten, solchen Leuten genau auf die Finger zu sehen und täglich mit ihnen zu rechnen, denn sie lieben es, höhere Preise anzugeben, als sie sie bezahlt haben. Vom Kaufen eigener Pferde können wir dem Fremden nur abraten; abgesehen davon, daß auch im Orient beim Pferdehandel keine Freundschaft gilt, ist das Risiko doch ein bedeutendes; ferner verlangen eigene Pferde auch eigene Wärter, die dann wieder zu beköstigen sind, ohne jedoch irgendwie, namentlich bei dem so wichtigen Füttern der Tiere, zuverlässig zu sein.

e. Zum Schlusse sei hier noch hinzugefügt, daß rüstige und besonders unverwöhnte Fußgänger, die Landessitte und Sprache kennen, sich wohl auch einfach ein Packtier mit einem Mukâri mieten, einiges Kochgeschirr und Decken, sowie den notdürftigsten Proviant einpacken und zu Fuß das Land durchziehen können. Indessen mag sich jeder erst sorgfältig prüfen, ehe er sich zu dieser Art des Reisens entschließt, zumal es nicht leicht sein wird, zu einer solchen Tour einen Reisegefährten zu finden.

D. Ausrüstung und Vorbereitungen zur Reise. Zur Gesundheitspflege.

Kleidung. Der Reisende versehe sich mit zwei vollständigen Anzügen aus Tuch und einem Plaid. Ein heller Reitanzug und ein dunkler Anzug für die Städte genügen; um bei vornehmen Personen, Paschas oder Konsuln, Besuche zu machen, ist ein schwarzer

Rock nicht unbedingt notwendig; den Frack lasse man zu Hause. Man empfehle seinem Schneider zu Hause eine besonders solide Näherei; denn Flicken und Knöpfeannähen ist im Orient teuer, abgesehen von der Lauferei, die man damit hat. Orientalische Kleidung anziehen zu wollen, wird so leicht niemand in Versuchung geraten; ohne die dazu gehörige Sprachkenntnis würde man ohnehin der Lächerlichkeit verfallen. Sollte die Reise sich in die Sommermonate hinein ausdehnen, so wird man leicht in Beirût oder an einem andern Ort etwas leichtere Kleider kaufen können (den Anzug zu 80-120 fr.). — Wollene Unterjacken oder Wollhemden und wollene Unterbeinkleider schützen gegen Erkältung. Beim Reiten sind auch leichte Seidenhemden angenehm (in Beirût und Jerusalem erhältlich). Mit 3-4 Hemden wird ein Reisender, der sich etwas einzurichten versteht, ausreichen. Für Kragen und Manschetten empfehlen sich die Gummifabrikate schon des Kostenpunktes wegen, denn im Orient wird die Wäsche nach der Stückzahl berechnet (das Dutzend 2-3 fr.), einerlei ob Kragen oder Hemden. Die Zahl der Strümpfe (aus Wolle), der Taschentücher etc. wird jeder nach seinen Bedürfnissen zu bestimmen haben.

Die Fußbekleidung wähle man leicht aber stark, weil man häufig in den Fall kommt, ganze Tage auf den Beinen zu sein; bei vielem Reiten sind Reitstiefel oder lederne Reitgamaschen (letztere in den Hafenstädten und Jerusalem käuflich) sehr angenehm, jedenfalls sind elastische Strippen (Stege, souspieds) notwendig. Pantoffeln (arabische Schuhe) findet man im Lande selbst (15-25 Pi.).

Als Kopfbedeckung genügt ein gewöhnlicher Reisehut. Empfehlenswert sind die sogen. indischen Hüte (einem Feuerwehrhelm ähnlich) aus Kork oder auch Stroh mit Tuch überzogen. Bei größerer Hitze schützt man Nacken und den obern Teil des Rückens, die besonders von der Sonne angegriffen werden, durch ein weißes Muslintuch oder eine arab. seidene *Keffîje* (S. XCII), die am Hut befestigt wird. Die Keffîje kann unter dem Hut getragen werden, indem man sie nach arabischer Sitte unter dem Kinn durch um den Kopf legt und in dreieckiger Spitze über den Rücken fallen läßt. Sie deckt dann zugleich Wangen und Hals gegen die Sonne, ohne zu erhitzen. Dagegen ist vom Tragen der orientalischen Kopfbedeckung, des roten Fez (ar. *ṭarbûsch*) entschieden abzuraten, da heutzutage der Hut geradezu zum Abzeichen der höheren Würde des Europäers geworden ist. Statt eines Regenschirms, der wenig nützt, nehme man einen Kautschukmantel mit. Auch eine arabische *'abâje* (Beduinenmantel inländischen Fabrikats) ist gut zu gebrauchen. Feinere sog. bagdadische weite braune Mäntel kosten 30 fr. und darüber; gröbere gestreifte 15-20 fr. Es giebt auch leichte Überwürfe dieser Art von feiner weißer Wolle, die trefflich den Staub abhalten.

In Betreff der Waffen vergl. S. XXXIX (öffentliche Sicherheit).

Erwähnt seien endlich noch einige Kleinigkeiten, die man

aus Europa mitbringe: ein guter Feldstecher, Trinkbecher von Leder oder Blech, Feldflasche, Thermometer; ein gutes Messer mit Korkzieher; ein Taschenkompaß von nicht zu kleinem Format; gute Notizbücher. Schreibmaterialien sind überall zu haben. Zur Erleuchtung größerer dunkler Räume dient Magnesiumdraht (bandförmig). Remontoir-Uhren sind unter allen Umständen empfehlenswert, da bei anderen der Verlust des Schlüssels nicht leicht zu ersetzen ist. Kostbare Uhren lasse man zu Hause.

Forschungsreisen in das Innere des Landes erfordern größere Vorbereitungen. Abgehärtete Reisende werden am Boden auf einem Teppich schlafen können. Der Araber schläft in seinem *lehâf*, einer großen, viereckigen Steppdecke, die ebenso wie ein Kissen in Arbeit gegeben wird. Sie kann auf einer Seite umgeschlagen werden und man ruht trefflich darin. Beim Schlafen auf der Erde ist ratsam, ein Wachs-(Öl- oder Kautschuk-) Tuch unterzulegen, um etwaiger Feuchtigkeit des Bodens zu begegnen. Zur Beleuchtung im Zelt und in Bauernhäusern kaufe man eine genügende Anzahl von Kerzen. Für Touren, die man in Begleitung von Beduinen ins ferne Innere beabsichtigt, ist es geraten, Geschenke mitzunehmen, Waffen, Uhren mit möglichst lautem Gang u. a. Auch kaufe man zu Hause starkes ungeleimtes Druckpapier oder englisches Fließpapier, um Inschriften abklatschen zu können; man feuchtet solches Papier an, legt es auf die Inschrift und klopft es mit einer gewöhnlichen harten Bürste in den Stein hinein; am besten wartet man, bis es trocken wird und abfällt; der Abklatsch wird nicht mehr vergehen. Man bewahrt ihn in langen runden Blechbüchsen. — Literatur für Forschungsreisende: *Neumayer*, „Anleitung zu wissenschaftlichen Beobachtungen auf Reisen“, 2. Aufl. Berlin 1890; *Richthofen*, „Führer für Forschungsreisende“ Berlin 1886; *Kaltenbrunner*, „Manuel du voyageur“ Zürich 1879 oder *Galton*, „the Art of Travel“ (5 ed. London 1872).

Zur Gesundheitspflege. Nur in den bedeutenderen Städten finden sich gute Ärzte, die wir nennen werden; auf dem Lande nirgends. Die gewöhnlichen Folgen einer Erkältung oder des Kampierens an feuchten Orten sind Fieber und Durchfall, der leicht in Dysenterie übergehen kann. Man hüte sich auch vor dem Obst, das im Orient häufig unreif gepflückt und auf den Markt gebracht wird. In beiden Fällen hilft außer den unten genannten Arzneimitteln oft der Klimawechsel; selbstverständlich halte man streng Diät.

Vor Sonnenstich schützt man sich durch geeignete Kopfbedeckung (s. S. xxx). Gegen das grelle Sonnenlicht trage man graue Brillen. Wer gezwungen ist, im Freien zu übernachten, bedecke die Augen, da der Tau (resp. die von ihm bewirkte Abkühlung) den Augen sehr schädlich ist. Im übrigen hüte man sich in Ruinenfeldern namentlich vor Fußverrenkungen und vermeide tollkühnes Klettern, da ein kleiner Schaden die Freude an der ganzen Reise verderben kann. Die auf der Landreise mitzunehmende Reiseapotheke (gegen Feuchtigkeit wohl zu verwahren!) enthalte etwa folgende Mittel, die man sich zu Hause von einem Arzt verschreiben lasse: Gegen Fieber: *Chinin* in Pillen oder ein anderes Fiebermittel. Abführmittel gegen chronische Verstopfung: *Aloëpillen* oder ähnl.; stärker wirkt *Calomel*, am besten in Oblatenkapseln. (Auch ein Eßlöffel *Ricinusöl* thut gute Dienste.) Gegen Durchfall (und Dysenterie) nehme man erst ein Abführmittel, dann *Opium* (in Pillen). Gegen Entzündung der Augen: ein *Augenwasser* (vom Arzt zu verordnen) nebst Glas zum Einträufeln. Für Schwächefälle: *Hoffmann'sche Tropfen*. Gegen Insektenstiche: *Salmiak*. Für äußere Verletzungen: *Verbandwatte*, *Sublimatpastillen* und *Jodoform* (zur Desinfektion), *Collodium*.

E. Reisekosten. Kreditbriefe. Münzwesen. Maße.

Die Kosten des Reisens im Orient sind beträchtlich höher als in Europa, und wenn sie sich zwar auch dort nach den Bedürfnissen eines jeden richten, so ist doch für den Europäer eine gewisse Grenze in seiner Lebensweise gezogen, unter der zu bleiben dem gewöhnlichen Reisenden kaum möglich sein wird. Der Tagespreis in den Gasthöfen (vgl. S. XL) ist durchschnittlich 15 fr. o. W., (für größere Gesellschaften und bei längerem Aufenthalt billiger nach Übereinkunft). Inländische Weine 1-2 fr., französische mindestens 3-4 fr., bayrisch Bier 1-2 fr. die Flasche. Dazu an Trinkgeld vielleicht $1/2$ fr.; die täglichen regelmäßigen Gasthofsausgaben belaufen sich daher auf c. 20 fr., die sich in Jerusalem allerdings auf die Hälfte oder ein Drittel reducieren, wenn man in einem Hospiz wohnt oder die Gastfreundschaft der Klöster (vergl. S. XL) in Anspruch nimmt. Zu den täglichen Ausgaben sind ferner die Mietpreise für Pferde und Führer (Lohndiener, sie nennen sich zwar alle Dragoman) zu rechnen, denn in den winkeligen Straßen von Jerusalem und Damascus sich schnell zu orientieren, ist nicht möglich (zumal ohne Kenntnis der Landessprache), obgleich die diesem Bande beigegebenen Pläne dies erleichtern werden; dann die unvermeidlichen Trinkgelder (S. XXXVIII), und so wird der einzelne gut thun, die tägliche Ausgabe auf den Strecken Jâfâ-Jerusalem, Jâfâ-Beirût-Damascus nicht unter 25-30 fr. den Tag zu rechnen (die Kosten für die Dampfschiffe, s. S. XVIII, natürlich extra).

Die Preise, welche man dem Dragoman für Person und Tag bezahlt, wenn man mit Zelten reist (s. S. XXIII), schwanken ebenfalls je nach den Ansprüchen und Bedürfnissen der Reisenden, und vor allem je nach ihrer Anzahl. Auch hängt der Preis von der Reiseroute ab; für die dreitägige Tour nach dem Toten Meer wird durchschnittlich ein niedrigerer Preis gerechnet werden, als für eine größere Tour, bei welcher der Dragoman die Rückreise von Dienerschaft und Tieren zu bestreiten hat. So muß auch für Touren nach dem Ostjordanland und Petra ein viel höherer Preis bezahlt werden, da der Dragoman die Kosten der nach der politischen Lage notwendigen, bald größeren, bald kleinern Eskorte von Soldaten oder Beduinen zu bestreiten hat. In der eigentlichen Reisesaison um Ostern dürften die Ausgaben eines einzelnen Reisenden mit Dragoman, Zelt u. s. w. sich täglich auf 50-60 fr. belaufen, bei einer Reise zu zweien auf 40-50 fr., zu dreien auf 35-40 fr., zu 4-6 auf 25-30 fr., zu noch mehreren auf 20-25 fr. (bei sehr reichlicher Kost, doch ohne Wein). — Ohne Zelt und bei etwas einfacherer Verpflegung ermäßigen sich diese Preise etwa um ein Drittel, also für einen Einzelnen c. 30-35 fr., zu zweien 25-30 fr., zu dreien 20-25 fr., zu noch mehreren 15-20 fr. — Noch billiger ist die Reise ohne Dragoman mit Mukâri (S. xxviii). Die Mietpreise für Pferde unterliegen je nach der Nachfrage bedeutenden Schwankungen. Unter 6 fr. p. Tag (einschl. Lohn des Mukâri) dürften in der Saison gute Pferde nicht zu haben sein. Gepäcktiere sind etwas billiger. Zu Zeiten steigt der Preis bis auf 8-10 fr. Die Rückreise der Tiere wird hierbei gewöhnlich dem Reisenden ebenfalls angerechnet unter zu Grundlegung des kürzesten Wegs. — Mit den Pferdevermietern setze man den Preis stets in Piastern fest, mit dem Dragoman in Franken (nicht Schilling).

Der mitzunehmende Kreditbrief (in einem solchen bestehe das Reisegeld) muß tadellos und von einem bekannten Bankhaus auf englisches oder französisches Gold ausgestellt sein. Die Unkosten eines solchen Kreditbriefs berechnen sich auf $1^1/_2$ bis $2^1/_2$ Proc. außer der jeweiligen Kursdifferenz in Europa.

Die *Banque Impériale Ottomane* (nicht sehr coulant) hat Verbindungen mit den meisten größeren Banken Europas und Filialen in Damascus und Beirût, sowie Agenten in Jerusalem, Aleppo und in den meisten wichtigeren Städten Syriens. Diese Filialen resp. Agenten zahlen nur, wenn sie in dem Kreditbrief besonders genannt sind. Sich hier nicht vorzusehen verursacht oft ganz unangenehme Weitläufigkeiten. — Für deutsche Reisende empfiehlt sich mehr, bei einer größeren, mit dem Orient direkt verkehrenden Bank einen Kreditbrief auf deutsche Häuser in Beirût und Jerusalem (bezw. auch Jâfâ und Haifâ) zu kaufen. In das Innere des Landes kann man sich durch eine deutsche Firma in Beirût und Jerusalem Geld anweisen lassen. Die europäischen Firmen, welche Bankgeschäfte machen, sind bei den einzelnen Orten genannt. — Sehr zweckmäßig ist auch ein englisches „*Circular Letter*".

Münzwesen. Die Münzeinheit in Syrien ist der Piaster (arab. *kirsch, kurûsch*) zu 40 Para (arab. *fadda, masrîje*). — Papiergeld kursiert selten. Man verweigere die Annahme durchaus. In Bezug auf den Wert der kursierenden Münzsorten herrscht große Verwirrung, da das Gold einen zweifachen Kurs hat: 1) bei den Regierungskassen *(sâg)*, 2) im gewöhnlichen Verkehr und im Handel *(schuruk)*. Letzterer Kurs ist wieder in den einzelnen Städten sehr verschieden, ebenso hat die österreichische Post einige Stücke verschieden angesetzt. — Der Wert eines Pi. *sâg* in deutschem Geld ist ungefähr 17 Pf., der eines Pi. *schuruk* 15 Pf.

Von ausländischem Gold kursiert das französische, englische (auch russische) überall; das deutsche hat keinen Kurs, kann aber bei

Arabische Bezeichnung.	Deutsche Bezeichnung.	Regierg. Pi.	Regierg. Pa.	Beirût. Pi.	Beirût. Pa.	Jâfâ. Pi.	Jâfâ. Pa.	Jerusalem. Pi.	Jerusalem. Pa.	Damascus. Pi.	Damascus. Pa.
	I. Türkische Münzen.										
upfermünzen											
chamsi, metdat, sahtie	Fünfparastück	—	—	—	2½	kursirt nicht				—	2½
ascheri	Zehnparastück	—	—	kurs. nicht		—	2	—	2	kurs. nicht	
[illegible]	Zwanzigparastück	—	—	„		—	4	—	4	„	
[illegible]	Vierzigparastück	—	—	„		—	5	—	8	„	
[illegible]											
ascheri ([illegible])	Zehnparastück	—	—	—	12½	—	11	—	12½	—	12½
[illegible]	Zwanzigparastück	—	—	—	25	—	18	—	25	—	25
[illegible] beschlik } (von türkisch	halber } Beschlik	1	10	1	30	1	28	1	20	1	20
[illegible] beschlik } besch = 5)	ganzer } Beschlik	2	20	3	—	3	15	3	—	3	—
[illegible] } [illegible] od. altlik von türk. alty =	viertel } Sahrawi oder Altlik	1	10	1	30	1	28	1	20	1	20
[illegible] } 6 (in Jerusalem auch [illegible])	halber } Sahrawi oder Altlik	2	20	3	—	3	15	3	—	3	—
[illegible]	ganzer } Sahrawi oder Altlik	5	—	6	—	6	30	6	—	6	—
[illegible]											
[illegible]	halber } Silberpiaster	—	30	—	22½	—	25	—	20-22	—	22
	ganzer } Silberpiaster	1	—	1	5	1	10	1	5	1	5
	Doppelpiaster	2	—	2	10	2	20	2	10	2	10
[illegible] } [illegible] od. medschidi (vom Sultan	viertel } Thaler	5	—	5	25-28	6	20	5	30	5	30
[illegible] } Abdu'l Medschid)	halber } Thaler	10	—	11	15	13	—	10	20	11	20
medschidi	ganzer } Thaler	20	—	23	30	26	—	23	—	23	—
oldmünzen											
[illegible]	türkisches Pfund (in Stücken zu ⅛, ¼, 1, 2½, 5)	100	—	123	10	144	—	121	—	125	—
	II. Ausländisches Geld.[3]										
[illegible]	Napoleonsd'or (jeder Prägung) in Stücken zu ½, ¼, 1	—	—	108 (¼ N. = Pi. 27)	10	124	—	109	—	110	—
[illegible]	Englisches Pfund	—	—	136	30	156	—	138	10	138	—
[illegible]	Russischer Imperial	—	—	—	—	125	—	110	—	112	—
frank	Silberfrank (in St. zu 1, 2, 5)	—	—	5	10	6	—	5	10	—	—
schilin	Schilling	—	—	6	10	7	20	6	20	—	—

...m. 1) Beschlik und Altlik sind sehr schwer zu unterscheiden, daher Vorsicht!
2) Die Viertelmedschidi haben ungefähr die Größe einer Mark.
3) Über den Umlauf fremden Silbers vgl. S. xxxv. Außer den in der Tabelle genannten Münzen kursieren bes. in Jerusalem auch Silberrubel (rubl meskûf) à 15 Pi. und Stücke zu 20, 15, 10 Kopeken im Werth von Pi. 2,25; 1,35; 1,10.
4) Obiger Kurs gilt nur für französische und italienische Silberfranken; schweizerische, griechische und rumänische (in Haifâ auch die italienischen) stehen ziemlich niedriger.

deutschen Firmen ohne Verlust eingewechselt werden. Ausländisches Silber ist im ganzen Gebiet der Türkei verboten, doch werden in den Hafenstädten Silberfrank und -Schilling angenommen (nicht aber deutsche Mark). Ägyptisches Geld dagegen wird nirgends angenommen; der Reisende, welcher von Ägypten kommt, lasse sich alles ägypt. Geld gegen europäisches umwechseln.

Eine Übersicht der in den einzelnen Städten kursierenden Münzen und ihres Kurses giebt für die Hauptplätze die nebenstehende Tabelle. Der Kurs ändert sich in einigen Plätzen im Innern des Landes und in N.-Syrien. Wir werden diese Abweichungen an den betr. Orten angeben.

Die Kurse sind einem raschen Wechsel unterworfen. Man frage daher stets einen Banquier über die genauen Kurse und vermeide so viel als möglich, auf dem Basar, in Gasthöfen und beim Dragoman zu wechseln. Im übrigen gewöhne sich der Reisende, nach Piastern zu rechnen und die Preise sich in Piastern sagen zu lassen, er fährt dabei durchschnittlich besser als bei der Frankrechnung. Man halte sein Geld immer wohl verschlossen und zeige so wenig wie möglich, um die Habsucht der Leute nicht zu reizen. Auf eine Reise ins Innere des Landes nehme man eine reichliche Menge kleines Geld (Kupfer und Metalliks) mit, lieber zu viel als zu wenig; die Leute in den Dörfern weigern sich bisweilen, dem Fremden auch nur einen Medschîdî zu wechseln, und so kann er in die bitterste Verlegenheit kommen.

Da es im Orient Sitte ist, daß die Weiber eine Schnur mit Goldstücken um Hals oder Kopf tragen, so findet man sehr viele durchbohrte Stücke. Geldstücke mit großem Loch werden aber nicht selten zurückgewiesen, ebenso solche, deren Mittelstück auf einer der beiden Seiten abgegriffen ist. Man hüte sich also davor. Bei Goldmünzen achte man besonders auf guten Klang beim Aufwerfen auf einen Stein.

Maße. Gesetzlich allein gültig ist das Decimalsystem unter Zugrundlegung von Meter, Liter und Gramm. Allein überall in Syrien wird nach den alten Maßen gemessen. Die **Gewichtseinheit** ist das *Dram (Dirhem)* = 3,2 g; 66²/₃ Dirhem = 1 *Okkîje* = 213 g; 400 Dram = 6 Okkîje = 1 *Okka* = 1,28 kg; 2 Okka = 1 *Roṭl* = 2,56 kg; 44 Okka = 1 *Ḳanṭâr* (Centner) = 56 kg.

Die Einheit der **Hohlmaße** ist das *Mudd (Midd)* = 18 l; 1 *Rubʿîje* = ¼ Mudd, 1 *Kêle* = 2 Mudd. — Flüssigkeiten, besonders auch der Wein, werden in Syrien meist nach dem Gewicht verkauft.

Die Einheit der **Längen- und Flächenmaße** ist der *drâʿ* (Elle) = 67,75 cm; 1 Quadrat-drâʿ = 4590 qcm; 1 *Feddân* = 1600 Quadrat-drâʿ = 734 qm.

F. Paß- und Zollwesen.

Einen **Paß** mit sich zu führen, ist unter allen Umständen notwendig; derselbe ist vor der Abreise von einem türk. Gesandten oder Konsul zu visieren; weitere Visas unterwegs sind nicht erforderlich. Der Paß wird dem Fremden in den syrischen Häfen meistens abgefordert; aber ein anständig gekleideter Reisender wird gewöhnlich gegen Vorzeigung des Passes und Abgabe der Visitenkarte durchgelassen. Es ist dies deswegen vorzuziehen, weil die türkischen Beamten den Paß zu behalten und auf das betreffende Konsulat zu schicken pflegen; dies führt bisweilen zu lästigem Verzug.

Auf dem Zollamt müssen in der Regel Kisten und Koffer geöffnet werden; nach Cigarren wird eifrig gesucht, und es sind dieselben gesetzlich mit 75% des deklarierten Ankaufswertes besteuert. Ägypt. Cigaretten in Syrien einzuführen, ist strenge verboten und zieht außer der Konfiskation noch eine Strafe nach sich. Dagegen ist die Einfuhr von Schußwaffen und Munition jetzt gestattet (100 Patronen frei). — Bücher unterliegen einer strengen Censur. Über etwaige Schwierigkeiten hilft ein Trinkgeld von einigen Frank hinweg, doch vermeide man ein solches anzubieten, wenn höhere Beamte zugegen sein sollten.

Ausfuhrartikel zahlen 1% des Wertes. In der Regel wird visitiert und alles notiert; aber durch das bekannte Mittel kann man sich dieser Schererei entziehen. Die Ausfuhr von Altertümern ist streng verboten. — Von einem Voraussenden des Gepäcks über die Grenze ist durchaus abzuraten, es sei denn, daß man solches an ein befreundetes Kaufhaus (Schlüssel mitschicken wegen der Zollrevision!) oder (nach vorheriger Verständigung) an ein Konsulat zu adressieren berechtigt ist; im letzteren Fall findet *keine* Zollrevision statt.

Zu Reisen im türkischen Reich von einem Wilâjet ins andere (z. B. Jerusalem-Damascus) ist der Besitz eines sog. Reisescheins „*teskere*" erforderlich. Dasselbe wird von der Polizeibehörde auf Requisition des Konsulats erteilt, Preis 5 Pi. *sar*. Für Weiterreisen bedarf es (für jedes neue Wilâjet) des Visums der Polizeibehörde, Preis $2^1/_2$ Pi. *sar*.

G. Konsulate.

Die Konsuln im Orient genießen in Bezug auf die Exterritorialität dieselben Vorrechte wie bei uns die Gesandten. Man unterscheidet *Berufskonsuln* (consules missi) und *Wahl-* oder *Handelskonsuln*. Erstere (nur in Jerusalem und Beirût) sind mit Gerichtsbarkeit bekleidet und üben dieselbe über alle im Konsulatsbezirk wohnenden Reichsangehörige und Schutzgenossen aus, soweit es sich um Rechtsstreitigkeiten unter Deutschen oder um Klagen gegen sie von Seiten der Schutzbefohlenen anderer fremder Mächte handelt. Alle Streitigkeiten zwischen türk. Unterthanen und Fremden werden von türkischen Gerichten unter Zuziehung des Dragomans der beteiligten fremden Macht entschieden. Grundbesitzstreitigkeiten unterstehen ebenfalls den türkischen Gerichten. Die Handelskonsuln (Vicekonsuln oder Konsular-Agenten) sind von den Berufskonsuln abhängig und handeln nur unter deren Verantwortung oder Kontrole. — Bei etwaigen Verlegenheiten wende man sich sofort an den Konsul seines Landes, durch welchen ein Verkehr mit den Landesbehörden ohne Schwierigkeiten stattfindet und einer Rechtsverkümmerung vorgebeugt wird. Es erfordert daher nicht allein die Höflichkeit, sondern auch das eigene Interesse, bald nach der Ankunft auf dem Konsulat seinen Besuch zu machen. — Die Dienste der Kawassen (Soldaten oder Gerichtsdiener des Konsulats) vergütet man, obschon diese dem Fremden sehr nützlichen Leute keine Entschädigung zu fordern befugt sind.

II. Briefpost und Telegraphenverbindung.

Beirût ist der Sitz des Oberpostdirektors für Syrien und Cypern. Die Türkei gehört zum Weltpostverein. Das Porto beträgt für Briefe 1 Pi. sâr für je 15gr. und für Kreuzbandsendungen 10 Pa. für je 50 gr. Korrespondenzkarten 20 Pa.

Auch nach Syrien können Briefe *poste restante* geschickt werden, doch ist die Adressierung an ein Konsulat, Geschäftshaus oder Hôtel natürlich vorzuziehen. Briefe aus und nach Syrien sind 9-15 Tage unterwegs, was bei Aufgabe der Korrespondenz und bei Dispositionen betreffs etwa nachzusendender Briefe und Zeitungen nicht außer Acht zu lassen ist.

Die *türkische* Post vermittelt vorzugsweise den Verkehr von der Küste ins Innere; die Adressen der dieser Post übergebenen Briefe müssen gleichzeitig auch türkisch oder arabisch geschrieben sein. — Der Postverkehr mit dem *Ausland* ist zum großen Teil in den Händen der österreich., französ. auch englischen und russischen Post (letztere fast nur für den Lokalverkehr), welche der Leitung der betr. Konsulate unterstehen. In Händen des englischen Konsulats ist auch die Post durch die Wüste nach Bagdad, Persien und Indien.

In Syrien gibt es zwei Arten Telegraphenbureaux: *türkische*, d. h. solche, auf denen nur in türkischer oder arabischer Sprache und *internationale*, bei denen in den europäischen Sprachen (bes. französisch, englisch und deutsch) telegraphiert werden kann.

Von einer türkischen Station sende man die Depesche arabisch an die Küste, wo sie dann übersetzt und weiter expediert wird; diese Absendung wird am besten durch ein Handlungshaus oder das Konsulat besorgt.

Tarif: *türkische Telegramme* ½ Pi. das Wort (nach entfernteren Provinzen bezw. den türk. Inseln 1-1½ Pi.). *Internationale Telegramme* (Worttaxe):

Ägypten	1 fr. —	Frankreich	56 c.	Portugal	69 c.
Amerika	9 fr. 60 c.	Griechenland	38 c.	Rußland	76 c.
Belgien	60 c.	Holland	60 c.	Schweden	69 c.
Dänemark	60 c.	Italien	48 c.	Schweiz	51 c.
Deutschland	55 c.	Norwegen	72 c.	Spanien	65 c.
England	76 c.	Österreich	46 c.		

Man schreibe die Depeschen recht groß und deutlich in lateinischer Schrift.

Alphabetisches Verzeichnis der Telegraphenstationen Syriens (*i.* = international): 'Akkâ *i.*, 'Âleih *i.* (nur im Sommer), Aleppo *i.*, Alexandrette *i.*, Antiochien, Ba'abdâ *i.*, Ba'aklin, Ba'albek, Batrûn, Beirût *i.*, Bukfeijâ, Beteddîn *i.*, Bethlehem, Damascus *i.*, Dscheble, Dschenîn, Gaza *i.*, Haifâ, Hamâ, Hâsbêjâ, Homs, Jâfâ *i.*, Jerusalem *i.*, Irbid, el-Kunêṭra, Lâdiḳîje *i.*, el-Mînâ *i.*, Nâbulus, Nazareth *i.*, Nebk, Râschêjâ, Ṣafed *i.*, es-Salṭ, Ṣaidâ, Ṣûr (Tyrus), Ṭabarîje, Tarâbulus, Ṭarṭûs, Zaḥle.

J. Bettler. Bachschîsch.

Der gewöhnliche Orientale hält jeden europäischen Reisenden für einen Krösus (und teilweise auch für einen Narren, weil ihm der Zweck und die Lust des Reisens unverständlich sind); er glaubt, daß es bei uns gar keine Armut gebe, während sie doch in der That bei uns sich viel fühlbarer macht, als im Orient. An diesen Anschauungen sind zum großen Teil die Reisenden selbst schuld, denn nicht selten, besonders in Ägypten, sieht man, daß ganze Hände voll Piaster ausgestreut werden, nur des Anblicks der daraus entstehenden Balgerei der Araber wegen. Es kann dies nur als eine Verhöhnung der Armut bezeichnet werden, die sich niemand sollte zu Schulden kommen lassen. An Greise und Krüppel gegebene Almosen können oft großes Elend lindern.

In Folge dieser Anschauungen drängen sich Leute an den Reisenden im Gefühl einer berechtigten Forderung heran: Gieb mir ein Bachschisch, weil du reich bist und mit einem großen Troß in der Welt umherfährst. Wer giebt, ist ein guter Mann (*ridschâl ṭaijib*). In jedem Dorfe werden die zerlumpten auf der Straße sich herumtreibenden Kinder hinter dem Reisenden herlaufen, unaufhörlich schreiend '*bachschîsch, bachschîsch jâ chawâdscha*!' Man antworte den Reim aufgreifend '*mâ fîsch, mâ fîsch*', es giebt nichts, es giebt nichts, worauf sie sich beruhigen. Einem Bettler, dem man nichts geben will, antwortet man '*allâh ja'ṭîk*', Gott gebe dir, worauf er stets schweigt.

Das Wort *bachschîsch*, „Geschenk, Gabe" (persischen Ursprungs), das die Geduld des Reisenden häufig auf eine harte Probe stellt, und das in seinen Ohren noch fortklingt, wenn er längst die Grenzen des Orients hinter sich hat, bedeutet einfach ein Geschenk, und da man mit „Geschenken" im Orient alles erreichen kann, so findet das Wort die verschiedenste Anwendung. Mit Bachschîsch erleichtert man den Zollbeamten ihre Arbeit und beschleunigt dieselben; Bachschîsch ersetzt den Paß, Bachschîsch begehrt der Bettler, verlangt der Esel- und Pferdetreiber; von Bachschîsch allein soll eine große Anzahl von Beamten leben.

Nach der Landessitte erhält der Diener eines vornehmen Mannes, dem man einen Besuch gemacht hat, beim Herausgehen ein Bachschîsch. Der Reisende wird in christlichen Dörfern häufig eingeladen, die Kirchen zu besichtigen und wird dann dem Geistlichen (*chûri*) gern eine Kleinigkeit „für die Kirche" (*min schân el-kenîse*) verabreichen. Hat man einer Person, z. B. einem besonders geldsüchtigen Beduinenschêch, ein Bachschisch zu geben, so gebe man ihm zuerst 20-30 Pi. weniger, als man beabsichtigt, um später diese Summe darauf zu legen. Immer ist es geraten, Bachschisch erst im letzten Moment der Abreise auszuteilen.

K. Öffentliche Sicherheit. Waffen. Militär- und Beduinen-Begleitung. Hunde.

Die Mitnahme von Waffen ist auf den Hauptrouten (S. XIII) überflüssig, auf den übrigen Routen aber notwendig. In diesem Fall tragen in die Augen fallende Waffen wesentlich zur Erhöhung des Ansehens des „Franken" bei. Einfuhr von Waffen s. S. XXXVI. Der gesetzlich vorgeschriebene Waffenschein (ebenso Jagdschein) wird auf Requisition des Konsulats von der Polizeibehörde ausgestellt (Preis 11 Pi. sag).

Für die Tour ans Tote Meer ist die Begleitung eines Bauern von *Abu Dis* (S. 165) nötig, der dafür 1-1½ Medschidi pro Tag erhält. Denselben Preis bezahlt man für die Türkische Soldatenbegleitung, die auf einzelnen Touren (z. B. Palmyra) nötig ist. Näheres s. bei den einzelnen Routen. Weit höher stellen sich die Preise in einigen Landschaften ö. vom Jordan, wo die Herrschaft der Türken nicht recht anerkannt wird. Das Gewohnheitsrecht der Beduinen lautet dahin, daß jeder Stamm die Befugnis hat, die Reisenden (um ein entsprechendes Bachschisch) so weit zu befördern, als sein Territorium reicht. In der Regel übernimmt es jedoch ein Beduinenschêch, die Reisenden durch verschiedene Stammgebiete hindurchzuführen und die anderen Schêche abzufinden, was freilich oft zu endlosen Verhandlungen führt.

Die eigentliche Wüste ist weniger unsicher, als das Grenzgebiet zwischen der Steppe und dem bebauten Lande, denn in diesem treiben sich meist die Marodeurs herum. Einmal im Innern eines Stammgebiets angelangt, in Begleitung eines Schêchs aus demselben oder einem befreundeten Stamm, findet man überall die gastlichste Aufnahme. In Fehden der Grenzstämme, die nicht eben selten sind, hineinzugeraten, ist mißlich, da die Wege dann unsicher sind. Verfasser kennt Beispiele, wo Scheinangriffe von Beduinen mit dem Dragoman verabredet wurden, um ein Bachschisch von dem Reisenden zu erpressen, das nachher geteilt wurde. Beduinen aus entfernten Gegenden führen bisweilen eilige Raubzüge aus; sollte man auf solche stoßen — und dieselben greifen nur an, wenn sie überlegen sind — so ist es mißlich Waffen zu gebrauchen, da man dadurch dem Gesetz der Blutrache anheimfällt.

In Betreff der Honorierung der Beduineneskorte für Gegenden, die sich nicht der türk. Regierung unterworfen haben, Ansätze aufzustellen, ist sehr schwierig. Man erkundige sich danach immer aufs neue beim Konsulat, durch das man auch am besten die Unterhandlungen führt (unter Umgehung aller sich aufdrängenden Zwischenhändler). Die Beduinen sind furchtbar zähe; sie suchen durch Warten den Reisenden mürbe zu machen; sie verlangen einen Preis von jedem Einzelnen der Reisegesellschaft, während man bei Abmachung einer Gesammtsumme (in Pi.) in der Regel viel besser fährt.

In unsicheren Gegenden lasse man jemand vor dem Zelte wachen; in einzelnen Städten (z. B. Nâbulus), die wir nennen werden, erbitte man sich hierzu einen oder einige Soldaten vom Kommandanten. Die Wertsachen lege man unter das Kopfkissen und entferne von der Wand des Zeltes, was etwa durch eine von außen hineinlangende Hand zu erreichen wäre. Ist etwas abhanden gekommen, so richte man ohne Verzug die Klage an den *schêch el-beled* (Ortsvorstand) des nächsten Dorfes und, wenn Klagen und Drohungen da nichts fruchten, an den Statthalter der nächsten größeren Ortschaft. Auch vor Bettlern nehme man sich in acht.

Die herrenlosen Hunde (S. LX), für den Muslim bekanntlich unreine Tiere, besonders in Damascus in großer Zahl, bellen den Europäer wohl an, beißen aber nie; ein Stock, Schirm oder dergl. in der Hand benimmt auch das unsichere Gefühl, das den einzelnen Reisenden etwa beschleichen könnte.

L. Gasthöfe. Klöster. Gastfreundschaft. Châne.

Eigentliche Gasthöfe finden sich nur an der großen Touristenstraße. Man kann ihnen durchschnittlich ein gutes Zeugnis ausstellen; die Dienerschaft jedoch besteht (wie die Wirte selbst) zumeist aus eingebornen Christen, von denen man nur nicht europäische Pünktlichkeit und Sorgfalt erwarte. Auch die Begriffe von Reinlichkeit sind teilweise andere. Der Pensionspreis in diesen Gasthöfen beläuft sich während der Saison durchschnittlich auf 12-16 fr.; für einen Bedienten 3-4 fr. Für längeren Aufenthalt stelle man den Pensionspreis zum voraus fest. Wein wird in der Regel nach der Karte besonders berechnet; die Kost ist meist gut und reichlich. Die Bedienung wird auf dem Conto nicht berechnet. Restaurants nach europäischen Begriffen giebt es im Orient nicht.

Eine große Wohlthat für den Reisenden sind die Hospize. Von solchen sind zu nennen (außer denen in Jerusalem s. S. 21) die russischen Hospize in Jericho und Hebron; gut eingerichtet, in der Saison Einlaßkarte vom Patriarchat in Jerusalem nötig; Proviant muß man selbst mitbringen; feste Preise: 3 fr. pro Bett. — Die lateinischen und griechischen Klöster (erstere vorzuziehen), obwohl zunächst für die betr. Pilger berechnet, nehmen, wo kein Gasthof ist, auch Reisende anderer Konfession auf. Die Insassen der lateinischen Klöster sind gewöhnlich italienische Franziskaner (S. XCII), milde, angenehme, aufopferungsvolle Leute. Abverlangt wird nichts, als Maßstab für freiwillige Bezahlung mag der oben erwähnte Preis der Hospize gelten (3 fr.), der sich, wenn Verpflegung (Abendessen und Frühstück) dazukommt, auf das Doppelte (1½ Medschîdî) erhöhen dürfte (Pferdefutter extra!). Auch in den Klöstern des Libanon, bei den Maroniten etc. wird man leicht Unterkommen finden; nur muß man dort mit orientalischer Kost und arabischen Betten vorlieb nehmen.

In den Dörfern ist man auf die Gastfreundschaft von

Privatleuten angewiesen. Man braucht meist nur nach dem Haus zu fragen, in welchem Fremde abzusteigen pflegen („*wên mensil* oder *kônak?*“), gewöhnlich das Haus des Schêchs oder eines andern angesehenen Mannes. Man braucht sich durchaus nicht zu genieren, da der Orientale in den Dörfern und Städtchen, die von den Fremden besucht werden, weiß, daß der Franke bezahlt. Gute Aufnahme findet man bei den griech. Geistlichen *(chûri rûmi)*, wo solche sich finden. Am besten ist es natürlich, wenn ein Konsularagent oder ein Missionar im Ort ist und man bei diesem übernachten oder durch ihn Unterkunft finden kann. Bezahlung wie in den Klöstern. Daß man sich den orientalischen Sitten (vergl. S. XLVIII) unterwirft, versteht sich von selbst.

Der allerletzte Zufluchtsort sei der Chân, das Karawanserai, das auf dem Lande nur zur Aufnahme der Pferde und Mukâri geeignet ist und ganz voll Ungeziefer zu sein pflegt.

M. Kaffeehäuser.

Kaffeehäuser giebt es aller Orten, selbst die großen Karawanen-Straßen entlang; sie bestehen meist aus einer Bretterbude mit einigen Sitzen von Rohrgeflecht. Die Kaffeehäuser in Damascus sind in größerem Stil. Der Kaffee, welcher in kleinen Schälchen *(findschân)* ausgeschenkt wird, ist nicht so gut wie in Ägypten. Man ist in Syrien bereits gewöhnt, den mit dem Satz versehenen braunen Trank dem Europäer stark versüßt zu reichen; man kann sich ihn aber auch unverzuckert *(sâde* oder *murra)* ausbitten oder mit wenig Zucker *(schwoijet sukkar)*. Der Kaffee der Beduinen ist der beste; er wird bei ihnen stets frisch geröstet und in hölzernen Mörsern zerstampft. In den Kaffeehäusern ist es Sitte, daß der Europäer 20 Pa. ($^1/_2$ Pi.) für das kleine Schälchen Kaffee zahlt (der Eingeborne zahlt die Hälfte). Dem Kellner ruft man nach oriental. Sitte durch Händeklatschen und den Ruf: „*jâ weled*“ (o Knabe!). — Der Caféwirt hat in der Regel auch Nargile's (Wasserpfeifen) für seine Gäste in Bereitschaft. Der Eingeborne bringt sich den Tabak (S. XLV) selbst mit; wenn der Caféwirt den Tabak liefert, wird $^1/_2$ Pi. für die Pfeife bezahlt. Man rauche das Nargile nie ganz aus; will man ein zweites, so rufe man: *'ṭaijir en-nâfâs'*, gieb eine andere Pfeife, worauf der Kopf der Pfeife durch einen frisch gefüllten ersetzt wird. Verglüht die Kohle zu rasch, so ruft man *'bassa'*, worauf eine frische Kohle gebracht wird. In die Mundspitze des Schlauches *(murbîsch)*, durch die der Rauch eingesogen wird, kann man, um die unmittelbare Berührung zu verhüten, ein kleines zusammengerolltes Stück Papier stecken.

N. Bäder.

Die arabischen Bäder sind Schwitzbäder. Die *Harâra* (s. Plan) sowohl als die Kabinen (*Maṭṭas* und *Ḥanafîje*) sind mit durchbrochenen gegossenen Gipsplafonds flach überwölbt, die Öffnungen in der Gipsdecke mit bunten Glasglocken geschlossen. Sie sind mit Wasserdampf gefüllt und haben einen hohlen Boden, durch welchen die Flamme und der Rauch der Feuerung zieht, um dann in den Rauchröhren der vier Wände nach dem Schornstein aufzusteigen. Die Maṭṭas haben ein im Boden vertieftes Bassin und ein

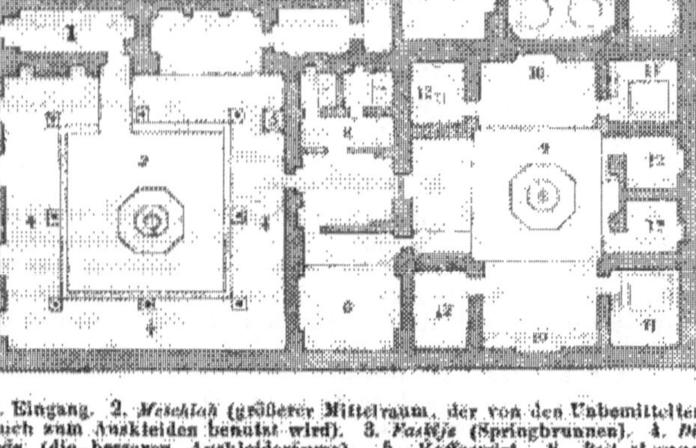

1. Eingang. 2. *Meschlah* (größerer Mittelraum, der von den Unbemittelten auch zum Auskleiden benutzt wird). 3. *Faskîje* (Springbrunnen). 4. *Diwân* (die besseren Auskleideräume). 5. Kaffeewirt. 6. *Beit el-awwel* (geheiztes Auskleidezimmer bei kalter Witterung). 8. Abtritte. 7. Eingang zur (9.) *Harâra* (Raum zum Schwitzen). 10. *Diwân*. 11. *Maṭṭas* (Zellen mit Bassin). 12. *Hanafîje* (Zellen mit Waschbecken und Hähnen für warmes Wasser). 13. Feuerung. 14. Kessel.

Marmorbecken zum Waschen, mit Hähnen für kaltes und warmes Wasser, die Hanafîje nur letzteres. Alle Räume der Bäder sind mit Marmorplatten belegt.

Wenn über dem Eingang des Bades ein Lappen hängt, so ist es von Frauen besetzt, und Männer haben keinen Zutritt. Es ist geraten, das Bad der Reinlichkeit wegen am frühen Morgen zu besuchen; den Freitag und Festtage vermeide man, weil da sehr viele Muslimen in der Frühe baden.

Man tritt zuerst in einen großen mit einer Kuppel überwölbten Raum. Unter der Kuppel ist ein Bassin mit kaltem Wasser. Oben sind Schnüre gezogen, an denen die Badewäsche hängt; sie wird geschickt hinaufgeworfen und mit Hilfe langer Bambusstäbe wieder heruntergeholt. Zuerst begiebt man sich zu einem der erhöhten Diwâne (die Nähe der Straße ist zu vermeiden); frische Tücher werden vom Badediener darüber gebreitet; bevor man auf den Teppich tritt, zieht man die Schuhe aus; der Badediener nimmt sie in

Verwahrung. Darauf entkleidet man sich; Geld und Uhr kann man, wenn man will, dem Besitzer des Bades in Verwahrung geben. Man erhält nun ein Tuch um die Hüften gebunden und kleine Stelzen oder Holzschuhe *(ḳabḳâb)* an die Füße; so geht man in das Innere des Bades in die heißen Räume; man kann sich führen lassen. Hier sind die Zimmer zum Schwitzen; sie sind überwölbt; durch die Glasscheiben fällt nur ein mattes Licht hinein. Neben einem Becken werden vom Badediener Leintücher ausgebreitet; man streift die Stelzen ab und läßt sich auf ein solches nieder. Hierauf beginnt man zu schwitzen; erst wenn der Schweiß recht ausgebrochen ist, ruft man dem Badewärter. Es werden gewöhnlich verschiedene Proceduren vorgenommen. Der Badewärter fährt dem Badenden über die Glieder und macht ein Gelenk nach dem anderen knacken, indem er sanft daran drückt; dies wird dem Europäer gewöhnlich erspart. Sehr angenehm hingegen ist der Gebrauch, sich von dem *abu kis* oder *abu ṣâbûn* (Beutel- oder Seifenmann) den Körper mit einem etwas rauhen Filzlappen *(kîs)* abreiben zu lassen; „*keijisni*“ (reibe mich). Dann läßt der Wärter heißes Wasser in ein Becken und schlägt Seife; damit seift er den ganzen Körper ein, eine gründliche Reinigung. Hierauf gießt er dem Badenden einige Schalen heißes Wasser über den Kopf und über den Leib; wem es zu heiß ist, der verlange etwas kaltes Wasser *(„dschib môje bâride“)* oder rufe genug *(„bûs“)*. Dann kann man sich noch nach Belieben aufhalten und heißes und kaltes Wasser über den Leib schütten; am geratensten ist es, nach und nach zum kalten Wasser überzugehen, um sich abzukühlen; man läßt daher Eimer um Eimer bringen *(„môje bâride“)*. Wenn man wünscht, die Schwitzkammer zu verlassen, ruft man dem Badewärter *„dschib el-fuwaṭ“*, bringe die Tücher, worauf er mit Handtüchern erscheint; eines wird um die Hüften geschlungen, eines um den Oberkörper gelegt, und eines in Form eines Turbans um den Kopf gewickelt. Auf den Stelzen verläßt man die inneren Gemächer und kehrt zu seinem Platz in dem Vorderraum zurück. Hierauf werden die Tücher gewechselt; man läßt sich zusammengekauert auf dem Dîwân nieder. In jedem Bade ist ein Kaffee- und Pfeifenwirt; gewöhnlich wird Kaffee getrunken. Limonade und heißes Zuckerwasser ist in den Bädern wie in den meisten Café's beliebt. Noch zwei- oder dreimal erscheint der Badewärter, die Tücher auf dem Kopfe tragend, um die Handtücher zu wechseln, bis man ganz trocken ist. Damit schließt die Procedur. — Eine Anzahl Bäder sind fromme Stiftungen; der Eingeborne bezahlt nichts oder nur ein mäßiges Entgelt. Von dem Europäer erwartet man für ein Bad etwa 6 Pi. oder mehr; außerdem erhält der Badewärter („Seifenmann“) etwa 1 Pi. Trinkgeld. Kaffee s. S. XLI. — Ein orientalisches Bad ist besonders nach einer längeren Reise oder auch bei einer Erkältung zu empfehlen. Es wird indes behauptet, daß der allzuhäufige Genuß solcher Bäder Geschwüre verursache.

O. Basare.

Im Orient befinden sich die Kaufläden, häufig mit den betreffenden Werkstätten verbunden, meist je nach ihrer Ware zusammen in einem eigenen Bezirk, einer Straße oder einem Gäßchen, die je nach dem betreffenden Handelsartikel (mitunter auch nach einer nahgelegenen Moschee) benannt werden; so '*Sûḳ* (= Markt) *en-Naḥḥâsîn*' Markt der Kupferwarenhändler, — '*Dschôhardschîje* (Markt der) Juweliere, — '*Churdadschîje*' (Markt der) Eisenwarenverkäufer, — '*Kaṣṣâbîn*' Fleischer etc. In allen größeren Ortschaften giebt es auch ansehnliche Gebäudekomplexe (*Châne*) für die Niederlagen der Großhändler, welche letztere aber an den Fremden in der Regel auch im Detail verkaufen.

Der Laden (*dukkân*) ist eine nach der Straße zu ganz offene Vertiefung, von verschiedener Größe, meist 2m breit; der Fußboden mit dem Sitz (*maṣṭaba*), auf welchem der Besitzer auch seine Gebete verrichtet, ist nur wenig über den Erdboden erhöht. Verläßt der Besitzer den Laden am Tage, so bittet er seinen Nachbar um dessen Bewachung oder hängt einfach ein Netz davor. Will man kaufen, so setzt man sich zuerst auf die Maṣṭaba und gibt nun seine Wünsche zu erkennen. Das Zustandekommen eines wenn auch noch so kleinen Geschäftes erfordert, wenn man eben nicht jeden Preis zahlen will, eine in Europa kaum zu ahnende Zeit und Geduld.

Beim Handeln um eine Ware gilt als Regel, daß der Käufer überfordert wird, denn nichts hat einen festen Preis im Orient; immer muß gefeilscht werden, bisweilen recht unverschämt. Wenn man den richtigen Preis der Waaren zum voraus kennt und nennt, so wird der Verkäufer sagen „es ist wenig" (*ḳalîl*), aber doch die Ware lassen. Der Verkäufer läßt bisweilen dem Käufer Kaffee kommen, in jeder Basarstraße findet sich ein Kaffeewirt. Wenn man sich von einem Verkäufer übervorteilt glaubt, gehe man weg und wende sich an einen zweiten; jeder Schritt Entfernung wird beim ersten Verkäufer den Preis sinken machen und er wird einen zurückzurufen suchen. Das Gebot, welches man dem Verkäufer thut, sei stets so niedrig, daß man dasselbe nachher steigern kann ('*min schânak*', um deinetwillen), sonst geht selbst dem Orientalen die Geduld aus. Eine Lieblingsredensart des Verkäufers in dem oft etwas ceremoniösen Orient ist '*chudu balâsch*', nimms umsonst, was natürlich ebenso wenig ernstlich gemeint ist, wie das bekannte '*bêtî bêtak*', mein Haus ist dein Haus.

Wer mit Orientalen umzugehen versteht, kann es wagen, falls er das Gefühl hat, überfordert zu werden, als letzten Ausweg den Verkäufer nach dem Einkaufspreis der Ware zu fragen; in 99 von 100 Fällen wird ihm die Wahrheit gesagt werden. Wenn man der Aussage eines Muslim nicht glaubt, läßt man ihn auf den Ḳorân oder bei der dreifachen Scheidung (*ṭalâḳ*) schwören.

Im Orient imponiert nichts mehr, als wenn der Reisende die Forderungen auf ihr richtiges Maß zurückzusetzen versteht; doch wird er stets mehr bezahlen, als der Eingeborne. Die Preise, die wir in diesem Buche geben, sollen mehr als allgemeiner Anhaltspunkt, als Mittel zur Verwahrung gegen zu grobe Prellerei dienen; auf unbedingte Genauigkeit machen sie keinen Anspruch.

Dragomane und Lohnbediente sind stets mit dem Verkäufer einverstanden und beziehen von demselben einen Gewinnanteil von 10-20%. — Altertümer s. S. CXXVI.

In Jerusalem, wie in Beirût giebt es Handlungshäuser (S. 22, 284), welche die Versendung gekaufter Gegenstände in die Heimat auf das pünktlichste und beste besorgen; auch das Porto dafür ist nicht so teuer, zumal wenn die Waren einer größern Sendung beigepackt werden können. Man erspart sich damit alle an den Grenzen mit neuen Gegenständen verbundenen Weitläufigkeiten.

P. Tabak.

Seit einigen Jahren ist in der Türkei für alle Tabake das Monopol eingeführt und an eine Gesellschaft verpachtet. Es wird dem an Cigarren gewöhnten Raucher zuerst schwer werden, sich mit den orientalischen Tabaken zu befreunden. Die Cigarren der Regie sind alle herzlich schlecht; gute, von Privaten eingeführte (bezw. geschmuggelte) sind nur in Beirût und etwa Jerusalem zu kaufen, aber sehr teuer, da der Zoll 75% des Wertes beträgt. Demnach ist vom Mitführen von Cigarren abzuraten, ebenso wie vom Nachhausenehmen von Tabak. Denn an der türkischen Grenze und ebenso an der österreichischen und italienischen wird nicht deklarierter Tabak nicht allein konfisciert, sondern man wird auch mit dem mehrfachen, sofort zu erlegenden Betrag des Wertes bestraft. Dabei wird nicht etwa gespaßt! Auch die Einfuhr ägyptischer Cigaretten in der Türkei ist verboten und mit Konfiskation und Strafe belegt.

Die Regie fabriziert selbst Cigaretten aus einer Mischung von Constantinopeler Tabak (*stambûli*) und einheimischem (*beledi*) in 4 Qualitäten: *Extra* und No. 1-3. Gewöhnlich geraucht wird No. 3, die nicht schlechter ist als No. 1 und 2 aber billiger ($2^3/_4$ Pi. ṣâṛ die Schachtel zu 25 St.). Bedeutend besser ist Qualität Extra (7 Pi. ṣâṛ).

Der geschnittene Tabak (*tütün*; schwer: *taḳîl*, leicht: *chafîf*) der Regie umfaßt außerdem noch 2 weitere Qualitäten. Der „*stambûli*" ist lang geschnitten. Von vielen wird der syrische Tabak (*beledi*) vorgezogen, weil er einen besseren Nachgeschmack hinterläßt und Zunge und Gaumen weniger trocknet. Er ist kurz und ungleichmäßig geschnitten und enthält feine Teile mit dickeren holzigeren untermischt. Für beide zahlt man c. 60 Pi. p. Oḳḳa ($1^1/_4$ kg). — Viel besser ist der im Libanongebiet (S. LXIV) gebaute Tabak. Der Tabakbau hat aber hier sehr abgenommen, da die Einfuhr in die der Regie unterworfenen andern Provinzen verboten ist. Doch kann man überall geschmuggelten haben. Die besten Sorten heißen *Dschebâli*, *Schḳîfi* und *Korâni*, von den Orten *Dschebeil*,

Sehkîf und *Kûra.* Ersterer, bei den Europäern „Lattakia“ genannt, ist dunkelbraun und schwer, er wird im Rauch von harzigen Hölzern getrocknet; der Korâni ist lichtbraun und leichter.

Um den Tabak unterwegs frisch zu erhalten und vor dem Trockenwerden zu bewahren, legt man Stücke einer zerschnittenen gelben Rübe hinein. In den Städten kaufe man ihn öfters frisch.

In den Wasserpfeifen (Nargile) kann nur der persische Tabak (*tumbâk*) geraucht werden (hellgelb und sehr aromatisch). Derselbe wird vorher gewaschen und geknetet, dann feucht auf die Pfeife gelegt und mit einer glühenden Kohle angebrannt. Der Rauch wird mit langen Atemzügen in die Lunge gezogen. An die Nargile muß man sich erst gewöhnen, um ihr Geschmack abzugewinnen. Die Frauen rauchen meistens Nargile, die Bauern Dschôzen (vergl. S. 317).

Q. Moscheen.

Der Besuch dieser muslimischen Gebetsräume ist erst seit dem Krimkriege den Christen gestattet; aber auch heute noch sieht der strenge Muslim höchst ungern, daß „Ungläubige“ (Christen und Juden) seine heiligen Plätze betreten. Es bedarf wohl kaum der Erwähnung, daß man bei dem Besuche derselben sich ebenso rücksichtsvoll verhält wie in unsern Kirchen; man unterlasse namentlich niemals, am Eingange seine Schuhe aus- und meist bereit stehende Pantoffeln anzuziehen oder welche mitzubringen. Auch rühre man die umherliegenden Korâne nicht an. Trinkgeld: in den kleineren Moscheen pro Person 1 Pi. dem Führer, $1/2$ Pi. für die Pantoffeln; bei den größeren s. die Taxen am betr. Ort.

Nach ihren Grundformen zerfallen die Moscheen in zwei Hauptgruppen: 1) solche von rechteckiger Form der ganzen Anlage mit von der Seite offener Säulen- oder Pilasteranordnung um den offenen Hof; 2) solche, bei denen der rechteckige oder kreuzförmige Hof von geschlossenen Räumen umgeben wird. — *Dschâmi'* ist der Name für eine große Moschee (Kathedrale), in welcher am Freitag die Predigt (*chutba*) und das Kanzelgebet für den regierenden Herrn gehalten wird. *Mesdschid* ist jeder „Betort“ im allgemeinen, selbst wenn er auch nur aus einem Zimmer (*muṣallâ*) besteht.

Jede Dschâmi' hat einen größeren, meist unbedeckten Hof (*fusḥa* oder *ṣaḥn el-dschâmi'*), in dessen Mitte sich der Brunnen zu den religiösen Waschungen (*ḥanafîje*) befindet. An die ö. Seite des Hofes schließt sich die mit Teppichen oder Matten (*ḥaṣîre*) belegte *makṣûra* an, in welcher die religiösen Geräte aufgestellt sind.

In der Makṣûra bemerken wir: 1) die nach Mekka (der *ḳibla*) gerichtete Gebetsnische, *miḥrâb*; 2) den *mimbar*, die Kanzel, rechts vom Miḥrâb, von welcher der *chaṭîb* die Rede an die Gläubigen hält; 3) den *kursi* (plur. *kerâsi*), das Pult, auf welchem während des Gottesdienstes der Ḳorân aufgeschlagen wird (sonst wird der Ḳorân in einem besonderen Schrank aufbewahrt); 4) die *dikke*, ein auf Säulen aufgestelltes Podium, mit niederem Gitter umgeben, von welchem die *moballir* (Gehülfen des Chaṭib) die Worte des Korâns für das entferntstehende Volk wiederholen; 5) die verschiedenen Lampen und Laternen (*kanâdîl* und *fânûs*).

Seitwärts von dem Ṣaḥn el-Dschâmi' befindet sich noch ein kleiner Hof, mit einem Bassin in der Mitte und notwendigen Kämmerchen längs der Wände. Der Muslim betritt gewöhnlich diesen Hof, bevor er den Ṣaḥn el-Dschâmi' besucht. — Neben der Makṣûra steht öfters das Grabmal des Erbauers der Moschee, in weiterer Entfernung am Haupteingange befindet sich der *Sebîl* (Brunnen) mit der *Medrese* (Schule). Diese Brunnen sind häufig sehr reich mit Marmor und großen bronzenen Gittern verziert. Vor den vergitterten Brunnengebäuden sind gewöhnlich mehrere Stufen, über ihnen befindet sich bisweilen eine mehr oder minder stattliche Halle für die Schule. Das Innere des Sebîl besteht nur aus einem großen Raum, dessen Boden etwa 1m über dem Straßenniveau liegt und in welchem das aus der Cisterne geschöpfte Wasser zur Verteilung an den Gittern in Gefäße gefüllt wird.

Der Muslim spricht auch Gebete an dem Gitterfenster der Mausoleen seiner Heiligen (*Schêch* oder *Weli*), hinter welchem ein Katafalk, der aber keineswegs immer die Reste des verehrten Verstorbenen birgt, mit bunten Teppichen bedeckt, sichtbar ist. Solche „*Weli's*" (s. S. CII) sind in allen Teilen des Landes zu finden, oft in die Häuser eingebaut und leicht durch ihre äußere Form zu erkennen; es sind kubische Gebäude mit einer Kuppel und daher *kubbe* genannt, gewöhnlich in den Grunddimensionen 4 bis 6m nicht überschreitend, meistenteils weiß getüncht, oft leer und von Skorpionen etc. bewohnt. In Syrien hat beinahe jedes Dorf sein „Weli", das zugleich von Muslimen und Christen und Juden verehrt wird; die in demselben deponierten Gegenstände sind vor jeder Gefahr des Diebstahls sicher.

R. Wohnungen.

Die Wohnungen der Bauern bestehen in der Regel aus Lehm. In der Ebene wird mit Lehmziegeln, die an der Sonne getrocknet sind, gebaut, im Gebirge mit Steinen. Die Häuser bestehen in der Regel nur aus einem oder zwei Zimmern ebener Erde; Kamine und Rauchfänge sind unbekannt. Die Zimmerdecken bestehen aus Holzwerk, über welches Zweige und Lehm gelegt werden.

Die Privathäuser selbst der wohlhabenderen Städter haben selten mehr als zwei Stockwerke und sind in der mannigfaltigsten Weise gebaut, doch werden im allgemeinen folgende Regeln bei ihrer Anlage beobachtet: 1) die *Haupträume*, namentlich die des *Harems*, blicken in den Hof oder in den Garten, wenn ein solcher vorhanden ist; 2) die auf die Straße gehenden *Fenster* des Erdgeschosses sind klein, sehr hoch gelegen und stark vergittert, die der oberen Stockwerke durch Sommerläden verschließbar, doch kommen Glasfenster mehr und mehr in Gebrauch; 3) der *Corridor*, welcher von der Straße zum Hofe führt, bildet einen Winkel, damit man nicht von der Gasse aus in den Hof sehen kann; 4) der *Hof (hôsch)* selbst ist mit Steinfliesen belegt, oft auch mit Orangen- und Citronenbäumen bepflanzt; in der Mitte ist ein großes Bassin mit laufendem Wasser.

Gleich beim Eingang in den Hof liegt die *Mandara*, das Empfangszimmer des Hausherrn. Von dem Hof führt eine mit einem Vorhang bedeckte Thür in dieses Zimmer. L. und r. von dem Gang, der von der Thür geradeaus läuft, ist der Boden erhöht. Der Diwân läuft an drei Seiten des Raumes herum. An den Wänden sind Wandschränke; oben Etagèren; in manchen Zimmern sind Glasur-Inschriften. Im Sommer werden die Fremden nicht im Zimmer, sondern in der offenen Spitzbogenhalle, welche gegen N. gerichtet auf einer Seite des Hofes angebracht ist, empfangen. — Eine kleine Thür führt in einen zweiten Hof und zu den Frauengemächern. Die Häuser sind sehr unregelmäßig gebaut, sodaß eigentlich jedes Zimmer ein abgeschlossenes Ganzes bildet.

8. Regeln für den Umgang mit Orientalen.

Die Orientalen werfen uns vor, daß wir alles verkehrt thun: wir schreiben von der Linken zur Rechten, sie umgekehrt; wir nehmen die Kopfbedeckung ab, wenn wir in ein Zimmer treten; sie dagegen behalten sie stets auf, ziehen aber ihre Schuhe aus, u. s. m. Der Fremde thut übrigens wohl, sich der Sitte des Schuhabziehens bei Besuchen anzubequemen; es gilt als höchst unanständig, auf die kostbaren Teppiche mit den Schuhen zu treten.

Bei einem Besuch im Hause eines Orientalen ist Folgendes zu beachten. Man klopft an mit dem eisernen Thürring. Von innen wird dann meist gefragt: *'mîn'* wer ist da? In muslimischen Häusern muß man warten, bis sich die Frauen, welche etwa im Hofe sind, zurückgezogen haben. In dem Empfangszimmer befindet sich der Ehrenplatz auf dem rings an den Wänden des Zimmers herumlaufenden niedrigen Diwân stets gerade der Thür gegenüber. Je nach der Achtung, die der Hauswirt dem Gaste bezeigen will, erhebt er sich mehr oder weniger von seinem Platze oder geht dem Gaste einen oder mehrere Schritte entgegen. Zuerst wird nach der Gesundheit gefragt (vgl. S. CXIX). Ein Geschäft nimmt im Orient stets eine unverhältnismäßig lange Zeit in Anspruch, denn dem Orientalen ist die Zeit nichts wert, was den Fremden zur Verzweiflung bringen kann, bevor er das nötige Phlegma gewinnt. Einen Besuch, der kommt, zu entfernen, keine Zeit für ihn zu haben, gilt für die größte Unhöflichkeit. In Gegenwart eines Besuchers zu essen, ohne ihn zum Mitessen einzuladen, wenn auch nur pro forma, ist ein grober Verstoß gegen die Sitte. Auch bei gewöhnlichen Besuchen erhält man zu jeder Tageszeit ein Täßchen Kaffee; der Diener tritt, die linke Hand auf das Herz gelegt, ins Zimmer und präsentiert den Gästen nach der Reihenfolge ihres

Ranges ein Schälchen, gewöhnlich in einer Untertasse, damit man sich an der äußerst heißen Tasse die Finger nicht verbrenne. Beim Herumgeben des Kaffees übergangen zu werden, gilt dem Beduinen als die tiefste Schmach. Nachdem der Diener die Schale wieder abgenommen hat (es gilt für unanständig, sie auf den Boden zu setzen; man behalte sie in der Hand), begrüßt man den Hausherrn mit dem gewöhnlichen orientalischen Gruß, indem man die rechte Hand erst gegen die Herzgegend, dann gegen die Stirn bewegt. Je länger der Hausherr einen Gast bei sich zu behalten wünscht, desto später läßt er ihm den Kaffee reichen; man darf nicht fortgehen, bevor man den Kaffee getrunken hat; bei Bauern und Beduinen erhält der Gast *einige* je halbvolle Schälchen, ehe er aufstehen darf. Dieser Gebrauch beruht auf alten Beduinensitten: der Gast ist dem Beduinen erst heilig, wenn er mit ihm etwas genossen hat. Der Reisende thut wohl daran, die ihn besuchenden Eingebornen, vor allem aber die Beduineneskorte fleißig mit Kaffe traktieren zu lassen. — Gewöhnlich wird dem Fremden Tabak angeboten; die Cigarette hat fast überall Eingang gefunden. Mehr türkische Sitte ist die lange Rohrpfeife mit Bernsteinspitze; der Kopf der Pfeife ruht auf einer messingenen Schale, die auf den Boden gestellt wird. Häufig wird der Besucher gefragt, ob er eine Nargile (S. XLVI) wünsche. Der Diener bringt die Wasserpfeife ins Zimmer, indem er sie anraucht. — Daß auf einen Besuch ein Gegenbesuch folgen muß, ist im Orient ebenso selbstverständlich wie in Europa. Wenn man nach einer Abwesenheit wieder in dieselbe Ortschaft zurückkehrt, hat man zuerst den Besuch der Bekannten zu erwarten.

Der Fremde befrage den Muslim nie über seine Frauen; diese Verhältnisse gelten als unter dem Schleier *(sitr)* stehend. Auf der Straße oder in den Häusern den Frauen auch nur nachzusehen, gilt für unanständig und kann unter Umständen gefährliche Folgen haben. Der Fremde lasse sich überhaupt nie in allzu große Vertraulichkeit mit den Leuten ein: echte Freundschaft existiert im Orient wenig, und Uneigennützigkeit ist die allerseltenste Eigenschaft bei den Orientalen. Hinter all den unendlich vielen Freundschaftsbezeugungen, mit welchen die Leute den Europäer überschütten, lauert der Eigennutz und die Erwartung eines um so höheren Trinkgeldes (bachschîsch), je mehr der Fremde sich durch schöne Redensarten täuschen läßt. Man bezahle alle Gefälligkeiten möglichst baar, um allen weiteren Erörterungen und Erwartungen die Spitze abzubrechen, und stelle die Preise für zu leistende Dienste, für Mieten etc. stets zum voraus fest; man wird dadurch endlosen Reklamationen aus dem Wege gehen.

Anderseits wird der Fremde, der mit den Eingebornen umzugehen versteht, bald gewahr werden, daß es ein eigentliches Proletariat dort nicht giebt, daß Leute ohne die geringste Bildung und selbst Kinder eine angeborne Würde des Benehmens zeigen, die oft in Erstaunen setzt. Auch ist ein Zusammenhalten unter den Leuten vorhanden, das Achtung abnötigt; vor allem gilt die Religion als „Partei“; wenn die Glaubensgenossen sich mit *„jâ achû“*, mein Bruder, anreden, so liegt darin mehr als bloße Phrase.

Zu viel Mißtrauen gegen die Eingebornen verbittert die Reise. Man vergesse nicht, daß die Leute in vielen Beziehungen Kinder sind. Deshalb darf man sich ihnen gegenüber auch nichts vergeben, sondern bleibe möglichst fest bei seinem Worte. *'Kilme frendschîje'*, ein fränkisches Wort, hat im Orient einen guten Klang; es ist ein Wort, welches unabänderlich feststeht.

II. Geographische Übersicht.

Klima. Geologie. Flora und Fauna.

Syrien ist ein durch natürliche Grenzen streng abgesondertes Land; jedoch bezeichnete der Name ursprünglich einen viel weiteren geographischen Begriff. Die Unterthanen des assyrischen Reiches vom schwarzen bis zum Mittelmeer hießen im Altertum *Assyrer*, oder in verkürzter Form *Syrer*. Später wurden diese beiden Benennungen in verschiedener Bedeutung angewandt, und es setzte sich bei den Griechen der Sprachgebrauch fest, die w. Unterthanenländer der Assyrer Syrien zu nennen.

Im gewöhnlichen Sinne bezeichnet Syrien die langgestreckte Landschaft, welche sich in einer Ausdehnung von ungefähr 600km vom Hochlande des Taurus im N. bis Ägypten im S., von 36°5 bis 31° n. Breite, hinzieht. Kein anderes Land war so sehr geeignet, die Vermittlerrolle zwischen Asien, Afrika und Europa zu spielen, so sehr gezwungen, die großen Kontraste der alten Weltreiche durchzuleben, wie Syrien.

Die Längenzonen des Landes sind unter sich sehr verschieden. Von N. nach S. reicht ein nur durch wenige Querthäler unterbrochener Gebirgszug. Im W. desselben liegt das Litoral des mittelländischen Meeres, im O. dehnt sich das Binnenland aus, ein Steppenland mit fruchtbarem Boden, auf welchem künstliche Bewässerung Oasen des prachtvollsten Grüns hervorbringt. Diese Steppe, die man wegen ihrer Armut an Wasser wohl auch Wüste nennt, dehnt sich in einer mittleren Höhe von 600m bis gegen den Euphrat hin aus; sie wird von unabhängigen Wanderstämmen (Beduinen) bewohnt und von Karawanen durchzogen.

Die Grenzen des bebauten und heutzutage den Türken unterthänigen Landes (Syrien im engeren Sinn) sind also nach O. hin unbestimmt, die Wüste bildet sie. Während nun das Litoral mit seiner bald größeren, bald geringeren Sandhäufung im ganzen nur wenig, die Wüste gar keine Abwechselung zeigt, finden wir im Gebirgszug eine reiche Mannigfaltigkeit der Formen, die nicht ohne Einfluß auf die Völker geblieben ist. Das große Gebirgsthal, welches sich von Antiochien im N. bis gegen das Rote Meer im S.

hinzieht, ist das wichtige Mittelglied zwischen jenen beiden heterogenen Bestandteilen Syriens, der Wüste und dem Küstenland.

Zur Einteilung des Landes ziehen wir durch diesen ganzen Landstrich drei Querlinien. Die erste Linie, vom Fluße Eleutheros *(Nahr el-Kebîr)* nach Ḥôms hinüber gezogen, grenzt Nordsyrien ab. Die N.-Grenze desselben zieht sich von der Bucht von Issus zum Euphrat hin. — Eine zweite Linie denken wir uns etwas s. von Tyrus *(Ṣûr)* nach O. gezogen, am s. Fuße des Hermon vorüber. Als Gestade würde dieser zweite Teil das alte Phönicien, im Innern den wichtigsten Teil des Libanon und Antilibanus und jenseits desselben das altberühmte Gebiet der Hauptstadt Syriens, Damascus, umfassen. — Ein dritter Teil würde durch eine vom SO.-Winkel des Mittelmeeres nach O. gezogene Linie abgegrenzt werden und das eigentliche alte Palästina von Dan bis Berseba und den Jordanlauf einschließen; ein vierter Teil würde die Wüste et-Tîh, die 'Araba (das bis 'Aḳaba hinab reichende Thal) und östlich davon das Gebirge von Petra, das eigentlich schon zu Arabien gehört, umfassen.

Von diesen vier Teilen kommen der nördlichste und der südlichste für den Touristen kaum in Betracht, sowohl wegen der inneren als der äußeren Schwierigkeit des Reisens. Unser Augenmerk bleibt daher wesentlich auf die beiden mittleren Teile, auf Palästina und den Libanon, gerichtet, von denen das erstere für die meisten Reisenden die größte Anziehungskraft besitzt und daher auch, dem Zwecke dieses Buches entsprechend, am ausführlichsten behandelt worden ist.

In Hinsicht auf landschaftliche Schönheit hingegen haben wir bei jenen vier Teilen von N. nach S. nur eine stetige Abnahme zu constatieren. Die beiden n. Viertel besitzen die höchsten Gebirgszüge und jene wundervollen Thäler mit fließendem Wasser, welches letztere den s. Teilen so sehr mangelt. Mitten auf der Hochebene der *Biḳâ'*, — so heißt heute das herrliche, Libanon und Antilibanus trennende Thal — entspringen in kurzer Entfernung von einander zwei Bäche, von denen der eine, der *Lîṭânî*, nach S. fließt, um sich nach mannigfachen Windungen n. von Tyrus ins Meer zu ergießen, während der andere nach N. fließende, der *Orontes (el-'Âṣi)*, einen größeren Umweg um die Berge herum machen muß, ehe er das Meer erreicht. Am Antilibanus entspringen aber auch drei nicht ins Meer, sondern in Binnenseen auslaufende Flüsse, der *Baradâ* bei *ez-Zebedânî*, welcher die Oase von Damascus bewässert, der *A'wadsch* am Hermon, und weiter s. der *Jordan*, der Hauptfluß Palästinas. Alle diese Flüsse gehen also von dem großen centralen Gebirgsstock Syriens aus; dieser teilt sich in den oberen Vierteln Syriens in zwei parallele, von S. nach N. ziehende Bergreihen, von denen die ö., der *Antilibanus* (*Dschebel esch-Scherki*, „das östliche Gebirge") ihren Hauptgipfel am s. Ende im *großen Hermon* (2860m) hat. Der höhere w. Gebirgszug, der *Libanon (Dschebel Libnân)*, hat seine höchsten Erhebungen ö. von Tripoli im *Dschebel Makmal* (3052m) und im

Ḍahr el-Ḳoḍib (3063m). Am *Nahr el-Kebîr* (S. LI) läuft der Libanon aus; n. davon beginnt ein Höhenzug, der nach seinen Bewohnern den Namen *Nosairier-Gebirge* trägt. Dann folgt der *Dschebel Aḳra'*, der *Mons Casius* der Alten, mit weithin sichtbarem Gipfel gegen das Meer zu. N. vom Orontes beginnt der *Ḳisil* oder *Akma Dâg* (*Amanus* der Alten), der dann in den cilicischen Taurus übergeht.

Die Ausläufer des Libanon dehnen sich aber auch nach Süden aus, und zwar mit kurzen Unterbrechungen durch ganz Palästina hindurch. Auf dem breiten Gebirgsrücken, welcher in seinem oberen Teile nahe an das Meer herantritt und beim Karmel einen Zweig seitwärts sendet, sonst aber durch eine fruchtbare Niederung vom Meere getrennt ist, liegen zum Teil die berühmtesten und ältesten Ortschaften Palästinas; in der Bibel ist vom Gebirge Naphtali, Gebirge Ephraim und Gebirge Juda die Rede. Dieser Rücken hindert den Jordan, sich ins Meer zu ergießen, und zwingt ihn, durch einige Seen hindurch seinen Weg südwärts zu verfolgen, bis er sich in jenem merkwürdigen Becken des Toten Meeres tief unter dem Meeresspiegel verliert. Die Abgeschlossenheit nach dieser Seite hin hat auf die geographischen und ethnographischen Verhältnisse Palästinas tief eingewirkt.

Jenseits des Jordan liegen zunächst beim Hermon vulkanische Hügel, *Tulûl*; der ganze Ḥaurân besteht aus Basalt und Lava und zeigt noch heute eine Menge Eruptionskrater (vgl. S. LV). Weiter südlich dehnt sich das Gebirge Gilead aus, teilweise bewaldet. Die Gebirge von Moab bilden eine große Hochebene, die von der Wüste im O. nur durch einen unbedeutenden Höhenzug getrennt ist.

An fließendem Wasser, perennierenden Strömen, ist Syrien sehr arm; denn der Regen läuft auf dem Steinboden rasch ab und versickert. Von den alten Thalbetten (*wâdi*) jedoch sind manche tief ausgewaschen. Ein und dasselbe Wâdi trägt in seinem Laufe je nach den Ortslagen, die es passiert, oft verschiedene Namen.

Klima. — Infolge der großen Unebenheiten der Oberfläche haben die einzelnen Teile Syriens auch ein völlig verschiedenes Klima.

Die Bewohner Syriens kennen bloß zwei Jahreszeiten, Regenzeit und regenlose Zeit. Der Frühling, die angenehmste Jahreszeit, fällt von Mitte März bis Mitte Mai. Von Anfang Mai bis Ende Oktober ist der Himmel fast ununterbrochen wolkenlos. Donner und Regen während der Weizenernte ist ein großer Ausnahmsfall (I Sam. 12, 17. 18). Im Mai giebt es bisweilen noch einige Gewitter und leise Regenschauer. Gegen den Sommer hin zeigen sich in den Bergen noch Nebel, aber im Hochsommer verschwinden sie ganz und die Atmosphäre ist in der Regel von wunderbarer Klarheit; besonders zur Nachtzeit ist dies an dem intensiveren Glanz des Mondes und der Sterne bemerklich. Während der Nacht fällt auch im Sommer Tau, und oft ein sehr starker, ausgenommen in der Wüste. Im Durchschnitt herrscht in Palästina während 55 Tagen W.-Wind (der

Regen bringt), während 46 Tagen SW.-Wind, und während 114 Tagen NW.-Wind. Letzterer mildert die Hitze der meisten Sommertage. (Näheres vgl. S. 35.) Die O.- und S.-Winde üben, da sie aus heißen, wasserlosen Gegenden kommen, einen verderblichen Einfluß aus. Der (ozonlose) O.-Wind stellt sich besonders häufig in der zweiten Hälfte des Mai und vor Beginn der Regenzeit ein. Er saugt alle Feuchtigkeit auf und kann, wenn er vor der Zeit der Reife in die Saaten fällt, jede Aussicht auf Ertrag zerstören. Er hält oft mehrere Tage hinter einander an und treibt das Thermometer bis 40° C. und höher hinauf. Er kommt bisweilen in heftigen Stößen; die Atmosphäre ist während der Zeit, da er weht, gewöhnlich verschleiert. Auf den Menschen übt er eine abspannende Wirkung aus, er erzeugt Kopfschmerz und Schlaflosigkeit. Mit dem O.-Wind (Sirocco) ist der ägyptische *Chamsîn* (S.-Wind), so genannt, weil er zur Zeit der 50 *(chamsîn)* Tage nach Ostern weht, verwandt. — In Folge des Regenmangels verliert die Natur im Sommer ihre Schönheit und erhält sich nur frisch, wo, wie z. B. um Damascus, hinreichend Wasser vorhanden ist, um den Boden künstlich zu bewässern. Der Boden der Wüste ist dann nur noch mit dürren Kräuterstengeln bedeckt, die Wanderstämme ziehen sich nach den Bergen hin; die Brunnen und Quellen versiegen mehr und mehr.

Die Zeit der Getreide-Ernte ist verschieden; in den tiefer liegenden Gegenden fällt die Weizenernte in den Mai, in den höher liegenden in die erste Hälfte des Juni. Die Gerstenernte fällt oft schon in den April.

Gegen Ende Oktober beginnen Wolken aufzusteigen, und die Regenzeit kündigt sich bisweilen mit einigen Gewittern an. Dieser erste Regen heißt im alten Testament Frühregen (vgl. V Mos. 11, 14; Joel 2, 23). Das ausgedörrte Erdreich wird dadurch soweit gelockert, daß der Landmann pflügen kann. Der SW.- und S.-Wind bringt die Regenschauer, die gewöhnlich einen oder mehrere Tage anhalten; in der Zwischenzeit führt der NW.-Wind einige Tage schönsten mildesten Wetters herbei. Der November wird in Syrien öfters zum sog. Altweibersommer, aber die Natur ist dann fast ganz erstorben. Der Dezember ist stürmischer, Januar und Februar meistens kalt und regnerisch; auf den hohen Gebirgen fällt im Januar am meisten Schnee. Die 'Spätregen' fallen im März und April und befördern das Wachstum der Ernte. Das Ausbleiben oder die geringe Quantität des Regens hat den nachteiligsten Einfluß und kann leicht eine örtliche Hungersnot hervorrufen, da die Kommunikationswege in so schlechtem Zustand sind; ebenso finden dann die Herden der Wanderstämme keine Weide. In Syrien kann daher eigentlich nie zu viel Regen fallen; allzuheftige Regengüsse bewirken jedoch bisweilen das Einfallen der Lehmhäuser. Die Regengüsse sind, besonders nachts, im allgemeinen heftiger als bei uns. Beirût hat mehr, Gaza und in noch höherem Grade das Jordanthal weniger Regen als Jerusalem (S. 35 und 287).

Die Temperaturunterschiede in Syrien sind bedeutend. Im Innern des Landes, in der Wüste, und, ganz abgesehen vom Hochgebirge, auch im palästinensischen Berglande sinkt das Thermometer bisweilen unter Null. Besonders ist das Steppenklima des Ostjordanlandes und Syriens überhaupt großen Temperaturschwankungen unterworfen. Das Thermometer kann daselbst noch im März während der Nacht unter Null sinken, am Mittag über 25° Cels. steigen (vgl. I. Mos. 31, 40). In Damascus (690m ü. M.) und Jerusalem (790m) sowohl, wie in Aleppo (348m) fällt beinahe jeden Winter Schnee, welcher aber in diesen Städten selten mehr als einen Tag liegen bleibt; dagegen hält er sich im Ostjordanlande oft mehrere Tage und im hohen Libanon das ganze Jahr über. Die höchste Temperatur, welche in Jerusalem beobachtet wurde, ist (Aug. 1881) $44{,}_4°$ Cels., die niedrigste $-3{,}_9°$ C. (Jan. 1864); die Mitteltemperatur des Jahres $17{,}_2°$C. Diese Angabe dürfte wohl für das ganze Hügelland Geltung haben. Die Hitze in Damascus und Aleppo, sowie in der Wüste, ist bedeutender, weil die hohen Gebirge im Nordwesten die kühle Meerluft abhalten. Der Meeresstrand hat zwar im ganzen eine höhere Temperatur als das Binnenland, doch ist die Hitze wegen der Seewinde dort erträglicher. Die Sirocco-Tage ausgenommen, weht übrigens an den Sommerabenden in Damascus in der Regel Wind, und die Nächte und Morgen sind äußerst angenehm.

Ganz abweichend ist das Klima des Jordanthales. Schon der erste kleine See, in welchen sich der Jordan ergießt, das dreieckige Becken des Ḥûle, liegt nur 2m ü. M. Nach kurzem Lauf vertieft sich der Jordan in eine Spalte von 208m unter der Meeresfläche, den See von Tiberias. Der ganze Landstrich des Jordanlaufs bis zum Toten Meer (394m unter der Meeresfläche) heißt arabisch *el-Ḳôr*. Das Klima gleicht dem von Ägypten, ist aber entschieden gesunder. Die Bewohner sind verkommen. Die Hitze im Hochsommer ist fürchterlich; Anfang Mai wurde schon 43° Cels. im Schatten beobachtet. Die Erntezeit im Ḳôr fällt viel früher als im übrigen Syrien, nämlich Ende April und Anfang Mai.

Geologie. — Der geologische Aufbau Syriens ist folgender:

1) Von beiden Seiten des Roten Meeres her streichen *Granit*- und *Gneis*massen über die südliche Sinaihalbinsel in die 'Araba bis in die Nähe des Toten Meeres hinauf und kommen in einzelnen Partieen noch nördlich von der Wasserscheide zwischen diesem und dem 'Aḳababusen am östlichen Thalgehänge vor.

2) Auf dieses Urgebirge folgend und ihm, ähnlich wie bei den Vogesen, nur gelegentlich umgelagert, erscheint die von Lartet „grès nubien" genannte *Sandstein*-Formation, die besonders in Nubien in weiter Erstreckung vorherrscht. Dieselbe umgiebt den Rand auch der Sinai-Granite und Gneise und steigt an dem Ostabhang der 'Araba hinauf, sodaß dieser oft sehr harte, meist braunrote bis

schwärzliche Sandstein fast überall am unteren (moabitischen) Ufer des Toten Meeres zu Tage tritt. Am Westabhang sowohl des Antilibanus als des Libanon bildet derselbe Sandstein eine Zone, die dem aufgelagerten Kalkgebirge zur Basis dient.

3) Auf das Urgebirge und den Sandstein folgt der *Kalkstein*, der die Hauptmasse des hohen Libanon und Hermon bildet, und den Lartet nach den darin befindlichen Versteinerungen mit dem, auch dem schweizerischen Jura aufgelagerten und zur untersten Kreide zählenden „Néocomien" identificiert. Das Kalkgebirge der Kreideformation nimmt das ganze Plateau Palästinas und des Ostjordanlandes, der Sinaihalbinsel nördlich von der Urgebirgszone, des Nilthals bis weit über Karnak hinauf ein.

4) Nur selten, am Karmel, am Ebal und Garizim ist Nummulitenkalk, ein Glied der unteren *tertiären* Formation, vorhanden. Von dem tertiären Sandterrain, das aus Unter-Ägypten her bis in die Gegend von Gaza streicht, wird Syrien nicht berührt; dagegen bedecken

5) die Bildungen *neuesten* Datums, die Dünen von Meeressand, die Alluvien der Flüsse, die Ablagerungen der Seen, den ganzen Westrand Syriens vom Delta Ägyptens bis dahin, wo der Libanon an die Küste herantritt, also ganz Philistäa, die Ebene Saron und das ganze Jordanthal von der Wasserscheide in der 'Araba bis zum Hermon hinauf.

Dies sind die Ur- und Flötzgebirge Syriens; aber es spielt noch außerdem eine bedeutende Rolle

6) die *plutonisch-vulkanische* Bildung. Mächtiger, als irgendwo, ist im oberen Syrien das Basaltgebirge entfaltet. Aus dem weiten Alluvium der Wüste steigen vom Innern Arabiens an gegen NW. jene Basaltmassen empor, die das Plateau der Tulûl (S. LII) und den ganzen Haurân bilden, wie auch das Gebiet ö. vom See Tiberias (Dschôlân), selbst noch w. von diesem See das Gebirge von Ṣafed, sowie einen Teil der Gegend von Tiberias und der Ebene Esdrelon einnehmen, und sich bis auf den Karmel erstrecken. Dieses Basaltgebiet zeigt häufig wild zerrissene, labyrinthisch durchschluchtete und völlig unzugängliche Stöcke, die viele Meilen Durchmesser haben (*Ḥarra*). Andernseits ist der zersetzte Basalttrapp der fruchtbarste Ackerboden.

Der Aufbau von Syrien ist also im großen folgender: Im Süden herrscht das Urgebirge; es folgt ein Mantel von rotem Sandstein, dann — die Hauptmasse des Landes — der Kreidekalk, an den sich Nummulitenkalk und Alluvialboden schließen, und endlich im mittleren Syrien kolossale vulkanische Eruptivmassen.

Flora des Landes. — Der Boden Syriens ist überaus fruchtbar. Das Land hat im Altertum eine größere Zahl von Einwohnern ernährt, als heutzutage; nicht nur die Bibel, sondern auch Josephus, der Talmud und klassische Schriftsteller rühmen seine Fruchtbarkeit. Selbst die 'syrische Wüste' besteht nicht aus Sand, sondern aus gutem Boden, der nach dem ersten Regen eine Unzahl von Blumen und Kräutern, die fetteste Weide hervorsprießen läßt. Der Libanon, der heute größtenteils kahl ist, hat dennoch einen fruchtbaren Boden, dem durch Fleiß ein reicher Ertrag abgewonnen werden könnte, wie dies im Altertum der Fall war. Beweis dafür sind die herrlichen Terrassenanlagen aus phönicischer Zeit, namentlich an der Westseite des Gebirges. In manchen heute völlig unkultivirten Thälern findet man diese Böschungen, sowie die uns aus der Bibel bekannten Wächterhäuschen, aber beides verfallen, und an manchen Orten Gehege alter Gärten, an deren Stelle sich heute die nackte Wüste ausdehnt.

I. Botanische Übersicht. Für das Florengebiet Syriens lassen sich folgende Unterscheidungen aufstellen:

1) Das ganze Küstenland gehört der *Mittelmeer-* oder *Mediterran-Flora* an, die rund um das Becken des Mittelmeeres bis zu den unteren Bergregionen hinauf reicht. Diese Flora zeichnet sich durch eine Menge immergrüner, schmal- und lederblättriger Sträucher und rasch verblühender Frühlingskräuter aus. Die Küsten Syriens und Palästinas tragen demnach denselben Vegetationscharakter, wie Spanien, Algerien, Sicilien, immerhin mit Modificationen, die namentlich im südlichsten Teil, gegen Ägypten hin, stärker hervortreten. Die Scilla, die Tulpen, Anemonen und einjährigen Gräser, von Sträuchern der Oleander, die Myrte, von Bäumen die Pinie und der Ölbaum kennzeichnen deutlich diese Flora als ein Glied der allgemeinen Mittelmeerflora; aber schon treten an der Küste Phöniciens massenhaft *Melia Azederach*, bei Beirût *Ficus Sycomorus* auf und deuten den Beginn einer wärmeren Region an.

Der Strich, den diese Mittelmeerflora einnimmt, ist ein ziemlich schmaler; sobald man sich von der Küste dem eigentlichen Plateau nähert, befindet man sich bereits an der Grenze des zweiten Florengebiets,

2) der *Orientalischen Steppenvegetation*. Die Scheidelinie bildet im Osten von Beirût der Paßrücken des Libanon, im Süden von Palästina der Kamm des Gebirges Juda. Das Gebiet östlich von dieser Linie gehört der orientalischen Flora an. Sie zeichnet sich aus durch hohe Mannigfaltigkeit der Arten, aber durch Dürre und Dornigkeit der Buschgewächse und durch bedeutendes Zurücktreten der Baumvegetation. Eine Menge kleiner, grauer, stachliger Gebüsche *(Poterium)*, grauer, aromatischer Labiaten *(Eremostachys)*, schnell verblühender brillanter, aber kleiner Frühlingspflanzen, im Sommer die vorwaltende Menge eigentümlicher Distelarten *(Cousinia)* bei völligem Absterben des übrigen Grüns, auf den Bergen sparsame Baumgruppen von Eichen mit stachligem Laub, von Pistacien etc., hier und da kleine Bestände von Coniferen *(Cedrus, Juniperus, Cupressus, Pinus Brutia)*, auf den hohen Gipfeln eigentümliche, stechende Zwergbüsche *(Astragalus Acantholimon)*, das

sind die bezeichnenden Züge der Orientflora. Dabei fehlen einzelne sehr schöne und reiche Formen nicht, sie sind aber Ausnahmen.

3) Die *Subtropische Flora* des *Ġôr*. Das Jordanthal hat vermöge seines durch die Depression verursachten winterlosen und heißen Klimas eine höchst seltsame Vegetation, die der von Nubien, an der Grenze des Wendekreises, am nächsten kommt. Hier kommt der 'Oschr *(Calotropis procera)* vor, welcher für die südliche Sahara charakteristisch ist, ferner eine schirmförmige Akazie *(Acacia Seyal)*, als Schmarotzer auf den Bäumen ein blutroter *Loranthus*, dann *Trichodesma africana*, *Forskahlea*, *Aerua javanica*, *Boerhavia verticillata*, *Daemia cordata*, *Aristida*, ferner bei Engeddi die höchst merkwürdige, hohe *Moringa aptera* und am See Ḥûle und Tiberias (S. 257) der echt afrikanische *Papyrus antiquorum*. Diese Arten geben in ihrer Gesamtheit ein Vegetationsbild, das Abessinien oder Nubien entspricht, und verleihen dem Ġôr als der am nächsten bei Europa liegenden subtropischen Oase ein großes Interesse.

II. Kulturpflanzen. — Getreide. Noch heute ist die große Ebene des Ḥaurân, die sogenannte *Nuḳra*, eine Kornkammer auch für Nordarabien. Die Hauptstapelplätze für die Ausfuhr des Weizens sind Jâfâ, Ḥaifâ, Beirût und Mersina. Aus dem Weizen wird der *burġul*, die gewöhnliche Nahrung der syrischen Bauern, bereitet, indem man ihn mit etwas Sauerteig kocht und an der Sonne trocknet. Aus der Gerste machen die Ärmeren Brot; hauptsächlich dient sie als Viehfutter. Hafer wächst in Syrien nur wild in unbrauchbaren Sorten. Außer Weizen und Gerste wird auch Doḥânweizen (Holcus sorghum) gepflanzt; Roggen, Mais, Bohnen, Erbsen und Linsen kommen teilweise in eigentümlichen Arten vor.

Der Weinbau ist in den letzten Jahren in steter Zunahme begriffen. Auf dem Libanon, dessen Wein (namentlich der weiße „vino d'oro“) sehr berühmt ist, und in der Biḳâ' haben die Franzosen, bes. die Jesuiten, große Weinpflanzungen angelegt. In Palästina sind es namentlich die deutschen Kolonien, welche sowohl am Karmel, als auch in Jâfâ und Jerusalem mit Weinbau und Export sich beschäftigen. Auch in Hebron wird viel Wein gebaut. Die Weinrebe wird meist nicht an Stöcken, sondern am Boden und etwa auch auf Gestellen oder an Bäumen gezogen; die Trauben sind vorzüglich. — Aus den Trauben wird vielfach eine Art eingekochter Syrup *(dibs)* bereitet (ebenso auch aus Feigen und anderen Früchten). Rosinen werden bei Damascus und es-Salṭ viele gewonnen.

Sehr häufig wird der zur Seidenzucht dienende Maulbeerbaum mit weißen Früchten *(Morus alba)* angepflanzt (im 6. Jahrh. eingeführt, zur Zeit der Kreuzzüge mehrfach erwähnt). Im ganzen Libanon nimmt der Maulbeerbaum in allen Baumgärten die wichtigste Stelle ein; die Fütterung der Raupen mit Maulbeerblättern erfordert besondere Sorgfalt. Export i. J. 1888 aus Beirût 2600 Ballen Rohseide. Die inländische Industrie hat gegen frühere Zeiten starke Einbuße erlitten.

Baumwolle wird hauptsächlich in Nordsyrien gebaut und namentlich in Mersina exportiert. 1888: 12688 Ballen (2060 Tonnen) im Wert von 1698000 Mark. Die inländische Industrie ist namentlich im Vergleich mit dem Mittelalter sehr zurückgegangen.

Syrien ist die Heimat des Ölbaumes, und noch heute bilden Oliven *(zêtûn)* ein Hauptprodukt des Landes, dienen aber meist zum Gebrauch des Inlandes und zur Fabrikation von Seife. Um Damascus beträgt die jährliche Ernte grüner Oliven 3150, die der schlechteren schwarzen Oliven 4000 Ctr. Die Anpflanzung von Ölbäumen nimmt in ganz Syrien stetig zu, besonders an der Küste um Tripoli und Saidâ. Jährlich werden in Syrien c. 150000 Ctr. Öl produciert. Zur Bereitung von Öl dient auch der Sesam, welcher in ganz Syrien nordwärts von Damascus gepflanzt wird (kommt auch auf der Ebene Jesreel vor).

Nüsse *(dschôz)* kommen hauptsächlich aus Mittelsyrien, und zwar werden jährlich c. 12,000 Ctr. geerntet, Pistazien *(fustuk)* mehr aus Nordsyrien (Aleppo), jährlich c. 10,000 Ctr.

Sehr wichtig ist der Handel, der von Damascus aus mit getrockneten Aprikosen *(mischmisch)* getrieben wird. Diese werden an der Sonne gedörrt; 1889 wurden c. 60000 Ctr. aus Damascus ausgeführt; die Kerne bilden einen besondern Artikel, von dem jährlich c. 10,000 Ctr. in den Handel kommen.

Der Tabak, durch den Syrien früher berühmt war, wird jetzt nur noch auf dem Libanon gebaut, und auch da vermindert sich die Produktionsmenge (S. xlv).

In den Wüsten bei Damascus und ö. vom Jordan, auch in Dschebel 'Adschlûn und der Belkâ wird aus Salzpflanzen (vgl. S. 143) Kali gewonnen; dasselbe wird namentlich in den Seifensiedereien des Inlandes verwendet.

Ein Haupthandelsartikel Nordsyriens sind die Galläpfel, das Produkt der dortigen Eichen; sie werden zur Färberei verwendet und viel nach Europa exportiert (1889: 10000 Ctr.). — Auch die Süßholzwurzel kommt besonders in N.-Syrien vor. Ausfuhr 1889: 90000 Ctr.

Außerdem nennen wir noch als Handelsartikel Alizari (Krappwurzel als Färbstoff); die Rinde des Granatbaums (für die Gerberei sehr gesucht); ebenso liefert der Sumachstrauch Gerbstoff.

Von Fruchtbäumen ist außer Maulbeer- und Ölbaum hauptsächlich zu nennen der Feigenbaum; entweder frisch oder getrocknet und gepreßt dient die Feige zur Nahrung. Im Hochsommer trägt der Cactus, der in den wärmeren Gegenden oft undurchdringliche Hecken bildet, seine für Europäer ungenießbaren Früchte. Birnbäume und Apfelbäume sind nicht selten; die Granatäpfel erreichen nicht den Wohlgeschmack wie in Ägypten oder Bagdad. Jâfâ und Ṣaidâ sind berühmt durch ihren Reichtum an Orangen, deren Ausfuhr zunimmt; auch Citronen finden sich, von Baumfrüchten außerdem noch Pfirsiche u. Mandeln.

Weiter ist in erster Linie die edle Ceder zu nennen (vgl. S. 351); sie ist wie auch die Cypresse heute selten geworden. Dagegen ist die Pinie an den W.-Abhängen des Libanon noch sehr verbreitet. Die Dattelpalme gedeiht nur in den s. Küstenstrichen Palästinas und wächst wild (ohne Früchte) in den Schluchten am O.-Ufer des Toten Meeres und vereinzelt im Binnenland. Im unteren Jordanthal kommt die Tamariske und die Pappelweide vor; von Eichen ist im N. und O. Palästinas die Valonia-Eiche, s. vom Karmel die Steineiche vorherrschend; die Terebinthe kommt häufig vor. Die Weiß- oder Silberpappel wird gepflanzt, um als Bauholz verwendet zu werden, besonders in der Umgegend von Damascus. Ziemlich häufig ist der Johannesbrotbaum (caroubier = arab. *charrûb*); seine Frucht dient armen Leuten zur Nahrung (Lucas 15, 16).

Gemüse. Sehr geschätzt sind in Syrien die Gurken; sie werden von den Einwohnern ohne jede Zuthat roh verzehrt; die langen grünen Gurken mit gekerbter Schale sind die saftigsten. So wird auch der Lattich genossen. Zwiebeln dienen ebenfalls zur Speise; die besten wachsen im Sandboden um Askalon. Melonen gedeihen in verschiedenen Arten und werden sehr groß. Weiter verdienen Erwähnung die Eierpflanze (Melongena badindschân) und die Bâmije (Hibiscus esculentus); Artischoken und Spargel wachsen wild, sowie auch in der Wüste die köstlichsten Trüffeln. Kartoffeln werden neuerdings ziemlich häufig angepflanzt, besonders von den deutschen Kolonisten.

Fauna des Landes — Die Säugetiere. 1) *Die Haustiere.* Das Schaf: im Altertum bildeten, wie heute noch bei den Beduinen, Schafherden einen bedeutenden Teil des Besitzes. Besonders günstig für die Schafzucht ist, wie ehemals, das Gebiet der Belkâ. Die gewöhnlichste Schafrasse ist die fettschwänzige. Heutzutage ist das Schaffleisch beinahe das einzige, welches in Syrien gegessen wird. Sehr viele Lämmer werden aus Kurdistân herbeigetrieben; die Därme werden zur Saitenfabrikation nach Europa exportiert. Die Schafmilch ist sehr geschätzt und in der That vorzüglich. Ausfuhr von Wolle aus Damascus 1889: 21 600 Ctr.; die Wolle von Nordsyrien ist jedoch feiner, und Aleppo namentlich ist als Wollmarkt berühmt (Ausfuhr aus Nordsyrien 1889: 73 300 Ctr.). — Ziegen werden hauptsächlich wegen der Milch gehalten. Beinahe jedes Dorf Syriens hat seine Ziegenherden.

Die Rindviehrasse von Syrien ist klein und häßlich; im Jordanthal wird der indische Büffel, der in Ägypten so häufig ist, viel gehalten. Das Rind wird in Syrien hauptsächlich zum Pflügen verwendet und fast nur im Libanon geschlachtet, weshalb die Ausfuhr der Rindshäute von Beirût aus ziemlich bedeutend ist.

Das Kamel (s. S. xxii) kommt fast nur in der Wüste bei den Wanderstämmen vor. Es dient zum Reiten, Lasttragen, ja selbst zum Pflügen; die Wolle wird verarbeitet. Die Bauern haben in der Regel wenig Kamele; sie entleihen sie aber öfters von den Beduinen, namentlich zur Zeit der Landbestellung. — Der Mist aller dieser Tiere vom Schaf bis zum Kamel dient in vielen Gegenden Syriens als Brennmaterial.

Pferde (s. S. xxii) werden in ganz Syrien als das gewöhnlichste Transportmittel benutzt. Die edelsten arabischen Pferde finden sich bei den 'Änezebeduinen (S. lxxxviii); diese Leute verkaufen ihre Tiere ungern und nur gezwungen. Gerade die edlen Tiere gehören öfters mehreren Eigentümern gemeinschaftlich. Das arabische Pferd wird mit Gerste und Häcksel gefüttert.

Der orientalische Esel steht dem wilden Esel näher und ist viel lebhafter, als der europäische. Am geschätztesten sind die großen weißen Esel, welche in der syrischen Wüste von den Sléb-Beduinen gezüchtet werden. Eine wilde Eselart findet sich noch in O.-Syrien.

Der Hund und die Katze bilden im Orient den Übergang zu 2) *den wilden Tieren*. In den Städten und Ortschaften halten sich soviel herrenlose Hunde (vgl. S. xl) auf, als Futter, bezw. Abfall jeglicher Art für sie vorhanden ist. Wenn sie nicht gereizt werden, thun sie trotz ihres vielen Bellens dem Fremden nichts; vor den Schäferhunden hingegen hat man sich sehr in acht zu nehmen. Tollwut kommt im Orient nie vor. In den Straßen der Städte üben die Hunde die Gesundheitspolizei, indem sie jeden Unrat in kurzer Zeit auffressen. Es ist im Orient kaum möglich, einen Haushund zu halten, weil die andern Hunde sofort auf der Straße über ihn herfallen. Doch findet man öfters schöne Windspiele zur Jagd; die einheimische Rasse derselben ist von großer Schönheit.

Häufig ist der Schakal *(wâwi)*, dessen Wimmern man vorzüglich kurz nach Sonnenuntergang zu hören bekommt; er treibt sich oft in Rudeln umher. Wo in der Bibel von Füchsen die Rede ist, scheint auch er mit einbegriffen zu sein. Der eigentliche Fuchs kommt in zwei Arten vor. Im Libanon ist der Wolf *(dîb)* nicht selten. Die Hyäne ist bekanntlich für den Menschen nicht zu fürchten.

Katzen sind selten ganz zahm; von wilden Katzen giebt es mehrere Arten, doch bekommt man sie selten zu Gesicht. — Der Leopard *(nimr)* ist fast überall ausgerottet; der Gepard oder Jagdleopard, der früher zur Jagd abgerichtet wurde, ist ebenfalls selten. Der Löwe ist in Syrien längst ausgestorben. — Der Bär wird zuweilen im Libanon angetroffen.

Fledermäuse finden sich in Menge in den zahlreichen Höhlen. — Unter den Mausarten ist bes. die zierliche Springmaus der Wüste zu nennen. — Hasen kommen in vier Arten vor. Unter den Kaninchen der Lutherschen Bibelübersetzung ist der merkwürdige Klippdachs (Hyrax syriacus, arab. *wabr*) zu verstehen (S. 145).

Das Wildschwein kommt in ganz Syrien vor, wird aber nicht nur von den Muslim, sondern auch von den eingebornen Christen nie gegessen; zahme Schweine finden sich nirgends.

Die Gazelle ist durch ganz Syrien verbreitet; im ö. Syrien wird sie von den Bauern gejagt, indem sie, wie in Centralafrika, in große Einfriedigungen hineingetrieben wird; ihr Fleisch ist wohlschmeckend. — In S.-Palästina haust der Steinbock des Sinai (*beden* oder *wa'al*), besonders häufig in den Gebirgsschluchten am Toten Meere.

Von Vögeln kommt das Huhn in großer Menge als Haustier vor; Enten giebt es nur wild, in großer Anzahl namentlich in der Jordanniederung. Auf den Hügeln von ganz Syrien ist eine Art sehr schönen großen Rebhuhns (Caccabis saxatilis) verbreitet; in der Nähe des Toten Meeres findet sich das kleine graue Wüstenhuhn (Ammoperdix heyi). Wachteln sitzen in allen Saatfeldern der Niederungen. Wilde Tauben kommen besonders im Libanon viel vor. Störche finden sich auf den Ebenen von Jesreel etc. in großen Schwärmen, ebenso Kraniche und Beccassinen. Von Raubvögeln kommen Adler und Geier vor; erstere sieht man häufig in den Wildnissen gegen das Tote Meer hin und am Lîṭânî. Von Raben giebt es in Palästina sieben verschiedene Arten. Singvögel giebt es wenige, darunter besonders die drosselähnliche Palästina-Nachtigall (*bulbul*). Gegen Anfang und Ende des Winters erscheinen Scharen von Zugvögeln, die nach Ägypten und weiter s. wandern oder von dort zurückkehren, unter ihnen der Kuckuck, den man im Frühjahr oft hört.

Unter den Kriechtieren findet der Reisende am häufigsten den Gecko, ein unschuldiges Tierchen, das an seinem hellen Ruf (gic, gic) zu erkennen ist. In den s. Küstenstrichen kommt das gemeine Chamäleon ziemlich häufig vor; dann im Gebirge der dunkelfarbige *chardôn* der Araber mit stachligem Schwanz und Rücken und in den Gärten schöne bunte Eidechsen, die den unsrigen ähneln. Das Krokodil ist in Palästina ausserordentlich selten (vgl. S. 239). Schlangen giebt es in Menge, darunter auch manche giftige; doch hört man fast nie von einem Unglücksfall durch Schlangenbiß. Von Schildkröten findet man die gewöhnliche Land-, sowie seltener eine kleine geschwänzte Wasserschildkröte.

Von Fischen sind der Jordan und der See von Tiberias noch heutzutage voll. Sie wandern stromauf- oder abwärts je nach der Jahreszeit. Einzelne Arten findet man fast in jedem perennierenden Gewässer Syriens.

Über Ungeziefer s. S. xxviii. Mücken (Moskitos) sind in Palästina nicht besonders bösartig; auch die großen Stechwespen und Hornissen sind wenig zu fürchten. Bienen finden sich wild in Felsspalten, werden aber auch viel gezogen, namentlich in cylinderförmigen Thongefäßen. — Eine große Plage für die Bauern sind die Heuschrecken, die oft ganze Ernten vernichten. Sie werden bloß von den Beduinen gegessen. — Schwammfischerei wird an der syrischen Küste n. von Beirût betrieben und beschäftigt viele Leute; der Ertrag schwankt sehr.

III. Bevölkerung, Einteilung und Namen des Landes zu verschiedenen Zeiten.

I. Wie bei fast allen Völkern findet sich auch bei den Bewohnern des Landes Kanaan die Sage von Riesengeschlechtern als ältesten Bewohnern (Autochthonen). Dieselben tragen verschiedene Namen: *Enakiter* (Josua 11, 21 ff.), *Rephaiter* (I Mose 14. 5), *Emiter*, *Susiter* oder *Samsummiter*, *Aviter* und *Horiter* (vgl. S. 155, V Mose 2).

II. a) Soweit die Geschichte zurückreicht, gehören die Einwohner *Kanaans* (d. h. des Westjordanlands; das Ostjordanland hieß *Gilead*) zu den sog. *Semiten*. Mit diesem lediglich conventionellen Namen bezeichnet man die Gruppe der Völker, welche sich durch ihre durchaus eigenartig organisierten, hebräischartigen Sprachen als ethnographisch verwandt ausweisen. In I Mose 10, 6 ff. wird Kanaan zu den Hamiten gerechnet, womit jedoch dem ganzen Charakter dieser Urkunde nach nichts gegen die ethnographische Zusammengehörigkeit mit den sog. Semiten bewiesen ist. Für diese semitischen Bewohner des W.-Jordanlandes wird (übereinstimmend mit der Bezeichnung auf ägyptischen Denkmälern als *amar*) von einigen ältest. Schriftstellern der Name *Amoriter* gebraucht, gewöhnlich jedoch werden sie auch im A. T. *Kanaaniter* genannt. Sie zerfielen in zahlreiche kleinere Stämme, von denen namentlich genannt werden: die *Amoriter* (im engeren Sinn) *Pheresiter*, *Jebusiter* u. a. Zu den Kanaanitern gehörten auch die *Phönicier* (s. S. 271). — Zur Zeit des Eindringens der Israeliten hatten die Kanaaniter bereits eine den Israeliten weit überlegene Kultur sich erworben.

b) Mit den Israeliten am nächsten verwandt unter den Semiten waren 1) die *Moabiter* im SO. des Toten Meeres, 2) die *Ammoniter*, ebenfalls im O.-Jordanland, 3) die *Edomiter*, welche die Gegend der 'Araba (S. 152) bis zum Meerbusen von 'Aḳaba (Elath) inne hatten und auf dem Gebirge Seïr und zu beiden Seiten desselben saßen. — Gleichfalls Esausöhne sind die *Amalekiter*, welche s. von Palästina in der Wüste et-Tih zelteten. Ein eben solcher arabischer Wanderstamm sind die II Mose 18 mit Israel in Verbindung gebrachten *Midjaniter (Keniter)*.

c) Von den Staaten der *Aramäer* (ebenfalls zu den „Semiten" gehörig) spielen in der Bibel die den Israeliten benachbarten Reiche Aram Dammesek (Damascus) und Aram Zoba, eine Rolle; Aramäer saßen auch im Libanon und am Hermon.

d) Die s. Küstenebene finden wir zur Zeit der Einwanderung der Israeliten im Besitz der *Philister* (s. S. 157).

e) Welchen Stammes die *Chetiter* waren, die im N. ein Reich bildeten, ist nicht auszumachen.

III. Das Binnenland Palästinas eroberten nach und nach die aus dem O.-Jordanland vordringenden *Israeliten* (s. S. LXVI). Sie erscheinen im A. T. in 12 Stämme geteilt, von denen jedoch in historischer Zeit schon einige von den andern absorbiert sind, so

Simeon, der in Juda aufging, *Levi*, der es nie zu einem eigenen Stammbesitz brachte. Die Gebiete der einzelnen Stämme festzustellen ist daher unmöglich, namentlich da in den Grenzbestimmungen des Josuabuchs weniger historische Verhältnisse, als die priesterlichen Theorieen über das Verhältnis der Stämme einen Ausdruck gefunden haben. — Die Mitte des Landes nahm der mächtige *Josephstamm (Ephraim* und *halb Manasse)* ein; an ihn schloß sich der eng verwandte Stamm *Benjamin* an, während *Juda*, Joseph ebenbürtig an Macht, das S.-Land inne hatte. Im N. in der Ebene Jesreel bis zum Jordan saß *Issachar*, dann kamen *Sebulon* und *Naphtali*, sowie, der Meeresküste nahe, *Ascher*. Im äußersten N. hatte *Dan* seinen isolierten Wohnsitz. Im O.-Jordanland saß *Ruben*, doch hatten die Moabiter sein Gebiet zeitweilig im Besitz. Ebenso konnten sich *Gad* (weiter n.) und besonders *halb Manasse* in Basan nur mit Mühe des Andringens fremder Völker erwehren.

Nach dem Exil blieb bloß ein jüdischer Staat *(Judäa)* von schwankendem Umfange im s. Teile des Landes bestehen; die *Idumäer* (Edom) occupierten Südjuda und Hebron. In die Sitze der Edomiter rückten die *Nabatäer* ein, ein arabisches Volk, das gegen 300 v. Chr. schon fest in Petra angesiedelt ist; sie erobern Moab und Ammon und nach und nach auch Gegenden weiter n. In die Mitte des Landes waren kuthäische Kolonisten geführt worden; aus der Mischung derselben mit den Resten der früheren Bevölkerung gingen die *Samariter* hervor.

Nach der Zeit Alexanders des Großen entstanden griechische Kolonieen selbst in Palästina: so Ptolemais ('Akkâ), Pella, Gerasa.

IV. a. Zur Zeit Jesu umfaßte *die römische Provinz Syria* ganz Syrien mit Ausschluß der kleinen Dynastiegebiete in Judäa, Galiläa etc. Palästina wird uns von Josephus als in vier Statthalterschaften (Tetrarchien) eingeteilt geschildert. 1) Das Ostjordanland *Peräa* (das jenseitige) im weiteren Sinne. Peräa im engeren Sinne war die heutige Belkâ, die Landschaft n. vom Arnon. Hauptsächlich im O.-Jordanland lag der Städtebund der sog. *Dekapolis* (die Zahl der Städte schwankte) mit der w. vom Jordan gelegenen Hauptstadt Scythopolis (heute Bêsân); dieses Gebiet reichte bis an den Fluß Hieromyces (Jarmûk). Noch weiter n. lagen, an die Landschaft Damascene grenzend, die Gebiete: *Gaulanitis* (heute Dschôlân), jenseits des Sees von Tiberias am Jordan entlang bis zum Hermon; weiter ö. *Batanäa* (Basan), ungefähr der heutigen Nuḳra entsprechend; n. davon *Trachonitis*, das heutige Ledschâ; *Auranitis*, das eigentliche Haurângebirge und *Ituräa*, dessen Lage nicht zu bestimmen ist. Im W.-Jordanland war 2) im S. *Judäa*, einschließlich Idumäas; 3) n. von Sichem bis zum N.-Rande der Ebene lag *Samaria;* 4) weiter n. die Landschaft *Galiläa;* dasselbe zerfiel in *Unter-Galiläa* (S.) und *Ober-Galiläa* (N.).

b. Im Laufe des 2. Jahrh. zerfiel Syrien in folgende Teile: 1) *Cölesyria*, Metropolis Antiochia; 2) *Syria Euphratensis* oder

Commagene, Metropolis Hierapolis; 3) *Phönice*: das Küstenland mit dem dazu gehörigen Binnenland, Metropolis Emesa, wirkliche Hauptstadt Damascus; 4) *Palästina*, Metropolis Cäsarea; 5) *Arabia* (sc. Peträa), Metropolis Bostra.

c. Seit Diocletian beginnt eine weitere Zerstückelung, die im Beginn des 5. Jahrh. folgendes Resultat giebt und die für die arabische Zeit noch lange nachwirkt: 1) *Syria I* oder *Cölesyria*, Hauptstadt Antiochien; 2) *Syria II* oder *salutaris*, Hauptstadt Apamea; 3) *Euphratensis*, Hauptstadt Hierapolis; 4) *Phönice maritima*, Hauptstadt Tyrus; 5) *Phönice ad Libanum*, Hauptstadt Emesa (dazu Damascus und Palmyra); 6) *Palästina I*, arab. *Filistîn*, Hauptstadt Cäsarea, umfaßte den größten Teil von Judäa und Samarien; 7) *Palästina II*, arab. *el-Urdunn* (Jordan), Hauptstadt Scythopolis: Galiläa und das eigentliche Peräa; 8) *Palästina III* oder *salutaris*, Hauptstadt Petra: das alte Nabatäerreich im S. des cisjordanischen Landes und Edom und Moab von Aila bis zum Arnon; 9) *Arabia*, Hauptstadt Bostra: das ganze Ḥaurângebiet im S. bis zum Arnon, im W. bis an den Rand des Jordanthales.

V. Zur Abbasidenzeit zerfiel Syrien in folgende Distrikte: 1) Palästina, 2) Jordangebiet, 3) Ḥôms, 4) Damascus, 5) Ḳinnesrîn, 6) Die Militärgrenze (Antiochien).

VI. Die politische Einrichtung des *Königreichs Jerusalem* war ganz die der abendländischen Feudalstaaten. Die angesehensten Kronvasallen waren der Fürst von Antiochien, die Grafen von Edessa und Tripolis, der Fürst von Tiberias, der Graf von Joppe und Ascalon und der Herr von Montroyal (im alten Moab).

VII. Die Araber nennen Syrien, worunter sie auch Palästina (Filisṭîn) begreifen, *„esch-Schâm."* Dieser Name bezeichnet eigentlich das 'links' gelegene Land, im Gegensatz zu *el-Jemen*, das 'rechts' gelegene Land (Südarabien). Bei den Türken hört man den Namen *Sûristân*. Die Türken teilten Syrien in fünf Gouvernements: Aleppo, Tripoli, Damascus, Ṣaidâ (später 'Akkâ) und Palästina. Diese Einteilung hat aber im Laufe der Jahrh. viele Veränderungen erlitten. Bis vor kurzem war Syrien nur in zwei Großgouvernements *(wilâjet)* mit den Hauptstädten Damascus und Aleppo geteilt. Jetzt zerfällt es in folgende Bezirke: 1) das Wilâjet *Aleppo* (mit den 3 Sandschaḳs Aleppo, Marasch und Urfa), 2) das selbständige Sandschaḳ *Zôr (Dêr ez-Zôr)*, 3) das Wilâjet *Beirût*, umfaßt den Küstenstrich s. von der Mündung des Orontes, das Nosairiergebirge und den Libanon bis s. von Tripoli, dann die Stadt Beirût und die Gegend zwischen dem Meer und Jordan von Saidâ bis n. von Jâfâ. Es zerfällt in 5 Sandschaḳs: Lâdiḳîje, Ṭarâbulus, Beirût, 'Akkâ, die Belḳâ. 4) der *Libanon* s. von Tripoli bis n. von Ṣaidâ ausschließl. der Stadt Beirût bildet ein selbständiges Sandschaḳ, dessen Inhaber den Titel „Generalgouverneur" führt. 5) das Wilâjet Sûrîja (Syrien) umfaßt das Hinterland von

Ḥamâ bis an den Hidschâz reichend, Sitz des Generalgouverneurs in Damascus, zerfällt in 3 Sandschaḳs: Ḥamâ, Damascus, Ḥaurân, 6) das selbständige Sandschaḳ *Jerusalem* unter einem Mutaṣerrif erster Klasse. — An der Spitze des Wilâjets steht der *Wâli* (Generalgouverneur), dasselbe zerfällt in so und so viel Regierungsbezirke (Sandschaḳ, Liwa, Mutaṣerrifîje) unter einem *Mutaṣerrif;* dieser wieder in so und so viele Kreise (Ḳâimmaḳâmlik, Ḳadâ) unter einem *Ḳâimmaḳâm;* die Kreise zerfallen in Distrikte (Mudîrîje, Nâḥîja) unter einem *Mudîr*, und diese in Gemeinden.

Nur von Palästina haben wir aus alter Zeit Nachrichten über die Bevölkerungszahl. Die älteste geschichtliche Quelle, das Deboralied (Richter 5) schätzt die Zahl der waffenfähigen Israeliten auf 40000 Mann, die ebenfalls auf alter Grundlage beruhende Erzählung Richter 18 gibt die Zahl der waffenfähigen Daniten auf 600 an. Dementsprechend sind die übertriebenen Angaben der späteren Schriftsteller IV Mose 1,46 und 26,51 (über 600000 waffenfähige Männer), II Sam. 24,9 (1,300000 Krieger) zu reduzieren. Nach diesen Stellen müßte das ganze Volk wenigstens $2^1/_2$ Millionen (nach den Sam. Büchern 5 Mill.) gezählt haben. Bei einem Flächeninhalt Palästinas von c. 2500qkm kämen demnach 100 bezw. 200 Seelen auf den qkm trotz der vielen „Wüsten". Damit vergleiche man das dichtest bevölkerte Land Europas, Belgien mit 196 Seelen auf den qkm, oder Deutschland mit 87 Seelen auf den qkm. Vollends Josephus übertreibt so sehr, daß nach ihm Galiläa allein mehr als 5 Millionen Einwohner gehabt hätte. Heute leben auf dem Boden des alten Palästina höchstens 650,000 Seelen, d. h. etwa 26 Seelen auf den qkm.

IV. Zur Geschichte Palästinas und Syriens.

I. Auf dem Boden Syriens finden sich dieselben prähistorischen Monumente, wie in andern Ländern, besonders Dolmen in Menge im O.-Jordanland und Cromlechs (Steinkreise), ebenso große künstliche Tumuli, z. B. im Jordanthal und der Ebene Jesreel. Auch Silexinstrumente kann man häufig finden; dagegen scheint es in Syrien keine Bronzezeit gegeben zu haben.

Nach den Berichten der ägypt. Urkunden in Stein und Papyrus scheint in den ältesten uns bekannten Zeiten Syrien, jedenfalls aber Palästina zeitweilig von Ägypten abhängig gewesen zu sein. Das Land erfreute sich damals in Beziehung auf Handel, Industrie und Bodenbau einer nicht unbedeutenden Kultur. Die erwähnten Ortschaften tragen größtenteils bereits dieselben Namen wie noch heute. Von besonderer Bedeutung waren damals die Festungen *Megiddo* und *Jâfâ*. Auf den Steininschriften von *Karnak* sind 119 Ortsnamen aus Palästina erwähnt. Ein ägyptischer vornehmer Reisender, der zur Zeit des *Ramses II.* das Land bereiste, nennt in seinem Reisebericht über Palästina 38 feste Plätze, dazu noch 18 n. von Tyrus.

Was die Urgeschichte der Israeliten betrifft, so haben wir uns dieselben als kleine Nomadenstämme, wie deren so viele in jenen Gegenden hin- und herziehen, vorzustellen. Diese Wanderstämme haben sich — wann ist nicht zu sagen, aus Ägypten und der Sinaihalbinsel ins Ostjordanland vorgeschoben. Ihrem Führer Mose verdanken sie die Grundlage zu einheitlicher politischer und religiöser Weiterentwicklung.

Die Ansiedlung im Westjordanland vollzog sich sehr langsam teils durch Waffengewalt, teils durch friedliche Vermischung mit den Kanaanitern. Das einzige Band, welches in dieser Zeit (der sog. Richterzeit) die einzelnen Stämme zusammenhielt, war die gemeinsame Verehrung des Nationalgottes *Jahweh* (wie statt Jehovah auszusprechen ist), dem bei den Kanaanitern der Landesgott *Ba'al* entsprach. Beide wurden namentlich auf den „Höhen" verehrt, weshalb von den späteren Geschichtschreibern der Hebräer dieser Höhendienst als Götzendienst betrachtet wurde.

II. Mehr als die Kämpfe mit den Kanaanitern im Land machten den Israeliten die Angriffe ihrer westlichen Nachbarn, der Philister, zu schaffen. Da war es das Verdienst des patriotischen „Sehers" Samuel, gegen diese Not das rechte Mittel, die Errichtung eines Volkskönigtums, und zugleich dafür die rechte Persönlichkeit, den Benjaminiten Saul gefunden zu haben. Mit Saul beginnt die zweite Periode der israelitischen Geschichte, die Zeit des ungeteilten Königtums. Jedoch vollzog sich dieser Umschwung nicht ohne innere Kämpfe.

Gleichzeitig mit Saul trat auch der judäische Held David auf. Mit einer Bande Freibeuter streifte er im S. des Landes umher, und stand dann eine Zeit lang unter philistäischem Schutz als „König" von Ziklag. Nach Sauls Tod in der unglücklichen Schlacht am Berge Gilboa gelang es ihm, sich zum Fürsten von Juda aufzuschwingen, freilich immer noch in Abhängigkeit von den Philistern. Über das n. Reich regierte Isboseth, der Sohn Sauls, unterstützt von seinem kräftigen Feldherrn Abner. Erst nach langjährigem Streite, nachdem Abner und Isboseth menchlings ermordet worden waren, konnte David seine Herrschaft über alle israelitischen Stämme ausdehnen.

Dank Davids Energie kam das Land in seiner Machtstellung einen bedeutenden Schritt vorwärts, nach außen und nach innen. Die Stadt Jebus wurde den Jebusitern entrissen; auf dem Berge Zion gründete David eine Burg, das Centrum der künftigen Hauptstadt Jerusalem; hierauf befreite er durch die Schlacht im Thale Rephaim das Land von den Philistern, demütigte die alten Feinde des Landes, die Moabiter und Edomiter, schlug die Syrer, welche den Ammonitern zu Hilfe gekommen waren, ließ Rabba, die Hauptstadt der letzteren, belagern und nahm sie endlich ein. Nicht nur bis Damascus dehnte er seine Herrschaft aus, sondern selbst der syrische Fürst von Hamat wurde ihm tributpflichtig. In die unterworfenen Länder legte er Besatzungen; das Reich erlangte unter ihm seine größte Ausdehnung bis zum „Eingang von Hamat" im N. und bis Thiphsach (Thapsacus) am Euphrat im NO. Diese entfernten Punkte galten noch später als Idealgrenzen des israelitischen Staates (Ezechiel 47, 15-20; IV Mose 34). Bald aber drohten David Gefahren von innen. Sein Sohn Absalom stiftete eine Verschwörung gegen ihn, sodaß er für eine Zeit lang ins O.-Jordanland fliehen mußte. Namentlich mit Hilfe Joabs, seines Feldhauptmannes, gelang es ihm, wieder siegreich in Jerusalem einzuziehen; aber noch einmal entbrannte der Aufruhr, denn schon damals hielten die n. Landesteile gegen die s., in denen der König seinen Sitz hatte, zusammen.

Trotz dieser vielen Kämpfe fällt doch der regste Aufschwung geistigen Lebens in diese Zeit. Der Hofstaat wurde allmählich so geordnet, wie man es von anderen Völkern, mit denen man nun in nähere Berührung kam, lernte. Man fing auch an stattlichere Gebäude aufzuführen. David veranstaltete ferner eine Zählung des Volkes und schuf sich ein stehendes Heer nebst Leibwachen.

Die Regierung Salomos war der Entfaltung nach innen noch förderlicher. Er befestigte Jerusalem, baute einen großartigen Palast mit einem stattlichen Tempel (S. 39), wodurch die Priesterschaft in Jerusalem an Ansehen bedeutend gewann. Der Verkehr mit den umwohnenden Völkern, namentlich mit Ägypten, wurde reger, und der Handel nahm einen großen Aufschwung. Salomo gilt dem späteren Orient als Muster eines weisen Regenten. Aber rasch begann nach kurzer Glanzperiode auch der Verfall. Damascus riß sich los, Edom empörte sich und auch im Innern regte sich Zwietracht. Mit dem Tode Salomos ging das Reich auseinander.

III. Zur Hauptstadt des Nordreiches wurde durch Jerobeam I. Sichem, dann Thirza, später durch Omri Samaria erhoben. Durch die öfters ausbrechende Zwietracht zwischen den beiden Reichen und die sich wiederholenden inneren Wirren wurde den fremden Mächten der Sieg erleichtert. Die Fürsten von Damascus unternahmen glückliche Feldzüge gegen das Nordreich; erst unter Jerobeam II. (803 ff.) erhielt das Reich wieder größere Ausdehnung. Aus diesem Zeitraum stammt das älteste erhaltene Denkmal in semitischer Schrift, die Säule des Königs Mesa von Moab.

Während von manchen Fürsten der beiden Reiche die Verehrung fremder Götter eifrig betrieben wurde, erhielt andrerseits der Jahwehkultus eine wesentliche Weiterbildung durch die schriftstellernden Propheten (Amos, Hosea, Micha, Jesaja, Jeremia u. s. w.). Diese bestand hauptsächlich in einer höheren Auffassung Gottes als einer sittlichen und geistigen Persönlichkeit, wodurch folgerichtig anstatt des partikularen Monotheismus die Betrachtung Jahwehs als des Gottes der Weltgeschichte trat. Damit war die Möglichkeit der Erhaltung und Weiterentwickelung der israelit. Religion über die Stürme der Folgezeit hinaus gegeben.

Um der Mitte des 8. Jahrh. waren die Assyrer im N. schon weit vorgedrungen, und der auf Jotham folgende König Ahas konnte sich nur mit ihrer Hülfe gegen das Nordreich und Syrien schützen. Er, sowie sein Nachfolger Hiskia, zahlte den Assyrern Tribut. Das Reich Israel wurde im J. 721 (tradit.) zerstört und statt des nach O. verpflanzten Volkes Kolonisten ins Land geschickt. Trotz der Warnungen des Propheten Jesaja ging Hiskia ein Bündnis mit Ägypten und Äthiopien ein, infolgedessen Sanherib von Assyrien sich gegen beide wandte; die Eroberung Jerusalems wurde aber, wahrscheinlich durch den Ausbruch einer großen Pest, vereitelt. Juda wurde nun der Spielball Assyriens und Ägyptens. — Ein Hauptereignis der israelit. Religionsgeschichte ist die unter Josia 622 durchgesetzte Centralisation des Jahwehkultus in Jerusalem im Anschluß an die Einführung des neuen Gesetzbuchs, des Deuteronomium (Fünftes B. Mose). Gleichzeitig wirkte Jeremias als Prophet. Im J. 598 endlich wurde das Reich Juda so gut wie zerstört und Nebukadnezar führte den König Jojachin nebst den Vornehmen (darunter auch den Propheten Ezechiel) nach Babylon. Ein Aufstand des letzten Königs Zedekia endete mit der Zerstörung Jerusalems 587 und einer zweiten Wegführung des Volkes; viele Juden, darunter auch Jeremias, wanderten bald darauf nach Ägypten. Auf diese Weise war der alte israelitische Staat in allen seinen Teilen zu Grunde gegangen.

IV. Während des Exils wirkte außer Ezechiel und Jeremias ein erhabener anonymer Prophet, der Verfasser von Jesaia Kap. 40-66. Im J. 538 gestattete Cyrus, nachdem er Babylon erobert hatte, den Juden die Rückkehr in ihre Heimat. Aus der Verbannung kehrten indes beinahe nur Angehörige des südlichen Reiches zurück, sodaß von nun an hauptsächlich dieses den jüdischen Staat bildete. Der Bau des neuen Tempels, der lange Zeit von den Samaritanern und andern Nachbarvölkern hintertrieben wurde, kam besonders auf Betrieb der Propheten Haggai und Sacharja zu Stande (516), aber freilich nicht mit der Prachtentfaltung des salomonischen Gebäudes. Durch Esra und Nehemia wurde der Kultus in Anlehnung an Ezechiel und die priesterliche Gesetzgebung des jetzigen 3. und 4. B. Mose in feste Formen gebracht. Die Samaritaner bauten sich später ein besonderes Heiligtum auf dem Berge Garizim.

V. Im J. 332 begann die Macedonische Herrschaft; nach Alexanders Tode wurde Palästina der Schauplatz der Kriege zwischen seinen Nachfolgern, den Diadochen. Militärkolonien und griechische Städte wurden im Innern des Landes gegründet. Die Hellenisierung Syriens machte bald rasche Fortschritte. Die Ruinen griech.-röm. Theater selbst in entlegenen Gegenden, die Reste von

Tempeln, die Inschriften und Münzen beweisen, daß die gebildeten Klassen in Syrien in Bezug auf ihre Anschauungen und den Kult mit der Zeit völlig hellenisiert worden sind. Am zähesten hielten die Juden am Hergebrachten fest. Im 3. Jahrh. v. Chr. begann auch bei ihnen zunächst die aramäische Sprache allmählich die hebräische zu verdrängen, doch hielt sich die Kenntnis der letzteren besonders in den Kreisen der Gesetzeslehrer noch lange. Auch die griechische Sprache verbreitete sich unter den Juden, besonders durch den Einfluß der jüdischen Schulen in Ägypten; dort wurden auch nach und nach die heiligen Bücher ins Griechische übersetzt. Es bildete sich eine dem Griechentum gewogene Partei, die schließlich durch den Hohenpriester Jason zur Herrschaft gelangte. Infolge davon entbrannte ein heftiger Kampf, und der König Antiochus Epiphanes züchtigte die Juden mit großer Strenge. Namentlich die Entweihung des Tempels hatte diese so zur Verzweiflung gebracht, daß sie zum Schwert griffen. An die Spitze des Aufstandes stellte sich der heldenmütige Priester Mattathias; aber erst sein Sohn Judas Makkabi schlug in harten Kämpfen die Syrer entscheidend und stellte den Gottesdienst wieder her. Unter der Regierung des makkabäischen Hauses (2. Hälfte des 2. Jahrh.) folgte nun eine einigermaßen glückliche Zeit nationaler Selbständigkeit für die Juden, und Judäa gewann sogar unter Johannes Hyrkanus durch Eroberungen eine ansehnliche Ausdehnung. An der Spitze des theokratischen Staates stand ein Hoherpriester mit politischen Befugnissen. Die Unabhängigkeit wurde erst im J. 63 durch Einmischung der Römer in die Streitigkeiten der Hasmonäer gestört; Pompejus eroberte Jerusalem.

VI. Der Hasmonäer Hyrkan II. regierte von nun an unter römischer Oberhoheit. Seine politischen Befugnisse wurden verringert und neben ihm leiteten der Idumäer Antipater, später dessen Söhne Phasael und Herodes den Staat. Im J. 40 v. Chr. plünderten die Parther Syrien und Palästina. Herodes wußte sich in den Wirren der damaligen Zeit die Herrschaft über Judäa zu verschaffen; aber erst im J. 37 konnte er nach Eroberung Jerusalems die Herrschaft endgültig antreten. Er schloß sich eng an die Römer an und ließ herrliche Bauten nach römischem Stil aufführen; auch den Tempel ließ er umbauen. Aber die gesetzestreuen Juden (namentlich durch die Partei der Pharisäer repräsentiert) fühlten den Druck weltlicher Herrschaft und die Einmischung nichtnationaler Elemente um so schwerer.

Im J. 4 vor Beginn der christlichen Ära starb Herodes der Große; noch unter seiner Regierung war Jesus geboren worden. Die Länder des Herodes wurden geteilt: Philippus erhielt die Haurângegenden, Herodes Antipas Galiläa und Peräa, Archelaus Samarien, Judäa und Idumäa; im J. 6 n. Chr. wurde das Gebiet des letzteren zur römischen Provinz Syrien geschlagen, erhielt aber eigene Prokuratoren. Seit dieser Zeit stand die Partei der nationalgesinnten Juden der Fremdherrschaft um so schroffer gegenüber. Bauend auf die Weissagungen der Propheten von einem idealen Staat, in welchem sie aufs neue selbständig sein würden, erwarteten sie, daß der Messias eine politische Rolle spielen würde, während Jesus nur ein Gottesreich auf Erden stiften wollte. Der aufgereizten Judenmenge mußte sich auch der römische Landpfleger Pilatus beugen und die Vollziehung ihres Urteils an Jesus verfügen. Die Macht der inländischen Fürsten, wie Agrippas I., welcher zum letzten Male das ganze Reich des Herodes in seiner Hand vereinigte, und Agrippas II., der von eigentlich jüdischem Gebiet nur einige Städte in Galiläa besaß, war mehr eine Scheinmacht gegenüber der römischen Herrschaft. Endlich brach, in Folge der Verwaltung des Gessius Florus, der nationale Aufstand mit zügelloser Wut aus; in Jerusalem selbst herrschten Parteiungen, und Titus eroberte endlich die Stadt (70); der Tempel wurde zerstört, viele Juden getötet. Trotzdem daß ein Teil des Volkes zerstreut, der im Lande bleibende aber ganz ohnmächtig war, flammte die Wut gegen die Unterdrücker doch noch einmal auf. Simon gen. Bar Kochba, von dem berühmten Rabbi Akiba als Messias anerkannt, führte einige Jahre hindurch Krieg gegen die Römer; nach $3^1/_2$jähriger Dauer (132-135) wurde der Aufstand gedämpft und nun auch der letzte Rest des Judenstaates zerstört; Jerusalem wurde römische Kolonie, den Juden der Zutritt zu derselben untersagt.

Bis in diese letzten Jahrh. hinein und noch weiter setzte sich jedoch die *Literatur* des jüdischen Volkes fort. Die Schulgelehrsamkeit, welche bis dahin im Anschluß an das geschriebene Gesetz mündlich überliefert worden war, blühte noch immer und wurde nun, nach der Zerstreuung des Volkes, auch schriftlich niedergelegt; so entstand der *Talmud* im 3. bis 6. Jahrh. n. Chr. Auf der andern Seite schloß sich die keimende Literatur der ersten Christengemeinden an. In N.-Syrien waren die Heidenchristen, in Palästina die Judenchristen vorherrschend. Im 2. Jahrh. bildeten sich im Orient die gnostischen Systeme aus und gewannen auch in Syrien eine große Verbreitung.

In Syrien war und blieb seit der griechischen Zeit Antiochien die wichtigste Stadt. Sie war von Seleukus Nikator zum Andenken an seinen Vater gegründet worden; Damascus blühte daneben als Hauptsitz des Karawanenhandels. In ganz Syrien wurde aramäisch, ein dem Hebräischen nahestehender Dialekt, gesprochen, obgleich auch griechische Sprache und Kultur sich immer mehr einzubürgern wußten. Unter griechischem, später römischem Einfluß erhoben sich überall die herrlichsten Prachtbauten, sogar in den entlegensten Gegenden. Im Anfang unserer Zeitrechnung schwang sich besonders Palmyra zu hohem Glanze empor; es wurde eine Zeit lang Hauptstadt eines glänzenden selbständigen Reichs, und seine Baudenkmäler aus späterer Römerzeit sind jetzt noch Zeugen seiner alten Pracht. Obschon römischer Einfluß in Syrien Boden gewann und viele römische Kolonialstädte gegründet wurden, so verschwanden doch größtenteils mit dem Beginn der Araberherrschaft die römischen Namen, und die alten semitischen, z. B. 'Akkâ statt Ptolemais, traten wieder an ihre Stelle: ein Beweis, daß der Einfluß der Kultur des Occidents kein allzu tiefgreifender war.

VIII. Das ganze christliche Syrien mit seiner blühenden Kultur wurde im J. 611 und den folgenden Jahren von dem Perserkönig Chosroes dem oströmischen Reiche entrissen; bald darauf erwuchsen aber den byzantinischen Kaisern viel schlimmere Feinde in den Arabern. Arabische Wanderstämme hatten seit unvordenklicher Zeit die große syrische Wüste bis nach Mesopotamien durchzogen. In den ersten Jahrh. unserer Zeitrechnung hatte in Arabien eine große Bewegung unter den verschiedenen Stämmen stattgefunden, Vorzeichen der baldigen großen Expansion. Durch Kriege veranlaßt, hatten sich Stämme aus S.-Arabien (Jemen) nach N. gedrängt, um sich dort eine neue Heimat zu suchen. Diese Südaraber *(Joktaniden* oder *Kaḥṭaniden)* setzten sich nun in Syrien fest, namentlich im Ḥaurân. Ihnen gegenüber standen die Stämme N.-Arabiens *(Isma'eliten)*. Der Gegensatz zwischen beiden spielt fast noch bis in die neuere Zeit hinein in den blutigen Partei-Fehden der *Ḳaisiten* und *Jemeniten*. In den letzten Jahrh. vor dem Islâm hatten die Araber überall, am Euphrat so gut wie in Syrien (speciell im Ḥaurân) sich in die Politik der Byzantiner eingedrängt; aber erst jetzt wurden sie dem schwachen Byzanz gefährlich, weil sie vereinigt auftraten. Der Mann, welcher diese Einigung der getrennten Stämme zu Stande brachte und durch seine Lehre zu jenen wunderbar erfolgreichen Feldzügen der Araber den Anstoß gab, war Muḥammed (s. S. xciii). Freilich war die Hoffnung auf reiche Beute bei den meisten Arabern sicher ebenso stark, wie die religiöse Begeisterung. Schon bei Beginn der Regierung des zweiten Chalifen, *'Omar*, dessen politische Energie zum mindesten ebensoviel zur Konsolidierung eines arabischen Staates beigetragen hat, als die „Offenbarungen" des Propheten, wurde (634) durch die blutige Schlacht am Hieromyces *(Jarmûk)* Syrien „geöffnet" und bald darauf (Anfang 635) durch die Feldherren Châlid und Abu 'Ubeida Damascus erobert. Binnen kurzer Zeit verloren die Byzantiner ganz Syrien bis Aleppo; 'Omar selbst war bei der Kapitulation des auch den Muslimen heiligen Jerusalem gegenwärtig. Cäsarea hielt sich längere Zeit tapfer; als aber die siegreichen Heere der Araber aus dem Stromland des Euphrat über Nisibis denen Vordersyriens die Hand reichten, war es mit der Herrschaft der Byzantiner in Syrien zu Ende. Die Christen wurden um den Preis der jährlichen Kopfsteuer am Leben gelassen, aber manche ihrer Kirchen in Moscheen verwandelt. In vielen Ortschaften wurden nun arabische Militärkolonien angesiedelt. Die glänzendste Zeit brach für Syrien nach der Ermordung des vierten Chalifen, *'Ali* (des

Schwiegersohns des Propheten) an. Es war nämlich in Arabien eine Reaktion der mekkanischen Aristokratie gegen die neuen, aus unbedeutenden Familien entsprossenen Emporkömmlinge eingetreten, eine rein politische Bewegung; denn erst nach den namenlosen Erfolgen der muslimischen Waffen hatten die Landsleute Muḥammeds die Tragweite der neuen Religion erkannt. An 'Ali, als dem rechtmäßigen Statthalter des Propheten, hingen jedoch viele Gläubige und verwarfen sogar die drei ersten Chalifen; die bis heute in Persien fortbestehende große Sekte der *Schî'iten* (S. CIII) nahm von dieser Parteiung ihren Anfang. Außerdem mischte sich auch der Nationalhaß ein, und blutige Kämpfe begannen. Die mekkanischen Aristokraten siegten jedoch über 'Ali und nun wurde der Sitz des Chalifats durch *Mu'âwija* von Medina nach Damascus verlegt, da in Syrien die den Omaijaden ergebenen Truppen stationierten. Mu'âwija gelang es, seinen Nachkommen, den *Omaijaden*, die Erbschaft des Chalifats zu sichern; unter ihnen waren eine ganze Reihe höchst fähiger und thatkräftiger Herrscher. Schon unter Mu'âwija selbst drangen die begabten Feldherren der Muslimen bis Indien und Centralasien, bis zum atlantischen Ocean und bis gegen Constantinopel vor. Aber die alte Einfachheit war geschwunden; es gab ein großes Königreich, eine Despotie mit einem immer glänzenderen Hofstaat; die Prachtliebe begann sich auch in künstlerischen Bauten auszusprechen. Die strikte Befolgung der Lehren Muḥammeds war freilich schon bei den Omaijaden mehr eine äußerliche; die Religion ging bei ihnen wesentlich in der Politik unter.

Die Reaktion blieb nicht aus; der Punkt, an welchem sie zuerst zum Vorschein kam, war Persien. Religiöse Vorwände boten den Anlaß zu Intriguen gegen die Omaijaden; die neue Dynastie der *'Abbasiden*, ebenfalls aus Mekka gebürtig, benutzte alle Mittel, um die Oberhand zu gewinnen, und erreichte ihren Zweck durch die scheußliche Ermordung ihrer Vorgänger (750). Der Schwerpunkt des Reiches wurde nun in das Stromland des Euphrat und Tigris verlegt. Wie schon unter einzelnen Omaijaden, so wurde Syrien Jahrhunderte hindurch immer mehr der Schauplatz widrigster Parteikämpfe; neben den Rivalitäten einzelner Herrscher standen auch Sekten auf, die sich gegen die Ordnung der Dinge, teilweise in ganz kommunistischer Weise, auflehnten. Die politische Geschichte der arabischen Herrscher jener Jahrhunderte bietet außer fortwährenden Kriegen und unaufhörlichen inneren Zwistigkeiten nur eine ununterbrochene Folge von Intriguen und Mordthaten. Doch entwickelte sich nun, namentlich zur Zeit *Harûn er-Raschîds*, die strengere Wissenschaft bei den Arabern. Eine Menge gelehrter Schulen wurden in Syrien, namentlich in Damascus gegründet. Die Werke griechischer Philosophen erhielt man aus der Hand der Syrer, deren Litteratur, aus nachchristlicher Zeit stammend, noch lange selbst unter muslimischer Herrschaft fortblühte. Auch die Medicin, Astronomie und Mathematik kam den Arabern mittelbar oder unmittelbar von den Griechen; Originelles haben sie in wissenschaftlicher Beziehung wenig geleistet. Selbst in Bezug auf die Behandlung der Grammatik ihrer Sprache, die sie mit großer Feinheit ausbildeten, haben auch die Perser viel Verdienst. Viele dieser wissenschaftlichen Bestrebungen knüpften sich an den Korân und dessen Erklärung; auch mit der Sammlung der mündlichen Aussprüche Muḥammods befaßte man sich aufs angelegentlichste. Aber alle diese Wissenschaften wurden, wenigstens von den Arabern selbst, meistens mehr in die Breite als in die Tiefe entwickelt; zu einer pragmatischen Geschichtserzählung z. B. haben es die Araber nie gebracht, sondern immer bloß die Überlieferungen gesammelt und aneinandergereiht. So schwoll ihre Literatur bald ins Ungeheure an, besonders überwogen Theologie und die damit verbundene Jurisprudenz. Noch bis auf den heutigen Tag werden Bücher in der Weise dieser alten Literatur, in derselben Sprache und oft auch mit demselben Schwulst verfaßt. Der oberflächliche, der Sprache unkundige Reisende, der nur mit Dragomanen oder höchstens noch Maultiertreibern zusammenkommt, ahnt nichts von dem Vorhandensein geistigen Lebens; wir können ihn aber aus langjähriger Erfahrung versichern, daß solches auch heute noch existiert. Die Buchdruckerkunst, welche eigentlich erst seit Beginn unseres Jahrhunderts im Orient Eingang gefunden hat, trägt sehr viel zur Verbreitung von Bildung bei; in Syrien sind es namentlich die Pressen von Beirût, in Ägypten die große Presse von Bulaḳ, die einen großen Einfluß ausüben; wir führen z. B. an, daß ein umfangreiches und verhältnismäßig kostspieliges Werk, enthaltend die Traditionen Muḥammeds, binnen 25 Jahren in mehr als 7000 Exemplaren von Kairo aus verbreitet worden ist.

Mehr und mehr ging durch die inneren Streitigkeiten die Einheit des Chalifats verloren. Auch in Syrien erhoben sich Nebendynastien in größerer oder geringerer Unabhängigkeit. So bemächtigten sich die *Ḥamdaniden* von Mosul aus (wo sie Vorkämpfer gegen die Kurden waren) Nordsyriens und residierten längere Zeit in Aleppo; dort herrschte u. a. von 944 an der berühmte *Seifeddaule*, ein tapferer Fürst, der aber nur mit Mühe sich der immer wieder andringenden Griechen zu erwehren vermochte. In Damascus waren damals die Beherrscher von Ägypten, die *Fâtimiden* mächtig, und bei den großen Umwälzungen in der zweiten Hälfte des zehnten Jahrhunderts eroberten sie ganz Syrien. Besonders wichtig für Syrien war die Regierung des Fâtimidischen Herrschers *Ḥâkim Biamrillâh* (von 996 an). Schon von Anfang an hatten die Fâtimiden sich in Gegensatz zum Islâm gestellt; bei Ḥâkim arteten unverstandene Philosopheme zur Tollheit aus (die Sekte der Drusen betrachtet ihn noch heute als Verkörperung der Gottheit; vgl. S. CIV). In Nordsyrien waren gegen Ende des elften Jahrhunderts die *Okeiliden* und *Mirdasiden* mächtig, bis sie 1086 durch die *Seldschukiden* vertrieben wurden. Diese waren die Oberhäupter nomadisierender

Türkenstämme, welche hier zum erstenmal als Eroberer in Vorderasien auftreten. An einigen Punkten Syriens setzten sich die *Assassinen* (S. CIII) fest, eine Sekte, die vor keiner Mordthat zurückschrak; sie hatten sogar eine Anzahl von Festungen in Händen. Auch Nizâm el-Mulk, der große Wezir des allmächtigen Seldschukiden *Malekschah* (1072-1092), wurde von ihnen ermordet. Nach Malekschahs Tode wurde das Reich der Seldschuken geteilt; ein Zweig setzte sich in Damascus, ein anderer in Aleppo fest.

IX. Diese grenzenlose Unordnung im Innern des Reiches verhalf dem Häuflein der KREUZFAHRER zu seinen Erfolgen. Balduin konnte Nordsyrien bis Mesopotamien unterwerfen, Boëmund 1098 Antiochien erobern; Damascus konnten sie jedoch nie in ihre Gewalt bringen. Doch auch unter den Christen war viel Streit und Eifersucht; die Begeisterung für die heilige Sache erkaltete bald, und auch hier traten politische Interessen in den Vordergrund. Die Muslimen wurden erst nach der Eroberung Jerusalems (15. Juli 1099) auf die Gefahr aufmerksam, die ihnen von Seiten der Kreuzfahrer drohte. Aber die Eifersucht der muslimischen Herrscher gestattete den Christen noch längere Zeit, obschon mit wechselndem Glück, sich in Edessa, an der Mittelmeerküste und in Palästina zu halten. Auf *Gottfried von Bouillon*, den ersten König von Jerusalem († 1100), folgte *Balduin I.*, sein Bruder. Der Antritt der Regierung seines Nachfolgers *Balduin II.* (1118) bezeichnet ungefähr den Höhepunkt der abendländischen Eroberungen und trifft zugleich mit der Stiftung jener beiden geistlichen Orden zusammen, welche so viel für die Verteidigung des Christentums im Orient zu thun bestimmt waren, der *Johanniter* und der *Templer*.

Statt jedoch ihre Kräfte zu concentrieren und auf Damascus loszugehen, begnügten sich die Kreuzfahrer mit wiederholten Versuchen, diese Stadt zu erobern; politisch waren sie unfähig und haltlos. Schon vom Jahr 1130 an wurde der Fortschritt der Franken durch die Feindseligkeiten des kühnen Emir *Zengi* beeinträchtigt. In Nordsyrien suchte der byzantinische Kaiser Johannes noch einmal sowohl gegen Muslimen als Christen zu intervenieren, mußte sich aber zurückziehen, worauf auch Edessa an Zengi überging (1144). Zengi starb als Beherrscher von Mosul, Mesopotamien und eines großen Teils von Syrien; das Fürstentum Aleppo hinterließ er seinem Sohn *Nûreddîn*. Als dieser Edessa zum zweitenmal wiedereroberte (1146), rief dies den zweiten Kreuzzug hervor (1147-1149). Die Franken richteten jedoch nichts aus; die Eroberung von Damascus wurde durch morgenländische Christen hintertrieben. Nûreddîn nahm den Franken immer mehr von ihren Besitzungen ab und brachte auch Damascus, das bis dahin einer anderen Dynastie gehört hatte, in seine Gewalt. In Ägypten intervenierte er 1164 ff. durch seinen General Schirkuh, dem der Kurde *Ṣalâḥeddîn* (Saladin) beigegeben war. Dieser kräftige Mann wußte sich bald zum Herrn von Ägypten zu machen; nach Nûreddîns Tode

1173 benutzte er die Streitigkeiten in Syrien, um auch dieses zu erobern, und wurde so der gefährlichste Feind der fränkischen Enklave. Der Bruch des Waffenstillstands durch den schwachen König von Jerusalem *Guido von Lusignan* führte schließlich zum Kriege; in der Schlacht bei Ḥaṭṭîn (S. 251) brachte Saladin den Franken eine große Niederlage bei (1187), worauf ihm ganz Palästina in die Hände fiel; doch war er mild gegen die Christen.

Der Fall Jerusalems rief im Abendlande eine solche Erregung hervor, daß ein dritter Kreuzzug sich auf den Weg machte. Der den Zug leitende deutsche Kaiser Friedrich I. ertrank schon in Cilicien. Die Stadt 'Akkâ (St. Jean d'Acre) wurde nun zwar, namentlich mit Hilfe der zu Schiffe herbeigekommenen französischen und englischen Kreuzfahrer, lange belagert und endlich 1191 erobert, aber Streitigkeiten zwischen den Kreuzfahrern, besonders zwischen Richard Löwenherz von England und Philipp August von Frankreich, vereitelten die Eroberung von Jerusalem. Trotz aller persönlichen Heldenthaten des englischen Königs wurde im Frieden mit Saladin nur der Besitz des schmalen Küstengebietes und die Erlaubnis für die Pilger, Jerusalem zu besuchen, erreicht. Bald nach dem Abzug der Franken starb Saladin; sein Reich zerfiel, nur *Melik el-'Adil* setzte den Franken noch hart zu. Ein vierter Kreuzzug 1204 verlief ebenso nutzlos für die Stellung der Franken in Palästina wie der dritte; an diesen Zügen nahmen die italienischen Städte Pisa, Genua und Venedig ihrer Handelsinteressen wegen lebhaften Anteil. Auch der fünfte Kreuzzug, der des Königs Andreas von Ungarn, hatte keinen Erfolg (1217). Erst durch eine merkwürdige politische Konjunktur hatte der Kaiser Friedrich II., der vom Papst zu einem Kreuzzug gezwungene Ketzer, das Glück, Jerusalem vertragsweise auf zehn Jahre abgetreten zu erhalten (1229). Unaufhörlich war damals Syrien der Schauplatz der Kämpfe der kleinen arabischen Fürsten, besonders der *Eijubiden*. Noch einmal versuchte ein französisches Kreuzheer in Palästina etwas auszurichten (1240), das Unternehmen mißlang aber gänzlich. Der letzte von Ludwig dem Heiligen 1248 ausgeführte Kreuzzug verlief ebenso resultatlos.

X. Vorübergehend trat in Syrien ein ganz neuer Feind auf den Schauplatz. Die *Charesmier*, Banden aus Mittelasien, verheerten Syrien schon von 1240 an, und setzten sich schließlich in Nordsyrien fest; durch die immerwährenden dynastischen Kriege wurden sie auch bis nach Jerusalem versprengt, wo sie gegen alles Christliche wüteten. Wichtiger war eine andere Veränderung. Schon seit Jahrhunderten hatte sich die Gewohnheit verbreitet, daß die Fürsten sich eine Leibwache teilweise aus gekauften Sklaven, besonders türkischer Abkunft, hielten. Diese rissen nun in Ägypten die Herrschaft an sich; *Eibek*, der erste Gründer einer Mamluken-Dynastie, hatte um den Besitz von Syrien manche Kämpfe mit Nâṣir, dem Eijubiden-Fürsten von Nordsyrien, zu bestehen. Nun aber wurden die *Mongolen* immer drohender; dem Chalifenreich in

Bagdad hatten sie längst ein Ende gemacht und richteten nun ihre Züge gegen Nâṣir. *Hûlagû* nahm Aleppo (Haleb) ein (1260) und zog darauf fast ohne Kampf mordend und plündernd durch Syrien. Damascus wurde verschont, weil es sich ergab. Aber an der Grenze Ägyptens mußte Hûlagû umkehren, und der Mamlukensultan *Kotus* eroberte mit Hilfe seines berühmten Feldherrn *Beibars* fast ganz Syrien von den Mongolen zurück, worauf letzterer ihn von der Herrschaft verdrängte und durch alle Mittel seine eigene Autorität über beide Länder behauptete, trotz der wiederholten Raubzüge der Mongolenhorden. Auch die Überreste fränkischer Herrschaft in Syrien beunruhigte er, weil sie es mit den Mongolen gehalten hatten. Er eroberte Cäsarea und Arsûf 1265, Ṣafed und Jâfâ 1266, Antiochien 1268, und setzte auch den Assassinen in Syrien hart zu; kein Jahr verging, ohne daß er einen Kriegszug in eigener Person leitete; noch jetzt sieht man seinen Namen an vielen Türmen und Befestigungen in Syrien. Beibars starb 1277; sein schwacher Sohn wurde von dem Emîr *Kilâwûn* 1279 entthront. Auch von diesem glänzenden Fürsten finden wir noch viele Monumente in Syrien, das er mit Waffengewalt behauptete. Das Gebiet der Franken in Palästina verringerte er derart, daß ihnen nur noch wenige Küstenstädte blieben, bis sie endlich 1291 nach der Erstürmung ʿAkkâs ganz aus Palästina vertrieben wurden.

Nach dieser Zeit finden wir in der Geschichte Syriens wenig mehr, was unseres Interesses würdig wäre. Die Kämpfe der Mamluken, oder, von 1382 an, der *Tscherkessischen* Sultane, der einheimischen Fürsten und Statthalter der Mongolen, besonders der Ilchane von Persien, wiederholen sich fortwährend, ohne daß, wenigstens mit geringen Ausnahmen, unter ihnen bedeutendere Männer hervortreten; die Geschichte der Mamluken gehört zu der Ägyptens. Ebenso hört die eigentliche Geschichte Syriens auf, da es nun nie mehr selbständig in den Gang der Weltereignisse eingriff, nie mehr zu irgend welcher Blüte kam. Durch den großen Raubzug der Mongolen unter *Timur* (1400) wurde der traurige Zustand Syriens noch verschlimmert, eine unendliche Anzahl von Menschen wurde hingemordet. Viele Gelehrte und Künstler, unter ihnen auch die Damascener Waffenschmiede, wurden nach Samarkand abgeführt.

XI. Im J. 1516 brach der Krieg zwischen den Osmanen und den Mamluken los. N. von Aleppo wurden die letzteren von Sultan *Selîm* geschlagen. Ganz Syrien wurde von den Osmanen erobert, und seitdem ist das Schicksal des Landes mit dem der osmanischen Dynastie eng verkettet gewesen. Die Sultane machen den Anspruch die Nachfolger der Chalifen zu sein, d. h. sie halten den Schein des alten theokratischen Staates aufrecht. Als die erste Blüte der Osmanen jedoch vorüber war, zeigte sich bald die Inferiorität der türkischen Rasse gegenüber der arabischen. Die Regierung ist noch heute dieselbe, wie unter Selîm, eine schablonenmäßige Verwaltung durch schnell wechselnde Paschas.

Napoleon I., von Ägypten kommend, nahm 1799 Jâfâ und belagerte 'Akkâ; er lieferte auf der Ebene Jesreel den Türken eine Schlacht und gelangte bis Ṣafed und Nazareth. Erst in unserm Jahrh. hat Syrien wieder einige bessere Tage gesehen, seitdem Sultan Maḥmûd (1808-1839) mit Reformen vorging. Es wurde ein wirklicher Beamtenstand geschaffen, das Milizwesen nach europäischem Muster eingerichtet etc. In neuester Zeit sucht man auch Elementarschulen *(medrese ruschdîje)* ins Leben zu rufen.

Im J. 1831 gab 'Abdallâh Pascha, Sohn des Dschezzâr Pascha (S. 236), der sich fast unabhängig gemacht hatte, dem kräftigen Beherrscher Ägyptens, *Muḥammed 'Alî*, Vorwand zu einer bewaffneten Intervention. Der letztere hatte auch Verbindungen mit dem Emîr Beschîr (S. 298). Mit dessen Hilfe nahm der tüchtige, schon in Arabien erprobte General Ibrâhîm Pascha, der Sohn Muḥammed 'Alis, erst 'Akkâ, dann Damascus ein, schlug mit seiner mehr fränkisch organisierten Armee die Türken bei Ḥôms und bei Beilân (in Nordsyrien) und trug seine Waffen sogar über Syrien hinaus. Es wäre ihm noch Größeres gelungen, denn er setzte seinen Marsch gegen Constantinopel fort, wenn nicht die europäischen Mächte, namentlich Rußland, den Frieden vermittelt hätten. Die ägyptische Herrschaft leistete für Syrien freilich auch nicht, was sie versprochen hatte, sondern war in Bezug auf Steuern und Conscription nicht gelinder, als die türkische. Im großen darf man an dem guten Willen Muḥammed 'Alis nicht zweifeln; aber seine Maßregeln waren nicht stets die richtigen, und es war in ihm, dem Emporkömmling, eine echt tyrannische Ader, welche in Syrien böses Blut machte. Schon im Jahre 1834 brach in Palästina ein Aufstand gegen ihn los, der indes noch unterdrückt wurde; die Drusen und Beduinen jedoch konnten nicht zu Paaren getrieben werden. Noch einmal gewann Ibrâhîm Pascha bei Nisib einen glänzenden Sieg über die Türken 1839; im Lager der letzteren war damals auch General Moltke zugegen. Aber in Syrien regte sich die Unzufriedenheit infolge der großen Lasten, welche das Land zu tragen hatte, immer mehr; 1840 erhob sich der Libanon, und nun gab auch die französische Regierung die Protektion Muḥammed 'Alis auf. Die etwas lahm geleitete Intervention Englands und Österreichs eroberte dem Sultan 'Abdul-Medschîd 1840 Syrien endlich wieder zurück; die Beschießung und Eroberung 'Akkâs durch Napier gab den Ausschlag. Syrien kam wieder unter türkische Herrschaft.

Zwischen den einzelnen Parteien und Religionsgemeinschaften mehr oder weniger geschickt balancierend, regierten und regieren nun die Türken weiter. Nur noch eine Episode ist zu verzeichnen: die Christenmetzelei von 1860 (S. 311). Frankreich sandte damals als Vertreter der katholischen Interessen zum Schutz der Christen ein Expeditions-Corps, das eine Zeit lang die unruhigen Gegenden besetzt hielt. Seitdem bildet der Libanon ein selbständiges Sandschaḳ (S. LXIV), dessen Gouverneur ein Christ sein muß.

Chronologische Übersicht.

(Eine sichere Chronologie ist aus den Angaben der Bibel unmöglich herzustellen, sämmtliche Daten bis gegen das Exil hin können daher keinen Anspruch auf Zuverlässigkeit machen.)

v. Chr.	Königreich Juda.		Königreich Israel.
c. 1038	David wird König über das ganze Volk.		
998	Davids Tod; Salomo tritt die Regierung an.		
988	Einweihung des Tempels. Tyrus blüht unter Hiram.		
958	Salomos Tod; Teilung des Reiches.		
958-41	Rehabeam, Salomos Sohn, König über Juda und Benjamin.	958-37	Der Ephraimit Jerobeam I. König über die nördlichen Stämme. Sichem Hauptstadt des Reichs.
954	Der ägyptische König Sisak (Scheschonk) überfällt Juda und plündert Jerusalem.		
941-38	Abiam sucht das Verlorene wieder zu gewinnen.	937-36	Nadab. Er wird samt dem ganzen Hause Jerobeams durch Baësa ermordet. Benhadad I. von Damascus.
938-897	Assa. Bund mit Damascus gegen Israel, Zerstörung Ramas.		
		936-13	Baesa.
		913-12	Ela. Sein ganzes Haus wird durch Simri ausgerottet.
		912-900	Omri. Tibni Gegenkönig.
		906	Omri macht Samarien zur Residenz und gründet eine dauernde Dynastie. Ethbaal König von Sidon und Tyrus.
897-72	Josaphat; kämpft gegen Moab und verbündet sich mit Ahab gegen die Syrer.	900-878	Ahab. Seine phönicische Gemahlin Isebel. Benhadad II. von Damascus belagert Samarien. Die Syrer werden bei Afek geschlagen.
		878-76	Ahasja.
872-64	Joram	876-64	Joram. Ende der Dynastie Omris durch den Usurpator Jehu. — Chasael König von Syrien.
865-64	Ahasja		

	Königreich Juda.		Königreich Israel.
884-58	Athalja, Ahasjas Mutter. Sie wird durch eine Priesterverschwörung gestürzt.	884-36	Jehu. Er tritt einen Teil des Reiches an die Syrer ab.
858-18	Joas. Er wird durch die Großen des Reiches ermordet.	836-19	Joahas. Die Syrer bedrängen das Reich.
		819-803	Joas erobert das Verlorene wieder. (Die Phönicier gründen Karthago.)
818-789	Amasia. Er besiegt die Edomiter, wird von Joas von Israel geschlagen und gefangen, Jerusalem geplündert.	803-762	Blüte Israels unter Jerobeam II. Die alten Grenzen werden hergestellt.
800-748	Usia. Wiedereroberung Elaths.	762-61	Sacharja, Jerobeams Sohn, von Schallum ermordet; Schallum regiert einen Monat und wird durch Menachem ermordet.
748	Beginn der Wirksamkeit des Propheten Jesaia.		
		761-51	Menachem, den Assyrern tributpflichtig.
		751-49	Pekachja.
		749-29	Pekach schließt mit den Syrern einen Bund gegen Juda, verliert die Hälfte des Reiches, und wird von Hosea ermordet. Rezin, König von Damascus, wird von den Assyrern getötet.
748-32	Jotham. Wohlfahrt des Reiches.	722	Hosea fällt von Salmanassar ab. Untergang des Reiches. Das Volk wird nach Assyrien geführt, neue Kolonisten (Kuthäer) ins Land gebracht.
742-26	Ahas. Ahas erbittet Hilfe von den Assyrern gegen Pekach und Rezin; er huldigt Tiglat Pilesar in Damascus.		

720-697	Hiskia. Bund mit Ägypten. Sanheribs Einfall in Juda auf seinem Zug nach Ägypten.
697-42	Manasse.
642-40	Ammon.
640-9	Josia, durch Jeremia und Zephanja geleitet. Centralisation des Kultus. Josia fällt bei Megiddo im Kampf gegen die Ägypter. Abhängigkeit von Ägypten (Necho).
609	Joachas wird von Necho gefangen hinweggeführt.
609-598	Eljakim (Jojakim), Sohn des Josia, durch Necho eingesetzt. Syrien unter der Oberhoheit Ägyptens. Nach Nechos Niederlage bei Karchemisch ergiebt sich Jojakim dem Nebukadnezar, fällt aber nach 3 Jahren wieder von ihm ab.
598	Jojakin. Übergabe Jerusalems. Erste Deportation.
598-87	Zedekia, der Sohn des Josia. Er wird abtrünnig im Vertrauen auf Ägypten (Pharao Hofra).
587	Eroberung Jerusalems, Zerstörung des Tempels. Die Vornehmen werden nach Babel geführt; andere fliehen nach Ägypten. Ende des Reiches Juda.
586	Die Babylonier belagern Tyrus (13 Jahre).
561	Jojachin wird durch Evilmerodach aus dem Gefängnis befreit.
538	Mit Bewilligung des Cyrus führen Serubabel und Josua einen Teil der Juden nach Palästina zurück.
520	Beginn des Tempelbaus. Unterbrechung durch die Samaritaner.
516	Vollendung des Tempels. Einrichtung des Priester- und Levitendienstes.
458	Unter Artaxerxes Longimanus führt Esra 6000 Juden zurück.
445	Nehemia, Günstling und Mundschenk des persischen Königs, Statthalter von Jerusalem, befestigt die Stadt. — Tempelbau auf dem Berge Garizim, Stiftung des samaritanischen Kultus.
344	Sidon durch den pers. König Artaxerxes Ochus zerstört.
333	Nach der Schlacht bei Issus erobert Alexander der Große Syrien.
332	Tyrus erobert und zerstört. Die Juden unterwerfen sich Alexander. Andromachus zum Statthalter von Palästina eingesetzt, hierauf Memnon.
320	Ptolemäus bemächtigt sich Syriens und Palästinas.
314	Antigonus entreißt ihm Palästina.
312	Beginn der seleucidischen Ära.

	Palästina.
301	Infolge des Teilungsvertrages nach der Schlacht bei Ipsus erhält Ptolemäus Palästina wieder.
301-205	Milde Herrschaft der Ptolemäus Lagi, Philadelphus, Euergetes, und Philopator.
217	Antiochus versucht Palästina zu erobern; wird bei Raphia geschlagen; Palästina bleibt bei Ägypten.
198	Während der Unmündigkeit des Ptolemäus Epiphanes gewinnt Antiochus Palästina durch den Sieg bei Paneas.
193	Ptolemäus Epiphanes erhält Palästina als Mitgift der Berenike, Tochter des Antiochus III.
175	Jason, der Bruder des Onias, erkauft das Hohepriestertum von Antiochus Epiphanes.
170-168	Plünderung des Tempels. Antiochus versucht die griechische Religion einzuführen.
168	Aufstand des Hasmonäers Mattathias.

	Syrien.
301-280	Seleukus I. Nikator gründet Antiochia am Orontes bald nach seiner Besitznahme von Syrien.
280-261	Antiochus I. Soter vereinigt Kleinasien und Syrien. Kappadocien, Pontus, Bithynien, Pergamus werden selbständig.
261-246	Antiochus II. Theos. Schwache Regierung.
246-226	Seleukus II. Kallinikos verliert die meisten Städte Kleinasiens; die Ägypter besetzen den größten Teil des Reichs. Krieg mit seinem Bruder Antiochus Hierax; gallische Raubhorden. Innere Verwirrung; erfolglose Kriege mit den Parthern.
226-223	Seleukus III. Keraunos.
223-187	Antiochus III. der Große führt, von den Ätolern aufgereizt und auf Hannibals Rat, Krieg gegen die Römer. Von M. Porcius Cato bei Thermopylä und in der entscheidenden Schlacht bei Magnesia in Lydien geschlagen, muß er die Länder diesseits des Taurus herausgeben.
187-175	Seleukus IV. Philopator plündert den Tempel zu Jerusalem und wird von Heliodor ermordet.
175-164	Antiochus IV. Epiphanes unternimmt vier Feldzüge gegen Ägypten und plündert zweimal Jerusalem.

	Palästina.		Syrien.
167	Judas Makkabi, dessen Sohn, besiegt Apollonius, Serron, Gorgias.		
164	Judas schlägt die Syrer unter Lysias und bemächtigt sich Jerusalems.	164-162	Antiochus V. Eupator, unter Vormundschaft des Lysias, schließt Frieden mit Judas.
161	Judas von Bacchides geschlagen.	162-151	Demetrius I. Soter.
161-143	Jonathan Apphus, Hohepriester und Meridarch.	151-146	Alexander Balas.
143	Beginn der Ära der Volksfreiheit.	146 ff.	Demetrius II. Nikator und Tryphon.
143-135	Simon, als erblich anerkannt.	139-128	Antiochus VII. Sidetes.
135-107	Johannes Hyrkanus, gewinnt Peräa und Samarien.	128-125	Demetrius II. Nikator.
		125	Seleukus V.
		125-112	Antiochus VIII. Grypus. Teilung des Reiches.
		112-95	Antiochus IX. Kyzikenus.
107-106	Aristobulus, erobert Ituräa.	95	Seleukus VI.
106-78	Alexander Jannäi.	95-84	Antiochus X. Eusebes, König von Damascus.
		94-83	Philippus, Sohn des Grypus.
		91-87	Demetrius Eucärus, in Damascus.
		87-85	Antiochus XII. Dionysos.
		85	Aretas, König von Arabien, in Damascus.
78-69	Alexandra.	83-69	Tigranes von Armenien beherrscht Syrien.
69	Hyrkanus II.		
69-63	Aristobulus II., zuletzt nach Rom weggeführt.	69-64	Antiochus XIII. Asiaticus, der letzte Seleucide.
	Gabinius teilt das Land in 5 Bezirke.	64	Syrien römische Provinz.
37-4 n. Chr.	Herodes der Große erobert mit Hilfe der Römer Jerusalem und wird vom römischen Senat zum König erklärt. Beginn der idumäischen Dynastie.		

v. Chr.	
4	Teilung des Reiches. Geburt Jesu (?).
n. Chr.	
6	Quirinius wird Proconsul. Aufstand des Judas Gaulonites gegen die Einsetzung römischer Procuratoren.
18-36	Kajaphas Hoherpriester.
26	Pontius Pilatus wird Landpfleger.
28	Auftreten Jesu. Sein Tod 31?
36	Marullus, Nachfolger des Pilatus.
44	Aufstand des Theudas, durch Cuspius Fadus unterdrückt.
48	Cumanus Procurator.
52	Felix Procurator von Judäa.
60	Porcius Festus, Procurator, hat seine Residenz in Cäsarea.
64	Gessius Florus, Procurator von Judäa, veranlaßt den Ausbruch der Empörung.
67	Vespasian erobert Galiläa.
70	Titus erobert Jerusalem. Lucilius Bassus und Flavius Silva dämpfen den Aufruhr im übrigen Lande.
116	Bar Kochba, durch Rabbi Akiba als Messias bezeichnet, wird zur Ruhe genötigt.
118	Tinnius Rufus Statthalter von Palästina.
132	Erhebung der Juden unter Bar Kochba. Bar Kochba besetzt Jerusalem. Julius Severus, von Hadrian geschickt, macht dem Aufstand ein Ende.
135	Untergang des Bar Kochba. Jerusalem heidnische Kolonie Aelia Capitolina.
218-222	Antoninus Heliogabalus aus Emesa römischer Kaiser.
244-249	Philippus Arabs aus dem Ḥaurân römischer Kaiser.
260-267	Odenatus König von Palmyra.
272	Aurelian schlägt die Zenobia und zerstört Palmyra.
323-336	Constantin der Große. Anerkennung des Christentums.
326	Wallfahrt Helenas nach Jerusalem.
527-565	Justinian I.
616	Chosroes II. v. Persien erobert Syrien und Palästina.
622-628	Der byzantinische Kaiser Heraklius erobert diese Provinzen zurück.
570 od. 571	Muḥammeds Geburt.
622	Muḥammeds Auswanderung (Hidschra) von Mekka nach el-Medina (16. Juli).
632	Muḥammeds Tod.
632-634	Abu Bekr, Schwiegervater Muḥammeds, erster Chalife. Der Feldherr Châlid erobert Boṣrâ in Syrien.
634-44	'Omar, Chalife.
636 u. ff.	Niederlage der Byzantiner am Jarmûk. Syrien in der Gewalt der Araber. Damascus, Jerusalem, Antiochien erobert.

644-656	'Oṯmân, Chalife.
656-661	'Alî, Chalife.
661-679	Mo'âwija, der erste Chalife aus dem Geschlecht der Omaijaden, macht Damascus zu seiner Residenz.
680-683	Jezîd I.
683-685	Merwân I.; er besiegt seine Gegner, die Ḳaisiten, in der Gegend von Damascus.
685-705	'Abd el-Melik. Kämpfe mit 'Abdallâh ibn ez-Zubeir in Mekka (692) und mit 'Abd er-Raḥmân (704).
705-715	Welîd I. Die arabische Herrschaft wird bis Spanien ausgedehnt. (711).
715-717	Suleimân, bekriegt die Byzantiner.
717-720	'Omar II.
720-724	Jezîd II.
724-743	Hischâm.
743-744	Welîd II.
744	Jezîd III. Aufstand in Palästina. — Ibrâhîm, Bruder Jezîd's, regiert einige Monate.
745	Merwân II. nimmt Ibrâhîm die Herrschaft ab. Fortwährende Unruhen in Syrien.
750	Merwân verliert die Schlacht am Zâb gegen die 'Abbasiden. Der Schwerpunkt des Reiches wird nach 'Irâḳ (Bagdad) verlegt.
878 (?)	Aḥmed ibn Ṭulûn, Statthalter von Ägypten, erobert ganz Syrien.
901 (?)	Auftreten und Zügellosigkeiten der Sekte der Karmaten.
934 (?)	Ichschîd, Gründer der Dynastie der Ichschîden, zum Statthalter von Syrien und Ägypten eingesetzt.
944-967	Der Ḥamdânide Seifeddaule in Aleppo kämpft mit den Griechen und den Ichschîden.
969	Die Fâṭimiden erobern Ägypten und nach wiederholten Anstrengungen auch den größten Teil von Syrien. Fortwährende Kämpfe.
1070 (?)	Auftreten der Seldschuken; nach und nach bringen sie ganz Syrien in ihre Gewalt, Damascus c. 1075, Antiochien c. 1085.
1096	Beginn des ersten Kreuzzuges; Gottfried von Bouillon, Balduin, Boemund, Raimund IV.
1098	Die Kreuzfahrer erobern Antiochien.
1099	Balduin Fürst von Edessa. Eroberung Jerusalems; Gottfried v. Bouillon König, siegt bei Askalon über die Ägypter.
1100-1118	Balduin I., König von Jerusalem. Die Franken erobern Cäsarea, Tripoli, Beirût.

1104-1128	Togtekin, Fürst von Damascus, bekämpft die Franken.
1118-1131	Balduin II.; größte Ausdehnung der fränkischen Herrschaft.
1131-1143	Fulko von Anjou, König von Jerusalem.
1143-1162	Balduin III. erobert ʿAkkâ 1153.
1146	Nûreddîn, Sohn Zengis, Herrscher über Nordsyrien, erobert Damascus (Dynastie der Atabeken); er erobert Edessa und bedrängt die Franken.
1147-1149	Zweiter Kreuzzug unter Ludwig VII. von Frankreich und Konrad III. von Deutschland.
1148	Die Franken suchen Damascus zu erobern, das 6 Jahre später Nûreddîn einnimmt.
1162-1173	Amalrich, König von Jerusalem, unternimmt einen Feldzug nach Ägypten.
1171	Der Eijubide Ṣalâḥeddîn (Saladin) macht der Herrschaft der Fâṭimiden in Ägypten ein Ende.
1173-1185	Balduin IV., der Aussätzige.
1180	Sieg der Franken bei Ramle.
1183	Saladin, Herrscher von ganz Syrien mit Ausnahme der fränkischen Enklaven.
1185-1186	Balduin V.
1186-1187	Guido von Lusignan.
1187	Saladin siegt bei Ḥaṭṭîn und erobert beinah ganz Palästina.
1189-1192	Dritter Kreuzzug unter Friedrich Barbarossa, Richard Löwenherz, Philipp August.
1193	Saladin tritt den Franken den Küstenstrich von Jâfâ bis ʿAkkâ ab. Saladin's Tod.
1228-1229	Fünfter Kreuzzug. Friedrich II. erhält von Kâmil, Sultan von Ägypten, Jerusalem etc.
1244	Die Charesmier, von den Ägyptern zu Hilfe gerufen, verheeren Syrien.
1259-60	Die Mongolen unter Hûlagû erobern Nord- und Mittelsyrien und streifen bis an die ägyptische Grenze.
1260-1277	Beibars, Mamlukensultan von Ägypten, erobert Damascus wieder, kämpft siegreich gegen die Franken (1265-68).
1279-1290	Sultan Ḳilâwûn von Ägypten.
1291	Sein Sohn Melik el-Aschraf macht der fränkischen Herrschaft in Palästina ein Ende.
1400	Timurlenk erobert Syrien.
1517	Selim I. entreißt Syrien den Mamluken und verleibt es dem türkischen Reiche ein.
1595-1634	Fachreddîn, Emir der Drusen.
1799	Napoleon erobert Jâfâ. Schlacht am Tabor; Rückzug.
1832	Muḥammed ʿAli Pascha von Ägypten erobert durch sei-

	nen Feldherrn Ibrâhîm (seinen Adoptivsohn) Syrien, welches ihm durch den Frieden von Kutabja 1833 von der Pforte überlassen wird.
1839	Reformbestrebungen in der Türkei. Der Sultan 'Abdul-Medschîd erläßt den Chatti Scherif von Gülchane.
1840	Eingreifen der Westmächte. Syrien hauptsächlich mit Hilfe der englischen Flotte für die Pforte zurückerobert.
1847	Ein Krawall in der Nativitätskirche führt nach langen Verhandlungen zum Kriege mit Rußland 1853-56.
1860	Drusenaufstand gegen die Christen. Die französische Expedition 1861.

V. Heutige Bevölkerung und Statistik von Syrien. — Religionen.

I. Die Bevölkerung Syriens zerfällt ethnographisch in Franken, Juden, Syrer, Araber, Türken; nach Religionen in Muhammedaner, Christen, Juden und Anhänger verschiedener anderer Religionen. In kurzer Zeit gewöhnt man sich, die Einwohner Syriens nach ihrer Physiognomie oder Kleidung zu beurteilen und als Juden, Christen oder Muslimen zu erkennen.

Die Franken (Europäer), die in Palästina angesiedelt sind, bilden nur einen geringen Bruchteil der Bevölkerung. Von ihnen zu unterscheiden sind die sog. „Levantiner". Unter diesem Namen versteht man diejenigen Europäer (bes. Italiener und Griechen) oder Nachkommen von Europäern, welche die oriental. Landessitte vollkommen angenommen haben.

Die Juden hielten sich nur in geringer Zahl im Lande; die heute in Palästina wohnenden Juden sind zum größten Teil aus Europa wieder eingewandert (s. S. xcii).

Unter Syrern verstehen wir alle Nachkommen der verschiedenen Völker, welche bei Beginn unserer Zeitrechnung aramäisch redeten, die Juden ausgenommen. Die eingebornen Christen sind Nachkommen der Bevölkerung, welche Syrien vor dem Eindringen des Islâm hatte. Dieses hatte zur Folge, daß eine Anzahl Christen (Syrer und Griechen) übertraten, während andere ihren Glauben beibehielten. Die aramäische Sprache wurde mit der arabischen vertauscht; doch hielt sich in Syrien die erstere noch geraume Zeit. Heutzutage wird ein mit Arabisch versetzter Abkömmling jenes Aramäischen nur noch in drei Dörfern des Antilibanus gesprochen. Auch auf die Rasse des arab. Städtebewohners hat der syr. Typus eingewirkt (wie in Ägypten der Koptische).

Die Arabische Bevölkerung scheidet sich in seßhafte Bevölkerung *(ḥaḍari)* und in Nomaden *(bedawi*, Pl. *bedu)*. Die letzteren sind meist reine Araber; bei den Dorfbewohnern sind die verschiedenen Elemente, aus welchen sich die Bevölkerung zusammensetzt, nicht mehr genau zu scheiden. Die alten Ortsnamen sind allerdings, oft mit nur geringfügigen Lautveränderungen, von der Bauernbevölkerung mit merkwürdiger Zähigkeit festgehalten worden. (Vgl. S. LXXI.) Wir erklären uns dieses Phänomen daraus, daß sich nur allmählich jeweilig ein neu auftretendes semitisches Volk in die Sitze der ansäßigen Bevölkerung hineingeschoben und mit derselben vermischt hat. Dabei spielte der Wechsel der Religion so gut wie keine Rolle. Ja es wurden nicht bloß die meisten antiken Ortsnamen auf diese Weise mit staunenswerter Treue aufbewahrt, sondern sogar zu irgend einer Zeit willkürlich ersonnene Namen nebst den daran sich knüpfenden falschen Traditionen erhalten. Wie nämlich die Samaritaner bestrebt waren, die altheiligen historischen Stätten auf ihrem Territorium zu zeigen (vgl. S. 218), so verlegten auch die Juden zu der Zeit, als sie ihren Hauptsitz in Galiläa hatten (vgl. S. 253) heilige Stätten (vgl. S. 259) in ihr Gebiet, und die heutige Bevölkerung hat auch solche Namen bewahrt. Andrerseits ist in denjenigen Landstrichen, welche von echten Arabern (Beduinen) in Beschlag genommen wurden, die Erinnerung an die alten Ortsnamen größtenteils erloschen.

Die BEDUINEN sind äußerlich Muslimen; in der Regel aber beschäftigen sie sich nur mit ihren Herden und Raubzügen und wissen wenig von Religion. Sie sind wilde Wanderstämme, wie sie seit undenklichen Zeiten Arabien bevölkert haben. Ihre Wohnung besteht aus leicht transportabeln Zelten von schwarzem Ziegenhaar (die schwarzen Zelte Kedars werden schon Hohelied 1, 5 erwähnt). Der Stoff wird von den Beduinenfrauen selbst sehr fest gewebt und läßt den Regen nicht durch. Er wird einfach über einige Stangen ausgespannt, und zwar so, daß die eine Seite bis etwa zu Mannshöhe offen ist. Dieses sogenannte Haus besteht aus zwei Abteilungen, deren eine von den Männern, die andere von den Weibern bewohnt wird. In der Mitte der Männerabteilung ist ein Herd im Boden eingerichtet; als Brennmaterial dient dürres Gestrüpp und trockner Mist. Die Beduinen leben von der Viehzucht, sie besitzen ungeheure Herden von Schafen und Kamelen. Selten sind sie dazu zu bringen, den Acker zu bebauen; doch finden sich einzelne Stämme, welche im Seßhaftwerden begriffen sind, und die Regierung unterstützt diesen Übergang mit allen Kräften. In der Regel leben die Beduinen armselig, von Brot und Milch; nur wenn ein Gast kommt, wird ein Schaf oder eine Ziege, selten ein Kamel geschlachtet. Der ankommende Gast soll in das erste Zelt, das ihm beim Eintritt in den Kreis der Zelte zur rechten Hand liegt, eintreten, da dies gewöhnlich das des Häuptlings (Schêch) ist. Das Gastrecht ist dem

Beduinen unverletzlich; er ist verpflichtet, seinen Gast auch noch drei Tage nach der Abreise zu beschützen.

Der Krieg füllt das Leben der Männer aus; er entspinnt sich in der Regel aus Streitigkeiten um Weideplätze oder Quellen. Die in der Wüste noch zu Recht bestehende Blutrache ruft eine Menge von Verwicklungen hervor. Der Reisende hat indessen von den Beduinen für sein Leben nichts zu fürchten (das Leben wird in der Wüste hoch gehalten), wenn er nicht die Waffen braucht und das Unglück hat, jemand zu töten. Dagegen sind die Beduinen bekannt als Räuber und Diebe; sie lassen den Reisenden bisweilen ganz hilflos und ziehen ihm selbst die Kleider aus. Seit Jahrtausenden dauert der Streit zwischen der angesessenen Bevölkerung und den Nomaden. Eine starke Regierung muß die Bauern gegen die Erpressungen der letzteren sichern. Doch ziehen die Bauern es bisweilen vor, ihren räuberischen Nachbarn die „Bruderschaft“ (*chuwwe*, so heißt dieser Tribut an Getreide) zu bezahlen, weil die türkischen Statthalter und Steuereinnehmer sie nicht genug schützen, oder auch sie noch mehr mißhandeln als jene.

Es ist ein Glück für die Regierung, daß diese Wanderstämme nie unter sich einig sind. Sie sind in zwei Hauptlager geteilt: das eine bilden die 'Âneze, welche im Winter gegen Centralarabien hinziehen; das andere besteht aus Stämmen, welche dauernd in Syrien bleiben. Die 'Âneze sind heutzutage der mächtigste Beduinenstamm; sie zerfallen in vier Hauptstämme (ḳabîle): *Wuld 'Alî*, *Ḥesene*, *Ruwalâ* und *Bischer*; ihre Gesamtzahl kann man auf etwa 25-30000 Seelen schätzen. Was die seßhaften Stämme betrifft, so sind in Palästina, Ḥaurân, in der Biḳâ' und N.-Syrien stets dieselben Stämme wohnhaft; so in Moab die *Benî Ṣacher*, im Jordanthal die sog. Ḳôraraber (*Ḳawârine*) u. a. m. Man nennt sie *'ahl esch-schemâl'*, Leute vom Norden, während die Beduinen s. vom Toten Meer *'ahl el-ḳiblî'*, Leute des Südens heißen.

Jeder Beduinenstamm steht unter einem Schêch, der aber eine durch die Eifersucht der andern eng begrenzte Stellung hat; auch im Kriege ist er zunächst nicht Anführer. — Man hört die Beduinen viel singen und erzählen; auch die Dichtkunst lieben sie, doch steht diese auf niedriger Stufe.

Die TÜRKEN (S. LXXVI) sind in Syrien in geringer Zahl vertreten. Der Türke ist geistig weniger befähigt als der Araber, im ganzen aber gutmütig. Die Effendi's (αὐθέντης) freilich, die vornehmen Türken, sind bisweilen stolz und übermütig. Es giebt unter ihnen zwei Parteien: die Alttürken und die Jungtürken oder Reformer. Je nachdem die eine oder die andere Partei in Constantinopel die Oberhand hat, wechseln auch die Statthalter der Provinzen. Da dies ziemlich rasch zu geschehen pflegt, so kann keiner selbst mit dem besten Willen ein dauerhaftes Werk gründen, denn er kann fast sicher darauf zählen, daß sein Nachfolger seine Projekte wieder umwirft. Die Einführung europäischer Kultur wird von den

Jungtürken selbst höchst oberflächlich betrieben und gewöhnlich am falschen Ende in Angriff genommen; manche meinen, Bildung liege vor allem im Tragen fränkischer Kleidung und im Trinken geistiger Getränke. Die türkische Rasse ist übrigens beinahe in der ganzen Türkei im Verfall und im Rückgang begriffen. In Nordsyrien, sowie am großen Hermon giebt es noch nomadisierende Türkenstämme (Turkomanen), welche wie die arabischen Beduinen leben.

II. Statistik. Die Bevölkerung Syriens ist in den letzten Jahren ziemlich gewachsen, namentlich durch Einwanderung in Folge des russisch-türkischen Kriegs. Besonders in den Hafenstädten und in Jerusalem und Damascus macht sich dieser Zuwachs sehr bemerklich. Sichere Anhaltspunkte für die Schätzung der Gesamtbevölkerung haben wir sehr wenige. Der türk. Staatskalender des Jahres 1307 (1889) giebt für das Wilâjet Sûrîja folgende Zahlen:

Muslimen	347196	Armenier	193
Griech.-Orthod.	39419	Juden	6342
Griech.-Kath.	13999	Maroniten	4964
Syrisch-Kath.	6137	Protestanten	703
Armen.-Kath.	188	Lateiner	95

Zusammen: 419236 Einwohner.

Für die andern Wilâjets liegen neuere Angaben nicht vor. Im ganzen wird man die Einwohnerzahl Syriens nicht über 2 Millionen schätzen dürfen, so daß bei einer Größe von 276790 qkm nur 7 Seelen auf den qkm kommen würden (gegen c. 87 in Deutschland).

III. Religionen. Der geistige Charakter der drei semitischen Stämme, welche Syrien bewohnen, der Juden, Syrer und Araber, ist ein einheitlicher. Der Semit besitzt ein reiches tiefes Gemütsleben, aber er hat keine Anlage zur Abstraktion. Daher hat er zu keiner Zeit wirklich philosophische Systeme geschaffen, nie die höheren Formen der Poesie in Epos oder Drama, nie eine gewaltige Kunst entwickelt. Gerade in Syrien haben dagegen Judentum, Christentum und mittelbar auch der Islâm, die drei Weltreligionen, ihren Ursprung gehabt; die Semiten sind dadurch zu einem der wichtigsten Faktoren der Weltgeschichte geworden. Die letzte Konsequenz, zu welcher der religiöse Gedanke bei dem reinen, unverfälschten Semiten gelangte, war der Islâm, dieser letzte praktische Versuch, die dem Gefühle des Semiten notwendig erscheinende Theokratie zur Herrschaft zu bringen, zugleich der Abschluß des semitischen Prophetentums.

Die Muslimen machen heute etwa $\frac{4}{5}$ der Gesamtbevölkerung Syriens aus. Sie betrachten sich noch heute als die Träger der besondern Gnade Gottes, als die andern Völkern gegenüber bevorzugten und auserwählten Herrscher. In Ägypten hat der von oben begünstigte europäische Einfluß seit Anfang dieses Jahrh. bereits so gewirkt, daß dieser Stolz des Muslim dem Fremden kaum mehr bemerklich entgegentritt. In Syrien sind die Gegensätze noch schroffer; der Islâm fühlt sich hier noch ganz in seiner Macht, doch kann man nicht sagen, daß die Muslimen hier fanatischer wären, als die Anhänger der anderen Religionen. Im ganzen sind die Muslimen zwar weniger gebildet, jedoch sittlich den eingebornen Christen überlegen, besonders was ihre Zuverlässigkeit im Verkehr betrifft. Neuerdings sind auch von muslimischer Seite viele Schulen gegründet worden, schon der Konkurrenz wegen. Näheres über den Islâm s. S. XCIII ff.

Die CHRISTEN des Orients gehören in überwiegender Mehrzahl zur *griechischen* Kirche. Wie die Anhänger derselben (einige Fremde ausgenommen) sämtlich arabisch sprechen, so wird auch der Gottesdienst meist in arabischer Sprache gehalten. Doch sind die höheren Geistlichen fast ohne Ausnahme fremde Griechen, welche nichts als griechisch verstehen und nur griechisch die Messe lesen. Die Griechen haben viele Schulen, in deren oberen Klassen die griechische Sprache gelehrt wird. Man nennt die Anhänger dieser Kirche *„griechisch-orthodoxe"*. In Syrien stehen sie unter zwei Patriarchaten, dem von Jerusalem und dem von Beirût. Der Patriarch von Jerusalem hat fast ganz Palästina unter sich; eine Anzahl der ihm untergebenen Bischöfe 'in partibus infidelium' wohnt im Kloster zu Jerusalem, zur Erhöhung des Glanzes ihres Oberhirten. Es sind dies die Bischöfe von Sebasṭîje, Nâbulus, Lydda, Gaza und es-Salṭ. Die Bischöfe von 'Akkâ, Kerak, Petra und Bethlehem wohnen in ihren Diöcesen. Das Patriarchat von Beirût hat alle Bistümer von Tyrus bis Kleinasien unter sich, Damascus, Aleppo, Ba'albek, Ṣêdnâja u. s. w. Diese Bischöfe nennt man heute 'Maṭrâne' (Metropolitane). Die Griechen sind im ganzen als sehr fanatisch bekannt; ihr Haß trifft vor allem die Lateiner, viel weniger die Protestanten.

Armenische und *koptische Jakobiten* giebt es beinahe nur in Jerusalem; wichtiger ist die *syrisch-jakobitische* Kirche. Die Jakobiten sind Monophysiten, d. h. sie halten an der vom chalkedonischen Konzil (451) verurteilten Lehre fest, daß in Christus nur eine Natur enthalten sei; genauer: sie erkennen die verschiedenen Naturen an, aber sie behaupten, daß dieselben in Christus zu einer geworden seien. Den Namen Jakobiten führen sie von einem gewissen Jakob Baradâi, Bischof von Edessa († 587), welcher während der Verfolgung unter Justinian I., in ärmlicher Kleidung den Orient durchwandernd, für diese Glaubensgrundsätze Bedeutendes gewirkt hat. Sie gebrauchen, wie die griechische Kirche, gesäuertes Brot beim Abendmahl und bekreuzen sich nur mit einem Finger. Die Griechen und Syrer haben die griechische Kalenderrechnung; die Mönche rechnen sogar bisweilen noch nach der seleucidischen Ära (S. LXXX). Die Kirchensprache des syrischen Jakobiten ist das Altsyrische. Der Patriarch dieser Kirche hatte früher seinen Sitz ebenfalls in Antiochien, jetzt in Dijârbekr und Merdîn. Dort wohnen die meisten Jakobiten und sprechen teilweise auch noch syrisch. Diese Syrer sind durchschnittlich arm, auch geistig sehr wenig begabt und ihre Mönche entsetzlich unwissend. Wie die griechischen, so essen auch die jakobitischen Mönche niemals Fleisch; die Religion ist übrigens den meisten etwas durchaus äußerliches.

Die *römisch-katholische* („lateinische") Kirche weist in Syrien ebenfalls verschiedene Sekten auf. Im allgemeinen sind die katholischen Geistlichen, dank der Einwirkung der Propaganda von Rom und den Anstrengungen so vieler ihrer fränkischen Brüder in Palästina selbst, den griechischen und syrischen weit überlegen. Rom hat in den letzten Jahrhunderten große Anstrengungen gemacht, um sich im Orient zu befestigen, und es ist ihm gelungen, zwei neue Filialkirchen zu gründen: die *griechisch-katholische* (unierte griechische) und die *syrisch-katholische*, die erstere aus den Griechen, die letztere aus den Syrern. Noch heute sind Lazaristen, Franziskaner und Jesuiten beschäftigt, diese Kirchen auszubreiten. Doch haben diese orientalischen katholischen Kirchen bisher gewisse altherkömmliche Vorrechte behaupten können: sie celebrieren die Messe in arabischer Sprache (wenigstens die Griechen), halten Kommunion in beiderlei Gestalt und ihre Priester dürfen verheiratet sein; nur nach ihrer Consecration dürfen sie nicht mehr heiraten. Die griechisch-katholische Kirche (katholische Melchiten) ist sehr bedeutend; sie steht unter einem Patriarchen in Damascus und die reichsten und vornehmsten Christen gehören dieser Sekte an. Die syrischen Katholiken haben einen Patriarchen in Aleppo, der bisweilen auch in Merdîn residiert.

Zu den Katholiken gehören seit 1182 auch die *Maroniten*; ursprünglich waren sie Monotheleten (d. h. sie nahmen nur einen Willen in Christus an). Ihr Name ist auf einen gewissen Maron zurückzuführen, der im 6. Jahrh. gelebt haben soll. Die völlige Unterwerfung der Maroniten unter Rom geschah erst gegen 1600; schon 1584 war in Rom das Kollegium Maronitarum gegründet worden, in welchem sich später eine Anzahl Maroniten als Gelehrte hervorthaten. Die maronitische Kirche hat ebenfalls besondere Privilegien: die Messe wird syrisch gehalten, den niederen Geistlichen ist das Heiraten gestattet u. s. w. Der Patriarch, welcher im Kloster Ḳanôbîn (S. 353) residiert, wird von den Bischöfen gewählt und von Rom bestätigt; die bischöfl. Diöcesen sind Aleppo, Ba'albek, Dschebeil, Tripoli, Ehden, Damascus, Beirût, Tyrus und Cypern. Die Maroniten sind geistig und sittlich wenig entwickelt; sie sind die bittersten Feinde der neben ihnen wohnenden Drusen. Ihr Hauptsitz ist im Libanon, namentlich im Gebiet Bscherre oberhalb Tripoli. Sie haben dort viele schöne Klöster und in einigen derselben sogar Druckereien für ihre Liturgien u. a. Die gesamte maronitische Bevölkerung des Libanon soll mehr als 200,000 Seelen betragen. Die Maroniten leben von Ackerbau und Viehzucht; vorzüglich aber ist bei ihnen der Seidenbau in Schwung. Sie haben sich in einer gewissen Unabhängigkeit von der türkischen Regierung zu halten gewußt (s. S. 298).

Zu den Lateinern sind noch die fremden *fränkischen Mönche* zu rechnen, welche seit langer Zeit ihre Klöster im heiligen Lande besitzen (S. XL). Was die Pflege der Pilger betrifft, so gebührt die Krone den Franziskanern, die manchen Orts dem Pilger eine einladende und dankenswerte Stätte bereiten. In der Regel sind es Italiener und Spanier, seltener Franzosen. Die Schulen, welche diese Leute leiten, üben auf den eingebornen Klerus einen äußerst wohlthätigen Einfluß. — In Jerusalem ist ein lateinischer Patriarch, in Beirût ein apostolischer Delegierter.

Die *Protestanten* in Syrien sind hauptsächlich durch die Wirksamkeit der amerikanischen Mission gewonnen worden, deren Centrum Beirût ist (vgl. S. 288); besonders unter den Christen des Libanon haben sie Einfluß erlangt. Die Mission in Palästina wird von den Deutschen und Engländern betrieben. — Was den Protestanten von allen religiösen Gemeinschaften am meisten vorgeworfen wird, ist der Umstand, daß sie keine Fasten halten.

Die JUDEN des Orients zerfallen in verschiedene Klassen. Die *Sephardim* sind spanisch-portugiesische Juden, welche bei der Vertreibung der Juden aus Spanien unter Isabella I. auswanderten; diese reden noch ein verderbenes Spanisch. Die *Aschkenazim* stammen aus Rußland, Galizien, Ungarn, Böhmen, Mähren, Deutschland und Holland; sie sprechen das bekannte Deutsch mit jüdischem Accent und zerfallen wieder in *Peruschim* (Pharisäer) und *Chasidim*. Die Sekte der Karaiten, welche den Talmud verwerfen, ist beinahe ganz verschwunden. Die Juden im Orient haben ihren Charakter ziemlich rein bewahrt; man erkennt sie augenblicklich an der Physiognomie sowohl, als an ihrer Tracht. Sie sind meist groß und schlank und zeichnen sich durch ihre bekannten Seitenlocken, sowie durch breitkrempige schwarze Filzhüte aus, falls sie nicht einen Turban mit dunkelfarbigem Tuche tragen. Die Sephardim tragen schwarze Turbane. — Meist wohnen die Juden, von denen übrigens manche Schützlinge der europäischen Konsulate sind, in besonderen Quartieren.

Auch die Christen sind an ihrer Tracht kenntlich, indem sie in den Städten meistens das bloße Fez (die rote Kappe), seltener eine schwarze oder sonst dunkel gefärbte Binde (Turban) darum tragen. Die Muslimen tragen meist weiße Kopfbinden mit eingewobenen Goldfäden, die Abkömmlinge des Propheten (?) grüne Binden. Die Drusen tragen blendend weiße Turbane. Die Bauern und Beduinen tragen nur ein buntes Tuch über dem Kopf *(keffîje)*, welches durch eine Schnur von Wolle oder Kamelhaaren *('agâl)*, die sich um den Kopf schlingt, festgehalten wird.

VI. Die Glaubenslehre des Islâm.

Einiges über Sitten und Gebräuche der Landesbewohner.

Der Islâm ist noch heute die am weitesten verbreitete Weltreligion und seine Macht ist in stetem Fortschritt begriffen.

Muḥammed † stellte sich mit seiner neuen Lehre in Gegensatz zur 'Zeit der Unwissenheit, Barbarei', wie er das Heidentum nannte; das Wissen oder die Offenbarung aber, die er seiner Meinung nach brachte, war, wie er selbst sagte, nichts Neues; seine Religion ist uralt, und noch heute wird jeder Mensch ideell als Muslim geboren, nur seine Umgebung macht etwas anderes aus ihm. Selbst in den Schriften der Juden und Christen (Thora, Psalmen und Evangelien) sind Stellen gewesen, die von Muḥammed und vom Islâm sprechen; aber diese Stellen sind verheimlicht, verdreht oder falsch ausgelegt worden. Was Muḥammed am Judentum und Christentum, soweit er es kannte, mißfiel: der Rigorismus der Ethik, welcher eine Masse leerer Formen erzeugte, und der Dogmatismus jener Zeit, wurde von ihm ausgeschieden. Dazu gehörte vor allem der Polytheismus, wie Muḥammed auch die Trinitätslehre nannte, durch welche dem einigen Gott etwas

---

† Muḥammed (der Gepriesene oder zu Preisende) stammte väterlicherseits aus der Familie Hâschim, einem weniger beachteten Zweige des edlen Stammes Kureisch, der in Mekka angesessen war und die Aufsicht über die Ka'ba führte. Der Vater, 'Abdallâh, starb kurz vor oder nach der Geburt Muḥammeds (c. 570); die Mutter Âmina in seinem sechsten Lebensjahre. Der Knabe wurde nun von seinem Großvater 'Abd el-Muṭṭalib, und als auch dieser nach 2 Jahren starb, von seinem Onkel Abû Ṭâlib erzogen. Muḥammed machte später erst in Begleitung seines Onkels, dann (gegen 25 Jahre alt) im Dienst einer Witwe Chadîdscha Handelsreisen, auf welchen er in Boṣrâ den christlichen Mönch Baḥîra (S. 202) kennen gelernt haben soll. Chadîdscha wurde seine erste Frau.

Um jene Zeit war im religiösen Leben der Araber eine Gärung eingetreten; als Muḥammed c. 40 Jahre alt war, faßte auch ihn das religiöse Bewußtsein, daß der Götzendienst eitel sei. Er glaubte fest, himmlische Offenbarungen zu erhalten; einen Betrüger kann man ihn nicht nennen. Eine Traumerscheinung, die er auf dem Berge Hira bei Mekka hatte, gab den ersten Anstoß: Muḥammed fing an mit glühender Begeisterung den Monotheismus zu verkündigen und vor den Höllenstrafen zu warnen. Es ist nicht sicher, ob Muḥammed selbst das Schreiben und Lesen verstanden hat. Die neue Lehre wurde Islâm d. h. Unterwürfigkeit unter Gott genannt. Zuerst gewann er nur in seiner Familie Anhänger, und die „Muslimen" hatten von den Mekkanern viel zu erdulden. Daher wanderten viele nach Medina aus, endlich auch Muḥammed selbst (622). In Medina machte die neue Religion bald große Fortschritte. Da Chadîdscha gestorben war, nahm Muḥammed nun eine Reihe anderer Frauen, teilweise auch aus politischen Rücksichten. Von Medina aus suchte er die Mekkaner zu beunruhigen. Zuerst siegte er bei Bedr, verlor aber die Schlacht am Berge Uḥud. Von nun an hörten die kriegerischen Expeditionen nicht auf: Muḥammed gewann großen Einfluß auf die Beduinen, und es gelang ihm, dieselben politisch zu einigen. Im J. 630 endlich eroberten die Muslimen die Stadt Mekka; die Götzenbilder wurden vertilgt. Aber die gewaltigen Anstrengungen der letzten 24 Jahre hatten Muḥammeds Gesundheit untergraben; er starb am 8. Juni 632 in Medina und wurde daselbst begraben.

ihm Fremdes beigesellt wird. Jeder ist von vorn herein verpflichtet, an die Offenbarung des Islâm zu glauben, und der Muslim ist gehalten, mit allen Mitteln diesen Glauben auszubreiten. In der Praxis freilich ist dieser Rigorismus später abgeschwächt worden, indem man sich außerhalb Arabiens auf Verträge einlassen mußte; auch wurde ein Unterschied gemacht zwischen Leuten, die bereits eine Offenbarungsschrift hatten (Juden, Christen und Sabiern) und eigentlichen Götzendienern; letztere sollen streng verfolgt werden.

Das Glaubensbekenntnis des Muslim lautet: Es ist kein Gott außer der Gott (Allah) und Muhammed ist der Prophet des Gottes † *(la ilâha ill' allâh, wa muhammedur-rasûlu-llâh)*. Diese Formel enthält aber nur den wichtigsten Glaubenssatz; eigentlich ist der Muslim dreierlei zu glauben verpflichtet: 1) Gott und die Engel; 2) die schriftlichen Offenbarungen und die Propheten; 3) Auferstehung, Gericht, ewiges Leben und Vorherbestimmung.

1. Gott und die Engel. Die Hervorhebung der Einheit Gottes war nichts Originelles. Gott ist nach muslimischer Lehre ein alle Vollkommenheit in sich vereinigender Geist; aus dem Korân sind daher in späterer Zeit neunundneunzig verschiedene Attribute Gottes zusammengetragen worden, die bis heute den muslimischen Rosenkranz bilden. Auf die Weltschöpfung aus dem bloßen Willen wurde ein Hauptgewicht gelegt (Gott spricht: 'Sei', so wird es).

Die Erzählung der Schöpfung nach dem Korân und den sich daran anschließenden kosmogonischen Änderungen ist der Bibel entnommen, doch mit Beimischungen aus rabbinischen und persischen Quellen. Zuerst schuf Gott seinen Thron; unter diesem befand sich Wasser; darauf setzte sich der Erdstoff ab. Um diesen festzuhalten, schuf Gott einen Engel; den Standpunkt desselben bildete ein großer Fels, der seinerseits auf dem Rücken und den Hörnern des Weltstiers ruht. So steht die Welt fest.

In Verbindung mit der Schöpfung des Firmaments steht die der *dschinn* (Dämonen), Mittelwesen zwischen den Menschen und den Engeln; einige derselben sind gläubig, andere ungläubig. Die spätere Zeit hat über diese im Korân öfter erwähnten Dschinnen viel gefabelt und sie in verschiedene Arten eingeteilt; noch heute ist der Glaube an sie allgemein verbreitet. Als die Dschinnen übermütig wurden, erhielt ein Engel den Befehl, sie zu vertreiben; er drängte sie auf das die Erde umgebende Gebirge Kâf zurück, von wo sie nur bisweilen Einfälle machen. Nun erst wurde Adam geschaffen, und zwar am Abend des sechsten Wochentags, daher die Muslimen den Freitag statt des Sabbaths feiern. Auf die Schöpfung Adams folgte der Fall jenes Engels, des Besiegers der Dschinnen: weil er sich vor Adam nicht niederwerfen wollte, wurde er verstoßen und hieß von nun an *iblîs*, Teufel. Der Sündenfall wurde

† Allâh ist auch bei den heutigen Juden und Christen, die arabisch sprechen, der Name Gottes.

mit Mekka und der Ka'ba in Verbindung gesetzt; dort fand Adam die Eva wieder; der schwarze Stein hat seine Farbe von Adams Thränen. In Dschidda, dem Hafenort von Mekka, wird das Grab der Eva noch bis heute gezeigt. Adam gilt als der erste rechtgläubige Muslim; denn Gott sorgte von Anfang an für die Offenbarung.

Außer der schöpferischen Thätigkeit Gottes wird aber auch die erhaltende betont, als stetige Einwirkung Gottes auf die Welt; seine Werkzeuge dabei sind die *Engel*. Sie tragen Gottes Thron und richten seine Befehle aus; sie sind aber auch Vermittler zwischen Gott und den Menschen und begleiten den letzteren stets. Der Reisende, welcher einen Muslim beten sieht (dies geschieht nach dem Vorbild der Engel im Himmel), bemerkt, daß er am Schluß des Gebets sein Gesicht zuerst über die rechte, dann über die linke Schulter wendet. Damit begrüßt er die Schreiberengel, die jedem Gläubigen zur Seite stehen; der zur Rechten schreibt die guten, der zur Linken die bösen Handlungen auf. Ebenso wird der Reisende auf muslimischen Friedhöfen die beiden Denksteine bemerken, die sich auf jedem Grabe befinden; neben diesen sitzen, sobald der Tote begraben ist (s. S. cvi), die beiden Frageengel und halten das Examen mit dem Gläubigen ab; deswegen wiederholt der Führer des Leichenbegängnisses bei der Beerdigung fortwährend das Glaubensbekenntnis, damit der Tote es nicht vergesse.

Neben den Legionen guter Engel, die zwar in verschiedener Form, aber doch aus reiner ätherischer Substanz gebildet sind, giebt es auch Genossen des Satans, die den Menschen zum Bösen verleiten und Zaubereien lehren. Sie suchen die Geheimnisse des Himmels zu belauschen, werden dabei aber von den guten Engeln mit Sternschnuppen beworfen (eine uralte Anschauung).

2. Die schriftlichen Offenbarungen und die Propheten. Die Menschen der ersten Zeit waren alle gläubig, sind aber später abgefallen. Daher mußte die Offenbarung eintreten; sie findet statt durch Anschauung und durch Ansprache. Die Zahl der Propheten ist sehr groß, es sollen ihrer im ganzen 124000 gewesen sein; doch ist ihre Rangstufe verschieden. Einige unter ihnen wurden gesandt, um eine neue Religionsform einzuführen, andere, um die bestehende zu erhalten. Die Propheten waren frei von groben Sünden; trotz der Beglaubigungswunder, mit denen Gott sie ausgestattet hatte, wurden sie gewöhnlich verhöhnt und für Lügner erklärt. Die großen Propheten waren: Adam, Noah, Abraham, Moses, Jesus und Muḥammed.

Adam wurde schon oben erwähnt. Er gilt als das Muster menschlicher Vollkommenheit und heißt deshalb auch 'Stellvertreter Gottes'. — *Noahs* Geschichte wird im Korân wiederholt erzählt und zwar mit allerhand Zusätzen, wie z. B. daß er einen vierten, aber ungehorsamen Sohn gehabt habe. Die Predigt Noahs sowie die Flut wird ausführlich berichtet. Die Arche soll auf dem Berge Dschûdî bei Mosul stehen geblieben sein. Aus der Flut blieb der

Riese ʿUdsch, Sohn des ʿEnak übrig. Er war von fabelhafter Größe; Sagen über ihn sind noch heute im Volksmund verbreitet.

Den *Abraham (Ibrâhîm)* hat Muḥammed nach jüdischem Vorgang zu einer der wichtigsten Personen gemacht; er heißt auch im Ḳorân ʿder Freund Gottesʾ (vgl. Brief Jak. 2, 23). Muḥammed selbst wollte die „Religion Abrahams“ wieder herstellen. Abraham war ihm besonders wichtig als Stammvater der Araber durch Ismael, weshalb Abraham auch die Kaʿba gebaut haben muß; man zeigt dort noch seine Fußstapfen. Eine der schönsten Stellen des Ḳorân, so schön daß Göthe sie dramatisch dargestellt wünschte, ist in Sûre VI, 76 die Darstellung, wie Abraham zum Bewußtsein des Monotheismus kommt. Sein Vater war ein Heide, und Nimrod tötete damals alle neugeborenen Kinder (Verwechslung mit dem Kindermord in Bethlehem). Daher wird Abraham in einer Höhle erzogen; in seinem 15ten Jahr tritt er aus derselben heraus. „Und als es über ihm finstere Nacht wurde, erblickte er einen Stern und sagte: Das ist mein Gott (Herr); aber als er unterging, sprach er: Ich liebe die Untergehenden nicht. Als er nun den Mond aufsteigen sah, sprach er wieder: Das ist mein Gott; aber als jener unterging, sprach er: Wahrhaftig, mein Gott hat mich nicht geleitet, damit ich zu den *irrenden* Menschen gehöre. Als er nun die Sonne aufsteigen sah, sprach er wiederum: Das ist mein Gott, der ist größer; aber als sie unterging, sagte er: O Leute, ich habe nichts zu thun mit dem, was ihr götzendienerisch anbetet; denn ich richte mein Antlitz unverwandt auf den, der die Himmel und die Erde aus nichts schuf, und gehöre nicht zu denen, die ihm etwas beigesellen.“ — Außer den nur wenig veränderten biblischen Erzählungen finden wir noch die jüdische Legende, wie Abraham, weil er die Götzen zerschlagen hat, von Nimrod ins Feuer geworfen, aber nicht verletzt wird. — Über die Geschichte des *Moses* ist wenig Besonderes zu berichten. Er heißt der „Sprecher Gottes“ und hat die Thora gebracht; es ist im Ḳorân sehr häufig von ihm die Rede.

Ein großartiger Anachronismus findet in der Erzählung von *Jesus* statt, indem Maria mit Aarons Schwester Mirjam verwechselt wird. Jesus heißt im Ḳorân ʿ*Îsâ*; ʿIsâ aber ist eigentlich Esau, bei den Juden ein Schimpfname — für uns ein Fingerzeig, woher Muḥammed den größten Teil seiner Legenden geschöpft hat. Anderseits heißt Jesus ʿdas Wort Gottesʾ (nach Joh. 1). Auch im Ḳorân wird die Geburt Jesu der Schöpfung Adams an die Seite gestellt; auch Jesus war von Anfang an, schon als Kind, Prophet wie jener, er hat Wunder gethan, die über die aller anderen Propheten (Muḥammed inbegriffen) hinausgehen. Er brachte das Evangelium und bestätigte dadurch die Thora; doch wurden einige Teile des Gesetzes durch ihn aufgehoben. An seiner Stelle wurde ein anderer gekreuzigt; doch ließ ihn Gott für einige Stunden sterben, bevor er ihn in den Himmel erhob (nach der Legende).

Die neueren Untersuchungen bringen mehr und mehr ans Licht,

wie wenig Originelles an allen diesen Erzählungen ist, wie Muḥammed immer nur nacherzählt und entweder trübe Quellen hat (erst jüdische, später auch christliche) oder sie mißversteht. Genau dasselbe ist mit den vielen Erzählungen über andere vorgebliche Propheten der Fall. Selbst Alexander der Große wurde zum Propheten gestempelt, und sein Zug nach Indien als im Dienste des Monotheismus unternommen dargestellt. Alexander trifft auch den *Chiḍr* an. Chiḍr (auch Chaḍr ausgesprochen) ist die belebende Naturkraft; einesteils wird er mit Elias, anderenteils mit dem heiligen Georg identificiert.

Wichtig ist für uns nur noch die religiöse Stellung Muḥammeds in der von ihm gegründeten Religion. Moses und Christus haben sein Kommen geweissagt, aber die betr. Stellen sind in Thora und Evangelium unterschlagen worden. Er ist der verheißene Paraklet (Joh. 14, 16), der letzte und größte der Propheten; aber auch er ist keineswegs frei von kleinen Sünden. Er bestätigt die früheren Offenbarungen; doch sind sie nun nach seinem Auftreten antiquiert. Seine ganze Lehre ist ein Wunder und braucht daher nicht die Bestätigung durch specielle Wunderthaten. Später wurden jedoch eine Menge Wunder von ihm erzählt, und obgleich er nicht direkt vergöttert wurde, hat er doch die Stellung des Hauptvermittlers als Fürsprecher der Menschen bei Gott erhalten. Die Vergöttlichung des Menschlichen ist überhaupt dem Semiten fremd; erst die Perser haben 'Alî und die ihm nachfolgenden Imâme (eigentl. Vorbeter) zu übermenschlichen Wesen gestempelt.

Der Ḳorân freilich wurde früh als etwas durchaus Übernatürliches angesehen. Ḳorân bedeutet eigentlich 'Recitation, Lesung'; er ist in verschiedene Stücke, *Sûren*, eingeteilt. Die erste Offenbarung erhielt der Prophet in der 'gesegneten Nacht' im Jahr 609; mit vielfachen Unterbrechungen dauerte die „Niedersendung" des Ḳorâns nun 23 Jahre hindurch, bis das gesamte Buch, das schon vorher auf der 'wohlbewahrten Tafel' im Himmel existierte, zu ihm hinuntergebracht war. Zur Zeit der 'abbasidischen Chalifen wurde die Streitfrage, ob der Ḳorân geschaffen oder ungeschaffen sei, sehr lebhaft erörtert (wie auch die orientalischen Christen für solche subtile dogmatische Fragen, wie das Ausgehen des heiligen Geistes u. a., eine besondere Empfänglichkeit bewiesen haben und noch beweisen). Die früheren Sûren, die mekkanischen, die nun ihrer Kürze wegen erst am Schlusse der Sammlung stehen, zeigen große Lebendigkeit und Frische; die Form freilich ist nur halb dichterisch, obwohl gereimt. In den längeren Sûren der späteren Zeit ist alles Berechnung und die Erzählung oft schleppend. Doch gilt der Ḳorân als das vollendete Meisterwerk arabischer Literatur; die Muslimen recitieren als Gebet fast ausschließlich Stücke aus diesem Buche, obwohl das tiefere Verständnis desselben ihnen völlig abgeht, ja den ersten Commentatoren schon abhanden gekommen war; denn obschon Muḥammed immer auf sein 'arabisches Buch' pocht, war er doch großer Liebhaber von allerhand dunkeln Fremdwörtern. Der Korân darf nicht übersetzt werden: persische, türkische, indische Kinder lernen ihn ganz mechanisch auswendig.

3. Die letzten Dinge und die Vorausbestimmung. Die Auferstehung ist vom Korân und von der späteren Sage sehr reich ausgeschmückt worden; die Grundzüge dieser Lehre aber sind sicher dem Christentum entnommen: so die Stellung des Antichrist und die große Rolle, welche Jesus an jenem Tage spielen soll. Er wird den Islâm als Weltreligion einführen; mit ihm wird der Mehdi, der zwölfte Imâm (S. CIII), wieder erscheinen und das Tier der Erde; die Völker Gog und Magog werden den Damm zerbrechen, hinter welchen Alexander (S. XCVII) sie getrieben hat. Das Ende der Dinge beginnt mit den Posaunenstößen des Engels Asrâfîl; einer derselben streckt alles tot nieder, der andere bewirkt die Auferstehung. Hierauf folgt das Gericht; die Guten gehen über die haarscharfe Brücke ins Paradies, die Bösen fallen von ihr hinunter in den Höllenschlund (S. 55). Einige glauben an eine Art Totenreich, wie die Hebräer und Griechen es annahmen, andere aber behaupten, daß die Seelen gleich nach dem Tode vor die Pforte des Paradieses kommen. Jeder Mensch wird beim Gericht nach den Büchern der Schreiberengel (S. CVI) gerichtet; der Gute bekommt das Buch in die rechte Hand, den Bösen wird es in der linken auf den Rücken gebunden. Die Wagschale für gute und böse Handlungen (S. 42) spielt eine große Rolle, und diese Anschauung hat zu der späteren großen Werkheiligkeit des Islâm geführt, die so weit geht, daß gute Handlungen sogar übertragen werden können. Auch die Dämonen und die Tiere werden gerichtet. Hölle sowohl als Himmel haben verschiedene Stufen; auch der Islâm nimmt ein Fegefeuer an, aus dem eine Erlösung möglich ist. Das Paradies malt bekanntlich Muḥammed seiner tiefsinnlichen Anlage gemäß äußerst sinnlich aus.

Wie alle Dinge, so ist, was Seligkeit oder Verdammnis betrifft, das Geschick des Einzelnen nach der strikten Lehre des Korân durchaus vorherbestimmt; später suchten indes einzelne Sekten diesen schrecklichen Gedanken zu mildern. Gerade darauf aber basiert der Stolz des gläubigen Muslim. Er hält sich kraft seines Glaubens durchaus für auserwählt.

In zweiter Linie ist der Korân die Norm für die Ethik, ja auch für das bürgerlichen Recht.

Die Moral des Islâm ist durchaus dem Charakter des Arabers angepaßt. Was die allgemein menschlichen Pflichten betrifft, so wird Mildthätigkeit gepriesen, und oft noch sieht man Beispiele derselben. Die Gastfreundschaft ist bei den Beduinen, aber auch bei den Bauern überall, wo europäische Reisende noch nicht überhand genommen haben, zu Hause. Genügsamkeit ist ferner ein Hauptvorzug des arabischen Lebens, wenn auch die Geldgier dem

Araber tief im Blute sitzt. Die Schuldgesetze sind sehr gelinde; das Verleihen von Geld auf Zinsen ist eigentlich im Korân verboten, was indes nicht hindert, daß heute der niedrigste Procentsatz in Syrien 12% beträgt. Das Verbot, unreine Tiere, z. B. Schweine zu essen, beruht im Islâm auf altem Gewohnheitsrecht. Ob Muḥammed den Genuß gegorener Getränke bloß deswegen untersagt, weil, wie wir aus vorislamischen Dichtern wissen, vielfach maßlos gezecht wurde, ist nicht zu entscheiden; heutzutage wird von den höheren Klassen, namentlich bei den Türken, Wein in Menge getrunken, ebenso auch Branntwein.

Unter den Muslimen finden sich sehr selten Junggesellen. Die Monogamie ist in der Praxis häufiger als die Polygamie, da nur wenige Leute für mehrere Frauen (vier ist die gesetzliche Grenze) den Unterhalt erschwingen können, und überdies die Frauen sich gewöhnlich zu viel zanken, wenn nicht jede für sich allein wohnt. Mit der Polygamie steht die altorientalische Anschauung in Verbindung, daß die Frau ein untergeordnetes Wesen sei; daher wird sie vielfach und zwar auch bei den orientalischen Christen und Juden als Ware, als Sklavin betrachtet. Sonderbarer Weise sieht der Muslim es ungern, wenn die Frau fromm ist und betet. Die Verschleierung ist übrigens für den Orient ganz am Platze. Eine Frau würde sich für beschimpft halten, wenn man ihr zumutete, mit der Freiheit aufzutreten, welche die Frauen in Europa genießen. Auch in vielen christlichen Kirchen des Orients ist der Platz der Weiber durch ein Gitter abgesperrt. Die Bauernweiber und die Frauen der Beduinen hingegen sieht man oft schleierlos. Die Leichtigkeit der Scheidung verdankt der Islâm Muḥammeds persönlichen Neigungen. Der Muslim braucht nur ein Wort auszusprechen, so muß die Frau sein Haus verlassen; doch behält sie das Heiratsgut, das der Mann ihr gegeben hat. Die Kinder werden in großer Unterwürfigkeit gegen die Eltern erzogen und zeigen daher oft mehr Furcht als Liebe gegen sie.

Eine Hauptaufgabe des Muslim ist das fünfmal am Tage sich wiederholende Gebet, dessen Zeit von dem Ausrufer auf dem Minaret angezeigt wird, und zwar 1. einige Zeit nach Sonnenuntergang *(maṛreb)*; 2. zur Zeit, wo es vollständig Nacht geworden ist, etwa 1½ Stunde nach Sonnenuntergang *('aschâ)*; 3. bei Tagesanbruch *(ṣubḥ)*; 4. am Mittag *(ḍuhr)*; 5. am Nachmittag etwa 1½ Stunde vor Sonnenuntergang *('aṣr)*. Diese Gebetszeiten geben zugleich die Einteilung des Tages; außerdem werden im Orient auch von Sonnenuntergang an zweimal 12 Stunden bis zum nächsten Sonnenuntergang gezählt, d. h. wo überhaupt die Leute nach Stunden und Uhren rechnen. Die meisten Leute jedoch begnügen sich mit der Angabe des Gebetrufers *(mu'eddin)*, der mit wohltönendem Gesang vom Minaret aus den Gläubigen zuruft: *allâhu akbar* (3 mal); *aschhadu anna lâ ilâha ill-allâh, anna muḥammedur-rasûlu-llâh* (wiederholt); *ḥajjâ 'alaṣ-ṣalâ* (wiederholt), d. h. „Allah ist groß; ich bezeuge, daß kein Gott ist außer Allah, und Muḥammed der Prophet Allah's; heran zum Gebet." Auch in der Nacht dringt bisweilen höchst feierlich dieser „Ruf zum Gebet" durch die Stille, um die etwa wachenden Gläubigen zu einem guten Werke aufzufordern. — Sanitärisch vortrefflich ist die Pflicht, sich vor dem Gebete zu waschen; zu diesem Behuf ist im Hofe jeder Moschee ein Wasserreservoir angebracht. In der Wüste darf der Gläubige sich zu dieser religiösen Waschung auch des Sandes bedienen.

Der Betende stellt sich barfuß hin, das Gesicht gegen Mekka gewendet, wie auch die Juden gegen Jerusalem gewendet gebetet haben. Das Gebet beginnt damit, daß der Betende erst die Hände an die Ohrläppchen hält, dann etwas unter dem Gürtel; er unterbricht das Hersagen des Ḳorâns mit einzelnen Niederwerfungen nach bestimmter Reihenfolge. Am Freitag findet das Mittagsgebet $^3/_4$ Stunden früher als gewöhnlich statt und es folgt darauf eine Predigt. Doch gilt der Freitag deshalb keineswegs als Ruhetag; erst seit neuerer Zeit haben die Gerichte an diesem Tage in Nachahmung christlicher Sitte geschlossen. Die Beduinen beten selten, hingegen wird bei den Wahhabiten in Centralarabien beim Morgengebet Appell gehalten; wer nicht zugegen ist, wird bestraft. — Sehr häufig wird die erste Sûre des Ḳorân, eine der kleinsten, recitiert, welche beinahe die Stelle des christlichen Vaterunsers vertritt. Sie heißt *el-fâtiḥa* (die eröffnende) und lautet in der Übersetzung folgendermaßen: „Im Namen Gottes des barmherzigen und gnädigen. Preis sei Gott, dem Herrn der Geschöpfe, dem barmherzigen und gnädigen, dem Fürsten des Gerichtstages; dir dienen wir und dich flehen wir um Hilfe an; leite uns auf der geraden Straße, der Straße derjenigen, denen du Gnaden erwiesen hast, und auf denen kein Zorn ruht, und die nicht irre gehen. Amen."

Eine weitere Hauptpflicht des Gläubigen ist das Fasten während des Monats *Ramaḍân*. Von Tagesanbruch an bis zum Abend darf nichts genossen werden, ja fromme Leute verschlucken nicht einmal ihren Speichel. Dieses Fasten wird sehr streng gehalten, aber die Nächte mit ihren langen Schmausereien bringen eine Entschädigung, an die man den ganzen Tag über denkt. Viele Geschäfte stehen während dieses Monats still. Da das arabische Jahr ein Mondjahr ist, also etwa 11 Tage kürzer als das unsrige, so durchläuft das Fasten in einer Reihe von 33 Jahren alle Jahreszeiten und ist besonders im heißen Sommer wegen des Durstes drückend. Den Abschluß des Ramaḍân bildet der kleine Beiram.

Erwähnung verdient noch die Wallfahrt nach Mekka, die jeder Muslim in seinem Leben einmal zu unternehmen verpflichtet ist. Der eigentliche Pilgerzug geht in Syrien im Monat Ḏu'l-ḳa'de von Damascus aus auf der großen Pilgerstraße, die wir kennen lernen werden, über Medîna nach Mekka. In der Nähe von Mekka müssen die Pilger ihre Kleider ablegen, selbst ihre Kopfbedeckung; sie dürfen nur einen Schurz umbinden und ein Stück Zeug über die linke Schulter hängen. So wandeln sie um die Ka'ba, küssen den schwarzen Stein, hören die Predigt am 'Arafât, einem Berge nahe bei Mekka, werfen den Satan im Thale Mina mit Steinchen und beschließen ihre Wallfahrt mit einem großen Opferfest. An dem Tage, wo dies bei Mekka geschieht, werden im ganzen Gebiet des Islâm Schafe geschlachtet und ein Fest gefeiert, das der „große Beiram" heißt. Manche Pilger gehen an den Mühseligkeiten der Landreise zu Grunde, doch reisen jetzt die meisten zu Schiff hin. Der Monat der Wallfahrt heißt Du'l-hiddsche („der der Wallfahrt") und schließt das muslimische Jahr. — Um ein Jahr unserer Zeitrechnung in ein Jahr der muslimischen Ära zu verwandeln, subtrahiert man die Zahl 622, dividiert den Rest durch 33 und addiert das Facit zu der Summe, welche man dividiert hat; das Ergebnis ist natürlich nicht ganz genau richtig. Am 17. Aug. 1890 hat das Jahr 1309 begonnen.

An den Korân schließt sich der größte Teil der Literatur des Islâm an. Schon früh wurden Werke über die dunkeln Stellen im Korân verfaßt; allmählich bildete sich eine Reihe von exegetischen Schriften, welche jede mögliche Erklärungsweise bis ins kleinlichste verfolgten. Auch Grammatik wurde zunächst nur um des Korâns willen getrieben. Die ins Ungeheure anschwellende juristische Literatur fußte zunächst durchaus auf dem Korân. Erst in neuerer Zeit sind Versuche gemacht worden, das alte Recht zu verdrängen und ein neues europäisiertes einzuführen. Die Beduinen haben noch ihr besonderes Gewohnheitsrecht.

In Hinsicht auf theologische sowohl als juristische Fragen und noch mehr in Bezug auf das Ceremoniell war der Islâm nicht immer einig. Es giebt zunächst vier orthodoxe Sekten, *Hanefiten*, *Schâfe'iten*, *Malekiten* und *Hambaliten*, die nach ihren Stiftern so benannt sind. Mehr von Belang für uns sind die freidenkerischen Richtungen, welche früher, teilweise durch Einfluß der griechischen Philosophie, entstanden sind. Die orthodoxe Partei blieb nicht nur gegenüber diesen, sondern auch im Kampf mit der heiteren Lebendigkeit und Genußsucht der schönen Zeiten der Chalifen Sieger.

Nicht minder entwickelte sich auch die Askese und religiöse Überspanntheit innerhalb des Islâm; daneben aber auch die reine Mystik, namentlich in Persien. Der Mystiker *(sûfî)* faßt viele Aussprüche des Korân allegorisch; diese Richtung artete daher öfters in Pantheismus aus. Durch die Mystiker, welche noch innerhalb des Islâm standen (wie der berühmte Ibn el-'Arabî, geb. 1164), wurden die *Derwischorden* begründet. Die Derwische genießen noch heute eine große Achtung bei dem Volke (wie auch die Verrückten); gewöhnlich tragen sie am Arm ein hölzernes Gefäß, in welches man ihnen Almosen und Essen legt. Noch heute stehen sie im Rufe Wunderthaten verrichten zu können. Sie brüllen bisweilen Stunden lang das Wort *hû* (= er = Gott), oder *allâh*, um sich in religiöse Extase zu versetzen.

Derwische (*darwîsch*, plur. *darâwîsch*). Es ist ein häufig wiederkehrender Gedanke des Korâns, daß das irdische Leben wertlos, eine Täuschung, nichts als eine Prüfungszeit sei. Diese pessimistische Weltanschauung wurde noch verstärkt durch eine düstere Auffassung der Gottheit, die Muḥammed vorzüglich von ihrer schrecklichen Seite zu schildern geneigt war, und die in den Bekennern des Islâm ein tiefes Gefühl der Furcht hervorrufen mußte. Da kehrten denn glaubensinnige Gemüter in sich selbst ein, zogen sich von der bösen Welt zurück, und ergaben sich asketischen Bußübungen, um auf diese Weise wenigstens der andern Welt sich zu versichern. Die Grundbedeutung dieser asketischen Richtung war das Streben nach Gotteserkenntnis auf intuitivem, ekstatischem Wege. Die mystische Liebe zu Gott galt als das große Schlagwort, um hierdurch sich in die geheimnisvolle Ekstase zu versetzen und durch vollständige Versenkung in die Kontemplation sich selbst zu vernichten und durch diese Selbstvernichtung (*fanâ*) in Gott sich aufzulösen (*ittiḥâd*). Wie in Europa aus den Büßern und Einsiedlern die Klöster und Bettelmönche hervorgingen, so entwickelte sich auch die muslimische Askese schnell zu einem organisierten Bettelwesen. Während anfangs edle Denker und begabte Poeten (wie z. B. die Perser Sa'di und Ḥâfiz) dieser Richtung sich anschlossen, ist heutzutage das Derwischtum heruntergekommen, der Geist daraus entschwunden und nur der äußere Mechanismus, soweit er sich auf die Mittel bezieht, sich in ekstatischen Zustand zu versetzen und den Körper unempfindlich gegen äußere Eindrücke zu machen, zurückgeblieben.

Schon früh war im Islâm der Heiligen- und Märtyrerkultus ausgebildet. Man pilgerte zu den Gräbern, weil man glaubte, daß der Tod den Verkehr mit den Verstorbenen nicht aufhebe. So wurde besonders das Grab Muḥammeds in Medina und das seines Enkels Ḥusein in Kerbela weltberühmt. Bald hatte jedes Städtchen sein Heiligengrab (s. S. XLVII). An den Gittern finden sich oft Tuchläppchen, von frommen Personen oder von solchen, die ein Gelübde übernommen haben, aufgehängt, ebenso an manchen für heilig gehaltenen Bäumen; es sind dies Sitten, die aus alter Zeit herrühren. Die Heiligen (selten weiblichen Geschlechts) tragen auch die Titel: *Nebi* Prophet, *Imâm* oder *Schêch* geistlicher Vorstand, *Seijid* (syrisch *Mâr*) Herr; die Kapellen, welche ihnen geweiht sind, heißen auch *ḳubbe* (Kuppelgebäude), *maḳâm* (Standplatz), *mezâr* (Wallfahrtsort).

Am Ende des vorigen Jahrh. erhob sich gegen die Mißbräuche im Islâm eine Reaktion von Centralarabien aus. Die Wahhabiten, so benannt von ihrem Stifter 'Abd el-Wahhâb, wollten die ursprüngliche Reinheit des Islâm wieder herstellen; sie eiferten gegen den Heiligenkultus, zerstörten die Gräber, selbst Muḥammeds und Ḥuseins, und suchten die ursprüngliche Reinheit und Einfachheit der Sittengesetze wieder einzuführen; daher verboten sie sogar das Tabakrauchen als berauschend. Bald wurden sie zu einer großen politischen Macht; hätte es nicht im Interesse von Muḥammed 'Ali gelegen, sie zu bekriegen, so würden sie noch heute bedeutender sein. Heute ist das Wahhabitenreich sehr geschwächt. Auch über die Wanderstämme übten die Wahhabiten eine Zeit lang eine Art Suprematie bis weit nach Syrien hinein. Wir können die ganze Bewegung politisch als eine Reaktion gegen das Türkentum fassen; die Türken sind noch in viel höherem

Grade als die Araber, allein schon durch Verwahrlosung der Bildungsanstalten, an den jetzigen Zuständen im Orient Schuld.

Wir haben bisher nur von den Glaubenslehren der einen großen Sekte des Islâm, der Sunniten (von *sunna*, Überlieferung) gesprochen. Sehr früh zweigten sich die Schî'iten (von *schî'a*, Sekte) ab (s. S. LXXII); diese stellten 'Ali, den Schwiegersohn des Propheten, neben oder sogar über Muhammed, betrachteten ihn als Inkarnation der Gottheit und glaubten an die Imâme, d. h. die geistlichen Oberhäupter aus 'Alis Nachkommenschaft. Der letzte derselben soll nicht gestorben sein, sondern sich lebend bis auf den jüngsten Tag verborgen halten (der Mehdi). Die Angaben über die Zahl dieser Imâme schwanken. Die Perser sind alle Schî'iten; in Syrien ist der Schî'itismus, außer der geringen Zahl eingewanderter und unter ihrem Konsulat lebender Perser, besonders durch einige Sekten innerhalb der eingeborenen Bevölkerung vertreten. Schon früh hatte sich der Schî'itismus auch im Westen verbreitet, besonders unter den Fatimidischen Herrschern in Ägypten. Die Schî'iten sind sehr fanatisch; sie essen mit keinem Andersgläubigen zusammen. Die Sekte, welche in Syrien diese Ansichten am reinsten erhalten hat, sind die sogenannten Metâwile. Sie haben Dörfer in Nordpalästina und im Libanon bis gegen Ḥömṣ hin, ja noch weiter nach Norden, und stehen in schlechtem Ruf als Räuber und Mörder. Ihnen sehr ähnlich sind die Isma'îlier, welche ihren Namen vom sechsten jener Imâme, Namens Isma'îl (zweite Hälfte des 8. chr. Jahrh.) ableiten; sie sind mit den im Mittelalter so berüchtigten *Assassinen* (eig. = Hanfraucher, S. LXXIV) zu identificieren. Die religiöse Gärung jener ersten muslimischen Jahrhunderte war groß: alter Aberglaube aus dem Heidentum, mißverstandene griechische Philosophie, alt-persischer Dualismus, Seelenwanderung, ja selbst materialistische Systeme kreuzten sich in bunter Mischung und haben Religionen erzeugt, zu deren Entwirrung die volle Einsicht in eine Menge uns höchst müßig erscheinender Spekulationen erforderlich ist. Noch heute leben verschiedene solcher Religionen in versteinertem Zustande als Geheimlehren fort; aber hinter der Geheimniskrämerei steckt, wenn man tiefer zusieht, so gut als nichts oder baarer Unsinn. Die Anhänger dieser Sekten geben sich dem Christen gegenüber gern als Christen, dem Muslim als Muslimen, nur um den ihnen unbequemen Fragen über ihre Religion auszuweichen. Es giebt verschiedene Grade von Einweihung in die Geheimnisse dieser Sekten; mehr und mehr wird dem Aufzunehmenden der Ḳorân allegorisch erklärt, bis wohl gar nichts vom Glauben mehr übrig bleibt. — Die Isma'îlier wohnen in Nordsyrien in der Gegend von Ḥömṣ, wie die Nosairier, denen sie in vielem gleichen. Man hat die Nosairier in neuerer Zeit besonders mit der Sekte der Manichäer verknüpfen wollen; Thatsache ist, daß sie schon im 10. Jahrh. unserer Zeitrechnung aufgetaucht sind und ursprünglich ihren Sitz am Euphrat hatten. Sie scheinen sehr viel Aberglauben aus der syrischen Heidenzeit bewahrt zu haben; doch haben sie auch eine Art Abendmahl mit dem Kelch, den Glauben an eine Art Trinität und besitzen besondere Religionsbücher. Bei ihren Gebeten wenden sie sich gegen die auf- und untergehende Sonne. Sie bewohnen das sogenannte Nosairiergebirge in Nordsyrien, woselbst sie Ackerbau und Viehzucht treiben.

Aus demselben Wuste verschiedenartigen Aberglaubens ist die Drusen-Religion hervorgegangen. Der Chalife Ḥâkim Biamrillâh (996-1020) in Ägypten hatte sich als Verkörperung 'Alis erklärt (S. LXXIII); ein schlauer persischer Sektierer Muḥammed Ibn Isma'îl ed-Darazi verbreitete diese Lehre nebst der von der Seelenwanderung und fand namentlich im s. Libanon (Wâdi et-Teim) Anhänger. Ein anderer Sektierer, Namens Ḥamza, brachte die neue Religion in ein System. Die Drusen sind keine landesfremde Rasse, sondern nur eine nun seit Jahrh. losgetrennte Kaste der syrisch-arabischen Mischbevölkerung, in welcher jedoch das alt-syrische Element entschieden überwiegt. Sie nennen sich selbst Unitarier. Sie glauben, daß ein Gott sei, der aber unerkennbar und undefinierbar sei, daß er sich offenbare und unter menschlicher Gestalt, zuletzt in dem besagten Ḥâkim, erschienen sei. Ḥâkim aber, der letzte Prophet, der Stifter der wahren Religion, ist nur gestorben um seine Anhänger zu prüfen, ob nicht welche aus weltlichen Interessen ihm gefolgt seien. Er wird einst wiederkehren, ein großes Reich stiften und die ganze Welt bekehren. Die Drusen besitzen eine ganze Anzahl von Schriften über ihre Religion; ihre Höchst-Eingeweihten heißen *'aḳḳâl*, Verständige. Die eingeweihten Drusen rauchen keinen Tabak. Sie feiern ihren Kultus in einsamen Kapellchen *(chalwe)*. Ihre Frauen tragen einen merkwürdigen hornartigen Kopfputz, den *ṭanṭûr*. Die Drusen zeichnen sich durch Gastfreundschaft und Liebenswürdigkeit aus und sind gewöhnlich gute Freunde namentl. der englischen Konsulate. Sie sind wegen ihrer Tapferkeit berühmt und gefürchtet; wären sie nicht unter sich uneins, so hätten sie schon oft der Macht der Türken höchst gefährlich werden können. Aber ihre Fürstenhäuser im Libanon waren von jeher zu ehrgeizig, um sich einander zu unterwerfen. Die Drusen wußten sich lange als selbständige Macht in Syrien zu halten und sind es noch jetzt mehr oder weniger. Einer ihrer glänzendsten Fürsten war der Emîr Beschîr aus der Familie Schihâb, dessen Macht aber, als Muḥammed 'Ali Syrien verlor, zu Grunde ging. Die größten Feinde der Drusen sind die Maroniten (S. XCI). Als die Drusen für die Christenmetzelei von 1860 gezüchtigt werden sollten, wanderten manche nach dem Ḥaurân aus. Die Drusen stehen unter Dorfältesten; ein Drusenschêch in voller Rüstung zu Roß ist eine imposante Erscheinung.

Einiges über Sitten und Gebräuche der Eingebornen Syriens, besonders der Muslimen (vgl. auch S. XLVIII).

Der Reisende wird leicht bemerken, daß die Sitten, welche er bei den Eingebornen, namentlich bei den Bauern wahrnimmt, vielfach denen gleichen, die uns im alten und neuen Test. entgegentreten.

Im 6ten oder 7ten Jahre oder noch später werden die Knaben beschnitten, und zwar mit großem Pomp. Das zu der heiligen Handlung bestimmte Kind wird in feierlichem Aufzug durch die Straßen der Stadt geführt: um sich die großen Kosten zu erleichtern, schließt man sich gewöhnlich einem Brautzuge an. Der Knabe trägt meist einen Turban von rotem Kaschmir, möglichst reiche Mädchenkleider und auffallenden Frauenschmuck (besonders Goldmünzen), der den Blick auf sich ziehen und so von seiner Person abwenden soll. Ein schön aufgeputztes Pferd wird geliehen, um ihn zu tragen. Mit einem gestickten Taschentuche muß er sein Gesicht halb verdecken. Der Barbier, der die Operation vollzieht, und Musikanten schreiten voran. Oft werden zwei und mehr Knaben zugleich im Aufzuge herumgeführt.

Die Mädchen werden im 12ten oder 13ten, manchmal schon im 10ten Jahre verheiratet. Durch Verwandte oder Vermittlerinnen wird dem Jünglinge die Braut ausgesucht, die er, wenn sie nicht einem ganz geringen Stande angehört, erst bei der Hochzeit zu sehen bekommt. Ist alles in Ordnung, so muß der Heiratskandidat den Brautschatz (bei Witwen weniger als bei Jungfrauen) zahlen. Gewöhnlich wird $^2/_3$ der Summe, um die weidlich gehandelt wird, sogleich erlegt, während $^1/_3$ für den Fall des Todes des Gatten, oder wenn er sich gegen ihren Willen von ihr scheidet, für sie festgestellt wird. Nun wird der Ehekontrakt geschlossen. Bei dem Brautzuge wird die Braut in ihren besten Kleidern vor der Hochzeit ins Bad geführt. Diese Procession wird *„zeffet el-hammâm"* genannt. Voran gehen einige Musikanten mit 1 oder 2 Hoboën und Trommeln verschiedener Art; dann folgen einige verheiratete Freundinnen und Verwandte der Braut paarweise gereiht, und hinter diesen eine Anzahl junger Mädchen. Die Kleidung, welche die Braut trägt, verhüllt sie vollständig; sie pflegt in einen Kaschmirshawl gänzlich eingewickelt zu sein, und auf ihrem Kopf sitzt eine kleine Mütze oder Krone von Pappe. Den Zug, der sich sehr langsam fortbewegt, beschließen Musikanten. Das Freudengekräh, das Frauen niederer Stände bei jeder besonders ergreifenden Handlung ausstoßen, heißt *zaġârît*. Derselbe Zug durchschreitet die Straßen, wenn die Braut in das Haus des Gatten geführt wird.

Nicht minder auffallend wie die Hochzeitsprocessionen sind die Leichenzüge. Wenn der Tod am Morgen stattfindet, so wird die Leiche am selben Tage begraben, sonst am folgenden. Nachdem der Leichnam gewaschen und von der Familie und den Klageweibern *(neddâbe)* beklagt ist, nachdem Schulmeister *(fiḳîh)* Sûren aus dem Ḳorân neben ihm gelesen und man die Öffnungen des Leibes, Ohren, Nasenlöcher etc. mit Baumwolle verstopft und ihm das weiße oder grüne Sterbehemd angezogen hat, trägt man den Toten in feierlichem Aufzuge hinaus. Zuerst kommen einige arme Männer, meistens Blinde, die langsamen Schrittes wandelnd das Glaubensbekenntnis: „Es giebt keinen Gott außer Gott; Muḥammed ist Gottes Gesandter; Gott sei ihm günstig und bewahre ihn" singen. Auch Fahnen begleiten die Bahre. Diese besteht eigentlich bloß aus einem Gestell, über welches das Tuch gespannt ist, in dem der Tote eingehüllt daliegt. Das Gestell wird eine kurze Strecke von 3 oder 4 Freunden des Verstorbenen getragen, die später von anderen abgelöst werden. Dahinter gehen die trauernden Frauen, mit aufgelöstem Haar, schluchzend, häufig von den Klageweibern begleitet, die den Verstorbenen loben und preisen. Die Leiche wird zunächst in die Moschee gebracht, zu deren Heiligem man das größte Zutrauen besitzt, und Gebete für sie gesprochen. Nachdem man die Bahre vor das Grabmal des Heiligen gestellt und nochmals vor ihr gesungen und gebetet hat, setzt sich der Zug wieder in Bewegung und zwar zum Kirchhofe, wo man den Toten so in das Grab legt, daß sein Kopf nach Mekka gerichtet ist. Dem Muslim eigen ist die strenge Trennung der Geschlechter selbst im Tode; ein Familiengrab pflegt deswegen zwei gewölbte Kammern zu enthalten, eines für die Frauen, das andere für die Männer. Zwischen ihnen liegt der Eingang für die Toten, der der leichteren Öffnung wegen mit einer einzigen großen Platte bedeckt ist. Die Kammern sind so hoch, daß sich die Toten aufrecht setzen können, wenn sie in der ersten Nacht nach ihrer Beisetzung von den beiden Engeln Munkar und Nekîr geprüft werden (s. S. xcv). Nach dem Glauben der Muslimen bleibt nämlich die Seele noch eine Nacht bei der Leiche. — Der Katafalk, von Stein, auf mehr oder weniger verziertem Stylobat, trägt zwei aufrechtstehende Säulen (*schâhid*) von Marmor oder anderm Stein; auf einer von ihnen sind über dem Kopfe des Toten Koränsprüche, Name und Alter des Verstorbenen zu lesen. Das obere Ende des Schâhid zeigt die Kopfbekleidung (Turban) des Verstorbenen, nach welcher dessen Stand zu bestimmen ist. Für angesehene Personen wird über dem Grabe ein Kuppelbau, auf 4 Säulen stehend, errichtet, oder die S. xLvII erwähnte geschlossene Form der Schêchgräber gewählt. An den Festtagen werden die Katafalke und die hohlen Räume des Stylobates mit Blumen belegt. Alsdann bleiben namentlich die Frauen oft Tage lang an den Gräbern mit Beten und der Labung der Armen beschäftigt. Zu ihrer Beherbergung sind Räumlichkeiten notwendig, und so kommt es, daß ein vollständiges Mausoleum fast eben so bedeutende Nebenräume hat wie eine Moschee, d. h. Säle zur Aufnahme der Familienmitglieder während der Feste, Sebil und Schule, Ställe für Reittiere, Wohnung für den Verwalter etc.; ausgedehntere Anlagen dieser Art (*ḥôsch* genannt.) gewannen daher fast das Aussehen einer wenig belebten Stadt.

VII. Die arabische Sprache.

Durch das ganze Gebiet von Syrien hindurch wird heute mit verschwindenden Ausnahmen die Sprache der muslimischen Eroberer gesprochen. Mit der großen nationalen Erhebung der Araber, die durch den Islâm zum Ausbruch kam, traf auch das goldene Zeitalter ihrer Literatur zusammen; die damals entstandenen Gedichte nebst einigen aus früherer Zeit und der Ḳorân sind die klassischen Werke der arabischen Literatur. Neben der Literatursprache, zu welcher der Dialekt der Ḳureischiten (Muḥammeds Familie) erhoben worden war, herrschen bei den einzelnen arabischen Stämmen verschiedene Volksmundarten (ungefähr wie auch bei uns im Deutschen); nur ist das Arabische trotz seiner kolossalen Ausdehnung von Südarabien bis an die armenischen Gebirge, von Bagdad bis Marokko, viel einheitlicher. Geschrieben wird noch heute das klassische Arabisch, je nach der Bildung des Schreibenden mit mehr oder weniger Einflüssen der Volkssprache. Letztere ist außerdem durch Annahme von Fremdwörtern beeinflußt worden, denn seit Jahrh. sitzen Türken im Lande, und die amtliche Sprache der Regierung und teilweise auch der Gerichte ist türkisch. Das Aramäische, welches vor den Zeiten der muslimischen Eroberung im Lande herrschte, hat ebenfalls Einfluß geübt. In den Hafenstädten endlich war längere Zeit hindurch ein Gemisch aus der arabischen und europäischen Sprachen, *lingua franca* genannt, in Gebrauch.

Das Arabische gehört zu der semitischen Sprachengruppe; eine Urverwandtschaft derselben mit unsern Sprachen ist wissenschaftlich nicht nachzuweisen. Gerade diese Verschiedenheit zwischen den beiden Sprachstämmen erschwert dem Anfänger die Erlernung des Arabischen und schreckt ihn ab. Mit der hebräischen Sprache hingegen hat das Arabische und namentlich der Volksdialekt viele Verwandtschaft; noch so schwache Erinnerungen aus dem Hebräischen können hier mit Erfolg verwendet werden. Die arabische Schrift hat sich aus der syrischen, einem Zweig der hebräisch-phönicischen entwickelt. Die Form der Buchstaben in älteren Handschriften ist in der Regel schöner als heutzutage, die heutige Kurrentschrift ist undeutlich, klein und häßlich. Die Vokalzeichen werden heute fast nie mehr beigefügt, sodaß das Lesen schon eine genaue Kenntnis der grammatischen Regeln erfordert.

Die Laute des Arabischen sind von denen unserer Sprache teilweise verschieden. Am reinsten sprechen nicht die Städter, sondern die Bauern und die Bewohner der Wüste, d. h. ihr Idiom nähert sich am meisten der klassischen Sprache. Die Muslimen sprechen durchgängig besser als die Christen, weil sie schon durch das tägliche Hersagen des Ḳorâns sich eine feinere Sprache und Aussprache aneignen. Der Hauptunterschied zwischen der Sprache des Ḳorâns und der heutigen Umgangssprache besteht darin, daß letzterer gewisse Flexionsendungen fehlen. Betonung und Aussprache des Arabischen lernt sich nur durch fortgesetzte praktische Übung.

Nachstehend folgt das **Alphabet** mit der Umschreibung, die in diesem Reisehandbuch angewendet ist.

1.	Elif	ا		ist der Begleiter eines Vokals im Anlaut der Wörter und wird als Konsonant nicht ausgesprochen.
2.	Be	ب	b	
3.	Te	ت	t	
4.	Ṯe	ث	ṯ	englisches *th*, in den Städten wie *t*, von den Türken wie *s* gesprochen.
5.	Dschim	ج	dsch	wie franz. *g* vor *e* u. *i*, oder wie ital. *gi* zu sprechen (ganz weiches *dsch*; in Ägypten und bei den Beduinen wie *g* ausgesprochen).
6.	Ḥe	ح	ḥ	ein verstärkter, hinten im Gaumen gesprochener *h*-Laut, dem Arabischen eigentümlich.
7.	Che	خ	ch	westfälisches oder schweizerisches *ch*.
8.	Dal	د	d	
9.	Ḏal	ذ	ḏ	verhält sich zu *d* wie *ṯ* zu *t*; in den Städten wie *d*, von Bauern und Türken wie *z* (11) ausgesprochen.
10.	Re	ر	r	schnarrend mit der Zunge gesprochen.
11.	Ze	ز	z	weiches *s*, wie im Französischen.
12.	Sin	س	s	scharfes *s*, wie im Deutschen.
13.	Schin	ش	sch	
14.	Ṣad	ص	ṣ	verstärktes *s*.
15.	Ḍad	ض	ḍ	beide mit Emphase, d. i. mit fester Andrückung der Zunge an den Gaumen gesprochen.
16.	Ṭa	ط	ṭ	
17.	Ẓa	ظ	ẓ	In Syrien wie No. 15 od. No. 11 ausgesprochen.
18.	ʿAin	ع	ʿ	ein eigentümlicher Kehllaut, der in der Kehle stark angestoßen wird.
19.	Ṛain	غ	ṛ	ein in der Kehle gesprochenes *r*.
20.	Fe	ف	f	
21.	Ḳaf	ق	ḳ	ein hinten in der Kehle mit hartem Anstoß gesprochenes *k*, von den Beduinen *g* gespr., von den Städtern gar nicht, sondern nur durch einen Hiatus, ein Einhalten der Stimme, bezeichnet.
22.	Kaf	ك ک	k	*Kaf* (*k*) bei den Beduinen und Bauern häufig *tsch* gesprochen.
23.	Lam	ل	l	
24.	Mim	م	m	
25.	Nun	ن	n	
26.	He	ه	h	
27.	Waw	و	w	wie das englische *w* in well gesprochen.
28.	Je	ى	j	das deutsche *j*.

Die langen Vocale *â î ê û ô* werden durch Elif, Je und Waw, die kurzen in der heutigen Schrift meistens gar nicht bezeichnet. Das lange

Wir heben hier die hauptsächlichsten grammatikalischen Regeln des Vulgärarabischen von Syrien hervor und fügen eine Liste der gewöhnlichsten Redensarten und Wörter bei.

Der Reichtum an Kehllauten läßt das Arabische dem Ohr unschön klingen. Eigentümliche Laute sind die sogenannten emphatischen No. 15, 16 und 21; die Vokale werden durch dieselben getrübt: a gegen o, i gegen e, u gegen o hin. Das ü und ö sind im Vulgärabischen selten, ebenso Diphthonge (außer im Libanon).

In der Anrede gebrauchen die Städter die II. Pers. Plur. oder eine Umschreibung: „*dschenâbak*", deine Würde; „*ḥaḍrtak*", deine Gegenwärtigkeit; zum Patriarchen „*ṛubṭetkum*", zum Pascha „*sa'âdetak*" (letztere beide: dein Glück). Als Anrede häufig „*jâ sîdî*", mein Herr. Statt „*ana*", ich, gebrauchen niedrig Gestellte „*el-faḳîr*", der Arme.

Die Possessiva werden durch Anhängsel ausgedrückt, z. B. an *faras* Stute, *farasi*, meine Stute; *farasak*, deine Stute, fem. *ik*; *farasu (ô)*, seine Stute, fem. *farasha*, ihre Stute; *farasna*, unsere Stute; *faraskum*, eure Stute; *farashum*, ihre Stute.

Das l des Artikels *el* und des damit zusammengesetzten Demonstrativs *hal* wird vor t und s Lauten, sowie vor n, r und meist auch dsch assimiliert, also statt *el-schems*, die Sonne, *esch-schems*, etc.

Demonstrativa: *hâdâ (haida, hai)*, Plur. *hâdôli* dieser; *hâdâk* jener.

Relativwort: *elli*, wird nach einem unbestimmten Nomen ausgelassen.

Declination. Das Substantiv hat keine Casus; der Genitiv wird einfach hinter das vom Artikel entblößte Wort gesetzt, z. B. *ibn el-bâscha*, der Sohn des Pascha. Die Feminin-Endung *a*, *e*, *i* wird dabei in *at*, *et*, *it* verwandelt, z. B. *mara*, Frau; *marat el ḳâḍi*, die Frau des Richters.

Die Dualendung ist *ên*, Feminina *etên*: *idschr* Fuß, Dual *idschrên*, *sene* Jahr, Dual *senetên*. Die Pluralendung masc. *în* (z. B. *fellâḥîn*, Bauern), fem. *ât* (*ḥâre* Quartier, Plur. *ḥârât*). Doch wird der Plural gewöhnlich durch innere Umwandlung der Vokale gebildet, und zwar auf 30-40 verschiedenerlei Weisen, sodaß der Plural von jedem Wort besonders gemerkt werden muß; z. B. *'ain*, Quelle, Pl. *'ujûn*; *tâdschir*, Kaufmann, Pl. *tuddschâr*; *dschebel*, Berg, Pl. *dschibâl*; *ḳabîle* Beduinenstamm, Pl. *ḳabâil*.

Zeitwort. Paradigma des starken Zeitworts:

Perfekt			Imperfekt			
katab	er hat	geschrieben	*jiktub*	od.	*bjiktub*	er schreibt
katabet	sie hat	„	*tiktub*	„	*btiktub*	sie „
katabt	du (m.) hast	„	*tiktub*	„	*btiktub*	du (m.) schreibst
katabti	du (fem.) hast	„	*tiktebî*	„	*btiktebî*	du (fem.) „
katabt	ich habe	„	*ektub*	„	*bektub*	ich schreibe
katabû	sie haben	„	*jiktebû*	„	*biktebû*	sie schreiben
katabtû	ihr habt	„	*tiktebû*	„	*btiktebû*	ihr schreibet
katabnâ	wir haben	„	*niktub*	„	*mniktub*	wir schreiben

ǃ Das Zeitwort hat verschiedene Stämme, in der Weise etwa, wie z. B. im Deutschen liegen und legen zu einander gehören. Jeder Stamm hat ein Perfekt, Imperfekt (Praesens), Imperativ, Particip, Infinitiv. Paradigma *kaṭal*, er hat getötet:

	Perfekt	Imperf.	Imperativ	Part.	Part. Pass.
	ḳatal	*jiḳtul*	*íḳtul, úḳtul*	*ḳâtil*	*maḳtûl*
Causativ	*ḳattal*	*jeḳâttil*	*ḳâttil*	*meḳâttil*	*meḳâttal*
	ḳâtal	*jeḳâtil*	*ḳâtil*	*meḳâtil*	*meḳâtal*
	(*aḳtal*	*jiḳtil*	*aḳtil*	*miḳtil*	*miḳtal*)
Reflexiv	*taḳâttal*	*jeteḳâttal*	*taḳâttal*	*muteḳâttil*	
	teḳâtall	*jeteḳâtil*	*taḳâtal*	*muteḳâtil*	
Passiv oder	*inḳatal*	*jinḳatil*	*inḳatil*	*munḳatil*	
Reflexiv	*íḳtatal*	*jíḳtatil*	*íḳtatil*	*múḳtatil*	
Desiderativ	*istáḳtal*	*jistáḳtil*	*istáḳtil*	*mistáḳtil* od. *mu*.	

Für die **Betonung** merke man sich als Regeln: Der Ton ruht im arabischen 1) auf der Endsilbe, wenn diese einen langen Vokal hat und auf einen Konsonanten ausgeht (z. B. *ilnên* zwei, *muslimîn* Muslime); 2) sonst auf der letzten Wortsilbe, die einen langen Vokal hat (z. B. *telâte* drei, *tâlite* die dritte) oder durch einen Konsonanten geschlossen wird (z. B. *katábtu* ihr habt geschrieben, *tíktebu* ihr schreibet); 3) falls keine solche lange Silbe vorhanden ist, auf der ersten Silbe des Worts (z. B. *kátabu* sie haben geschrieben).

Für alles Weitere müssen wir auf *Hartmann*, „Arabischer Sprachführer" Leipzig, verweisen, dessen Studium jedem Reisenden sehr anzuempfehlen ist.

Arabisches Vokabular.

1—١	ein	— *wâḥid*, fem.	*waḥde*	der erste	— *auwel*, fem.	*ûlâ*
2—٢	zwei	— *ilnên*	- *tintên*	der zweite	— *tâni*	- *tânije*
3—٣	drei	— *telâte*	- *telât*	der dritte	— *tâlit*	- *tâlite*
4—٤	vier	— *arba'a*	- *arba'*	der vierte	— *râbi'*	- *râbi'a*
5—٥	fünf	— *chamse*	- *chams*	der fünfte	— *châmis*	- *châmise*
6—٦	sechs	— *sitte*	- *sitt*	der sechste	— *sâdis*	- *sâdise*
7—٧	sieben	— *seb'a*	- *seb'a*	der siebte	— *sâbi'*	- *sâbi'a*
8—٨	acht	— *temânje*	- *temân*	der achte	— *tâmin*	- *tâmine*
9—٩	neun	— *tis'a*	- *tis'a*	der neunte	— *tâsi'*	- *tâsi'a*
10—١٠	zehn	— *'aschera*	- *'ascher*	der zehnte	— *'âschir*	- *'âschire*

11 — *ḥedâ'sch*	20 — *'aschrîn*	100 — *mîje*, vor Subst. *mît*
12 — *etnâ'sch*	30 — *telâtîn*	200 — *mîjetên*
13 — *telattâ'sch*	40 — *arba'în*	300 — *telâtmîje*
14 — *arba'tâ'sch*	50 — *chamsîn*	400 — *arba'mîje* u. s. w.
15 — *chamstâ'sch*	60 — *sittîn*	1000 — *alf*
16 — *sittâ'sch*	70 — *sab'în*	2000 — *alfên*
17 — *seb'atâ'sch*	80 — *temânîn*	3000 — *telattâlâf* u. s. w.
18 — *tmantâ'sch*	90 — *tis'în*	100,000 — *mîtalf*
19 — *tis'atâ'sch*		eine Million — *miljûn*

einmal	— *marra*	ein halb	— *nuṣ*
zweimal	— *marrutên*	ein drittel	— *tult*
dreimal	— *telât marrât* u. s. w.	ein viertel	— *rub'a* u. s. w.

Die Substantiva folgen den Zahlwörtern in der Einheit, außer bei den Zahlen von 1 bis 10, z. B. vier Piaster — *arba' ḳurûsch*, 100 Piaster — *mît ḳirsch*.

Ich — *âna*, du — *ênte*, fem. *ênti*, er — *hû*, sie — *hî*, wir — *nâḥen*, ihr — *êntû*, sie — *hûm*.

Ja — *na'am*, *ê*; nein — *lâ*; nein, ich will nicht — *lâ*, *mâ berîd*; es ist nicht nötig — *musch lâsim*; nicht — *mâ*; es giebt nichts — *mâfîsch*; ich will — *ana berîd*; willst du — *terîd ente*; wir wollen — *nerîd*; wollt ihr — *terîdû*.

Ich gehe — *ana rûḥ*; ich werde gehen — *ana berûḥ*; wir werden gehen — *menrûḥ*; gehe — *rûḥ*; gehet — *rûḥû*.

Er hat gesehen — *schâf*; siehe — *schûf*; ich habe gesehen — *schuft*; ich möchte sehen — *beddi eschûf*.

Ich rede — *beḥki*; ich rede kein arabisch — *ana mâ beḥki bil-'arabî*; sprichst du italienisch — *bteḥki bil-iṭaljâni*, französisch — *fransâwi*; wie heißt du — *schû ismak*.

Ich will trinken — *beddi eschrab*; ich habe getrunken — *ana schiribt*; trinke — *ischrab*.

Ich will essen — *beddi âkul*; ich habe gegessen — *ana akalt*; iß — *kul*; wir wollen essen — *bedna nâkul*.

Ich will schlafen — *beddi enâm*; steht auf — *ḳûmû*; ich ruhe aus — *besteriḥ*.

Ich bin geritten — *rikibt*; ich sitze auf — *berkab*; ich breche auf — *besâfir*.

Ich bin gekommen — *dschît*; ich komme — *bidschi*; komm her — *ta'âl* oder *ta'â*; er ist gekommen — *dschâ*; er kommt — *jîdschi*.

Heute — *el-jôm*; morgen — *bukra*; übermorgen — *ba'd bukra*; gestern — *embâreḥ*; vorgestern — *auwel embâreḥ*.

Viel, sehr — *ketîr*; groß — *kebîr*; ein wenig — *schwoije*; gut — *ṭaijib*; nicht gut — *musch ṭaijib*; sehr gut — *ṭaijib ketîr*; langsame! — *schwoije schwoije*, *'ala mahlak*; vorwärts! — *jallah jallah*.

Wieviel — *kem*; für wie viel — *bekem*, *bikâm*; genug — *bâs*; wie viele Stunden — *kem sâ'a?*

Für, zu welchem Zweck — *minschân êsch*; einerlei — *mâ 'alêsch*.

Alles — *kul*; zusammen — *sawa sawa*; jeder — *kul wâḥid*; einer nach dem andern — *wâḥid wâḥid*.

Schöner, besser — *aḥsan*; der beste von allen — *el-aḥsan min el-kul*.

Hier — *hôn*; hierher — *lahôn*; von hier — *minhôn*; dort — *hônîk*; oben — *fôḳ*; unten — *taḥt*; über — *'ala*; tief — *ġamîḳ*; weit (Entfernung) *ba'îd*; nahe — *ḳarîb*; innen — *dschuwwa*; außen — *barra*; wo — *wên*; noch, noch nicht — *lissâ* (beim Verbum mit *mâ*); wann — *emte*; noch — *ba'd*; später — *ba'dên*; nie — *abadan*; immer — *dâiman*; vielleicht — *belki*.

Alt — *kebîr*; berühmt — *meschhûr*; beschäftigt — *maschrûl*; betrügerisch — *chauwân*; betrunken — *sekrân*; blind — *a'ma*; dumm — *raschîm*; faul — *keslân*; fett — *semîn*; fremd — *rarîb*; froh — *ferḥân*; gesund — *ṣâḥ*, *mabsûṭ* (auch zufrieden); hungrig — *dschû'ân*; lügnerisch — *keddâb*; müde — *ta'bân*; satt — *schib'ân*; schwach — *ḍa'îf*; **tot** — *meijit*; verrückt — *medschnûn*; zuverlässig — *amîn*.

Bitter — *murr*; sauer — *ḥâmuḍ*; süß — *ḥilu*.

Breit — *'ariḍ*; eng — *ḍaijiḳ*; groß — *'aḍîm*, *kebîr*; heiß — *ḥar*; hoch — *'âli*; leer — *châli*, *fâḍi*; neu — *dschedîd*; niedrig — *wâṭi*; schlecht — *baṭṭâl*; schmutzig — *wusich*; steil — *'âṣi*; teuer — *râli*.

Weiß — *abjaḍ*; schwarz, dunkel — *aswad*; rot — *aḥmar*; gelb — *aṣfar*; blau — *asraḳ*; grün — *achḍar*.

Stunde, Uhr — *sâ'a*; wie viel Uhr ist es — *ḳaddesch es-sâ'a*?, es ist 3 Uhr — *essâ'a bittelâte*; es ist $4^1/_2$ ($^1/_2 5$) Uhr — *essâ'a arba' unuṣṣ*; es ist $^1/_4$ vor 5 Uhr — *essâ'a chamse illa rub'e*.

Vormittag — *ḍaḥâ*; Mittag — *ḍuhr*; Nachmittag ($1^1/_2$ Stunde vor Sonnenuntergang) *'aṣr*; Nacht — *lêl*; Mitternacht — *nuṣṣ el-lêl*.

Sonntag — *jôm el-aḥad*; Montag — *jôm el-itnên*; Dienstag — *jôm et-telâta*; Mittwoch — *jôm el-arba'a*; Donnerstag — *jôm el-chamîs*; Freitag — *jôm el-dschum'a*; Samstag, Sabbath — *jôm es-sebt*; *jôm* (Tag) wird meist weggelassen. Die Woche — *usbû'*; **der** Monat — *schahr*, plur. *uschhur*.

Januar — *kânûn et-tâni*; Februar — *eschbâṭ*; März — *adâr*; April — *nîsân*; Mai — *ijâr*; Juni — *ḥezîrân*; Juli — *tamûz*; August — *âb*; September — *êlûl*; Oktober — *tischrîn el-auwel*; November — *tischrîn et-tâni*; Dezember — *kânûn el-auwel*.

Die muslimischen Monate werden nach dem Mondjahr berechnet (vgl. S. of.); sie heißen: *muḥarrem*, *ṣafar*, *rebî' el-auwel*, *rebî' et-tâni*, *dschumâda el-auwel*, *dschumâda et-tâni*, *redscheb*, *scha'bân*, *ramaḍân* (Fastenmonat), *schauwâl*, *ḏu'l-ḳa'de*, *ḏu'l-ḥiddsche* (Pilgermonat).

Winter — *schita*; Sommer — *ṣêf*; Frühling — *rebî'*.

Regen — *maṭar*, *schita*; Schnee — *teldsch*; Luftzug — *hawa*.

Himmel — *semâ*; Mond — *ḳamar*; Neumond — *hilâl*; Vollmond — *bedr*; Sonne — *schems*; Sonnenaufgang — *ṭulû' esch-schems*; Sonnenuntergang — *marreb*; Stern — *kôkab*, plur. *kawâkib*.

Osten — *scherḳ*; **Westen** — *rarb*, *marreb*; **Süden** — *ḳibla*; Norden — *schemâl*.

Vater — *abu*; Mutter — *umm*; Sohn — *ibn*, plur. *beni*; **Tochter** — *bint*, **plur.** *benât*; Großmutter — *sitt*; Bruder — *ach*, plur. *ichwân*; **Schwester** — *ucht*, plur. *achwât*; Eltern — *wâlidên*; **Frau** — *mara*; **Frauen** — *niswân*, *ḥarîm*; Junge — *weled*, plur. *ulâd*; **Mann** — *ridschâl*; Mensch — *insân*, plur. *nâs*; Freund — *ṣadîḳ*; **Nachbar** — *dschâr*; Braut — *'arûs*; Bräutigam — *'arîs*; **Hochzeit**

Band zum Festhalten der Keffije — *'agâl*; Beduinenmantel — *abâje*; Fez — *ṭarbûsch*; Filzkappe — *libde*; Gürtel — *zunnâr*; Hose — *schelwâr*; Jacke — *fermelije*; Kaftan — *ḳumbâs*; Schweißkappe — *'arḳije*; Seide — *ḥarîr*; Stiefel — *dschezme*; Frauenstiefel — *mest*; Pantoffel — *bâbûdsch*; Schuh — *surmâje*; Strumpf — *dscherâb*; Turban — *schâla, leffe.*

Auge — *'ain*, Dual *'ainên*; Bart — *daḳn, liḥje*; Fuß — *idschr*, Dual *idschrên*; Haar — *scha'r*; Hand — *îd*, Dual *îdên*; rechte Hand — *jemîn*; linke Hand — *schemâl*; Faust — *keff*; Kopf — *râs*; Mund — *fum, tum*; Schnurrbart — *schawârib*; Rücken — *ḍahr*; Bauch — *baṭn*; Nase — *unf.*

Diarrhöe — *insihâl*; Fieber — *suchûne*; Chinin — *kina*; Opium — *afijûn*; Schmerz — *wadsch'a.*

Abraham — *ibrâhîm*; Gabriel — *dschibrâîl, dschubrân, dscheb-bûr, dschubûra*; Georg — *dschirdschis* (oder *dschurdschus*); Jesus — *'îsâ*; Johannes — *ḥannâ*, verkürzt aus *jûḥannâ*; Joseph — *jûsuf, jûsif*; Maria — *marjam*; Moses — *mûsâ*; Salomo — *suleimân.*

Amerikanisch — *amerikâni, amelikâni*; arabisch — *'arabi*; Beduine — *bedawi*, plur. *bedu*, oder auch *el-'arab*; Constantinopel — *stambûl*; Deutschland — *alemânija*; Druse — *durzi*, plur. *ed-derûz*; Ägypten — *maṣr*; englisch — *inglîzi*; England — *ingilterra, bilâd el-ingilîz*; Franko (Bezeichnung des Europäers) — *frändschi*; fränkischer Herr — *chowâdscha* (wörtlich der Angesehene), plur. *chowâdschât*; französisch — *fransâwi*; Frankreich — *fransa*; griechisch — *rûmi*; Griechenland — *rûm*; italienisch — *iṭaljâni*; Italien — *bilâd iṭâlija*; österreichisch — *nemsâwi*; Österreich — *bilâd nemsâ*; preußisch — *prussijâni*; Preußen — *bilâd prûssija*; russisch — *moskôwi*; Rußland — *bilâd moskow*; Schweiz — *suitsera*; Syrien — *esch-schâm*; türkisch — *turki.*

Griechisch-orthodox — *rûm ḳadîm*; griechisch-kathol. — *rûm ḳâtûlîḳ*; Katholik — *ḳâtûlîḳi*, plur. *ḳuwâtele*; Nachkomme Muḥammeds — *seijid*; Protestant — *protestant*; Christ — *nuṣrâni*, plur. *naṣârâ*; Jude — *jehûdi*, plur. *jehûd*; Muhammedaner — *muslim*, plur. *muslimîn.*

Heiliger (auch das Grab eines solchen) — *weli* oder auch (syrisch) *mâr*; Prophet — *nebi*, (Muhammed) *rasûl.*

Arzt — *ḥakîm*, plur. *ḥukamâ*; Geldwechsler — *ṣarrâf*; Bäcker — *chabbâz*; Barbier — *ḥallâḳ*; Buchhändler — *kutubi*; Konsul — *ḳunṣul, unṣul*; Konsulatsdiener (Gensdarm) — *ḳawwâs*; Diener — *châdim*; Dragoman — *terdschumân*; Dorfschulze — *schêch el-beled*; Beduinenschêch — *schêch el-'arab*; Fleischer — *ḳaṣṣâb*; Gebetsrufer — *mueddin*; Gelehrter — *'âlim*, plur. *'ulemâ*; Goldschmied — *ṣâiġ*, plur. *ṣijâġe*; Koch — *ṭabbâch*; Lastträger — *ḥammâl*; Lehrer — *mu'allim*; Missionar — *mursal*, plur. *mursalîn*; Mönch — *râhib*, plur. *ruhbân*; Pilger — *ḥaddschi*; Polizei — *ḍâbṭije*; Räuber — *ḥarâmi*, plur. *ḥarâmîje*; Richter — *ḳâḍi*, plur. *ḳuḍât*; Schneider — *chaijâṭ*; Schuster — *surmâjâti*; Schuhflicker — *skâfi*;

Soldat *'askeri*; Heer — *'asker*; Tiervermieter — *mukâri* (mißbräuchlich *mukr*), plur. *mukârîje*; Thorwächter — *bauwâb*; Wächter — *ṛafîr*, plur. — *ṛufarâ*; Wäscher — *ṛassâl*; Wäscherin — *ṛassâle*; berittener Polizist — *chaijâl*; Zollbeamter — *gumruktschi*.

Aprikose — *mischmisch*; Banane — *môz*; Baum (Strauch) — *sadschara*, plur. *asdschâr*; Blume (Blüte) — *zahr*, plur. *azhâr*; Baumwolle — *ḳuṭn*; Bohne — *fûl*, *lûbije*; Citrone — *lêmûn*; — Dattel — *temer*; Feige — *tîn*; Gerste — *scha'îr*; Granate — *rummân*; Johannesbrotbaum — *charrûb*; Knoblauch — *tûm* (*fûm*); Olivenbaum — *zêtûn*; Orangen — *bortuḳân*; Pfirsich — *durrâḳ*; Pistacie — *fustuḳ*; Traube — *'ĕnab*; Wassermelone — *baṭṭîch*, rote — *dschebse*; Zwiebel — *baṣal*.

Branntwein (in Syrien meist aus Rosinen) — *'araḳ*, *raḳi*; Brot — *chubz*; das flache arabische Brot — *raṛîf*, plur. *ruṛfân*; Kaffee — *ḳahwe*; Cigarettenpapier — *waraḳat sigâra*; Mittagessen — *'aschâ*; Ei — *bêḍa*, Eier — *bêḍ*, gesotten — *bêḍ berischt*, gebacken — *bêḍ maḳli*; Frühstück, erstes — *fuṭûr*, zweites — *ṛadâ*; Gift — *semm*; Honig — *'asal*; Milch, frische — *ḥalîb*, saure — *leben*; Öl — *zêt*; Pfeffer — *fulful*; Reis — *ruz*; Salz — *milḥ*; Süßigkeiten — *ḥalâwa*; Wasser — *môje*; Wein — *nebîd*; Zucker — *sukkar*.

Brief — *mektûb*, plur. *mekâtîb*; Buch — *kitâb*, plur. *kutub*.

Zelt — *chême*, Araberzelt — *bêt*; Zeltstange — *'amûd*; Zeltpflock — *watad*, plur. *autâd*.

Fenster, Guckloch — *ṭâḳa*; Garten — *bustân* oder *dschenêne*, plur. *dschanâin*; Haus — *bêt* (plur. *bijût*), *dâr*; Mauer — *sûr*; Sopha — *dîwân*; Strohmatte — *ḥaṣîra*; Stuhl — *kursi*; Teppich — *besâṭ*; Thor — *bâb*, *bauwâbe*; Tisch — *mâida*; Treppe — *deredsche*; Wirtshaus — *lokanda*; Zimmer — *ôda*.

Gebetsnische — *miḥrâb*; Grab — *ḳabr*, plur. *ḳubûr*; Kanzel — *mimbar*; Kloster — *dêr*; Kloster von Derwischen — *tekkîje*; Minaret — *mâdine*; Moschee — *dschâmi'*, *mesdschid*, plur. *masâdschid*; Spital — *mâristân*.

Gepäck — *'afsch*, *ḥiml*; Reisesack (der arabische, über den Sattel zu legen) — *churdsch*; Futtersack — *'alîḳa*; Hufeisen — *na'l*; Packsattel — *dschelâl*; Sattel, europ. — *serdsch frândschi*, arab. *beledi*; Steigbügel — *rekâb*, plur. *rekâbât*; Zaum — *ledschâm*.

Dolch — *chandschar*; Flinte — *bunduḳîje*; Pistole — *tabandscha*; Pulver — *milḥ*; Säbel — *sêf*.

Beil — *ḳaddûm*; Eimer — *delu*; Faden — *chêṭ*; Fächer — *mirwâḥ*; Kerze — *schem'a*; Lichtstock — *schem'adân*; Laterne — *fânûs*; Messer — *sikkîn*; Schlauch — *ḳirba*, plur. *ḳirab*; Seife — *ṣâbûn*; Stock — *'aṣâje*; Strick — *ḥabl*; Trinkglas — *ḳubâje*.

Bad — *ḥammâm*; Brunnen, öffentl. — *sebîl*; Cisterne — *bîr*; Quelle — *'ain*, *neba'*; Teich — *birke* (plur. *burak*), *baḥêra*.

Blei — *reṣâṣ*; Eisen — *ḥadîd*; Feuer — *nâr*; Holz — *chaschab*; Kohle — *faḥm*; Licht — *nûr*; Stein — *ḥadschar*.

Ankerplatz — *mersâ*; Hafen — *mîna*; Schiff — *merkeb*, plur. *marâkib*; Dampfschiff — *wâbûr*; Meer — *baḥr*; Fluß — *nahr*; Insel — *dschezîre*; Sumpf — *ṛadîr*; Vorgebirge — *râs*.

Berg (Gebirge) — *dschebel*, plur. *dschibâl*; Brücke *dschisr*; Dorf — *beled*, *ḳarja*, *kefr* (aram.); Ebene — *waṭâ*, *sahl*; Erde — *arḍ*; Festung — *ḳal'a*; Gasse — *zeḳâḳ*, *sikke*; Heimat, Gegend — *bilâd*; Höhle — *meṛâra*, plur. *muṛr*; Hügel — *tell*, plur. *tulûl*; Markt — *sûḳ*, plur. *aswâḳ*; Ruine — *chirbe*; Schloß — *ḳaṣr*; Schule — *kuttâb* (Leseschule), *medrese*, plur. *madâris* (höhere Schule); Stadt — *medîne*, plur. *mudun*; Straße — *ṭarîḳ*, plur. *ṭuruḳ* (*ṭarîḳ es-sulṭâni*, Hauptstraße); Wald — *ḥîsch*; Weg — *derb*, plur. *durûb*; Wiese — *merdsch*; Wüste — *berrîje*, *bâdije*.

Biene — *naḥla*; Blutigel — *'alaḳ*, plur. *'alâiḳ*; Eidechse — *ḍabb*; Enten — *baṭ*; *Esel* — *ḥumâr*, plur. *ḥamîr*; Fisch — *semek*; Fliegen — *dubbân*; Flöhe — *barâṛît*; Gazellen — *ṛazâl*; Geier, Adler — *nisr*; Hahn — *dîk*; Henne, *dschâdsch*; Küchlein — *ferrûdsch*; Hund — *kelb*, plur. *kilâb*; Kamel — *dschemel*, plur. *dschimâl*; fem. *nâḳe*, plur. *nûḳ*; Reitkamel, *ḍelûl*; Läuse — *ḳaml*; Pferde — *chêl*; Hengst — *ḥuṣân*; Stute — *faras*; Klepper — *gedîsch*; Füllen — *muhr*; Lamm — *charûf*; Schildkröte — *sulḥafe*; Schlange — *ḥaije*; Schwein (auch wild) — *chanzîr*; Skorpion — *'aḳrab*, plur. *'aḳârib*; Stachelschwein — *ḳunfud*; Storch — *legleg*; Tauben — *ḥamâm*; Vogel — *ṭêr*, plur. *ṭijûr*; Wanze — *baḳ*.

Bei der Ankunft. Um wie viel willst du mich ans Land (aufs Schiff) fahren? — *bikem tâchudni lil-barr (lil-merkeb)?*

Um fünf Franken! — *bichams frankât!*

Zu viel, ich will dir einen geben! — *ketîr, ba'ṭîk wâḥid!*

Du wirst mich allein führen, sonst gebe ich dir nichts! — *tâchudni waḥdi, willa mâ ba'ṭîk schê.*

Wir sind zu drei! — *naḥn telâte.*

Jeden für vier Piaster — *kul wâḥid bi arba' ḳurûsch.*

Schaffe diesen Koffer (diese Koffer) in die Barke hinunter! — *nezzil has-ṣandûḳ (has-ṣanâdîḳ) lil-merkeb.*

Beim Zoll — *gumruk*. Öffne den Koffer — *iftaḥ eṣ-ṣandûḳ.*

Ich habe nichts darin — *mâ 'andi schê* (Trinkgeld — *bachschîsch.*)

Gieb den Paß — *hât et-tezkere (passaport).*

Ich habe keinen Paß — *mâ fî tezkere 'andi.*

Ich stehe unter dem Schutz des deutschen, österreichischen Konsuls — *ana taḥt ḳunṣul alemânija, nemsa.*

Im Kaffeehaus. Junge! bringe mir ein Täßchen Kaffee — *jâ weled dschîb findschân ḳahwe* (*ḳahwe besukkar* — mit Zucker; — *minṛêr sukkar* oder *murra* — ohne Zucker).

Bringe einen Stuhl, Wasser — *dschîb kursi, môje.*
Bringe ein Nargile — *dschîb nargile* (auch *nâfûs*).
Einen reinen neuen Schlauch — *marbîsch nadîf, dschedîd.*
Bringe eine glühende Kohle — *dschîb bassat nâr.*
Wechsle die Pfeife, d. h. bringe einen neugefüllten Kopf — *ɣaijir en-nâfûs.*

Im Bad — *fil-hammâm.*
Bringe die Stelzen — *dschîb el-kubkâb ('ab'âb).*
Führe mich hinein — *waddîni ladschuwwa.*
Laß mich ein wenig — *challîni schwoije.*
Ich schwitze noch nicht — *lissa mâni 'arkân.*
Reibe mich tüchtig — *keijisni melîh.*
Es ist nicht nötig mich zu reiben — *musch lâzim et-tekjîs.*
Wasche mich mit Seife — *ɣassilni bisâbûn.*
Es genügt, genug — *bikeffi, bûs.*
Bringe kaltes Wasser — *dschîb môje bâride.*
Bringe noch mehr — *dschîb kemân.*
Wir wollen hinausgehen — *bedna nitla' barra.*
Bringe ein Umschlagtuch (Tücher) — *dschîb fûta (fuwat).*
Bringe Wasser, Kaffee, Nargile — *dschîb môje, kahwe, nargile.*
Wo sind meine Kleider — *wên kudûmi?*
Bringe die Schuhe — *dschîb el-dschezme.*
Wo ist der Badewärter, Kaffeewirt — *wên el-mukeijis, el-kahwetschi?*
Hier ist dein Trinkgeld — *chud bachschîschak.*

Beim Barbier — *'and el-muzeijin.*
Schneide mein Haupthaar mit der Schere ab — *kuss scha'r râsi bil-makass* (dasselbe wie der Muhammedaner rasieren zu lassen, erzeugt oft einen sehr unangenehmen Ausschlag, außerdem entstellt es).
Trocken, ohne Seife — *'alen-nâschif.*
Rasiere mich gut — *ihlak dakni melîh.*
Soll ich dir den Kopf waschen — *eɣassil râsak?*
Nein, es ist nicht nötig (Ja) — *lâ, musch lâzim (e na'am).*
Wenn der Barbier zu Ende ist, hält er seinem Kunden den Spiegel vor und sagt: „*nâ'iman*" — es bekomme angenehm; Antwort: „*allâh jin'am 'alêk*" — Gott mache es dir angenehm.

Wäsche. Trage die Kleider zum Waschen — *waddi el-kudûm lil-ɣasîl* (die Stückzahl zähle man vor den Augen des Wäschers).
Wie viel kostet die Wäsche — *kaddêsch temen el-ɣasîl.*

Beim Pferdevermieter — *mukâri.*
Hast du Pferde — *'andak chêl?*
Ich habe keine Tiere — *mâfisch dawâbb 'andi.*

Wie viel willst du täglich für ein Pferd — *kaddîsch tâchud kira kul jôm 'alâ dâbbe?*

30 Piaster! — *telâtîn kirsch.*

Das geht nicht, wir wollen dir 15 geben — *mâ biṣîr, na'ṭîk chamstâ'sch.*

Wir wünschen zwei Pferde und zwei Maultiere — *bedna ḥuṣânên ubaṛlên.*

Um wie viel willst du mich dorthin bringen — *bikem tâchudni ila hônîk?*

Eine Reise von 3 Tagen — *sefer telatt-ijâm.*

Wir wollen die Tiere versuchen — *mendscherrib ed-dauwâbb.*

Steige auf — *irkab.*

Dieses läuft nicht gut, bringe ein anderes — *hâda ma bijimschi, dschîb wâḥid ṛêru.*

Gieb mir ein Haftgeld — *a'ṭîni ṛabûn.*

Reise. Wann werdet ihr abreisen — *emte tesâferu?*

Wir wollen morgen abreisen mit Sonnenaufgang — *menrîd (bedna) nesâfir bukra, ma'asch-schems*; eine Stunde vor Sonnenaufgang — *sâ'a ḳabl esch-schems*; zwei Stunden nach Sonnenaufgang — *sâ'atên ba'd esch-schems.*

Komme nicht zu spät — *lâ tet'auwak.*

Ist alles bereit — *kul schî hâḍir?*

Hast du Wein gekauft — *ischtarît nebîd?*

Nein, noch nicht — *lâ, lissa.*

Ladet, packt auf — *scheijilu.*

Wie viel Stunden sind von . . . nach . . . . — *kem sâ'a min . . ila . . . .* (auf die Angaben der Bewohner kann man sich indes selten verlassen, da nur wenige wissen, was eine Stunde ist).

Sieben und eine halbe Stunde — *seb'a sâ'ât unuṣṣ.*

Halte den Steigbügel — *imsik er-rekâb.*

Ich will aufsteigen — *beddi erkab* (plur. *bedna nerkab*).

Wird es heute regnen? — *râiḥ jimṭur el-jôm?*

Warte ein wenig — *istenna schwoije.*

Wie ist der Name dieses Dorfes, Berges, Thales, Baumes, dieser Quelle — *schû ism hal-beled, dschebel, wâdi, (bâs)-sadschara, hal-'ain?*

Wir wollen ausruhen, frühstücken — *bedna nisteriḥ, neteṛadda.*

Ist gutes Wasser da (unterwegs) — *fîh mâje ṭaijibe (fiddarb)?*

Wo ist die Quelle — *wên el-'ain?*

Wir wollen absteigen — *bedna ninzil.*

Bringe das Essen — *dschîb el-akel.*

Bleibt etwas fern — *challîkum bi'îd 'anni.*

Nimm das Essen weg — *schîl el-akel.*

Komme — *ta'â ta'âl*; geh fort — *rûḥ.*

Wohin gehst du — *wên râiḥ?* Woher kommst du — *min*

Die Zeit ist vorbei gegangen, es ist schon spät — *fât el-wakt.*

Sollen wir geradeaus gehen — *menrûḥ duḡri?*; gerade aus — *duḡri duḡri.*

Ist ein Führer notwendig — *jilzemna delîl?*

Ihr seid vom Wege abgekommen, verirrt — *ḡalaṭṭu (tihtu) 'an ed-derb.*

Sind Beduinen (Räuber) auf dem Wege — *fîh bedu (ḥarâmîje) fid-derb?*

Nein, es ist alles sicher — *lâ, kullu amîn.*

Rühre dich nicht! oder ich schieße — *la teteḥarrak willa eḍrub bit-ṭabundscha.*

Fürchte dich vor mir — *châf minni.*

Was soll ich dazu thun — *schû besawwi?*

Geschenk, o Herr — *bachschîsch jâ chowâdscha!*

Es giebt nichts, gehe fort — *mâfîsch, rûḥ.*

Wohin führt dieser Weg — *had-derb tuwaddi ila wên?*

Woher kommt dieser Weg — *had-derb tidschi minên?*

Ich bin sehr müde geworden — *ana ti'ibt ketîr.*

Ich habe Kopfweh — *râsi bjûdscha'ni.*

Wir wollen rasch reiten, früh absteigen, damit wir ausruhen — *nesta'dschil bedna ninzil bakîr minschân nesteriḥ.*

Es ist Abend geworden — *ṣâr maḡreb.*

Wann werden wir ins Quartier kommen — *emte nûṣil lil-menzil?*

Nach einer Weile — *ba'd sâ'a.*

Wo ist das Absteigequartier, das Kloster — *wên el-meḍâfe, (el-kônak), ed-dêr?*

Öffne die Thüre — *iftaḥ el-bâb.*

Schließe die Thüre — *sekkir el-bâb.*

Reinige das Zimmer und spritze es — *kennis lî el-ôda urischha.*

Decke den Tisch — *ḥuṭṭ es-sufra.*

Wir wollen essen — *bedna nâkul.*

Bringe eine Flasche Wein — *dschîb kanînet nebîd.*

Was giebt's zu essen — *schû fîh lil-akel?*

Reinige dieses Glas gut — *neḍḍif hal-kubâje melîḥ.*

Koche mir ein Huhn — *iṭbuch lî dschâdsche.*

Gieb mir Wasser zu trinken — *askînî.*

Bringe eine reine Serviette — *dschîb fûṭa neḍîfe.*

Mache das Bett bereit — *ḥaḍḍir el-ferâsch.*

Wecke mich morgen früh auf — *kaijimnî bukra bakîr.*

Ich will ins Freie spazieren — *beschimm el-hawa.*

Wir kehren schnell zurück — *nirdscha' ḳawâm.*

Wo ist das Posthaus — *wên bêt el-bosta?*

Sind keine Briefe für mich da — *mâfî makâtîb min schânî?*

Beim Kauf. Was willst du? was suchst du? — *schû beddak?*

Hast du eine Keffije (ein Fez) — *'andak keffîje, ṭarbûsch?*

Was soll sie kosten — *kaddêsch jiswa?* (oder einfach *bikem?*)

Einhundert und zwanzig Piaster — *mîje u'aschrîn ḳirsch.*
Das ist teuer, sehr teuer — *hâda ghâli, ghâli ketîr.*
Wohlfeil mein Herr! — *rachîṣ jâ sîdi.*
Ich will dir siebzig Piaster geben — *ba'ṭîk sab'în ḳirsch.*
Nach deinem Belieben — *'ala kêfak* oder bloß *kêfak.*
Nein, es geht nicht — *la, mâ jeṣîr.*
Willst du sie um 100 Piaster kaufen — *tischterîha bimîtt ḳirsch?*
Nein, bei mir ist Eine Rede, ein fränkisches Wort — *la, 'andi kalîm wâḥid, kilme frândschîje.*

„ḳalîl, min schânak" „es ist wenig, um deinetwillen" sagt der Verkäufer wenn er die Ware lassen will, oder er gebraucht die Redensart *„chudu balâsch"* „nimm es um nichts".
Gieb ein wenig zu — *zid schwoîje.*
Gieb das Geld — *hât el-fulûs.*
Wechsle mir ein Goldstück aus — *ṣarrif li lîra.*
Für wie viel nimmst du das Goldstück — *bikem tâchud el-lîra?*
Es thut nichts — *mâ bisâîl.*

Grüße und Redensarten. Dein Tag sei glücklich — *nehârak sa'îd.* Dein Tag sei gesegnet — *nehârak mubârek.*

Guten Morgen — *ṣubâḥkum bil-chêr* oder *el-chêr;* Antwort: Gott schenke euch (dir) einen guten Morgen — *allâh jeṣabbiḥkum (jeṣabbiḥak) bil-chêr.*

Guten Abend — *mesâkum bil-chêr* oder *el-chêr;* Antwort: Gott schenke euch (dir) einen guten Abend — *allâh jemessîkum (jemessîk) bil-chêr,* oder *messâkum allâh bil-chêr.*

Beim Schlafengehen: Deine (eure) Nacht sei glücklich, gesegnet — *lêletak (lêletkum) sa'îde, mubâreke;* Antwort gleichlautend.

Bei einem Besuch oder einer Begegnung ist nach der Begrüßung die erste Frage: *kêf ḥâlak (ḥâlkum)* oder *kêf kêfak* wie ist dein (euer) Befinden? Antwort: *„el-ḥamdu lillâh, ṭaijib"* Gott sei Dank, gut. Beduinen und Bauern fragen wohl ein Dutzendmal dasselbe.

Wenn jemand getrunken hat, so sagen ihm die Andern, indem sie die Hand gegen den Kopf erheben *„hanîjan jâ sîdi"* wohl bekomm's mein Herr. Antwort: *„allâh jehannîk" (jehannîkum)* Gott lasse es auch dir (euch) wohl bekommen.

Beim Darreichen: *dûnak* oder *chud* — nimm; Antwort: *kattar allâh chêrak* — Gott vermehre dein Gut, d. h. Dank (den der Tourist übrigens von den Personen, mit welchen er umgeht, selten oder nie zu hören bekommt, da diese zu jeder Geldspende des Europäers berechtigt zu sein glauben). Duplik: *„uchêrak"* — und dein Gut.

Beim Fortgehen: *„nuda'nâkum"* adieu; *„châṭerak" „châṭirkum"* lebt wohl. Der Hausherr erwidert: *„fî amân allâh"* in Gottes Obhut, oder *„ma'as-salâme"* in Wohlfahrt; hierauf wird bisweilen noch geantwortet: *„allâh jesellimak"* Gott lasse dir's wohl gehen.

Unterwegs: *„ahlan wasahlan"* oder *„marḥabâ"*, willkommen; Antwort: *„marḥabtên"*, zweimal willkommen.

Komme zum Essen, greife zu — *tafaḍḍal*, plur. *tafaḍḍalu*.

Gieb acht — *challi bâlak*, *dîr bâlak* oder nur *bâlak*.

(Zu Pferde) Gieb acht auf deinen Rücken: „*dahrak*"! wobei meist der zu Warnende nach seinem Stand oder Geschlecht angerufen wird: *dahrak jâ chowâdscha! dahrik jâ bint!* etc.

Bitte — *dachlak*.

Ich stehe unter deinem Schutz (Beduinenausdr.) — *ana dachîlak*.

Mein Haus gehört dir — *bêti bêtak* (mein Haus, dein Haus).

Sei so gut — *ô'mel-el-ma'rûf*.

mâschallâh (Ausruf der Verwunderung) wörtl. „was Gott will" soll. geschieht.

inschallâh — so Gott will.

wallâh oder *wallâhi* — bei Gott.

bihajât oder *wahajât râsak* — bei deinem Haupte.

istarfir allâh — bewahre Gott.

VIII. Zur Kunstgeschichte Syriens.

Syrien hat nie eine eigenartige, ihm vorzugsweise zugehörige Kunst entwickelt. Dagegen sind durch ganz Syrien die Überreste der verschiedensten Kunstepochen zerstreut, wie sie wohl der Boden keines zweiten Landes vereinigt. Der Entwicklung der Plastik und Malerei wurde jedoch durch die Eigentümlichkeit des semitischen Volkscharakters entgegen gearbeitet, der seit unvordenklichen Zeiten bilderfeindlich, in seinem Mangel an objektiver Anschauung ja überhaupt einseitig ist.

a. Syrien besitzt eine große Zahl von Überresten der *prähistorischen* Kultur. Am Nahr el-Kelb (S. 291) sind an verschiedenen Stellen Feuersteinwerkzeuge entdeckt worden, die durch Kalksinter mit Zähnen von Hirschen, Steinböcken, Bären, einer Tigerspecies, Bisonochsen zu einer festen Breccie verwachsen sind. Meterhoch deckt stellenweise diese merkwürdige Kulturschicht den Boden von Höhlen. Bearbeitete Feuersteine sammelte man sehr viele auf der Stätte von Gilgal (S. 169) und Tibne (S. 163), sowie bei einzelnen Dolmen im Ostjordland. An Steindenkmalen ist besonders das Gebiet von Moab und Gilead sehr reich. Im östlichen Moab sollen sich ausschließlich Steinhügel *(Cairns)*, s. vom Wâdi Zerkâ Ma'în (S. 192) nur Steinkreise *(Cromlechs)* und n. von diesem nur Steintische *(Dolmen)* vorfinden. Dolmen kommen in jener Gegend zu Hunderten vor; selten haben aber diese Steingräber noch Thüren und sind im Innern meist so kurz, daß die Leichen nur in gebogener Stellung beigesetzt werden konnten. Skelette in dieser Stellung hat man in den Dolmen des sinaitischen Gebirges entdeckt. Auf dem Wege zwischen Safed und Tyrus (S. 261) finden sich viele Steindenkmäler. — Demselben Zeitalter, wie die Steindenkmäler, gehören wohl auch die künstlichen, teilweise aus sonnengedörrten Backsteinen bestehenden Hügel von

1-10m Höhe an, wie deren viele im Jordanthal (S. 169), sowie auf der Ebene von Jesreel gefunden worden sind.

b. Die Gebirge Syriens sind sehr reich an Höhlen. Viele Belege sind dafür vorhanden, daß die Urbewohner des Landes Höhlenbewohner, Troglodyten, waren. Nur ein kleiner Schritt führte dazu, die Höhlen künstlich auszuweiten, oder dann gar im Felsen neue Höhlen auszuhauen. Reste solcher Wohnungen finden sich noch im Haurân; auch die Höhlen der Gegend von Bêt Dschibrîn sind vielleicht hierher zu rechnen, obwohl ihre Entstehungszeit unsicher ist. Mit zunehmender Gesittung benutzte man Höhlen nur noch in Notfällen zur Kriegszeit als Wohnungen (Richter 6, 2). Jedoch blieb die Gewohnheit, Felsen auszuhöhlen, in Kraft, da man die Toten in Höhlen beizusetzen pflegte; ein frühes Beispiel bietet die Höhle Machpela (I Mose 23, 9).

In dem quellenarmen Lande mußten Cisternen gegraben und ausgemauert, an manchen Orten in den Felsen gehauen werden. Dieselben sind häufig zu großen Reservoirs ausgeweitet, über 30m tief; schwere Steine schlossen die Öffnungen. Diese unterirdischen Höhlungen wurden häufig als Gefängnisse benutzt (Sach. 9, 11). Quellen wurden durch verschiedenartig gebaute Wasserleitungen, auf Bogen oder auch durch Felsen längs der Berglehnen hin in die Ortschaften geleitet; oder sie wurden, wie auch der Regen, in großen offenen Behältern gesammelt. Diese Anlagen, von der Natur des Landes erfordert, sind uralt (vergl. V Mose 6, 11).

Ebenso stammen die Öl- und Weinkeltern, welche man durch ganz Syrien trifft, aus alter Zeit. Sie bestehen aus einer viereckigen (oder runden) Höhlung bis zu 4m l. und 1m tief; durch ein Loch floß Öl und Wein in eine Kufe ab. Die Ölpressen auf phönicischem Gebiet sind sorgfältiger behauen, als die jüdischen. Alle diese Arbeiten im Felsen setzen eine bedeutende Geschicklichkeit in der Führung des Meißels voraus, obwohl das Gestein nicht gerade sehr hart ist.

Das ganze Land ist voll alter Felsengräber; es ist jedoch sehr schwer zu bestimmen, in welche Zeit die heute noch vorhandenen Überreste zurückreichen. Gräber wurden gewöhnlich an einer steil abfallenden Felswand angebracht, bisweilen in unzugänglich scheinender Höhe; war keine solche Felswand vorhanden, so wurde künstlich eine geschaffen, indem man von oben in den Felsen eindrang und einen rechtwinkligen Ausschnitt, in welchen eine Treppe hinabführte, herstellte.

Bei den Gräbern unterscheidet man: 1) *Senk*gräber, nach Art unserer Gräber in den Boden der Felskammer geteuft und durch einen Steindeckel verschlossen; 2) *Schieb*gräber (hebr. *kôkîm*), viereckige Stollen von $1{,}_{8}$m Länge, $0{,}_{45}$m Breite, $0{,}_{45}$m Höhe, meist wagerecht in den Felsen gehauen, am Boden oft mit einer Rinne versehen, in welche die Leiche wagerecht hineingeschoben wurde; 3) *Bank*- oder *Aufleg*gräber, an deren Wand sich meistens unter einer

Wölbung eine etwa 0,60m hohe Felsbank befindet, auf welche der Leichnam gelegt wurde; 4) *Trog-* oder *Einlegg*räber, in den Felsen gehauene Tröge von der Länge eines Körpers, 0,75m über dem Boden, 0,45m breit, bei denen nur eine Längenseite sichtbar ist und Kopf-, Fuß- und Rückenseite durch die Felswand gebildet werden.

Die Grabkammern zerfallen in 3 Arten: 1) Einfache Kammern ohne Verschluß mit Senkgrab im Boden. 2) Kammern mit einer Steinbank rings herum; sie dient als Auflegegrab, oder über ihr sind in den Wänden verschlossene Schiebgräber angebracht; der Eingang zur Grabkammer ist mit einer Steinplatte oder einem steinernen Thürchen verschlossen (meist zerstört). 3) Größere Komplexe: ein Portal mit Fries oder Giebel führt in ein Vestibulum (eine Vorhalle); von dieser aus tritt man durch niedrige Thürchen in verschiedene Grabgemächer der Form No. 2. Die architektonischen Verzierungen bestehen hauptsächlich aus Blumenkränzen; oft findet sich das „ägyptische Obergesims mit der Hohlkehle". — Viele Gräber dieser Art bekunden griechisch-römischen Einfluß, so wohl die meisten, bei denen ionische und korinthische Kapitäle verwendet worden sind; bisweilen spricht sich ägyptischer Einfluß in der Form von Pyramiden aus, welche auf frei ausgehauene Monumente gesetzt wurden. — Phönicische Gräber s. S. 281.

Den *Sarkophag* oder Steinsarg, der aber nur bei Reicheren zur Anwendung kam, übernahmen Hebräer und Phönicier von den Ägyptern. Sie bestanden bisweilen aus zwei Trögen unter einem Deckel. In Syrien sieht man öfter alte Sarkophage als Brunnentröge benutzt.

Die Sitte, Inschriften auf Stein einzugraben, war im hebräischen und phönicischen Altertum, infolge des Mangels an historischem Sinn bei diesen Völkern, viel weniger durchgreifend, als bei den Assyrern und Ägyptern und später bei Griechen und Römern, weshalb es für uns so schwierig ist, die Entstehungszeit von Felsenbauten sowohl als von architektonischen Resten zu bestimmen. Die Haupteigentümlichkeit, wodurch sich die syrische Architektur (und besonders die phönicische) unterschied, bestand darin, daß ihr Grundprincip nicht wie in Griechenland die Säule, sondern der behauene Felsen war, welchen später die freistehende Mauer bloß nachahmt; daher rührt auch die Größe der Werkstücke und eine der klassischen Baukunst durchaus fremde Unterordnung des architektonischen Planes unter das Material.

c. Die Architektur der Juden und der Phönicier schloß sich an assyrische und ägyptische Vorbilder an. Auf palästinensischem Boden absorbierte das Centralheiligtum in Jerusalem alle architektonischen Bestrebungen. Über etwaige Reste der ältesten Bauten s. S. 39. Die Sitte, die Steine bereits im Steinbruch zu behauen (I Kön. 6, 6), läßt sich, außer in Jerusalem, auch in Ba'albek nachweisen. Zu welchen Zeiten und durch welche Mittel jene riesigen Blöcke an Ort und Stelle gebracht worden sind, wissen wir nicht. Quader mit „Fugenränderung“ finden sich an den ältesten Gebäuden Syriens, bis in das arabische Mittelalter hinab; es ist fraglich, ob nicht gerade die älteste Zeit die Fugenränderung nicht kannte, während anderseits kein Zweifel darüber besteht, daß die mittelalterlichen Steinmetzen an ihren Quadern die Fugenränder öfters angebracht haben. Die Fugenränderung besteht darin, daß der Steinmetz um die Außenseite der Quader herum einen 0,1m bis 0,6m breiten eingesenkten Rand fein ausmeißelte. Die Oberfläche der Quader wurde entweder roh gelassen (Buckelquader, auch bei Kreuzfahrerbauten; Rustica), oder oberflächlich behauen, oder endlich ganz geglättet. Die Quader sind ohne Mörtel gefügt, jedoch mit bewunderungswürdiger Genauigkeit aufeinander gepaßt.

d. Es ist wohl anzunehmen, daß griechischer Kunsteinfluß sich schon vor Alexander bis nach Syrien fühlbar machte. Zwar hat man öfters behauptet, daß eine Anzahl ionischer Formen und die Metallbekleidung aus dem vorderen Orient zu den Griechen gedrungen seien. Aber die Formen ausgebildeter griechischer Plastik und Ornamentik erhielt der Orient, besonders die Phönicier, später als Gegenleistung, obwohl das in Syrien gebräuchliche Material, ein derber Kalkstein, weder zu korinthischen Kapitälen, noch zu Figuren so gut zu gebrauchen war, als der Marmor Griechenlands. Aus der Diadochenzeit, so außerordentlich deren Kunstschöpfungen auch gewesen sein müssen, sind beinahe keine Monumente in Syrien übrig geblieben, hingegen hat die Römer-Herrschaft deren unzählige hinterlassen. Bis in die entlegensten Gegenden bauten die Römer ihre Militärstraßen; von einigen sind sogar noch die Meilensteine vorhanden. Den Römern zu gefallen, ließ Herodes in vielen Ortschaften Palästinas und Syriens Prachtbauten im römischen Geschmack errichten. Aber Theater, Statuen, ja selbst schon die römischen Adler waren den Juden ein Greuel. Nach der Zerstörung Jerusalems schritt die römische Kolonisation unaufhaltsam weiter; ganze Städte entstanden unter Aufsicht der Machthaber oder auf Kosten der Kaiser, besonders Trajans. Das Charakteristische dieser Städte ist die Säulenreihe, welche von einem in der Regel dreifachen Thor aus mitten durch die Ortschaft geführt wurde. An dem Punkte, wo sich diese Hauptsäulenreihe mit einer andern kleineren kreuzte, entstand, wie es scheint, ein Tetrapylon; Tempel, Bäder, Theater, Naumachien lagen seitwärts. Diese römischen Bauten sind im Ostjordanlande am schönsten erhalten, weil seit der muslimischen Eroberung das Land beinahe nur von Zeltbewohnern, welche das Baumaterial nicht anzuwenden wußten, durchzogen ward. Die erhaltenen Reste stammen aus der späteren Römerzeit, d. h. von der Mitte des 2. Jahrh. an, einer Zeit, wo sich in der Überladung, in den Verzierungen der Nischen mit gebrochenem Giebel, in der unharmonischen Ausschmückungsweise bereits der Abfall von den strengen ruhigen Formen der klassischen Periode kundgiebt. Palmyra, Ba'albek, Dscherasch bieten Proben dieses Stils; ebenso Petra, dessen Grabkammern nach inländischer Gewohnheit aus dem Felsen gehauen sind und nach außen eine gewaltige auf den Fels gemeißelte Scheinfaçade tragen, deren Formen beinahe an die späte Rococozeit erinnern, besonders durch die geschweiften Gesimse. Die vielen kleinen Tempel (vielleicht Gräber?), deren Reste noch auf dem Libanon zerstreut sind, stammen aus derselben Zeit, doch sind sie noch alle in griechischer Weise gegen Westen gerichtet, meistens in antis mit ionischen Kapitälen; der Stylobat hat ein ringsumlaufendes Gesims; eine Thüre führt durch den Stylobat unter dem erhöhten W.-Ende der Cella in diese hinein. — Eine eigentümliche Bauart zeigen die *Synagogen*, welche in Galiläa vom 3. bis 6. Jahrh. entstanden. Sie sind viereckig, das Innere häufig durch vier Säulenreihen in fünf Schiffe geteilt; die derben Säulen tragen Steinarchitrave; das Dach bestand aus Holz und die ganze Ornamentierung, besonders der Gesimse, war sehr reich. Die zwei letzten inneren Stützen des N.-Endes dieser Synagogen bestehen durchgehends aus viereckigen Pfeilern, die nach innen abgerundet sind. Merkwürdiger Weise finden sich öfters Tierfiguren an den Synagogen ausgemeißelt.

e. Um größere Räume zu bedecken, griff man bereits gegen Ende des 3. Jahrhunderts zum Kuppelgewölbe und kam auf die wichtige Neuerung, die Kuppel durch sog. Pendentifs (Kuppelzwickel) mit dem viereckigen Grundbau zu vermitteln. Daneben kommen auch ganz einfache Pfeilerbasiliken, und später erst Säulenbasiliken vor. — Die nördliche Gruppe der damaligen Bauten, zwischen Hamâ und Aleppo, ist besonders interessant. Auch hier finden sich Säulenbasiliken und Kuppelbauten, selten Pfeilerbasiliken; die Façade bildet eine offene Säulenhalle; die Apsis ist meistens innen rund, außen quadratisch; viele Fenster sind an Oberschiff und Seitenschiff angebracht, in der Regel auch Seitenthüren. Das Kapitäl der Säulen nähert sich teilweise dem Akanthus, ist aber wohl auch originell kelchartig ausgebildet; an den Apsiden, sowie an den Fenstern und Portalen laufen ornamentierte Gesimsbänder herum, deren Enden volutenartige Schleifen bilden. An den Friesen überwiegen Blätter und Früchte, Wein, Akanthus; aber auch Vasen, Pfauen etc. finden sich und überall Kreuze. — In bedeutenderen Ortschaften Palästinas, besonders an den heiligen Stätten, sorgten die griechischen Kaiser seit Constantin dem Großen für den Bau großer Basiliken. Namentlich die Kaiserin Helena steht in dem Ruf großer Bauthätigkeit. Ihr (oder auch Salomo) wird jedes bedeutende Bauwerk zugeschrieben, dessen Erbauer unbekannt ist. Die altchristliche Basilika von Bethlehem (von Justinian umgebaut) ist erhalten, während von den frühesten Bauten der Grabeskirche nur geringe Spuren übrig sind. Die Aksâ bietet ein Beispiel, wie die Araber eine Basilika in ihrer alten Form als Moschee bewahrt, weiter ausgebaut und nach altem Muster hergestellt haben

f. Die Araber benutzten zu ihren Bauten nicht bloß vorgefundene alte Säulen, die sie oft in bunter Reihe zusammenstellten, sondern ihre Werkführer und Baumeister waren anfangs Griechen; daher der enge Zusammenhang zwischen ihren Bauten und denen der Christen. Wie jetzt angenommen wird, hat die Rotunde der Grabeskirche der der 'Omarmoschee (eṣ-Ṣachra) als Muster gedient; der Kuppelbau, in Syrien damals längst bekannt, hatte unterdessen auch schon mannigfache Anwendung im Abendlande gefunden. Wie die Byzantiner, so füllten auch die Araber die Wände und Kuppeln mit Mosaik aus. Die Omaijaden-Moschee in Damascus (S. 330) beweist, wie sehr sich die Araber an ihre Vorbilder hielten: neben dem großen, mit Fliesen belegten Hofe, den der muslimische Kultus erfordert, steht eine große offene Halle mit einer Holzdecke, wie bei der Basilika, an deren Stelle die Moschee gebaut ist; in der Nähe der Ḳibla (S. xlvi) war eine große Kuppel angebracht. — Die Araber lehnten sich zwar in ihren Kunstschöpfungen an die Bauten, welche sie in Syrien vorfanden, an, entwickelten jedoch ihre eigene Formenwelt. In späterer Zeit aber artete diese aus; die Formen ihrer Kuppeln wurden schwülstig zugespitzt, in Zwiebelform auslaufend gebildet und die Wölbungen mit einer Scheinkonstruktion bekleidet, welche aus lauter vortretenden kleinen Ecken an einander gefügt erscheint und an Bienenzellen erinnert: die sog. Stalaktitengewölbe, in welchen der Eindruck der Solidität, der gerade beim Gewölbe vorherrschen sollte, geradezu wieder aufgehoben wird. Die Schenkel des Rundbogens wurden von den Arabern nach unten verlängert (gestelzt), und schon früh (in Ägypten schon im 9. Jahrh.) tritt neben ihm der Spitzbogen auf und der Hufeisenbogen, letzterer eine specifisch arabische Erfindung. Leider fehlt der arabischen Architektur der Sinn für strenge Formentwickelung; sie hält sich nicht an den Kern, das Ganze eines Baues, sondern an das Einzelne, das Dekorative, weshalb neben allem Reichtum der Arabesken doch so oft der Mangel an Einheit stört. Antike Säulen mit herrlichen Kapitälen werden unmittelbar neben moderne arabische oder neben plumpe Pfeiler gestellt. Die bunten Arabesken, deren Vorbilder wahrscheinlich die Teppichweberei geliefert hat, sind zwar oft in geistreicher Weise erfunden, ermüden aber auf die Länge das Auge.

Syrien ist nicht besonders reich an Originalbauten arabischen Stils, weil die Araber in diesem Lande zu viele antike Gebäude vorfanden, welche sie einfach benutzen oder, ihren Zwecken entsprechend, leicht umwandeln konnten. Auf den höchst soliden Grundmauern des Altertums bauten sie, entweder mit antikem Material oder mit ihren eigenen oft armseligen Werkstücken, ihre Stadtmauern, Türme, Burgen, die aber leicht wieder zerfielen. Sie waren der Ansicht, daß die Einfügung von Säulenfragmenten die Festigkeit einer Mauer erhöhe; daher fügten sie solche Säulenstücke nicht bloß symmetrisch in ihre Mauern ein, sondern brachten selbst künstlich auf Mauerstücken den Schein solcher Säulenfragmente hervor, was übrigens auch die Kreuzfahrer thaten. Besonders in der Nähe ehemaliger Hafenkastelle sieht man oft große Mengen von Säulenstücken zerstreut, die meist von solchen unsolid gebauten und wieder auseinandergefallenen Mauern herrühren.

g. Es wird bei manchen mittelalterlichen Burgen nicht auszumachen sein, ob sie von den Saracenen oder von den Kreuzfahrern erbaut sind; doch kann als Unterscheidungszeichen angeführt werden, daß an den Quadern der Kreuzfahrerbauten meistens schräge, bisweilen beinahe horizontale Linien eingehauen sind. — Scharf von den übrigen Bauten abgesondert finden sich auf dem Boden Palästinas eine Reihe fränkischer Kirchen. Man kann zwei Klassen solcher Kirchen unterscheiden: die erste umfaßt die fränkischen Kirchen, welche zwischen 1099 und 1187 gebaut sind; sie sind alle nach einem Muster, haben 3 Schiffe von gleicher Länge, ein Querschiff und 3 neben einander liegende Apsiden; die Gewölbe haben scharf behauene, nicht gerippte Kanten und ruhen auf einfach gegliederten Pfeilern; über der Kreuzung des Mittel- und Querschiffs erhebt sich eine Kuppel auf Gewölbezwickeln; der übrige Teil des Gebäudes hat ein plattes Dach; die Strebepfeiler an der Außenmauer treten nur wenig hervor; überall tritt der Spitzbogen zu Tage. — Die zweite Gattung besteht aus Kirchen des 13. Jahrh.; sie liegen sämtlich an der Meeresküste und sind französischen Bauten derselben Zeit ganz ähnlich, haben aber platte Dächer. — Der Spitzbogen dieser Bauten ist nicht der alte muslimische, sondern der im Abendland unterdessen zur Reife gekommene, sodaß die ganze Bauweise sich als früher abendländischer Spitzbogenstil auf arabischem Boden bezeichnen läßt.

h. Zum Schluß erwähnen wir noch die Antiken, welche der Reisende in Syrien finden kann, warnen aber vor Fälschungen, deren Fabrikation in Syrien wie in Ägypten stark im Schwunge ist. Von Münzen haben besonderen Wert: alte hebräische Münzen (*Schekel*, sehr selten echt), sodann phönicische Münzen (und Gemmen), griechisch-römische Münzen der einzelnen Städte und arabische Münzen aus den verschiedensten Jahrh. In den Gräbern finden sich öfters Thränenkrüge, kleine Statuen und Reliefs, an der phönicischen Küste Skarabäen u. a. Bei allen diesen Altertümern erkundige man sich genau nach dem *Fundort*, da sie nur dann, wenn dieser beigemerkt ist, wissenschaftlichen Wert haben. Alle Steine mit Inschriften sind wertvoll, zumal wenn sie noch nicht bekannt sind; sie werden öfters beim Pflügen gefunden. Man trifft in Syrien Inschriften mit folgenden Schriftzeichen: a. phönicische, althebräische, samaritanische; b. aramäische (sog. nabatäische) im Haurân und in Palmyra (die Nabatäer waren Araber, die aramäisch schrieben); c. griechische (sehr viele); d. lateinische; e. arabische, welche in früheren Zeiten (kufisch) der aramäischen Schrift noch näher stehen, später aber oft sehr verschlungen sind; f. mittelalterlich fränkische. — Über das Abklatschen der Inschriften s. S. xxxi.

IX. Zur Literatur über Palästina und Syrien.

Besonders über Palästina ist die Literatur ungeheuer; hier seien nur wenige Werke hervorgehoben, deren Studium vor der Reise empfehlenswert ist. An einigen Stellen ist die Specialliteratur kurz im Text erwähnt. Der Fachgelehrte sei auf *R. Röhrichts* Bibliotheca Geographica Palästinae (Berlin 1890) hingewiesen. Für die Erforschung Palästinas hat vor allem der englische *Palestine Exploration Fund* (seit 1867) viel geleistet. Die Gesellschaft publiciert die sog. Quarterly Statements. Der *Deutsche Verein zur Erforschung Palästinas* giebt eine wissenschaftliche Zeitschrift für Palästinakunde heraus. Der jährliche Beitrag (Adresse: Karl Bædeker, Leipzig) beträgt 10 *M*, wofür die Zeitschrift gratis zugeschickt wird.

Werke von allgemeinerem Interesse sind mit * bezeichnet. — Als selbstverständlich wird die Mitnahme einer *Bibel* vorausgesetzt.

Hauptwerke über Geographie.

**Ritter*, Erdkunde von Asien. Band 15-17. Berlin 1850-55. (Die Bände über Mittel- u. Nordsyrien haben immer noch Bedeutung.)
Burckhardt, Reisen in Syrien, Palästina etc. 2 Bd. Weimar 1823.
Seetzen, Reisen durch Syrien, Palästina etc. 4 Bde. Berlin 1854-59.
Robinson, Palästina und die angrenzenden Länder. 3 Bde. Halle 1841. — Neuere biblische Forschungen, Berlin 1857.
Sepp, Jerusalem u. das h. Land. 2. Aufl. 2 Bde. Schaffhausen 1873.
Guérin, Description géogr. etc. de la Palestine. Paris 1868-80.
The Survey of Western Palestine. 3 vol. Memoirs, 1 vol. Name List, 1 vol. Special Papers, 1 vol. Jerusalem (mit Plänen). London 1884. Dazu 1 vol. The Survey of Eastern Palestine 1889. Das Werk ist die Grundlage aller modernen Palästina-Forschung.

Zur historischen Geographie.

**v. Riess*, Bibel-Atlas in 10 Karten nebst geogr. Index. Freiburg 1887.
(Eusebius), Onomastica sacra ed. P. de Lagarde. Göttingen 1887.
Itinera latina (Publications de la Société de l'Orient Latin) 1879.
Deutsche Pilgerreisen von Röhricht und Meißner. Berlin 1880.
Names and places in the old and new Testament with their modern Identification. London 1889.
Neubauer, La géographie du Talmud. Paris 1868.
Theodosius de situ terrae sanctae herausg. v. Gildemeister. Bonn 1882.

Karten.

Great map of Western Palestine. 26 Bl. London (zum Survey).
Reduced map of W. Pal., modern names only. 6 Bl. London.
Dieselbe, Water Basins in Color and Sections. London.
Map of Palestine (Old and New Testament). 21 Blätter. London.
Map of Palestine (Modern). 21 Blätter. London.
*Karte von Palästina, bearbeitet von Fischer & Guthe. Leipzig 1890.

Historisches.

**Meyer*, Geschichte des Altertums. 1 Bd. Stuttgart 1886.
**Stade*, Gesch. des Volkes Israel. 2 Bde. Berlin 1887-88.
**Schürer*, Gesch. d. jüd. Volkes z. Z. Christi. 2. T. Lpz. 1886 u. 90.

Mommsen, Römische Geschichte. 5. Bd. Berlin 1885.
Müller, Der Islam im Morgen- und Abendland. 2 Bde. 1881. 1887.
Kugler, Geschichte der Kreuzzüge. Berlin 1880.
Prutz, Kulturgeschichte der Kreuzzüge. Berlin 1883.
Heyd. Geschichte des Levantehandels im Mittelalter. 1879. Besser ist die französische Ausgabe Leipzig 1885.
Rosen, Gesch. der Türkei (Staatengesch. d. neuesten Zeit) Lpz. 1866.

Sitten und Gebräuche.

**Lane*, An account of the manners etc. of the modern Egyptians. Lond. 1836. Deutsch von *Zenker*. Leipzig 1852.
Thomson, The Land and the Book. 2 vol. London 1880 u. 1883.
Tobler, Denkblätter aus Jerusalem. St. Gallen 1853.
Burckhardt, Bemerkungen über die Beduinen etc. Weimar 1831.
**Klein*. Mitteilungen über Leben, Sitten etc. der Fellachen in Palästina; Zeitschr. des Deutsch. Pal.-Ver. III ff. Leipzig 1880 ff.
Schneller, Kennst du das Land? Leipzig 6. Aufl. 1890.
Märchen der 1001 Nacht, übers. von Weil. Stuttgart 1866. 4 Bde.
Zwiedeneck, Syrien u. seine Bedeutung f. d. Welthandel. Wien 1873.

Neuere Reisen.

**Furrer*, Wanderungen durch Palästina. Zürich 1861.
Orelli, Durchs heilige Land. 4. Aufl. Basel 1890.
Ninck, Auf biblischen Pfaden. 2. Aufl. Hamburg 1886.

Prachtwerke.

**Ebers* und *Guthe*, Palästina in Bild und Wort. Stuttgart 1883.
**Lortet*, La Syrie d'aujourd'hui. Paris 1886.

Sprache.

**M. Hartmann*, Arabischer Sprachführer. Leipzig 1880.

Naturwissenschaftliches.

Robinson, Physische Geographie des heiligen Landes. London 1865.
Ankel, Grundzüge d. Landesnatur d. Westjordanlandes. Frankf. 1887.
Tristram, The Fauna and Flora (Teil des Survey). London 1884.
Hull, Memoir on the physical geology and geography of Arabia Petraea, Palestine and adjoining districts (Survey) 1886.
Tristram, The natural history of the Bible. 8 ed. London 1889.

Kunstgeschichte.

Perrot et Chipiez, Histoire de l'art dans l'antiquité. Bd. III. Paris 1885.
Vogüé, Syrie centrale, architecture civile etc. Paris 1861-77.
Vogüé, Les églises de la Terre Sainte. Paris 1860.
Rey, Etude sur les monuments de l'architecture militaire des Croisés en Syrie et dans l'île de Chypre. Paris 1871.

I. JERUSALEM UND NÄHERE UMGEBUNG.

Route — Seite

1. Aus Europa (von Genua, Brindisi, Triest, Marseille) über Alexandrien und Port Sa'îd nach Jâfâ und Beirût . . . 3
2. Jâfâ . . . 9
3. Von Jâfâ nach Jerusalem:
   a. von Jâfâ nach Ramle, direkt oder über Lydda . . . 13
   b. von Ramle nach Jerusalem (direkt) . . . 17
   Von Ramle nach Jerusalem über Kafr Tâb u. Bêt Nubâ . . . 20
   Von Lydda nach Jerusalem über Dschimzû und el-Kubêbe . . . 20
   Von Lydda nach Jerusalem über Bêt 'Ûr und ed-Dschîb . . . 21
4. Jerusalem . . . 21
   Geschichte von Jerusalem . . . 23
   Zur Topographie, Bevölkerung etc. . . . 33
   Das Harâm esch-Scherîf (Tempelplatz) . . . 39
   Geschichtliches . . . 39
   Harâm-Thore. Kubbet eṣ-Ṣachra . . . 42
   Kubbet es-Silsele . . . 48
   Kubbet el-Mi'râdsch. Kubbet el-Arwâḥ. Kubbet el-Chiḍr. Sebîl Kâît Bei. Kanzel des Kâḍi Burhâneddîn . . . 49
   el-Kâs. Königscisterne. Bîr el-Waraḳa . . . 50
   Moschee el-Aḳṣâ . . . 50
   Unterbauten des Harâm. Doppeltes Thor. Wiege Jesu. Ställe Salomos . . . 54
   Einfaches Thor. Dreifaches Thor . . . 55
   Östliche Umfassungsmauer. Goldenes Thor . . . 55
   Thron Salomos. Bâb el-Asbâṭ. Birket Isrâ'în. N.-Seite des Harâm: Bâb Ḥiṭṭa. Bâb el-'Atem. Kubbet Schekîf eṣ-Ṣachra . . . 57
   Gang um die Umfassungsmauer: Serâi. Bâb el-Ḳaṭṭânîn. Ḥammâm esch-Schifâ . . . 58
   Wilsons Bogen. Burâḳteich. Meḥkeme. Bâb es-Silsele . . . 59
   Klagemauer der Juden. Barclays Thor . . . 60
   Robinsons Bogen. S.-Seite des Harâm . . . 61
   O.-Seite des Harâm . . . 62
   Die Grabeskirche . . . 63
   Geschichtliches . . . 63
   Der Vorplatz und die Seitenkapellen. Der Glockenturm . . . 65
   Die S.-Façade der Grabeskirche . . . 66
   Inneres der Grabeskirche. Salbungsstein . . . 67
   Grabrotunde: das heilige Grab . . . 68
   Engelskapelle. Grabkapelle . . . 69
   Kapelle der Syrer. Erscheinungskapelle. Geißelungssäule . . . 70
   Lateinische Sakristei. Die Kreuzfahrerkirche. Das Katholikon. Mitte der Welt . . . 71
   Gefängnis Jesu. Kap. des h. Longinus. Kap. der Kleiderverteilung. Kap. der Verspottung. Helenakapelle . . . 72
   Kreuzfindungskapelle . . . 73
   Golgotha: Kap. der Kreuzerhöhung . . . 73
   Der Felsenspalt. Kap. der Kreuzannagelung. Schmerzenskapelle. Adamskapelle . . . 74
   Grabmäler Gottfrieds und Balduins I. Osterfestlichkeiten . . . 75
   Die Ostseite der Grabeskirche . . . 75
   Basilica Constantins. Dâr Isḥâḳ Bei. Abessinisches Kloster. Kloster der Kopten. Helenacisterne . . . 76

Route	Seite
Gänge in der Stadt	77
1. Der Mûristân	77
2. Vom Stephansthor durch die **Via Dolorosa**	79
St. Annenkirche	79
Geißelungskapelle	80
Via Dolorosa. Kloster der Zionsschwestern. Ecce-Homobogen. Österreichisches Hospiz. 1.-3. Station	81
Haus des armen und reichen Mannes. Haus der heiligen Veronica. Gerichtspforte. 4.-14. Station	82
3. Christenstraße, alter Basar, Judenviertel	82
Großes griech. Kloster. Patriarchenteich. Johanneskloster und Davidstraße. Alter Haupt-Basar	83
Judenquartier. Synagogen	84
4. Goliathsburg, Citadelle u. a.	84
Neuer Basar. Latein. Patriarchat. Goliathsburg. Citadelle	84
Englische Christuskirche. Armenisches Kloster	85
5. Die Jâfâvorstadt	85
Platz vor dem Jâfâthor. **Mâmillateich**	85
Engl. Konsulat. Spital **St. Louis. St. Paulskirche.** Russenbau	86
Talitha kumi. Syrisches **Waisenhaus. Marienstift**	87
6. Die sog. Zionsvorstadt	87
Gobatschule	87
Coenaculum	88
Zionsbergkloster. Habs el-Mesîḥ. **Zionsthor**	89
5. Nähere Umgebungen von Jerusalem	89
1. Der Ölberg	89
Marienbad. Mariengrab	90
Gethsemanegarten	92
Der Ölberg. Himmelfahrtskapelle	93
Gruft der Pelagia. Russische Bauten (Aussichtsturm)	94
Besitzungen der Lateiner (Kirche des Credo und Paternoster)	95
Prophetengräber	96
Viri Galilaei (Karem eṣ-Ṣaijâd) Burdsch Laḳlaḳ	97
Herodesthor. Scopus. Bethphage	98
2. Das Kidronthal	98
Absalomsgrab	98
Grabhöhle Josaphats. Jakobshöhle	99
Pyramide des Zacharias. Siloa	100
Berg des Ärgernisses. Marienquelle	101
Siloaquelle	102
Hiobsbrunnen. Bêt Sâḥûr el-'Atîka	103
3. Das Hinnomthal	103
Berg des bösen Rates	103
Die Nekropole im Hinnomthal	104
Blutacker (Hakeldama)-Gebäude	105
Deutsche Tempelkolonie. Aussätzigenhaus	106
Birket es-Sulṭân	107
4. Die N.-Seite der **Stadt, Königsgräber, Richtergräber** etc.	108
Damascusthor	108
Baumwollengrotte	109
Jeremiasgrotte	109
Stephanskirche. **Gräber der Könige**	110
Gräber der Richter	111

1. Aus Europa über Alexandrien und Port Saʿîd nach Jâfâ und Beirût.

Über Dampferkurse, Fahrpreise etc. s. S. xviii.

a. Von Genua oder Brindisi nach Port Saʿîd.

Nach *Genua* direkte Schnellzugsverbindung: von Frankfurt a. M. über Basel-St. Gotthard in 23-25 St. (von Berlin über den Brenner, Verona, Modena, Tortona, Novi in 35 St., viel Wagenwechsel). — Die Dampfer des *Norddeutschen Lloyd* (S. xix) zeichnen sich durch comfortable Einrichtung, gute Bedienung und schnelle Fahrt aus und sind deutschen Reisenden sehr zu empfehlen. Die Dampfer berühren Alexandrien nicht; Reisende, die sich in Ägypten aufhalten wollen, können jedoch bequem von Port Saʿîd aus Alexandrien und Kairo in einem Tage erreichen: entweder zur See nach Alexandrien (S. 7), oder mit dem kleinen Kanaldampfer bis Ismaʿîlîja, von da mit der Bahn nach den beiden genannten Städten.

Genua. — Gasthöfe. Gr. Hôt. du Parc, Via Ugo Foscolo, bei der Acqua Sola, stille Lage; Gr. Hôt. Isotta, Via Roma 7; Gr. Hôt. de Gênes, beim Teatro Carlo Felice. In diesen zieml. gleiche Preise: Z. von 3 fr. an, M. o. W. 5, Dej. 3½, F. 1½, L. 1-2, B. 1-2, Omn. 1-1½ fr. — Hôt. de la Ville (Bes. *Heinr. Engel*), im ehem. Pal. Fieschi; Gr. Hôt. des Etrangers (*Rebecchino*), Via Nuovissima 1; Hôt. Smith (Besitzer Engländer), bei der Börse, Vico Denegri, Z. von 2 fr. an, Omn. 75 c., deutsch sprechende Bedienung, vielfach gelobt.

Cafés. Concordia, Via Garibaldi, dem Palazzo Rosso gegenüber, schönes kühles Lokal, abends häufig Musik; Roma, Via Roma und Galleria Mazzini; Italia, Garten mit glänzender Beleuchtung, nur während der schönen Jahreszeit geöffnet, bei Acquasola.

Restaur. Concordia (s. o.), erstes Restaur.; Costa, Via Carlo Felice 7, gelobt. — Bierhäuser: Monsch, Via S. Sebastiano, bayr. Bier; Klainguti, beim Theater Carlo Felice, Wiener Bier; Birr. Jonsch, Piazza Corvetto, Münchener Spatenbräu.

Droschken (Tarif im Wagen) im *Stadtbezirk*:	Tage	Nachts
Einsp., die Fahrt (Nachts = Zeit der Straßenbeleuchtung)	1 —	1 50
nach der Zeit: die Stunde	1 50	2 —
„ „ „ jede ½ Stunde mehr	— 75	1 —

Handgepäck frei, größeres Gepäck 20 c. das Stück.

Agentur des Nordd. Lloyd: Piazza *S. Siro* 10 (Fratelli Leupold).

Genua, ital. *Genŏva* („*la superba*“), frz. *Gênes*, mit 138000 Einwohnern, ist die erste Handelsstadt Italiens. Eine Wanderung durch die Stadt, am *Columbusdenkmal* vorüber, durch die palastreichen Straßen *Via Nuovissima* und *Garibaldi* (*Nuova*), sowie nach der hochgelegenen Kirche *S. Maria in Carignano* (morgens beste Aussicht), eine Spazierfahrt auf der *Via di Circonvallazione*, ein Ausflug nach dem Friedhof *Cimitero di Staglieno* oder nach *Pegli* (*Villa Pallavicini*) sind bei einigem Aufenthalt sehr zu empfehlen. Näheres s. in *Baedekers Ober-Italien*. Einschiffen (und Ausschiffen) 1 fr. die Person, mit Gepäck. — Die Dampfer des Nordd. Lloyd kommen von Bremerhaven über Antwerpen und Southampton. Abfahrt von Genua s. S. xix. Sie fahren durch das Tyrrhenische Meer und die Straße von Messina in 5 Tagen direkt nach *Port Saʿîd* (1485

Seemeilen); von da weiter durch den Suezkanal nach Ostasien resp. Australien (subventionierte deutsche Postroute).

Von Genua nach Alexandrien fahren die Dampfer der *Navigazione Generale Italiana* (Florio & Rubattino) in c. 8 Tagen. (S. xxi.) Dieselben laufen unterwegs *Livorno*, *Neapel*, *Messina* und *Catania* an.

Nach *Brindisi* täglich ein Schnellzug: 48 St. von Berlin und von Frankfurt a. M., 21 1/2 St. von Bologna. — Von Brindisi nach Port Saʿîd geht eine Zweiglinie des Nordd. Lloyd; schnellste Verbindung aus Deutschland nach dem Orient.

Brindisi. — Gasth.: Gr. Hôt. des Indes Orientales, von der südital. Eisenbahngesellschaft erbaut, ersten Ranges, am Hafen, wo die englischen Dampfer anlegen, Z. 3, B. 1, F. 1 1/2, M. 5, Déjeuner 3 1/2-4 fr., billigster Wein 2 fr. — Alb. d'Europa, Strada Amena (Verbindungsstraße zwischen Bahnhof [10 Min.] u. Hafen [4 Min.]), Bes. *Michele Grupsu*, ein Grieche, Z. u. L. 3 1/2 fr., B. 40 c., ziemlich reinlich und gut.

Wagen: vom Bahnhof zum Hafen 1 Pers. 60 c., Nachts 80 c., 2 Pers. 1 fr.

Brindisi ist das alte *Brentesion* oder *Brundisium*, jetzt wieder wie im Altertum wichtig für den Durchgangsverkehr aus dem Abendland nach dem Orient. Am Hafenquai auf einer kleinen Anhöhe eine antike uncannellierte Marmorsäule aus griech. Marmor. Vergl. *Baedekers Unter-Italien*. — Die Dampfer legen am Quai an. Abfahrt s. S. xix; Fahrzeit 3 Tage (940 Seemeilen).

Wer die Schiffe des Nordd. Lloyd zur Rückfahrt von *Port Saʿîd* nach *Genua* oder *Brindisi* benutzen will, erkundige sich telegraphisch bei dem Agenten der Gesellschaft in Port Saʿîd nach der Abfahrtszeit. Bei günstiger Witterung kommen nämlich die Dampfer oft um mehrere Tage verfrüht in Port Saʿîd an und gehen, da sie an keinen bestimmten Termin gebunden sind, sogleich weiter.

---

b. Von Triest (Brindisi) nach Alexandrien.

Nach *Triest* Schnellzugsverbindung aus Mittel- und Ostdeutschland am besten über Dresden-Wien oder über Breslau-Wien: von Berlin bis Triest in 34, bezw. 37 St., von Wien bis Triest in 13 1/2-14 1/4 St. — Die Dampfer des *Österreichisch-Ungarischen Lloyd* sind ganz empfehlenswert, gut jedoch nur die neuen Schiffe.

Triest. — Der Bahnhof liegt im N. der Stadt, 20 Min. von deren Mittelpunkt. *Omnibus* der Gasthöfe 30-40 kr.; *Droschken* Einsp. 50, Zweisp. 1 fl. 20 kr. (von 12 U. nachts bis 6 U. morg. 80, 1 fl. 60 kr.; aus der Stadt zum Bahnhof 40, 80 kr.); Handgepäck frei, Koffer 10-15 kr.

Gasthöfe. Hôt. de la Ville, Riva Carciotti 3, am Hafen, Z. 1 1/2-5 fl.; Hôt. Delorme, Via al Teatro 2, der Börse gegenüber, Z. 1 1/2-2 fl., L. u. B. 80 kr.; Europa, Piazza della Caserma, 5 Min. vom Bahnhof, Z. 1 fl. 70 kr., L. u. B. 40 kr., mit Café; Aquila Nera, Via S. Spiridione 2, unten Café; Stadt Wien (*Città di Vienna*), Via S. Niccolò 11; Zum Guten Hirten (*al Buon Pastore*), Via S. Niccolò 20, gelobt, mit Bierhalle.

Cafés. Café al Municipio und Degli Specchi, Piazza Grande; Café Oriental, im Lloydpalast; Tergesteo, im Tergesteum; Al Vecchio Tommaso, am Hafen, beim Hôtel de la Ville.

Bierhäuser. Puntigamer Bierhalle, Via S. Niccolò 5; Restaur. Steinfeld, Börsenplatz 12; Pilsener Bierhalle, der Post gegenüber; Belvedere, in der Altstadt unter dem Kastell (Aufgang Vicolo S. Chiara), vom Garten schöne Aussicht.

Triest, die *Tergeste* der Römer, mit 74 500 (einschl. der Vorstädte und des Militärs 146 000) Einw., ist der bedeutendste Hafenplatz Österreichs. Am Hafen der *Palast des Österr.-Ungar. Lloyd*; unweit das *Tergesteum*, dessen kreuzförmiges Innere als Börse dient. Bei der hochgelegenen, auf Grund eines römischen Tempels erbauten *Kathedrale* schöne Aussicht. Auf Piazza Giuseppina, unweit der Landestelle der Lloyddampfer, Denkmal für *Kaiser Maximilian von Mexico* († 1867). — Der Ausflug nach *Miramar* erfordert ½ Tag.

Die Ausfahrt gewährt einen herrlichen Blick auf Triest und seine schöne Umgebung. Das Schiff bleibt im Angesicht der hügeligen, zerrissenen Küste von Istrien, an welcher nach einander *Capo d'Istria*, *Pirano*, *Parenzo*, *Rovigno* und namentlich das durch seine ansehnlichen römischen Altertümer ausgezeichnete *Pola*, jetzt Hauptkriegshafen der österreichisch-ungarischen Marine, erscheinen. Weiterhin dann im O. die Küste von Dalmatien mit ihren vielen Inseln, darunter *Lissa*, bekannt durch die Seeschlacht 1866.

Nach c. 33 St. wird **Brindisi** erreicht; hier mehrstündiger Aufenthalt (vgl. S. 4). Boot ans Land (wenn die Dampfer nicht am Quai anlegen) 1 fr. Wer die Seereise kürzen will, fährt mit der Eisenbahn nach Brindisi (S. 4) und geht erst hier an Bord.

Von Brindisi aus fährt der Dampfer in sö. Richtung; die Meerenge von *Otranto*, die nun passiert wird, hat meist etwas bewegte See. Im jonischen Meer hat man zur L. die Inseln *Corfu*, *Cephalonia* und *Zante* (s. *Baedekers Griechenland*); weiterhin fährt man der Insel *Kreta* mit ihren hohen Bergen entlang. Von da ab kommt kein Land mehr in Sicht, bis man nach 5 tägiger Fahrt (von Triest aus) Alexandrien erreicht (S. 6).

Von **Venedig über Ancona und Brindisi nach Alexandrien** fahren die englischen Dampfer der *Peninsular and Oriental Company* (s. S. xxi). Über *Venedig* vergl. *Baedekers Oberitalien*. Gondel zum Dampfer 1 fr. Nach c. 20 St. Fahrt erreicht man *Ancona*, in herrlicher Lage zwischen dem Monte Astagno und dem Monte Guasco, mit einem altrömischen Triumphbogen am Hafendamm. Von hier fährt man in c. 40 St. nach *Brindisi* (S. 4). Wer die Seefahrt abkürzen will, geht erst in Brindisi an Bord, allein dabei ist zu beachten, daß man für die Fahrt von Brindisi nach Alexandrien denselben Fahrpreis zahlen muß, wie von Venedig nach Alexandrien.

---

c. Von Marseille nach Alexandrien.

Nach *Marseille* beste Schnellzugsverbindungen aus Norddeutschland über Köln-Paris: von Berlin bis Marseille 37-41 St.; aus Süddeutschland über Straßburg-Belfort: von Straßburg bis Marseille 24-26 St. — Die Dampfer der *Messageries Maritimes* haben vorzügliche Küche und sehr gute Bedienung, die neuen Schiffe auch höchst comfortable Einrichtung.

Marseille. — Gasthöfe: Gr. Hôt. Noailles, Rue Noailles 24 (Z. o. Bedienung 3 fr. 50, Diner o. W. 6 fr.); Gr. Hôt. de Marseille, Rue Noailles 26; Gr. Hôt. du Louvre & Paix, Rue Noailles 8, alle ersten Ranges. — Hôt. du Petit-Louvre, Rue Noailles 18 (Z. 2 fr.,

Diner o. W. 4 fr.); Hôt. de l'Univers, de Castille und de Luxembourg, Rue St. Ferréol 3; Hôt. des Colonies, Rue Vacon 15 (Dependenz des Gr. Hôt. de Marseille); Hôt. des Négociants, Cours Belsunce 33 (gut und nicht teuer).

Cafés und Restaurants, alle in der Rue Noailles und Cannebière: Maison Dorée, C. de Marseille, de France, de l'Univers u. a.; C. Glacier, C. de la Bourse, Place de la Bourse.

Droschken: Einsp. die Fahrt bei Tag 1 fr., bei Nacht 1 fr. 50; die Stunde bei Tag 2 fr., bei Nacht 2 fr. 50. Gepäck 25 c. das Stück.

Agentur der Messageries Maritimes, Rue Cannebière 16.

Marseille, die *Massilia* der Alten, mit 376000 Einwohnern, ist die drittgrößte Stadt und der wichtigste Seehafen Frankreichs. Die vom inneren Hafen *(Vieux Port)* ausgehende, westöstl. laufende Straße *la Cannebière* und ihre Fortsetzung, die *Rue de Noailles*, sind seit alters der Stolz der Bewohner. Das *Palais de Longchamp* enthält eine schöne Sammlung alter und neuer Gemälde. Den schönsten Überblick über Stadt und Umgebung hat man bei der hochgelegenen Kirche *Notre Dame de la Garde*, s. vom Vieux Port. — Sehr lohnend ist eine Spazierfahrt auf der Promenade *le Prado*, im S. der Stadt, zurück am Meere auf dem *Chemin de la Corniche* (Tramway). — Genaueres s. in *Bædeker, Midi de la France.*

Die Dampfer legen am Quai an. Abfahrt s. S. xxi. — In sö. Richtung fahrend, behält man lange die Küste im Auge; nach c. 20 St. passiert man die *Straße von Bonifacio*, r. *Sardinien*, l. *Corsica*, dann *Isola della Maddalena* und *Caprera* (einstiger Wohnsitz Garibaldis). Nach 2tägiger Fahrt erreicht man die *Liparischen Inseln* und fährt dann durch die schmale *Straße von Messina*. Nach 5-5½ tägiger Fahrt landet man in Alexandrien (1408 Seemeilen).

---

d. Von Alexandrien nach Port Sa'îd.

Alexandrien. — Ankunft. Die Einfahrt in den Hafen von Alexandrien darf, da der Einfahrtskanal sehr eng und klippenreich ist, nur bei Tag und unter Führung eines Lotsen geschehen. Nach Eintritt der Dunkelheit müssen alle Schiffe auf offenem Meer den Morgen abwarten. — Da die ganze Küste flach ist, wird Alexandrien erst kurz vor der Einfahrt sichtbar: r. im Hintergrund die *Pompejussäule*, an der Küste das barocke, halb verfallene, mit Kuppeln und schlanken Türmchen versehene Schloß *Meks* und eine Menge Windmühlen; l. auf dem vorspringenden *Râs et-Tîn* („Feigencap") das vicekönigl. Palais und Arsenal. Im Hafen selbst herrscht immer reges Leben. Die großen Postdampfer legen am Quai an. Nach Erledigung der kurzen, sanitätspolizeilichen Formalitäten stürzt sich die Schar der Packträger und Lohndiener beutegierig, in allen Zungen radebrechend, schreiend und gestikulierend auf das Gepäck der Reisenden. Man habe deshalb ein recht wachsames Auge auf dasselbe und belustige sich im übrigen in aller Gemütsruhe an dem bunten Treiben. Von den u. gen. Gasthöfen kommt ein Commissionär an Bord; ihm übergiebt man am besten sein Gepäck. Damit ist man aller weiteren Sorgen überhoben.

Auf dem Paßbureau und dem Zollamt ist persönliches Erscheinen notwendig. Der Paß wird dem Reisenden abverlangt; man kann denselben am andern Tag auf seinem Konsulat in Alexandrien in Empfang nehmen (oder sich nach Kairo nachschicken lassen). Gewöhnlich erhält man ihn sogleich wieder zurück gegen Abgabe einer Visitenkarte. Das Zollbureau ist im gleichen Gebäude; die Zollbeamten sind sehr zuvorkommend. (Man hüte sich, hier ein '*Bachschîsch* anzubieten'!)

Wagen stets in Menge vor dem Zollgebäude. Fahrt ins Hôtel 1½-2 fr., mehrere Personen 3-4 fr.

Gasthöfe (es sei hier wiederholt, dass in allen Hôtels des Orients die Preise für den ganzen Tag berechnet werden, einerlei ob man an den Mahlzeiten teilnimmt oder nicht; Getränke besonders): *Hôt. Khédivial, unfern des Kairenser Bahnhofs in schönster Lage, beste Küche; *Hôt. Abbat an der Place de l'Église, gut gelegen; beide mit allem europäischen Comfort eingerichtet. — Zweiten Ranges: Hôt. du Canal de Suez, ganz nahe am Méhémed-Ali-Platze, gute Küche; Hôt. des Voyageurs, in der Straße, die der Statue gegenüber vom Méhémed-Ali-Platze dem Meere zuführt; Hôt. des Étrangers, Rue Mosquée Attarine.

Cafés am Méhémed-Ali-Platz. — Bierhäuser (bayrisch Bier 50 c. das Glas): Brasserie Française (deutsch) nahe dem Méhémed-Ali-Platz.

Alexandrien, 332 v. Chr. von Alexander d. Gr. gegründet, mit 200 000 Einwohnern (¼ Europäer), ist der bedeutendste Seehafen Ägyptens. Die Besichtigung der Stadt erfordert zu Wagen kaum einen halben Tag. Vom *Mehemed-Ali-Platz*, dem Mittelpunkt des europäischen Lebens, fahre man zur *Pompejus-Säule*, dem einzigen wohlerhaltenen antiken Denkmal der Stadt, zu Anfang des 4. Jahrh. nach Chr. von einem römischen Präfekten des Namens errichtet. Zurück zum Mehemed-Ali-Platz und zum vicekönigl. Palais *Râs et-Tîn*. Daran schließe man noch eine Fahrt nach den neuen Hafenbauten von *Meks*. — Genaueres s. in *Bædekers Unterägypten*.

Von Alexandrien nach Port Sa'îd: — 1) zur See. Fahrgelegenheit s. S. xix ff. Der ägyptische Dampfer fährt direkt nach *Jâfâ* und legt nur auf dem Rückweg in *Port Sa'îd* an. — Die Seefahrt bietet nichts Interessantes. Man bemerke, wie in der Nähe des Landes das Wasser getrübt und gelbgrün gefärbt ist von dem Nilschlamm, der in ungeheuren Massen durch eine starke Strömung im Meer hierher getrieben wird und den Hafen von Port Sa'îd zu versanden droht. Interessant ist der hiegegen erbaute westliche riesige Wellenbrecher des Hafens, der aus künstlichen Blöcken von je 20 Tonnen Gewicht besteht. — Die Dampfer pflegen in Port Sa'îd mehrere St. zu verweilen; Fahrt ans Land 50 c., bei Nacht 1 fr.

2) Über Kairo. Die meisten Reisenden werden einen 2-3-tägigen, oft noch längeren Aufenthalt in Alexandrien zu einem Besuch von Kairo benutzen (211 km, Schnellzug in 3⅔ St., Personenzug in 6 St.; täglich mehrmalige Verbindung. Fahrpreis: I. Cl. 30,50 fr., II. Cl. 20,25 fr. für Schnellzug, 25,50 fr. bezw. 17 fr. für Personenzug). Von Kairo nach Port Sa'îd führt der nächste Weg über *Ismâ'îlîja* am *Timsaḥ*-See (von Kairo in c. 5 St. mit Schnellzug zweimal täglich erreichbar), von hier auf dem kleinen Postdampfer durch den Suezkanal in 4½ St. nach Port Sa'îd. Da die Dampfer klein sind, empfiehlt es sich für größere Gesellschaften, in der Saison telegraphisch Plätze zu bestellen.

Port Saïd (*Hôt. Continental*, Rue du Commerce, *Hôt. du Louvre & de France*, Rue du Port, beide zweiten Ranges, beim Hafen), mit 21 000 Einw. verdankt seinen Ursprung dem Suezkanal; bedeutender Transitverkehr. — Genaueres s. in *Bædekers Unterägypten*.

e. Von Port Sa'îd nach Jâfâ und Beirût.

Fahrpläne s. S. xviii ff. Für diese syrische Linie sind die französischen Dampfer der *Messageries Maritimes* weitaus die besten, weil die schnellsten und bequemsten; der *österr. Lloyd* ist auf dieser Linie weniger zu empfohlen, es laufen nur alte und unbequeme Schiffe. Auch die *ägyptischen* Postdampfer (S. xxi) sind dem Österreicher vorzuziehen; die *russischen* Dampfer (S. xxi) sollen an Reinlichkeit viel zu wünschen übrig lassen. — In der hohen Saison (Osterzeit) thun die Reisenden, welche erst hier sich für Syrien einschiffen, gut, Plätze im voraus telegraphisch oder schon in Alexandrien sich zu sichern. — Fahrzeit nach *Jâfâ:* französ. Dampfer 12 St., österr. Dampfer 15-17 St.

Die Fahrt von Port Sa'îd nach Jâfâ wird zum größten Teil bei Nacht zurückgelegt. Früh am Morgen kann man bei schönem Wetter *Gaza* mit bloßem Auge sehen. Ein bläulicher Höhenzug (das Judäische Gebirge) in der Ferne, ein gelber Strand, dann das Hervortreten der an einem Hügel festungsartig sich aufbauenden Stadt Jâfâ verkünden dem Reisenden, daß er sich dem 'heiligen Lande' nähert.

Jâfâ (S. 9) hat keinen ordentlichen Hafen. Größere Schiffe müssen eine Viertelstunde vom Lande vor Anker gehen. Bei stürmischem Meer ist auch das unmöglich und es bleibt dem Reisenden nichts übrig, als weiter zu fahren und in Haifâ oder Beirût den Landungsversuch zu erneuern.

Die Dampfer nach Beirût verlassen Jâfâ in der Regel abends. Da die türkische Regierung einen (übrigens nicht sehr hohen) Ausfuhrzoll erhebt, ist auch vor der Abreise eine *Zollvisitation* nötig, die übrigens am besten durch ein Bachschisch von 2-3 fr. umgangen wird.

Der Dampfer fährt der Küste entlang, die meist in Sehweite bleibt. (Über diese Küstenstrecke s. S. 237.) Doch wird der größte Teil der Fahrt bei Nacht zurückgelegt. Die Küstenebene n. von Jâfâ wird durch das Karmelgebirge immer mehr eingeengt, bis dasselbe schließlich in einem schroff ins Meer ragenden Vorgebirge endet (Kloster und Leuchtturm oben sichtbar). Auf der N.-Seite des Karmel liegt die Hafenstadt **Haifâ** (S. 230), wo der österr. Dampfer nach 7stündiger Fahrt für einige St. ankert, während die andern Dampfer direkt nach Beirût fahren. Auch die Städte *Tyrus* und *Sidon* werden nicht angelaufen (letzteres nur von den unregelmäßig gehenden Dampfern der türkischen Gesellschaft *Mahrûsa*).

In weiteren 9 St. (von Haifâ aus) passiert der Dampfer das Vorgebirge *Râs Beirût* mit Leuchtturm, um kurz darauf auf der Rhede von **Beirût** (S. 284) Anker zu werfen. Der *Ausblick, der sich auf die Bucht von Beirût öffnet, ist prachtvoll: vorn die schöne große Stadt, in weitem Umkreis große Gärten mit hohen Cactushecken, im Hintergrund der Libanon mit den bis zum Anfang des Sommers schneebedeckten Gipfeln des *Sannîn* (n.) und *Keneise* (s.) — Der Dampfer bleibt hier meist einen Tag liegen.

2. Jâfâ.

Ankunft. — Das Ausschiffen geht in Jâfâ, wie überall im Orient, mit möglichst wenig Ordnung und möglichst viel Geschrei vor sich. Das beste ist, wenn sich 3-4 Reisende gleich auf dem Dampfer vereinigen und gemeinsam ein Boot nehmen. Agent des Jerusalemhôtel und Cooks Agent (s. S. xii) kommt an Bord. Cooks Bootsleute, an ihrer Uniform mit Cooks Namen kenntlich, befördern auch andere Reisende. Gegen Aufnahme zu vieler Passagiere in eine Barke lege man ein kräftiges Veto ein. Man gebe acht, daß das Gepäck in das gleiche Boot geschafft wird, welches man gemietet hat, und daß in der oft grenzenlosen Verwirrung des Ausschiffens bei dem Schwanken der Barken kein Gepäckstück verloren gehe oder ins Wasser falle. Die Dragomane und die deutsch radebrechenden Juden, die dem Reisenden ihre Dienste für die Stadt und die Tour nach Jerusalem aufdringen wollen, weise man durchaus ab. — *Preise:* Einzelnes Boot (in der Saison für einen Reisenden nicht immer zu haben) bei ruhiger See 5 fr., bei unruhiger See bis zu 20 fr., gemeinsames Boot 1 fr. die Person (mindestens 5 fr. im ganzen). Daß die Bootsleute damit nicht zufrieden sind und schon unterwegs unter Hinweis auf die Gefahren der Landung öfters noch ein Trinkgeld zu erzwingen suchen, wird nur den Neuling befremden; ihre lauten Auseinandersetzungen und Gestikulationen lasse man ganz unbeachtet; „*musch lâzim*" heißt: es ist nicht nötig, „*musch 'âwzak*" ich mag dich nicht, „*iskut*" schweige, „*rûh rûh*" oder „*imschi*" fort von hier, wobei nicht unzweckmäßig der Stock in der Hand als Ausrufungszeichen gebraucht wird, „*jallah jallah*" vorwärts, „*bâs bâs*" genug. — Ein altes niederdeutsches Sprichwort „na Jaffa gaan" besagt so viel als auf eine Reise gehen, von der man nicht wiederkehrt. Die Landung ist wirklich nicht so leicht. Der eigentliche Hafen von Jâfâ ist ein kleines, durch natürliche Felsklippen, die teilweise aus dem Wasser hervorragen, gebildetes Bassin; man hat über diesen Klippen Spuren eines alten Hafendamms erkennen wollen. Die Einfahrt von N. her ist breit, aber durch Sandbänke gefährdet, die von NNW. hingegen sehr schmal, und die Schiffer strengen alle ihre Kräfte, selbst ihre Lungen an, um das Fahrzeug mit Hilfe einer Woge durch den engen Eingang in das ruhige Wasser hineinzulenken. Die Anfahrt geschieht beim Zollhaus in der s. Ecke des Hafens. — *Paß* wie in Alexandrien (s. o.); die Abgabe desselben umgehe man, nötigenfalls mittelst eines Bachschisch. Dasselbe Mittel hilft, wenn bei der Douane Schwierigkeiten gemacht werden sollten, was nicht selten ist. Betreffs Cigarren und Cigarretten vergl. S. xxxvi.

Unterkommen: *Gasthof zur Stadt Jerusalem (Bes. *Hardegg*, ein Deutscher; Cooks Hôt.), auf der deutschen Kolonie; durchaus empfehlenswert; Platz für 50-60 Pers., im Notfall wird Unterkunft in anständigen Kolonistenwohnungen verschafft; Pens. o. W. in der Saison 12½ fr. (bei längerem Aufenthalt 10 fr.), außer der Saison 8 fr.; Anmeldung in der Saison wünschenswert. — Hôt. Palestine (Bes. *Kaminitz*), auf der Kolonie; 15 Betten. Hôt. de France (Pl. 14; Bes. *Best*), an der Jerusalemstraße. Hôt. Howard (Pl. 13; Bes. der Araber *Howard*), auf dem Weg zur Kolonie. Diese drei Hôtels zweiten Rangs sind etwas billiger; handeln! — Das Lateinische Kloster der Franziskaner (*Hospitium latinum*, arab. *Dêr el-Latîn;* Pl. 8); 3 Min. nö. von der Douane am Quai; schöne Terrassen und Aussicht auf das Meer; kleine aber reinliche Zimmer. Das Russische Hospiz kann nur wenig Gäste beherbergen. Über Bezahlung vgl. S. xx. — In dritter Linie (nur für den Notfall anzuraten) findet man in einzelnen Judenhäusern Quartier. — *Cooks Agentur* auf der deutschen Kolonie gegenüber dem Jerusalemhôtel.

Konsulate. Deutschland, Vicekonsul: *Simeon Murad* (s. Karte d. Umgebung); Rußland: *Timoféev*, Österreich: *Pascal;* Italien: *Alonzo;* Spanien: *Spagnolo;* Griechenland: *Petrinos;* Amerika: *Hardegg* (Bes. d. Jerusalemhôtels), Gerent des Konsulats.

Dampfschiffahrts-Bureaus: Alle in der Straße, die dem Quai entlang zum Jerusalemer Thor führt; von der Douane aus in der Reihenfolge: ägyptische, französische, russische, österreich. Agentur.

Post: *türkische* (Pl. 3) in derselben Straße; *österreichische* (Pl. 2) in der Nähe der Lloydagentur (r. die Treppe hinauf); etwas weiter oberhalb die *französische* Post (Pl. 1). Nach und von Jerusalem täglich türkischer Courier, sowie nach Ankunft und zur Abfahrt der Lloyddampfer ein österreich. Courier. — **Telegraph** (Internat.) im Serâi (Pl. 9).

Pferde, durchweg gutartig, und **Wagen** werden am besten vom Hôtel aus besorgt. Spazierritt 1 fr. die Stunde; nach Jerusalem s. S. 13.

Europäische Firmen: *Breisch & Co.* am Quai (bedeutendste Importfirma in Palästina, besorgt Geldgeschäfte, auch Spedition von Gepäck); Reiseartikel bei *Aberle & Co.*, in der Straße, die vom Jerusalemsthor r. nach S. führt, sowie bei den Sattlern *Schaus & Deck* auf der Kolonie. Tüchtige Handwerker im Jerusalemhôtel zu erfragen. — *Geldkurse* s. S. xxxiv.

Ärzte: *Dr. Lorch* (Deutscher); *Dr. Linse* (Franzose). Deutsche *Apotheke: Paulus*, auf der Kolonie und an der Straße vom Jerusalemsthor nach S.

Humanitäre Anstalten: *Hospize* s. oben; *deutsches Hospital und Schule* s. S. 12; die engl. *Church Missionary Society* hat ein Hospital und zwei Knabenschulen, außerdem existiert eine englische Privatmädchenschule mit Pensionat; das *französische Hospital* wird von den Josephsschwestern bedient, die sich auch mit Unterricht beschäftigen; ebenso sind mit dem griechischen und lateinischen Kloster Schulen verbunden.

Geschichtliches. Jâfâ war im Altertum eine phönicische Kolonie im Philisterlande. Die Bedeutung des alten Namens *Japho* ist zweifelhaft; die Hebräer faßten es als „die Schöne". Die Sage führt uns weit hinauf: ein uralter Fischmythus knüpft sich an Jâfâ; hier soll Andromeda, die Tochter des Kepheus und der Joppe, an den Felsen geschmiedet worden sein, um von dem großen Meerungetüm verzehrt zu werden, aber sie wurde von Perseus befreit. Auch der Prophet Jonas wird, nachdem er Joppe eben verlassen hat, vom großen Fische verschlungen (Jona I, 3). Noch bis spät ins 16. Jahrh. hinein wurde die Stelle gezeigt, wo Andromeda an den Hafenfelsen gebunden war, oder wenigstens Ketten und eiserne Ringe, die an die alte Sage erinnerten. Ebenso wurden lange noch Knochenüberreste eines ungeheuren Fisches daselbst vorgewiesen. Schon auf ägyptischen Denkmälern wird Jâfâ erwähnt. II Chron. 2, 16 schreibt König Hiram an Salomo: „so wollen wir Holz hauen . . ., und wollen es dir bringen als Flöße im Meer gen Japho, und du magst es dann hinaufführen lassen nach Jerusalem." Auf der Inschrift vom Siegeszug des Sanherib kommt die Stadt mit richtiger Bezeichnung ihrer Lage unter dem Namen Ja-ap-pu vor. Erst die Makkabäer brachten Jâfâ definitiv unter jüdische Herrschaft Makk. 10, 74 ff. Darauf machte die Stadt die verschiedenen Veränderungen griechisch-römischer Herrschaft durch und wurde Joppe genannt. Das Christentum fand dort frühzeitig Eingang (Ap.gesch. 9, 36 u. a.). Zu Anfang des jüdischen Kriegs wurde Joppe durch den römischen Feldherrn Cestius erobert und zerstört, dann wieder aufgebaut, aber bald darauf wegen der hier hausenden Piraten von Vespasian noch einmal vernichtet. Von den Kirchensynoden her sind verschiedene Bischöfe von Joppe bekannt; das Bistum wurde von den Kreuzfahrern wieder hergestellt und der Ort zur Grafschaft erhoben. 1126 kam das Land von Joppe an die Johanniter. Während der Kreuzzüge hatte die Stadt viel zu leiden: sie wurde wiederholt erobert und zerstört, von Saladin 1187, von Safeddin 1191; von Richard Löwenherz wieder erobert, fiel sie 1196 dem Schwert des Melik el-'Adil anheim. Sie wurde dadurch fast ganz entvölkert; im 15. Jahrhundert war kaum ein Städtchen mehr vorhanden. Später, gegen das Ende des 17. Jahrh. gewann Jâfâ wieder an Bodeutung; aus dieser Zeit rührt die Anlage des Quai. Gegen Ende des 18. Jahrh. finden wir Jâfâ mit Ringmauern versehen, 1799 wurde Jâfâ von den Franzosen unter Kleber mit Sturm genommen. Die Stadt wurde hierauf von den Engländern befestigt, später von den Türken weiter ausgebaut. — In den letzten Jahren hat sich die Stadt bedeutend vergrößert, bes. durch die großen Pilgerzüge (c. 15000 jährl.); die alten Ringmauern sind abgebrochen, die Friedhöfe im N. u. S. liegen jetzt innerhalb der neuen Vorstädte. Die Bevölkerung wird auf über 15000 geschätzt (davon c. ²/₃ Musl., c. 3000 Christen, 2500 Juden). Der Handel ist nicht unbedeutend, bes. aus Deutschland wird viel importiert. Export (1888: 4¹/₂ Mill. Fr.) von Seife, Durra, Mais, Sesam, Orangen u. a. Früchte, in neuester Zeit auch Wein von Sarona (s. u.). — Jâfâ ist Sitz eines türk. Ḳâimmaḳâm, der unter dem Mutaṣerrif von Jerusalem steht.

Die Meerseite der Stadt Jâfâ baut sich an einen 36m hohen Felsen auf. Die Häuser sind alle aus einer Art von behauenem Tuffstein gebaut. Die Gäßchen sind meist sehr eng, staubig, und nach dem geringsten Regen äußerst schmutzig. Sehenswürdigkeiten bietet Jâfa nur sehr wenige. Das *griechische Kloster* (Pl. 10), am Quai, beherbergt viele griech. Pilger. Das *lateinische Hospiz* (Pl. 8) besteht seit 1654; zu derselben Zeit tritt auch die Legende auf, daß das Kloster auf dem Platze der Wohnung Simons des Gerbers stehe (Ap.-Gesch. 9, 43); doch wird jetzt diese Stelle in einer kleinen, unansehnlichen Moschee beim „*fanar*“, Leuchtturm, im s. Stadtteil (Pl. 4) gezeigt; zu sehen ist nichts außer der Aussicht (1 Pi. Bachschisch). Im *armenischen Kloster*, n. vom lateinischen, zeigt die Tradition den Saal, wo Napoleon die Pestkranken vergiften ließ. — Zu dem unbedeutenden *Basar* gelangt man, wenn man den Quai entlang bis zu dessen N.-Ende schreitet und sich dann etwas r. wendet. L. führt nach einigen Schritten eine kleine Gasse zur *Moschee* (Pl. 11; in architektonischer Beziehung nicht uninteressant, in der Mitte des von Säulen umgebenen achteckigen Hofs befindet sich ein schöner Brunnen), geradeaus gehend findet man den arabischen Basar und auf demselben ein buntes Bild der sich drängenden Käufer, wobei dem Reisenden zum ersten Mal der rein semitische Typus der Einwohner entgegentritt.

Einen angenehmeren Eindruck machen die neuen Stadtteile im O., N. u. S. der Altstadt. Verfolgt man die Gasse vom Quai zum Basar bis zu ihrem Ende, so gelangt man zum *Jerusalemsthor* (jetzt abgebrochen). Auf dem freien Platz vor demselben herrscht stets viel Leben, hier sind die Ställe der Tiervermieter, Pferde werden probiert, Karawanen kommen und gehen, arabische Cafés fehlen natürlich auch nicht. Drei Hauptverkehrsstraßen haben hier ihren Ausgangspunkt: geradeaus (ostwärts) führt die Jerusalemer Straße (s. S. 13); nach Gaza führt die Straße r. (s.), der Stadtmauer entlang am *Bâb el-Dschedîd* vorbei durch die s. Vorstadt. An ihr liegen die deutsche Apotheke von Paulus (l.), der engl.-protest. Friedhof und die engl. Mädchenschule (Pl. 12), gegenüber (r.) das französ. Spital; weiter außen die Friedhöfe der Juden und Armenier, sowie die engl. Kirche u. Spital. Vom Weli (s.

[illegible]

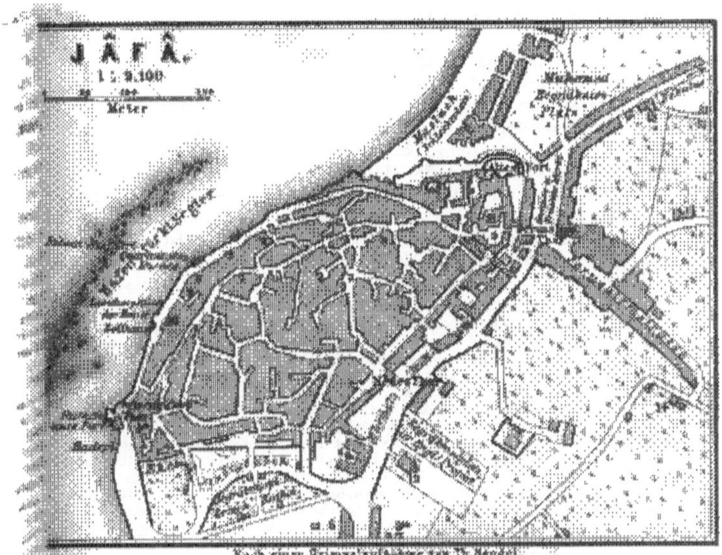

Nach einer Originalaufnahme von Th. Sandel.

1. Französische Post
2. Österreichische "
3. Türkische "
4. Leuchtthurm
5. Französ. Spital
6. Röm.-Kathol. Hospital
7. Römisch Kathol. Kirche
8. Hospitium latinum (Hosp. Terrae sanctae)
9. Regierungsgebäude (Serâi & Telegraph)
10. Griechisches Kloster
11. Moschee
12. Engl. Erziehungsanstalt für Mädchen
13. Hôtel Howard
14. Hôtel de France

Jerusalem-Hôtel } siehe Karte der Umgebg.
Hôtel Palästina }

S. XLVII) des *Schêch Ibrâhîm* w. von dieser Straße hat man eine schöne Aussicht auf die Stadt. — Die Straße l. (N.) endlich, (Fahrstraße nach Nâbulus) führt erst an Kaffeebuden und Orangenverkäufern vorbei, wo im Frühjahr diese schönen Früchte in großen Haufen wie Kanonenkugeln aufgestapelt sind (etwa 8 um 1 Pi.); l. liegen dann neue große Magazine u. Kaufläden, dahinter der muhammed. Friedhof, r. Howards Hotel (s. o.). Bald zeigen sich Baumgärten mit reicher Vegetation; hier werden von Leuten, die im Freien campieren wollen, die Zelte aufgeschlagen. Ein Weg l. führt zu den unsaubern Hütten einer *ägyptischen Kolonie.* Desto freundlicher blinkt uns die Häusergruppe der **deutschen Kolonie** entgegen, zu der unser Weg zwischen Cactushecken führt. L. Brunnen mit arab. Inschrift, gleich nachher r. der Eingang zur Kolonie, wo eines der ersten Häuser das Jerusalemhôtel (s. o.) ist. Die Kolonie wurde 1868 von den Mitgliedern des „deutschen Tempels" gegründet, zählt c. 320 Seelen; Hauptbeschäftigung: Handel u. Gewerbe; sie besitzt eine deutsche Volksschule u. ein Hospital.

Die Constituirung der freien Religionsgenossenschaft des „Tempels" oder der „Jerusalemsfreunde" im J. 1860 war das Ergebnis einer namentlich durch *W.* und *Chr. Hoffmann* geleiteten religiösen Bewegung in Würtemberg. Davon ausgehend, daß das Christentum die Aufgabe habe, das Reich Gottes auf Erden darzustellen, urteilten sie, daß auf Grund der herrschenden Vorstellungen von Dreieinigkeit, Gottheit Christi u. s. w. ein wahrhaft christliches Gesellschaftsleben gar nicht möglich sei. Vielmehr fanden sie das religiöse und soziale Programm für den Ausbau der christl. Gemeinde in den Weißagungen der Propheten des A. Test. Als ihre Aufgabe betrachteten sie demgemäß, zunächst diese christl. Idealgemeinde im gelobten „Land der Verheißung" darzustellen, um dann von hier aus rückwirkend die Kirche und die sozialen Zustände Europas zu regenerieren. Im J. 1868 wurde die Verwirklichung des Plans durch Gründung einer Kolonie in Haifâ und fast gleichzeitig in Jâfâ in Angriff genommen. An Spaltungen innerhalb der neuen Gemeinschaft hat es freilich nicht gefehlt, doch zählt dieselbe jetzt in 4 Kolonien gegen 1200 Seelen und hat ganz entschieden auf wirthschaftlichem Gebiet für Kolonisation des Landes Bedeutendes geleistet.

Ein zweiter Weg zur Kolonie zweigt von der Jerus. Straße gleich nach ihrem Anfang ab u. führt am deutschen Konsulat vorbei. Der große Garten des Vicekonsuls (Lagerplatz Napoleons) mit seinen schönen Orangepflanzungen ist nicht uninteressant und sein Besuch gern gestattet.

NO. davon, $\frac{1}{2}$ St. entfernt, an der Nâbulusstraße liegt eine zweite Kolonie des „Tempels" **Sarona** (s. Karte I). Die Fruchtbarkeit der Ebene *Saron*, d. h. des Küstenstrichs zwischen Japho und Cäsarea (S. 240) war schon im Altertum berühmt (besonders auch zur Viehzucht geeignet Jes. 65, 10); $0{,}4$-$0{,}6$m unter dem Sande findet sich treffliche Erde, und man hat nirgends tief zu graben, um auf Wasser zu stoßen. Der Wein gedeiht vortrefflich; die Äcker werden mit Sesam und Korn bestellt. Auch Bienenzucht wird mit Erfolg betrieben. — Die Kolonie ist reine Acker- u. Weinbaukolonie, zählt 270 Seelen und hat eine eigene deutsche Volksschule.

Ein schöner Ausflug von 2-3 St. ist der Nâbulusstraße folgend bis zum *Nahr el-'Audschâ*. Dieser Fluß, welcher bei Râs el-'Ain entspringt, ist nächst dem Jordan der wasserreichste Fluß Palästinas und treibt

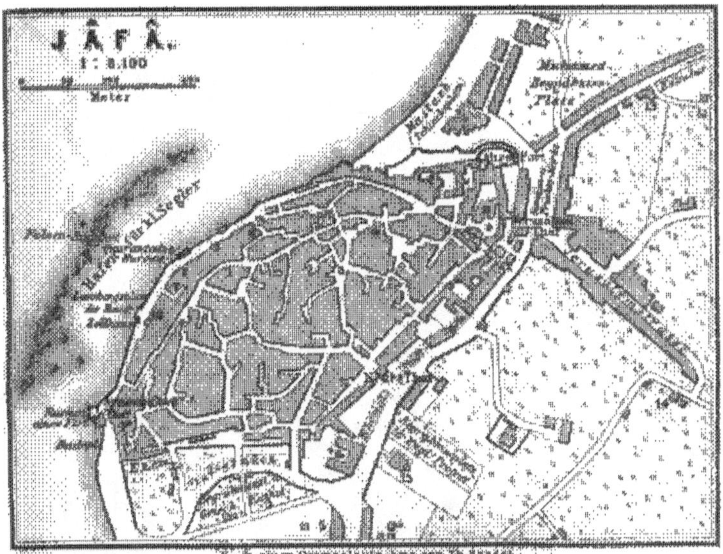

Nach einer Originalaufnahme von Th. Sandel.

1. Französische Post
2. Österreichische "
3. Türkische "
4. Leuchtthurm
5. Französ. Spital
6. Röm.-Kathol. Hospital
7. Römisch Kathol. Kirche
8. Hospitium latinum (Hosp. Terrae sanctae)
9. Regierungsgebäude (Serâi & Telegraph)
10. Griechisches Kloster
11. Moschee
12. Engl. Erziehungsanstalt für Mädchen
13. Hôtel Howard
14. Hôtel de France
Jerusalem-Hôtel } siehe Karte der Umgebg.
Hôtel Palästina }

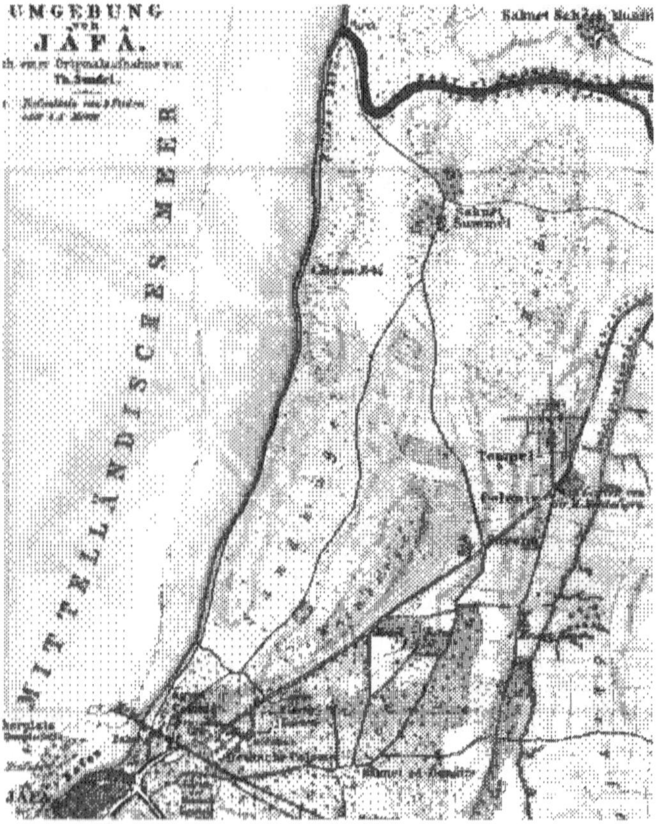
UMGEBUNG
von
JĀFĀ.
MITTELLÄNDISCHES MEER

trotz seines geringen Falles viele Mühlen. Bei dem nahen *Mulebbis* befindet sich eine jüdische Kolonie *Petah Tikweh*. Man kann nun am Meeresstrand zurück reiten (vergl. die Karte).

Von Jâfâ nach Nâbulus ist eine Fahrstraße im Bau. Dieselbe führt von Jâfâ nach *Sarona* (S. 12), von da an *Mulebbis* (s. o.) vorbei zum *Nahr el-'Audsche* (s. o.), setzt auf einer Brücke über denselben; dann dem Ostrand der Ebene entlang über die Dörfer *Bîr 'Adas*, *Kafr Sâba*, *Kilkîlje*, *et-Taijibe*, *Tûl Karm* u. *Dennâbe*. Hier biegt sie nach O. um und folgt nun dem *Wâdi Zêmir* (in seinem Oberlauf *Wâdi esch-Scha'îr* genannt) aufwärts über *'Anabetâ* und *Dêr Scheraf* nach Nâbulus (vgl. S. 225).

Von Jâfâ nach Haifâ fahrbarer Weg s. S. 237.

3. Von Jâfâ nach Jerusalem.

65km, gute Landstraße, zu Wagen 8, zu Pferde 11-12 St. — Die Straße ist, wenigstens bei Tage, völlig sicher, ein Dragoman entbehrlich. — Wagen (u. Reitpferde) vermitteln der Besitzer des Jerusalemhôtels (S. 9) und Cooks Bureau (S. 9): in der Saison 50-60 fr. (einzelne Plätze 10-15 fr.), Cooks bequeme Landauer 125 fr., dazu c. 5 fr. Trkg. dem Kutscher. Abfahrt am besten früh morgens, um vor Dunkelheit in Jerusalem einzutreffen; nur bei großer Hitze Nm. oder Ab., um die Nacht zur Fahrt zu benützen. Kein Pferdewechsel. 2-3 Halte unterwegs: in *Ramle*, in *Bâb el-Wâd* (Frühstück, S. 18), bisweilen auch in *Kalônije*. — Reitpferd: 10-15 fr., Gepäckpferd 8-10 fr., ein Mukâri geht mit (S. xxii). Da die Tagereise für noch ungeübte Reiter sehr anstrengend ist, so verläßt man Jâfâ zu Pferde meist Nm. und übernachtet in *Ramle* (S. 14; weniger zweckmäßig in *Lâtrûn*, etwa halbwegs, S. 18). — Mundvorrat mitzunehmen empfiehlt sich, da in Bâb el-Wâd nicht immer etwas zu haben ist.

Der Bau der seit Jahren geplanten Eisenbahn ist im Sommer 1890 begonnen worden.

1. Von Jâfâ nach Ramle.

a. Von Jâfâ nach Ramle direkt (3¼ St.).

Vom Jerusalemer Thor führt der Weg in sö. Richtung erst durch die Häuserreihe der Neustadt, dann zwischen hohen Cactushecken, hinter welchen große Baumgärten liegen. Überall sieht man Schöpfräder zur Bewässerung der Felder in Thätigkeit.

12 Min. vor dem Thor der reich ausgestattete Brunnen *Sebîl Abu Nebbût*, Stiftung eines daneben begrabenen Paschas. Etwas n. der Platz des Hauses der *Tabitha*, einige Min. entfernt davon das traditionelle Felsengrab derselben (Ap.-Gesch. 9, 36 ff.); prächtige Sykomoren. 15 Min. später hören die Baumgärten auf; man tritt in die Ebene *Saron* (S. 12), an deren Ostgrenze die bläulichen Gebirge des alten Juda mehr und mehr aufsteigen. Die Aussicht in die Nähe geht auf Felder, die mit Weideland abwechseln. R. sieht man auf dem sanft ansteigenden Terrain eine Farm, woselbst sich eine von der israelitischen Alliance gegründete Ackerbauschule „*Mikweh Israel*" befindet. 45 Min. von Jâfâ aus r. der erste *Wachtturm* (1860 wurden zum Schutz der Straße alle 20-25 Min. solche Türme, 17 an der Zahl, angelegt, heute unbesetzt; auch der Telegraph geht der Straße entlang); 15 Min. später kleines arabisches Dorf *Jâzûr* (schöner Rückblick). Der Weg führt am Dorf vorbei zu dem Welî *Imâm 'Ali*, ein Gebäude mit vie-

len Kuppeln, neu restauriert, daneben ein schöner Brunnen (*'Ain Dilb*) mit gutem Wasser. L. geht hier der Weg nach Lydda (S. 16) ab. Nach 20 Min. der 2. Wachtturm r. oben; bald darauf sieht man zur L. die beiden Dörfer *Sâkija* und *Bêt Dedschan* (S. 16). 1/2 St. s. vom Weg liegt die jüdische Kolonie *Rischon le-Zion*. Beim 3. Wachtturm, nach etwa 20 Min., Baumpflanzungen mit alten Ölbäumen. Nach 24 Min. passiert man (r.) eine einsame Stelle, „*Maktale*" (Platz der Tötung genannt), weil hier früher Räuber gehaust haben sollen; gleich darauf 4. Wachtturm auf einer kleinen Anhöhe. Von hier erblickt man bereits Turm und Minaret von Ramle. Nach 22 Min. oben r. das Dorf *Sarafand*, in Cactushecken eingeschlossen. 12 Min. später l. 5. Wachthaus; man sieht nun die Baumgärten von Ramle, das man nach 25 Min. erreicht; am Eingang des Orts hält man sich l., der Weg r. führt zum Turm.

Ramle. Unterkommen: Reinhardts Hôtel, neuerbautes gutes Gasthaus an der Straße, Pens. 10 fr., Abendessen, Bett und Frühstück 6 fr. — Lateinisches Kloster der Franziskaner, ebenfalls an der Straße, bevor man zum Städtchen kommt, ein großes, weitläufiges Gebäude, hübsche Gartenhöfe; schöne Aussicht vom Dach des Hauses. — Russisches Hospiz im Innern der Stadt (Bezahlung s. S. xl).

Geschichtliches. Die Tradition, dass Ramle an der Stelle des neutest. *Arimathia* gelegen sein soll, stammt erst aus dem 13. Jahrh. Aus arabischen Autoren wissen wir, daß der omaijadische Chalife Suleimân, Sohn 'Abd el-Meliks, die Stadt im J. 716 zu bauen begann; außer dem rein arabischen Namen der Stadt („*ramle*' bedeutet ‚Sand') spricht für die Richtigkeit dieser Überlieferung auch das Schweigen der ältesten christl. Pilger bis auf die angegebene Zeit, denn der Ort wird zuerst im J. 870 als „Ramula" erwähnt. Bald wurde der Ort blühend und vielleicht größer als Jerusalem selbst; er war ummauert und wies 12 Thore auf. Christen wohnten schon vor den Kreuzzügen in Ramle und hatten Kirchen daselbst. 1099 wurde von den Kreuzfahrern ein Bistum von Lydda und Ramle gegründet. 1177 wurde der Ort durch Brand verwüstet. Während der Kriege der Franken mit Saladin wurde es von letzterem zweimal erobert. Von 1266 an, wo es den Franken durch Beibars entrissen wurde, blieb es muslimisch, erhielt sich aber noch bis gegen Ende des 15. Jahrh. in leidlich blühendem Zustand. Napoleon hatte in Ramle sein Hauptquartier und wohnte im latein. Kloster (das Zimmer wird jetzt noch gezeigt).

Ramle hat c. 8000 Einwohner, darunter etwa 1000 Christen, meist griechisch-orthodox; Schule der Franziskaner und Josephsschwestern. Die Ortschaft ist elend; kein Handel. Die Baumgärten um Ramle sind üppig; Ölbäume, Sykomoren, Johannisbrotsträucher finden sich in Menge, auch einzelne Palmen, aber sie bringen hier keine Früchte mehr. Die Felder, die durchweg guten Ertrag gewähren, sind mit hohen Cactushecken eingefaßt, in denen viele Wildtauben nisten. Das Klima ist mild, angenehmer als das von Jerusalem und gesunder als das von Jâfâ.

Das zerfallene *serâi* („Serail" = Regierungsgebäude) bietet nichts Interessantes. Im O. der Stadt liegt die jetzige *Hauptmoschee* (*Dschâmi' el-Kebîr*), eine schöne Kirche aus der Kreuzfahrerzeit (12. Jahrh.). Es ist nicht immer gestattet, hineinzugehen, doch versuche man es durch ein Bachschisch (5 Pi.; Schuhe ausziehen).

Auf der W.-Seite ist ein viereckiges Minaret, wohl ehemaliger Glockenturm. Der Haupteingang war von W. her; doch ist heute die W.-Façade

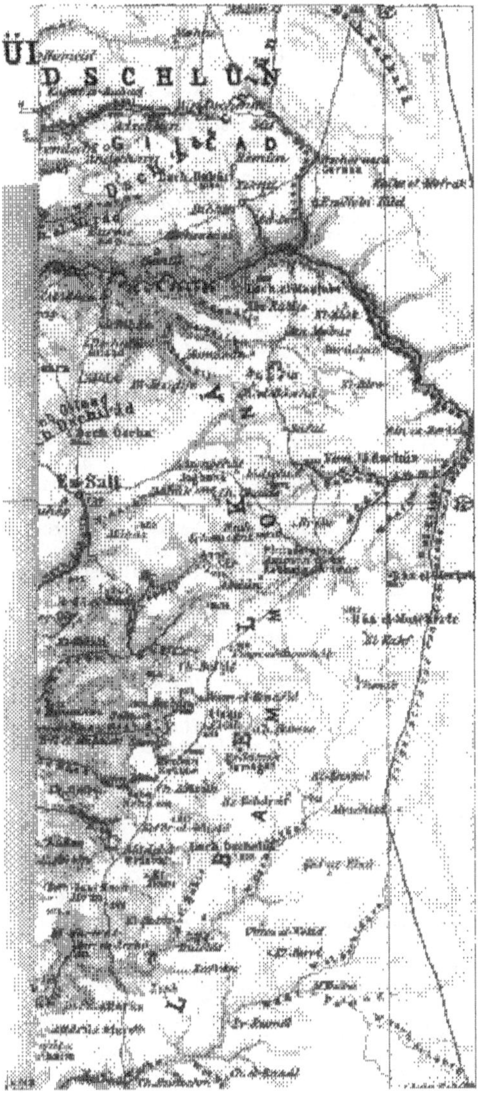
D S C H L U N
G I L E A D
Es Salt

großenteils übermauert. Man tritt von N. in die Moschee. Dieselbe bildet ein Rechteck c. 50m l. und 25m br. Das Hauptschiff ist bedeutend höher als die beiden Nebenschiffe und wird von denselben durch zwei von O. nach W. ziehende Pfeilerreihen getrennt; über den Pfeilern je sieben Arcaden, ein einfaches Kranzgesims und sieben schmale Spitzbogenfenster. Auch die Seitenschiffe haben Fenster mit Kranzgesimsen.

Das merkwürdigste Monument ist der berühmte **Turm von Ramle, Dschâmi' el-Abjad* („weiße Moschee") im SW. der Stadt.

Auch die Moschee, die hier stand, ist ursprünglich von dem oben genannten Gründer der Stadt gebaut; sie war sehr groß und von einer noch ziemlich wohl erkennbaren Umfassungsmauer umgeben; diese mißt etwa 600 Schritt ins Geviert. Zur Zeit Saladins (1190) wurde das Gebäude restauriert; auch Sultan Beibars baute hier eine Kuppel und den jetzt noch erhaltenen Turm und Minaret (i. J. 1268). Eine andre arab. Inschrift über der Thüre der Moschee stammt von Nâṣir Abul Fatḥ Mohammed ibn Kilâwûn (1318). Trotzdem halten viele den Turm für ein Werk der Kreuzfahrer. Erst später werden die unterirdischen Grüfte genannt.

Der Eingang in die Gewölbe, in welchen 40 Gefährten des Propheten nach muslimischer, die bekannten 40 Märtyrer nach christlicher Überlieferung ruhen sollen, befindet sich heute etwa 40 Schritt sö. vom Portal des Turmes; der ganze Boden ist mit solchen Gewölben unterminiert. (Man nehme sich daher beim Herumgehen in acht!) Die Moschee hatte auf jeder Seite des großen Vierecks zehn Recesse, und der Eingang des Ganzen, das Thor, durch welches wir in den Hofraum eingetreten sind, war schön verziert. In der Mitte des Hofraums Überreste eines Brunnengebäudes. Im 17. Jahrh. war hier ein Spital oder Irrenhaus (*mâristân*). — Am Turm sind die Thüre mit dem Spitzbogen, die zierlichen Fensterchen der fünf Stockwerke, namentlich der S.-Seite höchst bemerkenswert. An den vier Ecken des Turmes sind schlanke Strebepfeiler. Im Innern führen 120 Stufen bis zur Spitze (110 bis zur Plattform). Oben verjüngt sich der Turm (die Spitze wurde im J. 1652 aufgesetzt) und man tritt auf eine Art Galerie. Die Besteigung ist jedermann zu empfehlen wegen der herrlichen *Rundschau. Zuerst die Nähe: im S. ein großer Olivenwald, im O. die Gräber und das von hier aus gesehen recht stattlich erscheinende Ramle. Weiter hinaus nach N. und S. die schöne reiche Ebene, nach W. der Silberstreif des Mittelmeeres, nach O. die bläulichen, wenngleich kahlen Gebirge des alten Juda, die von fern gesehen weit poëtischer sind als in der Nähe. Von Ortschaften glänzt das nahe Lydda (NO.) weiß herüber; r. davon das größere Dorf *Bêt Nebâla* und daneben l. über Lydda *Dêr Ṭarîf*. Gegen O. nach Jerusalem zu liegt *Dschimzu*, r. davon *Jâlô*, *Ḳubâb* und *Lâṭrûn*. Ganz in der Ferne soll auch im OSO. der Berg *en-Nebi Samwîl* (S. 119) bei Jerusalem sichtbar sein. — Am schönsten ist die Aussicht bei Abendbeleuchtung, wenn die Sonne die Gebirge vergoldet.

8 Min. n. von Ramle liegt die sog. *Helena-Cisterne* (s. S. cxxiv). Sechs Gewölbe von 30 Schritt Länge werden von 11 Pfeilern gestützt; ein Gewölbe ist eingebrochen, dort kann man hinuntersteigen; eine Treppe befindet sich an der NO.-Ecke. Der Erbauer ist wahrscheinlich Suleimân (S. 14), bes. da berichtet wird, daß schon von Anfang an für den Wasserbedarf Ramles gesorgt wurde.

b. Von Jâfâ nach Ramle über Lydda (4 St.).

½ St. länger als der erstere Weg (S. 13); nicht fahrbar; der Besuch Lyddas ist indessen von Interesse.

Bis zu dem Brunnen bei *Jâzûr* (1 St. von Jâfâ) s. S. 13; hier wendet sich der Weg nach Lydda l. (sö.). Nach 15 Min. sieht man l. das Dorf *Sâkije* („Wasserleitung“), nach 17 Min. führt der Weg l. an dem kleinen Ort *Bêt Dedschan* vorbei. Nach 23 Min. erreicht man, stets zwischen üppigen Äckern, das Dorf *Sâfirîje* (l., vielleicht der seit 530 bekannte Bischofssitz *Sariphäa*). R. Weg nach Ramle. Im N. in der Ebene sieht man die Dörfer: *Kafr 'Ânâ* (das *Ono* von Neh. 11, 35), *Jehûdîje*, mehr gegen O. *Kafr Dschenîs* und *el-Kenîse* (Kirche), auf den Ausläufern der Hügel n. *eṭ-Tîre*, *Dêr Ṭarîf* und *Bêt Nebâla*. Nach 40 Min. Cactushecken, 20 Min. weiter eine Olivenwaldung (Weg l. lassen). Darauf kommt man zu Grabsteinen und erreicht in 4 Min. das Städtchen *el-Ludd*.

Lydda. — Geschichtliches. *Lôd* war in nachexilischer Zeit ein von Benjaminiten bewohnter Ort. In den späteren Schriften wird es häufiger genannt, so auch Ap.-Gesch. 9, 32 als Ort, wo Petrus den Gichtbrüchigen heilte. Obgleich durch Cestius Gallus zur Zeit Neros verbrannt, kommt es doch bald wieder als Hauptstadt eines Bezirks von Judäa vor. Später wurde es berühmt als Sitz einer rabbinischen Gelehrtenschule. Unter römischer Herrschaft trug es den Namen *Diospolis*, doch verlor sich der alte Name nicht, wie wir aus den Verzeichnissen seiner Bischöfe wissen. 415 war in Lydda eine Kirchenversammlung, vor welcher sich der Ketzer Pelagius verteidigte. Seit der Gründung von Ramle verlor Lydda an Bedeutung; doch errichteten die Kreuzfahrer hier wieder einen Bischofssitz. Saladin zerstörte Lydda vollständig 1191. Im J. 1271 wurde es von den Mongolen verwüstet und ist seitdem zu keiner Blüte mehr gelangt, obwohl es auf der Straße des Karawanenverkehrs zwischen Ägypten und Syrien liegt, der noch heute seinen Weg zum großen Teil über Lydda nimmt.

Die einzige Sehenswürdigkeit des Ortes ist die *St. Georgskirche*, im S. des Städtchens.

Sehr früh wird Lydda mit dem heiligen Georg in Verbindung gebracht. In einer wohlverbürgten mündlichen Überlieferung von Moḥammed heißt es aber auch, Jesus werde am jüngsten Tage den Antichrist vor dem Thore von Ludd töten. Man erinnere sich, daß auch St. Georg der Drachentöter ist. Über seinem Grabe stand schon in früher christlicher Zeit eine Kirche; die Kreuzfahrer fanden ein „prachtvolles Grabmal“ vor; die Kirche war zerstört worden. In der Mitte des 14. Jahrh. wird wieder von einer Kirche berichtet. Im Anfang des 15. Jahrh. lag die Kirche in Trümmern. Zwei Jahrh. später wird die Erbauung einer Kirche in Lydda mit einem Könige von England in Verbindung gebracht. Heute haben sich die Griechen des Überrestes der Kirche bemächtigt und dieselbe restauriert.

Die Kirche gleicht sehr der von Samaria (S. 226); sie hatte drei Apsiden und drei Schiffe, von denen das mittlere höher war als die anderen. Von der alten, wahrscheinlich Mitte des 12. Jahrh. erbauten Kirche sind noch die Apsiden vorhanden, sowie einige Bogen und Pilaster auf der W.-Seite. An den viereckigen Pfeilern des Schiffes sind Säulchen angebracht. Die Restauration der Decke ist wenig geschmackvoll; die modernen Pilaster sind von den alten auf den ersten Blick zu unterscheiden. Auch die Krypta unter dem Altar ist restauriert; wir wissen früh von ihrer Existenz, da sie das *Grab des heil. Georg* enthalten soll. Im 15. Jahrh. wurde eine Moschee und ein Minaret an ihre Stelle gesetzt. Die Kirche öffnet der Sakristan des griechischen Klosters, in dessen schönen Räumen man ausruhen kann (Trinkg. 6 Pi. für alles).

Wenn man an Kirche und Moscheepforte vorbeigegangen ist, schlage man, um nach Ramle zu kommen, den ersten Weg l. ein. Die Gegend ist wundervoll angebaut mit Öl- und Feigenbäumen, auch einzelnen Dattelpalmen. Auf der Anhöhe sieht man das Dorf *Dschimzû* (S. 21), s. davon *Bêt 'Ennâbe* (s. unten). Nach 18 Min. r. ein Weli (*Schêch 'Abd er-Rahmân*), und Brunnen (*Bîr es-Sebak*) l. ein uralter Ölbaum. Nach 23 Min. kommt man, durch Cactushecken reitend, an einer zerfallenen Moschee vorbei auf die große Jerusalemstraße. Im allgemeinen halte man die Richtung nach den Türmen von Ramle resp. Lydda fest, die wahre Landmarken sind.

2. Von Ramle nach Jerusalem ($7^3/_4$ St.).

Die Richtung des Weges ist SO. Nach 7 Min. r. ausgedehnter muslimischer Begräbnisplatz; in einiger Entfernung r. ein großer Wasserbehälter (*Birket el-Dschâmûs*, „Büffelbrunnen"), an welchem oft Karawanen lagern. Nach 15 Min. Brücke über das *Wâdi er-Ramle* (Ramlethal), das im Frühjahr etwas Wasser hat. Nach 7 Min. das 6. Wachthaus l. im Feld. Die Gegend ist schön angebaut; aber die Baumpflanzungen verschwinden nun und es eröffnet sich eine Aussicht auf die langgestreckten Gebirgszüge. Nach 29 Min. das 7. Wachthaus, auf dem Hügel nö. das Dorf *Bêt 'Ennâbe*; l. Weg nach *Bêt Nûbâ* (S. 20); r. jenseits des Bachbettes das Dörfchen *Berrîjet er-Ramle* (Außenwerk von Ramle). Überall in den Dörfern bemerkt man die großen runden Haufen getrockneten Mistes, die zur Feuerung dienen. Nach 30 Min. l. unansehnliche Ruine *Kafr Tâb* (das alte *Kafartoba*, das im jüdischen Krieg genannt wird) mit dem Weli des *Schêch Suleimân*; r. (S.) auf einer inselartigen Höhengruppe das Weli *Abu Schûsche*.

Bei Abu Schûsche (Basaltausbrüche) hat man im *Tell el-Dschezer* die Ruinen von Gezer gefunden. Gezer war eine kanaanitische Königsstadt, Grenzstadt des Stammes Ephraim, doch blieb sie in den Händen der Kanaaniter (Richter 1, 29). Der Pharao eroberte sie und gab sie Salomo als Mitgift (1 Kön. 9, 16). Noch in der Makkabäerzeit spielte der Ort eine Rolle. Die Ruinen sind umfangreich, man findet Felsengräber, Steinbrüche und ein großes Wasserreservoir. Europäische Farm.

Nach 15 Min. befindet man sich r. von dem kleinen Hügel, auf welchem, umgeben von Ölbäumen und Cactus, das Muslimendorf *el-Kubâb* (im Talmud *Kobe*) liegt. Viele alte Cisternen, heute als Magazine benutzt; zwischen dem Dorf und dem Wege liegt eine ausgedehnte Dreschtenne. Stets hat man noch Aussicht auf Ramle und die schöne Ebene. 4 Min. ö. vom Dorf das 8. Wachthaus, dann abwärts in eine Thalebene mit Brücke. Vor sich sieht man *Lâtrûn*, *'Amwâs*, *Jâlô*, *Bêt Nûbâ*; auf dem Gebirge die beiden *Bêt 'Ûr*. Nach 20 Min. r. das 9. Wachthaus; nach 18 Min. geht l. der Fahrweg ab zu dem einige 100 Schritte von der Straße abgelegenen *Hôtel von Lâtrûn* ($5^1/_2$ St. von Jâfâ).

Lâṭrûn, wohl aus *Toron* (Hügel) entstanden, ist im Mittelalter mit dem lateinischen „latro“ (Räuber) zusammengebracht worden, und es mag wohl in dieser Gegend, an den Ausgängen des Gebirges, ein passender Schlupfwinkel für solche Leute gewesen sein. Daher im Mittelalter die Legende, daß hier die Heimat des begnadigten Schächers Luc. 23, 40 (boni latronis, Namens Dismas) oder beider Schächer zu suchen sei. Die Ruinen sind wohl die Überreste der Burg von *Nikopolis* (s. u.); die teilweise erhaltenen alten Mauern verdanken ihren Ursprung ganz verschiedenen Zeiten; auch einen Chorbau glaubt man zu erkennen.

Die neue Straße führt um den Hügel herum, so daß das Dorf *Lâṭrûn* oben auf demselben l. vom Wege liegen bleibt, ebenso das 10. Wachthaus. — In geringer Entfernung n. liegt das Dorf

'Amwâs. Ein *alttest. Emmaus* kommt schon zur Makkabäerzeit vor (z. B. 1 Makk. 3. 40); im 3. Jahrh. n. Chr. erhielt es den Namen *Nikopolis* zum Andenken an die Siege des Titus; aus christlicher Zeit kennen wir Bischöfe, die hier ihren Sitz hatten. Im Anfange des Islâm fanden hier heftige Kämpfe statt, wobei einige Gefährten Muhammeds umkamen. Die Franken nannten die Stadt *Fontenoide*. — Die Lage des *neutest. Emmaus* ist streitig. Hier in *'Amwâs* (c. 170 Stadien von Jerusalem) können es nur diejenigen suchen, die Luc. 24, 13 als Entfernung mit einigen Bibelhandschriften 160 Stadien lesen. *Kalônije* dagegen (S. 20) ist nur 34 Stadien von Jerusalem entfernt. Das wahrscheinlichste bleibt *el-Ḳubêbe* (S. 119), wofür die mittelalterl. Tradition sich meist ausspricht, c. 64 Stadien von Jerusalem.

Etwas s. von *'Amwâs* liegt eine berühmte Quelle, der man früher Heilkräfte zuschrieb. Von Altertümern sind nur die Reste einer den Makkabäern geweihten Kirche erwähnenswert, z. T. Kreuzfahrerbau, z. T. byzantinisch.

Man steigt nun in das sich nach SW. ziehende *Wâdi el-Chalîl* hinab. Nach c. 25 Min. 11. Wachtturm l., nach 16 Min. der 12., r. *Bîr Eijûb* (Hiobsbrunnen), l. auf der Anhöhe etwas entfernt das zerfallene *Dêr Eijûb* (Hiobskloster). Von hier in 16 Min. zum engen Eingang des *Wâdi (Imâm) 'Alî*, „*Bâb el-Wâd*,“ (Thalpforte) genannt ($6^1/_2$ St. v. Jâfâ), l. 13. Wachturm, r. das

Hôtel Bâb el-Wâd, Pächter der Syrer *Zacharia*, (unverschämte Preise, handeln!) 6 Betten für den Notfall, den mitgebrachten Proviant (s. S. 13) verzehrt man unter einem schönen, großen Feigenbaum neben dem Haus, oder im Saal des Hôtels, für dessen Benutzung der Reisende 1 Fr. zahlt. Trinkwasser, guter Kaffee und schlechtes Bier.

In der nun beginnenden Schlucht des *Wâdi 'Alî* gelangen wir in 15 Min. zu den Ruinen einer alten Moschee an dem Platze „*Ma'sara*“, dem engsten Teil des Thales. Nach weiteren 15 Min., bei der Vereinigung der Thäler, die „Bäume des Imâm 'Alî“; dabei eine zerfallene Moschee mit großen Bäumen überschattet und eine schlechte Cisterne. Die Gebirge sind mit niedrigen Sträuchen bewachsen; neben den wilden Oliven findet man öfters Johannisbrotbäume. Nach 25 Min. Anstieg auf ein erhöhtes Terrain mit vielen Ölbäumen, passender Lagerplatz, Wasser in der Nähe; doch wird man oft von Bettelkindern des nahen Dorfes *Sârîs* (r.) belästigt. Von hier führt der Weg in Biegungen an der Seite eines andern Thales weiter aufwärts; vor sich hat man die hohe Hügelkuppe mit den Ruinen von Alt-*Sârîs*, von dort (12 Min.) schöne Aussicht auf die Ebene, die Sanddünen des Strandes und dahinter das Meer. Nach 12 Min. sieht man im O. vor sich das Dorf *Ṣûbâ*

(s. unten) und hat im S. einen Blick auf das öde *Wâdi Ṣârîs*. Alle diese Thäler, die doch so tief ausgehöhlt sind, füllen sich nur in Folge heftiger Regengüsse mit Wasser. Nach 28 Min. auf der Höhe; letzter Ausblick nach W. Gegenüber auf dem Berge liegt die Ruine *Ḳasṭal* (S. 20); in wenigen Min. erreicht man das an der N.-Seite des Hügels r. unten gelegene Dorf *el-Ḳarja* oder

Abu Ṛôsch. Der Name stammt von einem mächtigen Dorfschêch Namens „*Abu Ṛôsch*“ im Anfang dieses Jahrh., der mit seinen 6 Brüdern und 85 Nachkommen Jahrzehnte hindurch der Schrecken der ganzen Gegend, vornehmlich aller Pilger war. Der frühere Name des Ortes war *Karjet el-'Ineb*, Traubenstadt (vor dem 15. Jahrh. nicht genannt). Man hat es mit *Kiriath Jearim* „Waldstadt“ (vgl. I. Sam. 7, 1) identificieren wollen, jedoch ist die Lage dieses antiken Orts durchaus unsicher. — Von Altertümern besuche man hier die Überreste der zwischen Dorf und Straße gelegenen, im Besitz der französichen Regierung befindlichen Kirche, die sogleich in die Augen fällt. Die Ornamentik der Kirche ist bemerkenswert durch die kleinen Spiralverzierungen, die wir in arabischen Bauwerken wiederfinden, wohin sie aus den christlichen Denkmälern des 6.-7. Jahrh. gekommen sind. Das Gebäude ist gut erhalten. Wir haben eine gegen O. gerichtete Kirche mit drei Schiffen, welche in drei Apsiden auslaufen. Diese Apsiden aber sind von außen nicht sichtbar, sondern vermauert. Die Seitenschiffe sind schmäler als das Mittelschiff, letzteres jedoch ist höher und wird von drei Pilastern auf jeder Seite getragen. Die Bogen des Hauptschiffes ruhen auf Trägern von ganz besonderer Form, in welchen Vogüé arabischen Einfluß entdecken will. Die Bogen sowie die Fenster darüber und die an den Wänden der Seitenschiffe haben nur einen Anflug von Zuspitzung. Ein Querschiff ist nicht vorhanden, das Niveau einheitlich. Unter dem Boden dehnt sich der ganzen Länge der Kirche nach eine der Oberkirche entsprechende Krypta aus, die jetzt teilweise verschüttet ist; man gelangt durch ein Thürchen an der Südmauer hinein. Die Wände der Kirche, namentlich der Apsiden, aber auch die der Krypta, waren mit Freskomalereien byzantinischen Stils, zum Teil auch mit Mosaik bedeckt, wovon noch deutliche Spuren zu erkennen sind. Das Innere der Kirche ist 32 Schritt lang, 20 Schritt breit; es scheint, daß öfters Vieh darin übernachtet hat. — Die Kirche wird zuerst im J. 1519 angeführt, unter dem Namen St. Jeremiaskirche infolge falscher Identificierung des Ortes *Karjet el-'Ineb* mit *'Anatôt*, dem Geburtsort des Propheten Jeremia (S. 120), dessen Name auch auf die Quelle unterhalb der Kirche übertragen wurde. N. von der Kirche auf freiem Platze liegt das Grab des *Abu Ṛôsch* mit Sebîl (Trinkstelle). Die schöne Quelle des Orts, von einigen Palmbäumen beschattet, liegt sö. von der Kirche.

Der Weg führt außerhalb um das Dorf herum. Nach kurzer Zeit erblickt man r. (s.) auf einem kegelförmigen Berge das früher befestigte Dorf *Ṣôbâ* (alte Felsengräber).

Ṣôbâ, nicht wie vielfach vermutet, das alte *Modin*, der Heimatsort der Makkabäer (1. Makk. 2, 1), da die Überreste dieses Orts nebst interessanten Gräbern in *el-Medje* nö. von Lydda aufgefunden worden sind; dagegen vielleicht *Ṣôbâ* = *Ramathaim Zophim*, Heimat Samuels (I. Sam. 1, 1).

27 Min. (von *Abu Ṛôsch* an gerechnet) r. Quelle *'Ain Dilb* (beliebter Ausflugsort der Jerusalemiten), dabei arabisches Kaffeehaus (Platz für Zelte); l. auf der Höhe *Bêt Naḳûbâ*. Nach 5 Min. Ruinen r.; weiter unten im Thal s. die Ruinen von *Kebâlâ*, wohl Reste eines Klosters. Hierauf führt der Weg an der S.-Seite eines runden flachen Hügels hin, auf welchem Ruinen einer kleinen Ortschaft liegen (nach Einigen das Haus *Obed Edoms* II Sam. 6, 10). Nach 14 Min. hat man die Höhe erstiegen, an welcher der kleine

Flecken *Ḳasṭal* r. oben liegt. Dieser Name (= *castellum*) stammt aus der Römerzeit. Von hier erblickt man *en-Nebi Samwîl* im N. und nach 15 Min. das Dorf *'Ain Kârim* weit im S. In dem Thal, in welches wir in großen Windungen hinabsteigen, *Wâdi Ḳalônije* oder *Wâdi Bêt Ḥanînâ* gen. (vgl. S. 118), sind schöne Ölbaumpflanzungen. Nach 20 Min. ($9^1/_2$ St. von Jâfâ) Brücke über das Thal, dabei verschiedene Cafés (das zweite l. Hand ist zu empfehlen). L. oben am Berge liegt das Dorf **Ḳalônije**; man hat dasselbe auf den Namen *colonia* zurückführen wollen, aber in Jos. 15, 59 (Septuaginta) ist schon das Dorf *Kulon* (?) genannt. Über *Ḳalônije* = *Emmaus* s. S. 18. (Etwas weiter n. liegt *Bêt Mizze*, vielleicht = *Moza* Jos. 18, 26.) In weitem Bogen führt nun die neue Straße dem *Wâdi Bêt Ḥanînâ* entlang aufwärts (die alte Straße geht direkt ö. über die Anhöhe, an derselben der 14. Wachtturm); bald erscheint wieder *en-Nebi Samwîl*, l. auf einem Berge *Bêt Iksâ*; im Thale das Dorf *Liftâ* (vielleicht *Nephtoah* an der Grenze Judas Jos. 15, 9), große Quelle und Überreste von uralten Bausteinen am ö. Eingang des Dorfes. Die Gegend nimmt mehr und mehr den Charakter einer traurigen Steinwüste an. 45 Min. (v. *Ḳalônije*) r. neue Straße nach *'Ain Kârim* (S. 114), gleich darauf l. 15. Wachtturm (der 3. von Jerusalem aus), Grabmale des *Schêch Bedr*; bald sieht man l. das Schneller'sche Waisenhaus, r. das griechische Kreuzkloster, *Mâr Eljâs* und Bethlehem, vor sich die glänzende Kuppel der 'Omar-Moschee und dahinter den Turm auf dem Ölberg, während die Stadt selbst noch verdeckt ist. Durch die nach einigen Min. beginnenden Häuserreihen der jüdischen Kolonie gelangt man in 11 Min. zum Haus des englischen Konsuls, in dessen Komplex der 16. Wachtturm (2. von Jerus. aus) liegt; gegenüber das Spital der Munizipalität. Auf der Höhe angelangt, erblickt man zuerst den großen Gebäude-Komplex der Russen mit seiner fünfkuppligen Kirche, darüber hinaus die Kapellen auf dem Ölberg. Die Kuppeln der Grabeskirche etc. treten nun hervor, die Stadt selbst ist immer noch verdeckt; etwas weiterhin kommen indes die Stadtmauern endlich zum Vorschein. In 18 Min. gelangt man von hier zum Jâfâthor (s. auch S. 85).

Nebenrouten.

Von Ramle nach Jerusalem über Kafr Tâb und Bêt Nûbâ ($8^1/_2$ St.). Abgang von der Jâfâstraße S. 17. Nach 10 Min. Römerstraße von Lydda her, der man folgt; *Bêt 'Ennâbe* (S. 17) bleibt l. oben. 35 Min. *Kafr Tâb* (S. 13). 25 Min. r. auf dem Hügel *Silbît* und *Dêr Nachle* (Michael). 55 Min. **Bêt Nûbâ**, großer und alter Ort, jedoch schwerlich = *Nôb* (1 Sam. 21, 1; 22, 9). Reste einer Kreuzfahrerkirche, ein Weihwasserbecken aus dem 12. Jahrh. R. auf einem Hügel *Jâlô* (das *Ajalon* von Jos. 10, 12); 18 Min. Hügel mit Ruinen (*Swêda*); 35 Min. Ruine *el-Burdsch* (kleine Burg); 25 Min. Ruine *el-Muska* (alter Chan); 50 Min. *el-Ḳubêbe* (S. 110). Von hier nach en-Nebi Samwîl und Jerusalem ($2^1/_2$ St.) S. 118.

Von Lydda nach Jerusalem über Dschimzû und el-Ḳubêbe (8 St.). Von Lydda in sö. Richtung auf das in der Höhe sichthare *Dschimzû* 50 Min. (*Gimso* II Chron. 28, 18). Hinter dem Dorfe Weg r.; nach 45 Min. an *Berfilja* (r. oben) vorbei; 55 Min. *Bîr el-Ma'în*; 1 St. *Bêt Lekje*; $1^1/_4$ St. das große Dorf *Bêt 'Enân*; 35 Min. *el-Kubêbe* (S. 119).

Von Lydda nach Jerusalem über Bêt 'Ûr und ed-Dschîb ($9^3/_4$ St.). Bis Dschimzu s. o.; hinter dem Dorfe Weg l.; 2 St. 10 Min. Ruinen *Umm Rûsch*. 1 St. Bêt 'Ûr *et-Tahtâ*, auf halber Höhe des Gebirges, auf einem niedrigen Hügelrücken. 1 St. *Bêt 'Ûr el-Fôkâ*, ausgezeichnete Lage auf dem höchsten Punkt des Bergvorsprungs zwischen den beiden Thälern; schöne Aussicht. Das „untere" und das „obere" *Bêt 'Ûr* bezeichnen die Lage der beiden *Beth Horon*. Hier schlug Josua die Kanaaniter (Jos. 10, 10). Salomo befestigte das untere (I Kön. 9, 17). Über diese Dörfer scheint im Altertum ein vielbetretener Weg von Jerusalem zur Meeresküste geführt zu haben. In 1 St. 40 Min. auf der Paßhöhe, man erblickt *ed-Dschîb* und *en-Nebi Samwîl* vor sich. 28 Min. ed-Dschîb auf isoliertem Hügel; kleines Dorf, Häuser in die alten Ruinen hineingebaut; großes kastellartiges Gebäude. An der ö. Senkung des Hügelrückens, c. 100 Schritt vom Dorf, ist ein großer Wasserbehälter mit Quelle, und weiter unterhalb ein zweiter, vielleicht der II Sam. 2, 13 erwähnte Teich. Die Aussicht erstreckt sich im S. auf *en-Nebi Samwîl* und das Dorf *Biddu*; NO. *ed-Dschedîre* und *Kalandija*, r. davon der Hügel von *Râmallâh* (S. 214), O. *Bîr Nebâlâ*. *Ed-Dschîb* ist das alte *Gibeon* (griechisch Gabaon). Gibeon scheint das Haupt eines Städtebundes gewesen zu sein; die Einwohner retteten sich durch List vor den heranziehenden Israeliten (Jos. Cap. 9 u. 10). Noch in der Königszeit wird der Ort genannt (I Kön. 3). — Von *ed-Dschîb* über *Bêt Hanînâ* direkt nach Jerusalem s. Karte des Hochlands von Judäa. *en-Nebi Samwîl* liegt $^1/_2$ St. s.; von da nach Jerusalem S. 118.

4. Jerusalem.

Unterkommen: ***Grand New-Hôt.** (Pl. 4; Bes. *Morcos*; Cooks H.), im neuen Basar; **Mediterranean Hôt.** (Pl. a; Bes. *Morcos*), der Citadelle gegenüber; **Hôt. Jerusalem** (s. Karte d. Umgebg.; Bes. *Kaminitz*), in der Jâfâvorstadt nahe dem österreich. Konsulat; **Hôt. Feil** (Pl. b; Bes. *Feil*, Deutscher; Stangens Hôtel), an der Jâfâstraße. Pens. o. W. in der Saison 12-15 fr. (bei längerem Aufenthalt billiger), außer der Saison 6-8 fr. (handeln!); Jerusalemer Wein 1-2 fr. die Flasche, gute französ. Rotweine von 3 fr. an. Zimmer im allgemeinen klein. — **Preußisches Johanniterhospiz** (Pl. d; Hausvater *Bayer*), deutschen Reisenden sehr zu empfehlen, freundliche (durchaus nicht mitleidige) Aufnahme, angenehmer Aufenthalt bes. bei längerem Verweilen, große Zimmer (in der Saison Platz vorausbestellen), vom Dach und einzelnen Zimmern aus schöne Aussicht auf den Ölberg; gute Weine, Küche einfach, aber gut; Bibliothek. Pens. m. W. 5 fr. Unbemittelte werden 14 Tage in etwas einfacherer Weise unentgeltlich bewirtet. — **Deutsch-Katholisches Hospiz** (s. Karte d. Umgebg.; Direktor *Stein*), gegründet vom Palästinaverein der Katholiken Deutschlands, in der Jâfâvorstadt. — **Österreichisches Hospiz** (Pl. e; Direktor *Costa Major*), an der Via Dolorosa. — **Casa Nuova der Franziskaner** (Pl. c). Man geht zu derselben vom Jâfâthor die 2. Straße l. — Alle diese Hospize sind einfach, aber gut eingerichtet; reinliche Betten und gute Verpflegung. Bemittelten werden 5 fr. p. Tag angerechnet oder wenigstens wird dieser Betrag von ihnen erwartet, Unbemittelte finden unentgeltliche Aufnahme. — In der Saison, wenn alles überfüllt ist, ist man bisweilen gezwungen in Zelten zu übernachten (Platz u. a. beim Hôtel Jerusalem s. o.), doch ist dies nicht anzuraten, wenn es nicht nötig ist, da es im April oft noch empfindlich kalt werden kann.

Bier- & Kaffeehäuser: *Fast*, unmittelbar vor dem Jâfâthor; *A. Lendhold*, gleich innerhalb des Jâfâthores und auf der Tempelkolonie; hat eigene Brauerei. **Bayrisch Bier** (auch bei *Bacharn Fein* s. u.) c. 6 Pi. die Flasche. — **Konditorei:** *Bacher* an der Jâfâstraße und im neuen Basar (Pl. 4). **Wein:** *Bayer* im Johan. Hospiz (s. o.); *Berner* auf der Kolonie. Jerusalemer Wein 1 fr. die Flasche.

Arabische Kaffeehäuser giebt es in großer Anzahl, doch werden sie nicht von Fremden besucht; eines der besten ist gleich neben *Post* (s. o.) und das *Cafe Beledi* an der Jâfâstraße. Ein anderes ist S. 83 genannt.

Konsulate (S. XXXVI; die Erlaubnis zum Besuche der Moschee erlangt man nur durch Vermittlung des Konsulats): Amerika (Pl. 11): *Gillmann*. Deutsches Reich (s. Karte d. Umgebg.): Dr. *von Tischendorf*. England (Pl. 15): *Noel Temple Moore* Esq. Frankreich (K. d. U.): *Ledoulx*, Gen.-Kons. Griechenland (Pl. 10): *Meletopulo*. Italien (K. d. U.): *v. Solanelli*. Österreich (K. d. U.): *Ritter v. Strautz*. Rußland (Pl. 17): *Maximov*. Spanien (Pl. 18): *Miranda*.

Post: *Türkische* (Pl. 92) in der Davidsstraße; *österreichische* Pl. 93, intern. **Telegraph** in der türkischen Post. Briefe lasse man postrestante schicken, oder, was sicherer ist, an das Hôtel oder Konsulat adressieren.

Geld vergl. Einleitung S. XXXIV.

Banken. *Frutiger & Co.* im neuen Basar, zugl. Agent der Banque Ottomane; *Bergheim* in der Christenstraße.

Kleine Münze, mit der man stets reichlich versehen sein muß, kann man auf dem Basar einwechseln; man nehme sich aber hierbei vor Verlusten in acht (vgl. S. XXXV).

Ärzte: Dr. *Sandreczky*, geschickter Operateur, Arzt des Marienstifts (S. 87); Dr. *Einszler*, bes. Augenarzt, Arzt des Aussätzigenhauses und jüdischen Spitals; Dr. *Hoffmann*, Arzt am Kaiserswerther Hospital; alle 3 Deutsche. Dr. *Rechalyllo*, Deutschrusse, Arzt des russischen Hospitals. Dr. *Paeler*, Arzt des Maltheser-Ordens in Tantûr. Dr. *Cant*, Arzt des engl. Augen-Spitals; Dr. *Wheeler*, Arzt am engl. Missions-Hospital; Dr. *Hiewics*, Gehilfe ebendaselbst. Dr. *de Fries*, Arzt am französ. St. Louis-Hospital. Dr. *Spiridon*, Arzt am griechischen Hospital. Dr. *Arbella*, Arzt am Mayer-Rothschild Hospital. Dr. *Mazaraki*, Arzt am spanisch-jüdischen Hospital. Dr. *Puffeles*, jüdischer Arzt. Dr. *Barlas*, Stadtarzt. *Fra Pietro*, Dr. med., Franziskaner Klosterarzt.

Apotheken: Deutsche Apotheke von *Paulus*, Jâfâstraße; *Damiani*, Via Dolorosa; außerdem bei Dr. *Sandreczky* und den Hospitälern.

Gottesdienste. *Deutscher protestantischer Gottesdienst:* Vm. 9 Uhr in der provis. Kapelle im *Mâristân* (150 Seelen). *Anglikanischer Gottesdienst:* a) in der *Christuskirche* (Pl. 25; c. 210 Seelen): Vm. 10 in englischer, Nm. $3^1/_2$ in deutscher, Abends $7^1/_2$ in englischer Sprache. — b) in der *St. Paulskirche* (S. 86, c. 140 Seelen): Vm. $9^1/_2$ und abends 7 in arabischer Sprache. Zusammenkünfte der Templer in dem neugebauten Versammlungssaale in der Kolonie. — Die Messen der Katholiken sind wechselnd. Die schönen Messen in der russischen Kirche besonders Nm. 4 Uhr.

Photographien etc. bei *Nicodemus* in der Christenstraße, 8–10 fr. das Dutzend. (Niederlage von *Bonfils* in Beirût; wer nach Beirût kommt, kauft seine Photographien besser erst dort.)

Von andern Andenken an Jerusalem pflegt der Fremde hauptsächlich mitzunehmen: Rosenkränze aus Olivenkernen etc., Kreuze und andere Kleinigkeiten aus Perlmutter (bes. in Bethlehem verfertigt), Schalen und sonstige Geräte aus schwarzem Stein (dem sog. Stinkstein vom Toten Meere), Jericho-Rosen (vgl. S. 167). Man findet derartiges auf dem Platze vor der Grabeskirche, kann sich aber auch die Händler ins Haus kommen lassen; man biete in der Regel die Hälfte oder ein Drittel des geforderten Preises. Feinere Arbeiten kauft man am besten in den Läden im großen Basar, und bei *Marôm* dicht daneben. Ein Hauptindustriezweig von Jerusalem besteht in Schnitzereien aus Ölbaum- und Eichenholz (Lineale, Briefbeschwerer, Crucifixe u. dergl.; meist mit dem Namen „Jerusalem“ in hebräischen Lettern oder mit dem fünffachen Kreuz von Jerusalem versehen); reichste Auswahl und beste Arbeit bei *Vester* (im großen Basar); außerdem im Laden des „*House of Industry*“ (gegenüber dem Davidsturm) und bei *Faig*. — Hübsche Kartons mit getrockneten Feldblumen verfertigen namentl. die deutschen Diakonissen und die Zionsschwestern (Verkauf zum Besten der betr. Anstalten). — Tischdecken, Stickereien (persische und Damascener Arbeit) u. dergl. in schöner Auswahl bei *Steinhart* (in der jüdischen Kolonie auf der Südseite der Jâfâstraße); besorgt auch Verpackung und Spedition nach Hause.

1. Aksa-Moschee . G.5.
2. St. Annenkirche. G.2.
3. Arab.-protest. Kirche . . . B.1.

Bazare:

4. Neuer Bazar C.4.
5. Sûk el-Attârîn E.4.
6. " el-Chawadschât E.4.
7. " ez-Zahârîn (el-Chamîr) E.4.
8. " esch-Scharabîn E.4.
9. " es-Semânî (Chân ez-Zeit) E.3.

10. Casernen (Cavallerie) . F.2.
11. " (Infanterie). F.2.3. & C.D.5.
12. Chanka (Saladins Hospiz) . . D.3.
13. Coenaculum . B.6.

Consulate:

14. Amerikanisches . . . . D.4.
Deutsches s. Karte der Umgebung
15. Englisches . C.4.
Französisches s. Karte der Umgebung
16. Griechisches . . . . . . A.4.
Italienisches s. Karte der Umgebung
Österreichisches " " "
17. Russisches . . . . B.2.
18. Spanisches . . . . D.2.

19. David's Grab . . . . B.C.6.
20. Deutsches Hospital . . . . . D.4.5.
21. Deutsches Joh. Hospiz s. unter d. . . E.3.
22. Deutsches Pfarrhaus . . B.1.
23. Deutsche Kirche (provisor.) . D.4.
24. Deutsche Schule . . . A.1.
25. Englische Kirche . D.3.
26. " Bischofsresidenz B.2.
27. Englisches Hospital . . C.5. & D.5.
28. " Pfarrhaus . . D.5.
29. Englische Schule. . . B.6.
30. Felsendom (K. es-Sachra) G.4.
31. Geißelungskapelle . . . F.2.
32. Schule der Kathol. Schulbrüder (Goliathsbg.) B.3.
33. Grabeskirche . . . . . D.3.
34. Hammâm el-Batrak (Patriarchenteich) D.4.
35. " esch-Schifâ (Heilbad). . F.4.

Haramsthore:

36. Bâb el-Asbât . G.2.
37. " Hitta . . . . G.2.
38. " el-Atm . . . . . G.2.3.
39. " el-Ghawânime (es-Serâi) . F.3.
41. " en-Nâzir . . F.3.
42. " el-Hadîd . . . F.3.
43. " el-Kattânîn F.4.
44. " el-Matara . F.4.
45. " es-Silsele . F.4.
46. " el-Maghâribe . F.5.

47. Hospital, griech. . . . C.4.
48. " Rothschild's F.5.6.
" , deutsches s. N° 20
" , englisches s. N° 27
Engl. Johanniterhospital s. Karte der Umgebung
Marienhilfe (Kinderhosp.) . .
49. Jakobskirche, alte D.5.

Klöster:

54. Armen. Nonnenkloster Dêr ez-Zeitûni
55. " Zionsbergkloster (Haus d. Kaiphas) B
56. Armenisch-katholisches . .
57. Griechisches (grosses) . . . . . D.
58. " (neues) . . . . .
59. " Abraham . . . D.
60. " S. Basilios . . . .
61. " S. Charalambos . . . .
62. " S. Dimitrios . .
63. " S. Georgios (I) . . . .
64. " " " (II) . . . .
65. " Gethsemane . . . .
66. " S. Joh. Euthymios . . . .
67. " S. Joh. d. Täufer . . . .
68. " S. Katharina . . . .
69. " S. Michael . . .
70. " S. Nikolaos . . . .
71. " Panagia . . . .
72. " " Melaena . . .
73. " S. Theodor . . . .
74. Griechisch-katholisches (Melchiten) . .
75. Josephsschwestern . . . . . .
76. Koptisches S. Georg . . . . . .
77. Latein. Salvator . . . . . .
78. " S. Ludovicus . . . . .
" der Benediktiner s. Karte d. Umgebung
79. Moslim. Derwisch-Kloster
80. " der Maulawîje-Derwische . E
81. Syrisches . . . . . .
82. Zionsschwestern . . . . . .
83. el-Mêmûnîje, Ruine (ehem. Kl. S. Maria Magdal.)
84. Mehkeme (Gerichtshof) .

Moscheen:

85. Dschâmi' el-'Omari . . . .
86. Mesdschid el-Kurêmi . . . . .
87. " el-Mudschâhidîn . . . .
88. " el-Maghâribe . . . . . .

89. Patriarchat armen. . . . . . .
90. " griech. . . . .
91. " latein. . . . . E.
92. Post, türkische . . . .
93. " österreich. . . . . . .
94. Serâi (jetziges) . . . . . .
95. " altes (Staatsgefängniß) . . . .

Gasthöfe und Hospize:

a. Mediterranean Hôtel . . .
b. Hôtel Feil . . . .
Grand New Hôtel im neuen Bazar s. N° 4
Jerusalem Hôtel s. Karte der Umgebung
c. Casa Nova der Franziskaner .
d. Johanniterhospiz (deutsch.). . .
e. Hospiz, österreichisches . . . . .
" deutsch-katholisches s. Karte d. Umgebg.
f. " jüdisches (Montefiore) . . . .
g. " jüd.-deutsches . . .
h. " jüd.-spanisches . . . .
i. " armenisches
k. Koptischer Chân .

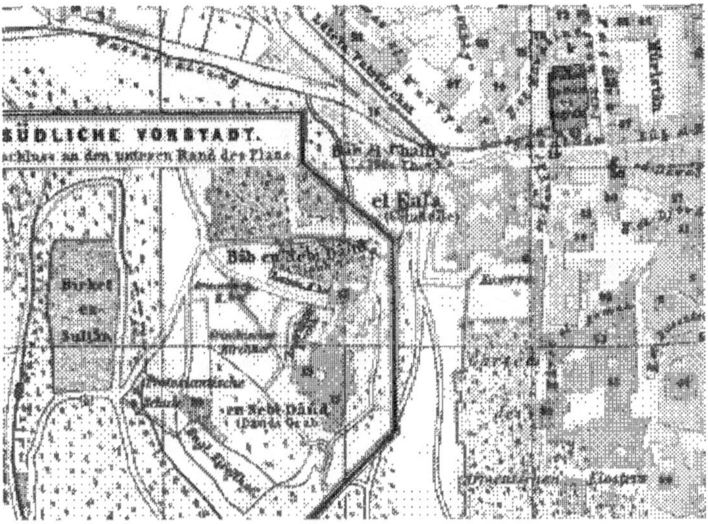
SÜDLICHE VORSTADT.
el Kal'a
Birket es-Sultân
en-Nebi Dâûd

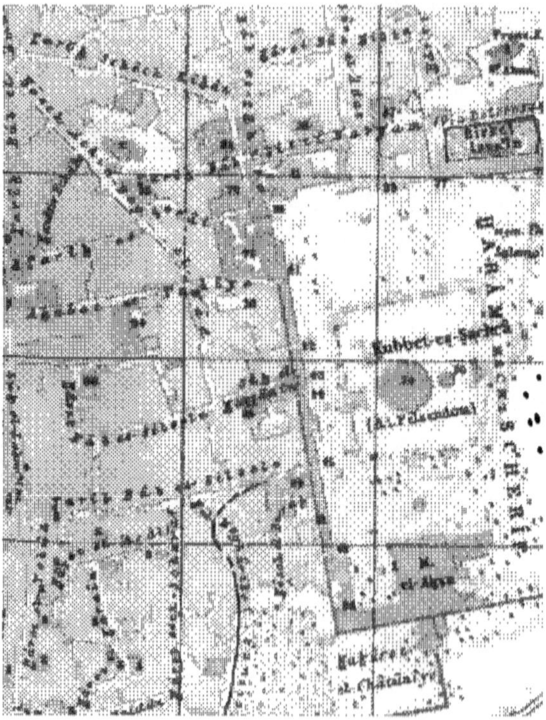

Mundvorrat für Landtouren: bei *Bschara Fula*, gegenüber dem großen Basar. — **Reiseeffekten**: bei Sattler *Schnerring*, Jâfâstraße. — **Schneider**: *Eppinger* (Jâfâstr.). — **Schuhmacher**: *Bas* gegenüber dem Davidsturm, *Messerle* und *Hahn* (beide in der Jâfâstraße). — **Manufakturwaren**: bei *Imberger* (Jâfâstraße).

Dragomane: Führer für die Stadt selbst nicht notwendig, doch dem Neuling in orientalischen Städten anzuraten, im Hôtel bezw. im Hospiz zu erfragen. — Reisedragomane (s. S. xxiii): *Joh. Riske*, Deutschrusse (spricht deutsch, russisch, franz., engl.); *Karl Williams*, Deutscher (spr. deutsch, franz. engl.); *Dimitri Banath* (spr. deutsch, engl.); *Hanna Awad* und Sohn (spr. franz., engl., ital.); *Isa Kapruseli* (spr. franz., engl., ital.); *Marcum Frères* (spr. franz., engl., ital.); *Rafael Lorenzo* (spr. franz., ital.); *Francis Morkos* (spr. franz., ital.); *Joseph Karam* (spr. franz., ital.); *Isa* und *Gabriel Habesch* (spr. franz., engl.).

Jerusalem übt auf die meisten Touristen im Osten die größte Anziehungskraft aus; nicht wenige aber werden beim ersten Anblick der modernen, unsauberen Stadt mit ihren winkligen, schlecht gepflasterten Gassen gar sehr enttäuscht sein. Es scheint anfänglich, als ob von der alten Stadt, wie wir sie als vielgerühmten Centralpunkt des jüdischen Reiches uns vorstellen, von Zion und Moria allzuwenig mehr vorhanden sei. Erst bei tieferem Eindringen und Durchdringen des Schuttes und Wustes, der sich über den alten heiligen Stätten gelagert hat, offenbart sich das interessante Bild des alten Jerusalem, und zwar um so deutlicher, je gründlichere Vorkenntnisse in geschichtlichen und topographischen Fragen man mitbringt. Und je länger und öfter der Reisende in Jerusalem verweilt, desto mehr Interesse flößen ihm die alten Ruinen ein, und es wird ihm zuletzt klar, wie das düstere Bild der modernen Stadt, der physische und geistige Zerfall so recht als Schlußstein zu der gesamten großen Geschichte, welche hier gespielt hat, paßt. Gerade das Zerrbild von Religion, wie es in Jerusalem zu Tage tritt, der Fanatismus und die feindselige Abgeschlossenheit der so verschiedenen religiösen Gemeinschaften, giebt heute dieser Stadt ihren geistigen Charakter, den einer heiligen Stadt, welche als Hauptsitz dreier Weltreligionen in der Weltgeschichte von jeher eigentlich nur für diesen Zweig des Geisteslebens Bedeutung gehabt und nach keiner andern Seite hin eine irgend wichtige Rolle gespielt hat. Eine Stadt, in der sich der Fremde belustigen könnte, ist also Jerusalem nicht, denn alles nimmt hier einen religiösen Anstrich an; und gerade in religiöser Beziehung sind die Eindrücke, die man in Jerusalem erhält, nichts weniger als erfreulich. Die einheimischen Christen aller Religionsparteien stehen keineswegs auf der Höhe ihrer Aufgabe, der gehässige Kampf, der zwischen den Parteien tobt, wird mit sehr unlauteren Mitteln geführt, und so ist die Verachtung, mit welcher der gläubige Jude und Mohammedaner auf den Christen herabschaut, eine nur zu wohlverdiente.

Über die **Zeiteinteilung**, bes. bei kurzem Aufenthalt s. S. xiii.

Geschichte von Jerusalem.

Bei der Eroberung des Landes fanden die Israeliten hier im Gebirge den Stamm der Jebusiter seßhaft; *Jebus*, an der Stelle des späteren Jerusalem, war ihre Hauptstadt. Die Stadt konnte wegen ihrer natürlichen Festigkeit nicht eingenommen werden. In kurzen Worten wird uns berichtet, daß König David sie erobert habe (II Sam. 5, 6-10). Die Einwohner höhnten im Vertrauen auf die Festigkeit ihrer Stadt die Israeliten; aber die Einnahme gelang, und der König schlug seinen Wohnsitz auf dem Zion auf.

Wo lag nun eigentlich dieser heilige Berg Zion? Um dies zu beantworten, müssen wir hier näher auf die Topographie der alten Stadt eingehen (zur besseren Übersicht, wie verschieden die Ansichten der Fachgelehrten über das alte Jerusalem sind, geben wir auf Plan S. 42 eine Zusammenstellung von 6 Kärtchen der ehemaligen Mauerläufe). Die Stadt war von tiefen Thälern umringt; gegen O. lag das Thal des *Kidron* (später Thal Josaphat), im W. und S. lief das Thal *Hinnom*. Diese beiden Hauptthäler schlossen ein Plateau ein, dessen n. Teil den Namen *Bezetha*, „Olivenort", führte; noch heute finden wir dort Anpflanzungen von Ölbäumen. Auf der s. Hälfte des Plateaus breitete sich Jerusalem aus, durch verschiedene Bodensenkungen von der Natur in Quartiere geteilt. Hauptsächlich eine nicht unbeträchliche Thalsenkung war bestimmend, die von N. kommend nach SSO. und dann direkt nach S. lief, und hierbei zwei Bergrücken von einander trennte, von denen der w. noch 33m über den steil ansteigenden ö. Hügel sich erhebt. Das genannte Nebenthal hieß nach Josephus einst das *Tyropoeon* („Käsemacherthal", besser „Mistthal"). — Sowohl auf der S.-Terrasse des ö. Bergrückens, wo im SO. des heutigen Harâm das Quartier *Ophel* lag, als auch auf dem andern Berge w. vom Tyropoeon dehnte sich das alte Jerusalem bis an den Thalabsturz aus; die Stadtmauer durchsetzte das Tyropoeon weit unten bei seinem Auslaufe. Auf der Südseite des W.-Hügels (wo jetzt keine Häuser mehr stehen), lag schon zu Davids Zeit ein Teil der Stadt, den Josephus die Oberstadt nennt. NÖ. von diesem Stadtteil, dem Tempelberg gegenüber, lag wahrscheinlich die Bastei *Millo* („Auffüllung").

Dies der allgemein anerkannte Thatbestand; nun aber die Namen der Hügel und die Frage: wo standen die alten Bauten? Der Platz des Tempels ist sicher auf dem ö. Hügel zu suchen. Für diesen Tempelberg kommt ausnahmsweise in I Mos. 22, 2 † und darnach in II Chron. 3, 1 der Name *Moria* vor (als specifisch religiöse Benennung). Zahlreiche Bibelstellen beweisen, daß sein populärer Name bis in die spätere Zeit *„Zion"* war. Dieser Umstand erklärt, warum so oft von der Herrlichkeit Zions in den poetischen Büchern die Rede ist; denn der Tempel stand ja daselbst. Anderseits wird „Zion" auch häufig als gleichbedeutend mit „Stadt Davids"

† Und er sprach: Nimm Isaak, deinen einigen Sohn, den du lieb hast, und gehe hin in das Land Morija; und opfere ihn daselbst zum Brandopfer, auf einem Berge, den ich dir sagen werde.

gebraucht (II Sam. 5, 7; I Kön. 8, 1†), ja endlich in der dichterischen Sprache für Jerusalem überhaupt gesetzt („Tochter Zion", Jes. 62, 11).

Diese „Stadt Davids" darf nicht mit der mittelalterlichen Tradition auf den w. Hügel verlegt werden; denn gewöhnlich ist selbst vom Standpunkt der Davidsstadt aus (II Sam. 24, 18), von einem „Hinaufziehen" zum Tempel die Rede, während der w. Hügel höher ist als der Tempelberg. Deshalb kann die Davidsstadt nur auf dem s. Areal des Osthügels, also des Tempelbergs gelegen haben.

Salomo fing an Jerusalem großartig zu verschönern; vor allem baute er sich auf dem Zion eine prächtige Hofburg mit Tempel. Man mußte jedoch, um eine ebene Fläche als Grundlage für einen solchen Bau zu gewinnen, bedeutende Substructionen legen. Den n. Teil (den Platz der heutigen oberen Terrasse, auf welcher der Felsendom steht S. 42) nahm das Nationalheiligtum ein. Die späteren Geschlechter setzten die Arbeit Salomos fort, indem sie um das Tempelgebäude herum einen größeren Tempelbezirk, notwendiger Weise auf künstlich hergestelltem Terrain, ausbauten. Ausführliches über die Geschichte des alten Tempels vgl. S. 39. — Der königliche Palast kam unmittelbar (Ezech. 43, 7. 8) s. vom Tempel zu stehen, ungefähr an der Stelle der jetzigen Aksâmoschee und etwas weiter ö., wo der Fels einen breiten Rücken bildet. Er lag also etwas tiefer als der Tempel, aber höher als die Davidsstadt (s. o.). Dazu stimmt, daß nach I Kön. 9, 24 die Königstochter von der Davidsstadt in den Palast *hinauf*stieg. Dieser neue Palast war nach assyrischen und ägyptischen Vorbildern gebaut und glänzend ausgeschmückt. — Salomo baute außerdem die schon erwähnte Bastei Millo weiter aus; er zog von ihr einen Damm nach dem gegenüberliegenden Tempelhügel (I Kön. 11, 27). Erst unter Salomo begann Jerusalem ein Mittelpunkt für das Volk Israel zu werden; wahrscheinlich zu dieser Zeit entstand im N. die Neustadt, die er mit Festungswerken umgab.

Doch dauerte die Blüte Jerusalems als Mittelpunkt des Reiches nur kurze Zeit; sie wurde bald darauf die Hauptstadt des Reiches Juda. Schon unter Rehabeam mußte sich die Stadt dem ägyptischen Pharao Sisak ergeben; Tempel und Palast büßten damals einen Teil ihrer goldenen Verzierungen ein. Eine zweite Plünderung des Palastes fand nach II Chron. 21, 17 unter König Joram durch Araber und Philister statt; 60 Jahre später zog Joas von Israel, über Amasia, den König von Juda triumphierend, in Jerusalem ein, nachdem er eine breite Bresche in die Mauer hatte reißen lassen (II Kön. 14, 13). Der Sohn des Amasia, Usia,

---

† Da versammelte der König Salomo zu sich die Ältesten in Israel, alle Obersten der Stämme und Fürsten der Väter unter den Kindern Israel, gen Jerusalem, die Lade des Bundes des Herrn herauf zu bringen aus der Stadt Davids, das ist Zion.

brachte Jerusalem wieder zu größerer Blüte; doch erschütterte im Laufe dieser Zeit ein großes Erdbeben die Stadt.

Hiskia besserte beim Herannahen Sanheribs die Festungswerke aus (II Chron. 32, 5), und erwarb sich namentlich große Verdienste um die Wasserversorgung von Jerusalem. In dem festen Kreidekalk, welcher den Boden der Stadt bildet, findet sich wenig Wasser. Die einzige Quelle von Jerusalem war der *Gichon* am ö. Abhange des Tempelberges. Vermittelst eines Schachtes konnte auf dem Hügelplateau selbst aus dieser Quelle geschöpft werden. Hiskia baute die Leitung des Gichon bis zum tiefer liegenden Siloa (S. 102). Die Quelle genügte aber für den Bedarf der Stadt keineswegs; man grub daher Cisternen und legte Reservoirs zur Sammlung des Regenwassers an. Aus der vorexilischen Königszeit stammt wohl die Anlage der Teiche im W. der Stadt, sowie die des großen Reservoirs, das wir heute noch im N. des Tempelplatzes bewundern, und zu dessen Herstellung der Lauf eines kleinen Thales benutzt wurde, dessen Tiefe zugleich die alte Tempelarea im N. zu schützen bestimmt war. Ein Belagerungsheer außerhalb der Stadtmauern litt gewöhnlich große Not an Wasser, da man die Abläufe nach außen verstopfen konnte; in Jerusalem selbst war nie Wassermangel. Schon in alter Zeit müssen die beiden Thalbetten Kidron und Hinnom kein fließendes Wasser mehr enthalten haben.

Auf die im ganzen für Jerusalem glücklichen Zeiten unter Hiskia und den nächsten Königen folgte dank der Politik seiner Herrscher rasch der Untergang. Unter Jojakin mußte sich die Stadt dem König Nebukadnezar auf Gnade und Ungnade ergeben. Wiederum wurde der Tempel und der Königspalast geplündert, und ein großer Teil der Einwohner Jerusalems (7000 Grundbesitzer und 1000 Handwerker mit ihren Familien außer dem König und seinem Hof II Kön. 24, 15 f.) nach Osten geschleppt. Der zurückgebliebene Rest versuchte unter Zedekia einen von vorn herein aussichtslosen Aufstand gegen die Sieger, und nun mußte Jerusalem eine lange, schreckliche Belagerung (1 Jahr 5 Monate 7 Tage) aushalten. Pest und fürchterliche Hungersnot wüteten währenddessen in der Stadt. Die Belagerer drangen mit überdachten Sturmböcken heran (wie deren auf den Reliefbildern von Ninive abgebildet sind), aber die Verteidigung war eine verzweifelte, Schritt für Schritt wurde den Feinden der Boden streitig gemacht, selbst nachdem Zedekia das Tyropoeon hinunter nach dem Jordanthal geflohen war. Die Babylonier raubten von Schätzen, was noch zu rauben war; der salomonische Tempel wurde verbrannt, und Jerusalem, wie der Dichter der herrlichen Klagelieder es uns schildert (besonders Kap. 2), aufs tiefste gedemütigt.

Auch dieser tiefsten Erniedrigung sollte wieder eine Erhebung folgen, indem die Juden aus dem Exil zurückkehren durften; der eigentliche Aufbau der Stadt aber war erst dem Nehemia, dem Mundschenk des persischen Königs Artaxerxes Longimanus, zu verdanken. Jerusalem wurde neu befestigt, und zwar so, daß die Grundlagen der früheren Umfassungsmauern, für welche freilich die Bevölkerung nun zu gering war, festgehalten wurden. Die Beschreibung Nehemias giebt uns daher das beste Bild auch von dem vorexilischen Jerusalem:

Die Mauer zog sich von der Siloaquelle den Berg hinauf nordwärts. Auf dem höchsten Punkte des Ophel erhob sich eine Bastei, welche zugleich das *Roßthor*, ein Tempelthor gegen O., zu schützen bestimmt war. Beim Roßthor, also auf der Tempelarea, waren Priesterwohnungen. Gewöhnlich nimmt man auf dieser O.-Seite noch ein zweites Thor an, das sogenannte *Wasserthor*. Befestigungen befanden sich auch am N.-Ende der Tempelterrasse; besonders wichtig war die große, unter Nehemia wieder hergestellte Bastei an der NW.-Ecke der Tempelarea, die *Bira*, der Platz der späteren *Baris*. Im N. war die Stadt außerdem noch durch den Turm *Hananael* beschirmt; es ist jedoch nicht sicher, wo wir denselben zu suchen haben, ebenso den Turm *Mea*, der 45m s. vom Hananael lag. Entweder lagen beide, nebst dem Schafthor, an der ö. Stadtmauer, oder Hananael lag an der N.-Seite beim *Fischthor*, und dann muss Mea und das Schafthor an der W.-Seite des Tempelareals gestanden haben. Das *Schafthor* befand sich nach Joh. 5, 2 in der Nähe des Bethesdateichs (s. S. 57).

Die Mauer, welche die Oberstadt abschloß, lief nach W. und hatte zwei Thore: bei der Millobastei das *Thor der Mitte*, das von einem Stadtteil in den andern führte, und ganz w. das *Thalthor*, später *Gennaththor* (Gartenthor) genannt, ö. (?) vom heutigen Jâfâthor; schon Usia hatte hier einen Befestigungsturm gebaut. In der n. gelegenen Vorstadt war zunächst noch das *Eckthor*, das wohl mit dem *„alten Thor"* zu identificieren ist; das *Ephraimthor* ist nicht mit irgend welcher Sicherheit zu bestimmen. Aus der Oberstadt ging ein Thor nach W. (oder S.) gegen das Hinnomthal: das *Mistthor;* man hat daselbst eine Felsentreppe gefunden. Im S. lief eine Mauer über das Tyropoeon, an dessen Ausgang das *Quellenthor* oder „das Thal zwischen den beiden Mauern" lag. Wo das *Töpferthor* ins Thal Hinnom führte, ist unsicher. Im Hinnomthal oben lag schon damals der Schlangenteich (Mâmillateich S. 85).

Die großen Stürme der nächsten Jahrh. gingen gnädig über Jerusalem hinweg. Die Stadt öffnete Alexander ihre Thore und kam bei dessen Tode 320 in den Besitz der Ptolemäer. Erst in der Zeit des Antiochus Epiphanes wurde sie wieder der Schauplatz blutiger Kämpfe. Von Ägypten zurückkehrend plünderte Antiochus den Tempel; zwei Jahre später schickte er einen Obersteuereinnehmer, der Jerusalem zerstörte, viele Einwohner tötete und sich in einer starken Befestigung mitten in der Stadt festsetzte. Diese Burg war die *Akra;* sie wird meist in der Gegend nw. vom Tempel, von Einigen aber auch s. vom Tempel gesucht. Die Streitfrage kann nur durch Nachgrabungen entschieden werden.

Judas Makkabäus (S. LXIX) führte im Tempel den alten Opfercult wieder ein, reinigte die Area, baute eine hohe Mauer mit Thürmen um dieselbe und richtete einen Wachtdienst ein. Bis diese nationale Erhebung sich konsolidierte, waren viele Kämpfe zu bestehen; Antiochus Eupator belagerte Jerusalem mit Maschinen, aber nur der Hunger trieb die Juden zur Kapitulation. Gegen den eingegangenen Vertrag ließ er die Mauer „von Zion" niederreißen (1 Makk. 6). Der Makkabäer Jonathan aber ließ (1 Makk. 10, 11) die Mauer stärker erbauen als zuvor; zwischen der Akra, wo immer noch eine syrische Besatzung lag, und der Stadt ließ er eine andere Mauer aufrichten, wodurch auch später unter Simon (im J. 141) die Übergabe jener Burg durch Aushungerung herbeigeführt wurde. Die Burg wurde niedergerissen; Simon nahm seine Wohnung auf der Baris im NW.-Winkel der Tempelarea; die Stadt wurde neu befestigt. Die Nachkommen des Simon Makkabäus bauten den großen hasmonäischen Palast w. von Millo; von diesem aus hatte man einen schönen Blick über den Tempel. Johannes Hyrcanus hatte im J. 134 schon wieder eine Belagerung der Syrer auszuhalten. Wiederum fiel Jerusalem nur durch Hunger, doch unter leidlichen Bedingungen. Innere Zwistigkeiten zwischen den Makkabäern hatten endlich die Intervention der Römer zur Folge. Pompejus belagerte die Stadt; auch jetzt wieder koncentrierte sich der Angriff bei dem Tempelplatz, der jedoch im N. mit großen Türmen und einem tiefen Graben (Spuren desselben noch vorhanden) geschützt war. Die einzige ebene Verbindung, vermittelst deren man auf die Tempelplattform gelangen konnte, war eine Brücke im W. über das ziemlich tiefe Tyropoeonthal. Diese Brücke wurde später zerstört; sie lag wohl in der Nähe des Wilsonbogens (S. 59). Das Quartier n. vom Tempel, sowie das Stephansthor scheint damals noch nicht existiert zu haben, wie dies auch die Ausgrabungen Warrens bestätigen. Der Graben im N. wurde von den Römern während eines Sabbaths aufgefüllt; über einen Damm drangen sie ein und wüteten grausam, da sie über den hartnäckigen Widerstand erbittert waren; 12000 Juden sollen umgekommen sein. Pompejus betrat zum Schmerz der Juden das Allerheiligste, tastete aber die Schätze nicht an. Einige Jahre später plünderte Crassus dieselben. — Innere Streitigkeiten lockten die Parther 40 v. Chr. heran.

Im Jahre 37 eroberte mit römischer Hilfe Herodes die Stadt. Die Juden hatten hartnäckig Punkt für Punkt verteidigt und so die Wut der Sieger gereizt, die nun ein schreckliches Blutbad anrichteten; am längsten hielt sich die Baris im NW. des Tempelplatzes. Herodes, nun zur Herrschaft gelangt, verschönerte und befestigte Jerusalem. Über den Umbau des Tempels s. S. 39. Dann befestigte er auch die Baris, da sie den Tempelplatz beherrschte, aufs neue. Nach außen von Türmchen flankiert, war die Burg im Innern sehr geräumig; Herodes benannte sie seinem römischen Gönner zu Ehren *Antonia*. Im NW. der Oberstadt baute er sich selber einen prächtigen Palast, mit einer Menge von Hallen, Peristylen, inneren Höfen mit prachtvoller Ornamentik und reich geschmückten Sälen. Im N. waren drei große Befestigungstürme angebaut: *Hippicus*, *Phasael* und *Mariamne* (vgl. S. 85). Außerdem baute Herodes nach römischer Sitte ein Theater; ferner ein Rathaus (ungefähr an der Stelle des heutigen Gerichtshauses S. 59) und den Xystus, einen mit Säulenhallen umgebenen Raum für gymnastische Spiele. Jerusalem mit seinen vielen Palästen und Prachtbauten, dem reichen Tempel mit seinen Säulenhallen, den hohen Umfassungsmauern mit ihren Basteien, muß damals einen herrlichen Eindruck auf den Beschauer gemacht haben. Die Mauer der Altstadt hatte 60 Türme, die der kleinen n. davon gelegenen Vorstadt deren 14; aber über diese hinaus dehnte sich die aufblühende Stadt noch weit n.-wärts aus, und wir haben uns dort zahlreiche mit Baumgärten umgebene Villen zu denken, die teilweise ein ganz stattliches Aussehen gehabt haben mögen. Das war die Stadt, wie sie zu Jesu Zeiten sich darstellte, innen freilich mit engen, winkligen Gassen, doch mit gepflasterten Trottoirs. Die sich drängende Volksmenge war bedeutend, namentlich, wie wir es auch aus den Berichten des neuen Testaments wissen, an den Festen. Der römische Befehlshaber soll einmal die Passahlämmer haben zählen lassen; dabei soll sich die enorme Zahl von 270000 Tieren ergeben haben, was auf 2,700000 Festfeiernde schließen ließe! Wenn auch diese, wie so viele Zahlenangaben des Josephus gewaltig übertrieben sind, so beweisen sie doch, daß das Menschengewühl groß war.

Erst nach Jesu Tode wurde durch Agrippa I. eine Mauer gebaut, durch welche die ganze n. Vorstadt in den Rayon der Stadt hineingezogen wurde. Die Mauer, die einen großen Umfang haben und hier am ausgesetztesten Teile der Stadt sehr fest sein mußte, wurde aus großen Quadern gebaut und soll 90 Türme gehabt haben; der gewaltigste derselben war der *Psephinus*turm an der NW.-Ecke; er war mehr als 30m hoch und lag am höchsten Punkte der Stadt (789m ü. M.). Aus Furcht vor dem Kaiser Claudius wurde die Mauer unvollendet gelassen und erst später in weniger großartigen Verhältnissen ausgebaut. Da sich der Streit der Gelehrten hauptsächlich um den Lauf der drei Mauern dreht, so geben wir hier eine kurze Übersicht der Mauerläufe.

Die *erste* Mauer ist die, welche um die Altstadt herumführte. Vom Turme Hippicus im W. ausgehend, lief sie s. um die Zinne des Berges herum, und, Siloa einschließend, bis zur O.-Mauer der Tempelarea; im N. schloß sie die alte Stadt ab, indem sie gegen den Tempel lief. Unmittelbar s. von dieser N.-Mauer stand der Palast des Herodes, der Xystus und die über das Tyropoeon in den Tempel führende Brücke; am w. Rande des Tyropoeon lief zum Schutze der Oberstadt ebenfalls eine Mauer hinunter.

Von dem Laufe, welchen man der *zweiten* Mauer giebt, die um die n. Vorstadt herumlief, hängt die Frage nach der Echtheit des heiligen Grabes ab. Es fragt sich, wo hat diese Mauer sich von der ersten Mauer nach N. abgezweigt? (Am Vereinigungspunkt der beiden Mauern stand das Thor Gennath S. 27.) Eine Anzahl Forscher ziehen die Mauer ungefähr der heutigen Stadtmauer entsprechend (s. u.) so, daß das heilige Grab innerhalb der Stadt gelegen hätte, also unmöglich echt sein könnte. Die neuesten russischen Ausgrabungen suchen nachzuweisen, daß die Mauer mit Stadtgraben ö. und s. von Golgotha herumlief.

Auch über den Lauf der *dritten* Mauer sind die Topographen noch uneins. Wer die 2. Mauer der jetzigen Stadtmauer entsprechend zieht (s. o.), muß die 3. Mauer weit n. davon suchen. Die Ansicht, daß die dritte Mauer ungefähr an der Stelle der jetzigen n. Stadtmauer gestanden, ist heute die verbreitetste; es finden sich deutliche Spuren eines alten Stadtgrabens außerhalb der jetzigen N.-Mauer, dazu stimmen auch die Entfernungsangaben des freilich nicht immer genauen Josephus (4 Stadien bis zu den Königsgräbern, 7 Stadien bis zum Scopus). Ausgemacht ist jedoch die Streitfrage in Betreff des Laufs der 2. und 3. Mauer keineswegs.

Seitdem das Land römische Provinz geworden war, herrschte in demselben eine schwüle Stimmung vor. In Jerusalem bekämpften sich zwei Parteien: die exaltierten Zeloten unter Eleazar, die zu einem wütenden Kampfe gegen die Römer drängten, und eine gemäßigtere Partei unter dem Hohenpriester Ananias. Als der Statthalter Florus in blinder Wut zu verschiedenen Malen viele friedfertige Juden hatte niedermachen lassen, brach eine entsetzliche Empörung in der Stadt los. Herodes Agrippa II. und seine Schwester Berenice, die zu vermitteln suchten, mußten flüchten. Schon vorher hatten die Zeloten die Tempelarea besetzt; nun wurde auch die Burg Antonia von ihnen eingenommen. Nach schrecklichem Kampf gelang es den Zeloten, den Gemäßigten die Oberstadt zu entreißen und selbst das von 3000 Mann besetzte Schloß des Herodes zu erobern. Die Sieger wüteten unter den gefangenen Römern sowohl, als unter ihren eigenen Volksgenossen. Cestius Gallus, ein unfähiger römischer Feldherr, rückte gegen die Stadt, gab aber, als er schon dem Ziel nahe war, die Belagerung auf und zog sich n.-wärts nach Gibeon zurück. Dort wurde sein Lager von den Juden überfallen und sein Heer zerstreut. Dieser Sieg machte die Juden übermütig, und sie träumten, daß sie nun von den verhaßten Römern befreit seien; der aus Zeloten neu zusammengesetzte Rat von Jerusalem nahm die Organisation des Aufstandes durch ganz Palästina an die Hand. Nun wurde der tüchtige Vespasian mit 60 000 Mann nach Palästina geschickt. Er eroberte zuerst (im J. 67) Galiläa. Im Innern von Jerusalem hatten inzwischen Räuberbanden sich des Tempels bemächtigt und riefen, als sie sich von dem Hohenpriester Ananus belagert sahen, die alten Erbfeinde der Juden, die Idumäer (Edomitter) zu Hilfe; die Partei der Gemäßigten mit ihrem Anführer Ananus wurde vernichtet; 12000 Vornehme sollen umgekommen sein.

Erst nachdem Vespasian einen großen Teil Palästinas erobert hatte, ließ er seine Truppen gegen Jerusalem vorrücken; aber die Ereignisse in Rom nötigten ihn, die Fortsetzung des Krieges seinem Sohne Titus zu überlassen. Als dieser sich Jerusalem näherte, hausten im Innern der Stadt vier Parteien. Die Zeloten unter Johann von Giscala hatten die Burg Antonia und den Heidenvorhof inne, die Partei der Räuber unter Simon von Gerasa die Oberstadt; die Partei Eleazars war Herr des inneren Tempels und des Judenvorhofs; außerdem saß in der Oberstadt noch die Partei der Gemäßigten. Sechs Legionen (zu je 6000 Mann etwa) vereinigte Titus zu Anfang April 70 vor Jerusalem; den Hauptteil seines Heeres postierte er in den N. und NW. der Stadt, eine Legion aber an den Ölberg. Vergeblich versuchten die Juden einen Ausfall gegen die letztere. Im Innern der Stadt gelang es Johannes von Giscala, den Eleazar aus dem inneren Tempelbezirk zu vertreiben; ihm stand nun noch die Räuberpartei unter Simon gegenüber. Am 23. April wurden von den Römern die Belagerungsmaschinen an die w. Mauer der Neustadt (ungefähr beim heutigen Jâfâthor) herangebracht; am 7. Mai drangen die Römer in die Neustadt ein. Fünf Tage später erstürmte Titus auch die zweite Mauer, wurde aber wieder zurückgeschlagen; drei Tage nachher nahm er sie zum zweiten Mal und ließ nun die ganze N.-Seite der Mauer niederreißen. Vergeblich ließ er die Juden durch den in seinem Lager befindlichen Josephus zur Übergabe auffordern. Hungersnot stellte sich ein, und Leute, welche vor dieser und vor dem schrecklich wütenden Simon nach außen entfliehen wollten, wurden von den Römern gekreuzigt. Diese letzteren begannen nun Angriffswälle zu bauen; doch konnten die Juden dieselben noch teilweise zerstören. Titus ließ hierauf rings um die 33 Stadien lange Mauer eine Angriffsmauer von 39 Stadien führen; nun, da die Stadt ganz eingeschlossen war, begann eine fürchterliche Hungersnot; die Leichen der Verschmachteten wurden über die Mauer geworfen. Wiederum wurden die Sturmböcke in Thätigkeit gesetzt; am 5. Juli nachts wurde die Burg erstiegen; um die Tempelthore wurde gekämpft, aber noch blieben die Juden in deren Besitz. Nach und nach brannten die Säulengänge des Tempels ab, doch Schritt für Schritt wurde der Boden verteidigt; endlich am 10. Aug. warf ein Soldat, wie es heißt, gegen den Willen des Titus, einen Feuerbrand in den Tempel. Alles verbrannte; die Römer mordeten, was sie erreichen konnten; eine Anzahl Zeloten aber konnte sich nach der Oberstadt durchschlagen. Wiederum wurde verhandelt, während die Unterstadt schon in Flammen aufging; aber die Oberstadt wurde noch lange gehalten und erst am 7. Sept. verbrannt. Jerusalem war ein Trümmerhaufen; wer von den

Übriggebliebenen gegen die Römer gekämpft hatte, wurde hingerichtet, die andern verkauft.

Erst der baulustige Kaiser Hadrian (117-138) ließ an der Stelle von Jerusalem wieder eine Stadt bauen (130), die er *Aelia Capitolina* oder kurzweg *Aelia* nannte. Auch die Mauern wurden von Hadrian wieder aufgebaut und zwar in dem Laufe der alten Mauer, nur nach S. etwas enger, sodaß der größere Teil des w. Berges und des Ophel außerhalb der Stadt blieb (wie noch heute). Noch einmal flammte die Wut der Juden unter Bar Kochba auf; dann lagert sich für Jahrh. tiefes Dunkel über die Geschichte der Stadt. Den Juden wurde der Eintritt streng verboten.

Mit der Anerkennung des Christentums als Staatsreligion beginnt die neue Geschichte der Stadt. Constantin erlaubte den Juden wieder, sich Jerusalem zu nähern; sie machten selbst einen Versuch, gegen die Römer die Waffen zu ergreifen (339). Kaiser Julian begünstigte sie gegenüber den Christen und erlaubte ihnen sogar, den Tempel wieder aufzubauen, wozu aber nur ein schwacher Versuch gemacht wurde; später wurden sie wieder ausgeschlossen.

Als Bistum stand Jerusalem unter Cäsarea; erst nach vielen Streitigkeiten wurde auf dem Konzil von Chalcedon 451 ein unabhängiges Patriarchat für die drei Palästina (S. LXIV) in Jerusalem gegründet. Schon früh wurden zahlreiche Pilgerreisen nach Jerusalem unternommen; Justinian errichtete, wie es heißt, außer manchen Kirchen und 10-11 Klöstern in und um Jerusalem auch ein Hospiz für Fremde. 570 gab es in Jerusalem Hospize mit 3000 Betten. Auch Gregor der Große, sowie abendländische Staaten sorgten schon damals durch solche Hospize für die Pilger; gleichzeitig begann in Jerusalem der Handel mit Reliquien jeglicher Art zu blühen.

614 wurde Jerusalem von den Persern erstürmt und die Kirchen zerstört, aber bald darauf, namentlich mit ägyptischem Beistande, wieder aufgebaut. Der byzant. Kaiser Heraclius eroberte 628 Syrien wieder. Wenige Jahre später zog ein arabisches Heer unter Abu 'Ubeida gegen Jerusalem; aber die 12000 belagerten Griechen hielten sich tapfer. Der Chalife 'Omar selbst erschien mit Hilfstruppen und eroberte 637 die Stadt. Die Einwohner wurden sehr milde behandelt, man ließ sie (angeblich 50000) gegen eine Kopfsteuer in der Stadt wohnen. Harûn er-Raschîd soll sogar Karl dem Großen die Schlüssel zum heiligen Grabe übersandt haben. Von den römisch-deutschen Kaisern wurden stets Gelder für die Pilger nach Jerusalem geschickt. Erst später begannen die Bedrückungen der Christen durch die Muslimen. Die Stadt wurde von den Arabern *Bêt el-Makdis* (Haus des Heiligtums) oder kurzweg *el-Kuds* (das Heiligtum) genannt.

Im J. 969 kam Jerusalem in den Besitz der ägyptischen Fâtimiden; in der zweiten Hälfte des 11. Jahrh. wurde es in die Kämpfe der Turkomanen hineingezogen. Unter ihrer Herrschaft hatten die Christen viel zu leiden. Den Pilgern wurde Geld abgefordert; die wilden türkischen Räuberbanden Ortoks drangen bisweilen in die Kirchen und mißhandelten daselbst die Christen während des Gottesdienstes. Diese Bedrückungen riefen neben andern Gründen den 1. Kreuzzug hervor. Die Stadt war in den Händen des Iftichâr ed-daule (abhängig von Ägypten), als das Kreuzfahrerheer am 7. Juni 1099 vor ihre Mauern rückte. Die Belagerer litten Hunger und Durst; ohne Maschinen konnten sie der Stadt nicht beikommen. Auf der N.-Seite standen die beiden Roberte; auf der W.-Seite Gottfried und Tankred; ebenfalls auf der W.-Seite, besonders aber auf der S.-Seite Raimund von Toulouse. Als die Maschinen gebaut waren, griff Gottfried die Stadt hauptsächlich von S. und O. an; Tankred stürmte von N. her, und das Damascusthor wurde ihm von innen geöffnet; auch durch das Zionsthor drangen die Franken ein (15. Juli). Der größte Teil der muslimischen und jüdischen Bevölkerung wurde niedergemacht, die Moscheen in Kirchen verwandelt. Von den Gebäuden, welche die Kreuzfahrer während der 88 J. ihrer Herrschaft in Jerusalem errichteten, ist später zu reden.

Am 2. Okt. 1187 eroberte Saladin die Stadt und verfuhr gegen die Christen, deren viele aus den umliegenden Orten sich hineingeflüchtet hatten, sehr glimpflich: er gestattete ihnen gegen Lösegeld freien Abzug und schützte sie gegen die Roheit der Soldaten. Als Jerusalem drei Jahre später wieder von den Franken bedroht wurde (3. Kreuzzug), ließ Saladin die Stadt stark befestigen. Aber 1219 ließ Sultan Melik el-Mu'azzam von Damascus das meiste wieder schleifen, da er fürchtete, die Franken möchten die Stadt einnehmen und sich darin festsetzen. Durch Vertrag wurde Jerusalem 1229 dem Kaiser Friedrich II. übergeben, unter der Bedingung, daß die Mauern nicht wieder aufgebaut würden; doch übertraten die fränkischen Ritter diese Klausel. 1239 eroberte der Emir David von Kerak die Stadt; vier Jahre später wurde sie durch Vertrag wieder den Christen übergeben. 1244 bestürmten die Charesmier die Stadt und bald darauf kam sie unter die Herrschaft der Ejjubiden. Seit dieser Zeit ist Jerusalem eine muslimische Stadt geblieben. 1517 fiel sie in die Hände der Osmanen. Napoleon hatte im J. 1800 den Plan, Jerusalem zu erobern, gab ihn aber auf. 1825 brach in Jerusalem ein Aufstand aus wegen der Steuern; die Stadt wurde eine Zeit lang von den Türken bombardiert, bis ein Vergleich zu Stande kam. 1831 unterwarf sich Jerusalem dem Pascha von Ägypten, Muḥammed 'Ali, ohne großen Widerstand; ein Aufstand der Beduinen 1834 wurde unterdrückt. 1840 fiel Jerusalem wieder in die Hände des Sultans 'Abdul-Medschîd.

Zur Topographie, Bevölkerung etc.

Jerusalem liegt auf einem wenig fruchtbaren, wasserarmen Kalkplateau, das im Norden mit der Hauptkette des palästinensischen

Gebirgsrückens zusammenhängt, an der Straße, welche durch das hohe Centrum des Landes, ungefähr der Wasserscheide folgend, von S. nach N. führt. Die Stadt liegt unter dem 31° 47′ n. Breite, 35° 15′ ö. Länge von Greenwich, 52km vom Ufer des Mittelmeeres und 22km vom Toten Meere entfernt. Die Höhe des Tempelberges beträgt 744m, die des Hügels n. davon 770m, die der alten Oberstadt 777m, die Höhe bei der nw. Ecke der heutigen Stadtmauer 789m ü. M. Die Stadt hat eine 12m hohe Ringmauer mit 34 Türmen; diese Mauer bildet ein verschobenes Viereck von c. 4km oder 5400 Schritten Umfang und ist in $1^1/_4$ St. bequem zu umgehen. Vom Ölberg und vom Scopus gesehen (S. 93), macht Jerusalem einen stattlichen Eindruck. Die Stadt hat wenig freie Plätze; die Gassen sind winkelig, viele darunter Sackgassen und bei Regenwetter äußerst schmutzig; das Pflaster ist mangelhaft. Einige Gassen sind überwölbt. Die Hauptstraßen trennen auch die Hauptquartiere: die von N. kommende Damascus- und Basarstraße zunächst das muslimische Quartier (O.) vom christlichen (W.); ebenso die s. Fortsetzung dieser Straße das jüdische Quartier (O.) vom armenischen (W.). Die vom Jâfâthor ö. zum Harâm laufende Hauptstraße trennt anfänglich das Christenquartier (N.) vom armenischen (S.), dann das muslimische (N.) vom jüdischen (S.).

Acht Thore befinden sich in der Ringmauer, eines davon ist aber vermauert: 1. Das *Jâfâ-Thor* (S. 85), das einzige an der W.-Seite der Stadt (von den Arabern *Bâb el-Chalîl*, Hebronthor, genannt, weil die Straße l. nach Hebron führt). An der N.-Seite: 2. In der NW.-Ecke der Mauer das 1889 durchgebrochene Neue Thor *Bâb 'Abdu'l-Hamîd* (S. 86); 3. das *Damascus-Thor (Bâb el-'Amûd*, Säulenthor, S. 108); 4. das *Herodes-Thor* (*Bâb es-Sâhire*, S. 98), von einem Turm überragt (selten geöffnet). An der O.-Seite: 5. das *Stephans-Thor (Bâb Sitti Marjam*, Marienthor, weil hier die Straße zum Grab Marias führt), so benannt als der Ort, an welchem nach der Tradition die Steinigung des Stephanus stattfand (S. 79); 6. das seit lange vermauerte *Goldene Thor* (S. 55). An der S.-Seite: 7. das *Mogrebiner* oder *Mist-Thor (Bâb el-Mag̣âribe*, S. 61); 8. das *Zions-Thor* (*Bâb en-Nebi Dâûd*, wegen der Nähe von Davids Grab S. 89), im SW.-Winkel der Stadt.

Jerusalem besitzt bloß in *'Ain Silwân* (S. 102) und *'Ain esch-Schifâ* (Heilbad, S. 58) etwas Quellwasser; die Einwohner sind daher auf die Cisternen angewiesen. Selbst der Bau der Häuser richtet sich nach diesem Bedürfnis; alle Oberflächen des Bodens, die unter freiem Himmel sind, leiten das Regenwasser in die Cisternen. Aus Mangel an Holz sind die Häuser ganz aus Stein gebaut. Der Hof mit der Cisterne bildet den Mittelpunkt der Zimmergruppen. Ein echtes Jerusalemer Wohnhaus besteht aus einer Anzahl einzelner Zimmer, von denen jedes seinen besonderen Eingang und sein besonderes Kuppeldach hat. Die Zimmer sind ungleich hoch und ganz unregelmäßig gruppiert; zwischen ihnen laufen Gänge und Treppen im Freien hin, was bei Regenwetter unbequem ist, weshalb die Frauen stets mit kleinen Holzstelzen versehen sind. Es giebt auch Häuser mit flachen Dächern, unter denen aber die Kuppel nur verdeckt ist. Die Kuppel beginnt nicht auf der Kante der Umfassungsmauer, sondern ist eingerückt; man kann daher oben um sie herumgehen. Auf den Dächern sieht man öfters Brustwehren von thönernen Röhren, triangelförmig aufgebaut. Sowohl auf den Dächern als in den Höfen werden Blumentöpfe und dergl. eingemauert. Die überwölbten Zimmer sind im Sommer kühl; Wandnischen vertreten die Stelle von Schränken. Nicht in allen Häusern finden sich Glasfenster; auch Schornsteine giebt es nicht überall, und der Rauch der Holzkohlen entweicht dann durch die Lucken der Zimmer. Öfen giebt es nur in europäisch eingerichteten Wohnungen; im Winter werden zur Erwärmung meistens Kohlenbecken *(mankal)* in die Zimmer gestellt. Der Zimmerboden besteht aus einer Mörtelmasse, die fest wird wie Marmor.

Verwaltung: Jerusalem ist Sitz eines *Mutaṣerrif* ersten Ranges (s. S. LXV). Die Verwaltung erfolgt durch den *Medschlis idâra* (Verwaltungsrat; Vors. der Gouverneur) und den *Medschlis belediye* (Stadtrat; Vors. der Bürgermeister); in beiden haben die vollberechtigten Konfessionen (Griechen, Lateiner, Protestanten, Armenier und Juden) Sitz und Stimme. — Die Besatzung besteht aus einem Bataillon Infanterie.

Das **Klima** von Jerusalem ist im ganzen gesund, die Hitze wird auch in den Sommermonaten durch die frischen Seewinde erträglich; nachts tritt oft sehr starke Abkühlung ein. Auch das Cisternenwasser ist gut und keineswegs ungesund, wenn die Cisternen rein gehalten werden. Im Herbst freilich geht dasselbe vielfach auf die Neige; die niederen Klassen sind dann auf das Wasser der Teiche angewiesen. Dieser Übelstand zusammen mit den Miasmen der Schuttablagerungen erzeugt häufig Fieber, Dysenterien etc.

Mitteltemperatur von Jerusalem in Graden Celsius:

Januar	$8^{\circ}{}_{5}$,	Februar	$9^{\circ}{}_{2}$,	März	$11^{\circ}{}_{6}$.
April	$16^{\circ}{}_{4}$,	Mai	20°,	Juni	$22^{\circ}{}_{8}$.
Juli	$24^{\circ}{}_{1}$,	August	$24^{\circ}{}_{4}$,	September	$23^{\circ}{}_{3}$.
Oktober	$20^{\circ}{}_{3}$,	November	$15^{\circ}{}_{9}$,	Dezember	11°.
		Ganzes Jahr	$17^{\circ}{}_{3}$.		

Bisweilen schneit und friert es. Im Durchschnitt fallen auf den Okt. $1\frac{1}{2}$, Nov. $5\frac{1}{2}$, Dez. 9, Jan. 10, Febr. $10\frac{1}{2}$, März $8\frac{1}{2}$, April $5\frac{1}{2}$, Mai $1\frac{1}{2}$, d. h. im Ganzen 52 Regentage mit einer Regenmenge von 579,5 mm aufs Jahr. Winde: N. 36 T., NO. 33 T., O. 40 T., SO. 29 T., S. 12 T., SW. 46 T., W. 55 T., NW. 114 T.

Die **Bevölkerung** beträgt nach gewöhnlicher Schätzung etwas über 40000 (nach Liévin 1887 c. 43000) Seelen; davon sind etwa: Muslimen 7560, Juden 28000, Lateiner 2000, unierte Griechen 150, unierte Armenier 50, orthodoxe Griechen 4000, Armenier 510, Kopten 100, Äthiopen 75, Syrier 15, Protestanten 300.

Die verschiedenen Nationalitäten unterscheiden sich auch in Bezug auf die Tracht (vergl. S. xcII). Unter den muslimischen Arabern ist auch eine Kolonie Afrikaner (Mogrebiner).

Die Zahl der Juden ist in den letzten Jahren namentlich durch die Verfolgung in Rumänien und Rußland sehr gewachsen und noch immer ist der Zuzug im Steigen begriffen, sowohl von solchen, die gern im Gebiet der heiligen Stadt begraben sein wollen, als auch von solchen, die dort von den milden Gaben der Glaubensgenossen in Europa zu leben gedenken. Die meisten nämlich erhalten ihre *chalûka* (Anteil) an diesen Gaben, um dafür der Geber an heiliger Stätte zu gedenken. Männer wie Montefiore, Rothschild, sowie die Alliance Israélite haben durch großartige Schenkungen und Stiftungen versucht, das Los ihrer Glaubensgenossen zu erleichtern. — Die Juden haben über 70 Synagogen; an Anstalten zu humanitären Zwecken (außer den vielen Pilger- und Armenwohnungen) besitzen die Sephardim (S. xcII) ein Spital, die Aschkenazim eine große Schule mit Handwerkerschule unterhalten von der Alliance Israélite, eine Mädchenschule und das neue Spital von Rothschild, von deutscher Seite ein Spital, eine gute Schule, ein Waisenhaus für Knaben und eines für Mädchen. Viele Aschkenazim stehen unter österreichischem Schutze.

Die orthodoxe griechische Kirche ist heute die mächtigste in Jerusalem; ihr jetziger Patriarch heißt Nikodemos. Die Griechen haben folgende Klöster und Institute: Convent von Helena und Constantin, Abraham-Convent, Gethsemanekloster, die Convente St. Basil, St. Theodor, St. Georg, St. Michael, St. Katharina, Euthymius, Scetnagia, Spiridon, Caralombos, Johannes des Täufers, Nativität Mariae, St. Georg (II.), Demetrius, Nikolaus (mit Druckerei), St. Spirito. — Ferner eine Mädchenschule, eine Knabenschule, ein Hospital, das aber augenblicklich wegen Geldmangels geschlossen ist etc. — Die griechischen Priester tragen schwarze, runde Barette.

Eine ziemlich selbständige Stellung nimmt dem Patriarchat gegenüber die Russische Mission ein, die neben den kirchlichen auch politische d. h. russisch-nationale Zwecke verfolgt. Ihr gehört der große „Russenbau" (S. 86: Kirche, Pilgerhaus, Spital); ebenso die russischen Bauten auf dem Ölberg (Aussichtsturm, Kirche, Pilgerhäuser). Auch der russische Palästinaverein hat ein großes Pilgerhaus neu gebaut. Eine große, sechsklassige russische Schule ist in der Errichtung begriffen.

Die alt-armenische Kirche ist in Jerusalem stark vertreten, obgleich Armenier sich erst seit der Mitte des xvIII. Jahrh. in größerer Menge hier angesiedelt haben; man rühmt ihnen Duldsamkeit nach. Griechen und Armenier zeigen sich den Protestanten geneigter als den römischen Katholiken, ihren nächsten Gegnern. Der armenische Patriarch (Haroutian) wohnt in dem großen Convent beim Zionsthor (S. 85), in welchem Platz für einige Tausend Pilger sein soll. Im Kloster befindet sich eine Druckerei, ein Seminar, und ein kleines Museum. In der Nähe liegt ein armenisches Nonnenkloster *Dêr ez-Zêtûn* (Pl. 54), in dem angebl. Hause des Hanna (Schwiegervaters des Kaiphas). Beim Coenaculum liegt das armenische *Zionsbergkloster* (S. 89). — Die armenischen Mönche tragen eine oben kegelförmig zugespitzte schwarze Kapuze.

Die anderen Kirchen des Orients sind schwach vertreten. Das *Koptische Kloster* (S. 76) beherbergt einen Bischof; außerdem haben die Kopten noch ein zweites, ein Georgskloster. Die *Syrer der alten Kirche (Jakobiten)* haben einen Bischof und einige Priester; die *Abessinier* ein Kloster (S. 76).

Die Lateiner (d. h. *römische Katholiken*) sollen 1500 Seelen zählen. Nachkommen der Kreuzfahrer sind nicht nachweisbar, obwohl die Einwanderung der „Franken" im Mittelalter eine starke war. Die Gemeinde der lateinischen Christen bestand im J. 1483 nur aus wenigen Gliedern; erst durch die Anstrengungen der Franziskaner, die eifrig Propaganda machten, entwickelte sich die stattliche Gemeinde, die wir heute sehen. 1847 wurde das lateinische Patriarchat, das seit 1291 erloschen war, in der Person Valerga's neu besetzt; der jetzige Patriarch (seit 1889) heißt *Ludovico Piavi*, er ist zugleich apostol. Delegierter für Beirût. Anstalten der Lateiner: 1. *Klöster* und *Kirchen:* das Patriarchat mit großer Kirche; Salvatorkloster der Franziskaner (s. S. 84) mit Kirche, Schule (s. u.), Apotheke und Druckerei; St. Anna-Kirche (S. 79); Ecce-Homo-Kirche; Kirche Notre-Dame du Spasme (im Bau); Agoniekapelle; die Convente zum heiligen Grab, der Flagellation, der Dominikaner (S. 110), der afrikanischen Missionsbrüder, der Carmeliterinnen, der „Dames de Sion"; der Josephsschwestern, der „Soeurs de Rosaire"; im Bau ist ein großes Kloster an der Bethlehemstraße. — 2. *Schulen:* Seminar des Patriarchats, Waisenhaus für Mädchen und Knaben im Salvatorkloster, Handwerkerschule ebendaselbst, große Handwerkerschule im W. der Stadt (v. P. Ratisbonne gegr.), Knabenschule der Schulbrüder, Franziskaner Mädchenschule geleitet von den Josephsschwestern, Schule der „Dames de Sion" und eine Privatmädchenschule. — 3. *Hospitäler:* Hospital St. Louis (Französisches Etablissement, Arzt Dr. de Fries, bedient von den Josephsschwestern); Etablissement der „Filles de Charité". 4. *Pilgerhäuser:* Casa Nova; deutsch-katholisches Hospiz; österreichisches Hospiz; großes französisches Pilgerhaus.

Die den Lateinern affiliierten orientalischen Kirchen sind die *griechischen Katholiken* unter dem Archimandriten Basile Amara (mit Kirche im Patriarchatsgebäude, Veronikakapelle und einem großen Priesterseminar) und die wenigen *unierten Armenier*, mit einer Kapelle und Hospiz.

Die deutsche evang. Gemeinde zählt c. 190 Seelen. Seit 1887 ist dieselbe auch kirchlich selbständig. Da die von Friedrich Wilhelm IV. angeregte Einrichtung eines gemeinsamen protestantischen Bistums, unterhalten von Preußen und England, auf die

Dauer weder dem Interesse noch der Würde der deutsch-evangelischen Kirche entsprach, wurde in dem genannten Jahr diese Verbindung gelöst. Die Verhandlungen wegen Einrichtung und Besetzung eines deutschen Bischofstuhls sind augenblicklich noch nicht zu Ende geführt. Auch der schon lange geplante Bau einer großen deutschen Kirche auf dem *Mûristân* (S. 77) ist noch immer nicht begonnen. Vorderhand hat die deutsche Gemeinde eine provisorische Kapelle in den Ruinen des Mûristân, ein Pastorat, einen Hilfsprediger und eine gute Schule; ferner eine Reihe bedeutender Anstalten für humanitäre und Missionszwecke: Das *Johanniterhospiz*; das *Hospital* der Kaiserswerther Diakonissen (für welches ein den Bedürfnissen entsprechender Neubau außerhalb der Stadt geplant ist; Gaben hierfür sehr willkommen), Arzt Dr. Hoffmann; das *Kinderhospital Marienstift*, das der unermüdliche Dr. Sandreczky auf Kosten des Großh. von Mecklenburg-Schwerin eingerichtet hat; das *Aussätzigenhaus* (S. 106), unterhalten von der Herrnhuter Brüdergemeinde, Arzt Dr. Einszler; das *Mädchenwaisenhaus Talitha Kumi* (S. 87), geleitet von den Diakonissen aus Kaiserswerth; das für Knaben bestimmte sog. „*Syrische Waisenhaus*", von Schneller gegründet (S. 87). — Der *deutsche Verein* hält jeden zweiten Freitag im Parterre der deutschen Schule (S. 86) eine Zusammenkunft (Gäste willkommen, Einführung durch ein Mitglied).

Die *Templer* (S. 12) haben im S. von Jerusalem nahe dem Weg nach Bethlehem eine ansehnliche Kolonie, dieselbe zählt 300 Seelen, hauptsächlich Gewerbetreibende und Handwerker. Der „*Freie deutsche Verein*" der Templer (Einführung durch ein Mitglied) hält seine Zusammenkünfte im großen Versammlungssaal der Kolonie (vgl. auch S. 100).

Die englisch-protestantische Gemeinde steht seit 1888 unter Bischof *Blyth*; sie ist hauptsächlich Missionsgemeinde. Die *Church Missionary Society* (c. 140 Seelen) besitzt eine Kirche *St. Paul* (Pl. 86), die von Bischof Gobat begründete Knabenschule (Internat) mit Seminar (S. 87), eine Tagesschule für Knaben und Mädchen, sowie eine kleine Druckerei. Die *Judenmission* hat eine schöne Kirche, die *Christuskirche* (Pl. 25) auf dem tradit. Zion; in der Nähe davon ein Hospital, eine Knaben- und eine Mädchenschule; im N. der Stadt eine große Industrieschule. Beide Missionen arbeiten mit einem bedeutenden Aufwand an Kraft und Geld, aber ohne nennenswerte Erfolge (vgl. S. 23). — Der englische Johanniterorden hat an der Bethlehemstraße eine Augenklinik.

Litteratur. Die besten Bücher über Jerusalem (vgl. S. CXXVII) sind: *Tobler*, Denkblätter; 2 Bücher Topographie, erstes Buch: Jerusalem; die Siloaquelle und der Ölberg; Golgotha; *Barclay*, The city of the great king; *Besant and Palmer*, The city of Herod and Saladin; *Zimmermanns* Terrainkarten; *Warren*, Underground Jerusalem. Für Forscher unentbehrlich ist der betr. Band des englischen Palästinawerks mit Plänen.

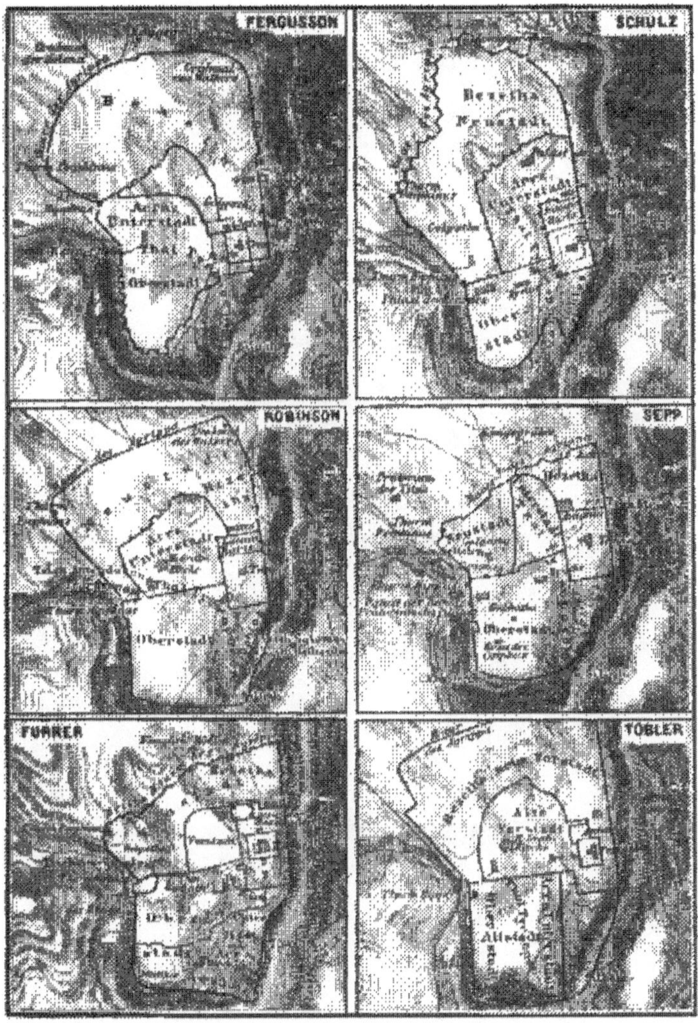
FERGUSSON
SCHULZ
ROBINSON
SEPP
FURRER
TOBLER

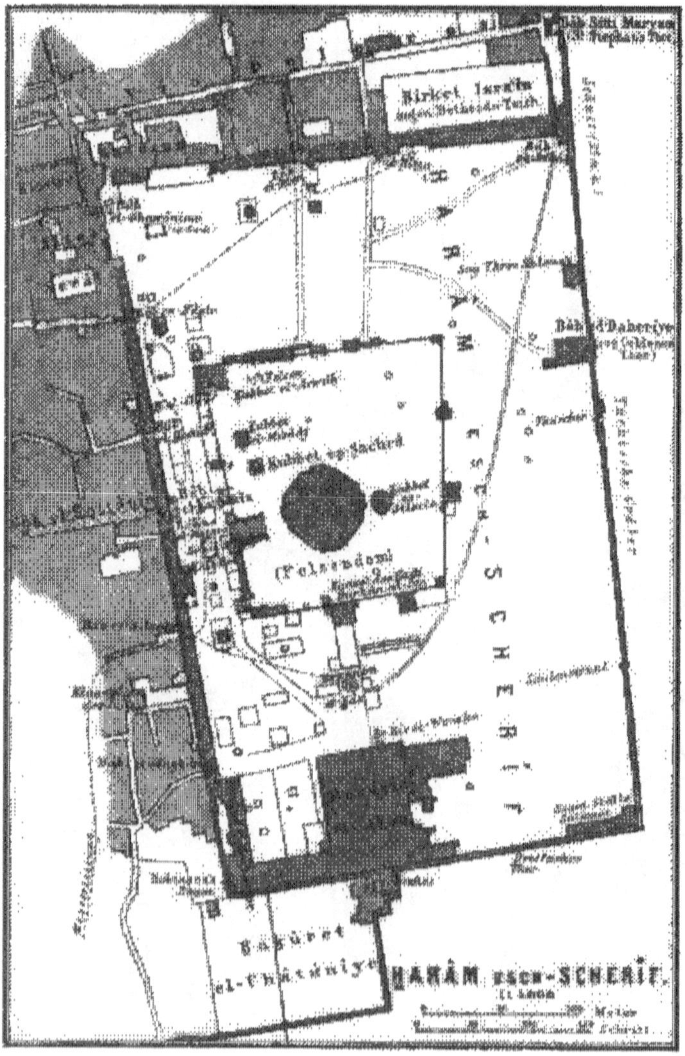
HARÂM esch-SCHERÎF
Kubbet es-Sachra
(Felsendom)

Das Harâm†) esch-Scherîf.

Geschichtliches. Wir stehen hier auf einem Platze, der seit uralter Zeit hohe religiöse Bedeutung gehabt hat: hier ungefähr stand der Altar, welchen David erbaute (II Sam. 24, 25). Auf derselben Stelle ließ dann Salomo durch phönicische Bauleute seinen Palast und Tempel bauen. Zu diesem Zwecke mußten an dem Abhange des Berges, vornehmlich gegen O. (Thal Josaphat), S. (Thal Hinnom) und W. (Thal Tyropoeon) Unterbauten vorgenommen werden, um eine ebene Fläche zu gewinnen. Schon wegen der äußeren Bodengestaltung ist anzunehmen, daß manche Teile der heutigen Umfassungsmauern ihrem Laufe nach denen des alten salomonischen Tempels entsprochen. In der SO.-Ecke hat man auf tief im Boden liegenden Quadersteinen phönicische Zeichen gefunden (S. 62); die Möglichkeit, daß wirklich noch Überreste salomonischer Bauten vorhanden sind, ist nicht absolut ausgeschlossen. Der Tempel selbst hat in der Mitte der Area auf einer zweiten Terrasse gestanden; sein Platz entspricht ungefähr der heutigen oberen Plattform; der Fels war wohl in das Heiligtum eingeschlossen. Salomo baute hauptsächlich das eigentliche innere Tempelhaus mit dem „Heiligen" und dem dahinter liegenden „Allerheiligsten", letzteres jedenfalls w. von ersterem, in Gestalt eines Würfels. Vor dem „Heiligen" war eine Vorhalle, und vor derselben im Priesterhof, noch auf der Basis des Tempels, stand der Brandopferaltar, das „eherne Meer" (ein großes Becken) und die „ehernen Fahrgestühle mit Wassergefäßen"; dann folgte der große Vorhof, später mit Gebäuden, namentlich auch Priesterwohnungen, umgeben. An dem Tempel bauten Salomos Nachfolger noch Jahrzehnte lang.

Der *zweite* Tempel, welchen die Juden unter großem äußern Druck nach ihrer Rückkehr aus dem Exil aufrichteten, erreichte bei weitem nicht die Pracht und Größe des früheren Baues. Um so prächtiger war der sog. *dritte* Tempel, der des Herodes, von dem noch viel erhalten ist. Begonnen 20 v. Chr. wurde er eigentlich nie in der Weise vollendet, wie er geplant war. Über diesen Tempel haben wir den Bericht des jüdischen Schriftstellers Josephus, der aber sein Buch erst in späteren Jahren und zwar in Rom schrieb, daher ihm oft Deutlichkeit und Anschaulichkeit mangelt.

Dieser Zeit gehören vor allem die großartigen Unterbauten auf der S.-Seite an; nach dieser Richtung hin wurde damals die Tempelarea bedeutend vergrößert, während die Hasmonäer sie im N. erweitert hatten. Auch die noch sichtbaren Umfassungsmauern mit den riesigen Bausteinen sind das Werk des Herodes, das er vielleicht teilweise mit altem Material zu Stande gebracht hat (näheres s. S. 53 ff.). Auf den Rändern der großartigen Plattform wurden Kolonnaden aus einer Doppelreihe von Monolith-Säulen erbaut, welche den ganzen Raum wie Hallen umgaben. Die Halle Salo-

†) So bei den arab. Autoren, heute meist „*hàram*" ausgesprochen.

mos, in welcher Christus wandelte (Joh. 10, 23), verlegen einige an die S.-Seite, andere richtiger auf die O.-Seite; auf ersterer war die Kolonnade vierfach und bestand aus 162 Säulen. An der W.-Seite waren 4, an der S.-Seite 2 Thore; Treppen führten durch Korridore in die Vorhallen hinauf. Ob die O.-Seite ein Thor hatte, ist nicht sicher. Die Hallen schlossen den großen Heidenvorhof ein, in welchem stets ein reges Leben herrschte. Eine Brustwehr umschloß einen zweiten höher gelegenen Hof; Warnungstafeln waren angebracht, welche den Nicht-Israeliten den Eintritt in diesen inneren Vorhof, den der Israeliten, untersagten (eine solche Warnungstafel in griechischer Sprache, fast wörtlich mit den Angaben des Josephus übereinstimmend, ist wieder aufgefunden worden). Eine besondere Abteilung des Vorhofs der Juden war für die Frauen bestimmt. Hierauf folgte der Vorhof der Priester mit dem großen Brandopferaltar aus unbehauenen Steinen. Wiederum trat man durch eine tiefe, reich ausgeschmückte Halle 12 Stufen aufwärts in das eigentliche „Heilige" des auf dem höchsten Punkte der Tempelarea erbauten Tempels. Derselbe war auf 3 Seiten (S., W., N.) mit einem 20 Ellen hohen Anbau von Zimmern in 3 Stockwerken umgeben, deren oberstes bis 10 Ellen unter den Sims des Heiligen reichte, so daß noch Raum für Fenster zur Erleuchtung des Inneren blieb. Hinter dem Thore hing der Vorhang; innen stand der Räucheraltar, der Tisch mit den Schaubroten, der goldene Leuchter. Im Hintergrunde des Heiligen führte eine durch einen Vorhang verschlossene Thüre in das finstere, kleine „Allerheiligste", einen Kubus von 20 Ellen. — Das Material des Tempels war überaus prächtig, und Goldplatten waren nicht gespart. Die Hauptfront war nach O. gerichtet. Im N. führten zwei Gänge aus den Hallen des Tempels zu der ihn schützenden Burg. Von hier sah Titus im J. 70 n. Chr. dem Brande des schönen Gebäudes zu. Die Hallen waren von den Juden selbst schon vorher verbrannt und zerstört worden; aber die großen Quadermauern, welche den Tempel trugen, konnten nicht zerstört werden.

Auf der Stelle des alten Tempels baute Hadrian einen großen Jupitertempel mit seiner und Jupiters Statue (oder der Dioscuren?). Wie wir aus Darstellungen auf Münzen wissen, war es ein Zwölfsäulenbau. Der älteste Pilger fand noch den Tempel und die Reiterstatue des Kaisers neben dem „durchlöcherten Stein" vor. Über die später auf diesem Platz errichteten Gebäude ist großer Streit. Wir wissen aus arab. Berichten, daß Omar sich vom christlichen Patriarchen an diesen Platz, den des salomonischen Tempels, führen ließ; er fand ihn bedeckt mit vielem Unrat, welchen die Christen zur Beschimpfung der Juden hier aufgehäuft hatten.

Der jetzige Felsendom ist ein Bauwerk aus arabischer Zeit. Im Innern des Gebäudes findet sich eine Inschrift in der ältesten arabischen Schrift (kufisch), welche lautet: „Es baute diese Kuppel Abdallah el-Imâm el-Mâmûn, der Fürst der Gläubigen, im J. 72" (beg. 4. Juni 691). Da aber Mâmûn erst im J. 170 d. Fl. (beg. 3. Juli 786) geboren worden ist, so muß angenommen werden, daß „el-Mâmûn", wie übrigens auch aus der Farbe dieses Teiles der Inschrift erhellt, später statt „el-Melik" eingesetzt worden ist; diesem prachtliebenden omaijadischen Chalifen schreiben in der That die arabischen Historiker die Erbauung des Gebäudes zu. Schon die politischen Verhältnisse drängten den ʿAbd el-Melik zur Erbauung eines Heiligtums an diesem Platze. Die Omaijaden, hervorgegangen aus der alten mekkanischen Aristokratie, waren die ersten, welche die politischen Vorteile der neuen Religion so recht begriffen; als daher Aufstände unter dem Deckmantel religiöser Ideen gegen sie ausbrachen, als damals selbst Mekka unter Muḥammed ibn Zubêr dem Chalifen den Eintritt verweigerte, suchte man ein Konkurrenz-Heiligtum zur Kaʿba auszuschmücken, und fand die Stätte dazu in Jerusalem. Der Chalife Mâmûn wird als Restaurator des Gebäudes angesehen werden können, wegen der Inschrift an den Thüren (S. 43). Eine weitere Restauration fand im J. 301 d. Fl. (913) statt. — Die Disposition des Gebäudes ist allerdings byzantinisch, weshalb Sepp darin eine alte Kirche Justinians, eine zweite Hagia Sofia finden wollte. Allein diese Anlehnung an byzantin. Formen ist nicht auffallend, denn die Araber verstanden damals noch nicht zu bauen; es wäre im Gegenteil befremdend, wenn sie auf die Griechen in dieser Beziehung *nicht* zurückgegriffen hätten.

Der polygonale Bau oder der Rundbau findet sich schon in S. Stefano rotondo in Rom am Ende des 5. Jahrh. Aber der Felsendom unterscheidet sich dennoch wesentlich, da der Bau keine Apsis zu haben brauchte, sondern sich nach dem in der Mitte befindlichen heiligen Felsen richten mußte, wie die Grabeskirche nach dem Christusgrabe; der Unterschied zwischen Felsendom und Grabeskirche ist nur der, daß wir bei ersterem ein Polygon, bei letzterer eine Rotunde haben. Die Grabeskirche kann demnach als Vorbild der Moschee gelten.

Bereits Muḥammed legte Verehrung für den alten „Tempel" an den Tag. Bevor er mit den Juden definitiv gebrochen hatte, befahl er sogar den Gläubigen, sich beim Gebet nach Jerusalem zu richten. Schon im Ḳorân findet sich das Ḥarâm als die „*Mesdschid el-Aḳṣâ*" (d. h. die von Mekka entfernteste Moschee) erwähnt an der berühmten Stelle Sûre XVII, 1: „Lob sei ihm (Gott), welcher seinen Knecht, um ihm einige von unsern Wundern zu zeigen, des Nachts in nächtlicher Reise von dem heiligen Tempel (der Kaʿba in Mekka) zum entferntesten Tempel brachte, dessen Umgebung wir gesegnet." Man sieht, Muḥammed behauptet selbst hier gewesen zu sein. Noch heute ist das Ḥarâm von Jerusalem nach Mekka der heiligste Platz der Muslimen; daher haben sie sich auch bis zum Krimkrieg gesträubt, Christen die Betretung desselben zu gestatten. Die Juden verzichten heut zu Tage von vornherein auf diese Vergünstigung, weil sie fürchten, irgendwo auf die Stelle des Allerheiligsten zu treten, was eine Sünde wäre.

Litteratur: *Vogüé*, Le temple de Jérusalem, Paris 1864. *Schick*, Beit el Makdas, Jerusalem 1887. *Chipiez et Perrot*, Le Temple de Jérusalem, Paris 1889.

Den *Besuch des Ḥarâm* sollte kein Reisender unterlassen. Am besten ist es, wenn sich eine kleine Gesellschaft zu diesem Zwecke zusammenfindet. Man wende sich an das Konsulat; dieses besorgt eine Erlaubnis von Seiten der türkischen Behörde, welche zugleich einen Soldaten zum Geleit mitgiebt; auch der Kawaß des Konsulats begleitet meist die Gesellschaft. Dem letzteren sind von jeder Person 12 Pi. als Bachschîsch für den herumführenden Schêch einzuhändigen. Trinkgeld für den Kawassen und den begleitenden Soldaten mindestens 15 Pi. jedem, bei einer größeren Gesellschaft entsprechend mehr. Man nehme Pantoffeln mit und einen Jungen zum Tragen derselben (Trinkg. 1-2 Pi. die Person). — Man wähle einen Tag mit heiterem Himmel (keinen Freitag!), da das Innere der Gebäude ohnehin etwas dunkel ist. An gewissen Tagen spazieren die muslimischen Weiber im Tempelhofe und sind dem Beschauer hinderlich.

Wir betrachten das ***Ḥarâm esch-Scherîf***, den geheiligten Bezirk, zuerst von Innen. Das Tempelareal nimmt das sö. Viertel der heutigen Stadt ein. Auf der W.-Seite führen 7 Thore aus der Stadt in den Tempel: von S. anfangend *Bâb el-Maghâribe* (Mogrebinerthor), *Bâb es-Silsele* (Kettenthor), *Bâb el-Mutawaḍḍâ* oder *Maṭhara* (Thor der Waschung), *Bâb el-Ḳaṭṭânîn* (Thor der Baumwollenhändler), *Bâb el-Ḥadîd* (Eisenthor), *Bâb en-Nâẓir* (Aufseherthor, auch *Bâb el-Ḥabs* „Gefängnisthor" genannt), und ganz im N. *Bâb es-Serâi* (Seraithor, auch *Bâb el-Ḳawânime* (nach einer Familie Namens Ḳânim benannt). — Die große mit Gebäuden übersäte Fläche ist nicht genau quadratisch; die W.-Seite mißt 490, die O.-Seite 474, die N.-Seite 321, die S.-Seite 283m. Die Oberfläche der Area ist auch nicht ganz wagerecht; die NW.-Ecke ist 3m höher als die NO.-Ecke und die S.-Ecken. Die W.- und N.-Seite des Platzes ist teilweise von Häusern eingefaßt, welche unten offene Hallen haben, die O.-Seite von einer Umfassungsmauer. Über das ganze Areal hin sind eine Menge *masṭaba's* (erhöhte Plätze) zerstreut, welche mit einem *miḥrâb* (S. XLVI) versehen sind und als Betorte dienen; ebenso *sebîl's* (Brunnen) zu den religiösen Waschungen. — Der Fremde wird in der Regel zum Thor der Baumwollenhändler hinein und, am *Sebîl Ḳâit Bei* (S. 49) vorbei, zuerst zur *Meḥkemet Dâûd* (S. 48) geführt; wir raten, mit dem Felsendom zu beginnen.

Der ***Felsendom, Ḳubbet eṣ-Ṣachra***, steht auf einer unregelmäßigen 3m hohen Plattform, auf welche von allen vier Seiten aus Treppen hinaufführen, von W. her 3, von S. 2, von O. 1, von N. 2. Die Treppen endigen in eleganten Arkaden (arabisch *mawâzîn*, Wagen, weil darin beim jüngsten Gericht die Wagschalen aufgehängt werden sollen!), welche die Schönheit der Perspektive wesentlich erhöhen; diese Arkaden sind dem alten Tempelvorhof nachgebildet, insofern sie gewissermaßen bereits den Eintritt in das Heiligtum bezeichnen. Diese mit schönen Steinplatten bedeckte obere Plattform darf daher bereits nicht mehr mit beschuhten Füßen betreten werden. Hier überblicken wir die ganze Anlage des Ḥarâm. Außer den großen Gebäuden finden wir eine Menge kleinerer auf der weiten Fläche zerstreut; der Boden ist schwärzlich und nur im Frühling nach dem Regen grün, jedoch mit einer Anzahl von Bäumen, besonders Cypressen, unregelmäßig bepflanzt.

Die Kubbet es-Sachra ist ein großes stattliches OKTOGON. Die 8 Seiten sind 20.4m l. und von oben bis zur Fensterbank mit Fayence-Platten belegt, von hier an abwärts mit Marmorplatten. Früher war das ganze Gebäude in letzterer Art verziert; die Porzellankacheln sind erst von Soliman dem Prächtigen 1561 angefügt worden. Durch Zusammenstellung dieser Fayence-Platten, die nach persischer Art *(kâschâni)* gefertigt sind, hat man prächtige Wirkungen erzielt, besonders durch den matten Glanz des Blau gegenüber dem Weiß und die grünen und weißen Quadrate an den Kanten. Sehr schön sind auch die großen Inschriften, welche in verschlungenen Zügen wie ein Fries ringsumlaufen. Es sind Koransprüche; jede Kachel mußte besonders beschrieben und gebrannt werden. Auf jeder thürlosen Seite des Oktogons sind sieben, an den andern sechs Fenster mit flach gespitztem Bogen angebracht, wovon jedesmal die beiden äußeren vermauert sind. Da die Bekleidung der Außenmauer an der W.-Seite sehr gelitten, hat man sie teilweise heruntergenommen und durch eine neue ersetzt. Hiebei sind alte Rundbogen zum Vorschein gekommen, und es hat sich ergeben, daß die jetzige Form der Fenster erst aus dem 16. Jahrh. stammt und daß früher an den Außenseiten je sieben hohe Rundbogenfenster mit einem Gesimsband und kleineren Rundbogenöffnungen sichtbar waren. Man vermutet darin einen ehemaligen Porticus. Auch Mosaiken sind zwischen den Arkaden entdeckt worden. — Die Bausteine sind, wie man auf der W.-Seite beobachten kann, klein, unregelmäßig und nicht besonders gut gefügt.

Die THORE sind nach den vier Himmelsgegenden gerichtet; sie sind viereckig und haben je einen Gewölbbogen über sich; vor jedem Eingang war eine offene, doch überwölbte Halle, die ursprünglich von vier Säulen getragen wurde; später wurden die Zwischenräume zwischen denselben vermauert. Eine Ausnahme bildet das s. Portal, wo ein wirklicher Porticus von acht verbundenen Säulen vorgesetzt wurde. Der W.-Eingang ist ein Neubau aus dem Anfang unseres Jahrh. Das n. Portal führt den Namen *Bâb el-Dschenne* (Thor des Paradieses), das w. *Bâb el-Ġarb* (W.-Thor), das s. *Bâb el-Kible* (S.-Thor), das ö. *Bâb Dâûd* oder *Bâb es-Silsele* (Davids- oder Kettenthor). An der Oberschwelle der Thüren steht eine Inschrift aus der Regierungszeit Mâmûns (216 d. Fl. = 831). Die Doppelthüren, welche gewöhnlich offen stehen, stammen aus der Zeit Solimans; sie sind aus Holz, aber mit Kupferplatten überzogen, die mit zierlich gearbeiteten Nägeln befestigt sind, und haben kunstreich gearbeitete Schlösser.

Das INNERE des Gebäudes hat einen Durchmesser von 53m und ist durch zwei concentrische Reihen von Stützen in drei Teile geteilt. Die *erste Reihe*, welche das äußere achteckige Schiff abschließt, besteht aus 8 Pfeilern und 16 Säulen; zwischen je zwei der sechseckigen geächselten Pfeiler stehen zwei Säulen. Die Säulenschäfte sind Monolithe aus Marmor, von verschiedenen Farben, Formen und Höhen; sie sind sämtlich älteren Gebäuden entnommen, teilweise vielleicht dem oben erwähnten Jupitertempel. So zeigen auch die aufgesetzten Kapitäle ganz verschiedene Formen; auch sie entstammen spät-römischer oder früh-byzantinischer Kunst; eines trug früher ein Kreuz. Oben auf die Kapitäle sind zur Er-

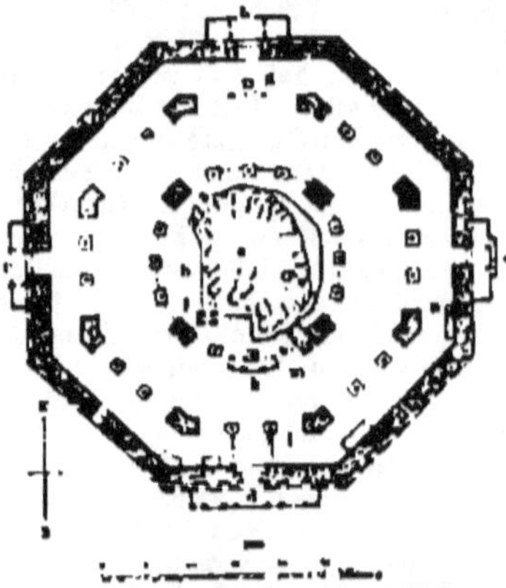

a. *es-Sachra* (der heilige Fels)
b. *Bâb el-Dschenne* (Thor des Paradieses)
c. *Bâb el-Ġarb* (Westthor)

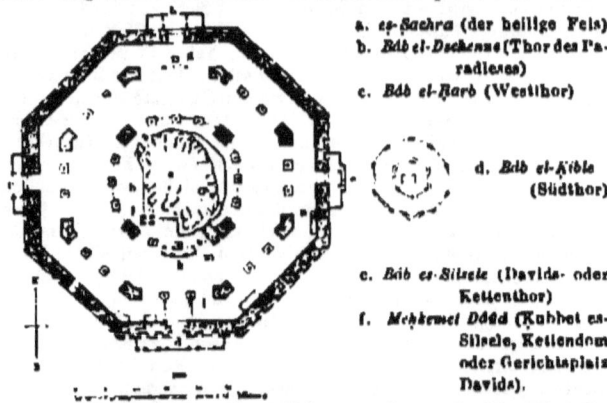

d. *Bâb el-Ḳible* (Südthor)
e. *Bâb es-Silsele* (Davids- oder Kettenthor)
f. *Mehkemet Dâûd* (Ḳubbet es-Silsele, Kettendom oder Gerichtsplatz Davids).

reichung einer gleichmäßigen Höhe von 6m große byzantinische Kämpfer mit Ornamenten (versteckt hinter Plattenbekleidung) gelegt, und auf diesen ruhen kleine Bogen. Diese Aufsätze sind durch sogenannte Anker mit einander verbunden, d. h. unter den Bogen läuft zwischen je zweien ein breites Gebälk aus Eisenstangen mit neben- und übergelegten Balken, die nach unten mit Kupferplatten in getriebener Arbeit, an den Seiten mit Holzschnitzereien verkleidet sind. Über den Balken liegen Marmorplatten, welche gegen die Umfassungsmauern bandartig vorstehen, gegen die Rotunde zu mit Schnitzwerk verdeckt sind. Unter dem Balkeneinsatz ist ein Blätterwerk aus Bronze angebracht. Während die Pilaster mit Marmorplatten bekleidet sind, die aus Solimans Zeit datieren, ist die von Bogen durchbrochene Mauer oben mit Mosaiken geschmückt. Die reichen bunten Linien dieser Mosaiken lassen sich nicht beschreiben; es sind Phantasielinien kühnster Art, häufig auch Guirlanden von Blumen; wir staunen über die Feinheit der Ausführung dieser kunstgeschichtlich höchst wichtigen Mosaiken. Über ihnen ist ein breites, blaues Band, auf welchem in Goldlettern uralte kufische Inschriften stehen. Sie enthalten Korânverse, welche auf Jesus Bezug haben, als ob der Erbauer den neuen muslimischen Standpunkt den damaligen Christen gegenüber an diesem heiligen Orte hätte betonen wollen. Sie lauten:

Sûre XVII, 111. Sage: Lob sei Gott, der keinen Sohn noch einen Genossen in seinem Regiment gehabt hat und keinen Helfer braucht, der ihn von der Schmach errette; preise ihn. Sûre LVII, 2. Er regiert

Himmel und Erde, er macht lebendig und läßt sterben, denn er ist allmächtig. Sûre IV, 169. O ihr, die ihr schriftliche Offenbarungen erhalten habt, überhebet euch nicht mit eurer Religion, und sagt von Gott nur Wahrhaftiges aus; der Messias Jesus ist nur der Sohn der Maria, der Gesandte Gottes und sein Wort, das er in Maria gelegt hat; so glaubt denn an Gott und seinen Gesandten und behauptet nicht, es wären drei (Trinität). Wenn ihr euch dessen enthaltet, so ist es besser für euch. Gott ist nur ein Einziger, und fern sei es von ihm, daß er einen Sohn gehabt hätte; ihm gehört, was im Himmel und auf Erden ist, und er ist sich in sich selbst vollkommen genügend. Sûre XIX, 34 ff. ..... Jesus spricht: „Heil sei über mich am Tage meiner Geburt und meines Todes und meiner Auferstehung zum Leben." Das ist Jesus der Sohn der Maria, das Wort der Wahrheit, worüber sie in Zweifel sind; Gott ist nicht so beschaffen, daß er einen Sohn haben könnte, ferne sei es von ihm; wenn er eine Sache beschlossen hat, so sagt er nur „Sei", so ist es da; und Gott ist mein Herr und euer Herr; betet ihn also an, das ist der richtige Weg.

Hier befindet sich auch jene geschichtlich wichtige Inschrift, von welcher wir schon S. 40 gesprochen haben.

Ein zweites Schiff wird durch eine *zweite Reihe von Stützen* gebildet, welche zugleich die Kuppel tragen. Es sind 4 große Pfeiler (deren innere und äußere Seiten der Kreislinie folgen) und 12 Säulen (die mittelsten immer die dünnsten); die Säulen (Monolithe) sind im Kreise aufgestellt. Auch sie sind antik; ihre Basen sind im 16. Jahrh. mit Marmor überzogen worden; unterhalb dieser Bekleidung sind sie durchaus von einander verschieden; die Bogen über ihnen stehen unmittelbar auf den Kapitälen auf. — Die Kuppel ruht auf einer sog. *Trommel*, die reich mit Mosaik ausgeschmückt ist. Das Mosaik ist durch einen Kranz in zwei Felder getheilt, in deren oberem 16 Fenster angebracht sind. Das Mosaik stammt aus verschiedener Zeit; es sind meistens Blumenvasen dargestellt, aus denen auf Goldgrund Trauben und Ähren hervorquellen; die byzantinischen Künstler, welche dies ausgeführt haben, mögen dabei an die Elemente des Abendmahls gedacht haben, da sie wegen der Gesetze des Islâm keine Figuren anbringen durften. Alle diese Mosaiken bestehen aus kleinen gefärbten Glasstückchen; sie stammen aus dem 10. und 11. Jahrh., einer Zeit, in welcher diese Kunst im Orient wahrscheinlich eine Neugestaltung erfahren hat.

Die Kuppel, welche sich nun über diesen Stützen erhebt, besteht aus Holz; ihre Höhe (vom Boden aus) beträgt 30m, darüber erhebt sich noch 5m h. der Halbmond; die Kuppelhöhlung innen ist 11,5m h., während ihr Durchmesser nur 20m beträgt, sie ist also nach innen eine überhöhte Halbkugel. Nach außen dagegen hat die Kuppel mehr elliptische Form. Ihr Dachstuhl ist nämlich ein doppelter, der freie Raum zwischen der äußeren und inneren Verschalung, die durch Streben mit einander verbunden sind, hat eine zwischen 0,8 und 1,5m schwankende Weite. Eine Treppe führt zum Mittelpunkt der Kuppel hinauf, durch eine Fallthüre kann man zum Halbmond hinaufsteigen. Auf den oberen Teil des äußeren Dachstuhls sind Bretter genagelt und ein Bleidach ist darauf angebracht. Innen sind schludelartige Holzstücke an den

Dachstuhl genagelt und reich mit gemalter und vergoldeter durch Nägel befestigter Gips-Stuccatur geschmückt; die Grundfarbe ist blau. Nach den Inschriften datiert der Kuppelbau aus dem J. 1022 (Ḥâkim, S. LXXIII); sechs Jahre vorher war die alte Kuppel eingestürzt. Die Verzierungen im Innern sind aus der Zeit Saladins, der unmittelbar, nachdem er den Franken die heilige Stadt abgenommen hatte, dieselben wieder herzustellen befahl (1189). Später wurden sie zweimal restauriert (1318 und 1830), oder vielmehr nur die Farben aufgefrischt. — Die *Fensterverschlüsse* bestehen aus dicken Gipsplatten, deren Durchbrechungen in verschiedener Form (Löcher und Schlitze) hergestellt sind. Diese sich nach innen hin erweiternden, trichterförmigen Öffnungen sind an der Außenseite mit verklammerten Glasplättchen geschlossen, deren Farben in den verschiedensten Mustern zusammengestellt sind. Die Farbenpracht dieser Fenster bei geschlossenen Thüren ist staunenswert, doch lassen sie sehr wenig Licht in das Innere der Moschee dringen, zumal sie nach außen erstlich durch eigentliche Glasfenster, die in Mörtelrahmen gefaßt sind, zweitens durch ein Drahtgitter und zuletzt noch durch ein Fayencegitter vor der Einwirkung des Regens geschützt sind. Die Inschriften der unteren Fenster tragen den Namen Solimans und die Jahreszahl 935 d. Fl. (= 1528). Die Wände zwischen den Fenstern waren ursprünglich mit Mosaiken bedeckt (in der Art wie die Trommel); die Kreuzfahrer brachten an deren Stelle Malereien an, deren Beschreibung wir noch haben. Saladin ließ die Wände mit Marmor bekleiden, Soliman sie restaurieren. — Der *Fußboden* besteht aus Marmormosaik und Marmorfließen; an einigen Stellen sind Strohmatten darüber gelegt.

Die Kreuzfahrer hatten aus dem Felsendom ein „templum domini", Tempel des Herrn, gemacht, ihn mit Heiligenbildern ausgeschmückt und auf der Spitze ein großes vergoldetes Kreuz befestigt. Auf dem heiligen Stein stand der Altar; die Oberfläche des Felsens war mit Marmor gepflastert und eine Anzahl Stufen in den Felsen gehauen, die zu dem Altar hinaufführten; deutliche Spuren davon sind noch sichtbar. Zwei Mauern bildeten den Chor; auf der SW.-Seite ist ein Stück der einen Mauer noch erhalten. Aus der Kreuzfahrerzeit (Ende des 12. Jahrh.) stammt auch das große, mit vier Thüren versehene Gitter aus Schmiedeeisen, welches, auf einer Steinbank zwischen die Säulen des innern Umgangs *(el-ḳafaṣ)* eingesetzt, noch heute den heiligen Felsen einschließt (französische Arbeit). Auf den Spitzen wurden einst Kerzen aufgesteckt. Gegenwärtig ist der Felsen selbst mit einer bunten, hölzernen Einfassung umgeben, doch so, daß man zwischen dieser und dem eisernen Gitter herumgehen kann. Am besten übersieht man den Felsen von der gegen NW. an das Gitterthor angelehnten hohen Bank. Die vergoldete Kette, welche an der Kuppelspitze befestigt ist und einen von der Sultanin Mutter gestifteten jetzt zerschellten, Kronleuchter trug, ist modern.

Endlich gelangen wir zu dem Heiligen Felsen selbst. Er ist 17,7m l., 13,5m br. und erhebt sich 1,25-2m über den Boden. Erst die jüdische Tradition, der Talmud, weiß von diesem Felsen zu erzählen. Wie in andern Heiligtümern des Altertums (z. B. zu Delphi) der Abgrund, in welchem man noch die Wasser der Flut brausen hörte, durch einen Stein verschlossen war, so angeblich auch hier. Die jüdische Überlieferung erzählt, daß Abraham und Melchisedek hier geopfert haben, daß Abraham hier den Isaak töten wollte und Jakob diesen Felsen gesalbt habe. Weil er als der Mittelpunkt der Welt galt, war angeblich auch die Bundeslade auf ihn gestellt; Jeremias hat dieselbe hier verborgen (nach 2 Makk. 2, 5 dagegen in einer Höhle des Berges Nebo), und es geht eine Sage unter den Juden, daß sie noch dort sei. Auf eben demselben Stein war der „*schem*", der unaussprechliche Name Gottes geschrieben; Jesus gelangte dazu, ihn zu lesen, und verrichtete mittelst desselben seine Heilungswunder. — Die Frage, ob wir diesen „*Eben schatjâ*", „Stein der Gründung", unbedingt mit dem heute vor uns liegenden Felsen identificieren dürfen, läßt sich nicht entscheiden, da die jüdische Tradition dunkel ist. Eher ist möglich, daß hier der große Brandopferaltar gestanden hat, weil man in der That auf dem Stein eine Rinne für den Abfluß des Blutes constatiert hat. Die natürliche Höhle unter dem Stein würde, wenn Nachforschungen gestattet wären, wohl noch tiefer in den Boden hinein verfolgt und wahrscheinlich als Cisterne erkannt werden können.

Die Muslimen haben mit so vielen anderen Traditionen auch die über diesen Stein in Umlauf befindlichen übernommen und weiter ausgebildet. Er schwebt nach ihnen ohne Stütze über dem Abgrund; wenn wir aber auf der S.-Seite (Pl. m) neben der Kanzel und Rednerbühne (k) die 11 Stufen in die unter dem Fels befindliche Höhle hinuntersteigen, so sehen wir eine Stütze und dann ringsum den Felsen auf einer übertünchten Wandung auflagern. Der hohle Ton, welchen man beim Klopfen an der Wand an einigen Stellen vernimmt, rührt nicht von einem dahinter befindlichen leeren Raum, sondern von dem vom Felsen sich ablösenden Mörtel her. Der Cicerone zeigt unten in der Höhle Betplätze von David und Salomo (kleine Schemel), Abraham (l.), Elias (N.); auch Muḥammed hat an der Decke des Felsens den Eindruck seines Kopfes hinterlassen. Ungefähr in der Mitte des Bodens klopft der Führer an eine runde Steinplatte; offenbar befindet sich darunter eine Höhlung. Die Muslimen behaupten, unter dieser Höhle sei der *Bîr el-Arwâḥ*, Seelenbrunnen, woselbst sich zweimal in der Woche die Seelen der Gestorbenen versammeln, um zu beten. Einige sagen, der Felsen stamme aus dem Paradies und ruhe auf einer Palme, die mit einem Paradiesesbach in Verbindung stehe; unter der Palme befinden sich Asia, die Gemahlin Pharaos, und Maria; andere sagen, darunter befinde sich die Mitte des Leibes des Weltfisches;

noch andere, hier seien die Pforten der Hölle. Am jüngsten Tage wird die Ka'ba von Mekka zur Ṣachra kommen; denn hier wird der Posaunenstoß erschallen, der das Gericht einleitet. Der Thron Gottes wird auf dem Felsen aufgepflanzt werden. Der Prophet hat gesagt: *Ein* Gebet bei diesem Felsen ist besser als 1000 Gebete anderswo. Er selber hat hier gebetet, rechts vom heiligen Fels, und von hier wurde er in den Himmel entrückt auf dem Wunderpferde Burâḳ; sein Körper hat das runde Loch durch die Decke der Höhle gebohrt, das wir noch heute sehen. Der Stein hat bei dieser Gelegenheit seinen Mund geöffnet, wie er auch den 'Omar begrüßt hat, daher hat er eine „Zunge" über dem Eingang in die Höhle. Da der Fels den Muḥammed gen Himmel begleiten wollte, mußte der Engel Gabriel ihn zurückhalten; an der W.-Seite des Felsens werden noch die Spuren der Engelshand gezeigt (Pl. h).

Noch andere wunderbare Einzelheiten werden gezeigt. Vor dem n. Eingang ist im Boden eine Jaspisplatte (*Balâṭat el-Dschenne*, Pl. g) eingelegt, in welche Muḥammed 19 goldene Nägel gesteckt hat; am Ende einer gewissen Zeit sollte immer ein Nagel herausfallen, und wenn alle weggefallen wären, das Ende der Welt eintreten. Eines Tages gelang es dem Teufel, alle Nägel bis auf $3^1/_2$ zu zerstören; durch den Engel Gabriel wurde er glücklicherweise an der Fortsetzung seiner Arbeit gehindert. Die Platte soll auch das Grab Salomos bedecken. — In der SW.-Ecke (Pl. i) zeigt man unter einem vergoldeten Türmchen die Fußspur des Propheten (im Mittelalter als die Jesu bezeichnet); auch Barthaare Muḥammeds werden dort aufbewahrt, sowie, im S., die Fahnen Muḥammeds und 'Omars. — Bei der Gebetsnische (Pl. l) sind einzelne große Ḳorâne aufgelegt (nicht berühren!).

Wir verlassen die Moschee durch die ö. Thüre, *Bâb es-Silsele*, „Kettenthor" genannt (zu unterscheiden von dem gleichnamigen Eingangsthor S. 42). Die muslimische Sage berichtet, daß Salomo hier eine Kette gespannt hatte, oder daß sie von Gott dorthin gebracht worden sei: der Zeuge, welcher die Wahrheit sprach, konnte sie erfassen; wenn ein meineidiger Zeuge sie erfassen wollte, löste sich ein Ring ab. Daher führt das vor dem Ostportal sich erhebende Gebäude den Namen: *Meḥkemet Dâûd*, Gerichtsplatz Davids, oder *Ḳubbet es-Silsele*, Kettendom (Pl. f). Die Muslimen behaupten, dieses Gebäude sei ursprünglich ein Modell zum Felsendom gewesen, was unmöglich ist. Das kleine niedliche Gebäude gleicht einer modernen Trinkhalle; es besteht aus zwei Reihen von Säulen, von denen die inneren ein Sechseck, die äußeren ein Elfeck bilden. Diese merkwürdige Konstruktion bewirkt, daß man mit einem Blick alle Säulen sehen kann. Die Säulen sind durchaus älteren Gebäuden entnommen, meist byzantinischen Stils, doch unter sich sehr verschieden. Der Boden ist schön mit Mosaik gepflastert und auf der S.-Seite (gegen Mekka) eine große Gebetsnische in der Öffnung zwischen 2 Säulen angebracht. Über dem flachen Fülldach erhebt sich eine sechseckige Trommel, die etwas ausgeschweift ist; auf die Spitze ist ein Mond aufgesetzt. — Die Mosaiken rühren aus derselben Zeit her, wie die der Sachra, und die ganze Anlage des Baues scheint eben so hoch hinaufzureichen.

Gehen wir von hier nach N., so stoßen wir auf einen Brunnen. In der NO.-Ecke der oberen Plattform, auf der wir uns befinden, hat man Hallen entdeckt, wohl aus Herodianischer Zeit: ein neuer Beweis, daß das Areal an verschiedenen Punkten künstlich durch Unterbauten zur Ebene hergestellt werden mußte, wenn auch rings um die Plattform der Fels an einigen Stellen nackt zu Tage tritt. Man kann jedoch in diese Gewölbe nicht hineingehen. NW. von der Sachra steht die *Kubbet el-Mi'râdsch*, „Himmelfahrtskuppel", zum Andenken an die berühmte nächtliche Reise Muḥammeds. Das Gebäude wurde laut Inschrift im J. 1200 (597 d. Fl.), 13 J. nach der Wiedereroberung Jerusalems durch die Muslimen, neu aufgebaut. Interessant ist der starke gotische Einfluß, den die Fensternischen mit ihren zurücktretenden, von Säulen getragenen Spitzbogen zeigen. In der Nähe findet sich ein alter Taufstein, als Wassertrog benutzt. Noch weiter nw. liegt ein modern aussehendes Gebäude über einer unterirdischen in den Felsen hineingebauten Moschee, die dem Fremden nicht gezeigt wird, sodann ein ganz kleines Gebäude, die „Geisterkuppel" *Kubbet el-Arwâḥ*, interessant, weil unter ihr der bloße Fels zu Tage tritt.

Bei der Treppe, die nw. von der Plattform hinunterführt, liegt zunächst die *Kubbet el-Chiḍr* „St. Georgskuppel". Hier soll Salomo die Geister geplagt haben. Vor der Moschee zwei rote Granitsäulen. Weiter s. zwischen der Plattform und den um das ganze Harâm laufenden Häusern ein elegantes Brunnengebäude, *Sebîl Ḳâit Bei*, laut Inschrift im J. 1445 (849 d. Fl.) durch den Mamlukensultan Melik el-Aschraf Abu'n-Naṣer Ḳâit-Bei gebaut. Über einem viereckigen Unterbau, der an den Ecken mit Säulen geschmückt ist, erhebt sich ein Carnies, darüber eine steinerne achteckige Trommel mit 16 Spitzfeldern, darüber eine Kuppel, die außen ganz mit Arabesken in Relief geschmückt ist. Ebenso befindet sich r. vom s. Porticus, der von der Plattform hinunterführt, eine zierliche *Kanzel* aus Marmor, „Sommerkanzel", oder nach ihrem Erbauer *Kanzel des Ḳâdi Burhâneddîn* (†1456) genannt; während des Fastenmonats Ramaḍân wird jeden Freitag hier gepredigt. Die Hufeisenbogen, welche das Kanzelhäuschen tragen, sowie dieses selbst mit seinen schlanken Säulchen, über welchen sich kleeblattförmige Bogen erheben, geben ein schönes Bild arabischen Geschmackes.

Die andern Gebäude auf der Terrasse sind unbedeutend; es sind Ḳorânschulen, teilweise verlassen, und Wohnungen. Wichtiger sind die tief in den Felsen gehauenen Cisternen, von denen der Boden ganz unterhöhlt ist; besonders in sw. Richtung vom Tempel aus findet sich eine große Menge solcher Brunnen aus uralter Zeit, teils in der Tiefe unter sich zusammenhängend, teils ohne Verbindung. Dem Auge des Touristen sind sie nicht sichtbar; nur die vielen Schöpflöcher sind auffällig.

Blicken wir noch einmal nach der Sachra zurück. Das reiche Gebäude machte auf die Franken des Mittelalters einen großen Eindruck; sie glaubten darin den alten salomonischen Tempel vor sich zu haben. Daher nannte sich die hier gestiftete Ritterschaft: Templerorden und nahm das Abbild der Felsenkuppel in ihr Wappen. Auch die Form des Gebäudes verbreiteten die Templer in Europa. In London, Laon, Metz und an verschiedenen anderen Orten stehen noch heute solche Kirchen, deren Vorbild der Felsendom 'Abd el-Meliks gewesen ist. Ja wir erblicken auf dem berühmten Bilde Raphaels „die Verlobung Marias" (in der Brera zu Mailand) im Hintergrunde noch den Polygonalbau dieser Moschee.

An der Kanzel vorüber steigen wir nun eine Treppe von 21 Stufen hinunter nach S. Bald gelangen wir zu einem großen runden Wasserbecken *(el-Kâs)*; sein Zufluß kam aus der Leitung von den salomon. Teichen her und wurde zum Kettenthore hereingeführt (S. 42). — Ö. davon vor der Akṣâ findet sich eine sehr schöne und tiefe Cisterne, das *Meer* oder auch *Königscisterne* genannt; sie ist 13m tief mit einem Umfang von 224m, in den Felsen gehauen, wurde wohl ebenfalls aus den salomon. Teichen gefüllt. Schon Tacitus sowie auch die ältesten Pilger wissen von dieser Cisterne. Ihre Anlage reicht wohl in die vorherodianische Zeit hinauf. Im Sommer hat sie wenig Wasser, nur wenige Cisternenlöcher befinden sich auf der Oberfläche. Eine in den Fels gehauene Treppe führt in diese erstaunlich großen, von Felsenpfeilern getragenen unterirdischen Gewölbe. Gerade vor dem Portal der Akṣâmoschee ist noch eine andere Cisterne unter der Moschee selbst, der *Blattbrunnen, Bîr el-Waraḳa*. Hier ließ einst ein Mann vom Stamme Temîm (aus NO.-Arabien), Gefährte des Chalifen 'Omar, seinen Eimer hinunterfallen, stieg hinab, ihn zu holen, und fand ein Thor, welches zu Baumgärten führte; er pflückte ein Blatt und steckte es hinters Ohr; darauf stieg er wieder hinauf und zeigte seinen Fund an. Das Blatt stammte aus dem Paradiese und blieb stets grün; andere Leute, die nach ihm hinunter gelassen wurden, fanden nichts.

Die Moschee ***el-Akṣâ** (das „entfernteste" Heiligtum, S. 41) wurde von Muḥammed in der Periode seiner Laufbahn, in welcher er den größten Teil seiner Offenbarungen aus jüdischen Quellen schöpfte, für eine alte heilige Stätte des Proto-Islâms erklärt, und nach einer Tradition soll er gesagt haben, ihre Gründung falle nur 40 Jahre später, als die der Ka'ba (durch Abraham). Die arabischen Autoren berichten, daß der Chalife 'Omar, vom Platz des salomonischen Tempels hinuntersteigend, in der nahe dabei liegenden „Marienkirche" sein Gebet verrichtet habe.

Die Moschee el-Akṣâ ist heute eine siebenschiffige Basilika

(mit Nebenbauten), 80m l., 55m br. (ohne die Annexe); ihre Hauptaxe fällt senkrecht auf die s. Umfassungsmauer des Ḥarâm.

Die erste Anlage des Gebäudes rührt von Justinian her; es war eine Basilika zu Ehren der Maria. Schon Prokop, welcher die Bauten Justinians beschrieben hat, weiß, daß man hierzu künstliche Unterbauten anlegen mußte; namentlich das Mittelschiff ruht auf unterirdischen Gewölben. Das Gebäude war sehr breit, sodaß man Mühe hatte, Balken für die Decke zu finden. Die Decke war von zwei Reihen übereinandergestellter Säulen getragen. Vor der Kirche befanden sich Vorhallen und zwei Hospize. 'Omar weihte die Kirche dem muslimischen Glauben; der oben angeführten Korânstelle gemäß erhielt sie den Namen *Mesdschid el-Akṣâ*. Ende des 7. Jahrh. ließ 'Abd el-Melik, der Erbauer der Sachra, die Thore der Akṣâ mit Gold- und Silberplatten überziehen. Unter dem Chalifat des Abu

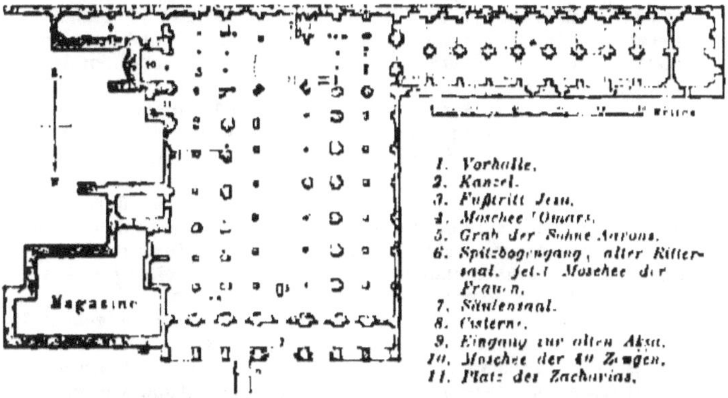

1. Vorhalle.
2. Kanzel.
3. Fußtritt Jesu.
4. Moschee 'Omars.
5. Grab der Söhne Aarons.
6. Spitzbogengang, alter Rittersaal, jetzt Moschee der Frauen.
7. Säulensaal.
8. Cisterne.
9. Eingang zur alten Akṣa.
10. Moschee der 40 Zeugen.
11. Platz des Zacharias.

Dscha'far el-Manṣûr (756-775) wurde die O.- und W.-Seite durch ein Erdbeben beschädigt; um sie wieder herzustellen, ließ man aus den Zieraten der Moschee Münzen schlagen. Manṣûrs Nachfolger el-Mehdi (775-785) fand die Moschee wieder in Ruinen in Folge eines Erdbebens; er ließ sie in veränderter Gestalt, in etwas geringerer Länge und größerer Breite, wieder aufbauen. 1060 stürzte das Dach zusammen, wurde aber sogleich wieder hergestellt. So lauten die Berichte der Araber. Man kann hieraus schließen, daß von dem ursprünglichen Gebäude sehr wenig mehr erhalten ist (wohl bloß einige Kapitäle unter der Kuppel und eines im 1. Seitenschiff). Die Seitenschiffe waren früher alle überwölbt, jetzt sind es nur noch die beiden äußeren auf jeder Seite.

Die heutige VORHALLE (Pl. 1) besteht aus sieben Arkaden, die in die sieben Schiffe des Gebäudes führen. Sie ist von einem Neffen Saladins, Melik el-Mu'aẓẓam 'Isâ, 1236 erbaut. Die mittleren Arkaden wollen fränkische Gotik nachahmen; aber Säulen, Kapitäle und Basen harmonieren nicht, da sie verschiedenartigen alten Gebäuden entnommen sind. Übrigens ist die Vorhalle später restauriert worden; ihr Dach stammt frühestens aus dem 15. Jahrh.

Das INNERE der Moschee, in welches man sich zuerst führen lasse, wirkt immer noch durch seine ursprüngliche Anlage überraschend. Älteren Ursprungs sind eigentlich nur die drei Mittelschiffe, in denen man den Plan der Basilika leicht erkennt. Im

Altertum war das w. Schiff wahrscheinlich vermauert, und auf der ö. Seite lag der Moscheehof, wie in Fosṭâṭ in Ägypten und in Damascus. In dem großen Querschiff mit der Kuppel ist vielleicht die Restauration el-Mehdîs zu erblicken; durch sie wurde die Kreuzesform hergestellt. Er war es wohl auch, der, um diese Kreuzesform wieder aufzuheben, je zwei niedrigere *Seitenschiffe* im O. und W. anfügte; zu diesem Behuf mußten die Seitenwände der Moschee durchbrochen werden. In ihrer jetzigen Gestalt sind diese vier Außenschiffe keineswegs so alt, sondern später restauriert; die Pfeiler sind viereckig formlos, die Gewölbebogen laufen spitz zu.

Die drei *Mittelschiffe* stechen, was Eleganz betrifft, bedeutend von den eben erwähnten ab. Sie sind viel eigenartiger und einheitlicher; die Kapitäle, teilweise noch Nachbildungen von Akanthusblättern, sind byzantinisch und werden von einigen Forschern dem 7. Jahrh. zugeschrieben. Die sieben Bogen, welche über den Säulen hinlaufen, sind weite Spitzbogen und müssen als solche aus späterer Zeit stammen; auch hier finden wir wieder die specifisch arabischen Holzanker, die Verbindungsbalken zwischen den Bogen. Über den Bogen ist eine doppelte Reihe von Fenstern; die höheren gehen nach außen, die niedrigeren nach den Seitenschiffen. Die drei Mittelschiffe sind noch mit Balken bedeckt, wie in den Basiliken, ebenso das Querschiff. Erstere sind auch dadurch merkwürdig, daß ihre Dachbedeckung außen nicht nur der Breite nach, sondern auch der Länge nach einen Giebel bildet.

Das *Querschiff* ist ebenfalls aus älteren Werkstücken gebaut. Die Säulen sind antik und keineswegs einheitlich, wie die des Langschiffes, sondern weichen in Bezug auf Material, Form und selbst Höhe von einander ab. Dieser Teil des Gebäudes ist einer Inschrift zufolge von Saladin restauriert 1187 (583 d. Fl.). Ebenso rührt das schöne Mosaik auf Goldgrund in der Trommel der Kuppel von Saladin her; nach arabischen Berichten hat er es aus Constantinopel kommen lassen. Aus derselben Zeit stammt die von eleganten Marmorsäulchen flankierte Gebetsnische im S. Das bunte Band, welches in diesem Teile des Gebäudes in Mannshöhe an der Mauer herumläuft, besteht aus Laubwerk arabischen Stils; den Inhalt der kufischen Inschriften bilden Korânsprüche.

Die *Kuppel* selbst besteht aus Holz und ist außen mit Bleiplatten überdeckt; innen ist sie ähnlich geschmückt wie die Kuppel der Sachra. Eine Inschrift nennt als Stifter (oder Wiederhersteller?) dieser Verzierungen den Mamlukensultan Muḥammed ibn Kilâwûn 1327 (728 d. Fl.). Einige Fenster der Moschee haben bunte Glasscheiben, die aber weniger schön sind, als die der Sachra, obwohl sie aus derselben Zeit stammen (16. Jahrh). Sehr häßlich sind die Malereien des großen Bogens des Querschiffes, von einem italienischen Maler in unserm Jahrh. angefertigt. — Neben der Gebetsnische finden wir eine wunderschöne aus Holz geschnitzte *Kanzel* (Pl. 2). Die Detailverzierungen sind herrlich; sowohl der

Aufgang zur Kanzel als das spitzige Häuschen selbst ist mit Elfenbein und Perlmutter eingelegt; sie wurde im J. 1168 (564 d. Fl.) auf Befehl Nûreddins von einem Künstler in Aleppo verfertigt und von Saladin bei der Restaurierung der Aksâ hierher gestellt. Hinter dieser Kanzel zeigt man den *Fußtritt Jesu* in Stein (Pl. 3); nicht weit von hier wurde er bereits einem der ältesten Pilger, Antoninus von Placenza, vorgewiesen. Weiter ö. stehen zwei Säulen nahe bei einander (Pl. 7); der Cicerone erklärt, daß nur ein ehelich Geborener zwischen ihnen durchschlüpfen könne; andere sagen, es komme niemand in den Himmel, der hier nicht durchschlüpfen könne (ein ähnliches Säulenpaar befindet sich in der 'Amr-Moschee in Alt-Kairo). Jetzt ist ein eisernes Gitter dazwischen gesetzt.

Nebenbauten: Gegen W. verlängert sich das Querschiff in einen langen doppelt gegliederten Gang mit Spitzbogengewölben (Pl. 6); die Pilaster sind indes ziemlich plump. Diese ganze Partie rührt von den Tempelrittern her; hier befand sich wohl ihr Waffensaal oder etwas ähnliches. Die Aksâ war speciell den Templern zugeteilt worden; sie hieß bei ihnen *porticus, palatium* oder *templum Salomonis;* die Ritter wohnten hier und in den Unterbauten dieser Ecke des Harâm, deren Fenster nach S. auf den den Bergabhang hinausschauen. Jetzt bildet dieser Teil des Gebäudes die Moschee der Frauen, „*weiße Moschee*". — Der sö. Anbau der Moschee ist ein kahles, uninteressantes Gebäude mit einer Gebetsnische (Pl. 4); hier soll die eigentliche *Moschee 'Omars* gestanden haben, denn die Bezeichnung des Felsendoms als 'Omarmoschee ist falsch und erst von den Franken aufgebracht worden. Ein ähnlicher Anbau findet sich weiter n., der größere (s.) Teil desselben ist die Apsis (Pl. 10) einer früheren christlichen Kirche, jetzt „Moschee der vierzig Zeugen"; n. davon (Pl. 11) der Platz des Zacharias (S. 100), der hier getötet worden sein soll, mit einer hübschen Fensterrose aus der Kreuzfahrerzeit. — Im Mittelschiff nicht weit vom Ausgang wurde früher im Boden das Grab der Söhne Aarons gezeigt (jetzt mit Matten bedeckt, Pl. 5).

Aus dem Mittelportal hinaustretend, finden wir r. eine Treppe. 18 Stufen führen in ein *Souterrain* hinab, das sich unter der Aksâ hinzieht. Es wird durch eine doppelte Reihe von Gewölbebogen gebildet, die auf viereckigen, mit Bogen überspannten Pfeilern ruhen; die Mittelreihe steht gerade unter den die O.-Seite des Mittelschiffes der Basilika bildenden Arkaden, vielleicht ein Beweis, daß die ursprüngliche Basilika nur bis hierher reichte. Die Substruktionen in ihrer jetzigen Form sind zwar nicht alt, namentlich ist das Mauerwerk der ö. Wand späte Restauration; sie stehen jedoch an der Stelle alter byzantinischer Unterbauten. Gegen das S.-Ende hin steigt man noch 8 Stufen hinab und findet einen überwölbten Raum, dessen Bogen sich in der Mitte auf eine mit Kalk überzogene kurze und dicke Monolithsäule stützen; das Kapitäl derselben mit seinen steifen Blättern scheint byzantinisch. Neben dem Endabschluß der Zwischenmauer schaut eine Dreiviertels-Säule heraus. Das alte nach S. gerichtete *Doppelthor* ist noch vollkommen erhalten; seine drei Pfeiler sind aus sehr großen, aus der jüdischen Zeit stammenden Steinen aufgebaut. Auch die Oberschwellen der Thore sind noch in situ, doch ist die ö. gebrochen und beide durch zwei später eingesetzte Säulen gestützt; auf der Innenseite sind sie mit Kalk überzogen, von außen sind sie noch zum Teil sichtbar und hier mit schöngevierten plattenartigen Steinen ornamentiert. Der ganze Raum war eine zu dem nun vermauerten Doppelthor gehörige Halle, wurde aber umgebaut und überwölbt, wahrscheinlich zur Zeit der Erbauung der Marienkirche. Da man sehr wahrscheinlich in diesem Thore die *„Huldapforte"* zu erblicken hat, so dürfen wir voraussetzen, daß Jesus öfters und besonders mit den Festprocessionen hier durch in den Tempel gegangen ist. Heute befindet sich hier ein muslimischer Betplatz, daher die Strohmatten.

Die Frage, ob unter der *Südwestecke des Harâm* sich Unterbauten mit Gewölben finden, ist bisher noch nicht gelöst worden, aber höchst wahrscheinlich zu bejahen. Durch eine Kinderschule kann man in ein interessantes Souterrain und zu dem riesigen Quader beim Barclays Thor (S. 60) gelangen.

Der Platz von der Akṣâ-Moschee bis zur ö. Umfassungsmauer des Ḥarâm ist jetzt mit Steinplatten belegt und vollständig leer. Die ganze *Südostecke des Ḥarâm* ist von künstlichen Unterbauten getragen, welche keinen andern Zweck hatten, als den, eine ebene Fläche herzustellen. Der Eingang zu denselben befindet sich bei einer kleinen Halle ganz im SO.-Winkel des Tempelplatzes. Auf 32 Stufen hinabsteigend, gelangen wir in ein kleines muslimisches Bethaus. Merkwürdiger Weise wird hier die *Wiege Jesu* gezeigt, eine horizontal gelegte Nische, darüber ein von 4 kleinen Säulen getragener Kuppelbau; schon im Mittelalter war dieser Platz bekannt. In vorislamischer Zeit stand hier die „Basilika Theotokos" (der Gottgebärerin) oder „Maria nova". Diese sonderbare Sage scheint daher zu stammen, daß hebräische Frauen im Altertum in diesem Gebäude ihrer Entbindung entgegensahen. Die Legende behauptet, der alte Simeon habe hier gewohnt, und Maria habe hier nach der Darbringung Jesu im Tempel einige Tage zugebracht.

Von hier steigt man in die geräumigen Unterbauten hinab. Dieselben gelten bei den Arabern als Werk der Dämonen; in ihrer jetzigen Gestalt ist aber die ganze Anlage eine (wahrscheinlich arabische) Nachbildung ähnlicher älterer Substruktionen auf dieser Stelle. Das Material der Pfeiler allerdings, meist geränderte Quadern, stammt aus alter Zeit her. Auch in der heutigen Bezeichnung dieser c. 9m hohen Gewölbe als *„Ställe Salomos"* mag eine richtige Tradition liegen; denn hier in der Nähe ist wahrscheinlich der Palast dieses Königs zu suchen. In den unterirdischen Gewölben suchten während des Kampfes gegen die Römer viele Juden Zuflucht; auch sonst sind mehrfach Zeugnisse vorhanden, daß solche Unterbauten schon früh in dieser Ecke bestanden. Im Mittelalter waren hier die Ställe der fränkischen Könige und der Templer; man findet noch die Ringe, an welchen ihre Tiere angebunden waren. Die Gewölbe erstrecken sich von O. nach W. 83m; von S. nach N. 60m. Es sind im ganzen 13 ungleich lange und ungleich breite Tonnengewölbe (etwas überhöhter Halbkreis) von 88 Pfeilern in 12 parallel laufenden Reihen getragen. Im sechsten dieser Gänge sieht man eine kleine vermauerte Thüre in der S.-Mauer, das „*einfache Thor*“ (dabei die sog. Wiege Davids); wenn man ganz im W. durch eine Thüre durchschlüpft, gelangt man in eine fernere Reihe von Unterbauten, welche nach S. durch ein *dreifaches Thor* verschlossen sind. Von diesem alten Tempelthore, das ganz in der Art des oben beschriebenen Doppelthores gebaut war, sind nur noch die Unterbauten erhalten. Die Thore selbst mit ihren beinahe elliptischen Bogen sind verrammelt. Der ganze Porticus ist 16,3m br., 7,7m h. Über die Außenseite vgl. S. 62. Man bemerkt auch Säulenstücke, die in die Mauern eingesetzt sind. Ebenso sieht man 18,8m vom Thore entfernt gegen N. eine alte Säule in der Mauer. Weiterhin 120m von der s. Mauer an beginnt die Bauart der Galerie sich zu verändern, und der obere Teil wird moderner. Nach N. reichen die Gewölbe über eine große Felsencisterne hin weiter als die Aksâmoschee; man sieht dort die mächtigen Wurzeln der auf der Tempelarea stehenden Bäume. — Der Raum zwischen dem dreifachen und zweifachen Thor hat leider noch nicht untersucht werden können, doch ist auch hier das Vorhandensein von Substruktionen höchst wahrscheinlich.

Wir steigen nun wieder zur Harâm-Area hinauf und verfolgen unsern Weg nach N. Die ö. **Umfassungsmauer** des Harâm ist in ihrem oberen Teile durchaus modern. Etwas weiterhin können wir mittelst einer Treppe auf die Mauer hinaufsteigen. Die Aussicht über das Josaphatthal, welches mit seinen Gräbern zu unsern Füßen liegt, und auf den Ölberg gegenüber ist herrlich. Man bemerke den Säulenstrunk, der horizontal gelegt auf beiden Seiten über die Mauer hinausragt. Über dem inneren Ende ist ein kleines Gebäude (Betplatz) errichtet. Wenn beim jüngsten Gericht die Posaune ertönt, so versammeln sich nach muslimischer Sage die Menschen hier im Thal Josaphat. Von diesem Säulenstrunk aus wird dann ein dünnes Drahtseil gespannt und am gegenüberliegenden Ölberg befestigt. Hier wird Jesus, dort gegenüber Muhammed zu Gericht sitzen. Über dieses Seil muß jeder Mensch gehen: die Frommen werden von ihren Engeln vor dem Fall behütet und können schnell wie ein Blitz darüber hinwegeilen, die Bösen aber fallen in den Abgrund, in den Höllenschlund. Diese Brücke kommt übrigens schon in der altpersischen Religionslehre vor.

Weiter n. treffen wir das **goldene Thor**, das von jeher das einzige der O.-Seite gewesen zu sein scheint.

Aus Ezechiel 44, 1. 2 könnte man beinahe schließen, daß das Thor der O.-Seite schon in alter Zeit stets geschlossen war. Wir haben ferner aus der Apostelgeschichte 3, 2 Kunde von einer θύρα ὡραία (porta speciosa, schöne Pforte), nach welcher die Heilung des Lahmen verlegt wird. Obwohl die „schöne Pforte“ sicher an der Mauer des inneren Tempelvorhofs lag, hat doch in neuerer Zeit die Tradition diese Wunderthat hierher verlegt, wohl weil dieses Thor das einzige noch sichtbare im O. des Tempels war; später wurde durch Mißverständnis aus ὡραία im Lateinischen aurea; daher der Name „goldenes Thor“. Doch unterschied noch Antoninus Martyr die „portes precieuses“ von dem goldenen Thor. Die Anlage des Thores, wie wir es jetzt vor uns haben, datiert frühestens aus dem 5., wahrscheinlich erst aus dem 7. Jahrh. n. Chr. (Nach der muslimischen Sage sind die Säulen des Thors ein Geschenk der Königin von Saba an Salomo.) In der Außenmauer s. ist ein ganz kleines Thürchen, das wohl den Fußgängern diente und durch einen nun verschütteten Gang in das Innere des Thorwegs einmündete. Die goldene Pforte hat viel Ähnlichkeit mit dem Doppelthor der S.-Seite (S. 51), und wir dürfen ungefähr hieher die Pforte „Susan“ des alten Tempels setzen. 629 hielt Heraklius hier seinen Einzug, und noch im J. 810 führte ein Stufenweg aus dem Kidronthale zum Tempelplatz. Die Araber vermauerten später dieses Thor bis auf eine kleine Thüre, und noch heute geht die Sage, daß einstmals an einem Freitag ein christlicher Eroberer durch dieses Thor einziehen und den Muslimen Jerusalem wegnehmen werde. Zu den Zeiten der Kreuzfahrer wurde das Thor am Palmsonntag und am Feste der Kreuzeserhöhung für einige Stunden geöffnet. Am Palmsonntag bewegte sich die große Procession mit Palmen vom Ölberge her durch dieses Thor. Der Patriarch ritt dann auf einem Esel, das Volk breitete Kleider auf seinem Weg aus u. s. f., wie es seiner Zeit Jesu geschah.

Die Araber nennen heut zu Tage das ganze Thor *Bâb ed-Dâhirîje*, den n. Bogen *Bâb et-Tôbe*, Reuethor, den s. *Bâb er-Rahme*, Gnadenthor. Die großen monolithischen Thürpfosten im O. sind in Pfeiler verwandelt, die nun 2m über den Mauerlauf hinausragen; zwischen beide setzte man einen großen Pfeiler, dessen beide Seiten man mit Halbsäulchen schmückte; darüber wurden dann die Bogengewölbe gelegt. In Folge der Vermauerung ist der Mittelpfeiler nach außen nicht mehr sichtbar. Neuerdings ist das lange Zeit verwahrloste Gebäude freigelegt und restauriert worden; vor die schadhaften Ecken wurden zwei neue Stützbogen gebaut. Eine Treppe führt auf das Dach, von wo aus man den ganzen Tempelplatz, besonders die Aufgänge zum Felsendom schön übersieht. Der Eintritt ins Innere ist nicht gestattet.

Im Innern des Portals ist eine Halle mit sechs Gewölben, deren platte Bogen sich einesteils auf einen Fries über den Pilastern der Seitenwände, andernteils auf zwei in die Mitte gestellten Säulen stützen; beim W.-Ausgang nach dem Innern hin wurde die oben erwähnte Anlage der O.-Pforte einfach wiederholt; in der Mitte sieht man noch im Mauerwerk die alte Säule stecken. Alle architektonischen Details des Gebäudes, das sehr reich geschmückt ist, weisen auf byzantinische Zeit hin. Die platten Gewölbe, die Gedrücktheit der Gesimse, die ausgeschnittene Form des Laubwerks, die platte Umbiegung der Akanthusblätter an den Kapitälen sind Zeichen späterer Kunst, und ebenso die Kapitäle der Mittelsäulen mit ihren wulstigen Ausladungen. Aufsätze, wie wir sie über diesen Säulen sehen, kommen erst im 6. Jahrh. vor. Auch die Vertiefungen an den Kranzleisten an den Basen der Kapitäle sprechen für eine späte Zeit. Das Innere erhält durch Öffnungen, die in den Trommeln der ö. Kuppeln angebracht sind, Licht.

Etwas weiter n. finden wir eine moderne Moschee (vermutlich über alten Gewölben), der „*Thron Salomos*“ genannt; hier soll Salomo tot gefunden worden sein. Nach der Legende sollten die Dämonen seinen Tod nicht merken, daher stützte er sich, auf einem Sessel sitzend, auf seinen Stab; erst als ein Wurm den Stab zernagte und zusammenbrechen machte, merkten die Dämonen, daß sie nun von der Herrschaft des Königs befreit seien. Wie an allen Wallfahrtsorten finden sich auch hier an den Gitterfenstern Lumpen aufgehängt, welche die Besucher in Folge eines Gelübdes an den Heiligen sich aus dem Kleide gerissen haben.

Wir gelangen über den Grasboden an die N.-Mauer des Harâm, die eine ganze Reihe von Thoren hat. Zunächst ö. sieht man das *Bâb el-Asbâṭ*, das Thor der Stämme. (Übrigens hielt man *asbâṭ*, Stämme, bisweilen für den Namen eines einzelnen Mannes, eines Propheten.) Unter den Arkaden der N.-Mauer sind Fenster; ein Blick aus einem derselben verlohnt sich, denn wir sehen hier tief unter uns den traditionellen Teich *Bethesda*. Vor Zeiten lief hier ein Thälchen seitwärts vom oberen Tyropoeon von NW. nach SO., das man bei der Anlage dieses Teiches benutzen konnte. Der Teich ist 110m l., 38m br., liegt 21m unter dem Niveau der Tempelarea; sein Boden ist 6m hoch mit Schutt bedeckt; selten findet sich heute etwas Regenwasser darin. Der Teich wurde von W. gefüllt und konnte durch einen Ablauf, der sich in einem Turm im SO.-Winkel befindet, reguliert und geleert werden. Die katholische Tradition findet hier den beim Schafthor gelegenen Bethesdateich; da man dieses Thor an die Stelle des heutigen Stephansthores setzte, so sprechen auch schon alte Pilger von der hier gelegenen *piscina probatica*, dem „Schafteich“ (vgl. auch S. 58). Heute führt der Teich den Namen *Birket Isrâ'în*, „Israelsteich“. Nahe bei dem SW.-Ende des Teichs stieg der Chef der engl. Expedition, Warren, in eine Cisterne hinunter und fand doppelt übereinandergesetzte Gewölbe, n. davon ein Gemach mit einer Öffnung in der N.-Seite der Harâmmauer. Diese Öffnung vermittelte den Abfluß des überschüssigen Wassers.

Wenn wir die N.-Seite des inneren Harâmbezirks entlang gehen, so haben wir l. Betplätze; bald kommen wir wieder an ein Thor r., *Bâb Ḥiṭṭa* oder *Ḥoṭṭa*; dann folgt das *Bâb el-'Atem*, Thor der Dunkelheit, auch *Scheref el-Anbijâ*, Ehre der Propheten, oder von einer dort gelegenen Schule *Devadâr-Thor* genannt; es entspricht dem Thore *Tôdi* des Talmud. L. ist eine Fontäne, die von den salom. Teichen gespeist wird; nahe w. zwei kleine Moscheen, die w. derselben heißt *Ḳubbet Schekîf eṣ-Ṣachra*, nach dem Felsenstück, das Nebukadnezar von der Ṣachra, dem großen Felsen abgeschlagen, die Juden aber wieder hierhergebracht haben sollen. In der NW.-Ecke des Tempelplatzes finden wir Felsboden; der Fels ist abgeschrotet. Ja noch mehr: es ist ein senkrechter, 7m tiefer Einschnitt gemacht, und die Mauer erhebt sich über demselben. Die Unterbauten dieser Mauer scheinen ebenfalls alt, und es ist fraglich, ob sie nicht gar der Festung Antonia angehört haben könnten. Heute steht dort eine Kaserne (Pl. 11). In der NW.-Ecke steht das höchste Minaret des Ḥarâm.

Von der Beschreibung des Inneren dieses ganzen großen Bezirkes gehen wir nun über zu einem **Gang um die Umfassungsmauer** desselben, wobei wir uns am bequemsten die ganze Anlage der Unterbauten vergegenwärtigen können. Was wir bis jetzt als große ebene Fläche betrachtet haben, war ursprünglich keineswegs eine solche, sondern ein Hügelrücken, dessen beide Seiten künstlich erhöht und dessen überragende Teile im NW.-Winkel abgetragen wurden. In der Mitte der Area zieht sich der Höhenzug bis unter das dreifache Thor (S. 55) fort. Das w. Thal, das Tyropoeon, ist heutzutage beinahe ganz zugeschüttet.

Was das angewendete Material der Unterbauten betrifft, so lassen sich bei den an der Außenmauer des Tempels verwendeten Bausteinen fünf Arten unterscheiden, von denen wohl jede einer besonderen Bauperiode entspricht: 1) geränderte Quadern mit rauher, unbehauener Außenseite; 2) geränderte Quadern mit glatter Außenseite; 3) große, glatt behauene, aber nicht geränderte Steine; 4) kleinere Steine derselben Art; 5) gewöhnliches Mauerwerk aus unregelmäßigen Steinen. Die erste Art von Steinquadern findet sich *unter* dem Boden fast ganz um die Tempelarea herum; der Teil der Mauer, welcher mit solchen Steinen gebaut ist, beginnt 11-18m unter der jetzigen Oberfläche des Bodens. Diese Quadern sind auf allen Seiten glatt behauen, außer auf der herausstehenden Außenseite, an welcher sie „geründert" sind (vgl. S. cxxiii); sie sind ohne Mörtel und Cement, aber so genau auf einander gefügt, daß in die Ritzen kein Messer hineingesteckt werden kann. Die Mauer ist nicht senkrecht gebaut, sondern jede Lage der Quadern ist im Verhältnis zu der unter ihr befindlichen etwas eingerückt. An der NW.-Seite des Tempelareals (schwierig zu besichtigen) zeigt die Außenseite der Mauer Reste von Wandpfeilern (wie die Tempelmauer in Hebron, S. 141).

Wenn wir durch das zweite der nw. Ḥarâmthore *(Bâb en-Nâẓir)* heraustreten, so lassen wir das alte *Serâi* (Pl. 95) und jetzige Staatsgefängnis r. und gehen die Gasse w. hinab an der Kavalleriekaserne l. vorbei bis an die vom Damascusthore kommende Querstraße. It. an der Ecke ein hübscher Brunnen. (Wenn man quer über die Straße geht, so bewundert man an der Mauer des zweiten Hauses l. den sorgfältigen Bleiverband.) Nun biegen wir in die nach S. gehende Querstraße; r. das heutige *Serâi*, auf dem Platz des alten Helena-Spitals (Pl. 95); dann lassen wir eine Gasse, die zum Ḥarâm führt, l. liegen. So gelangen wir zu den nun verlassenen überwölbten *Sûk el-Ḳaṭṭânîn* (Basar der Baumwollenhändler). Ö. davon liegt das Ḥarâmthor *Bâb el-Ḳaṭṭânîn*, ebenfalls der Besichtigung wert. Ungefähr in der Mitte des Basar biegt r. ein Seitenweg zum *Ḥammâm esch-Schifâ*, dem Heilbade (Pl. 95), ab. Auch hier hat man den „Bethesdateich" suchen wollen. Man steigt auf Treppen 10,4m hinauf zu der mit einem Türmchen überbauten Brunnenöffnung; der Brunnenschacht ist 30m tief (also 20m unter dem Boden). Das Bassin ist unten zum größten Teil ausgemauert; am S.-Ende der W.-Mauer desselben läuft ein gemauerter Kanal von 31m Länge, 1,9 Höhe und 0,9m Breite in ungefähr SW. Richtung weiter. Das Wasser hat einen schlechten Geschmack, da es durch unreinen Boden durchgesickertes Regenwasser ist, doch rühmt man noch jetzt seine Heilkraft.

In die enge Thalgasse zurückgekehrt, gehen wir nach S. weiter; wir treffen hier einen ähnlichen Brunnen wie den obengenannten. Hierauf steigen wir bergan in die sog. Davidsstraße, die hier auf einer Art Wall, der aber durch unterirdische Bogen gebildet wird, von W. nach O. läuft. Schon in jüdischer Zeit führte über das tiefe Thal hier (das *Tyropoeon* S. 24) eine Straße nach der Oberstadt; einer der großen Bogen, auf denen dieselbe ruht, führt den Namen *Wilsons Bogen* (obwohl ursprünglich nicht von dem Engländer Wilson, sondern von Tobler wieder entdeckt). Der wohl erhaltene Bogen hat 6,7m Höhe und 15m Spannung. Unter ihm befindet sich der sog. *Burâkteich*, benannt nach Burâḳ, dem geflügelten Pferd Muḥammeds, das überhaupt der ganzen W.-Seite des Harâm den Namen gegeben hat, da der Prophet es hier angebunden haben soll. — Warren fand durch Nachgrabungen unter dem s. Ende des Wilsons Bogens bei 7,3m Tiefe Stücke von Gewölbesteinen, bei 13,4m einen Wasserlauf, ein Beweis, daß durch das ehemalige Thal immer noch Wasser sickert; erst bei mehr als 15m Tiefe fand er die Mauer des Tempels in den Felsen eingefügt. Ein unterirdischer Gang lief in gleicher Richtung mit dem Viadukt (s. o.) von der Tempelarea zur Citadelle; Warren ging c. 80m in demselben vorwärts, konnte aber das Ende nicht erreichen.

Der Davidsstraße gegen das Harâm hin folgend, finden wir l. wiederum einen hübschen Brunnen; r. treten wir in das sog. *Meḥkeme* oder *Gerichtshaus* (Pl. 84), eine Halle mit Spitzbogengewölben (1483 erbaut); daneben stand damals das Haus des Ḳâḍî (Richters). Noch heute sieht man im Meḥkeme eine Gebetsnische. In der Mitte befindet sich ein Springbrunnen, der wie die genannten Brunnen früher von der Bethlehemer Wasserleitung gespeist wurde. Ein Fenster geht gegen das Quartier der Mogrebiner, ein Ausgang in den Harâmplatz. Das Thor, welches hier in den Harâm führt, heißt *Bâb es-Silsele*, Kettenthor; bei demselben ein taufsteinartiges Becken. Unter dem Thore läuft die große Wasserleitung von den Salomonischen Teichen (S. 133) in die Tempelarea.

Von hier müssen wir wieder zurückgehen bis zur ersten kleinen Gasse l. bei zwei schönen alten Häusern: das Haus r. mit dem Stalaktitenportal war zur Kreuzfahrerzeit eine Knabenschule; das Haus l. war eine Mädchenschule und dient seit Saladins Zeit als Knabenschule (es heißt *el-'Adschemîje*). Hier gehen wir l. hinunter und gelangen nach 4 Min., indem wir uns fortwährend l. halten, an die ***Klagemauer der Juden** („*Kauṭal maʿarbe*" gen.), hinter den elenden Wohnungen der Mogrebiner (Muslimen aus NW.-Afrika). Die Mauer ist 48m l. und 18m h.; die unteren 9 Steinlagen bestehen aus großen Quadern, von denen jedoch nicht alle geränderte sind; weiter oben sind 15 Lagen von kleineren Steinen. Unter den teilweise sehr verwitterten Werkstücken finden sich einige von bedeutender Größe, so im n. Teil ein Stein von 5m, im s. einer von 4m Länge. Wahrscheinlich haben die Juden schon im Mittelalter hier über den Untergang Jerusalems geklagt. Es ist anzuraten, wiederholt, namentlich Freitag Nm. nach 4 Uhr oder an hohen jüdischen Festen hierher zu kommen. Es macht einen merkwürdigen Eindruck, diese Gestalten hier an der verwitterten Mauer lehnen, weinen und die Steine küssen zu sehen. Die Männer sitzen oft Stunden lang dort, indem sie in abgegriffenen hebräischen Gebetbüchern lesen. Manche sind barfuß. Der spanische Jude unterscheidet sich durch ein gepflegteres und freieres Äußere vorteilhaft von dem schmutzigen polnischen.

Am Freitag gegen Abend wird folgende Litanei gebetet:

Der Vorsänger singt: *Wegen des Palastes, der wüste liegt* — Volk: *Sitzen wir einsam und weinen.*

Vors.: *Wegen des Palastes, der zerstört ist* — Volk: *Sitzen ....*

Vors.: *Wegen der Mauern, die zerrissen sind* — Volk: *Sitzen ....*

Vors.: *Wegen unserer Majestät, die dahin ist* — Volk: *Sitzen ....*

Vors.: *Wegen unserer großen Männer, die darniederliegen* — Volk: *Sitzen wir ....*

Vors.: *Wegen der kostbaren Steine, die verbrannt sind* — Volk: *Sitzen wir ....*

Vors.: *Wegen der Priester, die gestrauchelt haben* — Volk: *Sitzen wir ...*

Vors.: *Wegen unserer Könige, die ihn verachtet haben* — Volk: *Sitzen wir ....*

Eine andere Antiphonie lautet folgendermaßen:

Vors.: *Wir bitten dich, erbarme dich Zions.* — Volk: *Sammle die Kinder Jerusalems.*

Vors.: *Eile, eile, Zions Erlöser.* — Volk: *Sprich zum Herzen Jerusalems.*

Vors.: *Schönheit und Majestät mögen Zion umgeben.* — Volk: *Ach wende dich gnädig zu Jerusalem.*

Vors.: *Möge bald das Königreich über Zion wieder erscheinen.* — Volk: *Tröste, die trauern über Jerusalem.*

Vors.: *Möge Friede und Wonne einkehren in Zion.* — Volk: *Und der Zweig (Jesse) aufsprossen zu Jerusalem.*

S. vom Klageplatz folgt ein antikes Thor, das wegen des fanatischen Charakters der Mogrebiner für Fremde ohne einen dort bekannten Führer unzugänglich ist. (Weg vom Inneren des Ḥarâm aus s. S. 54.) Der obere Teil des Thors besteht aus einem riesigen Quader (2m h. und wenigstens 6m l.), der 3m über dem jetzigen Boden liegt. Das Interessanteste sieht man nicht: die Schwelle des Thores liegt 15m unter der Bodenfläche; ein Treppenweg ist durch Ausgrabungen zu Tage gefördert worden. Dies ist das sog. *Thor des Propheten* oder nach dem Entdecker *Barclays Thor.*

Vom Klageplatz aus gehen wir denselben Weg zurück, aber nun nicht r., sondern durch die Hauptgasse des Mogrebinerquartiers l., bis die Häuser aufhören. Hier befinden wir uns auf einem großen Platz, der teilweise mit Cactushecken bepflanzt ist; r.

steigt eine Wand steil auf, s. aus Schutt, n. aus Fels bestehend; l. erhebt sich die Tempelmauer c. 18m hoch. Unweit ihrer SW.-Ecke bewundere man die Riesenquader, einer hat 8m Länge, 0.,8m Höhe, der Quader an der Ecke 8,5m Länge (die eingetretene Zerbröckelung macht es bisweilen schwer, durch Verwitterung entstandene Risse von wirklichen Fugen zu unterscheiden). Die ganze SW.-Ecke ist in herodianischer Zeit gebaut. C. 12m von der Ecke entfernt treffen wir auf den nach seinem Entdecker benannten *Robinsons Bogen*. Die Breite des Bogens beträgt 15,8m; Steine von 6m und 8m Länge finden sich daran; man sieht etwa noch drei Lagen. Wir haben hier den Ansatz zu einem Brückengang, der aus dem Tempel über das Tyropoeon hinweg nach dem Xystus führte und an der Stelle einer älteren Thalüberbrückung stand, die den Palast Salomos mit dem unteren Teil der Oberstadt verband. Die Entfernung bis zum jenseitigen Hügel beträgt 91m. Es ist noch nicht gelungen, durch Nachgrabungen am W.-Hügel einen entsprechenden Bogenansatz zu finden. Am W.-Hügel fand Warren in der Tiefe von 6,7m Fels und einen Wasserlauf; durch andere Schachte, die er in der Richtung auf den Bogenansatz hin in den Boden trieb, kamen Überreste einer Kolonnade (Xystus?) an den Tag. Bei dem Brückenansatz fand man einen Pfeiler in ziemlicher Entfernung (12,8m) vom Bogen und in 6,7m Tiefe eine gepflasterte Stelle; auf dieser lagen die Gewölbesteine des Brückenbogens. In einer Tiefe von 13,7m fand man Felsengrund und nahe bei der Tempelmauer einen von N. nach S. laufenden in den Felsen gehauenen Kanal. Über dem Kanal lagen die Gewölbesteine des *älteren* Brückenbogens.

An der SW.-Ecke der Tempelmauer liegt der Felsboden 18m unter der heutigen Bodenfläche. Die große Mauer, welche die ganze W.-Seite entlang noch heute tief im Boden steckt, war einst dem Auge sichtbar. Sie diente bloß dazu, um eine ebene Fläche für die Tempelarea herzustellen, und nahm sich als riesenhaftes Postament gewiß einst sehr großartig aus.

An der SW.-Ecke des Harâm umbiegend, können wir zunächst nach O. nur die Strecke bis zum Doppelthore (S. 54) überblicken; die Fortsetzung der S.-Mauer können wir erst verfolgen, wenn wir zum *Mistthor* (auch *Mogrebinerthor* genannt) hinausgehen und in möglichster Nähe der Mauer nach gegen O. uns wenden. Nachgrabungen haben ergeben, daß der Fels von der SW.-Ecke der Area gegen O. hin von 18m Tiefe sehr rasch zu 26,5m abfällt; bis zu dieser Tiefe steckt an dieser Stelle die herodische Tempelmauer in der Erde. Dann steigt der Fels wieder gegen O. an. Mit anderen Worten: unter der SW.-Ecke läuft das Tyropoeonthal durch, und die SW.-Ecke des heutigen sowie des antiken Tempels steht eigentlich bereits nicht mehr auf dem Tempelberg, sondern auf dem gegenüberliegenden Abhang.

An der tiefsten Stelle dieser jetzt nicht mehr sichtbaren Thalsenkung hat Warren einen unterirdischen Kanal entdeckt, in einer Tiefe von 7m ein Steinpflaster, das wohl aus spätrömischer Zeit, und in der Tiefe von 12m ein anderes, das vielleicht aus herodischer Zeit stammt; die noch tiefer im Boden steckende Mauer besteht aus Quadern mit rauher Oberfläche. Von dem S. 54 besprochenen Doppelthor an ist die Mauer älter. Der Felsen steigt bis zur „dreifachen" Pforte (S. 55) aufwärts und liegt bei derselben kaum einige Fuß unter dem jetzigen Boden, worauf er rasch nach O. gegen das Kidronthal abfällt. Unter dem dreifachen Thor sind mehrere in den Felsen gehauene Gänge und Wasserläufe entdeckt worden; ebenso unter dem „einfachen Thore" (S. 55), das aus später Zeit stammt, ein alter Gang. Während die Bodenoberfläche vom dreifachen Thor bis zum SO.-Winkel der Mauer um 7m fällt, senkt sich das ursprüngliche Felsenterrain um etwa 30m; in der Tiefe auf der O.-Seite der Mauer ist ein Krug und an den Quadern Zeichen in roter Farbe und eingehauene Buchstaben gefunden worden (s. S. 39). In welchem Jahrh. die Riesenquader, welche hier am SO.-Winkel *über* dem heutigen Boden unsere Aufmerksamkeit auf sich ziehen, an ihre Stelle gerückt worden sind, ist sehr ungewiß; einzelne Steine in den oberen Lagen sind 5-7m l. und bis zu 1m dick. Im ganzen ist an der SO.-Ecke die Mauer 23m hoch. — Bei seinen Nachgrabungen hat Warren eine zweite Mauer, welche von der SO.-Ecke gegen SW. lief und den Ophel einfaßte, tief im Boden gefunden.

Auf der O.-Seite der Mauer liegt viel Schutt; der Felsboden fiel einst steiler gegen das Kidronthal ab, als die heutige Bodenoberfläche. Das goldene Thor (S. 55) steht mit seiner Außenseite auf der Mauer, innen auf Schutt; die Mauer reicht hier noch 9-12m unter den Boden hinab. Außerhalb, *vor* der Ḥarâmmauer, hat Warren ebenfalls eine zweite Mauer (alte Stadtmauer?) tief im Schutte entdeckt. Die ganze NO.-Ecke des Tempelareals ist sowohl innerhalb, als außerhalb der Umfassungsmauer mit enormen Schuttmassen ausgefüllt; teilweise ist dazu wohl auch das Terrain benutzt worden, das man von der allzu hohen NW.-Ecke abtrug. Das Thälchen, welches zur Anlegung des Birket Isra'în (S. 57) verwendet worden ist, läuft (wie das Tyropoeon in der SW.-Ecke) unter der NO.-Ecke der Mauer hindurch, die hier bis zu 36m unter der Oberfläche des Bodens reicht. Die Senkung des Felsens von der NW.-Ecke der Ḥarâm-Area bis hierher ist demnach sehr stark und die Auffüllung zum Behuf der Ausebnung entsprechend.

Warren hat auch den Abfluß des Birket Isra'în unter dem Boden entdeckt und in der NO.-Ecke Ruinen eines großen Turmes, der augenscheinlich ebenfalls eine alte Anlage ist, und in dessen Nähe wieder phönicische Zeichen, wie in der SO.-Ecke, zum Vorschein kamen. Wenn irgendwo, so darf hier im O. für die Unterbauten des Ḥarâm eine alte Bauperiode, ja die Zeit der Könige Judas in Anspruch genommen werden.

Man betrachte noch einmal die schönen Bogen des goldenen Thores von außen; die Anlage desselben hoch auf der Mauer spricht, wie die Details der Verzierungen, auch von hier aus entschieden für eine späte byzantinische Zeit. Der ganzen Mauer entlang finden sich muslimische Grabsteine. Den Rückweg nach der Stadt nehmen wir durch das *Stephansthor* (S. 79).

Die Grabeskirche.

Geschichtliches. Nach Matth. 28, 11† ; Hebr. 13, 12 u. a. muß *Golgotha* außerhalb der Stadtmauer gelegen haben. Eine Bodenerhebung, oder mehr nur eine niedrige Felsbank trug den aramäischen Namen „*gulgolta*" (Schädel) neutestam. Golgotha. Bis jetzt ist noch nicht ausgemacht, ob die Erhöhung des traditionellen Golgotha eine natürliche oder eine künstliche ist; s. und n. von ihr fällt das Terrain sanft ab. Bekanntlich dreht sich unter den Gelehrten der Streit hauptsächlich um die *Möglichkeit* der Echtheit des heutigen Platzes (vgl. S. 80††). Einige neuere Forscher suchen Golgotha im N. der Stadt bei der Jeremiasgrotte (S. 109). Bevor der Boden im Zusammenhang untersucht ist, kann nichts Sicheres behauptet werden. Aus ältester Zeit wird als sicher nur berichtet (von dem Bischof Eusebius geb. um 264 n. Chr. in Cäsarea), daß man bei Ausgrabungen, die Kaiser Constantin veranstalten ließ, „wider alles Erwarten" das Grab Christi fand. Erst spätere Geschichtsschreiber fügen bei, daß Constantins Mutter Helena in Folge göttlicher Eingebung nach Jerusalem pilgerte und in Gemeinschaft mit dem Bischof Macarius durch ein Wunder neben dem heiligen Grab auch das Kreuz Jesu entdeckte. Das Kreuz wurde zerstückelt, und nur ein Teil davon blieb in Jerusalem, wo es den Pilgern der folgenden Jahrh. gezeigt wurde. Geschichtlich fest steht nun ferner, daß über der aufgefundenen Stätte, derselben, auf welcher wir heute stehen, eine prachtvoll ausgeschmückte Kirche gebaut wurde (im J. 336 eingeweiht) und zwar bestehend aus einem Gebäude über dem heiligen Grab und aus der eigentlichen Basilika, die dem Zeichen des Kreuzes gewidmet war. Die Grabeskirche, auch Anastasis genannt, weil Jesus hier aus dem Grabe auferstand, bestand aus einer Rotunde, in deren Mitte sich, umgeben von den 12 Apostelsäulen, das Grab befand. Von dieser Rotunde, deren Form auch bei Erbauung der Sachramoschee maßgebend war (S. 41), ist wenigstens die äußere Form erhalten geblieben. Ö. schloß sich ein freier Platz mit Säulenhallen an (der Umfang desselben ist unbestimmbar), noch weiter ö. die Basilika, mit Höfen zu beiden Seiten und vorn gegen O. mit drei Portalen, einem Vorplatz und Propyläen mit Treppen. Von den Propyläen sind noch einige Säulenstücke erhalten. Der Anblick des Ganzen muß von O., zum Beispiel vom Ölberg aus, herrlich gewesen sein. — Schon früh unterschied man die Kreuzfindungsstätte vom eigentlichen Golgotha; die Distanz beider wird verschieden angegeben.

Im Juni 614 wurden die Gebäude durch die Perser verbrannt; mit Hilfe der Christen von Syrien und Alexandrien baute Modestus, Abt des Theodosiusklosters, zwischen 616-626 die Kirche wieder auf, und zwar dreiteilig, als Auferstehungskirche (Anastasis), Kreuzkirche (Martyrion) und Calvarienkirche; doch erreichte der Bau den Glanz des früheren nicht. Aus dem J. 670 haben wir von Arculf eine Beschreibung der

---

† Da sie aber hingingen, siehe da kamen etliche von den Hütern *in die Stadt* und verkündigten den Hohepriestern alles, was geschehen war.

†† Es kann und soll nicht der Zweck dieses Reisehandbuchs sein, zu untersuchen, inwiefern alle die Traditionen, die sich in so großer Anzahl gerade an die Grabeskirche mit ihren vielen Kapellen und Winkeln heften, ihre Begründung haben, oder nicht; wer sich darüber nähere Aufklärung verschaffen will, den verweisen wir auf die diese Fragen eingehend behandelnden Werke von *Tobler*, *Robinson* etc (vergl. S. cxxvii, 38).

Grabeskirche, aus der hervorgeht, daß im 8. ein neuer Teil zu den alten heiligen Stätten hinzugefügt worden war, nämlich eine Marienkirche. Zur Zeit des Chalifen Mâmûn (813-833) verbesserte und erweiterte der Patriarch Thomas von Jerusalem die Kuppel über der Anastasis. Im J. 936 sowohl als 969 wurde die Kirche durch Feuer teilweise zerstört; eine fernere Zerstörung und Schändung der Grabstätte bewerkstelligten die Muslimen im J. 1010. Im J. 1055 war wieder eine Kirche vorhanden; 1099 wallten die Kreuzfahrer barfuß unter Lobgesängen in die Kirche, d. h. eben hauptsächlich in den Grabdom. Aber die vorhandenen Baulichkeiten schienen ihnen viel zu unbedeutend; sie bauten daher eine große Kirche, welche alle heiligen Stätten und Kapellen umfaßte. Doch geschah dies erst später, als sie einigermaßen festen Fuß in Jerusalem gefaßt hatten, d. h. im Anfang des 12. Jahrh., wie auch der romanische Stil, der den großen Bauten jener Zeit entspricht, beweist. Die Bauten der Kreuzfahrer haben sich durch die Jahrh. hindurch bis auf unsere Zeit erhalten, nur lassen die zahlreichen späteren Anfügungen es nicht sofort erkennen, daß wir eine Kirche aus jener Zeit vor uns haben. O. von der Graberotunde wurde damals eine dreischiffige Kirche mit 3 gegen O. gerichteten Apsiden gebaut; dahinter (gegen O.) lag bereits die Helenakapelle.

Im J. 1187 wurde von den Arabern die Schädelstätte zerstört. 1192 durften die Kreuzfahrer (III. Kreuzzug) in Abteilungen Jerusalem besuchen; der Bischof von Salisbury erlangte von Saladin, daß zwei lateinische Priester speciell dem Dienste in der Grabeskirche obliegen durften. 1244 wurde das Grab von den Charesmiern zerstört, aber 1310 finden wir schon wieder eine schöne Kirche mit vielen und prächtigen Altären, und im J. 1400 zwei Kuppeln. In den nächsten Jahrh. wird oft über die Baufälligkeit der Grabeskuppel geklagt. 1719 wurde sie endlich nebst einem großen Teil der Kirche neu gebaut, trotz mancher Störungen von Seite der Muslimen. 1808 brannte die Grabeskirche beinahe ganz ab, die Kuppel stürzte ein und zerdrückte die Grabkapelle, die Säulen sprangen und das Blei des Daches floß in das Innere. Verschont blieb hauptsächlich nur der ö. Teil des Gebäudes. Bei dieser Gelegenheit verschwanden die Särge der fränkischen Könige von Jerusalem (s. S. 75), indem nun die Griechen das Hauptrecht an den Gebäulichkeiten an sich zu reißen verstanden; sie spendeten nebst den Armeniern das meiste Gold zu dem Neubau 1810. Die Pläne hiezu verfertigte ein gewisser Komnenos Kalfa aus Constantinopel (S. 69). Aber durch die modernen Gebäude hindurch gewahrt man noch genug Spuren von der alten Kirche.

Die ***Grabeskirche** wird gewöhnlich von $10^1/_2$ Uhr Vm. bis 3 Uhr Nm. geschlossen; vermittelst eines Bachschisch (1 fr.) an den muslimischen Wächter kann der Fremde sich aber länger als bis $10^1/_2$ U. dort aufhalten. Man vergesse nicht ein Opernglas und Licht mitzunehmen und wähle womöglich einen heiteren Tag, da viele Abteilungen des Gebäudes sehr dunkel sind. — Der Anblick der muslimischen Wächter, welche, von der türkischen Regierung bestellt, in der Vorhalle sitzen, um, besonders bei den Osterfeierlichkeiten, die Ordnung unter den aus allen Weltteilen herbeigeströmten Pilgern aufrecht zu erhalten, ist für den gebildeten Christen natürlich wenig angenehm, doch sind dieselben als unparteiische Aufseher und Schlüsselbewahrer notwendig. — Ein großes von Baurat Schick in Jerusalem verfertigtes Modell der Grabeskirche, das dem Beschauer den Zusammenhang der Gebäude trefflich klar macht, ist in einem Laden der engl. Judenmission gegenüber der Davidsburg zu sehen.

Die Hauptfaçade der Grabeskirche liegt heute auf der S.-Seite; der freie Platz vor dem jetzigen Portal stammt aus den Zeiten der Kreuzzüge. Er ist mit großen, weißgelblichen Steinplatten gepflastert und immer von Verkäufern und Bettlern besetzt.

Der nicht ganz ebene VORPLATZ *a*, liegt $3^1/_2$ Stufen unter dem Niveau der Gasse. In die Gebäude und L neben der Treppe sind Säulen eingemauert; die w. (l.), gut erhaltene trägt ein Stück eines Bogens über der nach W. führenden Gasse. Hier stand augenscheinlich eine Art *Vorhalle;* dies beweisen auch die Säulenbasen, deren Reste man noch am Boden wahrnimmt.

Der Platz ist von unbedeutenden Kapellen umgeben. Durch die s. Pforte (r.) gelangen wir 18 Stufen ansteigend, neben Küche und Pilgerkammern der Griechen vorbei, am Ende eines langen Ganges zu der sog. *Apostelkirche* mit dem Melchisedek-Altar (Pl. 1). Weiter n. über der Kreuzannagelungskapelle (Pl. 38) liegt die *Opferungskapelle.* Eine runde Vertiefung in der Mitte des Bodens deutet den Ort an, wo Abraham den Isaak opfern wollte (die Sage ist zwar neu und widersinnig, aber schon im J. 600 wurde hier in der Nähe ein Opferplatz Abrahams gezeigt). Im Hofe und auf dem Dach der armen. Jakobskapelle (Pl. 2) steht der Baum, an welchem der Widder gehangen haben soll (Pl. 41).

Wir müssen wieder auf den Vorplatz zurückkehren. No. 2 die *armenische Jakobskapelle;* unter derselben liegt eine Krypta. No. 3 die koptische *Erzengel-Michaelkapelle*, durch welche ein Gang o.-wärts in die *abessinische Kapelle* (Pl. 40) führt. Von No. 3 oder von der Ecke des Vorplatzes der Grabeskirche gegen N. führt eine Thüre in die griechische *Kapelle der ägyptischen Maria* (Pl. 4 unterhalb 39). Diese Maria wurde der Sage nach im J. 374 durch unsichtbare Gewalt von der Thüre der Grabeskirche zurückgedrängt, bis sie das Bild der Mutter Jesu anrief.

Die Kapellen w. vom Vorplatz gehören den Griechen: die *Jakobskapelle* (Pl. 5) zum Andenken an den Bruder Jesu, gut ausgestattet (dahinter die *St. Thekla-Kapelle*); daneben die *Kapelle der Maria Magdalena* (Pl. 6), der hier nach griech. Tradition Jesu zum dritten Mal erschienen sein soll; weiter die *Kapelle der 40 Märtyrer* (Pl. 7). Ursprünglich befand sich hier das Kloster der heil. Dreieinigkeit. Die Kapelle Pl. 7, in welcher früher die Patriarchen von Jerusalem begraben wurden, bildet eigentlich das unterste Stockwerk des *Glockenturms.* Dieser ist nach romanischer Sitte neben die Kirche gestellt, jetzt aber auf ungleicher Fläche innen in die alte Johanneskapelle und die Rotunde verbaut. An den Kanten des Turmes sind Strebepfeiler, auf den vier Seiten große gotische Fensterbogen; oben an denselben zwei Reihen gotischer Doppelfensterchen (nur die untere ist erhalten). Die Spitze des Turmes ist abgebrochen; nach alten Zeichnungen standen oben Blindbogen mit je einem Mittelfenster, darauf Zinnen und eine oktogonale Kuppel. Der Turm ist zwischen 1160-1180, also sicher von den Kreuzfahrern gebaut.

Man kann nicht sagen, daß der Anblick der *Südfaçade* der

Kirche auf den Beschauer einen angenehmen Eindruck macht; doch sind die Kunstdetails daran bemerkenswert. Wir haben zwei Portale mit zwei Fenstern darüber; überall etwas platte Spitzbogen, die sich sogar der Hufeisenform nähern. Der Bogen über den Portalen ist mit einem Kranz von tiefen Zahnschnitten (Kehlrinnen) verziert, die senkrecht auf die Kurve fallen. Diese Verzierungen sollen spätrömischen Ursprungs sein. Die Thürleisten bestehen aus einer Reihenfolge von fein ausgeführten Schneckenlinien. Die Säulen neben den Thüren, wahrscheinlich einem antiken Tempel entnommen, sind aus Marmor, ihre Kapitäle byzantinisch, von schöner Ausführung; die Basen vollständig nach antikem Muster. Die Säulen haben einen gemeinsamen Bindebalken, der mit Eichen-

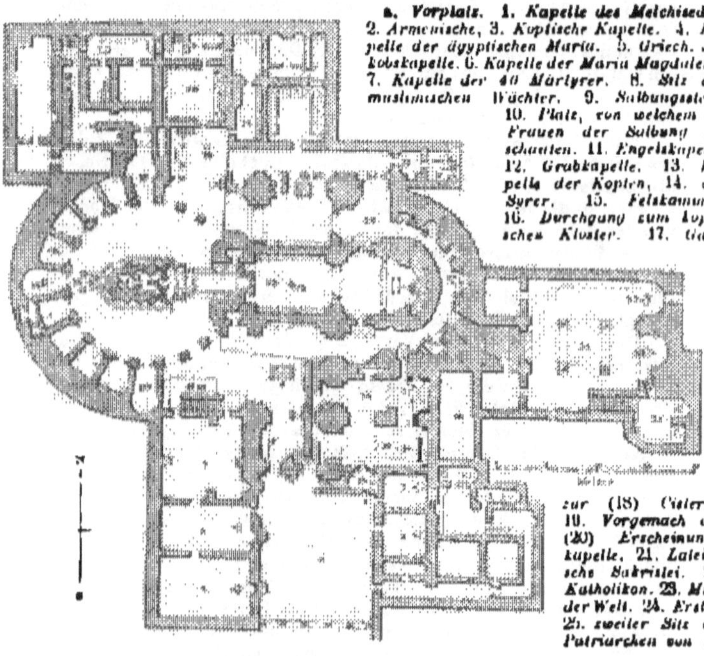

a. *Vorplatz.* 1. *Kapelle des Melchisedek.* 2. *Armenische,* 3. *Koptische Kapelle.* 4. *Kapelle der ägyptischen Maria.* 5. *Griech. Jakobskapelle.* 6. *Kapelle der Maria Magdalena.* 7. *Kapelle der 40 Märtyrer.* 8. *Sitz der muslimischen Wächter.* 9. *Salbungsstein.* 10. *Platz, von welchem die Frauen der Salbung zuschauten.* 11. *Engelskapelle.* 12. *Grabkapelle.* 13. *Kapelle der Kopten,* 14. *der Syrer.* 15. *Felskammer.* 16. *Durchgang zum koptischen Kloster.* 17. *Gang zur* (18) *Cisterne.* 19. *Vorgemach der* (20) *Erscheinungskapelle.* 21. *Lateinische Sakristei.* 22. *Katholikon.* 23. *Mitte der Welt.* 24. *Erster,* 25. *zweiter Sitz des Patriarchen von Jerusalem.* 26. *Seitenschiff der Kreuzfahrerkirche.* 27. *Kapelle (Gefängnis Jesu).* 28. *Kapelle des h. Longinus.* 29. *Kapelle der Kleiderverteilung.* 30. *Kapelle der Verspottung.* 31. *Helenakapelle.* 32. *Altar des guten Schächers.* 33. *Altar,* 34. *Sitz der Kaiserin Helena.* 35. *Kreuzfindungskapelle.* 36. *Kapelle der Kreuzerhöhung.* 37. *Loch des Kreuzes.* 38. *Kapelle der Kreuzannagelung.* 39. *Schmerzenskapelle.* 40. *Abessinische Kapelle.*

laub verziert ist. Das Feld über der Thüre l. ist mit einem geometrischen Dessin von Sechsecken in arabischer Weise geschmückt; früher war es mit Mosaik überzogen. Unterhalb dieser Felder sind *Basreliefs* von hohem Werte (wahrscheinlich französische Arbeit aus der zweiten Hälfte des 12. Jahrh.).

Auf dem Basrelief über dem l. Portal finden sich Darstellungen aus der biblischen Geschichte. Erstes Feld l.: die Auferweckung des Lazarus: Jesus mit dem Evangelium, Maria ihm zu Füßen; Lazarus steigt aus dem Grabe; im Hintergrund Zuschauer, von denen sich einige die Nase zuhalten. Zweites Feld: Maria bittet Jesum, wegen Lazarus zu ihnen zu kommen. Vom dritten Felde an beginnt eine Darstellung des Einzugs Jesu in Jerusalem. Zuerst schickt Jesus die Jünger aus, ihm ein Reittier zu holen, darunter sind zwei Hirten mit Schafen dargestellt. Hierauf bringen die Jünger die Eselin und breiten die Kleider aus; im Hintergrund der Ölberg. Dann der Einzug in Jerusalem; leider ist die Hauptfigur bis auf den Kopf und die Eselin zerstört. Ganz nett sind die kleinen Figürchen, welche ihre Kleider auf den Weg ausbreiten: ein Mann schneidet Palmenzweige ab; eine Frau trägt ihr Kind auf der Achsel (wie heute noch in Ägypten); im Vordergrund ein Lahmer mit der Krücke. Das lezte Feld stellt das Abendmahl dar: Johannes an der Brust Jesu; Judas, diesseits des Tisches von den Aposteln getrennt, in dem Momente, wo er den Bissen erhält. — Das zweite Basrelief, über dem Portal r., stellt verwickeltes Laubwerk dar. Zwischen den Blättern, Früchten und Blumen sieht man eine Menge Figuren, nackte Menschen, Vögel und sonstige Gestalten sich hindurch winden; in der Mitte ist ein Centaur, mit dem Bogen in der Hand: das Ganze hat eine symbolische Bedeutung; die Tiere, welche das Böse vorstellen, lauern von unten dem Guten auf.

Das zweite Portal ist vermauert; vor demselben beginnt eine Treppe, welche von außen zur Schmerzenskapelle (S. 74) hinaufführt. Die Treppe mündet in eine kleine Halle aus, deren Stil dem der Façade entspricht. Das Vorgebäude im nö. Winkel des Vorplatzes hat ebenfalls zwei Stockwerke, von denen jedes durch vier große Spitzbogen gebildet wird; man hat später eine Kapelle daraus gemacht. — Auf dem Boden vor den Portalen liegt der Grabstein eines fränkischen Ritters.

Durch das große Portal tritt man in das INNERE DER GRABESKIRCHE selbst. Man erinnere sich, daß die ganze Anlage des Gebäudes von O. nach W. geht; indem wir von S. eintreten, befinden wir uns zunächst in einem Seitenschiff des Kreuzfahrerbaues. L. auf einer Bank (Pl. 8) die muslimischen Wächter, rauchend und Kaffee trinkend; wenn die Kirche gerade geöffnet ist, haben sie keinen Anspruch auf ein Bachschisch. Früher jedoch, sogar noch bis in unser Jahrh. hinein, mußte hier von jedem Pilger ein hohes Kopfgeld entrichtet werden. Schreiten wir gerade aus, so stoßen wir auf einen großen Stein: der „*Salbungsstein*“ (Pl. 9); hier soll der Leichnam Jesu gelegen haben, als Nikodemus ihn salbte (Joh. 19, 38-40).

In älterer Zeit, vor den Kreuzzügen stand über dem Ort der Salbung eine besondere „Marienkirche“, doch etwas s. von der jetzigen Stelle; als die Franken alle heiligen Orte in *ein* Gebäude hineinzogen, wurde der Ort der Salbung ungefähr an die jetzige Stelle versetzt. Der Stein wurde oft gewechselt und durchlief den Besitz der verschiedensten Religionsgemeinschaften. Im 15. Jahrh. gehörte er den Kopten, im 16. den Georgiern; die Lateiner erkauften von diesen die Erlaubnis, darüber Kerzen brennen zu dürfen, mit 5000 Pi.; dann kam er in die Hände der Griechen. Heute haben Armenier, Lateiner, Griechen und Kopten das Recht, darüber Lampen zu brennen; auch stehen Leuchter von kolossaler Größe daneben.

Die jetzige gelblich-rötliche Marmorplatte, 2,7m l., 1,3m br., ist 1808 hierher gesetzt worden. Früher sah man Pilger die Länge des Steines messen, um sich danach ein Totenhemd machen zu lassen.

12m w. von hier (l.) treffen wir ein kleines neugebautes rundes Gehäuse um einen Stein herum, der den Ort (Pl. 10) bezeichnet, von wo aus die Frauen der Salbung zugeschaut haben sollen; s. dahinter Aufgang zur *armenischen Kapelle*.

Wir gehen jetzt einige Schritte r. (n.) und befinden uns in dem Hauptteil des Gebäudes, der **Grabrotunde**; in der Mitte derselben ist das Grab. Die Rotunde war ursprünglich aus 12 großen Säulen gebildet, die wahrscheinlich durch zwischengesetzte Pfeiler in Gruppen von je drei Säulen geteilt waren; darüber eine Trommel und eine oben offene Kuppel. Die Grundpfeiler rühren noch von dem alten Bau her. Um die Kapelle lief eine doppelte Halle. Die Umfassungsmauer hatte drei Apsiden (gegen N.W.S. noch heute sichtbar, Pl. 14, 17, 17a mit altem Mosaikboden) mit drei Altären, außerdem stand ein Altar vor dem Grabe. Rotunde und Kuppel waren mit Mosaiken geschmückt. Seit dem Neubau im J. 1810 wird die letztere von 18 Pfeilern getragen. Oben sind dieselben mit Bogen verbunden; auf denselben die mit Blindfenstern versehene Trommel; darüber die Kuppel. Der Raum zwischen der äußeren kreisförmigen Mauer und den Pfeilern ist durch eingefügte Kreuzgewölbe in zwei Stockwerke abgeteilt, welche früher durchgehende Galerien bildeten, jetzt aber vielfach durch Quermauern abgeteilt sind. Die Kuppel, oben offen, hat 20m Durchmesser. Sie drohte lange Zeit einzustürzen, bis es gelang, wegen Ausbesserung derselben eine Verständigung Russlands und Frankreichs mit der Pforte zu erzielen; so wurde durch Baumeister verschiedener Nationalität die heutige Kuppel 1868 vollendet. Das dazu nötige Holz und Eisen kam von Marseille. Die Pfeiler nebst den meisten Bogen, sowie die Trommel mußten neu gebaut werden. Die Kuppel besteht aus Eisen und ist doppelt. Die Rippen der beiden Kuppeln sind mit eisernen Querstangen verbunden. Das Innere der unteren Kuppel ist mit bemaltem Blech belegt, das Äußere der oberen Kuppel zuerst mit Brettchen, Filz und dann Blei bedeckt. Über der Öffnung befindet sich ein eiserner, mit Glas bedeckter, vergoldeter Schirm; darüber das vergoldete Kreuz. Auch das obere Drittteil der Kuppeldecke ist strahlenartig vergoldet.

Mitten unter der Kuppel steht nun das **heilige Grab**.

Als Constantin dem heil. Grab nachforschte, fand man hier eine Höhle im Felsen, über die bald eine Kapelle gebaut wurde. Zur Kreuzfahrerzeit hatte das Grabgebäude noch eine runde Form und ein rundes Türmchen. Es erscheinen bereits zu dieser Zeit zwei Höhlen, eine vordere als Engelskapelle, eine hintere mit dem Grabtrog. Marmortafeln waren um das Gebäude her angebracht. Wenig später ist von einem vieleckigen Gebäude die Rede, das innen künstlich erhellt war. Nach der Zerstörung

1555 wurde das Grab bloßgelegt und eine Inschrift mit dem Namen der Helena (?), sowie ein Stück Holz, angeblich vom Kreuze, darin gefunden. Das Grab wurde neu verziert und mit drei Löchern in der Decke versehen, aus denen der Rauch der Lampen entweichen sollte. 1719 wurde alles neu gebaut. Der Brand von 1808 drückte bloß das Türmchen der Grabkapelle ein, der Rest wurde nur wenig beschädigt, aber dennoch das Ganze in dem barocken Stil, in dem wir es heute noch vor Augen haben, umgebaut. Eigentlich ist die Kapelle sechseckig; an den Seiten des 7,9m l. und 5,5m br. Gebäudes sind Pfeiler angebracht.

Vor der ö. Frontseite des Grabgebäudes befindet sich ein von zwei Steinbänken und großen Leuchtern umgebener Vorplatz; hier lassen die orientalischen Christen ihre Schuhe (was wir jedoch nicht nachzuahmen brauchen). Man tritt zuerst in den Vorraum, die sogen. *Engelskapelle* (Pl. 11), 3,4m l., 3m br. Ihre Mauern, in welchen gleich r. und l. Treppen auf das Dach des Gebäudes führen, sind sehr dick; außen und innen deckt sie eine Bekleidung von Marmorplatten. In der Mitte liegt ein mit Marmor eingefaßter Stein; es heißt, dieser habe vor dem Grabe gelegen und der Engel habe sich, nachdem er ihn weggewälzt, darauf gesetzt. Ein Teil dieses Steines soll in den Altar auf der Kreuzigungsstätte eingefügt sein. Schon im 4. Jahrh. wird erwähnt, daß ein solcher Stein vor der Grabhöhle gelegen habe, doch scheint es in den späteren Jahrh. nicht immer der gleiche Stein gewesen zu sein; bisweilen ist auch von mehreren Bruchstücken die Rede. In dieser Kapelle brennen 15 Lampen, wovon 5 den Griechen gehören, 5 den Lateinern, 4 den Armeniern, 1 den Kopten

Durch ein niedriges Pförtchen gelangt man von hier in die eigentliche *Grabkapelle* (Pl. 12), 2m l., 1,9m br.; nur drei bis vier Personen haben zu gleicher Zeit darin Platz. Von der ziemlich hohen und mit einer Art Rauchfang versehenen Decke hängen 43 kostbare Lampen herab; jeder der oben genannten Religionsgemeinschaften gehören 13, den Kopten nur 4. Die Mitte der N.-Wand nimmt ein Relief in weißem Marmor ein, den vom Grabe erstehenden Heiland darstellend; dieses gehört den Griechen, das Bild r. den Armeniern, das l. den Lateinern. An der Eingangsthüre innen stehen griechisch die Worte: „Herr, gedenke deines Knechtes, des kaiserlichen Maurermeisters Kalfa Komnenos von Mitylene 1810“ (S. 64). Das Dach der Zelle wird von Marmorsäulen getragen, welche auf den inneren Wandungen der Zelle stehen; an der N.-Seite (r. vom Eingang) ist der marmorne Grabstein. Die mit Marmorplatten belegte Bank ist 1,93m l., 0,89m br., 0,66m h.; die gespaltene Marmortafel wird auch als Altar benutzt. Täglich wird hier Messe gelesen. Nach Luc. 23, 53 † war das Grab Jesu ein Felsengrab. Ursprünglich ist von einer Grabhöhle, später von einem aus dem Felsen gehauenen Häuschen die Rede. Wir haben uns einen mit einem Bogen überwölbten Grabtrog vorzustellen, alles in den Felsen gehauen (s. S. cxxi). Schon im Mittelalter war jedoch

† Und nahm ihn ab, wickelte ihn in eine Leinwand, und legte ihn in ein gehauen Grab, darinnen niemand je geleget war.

alles mit Marmor bekleidet; nur eine genauere Untersuchung könnte ergeben, ob hier wirklich Felsengräber sind.

Unmittelbar w. hinter dem heil. Grabe ist eine kleine Kapelle (Pl. 13), welche seit dem 16. Jahrh. den Kopten gehört.

Gehen wir nun in der Rotunde herum. Von den dunkeln Recessen ist der gerade hinter der Koptenkapelle befindliche der interessanteste. Man tritt zuerst in die schmucklose *Kapelle der Syrer* (Pl. 14), in deren Hintergrunde eine alte Apsis. Eine Thüre führt aus dieser Kapelle l. (gegen S.) durch einen schmalen, kurzen Gang eine Stufe hinab in eine Felskammer (Pl. 15). An den Wänden der Felskammer sieht man zwei „Senkgräber“ (S. cxxi); das eine ist $0,_{70}$m, das andere $1,_{10}$m l., also wohl bloß Knochenbehälter; sie sind 1m tief im Boden. In dem Felsen s. sind Spuren von Schiebgräbern $1,_{70}$m l., $0,_{45}$m br., $0,_{76}$m h. Seit dem 16. Jahrh. hat die Tradition die Gräber des Joseph von Arimathia und des Nikodemus hieher verlegt, und angestellte Untersuchungen haben erwiesen, daß wir hier wirklich alte jüdische Gräber vor uns haben.

In dem Receß (Pl. 16) n. von der Syrerkapelle ist eine Treppe, welche in die Räume der Armenier führt. Die Joche sind unter die verschiedenen Sekten verteilt; auch von der Galerie über den beiden Stockwerken gehört ein Drittteil den Armeniern, zwei Drittteile den Lateinern.

Der letzte Receß (Pl. 17) im N. ist wiederum eine der ursprünglichen Apsiden der Rotunde; durch denselben gelangen wir in einen Gang zwischen Dienstwohnungen und hierauf zu einer tiefen Cisterne (Pl. 18), die gutes frisches Wasser enthält.

Nach der Rotunde zurückgekehrt, treten wir n. in ein Vorgemach (Pl. 19) der latein. Erscheinungskapelle. Nach der Tradition ist dies der Ort, wo Jesus der Maria Magdalena erschien (Joh. 20, 14 ff.); den Standort Jesu bezeichnet ein Marmorring in der Mitte, den der Magdalena ein ähnlicher gegen den n. Ausgang des Gemaches. Dieser heilige Ort gehört den Lateinern; ihre Hauptkapelle, in die wir vermittelst vier runder Stufen hinaufsteigen (l. die einzige Orgel in der Kirche), lehnt sich n. daran an. Sie heisst die *Erscheinungskapelle* (Pl. 20), denn hier soll Jesus nach seiner Auferstehung seiner Mutter erschienen sein; die Kapelle stammt aus dem 14. Jahrh. Gleich r. (O.) beim Eintritt steht ein Altar, hinter welchem in einer vergitterten Wandnische ein Stück von der *Geißelungssäule* aufbewahrt wird; es ist bei der herrschenden Dunkelheit schwer, dasselbe wahrzunehmen. Die Geschichte der Kapelle ist eng mit der dieses Säulenstückes verflochten, mehr als mit der Erscheinung Jesu oder der Sage, daß hier das Haus des Garteneigentümers Joseph von Arimathia gestanden habe. Die Säule wurde früher im Hause des Kaiphas gezeigt; erst seit der Zeit der Kreuzfahrer ist sie hier zu treffen; nach den Berichten der Pilger muß sie ziemlich oft ihre Farbe und ihre Größe gewechselt wird. Für die Pilger liegt ein Stab da, mit dem sie durch ein Loch die Säule berühren und den sie nachher küssen. Auf der N.-Seite befindet sich ein Eingang in das Kloster der Lateiner. — Der mittlere Altar ist der Maria, der in der N.-Ecke Reliquien geweiht.

L. von dieser Kapelle haben wir den Eingang in die *lateinische Sakristei* (Pl. 21); dort werden Degen und Sporen Gottfrieds von Bouillon gezeigt, ebenso sein Kreuz, Altertümer von zweifelhafter Echtheit, die bei der Aufnahme von Rittern in den seit den Kreuzzügen bestehenden Orden des heil. Grabes verwandt werden. Die Sporen sind $0_{,90}$, das Schwert ist $0_{,90}$m l. und hat einen $0_{,13}$m l. Griff von einfacher Kreuzform.

Indem wir nun wieder nach S. gehen, haben wir zur L. die **Kreuzfahrerkirche**, d. h. ein von der Grabeskirche ursprünglich getrenntes Gebäude. Die Kirche hat einen halbrunden Chor mit Umgang gegen O. Die spitzbogigen Fenster und Arkaden, Bündelpfeiler und Kreuzgewölbe tragen alle Kennzeichen des französischen Übergangsstils unter Einfügung arabischer Details. Der Bau ist von einem Meister Jourdain zwischen 1140-1149 aufgeführt; die einfache edle Anlage des Chors (ähnlich dem Chor der Abtei Heisterbach bei Bonn) ist jedoch durch den Restaurationsbau von 1808 gestört worden.

Gerade gegenüber der Thüre zum heil. Grabe wölbt sich der große *Kaiserbogen*, unter welchem sich der Haupteingang in diese Kirche befindet. Sie gehört den Griechen und heißt *Katholikon* (Pl. 22); sie hat c. 36m Länge; in der Breite ist sie ungleich. Alles strahlt von Gold und Malereien. Das Gebäude war nach der Tradition über dem Garten des Joseph von Arimathia errichtet; im Mittelalter war hier der Chor für die Domherren. Die vier großen Mittelpfeiler tragen vier große Spitzbogen; darüber eine Trommel und eine beinahe halbrunde Kuppel. Zwischen dem Eingang und dem Chor wird eine Art Becher gezeigt, in welchem sich eine umflochtene, gedrückte Kugel befindet; diese Stelle soll nach einer sehr alten Fabel die *Mitte der Welt* einnehmen (Pl. 23). Auf beiden Seiten der Kapelle befinden sich Bischofsstühle: n. für den Patriarchen von Antiochien, s. für den Patriarchen von Jerusalem (Pl. 24), ein anderer ganz hinten im Chor (Pl. 25). Dieser Chor mit dem Hochaltar ist nach griechischer Weise durch eine Mauer abgeschlossen (ein sog. Ikonoklaustrum); Leuten von Auszeichnung werden hier bisweilen die Kostbarkeiten der Kirche vorgewiesen.

An dieser Scheidewand vorbei gelangen wir l. nach N. in das Seitenschiff (Pl. 26). Dasselbe wird gegen N. durch zwei große Pilaster gebildet, zwischen welchen noch Überreste der ehemals hier befindlichen „sieben Bogen der h. Jungfrau“ zu sehen sind. Seit der Kreuzfahrerzeit sind sie ganz in die Pfeiler hineingesetzt worden; im alten Bau bildeten sie die eine Seite des offenen Hofes, der zwischen der Grabeskirche und der Basilika lag. In der NO.-Ecke dieser Mauer ist eine dunkle Kapelle (Pl. 27). R. von dem Eintritt

In dieselbe steht ein Altar, woselbst die Griechen durch zwei runde Löcher zwei längliche Eindrücke im Steine zeigen, welche angeblich von den Füßen Jesu herrühren; diese beiden Löcher bildeten den sog. Stock, in welchen die Füße Jesu während der Kreuzzubereitung gesetzt wurden (s. das dabei befindliche Bild); vor Ende des 15. Jahrh. wußte man nichts davon. Die dahinter befindliche Kapelle, ebenfalls im Besitz der Griechen, ist dreiteilig; schon im Anfang des 12. Jahrh. zeigte man hier das *Gefängnis Jesu*, wo auch seine Leidensgenossen mit ihm angebunden waren, während man das Kreuz zurecht machte. Die Sage hat seitdem so viele Schattierungen erhalten, daß sie sich nicht mehr genau verfolgen läßt.

Gegen das Katholikon zurückkehrend umgehen wir den Chor desselben und finden in der Außenmauer l. Apsiden, die dem alten fränkischen Chore angehörten; dazwischen auch Kleiderkammern. Die erste Apsis trägt den Namen *Kapelle des h. Longinus* (Pl. 28). Longinus, dessen Name im 5. Jahrh. erwähnt wird, war der Soldat, welcher in Jesu Seite stach; er war auf einem Auge blind; etwas Blut und Wasser spritzte in sein Auge, und er wurde sehend. Darauf bereute er und wurde Christ. Die Kapelle wird erst seit Ende des 16. Jahrh. genannt. Sie gehört den Griechen; noch heute bleibt die Procession der Lateiner nicht vor ihr stehen, erkennt sie also nicht ganz an. — Die nächste Kapelle, ganz im Hintergrund des Chores, ist die der *Kleiderverteilung* (Pl. 29) und gehört den Armeniern; der Ort wurde schon im 12. Jahrh. gezeigt. Zwischen beiden genannten Kapellen befindet sich eine in eine Kleiderkammer führende geschlossene Thüre, durch welche die Domherren vormals in die Kirche gekommen sein sollen. — Weiterhin l. Treppe zur Helenakapelle; dann die griech. Kapelle der *Verspottung* oder der *Dornenkrönung* (Pl. 30). Sie hat keine Fenster; ziemlich in der Mitte steht ein kastenförmiger Altar, welcher die sog. *Säule der Verspottung* enthält. Diese hat verschiedene Eigentümer gehabt, und ihre Größe und Farbe hat seit 1384, wo sie zuerst erwähnt wird, die verschiedensten Veränderungen durchgemacht; heute ist sie ein dickes, weißlichgraues Steinfragment, $0{,}_{33}$m h.

Wir gehen nun die Treppe, an der wir eben vorbeigeschritten sind hinunter (29 Stufen) zur *Helenakapelle* (Pl. 31); 20m l., 13m br., 5m unterhalb des Niveaus der Grabeskirche. Hier stand einst die Basilika Constantins. Im 7. Jahrh. wurde von Modestus hier ein kleines Heiligtum im byzantin. Stil gebaut; die heutigen Unterbauten datieren aus dieser Zeit. Im O. befinden sich 3 Apsiden, in der Mitte 4 cylindrische Säulen, die eine Kuppel tragen; letztere hat 6 Seitenfenster, die auf den Platz des abessinischen Klosters gehen. Die Säulenschäfte sind antike Monolithen von rötlicher Farbe; ihre Dicke und die unverhältnismäßige Größe der kubischen Kapitäle geben dem Ganzen ein plumpes Aussehen. Die Spitzbogengewölbe stammen aus der Kreuzfahrerzeit (12. Jahrh.).

Die Kapelle gehört den Abessiniern, sie vermieten dieselbe jedoch an die Armenier. Aus den Angaben mittelalterlicher Pilger ergiebt sich, daß man diese Kapelle als den Ort der Kreuzfindung betrachtete; von einer oberen und einer unteren Abteilung ist erst seit 1400 die Rede. Der Altar in der n. Apsis (Pl. 32) ist dem Andenken des guten Schächers, der mittlere (Pl. 33) dem der Kaiserin Helena gewidmet. R. neben dem Altar (Pl. 34) der Sitz, den Helena eingenommen haben soll, während nach dem Kreuze gegraben wurde (diese Sage ist erst im 15. Jahrh. aufgetaucht). Im 17. Jahrh. beklagt sich der armenische Patriarch, der zum Andenken an Helena hier zu sitzen pflegte, daß die Pilger den Stuhl zerbröckelten und er stets einen neuen hinsetzen müsse. Bis auf Chateaubriand (1806) erhielt sich die Sage, daß die Säulen dieser Kapelle Thränen vergössen.

13 weitere Stufen führen in die eigentliche *Kreuzfindungskapelle* (Pl. 35); bei den letzten 3 Stufen kommt der Fels zum Vorschein. Die (moderne) Kapelle ist c. 7,5m l., fast eben so breit, 5m h. Der Boden ist mit Steinplatten belegt, doch haben wir hier wirklich eine Felsenhöhle vor uns; an der W.- und S.-Seite sind steinerne Bänke. Der Platz r. gehört den Griechen; hier befindet sich eine Marmorplatte, mit eingelegtem Kreuz. L. ein Altar der Lateiner (vom Erzherzog Ferdinand Max gestiftet). Ein Bronzestandbild der Kaiserin Helena in Lebensgröße umfaßt das Kreuz; das Postament ahmt den Fels nach und ruht auf einer Unterlage von grünem Serpentin; an der Hinterwand eine lateinische Inschrift, die den Stifter nennt. Am 3. Juni 1857 wurde hier die erste Messe gelesen.

Um nun noch **Golgotha**, die sogen. Calvarienstätte (Pl. 36), zu besuchen, müssen wir wieder die Treppen hinaufsteigen und uns sodann l. wenden, s. um den Griechenchor herum, von wo ein Gang nach Golgotha hinaufführt. Der Boden dieser Kapellen liegt 4,5m über dem Niveau der Grabeskirche. Ob diese Erhöhung aus natürlichem Fels besteht, ist noch nicht erwiesen, man möchte, nach den Unterbauten zu schließen, eher das Gegenteil vermuten; von einem *„Hügel"* ist überhaupt erst beim Pilger von Bordeaux die Rede, dann wieder eine Zeit lang nicht mehr. Die Calvarienstätte (die vorliegende?) war in den Bau der Constantinischen Basilika eingeschlossen; später (7. Jahrh.) erhob sich eine besondere Kapelle über dem heil. Platze, nach welchem man auch die beabsichtigte Opferung Isaaks durch Abraham verlegte (vgl. S. 65). Zur Kreuzfahrerzeit wurde der Platz trotz seiner Höhe in das Seitenschiff der Kirche hineingezogen. Nach dem Brande 1808 wurden die Kapellen erweitert und der östliche von den beiden S. 67 erwähnten Eingängen der Kirche von innen durch eine Treppe verbaut. Die erste (n.) Kapelle, die *Kapelle der Kreuzeserhöhung* (Pl. 36), ist von der zweiten nur durch zwei Pfeiler getrennt; sie gehört den Griechen, ist 13m l., 4,5m br.; an ihrer ö. Apsis (Pl. 37) wird eine in Silber gefaßte Öffnung gezeigt, wo das Kreuz im Felsen gesteckt haben soll. Der Ort der Schächerkreuze wird in den Winkeln des Altarraums gezeigt, je 1,6m vom Kreuze Jesu entfernt (sehr nah!); sie werden erst im Mittelalter erwähnt. In noch neuerer Zeit hat man die Unterscheidung gemacht, daß r. (S.) das Kreuz des *guten* Schächers gestanden habe. 1,4m s. vom Kreuze Jesu ist der berühmte ***Felsenspalt*** (Matth. 27, 51); der Riß ist durch eine verschiebbare Messingleiste und darunter ein Messinggitter verdeckt. Wenn man dieselbe auf die Seite schiebt, so erblickt man eine c. 20cm tiefe Höhlung, die von unbestimmbarem Gestein (nicht Marmor) umgeben ist. Früher zeigte man einen größeren Spalt, auch war der Stein von anderer Farbe. Der Riß soll bis in den Mittelpunkt der Erde hinabreichen! — Die Kapelle ist mit Gemälden und kostbarer Mosaik reich geschmückt. Hinter der Kapelle liegt das Refectorium der Griechen.

Die daranstoßende (s.) Kapelle (Pl. 38), sowie der Altar des „Stabat" zwischen beiden Kapellen (13. Station: Ort, wo Maria bei der Kreuzabnahme den Leichnam Christi in Empfang nahm), gehört den Lateinern; die Kapelle ist viel einfacher ausgestattet. Hier soll Christus ans Kreuz genagelt worden sein; die Stelle wird durch in den Boden eingelegte Marmorstücke bezeichnet, und ein Altargemälde stellt die Scene dar. Ebenfalls den Lateinern gehört die weiter s. gelegene ***Kapelle Mariae*** oder ***Schmerzenskapelle*** (Pl. 39), zu welcher eine Treppe von außen führt (S. 67). Sie ist nur 3,9m l. und 2,9m br., aber reich verziert. Das Altargemälde stellt Jesu Leichnam im Schoße seiner Mutter dar; man kann jetzt gewöhnlich nur durch ein Gitter vom Calvarienberge aus hineinsehen.

Wir steigen nun eine der beiden Treppen hinunter. Unterhalb der Kapelle der Kreuzannagelung (Pl. 38) liegt das Geschäftszimmer der griech. Geistlichen; n. davon unter der Kreuzerhöhungskapelle die nicht sehr alte sog. *Adamskapelle* der Griechen. Eine schon früh bezweifelte Sage meldet, daß hier Adam begraben gewesen und das Blut Jesu durch den Felsenriß auf sein Haupt geflossen sei; dadurch wurde er wieder belebt. Es wird behauptet, daß wegen dieser Sage gewöhnlich ein Totenkopf unter dem Kreuze abgebildet werde. Die morgenländische Kirche nimmt an, daß in derselben Kapelle ***Melchisedek*** begraben liege. Ö. und etwas r. vom Altar kann man, wenn das messingene Thürchen geöffnet wird, den Felsenriß sehen, der dem in der oberen Kapelle befindlichen entspricht. Bevor wir zur w. Thüre der Kapelle gelangen, sehen wir r. und l. zwei steinerne Bänke mit hervorragender Steinplatte und Strohmatten darüber. Als die Griechen nach dem Brande 1808 sich in den Besitz dieser Kapelle setzten, warfen sie die hier befindlichen Grabmäler fränkischer Könige von Jerusalem, obwohl diese nicht beschädigt worden waren, einfach hinaus. Die Gräber standen damals außerhalb der Kapelle; letztere wurde nun erweitert und der Zugang vom Vorplatz der Grabeskirche her zugemauert. Auf der Bank l. befand sich das *Grabmal Gottfrieds von Bouillon;* die Inschrift, welche man noch kennt, stand auf einem dreieckigen Prisma, das auf vier kurzen Säulen ruhte; r. (n.) lag das ähnliche *Grabdenkmal König Balduins I.* Schon die Charesmier nahmen die Gebeine dieser Könige heraus; aber erst der Vandalismus der Griechen hat jene ehrwürdigen Denkmäler zerstört, sowie noch eine Anzahl anderer, alles um den Ansprüchen der Lateiner auf diese Stätten vorzubeugen.

In den Ostertagen ist die Grabeskirche von Pilgern aller Nationen überfüllt; ein wildes Treiben, das unangenehm berührt, herrscht alsdann dort, sowie in ganz Jerusalem. Die Feierlichkeiten können indes mit denen in Rom nicht verglichen werden.

In früheren Zeiten, namentlich unter der Kreuzfahrerherrschaft, stellten die Lateiner den Einzug Jesu auf einer Eselin von Bethphage aus dar; später geschah dies nur im Innern der Grabeskirche: Palm- und Ölzweige wurden umhergestreut; noch heute lassen die Lateiner dazu Palmzweige von Gaza kommen, die am Palmsonntag geweiht und an die Menge verteilt werden. Am grünen Donnerstag halten die Lateiner große Messe und Procession um die Grabkapelle; darauf folgt die Fußwaschung an der Thüre der Grabkapelle. Die Griechen haben die Fußwaschung auch; doch trifft ihr Fest nicht immer mit dem der Lateiner zusammen. Auch der Karfreitag wird von den Franziskanern dramatisch gefeiert und zuletzt eine Figur an ein Kreuz genagelt. Der größte Mißbrauch, der getrieben wird, ist das Fest des *heiligen Feuers*, an dem im Mittelalter auch die Lateiner teilnahmen; jetzt wird das Wunder nur noch von den Griechen besorgt und lockt jährlich eine große Anzahl schaulustiger Pilger in die Grabeskirche. Fremde erhalten Zutritt zu den Emporen, welche den Lateinern gehören. Von den Griechen wird das Wunder ins apostolische Zeitalter hinauf versetzt; thatsächlich spricht der Mönch Bernhard im 9. Jahrh. schon davon. Dem Chalifen Hâkim wurde erzählt, daß die Priester den eisernen Draht, an welchem der Leuchter über dem Grabe aufgehängt sei, mit Balsamöl bestrichen und ihn sodann vom Dache aus anzündeten. Große Summen werden den Priestern von denjenigen bezahlt, welche zuerst ihre Kerze an der heiligen vom Himmel gesandten Flamme anzünden dürfen. Ein wilder Lärm beginnt schon am Karfreitag; die Menge übernachtet in der Kirche, um sich Plätze zu sichern; einige binden sich zu diesem Zwecke an das heilige Grab an, andere rennen um das Grab herum. Am Sonnabend vor Ostern, um 2 Uhr Nm., geht eine Procession der hohen Geistlichkeit um das Grab herum, nachdem alle Lampen vor den Augen des Volks ausgelöscht worden sind. Einige Glieder der hohen Geistlichkeit begeben sich in die Grabkapelle; das Volk ist in Spannung, die Priester beten; endlich wird das vom Himmel gefallene Licht aus einer Lucke des h. Grabes herausgereicht, und nun giebt es einen unbeschreiblichen Tumult, da jedermann als der erste seine Kerze anzünden will. Im Nu ist alles erleuchtet; aber es geht dabei nie ohne Balgerei ab, und bei dem Gedränge ereignet sich gewöhnlich ein Unfall. Man läßt sich die schreckliche Katastrophe von 1834 nicht zur Warnung gereichen; damals waren über 6000 Leute in der Kirche versammelt, als ein plötzlicher Tumult entstand; die türkischen Wächter glaubten, man greife sie an und hieben auf die Pilger ein: durch das Gedränge, welches hierdurch entstand, wurden gegen 300 Pilger erstickt oder zu Tode getreten. — In der Nacht auf Ostern ist großer Gottesdienst; die Pilger mit Fackeln rufen Halleluja, während die Priester, Hymnen singend, das heilige Grab umkreisen.

Die Ostseite der Grabeskirche. Wir verfolgen die kleine Gasse, welche am Vorplatz der Grabeskirche vorbei nach O. führt und gelangen so in die Basarstraße (S. 83); hier wenden wir uns l.; bevor wir unter die Überwölbung treten, führt ein Weg l. (w.) aufwärts. Daselbst finden sich einige Säulen im Boden, die einzigen Überreste des Vorhofes der alten *Basilika Constantins* (S. 63).

Über die Dächer von alten Gewölben verfolgen wir unsern Weg und kommen n.-wärts umbiegend in einen Gang. Bei der Biegung des Weges nach W. sehen wir r. in einen Hofraum; hier liegen die Armenwohnungen der Lateiner (*Dâr Ishâk Beg;* Schöpfloch der Helenacisterne s. u.). Gegen das Ende der Sackgasse gelangen wir zu einer Säule (r.) und zu drei Thüren und erblicken hier die Grabeskirche auch von O.

Durch die Thüre l. treten wir in einen großen zum **abessinischen Kloster** gehörigen Hofraum, in dessen Mitte eine Kuppel steht; man kann durch dieselbe in die Helenakapelle (S. 72) hinunterblicken. Um den Hof herum sind einzelne Wohnungen; der größte Teil der abessinischen Kolonie wohnt in elenden Hütten im SO.-Teil des Hofes. Abessinische Mönche lesen ihre altäthiopischen Gebete und zeigen an einem keineswegs alten Ölbaum über der Kreuzfindungskapelle (Pl. 35) den Ort, wo Abraham den Widder bei der Opferung des Isaak (die nach ihrer Meinung hier in der Nähe vor sich gehen sollte) angebunden fand. Im Hintergrunde s. ist hier eine Mauerseite des ehemaligen Refectoriums des Domherrnstiftes sichtbar. Die Abessinier zeigen dem Fremden auch ihre besondere Kapelle (Pl. 40; modern). Ein Durchgang führt von derselben auf den Vorplatz der Grabeskirche. Die gutmütigen Abessinier führen ein sehr erbärmliches Leben, daher man ihnen gern eine kleine Gabe verabreichen wird.

L. vom Hof der Abessinier führt die zweite der oben genannten Thüren, ein großes eisernes Portal, in das viel glänzendere **Kloster der Kopten**, *Dêr es-Sulṭân* (Sultans-Kloster). Teilweise neu restauriert und als Bischofssitz europäisch eingerichtet enthält es eine Reihe Zellen zur Beherbergung von Pilgern. Die Kirche, deren Fundamente übrigens alt sind, ist so eingeteilt, daß der Raum für die (kleine) Gemeinde sich zu beiden Seiten des mit einem Gitter umgebenen Altars befindet. Beim Pförtner des Klosters erhält man den Schlüssel zur *Helenacisterne*. Eine gewundene Treppe von 43 Stufen, zum Teil in schlechtem Zustande, führt in die Tiefe. Beim Hinabgehen erblickt man l. eine Öffnung, woselbst eine nun vermauerte Treppe von N. her einmündet; unten ist ein schönes, aus dem Felsen gehauenes Treppengeländer. Es ist schwer, den Umfang des Wasserspiegels, dessen Tiefe sehr veränderlich ist, zu erkennen; doch ist ersichtlich, daß das Ganze in den Felsen gehauen ist. Von den Bewohnern des lateinischen Armenhauses wird hier vermittelst eines Eimers Wasser geschöpft (schlecht und unrein). Vielleicht reicht das Alter der Cisterne über die Zeit Constantins hinauf. Der älteste Pilger redet bereits von hier in der Nähe befindlichen Cisternen und meint wohl die vorliegende; später wird sie Jahrh. hindurch nicht mehr erwähnt. (Trinkgeld für eine Person 3 Pi., für eine Gesellschaft 6 Pi. oder mehr.)

Gänge in der Stadt.

1. Der Mûristân. In der Gasse, welche vom Vorplatz der Grabeskirche aus nach O. läuft, erreicht man nach wenigen Schritten ein schönes Portal (r.) mit dem preußischen Adler darüber; dies ist der Eingang in den Mûristân. Das ganze Areal mißt 155m O.-W., 137m N.-S.; die O.-Hälfte (leider die weniger interessante) wurde 1869, bei dem Besuche des Kronprinzen von Preußen in Constantinopel, vom Sultan der Krone Preußen geschenkt.

Geschichte des Platzes. Man hat angenommen, daß das Kloster, welches Karl der Große in Jerusalem gestiftet hat, an dem Orte gelegen habe, wo zwei Jahrh. später die Kaufleute aus Amalfi, welche große Handelsprivilegien im Orient genossen, eine Kirche *Maria Latina* und ein Benediktinerkloster *Monasterium de Latina* errichteten (1048). Von der Kirche sieht man auf der S.-Seite der Straße, in der wir uns befinden, noch Überreste. Im Laufe der Zeit wurde ein Kloster und eine Kirche für Frauen angebaut und zu Ehren der Maria Magdalena *Maria parva* (die Kleine) genannt. Als diese Klöster nicht mehr ausreichten, erbaute man ein Hospiz und eine Kapelle des *St. Johannes Eleemon* (des Barmherzigen), w. von St. Maria der Kleinen; dieses Hospiz war vom Marienkloster abhängig, bis ein Dienender desselben mit mehreren frommen Männern einen eigenen Ordenszweig zu gründen beschloß. Als Schutzpatron wurde ursprünglich der genannte Johannes Eleemon (Patriarch von Alexandrien 606-616), später Johannes der Täufer verehrt. So wurde der Orden der Hospital- oder Johanniterbrüder gestiftet, die sich zunächst der Pilgerpflege, dann aber auch der Bekämpfung der Ungläubigen widmeten und zuletzt sich auch in die Politik mischten. Ihr Hospiz erhielt große Güter; die Hauptbauten wurden zwischen 1130-1140 unter Raymond du Puy ausgeführt. Das Hospiz, s. gegenüber der Grabeskirche, war ein prächtiges Gebäude, wohl in der Art eines Chân, von 124 Säulen und 54 Pfeilern getragen. Es dehnte sich bis an die Davidsstraße aus, wo man noch eine Anzahl Arkaden mit Spitzbogen aus jener Zeit findet; dort waren Magazine und Verkaufsläden. 1187 verließen die Johanniter Jerusalem; mehr als ein Jahrh. später siedelten sie nach Rhodus über. Auch ein Frauenkloster war mit der Johanniteransiedlung verbunden gewesen; es lag ö. vom Hospiz und führte den Namen *St. Maria die Große.* Die noch vorhandenen Bauten gehören der ehemaligen Kirche und dem Kloster de Latina an und datieren aus den J. 1130-1140. Die Haupteingangspforte für die Menge schaute gegen N.; das Kloster lag hinter der Kirche. Als Saladin 1187 Jerusalem eroberte, kehrte er im „Hospitale" ein; das Eigentum der Johanniter wurde als fromme Stiftung *(wakf)* der Omarmoschee übergeben. 1216 verwandelte Saladins Neffe Schihâbeddîn die Hospitalkirche, welche gegenüber der Grabeskirche lag, in ein Hospital (arab.-persisch *Mûristân;* dies ist daher eigentlich bloß der Name eines Theiles des Areals). Derselbe Fürst baute daneben eine Moschee *Kubbet ed-Dergâh;* heute steht die Moschee des *Sidna 'Omar* (im NW.-Winkel des Areals) an deren Stelle. Die Herberge, welche die Muslimen fortbestehen ließen, faßte noch im Anfang des 14. Jahrh. tausend Personen. Die Verwaltung der Stiftung war der Familie el-'Alemi übergeben, und das Grundstück konnte, wie alle frommen Stiftungen dieser Art, erst dann veräußert werden, wenn das Ganze zu einer völligen Wüstenei geworden war; daher ließ man alle Gebäulichkeiten zerfallen. Das hohe viereckige Minaret der Moschee des *Sidna 'Omar*, das dem Glockenturme der Grabeskirche gegenüber liegt, ist 1417 erbaut; das Ganze geht rasch dem Ruin entgegen. Ö. daneben liegt ein kleines griechisches Kloster (*Gethsemane-Kloster*, Pl. 65); hier lag ehemals die Wohnung des Ordensgroßmeisters. An der W.-Seite des Areals liegt das *Patriarchenbad* (S. 83), in der SW.-Ecke das griechische Kloster Johannes des Täufers (S. 83), *Dêr Mâr Hanna* (dieser Name wird bisweilen auch auf das ganze Areal des Mûristân übertragen). Der übriggebliebene Mittelraum ist immerhin noch von beträchtlichem Umfang.

Schlüssel zum Mûristân beim Thorwächter. Das sehenswerte *Eingangsportal* besteht aus einem großen Rundbogen, der sich über zwei kleineren nicht mehr vorhandenen Bogen erhob. Das Feld über den beiden Bogen war mit einem Relief geschmückt, das zum größten Teil herausgefallen ist. Die beiden Rundbogen ruhten einesteils auf einem Mittelpfeiler, anderenteils auf dem Gesimsband der Seitencolonetten des Portals. Der größere Bogen ruht auf einem neben dem Portal befindlichen Widerlager. Noch geht um den ganzen Thorbogen eine breite mit Skulpturen geschmückte Leiste herum. Auf derselben sind die zwölf Monate des Jahres durch Figuren darge-

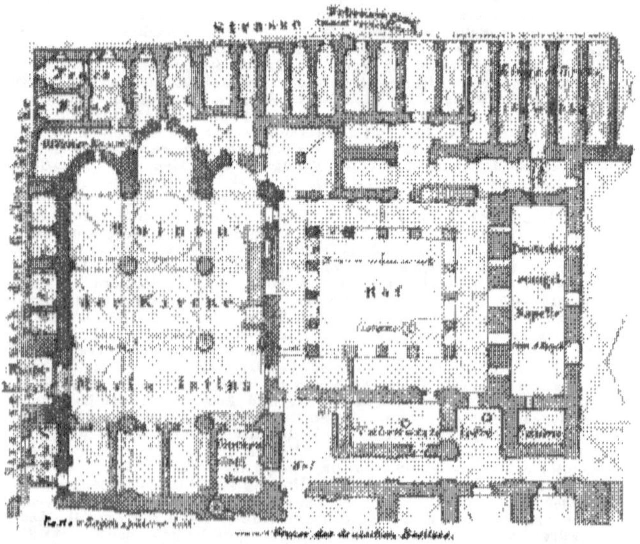

stellt: der Januar 1. ist verschwunden; dann folgt „Feb“: Mann, der Zweige eines Baumes abschneidet; „Ma“ undeutlich; „Aprilis“: sitzende Figur; „Majus“: knieender Mann, der den Boden bebaut; (Ju)„nius“ verstümmelt; (Ju)„lius“: ein Schnitter; „Augustus“: Drescher; (S)„epten“(ber): Winzer; (Oktob)„er“: Mann mit einem Faß, darüber wohl ein Skorpion; (November): aufrechtstehende Frau, die Hand in der Schürze, wohl Symbol der Ruhe. Oben zwischen Juni und Juli ist die Sonne (Überschrift „sol“) durch eine Halbfigur dargestellt, die eine Scheibe über ihrem Kopf hält; daneben der Mond („luna“) durch eine Frauenfigur mit einem Mond im zunehmenden Viertel. Auch der Carnies, der darüber hinläuft, ist mit Medaillons verziert, welche Blätter, Greifen u. s. w. darstellen. Das Ganze erinnert an die abendländische Kunst des 12. Jahrh. — L. vom Portal ist ein schönes Fenster im gleichen Stil noch zur Hälfte erhalten.

Von der *Kirche* sind außer den Grundmauern noch die drei Apsiden teilweise erhalten (die s. vollständig). Auch sind die Sockel der gekoppelten Säulen im Innern der Kirche und mehrere Bogenansätze sichtbar; ferner der untere Teil eines obersten Fensters in der Südwand des Querschiffes. Die Kirche war also ein dreischiffiges Gebäude mit einer Hauptapsis in der Mitte und zwei kleineren daneben. Die Treppe und der Vorbau mit Spitzbogenfenster stammen aus muslimischer Zeit. Im ehemaligen Refectorium des Klosters, an der S.-Seite des teilweise noch erhaltenen Kreuzganges, zu welchem die Treppe hinaufführt, ist die provisorische *deutsch-evangelische Kapelle* eingerichtet. Der Kreuzgang in zwei Stockwerken wird auf jeder Seite von vier Säulenpilastern eingefaßt und umschließt einen unbedeckten viereckigen Hofraum; in demselben einige interessante Säulenstücke aus Marmor. Hinter und neben diesem Hofraum liegt ein Terrain, welches mit großer Mühe von den durchschnittlich 8m hohen Schuttlagen befreit worden ist; mehrere hunderttausend Esellasten sind von hier nach dem Platz vor dem Jâfâthor geschafft worden, der dadurch eine wesentliche Verbreiterung erfahren hat. Man bemerkt mit Erstaunen, wie hoch die umgebenden Häuser über dem freigelegten Boden stehen, auf dem jetzt Pfeiler von unverwüstlicher Festigkeit zum Vorschein gekommen sind. Man hat auch mehrere sehr tiefe schön gewölbte und gemauerte Cisternen freigelegt; der Boden derselben liegt 15m unter dem Niveau der Strasse. An verschiedenen Stellen kann man in dieselben hinunterblicken. Das ganze jetzt abgeräumte Areal soll wieder vollständig bebaut werden mit Anstalten zum Besten der Jerusalemer deutschen Gemeinde (Schule etc.); die Kirche soll in ihrer früheren Gestalt wieder hergestellt werden.

2. Vom Stephansthor durch die Via Dolorosa. Das STEPHANSTHOR stammt in seiner jetzigen Gestalt wohl aus der Zeit Solimans (S. 108); die Eingebornen nennen es *Bâb el-Asbâṭ*, die Christen *Bâb Sitti Marjam* (Marienthor, die Ursache s. S. 80). Außen schräg über dem Eingang sind auf jeder Seite zwei Löwen halb erhaben in Stein ausgehauen. Das Thor ist, wie die meisten Thore Jerusalems, in einem Winkel gebaut, die Thürflügel sind mit Eisen beschlagen. Die Thorwächter zeigen im Wachtzimmer einen Eindruck vom Fuße Jesu. (Über die Stephanskirche s. S. 110).

Innerhalb des Stadtthores gleich r. führt ein Thor zur **St. Annenkirche** (Pl. 2).

Der Platz dieser Kirche wurde 1856 nach Beendigung des Krimkrieges von Sultan 'Abdu'l-Medschîd an Napoleon III. abgetreten; seitdem steht die wiederhergestellte Kirche unter französischem Schutz. Schon im 7. Jahrh. wird eine Kirche der in hoher Verehrung stehenden h. Anna, der Mutter Marias, erwähnt. Später befand sich in der Nähe ein Frauenkloster, das aber erst zur Kreuzfahrerzeit durch den Eintritt mehrerer fürstlichen Frauen zu blühen begann: damals, gegen die Mitte des 12. Jahrh., wurde auch die Annenkirche umgebaut. Saladin stiftete hier eine große Schule mit guten Einkünften; der Eintritt in das Gebäude war dadurch für die Christen sehr erschwert, bis obige Schenkung stattfand. Das Gebäude heißt noch heute bei den Arabern *es-Salâhîje*, zum Andenken an Saladin. Wesentliche Veränderungen sind an demselben seit der Kreuzfahrerzeit nicht gemacht worden. Das Kloster lag s. von der Kirche.

Der Haupteingang der Kirche befindet sich auf der W.-Seite: drei Spitzbogenportale, welche in drei entsprechende Langschiffe führen. Das Gebäude ist 37m l., 19,5m br., wovon auf das Mittelschiff 8,5m kommen. Die drei Schiffe der Kirche werden durch zwei Reihen von Pfeilern gebildet, welche vier Spitzbogen tragen. Die Höhe dieser Spitzbogen, in welchen kleine Fenster angebracht sind, beträgt 13m; die Höhe der drei Bogen, welche die Seitenschiffe bilden, 7,5m. Auch die Wände der Seitenschiffe haben kleine Spitzbogenfensterchen. In der Mitte des Querschiffes erhebt sich eine leicht zugespitzte Kuppel, wahrscheinlich in arabischer Zeit ausgebessert. Die Apsiden sind außen polygonal, innen abgerundet. Die Hauptapsis hat drei, die Nebenapsiden je ein Fenster. Man sah hier früher Reste von Fresken; dieselben sind bei dem Neubau verschwunden. In der SO.-Ecke steigt man 21 Stufen hinab in eine Krypta. Größtenteils in den Fels gehauen besteht sie aus zwei Teilen, von denen der zweite einer Cisterne gleicht. Früher war hier ein Heiligtum mit Altären; die Tradition versetzt die Wohnung der h. Anna und den Ort der Geburt Marias hierher. Man hat hier Spuren von alten Gemälden aufgefunden. Beim Herausgehen aus der Kirche, die als wohlerhaltenes Bauwerk der Kreuzfahrerzeit Interesse erweckt, betrachte man noch eine niedrige Thüre im s. Seitenschiffe wegen der merkwürdigen Kragsteine, die ihre Oberschwelle tragen. — NW. von der St. Annenkirche hat man in neuerer Zeit den *Bethesdateich* finden wollen (vgl. S. 57).

Wir gehen nun in die Gasse *Tarîk Bâb Sitti Marjam* zurück und verfolgen dieselbe nach W. Bald passieren wir einen Kreuzweg, der l. zum *Bâb Hotta* des Harâm (S. 57), r. in einen kleinen Basar führt. Hierauf erblicken wir da, wo die Gasse überwölbt ist, einige alte Baureste (nach der Tradition von der alten Festung Antonia herrührend); hinter einem kleinen muslim. Friedhof ist ein Saal, in welchem früher eine höhere Schule bestand. Hier wurde auch die S. 40 erwähnte Stele gefunden. Kurz darauf r. (Pl. 31) die *Geißelungskapelle*. Dem Besucher (anklopfen!) wird durch einen Franziskaner geöffnet. Den Platz der Geißelung hat man seit Jahrh. an verschiedenen Orten gezeigt, erst im sog. Hause des Pilatus u. s. w. 1838 schenkte Ibrâhîm Pascha den vorliegenden Platz den Franziskanern, Herzog Maximilian von Bayern gab das Geld zum Bau der Kapelle. Dieselbe ist klein und bietet nicht viel Bemerkenswertes; unter dem Altar ist das Loch, in welchem die Geißelungssäule (S. 70) gestanden haben soll.

Einige Schritte weiter bringen uns zum Aufgang in die Kaserne und hiermit an den Beginn der **Via Dolorosa**, des Schmerzensweges, auf welchem Jesus das Kreuz nach Golgotha getragen haben soll. Die heutige Kaserne (Pl. 11), an der Stelle der Antonia gelegen, gilt nämlich als der Platz des Praetoriums, der Wohnung des Pilatus.

Schon im 4. Jahrh. zeigte man den Ort, ungefähr beim *Bâb el-Kattânîn* (S. 58). Im 6. Jahrh. stand über dem Platze des Praetoriums die Basilika St. Sophia. Im Beginn der Frankenherrschaft hatte man noch das richtige Gefühl, daß das Praetorium auf dem W.-Hügel (in der Oberstadt) zu suchen sei; damals stand an dem Platze eine Peterskirche. Erst gegen Ende der Kreuzfahrerzeit verlegte man die heil. Stätte an den jetzigen Ort. Die sog. heil. Stiege wurde damals nach Rom in die Kirche von S. Giovanni in Laterano gebracht. Die katholische Kirche beharrt aber auf die Echtheit einer kleinen Kapelle in der türkischen Kaserne als erster Station. Selbstverständlich ist mit der Lage des Praetoriums die Richtung der Via Dolorosa eng verknüpft; die jetzige Via Dolorosa kommt erst im 16. Jahrh. ausdrücklich als solche vor.

Der traditionelle *Schmerzensweg* (oder *Kreuzesweg*) folgt also zunächst der Gasse *Ṭarîk Bâb Sitti Marjam* (s. S. 80) gegen W. Die vierzehn Stationen sind durch Tafeln bezeichnet. Die *erste* befindet sich nach dem Gesagten in der Kaserne; die *zweite*, der Platz, wo Jesu das Kreuz aufgeladen wurde, unterhalb der Treppe, welche in die Kaserne hinaufführt. Hierauf r. ein großes stattliches Gebäude, mit einer auffallend gut gepflasterten Gasse davor: das Institut der katholischen *Zionsschwestern* (Pl. 82). Das Gebäude, von P. Ratisbonne erbaut, wird durch Sammlungen unterhalten. Ein Bogen greift hier über die Straße: der sog. *Ecce-Homo-Bogen* oder *Bogen des Pilatus*, wo dieser, auf Jesus deutend, gesprochen haben soll: „Sehet, welch ein Mensch!" (Joh. 19, 5). Der Bogen, vielleicht ein alter Triumphbogen aus römischer Zeit, wird seit dem 15. Jahrh. als Eccehomobogen gezeigt, hat aber seitdem verschiedene Formen angenommen. Der daran stoßende n. Bogen bildet jetzt den Chor der Kirche der Zionsschwestern. Diese *Kirche* ist teilweise in den Felsen hineingebaut; sie ist einfach, die Kapitäle vergoldet. Die Gewölbe unter der Kirche sind nur an gewissen Tagen geöffnet. Unter dem Kloster hat man tiefe Felsengänge und Gewölbe entdeckt, die gegen das Harâm zu laufen. — Gegenüber der Kirche auf der l. Seite der Straße liegt eine kleine Moschee und ein Derwischkloster der Inder; an dessen äußerer Mauer eine Nische, welche mit der h. Jungfrau in Verbindung gebracht wird.

Gehen wir nun ins Thal hinunter bis zu dem Punkt, wo die Straße vom Damascusthore her einmündet; hier haben wir noch einen Überrest der Senkung des ehemaligen Tyropœonthales (S. 24) vor uns. R. Hand das *österreichische Pilgerhaus*; gegenüber l. auf dem Platz des ehemaligen Sultansbads das Hospiz der unierten Armenier; dabei eine zerbrochene Säule, die *dritte* Station, bei welcher Jesus unter der Kreuzeslast fiel (früher anderwärts gezeigt). Von hier läuft die Via Dolorosa eine Strecke weit nach S. N. neben dem armenischen Hospiz die lateinische Kirche Notre-Dame de Spasmo (alter Mosaikboden); r. in der Mitte des Weges, bevor man eine Gasse l. (nach O.) antrifft, das traditionelle *Haus des armen Mannes* (Lazarus); hierauf da, wo diese Gasse von l. einmündet, die *vierte* Station; hier soll Jesus seine Mutter angetroffen haben. Bei der nächsten Straße r. biegt die Via Dolorosa wieder nach W. um und mündet nun in den eigentlichen Schmerzensweg, *Tarîk el-Alâm*, ein. L. an der Ecke wird seit dem 15. Jahrh. das hübsche mittelalterliche *Haus des reichen Mannes* gezeigt, aus verschiedenfarbigen Steinen erbaut, mit einem kleinen Erker. Hier ist die *fünfte* Station, woselbst Simon von Kyrene Jesu das Kreuz abnahm. In dem Hause l. ist ein Stein eingemauert, mit einer Vertiefung angeblich vom Drucke der Hand Jesu. Man geht hierauf die Gasse etwa 110 Schritte weit hinan und findet bei einem Bogen die *sechste* Station. L. *Haus (und Grab) der h. Veronica* (Kapelle der unierten Griechen). Sie soll hier Jesu den Schweiß abgewischt haben, dabei blieb das Bild Jesu auf ihrem Tuche haften.

Bevor wir durch die Überwölbung in den *Sûk es-Semʿâni* gelangen, sehen wir l. das Haus, an welchem Jesus sich angelehnt haben oder wiederum gefallen sein soll. An dem Punkte, wo die Straße eine vom Damascusthor herlaufende Gasse kreuzt, ist die *siebente* Station: die sog. *Gerichtspforte (porta judiciaria)*, durch welche Jesus zur Stadt hinausgegangen sein soll; dabei in einer neuen Kapelle eine antike Säule, die mit dem Gerichtsthor in Verbindung gebracht wird. Am Eingang des Johanniterhospizes vorbeigehend findet man etwa 30 Schritte weiter l. in der Mauer des griechischen Klosters *St. Caralombos* (Pl. 61) ein Loch in einem Stein: hier ist die *achte* Station, woselbst Jesus die ihn begleitenden Frauen angeredet haben soll. Hier endigt die Via Dolorosa, indem sie wohl einst s.-wärts weiter lief; die *neunte* Station liegt vor dem koptischen Kloster (S. 76), daselbst soll Jesus noch einmal mit dem Kreuze gefallen sein (trotz Simon von Kyrene). Die fünf letzten Stationen befinden sich in der Grabeskirche: die *zehnte* in der Golgothakapelle der Lateiner (S. 74) bei einem in den Boden eingesenkten Steinkranz, hier soll Jesus entkleidet worden sein; die *elfte*, wo er ans Kreuz genagelt wurde, vor dem Altar (S. 74); die *zwölfte* in der daneben liegenden griechischen Kapelle der Kreuzerhöhung (S. 73); die *dreizehnte*, wo er vom Kreuz genommen wurde, bei einem Altar zwischen den beiden Stationen 11 und 12; die *vierzehnte* beim heiligen Grabe (S. 68). — Daß übrigens auch die Traditionen in Betreff der Stationen stark gewechselt haben, ist aus allen Pilgerreisen ersichtlich.

9. **Christenstraße, alter Basar, Judenviertel.** Von der Grabeskirche aus gehen wir gegen W. die Treppen hinauf unter einer Überwölbung hindurch in die sog. **Christenstraße** *(Hâret en-Naṣâra)*, eine Haupt-Basargasse von Jerusalem. Die Kaufläden sind schon ein wenig mehr europäisch eingerichtet, doch ist die Gasse keineswegs breit. Hier concentriert sich hauptsächlich das Gedränge der Pilger. Auf der W.-Seite der Straße liegt das

griechische Kloster (Pl. 57) *Dêr er-Rûm el-Kebîr*, das „große", oder Patriarcheion genannt, ein Gebäude von beträchtlichem Umfang; der Eingang befindet sich im N. von der Straße *Hâret Dêr er-Rûm* aus. Das reiche Kloster ist als Beispiel der jerusalemischen Banart interessant. Es wird zuerst um 1400 als Kloster der heil. Thekla erwähnt, ist seit 1845 Sitz des griech. Patriarchen und enthält fünf Kirchen, wovon drei Parochialkirchen. Die wichtigste ist noch immer die der h. Thekla; leider ist sie mit Schmuck überladen. Ö. davon, an die Grabesrotunde anstoßend, stehen die Kirchen Constantins und Helenas. Das Kloster beherbergt Fremde und ist berühmt durch seine reiche Bibliothek mit schönen Handschriften.

Ungefähr in der Mitte des Weges, den wir bis zum S.-Ende der Christenstraße zurückzulegen haben, befindet sich r. ein großes arabisches Kaffeehaus und daneben eine Schenke (Bier, Cognac etc.); hier ist die beste Gelegenheit, den sog. **Patriarchenteich** zu besichtigen. Der Teich ist ein großes künstlich angelegtes Wasserreservoir, 73m l. (NS.) und 44m br. (OW.). Der Boden des Teiches liegt nur 3m unter dem Niveau der Christenstraße; er ist felsig und zum Teil mit kleinen Steinen bedeckt. An der W.-Seite ist der Felsen behufs Herstellung einer ebenen Fläche künstlich abgetragen. Im Sommer hat der Teich gewöhnlich kein oder höchstens schlammiges Wasser. Er erhält sein Wasser aus dem Mâmillateich (S. 85); dasselbe dient hauptsächlich zur Speisung des großen „*Patriarchenbads*" (am SO.-Ende der Christenstraße; Pl. 34), nach welchem der Teich heute „Teich des Patriarchenbades" (*Birket Hammâm el-Baṭraḳ*) heißt. Gegen N. begrenzt ihn der sog. *koptische Chân* (Pl. k); in der SO.-Ecke zeigt die Mauer große behauene Bausteine. Der Teich hat sich in früherer Zeit weiter nach N. ausgedehnt bis zu einer Mauer, welche man unter dem koptischen Chân gefunden hat. Man schreibt seine Anlage dem König Hiskia zu, weshalb man ihn auch *Hiskiateich* nennt; ob mit Recht, ist kaum zu entscheiden. Josephus nennt ihn *Amygdalon* (mit „Turmteich" zu übersetzen).

Wenn wir die Christenstraße bis zu ihrem s. Ende verfolgen, so treffen wir an der Ecke der Straße l. das *griechische Johanneskloster* (Pl. 67), das zur Festzeit bisweilen 500 Pilger beherbergt. Wir gehen nun l. die *Hâret el-Bizâr* (die sog. *Davidsstraße*) hinunter, den Getreide- und Fruchtmarkt: l. sehen wir große Haufen von Getreide aufgeschüttet und überall runde Bastkörbe mit Sämereien aufgestellt. So gelangen wir zu einer Straße r., die uns nach einigen Schritten zu einem Bogen führt, in welchem man das alte *Gennaththor* (S. 27) hat finden wollen; die angestellten Nachgrabungen sind indessen ohne Resultat geblieben.

In der Davidsstraße weiter nach O. gehend, gelangen wir nach wenigen Schritten in den **alten Haupt-Basar**, der aus drei von S. nach N. streichenden, unter sich mehrfach verbundenen überdeckten Gassen besteht. Diese Gassen nehmen die Mitte der Stadt ein, sind aber im Vergleich mit dem Basar von Kairo oder Damascus höchst unbedeutend und haben nichts Originelles, da Industrie und Großhandel fast durchaus fehlen. Daher finden sich auch nur wenige große Châne (Karawanserais); der größte liegt ö. vom Basar.

Die Verlängerung der ö. Basargasse führt nach S. in das **Judenquartier**. Die schmutzige Straße ist mit Trödelbuden besetzt; auch Weißblechgeräte werden hier von den Juden verfertigt; ferner finden sich mehrere nicht sehr einladende Weinschenken. Nahe dem Ende der Straße biegen wir l. ab zu den *Synagogen* der Juden (Pl. 8). Besonderes Interesse erweckt keine derselben, auch nicht die große neue Synagoge der Aschkenazim. Die Sephardim haben ihre besonderen Synagogen.

4. **Goliathsburg, Citadelle u. a.** Von der Einmündung der Christenstraße in die Davidsstraße (S. 83) folgen wir der letzteren nunmehr in w. Richtung gegen das Jâfâthor. R. türkische Post und Telegraph (Pl. 92), dann der Citadelle gegenüber der *neue Basar* (Pl. 4), 1886 vollendet, ein großes steinernes Gebäude mit europäisch eingerichteten Läden. Herwärts vom Basar, der O.-Seite desselben entlang, führt ein Weg am *griechischen Hospital* (l., Pl. 47) vorbei zur *Casa Nova*.

Der Weg w. vom Basar führt zum *lateinischen Patriarchat* (Pl. 91). Die Kirche, nach Angaben des Patriarchen Valerga (S. 37) aufgeführt, ist nebst den sie umgebenden Korridoren sehenswert. Das Patriarchat enthält eine reichhaltige Bibliothek. — Auf dem Areal des Patriarchats, in der NW.-Ecke der Stadt haben die Schulbrüder eine große Schule gebaut, von deren Dach man eine schöne Aussicht genießt. Innerhalb dieses Baus sieht man noch die Reste der sog. **Goliathsburg**, arab. *Kasr Dschâlûd* (Pl. 32). Die ältesten Reste der Burg bestehen (im S.-Teil) aus dem Unterbau eines mächtigen viereckigen Turmes (Psephinus des Josephus?); man erkennt noch vier Lagen großer glattbehauener Steine. Die Mitte des Gebäudes bilden vier große Pfeiler aus mächtigen geränderten Buckelquadern. — Der Mauer des Areals der Schulbrüder entlang gehend kommen wir zum *Bâb 'Abdu'l-Hamîd*, 1889 durchgebrochen.

Gegenüber dem Jâfâthor liegt die **Citadelle** (auch *Davidsburg*, arab. *el-Kal'a* genannt), den Fremden nicht zugänglich, bietet auch im Innern wenig Interessantes. Eine unregelmäßige Vereinigung von Türmen, war sie ursprünglich ganz von einem Graben umschlossen, welcher meist noch erhalten ist. Die Unterbauten bestehen aus einer dicken Mauer, die aus dem Grund des Grabens unter einem Winkel von c. 45° aufsteigt; übrigens liegt in dem Graben tiefer Schutt. Der bedeutendste Turm des Gebäudes ist der NO.-Turm; bis auf 12m Höhe, von der Tiefe des Grabens gerechnet, ist das Gebäude aus großen geränderten, an der Oberfläche rauhen Quadern aufgeführt. Schon aus der Form dieser Werkstücke im Vergleich zu der der oberhalb befindlichen Steine (noch 10m höher) geht hervor, daß diese Fundamente alt sind. Die Lage paßt trefflich zu der Beschreibung des sog. *Phasaelturm* (S. 28) bei Josephus. Auch seine Angabe, daß große Quader verwendet worden seien, trifft zu. Ferner bestimmt er die Maße auf 40 Ellen nach allen Dimensionen. Wenn man den jetzigen 10m hohen Überbau nicht in Betracht zieht, dagegen die im Boden verborgenen (3?) Steinlagen mitrechnet, so ist der vorliegende Turm 20m h. 17m br. und 21,40m l., was ungefähr mit jenen 40 Ellen übereinstimmt. Die Quadern sind, ohne Mörtel, so aufgebaut, daß stets der obere quer über den untern gelegt ist. Der ganze alte Turm ist (mit Ausnahme eines kleinen Ganges auf der W.-Seite) durchaus massiv, das schönste Beispiel der alten Jerusalemer Stadtmauertürme, deren Unterbauten aus einem soliden Fels- oder Mauerwürfel bestanden. Auch ein Wasserreservoir befindet sich noch heute im Innern des Turmes. — Titus ließ den Turm stehen, als er die Stadt zerstörte. Bei der Eroberung Jerusalems durch die Franken leistete diese Burg am längsten Widerstand. Schon damals nannte man sie „Davidsburg“, weil David hier gewohnt haben sollte. In der jetzigen Form datiert das Kastell aus dem Anfang des 14., die Ausbesserung aus dem 16. Jahrh.

Ö. der Burg gegenüber steht die *englische Christuskirche* (Pl. 25), der Judenmission gehörig. S. liegt eine Kaserne, hierauf folgt der große Garten des **armenischen Klosters**. Dieses Kloster selbst (Pl. 53) ist besuchenswert: der sog. Patriarchensaal ist reich möbliert; die Kirche, dem h. Jakobus geweiht (hier ließ nach der Tradition Herodes den älteren Jakobus enthaupten), ist mit Fayence getäfelt und enthält Gemälde, die teilweise eher einen komischen Eindruck machen. Die Leute sehen es nicht gern, wenn der Fremde mit staubigen Schuhen auf ihre Teppiche tritt. Der schöne Klostergarten ist leider schwer zugänglich (interessanter Blick ins Thal).

5. **Die Jâfâvorstadt.** Der Platz vor dem *Jâfâthor* ist gewöhnlich sehr belebt durch ab- und zugehende Pilgerzüge und Karawanen von Reisenden, Maultiertreiber und Pferdevermieter; arabische Sattler und Hufschmiede fehlen nicht, auch europäische Läden sind zu beiden Seiten der Jâfâstraße gebaut. Namentlich am Freitag und Sonntag herrscht ein reger Verkehr, da die Jâfâstraße der beliebteste Spaziergang der Eingebornen ist.

Gleich vor dem Thore geht l. das Hinnomthal hinab die Fahrstraße nach Bethlehem (S. 121). Ein zweiter Weg, der wenige Schritte darauf l. abzweigt, führt in 5 Min. zum **Mâmillateich** (weiter zum Kreuzkloster s. S. 114).

Es liegt scheinbar sehr nahe, anzunehmen, daß wir in diesem Teiche den „oberen Gichon“ oder wenigstens den „oberen Teich“ (Jes. 7, 3) vor uns haben; bisher ist jedoch nirgends eine Quelle w. von Jerusalem gefunden worden, die dem Gichon entsprechen könnte (vgl. S. 101). Den „oberen Teich“ scheint man nach dem Zusammenhange der Stellen auf der N.-Seite der Stadt suchen zu müssen, dem Mâmillateich entspricht hingegen wohl der von Josephus genannte „*Schlangenteich*“, bis zu welchem Titus den Boden des besseren Angriffs wegen ebenen ließ.

Der Mâmillateich liegt beinahe am Ende des Hinnomthales inmitten eines muslimischen Begräbnisplatzes. Der **Teich ist 89m l. (OW.), 59m br. (NS.), 6m tief.** In den S.-Ecken **sieht man Spuren von Treppen.** Der Teich ist wohl teilweise in den Felsen **gehauen, aber seine** Wände sind außerdem mit einer **Mauer gefüttert; an der S.- und W.-Wand sind Strebepfeiler. Der Teich füllt sich zur** Winterzeit mit Regenwasser; im Sommer und Herbst ist er leer. Der gemauerte **Abflußkanal** befindet sich unten in der Mitte an der O.-Seite und läuft von hier in Windungen gegen die Stadt hin; dort tritt er etwas n. vom Jâfâthor durch die Einsattelung in dieselbe ein und liefert sein Wasser in den Patriarchenteich (S. 83) ab.

Die Jâfâstraße selbst läuft zunächst der Stadtmauer entlang, gleich r. das *engl. Konsulat*, dann der NW.-Ecke gegenüber r. der Platz des ehemaligen „1. Wachtturms" (S. 13, jetzt Polizeistation). Hier gehen r. zwei Wege von der Jâfâstraße ab: nö. an der Stadtmauer hin führt die Fahrstraße am Damascusthor (5 Min.) vorbei ins Kidronthal (S. 108). Folgen wir derselben, so haben wir sogleich l. Hand das neue französische *Spital St. Louis* und hinter demselben ein großes französisches Pilgerhaus; r. Weg zum *neuen Stadtthor*; zwischen Straße und Stadtmauer einige kleinere Häuser.

Der zweite der oben gen. Wege führt direkt nach N. zwischen dem Hôtel Feil (l.) und dem französ. Hospital (r.) durch, der O.-Mauer des Russenbaues (s. u.) entlang zur *St. Paulskirche* der engl. kirchl. Mission, weiterhin zu den Richtergräbern (S. 111).

Wir gehen auf der Jâfâstraße weiter am *Hôtel Feil* (r.) vorbei und gelangen zu dem großen mauerumschlossenen Platz des **Russenbaues** (r.). Der Eingang ist von S. Das erste Gebäude l. ist das trefflich eingerichtete Spital mit Apotheke, sodann das Missionshaus mit den Wohnungen der Geistlichen und Gastzimmern für vornehmere Reisende; r. unten das russische Konsulat, nw. davon das grosse Gebäude für die weiblichen Pilger. Die stattliche *Kathedrale* steht in der Mitte des Hofes, n. von derselben das Hospiz für die männlichen Pilger. Die Kirche ist geräumig und im Innern prächtig ausgeschmückt; den von schönem Gesang begleiteten Gottesdienst (gewöhnlich gegen 5 Uhr Nm.) betrachtet man am besten von der Galerie aus. Auf dem freien Platze vor der Kirche liegt eine aus dem Felsen gehauene, jedoch von diesem wegen eines Bruchs niemals ganz losgelöste riesige Säule (über 12m l. und 1,60m im Durchmesser) mit einem Gitter umgeben.

Wir verlassen den Russenbau durch das Thor in der N.-Mauer. Das große Eckhaus l. Hand ist das neue *Pilgerhaus des russischen Palästinavereins*, demselben gegenüber (nö.) liegt die *deutsche Schule*. Der Weg r. führt zur St. Paulskirche. Wir schlagen den Weg l. der N.-Mauer des Russenbaues entlang ein und gelangen am französ. Konsulat (r.) vorbei wieder auf die Jâfâstraße zurück. Von derselben geht gerade der NW.-Ecke des Russenbaues gegenüber ein Weg s. zum großartigen Bau des *deutsch-katholischen Hospizes*,

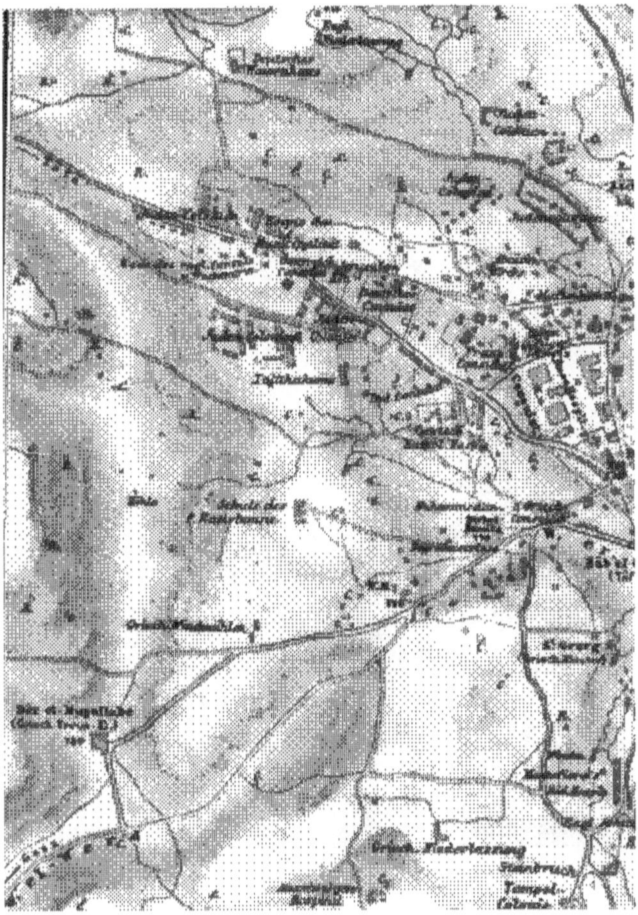

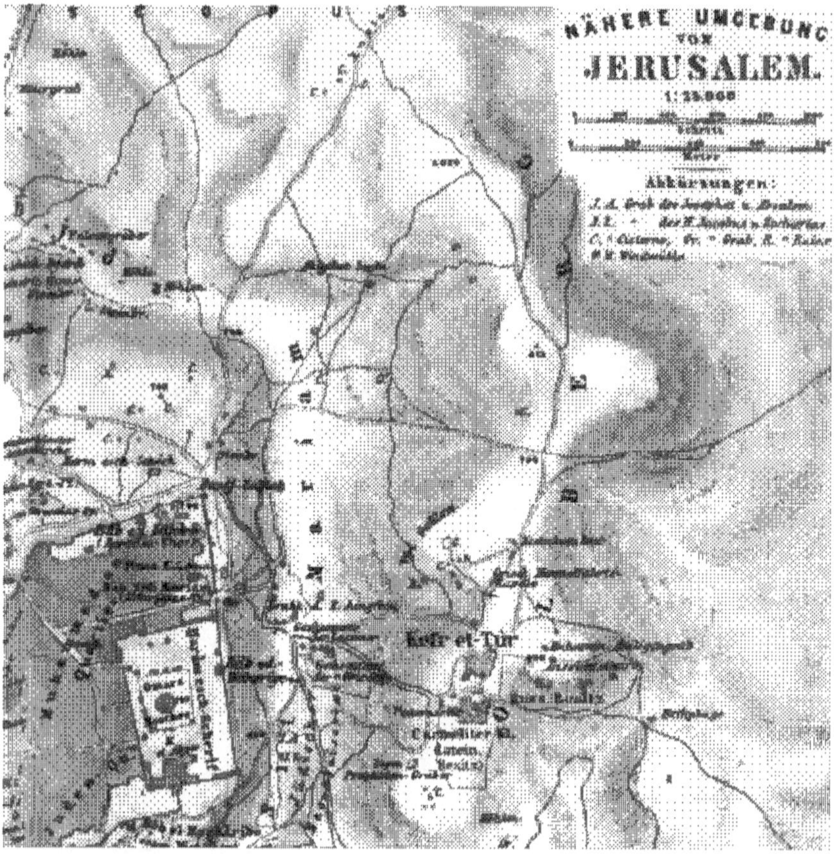

NÄHERE UMGEBUNG
VON
JERUSALEM.
Abkürzungen:

Etwas weiter entfernt von der Jâfâstraße sehen wir auf der Höhe Ratisbonnes für arabische Knaben bestimmte *Schulanstalt St. Peter*. Dann r. davon (der Straße näher) das große Gebäude des vom rheinisch-westfälischen Diakonissenverein gestifteten Mädchenwaisenhauses *Talitha Kumi* (Marc. V. 41†). In dem schön gehaltenen Gebäude erziehen Kaiserswerther Diakonissen unter Leitung der Schwester *Charlotte Pils* eine große Anzahl arabischer Mädchen. — Eine ähnliche Anstalt (weiter außen, n. von der J.-Straße) ist das von *Schneller* gegründete *syrische Waisenhaus*, woselbst arabische Knaben von deutschen Lehrern und Handwerksmeistern unterrichtet und erzogen werden. — Weiter außen an der J.-Straße haben wir l. lauter neu entstandene jüdische Kolonien, r. das *österreichische Konsulat*, dann l. das Haus des engl. Konsuls (mit dem 2. Wachtturm, s. S. 20), gegenüber das *Hospital der Municipalität*.

Auf dem Rückweg zur Stadt schlagen wir beim österreich. Konsulat den Weg l. ein, der uns am *Jerusalemshôtel* und dem *deutschen Konsulat* (r.) vorbei führt. Weiterhin ist l. eine Schule der französischen Schwestern, das Haus von Baurat Schick und die abessinische Kirche, r. die Mädchenschule und das neue Spital Rothschilds, dahinter die deutsch-jüdische Knabenschule und Waisenhaus. Hier teilt sich der Weg: r. führt er zur deutschen Schule und dem N.-Thor des Russenbaus; l. am *Kinderhospital Marienstift* von *Dr. Sandreczky* vorbeigehend, kreuzen wir den Weg vom Jâfâthor nach en-Nebi Samwil (s. S. 118) und gelangen durch jüdische Kolonien hindurch zum Damascusthor.

6. **Die sog. Zionsvorstadt.** Gleich außerhalb des Jâfâthores gehen wir l. dicht an der Mauer bis zur SW.-Ecke derselben. Von da noch 200m s. liegt die sog. *Gobatschule* der Engländer (Pl. 29, von Bischof Gobat gegründet), in welcher meistens arabische Waisenkinder protestantisch erzogen werden. Dahinter liegt ein Garten und der Begräbnisplatz der engl. u. deutschen Protestanten. In der Nähe hat man eine alte Felsenskarpe bloßgelegt, auf welcher einst die s. Stadtmauer gestanden hat. Der Felsabsturz ist n. von der Schule (ö. vom griech.-kathol. Begräbnisplatze) sichtbar. In der Ecke ist eine viereckige Cisterne. Die S.-Seite des Friedhofs gegen die Schule hin ist mit einer Mauer (von altem Material) eingefaßt. Hier springt der Fels vor; auf dem großen Felswürfel, worauf sich jetzt das Eßzimmer der Schule befindet, erhob sich ohne Zweifel einst ein Turm. Hinter demselben finden sich Cisternen. Vor dem Turm läuft die Skarpe 15m gegen W. Im Winkel Reste eines viereckigen Felsentroges und Krippen. Die Skarpe läuft immer weiter o.-wärts gegen den protestantischen Friedhof hin; r. Turmvorsprung. Hierauf gelangt man nö. vom Friedhof zu den Resten eines dritten Turmes; hier finden sich 30 Felsenstufen von je $0{,}30$m Höhe, dabei ein Wasserreservoir.

† Und er griff das Kind bei der Hand und sprach zu ihr: Talitha Kumi, das ist verdolmetschet: Mägdlein, stehe auf!

Um von hier zum **Coenaculum** zu gelangen, gehen wir zur SW.-Ecke der Stadtmauer zurück und wenden uns dort r. Das sog. Coenaculum liegt inmitten eines großen dorfähnlichen Komplexes von Gebäuden, von den Muslimen *Nebi Dâûd* („Prophet David") genannt; das Thor befindet sich an der N.-Seite. Früher gehörte der Platz den Christen, heute den Muslimen. Hier wird das *Abendmahlszimmer* gezeigt. Ein muslimischer Wächter (Trinkgeld 3-6 Pi.) führt den Besucher in ein Zimmer des ersten Stockes. Dasselbe, ein Teil einer früheren Kirche, wird durch zwei in der Mitte stehende Säulen in zwei Schiffe geteilt. In die Mauern sind Halbpilaster (mit bizarren Kapitälen) eingefügt; die Decke besteht aus Spitzbogengewölben aus dem 14. Jahrh. Drei Fenster gehen auf den Hof; unter dem mittleren befindet sich eine Gebetsnische. In der SW.-Ecke des Saales führt eine Treppe in ein Zimmer hinunter, in dessen Mitte der Tisch (*sufra*) des Herrn gestanden haben soll. Ein Stein in der N.-Wand bezeichnet den Sitzplatz des Herrn. In der SO.-Ecke führen 6 Stufen in ein Gemach, worin man einen langen überdeckten, modernen Sarg erblickt. Dieser stellt im Modell den echten *Sarg Davids* dar, der sich in den unterirdischen Räumen befinden soll.

Von der Kirche „auf Zion" ist schon im 4. Jahrh. noch vor der Erbauung der Grabeskirche die Rede. Im Zeitalter der Helena stand auf dem Platze der Ausgießung des h. Geistes eine „*Apostelkirche*", die *hier* gesucht werden muß; auch die Geißelungssäule (S. 70) stand wahrscheinlich hier. Erst im 7. Jahrh. kombinierte die Tradition den Platz des Abendmahls mit dem der Ausgießung des h. Geistes. Später wurde noch der Sterbeort der Maria hierher verlegt. Zur Zeit der Franken wurde die Kirche *Zionskirche* oder *Marienkirche* genannt. Die Kirche der Kreuzfahrer bestand aus zwei Geschossen; das untere hatte 3 Apsiden, einen Altar auf dem Sterbeplatz Marias und einen auf dem Platz, wo Jesus „in Galiläa" erschienen war; hier wurde auch der Ort der Fußwaschung gezeigt. Das obere Geschoß galt als eigentlicher Abendmahlssaal. Eine Augustinerabtei stand in Verbindung mit der Zionskirche. 1333 siedelten sich die Franziskaner auf Zion an; von ihnen erhielt das Gebäude die heutige Form. Neben dem Kloster lag ein großes Spital, 1354 von einer florentinischen Dame gegründet und der Obhut der Brüder übergeben. Noch heute heißt der Superior der Franziskaner „Guardian des Berges Zion". Die Muslimen suchten Jahrh. hindurch mit allen Mitteln in den Besitz dieser Gebäude zu gelangen; schon 1479 gestatteten sie den Pilgern nicht mehr, die Stelle der Geistesausgießung zu betreten, weil sie dort die Gräber Davids und Salomos verehrten. 1547 hatten sie den Franziskanern alles abgenommen, und Jahrh. hindurch konnten Christen nur mit großer Mühe Zutritt zu diesen Orten finden. Das *Grab Davids* gehörte schon in der Kreuzfahrerzeit zu den Heiligtümern der Zionskirche und es ist fraglich, ob nicht alte Gräber in einem Souterrain unter derselben sich vorfinden möchten; das, was heute gezeigt wird, lohnt der Mühe des Besuches kaum. Da David mit seinen Nachkommen in der „Stadt Davids" begraben wurde (1 Kön. 2, 10 u. a.), so zeigte man vom 8. bis 9. Jahrh. die Gräber in der Nähe von Bethlehem. Zur Zeit der Evangelisten war man sich der Lage des Davidsgrabes wenigstens noch bewußt und verlegte es nach Ap.-Gesch. 2, 29† nach Jerusalem. Hyrkanus und Herodes hatten aber bereits die Gräber ihres Schmuckes und ihrer Kostbarkeiten

† Ihr Männer, lieben Brüder, laßt mich frei reden zu euch von dem Erzvater David: Er ist gestorben und begraben, und sein Grab ist bei uns (ἐν ἡμῖν) bis auf diesen Tag.

bernobl. Nach Neh. 3, 16 und Ezech. 43, 7 sind die Gräber der Könige oberhalb der Quelle Siloa am Tempelberg zu suchen.

Von hier n.-wärts gehend, kommen wir bald an einen Scheideweg. Das Eckhaus ist das *armenische Zionsbergkloster*, nach der Legende das *Haus des Hohenpriesters Kaiphas* (Pl. 55); die Araber nennen es *Habs el-Mesîh*, Gefängnis Jesu. Im Klosterhofe betrachte man die Grabmäler der armenischen Patriarchen von Jerusalem. In der kleinen, mit Malereien geschmückten Kirche steht ein Altar, der den Stein birgt, womit das h. Grab geschlossen gewesen sein soll. Die Pilger küssen ihn. Eine Thür führt s. in ein Gemach, das für das Gefängnis Jesu gilt; auch zeigt man den Platz der Verleugnung Petri und den Hof, in welchem der Hahn gekräht hat.

Der genannte Stein (*Engelsstein*) wird erst im 14. Jahrh. erwähnt und später verschieden beschrieben, so daß es sehr fraglich ist, ob er auch bloß seitdem immer derselbe geblieben ist. Die Tradition über die Verleugnungsstelle datiert aus der zweiten Hälfte des 15. Jahrh. Auch die Tradition über das Haus des Kaiphas schwankt: aus dem J. 333 giebt es eine Nachricht, daß das Haus zwischen Siloa und Zion gestanden habe; dann verlegte man das Gefängnis lange Zeit in das Praetorium (vgl. S. 81); vielleicht stand das Praetorium der Kreuzfahrer hier. Im Anfang des 14. Jahrh. zeigte man den Kerker Jesu in der Erlöserkirche, als dem ehemaligen Wohnhause des Kaiphas; seit dem Anfang des 15. Jahrh. am selben Orte, wie heute. Die Armenier, welche diese Stätte schon längst innehaben, erlauben den Katholiken bisweilen, hier Messe zu lesen.

Der Weg n. führt uns nach einigen Schritten zum **Zionsthor** (arab. *Bâb en-Nebi Dâûd*, Thor des Propheten David). Es liegt in einem Turme der Stadtmauer, hat zwei mit Eisen beschlagene Thürflügel und ist laut Inschrift 947 d. Fl. (1540-1) gebaut. Oben auf der Zinne schöne Aussicht bis auf die Berge jenseits des Jordanthales. — Innerhalb des Thores gehe man entweder l. am armenischen Kloster (S. 85) vorbei nach dem Jâfâthor, oder r. bis zu dem freien Platz (wo bisweilen der Viehmarkt abgehalten wird), von da n. in die Jüdische Gasse und den Basar (S. 84).

5. Nähere Umgebungen von Jerusalem.

1. Der Ölberg. Da gegen Abend die Aussicht gegen das Jordanthal und die ö. Berge am klarsten, in der Frühe jedoch die Beleuchtung Jerusalems (vom Ölberg gesehen) am günstigsten ist, so ist ein zweimaliger Besuch dieses Berges dringend zu empfehlen, zumal da sich damit ein lohnender Spaziergang sowohl nach N. als nach S. verbinden läßt.

Vom Damascusthor führt eine Fahrstraße, die über Bethanien nach Jericho gebaut wird, ins Kidronthal. Wir beginnen aber unsern Weg am *Stephansthor* (S. 79). Außerhalb des Thores sehen wir r. (gegen S.) die Tempelmauer mit muslimischen Gräbern davor. Einige Schritte l. oben liegt ein kleiner Teich, 29m l., 23m br., 4m tief; in den Ecken desselben sind Öffnungen zur Aufnahme des Regenwassers und Überreste von Treppen; in der SW.-Ecke sieht man eine Nische; hier wird das Wasser in einen Kanal geschöpft, der zu einem Bade läuft. Von diesem sogenannten

„Marienbade“ (Hammâm Sitti Marjam) hat auch das Reservoir den Namen *Birket Sitti Marjam.* Die ganze Anlage weist auf eine neuere Zeit, vielleicht das Mittelalter. Der Teich trägt auch die Namen *Birket el-Asbât*, *Drachenbrunnen* und *Hezekiacisterne* (doch ohne Berechtigung). Der Ölberg liegt uns gegenüber, durch das tiefe Kidronthal von uns getrennt. Die Straße macht zuerst einen Winkel gegen NO.; ein Fußweg, der r. abgeht, ist näher, jedoch steil und steinig. Bei dem Vereinigungspunkt beider Wege befindet sich ein Felsen, wo nach der Tradition die Steinigung des Stephanus vor sich gegangen sein soll (vgl. S. 110). In 5 Min. erreicht man den Thalgrund, den man auf der oberen Brücke überschreitet. (Über das Kidronthal s. S. 98.)

Jenseits der Brücke l. vom Weg liegt die Kapelle mit dem **Mariengrab**, wohin nach der Legende die Apostel den Leichnam der Maria trugen und begruben, und wo die Heilige bis zu ihrer Himmelfahrt lag.

Die Nachrichten, welche den Bau einer an diesem Platze gelegenen Kirche der Helena zuschreiben, entbehren aller Begründung. Sicher ist, daß zu Anfang des 5. Jahrh. eine Kirche über dem Grabe existierte; die Perser zerstörten sie, 'Omar aber fand wieder eine „Gethsemane-Kirche“ vor. Später erfahren wir, daß die Kirche aus einem Oberbau und einem in der Erde befindlichen Unterbau bestand. Die Kreuzfahrer fanden nur Ruinen; Melisendis († 1161), die Tochter Balduins II. und Gemahlin Fulkos von Anjou, des vierten Königs von Jerusalem, baute die Kirche neu; ein Kloster stand damals in der Nähe. Das Gebäude ist aus dieser Zeit ziemlich wohl erhalten bis auf uns gekommen. Die Kirche hat öfter ihre Besitzer gewechselt; sie gehört jetzt den Griechen, doch haben auch die Lateiner einen spärlichen Anteil daran.

Eine Treppe führt zum Vorplatz der Kirche hinunter. Was von der Kirche aus dem Boden hervorragt, ist nur eine Vorhalle. Die Hauptfaçade liegt an der durch zwei Strebepfeiler eingefaßten S.-Seite, in deren Mitte sich ein Portal mit schönem Spitzbogen befindet, in welches eine Mauer mit kleinerer Thüre hineingebaut ist. Die Bogen ruhen auf vier Marmorsäulen. Wenn die eiserne Thüre nicht offen ist, klopfe man an. Eine große Marmortreppe (47 Stufen), oben mehr als 6m br., führt gleich innerhalb des Portals in eine Tiefe von 10,8m (unter dem Vorplatz). Man sieht beim Hinuntersteigen zuerst r. eine zugemauerte Thür; diese führte ehemals in die Höhle, in welcher Jesus Blut geschwitzt haben soll, oder vielleicht zum Grabmal der Melisendis, was mit den alten Beschreibungen übereinstimmen würde. Hierauf folgen ungefähr in der Hälfte der Tiefe (21 Stufen) zwei Seitenkapellen; die r. (Pl. 1) enthält zwei Altäre und die Grabmäler von Joachim und Anna, den Eltern Marias. Die traditionelle Verlegung dieser Grabmäler aus der St. Annenkirche hierher scheint im 15. Jahrh. stattgefunden zu haben, die Sage variiert aber auch später noch bedeutend. In der Kapelle l. (Pl. 2) steht ein Altar an der Stelle des Grabes Josephs. Ein anderes Gewölbe befindet sich ebenfalls noch l. von der Treppe. Die eigentliche Kirche in der Tiefe ist 29m l. (OW.) und 6m br.; im O.-Flügel, der viel länger ist als der W.-Flügel, ist ein Fenster nach oben angebracht. Lampen sind in großer Anzahl vorhanden. In der Mitte des O.-Flügels steht der sog. *Sarg Mariä* (Pl. 3); während sowohl am Boden als an den Wänden dieser O.-Seite der Kirche in der That überall der Fels zu Tage tritt, ist dies doch beim Grab keineswegs der Fall; es besteht aus einem hohen Sarkophag in einer kleinen viereckigen Kapelle ähnlich wie in der Grabeskirche; auch hier *soll* früher ein Felsengrab gewesen sein. Auf der SO.-Seite der Kapelle findet sich eine kleine Felswand, die gegen S.

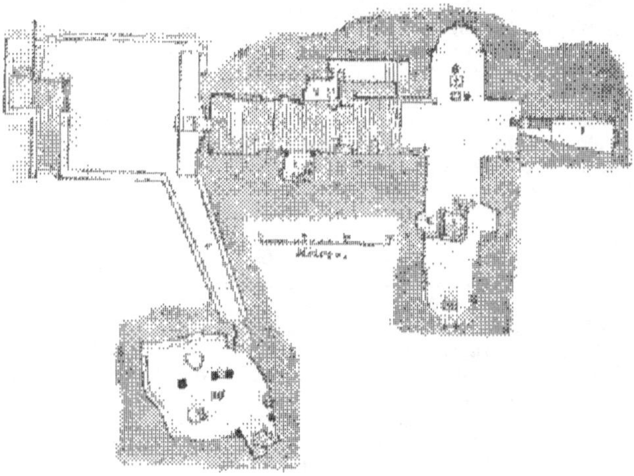

1. Grabmal der Eltern Mariä. 2. Josephs Grab. 3. Sarg Mariä. 4. Altar der Griechen. 5. Altar der Armenier. 6. Gebetsnische der Muslimen. 7. Gewölbe. 8. Altar der Abessinier. 9. Cisterne. 10. Höhle der Todesangst.

läuft. Noch einige andere Altäre stehen in der Kirche: ö. der Altar der Griechen (Pl. 4), n. vom Grab der Altar der Armenier (Pl. 5); s. Gebetsnische der Muslimen (Pl. 6), welche auch eine Zeit lang Teil an dem Heiligtum hatten. Schon 'Omar soll hier in *„Dschesmânîje“* (Gethsemane) gebetet haben. Gegenüber der Treppe n. sind Gewölbe ohne besondere Bedeutung (Pl. 7), im w. Flügel ein Altar der Abessinier (Pl. 8), davor eine Cisterne (Pl. 9) mit mäßig gutem Wasser, das bei den Griechen und Armeniern als Mittel gegen allerlei Krankheiten gilt.

In dem oberen Vorhof wieder angelangt, erblicken wir l. (O.) einen Gang (Pl. c), der zu einer Höhle führt; vor derselben ist eine eisenbeschlagene kleine Thüre. Sechs Stufen führen hinunter in die sog. *Höhle der Todesangst* („antrum agoniae“, Pl. 10); sie ist etwa 17m l., 9m br., 3,5m h. Das Licht dringt durch eine Öffnung von oben ein. Wir stehen in einer wirklichen Felsenhöhle, obwohl der Fels an manchen Stellen übertüncht ist. Die Decke (mit Überresten von alten Fresken namentlich im O.) wird teils durch natürliche, teils durch gemauerte Pfeiler getragen; die Höhle enthält drei Altäre, die verschiedenen christlichen Konfessionen gehören, und s. und w. einige große Bänke von breiten Steinen. Die Grotte dürfte wegen des Loches in der Decke am ehesten für eine alte Cisterne oder eine Ölkelter zu halten sein.

Nur einige Schritte vom Mariengrab entfernt, gegen S., jenseit des Weges, der auf den Ölberg führt, liegt nun, von einer Mauer eingefaßt, der **Gethsemanegarten.** Gethsemane bedeutet eigentlich Ölkelter. Die Tradition stimmt hier mit den Angaben der Bibel überein; das Festgewühl mochte sich am wenigsten bis in das steilwandige Thal hinunterziehen, somit lag der Baumgarten in einsamer Stille, wie noch heute. Die ersten Nachrichten von diesem Orte haben wir aus dem 4. Jahrh.; ehemals hatte die Anlage einen größeren Umfang und verschiedene Kirchen und Kapellen. Den Ort der Gefangennehmung zeigte man im Mittelalter in der heutigen *Schweißhöhle*; überhaupt schwankt die Tradition über verschiedene hier gelegene heilige Orte. In der heutigen Mauer, welche die Franziskaner, die Besitzer des Gartens, im J. 1847 aufführten, befindet sich der Eingang sö., also gegen den Ölberg zu. Ein Felsen unmittelbar ö. von dieser Thüre bezeichnet den Ort, wo Petrus, Johannes und Jakobus schliefen (Marc. 14, 32 ff.). 10 bis 12 Schritte s. von dieser Stelle, außerhalb der Mauer, bezeichnet ein Säulenfragment den traditionellen Ort, wo Judas Jesus küßte, was früher ebenfalls in die Grotte verlegt wurde.

Der heutige Gethsemanegarten ist ein unregelmäßiges Quadrat von etwa 70 Schritt ins Geviert. An der Innenseite der Mauer befinden sich die 14 Stationsbilder. Im Garten selbst stehen 8 alte Ölbäume, vor Alter geborsten und mit Steinen umdämmt, damit sie nicht aus einander fallen, sie sollen aus Jesu Zeit stammen. Der führende Franziskaner bindet den Reisenden ein Blumensträußchen zum Andenken, Rosmarin, Rosen, Levkojen (man giebt ihm 3-6 Pi. für die Erhaltung des Gartens). Das aus den Ölbäumen des Gartens gewonnene Öl wird teuer verkauft, die Kerne der Oliven zu Rosenkränzen verarbeitet. — Die Griechen haben weiter oben einen Gethsemanegarten eingerichtet (uninteressant); dabei eine große geschmacklose Kirche im russischen Stil mit 7 Zwiebelkuppeln, 1888 vom russischen Kaiser und seinen Brüdern zum Gedächtnis ihrer Mutter erbaut.

Drei Wege führen von hier auf den Ölberg, einer von der SO.-Ecke des Gethsemanegartens, einer von der NO.-Ecke, welch' letzterer sich gleich darauf wieder teilt. An dieser Stelle, 20m oberhalb Gethsemane, liegt r. ein weißlich grauer Fels, welchen die Tradition seit dem 14. Jahrh. als den Ort bezeichnet, wo Maria bei ihrer Himmelfahrt ihren Gürtel zu Händen des Thomas habe fallen lassen. Der mittlere Weg, welcher hier r. abgeht, ist der steilste. Etwa halbwegs eine Ruine l. vom Wege; hier hat die Tradition seit dem 14. Jahrh. die Stelle Luc. 19, 41 lokalisiert. („Und als er nahe hinzu kam, sah er die Stadt an und weinete über sie.") In der That paßt dazu der Platz mit seiner schönen Aussicht auf Jerusalem. Selbst die Muslimen haben diesen *Ort des Weinens Jesu* heilig gehalten; im 17. Jahrh. stand hier eine Moschee. Heute ist dieses Gebäude, das **aus zwei** quadratischen Räumen bestand, verfallen. — Von Gethsemane aus erreicht man in $^1/_4$ St. den Gipfel des Ölberges.

Der **Ölberg** *(mons oliveti*, arab. *Dschebel eṭ-Ṭûr)*, auch ***Lichtberg*** genannt, ist ein mit dem Tempelberg parallel laufender, nur etwas höherer Gebirgszug; er besteht aus verschiedenen Schichten Kreidekalks, auf dem an einzelnen Stellen auch neuere Gebilde lagern. Im weiteren Sinn umfaßt der Ölberg im S. den Berg des Ärgernisses (S. 101), im N. eine Kuppe, die bisweilen fälschlicherweise Scopus genannt wird. Der Ölberg im engeren Sinn wird durch flache Einsattelungen in 4 Kuppen zerteilt, von denen die höchste im N. („viri Galilaei" S. 97) sich erhebt (818m). Der Abhang des Berges wird angebaut, doch ist die Vegetation nicht dicht. Man findet Feigen- und Johannisbrot-, selbst einige Aprikosenbäume; außerdem einige Terebinthen und Hagedorn. Die Wege sind steinig und am Nachmittage brennt die Sonne heiß. — Auf der W.-Seite der beiden mittleren Kuppen liegt das Dorf *eṭ-Ṭûr*, von Jerusalem aus nicht sichtbar; erst im 15. Jahrh. erwähnt; heute besteht es aus ärmlichen Steinhäuschen, deren Bewohner sich gegen die Fremden bisweilen zudringlich benehmen.

a. **Die Himmelfahrtskapelle.**

Die Tradition, welche den Ort der Himmelfahrt auf den Ölberg verlegt, steht im Widerspruch mit dem klaren Wortlaut Luc. 24, 50 („er führte sie hinaus bis gen Bethanien"); zudem war der Gipfel des Ölbergs in jener Zeit mit Baulichkeiten bedeckt. Aber schon im J. 315 wird dieser Gipfel als Stelle der Himmelfahrt genannt, und Constantin baute hier eine Basilika, doch ohne Dach; auf dem Boden zeigte man damals schon die Fußspuren Jesu. Ums J. 600 gab es auf dem Ölberg viele Klöster. Im 7. Jahrh. sah man hier eine runde Kirche, die von Modestus gebaut war; im 11. Jahrh. wurde sie wieder zerstört. Die Kreuzfahrer bauten „nur ein Türmchen mit Säulen in der Mitte eines mit Marmor gepflasterten Hofes; der Hauptaltar stand innen auf dem Felsen". 1130 stand dort eine große Kirche, in deren Mitte durch eine breite Vertiefung die Stelle der Himmelfahrt bezeichnet war; unterhalb derselben war eine Kapelle. Nach Saladins Zeit finden wir eine achteckige Ringmauer um die Kapelle. Im 16. Jahrh. war die Kirche ganz zerstört. Das Innere der Kapelle wurde 1617 von den Muslimen nach dem Muster des früheren Baues erneuert; der jetzige Bau ist 1834-5 nach dem alten Grundrisse aufgeführt worden.

Die Himmelfahrtskapelle liegt neben einem Derwischkloster (alte Augustinerabtei). Man tritt durch ein schönes Portal in einen Hof; in der Mitte desselben steht die Kapelle, ein (nicht gleichseitiges) Achteck von 6,5m Durchmesser, das eine cylindrische Trommel mit Kuppel trägt. Einst waren die Spitzbogen über den Eckpfeilern offen, jetzt sind sie vermauert. Die Kapitäle und Basen der Säulen sind von weißem Marmor und rühren wohl von älteren Gebäuden her. In einem länglichen Marmorviereck zeigt man den Abdruck des rechten Fußes Jesu, gegen S. gerichtet; seit der Zeit des fränkischen Königreichs ist jedoch diese Fußspur, was Farbe, Richtung und Gestalt betrifft, so verschiedenartig gesehen worden, daß man zahlreiche Unterschiebungen annehmen muß. Die Kapelle gehört den Muslimen, die den Ort ebenfalls heilig halten, doch dürfen die Christen an gewissen Tagen Messe darin lesen.

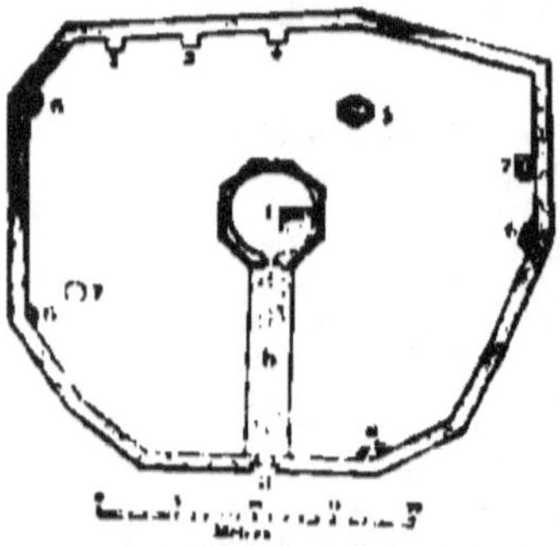

a. Eingang.
b. Gepflasterter Weg.
1. Himmelfahrtskapelle.
2. Gebetsnische der Armenier.
3. „ „ Kopten.
4. „ „ Syrer.
5. „ „ Griechen.
6. Säulenreste.
7. Cisternen.

Bei der SW.-Ecke des Derwischklosters ist der Eingang zur *Gruft der heil. Pelagia* (arab. *Râbibet Bint Hasan*); heute ein muslim. Betort, wenig interessant, meist verschlossen. Man tritt zuerst in eine Vorkammer, dann weitere 12 Stufen hinuntersteigend, in eine Grabkammer.

Die Juden verlegen hieher das Grab der Prophetin *Hulda* (II Könige 22, 14 ff.), die Christen den Wohnort der h. Pelagia aus Antiochien, die im 5. Jahrh. hier ihre Sünden abbüßte und noch nach ihrem Tode Wunder wirkte; erst seit der Kreuzfahrerzeit erfahren wir gewiß, daß damals dieser Ort als der Bußort der Pelagia galt.

b. Zu den **Russischen Bauten** ö. vom Dorf gelangen wir, indem wir von der Himmelfahrtskapelle nach N. und auf der N.-Seite um das Dorf herum gehen. In dem mit einer hohen Mauer umgebenen Garten finden wir zunächst eine schöne Kirche, erbaut nach dem Muster der alten Kirche, deren Überreste man hier fand. L. davon (uw.) ein Pilgerhaus; n. von der Kirche der große, sechsstockige *Aussichtsturm*. Auf der obersten Plattform (214 Stufen) herrliche **Rundsicht* (vgl. das Panorama). Jenseits des Kidronthales dehnt sich die geräumige Fläche des Harâm esch-Scherîf aus; die Kuppel des Felsendoms und die Akṣâ nehmen sich von hier besonders prächtig aus. Man beobachte die Richtung des Tempelberges, die höhere Lage der alten Betzetavorstadt n. vom Tempel, und den deutlichen Thallauf des nun stark verschütteten Tyropœon zwischen dem Tempelhügel und der Oberstadt. Ein ganz eigentümliches Gepräge geben der Stadt die Kuppeldächer. — Gegen

Djebel Abu Tör
Thal Hinnom (Wadi er-
Weg aus dem Kidronsthal zum Zionsthor
Abfal

PANORAMA VON

vom Ölber

JERUSALEM,

g aus.

a l.)

Gestochen von Bertrand

N. bemerkt man jenseits des Olivenwäldchens vor dem Damascusthor den oberen w. Lauf des Kidronthales, im Frühling mit reichem Grün geschmückt, dann die Anhöhe des Scopus jenseits dieses Thales. — Überraschend ist der Blick gegen O. Hier sehen wir zum erstenmal die einzigartige merkwürdige Senkung, welche fast jeder unterschätzt: mehr als 1200m liegen jene blauen Streifen (des Toten Meeres), die man vor den Bergen am ö. Gesichtskreis schimmern sieht, unter unserm Standpunkt, während man meint, die Senkung könne kaum einige hundert Meter betragen. Auch ist die Durchsichtigkeit der Luft so groß, daß die Entfernung äußerst gering erscheint, aber man braucht sieben Stunden Ritt durch lange kahle, menschenleere Höhenzüge, bis man an jenen wunderbaren Tiefsee gelangt. Die bläulichen Gebirge jenseits der tiefen Kluft steigen wieder zur Höhe unseres Standpunktes empor; es sind die Berge des Stammes Ruben, und dort ist auch der Berg Nebo zu suchen. Ganz im S. jenes Gebirgszuges ist bei hellem Wetter eine kleine Kuppe mit dem Dorfe Kerak erkennbar; am O.-Rande des Toten Meeres erscheinen zwei breite Thalrisse: s. der des Flusses Arnon (*Môdschib*), n. der des *Zerkâ Mâ'în*. Weiter n. liegt der *Dschebel Dschil'âd* (Gilead), einst Besitztum des Stammes Gad. Herwärts liegt das Jordanthal (*el-Ġôr*); ein grüner Streifen auf weißlichem Grunde bezeichnet den Flußlauf. — Gegen SO. sehen wir den Lauf des Kidron- oder Feuerthales; l. einige Häuser von Bethanien, dessen größter Teil jedoch durch den Hügel verdeckt ist; dahinter oben das Dorf *Abu Dîs*. Ganz in unserer Nähe erhebt sich der Berg des Ärgernisses mit einer Kapelle und mehreren neuen Häusern, jenseits des Kidron der Berg des bösen Rates und weiter ab im S. die Kuppe des Frankenberges nebst den Höhen von Bethlehem und Thekoa; im SW. auf dem Hügelsaum, der die Ebene Rephaim s. begrenzt, das Kloster *Mâr Eljâs*; dort vorbei schlängelt sich der Weg nach Bethlehem, das jedoch von hier aus nicht sichtbar ist, während man ein Stück des großen Dorfes *Bêt Dschâlâ* und einige andere Dörfer s. von Jerusalem, wie *Bêt Ṣafâfâ*, *esch-Scherâfât* u. s. w. deutlich erkennt.

Ö. hinter der Kirche liegt das Haus des Archimandriten, bei dessen Bau man interessante Mosaiken gefunden hat, die jetzt in einen Saal des Hauses hineingezogen sind; unter diesem Saal ist eine Grabkammer. Ebensolche Mosaiken befinden sich in der s. vom Hause aufgefundenen Gewölbekammer und Grabhöhle. Die Mosaiken enthalten armenische Inschriften aus dem 9.-10. Jahrh.; alle diese Reste gehören einem armen. Kloster an.

c. **Die Besitzungen der Lateiner** liegen s. vom Dorf. (Bevor man vom Dorf her zu denselben kommt, geht l. ein Weg nach Bethanien (s. u.); r. der mittlere der 3 Wege ins Kidronthal.) Unmittelbar hinter dem Eingang (auf der W.-Seite) befindet sich der Ort, wo die Jünger das apostolische *Glaubensbekenntnis* verfaßt haben sollen. Die Tradition über die Stelle des Credo ist im 14. Jahrh.

von der Stadt hierhergewandert; im 15. Jahrh. fand sich eine „Markuskirche" über dieser Stätte. Die tiefgelegene *Credo-Kirche* hat die Richtung NS.; sie ist heute wieder überwölbt, doch so, daß das Dach eine Terrasse bildet, die nur wenig über dem Boden erhaben ist. An den Seiten befinden sich Nischen, welche einst 12 Bogen trugen; an der n. Schmalseite sind noch zwei Spitzbogen erhalten. S. liegt die Wohnung des Aufsehers, an den man sich zum Behuf des Eintritts in die Vaterunserkirche zu wenden hat; an die n. Umfassungsmauer ist die Wohnung des Kaplans angebaut. — Hinter der Credokirche (ö.) steht die schöne *Paternosterkirche* über der Stelle, wo Jesus seine Jünger das *Vaterunser* gelehrt haben soll. Auch diese Erzählung ist nach Vorangang unbestimmter Überlieferungen erst zur Kreuzfahrerzeit hier lokalisiert worden; Peter von Amiens hielt hier eine Predigt, und eine Kirche wurde hier gebaut. 1868 ließ die Fürstin Latour d'Auvergne, eine Verwandte Napoleons III., hier eine neue Kirche mit einer Art Campo santo erbauen. Um den schönen Hofraum herum laufen bedeckte Gänge, an deren Innenseite 32 Tafeln angebracht sind, auf welchen das Vaterunser in 32 verschiedenen Sprachen steht. An der S.-Seite hat sich die Fürstin selber ein Grabmal mit lebensgroßem Marmorbild setzen lassen. Ö. an die Vaterunserhalle angebaut ist die Kirche, in deren Vorhalle einige beim Bau gefundene Altertümer aufgestellt sind, vor allem ein bleierner Sarg und viele Mosaik-Fragmente. — N. von der Kirche das Kloster der Karmeliterinnen.

d. SW. von dem Etablissement der Lateiner liegen die sog. **Prophetengräber** oder das *kleine Labyrinth*. Man geht den Weg nach S. an den Besitzungen der Lateiner vorbei, bis zu dem Punkt, wo die Straße eine Biegung nach NW. macht; 50 Schritte s. vom Wege ist der Eingang (Pl. a), wenig auffallend. Einige Stufen hinuntersteigend, tritt man durch einen niedrigen in den Felsen gehauenen Bogen zuerst in eine Rotunde (Pl. 1), die von oben erleuchtet ist. Von der Rotunde führen strahlenförmig in den Berg hinein einige Gänge, die dann durch zwei andere halbkreisförmige Gänge geschnitten werden, sodaß große natürliche Felsenpfeiler bis auf 30m Umfang gebildet werden. Die Gänge sind teilweise verschüttet und uneben. In der Wand des äußersten Gangs sind gegen zwei Dutzend Schiebgräber (S. cxxi) angebracht. Im NW. führt ein Gang durch Stufen zu einer Nebenkammer (Pl. 2); man kann aber nicht an das Ende des Ganges gelangen (man bringe Licht mit). Wir haben hier ein sehr schönes Beispiel von antiken Felsgräbern vor uns. Die rohe Ausführung

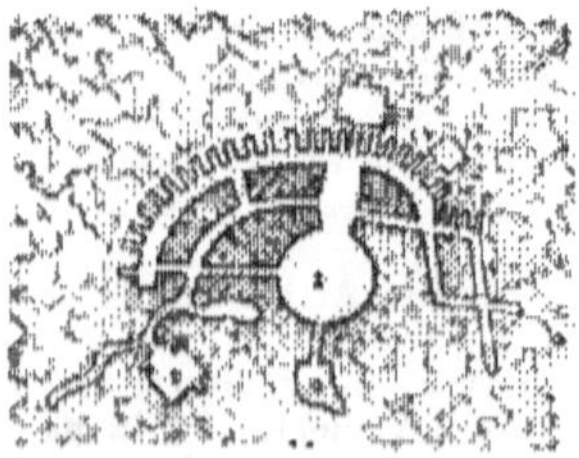

läßt ein hohes Alter dieser Gräber vermuten; dafür, daß gerade Propheten darin begraben sein sollen, ist jedoch nirgends ein historischer Anhaltspunkt vorhanden. Daß die Anlage aus jüdischer Zeit stammt, beweist die Form der Schiebgräber *(kôkîm)*. Die Juden halten diese Gräber in großer Verehrung; doch finden sich in denselben griechische Inschriften, welche beweisen, daß die Recesse in christlicher Zeit wenigstens neu verwendet worden sind.

Von der Biegung des Weges wenige Schritte s. kommt man zu einer engen Felsenöffnung, und durch diese hindurch in eine kleine Totenkammer mit einer Reihe von Troggräbern, in welcher bei der Auffindung 1847 die Toten mit Kalk zugedeckt noch unberührt lagen. W. ist noch eine rundliche, roh in den Felsen gehauene Kammer mit neun Senkgräbern. Weiter ö. daneben befindet sich noch eine andere schöne Grabkammer.

e. Die vierte (n.) Kuppe des Ölbergs (eine kleine Viertelst. vom Dorf *et-Tûr* entfernt) heißt **Viri Galilaei** (arab. *Karem es-Saijâd* = Weinberg des Jägers). Ersteren Namen hat sie davon, daß die Tradition die Anrede der weißgekleideten Männer (Ap.-Gesch. 1, 11) hier fixiert hat (2 Säulenstümpfe bezeichnen noch heute den angeblichen Standort derselben); diese Tradition taucht schon im 13. Jahrh. auf, ist aber erst seit dem 16. Jahrh. stetig geworden. Auch die Stelle Matth. 26, 32 wurde so erklärt, daß Jesus hier in „Galiläa" erschienen sei. Früher sah man hier größere Ruinen, einige Pilger erwähnen sogar ein Dorf. Der größere Teil des Platzes gehört heute den orthodoxen Griechen, die dort eine Kapelle, ein kleines Wohnhaus für den Bischof u. a. Gebäude errichtet haben. Dabei wurde im S. eine christliche Begräbnisstätte (Reste der Umfassungsmauer, Säulenstücke, Mosaikpflaster und darunter 15 Gräber) und unter der jetzigen O.-Mauer des Platzes eine ausgedehnte Anlage von jüdischen und christlichen Felsengräbern entdeckt (ob das Peristereon des Josephus?). Die gefundenen Gegenstände sind im Haus des Bischofs gesammelt.

Von hier aus können wir entweder direkt zum Gethsemanegarten zurückkehren, oder nach N., dem Hügelrücken folgend, um das Kidronthal herumgehen. Das Thal erweitert sich nach und nach; an dem Punkte, wo der Berg gegen NW. umbiegt, heißt er *'Akabet es-Suwân*. So gelangen wir auf die Straße, die von Jerusalem nach *'Anâtâ* führt (S. 120). Die Aussicht auf die Stadt ist von hier aus insofern interessant, als ihre Lage auf einem Felsrücken sich von hier am besten darlegt und die zackige N.-Mauer, gleich der einer mittelalterlichen Festung, die Türme und die vielen Minarete und Moscheen der Stadt sehr schön hervortreten; viele Einzelheiten indessen und namentlich das Harâm sind freilich schon allzusehr in die Ferne gerückt. — Von hier in 1/2 St. zur NO.-Ecke der Stadtmauer. Der alte Turm hier heißt *Burdsch Laklak (Storchenturm)*. Bei der großen Pinie von *Kerm esch-Schêch* finden sich alte Gräber. In einem heraustretenden Turme zwischen der NO.-Ecke der

Mauer und dem Damascusthor sieht man ein Thor, das die Christen seit 200 Jahren *Herodesthor* nennen; arab. *Bâb es-Sâhire.* — (Zum Damascusthor S. 108.)

Von der 'Anâtâstraße kann man über die Höhen zur Nâbulusstraße hinüber gelangen. Gerade ö. von dieser Straße bei dem Platze, den die Araber *Meschârif* (Höhen) nennen, ist der **Scopus** zu suchen, wo Titus mit seinen Legionen lagerte.

f. Vom Dorf *et Tûr* führt der S. 95 erwähnte Weg gegen SO. in 1/2 St. nach *Bethanien* (S. 164). An diesem Wege, auf einem kleinen Gebirgssattel, etwa 10 Min. ö. von dem Etablissement der Lateiner lag **Bethphage** (Marc. 11, 1), wenigstens beweisen die 1880 gefundenen Ruinen und ein Stein mit Fresken (Einzug Christi in Jerusalem, Auferweckung des Lazarus) und Inschriften, daß der Ort zur Kreuzfahrerzeit hier gesucht wurde. Über dem Stein auf den Ruinen eines alten Kirchleins haben jetzt die Franziskaner eine Kapelle erbaut.

---

2. Das Kidronthal, heute *Marienthal (Wâdi Sitti Marjam)* genannt, ist die Bodensenkung, welche Jerusalem im O. begrenzt. Die Sohle des Thales vertieft sich ziemlich rasch. Während sie im oberen Teil breit und mit Öl- und Mandelbäumen bewachsen ist, verengert sie sich weiter unten.

Schon zu Jesu Zeit hieß der Kidron „Winterbach“; auch heute hat er oberhalb der bald zu besprechenden Quellen nie Wasser. Das Thal gilt im Gegensatz zum Tempelberg für eine unreine Gegend. Schon der Pilger von Bordeaux nennt es „*Thal Josaphat*“. Die Tradition, welche sich an eine falsche Erklärung der Stelle Joël 3, 7 knüpft und in dieser Schlucht den Ort des zukünftigen Weltgerichtes sieht (s. S. 55), ist bereits vor-christlich: außer den Christen haben auch die Muslimen sie von den Juden übernommen, daher die Muslimen ihre Toten an der O.-Seite des Harâm, die Juden die ihrigen an dem W.-Abhange des Ölbergs begraben. Es geht die Sage, daß bei der Auferstehung die Berge aus einander treten werden, damit für die Menge der Menschen Raum entstehe. — Höchst merkwürdig ist das Ergebnis der Ausgrabungen Warrens in Bezug auf das Kidronthal, wonach am O.-Abhange des Tempelberges sehr tiefer Schutt liegt, und der Berg einst viel steiler abfiel als heute. Das alte Bachbett des Kidron liegt etwa 9m w. von der heutigen Thalsohle und gegenüber der SO.-Ecke des Tempelareals noch um 11,5m tiefer als das heutige Bett. Wasser wurde nirgends entdeckt, wohl aber war der Boden im alten Thalgrunde feucht, ja sogar beinahe schlammig.

Von der Fahrstraße nach Jericho zweigt etwas s. vom Gethsemanegarten r. (nach SW.) ein Weg ab, der zur *unteren Brücke* führt. Zu derselben gelangen wir auch, wenn wir vom Stephansthor aus der Harâmmauer bis zur goldenen Pforte folgen und dann l. hinunter ins Thal abschwenken. Das erste Grab l. vom Wege ist das sog. **Absalomsgrab** (nach II Sam. 18, 81 †) arab. *Tanṭûr Fir'aun*, Mütze des Pharao.

---

† Absalom aber hatte sich eine Säule aufgerichtet, da er noch lebte, die stehet im Königsgrunde. Denn er sprach: Ich habe keinen Sohn, darum soll dies meines Namens Gedächtnis sein; und hieß die Säule nach seinem Namen, und heißt auch bis auf diesen Tag: Absaloms Mal.

Der Monolith wird zuerst im J. 333 erwähnt. Die Meinung über die richtigen Namen dieses und der anderen hier befindlichen Grabmonumente sind jedoch noch bis ins 16. Jahrh. geteilt. Die Ornamente, namentlich die ionischen Kapitäle, sprechen dafür, daß das Grab aus griechisch-römischer Zeit stammt; vielleicht aber ist die Kammer älter und die Verzierungen erst später hinzugefügt, wofür die barocke Mischung von ägyptischer und griechischer Bauform spricht. Zum Andenken an Absaloms Ungehorsam pflegten die Juden dieses Monument mit Steinen zu bewerfen.

Der massive Unterbau dieses fremdartig aussehenden Denkmals ist ein aus der Felswand ausgehauener Würfel von 6m ins Geviert und 6,5m Höhe; vom Felsen ist derselbe auf 3 Seiten durch einen ausgehauenen Gang von 2,6 bis 2,9m Breite getrennt, steckt jedoch ö. tief im Schutt. An den Seiten des Felsenwürfels befinden sich je vier Halbsäulen mit stark vorspringenden Kapitälen ionischer Ordnung, die an der W.-Front am besten erhalten sind; sie tragen mitsamt den Eckpilastern einen Fries und Architrav von dorischer Ordnung. Da der umgebende Felsen nicht hoch genug war, um das Ganze aus *einem* Stück zu fertigen, wurde über dem Würfel ein viereckiger Aufsatz von grossen Steinen aufgeführt. Darüber liegt eine Trommel und diese läuft in einen niedrigen Spitzturm aus, welcher sich ganz oben ein wenig aus einander breitet, wie eine sich öffnende Blume. Das Ganze ist vom Schutt an gerechnet 14,8m h. Der Eingang in das Innere ist verschüttet.

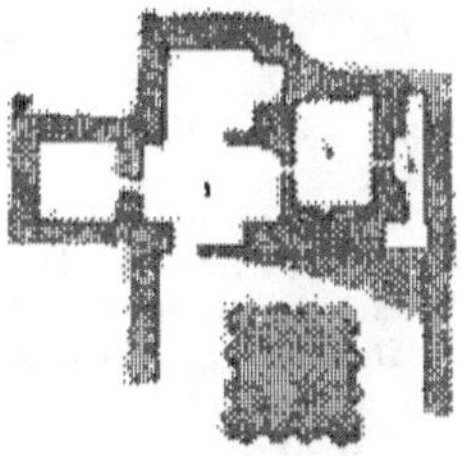

An der ö. Felswand hinter dem Absalomsgrab liegt die **Grabhöhle Josaphats**. Der Eingang zu derselben ist verschüttet, darüber sieht man eine Art Giebel. Das Innere ist unregelmäßig. Von der ersten Kammer (Pl. 1) aus führen drei Eingänge in Nebenkammern; die s. (Pl. 2) derselben hat noch eine doppelt gegliederte Nebenzelle (Pl. 3). Aus den Spuren von Mörtelbekleidung und Freskomalerei darf man schließen, daß die Hauptkammer einst als christliche Kapelle diente. Vielleicht ist es die Kapelle, welche zur Frankenzeit das Jakobsgrab umfaßte.

Steigt man s. über die Felsanhöhe, so gelangt man am Rande des Felsens durch einen schachtartigen Eingang in die Vorhalle der **Jakobshöhle** (der SO.-Ecke der Tempelarea gerade gegenüber). Diese Halle (Pl. 1) ist gegen W. 5m weit offen. Vorn gegen das Thal hin (Pl. a) ist die Decke von 2 Kapitälen mit dorischen 2,3m h. Säulen getragen, welche neben sich zwei in den Felsen übergehende Seitenpfeiler haben. Darüber ein dorischer Fries mit Triglyphen; über dem Carnies ist eine hebräische Inschrift. Man tritt hierauf in eine zweite Halle gegen O. (Pl. 2), von der aus man nach O. in eine Kammer (Pl. 3) mit drei Schiebgräbern von verschiedener Länge gelangt, und steigt dann nach NO. vermittelst Stufen in ein kleines Gemach (Pl. 4) hinauf. Von der Kammer 2 kommt man n. in eine

Kammer (Pl. 5) mit drei Schiebgräbern, s. in einen Gang (Pl. 6) mit einer Felsenbank, auf welche Stufen hinaufführen; oberhalb der Bank sind vier Schiebgräber. Die „Jakobshöhle" ist namentlich den Christen heilig, weil Jakobus sich hier nach Jesu Gefangennehmung verborgen gehalten und bis zur Auferstehung Jesu nichts mehr gegessen haben soll. Diese Sage geht ins 6. Jahrh. zurück, ebenso die, daß er am Ölberg begraben sei; der Bericht, daß *hier* sein Grab sei, datiert erst aus dem 15. Jahrh. Eine Zeit lang sollen hier Predigermönche gewohnt haben; später diente die Höhle als Schafstall, so bisweilen noch heute.

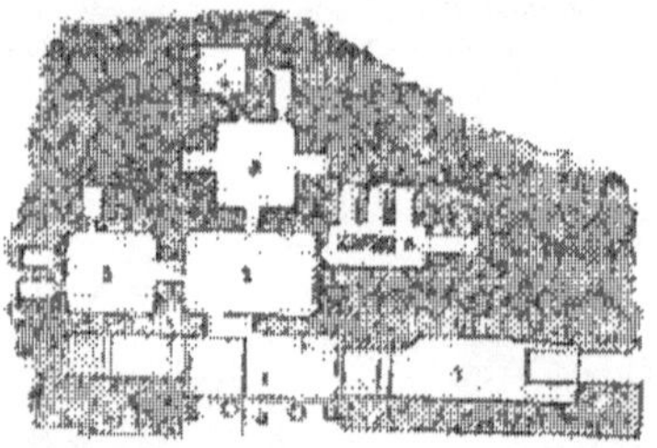

Von der Vorhalle der Jakobshöhle führt ein Gang (Pl. 7) s.-wärts zu der **Pyramide des Zacharias**, nach den Christen des Matth. 23, 35, nach den Juden des II Chron. 24, 19 ff. erwähnten Zacharias. Das Denkmal gleicht dem Absalomsgrabe, nur ist es weniger hoch (9m) und ganz aus dem Felsen gehauen. Dieser Ausschnitt des Felsens ist höchst merkwürdig; an der S.-Wand des Felsens sieht man noch Löcher, in welche wohl das Gerüst für die Steinmetzen eingefügt war. Das Denkmal mißt 5,2m ins Geviert; seine Seiten sind mit ionischen Kapitälen und Halbsäulen verziert; an den Ecken stehen viereckige Pfeiler. Darüber ein kahler Carnies, über welchem sich eine abgestumpfte Pyramide erhebt. Nirgends ist ein Eingang zu entdecken. Eine Menge hebräischer Namen sind an dem Monument angeschrieben. — Die Entstehung aller dieser Gräber ist wohl in die griechisch-römische Zeit zu setzen.

Ö. über diesen Denkmälern ist der ganze Berg mit jüdischen Grabsteinen bedeckt; ebenso finden sich noch solche, wenn wir den Weg s. gegen das Dorf **Siloa** (arab. *Silwân*) einschlagen (4 Min.). Es liegt wie an die Bergwand angeklebt; von jenseits gesehen, wird es leicht unbeachtet gelassen, da die Farbe der Häuser und des Gesteins dieselbe ist. Eine Längsgasse durchschneidet das Dorf von N. nach S.; im ganzen besteht es aus etwa 80 Häusern, und so elend diese dem Fremden vorkommen mögen, so giebt es doch in Palästina viele, die noch schlechter aussehen. Da viele alte Höhlen der ehemals hier befindlichen jüdischen Nekropole jetzt als Wohnungen oder Ställe benutzt werden, so ist die genauere Untersuchung gehemmt. Am Eingang des Dorfes findet sich in der Felsenwand noch ein Pyramidenmonolith wie das Zachariasgrab, vorn durch eine Mauer eingeschlossen. Unten an der Felswand sieht man eine Reihe von teilweis schön behauenen Eingängen zu Grabkammern. Daß wir hier Überreste von Gräbern vor uns sehen, und zwar meistens deren Hinterseite, geht auch aus den dort angebrachten Nischen für Lampen hervor. Selbst weiter im S. finden wir, wenn wir gegen den Hiobsbrunnen hinuntersteigen, fortwährend Überreste von Gräbern l. am Berge. Die Bewohner von Silos (lauter Muslimen) sind als räuberisch berüchtigt. Durch ein kleines Bachschîsch lassen sie sich leicht bewegen, dem Fremden die Höhlen zu zeigen. Sie leben von Ackerbau und Viehzucht; manche bringen auch Wasser von der Silos- oder Hiobsquelle auf Eseln in die Stadt zum Verkauf. Früher wohnten in den Grabhöhlen Einsiedler; das arabische Dorf ist erst seit einigen Jahrh. vorhanden. — Bei Silos ist das Leprosenhaus der türkischen Regierung.

Das Dorf liegt am Abhange der Südkuppe des Ölberges, welche *Baṭn el-Hawâ* oder auch **Berg des Ärgernisses**, *mons offensionis* oder *scandali*, nach II Kön. 23, 13 heißt; ob jedoch mit dem dort genannten Berg des Verderbens, dem Ort, wo Salomo den fremden Göttern Altäre baute, dieser gemeint sei, ist fraglich, obwohl bereits die lateinische Bibelübersetzung (Vulgata) jene Erzählung hier lokalisiert. Die Aussicht oben (7 Min.) ist lange nicht so lohnend als die vom Ölberg, doch immerhin interessant (besonders gegen das Hinnomthal): ö. das *Wâdi Kattûn*, w. das Josaphatthal, s. das Kidron- oder Feuerthal.

Gegenüber dem N.-Ende des Dorfes Silos (4 Min.) ist die **Marienquelle**, arab. *'Ain Sitti Marjam* oder *'Ain Umm ed-Deredsch* (Stufenquelle).

Einer Begründung des Namens „Marienquelle" begegnet man erst im 14. Jahrh. in der Legende, daß Maria aus der Quelle schöpfte oder hier die Windeln ihres Söhnleins wusch. Sie hieß auch *Drachenbrunnen* oder *Sonnenquelle*, und man hat sie mit den verschiedensten alten Quellen identificiert. Sehr wahrscheinlich ist sie identisch mit dem *Gichon* „Sprudler" (I Kön. 1, 33) vgl. auch S. 85. Der Gichon konnte nicht in den Bereich der Mauern gezogen werden; um das Wasser dem Feinde abzuschneiden und für die Stadt nutzbar zu machen, ließ Hiskia — aus seiner Zeit stammt höchst wahrscheinlich die nachher zu erwähnende Inschrift — den Kanal gegen das Tyropœon hin graben, dort einen Teich anlegen und die obere Quelle verstopfen (II Kön. 20, 20). Das Becken beim Gichon nannte man auch *Königsteich* (Neh. 2, 14). Die Quelle berieselte übrigens auch die Baumgärten, welche schon zu Salomo's Zeit (wie heute noch) in diesem Teile des Thales einen erquickenden Anblick darboten.

Der Eingang befindet sich w. von den Überresten einer kleinen Moschee; über der Treppe ist ein merkwürdiges Steinmetzzeichen erhalten. Die Quelle läuft unter der w. Wand des Josaphatthales im Innern des Felsens. Man steigt erst 16 Stufen unter einem Gewölbe durch auf einen ebenen Platz, dann weitere 14 Stufen bis zum Wasser hinunter. Das Becken ist 3,5m l. und 1,0m br.; der Boden ist mit Steinchen bedeckt. Die Quelle ist intermittierend; im Winter zur Regenzeit strömt das Wasser drei bis fünfmal des Tages, im Sommer zwei, im Herbst nur ein einzigesmal. Diese Erscheinung erklärt sich so: Im Innern des Felsens befindet sich ein tiefes natürliches Bassin, welches die von vielen kleinen Adern ihm zulaufenden Wasser aufnimmt, um sie durch einen engen, fest umschlossenen Kanal weiter zu leiten. Der Kanal beginnt etwas über dem Boden des Bassins und steigt dann bis über die Fläche desselben empor, um sich bis zur Ausflußöffnung wieder beträchtlich zu senken; bei der Entleerung kommt daher das Gesetz des Hebers zur Anwendung, vermöge dessen das Bassin, wenn es bis zur Höhe der Biegung des Abflußkanals sich gefüllt hat, bis zur Höhe des Eingangs desselben ausläuft. — Ein Abfluß geht gegen die tiefer liegende Siloaquelle (S. 112), derselbe ist sehr roh gearbeitet und von ganz ungleicher Höhe, sodaß man bisweilen auf allen Vieren durchkriechen muß. Merkwürdiger Weise läuft der Gang nicht in gerader Richtung, sondern macht Windungen, selbst kleine Sackgassen finden sich darin; die Arbeiter scheinen öfter die Richtung verloren zu haben. Die Entfernung beträgt in gerader Richtung 335m, die Länge des Felsenkanals 533m. Da das Wasser oft plötzlich den Gang füllt, ist es ein gefährliches Wagstück, durch den Verbindungsgang zur Siloaquelle herunter zu schlüpfen.

Im J. 1880 wurde am Ausgange dieses Felsenkanals die älteste hebräische Inschrift, welche wir besitzen, gefunden. Dieselbe enthält einen kurzen Bericht über die Vollendung des 1200 Ellen langen Felsenkanals, unter anderem auch die Nachricht, daß die Werkleute von beiden Seiten her denselben ausgehöhlt hätten. In der That hat man, besonders als man in Folge jenes höchst wichtigen Fundes nun den Kanal wiederholt untersuchte, den Punkt gefunden, wo die „Hacken der Grabenden" auf einander getroffen sind. Sehr merkwürdig sind auch die Schachte nach oben, welche man im Innern entdeckt hat.

Ein Weg führt von der Marienquelle n. hinauf gegen die SO.-Ecke der Tempelmauer.

Die sog. **Siloaquelle** (arab. *'Ain Silwân*; Jes. 8, 6) liegt weiter unten am Auslauf des Tyropœonthales; sie lag innerhalb des alten Mauerlaufes am Quell- oder Wasserthore (S. 27). Auch von hier führt ein Weg zur Stadt hinauf zum Zionsthor und zum Mistthor. Der *Teich* der Siloaquelle ist 16m l., $5{,}_6$m br.; er war wegen Joh. 9,7† heilig; im J. 600 stand eine Basilika mit Badeeinrichtung über der Siloaquelle, im 12. Jahrh. ein klosterähnliches Gebäude. Jetzt sind die Mauern des Teiches eingestürzt und der Boden mit Schutt bedeckt. In der SO.-Ecke befindet sich ein Abzugskanal. — Das Wasser schmeckt nicht gut; es ist salzig, aber nicht immer in gleichem Grade, was von den zersetzten Bodenstoffen herrühren mag, durch welche das Wasser sickert; auch wird es von Wäscherinnen, die man stets hier trifft, verunreinigt; es verliert sich in den Gärten unterhalb im Thal. Ö. vom oberen Teiche liegt der *Unterteich Siloa*, schon seit Jahrh. wasserlos. Die Araber nennen ihn *Birket el-Hamrâ*, den roten Teich. Sehr wahrscheinlich war die alte Stadtmauer bei der Siloaquelle eine doppelte; die äußere faßte den großen unteren Teich, die innere die eigentliche Siloaquelle ein.

† Und sprach zu ihm: Gehe hin zu dem Teich Siloah (das ist verdolmetschet: gesandt) und wasche dich. Da ging er hin, und wusch sich, und kam sehend.

S. vom großen Teich steht ein alter Maulbeerbaum, heute zum Schutze mit einem Steinhaufen umgeben; hier soll der Prophet Jesaias vor den Augen des Königs Manasse zersägt worden sein. Die Sage über dieses Martyrium wird von Kirchenvätern erwähnt; vom Maulbeerbaum ist seit dem 16. Jahrh. die Rede.

Ein Weg führt weiter das Thal hinunter; in einigen Min. gelangt man an den Vereinigungspunkt der Thäler Josaphat und Hinnom. Wir folgen dem Wege nach *Mâr Sâbâ* (S. 178) noch 2 Min. bis zum sog. **Hiobsbrunnen** (*Bîr Eijûb*, nach einer albernen und späten muslimischen Legende so benannt). Die Thalsohle des Kidronbettes hat sich hier schon bis 106m unterhalb der Tempelarea gesenkt (bei Gethsemane 45m); NW. steigt der Zion steil auf. Das Gebäude bei dem Brunnen ist eine alte verfallene Moschee. Neben der Stelle, wo Wasser geschöpft wird, stehen steinerne Tröge zum Tränken des Viehs. Der Brunnen ist ausgemauert und 38m tief; der Stand des Wassers ist sehr wechselnd und steigt bisweilen nach längerem Regen so hoch, daß der Brunnen überfließt, was als Zeichen eines fruchtbaren Jahres immer Anlaß zu allgemeinen Freudenfesten giebt; das Wasser versiegt höchst selten ganz und ist wegen seiner Güte berühmt. Die fränkischen Christen nennen den Brunnen seit dem 16. Jahrh. „Brunnen des Nehemia“: in demselben soll während des Exils das heilige Feuer verborgen gewesen sein, bis es durch Nehemia wieder aufgefunden wurde. Im Grunde einzig von Interesse ist, daß wir hier wahrscheinlich den Brunnen *Rogel* (Walkerquelle) der Bibel vor uns haben, der schon Josua 15, 7 ff. als Grenze der Stämme Juda und Benjamin erwähnt wird. Als Adonia sich zum König ausrufen ließ, veranstaltete er hier neben diesem Brunnen seinen Freunden ein Fest (I Kön. 1). Man hat auch den dort (Vers 9) genannten Stein *Soheleth* in dem Felsenweg bei dem Dorf Siloa unter der heutigen Benennung *ez-Zehwele* wiederfinden wollen, müßte dann aber annehmen, daß die Walkerquelle beim Marienbrunnen lag. Die Streitfrage kann erst entschieden werden, wenn ausgemacht ist, ob der Hiobsbrunnen älteren oder jüngeren Datums ist.

Etwa 20 Min. von hier auf dem Hügel sö. liegt **Bêt Sâhûr el-'Atîka**, einige elende Hütten, aber auch Felshöhlen und ein Taubenturm; viele Silexwerkzeuge sind hier gefunden worden. Die ganze N.- und NO.-Seite des Hügels ist mit einzelnen Felsgräbern bedeckt, auch große Grabhöhlen teilweise mit schönem Portal finden sich. Die meisten der Gräber stammen aus jüdischer Zeit. Man bemerke auch die Spuren von Ölkeltern. — Den Rückweg kann man im Thal auf der Straße nach **Mâr Sâbâ** nehmen.

---

8. **Das Hinnomthal** wird südlich begrenzt vom *Dschebel Abu Tôr*, auch *Gräberberg*, *Berg des Blutackers*, von den Franken gewöhnlich *Berg des bösen Rates* genannt (am besten vom Bethlehemer Wege aus zu besteigen S. 122). Den letzteren Namen hat er von einer im 14. Jahrh. bei den Christen aufgekommenen Sage, daß Kaiphas hier ein Landhaus besaß und darin mit den Juden ratschlagte, wie er Jesum töten könne.

Das von W. kommende und sich stark vertiefende *Hinnomthal* trennt den Berg des bösen Rats vom Plateau von Jerusalem. Es führt niemals Wasser. Der Boden ist an einigen Stellen schön angebaut, obwohl mit vielen kleinen Steinchen bedeckt. Der Name Hinnomthal kommt bei der Beschreibung der Grenze zwischen Juda und Benjamin (Jos. 15, 8) vor. Eigentlich heißt es *„gē benē hinnōm"*, das „Thal der Nachkommen Hinnoms"; vorzugsweise haftete dieser Name an der unteren Hälfte des Thales (heute *Wâdi er-Rabâbi)*. In dieser Gegend lag der *Tophet* (Brandstätte), wo im Altertum dem Gotte Moloch Kinderopfer gebracht wurden, wobei die Könige Ahas und Manasse selbst ihre eigenen Söhne nicht schonten (II Kön. 23, 10). Josia ließ den Ort verunreinigen, damit er nie mehr Schauplatz solcher Opfer werden könnte. Noch in späterer Zeit war das Thal den Juden Gegenstand des Abscheus, daher das neutest. Wort *Gehenna*, aus obiger vollen Form abgekürzt, Hölle bedeutet. Ob der heutige Name des unteren Kidronthales, „Feuerthal" *(Wâdi en-Nâr)*, damit zusammenhängt, ist nicht zu entscheiden. Das Thal Hinnom wurde früher mit dem oberen Kidronthal verwechselt; man nennt es auch „Gihonthal" (mit Unrecht S. 101).

Vom Hiobsbrunnen wenden wir uns nach W. und steigen an dem Bergabhang l. zur alten *Nekropole* empor. Kurz nachdem wir den Vereinigungspunkt der Thäler verlassen haben, finden wir l. Gräber an zwei Felswänden übereinander, alle in den Felsen gehauen, mit niedrigen, oft schön verzierten Eingängen, zu denen hie und da Felstreppen hinaufführen; man behauptet, sie hätten alle steinerne Thüren gehabt. Im Innern finden sich mehrere Kammern für Familien. Ihren Inhalt haben die Gräber wohl zu verschiedenen Zeiten gewechselt, von der frühen christlichen Zeit an bis ins Mittelalter hinab dienten sie auch frommen Einsiedlern als Aufenthaltsort, später armen Familien und dem Vieh. — Wir geben den leider nicht durchaus zuverlässigen Plan nach Tobler.

1. Kammergruppe, innen von Rauch geschwärzt, vormals Anachoretenwohnung.

2. Felsenkammer mit 4 Schiebgräbern.

3. Portal; in der zweiten Kammer gegen S. war einst eine schöne gewölbte Kapelle; weiter gegen S. Totenkammer.

4. Verschüttete Kammer mit 10 Schiebgräbern.

5. Die 5. Höhle ist eine alte Einsiedlerwohnung; die mittlere hat Nebenkammer und Zellen, in der n. Höhle unleserliche griechische Inschrift.

6. Grabkammer.

7. Kammer mit 9 Nischen, Kreuz über dem Eingang.

8. Besonders schön ausgemeißelte Kammer; vor dem mit Leisten und Giebel verzierten Portal führen einige Stufen hinunter. Das obere Stockwerk hat eine große Vorkammer mit 6 schön verzierten Thüren (im ganzen 14 Troggräber). Das untere Stockwerk ist unbedeutend.

9. Grabhöhlen und Kapelle, mit Malereien.

10. Sog. *Apostelhöhle*, worin sich laut Tradition, aus dem 16. Jahrh. die Apostel verbargen, als Jesus gefangen und gekreuzigt wurde. Über dem Eingang ein Fries mit 10 Feldern, auf dem Vorplatz zwei Lagen von frisch aussehenden Freskomalereien übereinander, nebst Monogrammen des Namens Jesus Christus, Kreuzen etc. Die erste Kammer war eine Kapelle; Decke und Seiten sind bemalt. Der große Raum hinter der Kapelle diente wohl einst als Einsiedlerwohnung; hinter demselben ist noch eine Kammer mit Gräbern, wie auch auf der O.-Seite.

11. Drei Kammergruppen; über dem Eingang griech. Inschrift „der heiligen Zion"; wahrscheinlich zur Zionskirche gehörig.

12. Aufwärts steigend gelangen wir nun zum eigentlichen **Blutacker** (*Hakeldama*)-**Gebäude**, arab. *el-Ferdûs* (Paradies).

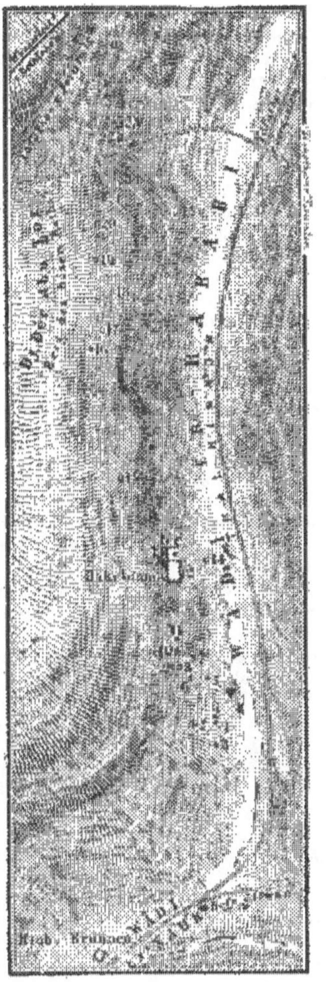

Wir erfahren aus der Bibel nicht, wo der Blutacker Matth. 27, 8 lag; die Benennung war wohl damals schon älter, und später hefteten sich christliche Erzählungen daran. Im Laufe der Jahrh. wurde der Blutacker an verschiedenen Orten der Umgebung von Jerusalem gezeigt, sowie Kirchen und Klöster dabei gebaut; er wurde von den Christen stets verehrt und von den Pilgern besucht: manche wurden auch dort begraben; die Leichname sollen in diesem Boden außerordentlich schnell verwesen.

Das Gebäude, 9m l., 6m br., liegt mitten in den Gräbern nahe einem Orte, wo heute noch

Thon gegraben wird. Man kann von oben (O.) in die Gewölbe hinunterblicken, die 10,6m h. sind und von einem soliden Mittelpfeiler gestützt werden. Der untere Teil des Gebäudes besteht aus Fels, der obere aus geränderten Quadern. In den Felswänden sind Schiebgräber; das Ganze ist nur eine Vorhalle zu Gräbern. Die Eingänge zu den Grabhöhlen sind teilweise verschüttet. In dem platten Dach sind runde Öffnungen, durch welche früher Leichname an Seilen hinuntergelassen wurden; an der W.-Mauer des Innern Kreuze und armenische Inschriften.

13a. Höhle, welche die Griechen *Ferdûs er-Rûm*, Paradies der Griechen, oder Höhle des Rieseuheiligen Onophrius nennen. Ruinen.

13b und c können übergangen werden.

14. zwei Grabkammern mit Schieb- und Troggräbern.

15. Unbedeutend.

16. Höhle mit einem unteren Stock mit Schiebgräbern; der weiße Kalkfels des mittleren Gemaches ist wegen seiner roten Adern bemerkenswert.

17. Grabhöhle mit alten griechischen Inschriften.

18. Grab mit griechischer Inschrift: „Grabstätte der heiligen Zionskirche für Verschiedene von Rom". Doppelhöhle.

19-21. Unbedeutend, doch teilweise mit Inschriften.

22. Grab mit Inschrift wie 11; hier ist eine Cisterne.

23. Höhle, zu welcher zehn Felsenstufen hinaufführen; über dem Eingang in die Kammer griechische Inschrift: „Das vortreffliche Denkmal ist das Grab der Thekla der Tochter Marulfs".

Vom W.-Ende der Gräber gelangen wir an der Augenklinik des engl. Johanniterordens (l. oben) vorbei zur Bethlehemer Straße (S. 121), da wo neben dem von Montefiore gestifteten großen *jüdischen Hospiz* (Armenhaus Pl. f) ein Fahrweg in sw. Richtung abzweigt und uns in wenigen Minuten zu den freundlichen Häusern der **deutschen Tempelkolonie** führt. Die ganz stattliche Kolonie (300 Seelen) trägt nach der Ebene (S. 122) den Namen *Rephaim*. Hier ist zugleich die Centralleitung der Tempelgesellschaft. Seit 1878 ist das „Lyceum des Tempelstifts" hieher verlegt, eine Verbindung von Volksschule und einer Art Gymnasium. — Ein Fahrweg führt von hier sw. am Friedhof der Kolonie vorbei in einer kleinen Viertelstunde zu der griechischen Besitzung *Kaṭamôn* (S. 122). — Von der Tempelkolonie aus kann man das einige Minuten (nach W.) entfernte neue **Aussätzigenhaus** besuchen. Die Anstalt 1887 neu gebaut und gut eingerichtet wird von der Herrnhuter Brüdergemeinde unterhalten; Hausvater *Müller*, Arzt Dr. *Einsler*. Ansteckung ist durchaus nicht zu befürchten; die Abschließung der Kranken ist jedoch nötig, weil dadurch die Kranken gehindert werden, sich zu verheiraten. Man trifft freilich an der Jâfâstraße noch Schauder erregende, mit Aussatz behaftete Bettlergestalten, da viele sich gegen die Aufnahme in das Institut sträuben; aber es ist zu hoffen, daß die totale Absperrung sich mit der Zeit werde durchführen lassen, denn diese bietet das einzige Mittel, den Aussatz allmählich auszurotten. Die Krankheit ist erblich und unheilbar; Kinder von Aussätzigen werden meistens erst in späterem Alter von ihr befallen.

Der Aussatz war unter den Israeliten eine ziemlich verbreitete Krankheit. Jetzt zählt man im ganzen etwa 40-50 Aussätzige in Jerusalem. Die biblischen Verordnungen über den Aussatz stehen III Mose 13 und 14. Der Aussatz tritt infolge einer Art Blutzersetzung ein. Der Kranke fühlt sich Monate lang vor Ausbruch der Krankheit matt und leidet an Frostanfällen, Kribbeln in den Gliedern und Fieberschauern. Zuerst stellen sich rötliche Flecken auf der Haut ein, dann verschiebbare dunkelrote Knoten unter derselben. Besonders im Gesicht vereinigen sich diese Knoten zu traubenförmigen Knollen; Mund und Lippen schwellen auf, die Augen triefen, und oft belästigt den Kranken ein furchtbares Jucken durch den ganzen Körper. Die Schleimhäute beginnen zerstört zu werden; im Innern des Körpers setzen sich auch Knötchen an; die Sprachorgane werden afficiert, Seh- und Hörkraft nehmen ab. Endlich springen die Knollen auf, werden zu schauderhaften Geschwüren und heilen wieder zu, um immer von neuem hervorzutreten; die Finger werden gekrümmt, und einzelne Glieder faulen nach und nach ab. Von diesem Knollenaussatz unterscheidet sich der glatte Aussatz, bei welchem schmerzhafte glatte Hitzblattern sich auf der Haut bilden und Geschwüre hinterlassen. Gewöhnlich treten infolge des Aussatzes noch andere Krankheiten hinzu, um dem Leben, bisweilen erst nach 20jährigen Leiden, ein Ende zu machen. — Ein Bild des tiefsten menschlichen Elends stellt sich dem Beschauer hier vor Augen; aber dem humanen Bestreben, diesen hoffnungslos Unglücklichen, diesen wahren Hiobsgestalten, die ohne ihr Verschulden in diesen Zustand geraten sind, alle möglichen Erleichterungen zu bieten, dem Umsichgreifen dieser schrecklichen Krankheit Einhalt zu thun, wird gewiß niemand seine innige Teilnahme versagen.

Vom Aussätzigenhaus aus kann man direkt nach N. die Straße nach dem Kreuzkloster (S. 114) und auf derselben den Mâmillateich (1/4 St.) erreichen. Wir kehren auf die Bethlehemer Straße zurück und überschreiten (c. 10 Min.), derselben nach N. folgend, das Hinnomthal auf dem S.-Damm des **Birket es-Sulṭân** *(Sultansteich)*.

Auch die Anlage dieses Behälters stammt vielleicht aus altjüdischer Zeit. Zur Zeit der Franken hieß er *Germanus*, zum Andenken an den Kreuzfahrer, welcher den Hiobsbrunnen auffand; damals wurde er umgebaut und später, im zweiten Viertel des 16. Jahrh., von Sultan Soliman restauriert (daher der Name). Später zeigte man hier den Ort, wo David die Bathseba erblickte.

Der Teich ist 169m l. (NS.), 67m br., (OW.), im N. den Schutt eingerechnet 10,9m tief, im S. 13m.; seine N.-Mauer ist zerfallen. Zur Anlage dieses großartigen Beckens ist das Thal so benutzt worden, daß querdurch zwei starke Mauern gezogen und der Zwischenraum zwischen beiden bis auf den Felsen abgegraben wurde. Der jetzt wasserlose Boden des unteren Teiles besteht aus Felsen; der höhere Teil auf der W.-Seite wird als Garten benutzt. Mitten auf dem Südwall steht ein alter jetzt versiegter Brunnen, der früher durch einen Zweig der von den salomonischen Teichen kommenden Wasserleitung gespeist wurde. Letztere (S. 134) läuft n. vom Teich durch das Thal und jenseits wieder gegen S.

Von hier führt die Fahrstraße der Stadtmauer entlang in 5 Min. zum Jâfâthor.

---

4. Die N.-Seite der Stadt, Königsgräber, Richtergräber etc.

Zum Besuch der verschiedenen Höhlen ist Licht notwendig. — Der Schlüssel zur Baumwollengrotte ist vom Serâi zu holen (durchs Hôtel), von wo ein Führer mitkommt (Trkg. 6-9 Pi., Gesellschaft entsprechend mehr).

Wir verlassen die Stadt durch das **Damascusthor**, das stattlichste Thor von Jerusalem, mit seinen Zinnen ein schönes Muster der Baukunst des 16. Jahrh. Laut Inschrift ließ es Soliman 944 d. Fl. (beg. 10. Juni 1537) erbauen oder wenigstens renovieren. Im 12. Jahrh. hieß das Thor Stephansthor, weil die Stephanskirche in der Nähe stand (S. 110). Ausgrabungen haben ergeben, daß es an der Stelle eines *alten* Thores steht, denn man hat hier außer einem Wasserreservoir auch einen Mauerlauf (von O. nach W.) gefunden, der aus geränderten Quadern besteht. Außerhalb der Mauer sieht man noch ganz deutlich r. (ö.) alte Schichten geränderter Quader; die Türken haben beim Neubau in dieselben fugenartige Einschnitte gemacht, um sie moderner erscheinen zu lassen. Das Damascusthor ist in Winkeln gebaut und hat zwei große, eisenbeschlagene Thürflügel. Es besteht eigentlich aus zwei Thortürmen; in der Mitte derselben sieht man noch deutlich die Reste eines alten Thores, wenigstens den oberen Teil des Thorbogens. An der Innenseite des Thores stehen r. und l. vom Thorbogen zwei dünne Säulen, darüber ein Spitzbogenfeld mit Inschrift; nach diesen Säulen (oder nach den kleinen, auf den Zinnen stehenden Spitzsäulen?) führt das Thor den Namen „Säulenthor", *Bâb el-'Amûd*. Die Aussicht von dem Thorturm aus ist sehenswert. Unter den Türmen sind noch Kammern vorhanden; die im O.-Turm befindliche ist 15 Schritt lang, 9 Schritt br., aus großen Quadern gebaut. Man will öfters das Rauschen eines Wasserlaufes in der Tiefe gehört haben, was nicht undenkbar wäre.

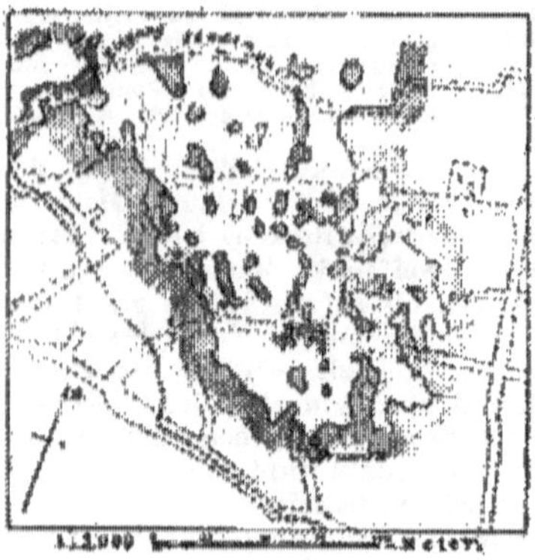

Auf dem freien Platz vor dem Damascusthor laufen 4 Straßen zusammen. Von l. kommt die Fahrstraße, die vom Jâfâthor der Mauer entlang führt und sich nach r. das Kidronthal hinab fortsetzt. Geradeaus (n.) geht die Straße nach *Nâbulus* (S. 109), der Weg nw. führt zwischen jüd. Kolonien zur Jâfâstraße (S. 86).

Wir gehen der Mauer entlang nach O. und übersteigen einen Schutthügel, (von den Ausräumungen beim Bau des österreich. Hospizes herrührend). Etwa 100 Schritt vom Damascusthor entfernt befindet sich im Felsen, 6m unter der Mauer, der Eingang in die sog. **Baumwollengrotte**, 1852 entdeckt. Die Höhle ist aus muslimischen Autoren unter diesem Namen (genauer *Maġâret el-Kettân*, Leinwandgrotte) bekannt. Wir haben hier einen sehr ausgedehnten Steinbruch vor uns, der sich 196m in gerader Linie nach S. unter den Boden der Stadt hinzieht und sich nach S. stark senkt. Man sieht an den Seiten noch Wandnischen für die Lampen der Steinmetzen. Kolossale Pfeiler stützen die Felsendecke; die Quader wurden, wie deutliche Spuren noch jetzt beweisen, mittelst Holzkeilen, die man eintrieb und benetzte (sodaß sie auseinander gingen), vom Felsen losgelöst. In welcher Zeit diese Steinbrüche ausgebeutet worden sind, ist ungewiß. Der Boden ist sehr uneben, namentlich durch abgestürzte Felsstücke. Hinten r. eine tröpfelnde Quelle (schlechtes Wasser).

Der Baumwollengrotte gerade gegenüber, etwas n. von der Straße liegt die sog. **Jeremiasgrotte** *(el-Edhemîje)*. Der Eintritt ist durch eine quer vorgebaute Mauer versperrt (Trkg. 6 Pi.; unverschämte Forderungen des muslim. Wächters drückt man bald herab, indem man sich ruhig zum Fortgehen wendet). Man gelangt zuerst in einen kleinen mit Fruchtbäumen bepflanzten Hof, in den man auch von dem Berge aus hinunterblicken kann; Säulenfragmente liegen umher. Über einen Betplatz wird man nach O. in eine Höhle geführt, dann in eine zweite runde Höhle 40 Schritt l. und 35 Schritt br.; in der Mitte ist die Wölbung von einem Pfeiler gestützt. SW. zeigt man das Grab des Sultan Ibrâhîm und weiter hinten eine hohe Felsbank mit einem Grabe, das seit dem 15. Jahrh. als das Grab des Jeremias ausgegeben. Jeremias soll hier auch seine Klagelieder abgefaßt haben. Die Höhlen waren einst von muslimischen Santons (heil. Mönchen) bewohnt. — In der SO.-Ecke des Vorplatzes befindet sich ein Eingang (7 Stufen) in ein unterirdisches Gewölbe, das von einer kurzen, dicken Säule gestützt ist; dann schreitet man n. durch ein thürartiges Loch in den Raum einer großen, schönen Cisterne, deren Wölbung von einem umfangreichen Pfeiler gestützt wird; durch eine Öffnung von oben fällt Licht hinein. Auf einer Treppe kann man bis zum Wasserspiegel hinuntersteigen. — Wahrscheinlich bildeten ehemals Jeremias- und Baumwollengrotte einen zusammenhängenden Steinbruch, es lief also vormals von hier bis zur Stadtmauer ein Felsrücken, der dann weggesprengt wurde, um die Verteidigungsfähigkeit der Stadt zu vermehren. — Der Hügel unmittelbar über der Jeremiasgrotte wird (wie S. 63 erwähnt) von verschiedenen Forschern als das echte Golgotha betrachtet. Man hat auch hier eine Anzahl alter Felsgräber gefunden.

Wir kehren zum Damascusthor zurück und schlagen die Nâbulusstraße (S. 108) ein. Etwa 350m vom Damascusthor entfernt befindet sich r. hinter hohen Mauern ein ausgedehntes Ruinenfeld. Am besten tritt man durch das Thor von der Nâbulusstraße ein. Zunächst gewahrt man 4 aneinander anschließende Gewölbe von O.

nach W. 23m l. und c. 8m br. S. davon die Reste einer nicht sehr großen Kirche 7,4m br., 20,7m l., im W. vor dem Eingang eine unleserliche griechische Inschrift. Der ganze Boden ist mit schön erhaltenen Platten gepflastert (teilweise auch Mosaik). Wahrscheinlich haben wir hier Reste einer im 8. Jahrh. von den Griechen errichteten **Stephanskirche** mit Klosteranlage, nach der Zerstörung 1099 von den Kreuzfahrern neu aufgebaut, schwerlich aber die Stephanskirche der Kaiserin Eudoxia. Dieselbe muß der Stadt näher gelegen haben. Das ganze Terrain gehört jetzt den Dominikanern, die hier eine Niederlassung zu gründen und die Kirche nach dem alten Plan wieder aufzubauen gedenken.

Von hier folgt man der Nâbulusstraße bis zu einem Kreuzweg (5 Min.). Einige Schritte S. von diesem liegen die sog. **Gräber**

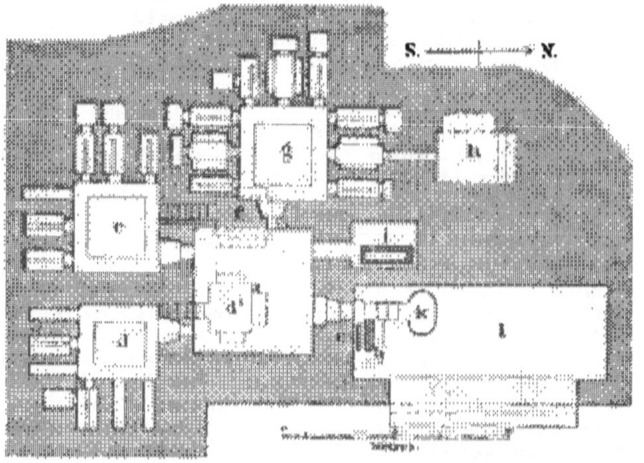

der Könige (*Kubûr es-Salâṭîn*). Sie sind in französischem Besitz und mit einer Mauer umgeben. Der Eingang ist auf der W.-Seite. Eine große c. 8m br. in den Felsen gehauene Treppe führt auf 24 Stufen in S. Richtung hinunter. Man bemerke die in den Fels gehauenen Zuleitungsrinnen für die Cisternen unten, die auf der 10. resp. 20. Stufe über die Treppe laufen und dann an der Wand r. hinabführen. Unten angelangt werfe man einen Blick in die schönen (reparierten) Cisternen, r. die kleinere, geradeaus die größere mit einer doppelten Bogenthüre in der Felswand. Das etwas gewölbte Dach ist durch einen Pfeiler gestützt. In den Ecken beider Cisternen gehen Treppen hinab zum Wasserschöpfen. L. Hand hat man einen rundbogenartigen Durchgang; durch die 1,5m dicke

Felswand gelangt man 3 Stufen hinab in einen offenen, c. 8m tief aus dem Felsen gehauenen Hof (28m l., 25,3 br.). Im W. erblicken wir das reich ausgehauene Portal der eigentlichen Felsengrabhöhle. Dasselbe ist gegenwärtig auf 12m Breite erweitert; es wurde ehemals, wie beim Jakobusgrab (S. 99), von zwei Säulen unterbrochen und getragen. Sein Kranzgesims, zum Teil schön erhalten, besteht aus einem breiten Band von Blumengewinden, Früchten und Laubwerk. In der Vorhalle (l) befinden sich Säulenriffe, Kapitäle, auch Stücke von Sarkophagen. Wir überschreiten eine runde Cisterne (k) und steigen dann einige Stufen abwärts; l. ein niedriger Kniegang (b) mit einem schiebbaren Rollstein (c), durch welchen der Eingang in das Grab verschlossen werden konnte. Die Kammer a mißt ungefähr 6m ins Geviert; aus derselben führen vier Eingänge, zwei gegen S., je einer gegen W. und N. in Grabkammern. Die sö. Kammer d hat auf drei Seiten Felsenbänke und auf der O.- und S.-Seite Schiebgräber (S. cxxi). In der NW.-Ecke steigt man auf 4 Stufen in ein tieferliegendes Gemach (d^1) mit 3 Bankgräbern. Die zweite Kammer e hat eine Vertiefung in der Mitte und je drei Schiebgräber gegen S. und W.; auch diese Kammer hat ein dem Gemach d^1 entsprechendes Nebengemach f, auf dem Boden liegen Stücke eines schönen Sargdeckels. Das Gemach g (w. von der Vorkammer) enthält außer den Bänken in jeder Wand r. und l. 2 Schiebgräber, in der Mitte einen Gang in ein kleines Kämmerchen mit 3 Bankgräbern. Von diesem Kämmerchen in der N.-Wand führt ein Gang weiter hinab in ein größeres Gemach h mit einem überwölbten Auflegrab l. und einer Doppelbank in der Hinterwand. In dem Gemach i (r. vom Haupteingang) wurde ein reich verzierter Sarkophag entdeckt (jetzt im Louvre). Die einzelnen Kammern waren, deutlichen Spuren nach, durch steinerne Thüren abgesperrt.

Die Juden verehren diese Katakomben, deren sorgfältige Ausführung auf eine Grabstätte vornehmer Leute hinweist, und nennen sie schon seit frühen Zeiten *Höhle Zedekias* oder *Grab des reichen Kalba Sabua*, der um die Zeit der Belagerung lebte. Nach den Angaben bei Josephus ist es sehr wahrscheinlich, daß man hier das *Grab der Königin Helena von Adiabene* zu suchen hat. Diese Königin war nebst ihrem Sohn Izates bereits in ihrer Heimat für das Judentum gewonnen worden und siedelte nach dem Tode ihres Gemahls Mumbaz 48 n. Chr. nach Jerusalem über, kehrte aber in ihre Heimat zurück. Ihre Leiche wurde nach Jerusalem gebracht und drei Stadien von der Stadt entfernt in einem Pyramidengrabe beigesetzt. Izates allein hatte 24 Söhne, daher wohl die Ausdehnung des Grabmals. Schon im 14. Jahrh. erkannte man diese Bestimmung der Gräber; doch schwankte die Überlieferung und man schrieb die Gräber sogar den alten Königen von Juda zu, daher sie noch heute Königsgräber heißen.

N. von den Königsgräbern (r. von der Nâbulusstraße) liegt das sog. *House of industry*, die Gewerbeschule der engl. Judenmission. — In nö. Richtung (gegen das Dorf *Scha'fât* zu) den Abhang hinunter steigend, gelangt man bald über die flache Thalsohle des oberen Kidronthals, arab. *Wâdi el-Dschôz* (Nußthal) zu Felsengräbern, unter denen das sog. *Grab Simons des Gerechten* (Wallfahrtsplatz der Juden) sich auszeichnet.

Der Weg zu den **Gräbern der Richter**, *Kubûr el-Kudât* (Straße nach en-Nebi Samwil) zweigt gegenüber der Stephanskirche (S. 110) von der Nâbulusstraße ab. (Von den Königsgräbern aus halte man genau die Richtung auf das Minaret von en-Nebi Samwîl ein.) Nach c. 25 Min. findet sich r. vom Weg in einer Felswand der Eingang zu den Gräbern. In den Felsen ist ein Vorplatz 2-2½m o.-wärts eingehauen; die 4m br. Vorhalle ist nach vorn offen und hat einen Giebel; im Giebelfeld ein Ring, von welchem Spitzblätter sich strahlenförmig ausbreiten. Auch über dem Portal, welches in die Grabkammer führt, ist ein Giebel angebracht. Das Portal konnte früher von innen verschlossen werden. Die SO.- und NW.-Ecken der ersten Grabkammer sind verschüttet; l. (N.) liegen sieben Schiebgräber, über diesen (Pl. III) in unregelmäßigen Abständen drei überwölbte Aufleggräber, und hinter jedem derselben wieder zwei Schiebgräber. An der W.-Wand befindet sich eine Nische. Neben dieser ersten Kammer liegen zwei andere ungefähr auf gleicher Höhe O. und S. (Pl. I), und zwei tiefer gelegene Kammern (Pl. II). In der O.-Kammer sind auf drei Seiten unten (Pl. I) je drei Schiebgräber und darüber 1m vom Boden (Pl. III) je vier Schiebgräber.

I Gräber zu ebener Erde II Souterrain III Obere Gräberlage

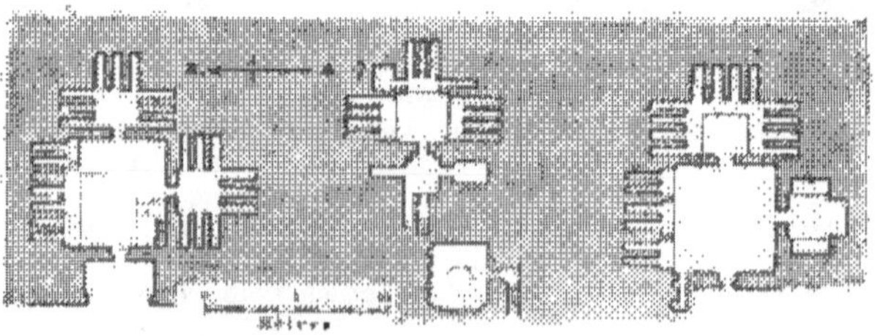

Die S.-Kammer hat drei Schiebgräber auf jeder der drei Seiten und über diesen je ein langes überwölbtes Aufleggrab. Von der ersten Kammer geht man hinunter durch einen Gang, der drei Schiebgräber hat, in die NO.-Kammer; sie hat nach N. und S. je fünf, nach O. drei Schiebgräber. Das unterirdische Nebengemach im SW. war eigentlich ein Steinbruch. Die Tradition, daß hier die „jüdischen Richter" begraben lägen, stammt aus neuerer Zeit; man nannte die Grabhöhlen auch Prophetengräber, *Ḳubûr el-Anbijâ*. Nach anderen liegen hier Mitglieder des jüdischen Gerichtshofes begraben. — In der Nähe sind noch einige Gräber im Felsen, aber keine von ähnlicher Ausdehnung.

Den Rückweg nimmt man auf der Straße von en-Nebi Samwîl zum Damascusthor, oder man schlägt bei einem Aschenhügel den Weg r. ein, welcher an der St. Paulskirche (S. 86) vorbei auf die Jâfâstraße führt.

II. JUDÄA, DER SÜDEN DES LANDES UND DAS OSTJORDANLAND.

Route		Seite
6.	Von Jerusalem nach dem Kreuzkloster, 'Ain Kârim, Philippsbrunnen	114
	Vom Philippsbrunnen nach Bittîr	117
	Von Bittîr nach Bethlehem	118
7.	Von Jerusalem nach en-Nebi Samwîl und el-Kubêbe (Emmaus)	118
8.	Von Jerusalem nach 'Anâtâ, 'Ain Fâra, Dscheba', Michmâs	120
	Von Dscheba' direkt nach Jerusalem	121
	Von Michmâs über Dêr Diwân nach Bêtîn	121
9.	Von Jerusalem nach Bethlehem	121
	Bêt Sâḥûr und das Feld der Hirten	131
	Von Bethlehem nach Engeddi	132
10.	Von Jerusalem (Bethlehem) nach den Salomonischen Teichen, Charêṭûn und dem Frankenberg	132
	Von Arṭâs nach Bethlehem	135
	Von Arṭâs nach Thekoa	135
11.	Von Jerusalem nach Hebron (und Südende des Toten Meers)	137
	Von Hebron nach Engeddi	142
	Von Engeddi nach Masada	143
	Von Masada nach Hebron	145
	Von Masada nach Dschebel Usdum	146
	Von Hebron nach Dschebel Usdum	146
	Von Dschebel Usdum nach el-Kerak	147
12.	Petra	147
	Umgebungen von Petra	152
	Von 'Akaba nach Petra	152
	Von Dschebel Usdum nach Petra	152
	Von Petra nach Hebron	153
	Von Petra nach el-Kerak	153
13.	Von Hebron nach Bêt Dschibrîn und Gaza	154
	Von Gaza nach el-'Arisch (Ismaʿîlîja)	160
14.	Von Gaza nach Jerusalem über 'Askalân	160
	Von 'Askalân nach Jâfâ	161
15.	Von Jerusalem nach Jericho, der Jordanfurt, dem Toten Meer, zurück über Mâr Sâbâ	163
	Dschebel Karanṭal	168
	Von Jericho nach Bêsân	169
	Zur Ausmündung des Jordan	172
	Von Jericho nach 'Ain Feschcha und Engeddi	175
	Von Mâr Sâbâ nach Bethlehem	178

Route		Seite
16.	Von Jericho nach es-Salṭ und Dscherasch	178
	Der Dschebel Ôscha'	180
17.	Von Dscherasch nach 'Ammân, 'Arâḳ el-Emîr, Ḥesbân, Mâdebâ, el-Kerak	187
	Von 'Ammân nach es-Salṭ	189
	Von 'Arâḳ el-Emîr nach Jericho	191
	Von 'Arâḳ el-Emîr nach es-Salṭ	191
18.	Der Ḥaurân	195
	Geschichtliches	195
	1. Vom Jordanthal über Mukês nach el-Muzêrîb	199
	Von Dscherasch nach el-Muzêrîb	199
	2. Von el-Muzêrîb nach Damascus	200
	Von Dschisr el-Mudschâmi' nach Damascus	201
	3. Von el-Muzêrîb nach Boṣrâ	201
	Tour in den östlichen Ḥaurân	203
	4. Von Boṣrâ nach Damascus	205
	Von Boṣrâ über Hebrân nach es-Suwêdâ	206
	Von Ḳanawât nach Sî'	208
	Von Ḳanawât über Sulêm nach Schuhba	209
	Von Schuhba nach Burâḳ über Schakkâ	210
	Von Burâḳ nach Damascus über el-Mismîje	212

6. Von Jerusalem nach dem Kreuzkloster, 'Ain Kârim, Philippsbrunnen.

Von Jerusalem nach *'Ain Kârim* direkt ist eine Fahrstraße im Bau. Dieselbe biegt von der Jâfâstraße etwas jenseits des 3. Wachtturms (S. 20) nach l. ab, und führt am Rand eines niedrigen Hügelrückens nach SW. an *Chirbet en-Nahle* vorbei (s. S. 115).

Jerus.-*Kreuzkloster* 20 Min., *'Ain Kârim* 1¼ St., *'Ain el-Ḥabs* 1 St., *Kalônije* 1 St., *Jerusalem* 1¼ St. *'Ain Kârim-Philippsbrunnen* 1¼ St., Jerusalem 1½ St.

1. Jerusalem-'Ain Kârim-'Ain el-Ḥabs.

Vom Jâfâthore zum *Birket Mâmilla* s. S. 85; man läßt hierauf den Weg nach *'Ain Jâlô* (S. 118) l. und dann die alte Straße nach *'Ain Kârim* r. liegen (vgl. die Karte S. 80) und steigt das Thal hinunter in 20 Min. zum griechischen Kreuzkloster, arab. *Dêr el-Muṣallabe.*

Das Kreuzkloster. — Geschichtliches. Die Stiftung des Klosters

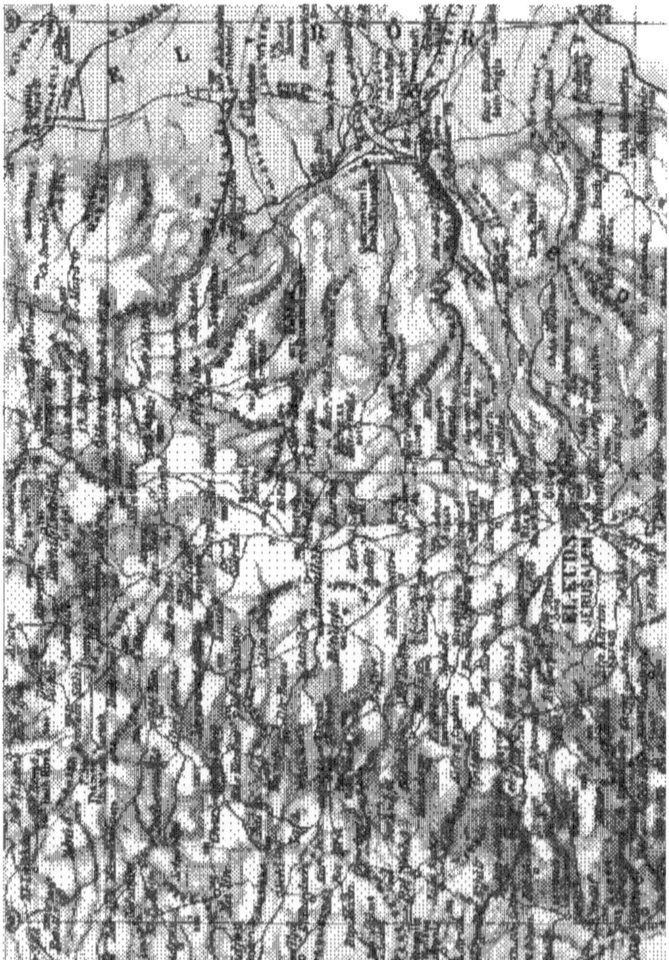

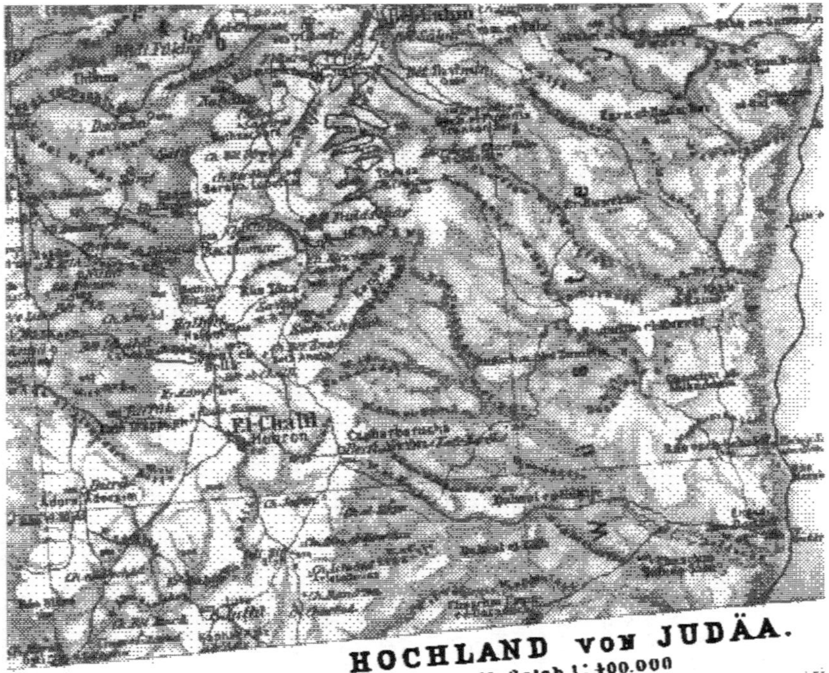

HOCHLAND VON JUDÄA.

Maßstab 1 : 400.000

fensterlose Mauer und das bekannte eisenbeschlagene Pförtchen, welches allen Klöstern des Orients aus alter Zeit her eigentümlich ist.

Das Kloster besteht aus einem großen, unregelmäßigen Viereck, das die O.-Seite des Thalbodens einnimmt. Die Gebäude umfassen verschiedene weitläufige und unregelmäßige Hofräume und sind teilweise nach europäischem Muster eingerichtet. Das Kloster beherbergt ein großes Priesterseminar (jetzt geschlossen). Die Bibliothek enthält eine Anzahl schöner Werke, auch Handschriften, so besonders eine Rolle des Chrysostomus mit ausgezeichneten Miniaturen. Die Grundform der Klosterkirche scheint die Vermutung zu bestätigen, daß sie aus byzantinischer Zeit stamme. Sie ist dreischiffig; die Kuppel wird von vier großen Pfeilern getragen und ist mit Fensterchen versehen. Die Gewölbe und Bogen laufen spitz zu. Die teilweise rohen Gemälde an den Mauern sind vor 200 J. wieder übermalt worden. Der interessante Mosaikschmuck des Bodens dürfte auf ein höheres Alter Anspruch haben. Das Hauptheiligtum des Klosters liegt hinter dem Hochaltar: eine runde Öffnung, jetzt in Marmor gefaßt, zeigt die Stelle, wo das Holz des Kreuzes Christi gewachsen sein soll (daher der Name des Klosters, eig. „Kloster des Kreuzortes“). Die Tradition ist wahrscheinlich sehr alt, wenn man auch erst um die Zeit der Kreuzfahrer von ihr Kunde erhalten hat und die Lateiner sie nie völlig anerkannt haben. Die weiteren Ausschmückungen der Tradition, z. B. daß Adam hier begraben liege und Lot hier gewohnt habe, seien hier nur erwähnt.

Vom Kloster geht man wieder c. 175m zurück, um dann den Weg l. nach *'Ain Kârim* einzuschlagen. Das Thal des Kreuzklosters überschreitend, gelangt man in 12 Min. in das *Wâdi Medîne;* dann über einen Hügel in 10 Min. nach dem *Wâdi el-Bedawîje*; r. liegt *Chirbet en-Nahle*; nach 10 Min. umgeht man ein Thälchen oben an seinem Anfang (überall schöne Terrassenkultur, Weinberge) und gelangt so auf die Fahrstraße von Jerusalem (s. S. 114); auf der Höhe *(Dschebel 'Ali)* sieht man das Mittelmeer, den Ölberg und einen Tell von Jerusalem. Gerade vor sich hat man die Gebäude von *'Ain Kârim;* ein steiles Thal mit Weg abwärts lassen wir r. und bleiben noch eine Zeitlang auf der Höhe. Nach 12 Min. Ruinen von *Bêt Mismir*, jenseit des Thales auf einem Hügel *el-'Akûd*, n. die Ruinen von *Dêr Jâsîn*, weiterhin *en-Nebi Samwîl*. In 20 Min. steigt man von hier auf schlechtem Weg am Franziskanerkloster vorbei nach *'Ain Kârim* hinunter. — Beim Abstieg schöner Überblick über 'Ain Kârim: gerade unten Kloster und Kirche der Franziskaner, dahinter das Dorf; etwas r. auf einer Anhöhe das große Etablissement der Zionsschwestern: Kloster, Mädchenschule, Mädchenerziehungsanstalt (von P. Ratisbonne gestiftet). Der Hügel l. (s. vom Dorf) ist mit den griech. Bauten (Kapelle und Hospiz) und mit einem lat. Kirchlein besetzt. Im Thal unten zwischen diesem Hügel und dem Dorf die schöne Marienquelle.

'Ain Kârim. — Geschichtliches. *'Ain Kârim* entspricht vielleicht dem alten *Karem* der Septuaginta (Jos. 15, 60). Eine Tradition, welche zur Kreuzfahrerzeit auftritt, sieht in 'Ain Kârim den Ort Juda (Luc. 1, 39), das aber vielmehr dem heutigen *Jaṭṭa* bei Hebron (S. 146) entspricht.

'Ain Kârim (St. Johann) ist ein von den latein. und griech. Pilgern viel besuchter Wallfahrtsort. Das Dorf, in schöner, fruchtbarer Gegend gelegen, hat ungefähr 1200 Einwohner, worunter 100 Lateiner, 50 Griechen, die übrigen Muslimen. Alle bebauen das Land, sie haben namentlich gut bewässerte Oliven- und Weinpflanzungen.

Das große, festungsähnliche lateinische *Johanneskloster*, an dem uns der Weg zuerst vorbei führt, gehört den Franziskanern, die auch Fremde, die mit Empfehlungsbriefen vom Sekretariat des Salvatorklosters in Jerusalem versehen sind, gastlich beherbergen. Der Klostergarten mit seinen weit hervorragenden Cypressen liegt innerhalb der festen Ummauerung. Vom Kloster auf drei Seiten eingefaßt, schaut die *Johanneskirche* mit ihrer Kuppel hübsch hervor. Nach der Tradition bezeichnet sie den Ort, wo das Haus des Zacharias (Vater Johannes des Täufers) gestanden.

Nachdem die Kirche früher Jahrh. hindurch von den Arabern als Viehstall benutzt worden war, erlangte der Marquis de Nointel, Gesandter Ludwigs XIV., beim Sultan, daß den Franziskanern das Besitzrecht wieder zugesprochen wurde. In den folgenden Jahrzehnten gelang es diesen, sich dort festzusetzen, das Kloster neu zu bauen und die Kirche zu reinigen und wiederherzustellen. Vermutlich reicht der ältere Bau nicht über die Zeit der Kreuzfahrer hinaus, da wohl erst damals die Geburt Johannes des Täufers hierher verlegt wurde.

Die Kirche ist dreischiffig, die hübsche Kuppel wird von vier Pfeilern getragen; am Boden einfache Mosaiken. Der Hochaltar ist dem Zacharias gewidmet, die s. Kapelle dem Besuche Marias bei Elisabeth. Neben der Orgel ist ein Bild, das den Johannes in der Wüste vorstellt (Kopie nach Murillo); l. (n.) vom Altar führen sieben Stufen in eine *Krypta* zur Geburtsstätte des Johannes; fünf hübsche Basreliefs aus weißem Marmor, die seinen Lebenslauf darstellen, sind in die schwarze Wand eingelassen.

Vom Kloster aus gelangen wir die erste Querstraße l. einschlagend in 4 Min. zu der *Quelle 'Ain Kârim*, die schon im 14. Jahrh. mit Maria in Verbindung gebracht und Marienquelle genannt wurde. Über der Quelle muslimischer Betplatz. — Etwa 4 Min. W. von dieser Quelle steht eine Kapelle, 1860 aus Trümmern von Mauern und Gewölben wieder hergestellt; hier soll die Sommerwohnung des Zacharias gestanden und also Maria die Elisabeth besucht haben. In der Kapelle beim Eingang zeigt man ein Stück des Steines, der nachgab, als Elisabeth auf der Flucht vor Herodes den Johannes auf ihn legte.

Von *'Ain Kârim* wendet man sich w.-wärts gegen das sog. *Terebinthenthal* (fälschlicher Weise s. S. 162), den unteren Lauf des *Wâdi Bêt Ḥanînâ* oder *Wâdi Ḳalônije* (S. 20). Teilweise ist das Thal bepflanzt, teilweise mit Gesträuch bewachsen. In 1 St. erreicht man die Quelle **'Ain el-Ḥabs**. Die *Johannesgrotte* (*el-*

ḥabs = das Gefängnis), zu welcher in den Stein gehauene Stufen hinaufführen, liegt unmittelbar bei der Quelle; sie gehört den Lateinern, und ein Altar ist darin errichtet worden. Gegen das Thal hin sind zwei Öffnungen in der Felswand, die zu einer Art offenen Balkon führen; hier übersieht man das nach dem gegenüberliegenden Dorf benannte *Wâdi Ṣâṭâf*, sowie das Dorf *Ṣûbâ*. Der Ort heißt bei den Christen die *Johanneswüste*, obwohl er seiner Bepflanzung nach den Namen Wüste weder verdient, noch, den Spuren von Terrassenanlagen nach zu urteilen, jemals verdient hat. Der Altar soll über dem Lager des Johannes (Matth. 3, 1 ff.; Luc. 1, 80 u. a.) errichtet sein, der in der Grotte gewohnt haben soll. Nach andern Stellen (Luc. 3, 3) ist es freilich unzweifelhaft, daß unter der „Wüste Juda" die Jordangegend zu verstehen ist; auch hat sich erst ums J. 1500 die Tradition auf die Quelle 'Ain el-Ḥabs gerichtet.

Wer nicht auf demselben Wege nach Jerusalem zurückkehren will, kann von *'Ain el-Ḥabs* in c. 1 St. durch das *Wâdi Bêt Ḥanînâ* die Jâfâstraße bei *Ḳalônije* (S. 20) erreichen.

---

2. 'Ain Kârim — Philippsbrunnen.

Man reitet durch den muslim. Friedhof des Dorfes und steigt in einem engern Thal gegen SO. bergan. Auf halber Höhe läßt man l. den Weg, der über *el-Mâliḥa* und *Bêt Ṣafâfâ* auf die Bethlehemstraße bei *Ṭanṭûr* (s. S. 123) führt, und hält sich r. (SO.). Auf der Höhe oben (1/2 St.) prächtige Aussicht. In derselben Richtung auf der r. Seite eines kleinen Thälchens absteigend, an einigen Gräbern vorbei, dann das Thälchen überschreitend, gelangt man in 1/2 St. ins *Wâdi el-Werd* (Rosenthal), ungefähr an dem Punkt, wo von der anderen Seite her das *Wâdi Aḥmed* einmündet.

Dem engen, aber gut mit Reben und Oliven bepflanzten *Wâdi Aḥmed* aufwärts folgend, erreicht man in 45 Min. *Bîr Hauna*, in weiteren 13 Min. *Bêt Dschâlâ* (S. 132), von da in 25 Min. *Bethlehem*.

Im Rosenthal läuft die alte Karawanenstraße von Jerusalem nach Gaza. Ihr folgen wir thalabwärts 1/4 St. bis zum **Philippsbrunnen** (*'Ain el-Ḥanîje*). Unter einer Wandnische sprudelt die wasserreiche Quelle hervor; zu beiden Seiten korinthische Säulen; hinten ein kleines, nun vermauertes Bogenfenster. Das Gebäude ist verfallen, aber Überreste von Säulen und Bausteine liegen umher. Die Tradition, welche hier den Brunnen sieht, bei welchem Philippus den Kämmerer aus Mohrenland taufte (Ap.-Gesch. 8, 36), tritt erst 1483 auf; früher verlegte man den Schauplatz dieser Erzählung in die Nähe von Hebron (S. 138).

Um vom Philippsbrunnen nach *Bittîr* zu gelangen, bleiben wir im *Wâdi el-Werd*. Nach 20 Min. r. *el-Weledsche* mit prächtigen Wein- und Gemüsegärten. (Von hier direkt nach *'Ain Kârim* 1 St.) Wenige Min. unterhalb der Einmündung des Rosenthals in das *Wâdi Bittîr* liegt das Dorf *Bittîr*, vielleicht *Bethar* Jos. 15, 59 (Septuaginta). Man hat in Bittîr das *Bether* oder *Bethar* erkennen wollen, das im Aufruhr des Bar Kochba gegen die Römer eine große Rolle spielte, und welches die Römer erst nach 3 1/2 jähr. Belagerung (i. J. 136) erobern konnten; die talmudische Angabe freilich, daß das Blut der getöteten Juden von hier bis in das Meer hinabfloß, erscheint unglaublich. Das heutige Bittîr wird von Muslimen bewohnt und liegt auf einer Terrasse mitten im Grünen zwischen dem Wâdi Bittîr und einem kleineren Thal; es hat viel und gutes Quellwasser. Von dem Brunnen aus nach W., dann nach NW. sich wendend, ersteigt man auf einem steilen und steinigen Pfade in $^1/_4$ St. eine zweite Terrasse; Spuren von Mauerumfassung zeigen, daß hier eine Burg gestanden hat; die spärlichen Ruinen sind heute überwachsen. Der Ort heißt *Chirbet el-Jehûd*, Judenruine. Auf der O.-Seite einige Felsenkammern und alte Cisternen, zwischen denselben merkwürdige Nischen im Felsen.

Von Bittîr nach Bethlehem ($1^3/_4$ St.) führt der Weg das *Wâdi Bittîr* hinauf. 30 Min. *Kal'at Sabâh el-Chêr*, wo in einem Felsblock eine Höhle, wahrscheinlich eine Einsiedlerwohnung, eingehauen ist. Nach 20 Min. beginnt man vom Grunde des Wâdi Bittîr nach O. aufzusteigen; nach $^1/_2$ St. erreicht man *Bêt Dschâla* (S. 132), nach 25 Min. *Bethlehem*.

Der Rückweg vom Philippsbrunnen nach Jerusalem läuft das *Wâdi el-Werd* aufwärts, nach 15 Min. r. *Wâdi Ahmed* (S. 117), nach 5 Min. Dorf *'Ain Jâlô*, ein altes *Ajalon* (nicht das berühmte, S. 20); bei der Quelle einige Reste von Marmorsäulen; n. von *'Ain Jâlô* merkwürdige künstliche Hügel (*rudschûm*). Zwischen den Ölbäumen im Thal Spuren einer alten Straße; nach 10 Min. wird r. oben zwischen den Klippen das kleine Dorf *esch-Scherâfât* (S. 122), bald darauf l. das größere Dorf *Mâliha* sichtbar; die Einwohner beider Dörfer müssen von 'Ain Jâlô Wasser holen. Darauf zeigt sich r. nach 15 Min. das Dorf *es-Safâfâ* und das Kloster *Mâr Eljâs* (S. 122). Nach 30 Min. Kreuzkloster; von da zum Jâfâthor s. S. 114.

7. Von Jerusalem nach en-Nebi Samwîl und el-Kubêbe (Emmaus).

Vom Damascusthor (bezw. Jâfâthor) zu den Gräbern der Richter (c. 40 Min.) s. S. 111. Von da geht der Weg steil ins Thal hinab (8 Min.). Dem Thälchen abwärts folgend gelangt man in 13 Min. in das *Wâdi Bêt Hanînâ*, so genannt nach dem Dorf *Bêt Hanînâ*, das oben auf dem Vorsprung zwischen den zwei hier sich vereinigenden Thälern liegt. Man überschreitet das breite, mit Geröll bedeckte Bachbett und geht in dem gerade gegenüber einmündenden Seitenthal nach NW. aufwärts. Nach 25 Min. kleine Ebene, l. auf der Hügelkuppe die aus der Kreuzfahrerzeit stammende Ruine *Dschôz*, im Mittelalter für das Schloß des Joseph von Arimathia angesehen. Im SO. sieht man *Bêt Iksâ*, den Lauf der Jâfâstraße, weiter *'Ain Kârim*. Das *Dorf en-Nebi Samwîl* erreicht man in 20 Min. Vor demselben, r. vom Weg, finden sich zwei in den Felsboden gehauene Wasserreservoire von höherem Alter; die Quelle, welche sie speist, liegt mehr gegen N. Das Dorf besteht nur aus wenigen bewohnten Häusern, zeigt jedoch an seinen in den Fels eingeschnittenen Mauerwänden und schönen großen Bausteinen an der Außenseite der Moschee im NO. Spuren von hohem Alter. — In 5 Min. ersteigt man von da den Gipfel.

en-Nebi Samwil (Prophet Samuel) liegt 895m ü. M. und ist der höchste Berg in der Umgebung von Jerusalem.

Wir stehen hier höchst wahrscheinlich auf einem altehrwürdigen Platz, nämlich auf der alten Warte *Mizpa*, der berühmten benjaminitischen Stadt. König Asa von Juda ließ den Ort gegen Israel befestigen (I Kön. 15, 22). Die Überlieferung bezeichnet en-Nebi Samwil als Geburtsstätte, Wohnsitz und Begräbnisplatz des Propheten Samuel, was indessen keineswegs als etwas Sicheres gelten kann; doch ließ schon Kaiser Justinian († 565) in dem Kloster des h. Samuel, wahrscheinlich hier, einen Brunnen graben. Die Kreuzfahrer hielten den Ort für das alte *Silo* und bauten hier „über dem Grab Samuels“ eine Kirche; sie nannten den Berg *mons gaudii*, Freudenberg, weil sie von *Biddu* (s. unten) zuerst Jerusalem erblickt hatten. Im 16. Jahrh. stand hier ein schönes Heiligtum als besuchter Wallfahrtsort.

Von der ehemaligen Kreuzfahrerkirche, die 1157 hier erbaut wurde, ist noch das Querschiff und der n. Flügel erhalten. Die heutige Moschee, in welche man (von einem Hofe aus) ohne Schwierigkeit Zutritt findet, birgt das Grab Samuels. Dasselbe wird nicht gern gezeigt, obwohl das Grab Juden, Christen und Muslimen heilig ist; der Reisende verliert nichts daran, da der Sarg und das Umschlagtuch sicher modern sind. Hingegen lasse sich jedermann auf das Minaret hinaufführen; die *Aussicht ist herrlich und umfassend. Rechts (n.) von *ed-Dschîb* erhebt sich der Hügel von *Râmallâh* (S. 214), davor unterhalb das Dorf *Bîr Nebâlâ*, im O. *Bêt Ḥanînâ*, weiter ö. der Hügel *Tell el-Fûl* (S. 214). Dahinter in der Ferne die blauen Gebirgsketten des Jordanthales, im SO. Jerusalem und der Ölberg; hieran schließt sich s. auf der Höhe *Mâr Eljâs* und darüber die runde Kuppe des Frankenberges (S. 196), weiterhin auch Bethlehem. Das ganz nahe Dorf im S. heißt *Bêt Iksâ*; SSW. *Liftâ*; WNW. *Biddu*. In der Ferne w. *er-Ramle* und *Jâfâ*; bei hellem Wetter sind gleichzeitig das Tote und das Mittelländ. Meer sichtbar.

Vom Gipfel steigt man nach SW. herunter und wendet sich dann direkt nach W. Die nach S. (l.) abfallenden Thäler umgeht man, indem man auf der Höhe bleibt. Nach 35 Min. Dorf *Biddu*, von Steinhaufen umgeben und baumlos. Bei *Biddu* sahen die Kreuzfahrer (denn die Straße über *Bêt Nûba*, *Biddu* ist eine alte; man sieht auch noch Spuren von Pflasterung) zuerst Jerusalem. Von hier gelangt man in 15 Min. nach **el-Ḳubêbe**. Die Lage des Dorfs ist schön. Über die Identifikation mit dem neutest. *Emmaus* s. S. 18. Das Dorf hat viele Ruinen. Freundliche Aufnahme findet man in dem seit 1862 bestehenden Kloster der Franziskaner. Auf dem Grund desselben sind die Ruinen einer alten Kreuzfahrerkirche ausgegraben worden (dreischiffig, die Apsiden sind deutlich sichtbar). Die Kirche soll auf dem Platz stehen, wo Jesus das Brot brach (Luc. 24, 30). Auch einige Altertümer (Sarkophag) hat man gefunden. (Für Bewirtung und Herumführen mag man ein entsprechendes Geschenk, etwa 1-2 fr. die Person für die Armen geben.)

Man kehrt von hier zurück nach *Biddu* (s. o.). Hier kommen 3 Wege zusammen; der mittlere, dem wir folgen, führt im Thal an der Quelle '*Ain Bêt Sûrik* vorbei (r. oben das Dorf gleichen Namens). Nach 3/4 St. r. Ruinen *Chirbet el-Lôza*, nach 20 Min. Vereinigung des Thals mit dem *Wâdi Bêt Ḥanînâ*, r. Ruinen von *Bêt Tulmâ* (r. Weg nach *Ḳalônije* 20 Min.). Wir überschreiten das Thal und gelangen geradeaus (sö.) aufsteigend in 10 Min. auf die Jâfâstraße. Von da zum Jâfâthor 1 St. (S. 20).

8. Von Jerusalem nach 'Anâtâ, 'Ain Fâra, Dscheba' Michmâs.

Vom Damascusthor geht man r. der Stadtmauer nach; an der NO.-Ecke führt ein Weg l. über das obere Kidronthal auf den Höhenrücken des Ölbergs 20 Min. (S. 97). Oben schöne Aussicht nach O. (Totes Meer, Jordanthal). Einen Weg nach dem Dorf *el-'Isawîje* (vielleicht *Nob* Jes. 10, 32) läßt man r. liegen und gelangt langsam nach N. absteigend (28 Min.) zum Dorf

'Anâtâ. — Geschichtliches. *'Anâtâ* entspricht der Priesterstadt *Anathot* im Gebiete Benjamin. Die Tradition verlegt Anathot zwar nach *Abu Ġôsch* (S. 19), aber der wirkliche Geburtsort des Propheten Jeremia (1, 1), in welchem er freilich keinen Glauben fand (11, 21 ff.), ist hier zu suchen. Von der hier vor Augen liegenden Gegend ist Jes. 10, 29 bei der Beschreibung des Heranzugs der Assyrer unter Sanherib die Rede. Das Dorf wurde nach dem Exil wieder bevölkert (Esra 2, 23).

'Anâtâ scheint im Altertum befestigt gewesen zu sein; Stücke von Säulen sind in die Hütten des heutigen Dorfes eingemauert. Gleich beim Eingang ins Dorf r. vom Weg sieht man die Ruinen eines großen, alten Gebäudes (wohl einer Kirche) mit gut erhaltenem Mosaikboden. Die Aussicht von dem Gipfel des breiten Bergrückens, auf dem das Dorf liegt, umfaßt gegen O. die Gebirge des alten Benjamin, die sich gegen das Jordanthal senken; auch ein Stück vom Toten Meere ist sichtbar. Gegen W. und N. liegen eine Anzahl Dörfer auf den Hügeln, so *Tell el-Fûl* (S. 214) u. a.

Von *'Anâtâ* aus führt der Weg (Führer nötig!) in nö. Richtung in 3/4 St. an den Rand des *Wâdi Fâra* (herrliche Aussicht) und in weiteren 20 Min. auf steilem beschwerlichem Abstieg in das Thal, etwas unterhalb der wasserreichen Quelle **'Ain Fâra**. Die Vegetation im Thalgrund ist auch im Sommer frisch und herrlich; an einigen Stellen läuft der Bach unter dem Boden durch; vielfache Überreste von Wasserleitungen, Brücken und Prachtbauten sind sichtbar. Hoch oben an beiden steilen Felswänden befinden sich alte Einsiedlerwohnungen (Ersteigung derselben auf der S.-Seite möglich aber beschwerlich).

Einem kleinen Seitenthal, das etwas unterhalb der Quelle einmündet, folgend, steigen wir in nw. Richtung aufwärts und kommen in 3/4 St. zum Dorfe

Dscheba'. — Geschichtliches. *Dscheba'* ist das antike *Geba* im Stamme Benjamin, in der Nähe von *Gibea Benjamin* (I. Sam. 14, 2), aber mit diesem nicht zu verwechseln. Letzteres ist in *Tell el-Fûl* (S. 214) nachgewiesen und identisch mit „Gibea Sauls" I. Sam. 15. 34 und „Gibea Gottes" I. Sam. 10. Jedoch scheint „Gibea Gottes" in I. Sam. 10, 5 mit Geba I. Sam. 13, 3 verwechselt worden zu sein. Die Örtlichkeit von Dscheba' veranschaulicht allerdings, da sie den Paß von Michmâs beherrscht, die Heldenthat Jonathans (I. Sam. 14); aber Vers 16 versetzt uns plötzlich wieder nach Gibea Benjamin, dem die flüchtigen Philister doch kaum werden zugelaufen sein, wenn sie einen andern Ausweg hatten. Ob auch an dieser Stelle eine Verwechselung vorliegt, und zwar hier zwischen Geb'a und Gibea Benjamin? „Geb'a bis Berseba" bezeichnet II. Kön. 23, 8 die Ausdehnung der Grenzen des Reiches Juda.

Das Heiligtum in *Dscheba'* heißt *Nebi Ja'kûb*. Die Aussicht ist umfassend, bes. nach N., wo *Burka*, *Dêr Diwân* und *eṭ-Ṭaijibe* liegen (letzteres ein Christendorf, vielleicht *Ophra* von Benjamin Jos. 18, 23; I. Sam. 13, 17); im NO. ist *Rammôn* sichtbar.

Von Dscheba' nach Jerusalem führt der direkte Weg über *Hizma*. Gegen S. steigt man in 25 Min. hinunter in das *Wâdi Fâra* nahe seinem Anfang; in c. 10 Min. wieder hinauf in die Höhe nach *el-Hizme*; oben hat man eine umfassende Aussicht. N. vom Dorf liegen die Steinmonumente *Kubûr Beni Isrâ'îm* (?), im W. viele Cisternen und Höhlen. — In 20 Min. steigt man ins *Wâdi Selâm* hinab, kreuzt das Thal und steigt steil gegen S. in 10 Min. nach *Hizma* hinauf (s. o.).

Um von Dscheba' nach Michmâs zu gelangen, steigt man nach NO. hinunter in das *Wâdi es-Suwênît* (35 Min.); auch von N. mündet hier ein Thal ein. Die Wände des Wâdi es-Suwênît sind in der That steil, wie sie I. Sam. 14, 13 beschrieben sind; hier war der alte *Engpaß von Michmâs*. Das Dorf **Michmâs** liegt 1/4 St. NO. auf der Anhöhe; heute beinahe verlassen, enthält keine Merkwürdigkeiten außer einer Höhle mit Columbarien (S. 156).

Von Michmâs nach Bêtîn. Man ersteigt nach N. die Hochebene an der O.-Seite eines schmalen aber tiefen Thales, das in das *Wâdi Suwênît* läuft. Wo man das Thal erblickt, befinden sich an der w. Felswand einige Felsengräber; darüber liegen die Ruinen von *Makrûn* (= *Migron*, Jes. 10, 28). Nach 35 Min. liegt wnw. das Dorf *Burka* gegenüber, weiter nach N. das Dorf *Kudêra*. Nach 15 Min. Gräber und Steinbrüche; 15 Min. weiter erreicht man das große Dorf **Dêr Diwân**. Dasselbe liegt von Bergen eingeschlossen, doch hoch; im N. läuft das tiefe *Wâdi Matjâ* zum Jordan hinab. Oliven- und Feigenbäume bedecken die Abhänge um das Dorf.

In der Nähe von Dêr Diwân ist die Stadt *'Ai* zu suchen, wo, ist jedoch ganz unsicher. 'Ai wird I. Mos. 12, 8 genannt als ö. von Bethel gelegen. 'Ai war Sitz eines kanaanitischen „Königs"; wurde nach Jos. 8 von Josua erobert. Die Stadt wird später wieder genannt; Jes. 10, 28 nennt sie 'Ajja; nach dem Exil wohnten wieder Benjaminiten daselbst.

Von Dêr Diwân in 20 Min. durch einen Hohlweg zum Gipfel von *Tell el-Hadschar*; dann reitet man auf der schönen Hochebene weiter. Man sieht im NO. den Hügel *Rammôn* (*Rimmon* Richter 20, 45 ff.). Hierauf am Wege die Ruinen von *Burdsch Bêtîn*; man erblickt jenseits eines fruchtbaren Thales **Bêtîn** und erreicht dasselbe in 20 Min. (S. 215).

9. Von Jerusalem nach Bethlehem.

1¼ St. Gute Fahrstraße (auch zu einer Fußwanderung geeignet). — Wagen (u. Reitpferde) vermittelt das Hôtel bezw. Hospiz; empfohlen werden Fuhrmann *Haber* (Deutscher) und Makler *Bär* vor dem Jâfâthor. *Preis* eines Wagens c. 10-12 fr. — Für Bethlehem allein genügt ein halber Tag, wer damit den Besuch der Salomon. Teiche oder von 'Ain Kârim verbinden will, braucht einen ganzen Tag (vgl. auch S. 114 u. 132).

Vom Jâfâthor aus geht der Weg gleich l. den Berg herunter ins obere Hinnomthal (S. 107) vorbei am Sultansteiche (5 Min.) und dem Haus der Montefiorischen Stiftung. R. Weg zur Tempelkolonie

(S. 106). Wo das Thal die Krümmung nach O. macht, geht der Weg nach S. den Felsenhügel hinauf. Die Aussicht über Jerusalem von dieser Seite genießt man am besten, wenn man, unmittelbar bevor man die Hochebene erreicht, l. abschwenkt und in einigen Min. den kahlen Gipfel des *Berges des bösen Rates* (S. 103) ersteigt. Man sieht von hier aus besonders gut die S.-Seite von Jerusalem, gegenüber das Dorf *Silwân* und den Ölberg, gegen S. die Dörfer *Bêt Safâfâ, esch-Scherâfât* und das Kloster *Mâr Eljâs*. Die Ruinen auf dem Gipfel rühren wahrscheinlich von einem arabischen Dorf her, nach der Tradition vom *Landhaus des Kaiphas*. Oben das Weli *Abu Tôr*; s. davon zeigt man den Baum, an welchem sich Judas erhängt habe; der Baum streckt alle seine Äste horizontal nach O.

Die Hochebene, welche sich von hier nach S. ausdehnt und auf welcher wir unsern Weg verfolgen, heißt *Bak'a*. Wahrscheinlich entspricht sie dem alten Thal *Rephaim*, durch welches nach Josua 15, 8 u. a. O. die Grenze zwischen Juda und Benjamin lief. Hier lagerten die Philister öfters und David schlug sie hier (II Sam. 5, 18 etc.). — Auf dem die Ebene ö. begrenzenden Hügelzug (l. vom Weg) liegt ein großer Neubau der Lateiner. — Gegen W. senkt sich die Ebene zum *Wâdi el-Werd* (S. 117) hin. Im Eingang zu diesem Thale r. sieht man erst *Bêt Safâfâ*, dann *esch-Scherâfât* in einiger Entfernung. Auch auf dieser Ebene, die heute ziemlich gut angebaut ist, bezeichnet die Tradition einige heil. Stätten; in einiger Entfernung auf einer Anhöhe r. die griechische Besitzung *Katamôn*, die traditionelle Wohnstätte des Simeon (Luc. 2, 25); kleine Kirche und Sommerresidenz des Patriarchen, hübsche Aussicht; Fahrweg von hier zur deutschen Kolonie (S. 106). Hierauf l. am Weg eine Cisterne: der trad. *Magierbrunnen* (Bir Kathisma), wo diese den Stern wieder erblickten (Matth. 2, 9).

Am Ende der Ebene hinaufsteigend kommen wir ($^3/_4$ St. von Jerusalem) zum Kloster **Mâr Eljâs** (l.) in anmutiger Lage auf dem Sattel des Bergrückens. Bei dem Kloster l. am Weg der *Brunnen*, aus dem die heilige Familie getrunken haben soll. Die Aussicht, welche man von der Terrasse des Klosters hat, genießt man von dem nahen Bergrücken r. eben so gut: im S. Bethlehem, im N. Jerusalem, darüber hinaus en-Nebi Samwîl; die langgestreckte bläuliche Gebirgskette des Ostjordanlandes nimmt sich herrlich aus.

Das Kloster wurde — wann ist unsicher — von einem Metropoliten Elias gebaut, dessen Grab man noch im 17. Jahrh. in der Klosterkirche zeigte; zur Frankenzeit (1160) wurde das damals zerstörte Kloster wieder aufgebaut. Bald nachher bildete sich die Tradition, welche das Kloster an den alttestamentl. Elias knüpfte und sich sogar so weit verstieg, daß sie die Scene I Kön. 19, 3 ff. in einer in dem Felsen befindlichen Vertiefung, der Fußspur des Elias (r. vom Wege gegenüber der Klosterthüre), lokalisierte.

Jenseits des Klosters führt der Weg r. um den Anfang eines nach O. abfallenden Thales herum, das zum Toten Meere läuft. Die Felder sind angebaut; vor uns jenseits des Thales im SO. erscheint die runde Kuppe des Frankenberges (S. 136); s. Bethlehem; r. (SSW.) das große Dorf *Bêt Dschâlâ* (S. 132) mit seinen weißen

Gebäuden. Nach 13 Min. r. in schöner Lage das „*Tantûr*“ genannte Anwesen (Spital, Bruderhaus, Kapelle) des kathol. Malteserordens. Hier zeigt man den *Erbsenacker*, wo Jesus einen Mann fragte: „Was säest du?“ Er antwortete: „Steine“. Daher trug der Acker Erbsen aus Stein, wie man deren noch hier findet.

Nach 9 Min. liegt r. das sog. **Grab der Rahel** (*Kubbet Râḥîl*). Die heutige Grabkuppel, völlig in der Art der muslimischen Welis gebaut, bietet nichts Interessantes; der moderne Sarkophag ist geweißt. Der Eingang zum Vorraum ist auf der N.-Seite. Das Grab steht bei Muslimen, Christen und Juden in großer Verehrung; namentlich die letzteren pilgern scharenweise hierher; Beduinen bringen ihre Toten zur Beerdigung hierher. Die Mauern sind mit Namen von Pilgern beschrieben.

In der That stimmt hier die Tradition scheinbar mit dem Wortlaut der Bibel überein: Rahel starb auf dem Wege nach Ephrata (das durch eine alte Glosse mit Bethlehem identificiert wird, s. u.), als sie Benjamin gebar, und wurde an dem Orte begraben (I Mose 35, 19). Während der ganzen christlichen Zeit haftete die Tradition stets an demselben Platze; Jahrhunderte hindurch fand man eine steinerne Pyramide über dem Grabe, angeblich aus 12 Steinen nach der Zahl der israelitischen Stämme bestehend. Das Grabmal scheint im 15. Jahrh. umgebaut worden zu sein und hat seitdem noch einigemal bedeutende bauliche Veränderungen erfahren. Als einzige, aber die ganze Tradition umstoßende Schwierigkeit bleibt nach I Sam. 10, 2, daß die Grenzlinie zwischen den Stämmen Juda und Benjamin über diesen Punkt führen müßte, was aus vielen Gründen unmöglich ist. Das Grab der Rahel lag wahrscheinlich im NW. von Jerusalem, wo man (2½km n. von *Kastal* S. 20) neulich auch Spuren einer passenden Ortslage (auf alter Tradition beruhend) entdeckt hat.

Hier teilt sich der Weg; geradeaus führt er nach Hebron (S. 132); wir gehen l. und erreichen in 13 Min. die ersten Häuser von Bethlehem auf einer Anhöhe gegenüber der eigentl. Stadt. Wo die Straße eine Biegung nach r. macht, führt gerade aus ein schmaler Weg in 1-2 Min. zum sogenannten *Davidsbrunnen*, drei in den Felsen gehauene Cisternen, wo die Tradition (erst seit dem Ende des 15. Jahrh.) die Erzählung von II Sam. 23, 14 ff. lokalisiert. Die Aussicht auf Bethlehem, das jenseits des *Johannesbrotthales* (*Wâdi el-Charrûb*) liegt, ist von hier aus malerisch. Man bemerke die sorgfältige, auf Terrassen betriebene Bodenkultur; der Pflanzen- und Baumwuchs ist hier, teilweise infolge größeren Fleißes der Bewohner, üppiger, als in den näheren Umgebungen von Jerusalem.

Bethlehem. — Geschichtliches. In dem Namen der Stadt liegt eine gesunde Volkstradition vor, da er sich durch Jahrtausende hindurch bis heute stets gleich erhalten hat (arab. *bêt laḥm*). Im Hebräischen bezeichnet der Name „Brotort“, oder allgemeiner „Speiseort“ und rührt wohl daher, daß die Gegend um Bethlehem sich schon im Altertum gegenüber den umliegenden Einöden (vgl. S. 132) durch Fruchtbarkeit auszeichnete. Der Zusatz *Ephrata* (Micha 5, 1†) bezeichnet den Bezirk, in dem der Ort lag. In Bethlehem spielt die liebliche Idylle des Buches Ruth, welches die Einleitung zur Geschichte Davids bildet. Diesem Könige, den die späteren Zeiten zu einer idealen Gestalt machten, ver-

† Und du Bethlehem Ephrata, die du klein bist unter den Tausenden in Juda, aus dir soll mir der kommen, der in Israel Herr sei, welches Ausgang von Anfang und von Ewigkeit her gewesen ist.

dankt die früher unbedeutende Ortschaft ihre Berühmtheit und Größe. Den Propheten war Bethlehem besonders als Heimat der davidischen Familie ein geweihter Ort; auch die andern berühmt gewordenen Glieder derselben hatten dort gewohnt: Joab, Asahel, Abisai (II Sam. 2, 13. 18. 24). Aber erst in christlicher Zeit, durch die Pilgerfahrten zur Geburtsstätte Jesu, kam Bethlehem in Aufschwung. Noch im 4. Jahrh. war es nicht bedeutend; Justinian jedoch ließ die Mauern des Städtchens wieder aufbauen, Klöster und Kirchen wurden errichtet, und um 600 wird es bereits ein „glänzender Ort“ genannt, dessen Kirche namentlich berühmt war. Als die Kreuzfahrer heranrückten, zerstörten die Araber Bethlehem; bald aber bauten die Franken wieder ein Städtchen auf und gründeten daselbst beim Kloster ein Schloß. 1244 wurde Bethlehem von den Charesmiern verwüstet, 1489 die Festung geschleift, die Mauern und das Kloster zerstört; der Ort büßte viel an Bedeutung ein und hat sich erst in den letzten Jahrh. wieder erholt. Streitigkeiten der Christen mit den Muslimen von Hebron und andern Nachbarn führten öfters Blutvergießen herbei; auch Streifzüge von Beduinen wagten sich bisweilen hierher und beunruhigten die Bewohner. Die Muslimen, welche in Bethlehem ein besonderes Quartier inne hatten, wurden von den Christen 1831 während eines wegen neuer Steuern ausgebrochenen Aufruhrs aus der Stadt vertrieben und ihr Quartier nach einer Empörung 1834 auf Befehl Ibrâhîm Paschas zerstört; seit dieser Zeit ist der Ort beinahe nur von Christen bewohnt.

Bethlehem (777m ü. M.) liegt auf zwei Hügelrücken, einem östlichen und einem westlichen, die durch einen kurzen Sattel verbunden sind. S. von der Stadt liegt das *Wâdi er-Râhib*, n. das *Wâdi el-Charrûb*. Die Abdachung der Hügel gegen O. und W. ist sanfter als die gegen N. und S. Die Lage Bethlehems und der umliegenden Thäler erinnert an die von Jerusalem. — Der Wein von Bethlehem wird dem von Jerusalem vorgezogen. *Café* auf dem Platz vor der Kirche. — *Türkischer Telegraph.*

Die Zahl der in verschiedene Quartiere verteilten Bewohner Bethlehems beträgt c. 7000 Seelen, darunter 300 Muslimen und c. 50 Protestanten. Die Lateiner haben hier ein großes Franziskanerkloster mit Hospiz, Knabenschule und einer hübschen neuen Kirche (diese Bauten liegen am Abhang des Berges hinter der großen Kirche); ferner Kloster und Mädchenschule der Josephsschwestern; im SW. der Stadt liegt das wie die Engelsburg in Rom gebaute französische Kloster der Karmeliterinnen; am w. Abhang des Charrûbthals auf der Anhöhe der n. Vorstadt liegt die große Knabenerziehungsanstalt des P. Belloni. Die Griechen haben ebenfalls ihr Nativitätskloster, zwei Kirchen (St. Helena und St. Georg) eine Knaben- und eine Mädchenschule. Daneben steht das armenische Kloster; dieses zusammen mit dem griechischen und dem der Franziskaner bildet das große, festungsartige Gebäude, das am SO.-Ende der Stadt die Aufmerksamkeit auf sich zieht. Von deutscher protestantischer Seite (Jerusalemsverein zu Berlin) besteht in Bethlehem auf dem W.-Hügel eine gut besuchte Knaben- und Mädchenschule; eine schöne Kirche ist im Bau begriffen.

Die Einwohner Bethlehems, die oft Zeugnis ihrer Unerschrockenheit in den Kämpfen gegen ihre Nachbarn gegeben haben (s. o.), leben hauptsächlich von Ackerbau und Viehzucht; außerdem beschäftigen sie sich schon seit mehreren Jahrh. auch mit der

Heiligenbilder- und Rosenkranz-Industrie, und zwar sind sie namentlich geschickt in Perlmutterarbeiten: Kreuze, Rosenkränze, Darstellungen von Scenen aus der bibl. Geschichte etc. Nicht uninteressant ist bei Gelegenheit eines Einkaufs der Besuch einer Werkstätte. Auch Korallen und sog. Stinkstein (Kalk mit Bitumen vermischt) vom Toten Meere verarbeiten sie; die Gefässe, welche aus letzterem Stoff gemacht werden, sind aber leicht zerbrechlich. Nächstdem spielt Bethlehem auch eine Rolle als Markt für die Bauern und Beduinen der Umgegend. So kommen z. B. die Beduinen aus der Gegend des Toten Meeres fleißig hierher.

Die große ***Marienkirche**, über der traditionellen Geburtsstätte Jesu, liegt im w. Teile des Städtchens oberhalb des Charrûbthales und ist im Besitz der Griechen, Lateiner und Armenier.

Die Tradition, welche die Geburt Christi in eine *Höhle* verlegt, reicht bis ins 2. Jahrh. (Justin d. Märtyrer) hinauf. Hadrian soll zur Beschimpfung der Christen eine über der Geburtsstätte liegende Kirche zerstört und an deren Stelle einen Adonistempel errichtet haben, doch entbehrt dieser Bericht der Glaubwürdigkeit. Die erste sichere Thatsache ist, daß hier auf dem Platze der heutigen Kirche im J. 330 auf Befehl des Kaisers Constantin eine schöne Basilika gebaut wurde. Die Behauptung, daß wir in dem jetzigen Gebäude noch völlig die ursprüngliche Anlage des Constantinischen Zeitalters vor uns haben, stützt sich auf die Einheit des Stils und auf das Fehlen der besonderen Merkmale späterer Justinianischer Bauten. Andere Forscher betrachten es als ausgemacht, daß in der Bethlehemer Marienkirche ein von Justinian (527-565) stark restauriertes Gebäude vorliegt. Jedenfalls haben wir ein ehrwürdiges Gebäude vor uns, das als Probe ältesten christlichen Kirchenbaus hohes Interesse einflößt. 1010 entging die Kirche, nach den Berichten, auf wunderbare Weise der Zerstörung durch die Muslimen (Hâkim). Die Franken, durch die christliche Bevölkerung nach Bethlehem geladen, fanden die Kirche unversehrt. In den Berichten aller Pilger des Mittelalters herrscht eine auffallende Übereinstimmung in Betreff der Lage und Bauart der Kirche, sodaß wir annehmen dürfen, daß sie sich stets gleichgeblieben ist. Am Weihnachtstage 1101 wurde Balduin hier zum Könige gekrönt, 1110 Bethlehem zum Bischofssitz erhoben. Noch in der Kreuzfahrerzeit fand eine durchgreifende Ausbesserung und Verschönerung der Kirche statt; die Freigebigkeit des byzantinischen Kaisers Manuel Komnenos (1143-1180) schmückte ihre Wände mit vergoldeten Mosaiken. Ein Baumeister Efrem leitete die Ausführung derselben und ließ das Bild des Kaisers an verschiedenen Stellen anbringen. Die Kirche war mit Blei gedeckt. 1482 wurde das stark beschädigte Dach wieder ausgebessert; Eduard IV., König von England, gab das Blei, Philipp von Burgund das Fichtenholz dazu; das letztere wurde in Venedig von Handwerkern fertig zugerüstet. Schon damals begannen die Mosaiken zu zerfallen, und auch über die Bedachung wurde bald wieder geklagt. Gegen Ende des 17. Jahrh. nahmen die Türken das Blei des Daches weg, um Kugeln daraus zu gießen. Bei Anlaß einer Restauration 1672 verstanden es die Griechen, sich in den Besitz der Kirche zu setzen. In unserm Jahrh. wurde der Dachstuhl noch einmal ausgebessert. Die Lateiner, die lange zurückgedrängt waren, konnten sich 1852 durch Intervention Napoleons III. wieder ein Anrecht an der Kirche verschaffen.

Vor dem Haupteingang im W. (Pl. 1) befindet sich ein großer gepflasterter Platz, auf dem man noch Spuren des ehemaligen Atriums der Basilika entdeckt, eines viereckigen von Säulenreihen umgebenen Platzes, in dessen Mitte sich einige Cisternen zum Gebrauche bei Waschungen und Taufen befanden. Von den drei Thüren, die vom Atrium in die Vorhalle der Kirche führten, ist nur die mittlere erhalten, aber aus Furcht vor den Muslimen schon seit langer Zeit bis auf ein niedriges Pförtchen verrammelt. Das Portal ist viereckig, die einfach verzierte Oberschwelle wird von zwei Consolen getragen; die Fenster auf jeder Seite sind vermauert. Die Vorhalle ist ebenso breit als das Hauptschiff der Kirche, erreicht aber nur die Höhe der Seitenschiffe, sodaß ihr Dach von dem zugespitzten Giebel der Kirche weit überragt wird. Die Vorhalle ist dunkel und durch Mauern in verschiedene Räume geteilt. Einst führten drei Thüren von hier aus in die Kirche, heute bloß eine.

Beim Eintritt in das INNERE (LANGSCHIFF) überrascht uns die

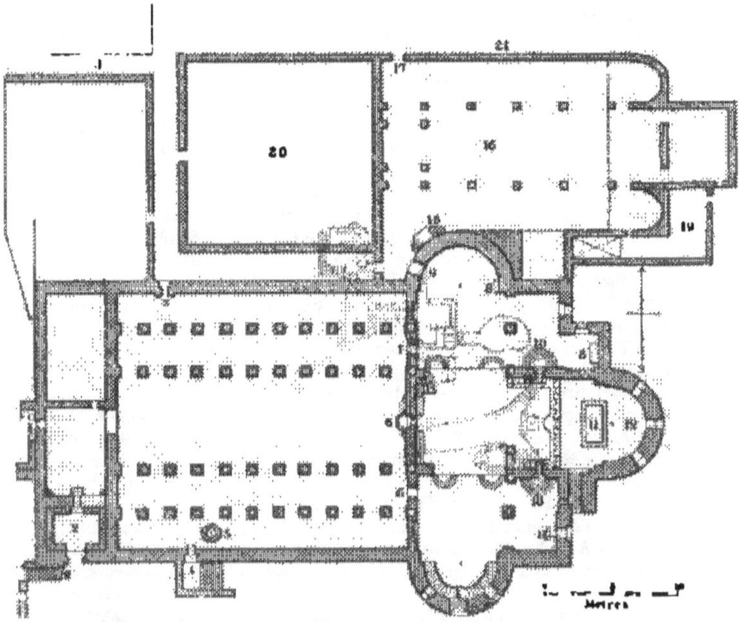

1. *Haupteingang.* 2. *Eingang zum armenischen Kloster.* 3. *Eingänge zu Kloster und Kirche der Lateiner.* 4. *Eingänge zum griech. Kloster.* 5. *Taufbecken der Griechen.* 6. *Eingänge der Griechen zum Chor.* 7. *Gemeinsamer Eingang der Griechen und Armenier zum Chor.* 8. *Armenische Altäre.* 9. *Eingang zur St. Katharinenkirche (latein.).* 10. *Treppen, die zur Geburtsgrotte führen* (vgl. Pl. S. 129). 11. *Griech. Altar.* 12. *Griech. Chor.* 13. *Sessel des griech. Patriarchen.* 14. *Sitze der griech. Geistlichen.* 15. *Kanzel.* 16. *St. Katharinen-Kirche der Lateiner.* 17. *Eingang zum latein. Kloster.* 18. *Treppe zu den unterirdischen Grotten* (s. Pl. S. 129). 19. *Sakristei der Lateiner.* 20. *Schulen der Franziskaner.* 21. *Latein. Kloster.*

Die punktierten Linien in diesem Plane geben die Lage der darunter liegenden Grotten (vgl. den Pl. S. 129) an.

großartige Einfachheit des Baues; leider sind das Querschiff und die Apsis durch Mauerwerk, welches die Griechen 1842 aufgeführt haben, abgegrenzt und verdeckt. Die Kirche ist fünfschiffig; das Mittelschiff ist aber breiter ($10{,}_{40}$m), als je zwei Seitenschiffe zusammen ($4{,}_{20}$m und $3{,}_{75}$m). Der Fußboden ist mit großen Steinplatten belegt. Die Seitenschiffe werden gebildet durch je zwei Reihen von 11 Monolithen aus rötlichem Kalkstein mit weißen Adern. Ihre Basis ruht auf einer viereckigen Platte; die Kapitäle sind korinthischen ähnlich, aber schon von etwas gesunkenem Stil und oben ist an ihnen ein kleines Kreuz eingemeißelt. Die Höhe der Säulen mit Basis und Kapitäl beträgt 6m. Über den Säulen liegen Architrave, die in den Seitenschiffen die hölzernen Deckbalken tragen. Die Seitenschiffe wurden nicht wie anderwärts durch Emporen dem Hauptschiff an Höhe gleich gemacht, sondern über den Architraven der inneren Säulenreihen Mauern von 9 bis 10m Höhe errichtet, in welchen, entsprechend den Zwischenräumen der Säulen, die einzigen Fenster des Schiffs angebracht sind. Auf den Obermauern ruht die Balkendecke des Hauptschiffes, diese bildet ein spitzes Dach und datiert aus dem Ende des 17. Jahrh.; ursprünglich war sie reich bemalt und vergoldet. Von den Mosaiken (farbige Glaswürfel auf Goldgrund aufgesetzt) des Komnenos (S. 125) ist leider sehr wenig mehr erhalten. Sie stellten in fünffacher Gliederung von unten nach oben folgendes dar: 1) Eine Reihe von Halbfiguren, die Vorfahren Jesu; 2) eine Reihe der wichtigsten Konzile, dazwischen Gruppen von phantastischem Blätterwerk; 3) einen Fries aus Laubwerk mit Reihen von Perlen; zwischen den Fenstern 4) Engelsgestalten, 5) einen Fries wie Nr. 3. Auf der s. Seite (r.) sind nur noch ungefähr sieben Büsten, welche die letzten Vorfahren Josephs vorstellen, sichtbar; darüber noch Arkaden, die verhangene Altäre enthalten, auf welche Evangelienbücher gelegt sind. Die Inschrift darüber enthält einen Auszug aus den Beschlüssen des Konzils von Constantinopel; darüber zwei Kreuze. Neben den Arkaden ist ein großes phantastisches Gewächs abgebildet. Auf der N.-Seite (l.) finden wir wieder in den Zwischenräumen die phantastischen Gewächse mit Vasen oder Kreuzen, aber statt der Arkaden Darstellungen der Durchschnitte von Kirchen und darin Altäre mit Evangelienbüchern. Zwei solcher Kirchen sind noch ganz vorhanden, die von Antiochien und von Sardike, von einer dritten nur wenig. Die Zeichnung ist naiv, ohne Perspektive. Auch hier sind griech. Inschriften, welche sich auf die Beschlüsse der Konzilien beziehen, angebracht. Die Reihenfolge, in welcher die Konzile dargestellt waren, nebst den betr. Inschriften ist uns aus früheren Pilgerberichten bekannt. Zwischen den Fenstern sechs Engelsfiguren.

Durch einen Durchgang treten wir nun vom r. oder l. Seitenschiff aus in das Querschiff. Dieses letztere ist ebenso breit wie das Mittelschiff und bildet mit demselben die Figur eines latein.

Kreuzes. Die vier Winkel, an welchen die Seiten des Querschiffes sich mit denen des Mittelschiffes berühren, werden von vier Pilastern gebildet; in diese sind Halbsäulen, entsprechend den Säulen des Schiffes, eingefügt. Die Enden des Querschiffes haben halbrunde Apsiden. Jenseits des Querschiffes setzt sich das Langschiff noch fort, doch sind hier die Seitenschiffe ungleich lang, und endigen in einer geraden Mauer, während das Mittelschiff in eine runde Apsis ausläuft, die den Apsiden des Querschiffes entspricht. Auch dieser Teil der Kirche war mit Mosaiken geschmückt, welche namentlich die Lebensgeschichte Jesu darstellten. Die s. Apsis des Querschiffes enthält eine höchst originelle Darstellung des Einzugs in Jerusalem. Jesus, von einem Apostel begleitet (die andern sind nicht mehr sichtbar), reitet auf einem Esel. Das Volk kommt ihm aus Jerusalem entgegen; man bemerkt eine Frau mit einem Kinde, das ihr auf der l. Schulter sitzt. Kinder breiten Hemden auf den Weg; ein Mann steigt auf einen Baum, um Zweige abzuschneiden. In der n. Apsis des Querschiffes sieht man noch die Scene, wie Jesus den Thomas auffordert, seinen Finger in die Wundmale zu legen; die Apostel sind ohne Heiligenschein; im Hintergrund eine geschlossene Thüre, davor Arkaden mit Blätterkapitälen; der mittlere Bogen ist ein spitzer. Das dritte Bruchstück stellt die Himmelfahrt dar; der obere Teil fehlt. Man sieht die Apostel ebenfalls wieder ohne Heiligenschein, in ihrer Mitte Maria zwischen den beiden Engeln. Andere kleine Fragmente übergehen wir.

Die KRYPTA liegt unter dem großen Chor der Kirche; sie hat drei Eingänge, zwei vom Chore aus (Pl. a); der dritte im J. 1479 von den Minoriten angelegte Eingang (Pl. b) befindet sich in der Katharinenkirche. Die beiden Treppen *a* führen durch Thüren direkt in den wichtigsten Teil der Krypta, in die **Geburtskapelle.** Diese wird durch 32 Lampen erhellt; sie ist $12{,}_4$m l. (OW.), $3{,}_9$m br., 3m h.; der Boden ist mit Marmor belegt, ebenso die Wände, welche übrigens gemauert sind. In der Nische gegen O. ist unter dem Altar ein silberner Stern (Pl. d) am Boden eingelegt und die Inschrift: *„hic de virgine Maria Jesus Christus natus est."* Um die Nische herum brennen 15 Lampen, 6 derselben gehören den Griechen, 5 den Armeniern, 4 den Lateinern. In der Nische bemerkt man ebenfalls noch einige Spuren von Mosaiken. Die Stätte wurde bereits zu Constantins Zeit reich ausgeschmückt; sogar bei den Muslimen genoß sie später hohen Ruf.

Gegenüber (Pl. e) steigt man drei Stufen hinunter in die *Kapelle der Krippe.* Die Krippe, in welche der Sage nach Jesus gelegt wurde, ist von Marmor, ihr Boden von weißem, die vordere Wand von braunem Stein; eine Wachspuppe soll das Jesuskind versinnbildlichen. Der Fund der „echten" Krippe, die nach Rom gebracht wurde, wird der Helena zugeschrieben; im Laufe der Jahrh. machten Krippe und Kapelle die verschiedenartigsten Wandlungen durch. — In derselben Kapelle 5. ist der (latein.) *Altar der Anbetung der Weisen* (Pl. f). Das Gemälde ist ganz modern.

Wir verfolgen nun den unterirdischen Gang gegen W. An seinem Ende r. ein rundes Loch (Pl. g), aus dem für die heil. Familie

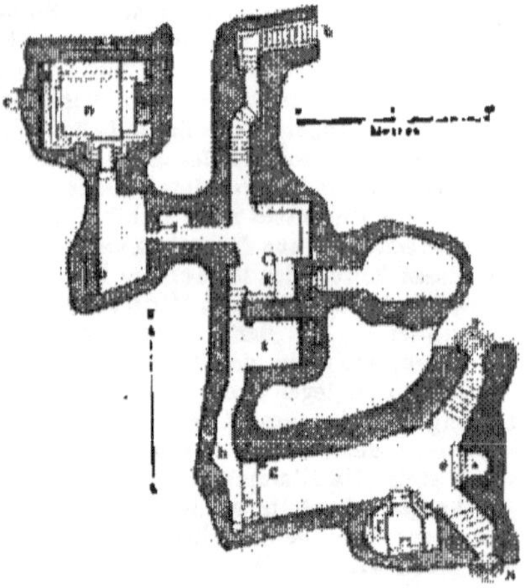

a. *Treppe zur Krypta*, aus dem griech. Chor der Marienkirche (s. Pl. S. 120) hinunterführend. b. *Treppe zur Krypta*, aus der Katharinenkirche der Lateiner. c. *Vermauerte Treppe.* d. *Geburtsstelle.* e. *Krippe der Lateiner.* f. *Altar der Anbetung der Weisen.* g. *Quelle der h. Familie.* h. *Felsengang.* i. *Befehl zur Flucht nach Ägypten.* k. *Kapelle der unschuldigen Kinder.* l. *Grab des Eusebius.* m. *Grab des h. Hieronymus.* n. *Kapelle des h. Hieronymus.*

eine Quelle hervorgesprudelt sein soll. Im 15. Jahrh. bildete sich die Tradition, daß der Stern, welcher die Weisen geleitet hatte und danach über dem Hause stehen geblieben war, in diesen Brunnen gefallen sei, wo ihn aber bloß Jungfrauen sehen konnten. Durch eine Thüre gelangt man nach r. umbiegend in einen engen Felsengang (Pl. h; wahrscheinlich zwischen 1476-1479 von den Franziskanern ausgehauen) und zu der Kapelle Pl. i; hier soll Joseph vom Engel den Befehl zur Flucht nach Ägypten erhalten haben. Auch andere Scenen wurden hieher verlegt; die Kapelle wurde 1621 eingerichtet. 5 Stufen führen von hier hinunter in die *Kapelle der unschuldigen Kinder* (Pl. k), den Platz, an welchem einer Tradition aus dem 15. Jahrh. zufolge Herodes verschiedene Kinder, welche ihre Mütter hieher geflüchtet hatten, umbringen ließ; die Felsenwölbung wird von einer dicken Säule gestützt. Unter dem Altar ist eine eiserne Gitterthür (gewöhnlich geschlossen), die in eine kleine leere natürliche Höhle führt.

Geradeaus gelangen wir zu der Treppe, welche in die Katharinenkirche hinaufführt, l. zum Altar und Grab des *Eusebius von Cremona* (Pl. l), das zuerst 1556 hier erwähnt wird. Ein Presbyter Eusebius (nicht zu verwechseln mit dem Bischof Eusebius von Cremona aus dem 7. Jahrh.) war Schüler des Hieronymus; daß er in

Bethlehem gestorben, ist übrigens sehr unwahrscheinlich. Weiterhin kommen wir zum *Grab des h. Hieronymus* (Pl. m). Die Kapelle ist in den Felsen gehauen; das Grab des Hieronymus (erst seit etwa 300 Jahren hier gezeigt) liegt auf der W.-Seite; ihm gegenüber auf der O.-Seite wird seit 1566 das Grab seiner Schülerin *Paula* und deren Tochter *Eustochium* gezeigt (früher an der S.-Seite der Kirche).

Der Kirchenvater Hieronymus wurde 331 zu Stridon als Heide geboren und empfing erst später in Rom die Taufe. Auf einer Reise in den Orient begriffen, hatte er in Antiochien ein Traumgesicht, welches ihm befahl, dem Studium der heidnischen Schriftsteller zu entsagen. Er wurde Ascet; dann begab er sich wieder nach Constantinopel, später nach Rom, wo sich um den gelehrten Mann ein Kreis christlicher Frauen sammelte, denen er die Bibel erklärte. Die Römerin Paula und ihre Tochter schlossen sich ihm an, um mit ihm zu den heiligen Stätten zu wallfahrten. Er zog sich dann in eine Zelle bei Bethlehem zurück und stand hier einer Art Kloster vor, während Paula ein Frauenstift leitete; 420 starb er. Schon früh wird berichtet, daß er sich nahe bei der *Geburtsstätte* habe beisetzen lassen. Hieronymus ist namentlich als Gelehrter berühmt; als Dogmatiker suchte er ängstlich den Ruf der Orthodoxie durch Unterwürfigkeit gegen den römischen Stuhl zu wahren. Er lernte bei Juden das Hebräische, verbesserte eine alte lateinische Bibelübersetzung (die Itala) und übersetzte hernach die ganze Bibel selbständig aus dem Original (Vulgata). Er unterschied nach dem Vorgange griechischer Kirchenlehrer zwischen kanonischen und nicht kanonischen Büchern, welche letztere er apokryphische nannte. Auch interessante Briefe sind von ihm vorhanden.

Etwas weiter n. liegt die *Kapelle des heil. Hieronymus* (Pl. n), in welcher er gewohnt und geschrieben haben soll. Dieselbe ist groß und ursprünglich aus dem Felsen gehauen, jetzt ausgemauert: ein Fenster geht nach dem Kreuzgang; ein Gemälde stellt den Hieronymus mit der Bibel in der Hand dar. Die Kapelle wird erst 1449 erwähnt; früher wurde hier auch das Grab des Heiligen gezeigt.

Wir gehen nun zurück, um auf der Treppe Pl. b in die *Katharinenkirche* hinauf zu steigen. (Hier soll Christus der heil. Katharina aus Alexandrien erschienen sein und ihr den Märtyrertod angekündigt haben. Im 14. Jahrh. stand hier wahrscheinlich die Nikolauskapelle.) Die reich ausgestattete Kirche ist 1881 von den Franziskanern größtenteils auf Kosten des österreich. Kaisers ganz umgebaut und vergrößert worden. N. und w. schließt sich das *Kloster der Franziskaner* an, welches das *Wâdi el-Charrûb* überragt und mit seinen dicken Mauern wie ein Kastell aussieht; im Innern schöne Baumgärten. — S. von der Basilika liegt das *armenische* und das *griechische Kloster*. Den Griechen hat der russische Kaiser einen hübschen *Turm* gebaut, von dem aus man die schönste Aussicht über Bethlehem und Umgegend genießt, namentl. nach S. und O. ins *Wâdi er-Râhib*, gegen Thekoa und den Frankenberg.

S. von der Basilika führt ein Weg vom Vorplatze aus zwischen Häusern, dem *griechischen Kloster* und seinen Nebenbauten hindurch ins Freie. Der Hügelrücken setzt sich hier noch eine Strecke fort, bevor man zum Absturz ins Thal kommt. Nach 5 Min. erreicht man r. die *„Milchgrotte"* oder *Frauenhöhle*. Man tritt durch eine eiserne Thüre in einen großen überwölbten Eingang und steigt auf sie gehört nebst dem hier befindlichen Altar den Lateinern. Die heil. Familie soll sich hier verborgen haben; ein Tropfen der Muttermilch Marias soll auf die Erde gespritzt sein; daher der Name. Jahrh. hindurch bis auf den heutigen Tag hat bei Christen und Muslimen der Glaube bestanden, daß eine Lösung von dem Kalkstein dieser Höhle den Frauen (ja selbst dem Vieh) die Milch vermehre. Noch heute werden an die Pilger runde Kuchen verkauft, die aus dem Pulver dieses Steines verfertigt sind.

Um Bêt Sâḥûr und das sog. Feld der Hirten zu besuchen, verfolgen wir den Weg von der Milchgrotte aus weiter ö. (steiler Abhang, Pferde auf dem n. Abstieg vorausführen lassen!). Nach 7 Min. (von der Milchhöhle an) r. vom Wege eine kleine Ruine, auf dem Platz, wo nach der mittelalterl. Tradition das *Haus Josephs* gestanden und er den Traum (Matth. 1, 20) gehabt haben soll. Bald darauf erreicht man den Fuß des Berges, in 4 Min. das Dorf **Bêt Sâḥûr** (zum Unterschied von dem S. 103 angeführten auch *Bêt Sâḥûr en-Naṣâra*, d. i. der Christen, genannt; erst im 16. Jahrh. von Pilgern erwähnt; ob = *Eschhûr* 1 Chr. 2, 24?). Es zählt etwa 600 Einw., meist Griechen, wenige Lateiner und Muslimen. Man findet Grotten mit Silexwerkzeugen und Cisternen; von den letzteren ist die am höchsten in der Mitte des Dorfes gelegene durch die Tradition berühmt: die Einwohner des Dorfes hätten der Maria Wasser zu geben verweigert, da sei das Wasser von selber aus der Cisterne herausgekommen. Jetzt verlegt man den Wohnplatz der Hirten (Luc. 2, 8) hierher. — Um die Grotte der Hirten zu sehen, muß man hier vom griech. Kloster (*dêr er-rûm*) den Schlüssel mitnehmen.

Darauf reitet man weiter gegen O. in eine kleine gut bebaute Ebene; die Tradition weist hier das aus dem Buch Ruth bekannte *Feld des Boas* (ohne sonstigen Anhaltspunkt). Nach 10 Min. (nö.) erreicht man die **Grotte der Hirten** inmitten einer eingefriedigten Gruppe von Olivenbäumen. Eine Überlieferung, welche bis zum J. 670, ja vielleicht bis zur Zeit der Römerin Paula (S. 130) hinaufreicht, besagt, daß hier bei der Geburt Jesu die Engel den Hirten erschienen seien. Eine Kirche und ein Kloster standen Jahrh. hindurch hier; von der *Höhle* ist erst zur Kreuzfahrerzeit die Rede. Die unterirdische Kapelle (21 Stufen hinab) gehört den Griechen; sie enthält wenige Spuren eines Mosaikbodens aus dem Mittelalter, außerdem einige Malereien und Säulenschäfte. Ringsum Ruinen, wahrscheinlich von einer mittelalterlichen Kirche „*Gloria in excelsis*“. Doch will man jetzt den Standort dieser Kirche 1km n. von hier nachweisen; dann würde man auch mit dem „*Herdenturm*“, dem *Turm Eder*, dorthin auswandern müssen. Schon Paula fand auf dem Felde der Hirten diesen Turm (I Mos. 35, 21); während er dann im Mittelalter gegen Thekoa hin verlegt wurde,

Steigung nach Bethlehem von NO. ist weniger steil als die von O.; man gelangt so direkt zum Franziskanerkloster.

Von Bethlehem nach den Salomon. Teichen s. u.

Von Bethlehem nach ʿAin Kârim s. S. 117.

Von Bethlehem nach Engeddi (8-9 Stunden). Führer und Begleitung (vgl. S. 142) von den *Taʿâmire*-Halbbeduinen, oder von den *Beni Naʿîm* nötig. Leute aus diesen Stämmen trifft man in Bethlehem oder kann sie nach Jerusalem kommen lassen, um die nötigen Verabredungen zu treffen. Preise schwer zu bestimmen, bis zu einem Medsch. pro Tag und Begleiter. Wer ohne Zelt reist und nicht in einem Tag nach Engeddi gelangt, findet Schutz in einer der vielen Zeltniederlassungen dieser Stämme. In Engeddi läßt sich die Nacht schon im Freien zubringen.

Geschichtliches. Die *Wüste Juda* wird im Alten Test. als Ganzes (Ps. 63, 11) oder nach ihren einzelnen Teilen (I Sam. 24, 2 u. a.) erwähnt. Sie besteht in einem Plateau, auf welchem sich kleine kegelförmige Hügel erheben, und welches tiefe Schluchten zerreißen. Sie bildet eine wasserlose, gelbe Einöde c. 5 St. br. und c. 20 St. l. Die Hitze in dieser baumlosen, nur von Beduinen durchzogenen Gegend ist beträchtlich.

a. Über Thekua: Weg nach dem Frankenberg s. S. 137, nach 1 St. 20 Min., bevor man denselben erreicht, r. Weg nach (3/4 St.) *Chirbet Tekûʿa*, (S. 135), 3 St. sö. von hier Cisterne *Mîme* im *Wâdi Ḥaṣâṣa*; c. 3 St. Paßhöhe von *Engeddi* (S. 143).

b. Durch das Wâdi-et-Taʿâmire, schwieriger Weg, an einzelnen Stellen selbst nicht unbedenklich, wenig Wasser.

10. Von Jerusalem (Bethlehem) nach den Salomonischen Teichen, Charêṭûn und dem Frankenberg.

Von Jerusalem nach den *Salomon. Teichen* 2¼ St., *Charêṭûn* 2 St., *Frankenberg* 1 St., *Bethlehem* 1½ St., *Jerusalem* 1¼ St. — Für Charêṭûn und den Frankenberg Führer nötig; Proviant und Lichter mitnehmen. — Wer zeitig von Jerusalem nach den Teichen aufgebrochen ist, kann am nämlichen Tage noch Charêṭûn und den Frankenberg besuchen; wer Thekoa besichtigen will, muß entweder den Besuch der Teiche mit einer andern Tour verbinden (s. u.) und von Bethlehem direkt nach Thekoa reiten, oder 1½ Tag auf die Tour verwenden und in Bethlehem oder Arṭâs übernachten, um von hier aus früh aufzubrechen, was auch zur Vermeidung der größten Hitze empfehlenswert ist. — Wer nur die Salomon. Teiche besichtigen will, verbindet dies am besten mit dem Besuch von Bethlehem (S. 121) oder Hebron (S. 137).

Bis zum sog. *Grab Rahels* (1¼ St.) s. S. 121 ff., von da auf der Straße r., die nach Hebron führt (S. 137), in 1 St. zu den *Burak*, den sog. Salomonischen Teichen. Nach wenigen Schritten geht r. der Weg ab nach *Bêt Dschâlâ* (vielleicht das *Gilo* Jos. 15, 51 und II Sam. 15, 12), am jenseitigen Abhang des Thals gelegen. Das große, ziemlich saubere Christendorf mit schönen Olivenpflanzungen zählt c. 4000 Einw., meist griech. Orthodoxe (mit großer Kirche), c. 160 Protestanten (mit hübscher kleiner Kirche, von Bethlehem aus pastoriert, und Schule), 7-800 Lateiner (Seminar des Latein. Patriarchats und Schule). — L. vom Weg sieht man an einigen Stellen eine Strecke weit neben der Straße herlaufende alte Wasserleitung in Sifonröhren (s. S. 134).

Der Weg nach den Teichen bietet keinerlei Aussicht; nach 50 Min., wo er nach l. umbiegt, wird r. das griechische Georgskloster (*Dêr el-Chidr*) mit Irrenhaus sichtbar, dabei ein Dorf gleichen

Namens. Nach einigen Min. erreichen wir das *Kastell* bei den Teichen, ein großes Viereck mit Ecktürmen; es sieht aus wie ein großer Chân und stammt in seiner jetzigen Gestalt aus dem 17. Jahh. Es wurde damals zum Schutze gegen die Beduinen aufgeführt; im Innern des Hofes sieht man eine Reihe von Thoncylindern, die zahme Bienen beherbergen. — Etwa 100m w. davon erblickt man am Hügel mitten in den Feldern eine enge Thür, innerhalb welcher eine Treppe zu der sog. *versiegelten Quelle* hinabführt (Licht mitnehmen; Schlüssel im Kastell). Zuerst gelangt man in ein gewölbtes Zimmer, dann r. in eine kleinere Kammer, an deren Rückwand die Quelle heraustritt. Die verschiedenen Wasserläufe vereinigen sich in einem Bassin schönen klaren Wassers. Dieses wird nun durch einen Kanal zu einem Brunnenturm mit Regulator geführt, der oberhalb des ersten Teiches steht; ein Teil strömt schon von hier aus in die alte Wasserleitung, die an den Teichen entlang führt. Die Araber nennen die Quelle *'Ain Ṣâliḥ;* die Christen suchen hier seit drei Jahrh. die versiegelte Quelle des Hohen Lieds 4, 12 † (!). Etwas s.-wärts vom Kastell findet sich eine zweite Quelle; dieselbe vereinigt sich mit dem Wasserlauf von *'Ain Ṣâliḥ* in dem Brunnenturm (s. o.).

Die sog. ***Salomonischen Teiche**, drei an der Zahl, im J. 1865 repariert, liegen in einem Thälchen hinter dem Kastell. Da dasselbe gegen O. steil abfällt, mußten die Wasserbehälter in Stufen angelegt werden, weil eine ein einziges Wasserreservoir abschließende Mauer zu groß hätte werden müssen. Die drei Teiche liegen nicht in ganz gerader Linie über einander. Der zweite ist vom obersten 49m, der dritte vom mittleren 48m entfernt; jeder Teich liegt ungefähr 6m tiefer, als der unmittelbar über ihm befindliche. Am untern (ö.) Ende jedes Teiches ist eine Mauer quer über das Thal gezogen, wie beim Sultansteich (S. 107). Der *obere* Teich ist 116m l., oben 69,7m, unten 71,6m br.; am untern (ö.) Ende ist er 7,6m tief. Er ist teils in den Felsen gehauen, teils gemauert; an den Wänden sind Strebepfeiler angebracht. Eine Treppe führt in der SW.-Ecke hinab. Der zweite, *mittlere* Teich ist 129m l., oben 48,8m, unten 76m br. und 12m tief. Er ist zum größten Teil in den Fels gehauen; Felsentreppen führen in der NO.- und in der NW.-Ecke hinunter. In der NO.-Ecke mündet ein Wasserkanal, der von *'Ain Ṣâliḥ* (s. oben) kommt. Die O.-Mauer des Reservoirs ist sehr dick und durch eine zweite Mauer mit stufenförmiger Böschung gestützt. Der *unterste* Teich, der schönste der drei, ist 177m l., oben 45m, unten 63m br.; er ist bis 15m tief und teils in den Fels gehauen, teils gemauert. Im SO.- und NO.-Winkel sind Treppen. Die Innenwände sind mit zahlreichen Strebepfeilern gestützt; auf der S.-Seite ist ein Einfluß für das Regenwasser. Die untere Mauer (O.) ist

† Meine Schwester, liebe Braut, du bist ein verschlossener Garten, eine verschlossene Quelle, ein versiegelter Born.

stufenförmig aus großen Blöcken aufgebaut; in derselben befindet sich ein offener Gang, der in ein Gemach führt. Solche Gemächer, aber unzugänglich, finden sich auch an der Untermauer der übrigen Teiche. In dem Gemach des untersten Teiches entspringt die dritte der Quellen *'Ain Farûdsche*, und fließt durch einen Kanal in den Jerusalemer Aquädukt. Wenig ö. davon kommt eine vierte Quelle *'Ain 'Aṭân* aus einem kleinen Seitenthal von S. her und mündet, indem sie sich mit der Jerusalemer Leitung vereinigt, in einen steinernen Kasten an der N.-Halde des Teichthales.

Diese Quellen genügten jedoch für die Wasserversorgung des alten Jerusalems noch nicht. Zwei andere große Wasserleitungen trafen außerdem bei den Teichen zusammen und konnten ihr Wasser in dieselben ergießen. Die eine dieser Wasserleitungen zieht sich oberhalb des ersten Teiches hin; durch das *'Aṭânthal* war sie durch einen Tunnel geführt. Weiter s. läuft sie an der W.-Halde des *Wâdi Dêr el-Benât* (Nonnenkloster), dann in der Thalsohle des *Wâdi el-Bijâr* (Brunnenthal) ¾ St. weit in einem nach oben mit Öffnungen versehenen Felsgang bis zur Quelle *Bir ed-Deradsch* (Treppenbrunnen). Die andere viel längere Wasserleitung, ein 70cm breiter, viereckiger Kanal, kommt aus dem *Wâdi 'Arrûb* (S. 137) und ist in außerordentlichen Windungen an den Abhängen der Berge hingeführt; sie überschreitet die Hochebene von *Teḳû'a*. Schließlich mündet sie bei dem mittleren Teich und umkreist denselben auf seiner oberen Seite. — Von den Teichen wurde das Wasser in zwei verschiedenen Leitungen der Stadt zugeführt. Die höher gelegene Leitung führte das Wasser des *'Ain Ṣâliḥ*, der Kastellquelle und des *Wâdi Bijâr*-Aquäduktes am N.-Abhang des Burakthales hin und war teils in den Felsen gehauen, teils gemauert. Beim Rahelgrab senkt sich die Leitung, um dann wieder zu steigen; das Wasser lief hier in steinernen Sifonröhren. Dann zieht sich die Leitung gegen den *Ṭanṭûrberg* und das Hinnomthal. Die niedrigere Leitung, welche noch ganz erhalten ist, führte das Wasser von allen Teichen und Quellen in großen, 7 St. langen Windungen nach der Stadt. Sie beginnt unterhalb des unteren Teiches und läuft o.-wärts am Thalabhang, w. oberhalb von *Artâs* vorbei. Ein Arm der Leitung wurde, jedenfalls von Herodes, mit der Artâsquelle vereinigt, nach dem Frankenberg geführt. Der Hauptarm ging s. an Bethlehem vorbei und am Rahelgrab vorüber. Bei der Brücke über das Hinnomthal trafen die höher und die niedriger gelegene Leitung zusammen und liefen am Südabhang des W.-Hügels von Jerusalem gegen den Tempel hin. Die höher gelegene Leitung, die künstlicher angelegt ist, ist jedenfalls auch die ältere. Sehr schwierig ist es jedoch, zu entscheiden, aus welcher Zeit diese großartigen Wasserversorgungsanstalten stammen mögen. Die Benennung „Salomonische Teiche" beruht bloß auf der Auslegung von Pred. 2, 6, und es liegt (trotz der Angaben des Josephus) kein Beweis vor, daß wir die Gärten Salomo's im *Wâdi Artâs* (= hortus, Garten?) zu suchen haben. Josephus spricht von einer Wasserleitung, welche Pilatus zu bauen unternahm; zu diesem Behuf griff er den Tempelschatz an, was einen Aufruhr unter den Juden hervorrief. Die Länge dieser Leitung wird von Josephus als 200 Stadien, an einer Stelle als 400 Stadien betragend angegeben. Letztere Angabe (c. 20 St.) paßt für die *Wâdi 'Arrûb*-Leitung. Wahrscheinlich hat jedoch Pilatus bloß schon bestehende Leitungen wieder ausgebessert. Wir möchten die Frage nach den Erbauern der Teiche und Leitungen daher als eine offene betrachten, aber immerhin bemerken, daß die Anlage dieser großartigen Werke aus historischen Gründen kaum in die nachexilische Zeit, sondern wohl eher in die Blüteperiode des Reiches Juda zu verlegen sein dürfte. Neuerdings ist übrigens behauptet worden, daß diese Wasserleitungen ganz denen gleichen, welche die Araber in Spanien hergestellt haben.

Die Teiche entlang im *Wâdi Artâs* gegen O. hinuntersteigend, finden wir am Wege die Wasserleitung bisweilen offen, sodaß Wasser daraus geschöpft werden kann. Die umgebenden Berge sind kahl, nur der Thalgrund einigermaßen grün. In 10 Min. erblicken wir r. auf der gegenüberliegenden Thalseite einen kegelförmigen Hügel mit Ruinen und Felsengräbern, wohl das alte *Etam* (I Chr. 4, 3), dessen Name noch in *'Ain 'Atân* (S. 134) enthalten ist; in 7 Min. am diesseitigen Thalabhang r. unten das ziemlich elende, meist von Muslimen bewohnte Dorf *Arṭâs*, welches dem Thal den Namen gegeben hat. Seit 1849 besteht dort eine kleine fränkische Kolonie, und jetzt lebt ein Elsäßer (Baldensperger) im Orte, der Gartenbau und Bienenzucht betreibt; bei ihm kann man nötigenfalls Unterkommen finden.

Der Weg von Arṭâs nach Bethlehem führt auf der Wasserleitung weiter. Nach 8 Min. erblickt man den Ort vor sich, nach 15 Min. gelangt man an den Fuß des Berges, in 10 Min. zur Stadt empor.

Vom Dorfe Arṭâs aus führt der Weg das Thal hinunter nach der traditionellen Höhle Adullam und Thekoa. Bald versiegt das Wasser, zugleich hören die Gärten auf. Nach 20 Min. kommt ein kleines Seitenthal l. von Bethlehem herunter, während das Hauptthal sich nach SO. wendet. Unser Weg durchkreuzt öfters das steinige und wasserleere Bachbett und zieht sich zwischen niedrigen Höhenzügen in der Einöde thalabwärts. Nach 15 Min. Ruinen von Mühlen r. am Felsen; nach 30 Min. verlassen wir das *Wâdi Arṭâs*, um in einem Seitenthal r. (sw.) aufwärts zu gehen. Nach etwa 10 Min. macht dieses letztere eine scharfe Biegung nach l. (S.); von r. (NW.) her wiederum ein Seitenthal.

Thalaufwärts nach S. weitergehend gelangen wir in c. 3/4 St. nach *Chirbet Teḳû'a*, 850m ü. M. auf dem Gipfel eines länglichen Hügels gelegen, an dessen Fuß eine Quelle. Die Ruinen entsprechen dem alten **Thekoa**. Von Jerobeam wurde der Ort befestigt; er war berühmt als Vaterstadt des Propheten Amos, der ursprünglich ein Hirt war (Amos I, 1). Die Ruinen sind formlos; man erkennt noch die Reste einer Kirche (im Mittelalter stand hier ein Kloster); oktogonaler Taufstein. Der Blick nach O. ist lohnend; man erblickt durch einige Bergeinschnitte das Tote Meer.

Bei dieser Biegung verlassen wir das Thal und steigen den Berg gegen O. steil hinan. Auf der Höhe erblicken wir Bethlehem wieder; schöne Aussicht auf die Berge des Ostjordanlandes. In 20 Min. steigen wir zu der Quelle von *Charêṭûn* Namens *Bîr el-'Ainêzîje* hinab; gegenüber am Felsen die alte verfallene Laura (Mönchsansiedlung) **Charêṭûn**, vor uns eine tiefe Schlucht; die Scenerie ist großartig. Man trifft bei dem Brunnen gewöhnlich einige Leute. Man steigt nun (zu Fuß) einen Pfad r. am Berge hinunter (1 Min.). Der Zugang zur traditionellen **Höhle Adullam** ist durch heruntergefallene Felsblöcke erschwert; l. gähnt der Abgrund.

Seit dem 12. Jahrh. hat die Tradition diese Höhle (heute *el-Ma'ṣâ* genannt) mit der Bergfeste *Adullam* identificiert, wohin David sich flüchtete (I Sam. 22, 1; II. Sam. 23, 13, 14). Nach Josua 15, 35; 12, 15 muß freilich die Ortschaft Adullam weiter s. (vgl. S. 163) gelegen haben, ebenso nach Eusebius. Der Name *Moġâret Charêṭûn* rührt von dem heil. Chariton her, der eine sog. Laura bei Thekoa stiftete und sich in diese Höhle zurückzog, wo er um das J. 410 starb. Noch später wohnten Einsiedler in dieser schwer zugänglichen Wildnis.

Die Höhle selbst ist eine labyrinthartige, durch Wassererosion entstandene Naturhöhle, 167m lang. Man kann sich in den Gängen leicht verirren und nehme daher eine Schnur von genügender Länge, besser einen Führer mit. Man ziehe Rock und Weste aus, da die Temperatur innen ziemlich hoch ist. Die Höhle besteht aus einer Reihe fortlaufender Gänge mit Seitengängen, die bisweilen so niedrig sind, daß man auf dem Bauche durchkriechen muß, bisweilen aber sich wieder zu großen Räumen entfalten. An vielen Stellen tönt der Boden hohl, denn verschiedene Stockwerke von Höhlengängen laufen übereinander. Durch einen kurzen Felsengang erreicht man einen großen Raum etwa 30m l.; hier münden verschiedene Seitengänge ein. Geradeaus gelangt man durch einen langen Gang zu einer zweiten Höhle, in die man 3m tief steil hinunterklettern muß. Eine weitere sehr enge Öffnung führt in eine dritte Kammer. In den hintersten Gängen sind Nischen im Felsen angebracht; Scherben von Aschenkrügen, sowie Bruchstücke von Sarkophagen, die man hier findet, deuten darauf hin, daß die Höhle früher zu Beerdigungen benutzt wurde. Die Inschriften, welche Tobler weit hinten in den Höhlen gefunden hat, sind unleserlich. — Etwas außerhalb der Höhle schöner Lagerplatz bei der Quelle *'Ain Charêtûn*.

Vom *Wâdi Arṭâs* aus, etwas oberhalb des Punktes, wo wir es verlassen haben, führt ein Weg nö. aufwärts in 1 St. zum

Frankenberg. — GESCHICHTLICHES. Die versuchte Identifikation mit *Beth Hakkerem* (Jerem. 6, 1) läßt sich nicht beweisen. Ziemlich sicher haben wir hier die Reste der von Herodes dem Großen gegründeten Stadt *Herodia* und der Burg *Herodium* vor uns; sie lag an der Stelle, wo er die Parteigänger des Antigonus besiegt hatte; nach Josephus 60 Stadien von Jerusalem entfernt, und so viel beträgt ungefähr die Entfernung. Seine Beschreibung (Altertümer 15, 9, 4) stimmt in mancher Beziehung trefflich zu dem jetzigen Thatbestand; wenn er behauptet, daß der Hügel von Menschenhand errichtet sei, so haben wir darunter wohl nur die Ebnung des Gipfels zu einer Plattform zu verstehen, durch die der Berg erst seine fast regelmäßig runde Form erhalten hat. Ferner berichtet Josephus, daß Herodes hier begraben worden sei. — Herodium war der Sitz einer Toparchie; nach der Eroberung Jerusalems ergab es sich ohne Widerstand dem Legaten Lucilius Bassus. — Die Tradition, daß hier oben die Franken den Muslimen im Zeitalter der Kreuzzüge noch lange Zeit Stand gehalten hätten, tauchte erst gegen Ende des 15. Jahrh. auf.

Der Berg (759m ü. M.) führt heute bei den Arabern den Namen *Dschebel el-Ferdês* oder *el-Furêdis* (Paradies = Baumgarten), bei den Europäern *„Frankenberg"*. Am Fuße des Hügels auf der W.-Seite erblickt man einige Ruinen, welche die Eingeborenen *Stabl* (Stall, stabulum) nennen; ebenso ein großes, jetzt trockenes Wasserreservoir (*Birket Bint es-Sulṭân*, Teich der Sultanstochter genannt), 74m l. 45m br., sowie Reste der Wasserleitung vom *Wâdi el-'Arrûb* her (S. 134). In der Mitte des Teichs befindet sich ein viereckiger Aufbau. Im N. sieht man noch Spuren der großen, auch von Josephus erwähnten Freitreppe von 200 Stufen, die zum Gipfel führte. Die Spitze des nach allen Seiten steil (35 Grad) aufsteigenden, etwa 100m hohen Bergkegels wird in c. 10 Min. erstiegen. Die Plattform ist nicht eben, sondern in der Mitte eingesenkt. Die Burg, welche hier stand, ist bis auf die Umfassungsmauer, von welcher hauptsächlich noch Reste der 4 runden Türme vorhanden sind, verschwunden. Im O.-Turme befindet sich eine gewölbte Kammer mit Mosaikboden; die Quadern, die man sowohl oben auf dem Plateau des Berges, als auch unterhalb am Abhang findet, sind groß, regelmäßig und schön behauen.

Die *Aussicht ist sehr lohnend: nach O. die Einöden, welche sich gegen das Tote Meer hinunterziehen, mit einer Menge wilder Klippen, dazwischen ein großes Stück des blauen Wasserspiegels. Im S. ist die Aussicht durch Berge versperrt; SW. die Ruinen von Thekoa, ebenso *Charêtûn*; WSW. ein Weli *Abu Nedschêm*; NW. Bethlehem, r. davon *Bêt Sâhûr* und in unserer Nähe *Bêt Ta'mar*; auf dem Hügelrücken *Mâr Eljâs*; N. *en-Nebi Samwîl* und das Dorf *Abu Dîs*; weiter entfernt die Bergkette n. von Jerusalem.

Der Weg nach Bethlehem führt nw. dem *Wâdi ed-Dija'* entlang. Nach 15 Min. r. auf einer Anhöhe *Bêt Ta'mar* (Spuren von alten Bauten). Nach 25 Min. steigen wir den Berg hinunter. Bethlehem liegt bereits vor uns, aber wir befinden uns noch in unbebautem Land, und erst unten im Thal (30 Min.) zeigen sich Pflanzungen; in 17 Min. erreichen wir die Höhe von Bethlehem.

11. Von Jerusalem nach Hebron (und zum Südende des Toten Meeres).

Gute Fahrstraße; Fahrzeit 4½ St., für Reiter 6 St. Über Wagen und Reitpferde vgl. S. 121. Wagen auch beim Besitzer des Jerusalemhôtels, *Kaminitz*, der in Hebron ein Hôtel hat. Preis für einen Wagen 30 fr., einzelner Platz 10 fr. hin und zurück innerhalb 24 St., bei längerem Aufenthalt entsprechend mehr. — Mit dieser Tour läßt sich, wenn man 2 Tage darauf verwendet, am besten der Besuch der Salomon. Teiche verbinden (vgl. auch S. 121). Dragoman überflüssig.

Bis zu den *Salomonischen Teichen* (2¼ St.) s. S. 132. An dem oberen Teiche vorbei führt die Fahrstraße in mäßiger Steigung nach SW. auf die Höhe (c. 10 Min.). Rückwärts schauend sieht man l. *el-Chiḍr* (S. 132), bald darauf r. die Ruinen von *Dêr el-Benât*; l. unten das tiefe *Wâdi el-Fuḥêmisch* oder *Wâdi el-Bijâr*, in dem die alte Straße läuft. Die neue Straße zieht sich auf der Höhe in großen Bogen am Bergabhang um die Schluchten der Nebenthäler des *Wâdi el-Bijâr* herum. (R. liegt *Bêt Zakârjâ*, wo Judas Makkabäus von Antiochus Eupator besiegt wurde; 1. Makk. 6, 32 ff., l. *Chirbet Bêt Fayûr*.) Nach 40 Min. überschreitet man das *Wâdi el-Bijâr* ganz nahe seinem Ursprung und gelangt auf eine kleine Hochebene. R. *Chirbet Bêt Ṣâwîr*. Nach 10 Min. steigt man in das breite *Wâdi el-'Arrûb* hinunter und erreicht in ¼ St. die Brücke; dabei ein Café (ungefähr halbwegs, Halteplatz für Wagen). R. und l. vom Weg die wasserreichen Quellen des 'Arrûbthals; unmittelbar r. (w.) von der Brücke eine schöne Brunnenstube. Ein Teil des Wassers kommt in unterirdischer Leitung von dem inselartigen Hügel im W. (5 Min.) her. Auf diesem Hügel ausgedehnte Ruinen.

Das Wasser aller Quellen wurde weiter thalabwärts (10 Min. sö. von der Brücke) in einem großen Teich *Birket el-'Arrûb* gesammelt und von da nach den Salomonischen Teichen und Jerusalem geleitet (s. S. 134). Der Teich (73m l. 49m br.) ist ziemlich gut erhalten, ähnlich gemauert wie die Salomon. Teiche, aber jetzt ganz wasserleer. Der Boden wird als Garten benutzt. Heute bewässern die Quellen die fruchtbaren Gärten des 'Arrûbthals.

Von der Brücke nach W. aufsteigend, führt der Weg in 10 Min. zu einem ziemlich großen, aber nicht sehr tiefen, zum Teil in den Felsen gehauenen Teich, der im Sommer kein Wasser hat. (Auch von diesem Teich wurde einst das Wasser dem oben erwähnten Teich im 'Arrûbthal zugeführt.) Dicht dabei ein hübsches Olivenwäldchen, w. die Ruinen eines Dorfes *Kûfîn*. Auf der S.-Seite des Hügels, einige Schritte r. vom Weg, befinden sich schöne Felsgräber und mehrere kleine Höhlen, die zum Teil ebenfalls als Begräbnisplatz benutzt wurden. W. von *Kûfîn* ist das muslim. Dorf *Bêt Ummar* (*Ma'arath* Jos. 15, 59?) sichtbar, in dessen Nähe die Ruinen von *Dschedûr* (*Gedor* Jos. 15, 58) liegen. — Man kreuzt dann ein Thal und umgeht den Anfang eines anderen in weiten Bogen. Die Bergabhänge sind alle fast ganz kahl und nur da und dort mit niedrigem Gebüsch bewachsen. Nach $^3/_4$ St. erreicht man die Quelle *'Aîn ed-Dirwe*, die mit schönen, regelmäßigen Quadern gefaßt ist; darüber ein muslimisches Haus und Betplatz. Früher waren Spuren einer alten christlichen Kirche sichtbar. Zur Zeit des Eusebius wurde die Quelle hier gezeigt, bei welcher Philippus den Kämmerer taufte (vgl. S. 117), sodaß man annehmen müßte, daß die alte Straße von Jerusalem nach Gaza hier vorüber geführt hätte. Etwas s. davon sind Grabgrotten an dem künstlich behauenen und geebneten Felsenband, ebenso an dem Hügel im W. der Straße. Auf dem Gipfel des Hügels die Ruinen *Burdsch Ṣûr* (*Beth-Zur* Josua 15, 58, Nehem. 3, 16; in den Zeiten der Makkabäer spielte der Platz eine bedeutende Rolle). Nach 5 Min. verfallener Turm r.; auf dem Hügelrücken l. das ziemlich große muslimische Dorf *Ḥalḥûl* (Jos. 15, 58 erwähnt). Die außerhalb des Dorfs stehende Moschee *Nebi Jûnus* ist nach muslim. Tradition über dem Grab des Propheten Jonas erbaut, nach späterer jüdischer Tradition liegt der Prophet Gad (II Sam. 24, 11) hier begraben. In der That finden sich Felsengräber. Auf das Grab des Jonas erhebt man indessen auch andernorts Ansprüche (S. 283).

Nach 35 Min. liegt l. vom Wege etwa 300 Schritte entfernt ein großes Gebäude Namens ***Harâm Râmet el-Chalîl**, das Heiligtum Abrahams. Nur die S.- und W.-Mauern (65m und $49^1/_2$m l.) sind erhalten, und zwei bis drei Lagen von Steinen schauen noch aus dem Boden heraus; die Blöcke sind teilweise von bedeutender Länge (3-5m), und ganz ohne Mörtel aufeinandergesetzt. Im NW.-Winkel des Inneren ist eine Cisterne. Wozu das Gebäude gedient hat, und ob es überhaupt je fertig gebaut war, ist unsicher.

Nach jüdischer Tradition ist hier der *Hain Mamres* gewesen; noch heute heißt das Thal *Terebinthenthal* (vgl. S. 116). Etwa 60 Schritt weiter ö. bemerkt man Ruinen einer großen Kirche, wahrscheinlich die Basilika, welche Constantin bei der Terebinthe von Mamre erbaute. Daneben 2 Ölkeltern im Felsen.

Auf die Fahrstraße zurückgekehrt, trifft man nach wenigen Schritten einen Fußweg r., der an den Dorfruinen *Chirbet en-Naṣâra* (Christenruine) oder *Rudschûm Sebzîn* vorbei in 35 Min. direkt zum russischen Hospiz führt, dessen Turm man von weitem sieht, während man auf der Fahrstraße langsam absteigend in c. $^3/_4$ St. das Städtchen *el-Chalîl* (Hebron) selbst erreicht.

Hebron.

Unterkunft: Hôtel Hebron (Bes. *Kaminitz*) an der Fahrstraße von Jerusalem; Russisches Hospiz bei der Abrahamseiche S. 142 (gute Unterkunft, aber ohne Kost; in der Saison Empfehlungsbrief vom Vorsteher des Russenbaues in Jerusalem nötig). Im Notfall finden Herren auch Unterkunft in einzelnen Judenhäusern (Preis vorher festsetzen). — Vor dem alten Schêch *Hamza*, einem abgefeimten Bettler und seinem Sohn, sehr zudringlichen Leuten, warnen wir ausdrücklich. — Die Muslimen von Hebron sind wegen ihres Fanatismus berüchtigt, man vermeide daher jede Herausforderung; die Kinder rufen dem „Franken" einen bekannten arab. Fluch nach, wovon man natürlich keine Notiz nimmt. — Führer für die Stadt sehr wünschenswert, im Hôtel oder Hospiz zu erhalten. Preis 6-12 Pi., in Gesellschaft entsprechend mehr.

Geschichtliches. *Hebron* ist eine uralte Stadt. Die Tradition des Mittelalters verlegte die Erschaffung Adams in ihre Nähe; schon sehr früh war aus Mißverstand der Stelle Jos. 14, 15, wo es sich um den größten *Mann* der Enakim (Riesen) handelt, *Adams* Tod hier fixiert worden. Der alte Name von Hebron lautete *Kiriat Arba* „Vierstadt". Die Stadt galt als uralt; man glaubte nach IV Mos. 13, 22, daß sie sieben Jahre früher als Tanis, die Hauptstadt von Unterägypten, erbaut sei. Nach I Mos. 13, 18 schlug Abraham sein Zelt unter den Eichen des Amoriters Mamre auf; dieser Platz lag in der Nähe von Hebron, gegenüber der Höhle Machpela. Als Sarah starb (I Mos. 23), kaufte Abraham von Ephron, dem Hethiter, die Doppelhöhle *Machpela* als Erbbegräbnis; es liegt im Sinne der Erzählung, daß durch diesen Kauf für Abrahams Nachkommen ein Anrecht auf den Boden Palästinas erwiesen werden soll. Auch Isaak und Jakob sollen dort begraben sein. Nach Jos. 10, 37 wurde Hebron von Josua zerstört, nach Cap. 14 war es Hauptort des Stammes Kaleb, der sich langsam und allmählich mit den Judäern verschmolz. David verweilte lange in der Gegend von Hebron. Nach Sauls Tod regierte David Juda $7^1/_2$ J. lang von Hebron aus. An den Thoren Hebrons wurde Abner durch Joabs Hand ermordet, und die Mörder Isboseths, des Sohnes Sauls, ließ David an dem Wasserbecken von Hebron aufhängen. Hebron wurde später Ausgangspunkt für den Prätendenten Absalom; von dieser Zeit an wird es aber selten mehr erwähnt. Es wurde von Rehabeam befestigt, nach dem Exil neu kolonisiert. Judas Makkabäus aber mußte es von den Edomitern zurückerobern, und Josephus rechnet es zu Idumäa. Die Römer zerstörten Hebron. Noch in muslimischer Zeit bewahrte die Stadt einen Teil ihrer Bedeutung, teils durch den Handel, teils als heilige Stadt, da Abraham von Muhammed als großer Prophet dargestellt ist. Die Araber nennen ihn „Freund Gottes" (Jakob. 2, 23) = *chalîl allâh;* daher Hebron eig. die Stadt des Freundes Gottes, kurzweg *el-Chalîl* heißt. Auch die Kreuzfahrer nannten Hebron *castellum* oder *praesidium ad sanctum Abraham.* Gottfried von Bouillon gab die Stadt dem Ritter Gerhard von Avesnes zum Lehen; 1167 wurde sie Sitz eines lateinischen Bistums, fiel aber 1187 an Saladin. Seit dieser Zeit ist sie in den Händen der Muslimen.

Die alte Stadt Hebron lag der jetzigen w. gegenüber auf dem mit vielen Ölbäumen besetzten Hügel *Rumeide* nw. von der Quarantäne. Dort finden sich Ruinen alter Cyklopenmauern und moderner Gebäude, *Dêr el-Arba'în* „Kloster der Vierzig" (Märtyrer) genannt; innerhalb derselben das Grab des Isai, des Vaters von David. Am ö. Fuß des Hügels der tiefe Quellbrunnen der Sara, *'Ain Dschedîde*. Das heutige Hebron liegt in der Verengung eines von NW. kommenden Thalgrundes (920m ü. M.), und ist, wenn wir nicht annehmen, daß die alte Stadt sich mehr an dem O.-Berge hinangezogen habe, eine der wenigen Städte Palästinas, die nicht auf dem Hügelrücken erbaut sind. Die Umgebung ist äußerst fruchtbar und reich an Quellen, der Weinstock gedeiht vortrefflich; man sucht daher in dieser Gegend das Thal *Eskol* (Traubenthal, IV Mos. 13, 24; vielleicht im *Wâdi Bêt Iskâhil* nw. von Hebron). Außerdem trifft man hier Mandel- und Aprikosenbäume.

Die Stadt teilte sich früher in 4 von einander getrennte Quartiere: 1. im NW. *Hâret esch-Schêch*, so genannt nach der schönen, im J. 668 (1269/70) begonnenen *Moschee des Schêch 'Ali Bakkâ* (eines 670 [1271/2] gestorbenen frommen Mannes), deren Minaret die vorzüglichste neuere architektonische Zierde der Stadt ist. Oberhalb dieses Quartiers ist der Aquädukt der Quelle *Kaschkala*, in deren Nachbarschaft sich alte Felsengräber und Grotten finden, und von welcher ein tief in den Kalkstein des Gebirges getretener Weg auf die Höhe des Hügels *Hobât er-Rijâh* führt. 2. Daran w. anschließend *Hâret Bâb ez-Zâwije*. 3. Im SO. *Hâret el-Harâm* und daran 4. anschließend das Quartier *el-Muschârcka*. In den letzten Jahren ist die Stadt bedeutend gewachsen, so daß 6 neue Quartiere dazu gekommen sind, welche die alten mit einander verbinden. Die Häuser sind meistens weitläufig und zwar aus Stein gebaut; manche haben Kuppeln, wie in Jerusalem. Die Bevölkerung beträgt 8-10 000 Seelen, darunter 500 Juden (mit drei Synagogen). Die Kaufleute von Hebron treiben viel Zwischenhandel mit den Beduinen und ziehen oft mit ihren Waren im Lande herum. Von Industriezweigen sind zu nennen: die Bearbeitung von Ziegenfellen zu Wasserschläuchen n. vom Harâm und die nicht uninteressanten Glasöfen ebenfalls beim N.-Ende dieses Quartiers. Schon im Mittelalter wurde hier Glas bereitet, außer Lampen besonders bunte Glasringe, die als Frauenschmuck dienen. Der Hebronwein wird von den Juden hergestellt.

Im Thalbett an der SW.-Seite des *Hâret el-Harâm* liegen zwei große Wasserbecken: das obere, *Birket el-Kazzâzîn* genannt, ist 26m l., 17m br., 8½m tief; das untere Becken von behauenen Steinen 40m im Quadrat, heißt *Birket es-Sultân*. Die Teiche sind entschieden alt, und vielleicht steht einer derselben wenigstens noch an der Stelle, wo David jene Mörder aufhängen ließ (S. 139); die Tradition hat sich für den letzteren entschieden. — Im Innern der Stadt zeigt man das Grabmal Abners und Isboseths, ersteres innerhalb der Burg (s. u.); beide uninteressant. — Das große Gebäude am Berge *Kubb el-Dschûnib* im S. ist die *Quarantäne*.

Das wichtigste und einzig interessante Gebäude in Hebron ist die *große Moschee*, das ***Harâm**, welche nach alter Tradition die Höhle *Machpela* umschließt. Sie liegt in dem nach ihr benannten Quartier, welches auch *Ḥâret el-Ḳal'a*, Burgquartier heißt. Die Burg, jetzt Kaserne, liegt halb in Trümmern; u. wird sie von der an sie stoßenden Mauer des Ḥarâm überragt, welches, wie es scheint, vor Zeiten ebenfalls befestigt war. Die Umfassungsmauer ist von sehr großen Quadern erbaut, die alle gerändert und glatt gehauen sind; die Fugenränderung ist jedoch nicht so tief, wie beim Ḥarâm von Jerusalem. Die Mauern sind von außen mit viereckigen Wandpfeilern versehen, 16 an jeder Längsseite und je 8 in der Breite. Sie sind ohne Kapitäle, und eine Art von Carnies zieht sich längs des ganzen Gebäudes hin. Diese Mauer gehört der herodianischen Zeit an. Eine moderne Mauer ist von den Muslimen über diese alte 12m h. Umfassungsmauer aufgeführt und an den vier Ecken Minarete (noch zwei in der NW.- und SO.-Ecke sind vorhanden) hineingebaut worden. Ebenso ist im NO. und S. eine zweite (moderne) Umfassungsmauer von den Muslimen erbaut worden. Zwischen ihr und der alten Mauer führen im N. und S. zwei Treppen zu dem 4½m über der Straße liegenden Hofraum. Der einzige Eingang befindet sich in der Mitte der O.-Wand. Bis zu diesem Eingang wird der Fremde geführt; muslimischer Fanatismus schließt ihm die Pforten dieses Hofes. — Von der Höhe im N. des Ḥarâm kann man einen Blick auf den Hof und die Gebäude innerhalb der Mauern werfen.

Nur wenigen Europäern wurde durch besonderen Ferman des Sultans der Besuch der Moschee gestattet, zuletzt 1881 dem Prinzen von Wales. — Den S.-Theil des Ḥarâm nimmt eine auf 3 Seiten von der alten Umfassungsmauer eingeschlossene Kirche (jetzt Moschee) ein 21,3m l. (NS.), 26,5m br. (OW.). Dieselbe ist durch 4 Säulen in 3 von N. nach S. laufende Schiffe eingeteilt. Die Kapitäle dieser Säulen scheinen teilweise byzantinisch, teilweise mittelalterlich zu sein. In der Mitte der S.-Wand befindet sich der *Miḥrâb* (Gebetsnische); r. (w.) davon eine schöne Kanzel. Vom Boden der Kirche führen 2 Eingänge direkt zu der Höhle hinab. Dieselbe soll doppelt sein, jeder Teil mit besonderem Eingang. Durch eine dritte Öffnung im Boden der Kirche kann man in ein unterirdisches Gemach blicken, das eine Art Vorkammer zu der Höhle zu bilden scheint, wenigstens ist in der S.-Wand eine Thüre sichtbar, die zu den Gräbern führt. Die Wände der Kirche sind bis zur Höhe von 1,8m mit Marmor bekleidet, darüber ein Band mit arabischer Inschrift. Wahrscheinlich im Zeitalter Justinians wurde hier eine Kirche gebaut, von der aber nicht mehr viel Überreste vorhanden sind. Die jetzige Moschee ist ein Kreuzfahrerbau aus den J. 1167-1187, von den Arabern restaurirt. — Sechs Kenotaphe befinden sich über dem Boden, nach Angabe der Muslimen genau über den unterirdischen Gräbern von Abraham, Isaak und Jakob und ihren Frauen Sarah, Rebekka und Lea. Die Kenotaphe von Isaak und Rebekka stehen innerhalb der Kirche, die von Abraham und Sarah in oktogonen Kapellen im freien Hof n. von der Kirche, die von Jakob und Lea in Kammern im N. des Ḥarâm. Sie bestehen aus Stein und sind mit gold- und silbergestickten grünen Tüchern behangen. An der N.- und W.-Wand des Ḥarâm sind verschiedene Kammern angebaut. — Außerhalb des Ḥarâm an der NW.-Ecke zwischen dem Ḥarâm und der Burg befindet sich ein

Anbau, welcher in 2 Stockwerken übereinander 2 Kenotaphe von Joseph enthält. Hier wird noch in einem Stein ein Abdruck vom Fuß des Propheten gezeigt. — Die ältesten arab. Bauten stammen a. d. J. 1331 von dem Mamlukensultan Muhammed ibn Kilâwûn, das Grab Josephs a. d. J. 1393.

Das Gebäude ist mit Wohnungen von Derwischen, Heiligen und Moscheewächtern umgeben; diese Leute beziehen ihren Unterhalt aus sechs Dörfern der Saron- und Philisterebene.

Um zur traditionellen **Eiche von Mamre** (½ St.) zu gelangen, läßt man vor der Stadt die Straße nach Jerusalem r. liegen und reitet auf einem gepflasterten Wege zwischen Weinbergmauern nach NW. Der Garten mit der Eiche gehört den Russen, die dort ein Pilgerhospiz (S. 139) erbaut haben. Hinter dem Hospiz steht ein Aussichtsturm. Man versäume nicht, ihn zu besteigen (Schlüssel im Hospiz). Prachtvolle *Aussicht bis an das Meer hinab. Die Eiche, welche hier als *Eiche Abrahams* gezeigt wird und schon im 16. Jahrh. in hoher Verehrung stand, ist jedenfalls von bedeutendem Alter. Über die frühere (jüdische) Tradition s. S. 138. Der Stamm der Eiche hat unten einen Umfang von c. 10m; in einer Höhe von c. 6m teilt er sich in vier ungeheure Äste, die zusammen eine majestätische Krone, oben von 95 Schritte Umfang, bilden. Ein Sturm hat leider neuerdings gerade den schönsten und stärksten Ast abgerissen. Im W.-Jordanland entwickelt sich die Eiche *el-ballûṭ* (Quercus ilex pseudococcifera) nicht wie jenseits des Jordans zu einem großen Baum, sondern, weil die Ziegen die Schößlinge abfressen, nur zum Gebüsch; dieser Baum bildet jedoch eine Ausnahme. Einzelne Baumriesen wurden wohl aus abergläubischer Verehrung geschont; die israelitiche Volksgemeinde versammelte sich unter solchen (Richter 9, 6) und man begrub unter ihnen.

Ausflüge in den Süden.

Diese Touren sind nur unter Eskorte und mit guten Wegweisern ausführbar und daher ziemlich kostspielig. Wenn die Beduinen jener Gegenden mit einander Krieg führen, so ist das Reisen dort überhaupt unmöglich. Die Unterhandlungen führe man ohne Zwischenhändler direkt mit den betr. Stammesangehörigen (*Ta'âmire* für Engeddi; *Dschahâlîn* für das S.-Ende des Toten Meeres; *Beni Ṣachr* für Moab; *Dschahâlîn* und *Ḥuwêtât* für Petra). Gelegenheit, dieselben zu treffen, findet man am besten in Bethlehem. Nachdrücklich warnen wir auch hier vor Schêch *Ḥamza* in Hebron (S. 130). — Bei der Wahl des Dragomans sei der Reisende doppelt vorsichtig. Die Preise sind schwer zu bestimmen; oft werden 50 fr. für den Tag und die Person verlangt.

Geschichtliches. Die Gegend s. von Hebron, das Südland (hebr. *negeb*) ist eine wasserlose Steppe mit wenig Dörfern, aber vielen Ruinen. In den Hügeln sind viele Höhlen. Der Boden besteht aus weichem weißen Kalkstein; das Wasser dringt durch denselben und läuft, wo es sich nicht in Cisternen sammelt, unter der Oberfläche der Thalbetten. Bei *Juṭṭa*, *Dûra* und *Jekîn* fällt der Boden um c. 150m und bildet ein c. 800m ü. M. liegendes Plateau, welches durch das große von Hebron nach *Berseba* und dann westwärts nach *Gerar* streichende Thal in zwei Hälften geteilt wird.

1. Engeddi.

Von Hebron nach Engeddi (7-8 St.), interessanter aber mühsamer Weg. Aufstieg am *Dschebel Dschôbur*, nach c. 1¾ St. l. *Tell Zîf* (*Siph*

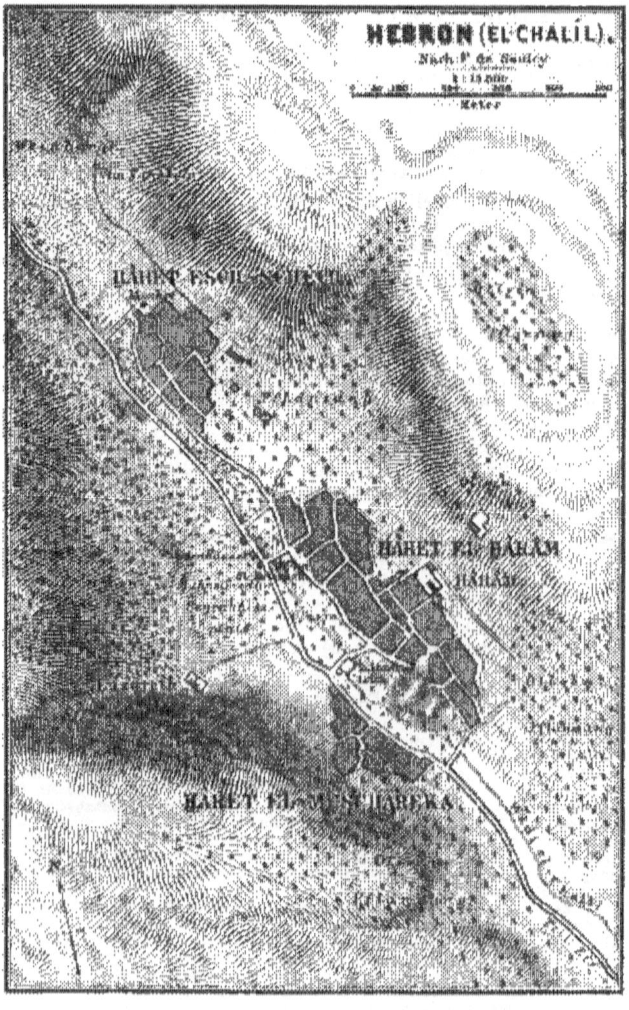

Nach 20 Min. *Wâdi Chubra.* Nach 32 Min. das tief eingeschnittene Thal-

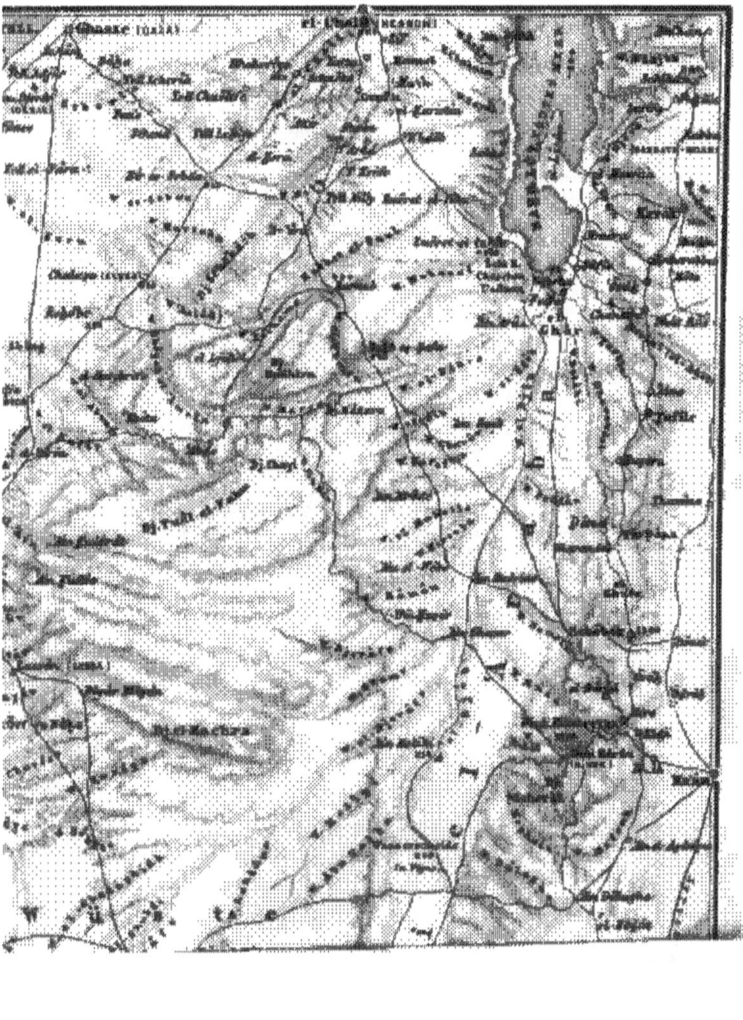

1 Sam. 23, 24); nach 40 Min. Cisternen; in 1 St. *Wâdi Chabra* (wenig Wasser). Man bleibt 2 St. im *Wâdi Chabra;* nach c. 1½ St. Paßhöhe von Engeddi (200m ü. Mittelmeer, 583m ü. dem Toten Meer; großartiger Ausblick). Der Abstieg nach Engeddi (30 Min.) ist sehr beschwerlich. Zweifellos entspricht das heutige *'Ain Dschidi* dem alten **Engeddi**; beides bedeutet „Ziegenquelle". In die Wüste Engeddi, zum Gebiet von Juda gehörig, zog sich David zurück (1 Sam. 24, 1 ff.). Nach Josephus gab es hier schöne Palmenhaine; zu den Zeiten des Eusebius war Engeddi noch ein bedeutender Ort. Im Mittelalter war die Gegend nicht genau bekannt. Das Wasser der Quelle ist warm (27° C.), kalkig und süß; eine Menge kleiner schwarzer Schnecken findet sich darin. Die Eingebornen behaupten, das Wasser komme unter dem Berg durch von Se'ir (?) bei Hebron. Von Bäumen findet man hier Zizyphusarten, den *nebk* und *sidr* s. S. 187; dann den *'oschr* (Calotropis procera), der sonst nur in Nubien, Südarabien etc. wächst. Dieser trägt den echten Sodomsapfel, wie Josephus ihn beschrieben hat: eine gelbe, apfelartige Frucht; wenn man sie drückt, springt sie auf und nur Fasern und Fetzen der dünnen Schale bleiben in der Hand zurück. Der hier vorkommende Sejâlbaum (Acacia Sejal), von dem das arabische Gummi gewonnen wird, ist besonders auch auf dem Sinai verbreitet. Unter den Gesträuchen ist viel Nachtschatten (Solanum melongena).

An der Quelle und östlich von derselben befinden sich einige Überreste von alten Bauten. Das in der Bibel genannte Dorf lag wohl unterhalb der Quelle; der allmähliche Abfall gegen das Meer hin war terrassiert und in Gärten verwandelt. Die Senkung bis zum Meeresufer beträgt noch über 100m, die man in 20-25 Min. zurücklegt.

Den schönsten Eindruck macht Engeddi bei einer Mondnacht. Die steilen Klippen auf der einen Seite und der See auf der andern, die milde Temperatur und die fremdartigen Gewächse versetzen den Reisenden nach südlicheren Landstrichen. Auch am Morgen färbt die Sonne, die im Frühjahr gerade in dem Ausschnitt der gegenüberliegenden Berge (*Wâdi Heddân*) aufgeht, die Felsen eigentümlich rot und bringt die Nebelmassen, die öfters über dem See liegen, in Bewegung.

Von Engeddi nach Jericho s. S. 175; nach Bethlehem s. S. 132.

2. Masada.

Von Engeddi nach Masada (4½ St.). 20 Min. unterhalb der Quelle wendet man sich nach S. Nach 12 Min. kreuzt man das *Wâdi el-'Oreidsche*, Masada wird im S. sichtbar. Der Boden ist kahl, unkultiviert; nur einzelne Salzpflanzen kommen hier fort, bes. die Salsola Kali, arab. *hubêbe*, ein Kraut mit glattem glänzenden rötlichen Halm und kleinen glasartigen Blättern; die Araber brennen es und nennen das Produkt *al-kali*. Hier kann auch die sog. *Jerichorose* gepflückt werden. Sie gehört weder zu den Rosen, noch wächst sie jetzt mehr in der Gegend von Jericho; sie ist eine Crucifere, die erst flach wie ein Teller auf dem Boden ausgebreitet wächst, später aber holzartig wird und sich zusammenzieht, sodaß sie eine entfernte Ähnlichkeit mit einer Rosenknospe erhält. Ihren Namen Anastatica (die Aufstehende) hat sie von der Eigentümlichkeit, daß die Stengel beim Eintauchen in Wasser auseinandergehen und sich mehr und mehr flach legen; wenn sie aus dem Wasser genommen wird, schließt sie sich wieder. Es knüpfte sich an diese Erscheinung eine Art Aberglaube, weshalb die Pflanze noch heute massenweise nach Jerusalem gebracht und dort an die Pilger verkauft wird. Schöne große Exemplare findet man erst s. von Masada. Eine andere ähnliche Pflanze, die sich dort findet, ist der Asteriscus aquaticus, der vielleicht früher als Jerichorose galt.

Nach 1 St. umgeht man ein Vorgebirge. L. einige kleine Hügel; hier wird das Meerwasser abgeleitet und Salz gewonnen. Abraham soll, mit einem Maultier des Weges kommend, die Leute gefragt haben, was sie aufluden. Sie belogen ihn und sagten: „Erde"; seitdem muß das Salz hier mühsam durch künstliche Anlage von kleinen Seen gewonnen werden. Nach 20 Min. *Wâdi Chabra*. Nach 32 Min. das tief eingeschnittene Thalchen *Umm el-Fâs*. Aus dem Meere taucht immer deutlicher die große Halbinsel *el-Lisân* auf. 18 Min. *Wâdi Sejâl*; 40 Min. *Wâdi Nemrîje* (kein Wasser). Jenseits auf der Höhe (10 Min.) wendet man sich direkt gegen den Berg von Masada hin, passiert zwei Thälchen *Wâdi Zenât* und *Gallâr* und langt in 50 Min. am Fuße des Bergkegels an (wasserlose Gegend).

Masada. — Geschichtliches. Die auf dem Berge liegende Burg, heute *es-Sebbe* gen., ist identisch mit der von den Makkabäern gegründeten Bergfeste *Masada*. Später baute besonders Herodes der Große sie sich zum unüberwindlichen Zufluchtsort aus. Josephus erzählt: Herodes führte eine Mauer um die ganze Fläche des Gipfels, sieben Stadien im Umfang, aus weißem Gestein, 12 Ellen h., 8 br.; darauf setzte er 37 je 50 Ellen hohe Türme, durch welche man in das Innere der Festung gelangte. Den eigentlichen Gipfel, der fettes Erdreich hatte, verwendete der König zum Anbau. Sodann erbaute er einen festen, kostbar eingerichteten Palast am w. Abhang mit 4 Ecktürmen von je 60 Ellen Höhe. Der Zugang zu der Festung war sehr schwierig; von der einen (w.) Seite führte bloß eine künstliche Freitreppe, die Schlange genannt, in die Höhe. — Die größte Rolle spielte Masada nach der Zerstörung Jerusalems. Eleazar bemächtigte sich mit seiner Sicarier-Rotte durch List des Platzes und fand darin von den Zeiten des Herodes her noch bedeutende Vorräte an Lebensmitteln und Waffen vor. Die Römer unter Flavius Silva bauten von dem westlich von der Burg gelegenen Felsen aus einen 200 Ellen hohen Damm, auf welchem sie nun ihre Belagerungsmaschinen an die Mauer heranrückten. Die Verteidiger aber errichteten innerhalb der ersten Mauer eine zweite von Holzbalken, zwischen denen Erde aufgeschüttet wurde. Es gelang den Römern dieses Holz anzuzünden, und die ganze Mauer brannte nieder. Als Eleazar dies sah, beredete er seine Parteigenossen, zuerst ihre Weiber und Kinder, hierauf sich selber zu töten. Dies geschah; nur zwei Weiber und fünf Knaben retteten sich, indem sie sich versteckten. Als die Römer Tags darauf einzogen, fanden sie nur Leichen und rauchende Trümmer. Sie ließen eine Besatzung dort.

Man ersteigt den Gipfel (510m über dem Toten Meer) zu Fuß; der Weg ist für Pferde nicht gangbar. An verschiedenen Stellen Reste der römischen Belagerungsmauer. Nach 25 Min. Trümmer römischer Türme; man überschreitet darauf ein kleines Thälchen; am Berg gegenüber l. einige Felshöhlen in unzugänglicher Lage. Nach 10 Min. bleibt noch ein letztes hartes Stück des Weges zu überwinden, ein Geröllberg, der von dem großen Belagerungsdamm der Römer herrührt. Durch ein wohl erhaltenes mittelalterliches Thor (Spitzbogen mit Inschriften: Zeichen von Beduinenstämmen) betritt man die große Hochebene des Berges 550m l., 180-230m br.; sie ist beinahe nach allen Seiten von senkrechten 360m h. Felsen umgeben. Um den Rand des Felsens herum geht zum Teil die wohl erhaltene Umfassungsmauer. Die sonstigen baulichen Überreste sind nicht gerade bedeutend: im N. ein viereckiger Turm, 12m höher ein runder Turm, der aber immer noch 6m unterhalb der Plattform steht. Von der N.-Mauer zweigen sich eine große Anzahl Seitenmauern ab, die vielleicht für die letzte Verteidigung gebaut wurden. W. und s. große Cisternen; in der Mitte der Plattform die Reste eines Gebäudes, das einer byzantinischen Kapelle gleicht und dessen Wände mit Mosaiken geschmückt sind. S. von der Kapelle liegt eine Höhle (Grab) mit Inschrift. Nach den Überresten möchte man vermuten, daß Masada auch noch nach jener Katastrophe bewohnt war. Der Thorbogen im W., der auf den römischen Damm hinabschaut, scheint aus der Kreuzfahrerzeit zu stammen, dagegen die Ruinen n. und w. von diesem Thorbogen dem ehemaligen Palast des Herodes anzugehören. Die Ruinen auf der Südseite der Plattform sind formlos. — Das Interessanteste ist die Aussicht. Je mehr man sich dem Südende des Toten Meeres nähert, desto schauerlicher wird die Einöde und Wildnis. Man sieht auf eine kolossale Bergwelt, aber nirgends ist eine Spur von menschlichen Wohnungen zu entdecken. Die Färbungen des Sees und der Gebirge sind, wenn nicht die Mittagsglut alles mit weißem Schleier überzogen hat, von wunderbarer Lebhaftigkeit. Man überblickt das Südende des Sees wie aus der Vogelperspektive. Die spitze Landzunge (S. 147) liegt uns gerade gegenüber;

Im Süden dringt der Blick bis zum Salzberge *Dschebel Usdum* mit seinen phantastischen Formen. Gegenüber erhebt sich Kerak und die ganze Reihe der Berge Moabs. Unmittelbar unter der Burg sö., sowie w. auf einem niedrigen Hügelrücken sind noch deutlich die römischen Lager zu unterscheiden; das westliche Lager war das Sylvas.

Von Masada nach Hebron (10 St.). Zum *Wâdi Nemrîje* (S. 144) zurück; nach 45 Min. Anstieg an der r. Seite des Thales; in diesem zerrissenen Gebirge kommt der Steinbock des Sinai vor, dann der Klipp-

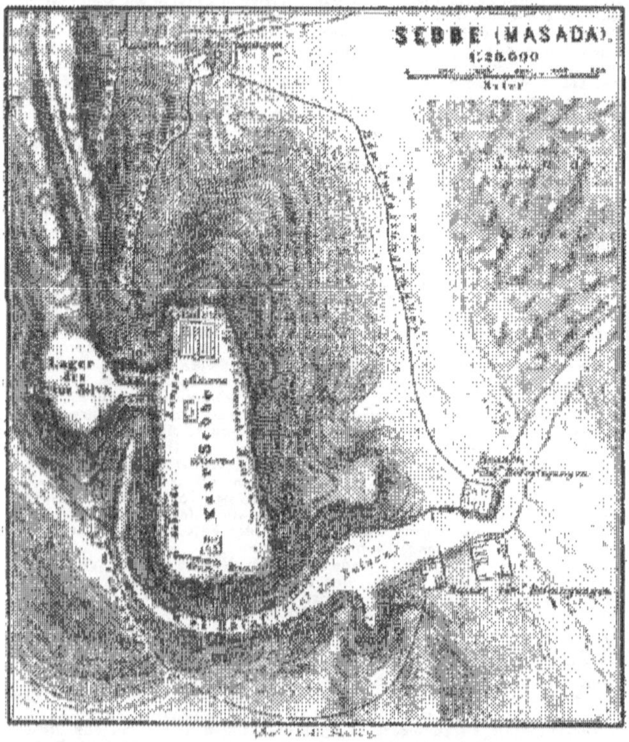

dachs (Hyrax syriacus, arab. *wabr*, hebr. *schâfân*), ein höchst eigentümliches Tierchen, das zur Gattung der Vielhufer gehört; es hat ein braunes Fell und sein Fleisch ist geschätzt, war aber den Israeliten verboten (III Mos. 11, 5). Ps. 10, 18 kennt es auch schon als Bewohner der Felsen. — Nach 25 Min. r. *'Ain el-Hschiba*; 10 Min. Quelle *'Orîba*. In 1½ Stunde ist die Höhe erreicht; r. *Wâdi Sejâl* (oder *Seferîje*). Nach 50 Min. steiler Abstieg; in 40 Min. unten im Seferîjethal (Regenwasser, Beduinen vom Stamm der Dschahâlîn). Aufstieg nach W. in 30 Min.;

13 Min. *Wâdi Abu Merûġil*, 10 Min. Thälchen; nun nach NW. hinauf. In 25 Min. oben; *Wâdi el-Merdra*; nach $1^1/_4$ St. Berg *Kideschm el-Bakara* mit Aussicht. 45 Min. *Wâdi el-Hadire*, 30 Min. *Wâdi Lçîf el-Hism*, nach 1 St. *Chirbet el-Melassafa*, ein von Halbbeduinen in Zelten bewohnter Ort. Die Leute sind berüchtigte Diebe. Hier befindet man sich bereits im Mittelland in angebauter Gegend. Nach 1 St. sieht man das Dorf *Jaṭá* (*Juta* Jos. 15, 55 und wohl auch *Juda* Luc. 1, 39): der Boden ist fruchtbar; nach 1 St. erblickt man *Tell Zif* (S. 142); in 40 Min. erreicht man *Hebron* (S. 139).

3. Dschebel Usdum (und el-Kerak).

Von Masada nach Dschebel Usdum ($6^3/_4$ St.). Vom Fuß des Berges nach S. gelangt man in 35 Min. zum *Wâdi Sebbe*; ausgedehnte Ruinen von den Mauern und den Türmen, welche Silva gegen die Sicarier erbaute. Überall trifft man Massen von ausgewaschenen Hügeln mit Horizontallagen von gipshaltigem Mergel. Nach 3 St. das trockene Bett des *Wâdi el-Beddn* (Steinbockthal), tief in die Mergelschichten eingeschnitten. Überall Sejâl-Akazien. Hierauf verläßt man den Weg an der Küste und übersteigt einen Hügel (20 Min.); dann über eine gegen 60m hohe Klippe. $1^1/_2$ St. das zerstörte Fort *Umm Bâġek*; hier befinden sich zwei Reservoire, welche einst durch eine Wasserleitung von den Bergen her gespeist wurden. Die ganze s. Bucht des Toten Meeres hat nur eine geringe Wassertiefe (1,8-3,6m, ja oft nur 1-1,2m). In 1 St. 40 Min. erreicht man das N.-Ende des

Dschebel oder Chaschm Usdum. — Geschichtliches. In dem Namen *Usdum* liegt der alte Name *Sodom* (1. Mose 18 u. 19); wahrscheinlich jedoch ist dieser Name künstlich wieder aufgefrischt. Hier lag auch das Thal *Siddim* (1. Mose 14, 3), voll Asphaltgruben.

Der *Dschebel Usdum* ist ein isolierter Rücken von 11km Länge und c. 45m Höhe, dessen höchster Punkt 107m über dem Niveau des Toten Meeres liegt. Die Seiten sind so steil und gespalten, daß eine Besteigung schwierig ist. Der größte Teil des Gebirges besteht aus reinem kristallisierten Salz; überall hat sich dieses in Zacken und Nadeln geformt und ist vom Regen teilweise ausgewaschen. Daher rührt auch die schon von Josephus erwähnte Sage, daß dort die Statue von Lots Frau zu sehen sei (1. Mos. 19, 26; Weisheit 10, 7). An manchen Stellen ist der Berg mit Schichten von kreidigem Kalkstein oder Mergel bedeckt. Viele Salzblöcke sind von der Höhe abgebrochen und hinuntergestürzt; dieselben sind nicht durchsichtig. Das Salz wird von hier nach Jerusalem gebracht.

Von Hebron nach Dschebel Usdum (direkt 15 St.). Nach *Tell Zif* (S. 142) c. $1^3/_4$ St., von da nach S. Die Ebene gehört zu den best angebauten des alten Juda; sie senkt sich nach O. gegen das Tote Meer zu. Nach 30 Min. l. *Umm el-'Amâd* (Überreste einige plumpen Säulen, die einer Kirche angehörten); im SW. der Turm von *Semû'a* (S. 153); nach 45 Min. Ruinen *el-Kurmul* (Josua 15, 55; 1. Sam. 15, 12 u. a.). Auf der Höhe liegen die Ruinen eines Kastells, auch bemerkt man die Fundamente von 2 Kirchen. Der Blick von der Terrasse beherrscht die Umgebung. In dem Thälchen befindet sich ein großes altes Wasserreservoir. Ebenso hat das Dorf *Ma'in* ($^1/_4$ St.) Ruinen (gebuckelte Quadern und unterirdische Felswohnungen). Indem man dem Wege r. vom Tell Ma'in folgt, erreicht man nach 1 St. die Höhe eines Bergrückens. Hinuntersteigend kommt man in ein Weideland, das den *Dschahâlin*-Beduinen gehört (wenig Wasser). Weiterhin einem Thälchen folgend, vorbei an den Ruinen von *Dschembe*, *Karjatên*, *el-Bejûḍ* und *el-Taijibe* (1 St.). Im SW. etwa 1 St. entfernt der Hügel *Tell 'Arâd* (IV. Mos. 21, 1; Richter 1, 16). Nach 1 St. *Tell Ehdâb* (?), dann ($^1/_4$ St.) wendet sich das Thal, weiter unten *Wâdi Sejâl* (S. 145) genannt, nach O. Nach 35 Min. l. die Ruine *el-Mrêk*, nach 45 Min. auf der Höhe des breiten Rückens Ruinen *Rudschêm Selâme*. 10 Min. s.ö. *Sudeid*; die Umgebung verwandelt sich immer mehr in eine Wüste. 40 Min. erster Absturz der Berge gegen das Tote Meer hin; Ruinen von *Zuwêret el-Fôḳâ* (das obere Z.). Blick auf den s. Teil des Toten Meeres: am Rande des Sees der Rücken des *Dschebel Usdum*; jenseits die Halbinsel *el-Lisân*; s. das *Ġôr* (S. 147); im fernen S. der Berg *Hôr* (S. 159). Hinuntersteigend passiert man nach 20 Min. das Bett des *Wâdi el-Dscherrâḥ*.

Nach 3 St. Rand des zweiten Bergabsturzes; ein Paß führt das *Wâdi ez-Zuwêra* hinunter. Am Fuße desselben (50 Min.) ändert sich die Bodenbeschaffenheit; statt Kalkstein tritt weiche Kreide oder weißlicher, verhärteter Mergel in horizontalen Lagen hervor. Unten das Fort *ez-Zuwêra*, auf einer Klippe von bröckeliger Kreideerde; in der senkrechten Wand gegenüber ist eine Kammer mit Schießlöchern in den weichen Felsen in einiger Höhe über dem Boden ausgehöhlt. Man verfolgt das Thal abwärts und kommt (½ St.) in die breite von Akazien und Tamariskenbäumen bedeckte Uferebene hinunter. R. das breite *Wâdi el-Mahawwat;* von hier sö. über die Strandebene; in 25 Min. an das N.-Ende des *Dschebel Usdum.*

Von Dschebel Usdum nach el-Kerak (14-15 St.). Dem Strande entlang in 1¼ St. zu einer unten am Dschebel Usdum befindlichen Höhle; die Salzblöcke sind vielfach mit einer Schicht Mergel überzogen, und von der Decke hängen Stalaktiten; starker Luftzug. Nach 20 Min. erreicht man das seichte SW.-Ende des Toten Meeres; die Küste besteht aus einer marschartigen Niederung, die zeitweise vom Wasser überflutet wird, wie an den weit verstreuten Treibhölzern zu erkennen ist. In der Nähe des Ufers ist der rötliche Boden viel zu weich, als daß man darauf gehen könnte. Man sieht die Rinnen, welche das Wasser bildet, indem es zurücktritt. Aussicht auf die weißen Klippen, welche s. das Jordanthal *(Ḡôr)* abschließen. Jenseits beginnt das 'Arabathal, das bis 'Aḳaba reicht (vgl. S. 152). Das *Salzthal* (2. Sam. 8, 13; 2. Kön. 14, 7) ist in dieser salzgeschwängerten Ebene, jetzt *es-Sebcha* genannt, zu suchen. Im N. erblickt man *Râs Mersed* und sogar *Râs el-Feschcha* (S. 175). Nach 1 St. 40 Min. Ende der *Sebcha*. Hier beginnt das sog. *Ḡôr es-Ṣâfije*. Außer Rohr bemerkt man auch den 'Oschrbaum (S. 143) und die Salvadora Persica, einen Baum von c. 6m Höhe. Nach 1½ St. Ebene *el-Melḥa* (Bach); 40 Min. Mündung des *Wâdi Guweije*. Nach 15 Min. verläßt man die Ebene *el-Melḥa;* 30 Min. Vorgebirge beim *Wâdi Cheslân;* Gebüsch. Nach 15 Min. sieht man die Steinhaufen *(redschôm)* des Grabes des *Schêch Ṣâleḥ*, den die Beduinen um Gelingen ihrer Raubzüge anrufen. 13 Min. *Wâdi en-Numêra;* 48 Min. *el-Muraḳsed;* r. zerrissene Porphyrhügel; 14 Min. r. das *Wâdi Beredsch;* Sandboden. Nach 30 Min. bebautes Terrain; in der Ferne das Dorf *Sahla*. Nun gelangt man zum *Wâdi ed-Derâ'a* (oder *W. el-Kerak*), das öfters Wasser enthält. Man findet Ruinen, die der Volksmund Zuckermühlen nennt, daneben in der schönen und ausgedehnten Oase *el-Mezra'a* Ansiedelungen von Ḡôr-Arabern. Die Halbinsel selbst ist eine flache, über 30m hohe Mergelebene, auf welcher kaum ein Grashalm gedeiht, daher auch kein Tierleben. Man sieht gegenüber *es-Sebbe*, *el-Mersed* u. s. w.; sogar der Frankenberg ragt hervor, auf der O.-Seite die Mündung des *Môdschib* (Arnon) und des *Zerḳâ Ma'în* (Callirrhoë).

Das wilde *Wâdi el-Kerak* aufwärts in 55 Min. zum Plateau von *Derâ'a;* nach 52 Min. eine bebaute Ebene. 14 Min. r. *Tell ed-Derâ'a;* nach 9 Min. erblickt man den schönen Bach *Sêl ed-Derâ'a;* oben *Ḳal'at Abu Hind*. In 30 Min. zu den Ruinen *el-Gabon* hinan; nach 1¾ St. erblickt man *el-Kerak*. 20 Min. Plateau *Umm Sidre;* 20 Min. Quelle *'Ain Dschammâm;* 10 Min. Quelle *'Ain es-Saḳḳa*. Nach 35 Min. steht man über dem *Wâdi Sahûr* vor dem Bach von *el-Kerak*. In 40 Min. erreicht man den Grund des *Wâdi Meddbe*, in 35 Min. die nö. Ecke der Stadt *el-Kerak*, in die man durch einen Bogengang, der 6,4m h., 9m br. in den Felsen gehauen ist, eintritt (s. S. 193).

12. Petra.

Der Landstrich s. vom Toten Meere ist wissenschaftlich noch nicht genügend durchforscht worden, da die Gegend durch die verschiedensten Beduinenhorden, deren Grenzgebiet hier liegt, unsicher gemacht wird. Der Besuch von Petra erfordert eine mühsame, kostspielige und, von den Ruinen von Petra selbst abgesehen, kaum lohnende Reise, die am zweckmäßigsten mit der großen, aber nur sehr vereinzelt gemachten Rundtour Kairo-Suez-Sinai-Jerusalem verbunden wird. Dieselbe kann nur mit einem gut erprobten Dragoman unternommen werden.

Man wird von 'Aḳaba bis Petra 4 Tage, für den Aufenthalt in Petra

2-3 Tage, und von **Petra** bis Hebron (auf dem direkten Weg) 6-7 Tage (über Dschebel Usdum, Masada und Engeddi noch weitere 3-4 Tage) gebrauchen, also eine mindestens 14tägige Tour, die am besten zu Kamel (vgl. S. xxii u. 362) unternommen wird. Unerläßlich ist es, vorher auf dem Konsulat (in Jerusalem, Suez oder Kairo) über die jeweilige Lage der Dinge, die Sicherheit des Weges etc. genaue Erkundigungen einzuziehen, und keinesfalls ohne zuverlässige Bedeckung zu reisen. Führer und Eskorte nimmt man am besten aus dem Stamm der *'Alawîn*. Übrigens werden die Führer, je nach den Umständen und Jahreszeiten sich richtend, nicht immer den nämlichen Weg einschlagen, daher wir nur im allgemeinen Richtung und Routen hier anführen. — Über Preise läßt sich für diese Tour gar nichts festsetzen. In dem Kontrakt muß besonders betont werden, daß der Dragoman nicht allein alle Unterhandlungen mit den Arabern zu führen hat, sondern auch die diesen zu zahlenden Abgaben in dem ausgemachten Preise einbegriffen sind.

Litteratur: Voyage dans l'Arabie Pétrée par *Léon de Laborde et Linant* etc., Paris 1830, groß Folio mit vielen Kupfern, eig. ein Anhang zu desselben Verfassers Voyage en Syrie, Paris, Didot, 1842 vollendet; *Duc de Luynes*, Voyage aux bords de la mer morte etc. (Paris o. D.); *Palmer*, the Desert of the Exodus (Cambridge 1871), auch deutsch u. d. T.: Der Schauplatz der vierzigjährigen Wüstenwanderung Israels (Gotha 1876); *Visconti*, Diario di un viaggio in Arabia Petrea (Roma 1872).

Das eigentliche *Thal von Petra* ist von N. nach S. gegen 1370m l., im N. c. 460m br., im S. 230m. Der Thalgrund ist nicht ganz eben; kegelförmige Hügel ragen an dem Bachlauf *'Ain Mûsa*, welcher von SO. kommend quer hindurchläuft, hervor. Sehr merkwürdig ist die Einschließung des Thales von allen Seiten durch beinahe senkrechte Felsen, die im O. und W. ziemlich hoch sind. Diese Felsen bestehen aus Sandstein der verschiedensten Färbungen (vgl. S. lxv) und enthalten viel Salpeter. Das ganze Terrain ist sicher der Boden eines ehemaligen Sees; die Gewässer haben sich tiefe Ein- und Ausgänge durch die Felsen gebahnt.

Geschichtliches. Der Name Petra stimmt mit dem hebräischen *Sela'* II. Kge. 14, 7; Jes. 16, 1 überein; der hebräische Name war noch den Arabern als Name der Burg bekannt. Petra ist eine *alte* Handelsstadt, die den Verkehr Arabiens mit dem N. und W. vermittelte. Seine Lage war außerordentlich günstig, da die Stadt schwer zugänglich und daher den Raubzügen der Beduinen weniger ausgesetzt war. Die ansässige Bevölkerung jener Gegenden bestand seit dem zweiten Jahrh. v. Chr. aus Nabatäern (vgl. S. lxxi). Ihnen waren auch die arabischen Wanderstämme der Umgegend teilweise unterworfen. Kultus und Kultur der ansässigen Bevölkerung war jedenfalls arabisch. Athenäus, Feldherr des Antigonus nahm 310 v. Chr. die Stadt durch Überfall ein, während die Männer auf einem benachbarten Markte waren; aber durch einen nächtlichen Angriff vernichteten sie bei ihrer Rückkehr das Heer der Griechen. Ein zweiter Einfall unter Demetrius mißglückte, da die Bewohner gerüstet waren. Strabo beschreibt die Lage Petras als Hauptstadt der Nabatäer genau und berichtet, daß sich viele Römer dort niedergelassen hätten. Seit Pompejus (Gabinius) stand Petra unter römischer Oberhoheit. Im J. 105 finden wir das peträische Arabien als römische Provinz unter Trajan. Hadrian scheint der Stadt Privilegien verliehen zu haben; sein Bild findet sich auf Münzen der Stadt. Das Christentum fand frühzeitig Eingang; Bischöfe von Petra werden bei Gelegenheit der Konzile erwähnt. Im vierten Jahrh. war der Glanz Petras dahin; der Handel hatte teilweise andere Wege gefunden, und die Araber der Wüste begannen sich hervorzudrängen. Bei der endlichen Eroberung des Landes durch die Araber ist gar nicht mehr von Petra die Rede; die Stadt muß damals schon ganz unbedeutend oder verschwunden gewesen sein. Seetzen war der erste, der wieder Mitteilungen darüber brachte.

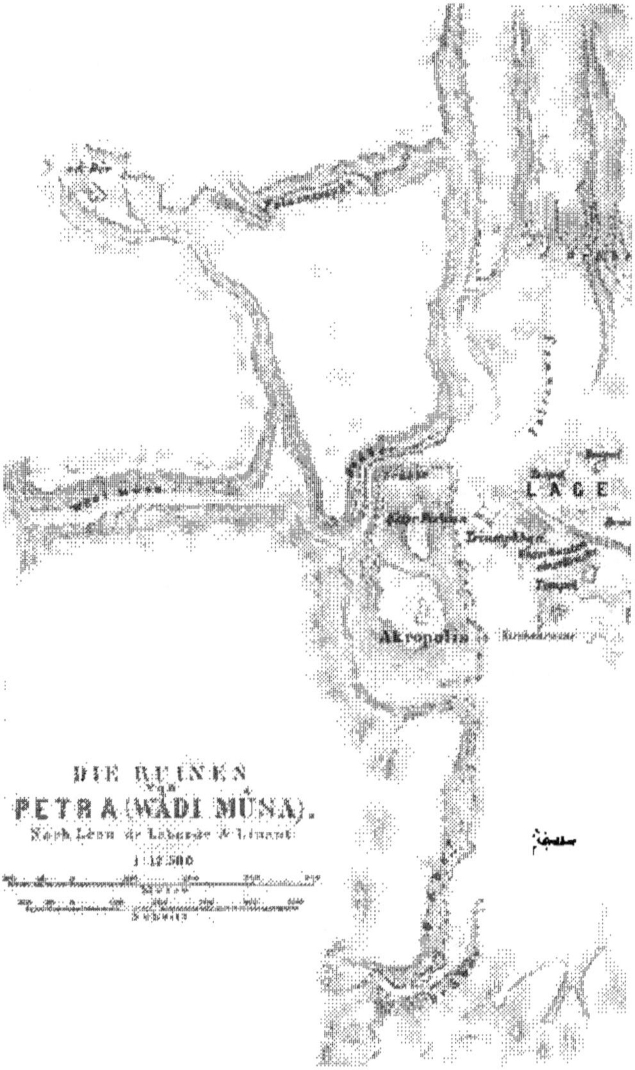
DIE RUINEN
von
PETRA (WÂDI MÛSA).
1:12500
Akropolis
LAGE

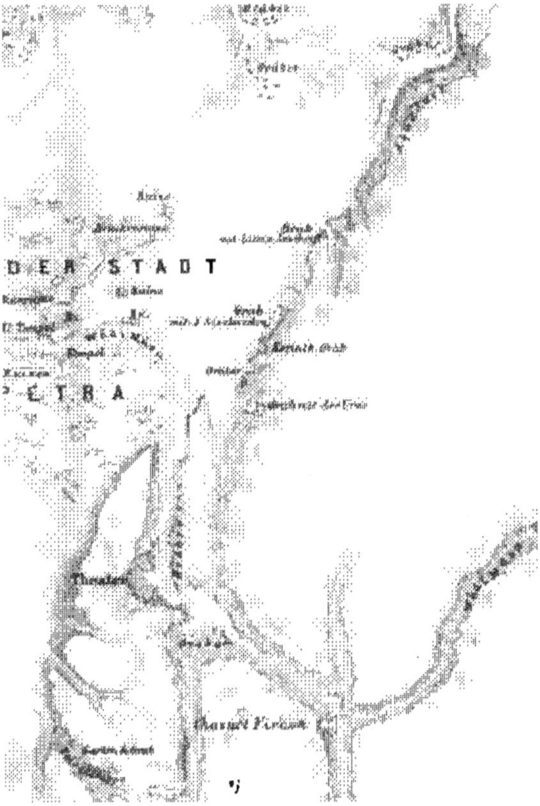

D E R S T A D T
Theater

Der allgemeine Charakter von Petra ist der des gesunkenen römischen Baustils des 3. und 4. christlichen Jahrh. Die Architektur arbeitete damals bereits nicht mehr auf schöne Linien hin, sondern auf theatralischen Effekt; Überladung und Schwulst sind daher unverkennbar. Der Stil in Petra erinnert bisweilen merkwürdig an spätere Barockbauten des 17. und 18. Jahrh. Dennoch machen die Monumente von Petra einen großartigen Eindruck, da sie beinah sämtlich in den Felsen eingehauen sind. Griechisch-römische Kunstformen sind hier gepaart mit inländischen; zu letzteren gehören die abgestumpften Grabpyramiden, die Giebel an den Grabportalen; charakteristisch an diesen Portalen sind die Urnenverzierungen. Man meint bisweilen sogar den Einfluß ägyptischer Kunst zu spüren. Die Kapitäle der Pilaster sind teilweise roh.

Den Namen *Wâdi Mûsâ* trägt das Thal von Petra, weil hieher der Schauplatz der im Korân erzählten Geschichte verlegt wird, nach welcher Moses den *Stein* (Petra?) schlug oder warf, worauf 12 Quellen hervorsprudelten. So Jâkût, der arab. Geograph; bereits Eusebius deutet auf eine ähnliche Sage hin. Die heutige *Mosesquelle* entspringt beim Dorf *Eldschi* und bildet, w. das Thal hinunterlaufend und sich mit einem andern Bache vereinigend, den Bach des Wâdi Mûsâ.

Von den Bauten der alten Stadt ist wenig Kenntliches mehr vorhanden. Von W. aus dem l. Bachufer nachgehend, kommt man zu den Resten eines großen Gebäudes, die der Volksmund *Kasr Fir'aun*, „Pharaos Schloß" nennt. Die Umfassungsmauern mit Balkeneinsätzen sind beinahe vollständig erhalten, die Säulen der n. Façade jedoch verschwunden. Ö. davon ein *Triumphbogen*. Die architektonischen Verzierungen beider Monumente stammen aus der gleichen späten Epoche, wie aus den Facetten des Triumphbogens verglichen mit dem Friese des Palastes hervorgeht. — Gegen O., dem Bachufer entlang weitergehend, sieht man die Unterbauten einer Brücke, r. davon Überreste eines *Tempels*, auf der Ebene die Apsis einer Kirche bei einer einsamen *Zibb Fir'aun* genannten Säule; im W. auf einem Hügel Ruinen einer Burg.

Das größte Interesse nimmt die Nekropole in Anspruch. Mit merkwürdiger Beharrlichkeit und Eleganz zugleich sind die allerdings weichen Felsen überall ausgemeißelt worden. Hoch oben an den Felsen entdeckt man überall Eingänge zu Grabkammern, die heute unzugänglich sind. Die Steinhauer müssen hier ihre Arbeit vermittelst Leitern verrichtet haben. Die steilen Wände im O. und W. des Hauptthales sind natürlich am meisten benutzt worden; jedoch sind auch die Klippen der zahlreichen Seitenthäler und Felsvorsprünge in gleicher Weise behauen.

Geht man vom *Zibb Fir'aun* (s. oben) der SW.-Schlucht zu, so findet man an der Felswand ein merkwürdiges unvollendetes Grab, das uns die Art verrät, wie die Petraer ihre Felsengräber von oben nach unten ausmeißelten, wahrscheinlich nachdem sie erst den Plan an die Felswand gezeichnet hatten. Nur einige plumpe Kapitäle sind in der Wand sichtbar. In der SW.-Schlucht bemerkt man einige ganz vom Felsen losgelöste Monumente, welche an die jüdischen Gräber des Josaphatthales erinnern (S. 99). Auch hier ist die umgebende Felswand glatt ausgehauen. Sehr schön erhalten sind die kleinen Felsentreppen, welche bisweilen an den Wänden zu hochgelegenen Graböffnungen hinaufführen.

Auch das SO.-Thälchen bietet einige Grabmäler, dabei auch eine Felsentreppe. Am merkwürdigsten ist aber die vom Bache *'Ain Mûsâ* durchströmte Schlucht. Von N. hineingehend, findet man zuerst Gräber l., dann bei der Biegung des Thales nach O., wo dasselbe schmäler wird, ein wundervolles, ganz aus dem Felsen gehauenes *Amphitheater*, den Stolz von Petra. Sein Durchmesser beträgt 36m; 33 Sitzreihen erheben sich eine über der andern in der dahinter liegenden Klippe mit Platz für wohl 3000-4000 Zuschauer. Oberhalb der Sitze sind kleine Kammern wie Bogen in den Felsen eingehauen. Die Aussicht von der obersten Sitzreihe auf das Thal nach N. ist herrlich; überall erblickt man Gräber. Heute fließt der Bach durch die Bühne des Theaters. — Die Felsen treten nun enger zusammen, die Klippen werden steiler. Die Façaden der Gräber leisten an Mannigfaltigkeit das Mögliche. Gegenüber dem Theater findet sich eine große Façade, vor welcher, augenscheinlich mit großer Mühe, der ansteigende Fels ausgehauen worden ist. Über dem Giebel der großen viereckigen Thüre sind Stufen angebracht, die von dem Mittelpunkte aus nach den Ecken laufen. Oft sieht man verschiedene Grabmäler über einander, einige einfacher, andere mit Säulen und Giebeln verziert. Weiter gelangt man zu einem Punkt, wo kleinere Thälchen von l. und r. einlaufen, und nach O. zu der *Sîk*, der eigentliche Engpaß, eine natürliche Felsenspalte, beginnt. Plötzlich springt an der w. Klippe die sog. *Chaznet Fir'aun*, Schatzkammer Pharaos hervor.

Es ist fraglich, ob diese c. 26m h. Façade nur einem Grabe und nicht vielmehr einem Tempel angehört hat. Das vorzügliche Detail ist, geschützt durch den überhängenden Felsen, der nicht fertig ausgemeißelt ist, wohl erhalten. Dazu kommt die schöne rötliche Farbe des Steins und die malerische Lage. Die Kapitäle der Vorhalle, von welcher noch 5 (von 6) Säulen stehen, das darüber hinweg laufende Gesims und der mit einem römischen Adler geschmückte Giebel zeugen von sorgfältiger Arbeit. Das zweite Stockwerk ruht ebenfalls auf Säulen, hat aber gebrochene Giebel. Zwischen denselben ein schlanker, gerundeter, auf Säulen ruhender Turm mit reich verziertem Architrav, der eine Kuppel trägt; auf dem Schlußstein der letzteren steht eine mächtige Steinurne; die Beduinen glauben, in dieser Urne sei der Schatz Pharaos enthalten. Die Nischen und Wandfüllungen sind mit herrlichen Skulpturen meist weiblicher Gestalten ausgestattet, die Enden der Giebel mit Adlern. Die Skulpturen des unteren Stockwerks sind durch den Vandalismus der Beduinen beschädigt. — Durch das Portal tritt man in eine geräumige Felsenkammer von 10 Schritt im Geviert und 8m Höhe; die Felswände sind glatt und ohne Ornamente, ebenso die drei Nebenkammern.

Der *Sîk* bildete in alter Zeit den einzigen Zugang der Stadt Petra. Es ist eine enge Kluft, zu beiden Seiten von 45-60m, weiter hinten von 25-30m hohen Klippen eingefaßt, die teilweise von Menschenhand bearbeitet sind. Der Thalboden ist mit Oleanderbüschen besetzt; aus den Felsritzen wachsen wilde Feigen und Tamarisken hervor. Das Wasser wurde in Leitungen zur Seite des Bachbettes zur Stadt geführt, wovon noch viele Spuren vorhanden sind. Der Boden des Durchgangs war gepflastert. Gegen das Ende dieses Engpasses überspannt ein malerischer, 15-16m hoher Brückenbogen die Kluft; unter demselben sind zwei mit Pfeilern verzierte Nischen in den Felsen gehauen. In einem Nebenthälchen w. findet sich ein Pyramidengrab; weiter w. ein Grab nebst Felsentreppe.

Wir kehren zum Ausgang der Schlucht zurück. R. erhebt sich ein der Chazne ähnliches Denkmal, das *Grab mit der Urne*. Auf die viereckige Terrasse vor dem Monument stieg man vermittelst Stufen. Zwei Reihen von je 5 ionischen Pilastern bilden eine Art Porticus. Über der Thüre ist ein Fenster, darüber noch drei andere. Die Urne steht auf einem Gestell über dem Fries. Im Innern befindet sich ein viereckiger, wohl 15m langer Raum. N. hiervon, indem wir einige weniger bedeutende Gräber überspringen, finden wir das *korinthische Grab*, getragen durch einen Unterbau von acht korinthischen Säulen, das aber im ganzen weniger fein ausgeführt ist und mehr der Zerstörung ausgesetzt war; sein Inneres enthält eine große und zwei kleine Kammern. Die Felswand an der O.-Seite der Stadt zeichnet sich überhaupt durch eine Fülle von Monumenten aus. Das großartigste ist die Façade von drei Stockwerken (Pl. *g*), von denen die beiden oberen mit Reihen von je 18 korinthischen Säulen geschmückt sind; ein Teil dieser Façade war gemauert, da er über den Felsen hinausragte; unten befinden sich vier Portale. Im Innern der Felsenkammern ist in der Regel wenig Schmuck; in einigen bemerkt man Altarnischen, die beweisen, daß diese Räume auch zu christlichem Gottesdienst verwendet worden sind. Nach N. zu liegt das *Grab mit der lateinischen Inschrift* von Quintus Praetextus Florentinus. Auf der N.-Seite des Thalbeckens sind Grabhöhlen ohne architektonische Verzierungen.

Vom WNW.-Winkel der Stadtarea läuft eine dem Siḳ ähnliche, sehr steile Schlucht stark aufwärts ins Innere des Gebirges hinein; an manchen Stellen sind Stufen in die Felsen oder längs der Seiten eingehauen. Nach vielen Krümmungen des Weges (Führer ratsam) erreicht man in $^1/_2$ St. das *Dêr* (Kloster) hoch unter den obersten Felszacken. Der Berg *Hôr* türmt sich in vereinzelter Majestät gegenüber empor. Die Verhältnisse des Denkmals sind noch größer, als die der Chazne, der Stil jedoch ist schwülstig; die concave Schweifung unter dem convex hervorstehenden Rondel ist ein in der Neuzeit öfters angewendeter Kunstgriff. An den Kapitälen scheinen Metallverzierungen befestigt gewesen zu sein. Nur die wilde Umgebung bewirkt, daß sich das Monument gut heraushebt. Eine große künstlich geebnete Area liegt davor. Im Innern sind nur nackte Wände mit einer Nische, wie für einen Altar bestimmt. In die anstoßenden Klippen sind an verschiedenen Stellen Treppen eingehauen; der hohe Felsen dem Dêr gegenüber hat auf dem Gipfel eine geebnete Fläche mit einer Säulenreihe.

Dies die hauptsächlichsten Monumente von Petra. Ihre Lage inmitten der Wildnis erhöht entschieden den Eindruck der Großartigkeit dieser Bauten. Zu der gänzlichen Zerstörung und Vereinsamung vgl. die Schilderung des Propheten Jer. 49, 16.

Auch in der Umgebung von Petra sind interessante Punkte mit Altertümern: in *el-Beiḍa* und *el-Bârid* (3 St. N.) ein Sîk und bedeutende Felshöhlen, die denen von Petra gleichen. — Im *Wâdi Ṣabra* s. von Petra finden sich die Trümmer einer Ortschaft, die wohl als Filiale der Hauptstadt die Luxusbauten derselben wenigstens nachzuahmen strebte. Ruinen eines Theaters oder einer Naumachie. O. von Petra liegen die ersten Städte Arabiens, so *Ma'ân*. Noch heute spielt diese Stadt eine Rolle, da sie auf der Pilgerroute von Damascus nach Mekka liegt.

Wege nach Petra.

Über 'Aḳaba vgl. Baedekers Ägypten I.

Von 'Aḳaba nach Petra. Von 'Aḳaba, (dem alten Elath, in der Nähe von Ezion-geber) in 4 Tagen die 'Araba hinauf über *'Ain Ġarandel* nach Petra (Führer etc. s. S. 147). Interessanter ist die Route mehr ö. durch das *Wâdi Ḥitem* auf die große Ebene *Kûra* (1. Tag), woselbst Reste einer Römerstraße nach N. führen. 2. Tag: man sieht das Fort *Kuweira* in der Ebene (6½ St.); am Ende derselben Lager der Sbê'beduinen. 3. Tag: *Wâdi Umm Aḥmed* mit vielen alten Terrassen, und *'Ain er-Resde*; nach 6 St. römischer Aquädukt und zwei Festungswerke. 4. Tag: das *Wâdi Umm Aḥmed* hinauf nach *'Ain Radschaf*, *'Ain Ḥazâle* und *Wâdi Mûsâ*.

Von Dschebel Usdum nach Petra (18-20 St.). Am Fuße des Dschebel Usdum und am Rande der *Sebcha* (S. 147) reitet man gegen SW. Nach 1 Stunde erreicht man das S.-Ende des Rückens; selbst hier noch liegt Treibholz. Nach 10 Min. wieder Spuren von Vegetation. Nach 20 Min. r. die salzige Quelle *'Ain el-Bêḍâ* zwischen Rohrgebüsch. Nach 20 Min. überschreitet man das von W. herunterkommende *Wâdi el-Em'dz*. Nach 45 Min. abschüssige Klippe, welche den Anfang des quer über das Thal laufenden Höhenzugs bildet. Diese ausgewaschenen Hügel von 15-45m Höhe, welche man nach SO. verfolgt, bestehen aus weicher Kreide oder verhärtetem Mergel. Die etwas salzhaltigen Quellen befördern eine reiche Vegetation von Tamarisken, Nebkbäumen und verkrüppelten Palmen. Nach 45 Min. ziemlich salzfreier Bach, der von der Quelle *'Ain el-'Arûs* ausgeht. Jenseits des Ġôr sieht man das *Wâdi et-Tafîle* und *Wâdi Ġarandel* (letzteres nach den Ruinen der alten Bischofsstadt *Arindela* benannt). Nach 1 St. gelangt man zu dem Punkt, wo die Klippenreihe l. nach O. zu über das etwa 1 St. breite Thal hinüberläuft. Nach 1 St. wendet sich das Thal nach S. (in der Ferne der Berg Hôr bei Petra). Nach 5 St. Anfang der wellenförmigen *'Araba*, einer ausgedehnten kahlen Wüste, nur spärlich mit einzelnen Sträuchern (*Ġaḍa*) bedeckt; der Boden besteht aus losem Kies und Steinen und ist von Bachbetten durchfurcht; nur bei den Quellen (im W. *'Ain el-Wêbe*, S. 153; im N. *'Ain el-Ġuwêre*) ist einiges Grün. Nach 2 St. 40 Min. *Wâdi el-Buwêride*; man biegt nun mehr nach SO. ab; nach 1 St. 40 Min. Quellen mit Vegetation. Man kreuzt die 'Araba in der Richtung nach O. Die Wasserscheide, welche hier das Thal schneidet, ist an ihrer niedrigsten Stelle 240m über den Spiegel des Mittelmeeres erhaben, sodaß der Gedanke an eine vormalige Verbindung des Toten Meeres mit dem Roten Meere vollständig dahinfallen muß (vgl. S. 171). Das Thal, jetzt eine schreckliche Einöde, hat ohne Zweifel einst als Verkehrsweg gedient, als die alte Stadt Ezion-geber in der Nähe des heutigen 'Aḳaba der Ausgangspunkt des edomitischen und israelitischen Seehandels war. Im W. liegen die Züge des *Dschebel et-Tîh*, im O. vor uns die Gebirge *esch-Scherâ* (S. 153). In 3 St. durchschreitet man das Thal der 'Araba, gegen SO. ansteigend. An manchen Stellen liegen Steinhaufen; die Beduinen, wenn sie gelobt haben, dem Andenken Aarons ein Schaf zu schlachten, führen ihr Opfer nur so weit, bis sie Aarons Grab auf dem Berge Hôr erblicken; dann schlachten und essen sie es und verbergen das Blut unter Steinen. — Man verläßt sich nun, den Hôr s. umgehend, in das gewundene *Wâdi Rubâ'i*. Dasselbe ist von Hügelketten eingefaßt, die aus buntem Sandstein und Kreidekalk bestehen, und enthält manche Höhlen; in der Thalrinne wachsen Tamariskenbüsche, ebenso der Kaperustrauch und eine prachtvolle Orobanche mit großen, gelb und blauen Blüten.

Der Berg Hôr besteht aus einem bunten Sandstein, in welchem hellere und dunklere, braungelbe und rötliche Streifen wechseln. Aus der körnigen Hauptmasse stehen kleinere und größere Kegel hervor, in deren Innerem die bunten Lagen sich concentrisch fugen. Das Gebirge ist von senkrechten Klüften durchschnitten. Der Gipfel des Hôr (steiler Weg) ist ein doppelter: auf dem O.-Gipfel, 1329m ü. M., steht das (bewallfahrtete) *Grab Aarons (Kabr Hârûn)*. Nahe am Gipfel eine Schlucht, in welcher Stufen hinaufführen und Ruinen, wohl von einem ehemaligen Klostergebäude. Das Grab Aarons ist ein modernes muslimisches Heiligtum, ein elendes viereckiges Gebäude; ebenso ist der Sarg ganz modern. Doch bemerkt man in der Mauer Säulenstücke und im NW.-Winkel führt ein Gang aus der Kapelle in ein unterirdisches Gewölbe hinunter (Licht mitnehmen). Die Tradition, daß Aaron hier begraben sei (IV Mos. 20, 28 etc.), ist alt; schon Josephus spricht davon. Viele arabische und hebräische Inschriften rühren von den Pilgern her. Sehr merkwürdig ist die Aussicht, namentlich auf die Gräberstadt Petra und in die Schluchten und Spalten der Gebirge, w. auf die kahle Wüste der 'Araba. Das Begraben auf dem Gipfel der Berge ist noch heute eine bei den Wanderstämmen der Wüste aus dem Altertum her bewahrte Sitte. — Vom Beginn der 'Araba bis zur NW.-Ecke von Petra beträgt der Weg c. 3 St.

Von Petra nach Hebron (42 St.). Nach *'Ain el-Wibe* entweder direkt über die 'Araba 18 St., oder auf einem Umweg: durch die Ebene *Nufâh Bêda* (3 St.) zur Höhe des Passes *Nemela* (3 St.) mit schöner Aussicht. In 45 Min. am Fuß des Berges; an die Stelle des Porphyrs, aus dem derselbe besteht, tritt wieder Kalkstein. Über steinige Abhänge führt der Weg in die 'Araba hinunter (2 St.). Nach 2 St. 20 Min. *Wâdi es-Bekâkin*, dessen Bett man verfolgt bis an den Punkt, wo es einige quer über die 'Araba laufende Kieshügel durchbricht. Dann WNW. über die wellenförmige Kieswüste in $2^{3}/_{4}$ St. zum *Wâdi el-Dscheib* (an der W.-Seite der 'Araba) und etwa 30m tief in dasselbe hinunter. Das Thal ist hier $^{3}/_{4}$ St. breit; wo es sich wieder an den W.-Bergen hebt, liegt *'Ain el-Wibe* mit drei Quellen; etwas Vegetation, auch einige Palmbäume. Das Wasser ist etwas schwefelhaltig und warm; die s. Quelle ist die beste.

Von *'Ain el-Wibe* gelangt man entweder über den Paß *Mirzâba* ($2^{1}/_{2}$ St.) und *Wâdi Fikre* ($7^{1}/_{2}$ St.) oder (weiter ö.) über den Paß von *el-Charâr* ($6^{1}/_{2}$ St.) und *Wâdi Fikre* (2 St.) zum Paß *es-Safâ* ($^{1}/_{2}$ St.). Man erreicht den Gipfel des Passes in 1 St. Aussicht auf eine furchtbare Einöde. Zur Ebene *el-Tardîbe* 2 St., dann *Wâdi el-Jemen* (2 St.); nach 20 Min. l. Ruinen von *Kurnub*; man ersteigt die Höhe *Kubbet el-Baul* ($2^{1}/_{4}$ St.), dann in das Becken von *'Ar'âra* hinab (*'Aroer* 1. Sam. 30, 28); Spuren von Landbau beginnen ($^{1}/_{2}$ St.). — Nach 35 Min. Ruinen *el-Kusêr*, 1 St. 40 Min. *Tell Milh* (*Molada* Jos. 15, 26, Neh. 11, 26). Nach 1 St. 50 Min. l. Ruine *Makhûl*; nach 2 St. 10 Min. sieht man *'Attîr*, (*Jattir* Jos. 21, 13. 14). Nach 1 St. l. *Râfât* mit alten Ruinen; 20 Min. *Semû'a* (*Eschtemoa* Jos. 15, 50; I Sam. 30, 28), Ruine eines arabischen Kastells. 5 Min. sw. vom Dorf Grabmonument aus früh-byzantinischer Zeit; nach 45 Min. *Jaṭṭa* r. (S. 116); nach 1 St. unten im *Wâdi el-Chalîl* (Hebronthal); 15 Min. *Kirkis*, dann r. die Höhe hinauf (45 Min.). Hier beginnen die Felder und bald auch die Baumgärten von *Hebron*, das man nach $1^{1}/_{4}$ St. erreicht.

Von Petra nach el-Kerak (29 St.), Bedeckung nötig. Von Petra über *Eldschi* in $6^{1}/_{2}$ St. nach *Schôbek*, Hauptort des Distrikts *esch-Scherâ*; hier war das von Balduin I. gebaute Kastell *Mons regalis* oder *Mont royal*. Das heutige Kastell ist arabischen Ursprungs, Reste einer Kreuzfahrerkirche. Von hier $6^{1}/_{2}$ St. zu den Ruinen von *Ġarandel* (S. 152; wohl erhaltene Römerstraße). 3 St. *Buṣêra* (Klein-Bosrâ, I Mos. 36, 33; Jerem. 49), im Distrikt *Dschebâl* (= Gebalene); unbedeutende Ruinen.

Von hier in $2^{1}/_{4}$ St. nach *eṭ-Ṭafîle* (*Tophel*, V Mose 1); großes Dorf mit ungefähr 600 Häusern, dessen Schêch dem Namen nach Häuptling des Distriktes *Dschebâl* ist. Die Umgebung ist wasserreich und fruchtbar. Dann NW. über das Dorf *'Aime*, vorbei an Ruinen *el-Kerr* (1 St.), und Quelle *'Ain el-Kasrîn*, das *Wâdi el-Ahsa* ($2^{1}/_{4}$ St.), im untern Lauf *Kardhi* genannt. Hier beginnt der Distrikt von Kerak, das Gebiet des alten Moab. Auf der N.-Seite des Thales bergan; nach 2¾ St. *Chanzire*, 1 St. *'Ordk*, 1 St. *Keterabba*. Nach ¾ St. auf dem Gipfel des Hügelrückens schöne Aussicht. Dann in das Thal *'Ain Frandschi* hinunter; jenseits in 1½ St. nach el-Kerak. — Die Dorfbewohner dieser Gegend stehen in Sitte und Sprache den Beduinen viel näher als die Bauern des Westjordanlandes.

13. Von Hebron nach Bêt Dschibrîn und Gaza.

Für die Tour ist die Begleitung eines Chaijâl nötig (S. xxxix). Führer angenehm. — Von Hebron nach Gaza direkt ist eine Fahrstraße im Bau, aber bis Ende 1890 nur zum kleinsten Teil vollendet.

1. Von Hebron nach Bêt Dschibrîn (4¾ St.).

22 Min. von Hebron biegt man vom Wege zur trad. Eiche (S. 142) r. ab; nach 8 Min. Reste einer Wasserleitung; nach 5 Min. läßt man einen Weg r. liegen. Nach 15 Min. steigt man in das *Wâdi el-Frandsch* (Frankenthal) hinunter, nach 40 Min. Quelle; bald darauf l. oben *Dûra* (*Adoraim*, II Chron. 11, 9; man zeigt hier das Grab des Erzvaters Noah s. auch S. 337) und *Taffûḥ* = *Beth Thappuah* (Äpfelhaus) Jos. 15, 53. Im Thal hinabsteigend in 25 Min. zur Quelle *'Ain el-Uff*; nach 35 Min. breite grüne Thalebene; l. oben zwischen Ölbäumen das Dorf *Terkûmîje* (*Trikomias*, geringe Überreste aus dem Altertum). Nach 1 St. 40 Min. umgeht man das Dorf *Bît Dechân*. Dann reitet man ein kleines Thal wsw. hinauf und erreicht nach 12 Min. die Olivenwälder von Bêt Dschibrîn und nach 20 Min. die Ruine vor dem Dorfe.

Bêt Dschibrîn. — Geschichtliches. Man hat in *Bît Dschibrîn* das alte *Libna* (Jos. 10, 29; II Kön. 19, 8) gesucht. Sicher ist die Identität mit dem alten *Betogabra*. Eine Stadt dieses Namens wird zuerst von Josephus erwähnt (allerdings ist der Name im Text verdorben); Ptolemäus nennt den Ort bei seinem rechten Namen. Das alte Betogabra ist identisch mit *Eleutheropolis*. Dieser Name („Freistadt") rührt vermutlich von den Gerechtsamen her, welche Septimius Severus 202, als er den Orient bereiste, auch dieser Stadt, einem großen Centralpunkte, verlieh. Früh soll das Christentum hier gepredigt worden sein; die Namen der Bischöfe sind theilweise bekannt. Die Kreuzfahrer fanden den Ort zerstört. Unter Fulko von Anjou 1134 wurde hier eine Citadelle erbaut und deren Verteidigung den Johannitern übertragen. Die Franken nannten den Ort *Gibelin*; von Beibars wurde er 1244 definitiv erobert. Die Festung wurde 1551 hergestellt.

Bît Dschibrîn (Haus des Gabriel) liegt zwischen drei Hügeln, w. *Tell Burnat*, sö. *Tell Sandaḥanne*, nw. *Tell Sedeide*, die wahrscheinlich einst befestigt waren. Das Dorf (c. 900 muslim. Einw.; kleine Besatzung) nimmt ungefähr ein Drittel des Raumes der alten Stadt ein. In den meisten Häusern sind Trümmer alter Gebäude eingemauert. Viele Münzen, teilweise mit der Inschrift Eleutheropolis, werden dem Fremden zum Kauf angeboten. Von der alten Stadtmauer (aus der Kreuzfahrerzeit 1134?) existiert noch ein Teil im N.; ein Graben lief der Mauer entlang. Im NW. und O. waren zwei Forts; das ö. Fort ist unter dem muslimischen Begräbnisplatz verschwunden; Säulenstücke, ein großes schönes Portal und ein Wasserreservoir sind noch vorhanden. Das Fort im NW. stand auf einer Erhöhung; die älteren Unterbauten sind von dem späteren Bau leicht zu unterscheiden. Über der Hauptthüre ist eine Inschrift vom J. 1551 (958 d. Fl.). An jeder Ecke war die Festung von einem Turme flankiert. Heute tritt man durch verschiedene Breschen in das Innere, woselbst außer einer schönen Cisterne viele gewölbte Räume vorhanden sind, die als Wohnungen für Menschen und Vieh benutzt werden. Im S. läuft von O. nach W. eine Galerie, ursprünglich Seitenschiff einer Kirche. L. und r. stehen je 5 Pfeiler, ehemals alle mit weißen Marmorsäulen (noch sechs derselben, mit korinthischen Kapitälen versehen, sind erhalten); die Arkaden bestehen aus Spitzbogen. Außerhalb der Umfassungsmauer stehen noch zwei entsprechende Säulen. Einige Familien wohnen jetzt im Schlosse. (Trinkgeld einige Pi.)

Das größte Interesse nehmen die **Felshöhlen** (*'ôrâk* oder *'arâk*) in Anspruch, deren Gebiet bei Bêt Dschibrîn beginnt und sich weit in der Umgebung fortsetzt (vgl. S. 162). Der Kirchenvater Hieronymus sagt, daß in dieser Gegend einst die *Hôrim*, die Berg- oder Höhlenbewohner gelebt hätten, und daß auch die Idumäer von hier bis nach Petra wegen der großen Hitze in Höhlen gewohnt hätten. Es ist kaum zu bezweifeln, daß die Höhlen dieses Distriktes alt sind; ihre Menge und ihre gleichmäßige Ausführung lassen schließen, daß sie als Wohnungen benutzt worden sind. Man hat zwar auch daran gedacht, daß manche dieser Höhlen als Kirchen gedient haben könnten, da sie gegen O. gerichtete Apsen haben und öfters Kreuze an den Wänden eingehauen sind. In den Höhlen, wo letzteres der Fall ist, trifft man gewöhnlich auch muslimische Inschriften. Obwohl der Stein, eine Art grauer Kreide, nicht gerade hart ist, so ist doch die Kunstfertigkeit zu bewundern, mit welcher die Gewölbe eingehauen sind. Die Höhlen bestehen aus runden Kammern mit glockenförmigen Gewölben, sie messen 6-15m im Durchmesser und stehen häufig untereinander in Verbindung; losgelöste Pfeiler stützen das Dach. Die Höhe beträgt 9-12m. In jede Höhle dringt Licht von oben durch eine cisternenartige Öffnung. In N.-Syrien trifft man Grabhöhlen von ähnlicher Form, nur kleiner. In vielen Höhlen sucht das Vieh eine Zuflucht, und zwar nicht bloß Ziegen, sondern namentlich auch Rinder, denn auf der alten Ebene Philistäas wird die Rindviehzucht noch heute, wie im Altertum, stark betrieben.

Folgender Spaziergang ist der lohnendste. Man gehe von dem Platze vor der Festung nach SO. über die Gräber und steige ein kleines Bachbett hinauf; bereits nach 5 Min. sieht man Höhlen unter sich. Diese Höhlen sind, nach den eingehauenen Nischen (fünf hinten, drei an der Seite) zu urteilen, später als Grabstätten benutzt worden. Die Nischen liegen 0,60m über dem Boden; hoch oben findet sich eine große Anzahl eingehauener Dreiecke (für Lampen?). Die runden Öffnungen oben sind teilweise im Laufe der Zeit erweitert; auch haben sich nach dem Einsturz von Höhlen Vorhöfe gebildet, innerhalb welcher die Pilaster der Höhlengruppen sich noch erhalten haben. — Weiter nach S. trifft man eine zweite Gruppe höherer Höhlen, in denen viele wilde Tauben nisten; in einer derselben ist ein Brunnen, und an mehreren Stellen tönt der Boden hohl. Die Felswände sind sehr glatt und von der Feuchtigkeit grün. Man bemerkt bisweilen roh eingemeißelte Kreuze sowie Inschriften aus den ersten Zeiten des Islâm (in kufischer Schrift). Von Höhle zu Höhle schreitend gelangt man so das Thal hinauf bis zu einer zerfallenen dreischiffigen Kirche, in gerader Linie 20 Min. vom Dorfe entfernt, von den Einwohnern *Mâr Hannâ* oder *Sandahanne* genannt. Die Grundbauten stammen aus byzantinischer Zeit; in der Kreuzfahrerzeit wurde der Grundplan geändert. Die Hauptapsis und eine Nebenapsis sind gut erhalten; die Fenster haben Rundbogen; schön gehauene Steine; dicke Mauern; auf beiden Seiten des Eingangs stehen Pilaster, unter dem n. Seitenschiff befindet sich eine Krypta mit Gewölben. Bei der Kirche liegt die Höhle *Marâret Sandahanne;* unweit w. die über 30m l. Passage *es-Sûk*.

20 Min. direkt s. von Bêt Dschibrîn liegt *Merdsch* (*Maresa* Jos. 15, 44); ganz zerfallene Ruinen. Der ganze Hügelzug von Mâr Hannâ ist von Felshöhlen durchsetzt, bes. auf der S.- und W.-Seite. Die Wände einiger Höhlen sind voll kleiner Nischen (Columbarien) in regelmäßigen Reihen; wozu diese gedient haben, ist nicht ersichtlich, da die Höhe, in welcher sie angebracht sind, den Gedanken ausschließt, daß es bloß Aufbewahrungsorte für Geräte u. a. gewesen seien; man hat vermutet, daß Schädel oder Aschenkrüge in die Nischen gelegt worden seien. — Außerdem findet man auf diesem Hügel eine große Menge schöner alter Cisternen mit teilweise erhaltenen Wendeltreppen. Solche sind auch in einigen Höhlen vorhanden.

---

2. Von Bêt Dschibrîn nach Gaza (c. 7 St.).

Den w. Höhenzug ersteigt man auf dem mittleren Weg in 15 Min. (Rückblick auf das Dorf). Nach 35 Min. sieht man r. im Felde das Welî des *Schêch 'Amer*, in der Ferne *Tell es-Ṣâfije* (S. 162). Die Gebirge Judas läßt man hinter sich und steigt über die letzten Ausläufer derselben allmählich in die Ebene hinunter, stets nach W. Nach 30 Min. l. der *Tell el-Manṣûra* mit einigen Ruinen. 30 Min. weiter *Tell el-Lâdsche* (eingefallene Höhlen *'Arâḳ el-Menschîje*; das Dorf liegt $1/4$ St. n.). Die Hügel *(tell)*, welche man in der Ebene trifft, sind wohl künstlich aufgeworfen. — Von hier quer durch die Ebene in sw. Richtung nach *'Adschlân* ($1^3/_4$ St.).

'Adschlân ist das antike *Eglon*; von Josua vernichtet (10, 34); später eine der Städte Judas in der Niederung. Bereits in der griechischen Übersetzung der Septuaginta wird Eglon mit Adullam verwechselt; Eusebius verlegt beide 4 St. ö. von Bêt Dschibrîn (s. S. 135).

Nach 45 Min. ein Bachbett, das s. gegen das große *Wâdi el-Ḥasi* abfließt; auf einem Hügel r. die unförmlichen Steinhaufen und viele Cisternen von *Umm Lâkis* (richtiger *Umm Latis*).

Die Stadt wurde früher fälschlich für *Lachis* gehalten. Amasia von Juda flüchtete infolge einer Verschwörung nach Lachis und wurde dort ermordet (II Kge. 14, 19). *Lachis* scheint eine wichtige Grenzfestung gegen Ägypten gewesen zu sein, nach Mich. 1, 13 auch eine Wagenstadt, woselbst, in der grasreichen Ebene, die jüdischen Könige die aus Ägypten bezogenen Pferde stationiert hatten. Es wurde von Sanherib belagert; man will den Namen der Stadt auf assyrischen Denkmälern gelesen haben. Nach Jerem. 34, 7 war es eine der letzten Städte, welche den Juden durch Nebukadnezar abgenommen wurden.

Nach 47 Min. erreicht man *Burêr* (hier kommen bereits Palmen vor). Dann gelangt man in das *Wâdi Simsim*; nach 40 Min. r. Dorf *Simsim* in einem Olivenwäldchen. Es wird hier viel Tabak und Sesam gepflanzt. In sw. Richtung reitend überschreitet man bald darauf das *Wâdi el-Ḥasi*. Nach 15 Min. sieht man l. das Dorf *Nedschd*, r. in der Ferne die Sandhügel gegen das Meer hin; 25 Min. r. *Dimre*; 45 Min. *Bêt Ḥanûn*. Nach 35 Min. gelangt man auf einen

Hügelrücken (Ruine); hier beginnen nach 40 Min. Baumgärten mit Palmen, nach 10 Min. die Stadt

Gaza. — Unterkunft (leidlich) im griech. Kloster (Empfehlung von Jerusalem wünschenswert). Zelte werden am besten beim Serâl aufgeschlagen. — Türkische Post, internationaler Telegraph.

Geschichtliches. a. **Die Philister.** In dem Lande *Pileschet*, d. h. der großen „Niederung" von 'Akkâ bis zur ägypt. Grenze, treffen wir in histor. Zeit ein Volk, das der Sprache nach zu der semitischen Völkerfamilie (S. LXII) gehört. Diese „*Pelischtim*", Philister waren jedoch unbeschnitten; vielleicht bezieht sich darauf die Bezeichnung bei den LXX als ἀλλόφυλοι („Leute anderen Stammes"). Amos 9, 7 u. a. werden sie aus *Kaftor* hergeleitet, das von manchen für Kreta gehalten wird. Man stützt sich hiebei darauf, daß Krethi in dem Ausdruck „Krethi und Plethi" II Sam. 8, 18 u. a. kretisch-philistäische Söldner bezeichnen soll. Die Philister müssen frühzeitig zu festeren Staatseinrichtungen gelangt sein, wenigstens treffen wir in der israelitischen Geschichte immer einen Bund der 5 Hauptstädte Gaza, Asdod, Askalon, Gath und Ekron. In den der israelitischen Königszeit vorangehenden Jahrzehnten hat dieses kriegerische Volk den Israeliten die Hegemonie in Palästina ernstlich streitig gemacht, ja lange über Israel geherrscht. Namentlich die Daniten, die fast mitten unter den Philistern wohnten, hatten viel von ihnen zu leiden. In welcher Art und Weise dieser fortwährende „kleine Krieg" geführt wurde, davon gibt uns ein köstliches Bild die frisch und lebendig erzählte Heldensage von Simson (Richter 13 ff.). Alle Nachrichten weisen darauf hin, daß die Philister an Kultur die Hebräer weit überragten. So hatten z. B. die Philister Streitwagen und Reiterei vor den Hebräern voraus (vgl. I Sam. 13, 5). Die Schwerbewaffneten trugen einen runden Helm von Kupfer, einen Kettenpanzer, eherne Beinschienen, einen Wurfspieß und eine große Lanze; jeder hatte einen Waffen- und Schildträger, wie die Griechen nach den homerischen Berichten. Die Leichtbewaffneten waren Bogenschützen. Die Philister hatten feste Lager; ihre Städte umgaben sie mit hohen Mauern; in das Land der Unterworfenen legten sie Garnisonen. Da sie auch kaufmännischen Sinn hatten und außerdem, daß sie mit den Phöniciern zur See konkurrierten, auch den Binnen- und Karawanenhandel zu beherrschen strebten, mußten sie die große Verkehrsstraße von Damascus her offen halten. — Die Hauptgottheit der Philister war Dagon (Marnas), der wie die weibliche Gottheit Derketo (Atergatis) Fischgestalt hatte. Ba'alzebûb, der Fliegengott in Ekron, genoß Ruf als Orakelgott.

Die Kämpfe mit den Philistern kräftigten und einigten die israelitischen Stämme (S. LXVI). Den ersten Königen, Saul und David, gelang es, die Fremdherrschaft endgültig zu brechen. Doch hatten auch noch die späteren Könige wiederholt mit den Philistern zu kämpfen. Bei dem Weltkriege zwischen Ägypten und Assyrien wurde die philistäische Ebene strategisch wichtig, daher sie auch als Zankapfel dieser Reiche viel zu leiden hatte. Auch die Philister wurden wohl (teilweise) ins Exil geführt; nach dem Exil ist der philistäische Staat verschwunden und nur noch die Städte haben einzeln ihre Bedeutung gewahrt; vollends nach Alexander haben sie keine Macht mehr. Philistäa wurde in den Kriegen der syrischen und ägyptischen Diadochen wiederum der Schauplatz heftiger Kämpfe. Noch unter den Makkabäern zeichneten sich die philistäisch-hellenischen Küstenstädte durch Feindschaft gegen die Juden aus; doch konnten die Makkabäer die philistäische Ebene dauernd unter ihre Gewalt bringen. Aber der Nationalhaß der Einwohner war unauslöschlich: bei der Zerstörung Jerusalems wirkten sie, wie die anderen Feinde der Israeliten, mit.

b. **Hazze** (Gaza) war die südlichste der philistäischen Pentapolis (Bundesstädte). Hierher verlegt die Erzählung des Richterbuchs (Kap. 16) einen Teil der Thaten Simsons. Die israelitische Herrschaft reichte nur zur Zeit ihrer größten Ausdehnung bis Gaza (I Kön. 4, 24). Die Stadt war groß und wohl vorzugsweise als Handelsstadt bedeutend; einige Autoren sprechen davon, daß sie eine Hafenstadt *Majumas* noch im 6. christl.

Jahrh. gehabt habe. Herodot nennt die Stadt *Kadytis*; Alexander d. Gr. eroberte sie nach heftigem Widerstand. Alexander Jannäus nahm sie 96 v. Chr. ein, da sie sich mit den Feinden der Juden verbündet hatte, und zerstörte sie. Kaiser Augustus schenkte sie Herodes; nach dessen Tode fiel sie wiederum an die römische Provinz Syrien. Als römische Stadt genoß Gaza eine ruhige Entwicklung; das Christentum fand spät Eingang, obwohl Philemon (der Adressat des Philemonbriefs) der Sage nach erster Bischof von Gaza war. Noch in der Zeit Constantins war die Stadt ein Hauptbollwerk des Heidentums und hing an ihrem Gott Marnas, dessen Statuen und Tempel erst im J. 400 auf kaiserliches Edikt hin zerstört wurden. An Stelle des Haupttempels wurde auf Kosten der Kaiserin Eudoxia, Gemahlin des Arcadius, eine große Kirche in Kreuzesform erbaut. 634 fiel die Stadt den Arabern unter 'Omar anheim. Sie war den Muslimen wichtig, weil Muhammeds Großvater Hâschim, der seine Handelsreisen bis hierher ausgedehnt hatte, hier gestorben und begraben war. Die Kreuzfahrer fanden Gaza in Trümmern. Balduin II. erbaute hier 1149 eine Festung, deren Verteidigung er den Tempelrittern anvertraute. 1170 plünderte Saladin die Stadt, ohne die Festung erobern zu können; 1187 fiel alles in seine Hände, und nur vorübergehend konnte sich Richard Löwenherz dort festsetzen. 1244 wurden die Christen und Muslimen in der Nähe von Gaza durch die Charesmier geschlagen. Seitdem hat Gaza wenig Bedeutung mehr gehabt. Napoleon eroberte es 1799.

Ob die heutige Binnenstadt *Gaza* an der Stelle der alten Stadt liegt, ist nicht ausgemacht. Heute hat die Stadt etwa 16,000 Einwohner, worunter eine Anzahl griechisch-orthodoxer Christen mit Kirche. Die engl. Mission und die kathol. (latein.) Mission haben dort eine Station. — Gaza ist Sitz eines Ḳâimmaḳâm. — Der Medschidi gilt hier 43 Pi. (vgl. S. xxxiv).

Gaza ist eine halb ägyptische Stadt; der Schleier der muslimischen Frauen z. B. ist beinahe dem ägyptischen gleich. Seit unvordenklichen Zeiten hat Gaza als Bindeglied zwischen Ägypten und Syrien gedient; noch heutzutage ist der Markt, obwohl der Karawanenverkehr größtenteils aufgehört hat, nicht unbedeutend und hauptsächlich reich mit Lebensmitteln (z. B. Datteln, Feigen, Oliven und Hülsenfrüchten) versehen; auch der Basar kann sein ägyptisches Gepräge nicht verleugnen. Die Stadt liegt auf einem c. 30m h. Hügel mitten in Baumgärten, sodaß man kaum weiß, wo sie beginnt. Die Vegetation ist, infolge der Fülle von Grundwasser, sehr reich. Gaza hat heute weder Mauern noch Thore. Es zerfiel früher in 4 Quartiere: *Hâret et-Tuffên* N., *Ḥ. es-Sadschâ'îje* O., *Ḥ. ez-Zêtûn* S., *Ḥ. ed-Deredsch* W. Zu dem letzteren steigt man mittelst Treppen hinauf, wie schon der Name besagt. In den letzten Jahren sind 5 neue Quartiere hinzugekommen. Die alte Stadt war ziemlich größer als die heutige, im S. und O. sieht man Bodenerhebungen, die den Lauf der Stadtmauer bezeichnen.

Von bemerkenswerten Gebäuden ist zu nennen: das *Serâi* im O. der Stadt, Wohnung des Ḳâimmaḳâm, zum großen Teil zerfallen. Es stammt aus dem Anfang des 13. Jahrh.; die Steine sind schön gefügt. Beim Hineintreten in den Hof des Serâi erblickt man Käfige für die Gefangenen. — Nicht weit vom Serâi liegt die große Moschee *Dschâmi' el-Kebîr* (Schuhe ausziehen!). Der Hof ist mit Marmorplatten belegt, um den Hof herum liegen Schulen, auf der W.-Seite eine Art Kanzel. Die eigentliche Moschee war ursprünglich eine dreischiffige mit älterem Material gebaute Kreuzfahrerkirche aus dem 12. Jahrh., dem heil. Johannes geweiht; erst die Muslimen haben im S. ein viertes Schiff angebaut und, um das Minaret zu errichten, die Apsiden verbaut. Das Mittelschiff der Kirche war höher als die Seitenschiffe. Über den drei viereckigen Pilastern und zwei Halbpilastern, welche das Mittelschiff begrenzen, wölben sich Spitzbogen-Arkaden. Die Säulen, welche dem Mittelschiff gegenüberstehen, bestehen aus einem Schaft mit Knauf; darüber steht noch eine Reihe Säulen mit schönen korinthischen Kapitälen. An einer Säule (NO.) findet sich ein Basrelief, das den siebenarmigen Leuchter darstellt, nebst griechischer und hebräischer Inschrift. Die Kirche wird von vergitterten Spitzbogenfensterchen erhellt. Das W.-Portal ist ein schönes Muster italienischer Gotik.

SW. von dieser Moschee liegt ein schönes Karawanserai, *Chân ez-Zêt* (Ölchan). Von hier geht man sw. durch die *Hâret ez-Zêtûn*, woselbst eine Moschee mit schön behauenen Steinen liegt; durch diese Straße ziehen die Karawanen von und nach Ägypten. Die Häuser der Vorstädte bestehen aus Lehm, die der inneren Stadt teilweise aus Steinen.

Im SW. der Stadt zeigt die Tradition den Ort, wo Simson die Thore der Philister weggenommen haben soll. Über Gräber w. um die Stadt herumgehend, kommt man am Weli *Schêch Scha'bân* vorbei zu der ziemlich alten Moschee, in welcher *Hâschim*, der Großvater Muḥammeds, begraben ist. Sie ist in unserm Jahrh. restauriert worden, doch teilweise aus altem Material. Von hier kehrt man über die Friedhöfe zu der O.-Seite der Stadt zurück. Die Wege sind sandig und mit schönen Akazienbäumen und Cactushecken besetzt. Hinter dem Serâl (O.) ist ein kleines (modernes) Gebäude, in welchem sich das *Grab Simsons (Samsûn)* befinden soll.

15 Min. sö. von Gaza liegt der mit Gräbern bedeckte Hügel *el-Munṭâr* („Warte"; im Volksglauben gilt *Munṭâr* als ein Heiliger) 83m ü. M. Lohnende Aussicht: im S. jenseit des bebauten Landes die Sandwüste, im O. jenseits der Ebene die Höhenzüge Judäas, gegen W. jenseits der breiten gelben Sanddünen das Meer; vor allem aber nimmt sich die Stadt, die wie aus einem grünen Kleide herausschaut, von hier oben gesehen, trefflich aus.

Von Gaza nach Ismaʿîlîja (c. 40 St.; bis *el-'Arîsch* 13 St.) durch die Wüste *et-Tîh*, nicht lohnend. Von Gaza 1 St. 5 Min. nach *Tell el-'Adschûl* beim *Wâdi Gaza* (entspringt in der Nähe von Hebron und zieht an *Berseba* vorbei). 1 St. sö. von Tell el 'Adschûl beim *Tell Dschemʿa* die Ruinenhaufen von *Umm Dscherâr* (wahrscheinlich *Gerar* I Mose 20, 1 ff. 26, 1). 1¼ St. *Dêr el-Belaḥ* (das alte *Dârûm*. Die Moschee *Dschâmeʿ el-Chiḍr* steht über einer alten Kapelle). 1 St. 37 Min. *Chân Jûnus* (schöne Moschee aus der Zeit des Sultan Barkûk). Etwas s. von *Chân Jûnus* ist die ägypt. Grenze. 1 St. 17 Min. *Bîr Rafaḥ* (= *Raphia*), 2¼ St. *Schêch Zuwêd*, 2¾ St. *Chirbet el-Bordsch*, in 2⅓ St. das breite Thalbett von *el-'Arîsch* („Bach Ägyptens" IV Mos. 34, 5; Jes. 27, 12). In 20 Min. erreicht man die Festung und Quarantäne. *El-'Arîsch* steht auf dem Platze des alten *Rhinocolura*. Im Innern des Hofes bei der Cisterne dient ein kleiner ägyptischer Tempel (Granitmonolith) jetzt als Trog. Auf zwei Seiten sind Hieroglyphen. — Die Stadt soll von einem äthiopisch-ägyptischen König als Verbannungsort gegründet worden sein; in den ersten christl. Jahrh. war hier ein Bischofssitz *Laris.* Balduin I. König von Jerusalem starb hier 1118; noch zeigt man den *Hadschar Berdawil* (Stein Balduins). Napoleon eroberte el-ʿArîsch 1799. Am 24. Januar 1800 wurde der Vertrag von el-ʿArîsch geschlossen, wonach die Franzosen Ägypten räumen mußten.

14. Von Gaza nach Jerusalem über ʿAsḳalân.

1. Von Gaza nach ʿAsḳalân (c. 3 St.).

Von Gaza nach N. auf dem Wege S. 157 zurück. Nach 1 St. geht man l. dem Telegraphen nach. In 20 Min. Ende des Olivenwaldes, r. ist *Bêt Ḥanûn* sichtbar (S. 156), l. wüste Sandhügel; das Land ist gut angebaut. Nach 25 Min. *Wâdi es-Ṣâfîje* (wasserreich), darauf *Wâdi el-Dschîr* (das untere *Wâdi Simsim* S. 156); r. *Dêr Esnêd* (20 Min.). nach 30 Min. sieht man r. *Herbije*, nach 22 Min. *Bêt Dschirdscha*. Nach 15 Min. *Barbâra;* hier l. abschwenkend gelangt man in 35 Min. nach *Naʿlija*. In 35 Min. über *ed-Dschôra* (man nehme von hier einen Führer mit) nach

ʿ**Asḳalân.** — Geschichtliches. *Askalon* war eine der fünf Hauptstädte der Philister. Hier wurde die Gottheit Derketo verehrt, der die Fische heilig waren; solche wurden daher in Wasserbehältern gepflegt und nicht gegessen. Die Stadt war schon im hohen Altertum sehr fest; ihre Glanzperiode durchlebte sie aber erst unter den Römern. In Askalon war Herodes der Große geboren; obwohl die Stadt nicht ihm gehörte, ließ er sie dennoch verschönern, Bäder und Brunnen anlegen und sie mit Säulenhallen und prächtigen Gartenanlagen umgeben. Askalon war damals eine Art freier Republik unter römischem Protektorat; wie in Gaza, so stritt auch hier das Heidentum erbittert gegen das aufkommende Christentum. Als die Kreuzfahrer heranrückten, war Askalon im Besitz der Fâṭimiden von Ägypten. Die Eifersucht ihrer Führer hinderte die Franken, den glänzenden Sieg, welchen sie am 12. August 1099 unter den Mauern Askalons erfochten, zur Einnahme der Festung zu benutzen. Die muslimische Besatzung von Askalon fuhr fort die Kreuzfahrer zu beunruhigen; endlich gelang es den letzteren nach einer fünfmonatlichen Belagerung von der See- und Landseite, den Platz zur Übergabe zu zwingen. Noch einmal trug Balduin IV. 1177 vor Askalon einen glänzenden Sieg über Saladin davon; aber nach der Schlacht von Ḥaṭṭîn mußte sich Askalon dem Sieger ergeben. Vor Beginn des dritten Kreuzzugs ließ Saladin Askalon teilweise schleifen; Richard Löwenherz suchte es zwar 1191 wieder aufzubauen, aber die Eifersucht der Fürsten hinderte ihn daran, und im Waffenstillstand mit den Muslimen wurde festgestellt, daß es zerstört bleiben sollte. Beibars ließ die Festungswerke 1270 gänzlich niederreißen. Seit dieser Zeit ist Askalon Ruine. Im Anfange dieses Jahrh. ließ der übermächtige Dschezzâr Pascha viele antike Bausteine und Säulen auf Schiffen von Askalon in seine Residenz ʿAkkâ bringen, wo er sie zu seinen Bauten verwandte.

Schon Wilhelm von Tyrus, der Historiker der Kreuzzüge, sagt ganz richtig, *Askalon* liege innerhalb eines Halbkreises von Wällen, dessen Durchmesser im W. das Meeresufer bilde, in einer Art Höhlung, die sich gegen das Meer hinsenke. Der Halbkreis mit den Mauern ist teilweise natürlich, teilweise künstlich. Er bietet eine interessante Aussicht auf die Lage der alten Stadt. In der SW.-Ecke ungefähr lag der kleine und sehr schlechte Hafen. Zu den Dämmen war eine Menge grauer Granitsäulen verwendet worden. Von den Bastionen, welche den Hafen schützten, sind noch einige Reste vorhanden. Gegen das Meer hin war ein Thor, dessen Platz die Einwohner von *ed-Dschôra* noch kennen und *Bâb el-Bahr* (Meerthor) nennen. Die W.-Mauer setzt sich auf den niedrigen Klippen am Meere entlang fort; bisweilen sind große Stücke hinunter gestürzt, und man bewundert die Festigkeit des Cements, mit welchem die Steine verkittet sind. — In dem s. Teil der Umfassungsmauer ist ebenfalls noch ein Thor sichtbar, das Thor von Gaza genannt, außerdem Reste von Türmen. Von S. her ist viel Sand zugeweht worden. — Am stärksten befestigt war der O.-Wall; die Mauern sind mehr als 2m dick und sehr fest; bisweilen ragen eingemauerte Säulenfragmente hervor. Oben an dem von Sykomoren beschatteten *Weli Muhammed* sind die ziemlich wohl erhaltenen festen Türme sichtbar, welche das Hauptthor, das von Jerusalem, schützten, doch ist alles mit Sand überdeckt. Der Ausgang nach der Straße hin ist mit einer Dornhecke versperrt. — Die N.-Seite der Wälle ist schwer zu begehen, da sie (sowie das Innere) mit üppigen Baumgärten überwachsen ist. Man findet in denselben manche Säulenreste, auch Spuren von christlichen Kirchen, vor allem aber 40 Cisternen mit trefflichem Wasser. „So viel Trümmer, schier so viel Fragezeichen". Die Baumgärten, deren fruchtbarer Erdboden beinahe 3m tief ist, sind von stachligen Cactushecken oder Dorngebüschen umgeben; sie gehören zum Dorfe *ed-Dschôra* (300 Einw.), das ö. von dem alten Askalon liegt. Die Gegend ist reich an Sykomoren. Man findet Reben, Oliven und viele Sorten Fruchtbäume, besonders aber eine vortreffliche Art Zwiebeln mit massenhaften Blätterbüscheln. Diese wächst hier im Sande überall wild; im Altertum schon galt sie als Leckerbissen und wurde von hier nach allen Gegenden ausgeführt; von den Römern, bei denen sie Ascalonia hieß, ist sie zu den Galliern und unter dem Namen échalotte, Schalotte, auch zu uns gekommen.

Von 'Askalân nach Jâfâ (7 St. 40 Min.). Von *ed-Dschôra* (s. oben) erst auf dem Weg nach *Medschdel*, dann (etwa halbwegs) l. (n.) abbiegend direkt nach *Hamâme* 50 Min., von da in 1 St. 20 Min. nach

Esdûd. — Das alte *Asdod* (griechisch *Azotos*), scheint die wichtigste Rolle in der philistäischen Pentapolis (S. 157) gespielt zu haben. Die eroberte Bundeslade wurde zuerst hieher gebracht und im Tempel des Gottes Dagon aufgestellt (1 Sam. 5). Die Assyrer eroberten die Stadt (c. 715 v. Chr.). Psammetich nahm sie 100 J. später den Assyrern nach langer Belagerung wieder ab. Die Makkabäer eroberten Asdod. Der Apostel Philippus predigte hier (Ap.-Gesch. 8, 40); später sind Bischöfe von Azotos bekannt. Die Stadt hatte am Meere (1 St. w.) einen Hafenort (heute gänzlich zerfallen; doch mit Ruinen eines Kastells). Nicht viel besser ist es dem alten Asdod selber gegangen. Das heutige Dorf steht am Abhang eines Hügels, der von einer noch höheren Bodenerhebung überragt wird, auf der wohl die Akropolis stand. Im Eingang des Dorfes (S.) liegt die Ruine eines großen mittelalterlichen Châns mit Galerien, Höfen u. s. w. Auch an den Häusern und Moscheen sind antike Baureste und Säulenfragmente sichtbar.

Von *Esdûd* in 5 Min. zum *Wâdi Esdûd*, nach 1¼ St. zu dem zerfallenen Chân *Bûk Cheir*, in weiteren 1¼ St. nach

Jebna. — *Jebna* ist das alte *Jabne* (Jos. 15, 11), auch *Jabneel*, griech. *Jamnia*; zu unterscheiden von der gleichnamigen Hafenstadt, deren Trümmer 1 St. nw. am Ausfluß des *Nahr Rûbîn* (Ruben) liegen. Erst die Makkabäer (II Makkab. 12, 8 ff.) eroberten sie dauernd, damals muß sie eine bedeutende und volkreiche Stadt gewesen sein. Als Hafenstadt war sie bedeutender als Joppe. Schon vor der Zerstörung Jerusalems wurde Jamnia Sitz des jüdischen Hohenrates (Synedrium), auch blühte dort eine berühmte rabbinische Schule und die Stadt war der geistige Mittelpunkt der Empörung gegen Trajan 117 n. Chr. Zur Kreuzfahrerzeit glaubte man, daß die alte Philisterstadt *Gath* hier gelegen habe, die bis jetzt nicht sicher hat nachgewiesen werden können. Das antike *Ekron*, jetzt *'Âkir*, das fast gar keine Spuren von Altertümern mehr enthält, liegt von hier $^3/_4$ Stunde ö. Die Kreuzfahrer bauten in Jebna, ihrem *Ibelin*, ein großes Festungswerk, um die feindlichen Angriffe der Besatzung von Askalon abzuwehren. Diese Festung lag auf dem Hügel, ist aber heute nicht mehr zu erkennen. — Das heutige Dorf ist ziemlich groß; es liegt am *Wâdi Ṣarâr* (Thal *Sorek* Richter 16, 4?) und enthält zwei alte Moscheen, wovon wenigstens die eine (*el Kenîse*) sicher einst eine Kirche war.

Von *Jebna* nach *Jâfâ* (N.) $3^1/_2$ St., nach *Ramle* (NO.) $2^1/_4$ St.

---

2. Von 'Askalân nach Jerusalem ($15^1/_2$ St.).

Von *ed-Dschôra* (S. 161) nö. über die Ebene nach (45 Min.) *Medschdel* (*Migdal Gad* Jos. 15, 37?). Die Moschee ist teilweise aus altem Material erbaut, das Minaret elegant. Wasser im Überfluß. — Nach 7 Min. biegt man von der großen Straße gegen O. ab. Nach 10 Min. Ende des Olivenwaldes; nach 40 Min. *Wâdi Makkûs*; nach 10 Min. Dorf *Dschôlis* r. (S.). Nach 55 Min. *es-Sawâfîr*, nach 5 Min. ein anderes Dorf gleichen Namens (vielleicht entspricht eines dieser *Sawâfîr*, zu welchen noch ein drittes mehr n. kommt, dem *Schaphir* Micha 1, 11). 30 Min. ö. *Wâdi eṣ-Ṣâfije* (wasserreich). Bald erscheint der *Tell eṣ-Ṣâfije* in der Ferne als weißglänzender Streif. Nach 1 St. Bachbett; nach 45 Min. wieder am *Wâdi eṣ-Ṣâfije*, das man jedoch nicht überschreitet. Die Ebene ist nach einem Regen stets morastig. In 20 Min. am Fuß des

Tell eṣ-Ṣâfije. — Geschichtliches. *Tell eṣ-Ṣâfije* ist mit *Mispa* in Juda (Jos. 15, 38), und mit *Libna* (Jos. 10, 29) zusammengestellt worden; die letztere Annahme hat wenig Wahrscheinlichkeit. König Fulko von Anjou erbaute 1138 hier eine Burg, welche den Festungsgürtel gegen Askalon schließen sollte. Diese hieß *Blanca guarda*, lat. *Specula alba*, wegen der hellglänzenden Felsen aus Kreidekalk. 1191 wurde die Burg von Saladin erobert und zerstört. Richard Löwenherz machte kühne Streifzüge bis hieher.

Tell eṣ-Ṣâfije beherrscht den Ausgang des großen *Wâdi es-Sanṭ* (Mimosenthal; wahrscheinlich das „*Terebinthenthal*" 1. Sam. 17 vgl. S. 116). Von den mittelalterlichen Bauten ist so gut wie nichts erhalten. Wenn man den Hügel von W. aus ersteigt, so bemerkt man eine Höhle (wohl ein alter Steinbruch), dann folgt das elende moderne Dorf, weiter ein Heiligengrab aus altem Material; in 10 Min. erreicht man die Höhe. Nur noch einige Fundamente aus schön behauenen Steinen fallen ins Auge. Die Aussicht umfaßt im W. die grüne Ebene zwischen Gaza und Ramle bis zu den Dünen und das Meer, im O. die ansteigenden Berge Judas. Man erblickt eine Unzahl von Dörfern.

Man tritt hier wieder in das Gebiet jener Felsenhöhlen, wie wir sie bei Bêt Dschibrîn (S. 154) kennen gelernt haben. Es giebt deren in *Dêr el-Buṭûm*, 20 Min. sö. von Tell eṣ-Ṣâfije, und in *Dêr ed-Dibbân*, 15 Min. weiter; ferner in *Chirbet Dakar*, $^1/_2$ St. w. von Dêr ed-Dibbân.

Von Tell eṣ-Ṣâfije 1 St. ö. *'Adschûr*, das r. oben liegen bleibt; bald darauf schöne Aussicht auf das *Wâdi es-Sanṭ*. Nach 15 Min. sieht man l. (N.) *Zakarjâ*; auch auf diesem Hügel hat man die Philisterstadt Gath gesucht. Man steigt in die breite, gut bebaute Thalebene hinunter. Nach 1 St. Thälchen und Brunnen *Bîr es-Sûfsâf* r.; dann l. oben **Bêt Nettîf** (schwerlich das alte *Netopha* Esra 2, 22). Man reitet nun entweder unten um den Vorsprung, auf welchem dieses Dorf liegt, herum oder setzt nach 12 Min. über das Bachbett und steigt in ½ St. nach dem Dorfe hinauf. Der Abhang ist sehr schön grün, einzelne große Eichbäume fallen auf. Das Dorf hat gegen 1000 Einw. Umfassende Aussicht von oben: unterhalb des Dorfes trifft das *Wâdi eṣ-Ṣûr*, von S. kommend, mit dem *Wâdi el-Mesarr*, das von NO. kommt, zusammen. Im S. liegt *Dahr el-Dschuwê'id*, etwas gegen W. die große Ruinenstätte *Schuwêke* mit alten Höhlen (*Socho* Jos. 15, 35; I Sam. 17, 1 ff.). Im W. liegt *Dêr 'Asfûr*; im NW. *Chirbet esch-Schmêli*, *Tibne* (= *Thimna* Richter 14, 5) und *'Ain Schems* (= *Bethsemes* I Sam. 6; I Kön. 4, 9). Im N. *Zânû'a* (= *Sanoah* 1 Chr. 4, 18) und *Zor'a* (= *Zorea* Jos. 15, 33; 19, 41; Richter 13, 2); etwas gegen O. *Chirbet Dscherasch*, im O. *Nidjal* und in der Ferne *Bêt 'Atâb* (nach einigen = Fels *Etam* Richter 15, 8; auch eine Höhle findet sich daselbst). 1 St. s. von *Schuwêke* bei dem Hügel *Schêch Madkûr* hat man die alte Ortslage *Adullam* (I Mose 38, 1; Jos. 12, 15; vgl. auch 1. Sam. 22 1) nachzuweisen versucht (vgl. S. 135).

Von *Bêt Nettîf* aus steigt man in 25 Min. zum Ausgang des *Wâdi el-Mesarr* hinunter; nach 15 Min. Ruine eines Châns. Man biegt l. in ein kleines Seitenthal *Wâdi el-Leḥâm* ab. Nach 1 St. erreicht man den Kamm des Gebirges (schöne Aussicht); nach 20 Min. *Chirbet el-Chân*; jenseits des *Wâdi et-Tannûr* l. liegt *Bêt 'Atâb*, im NO. zeigt sich *'Allâr el-Fôḳâ*. Man bleibt auf dem Gebirgsrücken, stets herrliche Aussicht auf das Gebirgsland, teilweise auch auf die Ebene im W.; doch nimmt die Bewaldung ab: allmählich kommt man in eine Steinwüste. Nach 1 St. 10 Min. Wasserscheide; man hält sich l. (NO.), der Weg r. (SO.) führt über *el-Chiḍr* (S. 132) nach Bethlehem. Nach ½ St. Abstieg ins Thal; demselben abwärts folgend, läßt man *el-Ḳabu* r. liegen und biegt dann (55 Min.) r. in das große Hauptthal *Wâdi Bittîr* ein. Thalaufwärts reitend erreicht man das Dorf *Bittîr* (S. 117) in 25 Min.

Von *Bittîr* nach *Jerusalem* s. S. 118.

15. Von Jerusalem nach Jericho, der Jordanfurt, dem Toten Meer, zurück über Mâr Sâbâ.

Jericho 6 St., *Jordan* 1½ St., *Totes Meer* 1 St. 20 Min., *Mâr Sâbâ* 5 St., *Jerusalem* 3 St. (Bethlehem 2¾ St.). — Eine neue Fahrstraße von Jerusalem nach Jericho ist im Bau, war jedoch Ende 1890 noch nicht ganz fertig. — Nötig ist: 1) Ein Bauer von *Abu Dîs* (S. 165) als Begleiter (durch das Hôtel zu besorgen). Der Schêch dieses Dorfes hat das Recht, die Reisenden zu eskortieren, er erhält dafür pro Tag etwa 1 Medschidi, außerdem giebt man dem Begleiter, wenn er sich ordentlich betragen hat, ½–1 Medschidi Trinkgeld. 2) Ein Empfehlungsbrief für *Mâr Sâbâ*, ohne welchen man nicht eingelassen wird, vom griechischen Kloster in Jerusalem durch Vermittelung des Konsulats oder Hôtel zu erhalten. — Für Herren ist ein Dragoman durchaus entbehrlich, da in Jericho gute Unterkunft zu finden ist. Die Dragomane fordern oft hohe Preise; in Gesellschaft von mehreren Personen genügen 60 fr. pro Person für die 3 Tage, wenn keine Zelte mitgenommen werden. — Die Tour kann in beiden Richtungen ausgeführt werden. Wegen der Hitze im Jordanthal mache man die Tour im Frühjahr so zeitig, im Herbst so spät als möglich. — Man versäume nicht, an das Tote Meer süßes Wasser mitzunehmen.

1. Von Jerusalem nach Jericho (6 St.).

Vom Damascusthor (Stefansthor) bis zum Gethsemanegarten s. S. 89. Der Weg führt der Stadt gegenüber langsam in die Höhe. Etwa 8 Min. hinter dem Gethsemanegarten biegt man um die Ecke. In der Nähe zeigt man (erst seit dem 15. Jahrh.) die Stelle, wo sich Judas erhängt haben soll. R. der Berg des Ärgernisses. Der Weg zieht sich längs des Ölbergs um eine Schlucht herum; hier zeigt man die Stelle des Feigenbaums, den Jesus Matth. 21, 19 verflucht hat (6 Min.). In 18 Min. gelangt man nach

Bethanien. — Der Ort, von den Eingebornen *el-'Azarîje* gen., (von Lazarus bezw. Lazarium abzuleiten, da die Araber das „l" als Artikel aufgefaßt haben), entspricht der Lage nach in der That dem alten Bethanien; die Entfernung, 15 Stadien (Joh. 11, 18), stimmt mit der zurückgelegten Strecke von 40 Min. Hierher zog sich Jesus gerne aus dem überfüllten Jerusalem zu Freunden zurück. Schon früh wurden hier Klöster und Kirchen erbaut und den Pilgern merkwürdige Stellen gezeigt. Schon die Römerin Paula besuchte eine Kirche über dem Grab des Lazarus. Melisendis, die Gemahlin Fulkos (S. 90), stiftete 1138 ein Nonnenkloster bei der Lazaruskirche; 1159 kam dasselbe an die Hospitalbrüder.

Das heutige *el-'Azarîje* liegt an einem Vorhügel im SO. des Ölbergs, dessen Höhen spärlich bebaut sind, sodaß sich das frische Grün, in welchem das Dorf liegt, vorteilhaft von der Umgebung abhebt. Das Dorf besteht aus einigen 40 Hütten und enthält nur muslimische Bewohner. Es hat gutes Wasser; man sieht viele Feigen-, Öl-, Mandel- und Johannesbrotbäume. Von den Merkwürdigkeiten des Ortes fällt zuerst eine *Turmruine* auf; nach den großen geränderten Steinen zu schließen, reicht das Gebäude wohl über die Kreuzfahrerzeit hinaus. Etwa 20 Schritte nö. von diesem sog. „Schloß des Lazarus" liegt das *Lazarusgrab (Kabr el-'Azar)*. Die Thüre schaut nach N.; eine Moschee mit weißem Kuppeldach liegt ö. von dem Grabgewölbe, denn die Muslimen halten Lazarus ebenfalls für heilig und nahmen das Gebäude in Besitz; da sie die Pilger hinderten, den Ort zu besuchen, ließen die Christen im 16. Jahrh. eine Treppe von außen anlegen. Man steigt 24 Stufen hinab in eine viereckige ziemlich enge Vorkammer (soll einst eine Kapelle gewesen sein); auch die Muslimen beten hier. Nach O. gehend, gelangt man 3 hohe Stufen hinunter in die sog. Grabkammer des Lazarus. Auf der O.-Seite ist ein vermauerter Eingang. Die dürftig aussehende Kammer ist gemauert; das Ganze entspricht also keineswegs einer jüdischen Grabanlage. Früher zeigte man das Grab in der Kirche oben, und hier unten wahrscheinlich die Bußkapelle der Maria Magdalena. Die Lateiner lesen hier bisweilen Messe.

40m s. vom Lazarusgrab zeigt die Tradition die Stelle des Hauses der Maria und Martha (in verschiedenen Jahrh. an verschiedenen Stellen gezeigt; einige Zeit lang wurden die Häuser der beiden getrennt, nach einer willkürlichen Erklärung von Luc. 10, 38 ff.). Die gleiche Unsicherheit der Tradition betrifft das Haus Simons des Aussätzigen (Matth. 26, 6). Sichere Anhaltspunkte, an welchen bestimmten Stellen Jesus gewesen sei, haben wir gar keine.

Der Weg führt hinter Bethanien eine Anhöhe hinan. 7 Min. vom Dorfe entfernt, findet man einen Stein von 1m Länge, gen. *Stein der Rast*. Er bezeichnet den Ort, wo Martha (Joh. 11, 20ff.) Christus begegnete; die Pilger küssen ihn. Etwas s. von diesem Stein haben die Griechen auf alten Grundmauern eine Kapelle erbaut, die den von ihnen für echt gehaltenen Stein einschließt. Gegen S. sieht man das Dorf *Abu Dîs*. Nach 7 Min. steigen wir in das *Wâdi el-Ḥôḍ*, „Thal des Tränkplatzes", hinab; dieses hat seinen Namen von dem Brunnen *Ḥôḍ el-'Azarîje* (15 Min.), der einzige Brunnen von hier bis zum Jordanthal. Das kleine Becken enthält Blutegel, das Wasser ist nicht besonders gut.

Einst stand hier ein schönes Brunnengebäude und ein Chân, wahrscheinlich beide im 16. Jahrh. gebaut. Seit dem 15. Jahrh. wird die Quelle als „*Apostelquelle*" erwähnt, da man annahm, daß die Apostel hier auf ihrem Marsch sich erfrischt haben; auch stellt man sie mit der „Sonnenquelle" (*Ensemes* Jos. 15, 7) nicht ohne Wahrscheinlichkeit zusammen.

Von hier geht der Weg das *Wâdi el-Ḥôḍ*, ein aussichtsloses, ziemlich kahles Thal, hinunter. Nach 25 Min. r. das kleine *Wâdi el-Dschemel* (Kamelthal); nach 52 Min. gelangen wir ins *Wâdi es-Sidr* (über den Sidrbaum vgl. S. 167.). Nach 12 Min. l. ein Thälchen *Ṣa'b el-Meschuḳ*. Nach 23 Min. *Chân Ḥadrûr*, ungefähr die Mitte des Weges; neu erbauter Chân, gutes Trinkwasser. Die Gegend ist ganz menschenleer; die Tradition verlegt die Erzählung vom barmherzigen Samariter (Luc. 10) hierher. Oberhalb des Châns liegt *Tel'at ed-Dam* (Bluthügel) mit Resten einer mittelalterlichen Burg. Wegen dieses Namens, der wahrscheinlich mit der roten Farbe des Gesteins im Zusammenhang steht, hat man hier die Steige von *Adummîm* (Jos. 15, 7; 18, 17) gesucht. Nach 20 Min. Weg r. zum *Chân el-Aḥmar*, früher wahrscheinlich ein Kastell zum Schutz der Straße. Das Thal r. heißt *Wâdi er-Rummâne* (Granatäpfel-Thal). Nach 20 Min. eröffnet sich ein Blick auf eine Ebene r. Dieser Teil des Weges heißt *'Akabet el-Dscherâd* (Heuschreckensteige); die Berge bilden ein großes Amphitheater. Nach $^1/_2$ St. l. Blick in das tiefe *Wâdi el-Kelt*. Dasselbe hat seine Hauptzuflüsse im *Wâdi Fâra* n. von Jerusalem (S. 120). Es hat einen großen Teil des Jahres hindurch Wasser und windet sich durch tiefe Schluchten nach dem Jordan. Man hat es mit dem Thal *Achor*

Jos. 15, 7 oder auch mit dem Bache *Krit* I Kön. 17, 3 zusammengestellt. Der Bach wird durch eine lange Wasserleitung am s. Thalabhang hingeleitet. Bald darauf Ruine *Bêt esch-Scherîf.* Allmählich entrollt sich die Aussicht; wir erblicken das Tote Meer mit seiner dunkelblauen Wasserfläche. Nach 1 St. l. wieder in der Tiefe das *Wâdi el-Ḳelt;* nach 20 Min. voller Ausblick in die große Jordanebene. Die zwei Häuserruinen *Bêt Dscheber* (das obere und das untere) stehen vielleicht an der Stelle der alten Kastelle *Thrax* und *Taurus*, die im Altertum den Engpaß beschützten; weiter liegt r. (10 Min.) die zerfallene Ruine *Chirbet el-Kakûn* am Fuße einer Anhöhe. So kommt man in die Ebene des Jordanthales, das sogenannte *Ḳôr*. R. vom Wege (ö. von Kakûn) ein alter Teich *Birket Mûsâ* (des Moses). Seine Mauern bestehen aus kleinen unbehauenen Steinen; er ist 171m l. und 143m br. und stand mit dem Bewässerungssystem und den vielen alten Leitungen in Verbindung, welche in früherer Zeit diese Gegend zu einem Paradies machten. Vielleicht haben wir darin einen Rest des Teiches vor uns, welchen Herodes in der Nähe seines Palastes anlegte, denn wir müssen annehmen, daß hier der Platz des neutest. *Jericho* war. Der Hügel, den wir aus der Ebene wie künstlich angelegt hervorragen sehen, heißt *Tell Abu 'Alâiḳ* (Blutsaugerhügel). Nach 25 Min. führt der Weg unter einer schönen Wasserleitung von 10 Spitzbogen hindurch; hier überschreiten wir das *Wâdi el-Ḳelt*. Der Reisende, welcher Zelte bei sich hat, biegt von hier direkt nach N. zur Sultansquelle (S. 168) ab, ohne das moderne Jericho *(Erîḥâ)* zu berühren; unterwegs sieht man einen künstlichen Hügel *Tell es-Sâmerât;* auch anderen Reisenden ist der Abstecher dorthin zu empfehlen. Die Vegetation ist hier schon sehr üppig geworden. In 7 Min. stehen wir vor dem Dorf.

Jericho. — Unterkunft im Jordan-Hôtel (Besitzer *Ungar*, gutes Hôtel, aber teuer; handeln) oder im Russischen Hospiz (s. S. xl) oder in einem russischen Privathaus (ebenfalls gut und reinlich, Preis 3 fr. die Person, ohne Kost, die man selbst zu beschaffen hat).

Geschichtliches. Das antike Jericho lag bei den Quellen am Fuße des Berges Ḳarantel, also w. vom heutigen Jericho und n. vom Jericho der römischen Zeit; dies beweist außer der Bibel auch Josephus. Die Stadt war ehemals ziemlich groß und mit Mauern umgeben, die Vegetation sehr reich. Sie wird einigemal „Stadt der Palmen“ genannt (noch im 7. christl. Jahrh. waren Dattelbäume vorhanden, die erst in neuerer Zeit fast gänzlich verschwunden sind). Um die Stadt herum lag eine große, blühende Oase mit Getreide- und Hanffeldern. Die Israeliten eroberten die Stadt (Jos. 6). Die israelitische Stadt gehörte anfänglich dem Stamme Benjamin, später dem Südreich. Trotz mancher Eroberung blieb Jericho blühend. Besonders berühmt war es durch seine Balsamgärten; wahrscheinlich rührt die Kultur der Balsamstaude aus der Zeit her, wo Salomo dieses Produkt aus Südarabien erhalten hatte (I Kön. 10, 10). Die Pflanze ist jetzt wieder vollständig verschwunden, obgleich das sehr heiße Klima südarabische und indische Gewächse noch heute zur Reife bringen könnte. Ebenso blühte hier die Henna (Lawsonia inermis), die roten Schminkstoff liefert. Zu Jesu Zeit standen schattige Sykomoren am Wege (Luc. 19, 4). Antonius schenkte das Gebiet von Jericho der Kleopatra; diese verkaufte es an Herodes, der die Stadt mit Palästen schmückte und zu einer Winterresidenz erhob, wie er sie nirgends schöner finden konnte. Er starb hier, ließ sich aber in Herodium begraben (S. 136). — In Jericho sammelten sich die jüdischen Pilgerscharen aus Peräa (dem Ostjordanland) und Galiläa zur Fahrt nach dem Tempel; auch Jesus trat von hier aus seine letzte Reise nach Jerusalem an (Luc. 19, 1). — Bereits im 4. Jahrh. erscheinen Bischöfe von Jericho auf den Konzilen. Kaiser Justinian ließ eine „Kirche der Gottesgebärerin" in Jericho wieder herstellen und ein Pilgerhaus erbauen. Um das J. 810 finden wir bei Jericho ein Kloster St. Stephan. *Neu-Jericho*, auf dem Platze des jetzigen Fleckens, entstand erst zur Zeit der Kreuzfahrer; letztere erbauten hier ein Schloß und eine „Kirche zur heil. Dreieinigkeit". In späterer Zeit war der Ort von Muslimen bewohnt und sank mehr und mehr. 1840 wurde er von den Soldaten Ibrâhîm Paschas geplündert und vor einigen Jahren durch eine Feuersbrunst größtenteils zerstört.

Das heutige *Jericho (Erîhâ)* besteht aus einer Anzahl elender Hütten, in welchen etwa 300 Seelen wohnen. Wie die Bewohner des s. Jordanthals überhaupt, so erscheinen auch die von Jericho als eine verkommene Rasse, da das heiße und ungesunde Klima einen entnervenden Einfluß ausübt. Die Frauen stehen nicht im besten Ruf. Die Einwohner drängen sich gewöhnlich an die Reisenden heran, um ihnen eine sogenannte „*Fantasia*", Tanz mit Gesang, anzubieten; doch sind die Musik und der Gesang ermüdend und langweilig. Die Leute klatschen dazu in die Hände, entweder sich selbst oder einer dem andern, und improvisieren Strophen nach einer eintönigen Weise. Vor Diebereien hat man sich in acht zu nehmen. — Die Russen haben in Jericho eine kleine Kiche gebaut; im Garten des Geistlichen sind neuerdings interessante Funde, Reste eines großen Gebäudes (Kirche?) mit Pfeilern und Mosaikboden aufgedeckt worden. Sonst enthält das Dorf von Bemerkenswertem nur ein turmähnliches Gebäude im SO., wahrscheinlich aus der Zeit des fränkischen Königreiches, wo es als Kastell diente, um die Saatfelder vor den Einbrüchen der Beduinen zu beschützen. Die Aussicht von der Zinne des Kastells ist interessant. Erst im 16. Jahrh. kam die Tradition so weit, zu behaupten, daß hier das *Haus des Zachäus* gestanden habe (Luc. 19). Im 4. Jahrh. zeigte man die Sykomore, auf welche dieser gestiegen war.

Man bemerkt in den Gärten im Dorf große Weinreben, die im Sommer viele Trauben tragen. Überall ist der Boden mit dornigen Gesträuchen bewachsen, die sich bisweilen auch in Baumform finden, namentlich die Arten Zizyphus Lotus und Z. Spina Christi (*nebk* und *sidr* der Araber), deren Äpfelchen, unsere Jujuben (ar. *dôm*), zur Zeit der Reife sehr wohlschmeckend sind; aus den furchtbaren Dornen dieser Rhamneen, die von den Bauern zur Herstellung fast unnahbarer Zäune benutzt werden, soll der Volkssage nach die Dornenkrone Jesu geflochten worden sein. Ferner findet sich hier der Baum *zakkûm* (Balanites aegyptiaca), auch falscher Balsambaum und Balsam von Gilead genannt, mit kleinen, buchsbaumartigen Blättern und Früchten von Gestalt und Farbe kleiner unreifer Walnüsse, aus denen die Araber den sogenannten unechten Balsam bereiten, das Zachäusöl, das noch jetzt in Menge an die Pilger verkauft wird. Die sog. Jerichorose (Anastatica Hierochuntica) findet sich hier nicht mehr, sondern nur noch weiter s. an den Ufern des Toten Meeres (S. 143). Dagegen wächst in den Hecken Solanum sanctum (arab. *hadaḳ*), sehr ästig, 1-1,5m hoch, mit breiten auf der Unterseite wolligen Blättern; die Frucht sieht aus wie ein Apfel, erst gelb, später rot mit schwarzen Kernen: dies ist der unechte Sodomsapfel, der fälschlicherweise mit dem I Mos. 19, 32 genannten Wein von Sodom zusammengebracht wird. Alle diese Sträucher verdanken ihr Dasein dem heißen Klima, denn wir befinden uns hier bereits c. 250m unter der Oberfläche des Mittelmeeres; die Gersteernte kann hier schon Mitte April stattfinden.

Als hübscher Abendspaziergang ist zu empfehlen der Besuch der **Sultansquelle**, *'Ain es-Sulṭân* (25. Min.), welche Jericho einst mit Wasser versorgte. Sie sprudelt in Fülle aus dem Boden hervor und läuft in ein Becken aus alten behauenen Steinen, das 12m l. und 7,6m br. ist. Viele kleine Fische schwimmen darin umher, und mancherlei fremdartige Vögel beleben die umliegenden Gebüsche. Das Wasser hat 26,8° C. Schon die ältesten Pilger fanden die Tradition vor, daß Elisa dieses Wasser durch hineingeworfenes Salz trinkbar gemacht habe (II Kön. 2, 19 ff.), daher die Quelle bei den Christen *Elisas Brunnen* heißt. In der Nähe hat man Reste einer gepflasterten Römerstraße gefunden; oberhalb der Quelle zeigte man früher, wenigstens mit dem richtigen Gefühl, daß die alte Stadt hier gestanden habe, den Platz des *Hauses der Rahab* (Jos. 2). Der Tumulus bei 'Ain es-Sulṭân ist künstlich.

Der Weg von hier nach W. führt an Ruinen von Gebäuden vorbei, die der Volksmund *Ṭawâḥîn es-Sukkar* (Zuckermühlen) nennt, ebenfalls wieder mit richtiger Erinnerung an die Kultur des Zuckerrohrs, welche bis in die Zeit der Kreuzfahrer hier betrieben wurde und noch heute betrieben werden könnte. Man zählt 3 solche Mühlen, ebenso trifft man mehrfach Reste von Wasserleitungen. Von der 3. Mühle aus (20 Min. von *'Ain es-Sulṭân*) nw. gehend gelangt man in $1/2$ St. zu den Quellen des wasserreichen *Wâdi en-Nawâ'ime*: *'Ain en-Nawâ'ime* und *'Ain Dûk*. Nahe der Quelle schöne Reste eines Aquädukts. Bei dieser Quelle lag wahrscheinlich das alte Kastell *Doch* (1 Makk. 16, 15), woselbst Simon Makkabäus von seinem Schwiegersohne ermordet wurde.

Von der 3. Mühle aus führt ein von den Griechen hergestellter Fußweg in c. 25 Min. zu den Einsiedlerhöhlen des **Dschebel Ḳaranṭal**. Die Grotte, in der Jesus die 40 Tage seines Fastens gewohnt haben soll (Matth. 4, 1 ff.), dient den Griechen als Kapelle.

Weiter oben (40 Min.) befinden sich Reste einer „Kapelle der Versuchung“, sowie noch verschiedene Reihen von Einsiedlerwohnungen, einige sogar mit Fresken; aber nur geübte Bergsteiger können es wagen hinaufzuklimmen. Die Einsiedlerwohnungen auf diesem Berge sind uralt; die schauerliche Abgeschlossenheit der Gegend zog schon früh Anachoreten an. So soll der heil. Chariton (S. 185) hier gewohnt haben; Elpidius erweiterte die Wohnungen. Der Name des Berges *Quarantana* (arab. *Ḳaranṭal*) wird erst zur Kreuzfahrerzeit (1112) erwähnt. Damals war das Kloster auf Quarantana von Jerusalem abhängig.

Der eigentliche Gipfel des Berges kann leichter von W. aus erstiegen werden ($1^1/_2$ St., Führer notwendig). Die Aussicht ist prachtvoll. Im O. jenseits der breiten Jordanebene der bewaldete Rücken des *Nebi Ôscha'* (S. 180); s. davon der *Dschebel et-Ṭôr/je*. Im N. steigt der *Ḳarṭabe* empor. Unten im Thal (n.) zwei schöne Wiesen. Im S. ist der Karantal durch das tiefe *Wâdi Dênûn* von dem Berg *Nḳêb el-Chêl* getrennt. Oben befinden sich Spuren einer Festung, die wohl zu dem Kastellkranz gehörte, durch welchen die Franken ihr Gebiet namentlich gegen O. zu schützen suchten.

Von Jericho nach Bêsân.

15 St. Eskorte durchaus notwendig. Der Hitze wegen kann die Tour nur in früher Jahreszeit (März) gemacht werden. — Das Jordanthal enthält eine Menge künstlicher Hügel (tell), in deren Innerem man teilweise Backsteinlagen entdeckt hat. Nach 55 Min. *Wâdi en-Nawâ'ime* (S. 168), l. der Felsen *'Uschsch el-Ġurâb* (Rabennest, Oreb? Richter 7, 25) mit einem Thälchen *Meḳ'adet 'Îsâ* (Aufstieg Jesu). Hier wurde vor dem 12. Jahrh. der Berg der Versuchung gezeigt. Nach 50 Min. *Wâdi el-'Audsche*, nach 35 Min. *Wâdi el-Abjaḍ*, nach 15 Min. *Wâdi Reschasch*, nach 1 St. *Wâdi Fasâil* oder *Mudehdire*. Am Fuße des Gebirges liegen die Ruinen von *Fasâil* = dem antiken *Phasaëlis*, einer Stadt, welche Herodes der Große nach seinem jüngeren Bruder Phasaelus benannte und seiner Schwester Salome schenkte; diese vermachte sie der Julia Livia, der Gemahlin des Kaisers Augustus. Es war hier große Palmenkultur; eine begangene Hauptstraße ging über Phasaelis das Jordanthal hinauf bis nach Cäsarea Philippi (S. 265).

Nach 40 Min. folgt das *Wâdi el-Aḥmar* (auch *Abjaḍ* genannt). Hierauf verengt sich das Jordanthal durch einige Berge, die in die Ebene eintreten; der zweite Gipfel l. ist der hohe **Ḳarn Ṣarṭabe**, 379m ü. M., 679m über dem Jordanthal, die große Landmarke des Jordanthales. Nach dem Talmud gehörte der Ṣarṭabe zu der Linie von Bergen, auf welchen der Eintritt des Neumondes durch Feuersignale verkündet wurde, besonders um den Beginn des großen Ernte- und Dankfestes anzuzeigen. Beim Hinaufsteigen von S. findet man einen alten Zickzackpfad und sieht Überreste einer Wasserleitung. Auf dem Gipfel Ruinen, wahrscheinlich eines Kreuzfahrerschlosses (geränderte Rustica-Quader).

N. vom Ṣarṭabe ändert sich der Charakter der Gegend; das Jordanthal wird wasserreicher und viel besser angebaut. L. die schöne Ebene des *Wâdi Fâr'a* (S. 224). An diesem Wâdi liegt *Karâwa* und weiter oben die Ruinen *Buṣêlije*. Entweder bei *Karâwa* oder bei *Buṣêlije* ist das alte *Archelaïs* zu suchen, welches Herodes Archelaus, Herodes des Großen Sohn, erbauen ließ. Bei *Karâwa* wuchs im Mittelalter weit und breit das beste Zuckerrohr.

Nach 2 St. 10 Min. die Höhlen von *Machrûḳ*, nach 1 St. 20 Min. *Wâdi Abu Sedra*, in 15 Min. *Wâdi Buḳê'a*; weiter n. mündet von O. der *Zerḳâ* (S. 181) in den Jordan; in 55 Min. *Wâdi Tâbâs*, in 90 Min. *Wâdi Dschemel*, in 40 Min. *Wâdi Fijjâḍ*, ein Zweig des *Wâdi el-Mâliḥ*; hierauf über verschiedene andere Zweige dieses großen Thales in 50 Min. nach *'Ain Fer'ûn*, bei den Ruinen von *Sâkût* (vielleicht *Sukkot* 1 Mos. 33). Den *Tell Ḥumma* r. lassend, in 1 St. nach der reichen Quelle *'Ain el-Bêḍâ*. Nach 35 Min. Bach *el-Chazne* (Ruinen *Berdela*), 20 Min. Quelle *Mâchûs*, 1 St. *Tell Ma'dschera* (S. 224); 1 St. *Bêsân* (S. 224). Beim Einfluß des *Dschâlûdbaches* in den Jordan findet sich eine Furt *'Abâra*, in welcher man das *Bethabara* (Furthaus) von Joh. 1, 28 hat finden wollen (S. 171).

---

2. Von Jericho zur Jordanfurt (1½ St.)

In der Jericho-Ebene sind verschiedene interessante Punkte, wer aber in *einem* Tage von Jericho aus an die Jordanfurt, ans Tote Meer und nach *Mâr Sâbâ* zu kommen wünscht, wird kaum Zeit für Umwege übrig haben. Der direkte Weg an die berühmte *Jordanfurt* führt OSO., guter Weg zwischen niedrigen Büschen. Ein kleiner Umweg n. führt über folgende Punkte: in 25 Min. *Chirbet el-Etle* bei einem großen viereckigen Teiche (nach einigen das alte Gilgal s. u.) Von hier in 20 Min. *Tell Dscheldschûl* (alter Cromlech), n. vom *Wâdi el-Ḳelt*. Höchst wahrscheinlich ist hier in der That das alte **Gilgal** ö. von Jericho zu suchen.

Nach Jos. 4, 19 richteten die Israeliten zum Andenken an den Jordanübergang in *Gilgal* 12 Steine auf (nach anderem Bericht Jos. 4, 9 allerdings im Jordanbett selbst) und feierten daselbst das erste Beschneidungsfest. Im J. 723 traf Willibald hier eine hölzerne Kirche. Ob hingegen auch das Gilgal I Sam. 7, 16; 11, 14 ff., hier zu suchen ist (und nicht vielmehr nw. von Jericho), ist fraglich. In der Kreuzfahrerzeit sah man jene 12 Steine und eine Kirche darüber; wenigstens war der Ort damals unter dem Namen Gilgal bekannt; aber gerade die Erhaltung der 12 Steine flößt Verdacht gegen die Echtheit der Ortslage ein. Gilgal lag an der Grenze von Juda und Benjamin.

Etwa 50 Min. ö. von hier liegt *Kaṣr el-Jehûd* (Judenschloß), auch *Dêr Mâr Juḥannâ* (Johanneskloster) genannt, 15-20 Min. w. von der Einmündung des *Wâdi el-Ḳelt* in den Jordan. Wir haben hier die Reste eines schon zu Justinians Zeit bestehenden Johannesklosters (nach der Tradition von der Kaiserin Helena über der Grotte, wo Johannes der Täufer lebte, erbaut); im 12. Jahrh. erneuert; viele Gewölbe, auch Fresken und Mosaiken. Jetzt ist darüber ein russisches Kloster errichtet. — Von hier in sö. Richtung in $1/2$ St. zur Badestelle; über den hohen Damm, den der Jordan hier gebildet hat, steigt man zu dem baumumsäumten Strom hinab.

Der **Jordan**, im Arab. gewöhnlich bloß *esch-Scherîʿa*, der Tränkplatz, genannt, ist der wichtigste Fluß Palästinas (vgl. S. LII). Seine Wassermassen werden oberhalb des Toten Meeres durch zwei Seen, den Ḥûle und den See von Tiberias reguliert. In gerader Richtung beträgt die Entfernung von seinen Quellen bis zum Ausfluß eine Strecke von höchstens 220km Länge, aber seine mäandrischen Windungen, die bald auf diese, bald auf jene Seite des breiten Thales hinübergreifen, machen, daß der Fluß allein zwischen dem See von Tiberias und dem Toten Meer statt der direkten Linie von 104km den dreifachen Weg zurücklegt. Die Ableitung des hebr. Namen *Jardên* von seinem raschen Fall ist unsicher. Sein Gefäll ist allerdings sehr stark: von der Ḥâṣbânîquelle (S. 265) bis zum Ḥûle fällt er 518m, von da bis zum See von Tiberias 210m, von da bis zum Toten Meere 186m, im Ganzen also 914m, wovon nur 520m über dem Spiegel des Mittelmeeres liegen. Das Thal des Jordan nennen die Araber *el-Ġôr;* die Hebräer nannten es vom Südende des Tiberias-Sees bis zum Roten Meere *'Araba* (Wüste, Steppe). Im n. Teile ist das Thal meist fruchtbar, und vom *Ḳarn Ṣarṭabe* ziehen sich auch südwärts eine Anzahl grüner, durch dürre Strecken unterbrochener Oasen. Viele Bäche fallen von beiden Seiten des Thales in den Jordan, und manche derselben führen das ganze Jahr hindurch Wasser, wie z. B. der *Jarmûk* und der *Nahr ez-Zerḳâ* (beide von O. kommend). Die Länderstrecken zu beiden Seiten des Flusses sind ihrem Charakter nach wesentlich von einander verschieden; das Ostjordanland ist wasserreicher, bis es sich weiter nach O. hin in die Wüste verliert; von jeher ist es politisch vom Westjordanland getrennt gewesen, denn das tiefe Flußthal war eine natürliche Grenze. Beinah von allen Seiten steigt man auf wilden und beschwerlichen Pfaden ins Jordanthal hinunter. Die Breite des Thales ist sehr verschieden; zwischen *Jericho* und *Tell Nimrîn* ist sie am größten (gegen 3 St.). Die Geologen nehmen an, daß wir im Ġôr das ehemalige Becken eines großen weit hinaufziehenden Binnensees vor uns haben. Aber dieser See kann seit der Diluvialzeit nie mehr mit dem Roten Meere zusammengehangen haben, das macht der Querrücken, welcher s. vom Toten Meere über das 'Arabathal läuft (S. 152), unmöglich. In diesem großen Seethale hat sich der Fluß zwei Betten ausgehöhlt. Zu dem älteren, 1/2 St. breiten Jordanbette steigt man vom Thalboden aus über eine meist steile, vielfach zerrissene, etwa 15m hohe Terrasse aus weißlichem, ganz pflanzenlosem Mergelboden hinunter. Das zweite Bette, das heutige, liegt noch tiefer, wird aber im Monat April von dem durchschnittlich 30m br. Fluße vollständig ausgefüllt. Ja, der Fluß tritt zur Zeit des Regens und der Schneeschmelze bisweilen aus seinem jetzigen niedrigeren Bett heraus. In dem Dickicht *(ez-zôr)*, das die Aussicht auf den Fluß hemmt, hausten im Altertum Löwen (Jer. 49, 19). Der Jordan enthält viele Fische, die aber, je nach der Jahreszeit, nach verschiedenen Stellen wandern; sein Wasser, das beim Ausfluß aus dem Tiberias-See klar ist, wird bald darauf gelb, weil der Fluß durch seinen raschen Lauf den lettigen Boden aufwühlt. Übrigens ist das Wasser nicht ungesund zu trinken und meistens nur durch seine hohe Temperatur unangenehm. Die Tiefe des Wassers wechselt beträchtlich, je nach der Jahreszeit; im Herbst findet man eine Anzahl Furten. Eine der berühmtesten ist die nahe der Einmündung des *Wâdi el-Kelt*, *Machâdet Hadschle* genannt (nach der Ruine gleichen Namens, S. 172), Badeplatz der Pilger. Weiter s. befindet sich noch eine Furt *el-Henu*. Von Brücken über den Jordan wissen wir aus der Bibel wenig; man passierte den Jordan stets bei den Furten, so I Sam. 13, 7, II Sam. 10, 17; doch setzte David bei seiner Rückkehr mit Barsillai in einer Fähre wieder auf sein Gebiet über (II Sam. 19, 18). Auch das Wunder des Elia, wie er mit seinem Mantel das Wasser schlägt, sodaß es sich zerteilt (II Kön. 2, 8), verlegt die Tradition an diese Jordanfurt. Der heilige Christoph soll das Jesuskind hier irgendwo über den Fluß getragen haben.

Den Hauptanlaß zu den Pilgerfahrten an den Jordan gab der Aufenthalt des Johannes und die damit verbundene *Taufe Jesu* (Marc. 1, 5-11 †). Die beiden Johannesklöster (S. 170 und 172) beweisen, daß man schon früh diese Stelle hier suchte. Doch haben wir gar keinen Anhaltspunkt dafür, wo etwa *Bethabara* Joh. 1, 28 zu suchen ist. Bereits in Constantins Zeit wurde die Jordantaufe als etwas besonders Heilsames angesehen. Im 6. Jahrh. berichtet

† 5. Und es ging zu ihm (Johannes) hinaus das ganze jüdische Land und die von Jerusalem, und ließen sich alle von ihm taufen im Jordan, und bekannten ihre Sünden. . . . 9. Und es begab sich zu derselbigen Zeit, daß Jesus aus Galiläa von Nazareth kam, und ließ sich taufen von Johanne im Jordan. 10. Und alsobald stieg er aus dem Wasser, und sahe, daß sich der Himmel aufthat, und den Geist, gleichwie eine Taube, herabkommen auf ihn. 11. Und da geschah eine Stimme vom Himmel: Du bist mein lieber Sohn, an dem ich Wohlgefallen habe.

Antonin von einem großen Zusammenfluß von Pilgern hier; beide Ufer seien mit Marmor belegt gewesen; in der Mitte des Stromes wurde ein Holzkreuz aufgestellt, und nachdem der Priester das Wasser gesegnet hatte, gingen die Pilger hinein, jeder mit einem leinenen Gewand, das sorgfältig aufbewahrt wurde, um später als Sterbekleid zu dienen. Auch im Mittelalter kamen Taufen im Jordan vor, doch war die Tauf- und Badestelle weiter oben als heute. Seit dem 16. Jahrh. verschob man das Jordanbad auf eine angenehmere Jahreszeit, vom Dreikönigstag auf Ostern. Es gab übrigens öfters unordentliche Scenen. Schon in älteren Zeiten wurden die Pilger von beduinischen Führern (bisweilen selbst in Begleitung des Pascha) wie eine Herde Schafe zum Jordanbad getrieben, und häufig genug gab es Zank zwischen den Christen. Die Griechen halten bis heute sehr große Stücke auf das Jordanbad als Abschluß der Pilgerfahrt. Die große Karawane, welche nach den Osterfeierlichkeiten zum Jordan aufbricht, bietet, sowie das Lager unten am Jordan, das durch Pechfackeln erhellt wird, einen befremdenden und interessanten Anblick; die Popen waten bis an die Brust ins Wasser und tauchen Männer, Weiber und Kinder, die in weißen Kleidern in den Strom hinein gehen; manche füllen ihre Krüge mit Jordanwasser für Taufen in der Heimat. Auch zu anderen Zeiten begegnet man oft Pilgerscharen an dem Badeplatz. Einige Schritte oberhalb der Badestelle hat man den schönsten Überblick: die Pilger, ihre Wäsche trocknend, mit Begeisterung trinkend und badend; im Hintergrunde die Gebirge w. vom Toten Meer, vor allem das Vorgebirge *Râs el-Feschcha*. Tarfabäume, Weiden und große Pappeln (populus eufratica) fassen das Ufer ein. — Beim Baden ist Vorsicht anzuraten, denn das Wasser ist sehr reißend und nur $^2/_3$ des diesseitigen Ufers sind flach; darüber hinaus bis zum jenseitigen Ufer können sich nur Schwimmer wagen.

Auch ein s. Weg kann von Jericho aus nach dem Badeplatze eingeschlagen werden. Zuerst nach SW. in $^1/_4$ St. nach *Umm Ṛeifer*; 1 St. weiter sw. Quelle *'Ain Ḥadschle* mit lauem Wasser; 10 Min. wsw. davon die Ruine *Kaṣr Ḥadschle*. Die Ortslage entspricht sicher dem antiken *Beth Hagla*, Grenzort zwischen Juda und Benjamin (Josua 15, 6); hier findet sich die Ruine eines großen Johannesklosters *Dêr Mâr Juḥannâ Ḥadschle* genannt; in den Kapellen Fresken, laut Inschriften aus dem 12. und 13. Jahrh.

Ein Abstecher nach der Ausmündung des Jordan in das Tote Meer ($1^1/_2$ St. von der Badestelle) bietet wenig Interesse. Der Fluß verläuft in zwei je 50m br. Armen ins Meer und zwar ganz flach, sodaß das Salzwasser sich mit dem Flußwasser schon weit oben mischt. Fische, die in das Wasser des Toten Meeres geraten, sterben und treiben dann an den Strand. Die Ufer des Jordan sind auch auf dieser untersten Strecke bewachsen; das höhere Ufer aber bildet mergelige, nackte, in groteske Formen zerrissene Erdwände; man findet in dem Mergel öfters Salzkrusten und Schwefelquellen. In die NO.-Ecke des Toten Meeres mündet das *Wâdi es-Suwême*, (vielleicht mit dem Namen *Beth Jesimoth* IV Mose 33, 49 zusammenhängend).

3. Von der Jordanfurt zum Toten Meer (1 St. 20 Min.).

Man vergesse nicht von Jericho Trinkwasser mitzunehmen!

Der gerade Weg führt von der Badestelle erst eine Strecke weit den Fluß entlang durch die Büsche, dann vom Ufer ab durch das offene, baumlose Feld. Auf dem mit Salz- und Gipsschichten überzogenen Mergelboden wächst geradezu gar nichts. Nach 1 St. 20 Min. erreicht man das Tote Meer gegenüber einer kleinen Insel, die bei niedrigem Wasserstande mit dem Festland verbunden ist.

Das **Tote Meer** heißt im hebräischen Altertum *Salzmeer*, bei den Propheten auch das *östliche Meer*. Später nannte man es *Asphaltsee* und bereits bei griechischen Schriftstellern „*Totes Meer*". Auch die Araber nennen es so, doch gewöhnlicher *Bahr Lût*, Lot-See, denn die Erzählung von Lot hat Muhammed in den Korân aufgenommen. Die früheren Berichte über das Tote Meer beruhen teilweise auf Übertreibungen; die erste genaue Kenntnis verdanken wir der Expedition, welche die Regierung der Vereinigten Staaten 1848 dorthin sandte (vgl. Bericht über die Expedition etc. von *W. F. Lynch*; deutsch bearb. von W. Meissner, Leipzig 1850). Weitere Untersuchungen haben namentlich *de Saulcy* und der Herzog von *Luynes*, sowie die engl. Vermessungsexpedition angestellt.

Das *Tote Meer* ist 76km lang (also wie der Genfer See); die größte Breite s. vom *Wâdi Môdschib* beträgt 15,7km; bei der Halbinsel ist die Meerenge 4,5km breit; gegen N. verengert sich der See erst bei *Râs Mersed* zu 12km., dann bei *Râs el-Feschcha* zu 10km Breite. Im O. und W. ist das Meer von steilen Bergen umgeben, sodaß öfters nur ein schmaler, bisweilen gar kein Uferrand daneben bleibt. Die flache S.-Bucht des Sees, zu welcher jedoch der Blick von N. nicht hinabreicht, wird durch eine niedrige Halbinsel (arab. *el-Lisân* = Zunge, vgl. Jos. 15, 2) abgegrenzt. Am SW.-Ende des Sees liegt ein Salzberg (S. 146).

Die Tiefe des Toten Meeres beträgt im Durchschnitt 329m, in der S.-Bucht nirgends mehr als $3,_6$m, zwischen *'Ain Terâbe* (W.) und der Mündung des *Zerkâ Ma'în* (O.) als größte Tiefe 399m.

Einsenkung des Toten Meeres unter dem Mittelmeer .	$393,_8$m
Größte Tiefe des Toten Meeres	399m
Gesamttiefe der Erdspalte unter dem Mittelmeer. . .	793m
Jerusalem über dem Mittelmeer	760m
Jerusalem über dem Toten Meere	1154m

Übrigens ändert sich das Niveau je nach den Jahreszeiten um 4-6m, was an den angeschwemmten Holzstücken, die mit Salz überzogen an manchen Stellen des Ufers liegen, ersichtlich ist. Der See ist von jeher das Becken gewesen, in welchem sich die Gewässer des Jordans und der umliegenden Berge gestaut haben; er ist einer der ältesten Seen der Erde. Am Ende der Tertiärperiode stand das Wasser bedeutend höher als heute; Ablagerungen von Mergel finden sich längs der Gebirge bis zur Höhe von 106m über dem jetzigen Niveau und höher. Der Wasserzufluß war früher größer; man beobachte, wie tief die Bäche die Schluchten im O. und W. des Sees ausgewaschen haben. Eine Abnahme des Sees in historischer Zeit läßt sich nicht nachweisen.

Man hat berechnet, daß der Jordan täglich 6 Millionen Tonnen Wasser in das Tote Meer ergießt, was einer Wasserschicht von 13½ mm gleichkommt; diese ungeheure Quantität muß also täglich verdampfen, da ein Abfluß bei der tiefen Lage des Sees undenkbar ist. In der That kann die heiße trockene Luft ungeheure Mengen Wasserdampf aufnehmen. Die Folge der starken Verdunstung ist die Sättigung der zurückbleibenden Wassermasse mit mineralischen Stoffen, die außerdem noch aus den salzhaltigen Mergelschichten an den Ufern ausgelaugt werden. Das Wasser enthält 24-26% feste Bestandteile, worunter 7% Kochsalz (Chlornatrium) sind. Das gleichfalls in Menge aufgelöste Chlormagnesium giebt dem Wasser den ekelhaft bittern Geschmack; das Chlorcalcium bewirkt, daß es sich ölig und schlüpfrig anfühlt. Außerdem enthält es eine Reihe von anderen Stoffen in geringeren Mengen; sein Siedepunkt ist bei 106° C. Die specifische Schwere des Wassers ist nicht an allen Stellen gleich, sie schwankt zwischen 1,021-1,256 (im Durchschnitt 1,166); in der Nähe der Jordanmündung und in der Verlängerung der Linie, in welcher sich der Jordan in den See ergießt, ist das Wasser leichter, in der Tiefe des Meeres schwerer, d. h. mehr mit mineralischen Stoffen versetzt. Ein frisches Ei schwimmt darin, indem es mit einem Drittel seines Volumens hervorragt. Der menschliche Körper kann sich ohne Bewegung über dem Wasser halten, aber nur mit Mühe tauchen; das Schwimmen ist unangenehm, weil die Extremitäten des Körpers, vor allem die Füße von dem Wasser leicht in die Höhe gehoben werden. Einige Leute haben nach dem Bade ein Jucken am Körper verspürt; es ist fraglich, ob dies nicht daher kommt, daß der Badende gewöhnlich seinen Körper den brennenden Sonnenstrahlen zu lange aussetzt. Übrigens behält die Haut nach dem Bade ein öliges Gefühl. — Es scheint, daß man von dem Wasser früher ärztlichen Gebrauch gemacht hat. — Das Salz des Toten Meeres und der benachbarten Mergelschichten wird (wie von jeher) ausgebeutet und nach Jerusalem gebracht; man hält es sogar für besonders kräftig. Asphalt (Judenpech) soll in Massen auf dem Grunde des Sees sitzen; gewöhnlich ist keiner sichtbar und nur durch Erdbeben oder Stürme werden Stücke in der Tiefe losgelöst und auf die Oberfläche gebracht. Nach Anderen stammt indessen der Asphalt von einer Breccie (aus kalkigen Steinen mit Erdpech als Bindemittel), die sich am Westufer des Sees findet und von hier aus in die Tiefe gelangt; sind die Steinchen herausgespült, so steigt das leichte Harz aus der Flut empor. Der Asphalt des Toten Meeres war schon im Altertum vor anderen Sorten geschätzt.

Es ist nun durchaus festgestellt, daß im Wasser des Toten Meeres keine lebenden Wesen vorkommen; keine Muschel, keine Koralle ist darin gefunden worden, und selbst Meerfische sterben in kürzester Frist, wenn man sie in dieses laugenartige Wasser bringt. Die Behauptung dagegen, daß kein lebendes Wesen am Ufer des Sees existieren und kein Vogel darüber hinfliegen könne, ist eine Fabel; man sieht vielmehr selbst auf dem See Vögel schwimmen. Allerdings ist die Fauna nicht reich, was jedoch eher dem Mangel an süßem Wasser und der dadurch bedingten Pflanzenarmut zuzuschreiben ist; wo Wasser sich findet, entwickelt sich eine üppige tropische Vegetation (vgl. Engeddi, S. 143). Die Ufer des Sees wurden früher bewohnt (namentlich von Einsiedlern), wie aus Ruinen hervorgeht. Während man jetzt nie mehr ein Schiff erblickt, wurde noch zu Josephus' Zeit der See befahren; ebenso geschah dies im Mittelalter und noch später.

Die Aussicht auf Berge und See ist bei hellem Wetter herrlich; das Vorgebirge r. heißt *Râs el-Feschcha*; weiter s. *Râs Mersed*, hinter welchem Engeddi liegt; l. sieht man in einiger Entfernung die Schlucht des *Zerkâ Maʿîn*, die von den 1060m hohen Gebirgsrücken herabkommt. Selten indes sieht man die Gebirge des Toten Meeres klar, meist liegt ein nebliger Schleier darauf. Von weitem, namentlich von oben gesehen, hat das Wasser eine tiefblaue Farbe; in der Nähe spielt es oft mehr ins Grünliche; wenn man in den See hinein blickt, so hat man den Eindruck, als ob man durch Öl hindurchsähe.

Von Jericho nach ʿAin Feschcha und Engeddi (12-14 St.); mühsamer, wasserloser Weg, doch nicht ohne Interesse. Man lernt dabei die Ufer des Toten Meeres und die von tiefen Schluchten zerrissene Judäische Wüste näher kennen. Beduinenbegleitung vgl. S. 142.

Von der NW.-Ecke des Toten Meeres der Strandebene entlang in etwa 1½ St. nach den Ruinen von *Gumrân* (was mit Gomorrha nichts zu thun hat); sehr viele alte Gräber. Die Ebene endet bei *ʿAin Feschcha* (½ St.), einer reichhaltigen Quelle nahe beim Ufer des Meeres; das Wasser ist klar, aber etwas warm, brackig und schwefelig, welche Eigenschaften durch Einfüllung in poröse Krüge und Beimischung von etwas Wein schnell beseitigt werden (für die Tour nach Engeddi nehme man von hier Wasser mit). Einige kaum bemerkbare Ruinen liegen bei der Quelle. Das Vorgebirge *Râs el-Feschcha* ist nur für geübte Kletterer zu passieren. Man muß daher einen großen Umweg nach W. machen, um jenseits des Vorgebirges am s. Abhang des *Wâdi en-Nâr* (des untern Kidronthals) hinab die Ufer des Toten Meeres wieder zu erreichen. Sehr schlechter Weg, aber interessante Aussicht; im S. das felsige Vorgebirge *Mersed* (s. u.); die hohen Berge im O. mit ihren tiefen Thaleinschnitten geben dem Bilde den schönsten Rahmen. Sobald man sich wieder dem See nähert, macht sich die Ausdünstung einiger dort befindlicher Schwefelquellen unangenehmer fühlbar. Den Stinkstein (S. 125) findet man hier häufig. Bis etwas über das *Wâdi Ḥaṣâṣa* (c. 2 St.) hinaus bleibt der Weg, der an verschiedenen Thalmündungen, *Wâdi el-Kuwê'ir*, *et-Taʿâmire*, *ed-Deredsche* vorbeiführt, leidlich, wird aber dann, um das (1 St.) *Râs Mersed* herum, wieder recht beschwerlich. Engeddi (S. 143) erreicht man, zuletzt nochmals ansteigend, in 1½ St. — Nach Masada s. S. 143, nach Hebron s. S. 142.

Ein zweiter Weg führt von der Höhe des *Râs el-Feschcha*, bevor man zu der oben erw. Schlucht des *Wâdi en-Nâr* gelangt, oben auf den Bergkämmen, über Schluchten etc. hin. Nach 15 Min. ein Thal; 40 Min. *Râs Naḳb el-Terâbe* (großartige Aussicht über das Tote Meer und Umgebung). Nach 40 Min. l. schlechter Weg nach *ʿAin Terâbe*; nach 15 Min. nahe am Zusammenfluß des *Wâdi et-Taʿâmire* mit dem *W. ed-Deredsche* (l. unten). Nach 20 Min. *Wâdi et-Taʿâmire*, 35 Min. *Wâdi ed-Deredsche*; in 20 Min. auf die jenseitige Höhe. Nach 40 Min. *Wâdi Ḥaṣâṣa*; man steigt in die Höhe. Nach 40 Min. Hochebene *Ḥaṣâṣa*; nach 40 Min. *Wâdi Schaḳîf*, l. *Dschebel Schaḳîf*. Nach 1 St. 10 Min. *Wâdi Sudêr*; nach 20 Min. Scheidepunkt des Jerusalemer Weges; 30 Min. Höhe von Engeddi (S. 143).

4. Vom Toten Meer nach Mâr Sâbâ (5 St.).

Der Weg folgt zuerst einige Zeit dem Ufer des Sees; nach 18 Min. läßt man eine Quelle (*ʿAin el-Dschehaijir*) l. liegen; sie enthält hübsche kleine Fische (Cyprinodon Sofiae) aber brackiges Wasser (nur zur Not trinkbar). Dann trennt man sich vom See und steigt das tief ausgewühlte *Wâdi ed-Dabr* hinauf; dasselbe ist teilweise mit Gestrüpp bedeckt und reich an Wild (Rebhühner, Wildtauben, Hasen etc.). Nach 35 Min. schöne Aussicht über das Jordanthal und das Tote Meer; dann reitet man l. eine tiefe Schlucht entlang aufwärts und gelangt immer wieder zu Aussichtspunkten. Bald darauf erblickt man r. den Paß *Nekb Wâdi Mûsâ*; nach 35 Min. im *Wâdi el-Kenêtera*. Hier findet man viele Steinhaufen am Weg *(schawâhid)* zum Zeichen, daß der muslim. Wallfahrtsort *en-Nebi Mûsâ* (Grab des Moses) sichtbar ist. Derselbe wird im 13. Jahrh. zuerst erwähnt. Alljährlich (im April) findet eine große Pilgerfahrt der Muslimen dorthin statt, an der eine Menge fanatisierter Derwische, die den ganzen Morgen schon halbnackt mit ihren Fahnen und ihr „la ilâha ill-allâh" schreiend durch die Straßen Jerusalems ziehen, teilnimmt.

Wir reiten im Thale weiter. Nach 40 Min. haben wir den *Dschebel el-Kahmûn* r. und erreichen nun die Hochebene *el-Bukê'a*, die sich gegen SSW. hinaufzieht. Diese Ebene ist im Frühling mit Weide bedeckt und von Beduinen des Stammes Iltêm besucht. In dem *Wâdi Bukê'a* unten l. gewahrt man häufig Beduinenlager; der Blick auf das Tote Meer tief unterhalb der Vorberge ist großartig schön. Nach 42 Min. kreuzt man das *Wâdi Cherabîje*, das wie alle diese Thäler gegen O. hinunterläuft. $1/2$ St. weiter ein Reservoir mit Regenwasser Namens *Umm el-Fûs*. Nach 20 Min. wieder Steinhaufen am Wege (s. oben). Nach 35 Min. letzter Ausblick auf das Tote Meer, schlechter Abstieg in das *Wâdi en-Nâr* (Kidronthal), dessen Sohle man nach 28 Min. erreicht. Hier umgiebt uns eine kahle Wildnis. Der Weg führt vom Kidronthal über Stufen hinauf; in 20 Min. erreichen wir die Höhe bei einem Wachtturm und erblicken unser Ziel, das Kloster *Mâr Sâbâ*, vor uns. Ein zweiter Turm „Turm der Eudoxia" genannt, steht neben der Pforte; von der Höhe desselben reicht der Blick des Thorwächters weit über die Berge und Thäler, um zu erspähen, ob dem Kloster von irgend welcher Seite Gefahr droht.

Mâr Sâbâ. — Unterkommen finden Herren im Kloster selbst. Frauen müssen in einem außerhalb der Klostermauern stehenden Turm übernachten. Man muß tüchtig an die kleine, fest verriegelte Thür klopfen, um Gehör zu finden und seinen Empfehlungsbrief abgeben zu können. Nach Sonnenuntergang wird trotz des Briefes niemand mehr eingelassen. — Im Innern des Klosters steigt man auf einigen 50 Stufen zu einer zweiten Thüre hinunter; dann führt eine zweite Treppe in einen gepflasterten Hof und von diesem eine dritte zum Gastzimmer für Fremde; die Diwans enthalten öfters eine bedenkliche Zahl hüpfender Insassen. Die Bewirtung ist ziemlich mangelhaft, doch bekommt man wenigstens Brot und Wein; für Fremde die ihren Dragoman und Koch mitbringen, sind Küchen bereit. Für das Nachtlager zahlt man 3 fr. die Person, außerdem dem Diener 9-12 Pi., dem Pförtner 3-6 Pi. Trinkgeld. — Zelte schlägt man am besten dem Kloster gegenüber auf.

Geschichtliches. Im 5. Jahrh. stiftete der heilige Euthymius hier eine Laura (Mönchsansiedelung). Sein Lieblingsschüler Sabas war um 439 in Kappadocien geboren, kaum 8 Jahre alt, entsagte er dem Besitz irdischer Güter und trat in ein Kloster. 10 Jahre später ging er nach Jerusalem und ließ sich dann in dieser Einöde bei Euthymius nieder. Letzterer zog sich bald in eine Laura auf dem Berge *Merd* zurück. An Sabas schlossen sich mehrere Anachoreten an, mit denen er nach der Regel des heil. Basilius lebte. 484 weihte ihn der Bischof von Jerusalem, Sallustius, zum Priester und erhob ihn zum Abt des nach ihm genannten Ordens der Sabaiten. Er starb 531 oder 532, nachdem er in den theologischen Streitigkeiten gegen die Monophysiten eine bedeutende Rolle gespielt. 614 wurde das Kloster von den persischen Scharen des Chosroës geplündert und auch in den folgenden Jahrh. zogen die Reichtümer desselben wiederholt Verheerungen herbei (i. J. 796 und 842), weshalb man das Kloster wie eine Festung aufbauen mußte. Die letzten Plünderungen fanden 1832 und 1834 statt. 1840 wurde das Kloster von den Russen hergestellt und vergrößert. Jetzt gilt das Kloster als eine Art Strafkolonie für griechische Geistliche.

Wer zufällig eine Mondnacht im Kloster zubringt, wird den stärksten Eindruck von der schauerlichen Einöde davontragen. Man trete dann auf die Terrasse und schaue in das Thal hinunter. Senkrecht stürzt der Felsen ab, so daß die gewaltigsten Strebemauern gebaut werden mußten, um eine enge Fläche für den Klosterbau zu gewinnen. Die kahlen Höhen jenseit des Thales enthalten eine Menge ehemaliger Einsiedlerwohnungen, die heute Schakalen zum Aufenthalt dienen. Der Boden der ziemlich engen Thalschlucht liegt etwa 180m unterhalb des Klosters, ungefähr in der Höhe des Mittelmeer-Spiegels.

Das Kloster besteht aus einer Menge neben und über einander liegender Terrassen. Wo nur ein Plätzchen übrig war, sind Gärtchen angelegt; die Sonnenstrahlen prallen hier heiß auf die Felsen, daher die Feigen hier viel früher reifen, als in Jerusalem. In der Mitte des gepflasterten Hofes steht ein Kuppelgebäude, innen mehr reich als geschmackvoll verziert, mit dem leeren Grab des heil. Sabas. Dies ist das Hauptheiligtum für die Pilger; die Überreste des Heiligen sind nach Venedig gebracht worden. NW. hinter dieser freistehenden Kapelle befindet sich die Kirche des heil. Nikolaus, zum größten Teil eine Felshöhle, die vielleicht ursprünglich Eremitenwohnung war. Hier zeigt man hinter einem Gitter die Schädel der unter Chosroës getöteten Märtyrer. Die basilikenartige Klosterkirche im O. bietet wenig Interessantes. Man zeigt ferner das Grab des Johannes Damascenus, auch Chrysorrhoas genannt. Die Bedeutung dieses Mannes, der im 8. Jahrh. schrieb, besteht darin, daß er, ohne gerade durch wissenschaftliches Genie hervorzuragen, als einer der letzten namhafteren Theologen der alten griechischen Kirche deren dogmatische Entwicklung abschloß. — Hinter dieser Kirche dehnen sich die Räume für die Pilger aus und die Zellen der Mönche. Letztere führen nach ihren Ordensregeln ein strenges Leben, indem sie fast nur Gemüse genießen und viel fasten. Ihre Hauptbeschäftigung ist, die Vögel der Umgebung (Tauben, Columba Schimpri, und schöne schwarze Vögelchen, Amydrus Tristrami) zu füttern. Sie überladen sich keineswegs mit Wissenschaft und verwehren auch dem Fremden den Einblick in ihre Bibliothek (schöne Handschriften). Seinen Unterhalt bestreitet das Kloster aus Geschenken von auswärts und aus dem Ertrag einiger wenigen Ländereien. Es sind etwa 50 Mönche hier und dazu einige Verrückte in Verpflegung. In einem der Klostergärtchen steht ein Palmbaum, den der heil. Sabas gepflanzt haben soll; er trägt kernlose Datteln, (besondere Varietät). — Die Haupterinnerung an den Heiligen ist seine Grotte, welche ganz auf der S.-Seite des Klosters gezeigt wird.

Durch den Felsen läuft ein Gang bis in eine Höhle; ein kleineres anstoßendes Gemach ist die sog. Höhle des Löwen; der Heilige fand nämlich, als er einst in seine Höhle zurückkehrte, einen Löwen in derselben, begann aber ohne Furcht seine Gebete herzusagen und schlief hierauf ein. Zweimal zerrte ihn der Löwe aus der Höhle, bis der Heilige ihm einen Winkel anwies, wo er wohnen sollte; hierauf lebten die beiden friedlich mit einander.

5. Von Mâr Sâbâ nach Jerusalem (3 St.).

Wieder hinab ins Kidronthal (20 Min.); dann auf der l. Seite desselben thalauf. In den Kalkfelsen findet sich viel Feuerstein in bandförmigen Schichten. Man sieht zuweilen Niederlassungen von Beduinen. Nach 7 Min. Begräbnisplatz der Beduinen (Grab des Schech *Muzeijif*); hier biegt der Weg nach l. Nach 7 Min. l. (s.) vom Weg *Bîr esch-Schems* („Sonnenbrunnen"); nach 40 Min. verläßt man das hier in großem Bogen nach S. herumlaufende Kidronthal (mit ebenfalls ordentlichem aber längerem Weg) und folgt einem Seitenthal *Wâdi el-Leben* (Milchthal) nach NW. Nach 30 Min. Wasserscheide; überraschende Aussicht auf Jerusalem: herwärts liegt *Bêt Sâhûr el-'Atîka* (S. 103); im SO. der Frankenberg, SW. das Dorf *Sûr Bâher*. W.-wärts am Bergabhang des Kidronthals hinabsteigend (l. oben das griech. Kloster *Dêr es-Sîk*) erreicht man nach 50 Min. wieder den Thalgrund, da wo von r. das *Wâdi Kattûn* vom Ölberg herunterkommt. In 15 Min. gelangt man zum Hiobsbrunnen (S. 103), in weiteren 15 Min. zum Jâfâthor.

Von Mâr Sâbâ nach Bethlehem (2 St. 50 Min.).

Leidlich bequemer Weg. Von dem oberen Klosterturme steigt man n.-wärts den Berg hinauf. Von Zeit zu Zeit schöne Rückblicke auf das Tote Meer und die öde Bergwildnis der Umgebung. Nach 25 Min. verliert man den Turm des Klosters aus den Augen. Im Frühling sind alle diese Höhen voll guter Weide. Weit unten im *Wâdi en-Nâr* (S. 175) sieht man die Hütten der Schutzleute des Klosters. Nach 20 Min. kommt r. der Ölberg zum Vorschein (von hier kann man auf einem mehr nördlichen aussichtsreicheren Weg über die Klosterruine *Dêr Ibn 'Obêd*, auch *Mâr Theodosius*, *Dêr Dôsi* gen., Bethlehem erreichen). Nach 10 Min. auf der Höhe des Berges (schöne Aussicht); auch der Frankenberg wird im S. sichtbar. Nach 4 Min. steigt man hinunter ins *Wâdi el-'Ardîs* (10 Min.). Nach 30 Min. kommt Bethlehem zum Vorschein; r. *Mâr Eljâs*. Nach 40 Min. beginnen die Felder und Baumgärten von Bethlehem; auch das Kloster Mâr Sâbâ hat hier Grundbesitz. Überall in den Gärten finden sich Wachttürme (vgl. Jes. 5). *Bêt Sâhûr* l. liegen lassend, langt man in 25 Min. beim lateinischen Kloster in Bethlehem an.

16. Von Jericho nach es-Salṭ und Dscherasch.

Um eine Eskorte (1-2 Chaljâl) zu erlangen, wendet man sich in Jerusalem an den Dragoman des Konsulats. Bezahlung s. S. xxxix.

Geschichtliches. Gilead im weiteren Sinn bezeichnet das von den Israeliten bewohnte Ostjordanland zwischen Jarmûk (n.) und Arnon (s.). Dieser gebirgige Landstrich wurde durch den Fluß Jabok (*Zerkâ*) in zwei Hälften geteilt. Heute haftet der Name „Gilead" an den Bergen s. vom unteren Zerkâ (*Dschebel Dschil'âd*). — Gilead war ein Weideland und besaß stattliche Herden; auf dem Westabhang, bes. gegen NW. ist es mit

Waldungen bedeckt; der Wasserreichtum und die starken Tauniederschläge machen das Land sehr fruchtbar. Die s. Hälfte (den heutigen Distrikt *el-Belkâ* zwischen Môdschib und Wâdi Zerkâ) hatten ehemals die *Ammoniter* inne (Richt. 11, 13). Von ihnen wurden die israelit. Stämme, welche sich im Ostjordanland niedergelassen hatten, unaufhörlich befehdet. Jephta drängte sie in ihre Grenzen zurück, Saul bekämpfte sie (I Sam. 11) und David, der anfänglich mit ihrem König Nachas auf gutem Fuße stand, brach später ihre Macht (II Sam. 10). Sie verschwinden erst im zweiten Jahrh. vor Chr. aus der Geschichte. — Gilead gehörte zum nördlichen Reiche; bei dem Kriegszug des Königs Hasael von Damascus (II Kön. 10, 32, 33) wurde es hart mitgenommen. Nach der Rückkehr aus dem Exil lebten hier Juden inmitten einer überwiegend heidnischen Bevölkerung; Alexander Jannäus führte wiederholt Krieg um Gilead. Unter Herodes und seinem Nachfolger Herodes Antipas begann der römische Einfluß bereits zu erstarken; aus den zahlreichen römischen Ruinen geht hervor, daß römisches Wesen später in Gilead tiefe Wurzeln schlug. — Die Beduinen wissen das weidereiche Land wohl zu schätzen; sie haben es größtenteils besetzt und die Bodenkultur sehr zurückgedrängt.

1. Von Jericho nach es-Salṭ ($7^1/_2$ St.).

Zur Jordanbrücke beim *Wâdi en-Nawâ'ime* $1^1/_2$ St. (Brückenzoll 3 Pi. pro Mann und Pferd). Jenseits direkt ONO. zwischen Tamarisken und Akazien. Nach $^1/_2$ St. verläßt man das Jordanbecken; von hier entweder mehr n. in 1 St. 10 Min. zum *Wâdi Meidân* (Grabhöhlen) und dieses aufwärts nach es-Salṭ; oder (etwas längerer Weg) der Karawanenstraße ONO. folgend in $^3/_4$ St. zum *Tell Nimrîn* (*Beth Nimra* des Stammes Gad Jos. 13, 27; IV Mos. 32, 3. 36; die „Wasser von Nimrim" Jes. 15, 6 sind wahrscheinlich hier zu suchen). Zwischen den Ruinen liegt ein Grab, auf welchem ein Mann zu Pferde mit einem Schwerte abgebildet ist. (Von hier nach *'Arâḳ el-Emîr* s. S. 191.) Das *Wâdi Scha'ib* oder *Wâdi Nimrîn* hinauf in 1 St. 20 Min. zu einer Quelle; nach 25 Min. läßt man das Thal l. und geht über hügeliges Terrain nach NO.; nach 1 St. l. oben *Nebi Scha'ib* (Schu'aib, das Diminutivum von Scha'ib, ist der Name, welchen im Ḳorân der biblische Jetro II Mos. 3, 1 führt). Nach 45 Min. l. Quelle *'Ain Hazî* (mit Chân); nach c. 40 Min.

es-Salṭ. — Geschichtliches. Ob *es-Salṭ* mit *Ramoth Gilead* zusammenfällt, das nach Eusebius 15 röm. Meilen w. von Philadelphia ('Ammân, S. 187) lag, ist noch nicht bestimmt erwiesen. Als Stadt wird es-Salṭ unter den Bischofsitzen mit Petra etc. genannt. Vielleicht ist der Name aus dem lateinischen *Saltus*, Waldgebirge, abzuleiten. Es-Salṭ wurde erst zu den Zeiten der Kreuzzüge bekannter, als Saladin im Ostjordanland sich befestigte. Die Festung wurde durch die Mongolen zerstört, aber durch Sultan Beibars (13. Jahrh.) kurze Zeit darauf wieder aufgebaut.

Es-Salṭ ist der Hauptort des Bezirkes **el-Belkâ**, Sitz eines Ḳâimmaḳâm und türkische *Telegraphenstation*. Es hat c. 7000 Einw., davon 250 Protestanten (engl. Missionsstation mit Kirche und Schule), 400 Lateiner (mit einer Kirche und Schule), c. 1500 Griechen. Die muslimischen Araber und die Christen leben in Eintracht und übereinstimmender Abneigung gegen die Türken. Wie in Kerak, so haben auch hier die Dorfbewohner in Sitten, Gebräuchen und Sprache vieles mit den Wanderstämmen gemein. Der Ort liegt 835m ü. M. und hat ein gesundes Klima. Neben dem Ackerbau und Weinbau blüht auch etwas Industrie; Rosenkränze aus verschiedenen harten Holzarten werden hier verfertigt. Der Markt wird von den Beduinen viel besucht. Die Felder liegen weit vom Städtchen entfernt; viel Sumach wird gepflanzt und als Gerbmittel exportiert. Die Bewohner sind gastfrei. — Es-Salṭ liegt am Abhang eines Berges, der mit einer Burg gekrönt ist; letztere enthält nichts Interessantes. Auf der S.-Seite unten am Fuße des felsigen Schloßberges entspringt eine Quelle in einer Grotte. In derselben scheint eine in den Felsen gehauene Kirche gewesen zu sein; es sind noch Skulpturreste vorhanden nebst einem Gang, der in eine unterhalb befindliche künstliche Höhle führt. Gegenüber der Höhle am jenseitigen Hügel sprudelt die Quelle *Dschêdûr* und bewässert üppige Gärten von Feigen-, Granaten- und Olivenbäumen. Berühmt sind die Rosinen von es-Salṭ. An den Bergen sind viele Spuren alter Felsgräber.

Sehr zu empfehlen ist ein Ausflug auf den **Dschebel Ôscha'**, den man in einer kleinen Stunde von es-Salṭ aus ersteigt.

Der Berg, 1096m ü. M., gewährt eine herrliche Rundsicht über einen großen Teil von Palästina. Das Jordanthal liegt in weiter Ausdehnung wie ein Teppich ausgebreitet; durch die gelbliche Ebene zieht der nur an wenigen Punkten sichtbare Fluß einen dünnen weißen Streifen bis zum Toten Meer. Im SW. ist der Ölberg sichtbar; am schönsten sieht man Ebal und Garizim gegenüber, dann den Tabor und die Berge um den See von Tiberias; der große Hermon im N. schließt das Panorama. Doch fehlt dem ganzen Bilde Leben; man sieht kaum einige Nomadenzelte, und von Dörfern nur Jericho. — Ein schöner Eichbaum ladet zur Rast auf dem Gipfel des Berges ein. Nicht weit davon das Weli des Propheten Ôscha' (arabische Aussprache von Hosea). Wie weit die Tradition zurück reicht, ist nicht sicher; wahrscheinlich ist sie jüdisch. Hosea gehörte dem Nordreich an, könnte also auch aus dem Ostjordanland gebürtig gewesen sein; Kap. 12, 12 spricht er von Gilead. Das Gebäude kann höchstens 300 J. alt sein; im Innern ist ein c. 5m l. offener Trog, hier soll das Grab des Hosea sein. Burckhardt berichtet, daß die Beduinen zu Ehren des Hosea hier Schafe schlachten (vergl. S. 163). Neben dem Gebäude tröpfelt schlechtes Wasser hervor.

2. Von es-Salṭ nach Dscherasch ($8^1/_2$ St.).

Zwei Wege: *a.* (Näher aber steinig) direkt n. durch das Gebirge Gilead *(Dschebel Dschil'âd)* ö. vom *Dschebel Ôscha'* vorbei über *Chirbet Zei* (1 St., einige Bauwerke und gebrochene Säulen), *'Allân* ($1^1/_4$ St., Quelle und Felsengräber), *Schîhân* ($^1/_2$ St., bleibt r.) und *'Alakûni* (45 Min., r. oben) zum *Nahr ez-Zerkâ* ($^1/_2$ St.). Jenseits aufwärts nach *Hemta* (1 St.) und über *Dibbîn* nach *Dscherasch* $1^3/_4$ St.

b. Ein etwas weiterer aber bequemerer Weg führt das *Wâdi Scha'îb* entlang, biegt nach 10 Min. l. in ein Seitenthal ein; nach 12 Min. steiler Aufstieg auf den *Dschebel Amrîje*. Oben (13 Min.) nach O. über felsige Höhen; nach 25 Min. ins *Wâdi Saidûn* hinab (10 Min.), jenseits steil hinauf (10 Min.). Auf der Hochebene ostwärts; nach 25 Min. r. Weg nach *Hesbân*; nach 15 Min. wieder Wegscheide, gerade aus nach *'Ammân* (S. 189); l. an einem kleinen Teich *(Birket Tawla)* vorbei in 10 Min. zum Anfang der großen Ebene *el-Bukêa*; die teilweise bebaute Ebene war ursprünglich ein Seebecken, dessen Abfluß im N. durch das *Wâdi et-Tananîje* zum *Zerḳâ* ging. Dem Rand der Ebene entlang in nö. Richtung; nach 45 Min. kreuzt man das *Wâdi et-Tananîje* und steigt in der NW.-Ecke der Ebene aufwärts; nach ³/₄ St. kreuzt man das *Wâdi Seffḥa* oben, dann (ziemlich direkt n.) nach 50 Min. das *Wâdi Umm er-Rummân* (l. unten Ruine gleichen Namens); von da 2½ St. zum **Nahr ez-Zerḳâ** gegenüber der Einmündung des *Wâdi Dscherasch* (oder *Kerwân*). Der Zerḳâ (blauer Fluß) ist der *Jabok* des alten Testaments (I Mos. 32, 22; s. S. 178). Seine Ufer sind mit Oleander besetzt. Der Bach hat ziemlich viel Wasser und ist zur Regenzeit öfters schwer zu durchwaten. — Jenseits erst das *Wâdi Dscherasch* entlang, dann auf der Höhe direkt n. reitend, gelangt man in 1³/₄ St. nach

Dscherasch (536m ü. M.). — GESCHICHTLICHES. Nach Josephus gehörte *Gerasa* zur Dekapolis von Peräa; auch einige Juden wohnten dort. Alexander Jannäus eroberte sie; später wird sie unter den „Städten Arabiens" genannt. Ihre Blütezeit fällt in die ersten christl. Jahrh.; die Bauten stammen aus der Kaiserzeit des II. und III. Jahrh., nach der Reinheit des Stils zu schließen. Merkwürdig ist, wie tief römischer Einfluß selbst in solchen sonst wenig bekannten Städten eingewirkt hat. Noch im 4. Jahrh. wird Gerasa zu den größten und festesten Städten Arabiens gezählt. Auch lief eine große römische Heerstraße über Dscherasch. Zu der Zeit der Kreuzfahrer ist von einem Zuge die Rede, den Balduin II. 1121 gegen Gerasa machte, wo der „König von Damascus" ein Kastell hatte erbauen lassen. Der arabische Geograph Jakût (Anf. des 13. Jahrh.) beschreibt Dscherasch als verlassen; nur einige Mühlen standen damals am Flusse. Man wird nicht irre gehen, wenn man den Ruin der Stadt in die Zeit der arabischen Invasion verlegt. Verwitterung und Erdbeben haben der Stadt ihre jetzige Gestalt gegeben. Jetzt ist am O.-Ufer des Baches eine Tscherkessenkolonie angesiedelt. Das Material zu den Häusern etc. ist alles den alten Bauten entnommen, die dadurch sehr gelitten haben. Die Zerstörung durch Menschenhand schreitet jetzt rasch vorwärts.

Die genaue Besichtigung nimmt mehr als einen Tag in Anspruch. Zelte werden am besten im oberen Teile der Stadt aufgeschlagen.

Die *Ruinen* liegen im *Wâdi ed-Dêr*, an beiden Ufern des wasserreichen Baches *Kerwân* oder des „Baches von Dscherasch", der in den Zerḳâ hinabläuft. Der Bach ist von Oleandern umsäumt, dem einzigen Grün der Gegend. Das r. Ufer des Baches ist höher und die obene Fläche etwas größer als auf dem l., daher stehen auf dem r. Ufer alle bemerkenswerten Gebäude. Die Stadtmauern ziehen sich an den Abhängen der Berge hin und sind stellenweise erhalten; ihr Umfang beträgt ungefähr 1 St. Das Thal scheint gegen N. geschlossen und öffnet sich gegen S., bietet aber keine Aussicht; nur ein Wallfahrtsort Namens *Mezâr Abu Bekr* ist auf einem der umgebenden Hügel zu erblicken.

Man beginnt die Besichtigung von S. aus. Die Trümmer von Gebäuden und Haufen großer Bausteine erstrecken sich wohl ½ St. weit über das s. Vorthor hinaus, aber die Ruinen von Privatwohnungen und Gräbern, welche hier lagen, sind neben den erhaltenen öffentlichen Gebäuden kaum der Aufmerksamkeit wert. Die letzteren beginnen mit einem dreigegliederten **Prachtthor**, das wie ein Triumphbogen aussieht. Seine ganze Frontlänge beträgt

25,3m, die Höhe des mittleren Bogens 9m. Oberhalb jeder der beiden kleinen Seitenpforten dieses wohl erhaltenen Thores ist eine viereckige fensterartige Nische über Konsolen, die aus der Mauer hervorragen, angebracht. Die Thorhalle ist tief. Das Thor ist dadurch merkwürdig, daß unter den Säulen, welche die S.-Front einfassen, ein aus Akanthusblättern bestehender kelchartiger Aufsatz

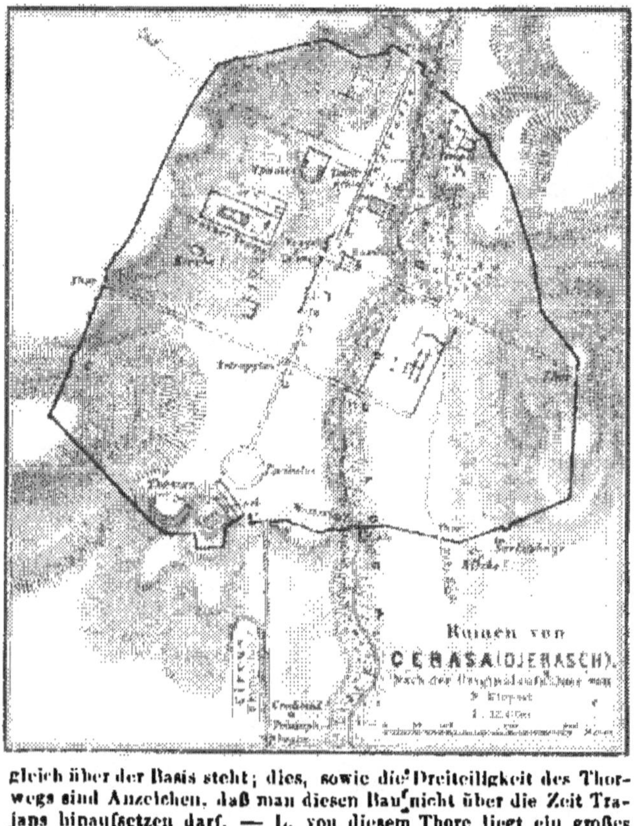

gleich über der Basis steht; dies, sowie die Dreiteiligkeit des Thorwegs sind Anzeichen, daß man diesen Bau nicht über die Zeit Trajans hinaufsetzen darf. — L. von diesem Thore liegt ein großes Bassin, etwa 210m l. und 90m br. Der Boden desselben ist durch Schutt erhöht, und wird als Feld bestellt. Dies war eine *Naumachie* (ein Theater für Kämpfe zu Schiff), wie auch noch deutlich aus den wohlerhaltenen Kanälen, welche das Wasser aus dem Bache hieher leiteten, ersichtlich ist. Reste von Sitzreihen finden sich. Das Mauerwerk des Bassins ist schön und hat am oberen Ende eine kranzförmige Verzierung. NW. von dieser Naumachie am Berge scheint ein Teil der *Nekropole* gelegen zu haben; man fand hier schön gearbeitete und verzierte Sarkophage aus schwarzem Basalt.

Alles bisher Beschriebene liegt außerhalb des eigentlichen Stadtthores, das fast ganz zerstört ist, aber allem Anscheine nach dem Vorthore geglichen haben muß. Zu beiden Seiten des Stadtthores schliesst sich deutlich der Mauerlauf an. Einige Schritte w. von dem Stadtthore an einem Hügel stehen die Ruinen eines **Tempels.** Seine Lage beherrscht die ganze Stadt. Die Mauern sind $2{,}_4$m dick; in den Außenseiten der Mauern sind Nischen und eine Reihe von Fenstern angebracht. Von dem Peristyl von Säulen ist nur eine Säule auf der S.-Seite vorhanden; doch sind die Basen der $2{,}_5$m von der Cella abstehenden Säulen leicht zu verfolgen und die Stücke der umgeworfenen Säulen liegen in der Nähe. Auch die Säulen der doppelten korinthischen Kolonnade, welche den Eingang zierten, liegen über den Abhang und die treppenartigen Stufen des Hügels zerstreut umher. Das Portal ist $4{,}_5$m br. Am schönsten erhalten ist die l. Seite der Cellamauer, während die r. und die vordere Wand meist, die Hinterwand ganz zerstört ist; auch das Steindach ist heruntergestürzt. Die Wandpfeiler an der schön gefügten Quadermauer sind ihrer Kapitäle beraubt; über der Wand springt ein einfaches Gesims nur schwach vor. Das Ganze ist in edlem Stil gehalten; die Langseiten waren etwa 21m, die Breitseiten 15m l. In der NW.-Ecke bei dem korinthischen Eckpfeiler befindet sich eine Seitenpforte.

An die Westseite dieses Tempels schließt sich ein großes **Theater** an. Nach hinten lehnt sich dasselbe an die Stadtmauer, öffnet sich aber nach N., sodaß die Zuschauer eine herrliche Aussicht über die öffentlichen Prachtbauten ihrer Stadt hatten. Die Zahl der Sitzreihen ist 28, doch wäre es wohl möglich, daß unten noch mehr Sitze unter dem Schutt vergraben lägen; sie sind durch eine halbkreisförmige Galerie in zwei Teile geteilt. An dieser Galerie liegt eine Reihe von acht Logen oder kleinen Zimmern. Von außen liefen unter den oberen Sitzreihen gewölbte Gänge zu der Galerie. In der unteren Sitzreihe führten drei Treppen zu den Bänken und zu den oberhalb der Galerie befindlichen Sitzreihen sieben Treppen. Die oberste Galerie bildete einen Halbkreis von 120 Schritt Umfang, ist aber nicht mehr ganz erhalten. Die Akustik des Theaters ist vortrefflich. Das Proscenium, welches einst mit großer Pracht ausgestattet war, ist leider zerfallen. In der den Zuschauersitzen gegenüberliegenden Prosceniumsmauer befanden sich drei Portale (nun verschüttet); die Mittelthüre war viereckig, die andern Thüren waren überwölbt. Eine Reihe von korinthischen Säulen stand dem Innern dieser Mauer entlang zur Seite der Thüren; zwischen den

Säulen hindurch erblickte man die reich verzierten Nischen der Prosceniumsmauer. Es gab auch noch Seitengänge (die im W. sind erhalten) und Eingänge aus Korridoren, welche unter dem Theater hinliefen und wohl den Schauspielern dienten. Das Theater faßte gegen 5000 Zuschauer; es ist wegen der guten Erhaltung seiner Sitzreihen noch heute sehr bemerkenswert. Leider wird es von den Tscherkessen als bequemer Steinbruch benutzt.

Vom Theater aus geht man nordwärts auf den Halbkreis von Säulen zu; hier finden sich einige Wasserbassins bei Ruinen. Die Säulenreihe bildete hier ein **Forum**, das vielleicht gegen S. offen war. Der Durchmesser des Forums beträgt etwa 120 Schritt; im Innern ist das Pflaster an manchen Stellen noch erhalten. Noch stehen 55 Säulen aufrecht, größtenteils noch durch Gebälk untereinander verbunden; der Anblick ist höchst großartig und erinnert beinahe an den Platz vor der Peterskirche in Rom. L. (im W.) stehen 21 und 4, r. 18, 7 und 5 Säulen; dazwischen sind einzelne Säulen umgestürzt. Die Säulen haben sämtlich ionische Kapitäle.

N. von diesem Forum beginnt die **Säulenreihe**, welche mitten durch die Stadt führt. Wenn auch die Säulenbasen fast überall in der Erde stecken und die Schäfte daher etwas plump erscheinen, so ist der Eindruck der langgestreckten, geraden Säulenreihe, welche der großen Säulenreihe von Palmyra kaum nachsteht, doch ein gewaltiger. Auch hier sind die meisten Säulen, namentlich der O.-Seite, zu Boden gestürzt, augenscheinlich in Folge von Erderschütterungen. An manchen Orten ist dadurch das Gebälk, welches die Säulen tragen, von der Stelle gerückt, an andern sind die einzelnen Trommeln, aus welchen die Säulen zusammengesetzt sind, verschoben; an dritten sind diese einzelnen Stücke so zu Boden geworfen worden, daß sie in parallelen Reihen daliegen, und nur auf die Hand zu warten scheinen, welche sie wieder aufeinandertürmt. Viele Säulen aber sind noch so vortrefflich erhalten, daß die Fugen zwischen den einzelnen Stücken nur bei scharfem Zusehen erkennbar sind. Die Entfernung der einzelnen Säulen von einander beträgt $4,_5$m, die Breite der Straße, deren Pflaster noch an manchen Orten sichtbar ist, ungefähr ebensoviel. Ohne das Gebälk beträgt die Höhe der einzelnen Säulen durchschnittlich ebenfalls $4,_5$m, doch giebt es auch welche, die viel höher sind, sodaß man gezwungen ist (wie bei Palmyra), sich oben an den Säulen eine offene Galerie, *hinter* den Säulen aber einen Kolonnadengang zu denken, an welchen sich die Eingänge zu den dahinter befindlichen Häusern anschlossen. Die Verschiedenheit des Stils weist darauf hin, daß die ganze Reihe in verhältnismäßig später Zeit aus vorhandenem Material zusammengestellt worden ist. An der Hauptstraße stehen noch an 100 Säulen; von sehr vielen andern jedoch sind die unteren Teile, von den meisten wenigstens Bruchstücke erhalten.

· Die Säulen bestehen wie alle Gebäude in Dscherasch aus dem

Kalksteln der Umgegend und man findet nur wenige Spuren von Basalt sowohl wie von kostbarerem Material.

Auf der l. Seite der Straße sind mehr Säulen erhalten als auf der r. Nach der dreizehnten Säule links folgen einige höhere Säulen l. und r. Das Gesimsende der kleineren Säulen lehnt sich an den Schaft der größeren an. Hinter den Säulen befinden sich an einigen Stellen Mauerreste. Bald kommt man zu einem kleinen Platze, wo vier mächtige Piedestale, die wohl einst als *Tetrapylon* (s. S. cxxiii) überwölbt waren, noch erhalten sind. Sie sind 2m hoch (heute mit Gestrüpp überwachsen) und haben Nischen, wahrscheinlich zur Aufnahme von Statuen. Die Querstraße, welche hier durchlief, war ebenfalls mit Säulen eingefaßt, von denen noch wenige stehen; die Straße r. führt hinunter zu einer breiten Treppe und zu einer *Brücke* über den Bach. Die Brücke besteht aus 5 Bogen, von denen der mittlere der größte ist; sie ist sehr fest, aber beschädigt. Nahe bei der Brücke kreuzt ein Aquädukt den Bach.

Wiederum die Säulenstraße nordwärts verfolgend, findet man r. 7 Säulen, dann l. auch 7, hierauf wieder größere Säulen, 2 l., 3 r. Auf der l. Seite der Straße ist hier ein Gebäude mit sehr schöner Tribuna; über den drei runden und zwei viereckigen zugemauerten Fenstern läuft ein Gesims mit gebrochenen Giebeln von allerreichster Ausführung; das Innere ist mit großen, wild durcheinander geworfenen Steinquadern gefüllt, vor der Tribuna 9 große korinth. Säulen. L. läuft neben der Säulenstraße eine Mauer, die zu Prachtgebäuden gehörte. Dann l. 1 Säule und 1 Säulenstumpf. Hierauf r. ein *Tempel* (eine Säulenreihe zwischen zwei Mauern nebst Apsis noch erhalten), in einer Linie mit dem großen Tempel (s. u.). Hinter der Apsis führte ein Weg zu einer Brücke hinunter, die aber nicht mehr gangbar ist.

Auf der l. Seite der Straße liegen die Ruinen großartiger *Propyläen*; aber nur der Vorbau derselben ist erhalten. Das große Portal, dessen Architrav heruntergestürzt ist, steht zwischen zwei Fensternischen mit reichverzierten gebrochenen Giebeln. N. davon scheint ein Palast gestanden zu haben. — Auf der Hauptstraße weiterhin r. und l. je 3 Säulen, dann das Tetrapylon s. 186.

Der **große Tempel**, welcher wahrscheinlich der Sonne geweiht war, nahm die erste Stelle unter den Bauten von Gerasa ein. Das Hauptgebäude desselben bildet ein längliches Viereck 24m l., 20m br.; dasselbe steht mit nach O. gerichteter Front auf dem Gipfel einer ziemlich großen Terrasse. Das Innere der Cella ist eingefallen und verschüttet; auf drei Seiten sind die schmucklosen Mauern teilweise erhalten. An den Langseiten sind sechs Nischen von länglicher Gestalt; in der Hinterwand ein gewölbter Gang mit einem kleinen finsteren Zimmer auf jeder Seite. An der Außenseite der Vordermauer sieht man noch Reste einer Nische. Der Tempel war ein peripteros, d. h. von einer Säulenreihe umgeben. Zu dem Porticus führten Stufen hinauf; derselbe bestand aus drei Reihen kolossaler korinthischer Säulen: in der vordersten Reihe sechs Säulen, wovon eine umgestürzt ist, in der zweiten Reihe vier, die noch erhalten sind, in der hinteren vier, zur Hälfte noch stehend. Diese Säulen, 12m hoch und 1,8m im Durchmesser, sind die größten von Dscherasch; sie erinnern, wie auch das ganze Gebäude, an den Sonnentempel in Palmyra. Sie stammen aus älterer Zeit, als die Säulen der Hauptstraße, denn das Akanthuslaub der Kapitäle ist vorzüglich schön und die Stücke, aus welchen die Säulen bestehen, sind trefflich aufeinandergefügt. Der Tempel stand in der Mitte eines weiten von Säulen eingefaßten Hofes (Atrium), der von einer großen Menge Säulen umgeben war; eine ganze Reihe von Säulenbasen und Säulenfragmenten ist noch erhalten, sowie auch einige wenige ganze Säulen. Nicht weit entfernt w. läuft die Stadtmauer. Gegen SW. scheinen einige kleinere Tempelchen (auch eine Kirche?) gestanden zu haben; man findet jedoch nur ein paar Säulen und Spuren von Gewölben, die tief im Boden liegen. — Vom Tempelplatz aus hat man eine schöne Aussicht.

Unten an diesem Tempel weiter nach N. liegt ein zweites, kleineres **Theater**, dessen Bühne aber breiter ist, als die des oben beschriebenen Theaters. Es schaut nach NO. und hat 16 Zuschauerreihen. Zwischen der zehnten und elften Sitzreihe, von oben gezählt, sind fünf Bogen, zwischen je zwei derselben eine große Nische mit 2 (oder 3) kleinen muschelförmigen Nischen. Die Sitzreihen haben einen großen Umfang; unter der niedrigsten Reihe sind dunkle gewölbte Zimmer. Das Proscenium ist mit Schutt bedeckt und mit Gras überwachsen; es lag tief und war mit freistehenden Säulen geschmückt. Von der Bühne aus sieht man die Säulen des großen Tempels über die höchsten Stufen des Theaters emporragen. Der ganzen Anlage nach scheint das Gebäude für Tier- und Gladiatorenkämpfe bestimmt gewesen zu sein.

Von der Hauptstraße führte ein mit Säulen besetzter **Seitenweg** (3 Säulen erhalten) zu dem Theater; auch hier war an dem Punkte, wo die Wege sich kreuzten, ein *Tetrapylon* (im Innern rund und nur nach außen viereckig). Die Rotunde dieses Baues war einst mit Statuen geschmückt. Auch gegen den Fluß hin lief von hier aus ein Weg hinunter. R. (ö. von der Hauptstraße) Ruinen eines sehr großen viereckigen Gebäudes (etwa 60m ins Geviert), das ein *Bad* gewesen zu sein scheint; ein Aquädukt läuft auf dasselbe zu. An der Vorderseite sind Spuren einer Säulenreihe erhalten. Der Haupteingang war gewölbt. Auf der N. und S. Seite standen viereckige überwölbte Flügel mit Seiteneingängen. Das Innere bestand aus einer Reihe großer Gemächer.

Die Säulenstraße setzt sich weiter nach N. fort; 25 ionische, Gebälk tragende Säulen sind in verschiedenen Gruppen auf der l. (w.) Seite erhalten, r. nur 2 Säulen. Die schönste Aussicht auf diesen n. Teil der Säulenstraße hat man vom N.-Thore der Stadt, das an und für sich ganz einfach ist; der Mauerlauf ist hier gut zu verfolgen, wie er über den Bach setzt. Ein längliches Gebäude innerhalb des Thores scheint ein Wachthaus gewesen zu sein.

Auf dem *linken* (ö.) *Ufer* des Baches stand nur eine kleine Anzahl öffentlicher Bauten. Der Hügel tritt hier weiter zurück und so entsteht längs des Baches eine Niederung, die im Frühjahr mit Grün bedeckt ist. Das nördlichste Gebäude, das noch besteht, war ein *Tempel* von 65 Schritt ins Geviert; aber nur ein Teil der Mauer, ein gewölbtes Thor und eine der inneren Säulen stehen noch; die Bildhauerarbeit muß, nach den Resten zu schließen, vorzüglich gewesen sein. Weiter s. bei einer Quelle scheint ebenfalls ein Prachtgebäude mit Altären gestanden zu haben. Ein Teil des Wassers dieser Quelle lief in den Bach, der andere wurde vermittelst einer großen Wasserleitung nach der Naumachie geführt. Auch den Bach entlang finden sich Säulenreste. Jenseit der oberen Brücke liegen die Ruinen eines großen Gebäudes (entweder ein *Bad* oder wahrscheinlicher ein *Karawanserai*). Auch hier liegen Säulenstücke zerstreut umher, einzelne cannelirt, andere glatt. Die Stadtmauer läuft hier auf der ö. Seite hoch an dem Hügel hinauf; dieser ist mit Trümmern von Privatwohnungen bedeckt. Weiter außen befand sich ein Begräbnisplatz. Die Mauer ist an der NO.-Ecke der Stadt am besten erhalten. Sie läuft von hier in großem Bogen wieder an den Bach und zum s. Stadtthor hinab.

Von Dscherasch nach el-Muzêrîb s. S. 199.

17. Von Dscherasch nach 'Ammân, 'Arâḳ el-Emîr, Ḥesbân, Mâdebâ, el-Kerak.

1. Von Dscherasch nach 'Ammân (9½ St.).

Führer nötig (¾-1 Medsch. p. Tag). Eskorte s. S. 178. Das *Wâdi Dscherasch* hinab zum *Zerḳâ* 1¾ St.; jenseits den Berg hinauf und in s. Richtung (r. Ruinen) über das Hochland (der Weg nach *es-Salṭ* geht mehr r. gegen O.) in c. 3 St. zur Ebene *el-Buḳê'a*. Quer über dieselbe nach S. und in gleicher Richtung über die Hügel an ihrem S.-Ende in 3 St. zum Anfang des *Wâdi el-Hammâm* (Quelle und Ruine *Jadschûz*, Begräbnisplatz der Beduinen). Das Thal abwärts bis zur Einmündung eines Seitenthals, hier wieder nach S. aufwärts (l. unten Ruinen), nach ½ St. r. oben *Chirbet Brike*; von hier in 1¼ St. an der Burg vorbei nach

'Ammân (837m ü. M.). — *'Ammân* entspricht dem alten *Rabbat 'Ammon*, der Hauptstadt der Ammoniter. Die Stadt zerfiel in eine Unter- und Oberstadt; sie wurde infolge einer den israelitischen Gesandten zugefügten Beleidigung durch Davids Feldherrn Joab belagert und erobert (II. Sam. 11 ff.); erscheint später wieder als ammonitisch (Jer. 49). Ptolemäus II. Philadelphus von Ägypten baute sie neu und nannte sie *Philadelphia*. Jahrh. hindurch blieb sie bedeutend; sie gehörte zur Dekapolis von Peräa. Ihren alten Namen verlor sie nie ganz, unter den Arabern wurde er wieder allein gültig. Trotz aller Verwüstung meist durch Erdbeben gehört 'Ammân zu den schönsten Ruinen des Ostjordanlandes. Die Stadt liegt in einer fruchtbaren Thalsenkung, überragt von den Ruinen einer Burg.

Diese *Citadelle* liegt auf dem n. Hügel, der gegen SW. eine Ecke bildet und gegen N. durch einen Sattel (vielleicht künstliche Vertiefung) vom übrigen Hügel abgeschnitten ist. Die Oberfläche der Burg besteht aus 3 von O. nach W. aufsteigenden Terrassen. Das Thor befindet sich auf der S.-Seite. Die Umfassungsmauern stehen etwas unter dem Kamm des Hügels; sie sind dick und aus großen Steinblöcken ohne allen Cement gefügt. — Auf der obersten (w.) Terrasse sieht man noch Spuren eines Tempels (Säulenbasen des Pronaos) und einen ordentlich erhaltenen Turm in der S.-Mauer — Während diese Bauten alle aus der römischen Zeit stammen, gehört ein sehr gut erhaltenes und interessantes Gebäude auf der obersten Terrasse der arabischen Baukunst an. Welchem Zweck dasselbe gedient hat, ist nicht mehr auszumachen (schwerlich Moschee). Man bewundere die prächtige Detailarbeit im Innern. — Von der Citadelle hat man einen schönen Überblick über das ganze Ruinenfeld.

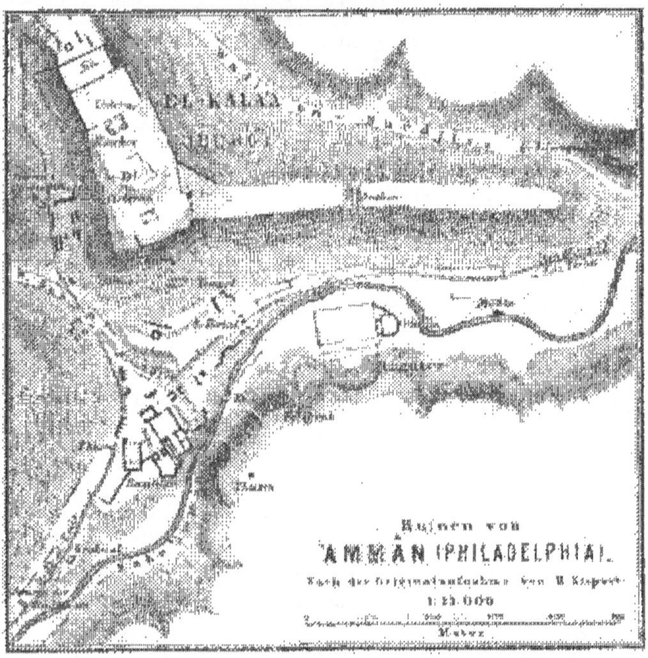

Die hauptsächlichsten Ruinen im Thal unten sind folgende (von W. nach O.): 1) Auf dem l. (n.) Flußufer bei der Einmündung des Seitenthals, das w. von der Burg herunterkommt, eine *Moschee* (Abbasidenzeit); nahe dem Fluß eine *Basilika* (byzantinisch) und dicht daneben Reste eines arabischen *Basars*. — 2) Etwas ö. davon Überreste von *Thermen*. Gut erhalten ist die S.-Wand: eine schöne Apsis, mit zwei andern Seitenapsiden verbunden, an den Mauern stehen noch Säulen, aber ohne Kapitäle, aufrecht; die reich verzierten Nischen liegen sehr hoch; Löcher für Klammern weisen auf einstige Bronzeverzierungen hin. Ihr Wasser erhielten diese Thermen durch eine auf dem N.-Ufer dem Fluß parallel laufende Leitung. — Unmittelbar sö. von den Bädern ist eine ältere Brücke (gut erhaltene Bogen), dabei Reste des Quais; etwas weiter unterhalb auf dem

l. Ufer ein schöner Porticus. — 3) Von der Moschee (S. 188) aus kann man den Lauf der alten *Säulenstraße* verfolgen, die sich auf dem l. Ufer dem Fluß parallel durch die alte Stadt hinzog in einer Länge von c. 900m. Von derselben stehen nur noch sehr wenig Säulen. — L. (n.) von der Säulenstraße mitten im Dorf sind die Ruinen eines *Tempels* (Forum?) aus spätrömischer Zeit. Die Trümmer am O.-Ende der Säulenstraße scheinen einem Stadtthor angehört zu haben. — 4) Auf der r. (s.) Seite des fischreichen Baches liegt nur das gut erhaltene *Theater*, vor demselben läuft eine Säulenreihe bis zum Odeum (s. u.). Von ihrer W.-Ecke aus scheint eine andere Kolonnade n.-wärts zum Fluß gegangen zu sein (von ersterer sind 8, von letzterer 4 korinthische Säulen erhalten). Die Scene des Theaters ist ganz zerstört; man sieht noch in ein mit Steinen gefülltes Gemach, früher wohl eine Ausgangspforte. Die Sitzreihen des Theaters sind von Treppen durchschnitten und durch Parallelhalbkreise in drei Abteilungen geteilt. Vom ersten Rang sind 5 Stufenreihen sichtbar, der zweite besteht aus 14, der dritte aus 16 Stufen. Zwischen dem zweiten und dritten Rang, namentlich aber oberhalb des dritten, obersten Ranges sind Logen angebracht. Der Gesamteindruck ist gewaltig; was auf der Scene gesprochen wird, dringt trefflich bis zur obersten Sitzreihe. Das Theater war auf etwa 3000 Zuschauer berechnet. — NÖ. vor dem Theater stehen die Ruinen eines kleinen *Odeums* (gewöhnlich so genannt, obwohl es nicht bedeckt war). An der Front sind viele Löcher für Klammern, welche Ornamente hielten. Das Proscenium hatte an beiden Seiten Türme, von denen der s. erhalten ist. — 5) Am Bache hinuntergehend kommt man zu der Ruine einer Mühle. Die Ufer sind auf eine Strecke von c. 300m mit schönen römischen Mauern bedeckt; der Bach war hier einst überwölbt. Das Wasser kann mit Hülfe der darin liegenden Steinblöcke leicht überschritten werden. — Weiterhin kommt von l. her ein (trockenes) Seitenthal. Einige 100 Schritte aufwärts in demselben auf der O.-Seite liegt ein schönes *Grabmonument (Kabr es-Sulṭân)*. Die dreifache Vorhalle hat l. und r. 2 Recesse mit Nischen, die mittlere Halle führt zu einem Gemach mit 8 Bankgräbern. — 6) Außerdem zu beiden Seiten der Säulenstraße Reste von Gebäuden, und in der Umgebung viele Gräberanlagen, auch Dolmen.

Von 'Ammân nach es-Salt (5 St.). Von der Burg aufwärts nach N.; in 10 Min. Ruinen eines Gebäudes; nach 15 Min. *Ridschm el-Anêbide*; dann längs dem w. Rande des *Wâdi es-Nuwêdschis* nw.-wärts; nach c. 30 Min. l. *Chirbet Drike*, nach 5 Min. l. *Ridschm el-Melfûʿa*; über einen niedrigen Sattel erreicht man in 30 Min. r. *Chirbet Adschbêhât* (= *Jogbeha* IV Mos. 32, 35). Nach 15 Min. steigt man im Wâdi w. abwärts; nach 10 Min. *'Ain Suwêlih* beim gleichnamigen Wâdi l., nach 15 Min. *Chirbet es-Sâfût* (Reste eines alten Tempels). Nach 10 Min. Quelle, dann das *Wâdi Harba* hinunter; nach 10 Min. Ebene *el-Buḳêʿa* (S. 180); man durchschneidet den s. Teil derselben in 1/2 St.; r. bleibt *Chirbet 'Ain el-Bâscha* liegen, im N. ist der Bergrücken *el-Kamscha*. In 10 Min. auf der Höhe w. beim *Birket Ṭawîa* kommt man auf den S. 180 beschriebenen Weg.

2. Von 'Ammân nach 'Arâḳ el-Emir (3 1/4 St.).

Auf der l. Seite des Baches zur Quelle aufwärts (Reste von Gebäuden). Ein Aquädukt führt von hier Trinkwasser nach der Stadt (17 Min.). Die Menge der Dorfruinen läßt auf die frühere reiche Kultur dieses Landstriches schließen. Zuerst sieht man r. *Ḳaṣr el-Melfûf* (Kohlschloß), dann l. *'Abdûn*; r. *Umm ed-Deba*; dann auf dem Plateau 1 St. l. *Ṭubaḳa*, r. *Suweifîje*; weiter l. *ed Demên*. Nun kommt man in das herrlich bewaldete *Wâdi esch-Schita (Eschta)* „Regenthal". R. Ruine *Ṣâr*, dann Quelle *'Ain el-Baḥal*. Am Ausgang des Thales (1 St.) sieht l. eine zerstörte Mühle, r. Ruine *el-Areme*. Von hier in 1 St. nach

'Arâḳ el-Emir (446m ü. M.). — Josephus berichtet weitläufig, wie der König Hyrkanus (S. LXIX), von seinen neidischen Brüdern verfolgt, sich nach dem Ostjordanland zurückzog und hier, gegen die Araber kämpfend, eine Burg errichtete. Die Beschreibung dieser Bauten und Felsenhöhlen paßt im großen, wenn auch nicht im detail, zu den heute noch sichtbaren Überresten; auch der alte Name der Burg, *Tyros*, findet sich im heutigen

Wâdi es-Sîr, welcher unten vorbeifließt, wieder. Es ist jedoch fraglich, ob Hyrkan wirklich der Begründer dieses festen Platzes gewesen ist oder ob er nicht bloß ältere Bauten und Felshöhlen benutzt hat. Als die Macht des Antiochus V. Eupator von Syrien nach dem Tode des Ptolemäus V. Epiphanes von Ägypten (181 v. Chr.) im Wachsen begriffen war, brachte sich Hyrkan aus Furcht vor den Syrern in seinem Schlosse selber um. Der Palast zerfiel und wurde nicht wieder aufgebaut.

Das Hauptgebäude liegt auf der SW.-Seite des Felsenamphitheaters; es heißt *Ḳasr el-'Abd* (Burg des Sklaven) und steht wie auf einer Halb-

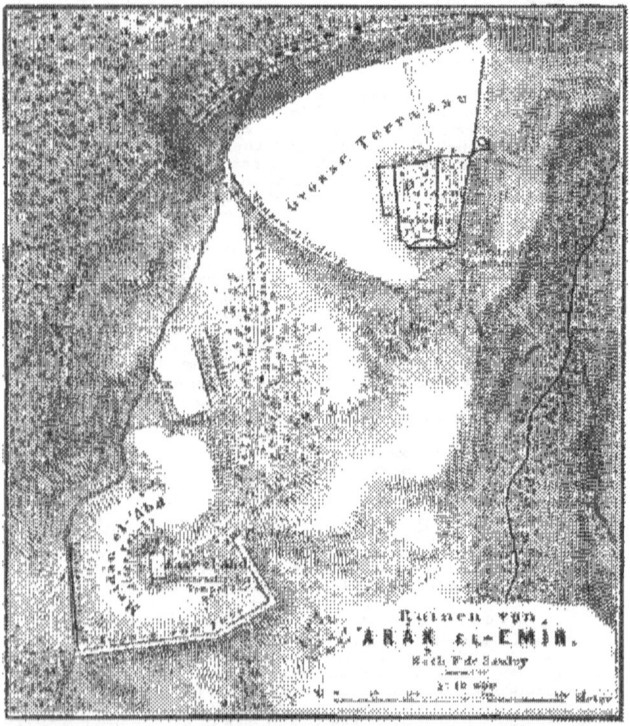

insel inmitten einer Plattform. An vielen Stellen bildet eine Mauer mit Böschungen den Unterbau. Die Blöcke, aus denen diese Böschungen bestehen, sind ungeheuer. Der Dammweg, welcher zu der Burg führt, ist auf beiden Seiten von großen Steinblöcken eingefaßt, die in bedeutenden Zwischenräumen von einander abstehen und durchbohrt sind, als ob Holzbarrièren an ihnen befestigt gewesen wären. Das Ḳaṣr (nur *eine* Mauerseite ist erhalten) ist ebenfalls aus gewaltigen, wenn auch nicht so dicken Blöcken erbaut; der obere Teil ist mit einem Fries in Basrelief geschmückt, welcher große, etwas rohe Löwengestalten darstellt. —

Der freie Platz um die Burg herum, einst wohl in der That ein Wassergraben, heißt heute *Meidân el-'Abd*.

Auf dem Wege nach N. fortschreitend, findet man l. am Berge Reste von Gebäuden und einen Aquädukt, und gelangt zuletzt auf die große n. Plattform, wo eine Reihe von Gebäuden mit Mauern eingefaßt standen. Am Berge, welcher sich hinter dieser Plattform ausdehnt, läuft eine merkwürdige künstlich erweiterte Felsengalerie. Von dieser aus gelangt man durch Portale in eine Anzahl Höhlen, die, nach den Ringen in den Wänden zu schließen, teilweise als Ställe gedient haben. Haben wir hier alte Höhlenwohnungen vor uns, oder Grabstätten? Die Inschriften zeigen althebräische Charaktere. Bereits Josephus spricht von solchen Höhlen hier.

Von 'Arâk el-Emîr nach Jericho (5½ St.). NW. in 15 Min. zu einem wenig höhern Paß, dann über ein flaches Plateau; 30 Min. *Wâdi en-Nâr*, steiler Abstieg (5 Min.); dann langsam steigend (die Ruine *Sûr* bleibt s.) auf die Höhe des *Dschendân es-Sûr*; nach 30 Min. eine steile Felswand hinab (10 Min.), und durch das *Wâdi Dscherfa* (Nebenthal des *Wâdi Nimrîn*) in 1 St. nach *Chirbet Nimrîn* (S. 179) beim Austritt des Thals aus dem Gebirge. Den Bach überschreitend, w. quer durch das Jordanthal in 1½ St. zur *Jordanbrücke* S. 179; von hier nach Jericho 1½ St.

Von 'Arâk el-Emîr nach es-Salṭ (5 St. 40 Min.). Vom Bache *eṣ-Sîr* (S. 190) die ö. Anhöhe hinauf, hoch über dem *Wâdi el-Bahat* r. an Wassergräben entlang, die das Wasser aus diesem Thal auf die Felder leiten. Nach 1¼ St. Thalteilung; man geht nö. das *Wâdi Eschta* hinauf, immer in Eichenwald; nach 15 Min. Quelle. Weiter oberhalb ist das Thal wasserlos. 1 St. onö. Quelle *'Ain Nutafa*, dann l. (n.) aus dem Wâdi hinaus auf die Hochebene; nach 5 Min. sieht man l. *Chirbet Sîr* (vielleicht *Jaeser* in Gilead IV Mos. 32, 1; später im Besitz der Moabiter Jes. 16, 8, dann der Ammoniter I Makk. 5, 8; von Judas Makkabäus belagert). — Weiter in N.-Richtung durch die Ebene; nach 45 Min. r. Teich und *Chirbet Umm es-Semak*, l. *Chirbet el-Kursi;* nach 5 Min. r. *Birket Umm el-'Amâd*. Dann das flache *Wâdi Dabûk* hinauf; nach ½ St. auf der Höhe l. *Chirbet Dabûk;* nach 10 Min. verengt sich das Thal zwischen Waldhügeln *(Dschebel Hemâr);* nach 15 Min. Paßhöhe, nach 15 Min. steiler Abstieg nach *'Ain Hemâr*. Über die Hochebene in 20 Min. auf einen Bergsattel, l. tiefes Thal, r. Ebene *el-Bukê'a* (S. 180); längs derselben hingehend in 23 Min. zur Quelle *Birru;* 20 Min. Rand des *Wâdi Sriddân*, wo der Weg mit dem von 'Ammân nach es-Salṭ zusammenfällt, ¼ St. vor es-Salṭ.

3. Von 'Ammân nach Heṣbân (3 St.) und Mâdebâ (1¾ St.).

Im Hauptthal aufwärts bis zu den Ruinen einer Brücke ¼ St. dann l. hinauf. Die Hochebene durchschneidet man in sw. Richtung (verschiedene Wege möglich, mehr ö. oder w.) und gelangt in c. 4 St. zu *Chirbet el-'Âl* auf einem isolierten Hügel (das alte *Eleale*, dem Stamm Ruben gehörig IV Mose 32, 3, dann von den Moabiten erobert Jes. 15, 4). Von hier auf einer alten Römerstraße in 35 Min. nach

Heṣbân (Ḥesbân). — *Hesbon* war zur Zeit der Einwanderung der Israeliten eine blühende Stadt der Amoriter (IV Mos. 21). Sie fiel dem Stamme Ruben zu, später kam sie in die Gewalt der Moabiter (Jer. 48). Zur Zeit der Makkabäer gehörte sie von neuem zum jüdischen Staate.

Die Lage von *Heṣbân* (900m ü. M.) beherrscht die Ebene. Die Ruinen liegen auf zwei Hügeln, die im W. vom *Wâdi Heṣbân*, im O. vom *Wâdi Ma'în* eingefaßt werden. Viele Cisternenöffnungen finden sich; auf dem n. Hügel Überreste eines Turms, sö. davon ein großer, in den Felsen gehauener Teich, ferner eine viereckige Einfriedigung aus großen Quadern; auf dem Sattel zwischen beiden Hügeln war die alte Stadt hauptsächlich gelegen (großes Wasserreservoir); auf dem SW.-Hügel Spuren einer Citadelle (Tempel?) mit einigen Säulenschäften.

Von *Heṣbân* reitet man direkt s. in 1¾ St. nach

Mâdebâ (896m ü. M.). — *Medba* war ursprünglich moabitisch (Jos. 13, 9); dann zum Stamme Ruben gehörig. David schlug vor Medba die Ammoniter und ihre syrischen Hilfsvölker (I Chron. 19, 7-15). Von der Mitte des 9. Jahrh. an kam die Stadt wieder in die Gewalt der Moabiter; später heißt sie eine Stadt der Nabatäer (Araber). Hyrkanus eroberte die Stadt nach einer Belagerung von 6 Monaten. In christl. Zeit war sie Bischofsitz.

Die Ruinen von *Mâdebâ* sind heute wieder angesiedelt von Christen aus el-Kerak (lateinisches Kloster). Säulenschäfte, Kapitäle, Architrave und dergl. sieht man vielfach in deren Häuser eingebaut. Die heutige Ortschaft liegt auf einem kleinen Hügel, doch dehnen sich die Ruinen ringsum ziemlich weit aus. Im N. des Orts liegen die Ruinen eines Tempels mit einigen Säulenstümpfen. SO. davon die Ruinen eines merkwürdigen, runden Gebäudes (Tempel?). Ö. davon schöne Überreste eines Thors, s. von diesem Thor ein großer Teich (fast ganz verschüttet); ein zweiter, kleinerer Teich liegt weiter nö. — Die S.-Seite des Hügels ist mit Trümmern bedeckt. Im SW. liegt ein dritter, kolossaler Teich 120m l. 94m br., in der NO.-Ecke desselben ist ein Turm angebaut. — Im W. (auf einem kleineren Hügel) sind die Ruinen einer Basilika (man bemerke die 2 Säulen, einst zur Vorhalle gehörig). — Im Hause eines arab. Händlers im S. des Dorfs ist ein sehr schönes Stück Mosaikboden aufgedeckt worden.

In den Bergen nw. von Mâdebâ und Hesbân wird der Berg **Nebo** gesucht, von welchem aus Moses (V Mos. 34) vor seinem Tode das ganze verheißene Land überblickte. Über bebaute Felder gelangt man in c. $1^1/_2$ St. zu dem *Dschebel Nebâ* s. von den Mosesquellen. Die Aussicht ist umfassend; man übersieht die Berge von Hebron bis nach Galiläa, das Tote Meer von Engeddi nordwärts, das ganze Jordanthal und dahinter sogar den Karmel und Hermon; n. blickt man in das *Wâdi 'Ajûn Mûsâ*. Die Vegetation dieses Thales ist ebenfalls herrlich, jedoch der Weg hinab steil. Man kann von den Quellen nach Hesbân reiten.

Von Mâdebâ nach Jericho direkt c. 9 St.

4. Von Mâdebâ nach el-Kerak c. 20 St.

Ein Ritt von $1^1/_2$ St. eine Römerstraße (?) entlang über die Ebene führt zu den Ruinen von **Mâ'in**. Auf der Hochebene findet man eine Menge Steinhaufen, die künstlich aus 3-4 größeren Steinen gebildet sind, sogen. Dolmen. *Mâ'in* entspricht dem alten *Ba'al Me'ôn*, eigentl. Wohnung des Ba'al Me'ôn (Jos. 13, 17); es gehörte zu Ruben, später wieder zu Moab (Ezech. 25, 9). Eusebius sagt, sie sei der Geburtsort des Elisa gewesen. Die Ruinen sind ausgedehnt; überall sind Cisternen zerstreut.

Von hier in $^1/_2$ St. zum Rand der Hochebene beim *Dschebel Humra*. Man steigt in das tiefe Thal des *Zerkâ Mâ'in*, verfolgt dasselbe c. 6 St. abwärts bis zu *Hammâm ez-Zerkâ*. Hier ist das alte *Kallirrhoe* zu suchen. Reste einer Wasserleitung finden sich noch. Der Boden der Schlucht und die Abhänge sind reich bewachsen (auch Palmbäume kommen wieder vor). Die Flora hat viele Ähnlichkeit mit der Südarabiens und Nubiens. Unten im Thale tritt der rote Sandstein zu Tage, darüber lagern Kalkstein und Basalt. Aus den Seitenthälchen kommen auf der Strecke einer Stunde eine Anzahl heißer Quellen hervor, alle mehr oder weniger kalkhaltig und alle auf der Linie hervortretend, wo sich der Sandstein mit dem Kalk berührt. Die heißeste dieser Quellen, die einen gewaltigen Dampf ausströmen und ihre mineralischen Bestandteile stark ablagern, hat eine Temperatur von 62,5°C.; die Araber benutzen die Heilkraft dieser Quellen noch heute vielfach. Schon im Altertume waren sie berühmt und auch Herodes der Große suchte hier in seiner letzten Krankheit Genesung.

[Etwa 3 St. s. von hier liegt **Mukaur**, das alte *Machärus*. Zuerst soll Alexander Jannäus hier gebaut haben. In den Pompejuskriegen wurde die Burg zerstört, aber später von Herodes d. Gr. neu aufgebaut, die Feste mit Mauern umzogen und durch Türme geschützt. Herodes gründete hier eine Stadt mit Palast. Von hier bis Pella im N. reichte das Gebiet von Peräa. Josephus erzählt, daß Herodes Antipas, Tetrarch von Galiläa und Peräa, Johannes den Täufer in Folge seiner Vorwürfe (Matth. 14, 3) in die Festung Machärus werfen ließ; er wurde also auch hier enthauptet. Nach dem Untergange Jerusalems flohen unglückliche Überreste des Judenvolkes auch in diese Festung; aber der Prokurator Lucilius Bassus eroberte sie durch List und ließ die ganze Besatzung töten. Von Interesse ist die sehr große Citadelle, die den ganzen Hügelrücken bedeckt; eine große Cisterne und ein Turm sind noch vorhanden. Die Aussicht von Mukaur umfaßt das W.-Ufer des Toten Meeres, im SW. Engeddi und darüber das ganze Gebirge Juda, wie es sich von Hebron über Jerusalem nach N. zieht und ins Jordanthal hinunter senkt. Der Punkt liegt 726m über dem Mittelländ. Meere, also 1120m über dem Toten Meer.]

Von *Kallirrhoe* aus führt der direkte Weg sö., in c. 3 St. nach *'Attârûs* (*Ataroth*, in Gad). Auf dem Berge n. Ruinen eines Kastells bei einer großen Terebinthe. Die Aussicht von den Stadtruinen ist vorzuziehen; sie umfaßt Bethlehem, Jerusalem, den Garizim, ö.-wärts die Ebene. Die Berge sind teilweise mit Terebinthen, Mandelbäumen etc. bewachsen, teilweise auch angebaut. — 1 St. sw. *Kurêjât* (*Kerioth*, Jerem. 48, 47); großer Ruinenhaufe; von da 2½ St. sö. auf der Römerstraße, das *Wâdi Heidân* kreuzend nach Dibân. *Dîbân* ist das alte *Dibon*, das von den Israeliten erobert (IV Mos. 21, 30) und später von Gad wieder hergestellt wurde (ib. 32, 34). Nach Jes. 15, 2 fiel es in die Hände der Moabiter; hier ist die Siegessäule des Königs Mesa (S. LXVII) gefunden worden.

[2½ St. nö. liegt *Umm er-Rasâs*, ein großer Ruinenhaufen. Eine Menge halbrunder Bogen sind noch vorhanden, sowie Ruinen von einigen Kirchen. Sehr merkwürdig ist c. ½ St. n. ein Turm, den man beinahe für einen Grabturm im palmyrenischen Stil (S. 374) halten möchte. Von hier nach der Haddschroute ist es noch 3 St. Wegs; dort liegt *Chân Zebîb*, augenscheinlich an der Stelle einer alten Ortschaft, da in und außerhalb des jetzigen Gebäudes viele Architekturreste sich finden.]

Von *Dîbân* aus erreicht man über die Ebene in ½ St. den Ruinenhaufen *'Ar'âir* (*Aroër* Jos. 12, 2; 13, 9, später dem Stamm Ruben gehörig ib. 16). Der Weg von hier zum (1 St.) **Môdschib** (*Arnon*) ist beschwerlich; guter Führer nötig. Die Tiefe der Schlucht beträgt 600m, die s. Hügel sind noch 60m höher. Herrliche Vegetation; Spuren einer Römerstraße mit Brücke, oberhalb derselben einige Ruinen. — In c. 1½ St. steigt man s. hinauf zu den Ruinen von *Muhâtet el-Haddsch*, von dort in 2 St. nach dem zerfallenen Dorf *Erîhâ*.

1 St. r. (w.) vom Weg liegt der *Dschebel Schîhân* mit gleichnamigem Dorf. Auf dem s. Teile und unten am Hügel sieht man eine Menge Einzäunungen von Basaltstein, wohl aus vorrömischer Zeit. Der Ortsname erinnert an jenen amoritischen König Sihon (IV Mos. 21), dessen Reich sich, als die Israeliten heranzogen, vom Arnon bis zum Jabbok erstreckte. Noch I Kön. 4, 19 ist vom Lande Sihon die Rede, Jerem. 48, 45 sogar von einer Stadt. — Heute findet sich oben ein Begräbnisplatz der Beni Hamîde und Ruinen eines Tempels. Die Aussicht ist sehr umfassend; man sieht zwei Stücke des Toten Meeres, in der Ferne die Gebirge Judas, im N. die Schlucht des Môdschib. — Von *Erîhâ* der Römerstraße entlang, deren Meilensteine meist erhalten sind, in 1 St. zu den Ruinen *Bêt el-Karm*, in deren Nähe die Ruinen eines Tempels (*Kasr Rabba*). Die Säulen sind wie durch Erdbeben umgeworfen; große Quadern liegen umher. L. (ö.) erheben sich die Hügel des *Dschebel et-Tarfûje*. Nach 15 Min. l. Ruinen eines alten Turmes *Misde*, dabei die Ruinen von *Hemêmât*. Nach ½ St. r. kleiner röm. Tempel, nach 20 Min. **Rabba**, das alte *Rabbat Moab*, später mit *Ar Moab* verwechselt und darum *Areopolis* genannt. Die Ruinen haben einen Umfang von ½ St. Viele Trümmer, aber wenig gut Erhaltenes, z. B. Überreste eines Tempels (Westseite), nicht weit davon zwei korinth. Säulen von verschiedener Größe; einige Wasserbehälter.

Von *Rabba* führt die Straße s.-wärts über eine Ebene vorbei an den Dorfruinen *Mascharschit*, *Duweine* und *es-Sumênîje* in 4 St. nach

el-Kerak. — Geschichtliches. *el-Kerak* ist das alte *Kir Moab* (II Kön. 3, 25; Jes. 16, 7. 11; Jerem. 48, 31), eine der zahlreichen Städte der **Moabiter**. Wir dürfen uns dieses Volk den Israeliten sehr ähnlich denken, wie es ihnen ja auch nahe verwandt ist (S. XLII); sie erscheinen als ein kriegerisches Volk. Zur sogen. Richterzeit machte Moab die Israeliten tributpflichtig (Richt. 3); Saul kämpfte gegen Moab, wie nach ihm auch David, dessen Urgroßmutter aus Moab stammte. Nach Salomos Tode fiel Moab ans nördliche Reich. Nach dem Tode Ahabs verweigerten die

Moabiter den Tribut. Damals war Mesa König von Moab; seine Gedenktafel, die wohl aus den Jahren 897-6 stammt, ist im Jahre 1868 in *Dîbân* (S. 183) aufgefunden worden. Joram verbündete sich mit Josaphat von Juda und drang von S. durch Edom ins Land ein; aber die Festung *Kir Hareset (Kir Moab)* leistete ihnen Widerstand. Mesa opferte seinen erstgeborenen Sohn auf der Mauer dem Baal Kamos als Brandopfer, worauf die Israeliten in ihr Land zurückzogen. In den späteren Zeiten war Moab bald abhängig, bald unabhängig; wir haben uns die Verhältnisse den heutigen ähnlich zu denken, wobei es von dem Dasein einer militärischen Besatzung abhängt, ob Tribut bezahlt wird, oder nicht. Als Volk gingen die Moabiter schon im zweiten Jahrh. vor Chr. unter. Das Land Moab wird im Altertum als gesegnet beschrieben (Jer. 48) und muß, nach den vielen Ruinen zu schließen, stark bevölkert gewesen sein. — Kerak war später der Sitz eines Erzbischofs; der Titel desselben lautete auf den Namen Petra deserti, wie noch heute. Mit Schôbek ist es oft verwechselt worden. Als die Kreuzfahrer sich im Ostjordanland festsetzten, war Kerak der Schlüssel jenes Landes, denn es beherrschte den Karawanenverkehr von Ägypten und Arabien nach Syrien; daher war es auch eine vielfach bestrittene Feste. Die Sarazenen suchten es um jeden Preis einzunehmen, da die Franken von hier aus ihre Züge bis gegen *Aila ('Akaba)* hinunter ausdehnten. 1183 ff. erfolgten die furchtbaren Angriffe Saladins gegen Kerak, welches durch Rainald von Châtillon gehalten wurde, bis Saladin 1188 sowohl Kerak als Schôbek in seine Gewalt brachte. Die Ejjubiden machten Kerak zu einer starken Festung und residierten öfters hier; auch verlegten sie ihr Schatzhaus und ihr Staatsgefängnis hieher. Der Ort blühte damals auf. Noch in späterer Zeit war er ein Zankapfel zwischen Ägypten und Syrien. Doch konnten die Bewohner bei der festen Lage ihrer Stadt sich ziemliche Unabhängigkeit bewahren.

el-Kerak hat noch heute einen bedeutenden Verkehr mit der Wüste. Besonders die Kaufleute von Hebron besuchen den Markt von Kerak. Wie die Beduinen, tragen auch die Leute von Kerak die gestreifte 'Abâje (Mantel); jedermann geht bewaffnet umher. Die Umgebung ist sehr fruchtbar; „Butterverkäufer" gilt als Schimpfwort, weil der Einzelne gehalten ist, die von seinen Herden gewonnene Butter für sich und besonders für seine Gäste zu verbrauchen. Der Zufluß europäischer Reisender und die großen Summen, welche von ihnen bezahlt worden sind, haben die Leute bereits demoralisiert und ihre angeborene Habgier entflammt. Daher sind die Leute von Kerak nicht mit Unrecht in Verruf gekommen. Die Fremden werden noch heute unverschämt bedrückt. — Kerak mit seinen Dependenzen hat etwa 6000 muslimische Einwohner und 1800 Christen. — Unterkunft findet man in dem allgemeinen Gasthaus (*„maḍâfe"*), oder in Privatwohnungen. Man wende sich an die Christen, die im ganzen zuverlässiger sind; sie stehen unter einem besonderen Schêch. In neuester Zeit hat sich die protestantische Mission in Kerak Eingang zu verschaffen gesucht. Auch die Katholiken haben eine Kapelle.

Die Aussicht von Kerak (1026m ü. M.) umfaßt, besonders von der Höhe des Kastells, das Tote Meer und die umgebenden Gebirge. In der Ferne sieht man den Ölberg und hinter demselben sogar den Russenbau. Das Jordanthal übersieht man bis zu den Höhen von Jericho hinauf. — Obgleich die umliegenden Berge teilweise die Stadt überragen, so ist die Lage doch sehr fest; auch ist Kerak von einer jetzt an mehreren Stellen eingefallenen Mauer mit fünf Türmen umgeben. Der n. Turm ist am besten erhalten und zeigt außer einer Inschrift auch Löwenfiguren, wie sie uns von arabischen Denkmälern der Kreuzfahrerzeit bekannt sind; die unteren Teile der Mauer sind, den Bausteinen nach zu urteilen, wohl älter. Ursprünglich hatte die Stadt nur zwei Eingänge, beide aus Felsentunnels bestehend; doch kann man jetzt auch von NW. über Mauerbreschen in die Stadt gelangen. Der Tunnel an der NW.-Seite hat einen Eingangsbogen, der in die Römerzeit zurückreicht (arabische Inschrift). Durch diesen ungefähr 80 Schritt langen Gang kommt man in die Nähe des Turmes von Beibars (NW.), welcher Name auf einer Inschrift neben zwei Löwen steht. Die Mauern sind sehr dick und massiv und haben Gucklöcher. Heute dienen die Gewölbe als Vorratskammern.

Das interessanteste Gebäude von Kerak ist das mächtige *Kastell* an der S.-Seite. Von dem anstoßenden Hügel s. ist es durch einen großen künstlichen Graben getrennt (ein Wasserreservoir ist daselbst angelegt); ebenso läuft ein Graben an der N.-Seite der Festung, und gegen O. ist eine bedeutende Böschung. Auf diese Weise ist die Burg von dem Städtchen getrennt. Die Mauern sind von bedeutender Dicke und wohl erhalten. Die weitläufigen Galerien, Korridore, Hallen geben ein prächtiges Bild eines Kreuzfahrerschlosses. Die oberen Stockwerke sind zerfallen; ihre Zugänge sind dagegen gut erhalten. Durch eine Treppe steigt man in eine unterirdische Kapelle hinab (Spuren von Fresken). Im Innern der Festung viele Cisternen. Obwohl die Quellen in unmittelbarer Nähe unterhalb der Stadt liegen, so sind innerhalb derselben große Wasserbehälter angelegt (namentlich beim Beibarsturm). — Die heutige *Moschee* von Kerak war ursprünglich eine christliche Kirche; die Pfeiler und Bogen derselben sind noch vorhanden. Das Eingangsthor besteht aus einem Spitzbogen; von den christlichen Symbolen, welche die Muslimen nicht zerstört haben, ist noch die Skulptur eines Kelches zu sehen. — Die christliche Kirche ist dem heiligen Georg (*el-Chiḍr*, S. xcvii) geweiht und enthält Bilder im byzantinischen Stil. In einem Haus finden sich Überreste eines prächtigen römischen Bades, besonders ein schöner Marmorboden.

Von el-Kerak nach Petra s. S. 153.

18. Der Ḥaurân.

Der *Dschebel Ḥaurân* kann nur unter besonders günstigen Zeitverhältnissen bereist werden, am besten mit einer Eskorte von Drusen. Erkundigungen hierüber zieht man auf dem Konsulat in Jerusalem oder Damascus ein. Für den ebenen Ḥaurân genügt, wenn nicht gerade Fehden sind, ein Soldat als Begleiter. — Eine Reise in den Ḥaurân wird stets mehr Forschungs-, als Vergnügungstour sein. Noch können daselbst Inschriften gefunden werden, griechische, lateinische, nabatäische, arabische und solche in sogen. sabäischen (südarabischen) Charakteren. Es wird sich empfehlen, eine Leiter mitzunehmen, da die Inschriften bisweilen hoch liegen; ein großes Stemmeisen kann gleichfalls gute Dienste leisten.

Literatur: *Wetzstein*, Reisebericht über den Ḥaurân und die Trachonen, Berlin 1860; ein jeder, der überhaupt dieses Land bereist, wird wohl thun, dieses reichhaltige Büchlein mitzunehmen. In *Vogüé* „Syrie centrale, Architecture civile et religieuse“ sind viele Abbildungen von Gebäuden aus dem Ḥaurân. *Schumacher:* Across the Jordan, London 1886; The Jaulân, London 1888; Northern 'Ajlûn, London 1890. Karte des Dschebel Ḥaurân gez. von *Dr. H. Fischer* (in Zeitschr. des Deutsch. Pal. Ver. 1889).

Geschichtliches. Die N.-Grenze Gileads gegen die Landschaft Basan bildete der Jarmûk (S. 196). Die Berichte des A. Test. erzählen von einem König *Og* von Basan, den die Israeliten bei Edre'i schlugen (IV Mos. 21, 33 ff.). Dieses Gebiet mit der Hauptstadt Edre'i erhielt der Stamm Manasse. Die Landschaft umfaßte auch „Argob“, den Abhang der Hügel des eigentlichen Haurângebirges. In Argob fanden die Israeliten 60 Städte (Jos. 13, 30) mit festen Mauern, Thoren und Riegeln inmitten eines äußerst fruchtbaren Landstriches. Die Weideplätze und die Herden Basans waren berühmt (Ez. 39, 18). Ebenso machten die Eichenwälder Basans einen großen Eindruck auf die Israeliten (Ez. 27, 6; Jes. 2, 13). In späterer Zeit (vgl. Ez. 47, 16 ff.) dehnt sich der Name Haurân, welcher eigentlich am Gebirge haftete (dem *Alsadamus Mons* der Alten), auf die Landschaft Basan aus (so noch heute). In römischer Zeit zerfiel die Landschaft in fünf Provinzen: *Ituräa*, *Gaulanitis*, *Batanäa* ö. davon (auch Benennung des Ganzen wie Basan), nö. *Trachonitis* und *Auranitis* (das eigentliche Ḥaurângebirge, und die heutige Ebene *en-Nuḳra*, „die Höhlung“). Die Grenzen des *Ḥaurân im weiteren Sinne* bilden im N. der *Dschebel el-Aswad* gegen das Gebiet von Damascus; im N. die Landschaft *Dschêdûr*; im W. der *Nahr el-'Allân* gegen den *Dschôlân* (n.) und das *Wâdi esch-Schelîle* gegen *'Adschlûn* (s.); im SW. und S. *el-Belḳâ* und *el-Ḥamâd* (die Steppe). Im NO. dehnt sich jene seltsame und für Touristen unzugängliche „Hügelgegend" jenseits der *Wiesenseen* (S. 356) aus: ein erloschener Krater neben dem anderen; den Mittelpunkt bildet das *Safâ* (S. 338) mit der Ruine des „weißen Schlosses". S. und ö. davon liegt die *Harra*, eine wellige, mit lauter einzelnen Lavasteinen bedeckte Ebene. Die Steine haben dort so scharfe Kanten, daß das Gehen und Reiten sehr beschwerlich ist. Solcher schauerlichen Wüsten giebt es in Arabien viele. Schon Jerem. 17, 6 wird mit dem Aufenthalt in der Harra (hebr. charêrîm) als Strafe gedroht. — Der Haurân ist durchgängig Lavaformation. Das Gestein ist ein körniger Dolerit und eine bräunlich rote oder schwärzlich grüne, blasige und poröse Schlacke. Der Dolerit besteht aus dünnen, tafelartigen Kristallen von graulich-weißem Labrador, mit kleinen Körnern von Olivin und Augit. Diese Formation geht durch den ganzen Haurân; überall sieht man erloschene Krater und Spuren der gewaltigsten Ausbrüche. Die Erde des Haurângebietes ist äußerst fruchtbar: ein lockerer, rotbrauner Humus aus zersetzten Lavateilchen.

Vor allem sind die Ortschaften dieses Landes höchst interessant. Zunächst finden sich eine große Anzahl merkwürdiger Troglodytenwohnungen, die wohl in ein hohes Altertum hinaufreichen, wo nach biblischen Sagen die Riesen (V Mose 3, 11) im Haurân wohnten. Die größte Zahl der Haurândörfer besteht aus Steinhäusern, aus schönen, wohl behauenen Steinbalken (Dolerit) gebaut, welche ohne Cement wie gegossen aufeinander liegen. Nirgends wurde Holz zum Bau verwendet. Die Häuser sind nahe aneinander gebaut und haben hohe Mauern; nur größere Ortschaften sind mit Ringmauern umgeben, und die Menge der Türme in denselben fällt auf. Die Steinlagen der Türme sind oft durch sogen. Schwalbenschwänze verbunden. Die in die Gassen oder ins Freie führenden Thüren der Häuser sind niedrig. Größere Gebäude und Gassen haben hohe, mit Skulpturen von Weinlaub und Inschriften verzierte Thore. Die Thore und Thüren bestehen stets aus großen Doleritplatten, ebenso die Fenster der Häuser (nur im Oberstock) aus schön durchbrochenen Steinplatten. — Von den Häusern sind oft nur die besterhaltenen bewohnt; daneben stehen andere in so gutem baulichen Zustande, daß sie nur auf neue Einwanderer zu warten scheinen. Bisweilen sind hinter die Thüren unbewohnter Häuser Steinblöcke gelegt; dies war ein symbolischer Akt, den die Leute noch ausübten zum Zeichen, daß sie ruiniert waren. Im Erdgeschoß des Hauses haben alle Thüren steinerne Flügel; die Fensterläden drehen sich in steinernen Angeln; wie in heutigen Häusern führt eine Treppe im Hofe zur Galerie des Oberstockes. Die Treppen und Galerien bestehen aus einzelnen übereinander gelegten und in die Mauer eingefügten Platten; bisweilen waren wohl ursprünglich Geländer vorhanden. Die Fenster und Thüren des Oberstocks waren offen. In den Zimmern bemerkt man steinerne Wandschränke und Bänke zum Sitzen; selbst die viereckigen Leuchter sind aus Stein. Die Zimmerdecken bestehen ebenfalls aus langen Steinplatten, die geglättet sind und eng aneinander anschließen; eine cementartige Masse wurde darauf gelegt. Sie ruhen auf schönen, weiten Bogen, aber nicht direkt, sondern vermittelst einer Unterlage; an den ausgezeichneteren Bauten waren Decke und Träger verziert. Hier im Haurân kam namentlich der Rundbogen zur Geltung; über oft etwas gedrückten Bogen steigen die schmucklosen Mauern noch etwas empor.

Neben den Privatgebäuden finden sich aber auch viele öffentliche Bauten im Haurân. Eine Reihe von Tempeln ist erhalten, deren Stil jedoch nicht rein römisch, sondern durch die Haurânier modificiert worden ist, obwohl die Bauten aus der Zeit stammen, in welcher Syrien römische Provinz war. Die Mausoleen, meistens abseits von den Ortschaften stehend, erinnern an die Grabtürme Palmyras, nur daß hier bloß die der Thüre gegenüberliegende Wand mit Fachwerk zur Aufnahme von Sarkophagen bedeckt ist. Die großen Wasserbehälter sind entweder in den Felsen gehauene Cisternen mit engen Öffnungen, oder tiefe künstlich überwölbte und überdeckte Bassins. Ebenso sind die offen daliegenden Wasserbehälter entweder natürliche, oder sorgfältig ausgemauerte künstliche Teiche, rund oder viereckig. Die Dammmauern sind sehr dick; meistens führen wohl erhaltene Treppen in die Teiche hinab. Diese füllen sich im Frühjahr und bieten das ganze Jahr hindurch Menschen und Herden Trinkwasser. Die Anlage dieser

Teiche ist sicher uralt; sie werden jetzt von der Regierung wieder aufgebaut und verwendet.

Die letzte Kulturperiode, welche der Ḥaurân erlebt hat, war die der Jahrh., welche dem Islâm vorhergingen. Die Mehrzahl der Bauten stammen von den südarabischen Stämmen (Dschefniden oder Ġassâniden), welche in jener Zeit den Ḥaurân zu großer Blüte brachten. Besonders Kanäle wurden von ihnen angelegt. Als die Wanderstämme des Inneren Arabiens sich gegen Syrien ergossen, ging das Ġassânidenreich zu Grunde, und der letzte Ġassânidenkönig starb am griechischen Hofe in Constantinopel. Die Blüte des Ḥaurân war zu Ende. — Aus der muslimischen Periode erfährt man wenig. Nach arabischen Inschriften scheint der Ḥaurân im 13. Jahrh. wieder zu einer Art Wohlstand gekommen zu sein. Erst in neuerer Zeit hat der Ḥaurân wieder von sich reden machen, als Ibrâhîm Pascha im J. 1838 vergeblich in das Ledschâ einzudringen suchte. Er konnte dieses rauhe Lavaplateau (das westliche „Trachon") nicht erobern, ebenso wenig Muḥammed Kibrisly Pascha im J. 1850.

Die im Ḥaurân angesessenen Araber waren ursprünglich Heiden; sie verehrten den Ḍusara (Dionysos?). Früh jedoch nahmen sie das Christentum an, und zwar wird aus dem J. 180 berichtet, daß schon von einem König ʿAmr I. viele Klöster gebaut worden seien. Ebenso machte sich römisch-griechische Kultur bei ihnen geltend. Dies beweisen die zahlreichen griechischen Inschriften, welche zwar nicht immer orthographisch richtig geschrieben sind, aber, wie deutlich aus ihnen hervorgeht, mit der Errichtung der Bauten gleichzeitig entstanden, nicht erst später hinzugefügt wurden. Die Hauptstadt des Ḥaurân war Boṣrâ S. 202.

Das NW.-Gebiet des Ḥaurân, und das eigentliche „Gebirge" (Dschebel) ist meistens von Beduinen bewohnt. An den Abhängen und in der Ebene sitzen die Bauern, der Kern der haurânischen Bevölkerung. Seit einigen Jahrh. haben die Drusen den Ḥaurân kolonisiert, besonders seit 1861 sind so viele Drusen aus dem Libanon in den Ḥaurân geflüchtet, daß man das Ḥaurângebirge auch *Drusengebirge* nennt. Christen (meist griechisch-orthodoxe) sind ebenfalls vertreten. Der Typus des Ḥaurâniers ist eigentümlich genug, daß man ihn, ganz abgesehen von allen religiösen Unterschieden, als einheitlichen fassen darf; auch weicht er sehr von dem des Beduinen ab. Der Ḥaurânbauer ist größer und kräftiger als der Nomade, hingegen gleicht er ihm, was die Sitten betrifft; auch der Ḥaurânier trägt als Kopfbedeckung meistens bloß ein Kopftuch (keffîje), wie die Beduinen. Das Klima der Ḥaurânhochebene, die mehr als 600m ü. M. liegt, ist sehr gesund und auch nicht zu heiß, denn jeden Nachmittag streicht ein erquickender W.-Wind über das Land. Die Güte des halb durchscheinenden Ḥaurânweizens macht, daß er auf dem Markte bedeutend mehr gilt als andere Weizensorten und daher auch exportiert wird. Der Ertrag des Weizens und der Gerste soll sehr bedeutend sein; Jahre des Mißwachses in Folge von Heuschreckenverheerung oder Regenmangel bleiben freilich nicht aus. Der Boden wird nicht gedüngt, doch mit den Äckern ein 3-4jähriger Fruchtwechsel eingehalten. Der Mist dient als Brennmaterial, da die „Eichen Hasans", welche noch heute auf dem Gebirge wachsen, nach und nach ausgerottet und nicht ersetzt werden. In der Ebene wachsen keine Bäume, nur bei den Dörfern wurden Fruchtbäume gepflanzt, doch sind Spuren von einem früher vorhandenen Waldbestand an den Abhängen im N. der Hochebene vorhanden. Die Bauernbevölkerung wird von den Beduinen, Dank dem energischen Eingreifen der Regierung, nur wenig mehr belästigt. Sie hat mit der Sprache der Beduinen auch viele Tugenden der Centralaraber geerbt; noch findet sich, wie in Centralarabien, in jedem Dorfe des Ḥaurân ein öffentliches Gasthaus, in welchem der Durchreisende unentgeltlich bewirtet wird; es gilt dem Ḥaurânier als Ehre, sich zum Halten dieser Herberge vorzudrängen und dabei zu verarmen. Dieses sogen. „*menzûl*" ist gewöhnlich eine offene Halle, bisweilen nur von Baumzweigen überdeckt, die über Stangen gelegt sind. Sobald der Fremde ankommt, klingt ihm das „Willkomm" („*marḥabâ*" oder „*ahlan wasahlan*") oder der Gruß „*kawwak*" („Gott stärke dich") entgegen. Er wird in die Halle geführt; ein Diener oder Sklave beginnt den Kaffee zu rösten; dann stößt er ihn mit eigentümlicher Melodie im hölzernen Mörser. Dabei versammelt sich das ganze Dorf; nach dem Gast erhält jedermann eine Schale Kaffee. Freilich ist durch die Menge der Reisenden die Einfachheit der Sitten bereits insofern untergraben, als man von dem Europäer ein Geschenk erwartet; dieses kann je nach der Bewirtung ½-1 Medsch. betragen. Die Verpflegung besteht aus frischem Brot, Eiern, saurer Milch, Traubenhonig (*dibs*) und abends aus *Burgul* (geschrotetem Weizen mit Schaffleisch), oder Reis mit Fleisch.

---

1. Vom Jordanthal über Mukês nach el-Muzêrîb.

Vom Jordanthal nach Mukês gibt es 3 Wege: der eine von *Dschisr el-Mudschâmi* (S. 225) sö. nach *esch-Schêni* ($3^1/_2$ km), von da nö. die Höhen hinauf nach *Mukês* (8 km). — Die beiden andern gehen vom Jordanausfluß zum (5 km) *Scheri'at el-Menâdire* (so genannt nach dem Beduinenstamm *'Arab el-Menâdire*; griech. Name *Hieromyces*, eine Verstümmelung des bereits im Talmud vorkommenden Namens *Jarmûk*). Der Fluß kommt aus dem Haurân und Dschôlân, welch letzteren er gegen den Dschebel 'Adschlûn (s.) abgrenzt. Bevor er in den Jordan einfließt, führt eine Brücke von 5 Bogen hinüber; er hat dort beinahe ebenso viel Wasser wie der Jordan. Das tiefe Thal, durch welches er fließt, besteht eigentlich aus Kalkstein; erst nachdem dieses Bett ausgehöhlt war, hat sich darüber ein Strom vulkanischer Gesteine ergossen, der auch südwärts sich ausbreitete; der Fluß mußte daher sich durch dieses Gestein ein neues Bett bahnen.

Von hier entweder über die Furt *Machâdet el-'Adesîje* (Führer nötig) und nach SO. den Abhang hinauf nach *Mukês* direkt (7 km), oder das wilde Thal aufwärts (4 km) zu den berühmten *heißen Quellen von Gadara* oder *Amatha*, heute *el-Hammi* genannt. Dieselben werden von vielen Schriftstellern des Altertums (Eusebius etc.) als äußerst heilkräftig beschrieben und sind noch heute in der Saison (April) sehr zahlreich besucht. Die Hauptquellen liegen auf einem kleinen offenen Platze am r. Flußufer. Um das große Becken herum, das z. T. künstlich, z. T. natürlich ist, sind Spuren von gewölbten Badehäusern und vielleicht auch von Wohnungen. Das Wasser riecht und schmeckt nach Schwefel und läßt, so klar es im Bassin ist, einen Niederschlag zurück, der medicinisch gebraucht wird. Bei den Beduinen gilt der Badeplatz als neutraler Boden. — Von den Bädern sind es 5 km nach

Mukês. (*Mkês*) — GESCHICHTLICHES. *Mukês* nimmt die Stelle des alten *Gadara* ein (eine Stadt der Dekapolis, Hauptstadt von Peräa), Alexander Jannäus eroberte sie. Pompejus stellte sie seinem Freigelassenen Demetrius zu Liebe, welcher von dort gebürtig war, wieder her; hier war ein Synedrium. Augustus schenkte die Stadt Herodes dem Großen, schlug sie aber nach dessen Tode zu Syrien. Die Stadt war meistens von Heiden bewohnt. Im jüdischen Krieg öffnete sie Vespasian ihre Thore. Man findet aus der römischen Kaiserzeit viele Stadtmünzen von Gadara. Später war sie ein Bischofssitz von Palästina II. Die Stadt war berühmt wegen ihrer trefflichen Bäder. Der alte Name Gadara ist in dem der Höhlen von „*Dschadâr Mukês*" erhalten; die arabischen Geographen kennen noch den Namen *Dschadar*.

Mukês liegt 364 m ü. M. auf der w. Spitze eines Gebirgskammes zwischen dem *Jarmûk* (s. o.) im N. und dem *Wâdi 'Arab* im S. Von O. kommend stößt man zuerst auf die Grabhöhlen. An den Bergabhängen liegen noch viele schön erhaltene Basaltsarkophage umher, mit Blumengewinden, Apollo- und Genienbüsten reich verziert, die Deckel an den Ecken abgeschrägt und nach oben scharf abgeböscht. Daneben finden sich Grabhöhlen mit verschiedenartigen Kammern und erhaltenen Steinthüren, bisweilen mit roh gearbeiteten Büsten an den Architraven. In einigen dieser Grabhöhlen stehen noch Sarkophage; solche werden jetzt von den Fellachen, welche die Häuser bewohnen, einem trägen Geschlechte aus dem Ghôr, als Behälter für Korn u. a. gebraucht. — Von diesen Grabhöhlen kommt man gegen W. zu einem *Theater*, dessen Anlage noch erhalten, dessen obere Teile aber eingestürzt sind. Gute Übersicht über die Ruinen. Etwa 360 Schritte w. liegt ein zweites, größeres Theater, aus Basalt

DIE LANDSCHAFTEN
IM
SÜDEN VON DAMASCUS
GEBIET DES HAURÂN ETC.
Maßstab 1 : 700.000
Kilometer
Geograph. Meilen

gebaut und im ganzen wohl erhalten; die Bühne ist mit Schutt bedeckt. Auch hier läuft zwischen den Sitzen eine Reihe von Bogen, und unter denselben liegen tiefgewölbte Gemächer. Von den Theatern aus dehnte sich der vornehmste Teil der Stadt w. am Fuße des Hügels auf einer c. $\frac{1}{2}$ St. breiten Strecke ebenen Bodens aus. Viele Haufen von Quadern und Säulenüberresten liegen umher; die Säulenkapitäle waren korinthisch. Auch Grundmauern von Gebäuden sind erkennbar; das Basaltpflaster ist an manchen Punkten sogar noch mit den Wagenspuren erhalten. An einer Stelle, wo sich ein Haufe korinthischer Pfeiler befindet, scheint ein Tempel gestanden zu haben. — Noch weiter gegen W. ein moderner Begräbnisplatz; am Abhang des Hügels herrliche Aussicht über das Jordanthal.

Von Mukês nach el-Muzêrîb (c. 43km, $9\frac{1}{2}$ St.). Man folgt der hin und wieder sichtbaren alten Wasserleitung (*Ḳanât Fir'aun*), die von *eṣ-Ṣanamên* über *Der'ât* kommt. Laut arab. Berichten ist sie von dem Ghassanidenkönig *Dschebele I.* erbaut und 20 St. l. Nach $2\frac{1}{2}$km r. alte Tempelruine *el-Ḳabu* (prächtige Aussicht); $3\frac{1}{2}$km r. uralte heilige Eiche mit Ruinen (l. $2\frac{1}{2}$km entfernt das saubere Dorf *Malka*); 5km *Rudschm el-Menâra*, isolierter Ruinenhaufen, Steinblöcke mit dem Stammeszeichen (*wasm*). Von da biegt man direkt n. ab; $\frac{1}{2}$km *Ibdar*; dann in das *Wâdi Samar* hinab. Dasselbe aufwärts bis in die Nähe von (c. $5\frac{1}{2}$km) *Chirbet ed-Dêr*; die Wasserscheide überschreitend nach *Ḥebrâs* (alter Ruinenturm); dann (4km) *Tell Âbil* (*Abila* der Dekapolis? Tempel- und Kirchenruinen, altchristl. Gräber). Auf einer alten Brücke über das *Wâdi el-Ḳuwêlibe*; $1\frac{1}{2}$km *Wâdi esch-Schellâle* (Grenze zwischen Ḥaurân und Adschlûn s. S. 195). Pittoreske Gegend; 300m tiefe Schlucht; steiler Abstieg in 40 Min.; zum Ostrand bei *Chirbet ez-Zenêbe* hinauf 55 Min., von hier $2\frac{1}{2}$km nach *'Ammâwa* (Unterkommen beim Schêch, Ruinen); 6km nö. *Tell esch-Schihâb* (schöne Lage, eines der größten und reichsten Dörfer des Ḥaurân, einstiger Stammsitz der Familie Schihâb S. 298; Einwohner fanatisch). Von hier über ein fruchtbares Plateau nach *el-Muzêrîb* c. $5\frac{1}{2}$km.

Von Dscherasch nach el-Muzêrîb (starke Eskorte und guter Führer nötig). Entweder der Pilgerstraße entlang (11 St.); oder (interessanter aber länger, c. 78km) über *Sûf* $1\frac{1}{2}$ St. nnw. (von hier nach *Tibne* $3\frac{1}{2}$ St., nach *Ṭaijibe* $2\frac{3}{4}$ St., nach Mukês $3\frac{1}{2}$ St.). Von *Sûf* direkt n. nach *el-Ḥoṣn* (27km von Dscherasch, notdürftiges Unterkommen beim lat. Geistlichen; lat. und griech. Kirche). $5\frac{1}{2}$km *Irbid* (neu erbauter bedeutender Ort, Sitz des Kaimmakâm des *'Adschlûn*). In nö. Richtung über *el-Bâriḥa* nach (5km) *Bêt-Râs* (interessante Ruinen, vielleicht das alte *Capitolias*; auf dem *Tell el-Chiḍr* prachtvolle Aussicht); *Ibdar* 10km; von da nach *el-Muzêrîb* s. o.

el-Muzêrîb (498m ü. M.) ist der große Sammelplatz des Pilgerzuges (S. 326) als erste Station vor Damascus; der Zug rastet hier einige Tage; dabei wird ein großer Markt abgehalten. Im O. des Orts steht ein großes Kastell, das von Sultan Selim († 1522) erbaut sein soll. Dasselbe (*Ḳal'at el-'Atîḳa* genannt) ist schon sehr zerfallen; es diente einst als Magazin für die Regierung und Unterkunft für die Pilger, im Innern eine kleine, zerfallene Moschee. NÖ. vom Kastell ist eine Quelle; sie ergießt sich in einiger Entfernung in einen großen, klaren, fischreichen Teich (*el-Baddsche*); auf der Insel in der Mitte desselben lag die frühere Stadt, Residenz des Mutaṣerrif vom Ḥaurân, jetzt fast ganz verlassen, weil ungesund; einige alte Ruinen. Der Teich ist Badeplatz der Pilger und als solcher heilig. Am N.-Ufer Ruinen eines alten Bades. Auf der N.-Seite des Bachs liegt das neue Dorf, *ed-Dekâkîn* genannt, mit nicht unbedeutendem Markt, namentlich für die Beduinen. R. davon *Ḳal'at el-Dschedîde*, „Neues Kastell" in Ruinen.

---

2. Von el-Muzêrîb nach Damascus (c. 16 St.)

Der Weg führt direkt n. nach (5km) *Tell el-Asch'ari* (vielleicht *Asthuroth* V Mose 1, 4; Jos. 9, 10, Hauptstadt des Königs Og von Basan); dann nö. zur (2km) zerfallenen Brücke über das *Wâdi el-Ehrêr* (r. nö. der *Tell es-Semen*, hier hat vom April ab der große Beduinenstamm *Wuld 'Ali* aus der Wüste sein Lager, dessen Besuch interessant ist). Von der Brücke $3^1/_2$km zur Ruine *el-Tire*, nach $2^3/_4$km l. Dorf *'Adwân*, nach $1^1/_2$km Gebäudekomplex der Regierung **el-Merkes**; Sitz des Mutaṣerrif des Ḥaurân; Garnison, internat. Telegraph, größerer Basar (Getränke, Bier), notdürftiges Unterkommen in der Lokanda. In der NW.-Ecke die Überreste des alten **Hiobskloster** *(Dêr Eijûb)*, jetzt in eine Baracke verbaut.

In der Landesbevölkerung lebt eine Tradition, daß Dschôlân das Vaterland Hiobs gewesen sei, und auch frühere arabische Schriftsteller verlegen seine Heimat in dieses Land, speciell in die Gegend von Nawâ. Bei den Christen des Mittelalters bestand ebenfalls diese Überlieferung, und ein großes Hiobsfest wurde von ihnen gefeiert. Aus der großen Verehrung, in welcher dies Heiligtum bei den Ḥaurâniern steht, geht sein vorislâmischer Ursprung hervor. Nach den arabischen Autoren hat der Dschefnide 'Amr I. das Kloster erbaut; wir dürfen es ungefähr in die Mitte des 3. Jahrh. setzen.

W. vom Ort liegt ein Gebäude *Maḳâm Eijûb*, das die Gräber Hiobs und seiner Frau einschließt.

1km n. von *el-Merkes* liegt **Schêch Sa'd**, ärmliches Dorf von lauter Negern bewohnt, die von Schêch Sa'd, Sohn 'Abd el-Kaders hier angesiedelt wurden. Im Ort Ruinen und Altertümer. Auf dem SW.-Ende des Hügels befindet sich der *Hiobsstein (Ṣachrat Eijûb)* inmitten eines muslimischen Betorts. An diesen Stein soll sich Hiob gelehnt haben, als er vom Herrn heimgesucht wurde. — Am Fuße des Hügels liegt das *Hiobsbad (Ḥammâm Eijûb)* bei den Fellachen und Beduinen in großer Verehrung als heilkräftig, da Hiob sich in derselben Quelle, die jetzt das Bad versorgt, nach der Heilung seiner Krankheit gebadet haben soll. Unmittelbar w. davon das *Maḳâm Schêch Sa'd*, mit dem Grab des Negerheiligen.

Vom Dorfe *Sa'd* auf neu angelegter Straße dem Telegraphen entlang nach dem großen Dorf **Nawâ** $5^1/_2$km (das alte *Neve*). Der Ort ist ganz aus den Ruinen erbaut, aber nur noch 2 alte Gebäude stehen: die *Meḍâfe* (öffentliche Herberge), vielleicht ein altes Mausoleum(?), und ein 15m hoher Turm. Bevölkerung fanatisch.

Von *Nawâ* über *Obtî'a* und *Inchil* c. 30km nach **eṣ-Ṣanamên.** Ṣanamên repräsentiert wie Nawâ eine Ḥaurânortschaft besten Stils (S. 196); bedeutende antike Ruinen. Durch ein gewölbtes Thor tritt man von O. in ein viereckiges Gemach und mehrere Zimmer mit Vorhalle, korinthischen Säulen und mehreren Bogen. Daneben liegt an einer Plattform ein Wasserbecken; dabei ein Tempel aus gelblichem Kalkstein. Innerhalb desselben sind korinthische Säulen nebst einer Nische in Muschelform. Die Thüren und Fenster sind wohl erhalten, die Detailverzierungen sehr reich. Der eine der beiden hier befindlichen Tempel war laut Inschriften der Fortuna geweiht. In einiger Entfernung von den Tempeln stehen mehrstöckige hohe Türme, aus gelben und schwarzen Steinen ohne Mörtel gebaut und ebenfalls reich verziert, wahrscheinlich Grabtürme.

W. von *es-Sanamên* dehnt sich die Ebene von *Dschêdûr* (S. 195) aus, durch einige Hügel unterbrochen, dahinter der Hermon. Die ö. Hügel begrenzen das *Ledschâ*. Nach 20 Min. r. Dorf *Dîdi*, dahinter der langgestreckte *Tell el-Hamîr*. Nach $1^1/_2$ St. *Robârib* (großer Wasserbehälter). Nach 40 Min. r. oben *Mezâr Eljescha'* (Kapelle des Elisa); nach $^1/_2$ St. l. Hügel *Subbet-Fir'aun*. Nach $1^1/_4$ St. *el-Chijâra*; nach 25 Min. *Chân Dennûn*; r. der öde Bergrücken *Dschebel el-Mânî* („der hindernde"; S. 211). Nach $^1/_2$ St. (die Lavaregion wird verlassen) *el-Kiswe*, bedeutendes Dorf am l. Ufer des *el-A'wadsch*, welcher weiter oben *Saiborâni* heißt und aus Dschêdûr kommt; wahrscheinlich der *Parpar* der Bibel (S. 312). Man überschreitet ihn auf einer Brücke (dabei ein Kastell), und kommt nun aus dem Haurângebiet hinaus in das zu Damascus gehörige *Wâdi el-'Adscham*. Nach 1 St. 20 Min. Dorf *el-Aschrafîje* l. man überschreitet das *Wâdi el-Berdi*. Nach 1 St. *el-Kadem*, in 20 Min. *Bauwâbet Allâh* (S. 326).

Die große Karawanenstraße von Dschisr el-Mudschâmî (S. 225) über Nawâ nach Damascus ist nicht besonders anziehend.

Von *Dschisr el-Mudschâmî* zur Jarmûkbrücke .	$2^1/_4$ km
bis *Samach* (am Tiberiassee)	$6^1/_2$ km
[Von Tiberias nach Samach 8km]	
bis *Chân el-'Akaba* (Ruinen)	$4^1/_2$ km
Kafr Hârib (schönes Panorama des Tiberiassees)	6 km
[Von hier nach *Kal'at el-Hösn* S. 200 3km]	
Dorf *Fîk* (*Apheka* I Kön. 20, 26 ff.; viele Altertümer, gutes Wasser)	$4^1/_4$ km
el-'Âl (Ruinen)	5 km
Chisfîn (das alte *Chasfon*, ausgedehnte Ruinen)	9 km
[Von hier ein Weg mehr ö. nach *Nawâ* (S. 200) 25km]	
Tell Dschôchadâr	$9^1/_2$ km
Tell el-Faras (Vulkankrater, lohnende Aussicht)	4 km
Sawîsi (kleines, zerfallenes Dorf)	$7^1/_2$ km
el-Hâra (am Fuße des gleichnamigen Hügels) .	$14^1/_2$ km
es-Sanamên	16 km
Von hier s. oben . Zus. bis *es-Sanamên*	89 km

3. Von el-Muzêrîb nach Boṣrâ (c. 10 St.).

In $2^1/_4$ St. (sö.) nach **Der'ât** (*Edre'i* S. 195), in christl. Zeit Bischofssitz; größter Ort des Haurân (4-5000 Einw.), Sitz eines Kâimmakâm. — In der Einsenkung des *Wâdi Zêdî* liegt ein großes

Wasserreservoir 59m l., 54m br. und c. 2m tief; es wurde aus der S. 199 gen. Wasserleitung *Ḳanât Fir'aun* gespeist, die w. vom Teich auf einer Brücke von 5 Bogen das Thal überschreitet. Auf der W.-Seite des Teichs liegt das *Ḥammâm es-Siknâni* (altes röm. Bad in Ruinen); daneben das unzugängliche Mausoleum *Siknâni*. Am SO.-Ende der Stadt steht ein großes Gebäude (60m l., 29m br.) mit umlaufendem doppelten Säulengang. Laut Inschrift ist diese Gebetshalle (*ruwâḳ*) im J. 650 (1253) von Saladins Statthalter, Emîr Nâṣireddîn 'Oṯmân Ibn 'Alî errichtet; sie hatte 85 Säulen und 3 Thore. Die Säulen sind verschiedenartig; im Hofraum liegt ein Sarkophag mit zwei Löwenköpfen. An der NW.-Ecke der Moschee ist ein hoher Turm. Im S. sieht man noch die Apsis einer einstigen Kirche. — Sehr interessant sind die ausgedehnten unterirdischen labyrinthartigen Wohnungen, in die man hineinkriechen kann (Eingang am Wâdi Zêdî).

Von *Der'ât* führt eine große Straße OSO. nach *Boṣrâ* (7½ St.). Jenseits der oben erwähnten Brücke kreuzt man (45 Min.) einen Teil der Wasserleitung. Nach 40 Min. r. *Kôm Ḳarz*; im N. das Dorf *en-Nu'ême*; bald darauf r. das Dorf *Ḳarz*. Nach ½ St. Dorf *Merke*; nach ½ St. *Umm el-Mezâbil*; r. das große Dorf *Umm el-Mejâdin*; dann *Naṣîb*, *Dschaîr* und *eṭ-Taijibe*. Nach 1¾ St. l. *esch-Schuruk* (Ruinen einer großen Kirche), r. *Dschîse*. Hier überschreitet man das *Wâdi Zêdî* aufs neue. Das Ḥaurângebirge türmt sich malerisch auf, im OSO. wird *Boṣrâ* und dahinter der Tell von *Sulchad* sichtbar. Nach 40 Min. Dorf *el-Ḥorwâsi*; nach 45 Min. *Ḳaṣm*. R. sieht man *Suhb*, l. *el-Mu'arribe*; weiter entfernt im N. das Christendorf *Charaba*, nach 1¼ St. r. *Ḥammâs*. Auf einer alten Römerstraße gelangen wir in 1¼ St. nach

Boṣrâ. — Geschichtliches. *Boṣrâ* mag infolge der außerordentlich günstigen, die Gegend beherrschenden Lage schon früh bedeutend gewesen sein. 106 n. Chr. wurde Boṣrâ als *Nova Trajana Bostra* Kolonie der Hauptstadt der Provinz Arabien; als solche war sie Sitz eines Consularis. Von diesem Jahre an datiert die sogenannte Bostrenische Ära, nach welcher in den Städten Peräas noch lange Zeit gerechnet wurde. Seine Blüte verdankt der Ort wohl der südarabischen Einwanderung. Bostra war außerdem auch ein großer Mittelpunkt des Karawanenhandels: eine Straße lief von hier direkt nach dem persischen Meerbusen, wie überhaupt der Ḥaurân von zahlreichen (heute noch sichtbaren) Straßen durchschnitten war. Zur Zeit des Kaisers Alexander Severus (222-235) wurde eine römische Militärkolonie nach Bostra geführt. Zu Constantins Zeiten stand Boṣrâ in großer Blüte; auch war es Bischofssitz. Noch zu Diocletians Zeit war Boṣrâ Hauptstadt von „Arabien“ (vgl. S. LXIV). Besonders wichtig war Boṣrâ für den Karawanenhandel Arabiens; die arabischen Kaufleute, so z. B. später Muḥammeds Onkel, kamen öfters hierher (mit ihnen auch der Prophet, S. XCIII). Hier in Boṣrâ wohnte der Mönch Baḥîra, welcher Muḥammed als Propheten erkannt haben soll. Noch im Mittelalter war Boṣrâ ein hochwichtiger Platz als Markt und als Festung. Die Kreuzfahrer (Balduin III.) suchten die Stadt vergebens zu erobern. Saladin, welcher sich auf die Ostjordanländer stützen mußte, um für seine Angriffe auf die Franken eine Basis zu haben, erkannte die Wichtigkeit von Boṣrâ. Erdbeben (besonders im J. 1151) und späterhin die Schwäche der türk. Regierung bewirkten den Verfall der Stadt. Der Syrer sagt, die Blüte Boṣrâs sei die Blüte Ḥaurâns und umgekehrt. Und zwar mit Recht;

denn wenn eine starke Besatzung nach Boṣrâ gelegt wird, werden die Beduinen abgehalten die Bauern zu brandschatzen und zu ruinieren. Boṣrâ führt heute auch den Namen *Eski Schâm* = Altdamascus.

Boṣrâ ist sehr spärlich (30-40 Familien) bewohnt; an der W.- und S.-Seite sind die alten Stadtmauern teilweise erhalten. Zwei Hauptstraßen durchschneiden die Stadt von O. nach W. und von N. nach S. Nahe der NW.-Ecke der Mauer steht im freien Felde ein Altar mit Inschrift. Das *Westthor* ist wohl erhalten; vor demselben l. ein kleines Wachthaus. Innerhalb des Thores l. in einiger Entfernung eine Quelle, dabei eine tiefliegende Wiese, ursprünglich wohl eine Naumachie; daneben die kleine Moschee *el-Chiḍr*, dann ein altes Grab. Die von W. nach O. laufende *Hauptstraße* von Boṣrâ scheint eine Säulenstraße gewesen zu sein. Vor der dritten Straße, welche von der Hauptstraße aus nach r. (S.) läuft, steht ein schön erhaltener *Triumphbogen.* Der mittlere der drei Bogen ist etwa 13m h.; auch der Länge nach sind Bogen angebracht. Der Bau scheint auf einem 13m l., 6,5m br. Sockel gestanden zu haben. Auf einem Pilaster steht eine lateinische Inschrift. Weiter nach O. stehen r. die Überreste eines *Bades;* auf den Gewölben desselben gute Übersicht. Hierauf kommt man zum Kreuzpunkt der beiden Hauptstraßen: l. vier große *Säulen,* welche die Straßenecke in schiefer Richtung abschneiden; korinthische Kapitäle von vorzüglicher Ausführung. Es ist unsicher, zu was für einem Prachtgebäude diese Säulen ursprünglich gehört haben. — Gegenüber (Pl. 1) Reste eines herrlichen *Gebäudes* (Tempel oder Porticus?): zwei Säulen mit Basen von weißem Marmor sind erhalten; in der Mauer drei Reihen übereinandergesetzter Nischen. Nach N. gehend kommt man r. zu einer Reihe offener Gewölbe: der frühere *Basar* von Boṣrâ. L. ein Thorweg; eine Tradition verlegt hieher das *Haus eines Juden* (Pl. 2), der widerrechtlich seines Grundbesitzes beraubt worden war, aber vom Chalifen 'Omar das Niederreissen einer auf demselben gebauten Moschee und Herstellung seiner Wohnung erlangte.

Darauf l. eine verlassene *Moschee,* deren Gründung dem Chalifen 'Omar zugeschrieben wird. Das Material ist alt; eine Säule trägt das Datum 383 (bostrenische Ära) = 489 n. Chr. (Vorhalle mit Säulen, dann viereckiger Hofraum, um welchen auf zwei Seiten ein offener doppelter Umgang läuft; die Bogen ruhen auf antiken Säulen, von denen siebzehn Monolithe aus weißem Marmor sind, die übrigen aus Basalt; schöner Fries.) An der NO.-Ecke der Moschee ein Minaret mit schöner steinerner Thüre, Besteigung lohnend. Die Aussicht umfaßt die *Nukra,* ein im Frühjahre grün wogendes Flachland; dann das Gebirge des eigentlichen Haurân; im O. der Hügel von *Ṣalchad;* im S. terra incognita; c. 5 St. entfernt die interessanten Ruinen von *Umm ed-Dschemâl* (Beth Gamul? Jerem. 48, 23). Gegen SW. der *Dschebel 'Adschlûn.* — Gegenüber der Moschee auf der andern Seite der Straße die Ruinen eines großen Bades.

Vom Kreuzpunkt der beiden Straßen nach O. zu kommt man in das Quartier des *modernen Boṣrâ.* Bald darauf ist der Weg von einem römischen Bogen überspannt, r. (s.) davon die Ruinen eines großen Hauses mit Säulenfragmenten und Skulpturen. Durch die Straße, welche hier l. abgeht, kommt man zu der alten „*Kirche des Mönches Baḥîra*“ (Pl. 4); nach außen hin viereckig, innen eine Rotunde, deren Kuppel eingefallen ist; laut Inschrift am Thore im J. 513 (407 bostr. Ära) erbaut. An einem Gebäude gegen N. sehr schöne arabische Inschrift. Nahe bei der Kirche wird das „*Kloster des Baḥîra*“ (Pl. 5) gezeigt; das Dach ist eingefallen; an der N.-Seite findet sich eine gewölbte Nische, dabei eine lat. Inschrift. Noch

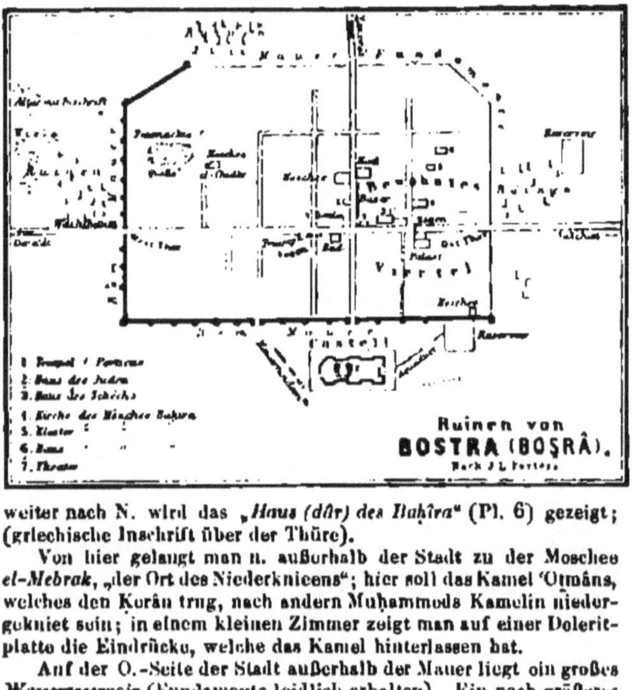

weiter nach N. wird das „*Haus (dâr) des Baḥîra*“ (Pl. 6) gezeigt; (griechische Inschrift über der Thüre).

Von hier gelangt man n. außerhalb der Stadt zu der Moschee *el-Mebrak*, „der Ort des Niederknieens“; hier soll das Kamel ʻOṯmâns, welches den Korân trug, nach andern Muḥammeds Kamelin niedergekniet sein; in einem kleinen Zimmer zeigt man auf einer Doleritplatte die Eindrücke, welche das Kamel hinterlassen hat.

Auf der O.-Seite der Stadt außerhalb der Mauer liegt ein großes *Wasserreservoir* (Fundamente leidlich erhalten). Ein noch größeres und besser erhaltenes Reservoir befindet sich nahe der SO.-Ecke der Stadt; im NO.-Winkel des Reservoirs liegt eine Moschee in Ruinen.

Es bleibt noch das im S. der Stadt gelegene *Kastell* zu besichtigen, ein gewaltiges Gebäude, von den Eijubiden-Sultanen in der ersten Hälfte des 13. Jahrh. erbaut. Die Form des Schlosses richtete sich nach einem gegen S. halbrunden römischen Theater, welches den Kern des Gebäudes bildete. Das Gebäude hat eine unregelmäßige Form. Über eine Brücke von sechs Bogen gelangt man an die eisenbeschlagene Thüre der Festung und tritt in eine Menge von unterirdischen, spitzbogig überwölbten Räumen. Das Ganze besteht aus einer Unzahl von winkligen Zimmern und ist drei Stockwerke hoch; bisweilen liegt ein Stockwerk, manchmal auch zwei derselben unter der Erde. Auf der Plattform im Innern des Schlosses sieht man noch die 6 Sitzreihen des *römischen Theaters* (Pl. 7). Da dieses Theater durch die arabischen Bauten und Gewölbe entstellt ist, ist es nicht so leicht, sich eine klare Vorstellung von der vormaligen Einrichtung zu machen. Die Scena, welche 12 Schritt tief ist, war von einer zwei Stockwerke hohen und 66 Schritt breiten Wand mit verschiedenartigen Nischen geschlossen; auf beiden Seiten führten (auf beiden Stockwerken) Thüren in einen Gang, der hinter der Scenenwand herumlief. Der Durchmesser des Theaters betrug etwa 72m. Die Stufensitze sind teilweise verbaut. Zwischen den untersten Doppeltreppen führen Thüren in die Vomitorien (Zugänge zur Bühne und zu den Sitzen) hinunter. Auf der obersten Stufe lief eine Säulenhalle rings herum (einige Säulen noch erhalten). Auch unter die Treppenabsätze führten Gänge hinunter. — Das sehr umfangreiche Theater war an einem schönen Aussichtspunkte erbaut.

Eine Tour nach dem östlichen Ḥaurân können wir nur andeuten:

Von *Bosrâ* nach *el-Kurêje* (große Stadt) . . . . 2 St.
[von hier nach *Ḥebrân* $1^1/_2$ St., S. 206].
Von *el-Kurêje* nach *Salchad* (*Salcha* V Mose 3, 10; Josua 12, 8), uralte gut erhaltene Stadt, interessantes über die Römerzeit zurückliegendes Kastell . . . . 2 St.
Nach *'Ormân* (das alte *Philippopolis*) . . . . $1^1/_4$ St.
[zurück über *'Ijûn* (schöne Ruinen) c. $1^1/_4$ St.; *Sahwet el-Chiḍr* c. 2 St.; *Ḥebrân* c. 2 St.]
Nach *Sâîd* . . . . $2^1/_2$ St.
Nach *Bâsân* (Überblick über die Wüste; ob = *Bus* Hiob 32, 2?) . . . . 2 St.
Nach *el-Muschennef* (Tempel) . . . . 1 St.
Über *Umm er-Ruwâk* und *Tarbâ* nach *Têmâ* (ob = Thoman Hiob 2, 11; Jer. 25, 23 s. S. 200) . . . . $2^1/_4$ St.
Nach *Dâmâ* (Souterrains mit Steinsärgen) . . . . $^1/_2$ St.
Nach *Schakkâ* (S. 210) . . . . $1^3/_4$ St.
Eine Tour weiter östlich führt von *'Ormân* zu den interessanten Troglodytenstädten von *Ḥibikke* und *Tell Schaʿf*.

4. Von Boṣrâ nach Damascus.

30 Min. n. (Römerstraße) *Dschemarrîn*, n. davon Brücke (dabei ein Wachtturm) über das *Wâdi ed-Deheb* (weiter unten *Wâdi Zêdi* gen. S. 201). Zwischen üppigen Feldern hindurch in 30 Min. nach *Dêr ez-Zubêr*, großes vereinzeltes Gebäude, wahrscheinlich ein altes Kloster. Von hier nach *'Âre* 1 St.

'Âre liegt zwischen zwei Bachbetten auf einem kleinen Hügel; ausgedehnte aber unbedeutende Ruinen; Sitz eines Drusenhäuptlings; das halb europäisch eingerichtete „Schloß" ist von dem Oberschêch der Ḥaurândrusen, *Ismâ'îl el-Aṭrasch*, † 1869, erbaut.

Von 'Âre steigt man den Hügel nordwärts hinunter und passiert einen kleinen Bach; l. in der Ebene *Kenâkir*, r. oben *Sahwet el-Belâṭ* und näher *Resâs*. In 1 St. *Mudschêdil* (schwach bevölkert); in der Nähe l. ein Gebäude *Dêr et-Trêf*. Nach 30 Min. beginnt man aufzusteigen; l. am Wege ein Gebäude *Dêr Senûn*. Nach etwa 10 Min. *es-Suwêdâ* (s. unten).

Ein Umweg führt von Boṣrâ über das Gebirge nach es-Suwêdâ. Man reitet in nö. Richtung, kreuzt das *Wâdi Abu Ḥamâṭa*; 45 Min. *Wâdi Râs el-Bedr*; r. Dorf *Kêris*. Jenseits hat man r. das Dorf *Maḍhak*, l. *Kiriṭi*; hierauf nach 45 Min. l. *Ḥassân*, r. *Dêr el-'Abdd*, dann *Ḥuchus*; 1 St. Drusendorf *el-Afine*. Laut einer Inschrift hat Trajan eine Wasserleitung von Kanawât hierher geführt; ö. vom Dorf sieht man die Bogen derselben neben einer Römerstraße. In 45 Min. Hebrân, schwach bewohntes Drusendorf; schöne Aussicht. Die Hochfläche des Gebirges ist mit Fruchtbäumen bedeckt. S. vom Dorf Ruinen einer Burg, daneben die schönen Trümmer einer Kirche. Nach einer schönen griechischen Inschrift ist das Gebäude im J. 155 von Antoninus Pius errichtet, also ursprünglich noch heidnisch gewesen. Mitten im Dorf Ruinen einer andern kleinen Kirche.

Von *Hebrân* hübscher Weg in 40 Min. nach *el-Kafr* (schöne Meḍâfe mit Steinwänden, vorn offen). Die Häuser, ja sogar die engen Gassen mit ihren Gehwegen zur Seite sind trefflich erhalten; an der W.-Seite des Städtchens steht ein schönes Thor.

Von *el-Kafr* aus n.-wärts gelangt man in 10 Min. zu der reichen „*Mosesquelle*“, *'Ain Mûsâ*, welche das weiter unten ($3^1/_4$ St.) liegende Dorf *Sahwet el-Chiḍr* (S. 205) bewässert. Von hier kann der Kulêb *(Ḳlêb)* bestiegen werden. Derselbe (1718m ü. M.) ist zwar nicht der allerhöchste Gipfel des Ḥaurângebirges, aber er *erscheint* als der höchste. In dem Kegel dieses Berges ist ein großer Riß; über eine mit Eruptivmassen bedeckte Ebene reitet man an jene Stelle und gelangt so zu dem Krater, der einen großen bewaldeten Kessel bildet. Um den eigentlichen Gipfel zu ersteigen (von der Quelle aus 1 St.), ist man genötigt, zu Fuß zu gehen; bisweilen muß man sich an den Zweigen der Bulmbäume halten, um hinaufzuklettern. Die äußere Seite dieses großen Eruptionskegels ist kahl. Etwas unterhalb des Gipfels sind einige Höhlen, wahrscheinlich Regensammler; die kleine Höhe zur Linken trägt die Ruinen eines zerstörten Tempels. Die Kraterformationen, welche man von hier aus überblickt, sind höchst interessant, desgleichen auch die Aussicht; bei hellem Wetter soll man das Mittelmeer sehen können; nach O. ist der Blick eingeschränkt.

Vom Fuße des *Kulêb* bis nach *es-Suwêdâ* c. 2 St. Die hier hausenden Beduinen *(Adschêlât)* wie auch ihre Hunde sind nicht ungefährlich.

es-Suwêdâ ist von Drusen und einigen Christen bewohnt. Nerva baute hier ein Nymphäum und einen Aquädukt. — Von der Meḍâfe ausgehend, trifft man zuerst einen kleinen *Tempel*. Eine Straße läuft von hier zu einem bogenartigen *Thore*. Gegen die Mitte des Städtchens liegen die Ruinen einer großen *Basilika* aus dem 4. oder 5. Jahrh. Hierauf kommt man zu einer *Moschee*, die an der Stelle eines älteren Gebäudes steht. Dabei das sog. „*Gerichtshaus*“ *(mehkeme)* mit griechischer Inschrift. Auf dem Hügelrücken großes Wasserreservoir. Jenseits des N.-Thales auf der Straße nach Ḳanawât gelangt man über eine römische Brücke zu einem höchst interessanten viereckigen Gebäude (auf einem Sockel stehend mit rohen dorischen Halbsäulen; 1. christl. Jahrh.?), laut Inschrift ein Grab.

Von *es-Suwêdâ* aus führt eine Straße nach NNW. über die mit niedrigem Wald, Eichen, Hagedorn und Mandelsträuchen bedeckten Ausläufer des Ḥaurângebirges. Am Weg bisweilen Betstätten *(chalwe)* der Drusen. Die Entfernung bis *el-Kanawât* beträgt $1^1/_2$ St. Ein kleiner Umweg führt über das Drusendorf *'Atîl* (1 St. 10 Min.). Auf der SO.-Seite des Dorfes ein kleiner, zierlicher Tempel (jetzt Drusenwohnung), der auf einem hohen Sockel ruht, laut Inschrift aus dem 14. Regierungsjahr des Antoninus Pius (151). An einer alten Kirche mit Turm vorbei gelangt man zu einem anderen Tempel *(el-Ḳaṣr)* n. vom Dorf. — Von 'Atîl in 25 Min. nach

el-Kanawât. — GESCHICHTLICHES. *el-Ḳanawât* ist nicht mit *Kenath* von 4 Mose 32, 42 zu identificieren, das weiter s. zu suchen ist. Der Ort kommt bei Josephus unter dem Namen *Kanatha* vor. Herodes erlitt hier eine Niederlage durch ausländische Araber. Nach den Bauten und Inschriften zu schließen, hat die Stadt zur Römerzeit noch vor Boṣrâ geblüht; vielleicht führte sie vorübergehend den Namen *Maximianopolis*. Sie war ein Bischofsitz. Man findet Münzen mit der Aufschrift „Kanatenôn" (d. h. der Kanatener); auf dem Revers ein verschleierter Isiskopf.

Auf einem Vorsprung in der Mitte eines sich nach SO. öffnenden Thälchens mitten im Grünen stehen die Ruinen eines schönen kleinen *Tempels* (Peripteros) auf einer 3m h. Terrasse; derselbe

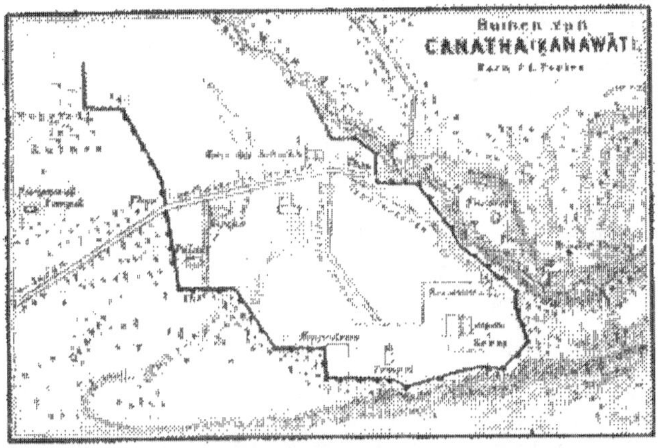

war laut einer Inschrift dem Helios gewidmet; seine Lage, wie er weit in das Land hinausschaut, ist herrlich.

Von hier biegt man r. in das Thal ab und gelangt in die Gäßchen der *Unterstadt*. Die Stadt liegt auf dem l. Ufer des Baches, über welchen verschiedene Brücken führten. Die Straßen sind teilweise noch gut gepflastert, und zwar mit großen Steinplatten. Die meisten Häuser sind unbewohnt, aber wohl erhalten, mit steinernen Thüren und Fenstern. — Auf dem r. Ufer des Thals liegt ein schönes *Theater*, zum größten Teil in den Felsen gehauen (Durchmesser ungefähr 19m); es besteht aus 9 Sitzreihen, deren niedrigste 1,5m über der Arena liegt; in der Mitte der Arena eine Cisterne.

Die Aussicht auf das Thälchen, die Prachtgebäude und im Hintergrunde den Hermon war jedenfalls (ähnlich wie in Boṣrâ) bei der Erbauung des Theaters maßgebend. — Weiter oben die Ruinen eines kleinen *Tempels*, vielleicht eines *Nymphäums*, das über einer Quelle liegt. Stufen, die in den Felsen gehauen sind, führen von hier zu einem massiven *Turm*, der vielleicht zu militärischen Befestigungen über dem Engpaß gehörte. Die Unterbauten gehen wohl über die römische Zeit hinaus. Ö. davon ein großer runder Turm von 25m Umfang, vielleicht ein Grabturm.

Der Hauptteil der Ruinen von el-Ḳanawât, ein großes Trümmermeer, liegt in dem *oberen Stadtteil* auf dem l. Ufer. Bei Überresten einer Mühle läuft eine schön erhaltene antike Wasserleitung ein; daneben finden sich Reste mächtiger Mauern, wohl aus vorrömischer Zeit. Das Hauptgebäude ist das sogen. *Serâi*, ein Conglomerat verschiedener Bauten. Auf der W.-Seite liegt zuerst ein kleineres Gebäude; dasselbe besteht aus zwei sich kreuzenden Gebäuden, von denen das ältere eine dreibogige Apsis gegen S. hatte. Ein anderes Gebäude mit einer Apsis gegen O. wurde quer darüber gebaut; zu diesem gehört die große W.-Front mit ihren drei rebenumsponnenen Portalen. — Ö. von diesem Gebäude ist ein langgestreckter Bau, gleichfalls mit einem schönen Porticus gegen N. Drei Thore führten in eine Vorhalle (18 Säulen) der eigentlichen *Kirche*. Auf jeder Seite dieser Halle ist eine kleine Galerie, oben mit dreifachen Bogen bedeckt. Ein sehr schönes außerordentlich reich behandeltes Mittelportal mit einem Kreuz führt in die 25m l. Kirche. An der S.-Seite liegt eine große 4,5m tiefe Apsis. In der Nähe sieht man in tiefe Gewölbe hinunter, welche als Wasserbehälter dienten. — Hierauf kommt man über Ruinenhaufen zu einem *Tempel* (prostylos); die Vorhalle bildeten 4 kolossale Säulen von c. 10m Höhe. Nahe bei diesem Tempel Fragmente von vielen roh gearbeiteten Statuen. Hier scheint ein *Hippodrom* gewesen zu sein. Wenn man über die gut erhaltene und mit Türmen versehene s. Stadtmauer hinausgeht, kommt man nach einigen Min. zu *Grabtürmen*, die zwischen den Eichen versteckt sind. Durch ein sw. gelegenes Stadtthor kehrt man zurück; l. von der Straße liegt die Ruine eines schönen Hauses, das eine Säulenhalle hatte; r. die Ruinen einer Kirche aus später Zeit. So kommt man wieder auf die große gepflasterte Straße, welche von el-Ḳanawât nach es-Suwêdâ führt.

3/4 St. sö. (nicht n., wie auf der Karte verzeichnet) von el-Kanawât steht zu *Sî'* einer der interessantesten Tempel des Ḥaurân, dessen Bauart die nächste Ähnlichkeit mit der des herodischen Tempels zu Jerusalem hat (auf Inschriften des Gebäudes sind in der That Herodes und Herodes Agrippa erwähnt). Die Verzierungen, Gazellen, Löwenkopf, gesatteltes Pferd u. s. w., sowie die etwas steifen Kapitäle sind sehr bemerkenswert. Der Altar am Fuße der Treppe ist noch an seiner ursprünglichen Stelle. Das Heiligtum war dem *Ba'al Samîn* (Gott des Himmels) geweiht.

Von *el-Ḳanawât* reitet man, das Gebirge nach W. umgehend, in n. Richtung durch die wenig angebaute Ebene in 2 St. nach *'Ain Murduk*, eine Pfütze unterhalb des gleichnamigen Dorfes.

Ein Umweg führt durch das Gebüsch w. zuerst nach einer Ruine *Dêr es-Sumeid*, am l. Ufer des *Wâdi Kanawât* (ehemaligen Kloster, in der Mitte des von Säulengängen umgebenen Hofraumes liegen Unterbauten aus großen Quadern). — Von hier nach W. überschreitet man nach 10 Min. das Strombett und erreicht nach 30 Min. eine Höhe, wo man das Thal von Kanawât übersieht; nach 30 Min. **Sulêm** (vielleicht der Bischofssitz *Neapolis*, der in der Nähe von Kanawât gelegen haben muß). Der Ort ist von einigen Drusen bewohnt. Die Ruinen bestehen großenteils aus formlosen Massen. Unweit derselben liegen die Ruinen eines kleinen Tempels, der ehemals prachtvoll ausgeschmückt war und später in eine christliche Kirche verwandelt wurde. In der Nähe große unterirdische Gewölbe, alte Wasserreservoire; auch Überreste von Bädern finden sich.

Von Sulêm aus kreuzt man (1 St.) das *Wâdi Mif'dle*, das von einem ö. gelegenen Orte desselben Namens herunter kommt. Nach 25 Min. ***Murduk***, das man r. liegen läßt.

Von *Murduk* reitet man über einen kahlen Strich Landes nach NO. bergan. Stets schöne Aussicht über die Ebene, deren Farben vom Violett bis ins Dunkelblau spielen: im S. Dschebel 'Adschlûn, im W. die Einsenkung des Jordanthals; im N. kommen die merkwürdigen abgestumpften Kegel der *Ḳarâras* in Sicht.

Das Wort *Ḳarâra* bedeutet Getreidehaufen; die Legende erzählt, daß der Pharao für die Bauleute an den Kanât (S. 199) Getreide gewaltsam genommen und hier aufgeschüttet habe. Als er aber ein großes Kamel schickte, um den Haufen zu holen, verwandelte Gott denselben samt dem Kamel in Stein. Die beiden „Ḳarâras", die „nördliche" und die „südliche" sind mit Fragmenten poröser Lava bedeckte Eruptionskegel. Die regelmäßige Form ist merkwürdig, die Besteigung interessant, da man oben noch die Kraterëffnungen sieht.

An der *Ḳarâret el-Ḳiblîje* („südliche") vorbei in 40 Min. nach **Schuhba.** — *Schuhba* hat sehr schön erhaltene Straßen, die breiter sind als irgendwo im Ḥaurân (bis $7{,}8$m) und deren lange Steinplatten meist zu Tage liegen. Am Kreuzungspunkt der beiden *Hauptstraßen* (NS. und OW.) sind große Reste der vier Eckpfeiler eines *Tetrapylon* erhalten, schöner als in Dscherasch (S. 185). Aus Säulenüberresten möchte man sogar schließen, daß der Länge der Stadt nach auch eine *Säulenstraße* gelaufen sei. Die *Stadtmauern* sind an vielen Stellen erhalten. Die Hauptstraßen liefen an der Stadtmauer bei je einem Thore aus; nur an der S.-Seite der Stadt befanden sich zwei Thore. Die *Thore* bestehen aus 2 Bogen, die durch einen Pfeiler getrennt sind. Etwa 120 Schritte s. vom Kreuzungspunkte der Straßen liegen große *Thermen*. Im Innern derselben hohe Gemächer; herrliche Skulpturreste. Man sieht noch die Rinnen des Wassers und die Thonröhren, durch welche dasselbe in die einzelnen Gemächer geleitet wurde; auch Haken an den Wänden, welche dazu bestimmt waren, die Marmorbekleidung zu halten. Das Wasser wurde aus weiter Ferne hierher geführt (c. 4 St.); noch sind von dem Aquädukt fünf hohe Bogen erhalten. — Ungefähr 230 Schritt vom Kreuzungspunkte der Straßen gegen O. stehen 5 Säulen, Überreste des Porticus eines *Tempels*, von dem nur noch wenige Mauerwände erhalten sind. In der Nähe sind die Reste des *Amphitheaters*, das gegen die Ebene schaute. Es ist an einem Abhang gebaut und die Außenwände sind noch wohl erhalten. Zwischen dem Theater und der Hauptstraße steht ein kleiner *Tempel* mit einer Art Krypta, die aber voll Schmutz ist. — Hierauf kommt man, in der Richtung auf die Wohnung des Schêchs hin, zu einem merkwürdigen, tief im Boden liegenden Bau. Man steigt 4,5m tief in den gepflasterten Hof eines alten Hauses hinunter. Im Centrum des Gebäudes ist eine runde Apsis von etwa 4m Breite, zu beiden Seiten derselben Nischen für Statuen; vor dem Bau ist ein großer offener Raum. Wozu das ganze Gebäude gedient hat, ist nicht ersichtlich.

Ö. von *Schuhba* läuft das große *Wâdi Nimra*, oder, wie es in seinem späteren Laufe nach N. heißt, *Wâdi el-Luwâ*. Der direkte Weg nach Damascus führt dieses Thal entlang, welches auch zugleich die Grenze gegen das *Ledschâ* bildet. Man reitet von Schuhba über die Trümmer n.-wärts dem Thale nach. Die *Ḳarâret esch-Schemâlîje* („nördliche"), läßt man l. liegen, und über das Wâdi setzend ebenso den *Tell Schîḥân* (1140m ü. M.), auf dessen Gipfel das *Weli Schîḥân* sich erhebt. Dieser Hügel ist ebenfalls ein Eruptionskegel; nur ist er gegen W. ausgebrochen, sodaß er wie ein Lehnstuhl ohne Seitenlehnen aussieht. Aus diesem gewaltigen Krater sind die Lavaströme ausgeflossen, welche sich über das Ledschâ ergossen haben. In 50 Min. erreicht man das Dorf *Umm ez-Zitûn*; allen Spuren nach war die Gegend früher viel besser angebaut als jetzt. von Altertümern finden sich nur unbedeutende Ruinen eines kleinen Tempels.

Der Weg längs des *Ledschâ* wird durch Beduinen unsicher gemacht; wenig Wasser, drückende Hitze. Stellenweise sieht man Äcker und viele Spuren früherer Bodenkultur. Die Dörfer r. und l. von der Straße bieten kein besonderes Interesse: r. *'Amrâ* und *el-Hît*, l. nach 25 Min. *es-Suwêmira*; 20 Min. *el-Muraṣraṣ*; 20 Min. *Umm el-Ḥâretên*, weiter w. *Sumêd*; 15 Min. *el-Imtûne*; 25 Min. *Ridschm el-'Is*; 10 Min. *el-Ḳusêfe*; 25 Min. *Lâhite*; 25 Min. *Ḥadar*; 20 Min. *er-Ruḍême*; 25 Min. *Suwârat eṣ-Ṣarîre*; 30 Min. *Dekîr*; 30 Min. *Dêr Nîle*; 40 Min. *Chalchale* und *Umm el-Ḥâratên*. Nach 2 St. erreicht man *Suwârat el-Kebîre*; nö. liegt der große Landstrich *Arḍ el-Fedajên*, welcher sich S. von den Wiesenseen (S. 336) hinzieht. Nach ½ St. durchsetzt man das *Wâdi el-Luwâ* (s. o.), im Thalgrunde gewöhnlich etwas Grün und einige Wasserpfützen. N. liegt *Dschu'êde*; in 50 Min. Dorf

Burâḳ, früher eine große Ortschaft, jetzt nur von wenigen Familien bewohnt. Viele alte Häuser im Haurânstil sind gut erhalten, auch ein schönes Wasserreservoir ist vorhanden; sonst sind keine Gebäude von besonderer Bedeutung mehr zu finden.

Von Schuhba nach Burâḳ über Schaḳḳâ. Man überschreitet das *Wâdi Nimra* und reitet dann nö.-wärts. Nach 40 Min. sieht man l. *el-'Asalîje*; r. oben (S.) liegt *Ta'ʿâ*. Nach 40 Min. erreicht man die große Ortschaft **Schaḳḳâ**. Ptolemäus kannte den Ort unter dem Namen *Sakkaia*. Unter den Ruinen sind einige Türme, die aus verschiedenen Zeiten stammen, wenige Gebäude gut erhalten. Im NO. liegen Ruinen einer dreischiffigen Basilika aus dem 2-3. Jahrh. Auf der O.-Seite des bewohnten Stadtteils Reste eines Klosters (*Dêr esch-Scharkîje*, 5. Jahrh.). Der Turm dabei ist nur in den unteren Teilen älteren Datums. Nur mit Mühe kann man noch die dazu gehörige Kirche herausfinden, deren Apsis halbkreisförmig war. Von andern Bauten sind einige *kusûr* (große Häuser) zu erwähnen; dann *el-Kaisarîje*, ein heidnischer Tempel mit einem alten Basar; im N. die *Moschee* oder *Medrese*, in deren Nähe ein alter Grabturm. — Im N. von Schakkâ steht ein viereckiger Turm mit 3 Stockwerken (*el-Burdsch*), nach der Inschrift von einem gewissen Bassos im J. 70 der bostr. Ära (= 176) erbaut. Die oberen Teile des Gebäudes sind neuer als die unteren. Hier sind Mumien und Schädel gefunden worden.

Von *Schakkâ* nw. in 45 Min. am *Tell 'Isrân* vorbei nach *el-Hît*; hier befinden wir uns in der *Ard el-Betenîje*. Im Dorfe einige Türme; ein Wasserreservoir; auch eine große unterirdische Leitung aus dem *Wâdi el-Lawâ* läuft hier von S. nach N. vorbei. — Von el-Hît ½ St. nw. das Dorf *el-Hêjât* (katholische Christen); vorher ö. vom Wege ein großes Gebäude mit Steinthüren, von dessen Terrasse man eine schöne Aussicht hat. Von hier erreicht man in 2 St. die oben beschriebene Straße bei *Lâhite* (S. 210). Auf näherem Wege gelangt man einer Römerstraße nach in 7 St. nach *Burâk*.

Der gerade Weg von *Burâk* nach *Damascus* führt zuerst über eine nur wenig bebaute Ebene; dann schiebt sich ein ödes Gebirge vor; man beginnt langsam bergan zu steigen. Auch diese Gegend wird öfters durch Beduinen unsicher gemacht. Die Hügelketten gehören zum *Dschebel el-Mâni'*, welcher von Damascus aus so verlockend blau aussieht. Nach $2^1/_4$ St. l. *Tell Abu Schadschara*, „der Hügel des Baumes", ganz bezeichnend nach einer einsamen Terebinthe, welche hier auf dem mit Steinen übersäten Boden wächst, so genannt; sonst sieht man kaum einen Halm. Jenseits des Passes, bis zu welchem immer noch der ferne Dschebel Haurân im Rücken sichtbar war, öffnet sich eine herrliche Aussicht auf die dunkelblaue Ebene von Damascus, vom Antilibanus überragt; außer dem Hermon sind noch andere Schneekuppen sichtbar. Hierauf wieder abwärts steigend, erreicht man in 1 St. 45 Min. das grüne Thal des *Nahr el-A'wadsch* (S. 312) beim muslimischen Dorf *Nedschhâ*, das als im sogen. *Wâdi el-'Adscham* (S. 201) gelegen, bereits nur noch halb haurânischen Charakter trägt. Die Aussicht auf das reich bewässerte grüne Thal, in dessen oberem Teile die Dörfer *el-'Âdilîje* und *Hurdschille* liegen, kontrastiert angenehm mit dem düsteren Gebirge. Hier tritt man in die Ebene des *Merdsch-Landes*; r. (O.) sieht man die Hügel des *Safâ* (S. 336). Der *Dschebel el-Aswad* (S. 269) bleibt l. liegen. Erst wenn der Reisende aus den öden Gegenden der letzten zwei Tagereisen kommt, kann er dem Orientalen das Entzücken über die Pracht und Fruchtbarkeit der von Bächen durchrieselten Damascusebene nachfühlen. Nach 1 St. 20 Min. erreicht man das Dorf *Kabr es-Sitt*, „Grab der Herrin", so benannt, weil hier in einer Moschee *Zeinab*, Muhammeds Enkelin, begraben ist. Hier beginnt auch der Baumwuchs. Nach 35 Min. passiert man Dorf *Babbîla*. Man kommt in Olivenpflanzungen; nach ½ St. erreicht man, aus einer Nußbaumallee hervortretend, das *Bâb esch-Scherki* (S. 328).

Der schöne Tempel in el-Mismije kann den Reisenden veranlassen, von *Burâk* aus nach W. abzubiegen (c. 2 St.; schlechter Weg). Der Ort, heute menschenleer, war im Altertum groß; es war das *Phaena* der Römer, wie aus den griechischen Inschriften hervorgeht (Bischofssitz). Viele Häuser sind gut erhalten; von öffentlichen Gebäuden nur ein Tempel. Der Bau diente später als christliche Kirche, dann als Moschee. Er gehört zu den schönsten Ruinen des Ḥaurân. Von den 6 Säulen, welche die Vorhalle bildeten, sind nur noch drei an ihrer Stelle. Die Mittelthüre des Gebäudes ist zugemauert. Über den 2 Seitenthüren sind runde Nischen mit Säulchen und einem dreieckigen Dache. Das Dach des Inneren, welches sich über 4 großen Bogen erhob, ist eingestürzt; die Bogen werden von 4 korinthischen Säulen getragen. Im Hintergrunde des Gebäudes ist eine große halbkreisförmige Muschelnische zwischen zwei Nebengemächern; über den in diese hineinführenden Thüren sind ebenfalls Nischen, an den Wänden des Gebäudes Postamente für Statuen.

Von *Mismije* aus nnw. in 2½ St. nach *Merdschâna* in grüner Umgebung. Von hier nw., ½ St. *Mezdr Zurbar*, nach 25 Min. *Dêr 'Ali*, nach 25 Min. *el-Mdschdîje*, in c. 1½ St. *el-Kiswe* (S. 201).

III. SAMARIA, GALILÄA, PHÖNICIEN.

19. Von Jerusalem nach Nâbulus (Sichem) 214
Von Bêtîn auf den Tell 'Aṣûr 215
Von el-Bîre nach 'Ain el-Ḥarâmîje über Dschifnâ . . . 216
Sêlûn 219
Von Nâbulus nach es-Salṭ 223
Von Nâbulus nach Bêsân (Zer'în) und Tiberias . . . 224
20. Von Nâbulus nach Dschenîn und Ḥaifâ 225
Tell Dôtân 228
21. Ḥaifâ (der Karmel und 'Akkâ) 230
Das Karmelkloster 232
Auf dem Karmelrücken zur Muḥraḳa 234
Von Ḥaifâ nach 'Akkâ 235
22. Von Ḥaifâ nach 'Aṯlît und Cäsarea (Jâfâ) 237
Von Cäsarea nach Jâfâ 240
23. Von Ḥaifâ ('Akkâ) nach Nazareth.
a. Direkt 241
b. Über Schefâ 'Amr und Ṣaffûrije 242
Von 'Akkâ nach Nazareth 243
24. Von Dschenîn nach Nazareth 243
Von Zer'în nach Fûle 244
Von Sôlem nach Naïn und Endûr 245
25. Nazareth 245
26. Von Nazareth nach Tiberias.
a. Über den Berg Tabor 249
b. Über Kafr Kennâ 251
Von Tiberias nach Ḳal'at el-Ḥöṣn 250
27. Von Tiberias nach Tell Ḥûm und Ṣafed 256
Von Chân Dschubb Jûsuf direkt nach Bâniјâs 259
Von Ṣafed nach Mêrôn und Kafr Bir'im 260
Von Ṣafed nach Tibnîn, Sidon und Tyrus 261
28. Von Ṣafed nach Damascus.
a. Über Bânijâs 263
Tell el-Kâḍî (Dan) 265
Von Bânijâs nach Birket Râm 267
Von Bânijâs nach Ḥâṣbêjâ 268
Von Bêtîma nach Damascus über Dârejâ 269
b. Über el-Kunêṭra 270
29. Von 'Akkâ (Ḥaifâ) nach Beirût über Tyrus und Sidon 271
Von 'Akkâ nach Tyrus über Ḳal'at Ḳarn 278
30. Beirût 284
Spaziergänge zu den Pinien, Dimitriberg, Râs Beirût und Taubengrotten 289
Ausflüge:
1. Zu den Taubengrotten 290
2. An den Hundsfluß 291
3. Nach Bukfeijâ 292
4. Nach Bêt Meri und Brummâna 293
Von Brummâna auf den Ṣannîn 293
Dêr el-Ḳal'a 294
5. Nach 'Âleih. 294
6. Nach Ba'abdâ 294

19. Von Jerusalem nach Nâbulus.

11-11½ St. Nachtquartier ohne Zelt am besten in *Râmallâh* (3¼ St.) im lat. Kloster oder bei den Quäkern (s. u.); mit Zelt in *Bêtîn* (4 St.).

Man reitet zum Damascusthor hinaus; jenseits der Gräber der Könige (7 Min.) steigt man in das obere Kidronthal hinunter. Auf dem *Scopushügel* (20 Min.) hat man den bekannten Überblick über Jerusalem (S. 97). Der große Karawanenweg setzt sich auf der Hochebene in direkt n. Richtung fort. Nach 20 Min. hat man das Dorf *Scha'fât* l. Antike Ortslage (vielleicht Nôb I Sam. 21, 23) mit Überresten einer Kirche und einem kleinen in den Felsen gehauenen Wasserreservoir. Nach 10 Min. r. der Hügel *Tell el-Fûl*. Unbedeutende Ruinen, doch finden sich Reste eines großen Gebäudes, vielleicht eines Forts der Kreuzfahrer; umfassende Aussicht; die Ortslage ist identisch mit dem alten *Gibea Benjamin* (Richt. 19 u. 20). Nach S. 121 könnte vielleicht Gibea Benjamin auch mit Gibea Sauls identisch sein und hätte demnach hier die von David gestattete Ermordung der Nachkommen Sauls stattgefunden (II Sam. 21). W. (l.) sieht man die Dörfer *Bêt Iksâ* (S. 20), *Bêt Hanînâ* (S. 118), *Bir Nebâlâ* (S. 21). Nach 30 Min. geht l. ein Weg über *Bêt 'Ûr* nach *Jâfâ* ab; nach 15 Min. römischer Meilenstein am Weg, in weiteren 15 Min. gelangt man zu dem verfallenen Chân *el-Churâib*, am W.-Fuße des Hügels, auf welchem das Dorf *er-Râm* liegt; der Hügel kann in 12-15 Min. erstiegen werden.

Er-Râm entspricht dem alten *Rama Benjamin*. Nach I Kön. 15, 17 war es eine Art Grenzfeste zwischen dem Nord- und Südreich; auch nach dem Exil war es wieder bewohnt. Heute leben dort nur etwa 15 Familien. W. vom Dorf liegt der *Makâm Schêch Husein*, derselbe enthält Reste einer kleinen Basilika. Umfassende Aussicht: SW. *Bêt Hanînâ*, S. *Tell el-Fûl*, *'Anâtâ*, NO. *Burka*, *Dêr Dîwân*, *et-Taijibe*, *Rammûn*. Von er-Râm kann man dem Hügelrücken nach O. folgen und in 35 Min. das Dorf *Dschebaʿ* erreichen (S. 120).

Weiterhin sieht man l. (W.) das Dorf *Kalandîja* und kommt in 40 Min. zu der Dorfruine *Chirbet el-'Atâra* mit zwei alten Teichen und Gräbern (*Ataroth Addar* Jos. 16, 5). Hier teilt sich der Weg: l. führt derselbe in 45 Min. zu dem großen Christendorf

Râmallâh; Missionsstation der engl. Mission und der Quäker; blühende evang. Schule; auch griech. und lat. Schulen und lat. Kloster. — Von hier nach *el-Bîre* (s. u.) 21 Min.

Der Weg r. umkreist den ziemlich hohen und breiten Hügel, auf dem das alte Ataroth lag, und führt in 20 Min. auf den Rücken der Wasserscheide; man umgeht das hier beginnende *Wâdi es-Suwênît* (S. 121), das nach dem Jordan läuft, und erreicht in 20 Min.

el-Bîre. — Geschichtliches. *El-Bîre* verdankt seinen Namen (die Cisterne) dem Wasserreichtum; es entspricht vielleicht dem gleichbedeutenden antiken *Beeroth*, das zu Benjamin gehörte (Jos. 9, 17; II Sam. 4, 2 ff.).

el-Bîre hat ungefähr 800 Einwohner, die Umgegend ist wenig fruchtbar. Die schönste Quelle befindet sich sw. unterhalb des Dorfes, dabei ein muslim. Betplatz; in der Nähe Überreste von antiken Reservoiren; nicht weit davon entfernt die Ruinen eines

M E E R

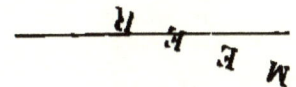

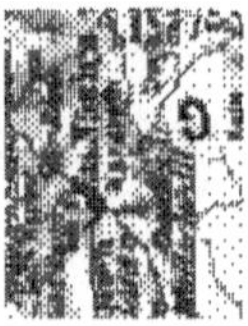

Chân. Im N. des Dorfs liegt ein Turm, ebenfalls zum Teil alter Bau. Auf dem höchsten Punkte des Dorfes sieht man Ruinen einer christlichen *Kirche*. Die Tradition, daß hier Maria und Joseph das Zurückbleiben ihres Sohnes Jesus bemerkten (Luc. 2, 43 ff.), tritt erst im 14. Jahrh. in den Pilgerberichten auf. Die Kirche (nebst Hospiz) wurde i. J. 1146 von den Templern vollendet: sie schließt sich ihrem Stil nach eng an die St. Annenkirche in Jerusalem (S. 79) an; jetzt sind nur noch die 3 Apsiden und die Nordmauer erhalten. Bei diesen Ruinen liegt heute ein muslim. Weli.

Von *el-Bîre* führen zwei Wege nach *'Ain el-Ḥarâmîje*, 10 Min. n. vom Dorf trennen sich dieselben.

a. Der Weg r. führt über *Bêtîn*. Man läßt nach 5 Min. einen Weg l.; nach 16 Min. l. Quelle und 2 Höhlen (alte Wasserreservoire; im Mittelalter *'Ajûn el-Ḥaramîje* genannt), deren eine von 2 Säulen gestützt ist; gleich darauf wieder eine Quelle, nach 9 Min. r. die Quelle *'Ain el-'Aḳabe*; in 5 Min. erreicht man

Bêtîn. — Geschichtliches. *Bêtîn* ist vielleicht identisch mit *Bethel*, freilich möchte man das alte Bethel lieber weiter n. suchen. *Bêth-El* bedeutet „Gotteshaus" 1 Mos. 28, 9; nach Richter 1, 23. 26 hieß der Ort ursprünglich *Lus*. Die Stadt wurde von den Ephraimiten erobert und besetzt (Richter 1, 22 ff.); in der Liste Jos. 18, 13. 22 gilt sie als Grenzstadt des Stammes Benjamin gegen Ephraim. Bethel fiel dem Nordreiche zu und wurde durch Jerobeam Mittelpunkt des Jahwehkultus für das Nordreich (wie Jerusalem für das Südreich); vgl. Amos 3, 14; 7, 13; 1 Könige 12, 32. Nach dem Exil wurde Bethel wieder von Benjaminiten bewohnt und zur Zeit der Makkabäer von dem Syrer Bacchides befestigt. Vespasian nahm es ein.

Bêtîn liegt auf einem Hügel und besteht aus einer Reihe elender Hütten mit c. 400 Einwohnern. Im NW. auf dem höchsten Punkte des Dorfs liegen die Ruinen eines Turmes, dessen Grundmauern alt sind; etwas unterhalb finden sich Reste einer Kreuzfahrerkirche; im Thale w. ein schönes Wasserreservoir, in dessen Mitte die Quelle vermittelst eines runden Bassins gefaßt ist; der Teich ist 96m l. (NW.-SO.) und 66m br., die Mauern sind massiv. Die Aussicht von Bêtîn ist umfassend. Ganz eigentümlich ist die Felsenpartie etwas n. vom Ort; möglicherweise ein alter Cromlech (Steinkreis).

Von *Bêtîn* aus kann man in nö. Richtung auf dem Bergrücken hin reitend (Führer nötig) in 1 St. an den Fuß des *Tell 'Aṣûr* gelangen. Derselbe (1011m ü. M.) ist der höchste Gipfel S.-Palästina's (? = *Baal Hazor* II Sam. 13, 23 ff.). Oben (3/4 St.) Dorf mit Ruinen eines alten Forts der Kreuzfahrer, *Burdsch el-Lisâne* („Zungenturm") genannt. Rückweg nach *Silûn* (S. 216) über *Merdsch el-'Îd* („Festwiese" Richter 21, 19?) oder nach *'Ain el-Ḥarâmîje* (S. 216).

Von *Bêtîn* aus führt der Weg auf dem Höhenrücken n. Man erblickt die Christendörfer *Bîr ez-Zêt* l. und *eṭ-Ṭaijibe* r. Nach 40 Min. hat man l. auf dem Hügel *'Ain Jebrûd*. Die Rebengelände, Feigen und Ölbaumhaine erinnern daran, daß man sich hier in dem gesegneten Stammgebiet von Ephraim befindet. Im Weitergehen sieht man *Dschifnâ* und *'Ain Sinjâ (Sinija)* l.; nach 35 Min. das Dorf *Jebrûd* l. Der Weg thalabwärts zwischen den Felsengärten ist sehr schlecht. An einer Höhe vorbei, auf welcher eine Ruine Namens *Kasr Berdawîl* „Balduinsschloß" steht, erreicht man in 32 Min. eine Thalkreuzung; man wählt den Weg direkt n. und gelangt an ansehnlichen Ruinen mit prächtigen Ölbäumen vorbei ins *Wâdi el-Ḥarâmîje* und nach 15 Min. an die Quelle *'Ain el-Ḥarâmîje* (Räuberquelle).

b. Über *Dschifnâ* führt der Weg l. (alte Römerstraße). Nach 25 Min. reitet man an der Seite eines kleinen Sees *el-Balû'a*, der oft trocken ist. Nach 15 Min. sieht man r. eine Ruine *Kafr Murr* und vor sich das Thal von *Dschifnâ*. Nach 15 Min. Ruine *Arnutîje* r., dann steigt man über ein Seitenthal in das Wâdi Dschifnâ hinab; dasselbe läuft erst nö., dann (30 Min.) biegt es, zu einer kleinen Ebene erweitert, nach NW. um. Hier liegt

Dschifnâ. — *Dschifnâ* ist das alte *Gophna*, eine ziemlich bedeutende Stadt, Hauptort einer der zehn Toparchien, in welche Judäa von den Römern geteilt ward. Vespasian nahm es ein; während des Krieges liefen eine Anzahl Juden zu den Römern nach Gophna über.

Das Dorf *Dschifnâ*, in einer freundlichen Oase gelegen, ist von c. 400 Christen bewohnt. Am Abhang des Thales liegt Kloster und Kirche der Lateiner, ö. davon sind Reste einer alten Kirche sichtbar. S. vom Dorf liegt in die Ruinen hineingebaut eine Kirche der Griechen (darin einige dort gefundene Antiken). In der Mauer ein schöner alter Sarkophag. Auf der Spitze des Hügels s. Ruinen eines alten Schlosses. — Ein Weg führt von Dschifnâ nw. nach *Tibne*, dem alten *Thimnath Serach*, wo seit dem 5. Jahrh. unter andern Felsengräbern Josuas Grab gezeigt wird (Jos. 19, 50; 24, 30); von andern mit *Thimnata Dans* (Jos. 19, 43) identifiziert.

Von *Dschifnâ* aus reitet man nw.-wärts dem schönen Thale nach. In 25 Min. *'Ain Sînjâ* in fruchtbarer Umgebung gelegen, aber spärlich bewohnt (wahrscheinlich *Jeschana*, II Chr. 13, 19); in 15 Min. beginnt man steil aufwärts zu steigen. R. sieht man *Jebrûd*, l. *'Atâra*. In 18 Min. auf der Höhe; dann wieder hinab durch Olivenpflanzungen (erster Weg l.); in 20 Min. kreuzt man ein Bachbett und gelangt in das *Wâdi el-Ḥarâmîje*; nach 10 Min. erreicht man

'Ain el-Ḥarâmîje. — Die Enge der Thalsohle und die Einsamkeit der Gegend machen den Eindruck, daß der Ort seinen Namen „Räuberquelle" wohl verdienen könnte. Das Wasser tröpfelt am Fuß einer Felswand hervor. Daneben liegen Felsgräber, Höhlen und Ruinen eines Châns. In dem gut angebauten Thale n.-wärts ansteigend sieht man nach 15 Min. l. die Ruine *et-Tell;* nach 30 Min. öffnet sich r. eine breite, wohlangebaute Ebene mit dem Dorfe *Turmus 'Ajâ* (Weg r. nach *Sêlûn* s. u.); l. auf der Höhe das Dorf *Sindschil*, bei den Kreuzfahrern *Casale Saint Giles* nach dem Grafen Raymond von S. G. benannt. Nun die ö. Thalwand entlang (r. ein Weli *Abu 'Auf*, l. jenseits des Thals die Ruine *el-Burdsch*), man erreicht die Paßhöhe in 30 Min. (Blick auf den Hermon) und hat den grünen Thalkessel von *el-Lubban* vor sich; r. steiler Fußweg hinab; der etwas bequemere Weg l. führt in 20 Min. zu dem ausgedehnten, jetzt zerfallenen *Chân el-Lubban*, bei welchem eine schöne Quelle entspringt.

Der kleine Umweg nach *Sêlûn* ist schon wegen der Aussicht zu empfehlen. Bei der oben erwähnten Wegscheide reitet man r. nö. über die Ebene; nach 15 Min. läßt man das Dorf *Turmus 'Ajâ* (im Talmud *Thormasia*), umgeben von Fruchtbäumen, r. liegen. Die Ebene ist schön angebaut. Man steigt hierauf ein kleines Thal NNO. hinauf, läßt nach einander 2 Wege r. liegen, passiert die niedrige Wasserscheide und erreicht (1/2 St.) die Ruinen von

Seilûn. — Geschichtliches. *Seilûn* entspricht zweifellos dem biblischen *Silo*. Hier in Silo stand ein Jahwetempel (Jer. 7, 12) mit der heiligen Lade; jährlich wurde hier dem Herrn ein Fest gefeiert, wobei die Mädchen von Silo einen Tanz aufführten (Richter 21, 19 ff.). Hier lebte der Priester Eli und der junge Samuel (1 Sam. 3 u. 4). Nachdem die Philister die Lade erbeutet hatten (1 Sam. 4), wurde sie nicht mehr nach Silo gebracht. Wann die Jerem. 7, 12. 14; 26, 6 erwähnte Katastrophe Tempel und Stadt betroffen, wissen wir nicht. Zu Hieronymus Zeit lag der Ort ganz in Ruinen; im Mittelalter suchte man Silo bei en-Nebi Samwîl (S. 119). Silo erhielt sein Wasser von einer Quelle 15 Min. im NNO.

Die erste Ruine, die etwas abseits (r.) vom Weg liegt, trägt den Namen *Dschâmi' el-Arba'în* (40 Genossen des Propheten). Dieselbe ist ein Bauwerk aus verschiedenen Zeiten. Die Oberschwelle des Portals (n.) bildet ein Monolith mit schönen antiken Skulpturen. Das Hauptgebäude war ungefähr 10m l. und br.; vier Säulen mit korinthischen Kapitälen stützten das Dach. Bei einer Restauration wurden Gewölbe angebracht und die Seitenmauern gestützt, auf der O.-Seite ist eine kleine Moschee angebaut. — Der Weg zum Dorf (5 Min. n.) führt an einem teilweise in den Felsen gehauenen Teich vorbei. Die (moderneren) Ruinen des Dorfs auf dem Hügel zeigen Spuren von alten Bausteinen. An den Thalseiten Felsengräber. Am S.-Fuß des Hügels liegt die Moschee *Dschâmi' el-Jetîm*, dabei eine große Eiche. Der innere Raum der Moschee ist gewölbt und von 2 Säulen gestützt. Hinter dem Dorf im N. des Hügels ist eine eigentüml. große Terrasse; stand hier etwa der Tempel?

Von *Seilûn* aus nach NW. ins fruchtbare *Wâdi Seilûn* hinab, man folgt demselben nach W. thalabwärts. Nach 50 Min. l. oben *Chân el-Lubban* (S. 216); nach 5 Min. biegt man nach N. (auf dem Hügel gerade aus das Dorf *el-Lubban*) und kommt auf die direkte Straße von Bêtîn her zurück.

In 5 Min. (vom Chan el-Lubban) sieht man l. das Dorf *el-Lubban* (*Libna* Richter 21, 19). Im NO.-Winkel der Ebene, die man der Länge nach durchreitet, biegt man r. in ein breites Thal, das allmählich ansteigt und in einem rauhen Gebirgsrücken endet. Nach 25 Min. l. das Dorf *es-Sâwije;* 20 Min. weiter der zerfallene *Chân es-Sâwije*; nö. auf halber Höhe des Hügels Brunnen mit gutem Wasser.

Vom *Chân es-Sâwije* steigt man in nw. Richtung in das *Wâdi Jetma* hinab (15 Min.); r. von der Straße die Dörfer *Kabelân* und *Jetma*, l. *Jâsûf*. Auf der N.-Seite des Thales führt der Weg wieder steil bergan; oben auf dem Rücken des Gebirges (30 Min.) erblickt man die große Ebene *el-Machna*, eingefaßt von den Bergen Samariens; man sieht vor sich den Ebal und Garizim, und weit im N. den großen Hermon. In 5 Min. steigt man auf sehr schlechtem Wege in ein enges Thal hinab; demselben abwärts folgend gelangt man in 20 Min. zum Südende der Ebene *el-Machna;* l. das Dorf *Kûza*, r. *Bêta*. (Von hier 2 Wege: entweder am W.-Rand der Ebene oder mehr ö. mitten durch dieselbe, letzterer bietet die bessere Übersicht über die Gegend, ist aber nur in der trockenen Jahreszeit gangbar.) Nach 20 Min. l. das große Dorf *Huwâra* am Fuß der Kette des Garizim, dann r. am Berge das Dorf *'Audallâh*, die fruchtbare Ebene ist hier am breitesten. An den Ruinen des früheren Dorfs *Machna* vorbeireitend hat man nach 15 Min. r. das Dorf *'Awerta*, wo die Gräber des Eleasar und Pinehas (Jos. 24, 33) gezeigt werden; am Garizim das Weli *Abu Isma'în* (Ismael). Nach 30 Min. sieht man l. *Kafr Kallîn*, r. jenseits der Ebene *Râdschib;* oben auf dem Rande des Garizim ein muslim. Weli.

Der Weg führt um die NO.-Ecke des Garizim herum; nach 35 Min. liegt r. etwas abseit vom Wege, unmittelbar bei der Thalmündung, der sog. **Jakobsbrunnen**; daneben unter Schutthügeln die Ruinen einer alten Kirche. Der Jakobsbrunnen gehört den Griechen und ist durch eine Mauer eingefaßt.

Juden, Christen und Muslimen stimmen darin überein, daß wir hier den Brunnen Jakobs vor uns haben; die betr. Tradition reicht bis ins 4. Jahrh. zurück. Inwiefern die Überlieferung recht hat, wird nicht zu erweisen sein. Die Örtlichkeit (an der großen Straße von Jerusalem nach Galiläa) stimmt jedoch gut zu Joh. 4, 5; die samaritanische Frau war nicht aus Sichem, sondern aus *Sichar* (Sychar), das wohl mit dem heutigen *'Asker* (S. 224) zu identificieren ist. Dann war also schon zu Jesu Zeiten die Tradition vorhanden, daß hier Jakob's Brunnen und das Feld war, welches er kaufte und woselbst Joseph später begraben wurde (Jos. 24, 32). Um an der Öffnung der Cisterne zu gelangen, muß man sich in das über derselben erbaute Gewölbe hinablassen. Die Cisterne ist sehr tief (23m); im Sommer ist sie meist trocken. Ihre Tiefe war früher beträchtlicher als heute; sie hat einen Durchmesser von 2,5m und ist innen überall gemauert. Die Trümmer einer Kirche, die im 4. Jahrh. gebaut, im 8. noch existierte, und die vielen hineingefallenen und -geworfenen Steine mögen den Boden der Cisterne erhöht haben.

Das Grab Josephs wird c. 1km n. vom Brunnen in einem Gebäude gezeigt, welches durchaus modern und laut einer englischen Inschrift im J. 1868 durch den engl. Konsul Rogers neu hergestellt worden ist. In den Höhlungen der beiden Steinsäulchen des Grabes werden von den Juden kleine Opferspenden verbrannt.

Vom Jakobsbrunnen aus schwenkt man w.-wärts in das Thal von Nâbulus ein; l. erhebt sich der Berg Garizim, r. der vom Fuß bis zum Gipfel mit cactusbegrenzten Terrassen besetzte Ebal. Der Thalboden ist gut bebaut. Nach 7 Min. r. das Dorf *Balâṭa*; hierher verlegte die frühchristliche Tradition und die samaritanische Chronik die Eiche *(ballûṭ)* von Sichem (Josua 24, 26; Richter 9, 6). Nach 4 Min. bemerkt man am Ebal Felsgräber. Hierauf kommt man zur Quelle *Defne*; daneben eine neue türkische Kaserne mit einem kleineren Arsenalgebäude und Lazareth. Von hier führt eine schöne Fahrstraße bis Nâbulus. Bald beginnen Olivenhaine. L. die Kapelle der *Ridschâl el-'Amûd* (Säulenmänner), wo 40 israelitische Propheten begraben sein sollen und wo man vielleicht den „Pfeiler des Abimelech" (Richter 9, 6) vermuten darf (von hier führt ein alter Weg nach dem Garizim hinauf). Nach 12 Min. erreicht man das Thor der Stadt *Nâbulus*, die früher weiter nach O. sich ausdehnte als heute, vielleicht bis *'Ain Defne*.

Nâbulus. — Unterkunft im lateinischen Kloster (Empfehlung von Jerusalem nötig!). Platz für Zelte im W. der Stadt; man erreicht ihn, wenn man vor der Stadt r. abbiegt und auf der N.-Seite um dieselbe herumreitet. Zur nötigen Bewachung des Lagers sind einige Soldaten vom Kommandanten zu erbitten (c. 1/2 Medsch. dem Mann). — Ein Samaritaner Jakob Tschelebi sucht, angeblich zur Unterstützung seiner Gemeinde, von den Reisenden Geld zu sammeln, man weise ihn aber ab.

Telegraph (türkischer) und Post.

Geschichtliches. a. **Samarien und die Samaritaner.** Die Landschaft Samarien hat ihren Namen von Samaria, dem alten Schomron (I Kön. 16, 24; S. 226) erhalten. Von der makkabäischen Zeit an kommt der Name „Samarien" als Bezeichnung für Mittelpalästina vor. Nachdem ein Teil der Bevölkerung des nördlichen Reiches durch die Assyrer nach O.

weggeführt worden war, breiteten sich fremde Kolonisten im Lande aus (II Kön. 17, 24). Diese Einwanderung bewirkte, daß der Charakter des Volks von Samarien der eines Mischvolks wurde. Daher trat nach der Rückkehr aus dem Exil, wo überhaupt das echte Judentum seine Starrheit erprobt hatte, der Gegensatz zu den Samaritanern scharf hervor. Aus dem Streben

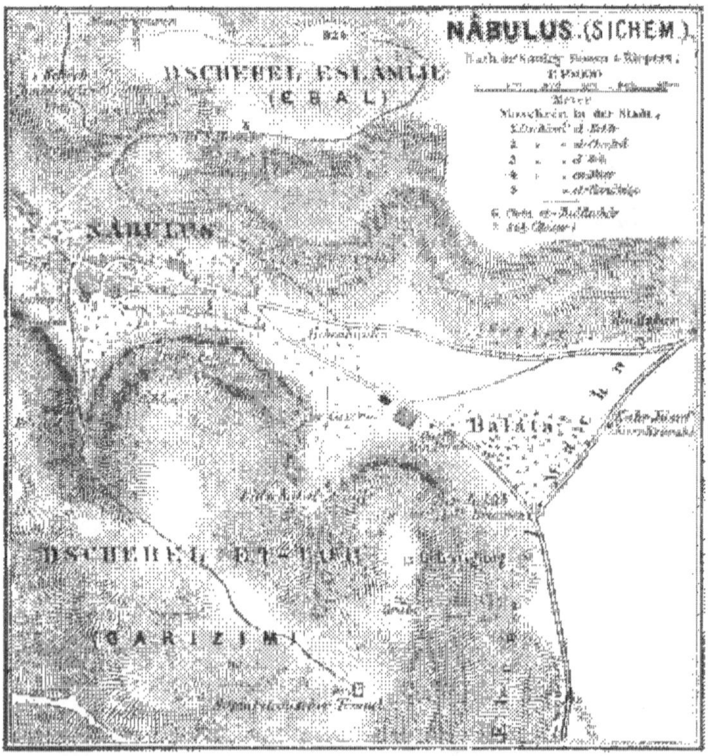

sich abzuschließen ging die Weigerung der Juden hervor, die angebotene Hilfleistung der Samaritaner beim Mauer- und Tempelbau in Jerusalem zu benützen. Da die Juden die Samaritaner von ihrem Kultus ausschlossen, wurde der Riß immer klaffender. Die Samaritaner gründeten sich unter Anführung eines gewissen Sanballât (Nehem. 2, 10. 19) eine eigene heilige Stadt und ein Heiligtum. Zur Kultusstätte wurde der Garizim erhoben und wahrscheinlich nicht lange nach Nehemias Zeit dort ein Tempel erbaut; dadurch gewann der an seinem Fuße gelegene Ort Sichem an Bedeutung, während die Stadt Samaria Einbuße erlitt. Häufig brach zwischen den Juden und den Samaritanern Streit aus. Johannes Hyrkanus zerstörte nach Josephus 129 v. Chr. den Tempel auf Garisim. Zur Zeit des Pilatus erregte ein Abenteurer einen großen Aufstand der Samaritaner. Gegen Vespasian stellte sich eine Schar auf dem Garizim auf; er kam ihnen zuvor und 11600 Mann wurden erschlagen. Der Name Samaritaner war bei den Juden ein Spottname (Joh. 8, 48), auch gingen die Jünger Jesu anfänglich nicht nach Samarien, um zu predigen (Matth. 10, 5; vgl. jedoch bereits Ap.-Gesch. 8, 5 ff.). Fortwährend hielten die Samaritaner streng an ihren Satzungen und kamen mehrfach in Collision mit dem Christentum und mit den römischen Kaisern, bes. i. J. 520. Sie marterten Christen und verbrannten viele Kirchen; in Neapolis töteten sie den Bischof und erhoben einen ihrer Führer Julian zum König. Von Justinians Truppen wurden die Samaritaner geschlagen und viele getötet. Ihre Synagogen wurden ihnen genommen; eine Anzahl floh zu den Persern, andere wurden Christen. Später spielten sie keine Rolle mehr. Im 12. Jahrh. fand Benjamin von Tudela noch gegen 100 Angehörige der Samaritaner-Sekte in Nâbulus, einzelne auch in Askalon, Cäsarea, Damascus. Seit einigen Jahrh. sind sie auf Nâbulus beschränkt, während sie früher auch kleine Gemeinden in Kairo, Gaza und Damascus hatten; ihre Zahl nimmt stetig ab; heute sind noch 180 Seelen vorhanden, die in einem besondern Quartier (SW.) wohnen. — In Bezug auf die Physiognomie haben die Samaritaner einen ehrwürdigen jüdischen Typus bewahrt.

Was ihren Glauben anbelangt, so sind die Samaritaner strenge Monotheisten, Feinde aller Bilder und aller Ausdrücke für Gott, welche diesem menschliche Eigenschaften beilegen. Sie glauben an gute und böse Geister, an Auferstehung und jüngstes Gericht; den Messias erwarten sie 6000 Jahre nach Erschaffung der Welt, jedoch halten sie ihn nicht für größer als Moses. Von den Büchern des Alten Test. haben sie nur den Pentateuch in einer von der unsrigen etwas abweichenden Redaktion. Derselbe ist mit althebräischen (sog. samaritanischen) Lettern geschrieben. Ihre Literatur besteht meistens aus Gebeten und Hymnen. Ihre ältesten Chroniken datiren aus dem 12. Jahrh. Dreimal im Jahr pilgern sie auf den heil. Berg Garizim, am Fest der ungesäuerten Brote, am Wochen- und am Laubhüttenfest. Sie feiern alle mosaischen Feste; Opfer werden nur am Passah dargebracht. Doppelehen sind im Fall der Kinderlosigkeit erlaubt; die Leviratsehe haben sie in der Form, daß nicht der Bruder, sondern der nächste Freund des Verstorbenen verpflichtet ist, die Witwe zu heiraten, u. s. w.

b. Der Name Nâbulus ist eine Corruption aus „*Neapolis*"; eigentlich heißt die Stadt *Flavia Neapolis*, zum Andenken daran, daß Titus Flavius Vespasianus sie wieder herstellen liess. Hier haben wir eines der seltenen Beispiele, daß eine Ortschaft ihren altsemitischen Namen gegenüber dem späteren römischen eingebüßt hat. Nâbulus führte früher auch den Namen *Mamortha*, besser *Mabortha* („Paß, Durchgangsort"). Der eigentliche alte Name aber war Sichem („Nacken, Bergrücken"). Sichem war eine Stadt des Stammes Ephraim. Hier spielte in der Richterzeit die Episode Abimelechs (Richter 9). Unter Rehabeam fand hier die Volksversammlung statt (I Kön. 12), bei welcher die n. Stämme sich definitiv von den s. trennten. Jerobeam wählte Sichem zu seiner Residenz. — In christlicher Zeit wurde Neapolis Bischofssitz. Die Kreuzfahrer nahmen unter Tankred bald nach der Eroberung Jerusalems auch Nâbulus ein; 1120 hielt Balduin II. einen großen Landtag an diesem Orte. Nâbulus wurde öfters erobert und litt während der Kreuzfahrerzeit viel. In der späteren Geschichte zeichnete sich die Gegend von Samarien und speciell von Nâbulus durch Unsicherheit aus. Die Einwohner sind als unruhig und händelsüchtig bekannt und haben sich diesen Ruf zusammen mit dem großer Unduldsamkeit bis in die neueste Zeit erhalten.

Das heutige *Nâbulus* (570m ü. M.) liegt langgestreckt in der Thalsohle zwischen Ebal, arabisch *Dschebel Eslâmîje* oder *esch-Schemâli* (Nordberg) und Garizim, arabisch *Dschebel et-Tôr* oder *el-Kibli* (Südberg). Die Gegend ist herrlich grün und außerordentlich fruchtbar; Wasser (22 Quellen, davon etwa die Hälfte perennierend) ist im Überfluß vorhanden und rauscht unter allen Straßen. Die Stadt hat etwa 20000 Einwohner, worunter 100 Samaritaner (S. 220), einige Juden und 7-800 Christen (meist Griechen, wenige Lateiner und 120 Protestanten). Nâbulus, Sitz eines Mutaṣerrif, hat eine Garnison (1 Reg. Infanterie), 8 große Moscheen und 2 muslim. Schulen (Volksschule und höhere Schule). Es ist Station der engl. Church Mission (Missionar *Fallscheer* aus Württemberg), die dort eine Kirche und Schule hat. Die Lateiner haben im O. der Stadt ein Kloster mit Schule. — Nâbulus hat einen ziemlich bedeutenden Markt und treibt viel Handel mit dem Ostjordanland, besonders in Wolle und Baumwolle. Es existieren 20 Seifenfabriken hier; die Seife wird aus Olivenöl bereitet.

Außer dem Basar enthält die Stadt wenig Merkwürdigkeiten; sie gleicht im Innern Jerusalem. Im Ostteil der Stadt liegt die (dem Fremden schwer zugängliche) *Dschâmiʿ el-Kebîr* (Pl. 1), „die große Moschee". Das Ostportal, das gut erhalten ist und dem der Grabeskirche gleicht, besteht aus 5 zurücktretenden Bogen, die auf 5 Halbsäulchen gestützt sind; der äußerste Bogen ist mit Skulpturen romanischen Stils verziert. Im Hofraum ist ein Wasserbassin, von antiken Säulen umgeben. Ursprünglich war die Moschee eine von Justinian erbaute Basilika, 1167 von den Chorherren des heil. Grabes umgebaut. — Wahrscheinlich gleichfalls eine ehemalige Kreuzfahrerkirche ist die *Dschâmiʿ en-Naṣr* „Siegesmoschee" (Pl. 4), und sicher die *Dschâmiʿ el-Chaḍrâ*, „grüne Moschee" (Pl. 2); hier soll Jakob gesessen haben, als man ihm die Nachricht vom Tode Josephs brachte. Bei der Kirche steht eine Art Glockenturm im Stil des Turmes von Ramle, an welchem vorn eine Platte mit samaritanischer Schrift eingefügt ist; die Samaritaner behaupten, sie hätten hier eine Synagoge gehabt. Das Ganze liegt in einem Winkel, von Gärten umgeben. — Gleich w. davon erhebt sich ein ansehnlicher Aschenhügel, von welchem man einen prächtigen Blick auf die Stadt, die Ebene und nach O. auf die dunkeln Berge jenseit des Jordans hat. — In der NO.-Ecke der Stadt liegt die *Dschâmiʿ el-Mesâkîn* („der Aussätzigen", die dort wohnen), wahrscheinlich alter Kreuzfahrerbau (Templerhospital?). — Etwas n. davon zeigt man das *Grab der Söhne Jakobs* (muslim. Tradition).

Das Quartier der Samaritaner liegt im SW.-Teil der Stadt; ihre *Synagoge (Kenîset es-Sâmire)* besteht aus einem kleinen, einfach geweißten Raum, dessen Boden mit Strohmatten belegt ist (Schuhe ausziehen!). Es ist interessant, dem Gottesdienst beizuwohnen. Die Gebete werden samaritanisch recitiert, während sonst die Umgangssprache der Leute die arabische ist. Die Männer tragen weiße Kleider und rote Turbane. Es wird bei ihnen sehr viel auf Reinlichkeit gehalten. Die Würde des Hohenpriesters — der jetzige heißt *Jaʿḳûb* — ist erblich in einem Geschlecht aus dem Stamme Levi; der Hohepriester ist Leiter der Gemeinde und Mitglied der

Bezirksbehörde. Er erhält von der Gemeinde den Zehnten. Der altsamaritanische Codex des Pentateuch ist alt, aber daß er von dem Enkel oder Urenkel Aarons geschrieben, ist eine Fabel, da er sicher nicht aus vorchristlicher Zeit stammt. Die Fremden werden gewöhnlich durch die Vorzeigung eines andern Codex getäuscht; der echte ist in einem kostbaren Gehäuse, das mit einer grünen venetianischen Weberei überzogen ist. Man giebt dem Kôhen, wenn man allein ist, 2fr., mehrere à Person 1 fr.

Um eine schöne Aussicht über Nâbulus zu genießen, steige man am Garizim empor; die weißen Häuser inmitten des üppigen Grüns gewähren ein schönes Bild. Bei der obersten Gartenreihe biege man l. (nach O.) ab und gehe auf einer Terrasse die Felswand entlang. Hier sind große Höhlen, wohl ehemals Steinbrüche. Von der Terrasse gelangt man endlich auf eine Plattform; aus dieser ragt ein dreieckiges Felsstück von etwa 3m im Durchmesser hervor. Kein Ort paßt so gut wie dieser als Schauplatz der Erzählung in Richter 9. Als Scene von Josua 8, 30 ff. denkt sich der Erzähler wahrscheinlich die amphitheatralischen Ausbuchtungen von Ebal und Garizim im O. von Nâbulus.

Die Besteigung des **Garizim** (bis zum Gipfel 1 St.) geschieht am besten von der w. Ecke der Stadt aus (vergl. den Plan) durch das hier s. ansteigende Thälchen, in welchem (10 Min. von der Stadt) eine starke Quelle *(Râs el-'Ain)* entspringt. Nach 25 Min. steilen Steigens erreicht man die Hochebene und, sich l. wendend, in 15 Min. den Platz, wo am großen Passah die Zelte der Samaritaner stehen. Von hier bis zum Gipfel sind es weitere 10 Min.

Schon sieben Tage vor der Feierlichkeit ziehen die Samaritaner auf den Berg und errichten sich in der Mulde ein Zeltlager. Die Opferstätte liegt mehr gegen den Gipfel zu; der Hauptakt des Fests besteht im feierlichen Schlachten von 7 weißen Lämmern streng nach alttest. Ritus. Fremde werden an dieser hochinteressanten Feier nur ungern als Zuschauer zugelassen.

Der *Garizim* erhebt sich 868m ü. M.; er besteht beinahe ganz aus Nummulitenkalk (Tertiär-Formation). Den Gipfel des Berges bildet eine große Plattform, die sich von N. nach S. erstreckt. An dem N.-Ende derselben sind die Ruinen einer Festung, die als solche wahrscheinlich aus der Zeit des Kaisers Justinian (533) stammt, obwohl die 1,5-3m dicken Mauern mit geränderten Quadern älter sein mögen. Die Burg bildet ein großes Quadrat und ist von Türmen flankiert; an der Ostseite finden sich Überreste einiger Gemächer, und über der Thüre eines derselben ein griechisches Kreuz. Im NO. ist an der Burg das muslimische Weli *Schêch Ġânim* angebaut (vom Fenster desselben herrliche Aussicht s. S. 223), auf der N.-Seite der Burg liegt ein großes Wasserreservoir. Von der *Kirche* (im J. 474 [?533] gebaut) sind nur die untersten Fundamente erhalten: sie war achteckig, hatte auf der Ostseite eine Apsis, ihren Haupteingang von N. und auf 5 Seiten Nebenkapellen. S. von der Burg liegen Mauern und Cisternen; ein gepflasterter

Weg läuft von N. nach S. Einige massive Grundmauern, etwas s. unterhalb der Burg, werden als die 12 Steine gezeigt, welche Josua hier aufgerichtet haben soll (Jos. 8, 30-32). In der Mitte der Plattform zeigen die Samaritaner einen erhöhten Felsen und behaupten, daß hier der Altar ihres Tempels gestanden habe. — Auf der ganzen Bergfläche sind viele Cisternen und kleinere gepflasterte Plattformen zerstreut; letztere gleichen denen, die auf der Area des Ḥarâm in Jerusalem als Betplätze angebracht sind. Die ganze Fläche war, wie aus vielen Spuren hervorgeht, einst mit Häusern bedeckt; gegen O. liegen einige gepflasterte Terrassen. Im SO.-Winkel zeigt man den Platz, wo Abraham den Isaak opfern sollte; in der Nähe desselben (NW.) liegen einige merkwürdige runde Stufen. — Die *Aussicht vom Garizim ist herrlich: ö. die Ebene *el-Machna*, von sanften Höhen begrenzt, darin n. das Dorf *'Asker*, s. *Kafr Ḳallîn;* weiter im O. der Ebene von N. nach S. die Dörfer *'Azmûṭ*, *Sâlim* (dahinter *Bêt Dedschan*), *Rûdschib*, *'Awerta;* im S. das *Wâdi 'Awarte*, im fernen O. das Gebirge Gilead, aus welchem der *Dschebel Ôscha'* (S. 180) hervorragt. Im N. versperrt der Ebal die Aussicht; doch sieht man den großen Hermon. Im NW. ist bei klarem Wetter der Karmel sichtbar; im W. senken sich die Thäler und Gebirge bis zu dem bläulichen Streifen des Mittelmeeres; sogar Cäsarea kann man bisweilen erkennen (SW.). — Von der Burg steigt man in 25 Min. nw. auf steilem Wege ins Thal; bei der S. 218 erwähnten Kapelle mündet der Weg aus.

Die Besteigung des **Ebal**, arab. *Dschebel Eslâmîje* (1 St.), ist schwieriger und wird seltener unternommen, als die des Garizim; die Aussicht ist aber lohnender, der Standpunkt etwas höher, 938m ü. M. (c. 360m über Nâbulus). Der Weg schlängelt sich über Terrassen, die mit Cactus eingehegt sind, den Berg hinauf. Beinahe oben auf der W.-Seite liegt ein besuchtes muslimisches Weli, das den Schädel Johannes des Täufers enthalten soll. Der höchste Theil des Bergrückens liegt gegen W.; auf dem Gipfel finden sich die Ruinen *el-Ḳal'a* („Festung") mit sehr dicken Mauern; etwas weiter ö. die Ruinen *Chirbet Kuneise* („kleine Kirche"). Die *Aussicht umfaßt ungehindert den Bergkranz Galiläa's vom Karmel über die Ebene Jesreel nach Gilboa, den Taborkegel, Safed in weiter Ferne neben dem Hermon, gegen W. die Küstenebene, gegen O. die fernen Gebirge des Haurân. — Nicht weit n. liegt auf einem Hügel *Tallûza*, das man (aber kaum mit Recht) mit dem alten *Thirza* (eine Zeit lang Hauptstadt des Nordreiches I Kön. 16, 8 u. a.) identificiert hat.

Von Nâbulus nach es-Salṭ.

13 St. Bedeckung nötig, entweder von der Regierung (1-2 Chaijâl, Preis s. S. xxxix), oder von den 'Adwânbeduinen (Schêch *'Ali Dijâb;* die Unterhandlungen führe man auf dem Konsulat in Jerusalem).

Man kreuzt zuerst die Ebene *el-Machna* in sö. Richtung (den Jakobsbrunnen r. lassend). Nach 1 St. 35 Min. *Bêt Fûrîk*. Nach Überschreitung des *Dschebel Dschedî'a* steigt man in dem engen *Wâdi Zakaska* hinab. Nach 35 Min. Ruinen *Jânûn*; die Berge r. heißen *Ifdschim*. Das *Wâdi el-Aḥmar* läßt man r. Nach c. 3 St. auf der letzten Paßhöhe (herrliche Aussicht). In 1¹/₄ St. steigt man in die vom *Wâdi el-Fâr'a* reich bewässerte fruchtbare Oase von *Karâwa* (Beduinen S. 169) hinab. Nach 1¹/₄ St. kommt man zu der 10m hohen ersten Jordanstufe; dann steigt man über eine zweite Stufe zu der Jordanbrücke *Dschisr ed-Dâmije* hinunter. Da der Jordan sich jetzt ein anderes Bett neben der Brücke gegraben, muß man auf einer Fähre übersetzen. Der Verkehr ist bedeutend.

Der direkte Weg nach es-Salṭ (5 St.) führt in sö. Richtung über die ca. 1¹/₄ St. breite Thalsohle hin, unterhalb des Berges *Dschebel Ôscha'* vorbei. Die Besteigung desselben (4 St. vom Fuß an gerechnet) ist jedoch sehr zu empfehlen. Vom Gipfel nach *es-Salṭ* 1 St. (vgl. auch S. 180).

Von Nâbulus nach Bêsân und Tiberias.

Von Nâbulus nach Bêsân (9 St.) läuft die große Karawanenstraße nach Damascus. Um die Ostseite des Ebal reitend, kommt man in 25 Min. zum Dorf *'Asker* (Quelle, Felsengräber, Sychar Joh. 3, 23 vgl. S. 218). In 25 Min. gegenüber die Dörfer *'Aẓmût*, *Dêr el-Ḥaṭab* und *Sâlim*; in 2 St. durch die Schlucht des *Wâdi Biddân* nach *Burdsch el-Fâr'a*, nach dem großen Thale so benannt, das von hier sö. zum Jordan hinabläuft; in 1 St. 10 Min. Dorf *Ṭûbâs* (*Thebes* Richter 9, 50 u. II Sam. 11, 21). Nach 1¹/₄ St. am Wege r. ein Sarkophag und ein kleines antikes Gebäude (wahrscheinlich ein Grabmal) mit verziertem Marmorportal. Nach 5 Min. Dorf *Jasîr*; keine Quelle; von hier läuft das *Wâdi el-Mâliḥ* zum Jordan hinunter, ebenso das *Wâdi Chasne* nach NO. Letzteres hinuntersteigend, gelangt man in 2 St. 50 Min. zu der Ruine *Ka'ûn* in dem hier sehr breiten Jordanthal. Nach 1 St. n. *Tell Ma'dschera*; von hier in 1 St.

Bêsân (98m unter d. Mittelmeer). — Geschichtliches. *Bêsân* entspricht dem alten *Bethschean*. Während der sogen. Richterzeit war die Stadt im Besitz der Kanaaniter (Richter 1, 27 ff.) und auch noch während der Regierung Sauls wenigstens nicht von Israeliten bewohnt (I Sam. 31, 10); es lag im Stammgebiet von Manasse Jos. 17, 11. David scheint B. erobert zu haben. Einer der Amtmänner Salomos residierte hier (I Kön. 4, 12), doch wurde B. nie eine jüdische Stadt (vgl. II Makk. 12, 30). Die Stadt hieß in der griechischen Zeit *Skythopolis* und gehörte zur Dekapolis (S. lxii); Gabinius baute die Stadt wieder auf und befestigte sie. In christlicher Zeit war sie der Sitz eines Bischofs. Zur Zeit der Kreuzzüge war sie unter ihren beiden Namen bekannt. Saladin eroberte die Stadt mit Mühe und übergab sie den Flammen. Von den zahlreichen Palmbäumen, die hier gestanden haben sollen, sah Jâkût im Anfang des 13. Jahrh. noch zwei.

Das Dorf und die ***Ruinen von Bêsân*** liegen in einer Bucht am Rande der großen Thalebene *Jesreel*, wo diese in etwa 100m hoher Abdachung gegen das Ghôr abfällt. Durch das breite Thal fließt n. vom Tell Bêsân der Bach *Dschâlûd*. Die Gebirgsformation ist vulkanisch, das Gestein Basalt. Das heutige Dorf liegt s. vom Hügel, von verschiedenen Bächen umgeben. Es ist Sitz eines Mudîr. Der Umfang der alten Stadt reichte, nach den Überresten zu schließen, weit über den des jetzigen Dorfes hinaus. Die bedeutendsten Ruinen sind folgende: 1. w. vom Dorf ein (ziemlich überwucherter) Hippodrom. 2. Im NO. der Ortschaft die Grundmauern der Moschee *Dschâmi' el-Arba'în Ghazâwi* im J. 1403-4 vollendet; einst eine Kirche, die Apsis gegen O. ist noch deutlich erkennbar. — 3. NW. von der Moschee kommt man an Gräbern vorbei zu dem großen Amphitheater *(el-'Akûd)* im Thalgrund, dasselbe ist das besterhaltene des Westjordanlandes; es hat 55m Durchmesser und 12 Reihen von Bänken. Die inneren Verbindungsgänge und Ausgänge sind noch erhalten. Merkwürdig sind gewisse Recesse, die wohl zur Erhöhung der Akustik dienten. — 4. Eine Säulenstraße führte in nö. Richtung dem Bach entlang zu einer alten Brücke *Dschisr el-Maḳṭû'* etwas unterhalb seiner Einmündung in den Dschâlûdfluß. — 5. Jenseits (n.) von derselben Reste einer alten Straße; l. liegt *Tell el-Muṣṭaba* mit den Ruinen eines Forts, r. bei Säulen das Reservoir *el-Hammâm*, dabei eine Anzahl Felsengräber; auch weiter s. ein großes Felsengrab *Maġâret Abu Jârî*. — Auf dem Hügel n. vom Theater, *Tell el-Höṣn*, sind noch Spuren der dicken Mauer, die den Gipfel umgab, sichtbar, sowie ein halberhaltenes Portal. Die Aussicht reicht bis nach *Zer'în* im Thal Jesreel hinauf; gegen S. und O. sieht man in das *Ġôr*, jenseits im O. *Ḳal'at er-Rubâḍ* u. s. — 7. Von Interesse ist auch noch die obere Brücke *Dschisr el-Chân* am NW.-Ende des Territoriums von Bêsân. Von der Brücke schöner Blick ins Thal hinunter mit seiner Menge von Säulen und anderen Ruinen. Verfolgt man die alte Straße von der Brücke nach N., so gelangt man in $^1/_4$ St. zum großen *Chân el-Aḥmar*, zum großen Teil aus altem Material erbaut.

Von Bêsân nach Zer'în (3 St. 50 Min.) führt ein bequemer Weg längs des Baches *Dschâlûd* aufwärts zwischen dem *Dschebel Fuḳû'a* (Gebirge Gilbo'a, S. 244) l. (s.) und den Abhängen des *Nebi Dahî* (515m), des sog. *kleinen Hermon* (mit einem Weli) r. (n.). Nach $1^3/_4$ St. Ruinen von *Bêt Ilfa*, nach 35 Min. *Tell Schêch Hasan* mit Ruinen und Quellen. In 50 Min. erreicht man das schöne Reservoir der Quelle *'Ain Dschâlûd* am NO.-Ende des Gilboa-Gebirges. Von hier in 35 Min. *Tell Zer'în* (S. 244).

Von Bêsân nach Ṭabarîje (c. $7^1/_2$ St.), sehr heißer Weg in einer Senkung von c. 180m unter d. Meeresspiegel. Durch Gebüsch nach NNO. hinunter; nach 22 Min. starker Bach mit felsigem Bett (Wasserleitung); nach 40 Min. das große *Wâdi 'Esche* von W. Nach 1 St. l. oben Dorf *Kôkab el-Hawa* (das Kastell *Belvoir*, von König Fulko um 1140 gleichzeitig mit Safed gebaut, von Saladin 1182 eingenommen). Oben große Ruinen; prachtvolle Aussicht. Nach 17 Min. *Wâdi Bire*; nach 27 Min. Jordanbrücke *Dschisr el-Mudschâmi'*. Oberhalb der Brücke ist eine Stromschnelle. Nach 35 Min. Einmündung des *Jarmûk* (S. 198); dieser Fluß hat ebenso viel Wasser wie der Jordan. Nach 10 Min. gegenüber Dorf *ed-Delhemîje*; 45 Min. *el-'Abadîje*; nach 20 Min. Wasserleitung l., jenseits des Flusses r. *Umm Dschûnîje* auf steilem Ufer; nach 3 Min. Brückenruine; nach 7 Min. desgleichen; 8 Min. Südspitze des Sees von Tiberias.

Der *Jordan* fließt am SW.-Ende des Sees aus; verschiedene Brückenüberreste sind noch vorhanden, und noch heute führt hier eine Straße nach dem Ostjordanland (S. 198), die aber wegen der räuberischen Beduinen gefährlich ist. Eine Stadt und Burg beherrschte im Altertum diese Straße. Sie hieß wahrscheinlich *Sennabris*, ar. *es-Sinnabra* (fälschlich mit Tarichea identificiert) und lag auf einem 9m hohen Hügel, auf drei Seiten von Wasser umgeben. Auf dem benachbarten Hügel *Kerak* (ö. von Sennabris gegen den See hin) sind ebenfalls Spuren von Befestigungen.

Von der Jordanfurt nach den Ruinen sind 15 Min., bis zu den Bädern von Tiberias (S. 255) 1 St. 20 Min.; Tiberias 20 Min.

20. Von Nâbulus nach Dschenîn und Ḥaifâ.

Sebasṭîje 2 St.; *Dschenîn* $4^1/_2$ St.; *Ḥaifâ* $12^1/_2$ St. Nachtlager in Dschenîn.

1. Von Nâbulus nach Sebasṭîje (2 St.).

Der direkte Weg (gewöhnlich von den Lasttieren eingeschlagen) führt von Nâbulus n. den Berg hinauf über *Bêt Imrîn* nach *Dscheba'* (S. 228); der kleine Umweg über *Sebasṭîje* ist vorzuziehen.

Die Gewässer ö. von Nâbulus laufen zum Jordan, die w. von der Stadt zum Mittelmeer hinab. Der Weg nach Sebasṭîje führt wnw. zunächst auf der neuen Jâfâstraße das Thal hinunter; hier alte Olivenwälder. *Râfidîje* bleibt $^1/_4$ St. l. liegen (23 Min.); hierauf sieht man *Zawâta* am Berge oben r. Nach 20 Min. liegt *Bêt Ûzin* l.; nach 10 Min. *Bêt Iba* ebenfalls l. Über das Thal hin läuft eine Wasserleitung zu einer Mühle, hier schwenkt man r. hinauf (nw.) vom Thale ab. Nach 20 Min. Aufstieg sieht man unten im Thal das Dorf *Dêr esch-Scheraf;* jenseits auf der Höhe das Dorf *Keisîn* und w. davon *Bêt Lîd;* am Weg eine Quelle mit gutem Wasser. Der Ausblick erweitert sich auf der Höhe (1/4 St.): in NO. *Râmîn* und *'Anâbetâ*, r. oben *en-Nâḳûra*. Nach 5 Min. steigt man in das Thal abwärts. Nach 10 Min. führt der Weg unter einer Wasserleitung hindurch, r. oben ein Weli. Wieder ansteigend gelangt man in 17 Min. auf den vereinzelt im Thal stehenden, über 100m hohen, runden und terrassierten Hügel von

Sebasṭije. — Geschichtliches. Omri, König des Nordreiches, kaufte nach I Kön. 16, 24, nachdem sein Palast zu Thirza verbrannt war, einen Berg von einem gewissen Schemer und erbaute darauf eine neue Residenz Namens *Schomron* (wahrscheinlich Wachthügel). Hier spielt die Geschichte mit Elias (I Kön. 18 ff.). **Samaria** blieb die Hauptstadt des Nordreiches, bis Sargon sie 722 v. Chr. nach dreijähriger Belagerung eroberte. Die Stadt wurde ohne Zweifel verwüstet, aber zu den Zeiten der Makkabäer war sie wieder ansehnlich und fest. Durch Hyrkan wurde sie nach einjähriger Belagerung erobert und gänzlich zerstört. Nicht lange nachher wird Samaria als den Juden gehörig wieder genannt. Pompejus schlug Samaria zur Provinz Syrien; der Feldherr Gabinius ließ es neu aufbauen. Augustus schenkte die Stadt Herodes dem Großen; dieser ließ sie prächtig aufbauen und befestigen; zu Ehren des Augustus benannte er sie *Sebaste* (griechisch für Augusta). Eine starke Kolonie von Soldaten und Bauern wurde darin angesiedelt. Allmählich jedoch wurde Sebaste durch Neapolis (S. 220) überflügelt. In Samaria predigte Philippus (Ap.-Gesch. 8, 5). Später wurde die Stadt Bischofssitz; auch die Kreuzfahrer gründeten hier wieder ein Bistum. Noch heute giebt es einen griechischen Titularbischof von Sebaste.

Das wichtigste Baudenkmal von *Sebasṭije* ist die heute in eine Moschee verwandelte, halb zerstörte **Johanneskirche*.

Hieronymus ist der erste Schriftsteller, welcher die Tradition erwähnt, daß Johannes der Täufer hier begraben sei; die Tradition, daß er hier enthauptet worden sei, tritt erst in noch späterer Zeit auf (vgl. S. 192). Im 6. Jahrh. stand hier eine Basilika. Die Kirche, deren Überreste heute vorliegen, stammt aus der zweiten Hälfte des 12. Jahrh.; sie ist ein Werk der Kreuzfahrer.

Sie steht unterhalb des jetzigen Dorfes und ihre Apsis ragt noch über den Rand des steilen Abfalls hervor. Von außen bewundert man die schöne Fügung der glatten Mauern mit wenig hervortretenden Strebepfeilern. Man kann um die Apsis herum über die Ruinen auf die Mauer der Kirche steigen. Das Innere erinnert lebhaft an die Kirche von *Abu Ḳôsch* (S. 19), oder an die Annenkirche in Jerusalem (S. 79) und ähnliche Gebäude der Kreuzfahrer. Auch hier sind deutlich drei Schiffe zu erkennen, von denen das mittlere das höchste war; die Apsis des Mittelschiffes springt über die beiden Nebenapsiden vor. Das Hauptschiff wird von den Seitenschiffen durch viereckige Pilaster mit Säulen getrennt, welche die Spitzbogen tragen. Die Kapitäle dieser Säulen haben Palmenverzierungen und gehören ebenso wie die Rundbogenfenster noch dem romanischen Stil an; in der Apsis laufen die Bogen spitz zu. Die Fenster bestehen aus kleinen Rundbogen und sind verziert. Die Länge der Kirche nebst der Vorhalle beträgt 48m, die Breite 23m. Die Hauptfaçade der Kirche schaut nach W. und ist sehr einfach. Neben der Spitzbogenthüre liegen zwei Fenster, welche den Nebenschiffen entsprechen. Über dem Portal war wohl ursprünglich eine Rosette oder ein Fenster angebracht. Die Mauern des Gebäudes, die an verschiedenen Stellen halb zerstörte Johanniterkreuze zeigen, sind außer an der S.-Seite leider nur bis zu einer gewissen Höhe erhalten; heutzutage umschließen sie einen offenen Hofraum. In der Mitte dieses Hofes steht eine moderne Kuppel über dem sogenannten *Grab des Johannes (Nebi Jahjâ)*. Dieses Grab bildet die Krypta; man wird von dem muslimischen Wächter auf 21 Stufen in eine kleine, tief in den Felsen ausgehöhlte Kammer hinabgeführt. Von hier aus schaut man durch Löcher in 3 (leere) Grabkammern, die als Gräber des Johannes und der Propheten Obadja (1 Könige 18, 3) und Elisa bezeichnet werden. — N. von der Kirche Ruinen eines großen Gebäudes, an dessen Ecken viereckige Türme standen (entweder das Haus des Bischofs oder das der Johanniter).

In und zwischen den Häusern des heutigen Dorfes finden sich viele antike Baureste verstreut: Steinquadern, Säulenschäfte, Kapitäle, Gesimsstücke u. a.; die Einwohner, vor deren fanatischem Charakter übrigens zu warnen ist, bringen den Fremden Münzen und sonstige Altertümer zum Kauf. — Oberhalb des Dorfes (W.) ist eine große künstlich geebnete Terrasse, die jetzt als Dreschtenne benutzt wird. W. davon stehen mehr als ein Dutzend Säulen ohne Kapitäle in der Form eines länglichen Vierecks bei einander. Hier stand wahrscheinlich der Tempel, welchen Herodes zu Ehren des Augustus „auf einem großen freien Platz inmitten der Stadt“ erbauen liess. Von dieser Terrasse aus erreicht man in kurzer Zeit die Kuppe des Hügels (443m ü. M.), die Jes. 28, 1 mit einer Krone verglichen wird und von welcher aus man eine ungehinderte Aussicht genießt; im W. sieht man ein großes Stück des Mittelmeeres. Sanfte Hügelreihen umgeben Sebasṭije nach allen Seiten. Eine bedeutende Anzahl von Dörfern ist sichtbar, doch ist keines von antiquarischem Interesse darunter. SW. etwas unterhalb der Hügelkuppe sieht man die dicken Grundmauern eines mäßig großen Baues (Turm?); im Innern 4 Säulen. — Um diesen gut angebauten Hügel herum ziehen sich an mehreren Stellen Terrassen. Auf der Terrasse im S. läuft in der Höhe des Dorfes die *Säulenstraße* des Herodes. Die Säulen, vielfach Monolithe, jetzt sämtlich ohne Kapitäle, sind 5m h. Die Kolonnade (18m br., c. 1700m l.) zieht sich um den Berg herum, ist aber oft unterbrochen oder steckt im Boden. — Im NO. in einer Einbuchtung des Hügels finden sich weitere zahlreiche Säulenreste, wahrscheinlich von einem Hippodrom (c. 442m l., 55m br.), möglicherweise jedoch auch einer Säulenstraße angehörig, die schräg auf die erstgenannte hinlief.

---

2. Von Sebasṭîje nach Dschenîn (4½ St.).

Von der Johanneskirche nach N. an dem o. gen. Hippodrom vorbei in das *Wâdi Bêt Imrîn* hinunter (10 Min.); r. am Berg das große Dorf gleichen Namens. Jenseits des Thales (Weg r. nehmen!) beginnt man wieder zu steigen; in 15 Min erreicht man den n. Thalrand (schöner Rückblick), in 10 Min. das Dorf *Burkâ* zwischen Ölbäumen. In der Mitte des Dorfes scheint ein Schloß gelegen zu haben. Weiter ansteigend gelangt man in 20 Min. auf die Höhe, ausgedehnter Überblick über die Landschaft: r. oben (O.) das Weli *Chlmet ed-Dehûr*; im N. das Dorf *Sîlet ed-Dahr*, etwas weiter entfernt *Râme* (*Remeth* Josua 19, 21) und *'Anza* einander gegenüber jenseit einer schönen kleinen Ebene. Hierauf beginnt man nach ONO. hinabzusteigen. Nach 35 Min. sieht man oben r. das Dorf *el-Fundakûmîje* (ein altes *Pentakomias*). Nach 20 Min. unten an dem Dorf *Dscheba'* (die Quelle etwas weiter); hier kommt man auf den direkten Weg von Nâbulus nach Dschenîn (S. 225). Man reitet im Thale weiter, das sich an seinem oberen Ende verengt, und kommt dann in eine Ebene. Nach 40 Min. bleibt das Dorf *Sânûr* auf einem Hügel oben l. liegen. Die Festung von Sânûr wurde 1830 von 'Abdallâh, Pascha von 'Akkâ, belagert, da sich der Häuptling von Sânûr unabhängig gemacht hatte, und unter Zuziehung der Hilfstruppen des Emir Beschîr (S. 298) nur mit Mühe erobert. Ibrâhîm Pascha von Ägypten zerstörte die Festung total. Im O. dehnt sich die schöne, über 1 St. lange Ebene *Merdsch el-Ġaruk* (Wiese des Einsinkens) mit fruchtbarem Ackerboden aus; im Winter bildet sich hier ein Sumpf. Am W.-Saum dieser Ebene reitet man weiter; r. sieht man nach 30 Min. das Dorf *Miṭilîje* (? *Bethulia*, des Buches Judith, das in dieser Gegend gesucht werden muß); etwas n. davon *Kufîr*, l. liegen die Häuser von *Dscherbâ*.

Wer die Ruinen von **Dôtân** (*Dôṭân*) besuchen will, biegt hier vom Wege l. ab, sodaß er das Dorf *Dscherbâ* r. liegen läßt; zuerst nach NW. aufsteigend, dann nach W. in einer engen Schlucht hinunter steigend, findet man nach 22 Min. einen Fußweg r., der in 15 Min. nach *Tell Dôtân* führt. Wenige Ruinen bei einigen Terebinthen auf dem Hügel; am S. Fuße desselben Quelle *el-Ḥafîre*. Zweifellos entspricht diese Ortslage dem alten *Dothain* (I Mos. 37, 17 ff.); daher heute auch *Dschubb Jûsuf* („Josefsgrube") genannt. Zur Zeit des Elisa scheint ein Flecken hier gestanden zu haben (II Kön. 6, 13). NW. von Dôtân liegt der große *Tell Ja'bâd* mit Dorf. Von Dôtân ostwärts in 22 Min. auf die gewöhnliche Route nach *Kabâṭîje*, oder direkt nach Dschenîn auf einem Wege, der einige Min. w. von Dôtân vorbeiführt.

Am Ende der Ebene überschreitet man eine kleine Anhöhe mit schöner Aussicht (im N. Karmel, Nazareth, großer Hermon u. a.). Bevor man hierauf in ein kleines Thal nach NO. hinuntersteigt, steht r. vom Wege ein mit Weihgeschenken, besonders Tuchstückchen behangener heiliger Baum (Aussicht auf die Ebene Esdrelon); nach 25 Min. erreicht man *Kabâṭîje*. Nach 9 Min. läßt man einen Weg r. liegen, nach 18 Min. einen andern Weg r. Man marschiert in einem engen Thälchen und bemerkt einige Felsengräber, l. auf einem Hügel erblickt man die Ruinen eines Turmes Namens *Bel'ame* (= *Jibleam*; Jos. 17, 11; II Könige 9, 27). Am Fuß des Berges entspringt ein kleiner Bach, demselben entlang gehend erreicht man in 30 Min.

Dschenîn. — Unterkunft in Privathäusern; Platz für Zelte im W. des Orts (Soldaten zur Bewachung nötig). — Türkischer Telegraph.

Geschichtliches. *Dschenîn* wird mit *Ginea* des Josephus zusammengestellt; Ginea wiederum scheint dem antiken *'Engannim* (Gartenquelle) im Stamm Issaschar (Jos. 19, 21 u. a.) zu entsprechen. Die Straße von Nazareth nach Jerusalem ging wohl jeder Zeit über diesen Ort.

Dschenîn, an der Grenze der Berge Samariens und der Ebene Esdrelon, ist Sitz eines Ḳâimmaḳâm und hat gegen 3000 Einwohner (darunter einige Christen), einen Basar und eine Moschee (alte Kirche?). Die schöne Quelle, welche ö. von Dschenîn entspringt, ist mitten durch das Dorf geleitet; fruchtbare Gärten umgeben dasselbe; selbst einige Palmen finden sich hier.

Die Ebene, an deren Saum man hier steht, entspricht der alten Ebene Jesreel, griech. *Esdrelon*. Das Thal Jesreel ist zunächst die Niederung, die sich vom Ort Jesreel (*Zer'in*) nach O. gegen *Bêsân* hinunterzieht (S. 225). In zweiter Linie umfaßt die Benennung auch die Ebene w. vom Gilboagebirge, welche im Alten Test. unter der Bezeichnung „große Ebene" oder Niederung von *Megiddo* vorkommt. Heute heißt sie *Merdsch Ibn 'Âmir*, Wiese des Sohnes des 'Amir. Diese Ebene ist ein Dreieck, dessen Grundlinie von Dschenîn 8 St. weit nach NW. läuft, während die kürzeste Seite die ö. ist, von Dschenîn nordwärts nach *Iksâl*. Auf verschiedenen Seiten erstrecken sich einige Ausbuchtungen in die Gebirge hinein. Der Boden dieser großen Niederung (80m ü. M.) ist zwar an einigen Orten sumpfig, aber im allgemeinen ausnehmend fruchtbar; er ist schwärzlich und besteht größtenteils aus zersetztem vulkanischen Gestein; zur Frühlingszeit sieht die Ebene, von den Bergen aus betrachtet, wie ein großer grüner See aus. Sie war der Schauplatz vieler Kämpfe (s. unten). Das Land wurde bis in die letzte Zeit nur zum Teil bebaut, weil die Beduinen des Stammes der Beni Ṣachr das Weiderecht beanspruchten. — Man sieht große Schwärme von Kranichen und Störchen.

---

3. Von Dschenîn nach Ḥaifâ. ($12^1/_2$ St.).

Man reitet nach NW. dem Rande der Berge entlang, mit Aussicht über die Berge Galiläas. In 1 St. 5 Min. l. *Jâmôn*, in 30 Min. Dorf *Sîlî*, in 35 Min. Hügel mit den Ruinen von *Ta'annuk* (das alte *Thaanach*, dem Stamme Manasse zugeteilt, auch im Deboralied erwähnt Richter 5, 19). Nach 25 Min. kleines Thal zwischen den Dörfern *Salim* und *Selâfe*, nach 50 Min., wo ein großer Kreuzweg die Straße schneidet, zerstörter *Chân el-Leddschûn*; dabei ein Basalthügel *Tell el-Mutesellim*, unbedeutende Baureste auf der Höhe n. vom Bach. Brücke über einen Hauptarm des *Muḳaṭṭa'* (*Kison*).

Chân el-Leddschûn. — Geschichtliches. *el-Leddschûn* entspricht ohne Zweifel dem alten *Legio* des Eusebius, einer bedeutenden Stadt. Man hat zu beweisen gesucht, daß wir hier das alte *Megiddo* vor uns hätten: dies ist zwar neuerdings bestritten worden; doch wird Megiddo sehr oft mit dem nahegelegenen Thaanach zusammen erwähnt. Der schon in alter Zeit befestigte Ort wurde dem Stamm Manasse zugeteilt (Jos. 17, 11), doch blieben die Kanaaniter in der Stadt seßhaft (Richter 1, 27). Auf dem runden Hügel, *Tell el-Mutesellim*, stand wohl einst eine Burg. Die Stadt war so wichtig, daß die „große Ebene" wiederholt auch Ebene von Megiddo, der Kison auch Bach von Megiddo genannt wird (Richter 5, 19). Hier in der Nähe von Megiddo entbrannte der Kampf der Heere, welche die heldenmütige Debora aus den N.-Stämmen, Naphtali an der Spitze, zusammengebracht hatte; hier wurden die kanaanitischen Häuptlinge geschlagen, ihre Truppen in den Kison geworfen. Als ein beherrschender Punkt wurde Megiddo später von Salomo befestigt und zum Sitz eines] Amtmanns gemacht (I Kön. 4, 12; 9, 15). Hier starb Ahasja, König von Juda, tödlich verwundet (II Kön. 9, 27). Einige Jahrh. später suchte Josia in dieser Ebene das ägyptische Heer des Pharao Necho auf seinem Marsch gegen die Babylonier aufzuhalten, wurde aber geschlagen und starb in Megiddo (II Kön. 23, 29).

Bei *el-Leddschûn* ist eine Quelle mit schlechtem Wasser. Im S. erblickt man den weithin sichtbaren vulkanischen Berg *Schêch Iskander* (518m ü. M.). Nach 40 Min. sieht man Reste einer Wasserleitung und eine Quelle in einem Thälchen. In der Ferne kommt die runde Kuppe des Tabor hervor, im O. die Berge des Ostjordanlandes (*Dschebel 'Adschlûn*), im NW. der Karmel, l. oben unbedeutende Ruinen und Dörfer. Nach 1 St. 10 Min. *Abu Schûsche*; nach 25 Min. hat man l. wieder ein kleines Thal mit Wasserleitung, 20 Min. darauf Felsengräber, nach 15 Min. l. Eingang ins *Wâdi el-Milḥ* (Salzthal). *Tell Ḳaimûn* l. bezeichnet wahrscheinlich die Lage der kanaanitischen Königsstadt *Jokneam*, die dem Stamm Sebulon zugeteilt wurde (Jos. 12, 22 u. a.). Nach 25 Min. l. wieder ein Nebenthal; nach 30 Min. erreicht man den **Tell el-Kasis**, einen kahlen Hügel am r. Ufer des Kison, der die Ebene gegen W. schließt. Der obere Teil des Kison hat im Hochsommer kein Wasser; erst die Quellen von *Sa'adîje* liefern einen perennierenden Bach. (Beim Dorfe *Schêch Abrêk*, etwas n. vom *Tell el-Kasis*, finden sich große alte Grabstätten.)

Der Weg führt im Thalgrund weiter; der Kison ist mit Gebüsch, besonders Oleander umsäumt. Nach 30 Min. gelangt man auf die neue Fahrstraße von Ḥaifâ nach Nazareth bei der Kisonbrücke; das Thal erweitert sich zur Ebene; r. oben *el-Ḥârițîje* (S. 241), l. *el-Dschelâme*. Von hier nach Ḥaifâ 13km s. S. 241.

21. Ḥaifâ (*der Karmel und 'Akkâ*).

Unterkommen: *Hôtel Karmel (Bes. *Kraft*, ein Deutscher) auf der Deutschen Kolonie im NW. der Stadt (S. 232); entspricht allen billigen Anforderungen; gute Betten und Verpflegung; Pens. o. W. 10 fr.; für Gesellschaften und bei längerem Aufenthalt billiger nach Übereinkunft; gute Weine und Bayrisch Bier. — Deutsch-katholisches Hospiz (Direktor *Kinser*) auf dem Weg zur deutschen Kolonie, deutschen Pilgern sehr zu empfehlen.

Wein- und Bierstube: *Proß* auf der Kolonie.

Post: Österreichische in der *Lloydagentur*; internationaler Telegraph.

Dampfer: Nur die Dampfer des Österreich. Lloyd (syrische Linie) legen in Ḥaifâ an, alle 14 Tage in beiden Richtungen, außerdem noch ein Dampfer monatlich in der Richtung Beirût-Jâfâ (S. xix). Wer den Dampfer verfehlt, muß entweder nach Beirût (2½ Tage, S. 271) reiten oder (event. mit Wagen) nach Jâfâ gehen (1-2 Tage, S. 237).

Vice-Konsuln: Deutschland: *Fr. Keller*; Österreich: *M. Scopinich*; Rußland: *Selim Chûri*; Frankreich: *Monge*; England: Dr. med. *Schmid*; Amerika: *Schumacher* sen.

Arzt und Apotheke: Dr. *Schmid* (Deutscher) auf der Kolonie; barmherzige Schwestern im deutsch-kathol. Hospiz s. o.

Geld: Die Firma *A. Dück & Co.* (Deutscher, in der Stadt) besorgt Bankgeschäfte. **Kurse**: (1890) *Medschîdi* = 23 Pi.; sonst ganz wie in Beirût s. S. xxxiv.

Europäische Artikel: *A. Dück & Co.* (s. o.); *O. Fischer*, Sattler *Kraiß*, beide auf der deutschen Kolonie.

Wagen und Pferde durchs Hôtel oder Hospiz zu besorgen. *Preise:* nach Nazareth 25-30 fr.; nach 'Akkâ und zurück 2 Medsch.; nach Jâfâ 100-120 fr.

Geschichtliches. *Ḥaifâ* entspricht dem *Sycaminum* der griechisch-römischen Schriftsteller; im Talmud kommt es unter beiden Namen vor. Im J. 1100 wurde Ḥaifâ von Tankred belagert und mit Sturm genommen; nach der Schlacht bei Ḥaṭṭîn fiel es in die Hand Saladins. Haifâ dehnte sich noch im vorigen Jahrh. mehr nach dem Karmelvorgebirge zu aus; es wurde 1761 von Ẓâhir el-'Omar, Pascha von 'Akkâ, zerstört und die neue Stadt mehr nach O. verlegt.

Ḥaifâ hat (als Station der Lloyddampfer) in den letzten Jahren an commerzieller Bedeutung sehr zugenommen und den Handel

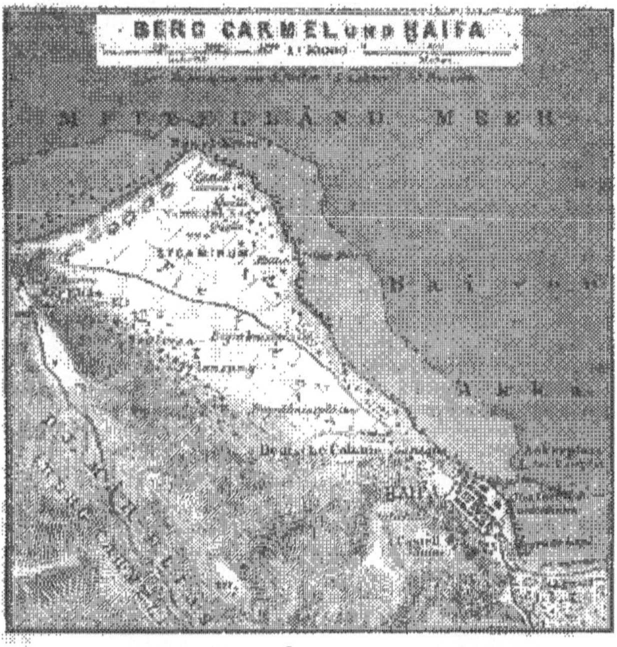

von *'Akkâ* zum großen Teil an sich gezogen; Export bedeutend in Weizen, Mais, Sesam und Öl; große Seifenfabrikation. Der jetzige Hafen ist allerdings nicht gut, die Dampfer müssen weit draußen Anker werfen. Doch ist in Verbindung mit der geplanten Bahn nach Damascus auch der Bau eines großen Hafens beabsichtigt. Die Durchführung dieses Projekts, das die vorläufige Genehmigung des Sultans erhalten, steht allerdings noch in ziemlicher

Ferne. — Die Stadt selbst hat sich bedeutend vergrößert und ist auf allen Seiten über die alten Mauern hinausgewachsen. Sie zählt c. 7250 Einw., darunter 700 Europäer (über 400 Deutsche). Von den Eingeborenen sind die Hälfte Muslimen, c. 2200 Lateiner, 600 Griechen, der Rest Maroniten und Juden. Die Stadt hat 2 Moscheen, mehrere christl. Kirchen, eine Anstalt der Dames de Nazareth, eine deutsch-katholische Mission mit Krankenpflege (S. 230). — Ḥaifâ ist Sitz eines Ḳâimmaḳâm.

Seit 1869 haben hier wie in Jâfâ die Mitglieder der Tempelgenossenschaft (S. 12) eine Ansiedelung gegründet, die durch ihre Ordnung und Reinlichkeit gegenüber dem oriental. Schmutze einen wohlthuenden Eindruck macht. Ihre freundlichen Häuser im NW. der Stadt sind ganz europäisch. Die Tempelkolonie zählt etwa 240 Seelen mit Betsaal und Schule; die zahlreichen Deutschen auf der Kolonie, die nicht zu den Templern gehören, haben ebenfalls eine deutsche Schule. Am Karmel sind von den Deutschen ausgedehnte Weinberge angelegt worden, die einen vorzüglichen Wein geben. Auf dem großen deutschen Besitz auf dem Karmel ist die Errichtung eines Kurhauses geplant; eine Fahrstraße auf den deutschen Teil des Karmel ist im Bau.

Die Lage von Ḥaifâ im Südwinkel der Bucht von 'Akkâ hart am Fuße des Karmel ist schön. Zwischen dem Ufer und dem Gebirge ist nur ein schmaler Küstensaum, der entweder mit Häusern oder mit Gärten, gegen W. besonders mit Ölbäumen bedeckt ist, zwischen welchen einzelne Palmen hervorschauen. Jenseits der herrlichen Bucht am Strande schimmert 'Akkâ herüber; die Gebirge, überragt vom Hermon, ziehen sich in sanften Linien ostwärts hinauf. Das Städtchen enthält keine Altertümer; der Basar ist besucht. Beim jüdischen Kirchhof interessante alte Felsengräber.

Spaziergänge und Ausflüge.

1. Zum Karmelkloster (40 Min.).

Der Fahrweg ($^3/_4$ St. zu fahren) führt in großem Bogen n. um das Vorgebirge herum und auf der W.-Seite hinauf. Um auf den neuen Fuß- und Reitweg zu gelangen, biegt man von der Hauptstraße der Kolonie in die erste Querstraße r. ein und läßt dann den alten steinigen Weg r. liegen. An Kalksteinbrüchen vorbei, immer mit schöner Aussicht r. gelangt man in 40 Min. zum Kloster.

Der Karmel. — Geschichtliches. Der Rücken des s. durch das *Wâdi Mâliḥ* isolierten Karmelgebirges, welcher sich von den Bergen Samariens abzweigt und in lang gestreckter Linie nach NW. zu gegen das Meer hinausläuft, lag an der S.-Grenze des Stammes Ascher und wird in der Bibel öfters erwähnt. Der Gebirgszug besteht aus Kalk mit eingesprengtem Hornstein; er hat eine schöne Flora. Die üppige Vegetation rührt von der Nähe des Meers und dem starken Tau her. Seine höchste Höhe (552m) erreicht der Karmel s. von *Esfîje*. Gegen das Meer hin senkt sich der Karmelrücken zu einem abschüssigen Vorgebirge; hier liegt das Kloster 170m über dem Meer; besonders dieses Vorgebirge ist aus großer Ferne sichtbar. Da das Gebirge auch im Sommer grün bleibt, nimmt es eine bemerkenswerte Ausnahmestellung in Palästina ein. Es war bereits den Ureinwohnern heilig und galt schon in ältester Zeit als „Berg Gottes“; so in der Eliasgeschichte (I Kön. 18, 30). Die Schönheit des Karmel wird gerühmt (Jes. 35, 2; Hohe Lied 7, 6). Es scheint jedoch nicht, daß er im Altertum stark bewohnt gewesen sei. Er diente auch Verfolgten als Zufluchtsort (II Kön. 2, 25; 4, 25; Amos 9, 3). Auf der W.-Seite des Gebirges sind sehr viele natürliche Höhlen; schon Pythagoras soll, aus Ägypten kommend, sich einige Zeit hier aufgehalten haben. Zur Zeit des Tacitus stand hier auf dem Berge noch ein Altar des „Gottes Karmel“ ohne Tempel und Bildsäule, und Vespasian ließ das Orakel bei dem Priester dieses Gottes befragen.

Schon in den ersten christlichen Jahrh. sammelten sich Einsiedler in den Höhlen des Karmel; in einigen dieser Höhlen sind griechische Inschriften noch vorhanden. Im 12. Jahrh. bildete sich ein Orden, der 1207 vom Papst Honorius III. bestätigt wurde. Diese „Karmeliter“ siedelten 1238 auch nach Europa über. 1252 besuchte Ludwig der Heilige das Kloster. In der Folgezeit hatten die Mönche viel zu leiden. 1291 wurden viele getötet, ebenso 1635; in letzterem Jahre wurde die Kirche in eine Moschee umgewandelt, doch setzten sich später die Mönche wieder fest. 1775 wurde Kirche und Kloster geplündert u. s. w. Als Napoleon 1799 'Akkâ belagerte, diente das Klostergebäude den Franken als Lazareth. Nach Napoleons Rückzug wurden die Verwundeten von den Türken ermordet; sie sind vor der Pforte des Klosters unter einer kleinen Pyramide begraben. Die Griechen bauten nicht weit vom Kloster eine Kapelle; 1821, bei Gelegenheit des Griechenaufstandes, ließ 'Abdallah Pascha von 'Akkâ unter dem Vorwand, das Kloster könnte die Feinde der Türken begünstigen, Kloster und Kirche total zerstören. Der Neubau ist den eifrigen Bemühungen des Bruders Giovanni Battista von Frascati zu verdanken. Heute steht ein großes, luftiges Klostergebäude von 18-20 Mönchen bewohnt. Große Einrichtungen zur Beherbergung der Pilger.

Die Kirche mit ihrer weithin sichtbaren Kuppel ist im modernen italienischen Stil erbaut; an der Hinterwand sind schöne Fayenceplatten, an einem Seitenaltar ist eine alte Holzschnitzerei, den Elias darstellend. Unter dem Hauptaltar befindet sich eine Grotte, in welche man auf fünf Stufen hinabsteigt: hier soll Elias gewohnt haben; die Stelle wird auch von den Muslimen verehrt. Die schönste *Aussicht genießt man auf der Terrasse des Klosters. Der Horizont des Meeres auf drei Seiten macht einen gewaltigen Eindruck; nach N. sieht man über 'Akkâ hinaus das Vorgebirge *Râs en-Nâkûra* hervorragen, im S. an der Küste *'Atlît* und Cäsarea. — N. vom Kloster Denkmal der franz. Soldaten (s. o.) und ein Gebäude, das jetzt eingebornen Pilgern zur Herberge dient, darüber erhebt sich der weithin sichtbare Leuchtturm. — Die Mönche bereiten und verkaufen einen aromatischen *Karmelitergeist* und einen guten Likör. — Trinkg. dem führenden Diener 6 Pi.

Aus dem Klosterhofe herausgehend wendet man sich l.; dann führt der Fußweg gerade aus der Mauer entlang um das Kloster, man geht auf dem Fußweg r. abwärts und gelangt in 5 Min. zu einer Kapelle, die dem Andenken des St. Simon Stock, eines Engländers, gewidmet ist, der im 13. Jahrh. General des Karmeliter-Ordens in Rom wurde, nachdem er einige Zeit hier gelebt hatte. Von hier immer r. hinuntersteigend, kommt man zu einem muslimischen Friedhof; jenseits desselben tritt man in eine Umzäunung; durch das meist offene Haus kommt man zur Thüre der sogenannten *Propheten-*

schule, einer großen, teilweise von Menschenhand erweiterten Höhle. Hier soll auch die heilige Familie bei ihrer Rückkunft aus Ägypten geruht haben. Die Mauern sind mit Namen von Pilgern bedeckt. — Trinkg. dem muslim. Wächter 2 Pi., in Gesellschaft mehr. — Am Karmel finden sich zahlreiche Versteinerungen, besonders melonenförmige Kristalldrusen.

2. Auf dem Rücken des Karmel zur Muḥraḳa.

(1 Tag; anstrengender aber lohnender Ausflug; Führer nötig.) Gleich vor der Stadt (im S.) wendet man sich, die Straße nach Nazareth l. liegen lassend, r. gegen den Berg hinauf, überschreitet (1/4 St.) das *Wâdi Ruschmija* (r. oben Ruine gleichen Namens) und gelangt nach 5/4stündigem Anstieg (fortwährend schöner Rückblick) auf den Kamm des Gebirgszugs. Diesem entlang führt der Weg nach SO., der im W. ganz kahle Berg ist nach O. mehr und mehr bewachsen; nach 1/2 St. l. Ruinen, die schöne Baumgruppe l. unten (*arbaʿîn sadschara*, „die 40 Bäume" genannt) ist ein alter heiliger Hain. Nach 35 Min. Kreuzweg: r. nach *Dâlije* (s. u.), l. in 3/4 St. nach dem Drusendorf *Esfîje* (höchster Punkt des Karmel S. 232). Schöne Aussicht auf den Meeresstrand im N. mit den beiden Städten Ḥaifâ und ʿAkkâ. Die Jagd auf dem Gebirge ist sehr reich, es giebt hier auch Leoparden *(nimr)* und Rehe *(jaḥmûr)*. Von hier sö. reitend erreicht man in 2 St. **el-Muḥraḳa** „Platz der Verbrennung" (SO.-Spitze des Karmel, 514m). Oben griech. Kapelle; nach O. etwas unterhalb, im Gehölz versteckt, stehen Ruinen, vielleicht Überreste einer Burg. Hier soll der Schauplatz von 1 Kge. 18, 40 (Schlachtung der Baalspriester) sein. Die *Aussicht von der Plattform der Kapelle ist bes. gegen N. sehr schön; man überblickt die gelbgrüne Jesreelebene mit dem Kison, gerade unter sich den *Tell Ḳasîs* (S. 230), dahinter die Berge von Nazareth, den Tabor, den kleinen und großen Hermon, am Meer die Kreidefelsen des *Râs en-Nâḳûra* (S. 273); nach SW. sieht man das große Dorf *Iḳsim* und das Meer in der Gegend von Cäsarea. — Die Vegetation ist im Frühling üppig; Eichbäume, wilde Mandel- und Birnbäume, sowie Pinien wachsen hier in Fülle. — Von hier direkter Weg in die Ebene nach *Tell Ḳasîs* 1 St. (steil!).

Den Rückweg nehme man über das Drusendorf *Dâlijet el-Karmal* (1 St. in wnw. Richtung). Das hübsch gelegene Dorf gehört der Wittwe des engl. Schriftstellers Oliphant; hübscher Ausblick auf das Meer im W. und die Ruinen von *ʿAtlît* (S. 237). Von hier in 4-4 1/2 St. nach Ḥaifâ zurück.

Man kann auch von *Dâlije* aus in 4-4 1/2 St. zu der jüdischen Kolonie *Summârîn* (S. 238) reiten, dort übernachten und am andern Tag über *Mîmâs* (*Mijûmâs* 6 3/4 St.), *Tanṭûra* (2 1/2 St., S. 238), und *ʿAtlît* (1 St., S. 237) nach Ḥaifâ (3 3/4 St.) zurückkehren.

3. Von Ḥaifâ nach ʿAtlît (und Ṭanṭûra) 1/2-1 Tag zu Pferd oder zu Wagen s. S. 237.

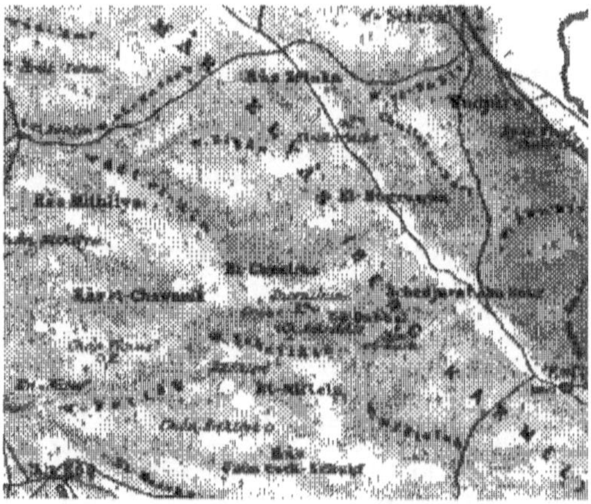

4. Von Ḥaifâ nach 'Akkâ.

Zur See über die herrliche Bucht 1-1½ St. (je nach dem Winde); der Landweg, 2½ St. (zu Pferd oder zu Wagen), ist lohnend um der schönen Aussicht willen.

Der Weg geht dem Meeresufer entlang; in 20 Min. zu dem 6m br. Ausfluß des Kison; dann kommt man in die große Ebene von 'Akkâ. Am Strand liegen eine Menge schöner Muscheln; hier kommt noch

heute die Purpurschnecke vor, ein stachliges Schaltier (Murex brandaris und Murex trunculus), aus welchem die Phönicier den im Altertum so hochgeschätzten Farbstoff, der in einem Gefäß der Kehle des Tieres sitzt, auszuziehen wußten. Besonders berühmt als Fundort dieser Tiere war der Fluß *Belus* (heute *Nahr Na'mên*), den man nach c. 2 St. erreicht. Aus dem feinen Sand dieses Flusses wurde nach Plinius Glas bereitet; an eben demselben Fluß stand nach Josephus ein großes Memnonsdenkmal. Hierauf hat man l. die Höhe, auf welcher Napoleon 1799 seine Batterien aufpflanzte; am Hafen die Ruinen eines alten Turmes aus der Kreuzfahrerzeit; nach 10 Min. steht man am Thore von 'Akkâ.

'Akkâ. — Unterkunft (beschränkte) im Kloster der Franziskaner (*Dêr Latîn*, Pl. 4), in der Ecke eines großen Châns gelegen; von der Terrasse schöner Blick aufs Meer, in das der Karmelrücken weit vorspringt, an seinem Fuße Ḥaifâ; im O. die Berge von Galiläa; im N. ragt über das nahe *Râs en-Nâkûra* noch das *Râs el-Abjaḍ* ins Meer hinein (S. 273).

Türkische Post; internationaler Telegraph.

Geschichtliches. Der Stamm Ascher vertrieb die Einwohner von *Akko* nicht (Richter I, 31). Es gab zwar später eine jüdische Kolonie in der Stadt; aber die Mehrzahl der Einwohner war und blieb heidnisch. Von den Griechen ward Akko zu Phönicien gerechnet. Ihren späteren Namen *Ptolemais*, der seit der Eroberung durch die Araber wieder ganz verschwunden ist, erhielt sie durch einen Ptolemäer (vielleicht durch Ptolemäus Lagi). Die Stadt war früher als Hafenort bedeutend: bei den röm. Autoren und auf Münzen wird sie als Kolonie des Kaisers Claudius aufgeführt. Paulus besuchte die Stadt (Ap.-Gesch. 21,7); aus späteren Zeiten kennt man die Namen einiger ihrer Bischöfe. 638 wurde die Stadt von den Arabern erobert. Balduin I. eroberte sie 1104 mit Hilfe einer genuesischen Flotte. Für die Kreuzfahrer war 'Akkâ als Landungsplatz ein sehr wichtiger Ort; als Jerusalem wieder in die Gewalt der Muslimen kam, wurde sie der Sitz des fränkischen Königreiches. Auch als Handelsplatz war 'Akkâ zu jener Zeit bedeutend; hier landeten die Flotten der Genuesen, Venetianer, Pisaner; Hospize wurden gebaut, die Stadt stark befestigt. 1187 nach der Schlacht von Ḥaṭṭîn mußte sich auch 'Akkâ an Saladin ergeben, worauf es wieder befestigt wurde. 1189 schlug König Guido von Lusignan mit kaum 10000 Mann sein Lager vor 'Akkâ auf; eine Pisanerflotte belagerte es zur See. Richard Löwenherz landete hier am 5. Juni 1191. Am 12. Juli mußte sich die Stadt, welche Saladin vergebens zu retten versucht hatte, den Franken ergeben. Als die Summe, welche Saladin als Lösegeld für die Gefangenen zahlen sollte, nicht zusammenkam, ließ Richard 2500 derselben auf einer Wiese bei 'Akkâ niedermetzeln. Als der Erfolg des III. Kreuzzuges durch die Mißhelligkeiten der europäischen Fürsten vereitelt wurde, blieb 'Akkâ laut Vertrag in den Händen der Franken. 1229 wurde 'Akkâ ihr Hauptsitz; auch die Hauptquartiere der Ritterorden wurden hieher verlegt; von den Johannitern (S. 77), die bereits kurz nach der Eroberung Jerusalems durch Saladin nach 'Akkâ übergesiedelt waren, erhielt die Stadt den Namen *St. Jean d'Acre.* Auch die Deutschritter besaßen große Güter in der Umgegend der Stadt. 1291 nahm der Sultan Melik el-Aschraf trotz tapferer Gegenwehr, die aber durch Uneinigkeit wirkungslos gemacht wurde, 'Akkâ ein und machte damit der fränkischen Herrschaft ein Ende. Die Stadt wurde verwüstet; nur eine kleine Besatzung wurde hinein gelegt. In der Mitte des vorigen Jahrh. machte sich ein gewisser Schêch Ẓâhir el-'Amr aus der arabischen Familie Zeidân zum Herrn von Nieder- und einem großen Teil von Ober-Galiläa und wählte 'Akkâ zu seiner Residenz; rasch blühte die Stadt auf. Sein Nachfolger, der berüchtigte, grausame Dschezzâr Pascha schuf sich eine große, unabhängige Herrschaft, die im N. bis zum Hundsfluß und Ba'albek, im S. bis Cäsarea reichte. Besonders berühmt wurde er durch seine Bauten; er ließ zu diesem Zwecke antikes Material aus allen Gegenden herbeischleppen. 1799 belagerte und bestürmte Napoleon die Stadt vergeblich. Dschezzâr Pascha starb 1804; unter seinem Sohne Solimân wurde das Land ruhiger und friedlicher regiert. Ende 1831 legte sich Ibrâhîm Pascha mit einem ägyptischen Heere vor 'Akkâ und eroberte die Stadt im Mai 1832; sie wurde geplündert und zerstört. Doch stets erhob die Stadt sich wieder. 1840 brachte die Intervention der Westmächte zu Gunsten der Türkei es mit sich, daß 'Akkâ von den vereinigten Flotten Englands, Österreichs und der Türkei kurze Zeit bombardiert wurde. Daß bei solchen vielfachen Verwüstungen fast keine Spuren höheren Altertums mehr sichtbar sind, ist begreiflich. In Folge des vielen Schuttes scheint das Terrain von 'Akkâ stark erhöht worden zu sein.

'Akkâ ist Sitz eines Mutaṣerrif. Die Stadt liegt auf einer kleinen Landzunge, an deren SO.-Spitze man im Wasser noch Reste eines Molo sieht. Das einzige Thor befindet sich auf der O.-Seite. Die

Wälle datieren teilweise aus der Kreuzfahrerzeit, doch sind sie in schlechtem Stande. Die Mauer längs des Meeres ist mit unterirdischen Magazinen versehen, von welchen indessen viele eingestürzt sind. Der Marktverkehr ist ziemlich lebhaft und hat seinen Mittelpunkt in einem gut überdeckten Basar. Der nicht unbedeutende Ausfuhrhandel (Weizen aus dem Ḥaurân, Reis, Öl, Baumwolle u. a.) geht in den letzten Jahren mehr und mehr an Ḥaifâ über; der Hafen von 'Akkâ ist sehr versandet. Die Einwohnerzahl beträgt 9800 Seelen, darunter c. 3000 Nicht-Muslimen. — Die meisten öffentlichen Gebäude liegen im N.-Teil der Stadt. Zunächst ragt bei einem freien Platz, etwas erhöht, die *Moschee* mit ihrer Kuppel hervor. Sie ist aus zusammengelesenem antikem Material durch Dschezzâr Pascha erbaut; die Säulen stammen aus Cäsarea etc. Die Moschee ist groß, aber trotz der Marmorbekleidung geschmacklos; um ihren gepflasterten Hof herum laufen Galerien, die mit kleinen Kuppeln bedeckt sind. Dschezzâr liegt in der Moschee begraben. Am N.-Eingang der Moschee findet sich ein hübscher Brunnen. — Das jetzige Militärhospital soll einst die Wohnung der Johanniterritter gewesen sein. — In der NW.-Ecke des freien Platzes befindet sich die Citadelle. — Im NO. der Stadt sieht man eine schöne Wasserleitung (S. 272), ein Werk Dschezzâr Paschas.

22. Von Ḥaifâ nach 'Atlît und Cäsarea *(Jâfâ)*.

'Atlît 3 St., *Tanṭûra* 1³/₄ St., *Summârîn* 1³/₄ St., *Cäsarea* 2¹/₄ St., *Jâfâ* 10 St. Bestes Nachtquartier in Summârîn, weniger gut bei den Tscherkessen in Cäsarea. Obgleich nur zum Teil Fahrstraße, kann doch der ganze Weg auch im Wagen zurückgelegt werden; 20 St. Preise s. S. 231. Die Tour ist anstrengend, aber der Besuch der Ruinen von 'Atlît und Cäsarea sehr lohnend. Die Sicherheit läßt zu wünschen übrig; wer nicht in großer Gesellschaft reist, thut gut, einen Chajjâl als Bedeckung mitzunehmen.

Von der deutschen Kolonie aus führt der Fahrweg durch die Felder der Ebene nach W. R. kathol. Kloster, Kirchhöfe und die deutschen Windmühlen. Nach $^1/_2$ St. biegt man um das Vorgebirge herum. 15 Min. *Tell es-Semek* (Hügel mit Ruinen), l. Fahrstraße zum Kloster und nach einigen Min. Fußweg zur „Eliasquelle". Nach 1 St. l. Dorf *eṭ-Tîre*, r. *Bir el-Kenîse*, so genannt nach den Ruinen in der Nähe; 35 Min. *Bir el-Beddûwîje* r., 25 Min. Ruinen von *Dustrî* („detroit"), mittelalterliches, zur äußeren Mauer von 'Atlît gehöriges Fort. Dasselbe beherrscht den Paß (Petra incisa? „der eingehauene Fels"), welcher hier durch den Felsen hindurchführte. Durch diesen Paß in 15 Min. nach

'Atlît. — Geschichtliches. Erst zur Kreuzfahrerzeit wird der Ort unter dem Namen *Castellum Peregrinorum*, *Château des Pèlerins* berühmt; Anfang des 13. Jahrh. hieß es *Petra incisa* (s. oben). 1218 stellten die Tempelritter das Schloß wieder her und machten es zum Hauptsitz ihres Ordens; bei dem Neubau fand man eine Menge „fremder unbekannter Münzen." Die Burg galt als die Vormauer von 'Akkâ. 1220 wurde die Festung durch Mu'aẓẓam, Sultan von Ägypten, vergeblich belagert und berannt; sie fiel erst 1291 als eine der letzten Besitzungen der Franken in Palästina und wurde durch Sultan Melik el-Aschraf zerstört.

Die Lage von *'Atlît* war sehr fest. Das Städtchen lag auf einem felsigen Vorgebirge zwischen zwei Buchten. Eine äußere Mauer mit zwei Türmen und drei Thoren gegen O., und einem Thore gegen S. sperrte den Zugang zu dem Vorgebirge ab; der Graben konnte aus dem Meere gefüllt werden. Die innere Stadtmauer hatte nur ein Thor (gegen O.); dasselbe war durch Bastionen geschützt. Vor dem Thore lief ein Graben, dann eine Mauer mit einem äußern Graben. Die hauptsächlichsten Ruinen liegen im NO.-Winkel der Stadt; hier stehen die Reste des Turmes *el-Karnife* aus schönen fugenrändrigen Quadern; große Gewölbe. Viele Bausteine, besonders die der zehneckigen Kreuzfahrerkirche, sind nach 'Akkâ geführt worden.

Von *'Atlît* aus gewinnt man in sö. Richtung, vorbei an den Ruinen des S.-Turms der Außenmauer, in 25 Min. die Fahrstraße wieder; l. Dorf *Dschebâ'*; nach 30 Min. vorbei an *Ṣarafand* (l.); 12 Min. l. *Kafr Lâm* (Reste eines Kreuzfahrerforts), l. oben *'Ain Ḥazâl*; in 40 Min. an Ruinen *Haidara* vorbei nach

Ṭanṭûra. — Geschichtliches. *Ṭanṭûra* ist das alte *Dôr*, eine kanaanitische Königsstadt (Jos. 17, 11; Richter 1, 27). Unter Salomo wurde sie der Sitz eines Amtmanns. Die klassischen Autoren bezeichnen sie als phönicische Niederlassung; an dem klippenreichen Gestade wurde der Fang der Purpurmuschel betrieben. Dadurch scheint die Stadt zu ihrer Bedeutung gekommen zu sein. In der Inschrift Eschmunazars (S. 282) wird Dôr „mächtig" genannt. Die Israeliten scheinen nur die obere Stadt *Nafat Dôr*, nie die ganze Hafenstadt besessen zu haben. In den Diadochenkriegen wurde Dôr belagert und z. T. zerstört. Der römische Feldherr Gabinius stellte Stadt und Hafen wieder her; zur Zeit des Hieronymus wurden die Ruinen der einst „sehr mächtigen Stadt" noch bewundert.

Ṭanṭûra zählt heute etwa 12-1500 Einw. Gegenüber im Meer einige kleine Inseln; zwischen dem Dorf und den O.-Hügeln liegt ein Sumpf. N. vom Ort, an einer kleinen, von vielen Felsriffen eingeengten Bucht, auf der Spitze eines Felsenvorsprungs stehen die Ruinen eines 12m hohen Turmes, *el-Burdsch* oder *Chirbet Ṭanṭûra*; derselbe bildet einen Teil eines starken Kastells aus der Kreuzfahrerzeit. An der S.-Seite des Felsens finden sich Höhlen. Der ganze gegen N. sich hinziehende niedere Höhenzug ist mit den formlosen Trümmern der ehemaligen Stadt bedeckt. N. vom Turm ist der Hafen der alten Stadt; man sieht noch am Meer unten Reste der Hafenbauten (ein großes Bauwerk mit Säulen); auch alte Gräber finden sich. Eine Straße führte von den Ruinen nach *el-Ḥammâne* (alte Cisterne), s. davon stehen 9 alte Säulen.

Die Fahrstraße verläßt nun den Strand und wendet sich dem Gebirge zu; nach c. 1^3/$_4$ St. *Ṣummârîn*, jüdische Ackerbaukolonie von Rothschild unterhalten; viele Kolonisten sprechen deutsch.

Von hier in sö. Richtung hinunter nach *Mâmâs (Mijâmâs)* 50 Min. Am Wege viele Säulenreste, r. ein Chân; derselbe (früher ein Kastell) ist an ein altes röm. Theater angebaut, das noch ganz ordentlich erhalten ist. Auch Reste des Aquädukts sind sichtbar, der von den Quellen bei *Sindijâne* (S.) hier vorbei nach

Cäsarea lief. — Bei *Mijamâs* überschreitet man auf einer Brücke den *Nahr ez-Zerḳâ* †, den *Krokodilfluß* der Alten (Plinius), Strabo redet auch von einer Stadt *Crocodilon.* Da das Klima dieses marschigen Landstriches dem des ägyptischen Delta ähnlich ist, so liegt nichts Auffallendes in dem Vorkommen dieser Tiere; deutsche Kolonisten aus Haifâ haben dort 1877 ein Krokodilweibchen erlegt.

Jenseits der Brücke teilt sich der Weg. Der fahrbare Weg geht nach S. und führt über die Orte *Kâḳûn*, *Ḳalansawe* (2 Kreuzfahrerschlösser), *et-Tîre* auf die Straße Nâbulus-Jâfâ S. 13. — Wer reitet, wird den Weg über Cäsarea an der Küste hin vorziehen und sich von der Brücke sö. wenden. Vorsicht wegen der Sümpfe, Führer sehr empfehlenswert! In c. $1^1/_2$ St. erreicht man das Ruinenfeld von *el-Kaisârîje.*

[Wer Ṣummârîn und Mijamâs nicht besuchen will, reitet von Tanṭûra direkt s. am Strande weiter; 28 Min. *Nahr ed-Difle*, 50 Min. *Nahr ez-Zerḳâ* (s. oben); r. am Meere die Ruinen eines Kreuzfahrer-Castelles *el-Melât.* Man überschreitet den Fluß bei den Mühlen und einer zerfallenen römischen Brücke. An den Ruinen einer alten Wasserleitung, die hier über eine kleine Bucht des Meeres setzt, vorbei gelangt man in 50 Min. nach *el-Kaisârîje.*]

el-Kaisârîje. — Geschichtliches. *Cäsarea* wurde von Herodes an der Stelle, wo vorher bloß ein Ort „Stratons Turm" lag, prachtvoll aufgebaut und zu Ehren des Augustus „Cäsarea", auch *Kaisaria Sebaste* genannt. Josephus beschreibt den Bau ausführlich; die Vollendung wurde 13 v. Chr. mit glänzenden Spielen gefeiert. Cäsarea wurde bald die bedeutendste Stadt Palästinas und war schon vor der Zerstörung Jerusalems Sitz der römischen Prokuratoren Judäas. Durch Vespasian u. Titus erhielt sie die Immunitäten einer römischen Kolonie. Schon vor dem jüdischen Krieg gab es hier blutige Streitigkeiten um das Vorrecht, in der Stadt zu wohnen. Paulus, Philippus und Petrus besuchten den Ort öfter auf ihren Missionsreisen; ersterer saß hier zwei Jahre gefangen. Es scheint früh eine Christengemeinde hier bestanden zu haben. Um 200 war Cäsarea Bischofssitz und fortan als Metropole von Palästina prima auch dem Bistum zu Jerusalem übergeordnet (bis 451). Schon im 3. Jahrh. war hier eine gelehrte Schule, an welcher u. a. auch Origenes wirkte, und aus welcher Eusebius, später Bischof von Cäsarea, hervorging (†340). Einige Konzilien wurden hier abgehalten. Die Stadt soll nach 7jähriger Belagerung durch Kapitulation an die Muslimen gefallen sein; damals war sie noch reich; ebenso machte Balduin I. reiche Beute, als er die Stadt 1101 nach 15tägiger Belagerung eroberte. Unter anderm fand sich auch ein sechseckiges grünes Glasgefäß, das man für die Abendmahlsschüssel hielt, jetzt in Paris. Als heiliger Gral spielt dieses Gefäß eine große Rolle in der Poesie des Mittelalters. Die Muslimen wurden damals niedergemetzelt, Cäsarea wurde wieder Sitz eines Erzbistums. Während der Kreuzzüge wurde die Stadt noch zweimal von den Christen wieder aufgebaut, zuletzt von Ludwig IX. 1251 befestigt, doch von Beibars 1265 zerstört.

Cäsarea ist von der Ebene aus nicht sichtbar, da es von Sandhügeln verdeckt wird. Von den Bauten ist nicht viel übrig geblieben; einen Teil der Steine ließ Ibrâhîm Pascha zu neuen Festungsbauten in ʿAkkâ verwenden. Seit 1884 ist in el-Kaisârîje eine Kolonie von Bosniaken angesiedelt, die in den Ruinen sich ihr Halbhundert Häuser erbaut haben. Die Zerstörung der Ruinen schreitet rasch vorwärts; noch heute wird von den Bewohnern ein schwunghafter Handel mit den Steinen getrieben. — Die *mittelalterliche* Stadt

† Zerḳâ bedeutet „blau" und ist der Name vieler Bäche in Palästina.

war in einem großen Rechteck gebaut, das von N. nach S. 550m, von O. nach W. 230m mißt. Die Mauern, mit Böschungen, sind $2{,}7$m dick; ein gegen 12m br. Graben, der ausgemauert ist, läuft außen herum. In Zwischenräumen von 15-27m waren an der Mauer 10-16m breite 7-9m vorspringende Bastionen (an der O.-Mauer kann man deren 9 zählen); die O.- und N.-Mauer hatten je einen starken Turm in der Mitte, die O.- und S.-Mauer je ein Eingangsthor, das im S. ist noch erhalten. Alles ist aus Sandstein gebaut; die umherliegenden Säulenstücke jedoch (manche gewaltigen Umfangs) bestehen aus grauem oder rötlichem Granit. — Innerhalb der Mauer im S.-Teil der Stadt stehen die unbedeutenden Reste einer großen Kirche aus der Kreuzfahrerzeit (3schiffig mit 3 Apsiden gegen O.); jetzt ist der Platz mit modernen Häusern bebaut. Etwas n. von der Kirche hat man die Reste des von Herodes zu Ehren des Cäsars erbauten Tempels finden wollen. Unweit des meist aus Säulen erbauten Molo, der den Hafen n. einfaßt, sieht man die Reste einer kleineren Kirche. — Im SW. springt ein Felsriff, den kleinen Hafen abschließend, c. 400 Schritte weit in die See vor; dieser natürliche Damm wurde von Herodes vergrößert. Hier stand der Drusustturm des Herodes; große Granitblöcke liegen im Wasser. Von dem Tempel sind bloß noch die Grundmauern vorhanden; die weißen Steine bewahrheiten den Bericht des Josephus, daß das Material aus weiter Ferne herbeigeholt wurde. Auf dem äußersten Ende des Riffes stand wohl einst der sogen. Stratonsturm. Heute sind auf dem Riff noch die Reste eines mittelalterlichen Kastells vorhanden, 18m im Quadrat; in die Mauern sind Säulenstücke eingefügt. Man hat von der Spitze dieses Gebäudes eine weite Fernsicht. Im Innern des Schlosses einige Gewölbe.

Der Umfang der *römischen* Stadt ging weit über das Viereck der mittelalterlichen Stadt hinaus, besonders gegen O.; sie bedeckte einen Raum von c. 150ha. 5 Min. vom S.-Thor der mittelalterl. Mauer sind die Reste des sehr großen gegen das Meer geöffneten Amphitheaters des Herodes erkennbar, was genau mit dem Bericht des Josephus übereinstimmt. Das Amphitheater (für 20 000 Personen) ist aus Erde gebaut, mit einem Graben umgeben; am N.- und S.-Ende des Walls am Meer steht je ein Turm, das Ganze war später in eine Festung verwandelt worden. In der Mitte sind Reste eines halbkreisförmigen Gebäudes, wohl eines Theaters. Dasselbe konnte durch Kanäle mit Seewasser gefüllt und als Naumachie benutzt werden. — Reste eines Hippodroms finden sich in der SO.-Ecke der Stadt (etwas nö. vom Amphitheater). — Die Stadt wurde durch zwei Aquädukte mit Wasser versorgt; ein Tunnel kommt vom Zerkâ u., eine Mauer zwang die Gewässer des Marschlandes sich in diesen Fluß zu ergießen. Ein anderer Aquädukt mit Bogen, die noch teilweise sichtbar sind, kommt von Mijamâs s. o.

Von el-Kaiṣârîje nach Jâfâ (c. 10 St.) Am Theater vorbei nach S. in 30 Min. zum *Nahr el-Mefdschir* (oder *Wâdi el-Chuḍêra*); 1 St. 20 Min.

Nahr Iskanderûne (Abu Zabûra); nach 11 Min. Weg l. landeinwärts †, 1¼ St. *Muchâlid* (geringes Dorf auf der O.-Seite der Hügelkette zwischen der Ebene und dem Meer); 1½ St. *Nahr el-Fâlik* (und Ruine gleichen Namens), im Frühjahr ausgedehnte Sümpfe mit Papyrus. 1½ St. Ruinen von *Arsûf*. Im Mittelalter hielt man diesen Ort für das alte *Antipatris*, während er dem von Josephus erwähnten *Apollonia* entspricht. Die immer mehr verschwindenden Ruinen stammen aus der Kreuzfahrerzeit. In der Ebene von Arsûf fand am 7. Sept. 1191 eine große Schlacht zwischen den Kreuzfahrern (Richard) und den Sarazenen (Saladin) statt, wobei viele der letzteren getötet wurden. Nach 13 Min. erreicht man das *Haram 'Ali Ibn 'Alêm*. Ein Derwisch soll hier begraben sein, der das benachbarte Arsûf lange Zeit gegen Sultan Beibars verteidigte; Beibars selbst soll ihm dieses Denkmal gesetzt haben. Von hier am Strand zur Furt des *Nahr el-'Audschâ* (S. 12) 1 St. 20 Min., *Jâfâ* 2 St.; da jedoch im Frühjahr der Fluß sehr viel Wasser hat und nicht passiert werden kann, reitet man besser landeinwärts nach *ed-Dschelîl* (30 Min.), von da zur *Brücke* des 'Audschâflusses 1 St. 10 Min. Von der Brücke über die deutsche Kolonie *Sarona* nach *Jâfâ* 2 St. s. S. 12.

23. Von Haifâ (*'Akkâ*) nach Nazareth.

a. Direkt.

Neue Fahrstraße 38km (Wagen s. S. 231). Beim 'Akkâthor biegt man, sobald der muslim. Friedhof passiert ist, r. (s.) in die neue Fahrstraße ein, durchreitet die ö. Vorstadt (*Hâret esch-Scharkîje*). Bei km 1 kleine Brücke über das *Wâdi Ruschmija*; bei km 2 tritt man aus den Gärten in die Kisonebene ein; bei km 3 l. auf dem kleinen *Tell es-Zir* Ruinen; weiter an Quellen vorbei auf einem Steindamm durch die Wasser der flachen aber brackigen Quellen *'Ajûn es-Sa'adi*; km 5 Dorf *Beled esch-Schêch*, hierauf schöner Olivenwald und Brunnen mit gutem Wasser; dann wieder in die fruchtbare bebaute Kisonebene hinab. Km 8 das armselige Dorf *el-Jâdschûr*; km 11 Brücke über das *Wâdi esch-Schomarîje*; km 13 *Tell 'Omar* (r. oben *el-Dschelâme*, Hütten der Drusen); gleich darauf große Kisonbrücke (hier zweigt r. der Weg nach *Dschenîn* ab S. 230). Die Straße verläßt dann das Kisonthal und schlängelt sich nach dem Dorf *el-Hâritîje* (wohl das alte *Haroseth* Richter 4, 2) hinauf (hübscher Rückblick), steigt in einem anmutigen, mit Eichen bewachsenen (ein seltener Wald!) Thal auf die Höhe des Kammes (c. 175m) und senkt sich dann in das sumpfige *Wâdi Dschêda* (man hüte sich vor dem ungesunden Wasser der Quelle!). Km 20,5 elendes Dorf *Dschêda*; km 24 Dorf *Semûnije* (fast gänzlich verlassen, einst erste Ansiedlung der deutschen Templer in Palästina; schöne aber ungesunde Quelle etwas abseits vom Weg!). Von hier dem Fuß des Gebirgs entlang bis unterhalb des Dorfs *Ma'lûl* (hier geht ein näherer aber beschwerlicher Reitweg ab die enge Schlucht hinauf). Der Fahrweg steigt zum (km 29) großen Dorf *Mudschêdil* an (Kapelle der Griechen, Schule des russischen Palästinavereins, protestant. Gemeinde mit Kirchlein und Schule). Der Weg führt

† Von hier aus kann man auch den Weg der Meeresküste entlang einschlagen und in c. 4 St. nach *Arsûf* reiten.

quer über die Dreschtenne auf den Rücken des Gebirgs hinauf; bei einer Biegung der Straße nach O. schönster Aussichtspunkt der Nazarethstraße, bald r. Spuren einer Römerstraße. Über die wellige Hochebene bis zum (km 35) hübschen Dorf *Jâfâ*, das *Japhia* Jos. 19, 12, an der Grenze von Sebulon. Im Mittelalter ist die Tradition aufgekommen, daß hier die Heimat des Zebedäus und seiner Söhne Jakobus und Johannes gewesen sei. Josephus befestigte den Ort; doch übertreibt er, indem er behauptet, daß 15 000 Einwohner Japhias durch die Römer getötet, 2130 gefangen genommen worden seien. Jâfâ hat eine protestant. Schule, 2 latein. Kirchen, Kirche und Schule der Griechen. Nach kurzem Aufstieg taucht ganz unerwartet *Nazareth* auf, zu dem man auf bequemer Straße hinabsteigt. Das erste Haus an der Straße l. mit Ziegeldach ist das kleine deutsche *Hôtel Heselschwerdt*, einige 100m weiter Ende der Straße (km 38) beim *Chân el-Bâschâ*.

b. Über Schefâ 'Amr und Ṣaffûrije.

(6-7 St.) 15 Min. nach der Überschreitung des *Kison* (S. 235), verläßt man den Strand und reitet durch Sanddünen ö. Nach 50 Min. Häuser von *Dschedra*, in Mauern eingeschlossen, bei einem Brunnen; r. in der Ebene Dorf *Kafr Ettâ*. Nach 20 Min. beginnen die ersten Hügel r.; nach 5 Min. l. im Feld kleine Ruine; bei dem nun folgenden Kreuzweg geht man r. ein grünes Thälchen hinan; nach 50 Min. bei einem Brunnen l. mündet der Weg von 'Akkâ (S. 243) ein; nach 15 Min.

Schefâ 'Amr. — Das Dorf hat 2700 Einwohner aller Bekenntnisse (lateinisches Nonnenkloster, protestant. Schule und Kapelle). Das interessanteste Gebäude ist die alte *Burg*, welche das Dorf überragt. Der Eingang liegt auf der S.-Seite; die N.-Front ist am schönsten erhalten. Es war ein großes Schloß mit dicken Mauern, angeblich von einem gewissen 'Amr erbaut (oder von Ẓâhir el-'Amr S. 230). Nach Yâkût hätte Saladins Lager hier gestanden, während er die Franken beunruhigte, welche 'Akkâ belagerten. ¼ St. s. vom Dorfe liegt auf einem Hügel, an dessen Abhang viele Cisternen und Höhlen sich befinden, der sog. *Burdsch* (Turm), gleichfalls Ruinen eines mittelalterlichen Schlosses mit dicken Mauern. Oben hübsche Aussicht auf die grüne Umgebung und die bewaldeten Höhen, welche sich gegen die Ebene hinunterziehen; in der Ferne sieht man den Karmel und Haifâ. — S. von Schefâ 'Amr schöne Felsengräber mit Ornamenten: Guirlanden und Löwenfiguren im byzantinischen Stil.

Von Schefâ 'Amr auf dem Bergrücken o.-wärts.; nach 15 Min. steigt man in ein kleines Thal hinunter und läßt nach weiteren 15 Min. einen Weg r. liegen. Nach 30 Min. schöner Blick l. auf die fruchtbare Ebene *Sahel el-Baṭṭôf* (Basaltboden; entspricht der alten *Ebene Sebulons*; denn hier hatte dieser Stamm seine Wohnsitze. Bei Griechen und Römern hieß sie *Asochis*). Nun wendet man sich r. in ein kleines Thal; nach 45 Min. biegt man l. ab; in 10 Min. erreicht man die Höhe bei

Ṣaffûrije. — Geschichtliches. *Ṣaffûrije* (bei Josephus *Sepphoris*, bei den Rabbinen *Sippori*, bei den Römern *Diocäsarea* gen.), wurde von Herodes d. Gr. erobert; von Herodes Antipas wieder aufgebaut, wurde sie die größte und festeste Stadt von Galiläa. Sepphoris wurde von den arabischen Hilfstruppen des Varus verbrannt; später war es Sitz der 5 Synedrien des Gabinius. Um 180 n. Chr. wurde von Rabbi Juda Nasi das große Synedrium hierher verlegt. Hierauf wurde die Stadt Sitz eines Bischofs von Palästina secunda. 339 wurde Sepphoris zerstört, da die Juden einen Aufstand gegen die Römer erregten. Am Ende des 6. Jahrh. stand eine Basilika hier über dem Platz, wo Maria den Gruß des Engels empfing. In der Geschichte der Kreuzzüge wird der Ort wieder erwähnt. Hier versammelten sich die Heere oft; so die Kreuzfahrer vor der Schlacht bei Haṭṭîn. Erst zur Zeit der Kreuzfahrer gewann die Tradition, daß hier der Wohnort des Joachim und der Anna, der Eltern Marias, gewesen sei, festen Bestand. Noch in den späteren Jahrh. stand hier das „schöne Kastell“.

Saffûrije liegt an der SW.-Seite des Hügels. Im N. des Orts Ruinen einer *Kreuzfahrerkirche* über der Stelle, wo die Eltern der Maria gelebt haben sollen. Die Kirche war dreischiffig; die Hauptapsis und die n. Nebenapsis sind erhalten. Die Seitenpfeiler, welche die Bogen tragen, waren fünffach gegliedert; gegen N. und S. ist noch ein schräges Fensterchen erhalten. Vor der Kirche große Säule am Boden. — Um von der Kirche auf die Anhöhe zu gelangen, auf der die *Burg* stand, hält man sich etwas r. Das Portal der Burg schaut gegen S. und ist gut erhalten; nach dem Rundbogen und Rosetten zu schließen, stammt es ebenfalls aus der Kreuzfahrerzeit. Die Mauern sind sehr dick. Im Innern führt eine schadhafte Treppe hinauf in einen Raum mit Spitzbogengewölben und kleinen Fensterchen; die Aussicht von oben auf die grüne Umgebung ist herrlich. Bei Saffûrije finden sich große, alte Wasserreservoire und eine Wasserleitung.

Von *Saffûrije* s.-wärts nach 15 Min. in ein Thälchen. Nach 30 Min. (l. das Dorf *er-Rêne*) gelangt man beim Weli *Nebi Sa'în* auf die Anhöhe, in 20 Min. nach *Nazareth*.

Von 'Akkâ nach Nazareth ($6^1/_2$ St.).

Man durchreitet die Ebene nach SO., indem man die Straße nach Safed l., die nach Haifâ r. liegen läßt. Nach c. $1^3/_4$ St. setzt man über den *Nahr Na'mân* (S. 235); den Hügel *Tell el-Kurdâni* läßt man r. liegen. Von hier in 1 St. 55 Min. nach *Schefâ 'Amr* (S. 242).

Ein etwas weiterer ($8^1/_2$ St.) Weg (Führer nötig) führt in $1^3/_4$ St. nach *Tell Kisôn*; 30 Min. *Bir Tîre*, n. vom Dorf *et-Tîre*. Nach 1 St. 5 Min. auf der ersten Höhe herrlicher Rückblick. Nach 20 Min. fruchtbares Tafelland; 25 Min. Dorf *Kôkeb*. Man steigt in das schöne Thalbecken voller Olivenbäume, das n. und ö. vom Dorfe liegt, hinab (Anfang des *Wâdi 'Abilîn*). In 45 Min. erreicht man den

Tell Dschefât. — Geschichtliches. Auf dem *Tell Dschefât* stand die Festung *Jotapata*, welche Josephus lange Zeit gegen Vespasian verteidigte, bis er sich endlich ergeben mußte. Den Hügel im N., den einzigen Zugang zur Stadt, hatte er in die Mauer mit einschließen lassen; doch trat Wassermangel ein, da nur Cisternen vorhanden waren.

Der *Tell Dschefât*, teilweise ein künstlicher Hügel, ist hoch und rund und nur mit den nördlichen Bergen durch einen niederen Bergsattel verbunden. Auf dem n. Teil desselben Überreste einer Ortschaft. Der Hügel selbst besteht oben aus plattem, nacktem Felsen; Cisternen und zahlreiche Höhlen finden sich.

Von *Tell Dschefât* geht man ohne Weg das ö. Thal hinunter: 40 Min. Ruinen von *Kânat el-Dschelîl* (nach der älteren Tradition das Kana von Joh. 2, 11, die Heimat des Nathanael; doch schwanken die Angaben, vgl. S. 252). Von hier in 40 Min. sw. nach *Kafr Menda*, in $1^1/_2$ St. über die Ebene nach *Saffûrije* s. oben.

24. Von Dschenîn nach Nazareth.

a. Direkt auf dem Karawanenweg (6 St.).

Auf der Karawanenstraße, welche die Ebene Jesreel n.-wärts durchschneidet, in 1 St. 20 Min. nach *Mukêbele* (Spuren von Altertümern). Im Frühjahr gewährt die stellenweise sumpfige Ebene dem Botaniker manche Ausbeute. Von hier in 2 St. 15 Min. nach *'Afûle*, in 1 St. nach *el-Mezra'a*, in 30 Min. zur Öffnung des Thales; dann ansteigend führt der Weg oben durch eine kleine Schlucht und bald zeigt sich l. am Bergabhang (c. 1 St.) *Nazareth*.

b. Über Zer'în, Sôlem und Naïn ($6^1/_2$-7 St.).

Interessanterer Weg. Man läßt die Moschee von Dschenîn l. und reitet auf die Ausläufer des *Dschebel Fuḳû'a* zu. R. auf dem Höhenzug liegen die Dörfer *Dschelbôn* und *Fuḳû'a*, davor *Bêt Ḳâd*. W. am Fuß des Gebirges, an der Straße nach Megiddo, sieht man die Dörfer *Jâmôn*, *Sîli* etc. (S. 229). Nach 50 Min. (von Dschenîn) liegt $^1/_4$ St. r. vom Wege das Dorf *'Arâne*, weiter oben *'Arrabône*; nach 10 Min. l. *el-Dscheleme*, dahinter zeigt sich der Tell von *Muḳêbele* an der direkten Route (S. 249).

Der **Dschebel Fuḳû'a** (518m ü. M.), entspricht dem alten *Gilboa Gebirge*, welche Bezeichnung auch heute noch in dem oben gen. Dorf *Dschelbôn* erhalten ist; hier war das Gebiet von Issaschar. Während heutzutage dieser von OSO. nach WNW. laufende Gebirgszug ein kahles Aussehen hat und nur im S. bebaut oder abgeweidet wird, war er früher wahrscheinlich mit Wald bedeckt. Die N.-Seite gegen das Thal Jesreel ist steil und felsig; im O. des Gebirges liegt das *Ġôr* (Jordanthal).

Nach 45 Min. sieht man r. oben am Gebirge *Nebi Mezâr* (muslim. Wallfahrtsort), nach 25 Min. erreicht man

Zer'în. — Geschichtliches. *Zer'în* entspricht dem alten *Jesreel* im Stamme Issaschar. Hier in der Nähe war der Schauplatz der großen Schlacht gegen die Philister (I Sam. 29, 1). Um Jesreel waren die Israeliten postiert, bei Sûnem gegenüber am *Dschebel Daḥi* die Philister. Saul fiel daselbst, daher Davids Klage (II Sam. 1, 21): „Berge Gilboas, nicht Tau, nicht Regen sei auf euch" etc. Jesreel blieb in den Händen Isboseths, des Sohnes Sauls (II Sam. 2, 9). Im Anfang des 9. Jahrh. war Jesreel die Residenz des Königs Ahab und der Isebel. Am Hügel lagen Weinberge, worunter auch der des Naboth. Ahabs zweiter Sohn Joram wurde auf dem Acker Naboths von dem Aufrührer Jehu durchbohrt, Isebel aus dem Fenster des Palastes gestürzt; die ganze Familie Ahabs vernichtet. Im Buche Judith heißt Jesreel *Esdrelom*. Auch in der Kreuzfahrerzeit wird es wieder erwähnt als *Parvum Gerinum*.

Zer'în liegt auf einer nw. Vorstufe des Gilboagebirges. Man steht hier auf der Wasserscheide; der Hügel (teilweise künstlich) steigt fast von allen Seiten gleichmäßig an; am O.- und SO.-Abhang alte Weinpressen. In dem Thal von Zer'în, das nach Bêsân (S. 225) läuft, sieht man die Quelle *'Aîn Dschâlûd* (Goliathsquelle), unten den Tell von *Bêsân*, darüber die Berge des Ostjordanlandes (*Dschebel 'Adschlûn*); ebenso schöne Aussicht auf die Ebene *Esdrelôn* bis zum Karmel. N. im Ausschnitt der Berge liegt Nazareth.

Von *Zer'în* führt ein Seitenweg in $1^1/_2$ St. nach *'Afûle* (S. 243) an der direkten Nazarethstraße. 20 Min. bevor man dieses erreicht, trifft man auf die Hütten von Fûle („Bohne"), das alte fränkische Kastell *Faba*. Am 16. April 1799 fand hier eine große Schlacht zwischen den Franzosen und Türken statt. Von Bonaparte unterstützt schlug Kleber mit 1500 Mann die ganze syrische Armee, mindestens 25.000 Mann, in die Flucht.

Der Weg nach *Sôlem* führt von Zer'în n. über die Thalsohle hin, zu den Höhen des *Nebi Daḥî*. Nach 15 Min. eine Cisterne *Bîr es-Swêd*; nach 15 Min. ein Bachbett; hier geht ein Weg l. nach Nazareth; mehr in nö. Richtung erreicht man das am SW.-Abhang des *Nebi Daḥî* gelegene kleine Dorf

Sôlem. — *Sunem* gehörte dem Stamme Issaschar. Die Nebenform *Sulem* findet sich bereits in dem Namen Sulamith (Frau von Sulem, Hohes Lied 7, 1). Wahrscheinlich stand hier das Haus der Sunamitin (II Kön. 4, 8). — Der **Nebi Daḥi** kommt bei Hieronymus zuerst unter dem Namen

Hermon vor; man nennt ihn daher den „*kleinen Hermon*", in unrichtiger Auslegung von Ps. 89, 13. Es ist anzunehmen, daß unter dem Hügel *More* (Richter 7, 1) dieser Gebirgszug gemeint ist; heute heißt er nach einem auf dem Gipfel (515m ü. M.) gelegenen Maḳâm (Heiligtum) eines Propheten *Nebi Dahi*. Auch ein Dorf dieses Namens liegt oben. Die Aussicht vom Gipfel (Basalt) ist sehr schön und ausgedehnt.

Man folgt nun (NNW.) dem nach Nazareth führenden Weg. Zuerst geht man dem Westabhang des Gebirges nach, bis sich ein Arm der großen Ebene öffnet. Nach $1/2$ St. erblickt man den Tabor im NO., und kreuzt die große Karawanenstraße von Ägypten nach Damascus; dann überschreitet man in der Ebene einige Bachbetten. Nach 20 Min. liegt r. das Dorf *Iksâl* (*Chesulloth* Josua 19, 18, an der Grenze von Sebulon und Issaschar; viele alte Gräber); im N. fallen die Felsen steil ab: hier liegt der sog. *Berg des Herabsturzes*, saltus Domini; die Geschichte Luc. 4, 28 ff. wird seit dem 12. Jahrh. hierher verlegt. Ö. von diesem Berg mündet ein steiles Wâdi aus, das man aber nicht hinaufgeht; man wendet sich mehr l. dem Berge nach, bis man nach 10 Min. auf steilem Wege bergan zu steigen beginnt. Nach 15 Min. Thälchen, das man n.-wärts verfolgt; nach 5 Min. Brunnen *Bir Abu Jêse*, l. das Dorf *Jâfâ* (S. 242).

Mit einem kleinen Umwege kann von Sôlem aus das Dorf *Nain* besucht werden. Man reitet um den steinigen Abhang des *Nebi Dahi* herum nach NO., zuerst auf dem eben beschriebenen Wege nach Nazareth, bis man diesen nach 35 Min. l. läßt. Von hier dem Fuße des Berges weiter folgend, erreicht man in $1/2$ St. **Nain** (Felsengräber). Dieses kleine, aus elenden Lehmhäusern bestehende Dorf ist berühmt durch die Erzählung von der Erweckung des Sohnes der Witwe (Luc. 7, 11 ff.). Auch von hier führt ein Weg nach Nazareth. Nach 30 Min. r. *Iksâl*; nach 25 Min. Berg des Herabsturzes (s. oben).

Ein weiterer Umweg führt von Nain nach **Endûr** (1 St.), wiederum um den Fuß des Hügels herum. Außer einigen Höhlen ist daselbst nichts von Altertümern zu bemerken; das Dorf ist klein und schmutzig. Endûr ist das alte *Endor*, eine Stadt, die zu Manasse gehörte. Besonders berühmt ist es durch den Besuch Sauls bei der hier wohnenden Totenbeschwörerin am Vorabend der unglücklichen Schlacht auf dem Gilboa (1 Sam. 28, 7 ff.). Noch in den Tagen des Eusebius war Endûr ein großes Dorf.

Auf dem Rückwege kreuzt man das Thal wieder in nw.-Richtung; nach $1^1/_2$ St. *Iksâl* r., dann auf der oben beschriebenen Route nach Nazareth. Von Endûr giebt es einen Weg direkt auf den Tabor.

25. Nazareth.

Unterkunft: Hôtel Heselschwert (Deutscher) gleich am Eingang des Städtchens (s. Pl.), bescheiden aber gut, Pens. o. W. 8-10 fr. — Hospiz (*casa nuova foresteria*) des Franziskanerklosters, Bezahlung wie im Hôtel. — Zelte werden am besten in den Baumgärten im N. oder auf der Dreschtenne aufgeschlagen.

Pferde besorgt der Gastwirt; als **Mukâri** werden empfohlen *Chalîl Zemân* und *Schahdât*.

Arzt: Dr. *Vartan* in England gebildet; Schottisch-protestantisches *Spital* (Dr. *Vartan*); österreichisch-deutsches *Spital* des Ordens der *Fate bene fratelli* (barmherzige Brüder des heil. Johann von Gott).

Türkische **Post**; internationaler **Telegraph**. **Russisches Konsulat**.

Geschichtliches. Im alten Test. wird die Stadt nicht erwähnt. Zur Zeit Jesu war sie eine unbedeutende Ortschaft Galiläas (Joh. 1, 46). Die Benennung Nazarener ging von Jesu spottweise auch auf seine Jünger über (Matth. 2, 23; Ap.-Gesch. 24, 5) und hat sich bis heute im Orient erhalten, da die orientalischen Christen sich selber heute *naṣâra* (Sing. *naṣrâni*) nennen. Auch der Ortsname ist in der Form *en-Nâṣira* erhalten. Erst von Eusebius und Hieronymus wird der Ort wieder genannt. Bis zu Constantins Zeiten wohnten nur Juden (Samaritaner) in Nazareth. Gegen 600 stand dort eine große Basilika, doch war noch kein Bistum gegründet. Durch die muslimische Eroberung sank Nazareth zu einem Dorf herab. 970 wurde es von dem griechischen Kaiser Zimisces erobert. Noch vor der fränkischen Eroberung wurde es von den Arabern zerstört. 1100 erhielt Tankred Galiläa als Lehen; die Kreuzfahrer bauten hier Kirchen und verlegten das Bistum von Skythopolis (S. 224) hierher. Nach der Schlacht bei Ḥaṭṭîn nahm Saladin (Juli 1187) auch Nazareth ein. Nazareth wurde seit dem Mittelalter häufig von Pilgern besucht, meistens von 'Akkâ aus. Friedrich II. baute Nazareth 1229 wieder auf; 1251 kam Ludwig IX. von Frankreich hierher. Als die Franken Palästina für immer räumen mußten, verlor Nazareth viel von seiner Bedeutung und wurde in den folgenden Zeiten selten besucht. Nach der Eroberung Palästinas durch die Türken 1517 mußten die Christen den Ort verlassen. Erst seit 1620, da die Franziskaner mit Hilfe des großen Drusenhäuptlings Fachreddin (S. 280) in Nazareth einzogen, hat sich die Ortschaft wieder gehoben, obschon sie während des 17. Jahrh. immer noch ein elendes Dorf blieb, das unter den Streitigkeiten der arabischen Häuptlinge und den Raubanfällen der Beduinen oft zu leiden hatte. Erst der arabische Schêch Ẓâhir el-'Amr (S. 236) brachte um die Mitte des 18. Jahrh. Nazareth wieder empor. Bei Nazareth campierten 1799 die Franzosen.

Das heutige *en-Nâṣira* liegt in einer Thalmulde am s. Abhang des *Dschebel es-Sîch* (Kalkformation) an der Stelle des alten Nazareth, vielleicht aber auch etwas tiefer, als die frühere Stadt. Der Anblick des Städtchens, besonders im Frühjahr, wenn die blendend weißen Mauern aus der grünen Umgebung von Cactushecken, Feigen- und Ölbäumen hervorglänzen, ist sehr freundlich. Die Einwohnerzahl beträgt 6500 Seelen: 1600 Muslimen, 2500 orthodoxe Griechen, 800 unierte Griechen, 1000 Lateiner, 200 Maroniten, 250 Protestanten. Die Stadt ist Sitz eines Ḳâimmaḳâm, Hauptstadt eines Distrikts (Ḳaḍâ) im Mustaṣerrifîik 'Akkâ. Die meisten Einwohner beschäftigen sich mit Acker- und Gartenbau und Viehzucht, einige treiben auch Gewerbe und Handel mit Baumwolle und Getreide. Die Einwohner sind als turbulent bekannt. Man sieht schöne Frauengestalten. Hier in der verhältnißmäßig reichen Ortschaft kann man die Eigentümlichkeiten der Kleidung der christlichen Bauern beobachten, besonders bei Gelegenheit von Hochzeiten. Bei festlichen Anlässen tragen die Weiber geschmückte bunte Jacken und sind an Stirn und Brust mit Münzen beladen; auch das Reitkamel, das bei einem solchen Aufzug nicht fehlen darf, ist dann mit vielen Tüchern und Geldschnüren behangen.

Die verschiedenen Konfessionen haben ihre eigenen Quartiere, die Griechen im N. *(Ḥâret er-Rûm)*, die Muslimen im Centrum *(Ḥâret el-Islâm)*, die Lateiner im S. *(Ḥâret el-Laṭîn)*; andere Quartiere sind jedoch gemischt. Die Christen stehen unter besonderen Oberhäuptern.

Die orthodoxen Griechen haben in Nazareth einen Bischof und eine Kirche des Engels Gabriel mit Kloster, eine russische Knaben- und Mädchenschule, ein russisches Lehrerseminar und ein russisches Pilgerhaus; die unierten Griechen eine neue

Kirche; die Lateiner ein Franziskanerkloster mit Kirche und Schule, ein neues Hospiz, Waisenhaus und Schule der Dames de Nazareth, ein Kloster der Klarissen und der Josephsschwestern; die Maroniten haben eine Kirche. Von protestantischen Anstalten befindet sich in Nazareth außer dem oben gen. Spital eine Kirche und Missionsschule mit Bibeldepôt der Church Mission; die Female Education Society in London hat ein schönes Mädchenwaisenhaus auf dem Bergabhange gebaut, von dessen Dache man die Stadt hübsch überblickt.

Einen Gang durch Nazareth beginnt man am besten vom *lateinischen Kloster* aus (s. Pl.). Die **Kirche der Verkündigung** *(ecclesia annunciationis)* im Innern des von hohen Mauern eingeschlossenen Klosters ist in ihrer jetzigen Gestalt 1730 vollendet worden. Sie ist dreischiffig (21m l. und 15m br.), das Mittelgewölbe ruht auf vier großen Bogen, welche von vier massiven Pfeilern gestützt sind. Auf jeder Seite befinden sich zwei Altäre. Der Hochaltar, zu welchem auf zwei Seiten Marmortreppen hinaufführen, ist dem Engel Gabriel geweiht; hinter dem Altar liegt der geräumige, aber etwas dunkle Chor. Die Kirche hat eine Orgel und auch einige ganz gute Gemälde (eine Verkündigung und eine Mater Dolorosa), angeblich von einem spanischen Maler *Ant. Terallio*. Die *Krypta* liegt unter dem Hochaltar; auf 15 Stufen einer schönen Marmortreppe (Pl. a) steigt man zuerst in eine Vorhalle, die sog. *Engelskapelle* hinunter; r. (ö.) steht der Altar des h. Joachim (Pl. b), l. der des h. Gabriel (Pl. c). Zwischen beiden Altären ist der Eingang in die *Verkündigungskapelle*, in welche zwei Stufen hinabführen. Diese Kapelle war ursprünglich größer als die Engelskapelle, ist jetzt aber durch eine Mauer in zwei Teile geteilt. In der ersten Kapelle steht der *Altar der Verkündigung* (Pl. f), mit der Inschrift dahinter: „verbum caro hic factum est" („hier ist das Wort Fleisch geworden"). Gleich l. vom Eingang sind zwei Säulen: die runde, aufrecht stehende *Gabrielsäule* (Pl. d) zeigt den Standort des Engels; 0,45m darüber hängt von der Decke ein Säulenfragment aus rotem Granit herab, das als Standort der Maria bei der Verkündigung angesehen wird (*Mariensäule*, Pl. e). Dem Säulenstück werden übernatürliche Kräfte zugeschrieben, und es wurde sogar von den Muslimen verehrt. Übrigens wird die Säule in

früheren Jahrh. sehr verschiedenartig beschrieben. Ursprünglich gehörte sie wohl einem älteren Baue an. — Hier nun auf dem Felsen, den man aber wegen der reichen Marmorbekleidung nicht sieht, soll die *Wohnung der Jungfrau* gestanden haben.

Es ist bekannt, daß diese heilige Wohnung am 10. Mai 1291 auf Befehl Gottes von den Engeln fortgetragen wurde, um sie dem Bereich der Muslimen zu entziehen. Zuerst wurde das Haus nach Tersato bei Fiume in Dalmatien gebracht, dann nach nochmaliger Wanderung nach Loreto, wo sie heute noch viele Wallfahrer ansieht. Übrigens konnte die Sanktionierung dieses Wunders erst c. 200 J. später, 1471 unter Papst Paul II. durchdringen, und die ganze Sage hat sich erst in dem an Traditionen so fruchtbaren 15. Jahrh. ausgebildet.

Die dunkle Hinterkapelle ist dem *heiligen Joseph* geweiht; der Altar (Pl. g, „der Flucht nach Ägypten") trägt die Inschrift „hic erat subditus illis" („hier war er ihnen unterthan"). Eine Treppe (Pl. h) führt ins Kloster hinaus; unterwegs betrachte man die *Küche Maria's*, eine Cisterne, deren Öffnung als das Kamin bezeichnet wird. — Die Klostergärten sind schön und hübsch angelegt.

N. vom Kloster liegt von hohen Cypressen umgeben die *Moschee* der Stadt mit einem hübschen Minaret und einer Kuppel.

NÖ. vom Kloster ist das *Haus* oder die *Werkstatt Josephs* zu sehen (*bottega di Giuseppe*, Schlüssel im Kloster). Durch eine kleine Thüre tritt man in einen ummauerten Hof; die Kapelle ist 1858-59 gebaut; an dem Altar ein leidliches Gemälde. Die Franziskaner gelangten in der Mitte des vorigen Jahrh. in den Besitz dieser Stätte; die Tradition stammt aus dem Anfang des 17. Jahrh. — Höher hinauf (570) geht das Vorweisen der *Synagoge*, in welcher Jesus Unterricht erhalten haben soll. Dieses Gebäude durchlebte eine Reihe von Schicksalen. Im 13. Jahrh. zeigte man die Synagoge in eine Kirche verwandelt und gab ihr später zu verschiedenen Zeiten verschiedene Lagen. Heute ist die „Synagoge" in den Händen der unierten Griechen. — Ehe man zur Synagoge kommt, führt l. ein Weg zur *protestantischen Kirche* (und Pfarrhaus); vom Vorplatz derselben guter Überblick über die Stadt. — Über den Markt geht man nun nach dem W. des Städtchens zum *Tisch Christi;* die jetzige Kapelle wurde 1861 aufgeführt und gehört den Lateinern (Schlüssel im lat. Kloster). Der Tisch Christi ist ein großer 3,6m l., 3m br. Steinblock aus harter Kreide; auf diesem Tisch soll Jesus vor und nach seiner Auferstehung mit den Jüngern gespeist haben (!). Die Tradition kann nicht weiter als zwei Jahrh. zurück verfolgt werden, sodaß die lateinische Inschrift, welche von ununterbrochener Überlieferung redet, keine Berechtigung hat.

Die Besteigung des *Dschebel es-Sîch*, des Hügels nw. von Nazareth (488m ü. M.) ist wegen der Aussicht sehr lohnend. Die Entfernung bis zum *Nebi Sa'în* (auch *Weli Sim'ân* genannt) beträgt 20 Min. Das Thal von Nazareth nimmt sich von hier gut aus; über die Vorberge schaut im O. der grüne bewachsene Tabor herüber; s. davon *Nebi Dahi*, *Endûr* und *Nain*. *Zer'în* und ein großer Teil der Ebene *Esdrelon* (bis *Dschenîn*). Im SW. ragt der Karmel in

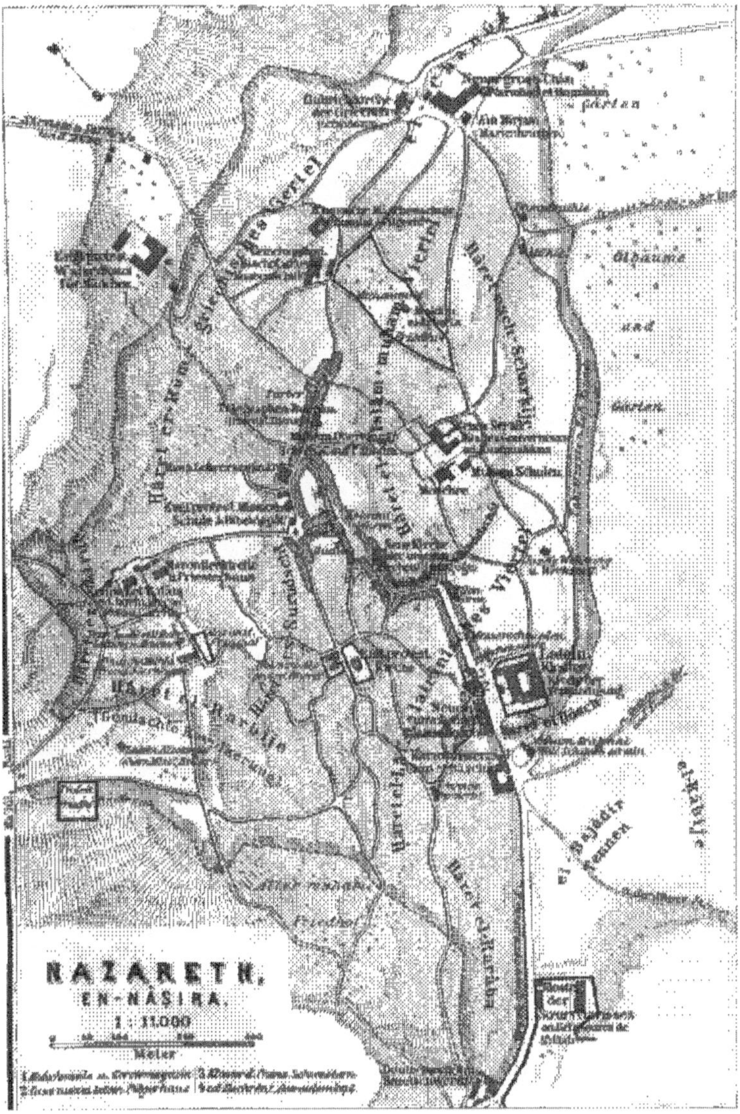
NAZARETH.
EN-NÂSIRA.
1 : 11.000
Meter
Ölbäume
und
Gärten
Friedhof

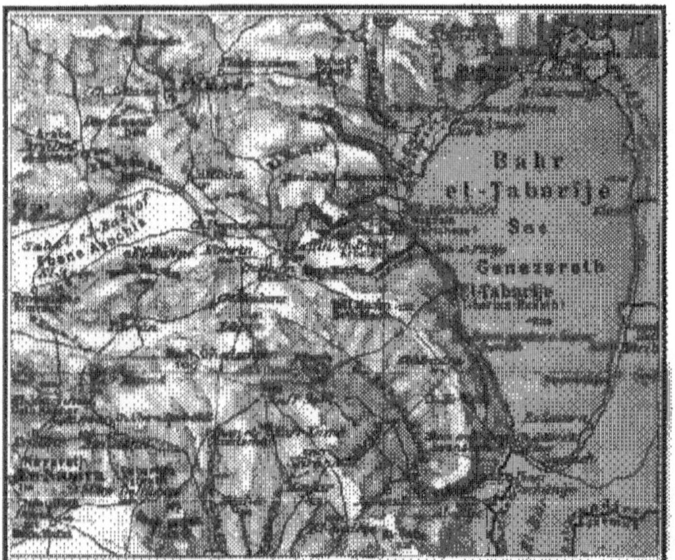

GEGEND ZWISCHEN NAZARETH & TIBERIAS.

Maßstab 1:400.000

Kilometer

Deutsche geogr. Meilen (15=1°)

Dr H. Fischer del. Geogr. Anst. v. Wagner & Debes, Leipzig.

das Meer hinein; n. davon ist die Bucht von 'Akkâ sichtbar, die Stadt selbst aber nicht. Im N. breitet sich die schöne Ebene *el-Baṭṭôf* aus; an ihrem S.-Ende erhebt sich die Ruine von *Saffûrije*. In weiter Ferne N. *Ṣafed* auf dem Berge in einem Gewirr von Höhenzügen; dahinter der Hermon; im O. jenseits des Beckens von Tiberias die fernen blauen Höhenzüge von *Dschôlân*.

Über die teilweise steilen Klippen o.-wärts hinuntersteigend, besuche man nun noch den **Marienbrunnen**, auch *Brunnen Jesu* oder *Brunnen Gabriels* genannt. Derselbe liegt nahe bei der *Gabrielskirche* oder der *Verkündigungskirche* der orthodoxen Griechen. Die Kirche (gegen Ende des vorigen Jahrh. erbaut und seither öfters renoviert) steckt halb in der Erde, ist aber nicht unschön. Die Quelle entspringt n. von der Kirche und rinnt dann in einem Kanal l. am Altar vorbei. Hier ist eine Öffnung, durch die man an einer Kette ein kleines Gefäß hinabläßt, um Wasser zu schöpfen. Die griechischen Pilger benetzen damit die Augen und den Kopf. Durch den Kanal läuft das Wasser zum eigentlichen „Marienbrunnen", woselbst man stets wasserholende Frauen mit ihren eleganten Krügen antrifft. Das Wasser dieser guten und reichlichen Quelle dient zur Bewässerung der Gärten. Da diese Quelle die einzige des Städtchens ist, so hat man hier einen Ort vor sich, an welchem sich Maria und Jesus, wenn es irgendwo sicher ist, öfters aufgehalten haben. Eine gute Anzahl Traditionen haften an dem Brunnen. Man wird mit Vergnügen die bunte Menge betrachten, die sich besonders zur Abendzeit hier einfindet. Ein alter Sarkophag, welcher jetzt neben der Quelle liegt, diente früher als Brunnentrog.

26. Von Nazareth nach Tiberias.

a. Über den Berg Tabor.

Tabor 2 St. 20 Min., Tiberias $4^1/_2$ St. Das Gepäck kann auf dem direkten Wege nach Tiberias geschickt werden. — Unterkunft: auf dem *Tabor* im griech. oder latein. Kloster (letzteres hat schönere Aussicht; zum Übernachten verschafft man sich Empfehlung vom Guardian des Franziskanerklosters in Nazareth); in *Tiberias* s. u.

Von der Marienquelle aus wendet man sich r.; l. auf der Höhe das neue schottisch-protestantische Spital, gerade vor sich hat man das österreich. Spital; beim Ansteigen ist der Blick über Nazareth lohnend. Nach 40 Min. steigt man nö. in ein Thal hinunter, dessen Abhänge mit Eichengestrüpp bedeckt sind. Nach 20 Min. kommt man in ein Thal vor dem *Tabor;* nach 17 Min. steht man am Fuße des Berges. Auf einem engen Pfade beginnt man aufzusteigen; nach 15 Min. sieht man r. unten im Thal das Dorf *Debûrije* (*Dabrath* Jos. 19, 12 an der Grenze von Sebulon und Issaschar; Ruinen einer christlichen Kirche). Der Weg schlängelt sich im Zickzack in die Höhe, ohne besonders steil zu sein; überall Ruinen und Steinhaufen. Oben ($^3/_4$ St.) teilt sich der Weg: l. gelangt man an einer arab. Inschrift und der sog. *Grotte des Melchisedek* vorbei zum *griechischen* Kloster (N.); r. gehend betritt man durch einen spitzen Thorbogen aus dem arabischen Mittelalter (*Bâb el-Hawâ* genannt) das Grundstück des *lateinischen Klosters*.

Der Tabor. — Geschichtliches. Der Berg lag an der Grenze der Stämme Issaschar und Sebulon. Debora ließ hier durch Barak ein Heer sammeln; von hier zogen die Israeliten in die Ebene und schlugen daselbst Sisera, den Feldherrn des Jabin von Hazor (Richter 4). Psalm 89, 13 wird Tabor und Hermon neben einander gepriesen. Später heißt der Berg *Itabyrion* oder *Atabyrion*. Antiochus der Große fand 218 v. Chr. eine Stadt gleichen Namens auf dem Gipfel; 53 n. Chr. wurde hier von den Römern unter Gabinius den Juden eine Schlacht geliefert; später ließ Josephus den Ort befestigen und die Ebene auf dem Gipfel mit einer Mauer umschließen. Schon bei Origenes und Hieronymus gilt der Tabor als Berg der Verklärung (Marc. 9), was er um so weniger sein kann, als der Gipfel zu Jesu Zeit sicher noch mit Wohnungen bedeckt war; aber die Legende setzte sich auf diesem hervorragendsten Berge Galiläas fest, sodaß schon um Ende des 6. Jahrh. drei Kirchen zum Andenken an die drei Hütten, welche Petrus zu bauen vorgeschlagen, hier errichtet waren. — Auch die Kreuzfahrer bauten auf dem Tabor eine Kirche und ein Kloster, das aber in den Kriegen mit den Muslimen viel zu leiden hatte. 1212 befestigte Melik el-ʿAdil, der Bruder und Nachfolger Saladins, den Tabor; die Christen belagerten fünf Jahre später diese Festung vergeblich; schließlich wurde sie von den Muslimen selber geschleift und die Kirche zerstört. Die beiden heutzutage dort befindlichen Klöster sind nicht alt.

Der *Tabor*, arab. *Dschebel eṭ-Ṭôr* (vgl S. 93), erhebt sich 562m ü. M.; er hat, von SW. gesehen, die Form einer Halbkugel, von WNW. gesehen die eines abgestumpften Kegels. Die Abhänge des Berges sind bewaldet; überall ist guter Boden mit üppigem Graswuchse; Eichbäume (Quercus ilex und aegilops) und *Buṭm* (Pistacia terebinthus), die früher auch den Gipfel bedeckten, sind unter der Axt der griech. und latein. Mönche größtenteils gefallen. Es giebt hier eine Menge Wild, besonders Rebhühner, Hasen und Füchse. Die Ruinen auf dem Tabor gehören verschiedenen Zeiten an. Die Fundamente der ganz um den Gipfel herumgehenden Mauer, welche eine Fläche von etwa einer halben Quadratstunde einschließt, bestehen aus großen Quadern, die teilweise geändert sind und wahrscheinlich in die römische Zeit zurückreichen, besonders auf der SO.-Seite. Das Kastell, welches auf dem höchsten Punkte des Plateaus lag und gegen O. außerdem durch einen Graben geschützt war, besteht jetzt nur noch aus großen Haufen von Bausteinen; es stammt aus dem Mittelalter. Im *lateinischen Kloster* sind noch die Ruinen einer Kreuzfahrerkirche aus dem 12. Jahrh. zu sehen; dieselbe hatte drei Schiffe und drei Kapellen zum Andenken an die drei Hütten, die Petrus bauen wollte (unterirdisch eine große Krypta), und gehörte zum Salvatorkloster der Mönche von Clugny. Ebenso steht die griech. Kirche am Platz einer sehr alten Kirche (4.-5. Jahrh.). Dieselbe hatte 2 Apsiden. Der Boden ist mit Mosaik von weißen und schwarzen Steinwürfeln gepflastert. Die Apsiden wie ein Teil des Mosaiks sind beim Neubau der griech. Kirche pietätvoll erhalten geblieben.

Griechen und Lateiner nehmen natürlich je für ihre Kirche die wahre Stelle der Verklärung in Anspruch.

Die *Aussicht ist sehr umfassend. Im O. ist das N.-Ende des Tiberias-Sees sichtbar, in weiter Ferne die bläuliche Kette des Haurângebirges; s. vom Tiberias-See der tiefe Einschnitt des *Jarmûk*, dann der *Dschebel 'Adschlûn*. Nach S. und N. ist die Aussicht derjenigen von dem Punkte oberhalb Nazareth ähnlich (S. 248); am *Nebi Duḥi* liegen die Dörfer *Endûr*, *Naïn* u. s. w. Im SW. überblickt man das Schlachtfeld Baraks bis Megiddo und Thaanach, im W. sieht man den Karmel; zwischenstehende Höhenzüge benehmen die Aussicht auf das Meer fast gänzlich. Im N. sieht man die Berge *ez-Zebûd* und *Dschermak*; dabei die Stadt *Ṣafed*. Der große Hermon ragt gewaltig über alles hervor. In der Nähe n. unten liegt *Chân et-Tudschâr* und *Lûbije*.

Man steigt (zu Fuß!) auf demselben Wege den Berg hinunter, auf welchem man hinaufgestiegen ist. Nach 40 Min. schlägt man einen Weg r. ein; nach 4 Min. sieht man r. vom Wege eine Cisterne mit Gewölbe und kommt in ein schönes, grünes Thal; man kreuzt hier zwei Querwege und läßt nach 25 Min. das Thal liegen, immer die große Straße verfolgend; die Abhänge sind mit Eichen besetzt. Nach 20 Min. *Chân et-Tudschâr*, schöner, aber allmählich zerfallender arab. Chân, 1487 gebaut. Hier wird jeden Donnerstag Markt abgehalten, daher der Name „Chân der Kaufleute“. NW. vom Chân Reste eines arab. Kastells auf einer Anhöhe; eine Quelle ist in der Nähe, desgleichen Beduinen-Ansiedelungen. Der Baumwuchs hört hier auf. Nach 45 Min. Dorf *Kafr Sabt*. Dann steigt man in einer steilen Thalrinne hinunter und gelangt nach 40 Min. in ein weites fruchtbares Thalbecken; n. eine gute Stunde entfernt sieht man den *Karn Ḥaṭṭîn* (346m ü. M.), einen runden Felshügel.

Hier auf der Ebene brach Saladin am 3.-4. Juli 1187 durch einen großen Sieg die Macht der Kreuzfahrer für immer. Der König Guido von Lusignan wurde mit vielen anderen gefangen genommen, die Ritter als Sklaven verkauft, die Templer und Hospitaliter hingerichtet; den Großmeister der ersteren hieb Saladin wegen seines wiederholten Wortbruches mit eigener Hand zusammen. In der späteren Kreuzfahrerzeit war die Tradition aufgekommen, daß der *Karn Ḥaṭṭîn* der *Berg der Seligkeiten*, d. h. der Ort der Bergpredigt oder auch der Speisung der 5000 sei. Die Juden zeigen hier das Grab *Jethros* II Mos. 3, 1 (*Nebi Schu'aib*).

Nach 25 Min. durchschreitet man ein Bachbett; dabei steht ein Sidrbaum. Nach 30 Min. oben auf der Ebene *Arḍ el-Ḥammâ* prächtige *Aussicht auf den n. Teil des tief liegenden Sees von Tiberias; im N. sieht man den Libanon, im W. ragt der Tabor hoch empor. Nach 10 Min. Abstieg ins Thal; in 25 Min. erreicht man *Tiberias*.

b. Über Kafr Kennâ.

6 St. 30 Min. Eine Fahrstraße Tiberias-'Akkâ (60km) mit Abzweigung nach Kafr Kennâ und Nazareth ist projektiert, aber nur die Strecke Nazareth-Kafr Kennâ und das letzte Stück vor Tiberias ist fertig.

Der Weg bietet landschaftlich wenig Interessantes. Mittelst eines kleinen Umweges kann der *Karn Ḥaṭṭîn* (s. oben) bestiegen werden, doch ist die Aussicht von dort weniger lohnend, als die vom Tabor. Von der Marienquelle aus ersteigt man in großem

Bogen die n. Anhöhe, auf welcher das schottische Spital steht (15 Min.; schöner Rückblick). Nach 22 Min. sieht man das Dorf *er-Rêne* l. Nach 9 Min. kleine Quelle (vielleicht die „Kressenquelle“, bei welcher die Franken am 1. Mai 1187 einen Sieg über die Muslimen erfochten). Nach 12 Min. sieht man in der Nähe des Weges nw. das Dorf *el-Meschhed*. (*Gath Hepher* II Kön. 14, 25 im Gebiete von Sebulon, Geburtsort des Propheten Jonas; noch heute wird sein Grab dort verehrt). Von der Anhöhe hinuntersteigend gelangt man in 20 Min. zu der Quelle von *Kafr Kennâ* (ein Sarkophag dient als Brunnentrog) und nach 5 Min. zum Dorfe selbst.

Kafr Kennâ ist nach der Tradition das biblische *Kana* (Joh. 2). Die älteren Pilger scheinen aber das biblische Kana eher in *Ḳânat el-Dschelîl* (S. 243) gesucht zu haben; doch sind die Distanzangaben der Pilger etwas zweideutig. Im heutigen Dorf laufen die Kinder unter Geschrei („ḥadschi, ḥadschi“ = Pilger) dem Fremden nach, indem sie ihm Wasser anbieten. Von den c. 600 Einwohner sind die Hälfte Muslimen, die andern meist Griechen, wenige Lateiner und Protestanten. Die Franziskaner haben eine Knaben- und Mädchenschule, die Griechen eine Knabenschule. Die latein. Kapelle steht auf dem Platz einer alten Kirche, nach der Tradition der Schauplatz der Erzählung Joh. 2. In der griechischen Kirche werden noch Steinkrüge gezeigt, welche von der Hochzeit herrühren sollen! Auch im Mittelalter zeigte man derartige Krüge. — Außerdem kennt die Tradition auch noch das Haus des Nathanael Joh. 1, 45.

Von Kafr Kennâ führt der Weg ostwärts in einem Seitenthal der Ebene *Baṭṭôf* (S. 242) hin; nach 50 Min. sieht man l. das Dorf *Ṭur'ân*; nach 45 Min. passiert man die Ruinen von *Meskara*; r. liegt das Dorf *esch-Schadschara*. Die Gegend ist sehr fruchtbar, doch nur mäßig angebaut. Zwischen *el-Meskara* und *Lûbije* (20 Min.) verläßt man die Ebene. Bei Lûbije fochten im April 1799 die Franzosen unter General Junot heroisch gegen eine Übermacht von Türken. Von hier nach *Chân Lûbije* (Ruinen) 23 Min.; man kreuzt nun die große Karawanenstraße (n. der *Ḳarn Ḥaṭṭîn*) und geht direkt o.-wärts über ein hügeliges Terrain; nach 1 St. 25 Min. erreicht man die Höhe über Tiberias, dann dieses selbst in 45 Min.

Tiberias.

Unterkommen: Hôtel Tiberias, nahe der Stadtmauer (Bes. *Jawish & Nassar*), wird als einfach aber gut und reinlich gelobt; Lateinisches Kloster; weniger gut das griechische Kloster; Zelte werden am besten am Seeufer s. vom Städtchen aufgeschlagen. Der Wein bei den Juden ist billig, aber schlecht. Tiberias ist wegen seiner Flöhe in ganz Syrien berüchtigt; die Araber sagen, hier residiere der König der Flöhe. — Türkische Post; internationaler Telegraph.

Geschichtliches. *a.* Der Name Galiläa bedeutet ursprünglich Kreis, Distrikt, eigentlich „Kreis der Heiden“ (Jes. 9, 1; Matth. 4, 15). Ursprünglich haftete dieser Name nur an dem Hochland, das sich n. vom See Genezareth gegen W. hinzieht. Die Stämme Ascher, Sebulon und Issaschar, welche hier wohnten, wurden gleich den anderen ins Exil geführt; nach dem Exil kolonisierten die Juden von S. aus die Gegend aufs neue, doch behielt die Bevölkerung einen gemischten Charakter, und der Name konnte sich auf die ganze Provinz ausdehnen, welche zwischen der Ebene Jesreel und dem Fluß Lîtânî liegt. Man unterschied Obergaliläa (N.), Untergaliläa (S.). Die Fruchtbarkeit des Landes war berühmt; fetter Weideboden wechselte mit üppigem Baumwuchs. Die Krone der Gegend war die Landschaft w. vom See. Zur römischen Zeit bildete Galiläa eine besondere Provinz mit einer dicht gedrängten Bevölkerung (s. S. LXIII). Das jüdische Element war zwar vorherrschend, aber doch mehr als in Judäa mit fremden Bestandteilen untermischt; auch wich die Sprache von der in Judäa gesprochenen ab (Matth. 26, 73). Die Juden scheinen hier weniger streng und weniger gesetzeskundig gewesen zu sein, daher sie von den Judäern verachtet wurden. Der Aufstand gegen die Römer i. J. 67 bewies, daß sie wenigstens in Betreff der nationaljüdischen Gesinnung hinter ihren Stammgenossen im S. nicht zurückstanden. — Die Blüte von Galiläa fällt in die Zeit Jesu. Die Hauptstadt war eine Zeit lang Sepphoris (S. 242) gewesen; nun wurde von Herodes Antipas, der eben so prachtliebend war wie sein Vater Herodes der Große, der Bau einer glänzenden Hauptstadt unternommen. Das Gebiet dieses Fürsten erstreckte sich über Galiläa und Peräa.

b. Die Rabbinen behaupten, dass Tiberias an der Stelle eines Ortes *Rakkath* liege, doch ist dies sehr unsicher. Den Beginn des Baues verlegt Josephus zwischen die Jahre 16-19 n. Chr.; die Vollendung fiel in das J. 22 n. Chr. Ihr Neubegründer Herodes benannte sie nach dem römischen Kaiser Tiberius; der Name hat sich in dem heutigen *Tabarîje* erhalten und auch dem See mitgeteilt. Die Wahl des Platzes war insofern keine glückliche, als man beim Graben der Fundamente auf eine Begräbnisstätte stieß. Da die Berührung mit Gräbern die Juden laut dem Gesetz auf 7 Tage verunreinigte, so mußte Herodes, um Bewohner für die Stadt zu bekommen, viele Fremde, Abenteurer und Bettler zwangsweise ansiedeln, wodurch eine sehr gemischte Bevölkerung entstand. Die Stadt wurde ganz nach griechisch-römischem Geschmack ausgestattet, auch in Bezug auf die städtische Verfassung. Sie hatte eine Rennbahn und einen Palast mit Tierbildern, wohl in der Art von ʿArâḳ el-Emîr (S. 180). Diese fremdartigen Kunstbauten waren den meisten zäh-konservativen Juden ein Greuel; daher kommt es auch, daß die eben erst aufblühende Stadt im neuen Testament nur Joh. 6, 1. 23; 21, 1 erwähnt und von Jesus wohl kaum besucht worden ist. Als Josephus im jüdischen Kriege Oberbefehlshaber von Galiläa wurde, befestigte er auch Tiberias. Die Einwohner unterwarfen sich jedoch dem Vespasian freiwillig, weshalb die Juden auch später hier wohnen durften. Das Hauptquartier der Römer war im *Wâdi Abu'l-ʿAmîs*, nw. von der Stadt; von hier aus wurde Tarichea belagert und die jüdische Flotte in einer Seeschlacht besiegt. Nach der Zerstörung Jerusalems wurde Galiläa, das ziemlich unversehrt geblieben war, und speciell Tiberias der Centralsitz der jüdischen Nation. Das Synedrium wurde von Sepphoris bald nach Tiberias verlegt; die talmudische Schule, welche von Jamnia (S. 161) hierher kam, entwickelte sich hier im Gegensatz zu dem daneben aufblühenden Christentum. Die jüdische Gelehrsamkeit brachte hier um 200 n. Chr. die Abfassung des traditionellen Gesetzes, welches unter dem Namen Mischna bekannt ist, durch den berühmten Rabbi Juda haḳ-Kadôsch zu stande. In der ersten Hälfte des 4. Jahrh. entstand hier die palästinensische Gemara (der sogenannte Jerusalemische Talmud) und im 6.-7. Jahrh. die „westliche", sog. „Tiberianische", jetzt allgemein übliche Punktation der hebr. Bibel. Auch Hieronymus (S. 130) ließ sich von einem Rabbi aus Tiberias im Hebräischen unterrichten. Das Christentum scheint hier nur langsam Eingang gefunden zu haben, doch werden im 5. Jahrh. Bischöfe von Tiberias genannt. Die Araber eroberten die Stadt 637 ohne Mühe. Unter den Kreuzfahrern wurde das Bistum wieder hergestellt und dem Erzbistum Nazareth untergeordnet. Die Stadt war lange Zeit im Besitz der Christen; der Angriff Saladins auf Tiberias wurde die Veranlassung zu dem Kampf bei Ḥaṭṭîn; den Tag nach der Schlacht mußte die Gräfin von Tripoli auch das Kastell von Tiberias übergeben. Um die Mitte des vorigen Jahrh. wurde die Stadt von Ẓâhir el-ʿAmr wieder befestigt.

eṭ-Ṭabarîje liegt auf einer schmalen Ebene zwischen dem See und dem Bergabhang; die ursprüngliche Stadt dehnte sich mehr gegen S. aus. Auf der Landseite ist Tiberias durch eine dicke Mauer mit Türmen gedeckt. Durch das große Erdbeben am 1. Jan. 1837 wurden die Mauern und Häuser hart mitgenommen und wohl die Hälfte der Bevölkerung getötet. Tiberias, früher ein elendes Nest, hat in den letzten Jahren einen ziemlichen Aufschwung genommen. Es ist Sitz eines Ḳâimmaḳâm, der unter dem Mutaṣerrif von ʿAkkâ steht. Von den c. 3700 Einwohnern sind fast ²/₃ Juden (mit 10 Synagogen), c. 1200 Muslimen, 200 orthodoxe Griechen, einige Lateiner und Protestanten. Auch einige unierte Griechen wohnen hier; ihre Kirche (aus der Kreuzfahrerzeit, 1869 ganz umgebaut) liegt im n. Teile der Stadt, nahe am Seeufer. Die Tradition, daß hier der Fischzug des Petrus (Ev. Joh. 21) stattgefunden habe (daher der Name Peterskirche), kam wohl erst bei Erbauung der Kirche auf. Die Franziskaner haben ein Hospiz und Knabenschule, ebenso die Griechen. Die „free church of Scotland" hat eine Missionsstation hier (im N. der Stadt). — Tiberias gilt für ungesund, und besonders Fieber sind herrschend. Doch ist die Gegend fruchtbar; man sieht einige Palmen.

Bei einem Gang durch Tiberias fällt das Überwiegen der jüdischen Bevölkerung auf. Viele Juden sind aus Polen eingewandert; manche sprechen noch deutsch; auch hier leben die meisten von Almosen, die aus Europa kommen (vgl. S. 36). Sie tragen große schwarze Hüte. Am Seeufer liegen zwei Synagogen. Die fränkische von quadratischem Grundplan ist gewölbt, von Pilastern gestützt und weist Ornamente arabischen Stils auf; die der deutschen Juden ist ein langes Rechteck mit alten Säulen und Rundbogen; an der Außenseite eine alte griechische Inschrift. — In Tiberias blüht noch immer das Studium des Talmud.

Die Stadt ist auf der S.-Seite offen. Um die ansehnlichen Burgruinen im N. der Stadt zu besuchen, geht man entweder innen durch den Basar oder außen herum der Stadtmauer entlang, die hier an der N.-Seite am besten erhalten ist (auch zwei wohl erhaltene Türme stehen hier). In der Nähe eine zerfallene Moschee mit einigen Palmen. Die ziemlich weitläufige *Burg* ist ganz zerfallen, doch befindet sich das Serâi noch dort; von den Ruinen oben herrliche Aussicht auf das Städtchen, den blauen Seespiegel und die Berge jenseits bis weit nach N. Man trifft hier Bauten aus dem schwarzen Basaltstein, der jenseit des Jordans überall als Baustein verwendet worden ist; die Basaltformation greift in der Gegend von Tiberias, Bêsân und Ṣafed über das Jordanthal herüber.

Der **See von Tiberias** führte im Altertum den Namen *Kinneret* oder *Kinnerôt*, nach seiner Form, welche man mit einer Laute (Kinnor) verglich. In den Zeiten der Makkabäer erhielt er den

Namen *See Gennesar*, oder *Genezareth* von der an seinem NW.-Ufer liegenden Ebene gleichen Namens. Der See ist 208m unter dem Mittelmeer eingesenkt; seine Tiefe beträgt 50-70m; im n. Teil sogar über 250m. Der Wasserstand ist jedoch je nach den Jahreszeiten verschieden. Die Form des Sees ist ein unregelmäßiges Oval; die größte Breite beträgt 9½km, die größte Länge 21km. Die Ufer des Sees sind im Frühjahr schön grün; die große Hitze, welche infolge der bedeutenden Depression hier herrscht, bringt eine subtropische Vegetation hervor, freilich nur für eine kurze Zeit. Die Berge, welche den See umgeben, sind nicht besonders hoch; das schöne blaue Becken mit den umgebenden Höhenzügen und wenigen Dörfern macht einen freundlichen Eindruck, wobei man aber von aller Vergleichung z. B. mit den Seen der Schweiz von vornherein Abstand nehmen muß. Durch das Thal brausen bisweilen heftige Stürme. Im Altertum wurde der See von vielen Booten befahren, wie wir auch aus den Evangelien wissen; jetzt giebt es nur wenig elende Fischerbarken. Eine Bootfahrt auf dem See ist sehr zu empfehlen (unverschämte Preise, handeln!). Das Wasser des Sees hat einen fauligen Beigeschmack, ist aber gesund und wird von den Uferbewohnern allgemein getrunken; um es zu kühlen, füllt man es in poröse Krüge und läßt es darin über Nacht stehen. Ein Bad im See ist sehr angenehm; der Seeboden ist meistenteils mit groben oder feineren Basaltstücken, in der Nähe des Ufers mit alten Bausteinen bedeckt.

Heute noch ist der See reich an guten Fischarten. Man sieht oft sehr große Scharen von Fischen; verschiedene Arten derselben kommen sonst nur in den Gewässern der Tropenländer vor. Besonders interessant sind der von Lortet erforschte Chromis Simonis, dessen Männchen die Eier und Jungen im Maul herumträgt, und der Clarias macracanthus, der Coracinus des Josephus, *barbût* der Araber, welcher schreit.

½ St. s. von Tiberias liegen berühmte **heiße Bäder**. Auf dem Wege dem Strande entlang sieht man allenthalben Ruinen der alten Stadt, Überreste einer dicken Mauer, r. gegen den Berg hin Reste von Gebäuden und einem schönen Aquädukt und viele Säulenstücke. Die Bäder liegen etwas erhöht. Der Stadt zunächst liegt das von Ibrâhîm Pascha 1833 erbaute Bad, jetzt restauriert; weiter s. liegt ein zweites, altes Badhaus. Die Badeeinrichtungen lassen viel zu wünschen übrig; die meisten Leute baden in einem gemeinsamen Bassin. Der Dunst, welcher dem heißen Wasser entsteigt, hindert den Besucher, in den Badegemächern die Unsauberkeit zu erkennen. Die Heilkraft des Wassers für Gelenkrheumatismen und Hautkrankheiten wird gerühmt; das Bad wird besonders im Juni und Juli besucht. Die Badegäste wohnen dann oft in Zelten beim Bad. Die stärkste Quelle hat eine Wärme von 62° C.; andere Quellen laufen unbenutzt in den See hinab; sie lassen auf den Steinen einen grünen Niederschlag zurück. Zur Zeit des Erdbebens 1839 ließen die Quellen eine außergewöhnliche Quantität von Wasser, das noch heißer war als gewöhnlich, hervorsprudeln. Das Wasser hat einen unangenehmen Schwefelgeruch und einen bittern und salzigen Geschmack, es enthält Schwefel und Chlormagnesium.

Oberhalb des alten Bades liegt eine Synagoge der Sephardim, daneben eine Schule der Aschkenazim mit den Gräbern der berühmten Talmudisten Rabbi Meïr und zweier Schüler von ihm. 5 Min. n. von der Stadt unterhalb der neuen Straße nach Nazareth wird das Grab des berühmten jüdischen Philosophen Maimonides (Rambam, † 1204) gezeigt; dabei die Gräber von Rab Ami und Rab Jochanan Ben Sakai; 1/4 St. weiter oben am Berg das Grab des berühmten Rabbi Akiba, der beim Aufruhr des Bar Kochba (S. LXX) eine so hervorragende Rolle spielte.

Ein empfehlenswerter Ausflug für den, der nicht die folgende Tour nach Ṣafed macht, ist der Besuch der Kolonie des deutsch-kathol. Palästinavereins in der Nähe von *'Ain et-Tâbiṛa* (S. 258); zu Pferd 1 1/2 St., zu Boot 1-1 1/2 St. (der Küste entlang fahren wegen der plötzlichen Windstöße!).

Ausflüge nach dem Ost-Ufer des Sees sind wegen der Beduinen gefährlich. Entweder muß man eine Eskorte mitnehmen oder die Tour zu Schiff ausführen (10-15 fr., je nach der Dauer der Fahrt). Schräg über den See fahrend, landet man in der Nähe der Ruine

Kal'at el-Ḥöṣn. — Der Ort entspricht wahrscheinlich dem alten *Gamala*. Das Gebiet von Gamala hieß Gamalitis. Alexander Jannaeus eroberte den Ort; später wurde hier Herodes von seinem Schwiegervater Aretas geschlagen. Vespasian eroberte und zerstörte Gamala. Die Lage der Stadt war sehr fest; Josephus vergleicht den Hügel, auf welchem sie stand, mit dem Rücken eines Kamels (hebr. „gâmâl").

Das Plateau, auf welchem Stadt und Festung lag, fällt nach drei Seiten hin steil ab und ist nur von O. zugänglich; die Mauern gingen um den Rand der Gipfelfläche herum; formlose Ruinen. Der Platz scheint auch nach der Zerstörung durch die Römer bewohnt gewesen zu sein. — C. 1/2 St. sö. von Kal'at el-Ḥöṣn liegt *Sûsije*, das alte *Hippos* der Dekapolis.

Von hier nordwärts nach *Kersi*, auf dem l. Ufer des *Wâdi es-Samak*. Die ausgedehnten Ruinen sind von einer Mauer umschlossen. Steile Abstürze am See in geringer Entfernung sind häufig. Man hat versucht, Kursi mit *Gergesa* zu identificieren (Matth. 8, 28, wofür freilich Marc. 11, 1 ff. u. a. *Gadara* steht). — Von hier kann man an das N.-Ende des Sees, nach der Ebene *el-Baṭîḥa* fahren. Am N.-Ende dieser Ebene 3/4 St. vom See entfernt, am Abhang der Hügel liegen die Ruinen von *Bethsaida* (Luc. 9, 10, Joh. 1, 44; Heimatsort von Petrus, Johannes und Philippus), welches Philippus, Sohn des Herodes, nach römischer Weise umbaute und zu Ehren der Tochter des Augustus *Julias* nannte (vgl. jedoch auch S. 257). Nur wenige Bruchstücke von Altertümern sind sichtbar, die Bausteine Basalt. Von hier am Westufer des Sees nach Tell Ḥûm (S. 258).

Von Tiberias nach Bêsân s. S. 224.

27. Von Tiberias nach Tell Ḥûm und Ṣafed.

Chân Minje 2 St. 10 Min.; *Tell Ḥûm* 55 Min.; *Ṣafed* 3 1/2 St. Man breche früh auf, da der Ritt am Seeufer sehr heiß ist.

1. Von Tiberias nach Chân Minje.

Der Weg führt 9-12m h. über dem Strande fort, die Aussicht bleibt stets frei, obwohl Tiberias selbst bald hinter einem Felsvorsprung verschwindet. Nach 35 Min. r. unten Feigenbäume und Ruinen bei einigen Quellen (*'Ain el-Bâride*), deren Wasser lau und schwach salzig ist. Einige der Quellen haben eine steinerne Einfassung, durch welche das Wasser in die Höhe getrieben wurde. Von l. kommt ein Thälchen herunter. Oben am Berg l. liegen Felsengräber. Nach 25 Min. das armselige Dorf *Medschdel* (das alte *Magdala*), Geburtsort der Maria Magdalena, vielleicht mit *Migdal-El* des Stammes Naphtali (Jos. 19, 38) identisch. Hier ist vielleicht auch Tarichea zu suchen, das im römischen Kriege eine Rolle spielte.

Bei *Medschel* treten die Berge w.-wärts zurück. Das *Wâdi el-Hamâm* kommt hier von *Chân Lûbije* (S. 252) herunter; durch dasselbe läuft die Karawanenstraße, welche von Nazareth nach Damascus führt. $^1/_2$ St. w. von Medschdel auf der l. Seite des Thales liegen die Ruinen *Kal'at Ibn Ma'ân*, gegenüber auf der andern Seite *Irbid*, das alte *Arbela*. Die Felsklippen haben eine Höhe von etwa 300m. Die erstgenannte Burg besteht aus Felshöhlen, die durch Gänge miteinander verbunden und durch vorgezogene Mauern geschützt sind; mehrere Cisternen finden sich dort. An diesem unzugänglichen Schlupfwinkel hausten Räuberbanden; Herodes der Große belagerte sie daselbst, nachdem er sie in einem Treffen geschlagen hatte, konnte ihnen aber nur beikommen, indem er Soldaten in Kasten, die an Seilen befestigt waren, vor die Öffnungen der Höhlen hinunterließ, um die Räuber mit Haken und Feuer zu bekriegen. Später wurden diese Höhlen von Einsiedlern bewohnt. Der Aufstieg ($^3/_4$-1 St.) ist beschwerlich. — Bei *Irbid* stehen noch die Ruinen einer auch im Talmud erwähnten Synagoge, ganz nahe beim Abhang des Wâdi el-Ḥamâm.

Bei Medschdel beginnt die Ebene *el-Ḳuwêr*, die antike *Gennesar*; sie ist etwa 20 Min. br. und 1 St. l.

Der Boden dieser Ebene ist sehr fruchtbar, aber von Kultur kaum eine Spur, trotz der reichlichen Quellen. Am Ufer des Sees und der Bäche wachsen Oleander (*difle*) und Nebkbäume. In den Bächen findet man viele Schildkröten und Krabben, am Seeufer zahlreiche Muscheln. Die bedeutendste Quelle ist *'Ain el-Mudauwera* (die runde Quelle), 25 Min. nw. von Medschel. Das von einer runden Mauer umgebene Becken von c. 30m Durchmesser ist im Gebüsch versteckt; das Wasser, 0,6m tief, ist klar und süß; es quillt mächtig hervor und fließt in die Ebene ab. Von 'Ain el-Mudauwera schräg durch die Ebene an den Strand zurück (30 Min.).

Von Medschdel aus kreuzt man nach 15 Min. das *Wâdi el-Ḥamâm*; nach 10 Min. Bach von *'Ain el-Mudauwera*, nach 10 Min. Bach *er-Rubadîje*, bald darauf l. oben das Dorf *Abu Schûsche*, nach 15 Min. Ausgang des *Wâdi el-'Amûd*; nach 20 Min. etwas vom Ufer entfernt, **Chân Minje**. Derselbe reicht bis in die Zeit Saladins hinauf. Einige suchen hier das neutest. *Bethsaida*; doch ist fraglich, ob es überhaupt neben Bethsaida Julias (S. 256) ein zweites Dorf dieses Namens gegeben hat.

Von *Chân Minje* oder schon von *Medschdel* aus über *Abu Schûsche* kann man die Lasttiere auf einem näheren Wege nach Safed schicken. Die heutige Karawanenstraße (Römerstraße) führt von Chân Minje aus direct n. in 1 St. 25 Min. nach *Chân Dschubb Jûsuf* (S. 260).

2. Von Chân Minje nach Tell Ḥûm.

Der enge Pfad führt r. (ö.) dem felsigen Abhang des Hügels entlang, in einiger Höhe über dem See; die Ruinen eines (neuen) Aquäduktes, der von *'Ain et-Tâbiġa* zum *Chân Minje* lief, dienen als Pferdepfad. Bald darauf r. unten *'Ain et-Tîn*, „Feigenquelle" (viel Papyrus). Nach 20 Min. gelangt man zu der schönen Quelle *'Ain et-Tâbiġa* (= *Heptapegon*, „Sieben Quellen", galt früher als

Schauplatz der wunderbaren Speisung Marc. 6, 30 ff.). Das Wasser der Quelle ist brackig und hat eine Wärme von 32° C.; 2 Min. von der Straße entfernt l. ist die eigentliche Fassung der Quelle in einem großen Achteck. Etwas s. von der Quelle hat der Deutschkatholische Palästinaverein eine kleine Kolonie gegründet. Man sieht einzelne Ruinenreste und hat daher hier Bethsaida gesucht; es wäre dies immerhin möglich. Auch bleibt die Frage offen, ob man nun hier die alte Quelle Kapernaum zu suchen hat. Von *'Ain et-Tâbiṛa* verfolgt man einen schmalen Weg am Seeufer hin, längs welchem man noch verschiedene Quellen und Baureste wahrnimmt, und gelangt in 35 Min. zu den Ruinen von

Tell Ḥûm. — Geschichtliches. Die Identification von *Tell Ḥûm* mit *Kapernaum* kann, bes. wegen einiger älterer Pilgeritinerarien, für so gut als gesichert gelten. Die jüdischen Schriftsteller kennen ein *Kafar Nachûm* oder *Tanchûm*. Ob aber „Tell Ḥûm" aus „Tanchûm" entstanden, oder ob „Kaphar" (Dorf) mit dem arab. „Tell" (Hugel) vertauscht und Nachûm in *Ḥûm* verkürzt ist, dürfte sehr fraglich sein. Die Ausdehnung der Ruinen von Tell Ḥûm spricht für eine alte Ortslage von einiger Bedeutung, wie sie einem Zoll- und Garnisonflecken wohl zukam. Das Baumaterial ist Basalt, weshalb die Ruinen düster aussehen.

Der Ort besteht aus einem Dutzend elender Hütten. Am See unten liegt das einzige Gebäude, das sich noch erhalten hat; bei näherem Zusehen bemerkt man, daß es aus Material einer früheren Zeit erbaut ist. Wahrscheinlich ist es eine christliche Kirche gewesen. Nach alten Hafenbauten sieht man sich vergeblich um. Hingegen findet man mitten unter dem schwarzen Trümmerfeld die Reste eines herrlichen antiken Gebäudes aus weißem (jetzt geschwärztem) Marmorkalk. Das Gebäude ist teilweise aus sehr großen Quadern erbaut gewesen; es war etwa 23m l. und 17m br.; im S.-Teile hatte es drei Eingänge. Im Innern sieht man noch die Basen der Säulen; schöne Bruchstücke, besonders von korinthischen Kapitälen und reich verzierten Oberschwellen, liegen in wilder Unordnung umher. Es wird behauptet, daß die Ruinen nur einer Synagoge (vielleicht der Luc. 7, 5 ff. erwähnten?) angehören können. Daneben liegen allerdings auch Ruinen aus späterer Zeit, vielleicht Überreste der Basilika, welche um 600 über dem Hause des Petrus stand. Am N.-Ende der Stadt sind zwei Gräber, das eine aus Kalkstein unterirdisch gebaut, das andere ein viereckiges Gebäude, das sicher eine große Anzahl von Leichnamen faßte. Vom Trümmerfeld der tief erniedrigten Stadt (Matth. 11, 23) schweift das Auge gern über den See, der von Anhöhen mit sanftgerundeten Linien eingefaßt, bis weit nach S. sichtbar ist; wenigstens das Landschaftsbild ist, bei aller sonstigen Ungewißheit über die Stätten, dasselbe geblieben, wie es zu Jesu Zeit war.

---

3. Von Tell Ḥûm nach Ṣafed ($3^1/_2$ St.).

Man folgt dem Bachbett von *Tell Ḥûm* auf sehr schlechtem, steilem Wege. Nach 1 St. liegen am l. Ufer die Ruinen von *Kerâze* (das alte *Chorazin* Matth. 11, 21 ff.). Das Städtchen scheint bedeutend gewesen zu sein; die Ruinen sind zum mindesten ebenso ausgedehnt, als die von Tell Ḥûm; sie liegen teils im Bachbett, teils auf einem Vorsprung über der Thalschlucht. Mauern von Häusern sind erhalten; meistens sind es viereckige Gebäude (die breitesten messen 9m), in der Mitte stützen 1 oder 2 Säulen das Dach, das flach gewesen zu sein scheint. Die Wände sind 0,6m dick, von Basaltblöcken oder Mauerwerk. In der Mitte der Ortschaft Reste einer überreich ornamentierten Synagoge. Von dem Felsenvorsprung schöne Aussicht über den See; n. von der Stadt geht eine Straßenanlage nach N. Von *Kerâze* in 1 St. zum verfallenen

Chân Dschubb Jûsuf. — Dieser Chân hat seinen Namen davon, daß nach einer Tradition, welche schon bei alten arabischen Geographen auftritt, hier der Brunnen gewesen sein soll, in welchen Joseph von seinen Brüdern geworfen wurde; die Grube wird hier gezeigt. Die Tradition geht wahrscheinlich davon aus, daß man in dem benachbarten Safed das Dôthân der Schrift vermutete; jedoch mit Unrecht vgl. I Mose 37, 14 (s. S. 228).

Von Chân Dschubb Jûsuf direkt nach Bâniâs (10 St.). Zuerst n. auf der großen Karawanenstraße, die von ʿAkkâ direkt über *Dschisr Benât Jaʿkûb* nach Damascus führt (S. 270). Nachdem man das *Wâdi Nuschîf* überschritten hat, biegt man nach 18 Min. (vom Châne ab gerechnet) l. ab und geht längs der Berge von Safed l. Der Strich Landes heißt *Arḍ el-Chaiṭ*. Der Blick auf das obere Ġôr öffnet sich; nach 1½ St. erreicht man den Thalboden desselben, l. oben liegt das Dorf *Dschaʿûne*; man überschreitet das *Wâdi Firʿim*; nach ½ St. sieht man l. *el-Muġâr*. Nach 25 Min. Dorf *el-Wakkâs*; nach 45 Min. *Nahr Hendâdsch* (oben l. Ruinen von *Kasjûn*); 1 St. *ʿAin Mellâḥa*; schöne Quelle; man übernachtet am besten in einem Dorf auf der Anhöhe l., bevor man nach ʿAin Mellâḥa kommt, in *Kebâʿa* oder *Marûs*, von wo man den *Hûle-See* übersieht.

Der See Ḥûle ist mit dem aramäischen *Chûl* (I Mos. 10, 23) zusammengestellt worden, was aber fraglich scheint. Josephus nennt (Altert. XV, 10, 3) die ganze Gegend *Ulatha*, den See *Samachonitis*. Mit dem Meromsee (Jos. 11, 5, 7) kann er schwerlich identisch sein.

Der *See Hûle* (2m ü. M.) ist ein dreieckiges Becken von 3-5m Tiefe. Eine Menge Wasservögel (Pelikane, Enten etc.) beleben die umliegenden Sümpfe; letztere machen es unmöglich, sich von N. dem eigentlichen Seebecken zu nahen; hier bildet das Dickicht der Papyrusstaude (arab. *babîr*) förmlich undurchdringliche Mauern. Auf den andern Seiten sind die Ufer nicht bewachsen. Erst in neuerer Zeit ist der See genauer untersucht worden (the Rob Roy on the Jordan etc. by *Macgregor*, 4th ed., London 1874).

Die Ebene n. vom See bildet ein ziemlich regelmäßiges Becken c. 2 St. br.; die östlichen Berge sind weniger steil aber höher, als die westlichen. Die breite Mitte des Thals ist größtenteils mit Sümpfen bedeckt; Büffel, den hier hausenden Beduinen gehörig, wälzen sich darin herum. Diese Beduinen (*Ġawârine*) sind in der Regel harmlos; sie beschäftigen sich mit Jagd, Fischfang und Viehzucht. Die Thalseiten haben einen guten Boden; wenn die Sümpfe kanalisiert würden, so könnte ein viel bedeutenderer Bodenertrag erzielt werden, als jetzt der Fall ist. Man nehme sich vor Malaria in acht! — Um die Sümpfe zu vermeiden, führt die Straße den w. Bergen entlang (Führer nötig!); nach c. 1 St. 10 Min. l. *ʿAin el-Belâṭa*; nach 2 St. 10 Min. kreuzt man unterhalb Hunîn (S. 264) l. den *Nahr Derdâra*, einen Zufluß des Jordan, der von *Merdsch ʿAjûn* (S. 297) herabkommt. Bei einer Ruine *el-Chân* r. hat man das antike Hazor gesucht (vgl. S. 261). Von da nö. in 1 St. nach *Dschisr el-Ġadschar* (S. 265).

Am *Chân Dschubb Jûsuf* läuft die Römerstraße nach N. vorbei. Hier beginnt statt des Basalts wieder Kalkgestein zu Tage zu treten. Nach NW. aufwärts steigend, erreicht man in 55 Min. einige Ruinen;

nach 15 Min. schöne von Gärten umgebene Quelle *'Ain el-Ḥamrâ.* Von hier l. den Berg hinauf; in 15 Min. gelangt man auf die Höhe, in 5 Min. zum Kastell von Ṣafed.

Ṣafed. — UNTERKUNFT am besten bei Tischlermeister *Maaß* (Deutscher), oder durch ihn in ausländischen Häusern zu beschaffen.

Türkische POST; internationaler TELEGRAPH.

KONSULARAGENT für Österreich: *Miklosevicz.*

GESCHICHTLICHES. Schon im Jerusalemischen Talmud ist von „Safet" die Rede und ebenso nennen die arabischen Geographen den Ort. Im J. 1140 wurde von Fulko hier ein Kastell erbaut. Saladin eroberte Ṣafed nur mit großer Mühe. 1220 wurde die Festung von Ṣafed aus Furcht, die Christen möchten sich wieder darin festsetzen, auf Befehl des Sultans von Damascus geschleift, später von den Tempelrittern wieder hergestellt; die Besatzung kapitulierte gegenüber Beibars i. J. 1266, der sie aber ermorden und dann die Befestigungen wieder herstellen ließ. Später war Ṣafed die Hauptstadt einer Provinz; 1759 wurde es durch ein Erdbeben zerstört; 1799 besetzten es die Franzosen für kurze Zeit. — Die Judenkolonie in Ṣafed hat sich erst im Anfang des 16. Jahrh. n. Chr. hier angesiedelt; bald darauf entwickelte sich hier eine angesehene Rabbinenschule; die berühmtesten Lehrer waren ursprünglich spanische Juden. Neben den Schulen waren hier 18 Synagogen und eine Druckerei; auch Kabbalistik wurde in Ṣafed getrieben. Die Blüte des Städtchens hat durch das große Erdbeben am 1. Jan. 1837 sehr gelitten. Von 9000 Juden und Christen kamen 4000 ums Leben und nicht viel unter 1000 Muslimen.

Ṣafed ist Sitz eines Ḳâimmaḳâm (unter 'Akkâ); es zählt c. 25 000 Einw., darunter c. 11 000 Muslimen, 700 Griechen mit Kirche, einige Protestanten; Station der engl. Judenmission und der schottischen Mission (mit einem arabischen, in Beirût gebildeten Arzt). Die heutigen Juden sind meistens aus Polen eingewandert (Aschkenazim). Sie stehen jetzt unter österreichischem Schutze. Die Juden sind auch hier in einer von ihnen heilig gehaltenen Stadt, denn aus Ṣafed kommt nach jüdischer Tradition der Messias. Bei den Sephardim findet sich hier noch Vielweiberei. In den jüdischen Häusern ist viel Schmutz; der Wein, den die Juden bereiten, ist meist schlecht (3-4 Pi. die Flasche).

Das muslimische Quartier liegt ö. von dem jüdischen und ist vollständig von diesem getrennt. — Die schönste Aussicht genießt man von der Burgruine aus. Im W. erheben sich der schön bewaldete *Dschebel Zebûd* (1114m) und *Dschebel Dschermaḳ* (1199m; die Besteigung dieses letzteren, des höchsten Bergs im cisjordan. Palästina soll sehr lohnend sein). Unten läuft das *Wâdi et-Ṭawâḥîn* (Mühlenthal) o.-wärts gegen die Ebene hinab. Im S. erblickt man den Tabor, fern im SW. den Karmelrücken. Während ein großer Teil des Jordanthales dem Blicke entzogen ist, sieht man die Berge jenseits des Tiberias-Sees und weit im O. die Gebirgszüge von Dschôlân und Ḥaurân mit dem Gipfel des *Kulêb* (S. 206).

Der Basar von Ṣafed ist unbedeutend; die Stadt enthält keine Altertümer. Das Klima ist wegen der hohen Lage (838m ü. M.), der höchsten in Galiläa, sehr gesund.

Von Ṣafed nach Mêrôn und Kafr Bir'im.

Von Ṣafed nach **Mêrôn** 1½-2 St. WNW. Das Dorf Mêrôn, schon im Talmud genannt, ist der berühmteste und verehrteste Wallfahrtsort der

Juden. Es findet sich dort die Ruine einer alten Synagoge, von der besonders die aus großen Quadern erbaute Südmauer erhalten ist; die beiden Thürpfosten bestehen aus beinahe 3m hohen Monolithen. Bei der Synagoge das Grab von Rabbi Jochanan Sandelar (Schuhmacher); in der Einfriedigung des Begräbnisplatzes das Grab von Rabbi Simeon ben Jochai, welcher das Buch Zohar geschrieben haben soll, und das seines Sohnes Rabbi Eleazar. Auf den Pfeilern sind kleine Becken, in welchen die Besucher besonders an dem großen Jahresfeste (30. April) ihre Opferspenden verbrennen. Weiter unten am Hügel ist das Grab des Rabbi Hillel und „36 seiner Schüler" in einem großen Felsengemach mit 7 Gewölben, ebenso wird das Grab von Rabbi Schammai gezeigt. Alle diese Rabbis gehören zu den ältesten und berühmtesten jüdischen Lehrern; sie lebten in den ersten christl. Jahrh.; ihre im Talmud erhaltenen Sprüche haben die höchste Autorität. Das Dorf Mêrôn ist muslimisch.

2 St. nw. von Mêrôn liegt *Kafr Bir'im*. Zuerst geht man steil ins Thal hinunter; nach 30 Min. sieht man das kleine Dorf *Ṣifṣâf* r. In 10 Min. gelangt man zu einem niedrigen Kamme, der von der höchsten Kuppe des *Dschebel Dschermaḳ* (S. 260) ausläuft. Dann steigt man in das *Wâdi Chilâl* hinunter, läßt den Weg nach *Sa'sa'* (S. 263) l. liegen und passiert das *Wâdi Ḳdsir* (45 Min.); wieder ansteigend gelangt man in 35 Min. nach **Kafr Bir'im.** Auch dieser Ort war früher ein bedeutender jüdischer Wallfahrtsort (am Purimfeste) und berühmt als Grabstätte des Richters Barak und des Propheten Obadjah; von den Synagogen, die hier standen, sind noch einige Trümmer erhalten. Die Ruine liegt im NO.-Teile des Dorfes. Vor der Façade bildeten zwei Reihen von Säulen einen Porticus. Die Kapitäle bestehen aus Reifen, die gegen den Schaft zu immer kleiner werden. Die Mauer besteht aus glatten Quadern, die teilweise von beträchtlicher Größe sind. Das in der Mitte befindliche Portal ist reich verziert; über dem Carnies ein Bogen mit Guirlanden. Kleinere Thüren sind an der Seite des Portals angebracht; über jedem ist ein Fenster. Das Innere des Gebäudes dient zwei Familien als Wohnung. — 5 Min. nö. in den Feldern finden sich ebenfalls Spuren einer Synagoge, die hebräische Inschrift derselben ist jetzt in die Wand eines Privathauses eingemauert. Der ganzen Ausführung nach müssen diese Synagogen aus den ersten Jahrhunderten des Christentums, als Galiläa der Hauptsitz der Juden war, stammen. — Das Dorf Kafr Bir'im wird von Maroniten bewohnt.

Von Kafr Bir'im nach *ed-Dschisch* (s. unten) ist ein Weg von c. 1 St.; ebensoweit von Kafr Bir'im nach *Jârûn* (S. unten).

Von Ṣafed nach Tibnin, Sidon und Tyrus.

1. Von Ṣafed nach Tibnin (c. 7 St.). — Bis *'Ain ez-Zitûn* (20 Min.), s. S. 263, von hier NW.; nach 45 Min. l. Dorf *Ḳadita*, r. *Ṭaiteba* (S. 263). Auch hier findet man vulkanisches Gestein. Nach 25 Min. *Birket ed-Dschisch*, großes kraterähnliches Becken, das bisweilen Wasser enthält. Nach 20 Min. Ende der Hochebene, l. liegt *Sa'sa'* (S. 263); nach 10 Min. kommt man an den Fuß der kegelförmigen Anhöhe, auf welcher ed-Dschisch liegt. Dies ist das *Giscala* des Josephus, *Gusch Halab* des Talmud. Josephus hatte es befestigt; es war die letzte Festung in Galiläa, welche gegen die Römer Stand hielt. Hieronymus berichtet, daß die Eltern des Apostels Paulus hier gewohnt hätten, bevor sie nach Tarsus gezogen seien. Beim Erdbeben 1873 wurde das ganze Dorf vernichtet.

Von *ed-Dschisch* aus verfolgt man das schöne Thal ö. vom Hügel abwärts nach NW. 1 St. lang; am Hügelabhang Dorf *Jârûn* (wahrscheinlich = *Jeron* Jos. 19, 38). NÖ. davon, auf einer kleinen vereinzelten Anhöhe, liegen die Ruinen *ed-Dêr* (das Kloster); das griechische Kreuz an einem der korinthischen Kapitäle beweist, daß hier ein Kloster gestanden hat; jedoch war das Gebäude eine Synagoge, ähnlich der Synagoge in Kafr Bir'im. Auch hier vor dem Haupteingang gegen S. ein Porticus. Die drei Thore, deren 2,4m hohe Pfosten wiederum Monolithe sind, liegen an der W.-Seite. Im Inneren lief eine Doppelreihe von Säulen von den Thoren aus gegen den Altar hin. — Am Hügel liegen außerdem große Quadern und Sarkophage zerstreut. Heutzutage beginnt hier der Distrikt *Bilâd Beschâra*, in welchem viele Metâwile wohnen (S. CIII).

Von hier führt der Weg über eine wellenförmige Ebene, dann am Ostabhang eines breiten Thales; nach 2 St. erreicht man den Flecken *Bint Umm Dschebêl*. Er ist von Metâwile bewohnt, welche aus der Umgegend Holz an die Küste, bes. auch nach Beirût bringen. Bald nachher wird man durch den Anblick der noch 2 St. entfernten Festung **Tibnîn** überrascht. Hierauf führt der Weg in ein von steilen Hügeln umgebenes Thal hinunter. Zur Festung, die auf der jäh nach allen Seiten abfallenden NO.-Spitze des Hügels steht, führt ein steiler Weg hinauf; das von Metâwile und Christen bewohnte Dorf liegt auf einem Sattel ihr gegenüber.

Tibnîn. — Quadern von alter Arbeit auf der O.-Seite und eine Masse Cisternenhöhlungen beweisen, daß schon vor dem Mittelalter hier ein befestigter Punkt lag, vielleicht das talmudische *Tafnit*. Die Festung Tibnîn wurde 1107 durch Hugo von St. Omer, den Herrn von Tiberias, errichtet, um von hier aus Einfälle in das Gebiet von Tyrus zu machen; die Festung hieß *Toron* und ihre Besitzer nannten sich nach ihrem Namen. Nach der Schlacht von Ḥaṭṭîn wurde das Verhältnis umgekehrt; die Sarazenen machten von hier aus Raubzüge gegen die Christen in Tyrus; eine Belagerung 1197-8 endete mit einem schimpflichen Rückzug der Christen, die unter sich zu uneinig waren. Später wurde Tibnîn von Sultan el-Mu'aẓẓam geschleift; in unserm Jahrh. vollendete Dschezzâr Pascha die Zerstörung, weil er die kleinen Häuptlinge dieser Gegenden fürchtete. In Tibnîn wohnt der Mudîr des Distrikts *Bilâd Beschâra*.

Die *Aussicht vom Schloß ist herrlich; man überblickt eine weite Gebirgsgegend mit vielen Schluchten. Im W. sieht man das Meer bis Tyrus, im NO. die Schneegebirge. Bei dem Dorfe *Barâ'schît* o.-wärts ist eine gewaltige Eiche, der sog. *Messiasbaum*, sichtbar. Bei Tibnîn wird das Grab des Richters Samgar (Richter 3, 31) gezeigt.

2. Von Tibnîn nach Kal'at esch-Schakîf und Sidon. Man reitet direkt n. in c. 1/2 St. zum Eingang des *Wâdi Hadscheir*, dessen Lauf man c. 1 St. abwärts verfolgt. Nach 40 Min. r. oben das Dorf *Sawwâne*; nach 1 St. 25 Min. l. *Chirbet Silim*. Nach 25 Min. einige Quellen, die Mühlen treiben; nach 1 1/2 St. kommt man zum *Nahr Litâni* bei der Brücke *Ḳa'ḳa'îje*; das dazu gehörige Dorf liegt n. von der Brücke; l. *Wâdi Jârûn*. Die Brücke ist über eine kleine Insel gebaut; die nördlichsten Bogen sind antik. Um von hier nach Kal'at esch-Schakîf zu gelangen, wendet man sich gleich r. und steigt das *Wâdi 'Ain 'Abd el-'Âl* hinauf. In c. 1/2 St. Dorf *Zautar*, 10 Min. das östlichere Dorf gleichen Namens; c. 1 St. Dorf *el-Ḥamrâ*; 1/2 St. *'Arnûn*; 20 Min. *Kal'at esch-Schakîf* (S. 290).

Von der Brücke *Ḳa'ḳa'îje* direkt nach *Sidon* c. 10 St. über Dorf *Ḳa'ḳa'îje* (50 Min.) u. (4 St.) *Nabâṭîje* (Metâwiledorf, Aussicht); von hier nach Sidon c. 5 St.

3. Von Tibnîn nach Tyrus (c. 4 1/2 St.). Man reitet um das s. Seitenthal herum in 30 Min. auf die Höhe des *Wâdi el-Ḥûl* (schöne Aussicht). In 25 Min. steigt man durch das *Wâdi el-Dscheddûn* in das *Wâdi el-Aschûr* hinab, welches Thal man verfolgt, indem man *Wâdi Ḥârit*, *Dschebel Ḥârit* und *Dschebel Kafra* l. liegen läßt. Nach 1 St. gelangt man l. auf ein kleines Plateau *Merdsch Sufrâ*; nach 15 Min. steigt man w. bergab, überschreitet das *Wâdi esch-Schemâli*, und erreicht in 5 Min. das Dorf *Ḳâna* (S. 263). Durch das Dorf hindurchreitend, kommt man auf eine sogen. Sultansstraße; an dem *Wâdi Ab* erreicht man in 40 Min. das Dorf *Ḥannâwe* (große, zugehauene Felsblöcke und zerbrochene Sarkophage). Es scheint hier eine bedeutende Ortschaft gestanden zu haben, vielleicht die „Festung" des tyrischen Gebietes (Jos. 19, 29; II Sam. 24, 7).

Etwa 10 Min. von hier liegt r. von der Straße nach Tyrus das sogen. **Grab Hirams**, *Ḳabr Hirâm* (andere haben es *Ḳabr Ḥairân* nennen hören). Die Tradition scheint jung, wenigstens ist sie erst seit 1833 bekannt. Das Bauwerk, das unvollendet scheint, besteht aus einer Basis von mächtigen Steinen, jeder 0,9m dick, 4m l. und c. 2,7m br.; darüber eine an allen Seiten überragende noch dickere Felsplatte; diese trägt den mächtigen Sarkophag, welchen ein starker, unregelmäßig pyramidaler Felsdeckel schließt. Das Monument, etwa 6,4m h., kann leicht erstiegen werden; durch eine Öffnung im Deckel kann man das Innere betrachten. Hinter dem Grabe ist eine Felsenkammer, in welche eine Treppe hinabführt.

Ohne Zweifel ist das Monument phönicisch resp. kanaanitisch, aber es ist ohne Inschrift, und daher nicht auszumachen, aus welcher Zeit es stammt; möglicherweise ist es älter, als die griechische Zeit; in römischer würde sicher eine Inschrift beigefügt worden sein. In der Umgebung finden sich kleinere Sarkophage und Bruchstücke von solchen. In dem Thälchen s. von der Straße ist eine andere kleine Nekropole; Sarkophage sind in den Felsen gehauen, die Deckel bestehen aus prismatischen Blöcken. Auf der Straße nach Tyrus, 300m von Kabr Ḥirâm, sind Reste einer byzantinischen Kirche, der schöne Mosaikboden (5. Jahrh.) wurde nach Paris geschafft. Auf dem kleinen Hügel r. von der Straße sind ebenfalls Gräber und Sarkophage, unter anderem auch doppelte mit einfachem Deckel.

Von Hirams Grab nach Tyrus 1 St. 15 Min. WNW.; geradezu nach W. reitend, kommt man nach 1/2 St. zu einer Wegkreuzung und nach 20 Min. unter einer Wasserleitung hindurch nach *Râs el-ʿAin* (S. 277).

4. Von Safed nach Tyrus über Jâṭir (c. 11 St.). Nach 3 St. *Saʿsaʿ*, 1 St. Ruinen von *Rumêsch* (hier mündet ein Weg von Kafr Birʿim, S. 261, das 1½ St. entfernt ist, ein); in 30 Min. Oberlauf des *Wâdi Hûra* bei einer gleichnamigen Ruine; nach 1/2 St. Ruinen *Ḥuzûr* oder *Ḥazîre* mit vielen Grabgewölben; 1/4 St. später tritt man in ein neues Thal. Nach 2 St. Dorf *Jâṭir*; von hier in das *Wâdi Nîdra*; nach 1/2 St. eine Grotte, 20 Min. Dorf *Sedakîn* (s. davon Dorf *Aife*). Nach 50 Min. Christendorf *Kâna* (S. 262). Nach 1/2 St. Ruinen von *el-Chusne* (Aussicht auf das Hügelland und Tyrus). Zahlreiche Ruinen sprechen von der ehemals starken Bevölkerung dieses Teiles von Phönicien. Nach 50 Min. *Grabmal Hirams* (s. o.).

28. Von Ṣafed nach Damascus.

a. Über Bânijâs.

Mês 5¼ St.; *Bânijâs* 4¼ St.; *Kafr Ḥauwar* 8 St.; *Damascus* 7 St. — Nachtquartiere in Mês, Bânijâs und Kafr Ḥauwar. Wer von Tiberias in 2 Tagen nach Bânijâs gelangen will, thut gut daran, am ersten Tag weiter als bis Ṣafed zu reiten, da der 2. Tagemarsch sonst zu anstrengend wird.

1. Von Ṣafed nach Bânijâs (9½ St.).

Der nächste Weg führt von Ṣafed ins Thal hinunter und auf den direkten Weg von *Chân Dschubb Jûsuf* nach Bânijâs (S. 259).

Viel lohnender ist die Route über den Kamm des Gebirges nach N. Man steigt nnw. ins Thal hinunter nach (20 Min.) *ʿAin ez-Zêtûn* (schöner Rückblick auf Ṣafed). Hinter dem Dorf Weg l. nach *Mêrôn* (S. 260); geradeaus gehend kreuzt man verschiedene kleine Thäler. Nach 25 Min. geht r. der Weg nach *Delâta* (im NO. sichtbar); nach weiteren 25 Min. *Ṭaiṭeba*. Ö. vom Dorf ein Wasserbecken. Die Aussicht gegen W. umfaßt die grünen Hügel von Ober-Galiläa; auf dem *Dschermaḳ* steht an der N.-Seite ein kleines Gebäude; im O. sieht man die Gebirgszüge von Dschôlân. Der Weg führt erst nach NO., dann (25 Min.) biegt er nach N.; von der Höhe herrlicher Blick auf das Jordanthal und das Becken des Sees Ḥûle. Nach 20 Min. durchschneidet man das *Wâdi el-Meschêredsche*, l. Dorf *Râs el-Aḥmar*. Nach 25 Min. Dorf *ʿAlma*; l. Dorf *Fâra*. Nach 25 Min. in das tiefe *Wâdi ʿAubâ* hinab; nach 15 Min. jenseits wieder hinauf. L. oben *Dîschûn* in pittoresker Lage; man erreicht es in 20 Min. Die Steinhäuser dieses Dorfes sehen wegen ihrer schrägen Dächer ganz europäisch aus.

R. liegt der mit Gestrüpp bedeckte *Tell Churêbe*, von dessen Gipfeln man eine schöne Aussicht auf das tiefe *Wâdi Hendâdsch*, die Ebene des

Ḥûle und die Hochfläche von Ḳades hat. Das antike *Hazor* (Jos. 11) ist wohl nicht hier, sondern etwas w. von *Dischûn* (s. o.) zu suchen.

Die Richtung des Weges ist fortwährend nördlich. Nach 45 Min. erreicht man das Dorf

Ḳades. — Geschichtliches. *Kedes* war nach Jos. 12, 22 Sitz eines kanaanitischen Fürsten, nach Jos. 20, 7 dem Stamm Naphtali zugeteilt. Von hier stammte Barak, der Feldherr der Debora; Tiglat Pileser nahm die Stadt ein und entvölkerte sie. Die Ortschaft gewann nie mehr Bedeutung; später zeigte man hier die Gräber des Barak, der Debora u. s. w. Sie heißt Ḳedes *in Galiläa*, zum Unterschied von anderen Ortschaften gleichen Namens.

Unten an dem Dorfe bei der Quelle finden sich einige große Sarkophage; teilweise dienen sie als Brunnentröge. NÖ. von der Quelle steht ein kleines Gebäude (Grabgewölbe) aus großen Quadern; zwei Bogen sind noch erhalten, teilweise auch die Thür, welche gegen S. schaut. Weiter gegen O. finden sich mehrere Sarkophage, die auf einer erhöhten Plattform bei einander stehen. Auf den Seiten sind Rosetten ausgehauen; anderes hat die Zeit zerstört; die Sarkophagdeckel, von denen einige je zwei Behälter bedecken, sind schön gearbeitet. In der Nähe dieser Gräber kann man einen alten Mauerlauf, vielleicht die Einfriedigung eines Begräbnisplatzes, deutlich verfolgen. Weiter nach O. liegen die Trümmer eines großen Gebäudes (*el-'Amâra*, römischer Tempel?). Ein Stück der Ostmauer mit großem Portal und 2 Seitenportalen steht noch. Viele Architekturreste, namentlich Kapitäle, finden sich in dem Dorfe, das trotz der fruchtbaren Lage schwach bewohnt ist; besonders merkwürdig ist eine achteckige Säule.

Der Weg führt direkt n. über eine kleine Ebene; nach c. 20 Min. nw. ein Thal hinauf; nach 6 Min. Wasserbehälter; nach 5 Min. Gabelung des Thals (oben Dorf *Blêde*). NW. den Berg zwischen beiden Thälern hinauf in 10 Min. zu Bauüberresten in der Nähe einiger mächtigen Terebinthen. Nach 10 Min. l. oben der Ort *Umm Ḥabîb*; nach 15 Min. **Mês**, großes Doppeldorf auf 2 getrennten Hügeln erbaut (Nachtquartier in Privathäusern).

Bald hinter *Mês* findet man Reste einer Römerstraße. Der Weg führt durch Gebüsch; nach 45 Min. r. oben Ruinen eines Kastells *Menâra*. Man tritt dann heraus an den Rand der Bergkette; schöne Aussicht auf das Jordanthal, den See *Ḥûle*, den großartigen Gebirgszug des Hermon, im O. ferne blaue Berge, im W. die Festung *Tibnîn*, im N. *Hunîn*. Nach 35 Min. kommt man zu den Ruinen der großen Festung **Hunîn** (900m ü. M.), bei einem kleinen Dorfe gleichen Namens. Das Erdbeben 1837 hat auch diese Festung hart mitgenommen. Die Unterbauten (jetzt als Stall benutzt) stammen sicher aus alter Zeit her, nach den fugengeränderten Quadern zu schließen, die sich z. B. an der O.- und S.-Seite (und an einem Portal im Dorfe) zeigen. An der N.-Seite ist Felsgrund; ein 6m br. und ebenso tiefer Graben diente zur Verteidigung. Die *Aussicht ist herrlich; aus der Ferne blickt *Bâniâs* herüber. — Welcher alten Ortslage Hunîn entspricht, ist nicht sicher. Im Mittelalter hielt es die Verbindung von Bâniâs mit der Küste aufrecht.

Von *Hunîn* führt der Weg ziemlich steil ins Thal hinab. In der Ebene unten liegt das Christendorf *Âbil*, die alte Grenzstadt *Abel Beth Maacha* (denn so ist II Sam. 20, 14 zu lesen); weiter n. das Drusendorf *Mutelle*. Man läßt beide l. liegen; in 55 Min. erreicht man die Ebene an dem Punkte, wo von l. der direkte Weg von Ṣaidâ (S. 296) einmündet. Man befindet sich hier in der Niederung, in welcher alle Quellbäche des Jordans zusammenlaufen, um sich zuerst in den Ḥûle-See oder in die großen Sümpfe in dessen Umgebung zu ergießen. Nach 8 Min. überschreitet man den *Derdâra* auf einer Brücke von *einem* Bogen; auf der l. Seite einige Ruinen. Prächtige Aussicht thalabwärts; einst war diese Gegend reich bebaut, wird jetzt aber fast nur von Beduinen durchzogen, welche hier und in *Merdsch 'Ajûn* (S. 297) die schönsten Weideplätze finden. Nach 10 Min. durchreitet man ein trockenes Flußbett, nach 25 Min. bei der baufälligen Brücke *el-Ġadschar* über den *Ḥâṣbânîfluß*, den n. Zufluß und eigentlichen Quellbach des Jordan. Die ganze Gegend ist außerordentlich wasserreich, im Winter vielfach ein großes Sumpfland. Der Weg führt in sö. Richtung weiter; vor sich (etwas r. oben) hat man das Weli *Nebi Seijid Jehûda*. Nach 45 Min. liegt in einiger Entfernung r. (s.) vom Weg

Tell el Ḳâḍî. — *Tell el-Ḳâḍi* ist ein großer Hügel 330 Schritt l. und 270 Schritt br., 9-12m über der Ebene. Auf dem Gipfel befindet sich ein muslim. Grab unter einem prächtigen Eichbaum. Auf der W.-Seite des Hügels kommt man über einen felsigen Abhang zu einem 60 Schritt breiten Becken, aus welchem das Wasser als Strom ausläuft. Überall liegen Basaltsteine herum. Am SW.-Ende des Hügels ist eine kleinere Quelle, die sich mit der eben beschriebenen in einem großen Becken vereinigt und als *el-Leddân* weiterfließt. Das Volk sieht diese Quelle, welche Josephus den *kleinen Jordan* nennt, als die Hauptquelle des Jordans an, weil sie die größte ist; sie liegt 153m ü. M. Sie enthält zweimal so viel Wasser, als der Strom von Bânijâs, und dreimal soviel als der Ḥâṣbânî, der sich etwa ½ St. weiter s. bei *Schêch Jûsuf* mit den andern Quellen vereinigt. Dort ist der Jordan 11m br. und fließt in einem Bett von 27m Breite, 4-7m unter dem Niveau der Ebene.

Die Wörter Ḳâḍî (arab. Richter) und Dan (hebr.) sind gleichbedeutend. Auf dem Hügel Tell el-Ḳâḍî muß die alte Stadt *Dan*, die Nordgrenze des israelitischen Reiches gestanden haben; daher der so oft vorkommende Ausdruck „von Dan bis Berseba.“ Bevor die Stadt von den Daniten erobert wurde (Richter 18, 27 ff.), hieß sie *Lais* und gehörte zu dem Gebiet von Sidon. Der König Benhadad von Syrien eroberte sie (I Kön. 15, 20).

Man beginnt nun auf Waldwegen, zwischen welchen Bäche rauschen, bergan zu steigen; in c. 40 Min. gelangt man nach

Bânijâs. — Geschichtliches. Der Name *Bânijâs* entspricht einem alten griechischen *Paneas*, welches nach Josephus auch Name einer Landschaft gewesen zu sein scheint. In der Nähe war ein Heiligtum des Pan (Paneion) bei der Höhle, in welcher eine der Quellen des Jordan entspringt. Über der Quelle baute Herodes dem Augustus zu Ehren, als er von ihm das Gebiet des Zenodorus, die Tetrarchie n. und nö. vom Tiberiassee mit Paneas erhielt, einen Tempel. Der Sohn des Herodes, Philippus, der das Gebiet von Batanäa, Trachonitis, Auranitis, Gaulanitis und Paneas (nach Luc. 3, 1 auch Ituräa) erbte, baute Paneas aus und nannte es *Cäsarea Philippi* zur Unterscheidung von Cäsarea Palästina (S. 230). Der Ort ist wohl der nördlichste Punkt, welchen Jesus besuchte (Matth. 16, 13; Marc. 8, 27). Der ältere Name der Stadt verschwand nie ganz, sondern kommt bei Ptolemäus und auf Münzen vor. Vorübergehend gab ihr Herodes Agrippa II. den Namen *Neronias*, indem er sie erweiterte. Titus feierte hier die Einnahme von Jerusalem mit Kampfspielen, wobei viele jüdische Gefangene auftreten und als Gladiatoren oder mit wilden Thieren kämpfen mußten. Eine alte christliche Sage verlegt die Heilung der Blutflüssigen (Matth. 9, 21 ff.) hierher. Seit dem 4. Jahrh. war Bânijâs Bistum unter dem Patriarchat von Antiochien. Schon vor der arabischen Herrschaft kam der ältere Name wieder zur Geltung. — In den Kreuzzügen wurde Bânijâs zuerst sammt der Festung eṣ-Ṣubêbe (S. 267) den Christen 1129 oder 1130 nach ihrem verfehlten Angriff auf Damascus übergeben. Der Ritter Rainer Brus erhielt Stadt und Kastell als Lehen. 1132 wurde Bânijâs von Tâdsch el-Mulûk Bûri Sultan von Damascus eingenommen, 1139 zurückerobert; das damals dort gegründete lateinische Bistum stand unter dem Erzbischof von Tyrus. Später kam Bânijâs in den Besitz des Connetable Honfroy. Nûreddîn eroberte 1157 die Stadt, aber nicht die Festung. Von Balduin III. entsetzt, wurde sie 1165 von Nûreddîn endgültig erobert. Sultan el-Mu'aẓẓam ließ die Festungswerke schleifen.

Die Lage von *Bânijâs* ist sehr schön; es liegt eingeschmiegt am Ende einer dreieckigen Terrasse in einem Winkel des Hermongebirges, 329m über dem Meer, 175m über Tell el-Ḳâḍi, zwischen zwei von O. kommenden Thälern, *Wâdi Chaschâbe* (N.) und *Wâdi Za'âre* (S.). Ein anderes Thal, *Wâdi el-'Asal*, tritt etwas weiter n. aus einer tiefen Waldschlucht des Gebirges hervor. Überall strömt in diesem „Tivoli" Wasser in Fülle und ruft eine außerordentlich üppige Vegetation hervor; bis in die Ebene hinunter wird das Wasser zur Bewässerung der Felder verwendet. Das heutige Dorf besteht aus c. 50 Häusern, die meist innerhalb der ehemaligen Burgmauer stehen. An der S.-Seite dieser Burgmauer fließt der Bach des Wâdi Za'âre und vereinigt sich etwas weiter unten mit dem großen Jordanquellfluß. Überreste von Säulen beweisen, daß sich die alte Stadt weit s.-wärts über das Wâdi Za'âre hinaus erstreckt hat. Die Burg im N.-Teile der Stadt war ein gewaltiges Gebäude; im N. war ihre Mauer durch das Gewässer der Bânijâsquelle gedeckt. Die Ecktürme der Mauern waren rund und aus großen, fugengeränderten Steinen erbaut (drei der Türme sind erhalten). In der Mitte der S.-Seite des Schlosses steht ein Portal, das antik ist, obwohl es jetzt eine arabische Inschrift trägt. Von hier führt eine Steinbrücke, ebenfalls teilweise alt, über das Wâdi; in der Mauer bemerkt man Granitsäulen.

Unter dem W.-Ende des hohen Schloßberges kommt ein großer Strom, die größte Merkwürdigkeit von Bânijâs, hervor. Der Bergrücken endigt hier in einer steilen Kalksteinfelswand (neben dem Kalk findet sich auch Basalt) und ist durch Naturereignisse so abgebrochen, daß eine große Höhle, die einst hier bestand, beinahe zerstört worden ist. Unter der Masse von Felsstücken und Steinen, welche den Eingang der Höhle ausfüllen und die jetzige Höhle (arab. *Maġâret Râs en-Neba'*, „Quellhöhle") beinahe verbergen, bricht ein großer Strom schönen, klaren Wassers hervor, der ebenfalls als eine Hauptquelle des Jordan gilt. Hier bei der Quelle lag das alte *Panium;* hier baute Herodes dem Augustus zu Ehren einen Tempel. Vorn an der Felswand, r. von der Höhle, sind noch 4 Votivnischen zu erkennen, die einst viel höher über dem Boden waren als jetzt. Die westlichste Nische ist groß und tief, darüber eine kleinere; einige Nischen sind muschelförmig ausgehöhlt. Über der kleinen Nische im O. steht die griechische Inschrift: „Priester des Pan". — Auf dem Felsen liegt ein kleines Weli (*Schêch Chiḍr*, St. Georg); von hier aus guter Überblick über die Lage von Bânijâs.

Eine viel schönere Aussicht aber gewährt das große Schloß ***Kal'at eṣ-Ṣubêbe** oberhalb Bânijâs. Man kann die Pferde mitnehmen oder auch nach *'Ain er-Rîḥân* (S. 268) vorausschicken; die Ersteigung des Schloßberges (1 St.) ist als Morgenspaziergang sehr zu empfehlen. Führer wünschenswert.

Das Schloß, früher *Kal'at eṣ-Ṣubêbe* genannt (welcher Name jetzt kaum mehr bekannt ist), ist von beträchtlicher Ausdehnung und eines der best erhaltenen und großartigsten in Syrien. Der größte Teil desselben stammt von den Franken, die es 1139-1164 inne hatten. Es liegt auf der unregelmäßigen Spitze eines schmalen Bergrückens, der von der Flanke des Hermongebirges durch das *Wâdi Chaschâbe* getrennt ist. Das Kastell folgt den Unregelmäßigkeiten des Berges; es ist 440m l. (OW.), an jedem Ende 110m br., in der Mitte aber viel schmäler. Im Innern der Festung finden sich große, aber etwas schlammige Cisternen. Der S.-Teil des Schlosses ist am besten erhalten. Die Unterbauten zeigen sämtlich fugenrändrige Quadern von sehr schöner Arbeit. Der Eingang ist auf der S.-Seite. Etwas ö. von demselben ist ein runder Turm erhalten (von den Arabern *el-Meḥkeme*, Gerichtshaus genannt). Nach außen hat er stattliche Spitzbogennischen, und in der sehr dicken Mauer sind kleinere bogenförmige Löcher wie Schießscharten angebracht. Ein großer Pfeiler trägt die Gewölbe. Merkwürdig sind die ohrenartigen Verzierungen an den Bogen. Mehrere ähnliche turmartige Gebäude in mehr oder minder gutem Zustande sind an der S.-Seite erhalten. — Der SW.-Teil der Burg ist mit Ruinen bedeckt. Die arab. Inschriften gehen meist auf den Anfang des 13. Jahrh. zurück und betreffen wahrscheinlich eine durchgreifende Reparatur des Schlosses. Der O.-Teil der Burg, in welchem sich einige Cisternen befinden, ist höher als der W.-Teil und gewährt einen Überblick über die ganze Festung: er ist eigentlich als getrennte Citadelle aufgeführt und von dem W.-Teil durch Mauer und Graben geschieden. Den größten Eindruck macht das Schloß auf der N.-Seite. Die Umfassungsmauer ist teilweise über den jähen Abhang (180-210m) in das Wâdi el-Chaschâbe hinabgestürzt. Das waldige Thal unten und die jenseitigen Höhen des Hermongebirges geben ein prachtvolles Landschaftsbild. Ebenso ist der Absturz im SW.-Winkel schwindelerregend, obwohl hier im W. eine Felsentreppe hinabführt, die aber nicht mehr gangbar ist. Hier genießt man die *Aussicht auf *Bânijâs*, den See von *Hûle* und die jenseits des Jordans liegenden Höhen am besten; im NW. schaut *Kal'at esch-Schakîf* als Gegenstück herüber (S. 290), ebenso gegen W. *Hûnîn*; im S. Dorf *'Anfît*, darüber *Za'âre*; im SO. *'Ain Ḳanja*; im O. *Dschubbâta*. Die Aussicht gehört zu den schönsten in Syrien. Der Ort liegt 758m ü. M. — Von der Festung kann man in osö. Richtung, indem man steil in ein Thal hinab und jenseits wieder etwas hinaufsteigt, bei *'Ain er-Rîḥân* in 30 Min. die Damascusstraße erreichen (S. 268).

Um das **Birket Râm** zu besuchen (Führer nötig), geht man von Bânijâs am *Wâdi Za'âre* vorbei nach *'Ain Ḳanja* (1 St.); in 1 weiteren Stunde erreicht man den See; von *Schêch 'Oṯmân el-Hazûri* (S. 268) über den *Merdsch Jafûri* braucht man c. 1½ St., um dorthin zu gelangen. Das *Birket Râm* ist der von Josephus erwähnte See *Phiala*; hierher wurde die Quelle des Jordan verlegt, da die Sage ging, daß die Quelle von Bânijâs aus diesem Behälter gespeist werde. Die Unmöglichkeit dieser Behauptung ist längst erkannt. Der See Phiala, nach seiner Form benannt, liegt im Boden eines tiefen Kessels und ist augenscheinlich ein erloschener Krater; er hat die Gestalt eines unregelmäßigen Kreises, mißt 3000 Schritt im Umfang und ist 45 bis 60m unter den Boden des umliegenden Tafellandes eingesenkt; sein Wasser ist unrein; viele Frösche und Blutigel sind darin. Nach einer Lokalsage hat da, wo jetzt der See ist, ein Dorf gestanden; dasselbe wurde wegen der Ungastlichkeit seiner Bewohner vom Wasser bedeckt. — Gegen Medschdel nnö. reitend, kommt man nach 1 St. wieder auf die Straße nach Damascus (s. unten).

Von Bânijâs nach Hâsbêjâ: 1. In der Ebene. In 15 Min. zum W.-Rand der Terrasse. Nach 12 Min. *Wâdi el-'Asal*; nach 23 Min. wendet man sich mehr n. gegen das *Wâdi et-Teim* zu. Nach 20 Min. Quelle l.; 15 Min. *'Ain el-Chirwa'a* bei einem kleinen Dorfe; schöne Aussicht. Nach 30 Min. beginnt man die Hügel an der O.-Seite des Wâdi et Teim hinanzusteigen; nach 10 Min. *Wâdi Serajib:* über einen Bergrücken hinüber steigt man allmählich in das *Wâdi Chureibe* hinab; das Dorf bleibt l. liegen. Von hier dem Flusse nach; in 1 St. überschreitet man das *Wâdi Schib'a;* um den Berg herumgehend in 1 St. *Hâsbêjâ*.

2. Über das Gebirge (interessanterer Weg): ½ St. *Wâdi Chureibe*, dann bergan zu dem großen Dorf *Râschêjat el-Fuchâr* (35 Min.); hier sind, wie der Name schon besagt, viele Töpfereien. Nach 25 Min. Abstieg in das *Wâdi Schib'a;* in 40 Min. *Hibbârîje*, schöne Aussicht. Unterhalb des Dorfes steht ein ziemlich wohl erhaltener Tempel, jetzt zum Teil in ein Haus verbaut. Derselbe ruht auf einem 2,4m hohen Stylobat mit umlaufendem Carnies. Auf der N.- u. W.-Seite sind Eingänge, wohl in Gewölbe, durch welche man einst in die Cella hinaufgehen konnte. Der Tempel ist „in antis“ und gegen O. gerichtet. Er ist 9,1m br., 17,1m l., von der Plattform bis zum Carnies 8,2m hoch. An den Ecken sind Wandpfeiler mit ionischen Kapitälen; an der ö. Seite bildeten zwischen denselben zwei Säulen den Porticus. Das 4,8m hohe Portal der Cella trägt einen Architrav und darüber einen Carnies. Auf jeder Seite des Portals sind zwei Nischen; die unteren sind Muschelnischen; der Bogen darüber wird von Pilastern getragen; die oberen Nischen haben Giebel. Das Innere des Tempels ist verschüttet; im SW.-Winkel der Cella führt eine Treppe durch die Mauer. Im Innern des Pronaos und der Cella läuft ein Gesims rings herum. Auf der Außenseite sind die Quadern fugenrändrig.

Von hier überschreitet man in 15 Min. das *Wâdi Schib'a;* nach ⅓ St. Dorf *'Ain Dschurfa*. Dem Laufe des *Hâsbâni-Thales* folgend, kommt man in 15 Min. auf das mit Weingärten besetzte Tafelland; nach 20 Min. *Hâsbêjâ*.

Von Bânijâs nach Dschisr el-Chardeli *(Sidon)* s. S. 298.

---

2. Von Bânijâs nach Damascus (15-16 St.).

Von *Bânijâs* nach *'Ain er-Rihân* 1 St.; in der Nähe das *Weli des Schêch 'Otmân el-Hasûri*. Die Abhänge des Hermon sind wasserreich; die Wege schlecht, weil mit Basaltblöcken bedeckt. Aufwärts steigend, behält man das Schloß im Auge, bis man nach 55 Min. über die Höhe hinüber in ein Hochthal gelangt. Nach 18 Min. kreuzt man ein Thälchen; zwischen einer Pflanzung von Weißpappeln eine Mühle, die zu dem Drusendorfe *Medschdel esch-Schems* gehört, das l. hinter dem Hügel liegt und nach 18 Min. sichtbar wird.

Die folgende Strecke ist sehr ermüdend, denn es beginnt hier, wo man dem Massiv des steilen Hermongebirges näher kommt, die vulkanische Formation überhand zu nehmen. Von Pflanzen treten hier Myrten zum ersten Mal auf. — Nach 55 Min. gelangt man zu einer neuen, teilweise bebaute Hochebene Namens *Merdsch el-Hadr* (im Mai schöne Flora). L. steigt der kahle Hermon auf; noch Ende Mai sind die Schneefelder ziemlich groß. Nach 40 Min. schöner Aussichtspunkt: eine Menge einzelner Hügel ziehen sich gegen S. und O. hin, meist erloschene Krater. Hier hat man zum erstenmal einen Blick auf die große Ebene ö. vom Antilibanus; sie erscheint an sonnigen Tagen wie ein ungeheures blaues Meer. Die Ebene von Damascus wird von der des Ḥaurân durch den *Dschebel el-Aswad* (schwarzen Berg) getrennt, der von hier ostwärts liegt. Der Ḥaurân erhebt sich als große ausgedehnte Berglinie. In der Ebene unten erblickt man das Dorf *el-Ḳunêṭra* (S. 270). Nach 1 St. verläßt man das Basaltgebiet und beginnt hinabzusteigen; in 20 Min. das große Dorf *Bêt Dschenn* am Ausgang zweier Thäler zwischen steilen Felswänden; an letzteren einige Grabhöhlen. Man folgt dem Lauf des schönen Baches durch Pappelpflanzungen an den Mühlen vorbei; diese Weißpappeln sind für die Umgebungen von Damascus charakteristisch, sie werden fast ausschließlich als Bauholz verwendet. Der Bach heißt hier *Dschennâni*; er bildet später einen Teil des *A'wadsch* (Parpar). Nach 25 Min. verläßt man das Thal, um über ein sanftes hügeliges Terrain mehr nach N. zu reiten; r. unten *el-Mezra'a*; fortwährend schaut l. der beschneite Gipfel des Hermon herüber, r. dehnt sich die schöne Ebene aus. Nach 48 Min. l. Dorf *Ḥîne*, nach $1^1/_2$ St. **Kafr Ḥauwar**, das gewöhnliche Nachtlager zwischen Bâniâs und Damascus. Das Dorf wird von Muslimen bewohnt und enthält (auf der W.-Seite) die Ruinen eines kleinen quadratischen Tempels aus römischer Zeit. In das (leere) Innere ist nur durch eine angebaute Hütte zu gelangen. Bei dem Hause oberhalb des Sturzbaches auf der Höhe schöne Aussicht auf die Ebene, besonders auf die Gegend von *Sa'sa'* (S. 270).

Zwischen *Kafr Ḥauwar* und dem nächsten Dorf *Bêtîma*, bei welchem ein ähnlicher Wachtturm (vielleicht ein früherer Drusentempel) steht, ist das *Wâdi 'Arnî* zu überschreiten (10 Min.); das Dorf *Bêtîma* (10 Min.) bleibt l. oben liegen. Auf der ganzen Route überblickt man die Ebene; die Gegend ist nur teilweise angebaut. In 1 St. setzt man über den *Nahr Barbar*, in welcher Benennung der Name des Parpar (S. 312) erhalten ist; das Gebirge bleibt c. 1 St. l. liegen. Nach $1^3/_4$ St. *el-Ḳaṭanâ* (türkische Telegraphenstation), das von Baumgärten umgeben ist. Von hier nach Damascus fahrbare Straße. Nach 2 St. hat man r. das Dorf *Mu'aḍḍamîje*; man kommt in Rebenpflanzungen. Schon hier bemerkt man, was der Boden der Damascusebene zu leisten fähig ist, wenn er bewässert wird. L. von der Straße die Hügel von *Ḳalabât el-Mezze*. Nach $^1/_2$ St. kommt man in die Baumgärten, nach 1 St. nach *Kafr Sûsa*, nach 20 M. zum Thor von Damascus (S. 307).

Von Bêtîma nach Damascus über Dârêja (Führer nötig). 20 Min. hinter Bêtîma (s. oben) wendet man sich mehr ö.-wärts gegen das NW.-Ende des *Dschebel el-Aswad* hin (*el-Ḳaṭanâ* bleibt l. liegen). $^1/_2$ St. *'Artûz*; r. auf dem Berg Burgruinen *Dschûne*. 22 Min. Dorf *el-Dschudêde*; nach $^1/_2$ St. sieht man l. *Mu'aḍḍamîje* (s. o.), r. *'Ain Berdî* und *el-Aschrafîje*; nach 35 Min. *Dârêja*; noch heute ziemlich bedeutend, wie schon im Mittelalter; bis hierher dehnten die Franken ihre Plünderungszüge aus, konnten aber zwischen den Mauern, welche die Baumgärten um Damascus einfriedigen, nicht weiter vordringen. In 1 St. *el-Ḳadem*; in 20 Min. zum „*Thore Gottes*" (*Bawwâbet Allâh*) von Damascus (S. 320).

b. Über el-Ḳunêṭra.

20-21 St. Von *Ṣafed* nach NO. ins *Wâdi Fir'im*; nach $1^1/_2$ St. kreuzt man die Straße von Chân *Dschubb Jûsuf* (S. 250) nach *Bânijâs*. Nach 15 Min. Ruinen von *el-Kuland*; von hier bis zu dem Abstieg ins tiefere Jordanthal 1 St.; in 15 Min. zur Brücke

Dschisr Benât Ja'ḳûb. — Die „Brücke der Töchter Jakobs" hat ihren Namen wahrscheinlich zur Zeit der späteren jüdischen Blüte von Tiberias erhalten, als die Juden die Orte der heiligen Geschichte in Galiläa nachzuweisen suchten. Hier soll Jakob durchgezogen sein, entgegen dem Bericht 1 Mos. 32, 22. Von jeher war hier auf der großen Karawanenstraße, dem „Weg des Meeres" (*via maris*) des Mittelalters, eine Furt des Jordan. Der Punkt, welcher Ägypten mit Damascus und den Euphratländern verband, war nicht bloß für den Handel, sondern auch strategisch wichtig, so besonders zur Zeit der fränkischen Herrschaft; hier wurde König Balduin III., als er nach dem Entsatze von Bânijâs nach Tiberias zog, von Nûreddîn überfallen und geschlagen. Balduin IV. baute 1178 hier ein Brückenkastell; die Verteidigung desselben wurde den Tempelrittern anvertraut, aber schon 1179 nahm Saladin diese Befestigung durch Sturm ein. Die geringen Überreste dieses fränkischen Kastells sind $^1/_4$ St. unterhalb der Brücke zu sehen. Der Bau der Brücke und die Einrichtung der großen Karawanserais an der Handelsstraße fällt wahrscheinlich vor die Mitte des 15. Jahrh. Die Brücke, aus Basaltsteinen erbaut, besteht aus drei Bogen und wurde zuletzt von Dschezzâr Pascha ausgebessert. Bis hierher kamen die Franzosen 1799. — Chân und Café bei der Brücke.

Der Jordan ist hier etwa 25m breit; unter der Brücke fließt er rasch und ist fischreich. Die Brücke liegt 13m unter dem Spiegel des mittelländischen Meeres. Am Ufer des Flusses wachsen Oleander, Zaḳḳûm (S. 167), Papyrus u. a. Gesträuche und Schilfarten.

Jenseits des Jordans beginnt der Distrikt *Dschôlân*, die alte *Gaulanitis*, nach der Stadt *Golan* benannt, die zu Manasse gehörte (Jos. 20, 8). Dieser Bezirk, der bis zum Hieromyces (*Scherî'at el-Menâḍire*, S. 198) reichte und ein Teil von Peräa war, gehörte zur Tetrarchie des Philippus. — Über den *Dschôlân* vgl. *Schumacher* „Dscholân" in Z. des D. Palästinavereins IX, 1886 und „The Jaulân" London 1888.

Auf dem Höhenrücken am l. Jordanufer (20 Min.) schöne Aussicht, l. Dorf *Dabûra*. Nach 1 St. 15 Min. Ruine von *Nu'arân* (hier zweigt der Weg nach dem Haurân ab). Auf der Damascusstraße in 1 St. 5 Min. zur Ruine *Kafr Naffâch*, Beginn des Eichengestrüppes. Nach 40 Min. r. *Tell Abu'l-Chanzîr* (Eberhügel). Nach 30 Min. r. Wasserbehälter; man erblickt r. den *Tell Abu Jûsuf* und verschiedene Tscherkessendörfer, l. den *Tell Abu en Nedâ*. Nach 1 St. gelangt man nach

el-Ḳunêṭra (*Kanêṭra*; 1007m ü. M.); eine alte Römerstraße führt von hier nach Bânijâs. Die Stadt ist Sitz der Regierung des *Dscholân* (Kâimmaḳâm unter dem Mutaṣerrif des Haurân in *Schêch Sa'd* S. 200); 1300 Einw., meist Tscherkessen; sauber und regelmäßig gebauter Ort; Internation. Telegraph. Von der alten Ortslage ist fast nichts mehr zu sehen. Hier ist das beste Nachtlager auf dieser Route. Man hüte sich im Freien zu übernachten; der Tau ist sehr stark. — Von *el-Ḳunêṭra* nach *Birket Râm* (S. 267) 3 St.

Von *el-Ḳunêṭra* geht man nö.; hier beginnt eigentlich das Land *Dschêdûr*, das ebenfalls seiner Weideplätze wegen berühmt ist. R. in der Ferne sieht man den vereinzelten Hügel *Tell Ḥara*. Nach c. $2^1/_2$ St. l. Chân *el-Churîbe*. Nach 25 Min. Hügel *Tell Dubbe* l.; dann in den Wald von *Schaḳḳâra*. In 2 St. Brücke über den Bach *Muġannîje*; 1 St. *Sa'sa'* am Fuße eines einzeln stehenden Hügels, am Flußbett des *Wâdi el-Dschennâni* (S. 269). Von hier geht man nach $^1/_2$ St. über den *'Arnî* und erreicht in $1^1/_2$ St. einen Chân. In $1^1/_2$ St. *Kôkab* (zwischen zwei Hügeln des *Dschebel el-Aswad*); $1^1/_2$ St. *Dârîja* (S. 269); 1 St. 20 Min. Damascus.

29. Von Haifâ nach Beirût über Tyrus und Sidon.

Phönicien. Nach den Berichten der klassischen Autoren sind die Phönicier vom erythräischen Meere (nach Herodot = dem persischen Meerbusen) her eingewandert. Andernteils aber nannten sie sich selbst Kanaaniter, wie sie auch I Mos. 10, 15 zu denselben gezählt werden. Ihre Sprache stand der hebräischen sehr nahe; es ist daher immer noch das wahrscheinlichste, daß sie mit den Hebräern nahe verwandt waren. Das Gebiet der Phönicier reichte vom Eleutherus (*Nahr el-Kebîr*, S. 331) im N. bis Jâfâ (später *Dor*, S. 238) im S., ein schmaler aber fruchtbarer Landstrich, der einige für kleinere Fahrzeuge geeignete Häfen, Vorgebirge und Inseln aufwies, wie sie die Phönicier gerne zu ihren Ansiedelungen benützten. Weiter im Binnenland hatten die Phönicier nur wenige Besitzungen; so war Lais (S. 266) eine Stadt der Sidonier. Bei Homer wie im A. T. (I Mose 10, 19) hießen die Phönicier nach der wichtigsten Stadt „Sidonier"; es scheint, daß Sidon und Tyrus in frühester Zeit einen Staat gebildet haben; aber selbst die Tyrer nannten sich nach der alten Metropole Sidon. Woher der Name Phönicier (bei den späteren Griechen) stammt, ist noch nicht ganz aufgeklärt. — Die Phönicier waren vor allem geschickte und thätige Kaufleute; sie vermittelten den Verkehr des Orients mit den Küstenländern des Mittelmeeres (vgl. Ezechiel 27) und gründeten im ganzen Bereich derselben, ja über Gibraltar hinaus, Handelsfaktoreien und Kolonien. Jedenfalls haben sie in hohem Grade auf die Civilisation und die geistige Entwickelung des Abendlandes Einfluß ausgeübt. Vornehmlich trieben sie Handel mit Edelsteinen, Metallen, Glaswaren, kostbaren Kleidungsstoffen, bes. auch Purpurgewändern und kunstreichen Geräten, auch waren sie Sklavenhändler. Im Schiffbau waren die Phönicier, die ja selbst Afrika zu umsegeln wagten, die Lehrmeister anderer Nationen. Ihnen ist zwar nicht die Erfindung, aber die Verbreitung der semitischen Schrift, der Mutter aller unserer abendländischen Alphabete zu verdanken; auch Mathematik, Maße und Gewichte übermittelten sie anderen Nationen. Als eine offene Frage muß dagegen bezeichnet werden, wie weit die Phönicier in Bezug auf Kunst und Religion auf die Völker des Mittelmeeres Einfluß geübt haben. In Bezug auf die erstere waren sie durchaus nicht originell, wenn sie auch in der Technik Bedeutendes leisteten; ihre Kunst schließt sich nam. in älterer Zeit durchaus an die ägyptische an. Was die Religion betrifft, so erfahren wir von ihr nur aus sehr secundären Quellen: durch Philo von Byblos (s. S. 358), der seine Nachrichten von einem alten phönicischen Schriftsteller Sanchunjathon zu haben vorgab. Sie bestand ursprünglich in einem Naturkult, der später auf Gestirnkult übertragen wurde. Hauptsächlich wurde die Sonne (oder der Himmel) verehrt, der entweder den Mond oder die Erde als Weib neben sich hatte. Am besten sind wir über den Lokalkultus von Byblos unterrichtet: der höchste Gott *El* durchwandert die Erde und überläßt Byblos seinem Weibe *Baaltis*. Ihr Begleiter wird *Eliun*, dieser tötet El; nach einer anderen Sage wird er auf der Jagd von einem Eber getötet; die Trauer um den wiedergefundenen Adonis bildete einen der hauptsächlichsten kultischen Gebräuche in Byblos. An anderen Orten wurde die Mondgöttin Astarte verehrt; sie galt als Mutter des tyrischen Sonnengottes Melkart. Sowohl mit dem Kultus der Sonne als des Mondes waren Orgien verknüpft. In Beirût wurde namentlich „Poseidon" und die Kabiren (Halbgötter) verehrt. Im einzelnen hatte übrigens der Kultus der Phönicier manche Ähnlichkeit mit dem der Hebräer, namentlich auch in Bezug auf die Opfer. — Die phönicischen Städte wurden von Königen regiert, die behaupteten, von den Göttern abzustammen. Die Königsgeschlechter standen zwar in hohem Ansehen; jedoch hatten sie einen Rat der Ältesten, wohl aus den adeligen Geschlechtern, neben sich; auch der Wille der Bürger war durchaus nicht einflußlos.

Über die älteste Geschichte der phönicischen Städte besitzen wir bloß fragmentarische Berichte (aus Menander). Gegen die Einverleibung in das babylonisch-assyrische Weltreich wehrten sich die Phönicier durch wiederholte Empörungen. Eine große Blüte erlangten die phönicischen Städte, die sich damals zu einem Bunde (Tyrus, Sidon und Aradus mit einem Bundessitze in „Tripoli") vereinigten; unter der persischen Oberherrschaft; sie lieferten den Perserkönigen ein mächtiges Flottencontingent. Wir kennen die Namen mancher Könige der in dieser Periode besonders wichtigen Stadt Sidon. Doch auch in dieser Zeit beweisen sie mehr als einmal ihren Unabhängigkeitssinn (vgl. Tyrus und Sidon). Nach der Einnahme Phöniciens durch Alexander erhielten sich die phönicischen Städte eine gewisse Blüte; doch nahm der Welthandel namentlich durch die Gründung von Alexandria teilweise neue Bahnen. Die phönicische Sprache wurde nach und nach durch die griechische verdrängt; doch hielt sie sich in Nordafrika bis in das 4.-5. Jahrh. n. Chr.

Die *Literatur* der Phönicier war reich; es ist aber bis auf einzelne ins Griechische übersetzte Fragmente (Sanchunjathon) nichts davon erhalten. Dagegen sind viele phönicische Inschriften und Münzen vorhanden; merkwürdigerweise war der Boden Phöniciens bis jetzt weniger fruchtbar an Inschriften, als der der phönicischen Kolonien, bes. Nordafrikas; auch in Athen, Marseille etc. sind phönicische Steintafeln gefunden worden. Die Schrift steht der althebräischen sehr nahe.

Literatur: *Movers*, die Phönicier I. II. 1. 2. 3. Bonn 1841-56, etwas veraltet; *Renan*, Mission en Phénicie; *Gutschmid*, Artikel Phönicien in der Encyclopädia Britannica 9A.; *Pietschmann*, Geschichte der Phönicier 1889.

---

1. Von Ḥaifâ nach Tyrus (c. 10 St.).

Von Haifâ nach 'Akkâ (2½ St.) s. S. 234. **Außerhalb des Thores von 'Akkâ, nachdem man an der Festungsmauer vorbei ist, wendet man sich l., etwas ansteigend; zur L. übersieht man einen Teil der Umwallung der Stadt und den Aquädukt Dschezzâr Paschas (S. 236); r. gegen die Berge hin mehrere Dörfer: *Dschudêde*, *el-Mekr*, *Kafr Jâsîf*. Nach 20 Min. läßt man das Dorf *Bachdsche* r. und geht unter einem Bogen des Aquäduktes durch; r. das Schloß von Dschezzâr Paschas Nachfolger, 'Abdallah Pascha, der auch die schönen Baumgärten angelegt hat. Nach ½ St. überschreitet man auf einer Brücke das *Wâdi es-Semîrîje* (r. der Aquädukt) und erreicht in 20 Min. das gleichnam. Dorf, wahrscheinlich das alte *Simron Meron* (Jos. 12, 20), das *Casale Somelaria Templi* der Kreuzfahrer, woselbst 1277 eine feierliche Versammlung stattfand. Die Gegend ist prächtig bebaut; man sieht r. die Dörfer *el-Kuwêkât*, *'Amḳa*, *Schêch Damûn*, *Schêch Dâûd*, *el-Ḳahwe*, *el-Kabîre*, letzteres Anfangspunkt des Aquäduktes. Gegen N. treten die weißen Felsenmassen des *Râs en-Nâḳûra* (s. unten) deutlicher hervor. Nach 4 Min. ein Bachbett, nach 12 Min. *Wâdi el-Medschûne*, das Dorf *el-Mezra'a* bleibt r. liegen; nach 18 Min. Brücke über den *Nahr Mefschûḥ*; nach 37 Min. schlägt man den Weg l. ein und gelangt in ¼ St. nach (2½ St. von 'Akkâ) *ez-Zîb* (man kann dasselbe auch l. liegen lassen und geradeaus reiten, da dort nichts zu sehen ist). Das Dorf steht auf einem Schutthügel und hieß im Altertum *Achsib* (Josua 19, 29), bei den Klassikern *Ecdippa*. Von *ez-Zîb* u. setzt man über den *Wâdi el-Ḳarn* (*Herdawîl*), nach 35 Min. über den *Wâdi Karkara*. Nach 10 Min. sieht man r. *'Ain Mescherfe* (vielleicht das antike *Misrefot Majim* Jos. 11, 8). R. liegt das Dorf *Baṣṣa*; die Hügelkette *Dschebel Muschaḳḳa* tritt an den Strand heran. Ihr Ausläufer ist das

Râs en-Nâḳûra, dessen steile Felsen wir auf leidlichem Wege hinaufsteigen. Dieses Vorgebirge ist nach Josephus (Jüd. Krieg II, 10, 2) mit der *Scala Tyriorum* („Treppenweg der Tyrier") zu identificieren. Die Ecke desselben (13 Min.) bietet einen prächtigen Standpunkt: nach S. letzter Blick auf die große Ebene von 'Akkâ und den Karmel; l. unten am Meere die Reste eines alten Wacht- oder Zollturms. Dann führt der Weg über die Klippe landeinwärts. Viele versteinerte Seesterne finden sich in den harten Felsen. Man überschreitet eine Thalmulde (35 Min.); bald darauf kommt schon das noch 3 St. entfernte Tyrus in Sicht; r. oben *Ḳal'at Schem'a*, ein festungsartiges Schloß, wahrscheinlich neueren Ursprungs. 30 Min. *Chân en-Nâḳûra*; dabei eine gute Quelle (auch arabische Speisen zu haben). Bei der Quelle arab. Inschriften von Melik eẓ-Ẓâhir, der den Weg wieder hergestellt 1294. Die Felsplatten am Meeresstrand sind scharf und rauh. Nach 22 Min. r. an einem Bachbett die Ruinen von *Umm el-'Amûd* (oder *'Awâmîd*); hier findet sich eine Art Akropolis mit Säulenresten (ionische Kapitäle aus guter griechischer Zeit), von antiken Bauten ist beinahe nichts mehr erhalten. Der ältere Name der Ortschaft scheint *Turân* gelautet zu haben. Auch phönicische Inschriften, sowie Sphinxe und rohe Figuren sind hier entdeckt worden. Der Bach, welcher hier ins Meer fällt, kommt von *Ḥâmûl*, das man mit dem alten *Hammon* (Jos. 19, 28) hat identificieren wollen. Nach 10 Min. eine Säule am Wege, r. Felsengräber; nach 32 Min. r. die Ruinen und Quelle von *Iskanderûne*. Hier stand eine Stadt *Alexandroskône*, von Alexander Severus so benannt, unter welchem (und unter Caracalla) der Weg eingehauen worden. Später wurde der Bau derselben Alexander dem Großen zugeschrieben. 1116 baute Balduin I. die Festung wieder auf, um Tyrus von hier anzugreifen; sie hieß *Scandarium* oder *Scandalium*. *Ḳal'at Schem'a* liegt 1 St. ö. auf dem Gebirge; näher liegen *Tell eḍ-Ḍaba'* und *Tell Irmid*, ein ganzer Kranz alter Befestigungen.

Hierauf übersteigt man das **Râs el-Abjaḍ**, das *Promontorium album* des Plinius, so benannt wegen des harten weißen Mergels, der nur mit einzelnen Lagen von dunklem Kiesel durchsetzt ist. Auf halber Höhe r. *Burdsch el-Bejâḍe* (moderner Wachtturm). Der Weg ist für etwa $^1/_4$ St. in die vorspringende Klippe gehauen; r. erhebt sich der Fels, l. senkrechter Absturz von c. 60m zum Meere. Auf der Höhe des Passes *Chân el-Ḥamrâ*, wohl ein alter Wachtturm. Man übersteigt das Vorgebirge in 40 Min. von Iskanderûne aus; schwieriger Abstieg! Die Straße ist alt, man findet sogar Wagengeleise im Stein. Am Ausgang des Passes sind künstliche Felshöhlen im Niveau des Meeres. R. auf einem Hügel Ruinen *Schiberîje*; weiter entfernt *Bijûd es-Seid* und *el-'Ezzîje*. Nach $^1/_2$ St. durchsetzt man den *Wâdi el-'Ezzîje* bei einer alten Brücke; hierauf sieht man r. das Dorf *Kleile* und überschreitet nach 20 Min. den *Nahr el-Manṣûra* beim Dorf *Dêr Ḳânûn*. Nach 25 Min. *Râs el-'Ain* (S. 277); von hier bis Tyrus 1 St. Wer sich nicht zu müde fühlt, wird *Râs el-'Ain*, vielleicht auch *Dêr Ḳânûn* (vgl. S. 277 und Plan) gleich auf dem Wege nach Tyrus besuchen. Vor der Stadt einige Cafés.

Tyrus. — Unterkommen findet man beim griechischen Geistlichen (*chûri rûmi*), wie auch bei andern Christen; auf die Gastfreundschaft des latein. Klosters kann man nicht rechnen.

Telegraph: Tyrus hat türkisches Post- und Telegraphenbureau.

Geschichtliches: Tyrus ist nach phönicischer und griechischer Überlieferung eine uralte Stadt. Alte Mythen knüpfen sich an sie; Astarte soll hier geboren sein, Melkart hier geherrscht haben; die wichtigsten Erfindungen, Ackerbau, Weinbau etc. wurden hier lokalisiert. Der alte wie der heutige Name lautet *Ṣûr*; noch zur Römerzeit hieß die Purpurmuschel Sarranus murex. Tyrus war eine doppelte Stadt, ja sogar eine dreifache. Sie bestand aus der Stadtanlage auf dem Festland; diese galt als der älteste Teil (*Paläityrus*). Auf zwei nackten Felsinseln vor dieser Stadt am Ufer lag die Hafenstadt mit den Warenlagern etc. Nach den Berichten ließ Hiram, der Zeitgenosse Salomos, den ö. Teil der näher am Festland gelegenen Felsinsel aufschütten und vom Festland Wasserkanäle hinüberführen; auch verband er die kleinere w. Insel, auf welcher ein Tempel stand, durch einen Damm mit der größeren Insel. Man behauptet, die kleinere Insel sei vom Meere weggespült worden. Noch im Mittelalter will Benjamin von Tudela die Trümmer und Überreste derselben w. im Meere gesehen haben. Es ist jedoch durch Nachgrabungen wahrscheinlich gemacht, daß diese kleinere Insel, auf welcher der Tempel eines Gottes stand, den die Griechen mit ihrem Zeus identificierten, an dem SW.-Ende der größeren Insel gelegen habe, und heute noch wie vor alters mit dieser verbunden vorhanden sei. Die im Meere sichtbaren Überreste stammen bloß von eingestürzten mittelalterlichen Mauern her. Auf der größeren Insel war die sogenannte Altstadt mit der Königsburg, dem Heiligtum des Agenor Ba'al, dem Astartetempel, ein freier Platz Eurychoros, Forum und Bazar. Auf der höchsten Stelle (hinter dem jetzigen von Ibrâhîm Pascha gebauten Serâi) stand wahrscheinlich der Melkarttempel, das Centralheiligtum, zu welchem auch von den tyrischen Kolonien aus Wallfahrten stattfanden. Auf diese Insel war Tyrus besonders stolz (vgl. Ezechiel 28, 2). Tyrus hatte eigene Fürsten, deren Herrschaft sich auf den Libanon erstreckte. Hiram, der Sohn des Abiba'al, lieferte zum Tempelbau Salomos Cedern und Cypressen (I Kön. 5, 5), wie er schon zum Palastbau Davids Steinmetzen und Zimmerleute geschickt hatte (II Sam. 5, 11). Salomo trat ihm dafür den galiläischen Bezirk Kabul mit 20 Städten ab (I Kön. 9, 11). Das Gebiet von Tyrus grenzte an das des Stammes Ascher; die einfachen Verhältnisse der Israeliten brachten es mit sich, daß den Propheten das üppige Leben der großen weltlich gesinnten Handelsstadt verderblich erschien, daher die Droh- und Strafreden bei Ezechiel 26-28, Jes. 23. Salmanassar konnte die Stadt nach 5jähriger Belagerung wahrscheinlich nicht erobern, trotzdem daß Sidon und Paläityrus bei der Bekriegung der Inselstadt helfen mußten und man ihr das Wasser abschnitt, sodaß die Bewohner gezwungen waren, Cisternen zu graben. Nebukadnezar schloß nach 13jähriger Belagerung 576 mit Ithobaal von Tyrus einen Vertrag. Zu den Perserzeiten lieferten die Tyrer ihren Besiegern eine große Flotte; Alexander suchte daher vor allem die Macht von Tyrus zu brechen. Paläityrus war damals noch sehr groß; nach einigen dehnte es sich vom jetzigen Nahr el-Ḳâsimîje im N. bis nach Râs el-'Ain im S. aus (c. 2 St.); doch war es damals schon in Verfall. Alexander soll es ganz zerstört und die Baumaterialen zur Aufschüttung des berühmten 60m breiten, 500 Schritte langen Dammes verwendet haben. So konnte er sich der Inselstadt nähern. Seit Ezechiel war Tyrus (wohl Paläityrus) mit Mauern versehen; kurz vor dem Herannahen Alexanders war auch Insel-Tyrus befestigt worden. Die Belagerung dauerte trotz der Unterstützung, welche die Flotte den Angreifern leistete, doch 7 Monate. Die Stadt wurde nicht ganz zerstört; 17 Jahre später hielt sie sich unter den Ptolemäern 15 Monate gegen Antigonus. — Jesus besuchte die Gegend von Tyrus und Sidon (Marc. 7, 24). Im jüdischen Kriege zeigten sich die Tyrer feindselig gegen die Juden. Früh war hier eine christliche Gemeinde, und Paulus verweilte hier 7 Tage (Ap.-Gesch. 21, 3 ff.). Die Stadt wurde dann der Sitz eines Bischofs; Hieronymus nennt sie die erste und größte Stadt Phöniciens.

Während der Römerzeit war die Stadt noch sehr bedeutend. Ja sogar noch im Mittelalter spielte Tyrus eine große Rolle und galt für beinahe uneinnehmbar. An der Seeseite hatte sie eine doppelte, an der Landseite eine dreifache Mauer. Durch innere Zerwürfnisse der arabischen Befehlshaber gelang den Kreuzfahrern unter Balduin II. mit Unterstützung der Flotte Venedigs die Eroberung 1124. Damals war Tyrus noch reich und Centralsitz des Küstenverkehrs; noch hatten sich hier Glasfabrikation und Zuckersiedereien erhalten. Saladin belagerte sie vergeblich; Friedrich Barbarossa wurde 1190 hier begraben (S. 276). 101 Jahre später zogen die Muslimen unter Melik el-Aschraf in die Stadt ein, denn nach dem Fall 'Akkâs mußte sie aufgegeben werden, trotz der vierfachen Türme auf der Landseite. 167 Jahre war die Stadt im Besitz der Franken gewesen. Die Muslimen zerstörten sie. Die Stadt hat seither nie mehr eine Rolle gespielt; *Fachreddîn* suchte sie zwar zu heben, aber es gelang ihm nicht; sie fiel im vorigen Jahrh. in die Hände der Metâwile (S. ciii). Heute residiert hier ein Kâimmaḳâm, der von Beirût abhängig ist.

Das heutige *Tyrus* ist ein Städtchen ohne jede Bedeutung, da Beirût den Handel fast ganz an sich gezogen hat. Noch werden etwas Baumwolle, Tabak und Mühlsteine aus dem Ḥaurân exportiert. Die Einwohnerzahl beläuft sich auf 5000 Seelen: ungefähr die Hälfte Muslimen oder Metâwile, einige wenige Juden, sonst Christen. In Tyrus giebt es ein Kloster der Franziskaner und eines der franz. Josephsschwestern; die unierten Griechen haben ebenfalls ihre Schulen, die Orthodoxen einen Bischof. Die „British Syrian Mission“ hat daselbst eine Knaben- und Mädchenschule, eine Blindenschule und Sonntagsschulen unter Leitung zweier engl. Damen. — Die Straßen sind elend, die Häuser in Verfall. Einige Palmen sowie die schöne Aussicht auf die Abhänge des Gebirges geben der Gegend etwas Reiz. Von Altertümern ist wenig mehr vorhanden. Viele antike Bausteine sind nach 'Akkâ und Beirût verschleppt worden und werden noch heute dorthin geführt. Im J. 1837 hat Tyrus durch ein Erdbeben stark gelitten.

Das moderne Tyrus liegt an der N.-Ecke der ehemaligen Insel, die langgestreckt dem Festland parallel lief. Die Insel hat heute einen Flächeninhalt von 57,6 ha, nicht viel weniger als im Altertum, wo sie Raum für c. 25,000 Einwohner bot. Die W. und S.-Seite der Insel werden nur zur Bodenkultur und als Begräbnisstätten verwendet. Der große Damm Alexanders ist durch die zunehmende Versandung breiter geworden. Der eigentliche Damm, bei dessen Aufschüttung eine seichte Stelle im Meer, vielleicht auch ein Vorgebirge am Lande benutzt wurde, liegt wohl in der Mitte dieser großen Landzunge, die, wo sie von der Küstenlinie abbiegt, c. 2km, wo sie bei den alten Wällen die Insel erreicht, 600m br. ist. Von SO. kommend, gelangt man zu dem wohlgebauten sog. *algerischen Turm* in einem Garten, welcher zu der noch teilweise erkennbaren Befestigungslinie der Kreuzfahrer gehörte. In dieser Gegend hat man den *südlichen* (ägyptischen) *Hafen* von Tyrus gesucht, der heute ganz im Sande begraben ist. Neuere Forscher glauben denselben an der ganzen S.-Seite der Insel entlang nachweisen zu können, da ein alter Mauerlauf in dem seichten Meer von dem ehemaligen SO.-Ende der Insel nach einer Klippe im WSW. zu verfolgen ist. Der mittelalterliche Mauerlauf folgte dem jetzigen Ufer; Turmreste sind noch vorhanden. Das Felsenconglomerat am Ufer enthält Glasstücke, die mit dem Sande zu einer festen Masse zusammengebacken sind. Hier im S. der Insel liegt eine Reihe von Zellen, die mit einem sehr harten Stuck bekleidet sind; vielleicht gehen diese Bauten über das Mittelalter hinaus; sind es Gräber, Werkstätten, oder wie man vermutet hat, Gemächer zur Bereitung des Purpurs, resp. zum Zerquetschen des Murex? An der W.-Seite kann man den Trümmern der mittelalterlichen Befestigung folgen und im Meer Säulenstücke und andere Überreste derselben sehen. Einige Inseln und Halbinseln streichen auch nach N. Am äußersten N.-Ende der Stadt ist in der Mauer ein ungeheurer Baustein, nur bei ruhiger See zugänglich.

Das Innere des Städtchens enthält wenig Bemerkenswertes. Der heutige Hafen liegt an der Stelle des alten, sog. *sidonischen Nordhafens* von Tyrus und ist nur wenig versandet; Spuren alter Hafenbauten. — Der interessanteste Rest von Gebäuden ist die alte *Kreuzfahrerkirche* (s. Pl.), von den Venetianern gegründet und dem h. Markus geweiht (1125 begonnen, Anf. des 13. Jahrh. vollendet). Bloß der O.-Teil derselben ist erhalten; die 3 Apsiden sind in die Mauern der modernen Ortschaft eingefügt. Die Fenster haben äußerlich eine Art Gesimsband mit rechtwinkligem Zickzack. Die Kirche war 65m l., 25m br.; die Kreuzschiffe springen über die Seitenschiffe 5m vor. Im Innern liegen schöne Säulen aus rosenrotem Granit umher, die zum Schmuck der Pfeiler dienten (vielleicht einem älteren Gebäude entnommen). Vielleicht steht die Kirche an der Stelle der Basilika des Paulinus, die im J. 323 durch eine Rede des Bischofs Eusebius eingeweiht wurde. Der Bischof Wilhelm von Tyrus erwähnt in seinem Werk über die Kreuzzüge die Kirche nicht, weil dieselbe ihm nicht untergeben war, sondern direkt unter der Mutterkirche zu Venedig stand. Die Kirche ist besonders interessant, weil sie das Grab des deutschen Kaisers Friedrich Barbarossa († 1190) enthalten soll; Gehirn und Eingeweide desselben waren in Antiochien beigesetzt worden, die Gebeine sollen in Tyrus begraben sein. Die Ausgrabungen haben jedoch keine Sicherheit über die Lage des Grabes ergeben. Auch Conrad von Monferrat liegt hier begraben; derselbe war in der Gasse von zwei Assassinen (S. cxu) angefallen worden, wurde in die Kirche getragen und hier von dem einen der Mörder vollends getötet (1192).

Auf dem Wege von Tyrus nach dem ö. gelegenen Hügel *el-Ma'schûk* hat man eine Anzahl Sarkophage gefunden. Das Wasser wurde von *Râs el-'Ain* (S. 277) und von andern Seiten hierhergeführt (die über dem Boden befindlichen Wasserleitungen sind neueren, die unterirdischen Leitungen älteren Datums); von hier wurde das Wasser nach der Inselstadt geleitet. Am Fuße des Felsens gegen S.

M I T T E L
U M G E B U N G
von
ṢÛR (TYRUS).
1:50.000
Meter

und SO. Überreste großer Wasserreservoire: hier war der Mittelpunkt der Wasserversorgung von Tyrus. An der Stelle des modernen *Weli el-Ma'schûk* stand wohl einst ein Tempel. Die Abhänge des Hügels sind voll antiker Trümmer, Sarkophage und Ölkeltern; an der N.-Seite ist eine Felsentreppe. Hinter dem Hügel liegt eine kleine Nekropole; die eigentliche Totenstadt von Tyrus jedoch erstreckt sich über die ganze O.-Hügelkette und ist besonders interessant bei *'Auwâtîn* an dem Punkte, wo eine Linie, von Tyrus über el-Ma'schûḳ gezogen, die Hügelkette schneidet. Viele Gewölbe der dort befindlichen Felsgräber sind eingestürzt, die Gräber leer und ohne Inschriften. Man geht auf dem Wege nach *Ḳabr Ḥîrâm* (S. 262), bis man r. Gräber findet, und steigt dann den Hügel hinan, woselbst man auf diese Totenstadt stoßen wird.

Die Leitungen bei el-Ma'schûḳ kommen von *Râs el-'Ain*, das 1 St. von Tyrus, $1/4$ St. vom Meer entfernt liegt. Um dorthin zu gelangen, geht man von Tyrus am dem Meeresufer nach; von el-Ma'schûḳ aus geht man auf der 'Akkâstraße nach W., dann nach S. Nach 35 Minuten Landgut *er-Reschîdîje*, eine Gründung von Reschîd Pascha. Hier finden sich drei große Wasserbehälter, von denen eine Wasserleitung ausgeht, sowie Überreste von Mühlen. Der Aquädukt mit den Bogen, der nach W. führt, ist wahrscheinlich römisch; ein anderer Aquädukt mit Spitzbogen aus arab. Zeit läuft gegen das Meer hin. In 10 Minuten erreicht man das achteckige Hauptreservoir von **Râs el-'Ain**. Dasselbe ist $7{,}5$m h. mit dicken Mauern um die Quelle herum erbaut, um das Wasser auf die Höhe des Aquädukts zu heben. Die Seiten sind von ungleicher Länge und von ungleichem Alter. Im Innern ist der Schacht ausceméntirt; die Wassersäule hat aber bereits den Tragkranz unterwühlt und überströmt ihn, um unbenutzt sich nach dem Meere hin zu ergießen. Man kann bis zur Fläche des Wassers hinaufreiten. — Zwischen diesem Hauptreservoir und den 3 kleineren war eine Verbindung; der Aquädukt ist an einzelnen Stellen 3–$4{,}5$m über dem Boden; wo das Wasser seine Rinne überflutet hat, haben sich Stalaktiten gebildet. Die Behälter sind wohl alle aus römischer Zeit; im Mittelalter wurden sie Salomo zugeschrieben (Hohes Lied 4, 15!). In der Umgebung wurde Zuckerrohr gepflanzt; noch heute ist die Gegend lieblich grün.

Auch nach SO. ist die Umgegend von Tyrus reich an Altertümern. Bei dem Dorfe *Dêr Ḳânûn*, etwa $1/2$ St. sö. von Râs el-'Ain, sind merkwürdige Figuren in den Felsen gehauen. Die Umgebung des Dorfes ist voll von Felshöhlen, weiterhin gegen *Kleile* zu finden sich Nekropolen und Sarkophage, freilich ohne besondern Luxus; nirgends trifft man bedeutende architektonische Verzierungen oder gar Tempelruinen. Überall waren es bloß reiche Bauerndörfer, welche ihre Felscisternen, Ölkeltern und Gräber hatten; so auch im angrenzenden jüdischen Gebiet, denn Ascher und ein Teil von Naphtali scheinen nach der babylon. Gefangenschaft ganz unter dem Einfluß von Tyrus gestanden zu haben.

Von 'Akkâ nach Tyrus über Kal'at Ḳarn (2 Tage). Von 'Akkâ nach *'Amḳa* 2 St. NO.; von hier über *Kal'at Dschiddîn* (*Judin* der Kreuzfahrer, unbedeutend) nach **Kal'at Ḳarn** (Führer nötig, angenehme Fußtour). Die große Festung stammt aus der Kreuzfahrerzeit (*Mons fortis* genannt). Der Bau wurde 1229 durch Hermann von Salza, Großmeister des Deutschen Ordens, begonnen. Montfort war das Hauptbesitztum dieses Ordens in Syrien und wurde 1291 von Beibars zerstört. Großartige Lage auf einer Felszunge zwischen zwei Thälern, die bis 180m tief sind. Der Zusammenhang des Felsens mit dem ö. Berge ist durch einen künstlichen Graben, aus welchem man die Bausteine holte, unterbrochen. Die Felsabhänge sind an manchen Orten durch gemauerte Stützen unzugänglich gemacht. Das Material derselben bilden gewaltige, fugenrändrige Quader mit einer Neigung nach einwärts, um die Ersteigung unmöglich zu machen. An der NO.-Seite entlang laufen Gewölbe. Im NW. ist ein großes Thor erhalten, ein anderes im SO.; bei dem letzteren eine Art Krypta oder Cisterne. Überall ist der Spitzbogen angewendet. Gegen NW. steht ein achteckiger Pfeiler von 1,3m Durchmesser, welcher durch 8 Bogen mit den Mauern verbunden war; hier befand sich eine Kapelle oder eine Halle. — Das Innere des Schlosses ist teilweise mit Gestrüpp überwachsen. Die Aussicht umfaßt gegen O. bewaldete Höhen, im W. das Meer in großer Ausdehnung. — Der Weg das Wâdi el-Ḳarn hinab führt in 2½-3 St. nach dem christlichen Dorf *el-Baṣṣa*, nahe am *Râs en-Nâḳûra* (S. 272).

---

2. Von Tyrus nach Sidon (c. 7 St.).

Der Weg führt erst am Meeresufer hin, dann (nach 32 Min.) landwärts. Die Ebene ist fruchtbar; r. die Dörfer *Tûra* und *Bidjâs*. Nach 10 Min. l. schöne Quelle *'Ain Babûk*. In nnö. Richtung erreicht man nach 55 Min. den verfallenen Chân *el-Ḳâsimîje*; 15 Min. oberhalb der Brücke am l. Flußufer finden sich Ruinen, *Burdsch el-Hawâ*. Bei einem Gebäude von hohem Altertum liegt ein kolossaler, reich ausgeschmückter Sarkophag; daneben andere, worunter einer, der nicht vom Felsen losgelöst ist; die hier befindliche Nekropole führt den Namen *Ḳubûr el-Mulûk* (Königsgräber). In 3 Min. steigt man zu der Brücke über den *Lîṭânî* hinunter, der hier *el-Ḳâsimîje* heißt (S. 296); der Fluß ist hier ziemlich tief und fließt in großen Krümmungen dem Meere zu.

Der Weg führt weiter über die wellige Küstenebene; die Dörfer liegen an den niedrigen Abhängen des Gebirges im O. Nach 25 Min. bei den Ruinen eines Chân wird ein weißer Felsen r. von der Straße sichtbar. Hier liegen zwei merkwürdige Grotten; an den Wänden der kleineren sind Kreuze, in der andern eine griechische Inschrift; an der Wand neben den Höhlen Dreiecke und Figuren, teilweise kindische, mit Inschriften in griechischer und phönicischer Sprache (Triangel und Palme sind wahrscheinlich Zeichen des Astartekultus). In 27 Min. passiert man den Bach *Abu'l-Aswad*, r. eine alte Brücke; bald beginnt eine Reihe von Ruinen. Nach 22 Min. sieht man r. das *Weli Nebi Seïr*, l. einige Säulen bei Felsengräbern; nach 18 Min. r. das Dorf *'Adlûn*.

Diese Ortschaft ist wahrscheinlich Strabos Stadt *Ornithopolis*. An der abschüssigen Seite des hervortretenden Berges liegt eine große Nekropole, meist Kammern von 2m ins Geviert mit Gräbern auf drei Seiten aus nachchristlicher Zeit. Eine größere Höhle, *Maġâret el-Bezêz*, liegt l. vom Wege, und etwas n. von derselben eine ägyptische Stele. 'Adlûn hat einige Sarkophage und ein schönes in den Felsen gehauenes Bassin beim Meere.

Hierauf r. Dorf *el-Ansârîje*; nach 38 Min. überschreitet man den *Nahr Ḳaiṣarânî*. Bei dem Dorfe *es-Seksekîje* Altertümer (Höhlen mit Malereien etc.). Nach 22 Min. l. einige Ruinen, r. oben das kleine Dorf **Ṣarafand**, das antike *Zarpath* (I Kön. 17, 9), das neutestamentliche *Sarepta* (Luc. 4, 26); von den Kreuzfahrern zum Bischofssitz erhoben. Es stand hier eine Kapelle über dem Ort, wo Elias gewohnt haben sollte, heute *Weli el-Chiḍr*; am ehemaligen Hafen sind Spuren alter Bauten; n. davon Felsengräber.

Bald darauf erscheint Sidon; nach 18 Min. Quelle *'Ain el-Ḳanṭara*, nach weiteren 18 Min. über ein Bachbett *el-'Aḳbîje*; am Meere unten alter Turm *Burdsch el-Chiḍr*; nach 13 Min. über den *Nahr el-Dschesarîje* bei einer zerstörten Brücke. In den Bachbetten wachsen Oleander. Nach 9 Min. *Nahr el-'Adasîje* bei *Tell* und *Chân el-Burâḳ* mit schöner Quelle. Nach 18 Min. über Sand erreicht man den Bach *ez-Zaherânî* (zerfallene, moderne Brücke); jenseits liegt ein römischer Meilenstein. Nach 25 Min. *Wâdi el-Teiseh*, bald darauf ein Meilenstein; r. Dorf *el-Ḳâsîje*; die Ebene wird breiter. Nach 40 Min. durchschreitet man den großen *Nahr Senîk* (S. 282) bei einem Chân, l. wieder ein Meilenstein; r. die Dörfer *Dêr Besîn* und *Mijûmîje*. Bald gelangt man in die Gärten von Sidon; nach 20 Min. setzt man über den Bach *Nahr el-Barġûṭ* (Asklepios der Alten) und erreicht in 5 Min. Sidon, das man von der SO.-Seite durch das Thor von 'Akkâ (Pl. 14) betritt.

Sidon. — Unterkommen: In der Nähe des ägypt. Friedhofs (s. Pl.) ist eine arab. **Lokanda** (mäßig gut, handeln!). Am besten wendet man sich an die Konsularagenten, die hier oder in Christenhäusern Unterkommen verschaffen; nur zur Not im französ. Chân (Pl. 4). — Zelte auf dem ägypt. Friedhof im SO. der Stadt.

Vicekonsulate. Deutsches Reich: *Ejjûb Abêla*; Österreich: *Catafago*; England: erledigt; Spanien: Dr. *Joseph Abêla*; Frankreich: *Durighello*; Amerika: Dr. *Schibli Abêla*; Rußland: *Faḍûl Riẓḳallâh*.

Telegraph, türkischer, beim Serâi.

Ärzte: Dr. *Joseph Abêla* (in der amerik. Schule in Beirût promov.). Dr. *Schibli Abêla* (in Newyork promov.). — Apotheke von Dr. *Joseph Abêla*.

Geschichtliches. In den Homerischen Gesängen heißt Sidon die erzreiche, die Sidonier kunsterfahren. Obgleich Sidon früher Kolonien ausgesendet hatte (z. B. Hippo, Alt-Karthago etc.), trat es später in dieser Beziehung hinter Tyrus zurück und scheint sogar in einer Art Abhängigkeitsverhältnis zu Tyrus gestanden (1 Kön. 5, 6; Ezech. 27, 8), jedoch stets einige Selbständigkeit sich erhalten zu haben, da Könige von Sidon genannt werden (Jerem. 25, 22). Die Sidonier werden als Meister der Sternkunde, der Zahlenlehre und der Nachtschiffahrt genannt. Auch als Vasallin der asiatischen Reiche blieb Sidon eine bedeutende Handelsstadt. Infolge eines Aufstandes gegen Artaxerxes III. Ochus wurde Sidon 351 zerstört; die Stadt wurde, nachdem sie mit Hilfe griechischer Söldner erst siegreich gekämpft hatte, durch den Befehlshaber ihres Heeres Tennes verraten und von den Einwohnern selbst angezündet. 40000 Menschen sollen dabei umgekommen sein. Sidon blieb von jetzt an Provinzialhauptstadt; den Griechen öffnete sie willig ihre Thore. Noch in römischer Zeit hatte die Stadt ihre eigenen Archonten, ihren Senat und Volksrat; später ist sie noch durch ihre Glasfabrikation berühmt. Sidon führt den Titel *Nauarchis* (Schiffsbefehlshaberin), dann auch *Colonia Augusta* und *Metropolis*. Das Christentum scheint in Sidon früh Eingang gefunden zu haben (Ap.-Gesch. 27, 3); ein Bischof von Sidon tritt beim Nicänischen Konzil 325 auf. — Den Muslimen ergab sich die Stadt im J. 637/8 ohne Widerstand, da sie damals schon geschwächt war. In der Kreuzfahrerzeit wurde Sidon hart mitgenommen. Bei dem ersten Vorüberzug der Franken hatte sie ägyptische Besatzung. 1107 kaufte sie sich von einer drohenden Belagerung frei, wurde aber wegen Treulosigkeit 1111 dennoch belagert und von Balduin I. mit Hilfe der normannischen und venetianischen Flotte nach 6 Wochen eingenommen. Nach der Schlacht von Ḥaṭṭîn ließ Saladin 1187 die Stadt und ihre Festungswerke schleifen. 1197 gewannen die Kreuzfahrer die Stadt wieder; Melik el-'Adil zerstörte sie im gleichen Jahre. Nachdem die Franken Sidon 1228 wieder aufgebaut hatten, wurde sie 1249 von Eijûb wieder zerstört, 1253 von Ludwig IX befestigt. Dann erkauften die Tempelritter die Stadt; 1260 wurde sie von den Mongolen verheert. Im Jahre 1291 fiel sie für immer in die Hände der Muslimen; Sultan Aschraf ließ sie schleifen. Erst als Residenz des Drusen-Emirs Fachreddîn Beginn des 17. Jahrh. (S. 288) kam Sidon wieder empor. Die Europäer wurden begünstigt, der Handel gehoben; der Fürst baute sich einen schönen Palast und Châne für die Kaufleute; der Seidenhandel führte großen Reichtum herbei. Sidon war damals die Hafenstadt von Damascus. Selbst nach dem Sturze des Drusenfürsten blieb der Handel von Sidon, durch die europäischen Konsulate unterstützt, bedeutend, bis er gegen Ende des vorigen Jahrh. durch die unvernünftigen Maßregeln Dschezzâr Paschas vernichtet wurde. Unter ägyptischer Herrschaft hob sich Sidon wieder und wurde mit einer Mauer umzogen. 1840 wurde das Hafenkastell von der alliierten europäischen Flotte in den Grund geschossen. 1860 wurden auch hier auf Anstiften des türkischen Befehlshabers die Christen verfolgt (S. 311); im Bezirk von Ṣaidâ sollen damals 180 Christen niedergemetzelt worden sein.

Die heutige Stadt *Ṣaidâ* liegt an der Stelle des alten Sidon, nur dass sich letzteres mehr gegen O. ausdehnte. Sidon lag wie fast alle phönicischen Städte auf einem Vorgebirge, vor welchem sich eine Insel befindet. Der n. Hafen, durch Klippen geschützt, ist heute noch vorhanden, der größere s. (ehemals „ägyptische") Hafen dagegen von Fachreddîn verschüttet. Der Handel Sidons wurde durch das Aufkommen Beirûts untergraben und ist jetzt unbedeutend; auch ist die Rhede sehr schlecht. Die Lage der Stadt ist herrlich; jenseits der grünen Ebene ragen über die niedrigen Vorberge die beschneiten Höhen des Libanon, *Dschebel Rîḥân* und *Tômât Nîḥâ* (S. 305) empor. — Der Stolz der Bewohner von Sidon sind ihre herrlichen Gärten, die sich in großem Umkreis (namentl. nach N.) um die Stadt hinziehen, ähnlich wie bei Jâfâ. Besonders Orangen und Zitronen werden sehr viel gepflanzt und exportiert; auch Mandel- und Aprikosenbäume, Bananen und Palmen wachsen hier.

Die Einwohnerzahl von Ṣaidâ beträgt 15 000 Seelen, darunter c. 1000 Muslimen und Metâwile; die Christen sind griechisch-katholischer (2000) und maronitischer Konfession. Die amerikanische Mission (S. 288) unterhält in Sidon eine Knaben- und Mädchenschule; die griech. Katholiken sowie die Maroniten haben ihre Schulen, ebenso befinden sich mehrere höhere muslimische Schulen am Ort. Von den Lateinern haben die Franziskaner ein Kloster mit Kirche und eine Knabenschule, die Josephsschwestern eine Schule und Waisenhaus (Oberin eine Deutsche Mère Xavière), die Jesuiten eine Missionsstation. Auch die Alliance Israelite hat eine Schule gegründet.

Das Städtchen enthält wenig Interessantes. Von den neun Moscheen der Stadt war die eine, die große *Dschâmi' el-Kebîr*

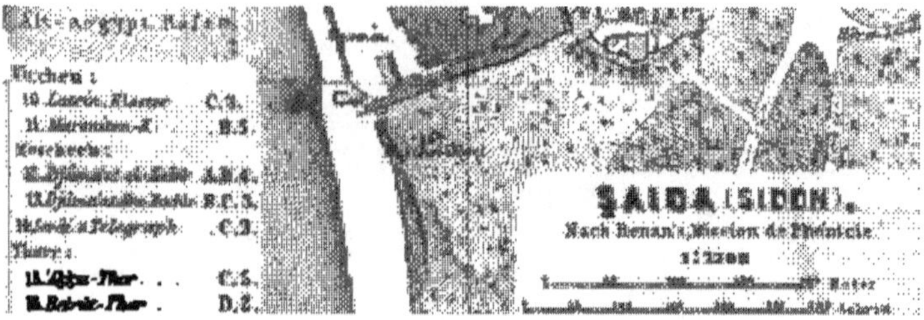
Kirchen :
C.3.
B.5.
A.B.4.
B.C.3.
C.3.
C.5.
D.2.
ṢAIDA (SIDON).
Nach Renan's Mission de Phénicie
Meter

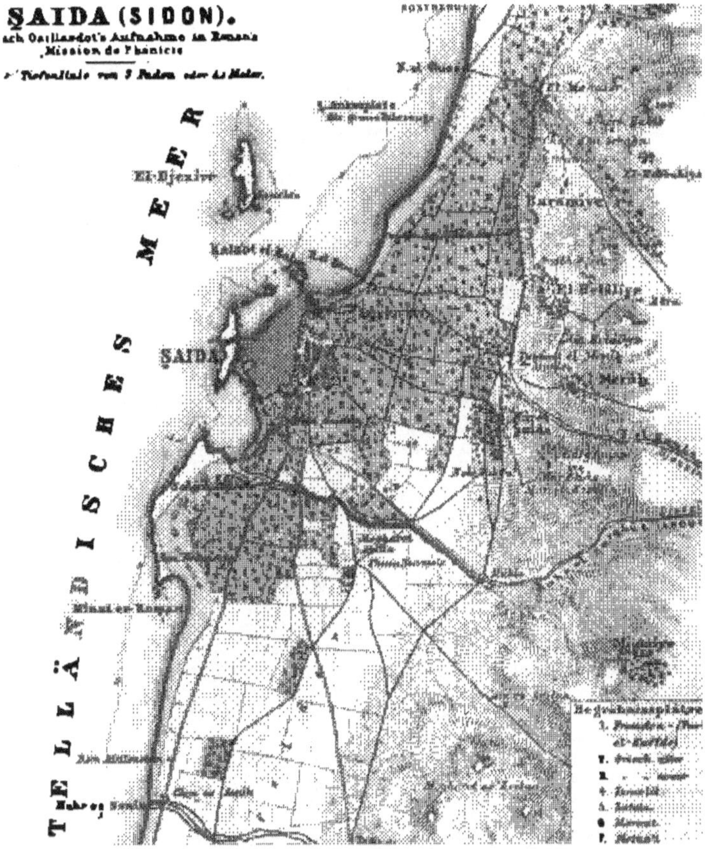
ŞAIDA (SIDON).
MEER
SAIDA

(Pl. 11), ehemals eine Kirche der Johanniterritter. Auf dem Platze vor der Moschee stand einst Fachreddîns Palast; heute ist dort eine muslimische Schule. SÖ. von dem heutigen Hauptplatz steht das *Serâi* (Pl. 13); sw. die Moschee *Abu Nachle* (Pl. 12), ehemals eine Kirche des heil. Michael; n. davon der *Chân Fransâwi* (Pl. 4), ein schönes Gebäude, im Anfang des 17. Jahrh. von Fachreddîn erbaut. Außer diesem hat die Stadt noch fünf andere große Châne.

Interessant ist der Hafen. Am NO.-Ende der Stadt führt neben dem *Chân ed-Debbâġ* (Pl. 13) eine Brücke mit 8 Bogen zu dem Inselchen *Ḳal'at el-Baḥr* hinüber; hier befinden sich die Ruinen eines alten Schlosses aus dem 13. Jahrh., wenn nicht etwa die großen, fugenrändrigen Quadern auf einen noch älteren Bau hinweisen. Doch spricht der Stil der Mauern mit den eingefügten Säulenfragmenten, sowie die Spitzbogen für das Mittelalter. Der Besuch dieser Burg wie der Citadelle (s. u.) ist nicht gestattet.

Um die Insel herum, besonders im SW., sind Reste von Hafendämmen aus großen Quadern, ebenso die ganze Reihe von Klippen entlang, welche gegen N. den Hafen bilden. Dieser konnte in alter Zeit geschlossen werden. Fachreddîn ließ jedoch die Einfahrt zuschütten, um den Hafen der türkischen Flotte unzugänglich zu machen. Die schönen Quadern wurden als Bausteine weggeholt, daher das Meer, wenn es stürmisch ist, über die Klippen in den Hafen eindringt. Auf der breiten Landzunge, welche im W. den Hafen bildet, sind ebenfalls Überreste alter Mauern und, auf der O.-Seite, zwei künstliche viereckige Bassins (s. Pl.). — Im SO. der Stadt ist die Citadelle *Ḳal'at el-Mu'ezze* zu erwähnen, welche auf einem Schutthügel ruht; in dem Schutt sind Lager von Purpurmuscheln bemerklich, auch ist eine große weibliche Statue gefunden worden.

Die Nekropole von Sidon (leider von Schatzgräbern stark beschädigt) liegt in den wenig über die Ebene hervorragenden Kalksteinfelsen, die einst vom Meere bespült wurden und heute mit einer Schicht Erde bedeckt sind. Einige Grabgewölbe sind eingestürzt, andere sind von Anfang an mit Erde gefüllt worden.

Es finden sich verschiedene Arten von Grabhöhlen (nach Renan):

1) Rechtwinklige Grotten, die gegen die Oberfläche des Bodens hin einen viereckigen Schacht von 3-4m Länge auf 1-2m Breite haben; man steigt vermittelst Einschnitten, die sich in den Wänden des Schachtes befinden, hinunter und findet 2 Thüren, die in Gemächer ohne jegliche Ausschmückung führen. Selten stehen mehrere dieser Gemächer mit einander in Verbindung. Renan hält diese Gräber für die ältesten; in Ägypten finden sich ähnliche.

2) Gewölbte Grotten mit Seitennischen für die Sarkophage, oder auch bloß mit viereckigen Löchern im Boden. Treppen führen hinunter, an der Decke sind runde Luftlöcher gegen die Oberfläche des Bodens hin angebracht. Solche Grotten finden sich besonders im SO.-Winkel der sidonischen Nekropole.

3) Bekalkte Grotten, innen nach griechisch-römischem Geschmack bemalt, meist mit griechischen Inschriften versehen; einige haben ebenfalls Luftlöcher. — Bisweilen sind Grotten älteren Stils in Grotten neueren Stils umgewandelt worden.

Auch die Sarkophage sind verschieden. In den Grotten I finden sich Marmorsarkophage speciell phönicischer Art, d. h. sog. anthropoïde Behälter, an denen alle Biegungen der Mumie — denn auch die Phönicier balsamierten ihre Toten ein — nachgeahmt sind; erst später wird der Behälter zum einfachen Kasten, an dem höchstens noch die Lage des Kopfes durch eine Einengung kenntlich ist. Auch Bleisarkophage und Behälter mit einfachen dreikantigen Deckeln kommen vor. In den Grotten 2 sind meist Lehm-, in den Grotten 3 wannenförmige, reich mit Guirlanden etc. verzierte Sarkophage (vgl. S. cxxii).

a. Um die Nekropole zu besuchen (Führer nötig), schlägt man vom 'Akkâthore die im Bau begriffene Fahrstraße ein, die über *Dêr Besîn* nach *en-Nabaṭîje* führen soll; nach 3 Min. r. *Weli Nebi Seidûn*, in welcher Benennung der alte Stadtname erhalten ist. Die Juden nennen das Weli *Grab Sebulons* und wallfahrten hierher. Die Umfassungsmauer ist aus großen Steinen gebaut, dabei eine schöne Säule. Nach 4 Min. setzt man über den *Nahr Barġût* (S. 279). Nach 2 Min. bedeutende Nekropolen l. und r. vom Wege *Maġâret Ablûn* genannt, was „Höhle des Apollo" übersetzt worden ist, eine Vermutung, die um so mehr Wahrscheinlichkeit hat, als man bildliche Darstellungen Apollos hier aufgefunden hat. In den Grabgemächern einige Sarkophage und einige wenig kunstvolle Wandmalereien. Hier wurde 1855 der Basaltsarg des sidonischen Königs Eschmunazar entdeckt, auf dem — ein seltner Fall — eine große phönicische Inschrift steht. Es wird darin ein Fluch über denjenigen ausgesprochen, der das Grab des Königs stört. Der Sarg befindet sich jetzt in Paris.

Nach S. weitergehend, kommt man in 18 Min. zum *Nahr Senîk*; jenseits ein Chân; 10 Min. *Seijidet el-Manṭara* (Aussicht), mit Ruinen eines Kastells, vielleicht *Franche Garde* des Mittelalters; eine in den Felsen gehauene Treppe (c. 100m l., 3-4m br.) führte früher auf eine Plattform vor dem Kastell. Die etwas s. von den Ruinen gelegene Grotte, heute eine Marienkapelle, war wohl ein Astarte-Tempel. Ein ähnlicher Tempel liegt bei dem Dorf *Mardûsche* 10 Min. S.; in der dort befindlichen Höhle Namens *Maġâret el-Mukdûra* ist l. eine häßliche Frauenfigur ausgemeißelt. Auch bei *Maġâret ez-Zêtûn* ist eine Grotte mit einem Medaillon.

b. Wenn man vom 'Akkâthore aus sich nach N. wendet, so kommt man am muslimischen Friedhof vorbei; hierauf schlägt man den Weg r. (O.) ein. In den Gärten sind hie und da Überreste von alten Gebäuden, Gräber etc. An der O.-Seite der Gärten läuft eine Wasserleitung, die von N. kommt. Man kann von hier nach S. gehend in 5 Min. die Ortschaft *el-Ḥâra*, in weiteren 3 Min. *Nebi Jaḥjâ* erreichen. Dieses, so wie die weiter oben befindliche maronitische Kapelle *Mâr Eljâs* steht wahrscheinlich auf dem Platze eines phönicischen Tempels; schöne Aussicht. — Der Wasserleitung, die hier von dem Bach *Kamle* gekreuzt wird, nach N. folgend, erreicht man in 10 Min. das Dorf *el-Helâlîje*. Hinter demselben beginnen Grabhöhlen, die sich bis gegen *Baramîje* hinziehen (leider alle wieder zugeschüttet). Unterhalb (w.) von *el-Helâlîje* wurden 1887 Grabkammern mit 17 prachtvollen griechischen und phönicischen Marmorsarkophagen entdeckt (darunter der angebliche Sarg

Alexanders und der von Eschmunazars Vater). Dieselben wurden nach Constantinopel gebracht; die Höhlen sind jetzt verschüttet.

3. Von Sidon nach Beirût.

(c. 8 St.; in den Chânen am Weg sind arabische Lebensmittel zu haben.) Vor Sidon findet man eine kurze Strecke weit den Boden mit Mosaiks bedeckt. Schöner Rückblick auf die Stadt, die Citadelle und die vielen Felseninseln. Dem Strande entlang in 20 Min. zum *Nahr el-'Auwalî*, der alte *Bostrenus*. Er entspringt bei Bêteddîn (S. 290) und scheidet den Distrikt *Teffûḥ* im S. von dem Distrikt *Charnûb* im N. (das alte Sidon soll an diesem Flusse gelegen haben!). Eine Wasserleitung zweigt sich an dem Punkte ab, wo der Fluß die Berge verläßt. Die Straße wird rauh und steinig; die Ebene endigt hier. Nach 1/2 St., wieder an der Küste, man läßt das Dorf *er-Rumêle* r. liegen (unterhalb desselben ist eine Nekropole) und setzt über den *Nahr el-Burdsch*, nach 1/2 St. über das *Wâdi es-Sekke* (r. ein Chân). Das Vorgebirge heißt *Râs Dschedra*. Nach 45 Min. erreicht man den im Grünen liegenden *Chân en-Nebi Jûnus*; r. die Dörfer *el-Dschîja* und *Bardscha*. Nach der muslimischen Sage soll hier Jonas (arab. *Du'n-Nûn* = Fischmann) von dem Fisch ausgespieen worden oder es soll hier sein Grab sein.

Unter dem Sande bei Nebi Jûnus ist ein schöner Mosaikboden, dem von Kabr Hirâm ähnlich, gefunden worden. Im Altertum muß in der Nähe die Stadt *Porphyreon* gestanden haben. Hier kämpften die Heere des Ptolemäus IV. Philopater und Antiochus des Großen 218 v. Chr. Die Ägypter waren bis zum Vorgebirge bei Platanon am Ras ed-Dâmûr vorgeschoben; die Syrer lagerten am *Nahr ed-Dâmûr* (Tamyras). Antiochus trieb die Ägypter nach Sidon zurück, indem er sie seitwärts von den Bergen her angreifen ließ.

Nach 18 Min. setzt man über einen Bach, r. am Berge *Muḳsaba*. Man hat nun den Ausläufer des Vorgebirges **Râs ed-Dâmûr** zu passieren; der Weg ist schlecht; es stand hier ein Wachtturm, heute eine Ruine. Nach 35 Min. wieder am Strand, r. eine Seidenfabrik; nach 9 Min. *Nahr ed-Dâmûr*. Einige Min. landeinwärts schöne Brücke über den oleanderumsäumten, bisweilen reißenden Fluß. Jenseits des Flusses 2 Châne; das Dorf *el-Mu'allaḳa* bleibt r. liegen; nach 1 St. *Chân en-Nâ'ime* nach einem r. oben liegenden Dorf benannt; in 30 Min. auf einem mit Kies und Sand überdeckten Wege zum **Chân el-Chulde**. (Im 4. Jahrh. *Heldua* genannt, unbedeutender Ort; ausgedehnte Nekropole.)

Nach 1/4 St. verläßt der Weg die Küste; nach 35 Min. überschreitet man das *Wâdi Schuweifât*, nach dem gleichnamigen großen Dorfe oben benannt; dabei *Chân el-Kasis.*. Die Gegend belebt sich; der Blick auf die Abhänge des Libanon, an welchen man viele Häuser sieht, ist prächtig. Nach 32 Min. *Nahr el-Ḡadîr;* ein Chân bleibt r. liegen. Bald beginnen die Maulbeerpflanzungen und die mit hohen Cactushecken umzäunten, gut bewässerten Gärten von Beirût. Nach 35 Min. Brunnen *Bîr Ḥuseinî* (Kapelle des heil. Joseph). Nach 10 Min. beginnt der Pinienwald (S. 289); auf der Ḥadetstraße (S. 290) erreicht man in 3/4 St. die Stadt.

30. Beirût.

Ankunft zur See. Die Landung (mittels Barke, 2 fr., mehrere Pers. 2-4 fr.) geht mit größerer Ordnung vor sich als in Jâfâ. Die Gasthöfe senden ihre Agenten an Bord. Zoll- und Paßrevision gleich am Landeplatz der Boote. Wegen Cigarren und Cigarretten vgl. S. xxxvi. Die Abgabe des Passes suche man zu vermeiden (vgl. S. 7).

Gasthöfe: *Hôt. d'Orient („*Lokanda Bassoul*" gen.; Pl. a; Bes. Bassoul; Cook's H.); *Hôt. Bellevue („*Lokanda Andrea*", Pl. b; Bes. Andrea Boucopoulos); beide am Meer am S.-Ende der Stadt; Pens. o. W. 12-15 fr.; gute Weine, aber teuer. — 2. Ranges, billiger aber oft schmutzig, von levantinischen Geschäftsreisenden besucht: Hôt. d'Europe oder Barricarrère (Pl. c.) am Sûk Ṭawîle; Hôt. d'Angleterre, mit Restaurant (Bes. *Kyrillo*), am Kanonenplatz; Pens. o. W. von 8 fr. an; Hôt. de Paris am Hafen; Hôt. de l'Univers, am Hafen. — Einfach aber gut und reinlich und namentlich deutschen Reisenden zu empfehlen ist das deutsche Gasthaus von *A. Glühmann*, in der Nähe der beiden großen Hôtels, Pens. o. W. 6 fr.

Bier- und Kaffeehäuser: Deutsche Bierlokale: *Pross* (zugleich Ökonom des deutschen Vereins; Pl. 25; s. u.); *Jakob Blaich* (Pl. 27) in der Nähe des Hôtel Bassoul, Garten und Kegelbahn; beide empfehlenswert; bayrisch Bier die Fl. 8 Pi., das Glas ½ fr. — Einige andere von Levantinern gehaltene befinden sich in der Nähe der Hôtels am Meer, häufig böhmische Musikbanden; nicht für Damen. — Arabische Cafés am Kanonenplatz, hier läßt sich das Treiben der einheimischen Bevölkerung beobachten; eine Tasse Kaffee 20 Pa.; Nargile 10 Pa.

Mundvorrat für Landtouren und **Weine** durch das Hôtel zu erhalten oder bei *Jakob Blaich* und *Pross* (s. o.).

Vereine: *Deutscher Verein* bei Pross (s. o.), viele Zeitungen. *Schweizer Verein* ebendaselbst. Für Fremde freier Zutritt, wenn sie durch ein Mitglied eingeführt werden.

Konsulate: Amerika (Pl. 11): *Bissinger*, Kons.; Belgien (Pl. 12): *Frederici*, Gen.-Kons.; Dänemark (Pl. 13): *Loytved*, Kons.; Deutsches Reich (Pl. 14): Dr. *Schröder*, Gen.-Kons.; England (Pl. 15): *Eyres*, Vicekons.; Frankreich (Pl. 16): *Vicomte Petiteville*, Gen.-Cons.; Griechenland *Marinaky*, Gen.-Kons.; Holland: *Hommel*, Gerent des Gen.-Konsulats; Italien (Pl. 19): *Zerboni*, Gen.-Kons.; Österreich-Ungarn (Pl. 20): Ritter v. *Schulz*, Gen.-Kons.; Rußland (Pl. 22): *Petkowitch*, Gen.-Kons.; Schweden-Norwegen (Pl. 23): *Loytved*, Vicekons.; Spanien und Portugal: *Parodi*, Kons.

Geldverhältnisse s. S. xxxiv. — Von Kupfermünzen kursiert in Beirût nur der „*chamsi*" oder „*nuhâsi*" im Wert von 2½ Pa.

Banken. Sämtliche größeren europäischen Firmen befassen sich mit Bankgeschäften (vgl. S. xxxiii). Deutsche Häuser: *E. Lüttické & Co.*; *F. Wehner*; *Funkhänel & Schifner*; *Ney & Co.* Schweizer: *Weber & Co.*; *Fared & Speich*; *R. Erny*. Österreicher: *F. Leithe*. — Außerdem hat die „*Banque imp. Ottomane*" (s. S. xxxiii) eine Filiale (im Chân Antûn Beg Pl. 4). — Von Beirût als dem Mittelpunkt des syrischen Handels kann man sich leicht Geld ins Innere anweisen lassen.

Dampfschiff-Agenturen: *Österreichische* und *ägyptische* gegenüber der Douane; *französische* und *russische* im Chân Antûn Beg (Pl. 4). — **Cooks Agentur** in der Nähe des Hôt. d'Orient.

Post. Türkische, österreichische, französische, englische und russische Post im *Chân Antûn Beg* am Meer (Pl. 4). Die russische Post wird meist nur für den Lokalverkehr benutzt; die österreichische Post befördert keine Geldsendungen nach Frankreich. Postschluß 1 St. (für recommand. Briefe 2 St.) vor fahrplanmäßigem Abgang des Dampfers. Auch nach Abgang der Postbarken können noch Briefe aufs Schiff gebracht werden. — **Telegraph** (internation.) an der Hauptstraße vom Kanonenplatz zur Kaserne (Pl. 51). Tarif über Constantinopel s. S. xxxvii, über Ägypten (engl. Telegr.) viel teurer.

Wagen am Kanonenplatz und in der Straße zur preuß. Apotheke (s. Pl. 1); *Tarif:* einfache Fahrt 5 Pi.; Zeitfahrt die Stunde Werktags

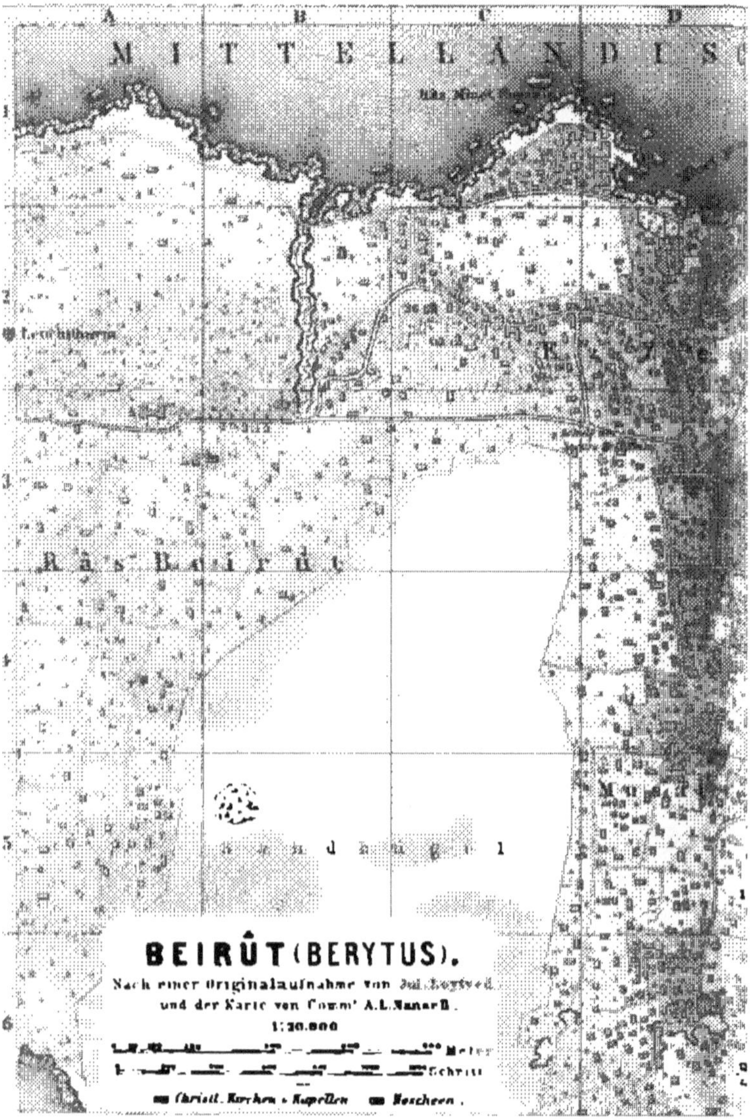
A
B
C
D
MITTELLÄNDISC
1
2
3
4
5
6
Râs Beirût
d
BEIRÛT (BERYTUS).
und der Karte von
1:20.000
Meter
Schritt
Christl. Kirchen u. Kapellen
Moscheen.

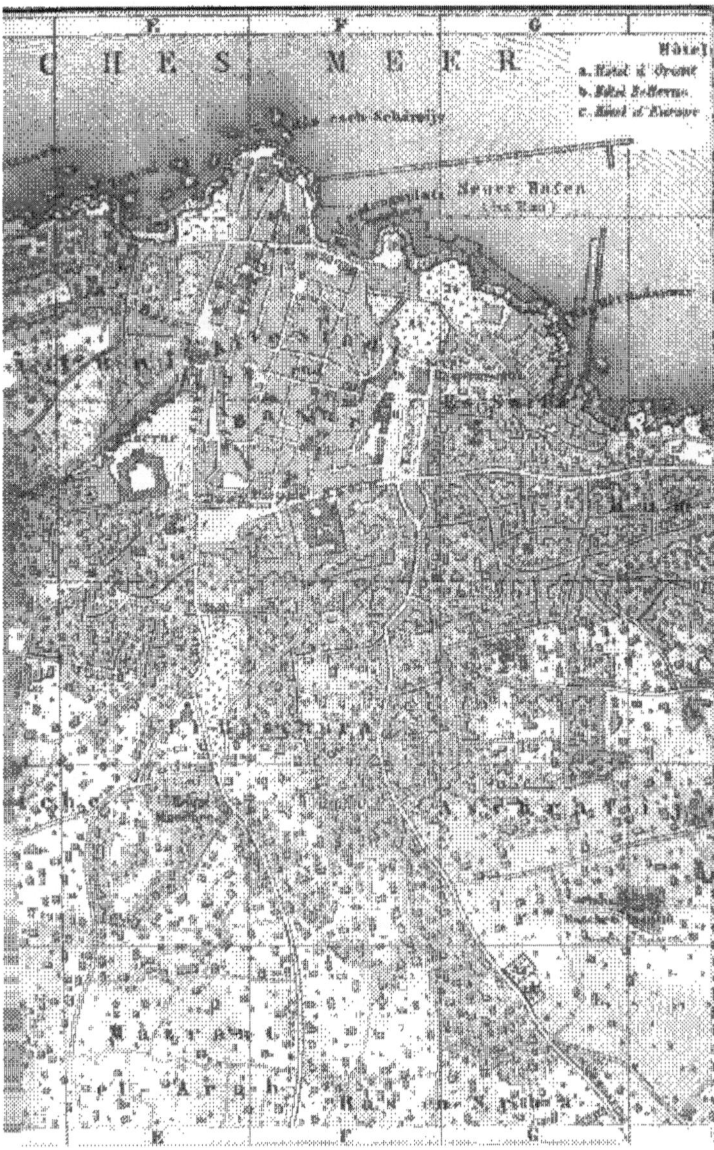
C H E S M E E R
Neuer Hafen
E
F
G

3. *Meerbäder* . . . E. 1.
4. *Chân Antûn Bêg: Banque Impériale Ottomane, Französ. & Engl. Consulat, Österreich., Französ., Engl., Russ. & Türkische Post & Agenzie* F. 1.

Colleges:
5. *Amerikanisches Colleg* A. 3.
6. *Collège national* E. 4.
7. *Griechisches Colleg* D. 4. 5.
8. *Jesuiten-Colleg* G. 4.
9. *Türkisches Colleg* E. 4.
10. *Compagnie Impériale Ottomane* F. 3.

Consulate:
11. *Amerikanisches Consulat* D. E. 3.
12. *Belgisches Consulat* E. 2.
13. *Dänisches Consulat* F. 2.
14. *Deutsches Consulat* D. 2.
15. *Engl. & 16. Französisches Consulat s. 4* F. 1.
17. *Griechisches Consulat* E. 2.
18. *Holländisches Consulat* E. 2.
19. *Italienisches Consulat* D. 3.
20. *Österreich.-Ungar. Consulat* D. 3.
21. *Persisches Consulat* G. 3.
22. *Russisches Consulat* D. 2.
23. *Schwedisches Consulat* F. 1. 2.
24. *Spanisches Consulat* D. 5.
25. *Deutscher Verein (Wirthschaft von Prüß)* F. 2.
26. *Douane* F. 2.
27. *Deutsche Wirthschaft von Jakob Blaich* D. 2.
28. *Dragoner-Kaserne* F. 2.

Friedhöfe:
29. *Evangelischer Fr.* G. 6.
30. *Französischer Fr.* D. 2.
31. *Griech.-katholischer Fr.* D. 2.
32. *Israelitischer Fr.* G. 6.
33. *Maronitischer Fr.* H. 3.
34. *Mohammedanischer Fr.* F. G. 2.

Hospitäler:
35. *Französ. Lazaristen-Haus & Schule* F. 3.
36. *Preuss. Hosp. (Diaconissinnen)* C. 2.
37. *Neues Französ. Hospital* E. 4.
Türkisches Militärhospital s. Nº 1

Kirchen & Klöster:
38. *Capuciner-Kloster & Kirche* E. 2.
39. *Deutsche Kirche, Diaconissinnen & Schule* E. 2.
40. *Engl. Kirche & Buchdruckerei* E. 3.
41. *Franziskaner-Kloster & Kirche* F. 2.
42. *Griech. katholische Kirche* F. 3.
43. *Griech. unirte Kirche* F. 3.
44. *Jesuiten-Kloster & Kirche* G. 3.
45. *Maronitische Kirche* F. 3.
46. *Russische Kirche* F. 3.

Posten & Agenzien:
47. *Engl.*, 48. *Französ.* 49. *Russische*, 50. *Österreichische & Türkische* } s. Nº 4 F. 1.
51. *Türk. Telegraph* F. 3.

7½ Pi., Sonntags 10 Pi.; weitere Fahrten nach Übereinkunft. — **Reitpferde** in derselben Straße, in der Regel gut; durchschnittlicher Preis: 1 Tag 5 fr.; ½ Tag 3 fr.; für längere Touren billiger.

Dragomane (vergl. S. xxiii) in Beirût: **Nachle Scha'ja*, ***Daibes Fadoul***, *Gandiri*, *Eljas Melhemi*, **Abdulla Durzi*.

Bäder. *Türkische Bäder* (vergl. S. xli) in der Nähe des Burdsch an der Damascusstraße. (1½ Medsch.; außerdem ¼ Medsch. Trinkgeld für die Aufwärter). Für *Meerbäder* giebt es 3 Badeanstalten in der Nähe des Hôtel Bellevue (50 c. per Bad, im Abonnement billiger); Wäsche bringe man womöglich selbst mit. Schwimmlustigen möge gesagt sein, daß Haifische auch die Bucht von Beirût besuchen.

Barbiere in der Nähe des Deutschen Vereins; kommen auch in die Hôtels (Rasiren 50 c., Haarschneiden 1 fr.).

Kaufläden. Europäische Artikel bei *Christophors* und sonst im Sûk Tawîle. — Schneider: *Fazzi*, *Beck*, *Aramân* im Sûk Tawîle. — Sattler: *Stephanski*, *Fröschle*, *Althaus* (handelt auch mit Antiquitäten).

Von arabischen Artikeln kauft man auf dem Beirûter Basar die seidenen Kefîjen (S. xcii), die gestickten Tischdecken, Pantoffeln, Kissen, Tabakbeutel, namentlich auch Filigran-Arbeiten, welcher Artikel von hier selbst nach Ägypten exportiert wird. — Arabische Händler z. B. *Tarâsi*, *Buchâsi*, *Omar Lausi* (Teppiche) in der Altstadt; auch in die Hôtels kommen Händler. (Beim Einkauf Vorsicht! Handeln!)

Cigarren. Am besten bei *Press* (S. 284); sonst schwer erhältlich.

Buchhandlungen. Europäische Werke durch die Buchhandlung von *Charlier Béziès fils* in der Christenstraße (Tawîle); arab. Bücher bei *Amîn Chûri* oder bei *Ibrâhîm Sâdir*, beide nahe dem Kanonenplatz.

Photographen. **Bonfils* (gute Bilder, sehr reiche Auswahl), *Dumas*, *Guarelli* an der Straße von den beiden außenliegenden Hôtels nach der Stadt. Preis 10 fr. das Dutzend. Man kaufe bei den Photographen selbst, nicht bei den Händlern im Hôtel.

Ärzte: Dr. *Lorange* (Deutscher); Dr. *Busch* (Österreicher); Dr. *de Brun* (Franzose); Dr. *Wortabet*, Dr. *Brigstocke* (Engländer); Dr. *Post*, Dr. *Van Dyck*, Vater und Sohn (Amerikaner). — Zahnarzt: *Gladrow* (Deutscher); *Dray* (Engländer).

Apotheke: Allein zu empfehlen ist die „*Preußische Apotheke*" (im türkischen Militärspital, Pl. 1), nach preußischen Landesverordnungen eingerichtet. — **Krankenhäuser** s. S. 288 f.

Geschichtliches. Zwischen den Staaten der Phönicier lagen die Stammsitze des kanaanitischen Volkes der „Gibliter" mit den beiden Städten *Berytos* und *Byblos*. Ob die Stadt ihren Namen von den Brunnen (*beerôt*) hat, ist nicht sicher (nach andern von *berôsch*, Pinie); hingegen ist sie kaum mit Berothai (II Sam. 8, 8; Ez. 47, 16) zu identificieren. Im hohen Altertume scheint die Stadt unbedeutend gewesen zu sein; sie wird von den Griechen zwar *vor* Alexander erwähnt, jedoch bei dessen Kriegszug nicht genannt. Im 2. Jahrh. v. Chr. soll Berytos bei Gelegenheit einer Rebellion gegen Antiochus VII. gänzlich zerstört worden sein. Die Römer bauten es wieder auf und machten es zu einer Kolonie, die nach der Tochter des Kaisers Augustus den Namen *Felix Julia* erhielt. Herodes Agrippa verschönerte Beirût seinen Freunden, den Römern, zu Liebe durch Bauten von Bädern und Theatern und ließ Gladiatorenspiele aufführen. So ließ hier auch Titus nach der Zerstörung von Jerusalem viele Juden sich untereinander eine Schlacht liefern. Mitte des 3. Jahrh. begann hier eine römische Rechtsschule emporzukommen, die zu großer Blüte gelangte. Auch Handel wurde getrieben und das römische Reich von hier aus mit Seidengeweben versorgt. Die Seidenwebereien von Berytus und Tyrus waren schon in der spätrömischen Zeit berühmt; von hier verpflanzte sich dieses Handwerk nach Griechenland, von dort nach Sicilien (12. Jahrh.). Hingegen ist durchaus unsicher, wann die Seidenkultur, resp. die Anpflanzung von Maulbeerbäumen (Morus alba) in Syrien begann; im Mittelalter war sie längst vorhanden. 520 zerstörte ein Erdbeben die Stadt; sie wurde nie mehr in ihrem alten Glanze aufgebaut, auch die Rechtsschule nicht mehr eingerichtet. 600 lag die Stadt noch in Trümmern; 635 wurde sie von den Muslimen mit leichter Mühe erobert. Die Kreuzfahrer (Balduin) nahmen sie 1125 ein; sie blieb mit geringen Unterbrechungen bis zur Schlacht von Ḥaṭṭîn in ihren Händen.

Beirût war eine Zeit lang der Sitz des Drusenfürsten Fachreddîn (1595-1634). Diesem genialen Manne gelang es, indem er das Zutrauen der Pforte mißbrauchte, sich ein Reich zu gründen. Er verjagte die Beduinen und setzte sich in Verbindung mit den Venetianern, den natürlichen Feinden der Türken. Beirût war sein Lieblingssitz; die Umgebung dieser Stadt soll sein „Garten“ gewesen sein. Er begünstigte die eingebornen Christen und hob den Handel. Er ging später an den Hof der Medici von Florenz, um Unterstützung gegen die Türken zu suchen und verweilte 9 Jahre in Italien, während welcher Zeit sein Sohn 'Ali die Türken zurücktrieb. Als er zurückkehrte, brachte er durch seine Neuerungen und europäischen Bauten eine große Partei gegen sich auf. 'Ali wurde in Safed von den Türken geschlagen und getötet, Beirût genommen. Bald darauf geriet auch der Emir in Gefangenschaft und wurde auf Befehl des Sultan Amurat in Stambul erdrosselt. Sein Geschlecht (Ma'aniden) wurde 1694 verjagt; hierauf kamen die Schihâbiden an die Herrschaft. Die allmähliche Aufhebung der Gewalt dieser inländischen Fürsten war eine heilsame Politik der Türken. 'Abdallâh Pascha nahm Beirût den Drusen ab (Emir Beschîr, S. 298); dies schadete ihr nicht: Sidon und Tripolis verarmten, Beirût wurde eine große Hafenstadt. Auch die Beschießung, wodurch 1840 Beirût von den Engländern den Türken zurückerobert wurde, verursachte wenig Schaden. Besonders seit den Christenmetzeleien 1860 zogen viele Christen nach Beirût, das seitdem eine große Stadt (aber keine Großstadt) geworden ist.

Beirût (33°50′ n. Br.) nimmt einen großen Teil der S.-Seite der gegen N. schauenden *St. Georgs-Bai* ein. Das Innere der Bai bietet den Schiffen, die auf offener Rhede ankern müssen, bei schlechtem Wetter einigermaßen Schutz. Der Bau eines guten Hafens ist Sommer 1889 von einer französischen Gesellschaft begonnen worden.

Beirût ist die bedeutendste Handelsstadt in Syrien. Schiffsbewegung im Hafen von Beirût 1888: 2787 Segelschiffe mit 45 846 Tonnen, 494 Dampfer mit 501 368 Tonnen. Man hofft, die Zahl der die Rhede anlaufenden Schiffe werde sich nach Vollendung des neuen Hafens als der einzigen sicheren Landungsstelle zwischen Port Sa'îd und Alexandrien, bedeutend erhöhen. — Beirût ist vorzugsweise wichtig als Importplatz. Die Ausfuhr beschränkt sich, was die in größeren Quantitäten versendeten Waren betrifft, auf *Getreide*, *Seide* (1888: 2000 Ballen) und *Wolle* (1888: 3500 Ballen).

Beirût ist Hauptstadt des gleichnamigen Wilâjets (S. LXIV), Residenz des Wâli (seit 1889 *'Azîz Pascha*) und hat eine Garnison von 400 Mann Infanterie und 80 Mann Kavallerie. — Die Stadt ist Sitz eines griech.-orthodoxen Bischofs, eines maronitischen Erzbischofs, eines griech.-unierten Patriarchen und eines päpstlichen Delegierten (Msgr. *Piavi*, zugl. Patriarch von Jerusalem).

Die Stadt hat eine herrliche Lage an den Uferhöhen von *Râs Beirût* und *St. Dimitri*. Die Ebene ist bedeckt von üppigen Gärten; die jenseits derselben rasch aufsteigenden Gebirge, aus welchen der schneebedeckte Rücken des *Ṣannîn* und *Keneise* herüberschaut, sind von einigen tiefen Furchen zerrissen, aber bis weit oben angebaut; in der Abendbeleuchtung ist die rötliche Färbung des Gebirges im Gegensatz zu dem Tiefblau des Meeres wunderschön.

Mit dieser an italienische Gegenden erinnernden Lage ist auch ein mildes Klima verbunden. Zwar regnet es im Winter viel, doch blühen diese ganze Jahreszeit hindurch Blumen, Crocus und Cyclamen, und man sieht manche Palme aus den Gärten hervorragen. Mitteltemperatur und Regentage: Jan.: 14,05° C., 11 R.; Febr.: 14,8° C., 11 R.; März: 17,4° C., 9 R.; Apr.: 19,05° C., 5 R.; Mai: 22,9° C., 2 R.; Juni: 25,05° C., 1 R.; Juli: 28,3° C., 0 R.; Aug.: 28,5° C., 1 R.; Sept.: 27,5° C., 1 R.; Okt.: 25,4° C., 3 R.; Nov.: 19,2° C., 7 R.; Dez.: 16,4° C., 12 R. Die Hitze ist den größten Teil des Jahres wegen der frischen Seeluft erträglich; da die Abkühlung nachts nur gering ist, so kann man unbedenklich bei offenen Fenstern schlafen. Der September ist wegen der eintretenden Windstille besonders heiß. Viele in Beirût ansäßige Europäer ziehen nach den Anhöhen des Libanon in die Sommerfrische (s. S. 293.).

Im Altertum erhielt Beirût sein Wasser durch einen Aquädukt (verschiedene Überreste sind erhalten) aus dem *Magoras* (*Nahr Beirût* S. 291). Seit 1875 versorgt die Wasserleitung der „Beyrouth Water-Works Cie., Limited" die Stadt mit Wasser aus dem Hundsfluß (S. 291). — Seit 1888 hat die Stadt Gasbeleuchtung (Fabrik der französ. Comp. de Gaz bei der Quarantäne).

Vor der Christenmetzelei 1860 hatte Beirût c. 20000 Einw., jetzt über 100000. Die officielle Kalenderstatistik giebt 1889 für Beirût folgende Zahlen: Muslim. 33000, Griech.-Orthodoxe 30000, Maroniten 28000, Melkiten (griech.-uniert) 9000, Juden 1500, Lateiner 1500, Evangel. 900, Syr.-kathol. 600, Armen.-kathol. 400, Drusen 300, andere Religionsgemeinschaften 300, zus. 105400; 6 Hospitäler, 23 Moscheen, 36 christl. Kirchen; 66 Knaben- und 36 Mädchenschulen mit 8000 Schülern und 6175 Schülerinnen, darunter muslimisch 21 Knaben- und 2 Mädchenschulen mit 2000 Schülern und 500 Schülerinnen. — In Beirût wohnen c. 2000 Europäer.

Das muslimische Element tritt gegen das christliche zurück. Die Christen von Beirût sind sehr betriebsam; es ist, als ob noch etwas von dem altphönicischen Handelsgeist in ihnen steckte. Sie haben ihre Firmen bereits auch in England, Marseille u. s. w. und machen dadurch den im Lande angesessenen europäischen Kaufleuten Konkurrenz. Das Italienische, welches früher hier neben dem Arabischen Hauptsprache war, wird durch das Französische verdrängt, da viele katholische Christen ihre Söhne in den trefflichen Anstalten der Lazaristen, Jesuiten u. a. erziehen lassen. Der Procentsatz der Individuen, welche lesen und schreiben können, ist für orientalische Verhältnisse in Beirût sehr groß; ja man hat auch — das notwendigste von allem — begonnen, das weibliche Geschlecht heranzubilden. Es zeugt für den regen Sinn des Volks, daß 13 Druckereien (die besten sind die der Jesuiten und Amerikaner) existieren und 12 arabische Zeitungen Leser finden. Überhaupt ist Beirût das Centrum des orientalischen Buchhandels in Syrien. In litterarischer Beziehung verdient der vor einigen Jahren verstorbene gelehrte Araber *Butrus Bistâni* (Verfasser eines umfangreichen arabischen Wörterbuchs und Conversationslexikon und Leiter einer guten protestantischen Knabenschule) Erwähnung.

Humanitäre und Missionsanstalten.

Deutsche: Das *Hospital* des preußischen Johanniterordens (Pl. 36, Vorsteherin Louise Breyner) am Râs Beirût (seit 1860) ist sehr schön gelegen und gut eingerichtet; es wird von den amerikanischen Ärzten bedient (Poliklinik abgesondert); die Pflege leiten Diakonissen aus Kaiserswerth. Es hat gegen 60 Betten und schöne Separatzimmer für Kranke; I. Kl. 10 fr., II. Kl. 5 fr. per Tag, alles inbegriffen, außer etwa einer Erkenntlichkeit in die Armenbüchse. Die Anstalt verdient das höchste Lob. — Das große *Waisenhaus und Pensionat* des Kaiserswerther Diakonissenhauses (Oberin des Waisenhauses *Sophie Gräf*, Vorsteherin des Pensionats *Louise Kaiser*). Das schöne Gebäude (Pl. 39) liegt an der Straße nach Râs Beirût (S. 280). Es können 130 (einheimische!) Waisenkinder Aufnahme finden; leider fließen die Mittel aus Europa etwas spärlich. Das Pensionat kommt einer höheren Töchterschule in Europa gleich. Die Schule ist beliebt. Im Gebäude befindet sich die *protestantische Kapelle;* deutscher Gottesdienst So. Vm. 10 Uhr.

Seit 1721 wirkt die amerikanische Mission (Presbyterialkirche) in Syrien; Beirût ist der Mittelpunkt ihrer Bestrebungen. Im J. 1888 betrug die Zahl aller Kirchenglieder 4359 Personen. In der *Missionskirche* (Pl. 40) wird So. Vm. 9 Uhr in englischer und 11 Uhr in arabischer Sprache Gottesdienst gehalten. Neben derselben steht eine Sonntagsschulhalle, ein Mädcheninstitut und eine *Druckerei*, aus welch' letzterer schon eine große Menge arab. Publikationen hervorgegangen ist. Die Mission hat seit ihrem Bestehen Männer von wissenschaftlichem Verdienste aufzuweisen, so Eli Smith, Van Dyck, Thomson. Von richtiger Einsicht in die Bedürfnisse des Landes zeugt die *Hochschule* in Beirût mit theologischem Seminar, medicinischer Fakultät und Präparandenanstalt. Die schönen neuen Gebäude (Pl. 5), in welchen sich die letztgenannten Anstalten, sowie auch ein astronomisches Observatorium befinden, stehen an der Straße nach Râs Beirût. In der medicinischen Schule werden durch einen vierjährigen Kursus Ärzte gebildet, welche wenigstens den einheimischen Ärzten bei weitem überlegen sind. In Beirût befindet sich außerdem noch ein Mädchenseminar. — Die Gesamtzahl der Schulen der amerikan. Mission beträgt (1889) 141 mit über 6000 Schülern und Schülerinnen. — Eine arab. Wochenschrift und eine monatliche Kinderzeitung dient ihrer Propaganda.

Die Schottische Mission („Church of Scotland, Jewisch Mission") besteht seit 1864 und hat ihre Hauptthätigkeit unter den *Juden* (bes. Jugenderziehung). Sie unterhält eine Knaben- und eine Mädchenschule. — Eine schottische Dame, Miss Taylor, leitet das St. Georgs-Institut für muslimische und Drusenmädchen.

The British Syrian Mission and Schools and Bible work, gegründet 1860 nach der Christenmetzelei zur Aufnahme der Waisen, hat ebenfalls in Beirût ihren Hauptsitz. Die Direktion liegt in den Händen von Mr. und Mrs. Mott. Die Schulen sind vortrefflich. In Beirût befindet sich die Erziehungsanstalt für Lehrerinnen, sowie 10 verschiedene Schulen, worunter auch Blindenklassen, im ganzen mit über 1200 Schülern. Außerdem hat die Mission in Syrien noch verschiedene Stationen mit Schulen (1700 Schüler), Sonntagsschulen und Evangelisationsthätigkeit.

Französische Anstalten: Das große Etablissement der *Soeurs de la charité de St. Vincent de Paul*, Waisenhaus, Externat und Pensionat (2000 Mädchen). — Das große *Lazaristenspital* (Pl. 35), bedient durch die Soeurs de la charité, vortrefflich eingerichtet. Ferner Knabenschule (175 Schüler) und Handwerkerschule der Lazaristen. — Pensionat und Schule der *Dames de Nazareth* auf dem Dimitriberg (600 Mädchen). — Die Institute der *Jesuiten* haben bes. seit der Austreibung des Ordens aus Deutschland zugenommen; höchst beachtenswert ist das von el-Ḳazîr hierher verlegte Institut mit *Medicinhochschule* (im ganzen 1500 Knaben und 200 Mädchen), sowie ihre vortreffliche *Druckerei*, worin eine Reihe bedeutender Werke gedruckt worden sind. — Die *Franziskaner* der Terra Sancta haben ein Kloster (Pl. 41) und eine schöne Kirche nahe der Douane. — Die *Kapuziner* haben ein Kloster und eine Schule (150 Knaben).

Die italienische Regierung macht in ganz Syrien große Anstrengungen durch Erweiterung und Neugründung von Schulen; 4 klassige Knaben- und Mädchenschule (130 Knaben, 120 Mädchen) mit Kindergarten.

Auch die übrigen Konfessionen (griechisch-orthodox und Maroniten) sowie die Juden sind mit Schulen reichlich versehen.

In der Stadt Beirût trifft man zerstreut Säulenstücke; ebenso sind solche zur Anlage des Quai verwendet worden. Man findet bei Ausgrabungen öfters Mosaik; ebenso kommen bisweilen Felsengräber und Sarkophage zu Tage (gegen das Vorgebirge hin), doch ist alles unbedeutend. Bei dem Hafen ist ein alter *Turm*, dessen Unterbauten wohl aus der Kreuzfahrerzeit stammen könnten, eine Landmarke von Beirût. — Der **Basar** (Pl. F 3) ist für den Fremden kaum interessant, da der europäische Einfluß überwiegt. Am Basar liegt die **Hauptmoschee** (Zutritt schwierig zu erhalten), ursprünglich eine Kirche des h. Johannes aus der Kreuzfahrerzeit; die Muslimen haben die inneren Wände mit groben Arabesken bemalt. Die Kirche zeigt zwar durchgängig den Spitzbogen, hat aber keine Kuppel, dagegen Gewölbebogen. — Im O. der Altstadt liegt der sog. **Kanonenplatz** (Pl. F 3) mit öffentlichem Garten; an demselben zahlreiche Cafés, das Bureau der französischen Compagnie (s. S. 303), die Dragonerkaserne, sowie das *Serâi* (alter Palast von Fachreddîn, S. 286, einige Säle bemerkenswert).

Um die Altstadt herum sind besonders am Râs Beirût und Dimitrihügel hinauf ausgedehnte *neue Stadtteile* gebaut mit breiten, luftigen Straßen, bisweilen finden sich ganz hübsche Landhäuser mit schönen Gärten. Man kann stundenlang sich zwischen Häusern und Gärten ergehen und die herrliche Aussicht zwischen dem Grün der Orangen, Citronenbäume, Sykomoren und Palmen bewundern.

Spaziergänge. 1. Die Straße der französischen Compagnie entlang zu den (1/2 St.) „**Pinien**" (ar. „*hersch*", d. h. Wäldchen). Vom Kanonenplatz aus (s. o.) führt der Weg erst zwischen Häusern, dann am israelitischen und evangelischen Friedhof (l.) vorbei; l. auf der Höhe des Dimitriberges liegt das schloßartige Gebäude der Dames de Nazareth. Hier ist gewissermaßen der Corso von Beirût, wo die elegante Welt in Wagen und zu Pferde sich tummelt; es befinden sich hier viele Kaffeehäuser, das beste bei der zweiten Piniengruppe (das sog. „Zweite Café", *el-Kahwe et-Tânije*), woselbst sich jeden Freitag die Libanesische Musik hören läßt. Das ziemlich ausgedehnte Wäldchen von Pinus Halebensis begrenzt die S.-Seite der Stadt und bildet eine natürliche Wehr gegen die von S. vordringenden Sanddünen. Der Drusenfürst Fachreddîn soll diese „Pineta" angelegt haben, um die Versandung von dem Vorgebirge abzuhalten. Hier lagerten die französischen Truppen 1861. — In weiteren 30 Min. gelangt man nach *el-Hâzmîje* (5km von Beirût), Grabmal des verdienstvollen Franko Pascha (zweiter Generalgouverneur des Libanon, S. LXIV), daneben das des berühmten Beirûter Literaten *Fâris esch-Schidjâk*, sowie der Frau und der Tochter des jetzigen Generalgouverneurs, *Wassa* Pascha. Rückweg entweder über *el-Hadet* oder über Rustem Paschas Garten:

a) Bei *el-Hâzmîje* biegt die Fahrstraße r. (nach S.) ab; man läßt die Fahrstraße nach *Ba'abdâ* (s. S. 294) l. liegen und gelangt gerade aus in ½ St. nach dem Dorf *el-Hadet* (gutes Café am Weg). Von hier auf dem direkten Weg (s. Karte) in 1 St. durch die Gärten nach Beirût, oder auf einem kleinen Umweg über *Burdsch el-Barâdschine* und *esch-Schiâh* auf die Hadetstraße zurück.

b) Etwas vor *el-Hâzmîje* geht l. (n.) eine Fahrstraße ab, die auf einer neuen Brücke über den *Nahr Beirût* (r. oben die Kulturen des Zahnarztes Gladrow) nach Rustem Paschas Garten führt (ein Vergnügungsgarten, den der frühere Gouverneur des Libanon, Rustem P., angelegt; jetzt verwahrlost); gegenüber gutes Café. Von hier auf die Straße vom Hundsfluß bei der Brücke über den Beirûtfluß (S. 291) und auf derselben in die Stadt zurück (1½ St.).

2. Einen sehr schönen Spaziergang (½ St.) bietet der **Dimitriberg**, die Anhöhe, welche sich vom Meere bei der Quarantäne bis zu den Pinien quer durch die Ebene zieht. Vom SO.-Ende des Kanonenplatzes geht man gegen O. (Straße zum Hundsfluß). Den Weg, welcher r. nach 6 Min. zu einigen Landhäusern bergan führt, läßt man liegen; man findet hierauf einen engen Weg, welcher r. direkt auf die Höhe (10 Min.) geht. Oben sind einige Häuser, sowie die bedeckten Wasserreservoire (fahrbarer Weg). Der Hügel ist angebaut und mit vielen Sträuchern und Bäumen bedeckt. Vom nördlichsten Punkt, wo man bei einigen Pinien oben an einem Friedhof mehr ins Freie tritt (5 Min.), prachtvolle *A u s s i c h t auf die Bucht von Beirût und die Stadt; auf der andern Seite der Libanon. Man kehrt auf der Straße, die nach dem Flusse führt, zurück (¼ St.).

3. Zum **Râs Beirût** führt westwärts am *deutschen Waisenhaus* (Pl. 39) vorbei eine fahrbare Straße, die auf beiden Seiten mit Landhäusern besetzt ist. L. oberhalb der Straße das *Johanniterspital* (Pl. 36); weiterhin die Häuser der amerikanischen Mission (S. 288). Von hier erreicht man in nw. Richtung (r.) auf etwas steinigem Wege den schönen neugebauten *Leuchtturm (fanâr)* ½ St. In sw. Richtung weitergehend, gelangt man in 15 Min. zum Rande der Klippen, die sich ziemlich schroff ins Meer senken. Unten am Strande sind hier, der kleinen Felseninsel gegenüber, einige schöne Grotten, die sog. *Taubengrotten*. Die Aussicht auf das Meer von der Höhe oberhalb der Grotten ist herrlich. Um in das Innere der Grotten zu gelangen, nimmt man eine Barke (Preis 1½ Medsch., Fahrzeit bei gutem Winde ½ St.). Gegenüber der dritten Grotte befindet sich ein Felsenthor, unter welchem, wenn die Sonne dahinter steht, ein prächtiges Farbenspiel im Wasser erscheint.

UMGEBUNG
von
BEIRÛT (BERYTUS.)
1: 200.000
Kilometer
MITTELLÄNDISCHES
MEER
St. Georgs Bai

Ausflüge.

1) Zu den Taubengrotten vermittelst Barke s. S. 290.

2) An den Hundsfluß.

Zu *Wagen* auf der neuen Fahrstraße c. 12 km, Preis 10-12 fr.; zu *Pferd* längs des schönen Strandes c. 2 St., 3-5 fr.; mittelst *Barke* bei günstigem Wind $1^1/_2$ Std. (bei ungünstigem das doppelte und mehr), $1^1/_2$-2 Medsch.

Von der SO.-Ecke des Kanonenplatzes führt der Weg in ö. Richtung durch die Stadtviertel *Es-Saifa* und *Rumêle* hindurch. Nach $^1/_4$ St. Reste einer Kapelle des h. Georg (nach der Sage Ort des Kampfs mit dem Drachen); nach $^1/_4$ St. *Nahr Beirût* (*Magoras* der Alten), die schöne Brücke soll von Fachreddîn gebaut (oder wiederhergestellt) sein. Bis hierher erstrecken sich die Häuser (Cafés) von Beirût. Jenseits der Brücke beim Eintritt in das Gebiet der Libanonregierung (s. S. LXIV) ein Wachtposten libanesischer Milizsoldaten; r. zweigt hier die Fahrstraße nach Rustem Paschas Garten (s. o.) ab. Nach 14 Min. Brücke über den Bach *'Adawîje*, l. am Meeresstrand *schönes Café, ed-Daura* genannt; in der Nähe ist oft Gelegenheit, arabische Reiterspiele zu sehen. Reiter können von hier aus den Weg am Strande hin einschlagen. Die Fahrstraße führt in einiger Entfernung vom Strand durch üppige Gärten; das Land, weil gut bewässert, ist außerordentlich fruchtbar; namentlich finden sich viele Pflanzungen von Maulbeerbäumen zur Seidenraupenzucht. Auf dem Gebirge r. sieht man eine Unzahl von Dörfern zerstreut. — Nach 10 Min. beginnen die zerstreuten Häuser des kleinen Dorfes *Dschedeide* (r. Reitweg nach *Bêt Meri* S. 293). Nach 5 Min. *Nahr el-Maut* („Todesfluß"). Nach 35 Min. Brücke über den *Nahr Anteljâs* (wahrscheinlich *St. Elias*, nach dem daselbst liegenden Dorf so benannt, entspringt beim *Ṣunnîn* S. 293); r. Fahrweg nach *Bukfeijâ*. Der Weg nähert sich wieder mehr dem Meer, nach 35 Min. *Adbâje*: Maschinenhaus und Filtrierbecken der Wasserleitung, nicht uninteressant; Chân und ordentliches Café. Bald springen die Felsen dicht an das Meer vor. Die Römerstraße (alter Weg) lief über den Berg c. 30m über dem Meere, sie war in Felsen gehauen und mit Steinplatten gepflastert. Ein noch älterer Weg führt weiter oben am Felsen herum, an ihm befinden sich die merkwürdigen Skulpturen (S. 292). Die neue Fahrstraße zieht sich dicht am Meer um die Felsen herum in 23 Min. zur Mündung des **Nahr el-Kelb** und überschreitet denselben auf einer stattlichen steinernen Brücke. Zu beiden Seiten Cafés.

Der *Nahr el-Kelb* (Hundsfluß), welcher am Ṣannîn entspringt, hieß bei den Griechen *Lykos* (Wolfsfluß). Der Sage nach stand hier auf einer Klippe im Meer, die man noch zeigt, ein großer in Stein gehauener Hund, welcher bellte, wenn sich Feinde näherten.

Hundert Schritte oberhalb der neuen steht eine alte steinerne Brücke. Wohl seit uralter Zeit stand hier eine solche; aus einer arabischen Inschrift, die an ihrem s. Fuße auf einer großen Tafel im Felsen ausgemeißelt ist, ergiebt sich, daß eine Brücke von Sultan Selim I. (Sohn Bajasids II.), dem Eroberer Syriens († 1520) gebaut wurde. Die Inschrift auf einer Felsentafel an der Brücke nennt als den letzten Erbauer Emir Beschir (S. 298) im J. 1224 d. Fl. (1828/29). — Zwischen der oberen und der neuen Brücke auf dem S.-Ufer findet sich eine schöne lateinische Inschrift, aus welcher erhellt, daß der hier beginnende Felsenpaß auf Veranstaltung des römischen Kaisers Marcus Antoninus (161-180) ausgehauen worden ist; da dieser Kaiser als Besieger Germaniens aufgeführt ist, so kann das Werk nur in die 4 letzten Jahre seines Lebens fallen. — Auf dem N.-Ufer läuft eine alte Wasserleitung, von Pflanzen überwuchert, das Thal hinunter.

Hier unterhalb dieser Wasserleitung an der 12m hohen Felswand, einige Schritte ö. von der neuen Brücke, sind 1882 beim Graben eines Kanals 4 *Inschriften* entdeckt worden. Es sind assyrische Keilinschriften, die aber, weil verwittert, nicht mehr gelesen werden können.

Die o. erwähnten andern Inschriften an dem Felsenpaß s. vom Fluß bestehen aus neun 11-15cm tief in die Felswand eingehauenen Tafeln, $1{,}_{55}$-$2{,}_{50}$m h. und $0{,}_{70}$-$1{,}_{22}$m br. Es sind vom Chân bei der Brücke aus gezählt folgende: Nr. 1, beim Chân, Inschrift der französischen Expedition von 1860/61; hiezu ist die Steinplatte einer alten *ägyptischen* Inschrift (dem Phtah gewidmet) verwendet. — Nr. 2, c. 6m s. *assyrische* Inschrift, Figur (Königsbild) mit aufgehobener r. Hand. — Daneben Nr. 3 *assyrische* Figur, ziemlich undeutlich, nur der Kopf erkennbar. — c. 20m aufwärts, etwas höher als die alte Straße Nr. 4 *assyrische* Figur (undeutlich) etwas kleinere Tafel, oben abgerundet. — Weiterhin an der alten Straße Nr. 5 *lateinische* und Nr. 6 *griechische* Inschrift. Etwas weiter in der Höhe Nr. 7 *assyrische* Figur, Tafel oben abgerundet; unmittelbar daneben Nr. 8 *ägyptische* Tafel mit Carnies (Der Pharao opfert dem Sonnengott Ra) — c. 30m weiter aufwärts Nr. 9 *assyrische* Inschrift, oben abgerundet, gut erhaltene Figur des Königs. — c. 35m weiter aufwärts Nr. 10 *ägyptisch*, große Tafel mit schönem Carnies (der Pharao und der thebanische Gott Ammon von Oberägypten). Daneben Nr. 11 *assyrisch*, gut erhalten, oben abgerundet: König mit lockigem Bart, in langem Kleide, die Kidarismütze auf dem Kopf; die l. Hand hält ein Scepter und ist über die Brust gelegt; die r. Hand ist, wie bei allen solchen assyrischen Figuren, ausgestreckt und scheint etwas darzureichen. — Die ägyptischen Inschriften alle sowie von den assyrischen No. 2 und 3 sind oben rechteckig und weisen in den oberen Ecken Löcher auf für metallene Zapfen (ob für irgend eine Vorrichtung zum Schutz gegen die Witterung?). Die ägyptischen Tafeln beziehen sich auf verschiedene Expeditionen des Sesostris (Ramses II.), der in der letzten Hälfte des 14. Jahrh. v. Chr. lebte. Die assyrischen Tafeln werden verschieden datiert; man will Sanheribs Namen gelesen haben. Sanheribs Einfall nach Syrien fällt ins J. 701 v. Chr. Genaueres wird schwerlich je ermittelt werden können.

3) Nach **Bukfeijâ**: Fahrstraße (im Sommer regelmäßiger Personenwagen hin und her), c. 25km. Auf der Tripolistraße bis zum *Nahr Antelijâs* ($1^1/_2$ St.) s. S. 291; hier biegt die Straße r. ab und fängt gleich an zu steigen; der Weg führt eine Viertelstunde unterhalb des Klosters *Kurnet esch-Schahwân* ($1^3/_4$ St., Wohnsitz des maronitischen Bischofs von Cypern) vorbei nach **Bukfeijâ** ($1^1/_4$ St.). Wir sind hier in den Bezirk *Kesrawân* eingetreten, der von Dörfern bedeckt und gut kultiviert ist. *Bukfeijâ* (türk. Telegraph), ein ziemlich großer Ort mit Seidenindustrie, hat eine prachtvolle Lage hoch oben unmittelbar über dem tief in die Felsen eingerissenen Thal des Hundsflusses. — Der Fahrweg führt von hier weiter auf dem Bergrücken nach O. (*esch-Schuweir*, engl. Missionsstation, große

Seidenindustrie, bleibt $^1/_4$ St. l. liegen) bis nach *el-Mutein*. Reiter können von *Dahr esch-Schuweir* den Heimweg (schlechter Weg) über *Ba'abdât* nehmen (s. Nr. 4).

4) Nach **Bêt Meri** und **Brummâna**: Fahrstraße (im Sommer tägl. Verbindung) 17 bezw. 19km (3$^1/_2$ bezw. 4 St.). Von der Brücke über den Beirûtfluß ($^1/_2$ St. s. S. 291) r. den Fluß entlang; nach 20 Min. Fahrstraße l. nach O. quer durch die Ebene *Sâhel*. Bei dem Dorf *Tekweni* (25 Min.) beginnt die Straße in Windungen langsam zu steigen. Immer schöner eröffnet sich die Aussicht über die grünen terrassierten Abhänge, auf welchen Reben, Feigen- und Maulbeerbäume und Gruppen von Pinien von der hohen Kultur der Gegend zeugen. Nach 2 St. das Dorf *'Ain Sa'de* (Sommerwohnsitz des maronitischen Erzbischofs *Dibs*); nach 20 Min.

Bêt Meri. — *Bêt Meri* (730m ü. M.), ebenso *Brummâna*, *'Areija* und *'Âleih* (s. u.) sind die beliebtesten Sommerfrischen der Europäer in Beirût und werden auch viel von den Europäern in Ägypten und Cypern aufgesucht. Die Orte alle zeichnen sich durch eine sehr gesunde Luft aus. Die hohe Lage und die kühlen Seewinde machen, daß die Temperatur auch im Hochsommer sehr gemäßigt ist (nachts starke Abkühlung).

Bêt Meri hat keine Lokanda, nur ein Café im Sommer. Im S. des Orts ein kleiner Hügel mit Pinien, von da herrliche ***Aussicht** auf die St. Georgsbai und die Ebene; s. *Dêr el-Kal'a* (S. 294); ö. davon tief unten die sich vereinigenden Thäler *Wâdi Salîmâ* und *Wâdi Hammâna* (die den Beirûtfluß bilden); zwischen beiden der Höhenrücken *el-Metn* mit *Râs el-Metn*, der Hauptstadt des gleichnamigen Bezirks. — Von hier geht die Straße den Höhenzug entlang (r. schöner Blick in das tiefe *Wâdi Salîmâ*) in 35 Min. nach

Brummâna (*Gasthaus* von *Saalmüller*, Deutscher, einfach aber gut, Pens. o. W. 6 fr.). *Brummâna* (= Bêt rummâna „Granatapfelhaus"), c. 720m ü. M., ist Centralstation der Quäker (Missionar Waldmeyer); Schule der Lazaristen. — Die Fahrstraße geht von hier noch weiter (l. oben *Mârscha'jâ*, ein orthodoxes und ein maronitisches Kloster) bis *Ba'abdât* $^3/_4$ St.

Von *Brummâna* aus Besteigung des **Sannin**; zu Pferde (11-12 St.). Fahrstraße bis *Ba'abdât* ($^3/_4$ St.), von da führt ein schlechter Weg am Kloster *Mâr Mûsâ ed-Duwâr* vorbei nach *Dahr esch-Schuweir* (Café) 1 St.; l. unten die weit sichtbaren Dächer der Missionsstation zu Schuweir. Von hier auf der neuen Fahrstraße, die von *Bekfeijâ* herkommt, dem Thal des Hundsflusses entlang durch Pinienpflanzungen in $^3/_4$ St. nach *el-Mutein*; auf steinigem Weg in 1$^1/_2$ St. zur herrlichen Quelle *Neba' Bkal'a* (oder *Kal'a*). An einigen Bauernhäusern sich l. (n.) vorbei wendend, passiert man ($^1/_4$ St.) die tiefe Höhle von *Mischmische* und nach $^1/_4$ St. das *Dschôz* (c. 20 Min. abseits vom Weg), eine Nußbaumgruppe, unter der sich Ruinen eines Gebäudes aus phönicisch-hellenistischer Zeit und einige Sarkophage befinden. Nach 1$^1/_2$ St. zur frischen Quelle *Neba' Mambûch*, nach 2 St. *Neba' Sannin*, unter dem Gipfel des Sannin; einige Bauernhäuser. Von der Quelle wendet man sich sö. bis zum Bergsattel zwischen *Sannin* und *Keneise* (1$^1/_4$ St.), von da aus folgt man dem Pfad n. zum Gipfel 2$^1/_4$ St. (2608m ü. M.). Hübsche Aussicht auf die See, Beirût, den Bezirk *Metn* und den Süden; im O. die *Bikâ'* und der Antilibanus; im N. ist der Blick durch die Höhenzüge des *Kesrawân* beschränkt. Bis Juli findet sich in einigen Schluchten Schnee. Auf den n. Abhängen alte Ruinen. — Steiler Abstieg nach *Zahle* (S. 337) 5-6 St.

Von *Bêt Meri* aus ist in ¼ St. das Maronitenkloster Dêr el-Ḳal'a zu erreichen, 670m ü. M., auf dem Ende eines schmalen Bergrückens, der die Schlucht des Nahr Beirût beherrscht. Schöne Aussicht vom Dache der Klosterkirche. Viele Reste von Altertümern und Sarkophagen. Von einem antiken Tempel sind die Fundamente erhalten, 32m l., 16m br. Die Front war gegen die Ebene gerichtet; vom Porticus sind noch Säulenbruchstücke vorhanden. Große geränderte Steine sprechen für ein hohes Alter; nach einer Inschrift war der Tempel einem „Jovi Balmarcodi" gewidmet, was man übersetzt hat: „dem Herrn der Tanzfeste". — Reiter können den Rückweg über das Kloster *Mâr Rôḳus* und *Tekweni* (S. 293) oder Rustem Paschas Garten (S. 290) nehmen.

5) Nach 'Âleih (und über 'Ain 'Anûb und *esch-Schuweifât* zurück): Fahrstraße 2½ St.; im Sommer täglich Wagen der Compagnie. Auf der Damascusstraße bis *el-Ḥâzmîje* s. S. 289 Die Straße steigt in Windungen die hier noch gut bepflanzten Abhänge des Libanon hinan und gewährt immer mehr die prächtigsten Blicke weithin auf das blaue Meer und den tief unten liegenden Küstenvorsprung mit seinen vielen Häusern; l. die tiefe Schlucht des *Nahr Beirût* (erst später sichtbar). Etwas l. unterhalb von *Chân Dschemhûr* (10 km) liegt

'Âreijâ (beliebte Sommerfrische der Beirûter, Sommerhaus der deutschen Diakonissen); der Gebirgsdistrikt heißt von hier an *el-Ḳarb* (Westen). — Bei *Chân Schêch Maḥmûd* (17km) biegt die Fahrstraße r. ab und führt (c. 1½km) dem Rande des Bergs entlang nach

'Âleih (*Hôt. Bassoul*, Filiale des Hôt. Bassoul in Beirût; *Hôt. Kyrillo*; englische und amerikanische Pension. Pens. o. W. 10 fr., bei längerem Aufenthalt nach Übereinkunft billiger). — *'Âleih*, 750m ü. M., beliebter Sommeraufenthalt der Beirûter, hat viele hübsche Villen; im Sommer Telegraphenstation (franz. und arab.); herrliche Aussicht auf die Küstenebene: zunächst unten das fruchtbare *Wâdi Schaḥrûr* mit den Dörfern *Besûs* (das Schilda des Libanon), *Wâdi Schaḥrûr* und *Kafr Schîma*. — Die Fahrstraße geht von 'Âleih weiter dem w. Hügel entlang nach S. ½ St. *Bemekkîn* (kleines Hôtel), 10 Min. *Zûḳ el-Ḳarb* (viele Sommervillen der reichen eingebornen Beirûter). Gerade aus führt der Weg nach *Schumlân* und *Bêt ed-Dîn*. Der Weg in die Ebene hinab biegt in *Bemekkîn* r. ab, ¼ St. *'Aitât*, 40 Min. *'Ain 'Anûb*, von da in großen Windungen in 1 St. nach dem großen Dorf *esch-Schuweifât*. Hier biegt die Straße nach Norden um (r. das schön gelegene griech.-kath. Kloster *Dêr el-Karkafe*) und überschreitet auf schöner Brücke das *Wâdi Schaḥrûr*; nach 1 St. *Ḥadet*; von da 1 St. nach *Beirût*.

6) Nach Ba'abdâ, 9 km. Fahrstraße. Von dem Weg über *el-Ḥâzmîje* nach *Ḥadet* (S. 290) biegt l. die Fahrstraße ab in ein wasserloses Felsenthal zum Fuß der alten Feste. L. vom Wege liegt die Dorfquelle. Von hier führt eine Kunststraße in Schlangenwindungen zu der 242m ü. M. gelegenen Winterresidenz der Generalregierung des Libanon (im Sommer in *Bêt ed-Dîn* S. 299; jetziger Generalgouverneur *Wassa Pascha*); ein altes auf malerischer Berghöhe w. vom Dorfe gelegenes Emirschloß ist zu diesem Zweck umgebaut worden. — Von dem in etwas öder Steppe liegenden *Ba'abdâ* führt ein schöner Weg mit prächtiger Aussicht s.-wärts auf die Höhe von *Schuweir*; von dort zurück auf der Damascusstraße.

IV. DER LIBANON. MITTELSYRIEN.

Route	Seite
31. Von Sidon nach Ḥâṣbêjâ und Râschêjâ (Beirût, Damascus). Der Hermon	296
Von Dschisr el-Chardelî nach Bâniâs	296
Von Ḳal'at esch-Schaḳîf nach Beirût	297
Von Ḥût Lâja nach 'Ain Ḥarschâ	299
Von Dschisr el-Chardelî nach Râschêjâ	300
Von Râschêjâ nach Damascus:	
a. Direkt nach der Damascusstraße	302
b. Über el-Ḳaṭanâ	302
32. Von Beirût nach Damascus (auf der Poststraße)	303
33. Damascus	307
Geschichte von Damascus	308
Zur Topographie, Bevölkerung etc.	311
Gang durch die Basare	315
Gang durch den Meidân und um die Stadtmauer (Christenquartier)	325
Die Omaijadenmoschee (Dschami' el-Umawi)	330
Ausflüge:	
Nach eṣ-Ṣâleḥîje und auf den Dschebel Ḳasjûn	334
Nach Dschôbar	336
Zu den Wiesenseen	336
34. Von Damascus nach Ba'albek.	
a. Über Schtôra	336
Zaḥle, Dschebel Ṣannîn	337
b. Über ez-Zebedâni	337
Von Damascus über Ḥelbûn nach Ba'albek	341
Ba'albek	341
Die Umgebungen von Ba'albek (Râs el-'Ain)	318
35. Von Ba'albek über die Cedern des Libanon nach Tripoli und Beirût	349
Von den Cedern über Bscherre und Ḳanôbîn nach Ehden	352
Von Ma'amiltên über Razir nach dem Nahr el-Kelb	359
Von den Cedern über Bscherre und Afḳâ nach Beirût	360
36. Von Damascus nach Palmyra	362
Von Karjatên nach Damascus über Nebk und Ṣêdnâja	377
Von Palmyra nach Tripoli.	
a. Über Ḥômṣ	378
Von Ḥômṣ nach Ribla	379
b. Über Karjatên und Ribla	379
Über Ḳal'at el-Ḥoṣn nach Tripoli	379
Von Palmyra nach Ba'albek.	
a. Über Jabrûd	380
b. Über Ribla	380

31. Von Sidon nach Hâṣbêjâ und Râschêjâ (*Beirût, Damascus*). Der Hermon.

1. Von Sidon nach Dschisr el-Chardeli (c. 7 St.).

Vom SO.-Thor von Sidon auf der im Bau begriffenen Fahrstraße ins Innere in 40 Min. zum Dorf *Dêr Besîn*; nach c. 1 St. *Nahr ez-Zaherânî*; 50 Min. *Chân Muḥammed 'Ali*. Weiter über ein steiniges Tafelland; das Dorf *Zifte* bleibt r. Dann in c. $2^1/_2$ St. nach dem großen Motâwiledorf *en-Nabaṭîje*; nach $1^1/_2$ St. *'Arnûn*. 20 Min. s. liegt auf steilem Fels über der tiefen Schlucht des *Liṭânî* das Schloß **Kal'at esch-Schaḳîf**. — GESCHICHTLICHES. Das Schloß wird erst 1170 als ein Kastell der Christen erwähnt. Bei den Kreuzfahrern hieß es *Belfort*; die bei Bânijâs geschlagenen Truppen fanden hier Zuflucht. Saladin belagerte die Festung ein ganzes Jahr lang, bis sich die Besatzung unter Raynold von Sidon ergeben mußte (1190). Im J. 1240 kam das Kastell mit Sidon durch Kauf wieder in den Besitz der Tempelritter, wurde aber 1280 von Sultan Beibars erstürmt. Zuletzt wurde es von Fachreddîn im 17. Jahrh. hergestellt und eine Zeitlang verteidigt.

Das *Schloß* (715m ü. M.), welches durch seine Lage die ganze Umgegend, besonders den Gebirgspaß von Sidon nach Damascus beherrscht, war nahezu uneinnehmbar für frühere Zeit. Gegen S. und W. war es durch einen in den Fels gehauenen 15-36m tiefen Graben geschützt. Nur im S. hängt das Schloß mit einem schmalen Bergrücken zusammen; von SO. ist ein Zugang über eine Brücke, welche über der grausigen 460m tiefen Schlucht des Liṭânî schwebt. Das Gebäude ist 120m l. (NS.) und 30m br. (OW.); am N.-Ende ist ein Vorsprung von 21m nach O. Der Hof im O. ist etwa 15m breit und die Außenwerke ebenso; dazu kommt noch die Böschung der Mauer (6-9m). Die S.-Mauer wurde durch 2 halbkreisförmige Türme geschützt. Die meisten Überreste sind saracenisch-mittelalterlich, die ältesten stammen aus später Römerzeit. In der Mitte der O.-Seite ist eine mittelalterliche Kapelle. — Die *Aussicht ist prachtvoll. Tief unten der Liṭânî, ein wilder Bergstrom, dessen grüne Wasser schäumend über das felsige Bett dahinbrausen. Am jenseitigen, weniger steilen Abhang liegen einige Dörfer im Grünen zerstreut. Jenseits der Ebene *'Ajûn* (S. 297) der Hermon; daneben das Schwesterschloß *eṣ-Ṣubêbe* (S. 267). Im S. liegt das Hügelland von Naphtali bis gegen Safed; r. der *Dschebel Dschermaḳ*; auch *Hunîn* ist sichtbar. Im NO. sieht man das Thal hinauf, über welchem der *Dschebel Riḥân* sich erhebt; gegenüber liegt das *Wâdi et-Teim* mit den Dörfern *Râschêjat el-Fuchâr* etc.

Von *'Arnûn* steigt man in 40 Min. zur Liṭânî-Brücke *Dschisr el-Chardelî* hinab, wo am besten die Zelte aufgeschlagen werden.

Von Dschisr el-Chardeli nach Bânijâs sö. c. $5^1/_4$ St. über *Dêr Mimâs* (50 Min.), *Mutale* (50 Min.), und *Dschisr el-Ḳadschar* ($1^3/_4$ St.).

---

2. Von Dschisr el-Chardeli nach Ḥâṣbêjâ ($3^1/_2$ St.).

Zuerst n. in $1^1/_4$ St. nach dem großen Dorfe *Dschedeide* (Schule der amerikan. Mission). Von hier nach O. in 1 St. *Sûḳ el-Chân*;

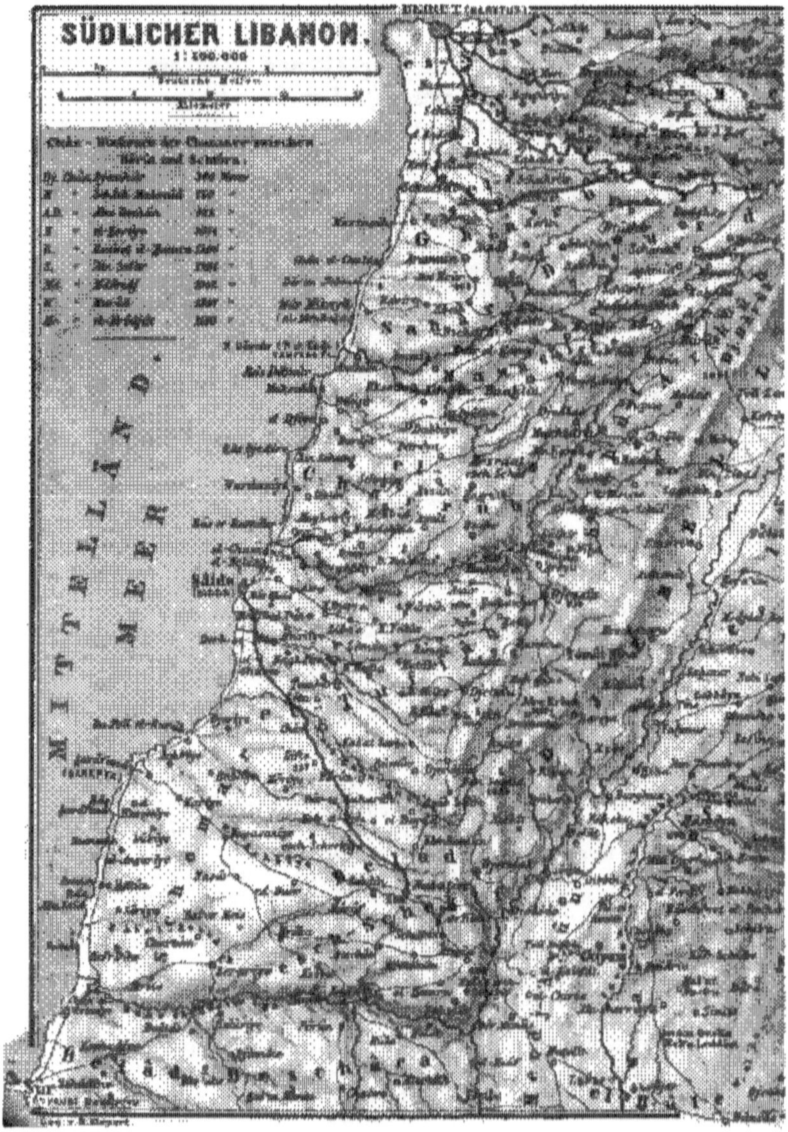
SÜDLICHER LIBANON.

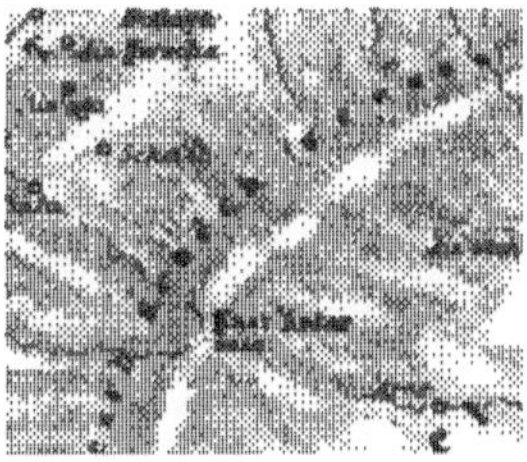

SÜDLICHER LIBANON.

r. die grüne Gegend von *Merdsch 'Ajûn*. (*Ijon* 1 Kön. 15, 20). In Sûḳ el-Chân wird ein regelmäßiger Wochenmarkt abgehalten; besonders der Viehhandel ist belebt.

Von *Sûḳ el-Chân* führt der Weg u. dem *Nahr el-Ḥâṣbânî* entlang in 45 Min. an die Brücke, von hier in 30 Min. nach

Ḥâṣbêjâ (Ḥâsbeijâ). — *Türk. Telegraph.* Das Städtchen (695m ü. M.) liegt an der W.-Seite eines Amphitheaters von Hügeln; ein Bach fällt zum *Ḥâṣbânî* hinunter. An beiden Seiten des Thales sind üppige Terrassen, mit Ölbäumen und anderen Früchten, wie auch Wein bepflanzt; aus den Trauben werden Rosinen oder Syrup *(dibs)* bereitet. In dem Städtchen sollen 5000 Einwohner sein, worunter 4000 Christen; auch eine protestantische Gemeinde, Schule und Kirche der Amerikaner und Schulen der „British Syrian Mission" sind am Orte. Im J. 1860 (s. S. 311) sollen hier an 1000 Christen von den Drusen hingemordet worden sein. Man sucht in Ḥâṣbêjâ das alte *Ba'al Gad* am Fuße des Hermon (Jos 11, 17 u. a.). Im ehemaligen Schloße der Drusenemire aus der Familie Schihâb (S. 199) sitzen jetzt die türkischen Behörden. — In der Nähe von Ḥâṣbêjâ sind viele Erdharzgruben, die ausgebeutet, d. h. von der Regierung verpachtet werden; bei der Quelle des Ḥâṣbânî, ½ St. n. von Ḥâṣbêjâ, ist der Boden teilweise vulkanisch.

Das *Wâdi et-Teim* war von Anfang an Hauptsitz der Drusensekte, indem der Stifter ed-Darazî (S. CIV) hier gelebt haben soll. Etwa 20 Min. oberhalb des Städtchens liegt ein Centralheiligtum dieser Sekte, *Chalwet el-Bijâḍ*; schöne Lage, besuchenswert. Man übersieht das *Wâdi et-Teim* und den Lauf des Jordans bis gegen den Ḥûle hinunter; gegen W. *Ḳal'at esch-Schaḳîf* und den ganzen Distrikt bis fast zum Meere hin. — Die Drusenheiligtümer bilden einen ansehnlichen Complex von Gebäuden.

Von Kal'at esch-Schaḳîf nach Beirût. Sehr schöner, aber beschwerlicher Weg. Die Tour kann frühestens Mitte Mai gemacht werden. Der Charakter der Gegend ist für Syrien durchaus eigentümlich. Führer nötig.

Von *Dschisr el-Chardeli* (S. 290) den *Lîṭânî* aufwärts auf der W.-Seite, dann im *Wâdi Dschermaḳ* zum Drusendorf gleichen Namens (1½ St.). R. vom Dorfe beginnt die bewaldete Kette des *Rîḥângebirges*. In ½ St. l. Ruinen von *el-Medîne*; in 1 St. überschreitet man den Bach *ez-Zaherânî* (S. 290); in 40 Min. aufwärts das ziemlich große, unter Nußbäumen gelegene Christendorf *Dscherdschû'a*. Schöne Aussicht: im W. sieht man die Meeresküste mit Sidon und Tyrus, im S. über die wilde Schlucht des *ez-Zaherânî* hinweg die Festung *Schaḳîf*, die Lîṭânîschlucht, *Tibnîn* und die Berge von *Safed*, in weiter Ferne den See von Tiberias und den Ḥaurân. In 1 St. das sehr schön gelegene Dorf *Dschebâ'a* (Kastell aus neuerer Zeit); 1 St. 25 Min. Dörfchen *Zahalte*; c. 60 Min.

Dschezzîn. — *Dschezzîn*, im Mittelalter *Casale de Gezin*, ist Sitz eines Ḳâimmaḳâms. Die Einwohner sind durchweg Christen und treiben Seidenzucht und Weinbau. Hinter dem Städtchen fließt der Fluß *'Auwâlî* unter einer 200m h. Felswand. Über diese Steilwand führt ein mühevoller Steig auf eine 2km br. Ebene, hinter welcher der 1850m h. *Tômât Nîḥâ* aufsteigt. Auf dem Gipfel (1½ St.) Trümmer eines alten Tempels. Die Fernsicht ist namentlich gegen S. ausgedehnt. — 5 Min. n. von Dschezzîn stürzt sich der *'Auwâlî* 40m h. über den Felsenkranz. Der 'Auwâlî (wahrscheinlich der alte *Bostrenus*) scheidet die Distrikte *Teffâḥ* und S. davon *Dschezzîn* von dem n. gelegenen Distrikt *Charnûb*. An seinen Quellen liegt der Distrikt *esch-Schûf*. — Von Dschezzîn etwa 60 Min. den Fluß hinunter an einer Menge von Dörfern vorbei. Am Vereinigungspunkt des *'Auwali* mit dem von O. kommenden *Bârûk* stehen in den üppigen Gärten vier mächtige, 1,5m dicke, 4m h. Säulen aus ägyptischem Granit. Auf dem l. Ufer aufwärts in etwa 25 Min. nach *Bâṭir*, in 1 St. 10 Min. *Ḥâret el-Dschenêdil*, an *'Ain Maṭûr* und *'Ain Ḳanja* r. vorbei in 60 Min. nach der großen Ortschaft *el-Muchtâra*, auf einem hohen Bergvorsprung zwischen dem *'Auwali* und dem von O. kommenden *Charâbe* (Knaben- und Mädchenschule der „British Syrian Mission"). Hier in dem *Casale Maktara* der Kreuzfahrer hatte sich der Schêch Beschir (s. u.) inmitten reicher Gartenanlagen einen Palast gebaut. Eine Brücke führt unterhalb der Ortschaft nach *Dschedeide* (l.), dann in c. 1½ St. an *'Ain es-Sûḳ* und *Sûḳantje* vorbei nach *Bêt ed-Dîn*, 15 Min. von *Dêr el-Ḳamar* (S. 299).

Die *Geschichte der Drusen* in den letzten 2 Jahrh. besteht hauptsächlich aus einer Reihe von Parteikämpfen einiger hervorragender Adelsgeschlechter, der Dschambelât, Schihâb etc. Gegen Ende des letzten Jahrh. (1789) wurde der *Emir Beschir* aus dem Hause Schihâb (S. 109) Oberschêch der Drusen. Der Beginn seiner Laufbahn war durch die gewöhnlichen Grausamkeiten orientalischer Herrscher befleckt; auch hatte er fortwährend Kämpfe mit seinen Antagonisten. Nach Dschezzâr Paschas Tode 1804 setzte er sich in Dêr el-Ḳamar mit Hilfe der Engländer fest, schloß sich mehr den Türken an, im Gegensatz zu seinem Widersacher *Schêch Beschir* in Muchtâra, aus der Familie Dschambelât. Er trat heimlich zur maronitischen Kirche über, um sich der Unterstützung des Klerus zu versichern, alles um den Einfluß des Schêch Beschir zu brechen; der Übertritt geschah nur aus politischen Gründen, auch wagte er nicht, die Christen offen zu begünstigen. Während der Schêch Beschir, ein reicher und schlauer Mann, ein Einkommen von circa 2000 Beuteln (circa 50,000 Pfd. St.) hatte und einen glänzenden Hofstaat führte, betrugen die Einkünfte des Emir nur den fünften Teil dieser Summe, auch galt er für geizig. Die Politik des Emir war, sich von den Paschas unabhängig zu machen und nur von Stambul abhängig zu sein; dies suchte er durch Verbindung mit Ibrâhîm Pascha von Ägypten zu erreichen. Er reiste daher nach Ägypten; aber als er nach seiner Rückkehr neue Taxen auf dem Gebirge erheben wollte, brach ein Aufstand, von Schêch Beschir in Scene gesetzt, los. 1824 gelang es dem Emir, seinen Gegner umzubringen und seine Güter zu confiscieren. Als im Einverständnis mit Emir Beschir Ibrâhîm Pascha von Ägypten die Drusen entwaffnete und die Militärconscription einführte, konnten die Ägypter nur mit Mühe und durch Greuelthaten des allgemeinen Widerstandes Herr werden; um die Drusen zu bekämpfen, wurden Waffen an die Maroniten ausgeteilt. Der Andrang der Drusen zu den amerikanischen Missionsschulen war damals groß, da sie Hilfe von den Protestanten, besonders von England, hofften. Auch als die Drusen später von den zur Erhaltung der Türkei alliierten Mächten Waffen zum Aufstand gegen die Ägypter erhielten, blieb Emir Beschir den letzteren treu; er mußte sich auf ein englisches Schiff flüchten und wurde 80jährig ins Exil nach Malta geführt. Die Anarchie im Gebirge kehrte zurück. Der maronitische Patriarch wandte die Gelder, die er von den Alliierten zur Unterstützung der Verunglückten erhielt, zu politischen Zwecken an; die Drusen machten 1841 einen Aufstand und schlugen das Heer der Maroniten. Die türkische Regierung sah es gern, daß sich die Parteien gegenseitig zerfleischten. Auf Antrag der europäischen Mächte wurde 1843 die Regierung so geteilt, daß die Maroniten und die Drusen jede ihren besonderen Schêch erwählten; aber diese Teilung führte nur zu fortwährenden Reibungen; die Schêchs (Ḳâimmaḳâm), von den Türken gewählt, verloren ihren Einfluß. Als 1859 ein Aufstand unter den Maroniten losbrach, benutzte dies die Regierung in gewohnter Weise und rief die Greuelscenen des Jahres 1860 in mehr oder minder direkter Weise hervor (S. 311); es ist bekannt, wie die türkischen Soldaten überall die Christen des Libanon unter dem Vorwand der Ruhestiftung entwaffneten, um sie nachher wehrlos den mordenden Drusen zu überliefern. In Dêr el-Ḳamar kamen 1200 Christen ums Leben, und das Städtchen hat sich seither nur langsam wieder erholt.

Bêt ed-Dîn *(Bteddîn)* ist Sommerresidenz des Libanongouverneurs. Wie in Ba'abdâ (S. 294) liegen auch hier libanesische Soldaten. Der zerfallene Palast des Emir Beschîr (s. o.) ist möglichst restauriert worden. — Türkischer Telegraph.

Die große Ortschaft Dêr el-Ḳamar („Mondkloster") liegt im Distrikt *Menâṣif*, einer Unterabteilung von *esch-Schûf*, 865m ü. M. in sehr gesunder und schöner Lage, vom fruchtbarsten und trefflich bebauten Terrassenlande. Die Ortschaft hat 7-8000 Einwohner und ist das größte Maronitendorf des Libanon. Außer Weinbau und Seidenzucht werden, wie im ganzen Distrikt esch-Schûf, Seidengewebe und Stickereien verfertigt; der hier oben gewonnene Ertrag an Korn reicht zur Erhaltung der Bevölkerung nicht aus. — S. von *Dêr el-Ḳamar* liegt die bedeutende Ortschaft *Ba'aklîn* (türk. Telegraph). Von *Bêt ed-Dîn* auf der Fahrstraße nach *Schumlân* c. 2 St. Herrliche Aussicht. Man kann auf einem kleinen Umweg die große Erziehungsanstalt der Amerikaner in *'Abeih* besuchen. Von *Schumlân* entweder über *'Âleih* auf die Damascusstraße oder über *esch-Schuweifât* nach *Beirût* (S. 294).

---

3. Von Ḥâṣbêjâ nach Râschêjâ (6 St.).

Man passiert eine Brücke über ein kleines Thal n. und kommt auf die Höhe (15 Min.); in 1 St. Dorf *Mîmis*; in 45 Min. Dorf (und Chalwe S. civ) *Kufeir*. In 20 Min. ersteigt man die Höhe und geht r. dem Berge nach; l. unten das *Wâdi et-Teim* (40 Min.). Dann steigt man hinab (25 Min.) und läßt das Dorf *es-Sefîne* r. liegen. Hierauf geht man ö. in die Berge hinein gegen *Bêt Lâja* (1 St.).

40 Min. s. von *Bêt Lâja* liegt **'Ain Ḥarschâ**; 20 Min. oberhalb desselben steht einer der besterhaltenen Tempel des Hermongebietes. Er ist „in antis", schaut gegen O. und ist sehr klein, 12m l., 8m br.; die Höhe von der Plattform bis zum Carnies beträgt 5,0m, der Pronaos ist 2,4m und 5,9m, die Cella 7,8m und 5,9m lang. Der Westteil der Cella ist um 1,4m höher. Hier stehen 4 Piedestale mit eingemauerten Säulen; die Basen sind attisch, die Kapitäle ionisch. Der Carnies darüber läuft an der Wand der Cella herum. Das Dach des Tempels ist eingefallen. Der Tempel steht auf einem Stylobat, der im W. 2,1m hoch ist. Das Gebäude hat ein schön verziertes Thor (auf der einen Seite desselben eine Nische). Auf dem Carnies sind auf jeder Seite drei Köpfe, je zwei Löwen- und dazwischen ein Tigerkopf. Am W.-Ende auf dem Tympanum ist die Basreliefbüste einer Frau mit zwei kleinen Hörnern (wie eine cyprische Venus).

Von *Bêt Lâja* in n. Richtung gelangt man in 30 Min. nach *Ikêjife*, in 35 Min. (schlechter Weg) nach

Râschêjâ. — *Türk. Telegraph.* Der Ort hat an 3000 Einwohner (auch einige Protestanten) und ist terrassenförmig an dem steilen Berge emporgebaut, inmitten von Baumgärten. Über das hochgelegene Kastell ragt gegen S. der Gipfel des Hermon empor.

Von Dschisr el-Chardelî nach Râschêjâ (c. 10 St.; Führer notwendig). Man folgt dem Laufe des Stromes aufwärts, der Lîṭânî hat sich hier in dem vom Libanon gegen O. abfallenden Hochlande ein steiles und tiefes Bett gewühlt; er läuft wie ein wilder Gebirgsbach, tosend, oft in großer Tiefe (bis gegen 300m) zwischen steilen Abhängen. Diese sind meistens bewachsen mit Sykomoren, Myrten u. a. Sträuchern; Adler nisten an diesen unzugänglichen aber großartigen Abgründen, auch Klippdachse (S. 145) kommen vor. In 1 St. 10 Min. *Buwêda*; c. 1 St. *Belâṭ* (schöne Aussicht über das Thal); s. von Belâṭ ist der Abgrund an einer Stelle, *el-Chaṭwe* (der Schritt), ganz schmal. O. 1½ St. *Barġûs* (ebenfalls herrlicher Blick in den tiefen Abgrund des Flusses). Hierauf über *Kilja* in c. 1½ St. nach *Jaḥmur*, beides Metâwiledörfer. Die dort befindliche *natürliche Brücke el-Kûwe* wird von einer Anzahl heruntergefallener Felsen gebildet, die einen Kanal für den etwa 33m tiefer fließenden Strom übrig gelassen haben. Der Anblick der Brücke ist sehr großartig; im S. sieht man *Kal'at esch-Schakîf*. Hierauf reitet man nö. und erreicht die Höhe des *Dschebel ed-Dahr* in c. 1½ St.; schöne Aussicht. Nach 10 Min. erreicht man einen zweiten Rücken und in 15 Min. das Dorf *Libbêja*; in 15 Min. (NO.) *Nebi Safa* (1153m ü. M.). In der Nähe die malerischen Ruinen eines gegen O. gerichteten Tempels. Die Säulen des Porticus und der Eckpilaster waren ionischer Ordnung mit attischen Basen; die Wandpfeiler waren 2,1m h. (9 Lagen von Steinen); auch einige Trümmer des Giebels sind erhalten. Der ganze Tempel maß 10,7m in der Breite, 22m in der Länge. Das Innere war in Pronaus (Vortempel) und Cella geteilt. Der Altar stand auf einem 1,5m hohen Unterbau in dem SW.-Winkel der Cella. Unter der Cella sind Gemächer, zu welchen von der Seite ein Thor hineinführt. Innen sind Nischen und eine Treppe, die in den erhöhten Teil der Cella führt. In den Gemächern liegt Schutt.

Von *Nebi Safa* in ½ St. zu einem künstlichen Hügel *Tellata*; dann steigt man nach dem *Wâdi et-Teim* hinab; in 50 Min. *Bêt Sakja*, in 15 Min. Quelle, in 1 St. 10 Min. (ö.) *Râschêjâ*.

Der Hermon (*Dschebel esch-Schêch*).

Die Besteigung des Hermon (erst von Juni an gut ausführbar, sehr anstrengend), nimmt einen ganzen Tag in Anspruch: aufwärts 7 St., abwärts 5 St. Rüstige Bergsteiger werden mit Vergnügen die Gelegenheit zur schönsten Alpentour in Syrien ergreifen. Ausgangspunkte sind Hâsbêjâ (S. 297) oder Râschêjâ (S. 299). — Führer nötig, 6-8 fr. Mundvorrat und Wasser, auch Feuerung, wenn man mit Zelt oben übernachten will, darf nicht vergessen werden. Man versäume nicht, am Abend vor der Besteigung sämtliches Sattelzeug und den Hufbeschlag der Pferde gründlich zu untersuchen und danach zu sehen, daß die Tiere für die strapaziöse Tour gut gefüttert werden und gehörig ausgeruht sind. Das Gepäck schicke man an den Ort voraus, wohin man hinuntersteigen will.

Geschichtliches. Als Landmarke Palästinas, ja Syriens, wird das Hermongebirge schon im alten Testament vielfach erwähnt. Es bildete die Grenze des israelitischen Gebietes (Jos. 12, 1). Der „heilige Berg“, hieß er wahrscheinlich wegen des alten Bergkultus, der einst hier stattfand und von welchem die vielen in der Nähe und auf dem Berge gelegenen antiken Tempel noch Zeugnis ablegen. Der Name *Senir* V Mos. 3, 9, bezeichnete vielleicht nur einen Teil des großen Hermongebirges; bei den Sidoniern hieß der Hermon „*Sirion*“. Die Hebräer bewunderten ihn wegen seiner majestätischen Höhe (Ps. 89, 13); sie schätzten ihn aber auch als Wolkensammler (Ps. 133, 3). Im Hohen Lied werden die wilden Tiere des Hermon erwähnt (4, 8); den Schnee, womit man schon im Altertum die Getränke zu kühlen pflegte (Spr. Sal. 25, 13), holte man nach Hieronymus u. a., wie heute noch, vom Hermon.

Der Hermon heißt arabisch *Dschebel esch-Schêch*, Berg des „bejahrten“ (weißhaarigen), oder *Dschebel et-Teldsch*, „Schneeberg“. Er ist ein von SW. nach NO. etwa 7 Stunden weit sich hinziehender Gebirgszug aus Kalkstein; an manchen Stellen ist der harte Kalkfels mit weicher Kreide bedeckt; von den südlichen Ausläufern und bei Hâsbêjâ brechen Basaltgänge hervor. Von dem Antilibanus ist der Hermon durch eine Schlucht im N. getrennt. Im Winter liegen mächtige Schneemassen auf dem Hermon und sogar den Sommer über halten sich einige Schneefelder in geschützten Thalmulden. Noch wird der Bär auf dem Hermon häufig gesehen; die Species wird von den Naturforschern als Ursus Syriacus unterschieden, gleicht aber sehr unserm braunen Bär. Auch sonst beherbergt das Gebirge viel Wild, Füchse, Wölfe u. s. w. Was die *Flora* betrifft, so sind die Kulturgewächse die des syrischen Berglandes überhaupt; ziemlich bedeutend ist der Weinbau, der oberhalb Râschêjâ bis 1440m steigt. Über dem Kulturland sind sehr gelichtete und zerstreute Anflüge von Eichen (Quercus cenis, Look und Mellul). Etwa 150m über den Reben beginnen ausgedehnte Tragantsträuche mit stachligen Blättern, und in der Höhe von 1450–1650m trifft man auf eine sehr eigentümliche und in dieser Weise seltene Vegetation wilder Obstarten mit genießbaren Früchten. Die echte Mandel ist auf der ganzen Westlehne des Berges in dieser beträchtlichen Höhe der häufigste Baum; daher diese Gegend auch *'Akabet el-Lôsi* (Mandelberg) heißt. Außerdem kommen 2 andere Mandelarten, 2 großfrüchtige Pflaumenarten, dann eine Kirsche und eine Birne vor. Wenn man von *Râschêjâ* gegen *Hâṣbêjâ* durch *'Akabet el-Dschenina* bis zum *Dschebel Chân* geht, so findet man einen dichten Waldbestand zweier für den Fachmann sehr interessanter Koniferen, des feinverästelten Juniperus excelsa M. Bieb, des zwergigen Baumwachholders, und des Juniperus drupacea Labill, einer besonderen Seltenheit. Letzteres Bäumchen, arab. *Dufrân* genannt, trägt pflaumengroße, blau bereifte Früchte, die größten dieser Gattung. — Über dieser im ganzen sehr zerstreuten, aber hochinteressanten Baumvegetation breitet sich eine dürftige, unscheinbare Vegetation von niedrigen, meist stachligen Sträuchern aus, die alle der eigentlichen orientalischen Steppenflora angehören, aber zum Teil eigene Arten bilden, namentlich Astragalus Acantholimon, Cousinia etc. An den Schneefeldern fehlt der Ranunculus demissus nicht. Auf der Südseite, die etwas grüner ist als die übrigen, tritt über weite Lehnen eine große Umbellifere, eine Ferula-Art, arab. *Sukerân*, gesellschaftlich auf.

Man breche vor Sonnenaufgang auf. Von *Hâṣbêjâ* aus ersteigt man die gegenüberliegende Thalwand; in 30 Min. erreicht man das Dorf *'Ain Ḳanja*, in 15 Min. das Dorf *Schuweijâ*; nach 15 Min. befindet man sich auf Wasserscheide der Thäler *Wâdi Beni Ḥasan* l. und *Wâdi el-Hibbârîje* r. Das erstgenannte Thal ist bewaldet. An den Ruinen *Chirbet esch-Schuweijâ* vorbei gelangt man in 15 Min. zu alten Grabhöhlen, l. *Maġâret Schuweijâ*. Die Ersteigung der Anhöhe, welche den Hermon verdeckt, ist beschwerlich; jenseits derselben reitet man in das Thal *Wâdi 'Ain 'Atâ* und hat nun die höchsten Erhebungen vor sich. In etwa 3 St. erreicht man den Kamm des Gebirges und folgt demselben in n. Richtung; in $1^1/_2$ St. erreicht man den kahlen Gipfel.

Der **Hermon** hat eigentlich 3 Gipfel; der nördliche und der südliche sind ungefähr von gleicher Höhe, 2759m ü. M., etwa 500 Schritt von einander entfernt; der westliche c. 30m niedrigere ist durch ein kleines Thal getrennt und gegen 700 Schritt entfernt. Die Gipfel bestehen teilweise aus Geröll. — Die *Aussicht ist von unermeßlicher Ausdehnung und umfaßt einen großen Teil von Syrien. Im S. erblickt man in der Ferne die Berge von *'Adschlûn*, bis gegen Moab hin; dann den Lauf des Jordan mit den Seebecken von Tiberias und *Hûle*, w. davon Samarien und Galiläa bis gegen den Karmel hin, das mittelländische Meer vom Karmel bis Tyrus; daran schließt sich in großem Bogen die Kette des Libanon von *Dschebel Riḥân* und *Dschebel Keneise* bis zu den hohen Gipfeln des *Sannin* und des *Makmal* im N. (S. 350); dazwischen das Thal des *Lîtânî* von *Kal'at esch-Schakîf* aufwärts bis weit in die *Biḳâ'* hinein; dann der Antilibanus; im NW. die Ebene von Damascus wie ein Meer ausgebreitet bis zu den Wiesenseen, südl. davon *Dschebel el-Aswad* und *el-Mâni'*; die Haurânkette in ganzer Ausdehnung, davor das *Ledschâ* und *Dschêdûr*. In nächster Umgebung liegt im W. das *Wâdi 'Ain 'Atâ*, im O. das *Wâdi 'Arnî*, im SO. *Wâdi Schib'a*.

Auf dem S.-Gipfel befinden sich Ruinen (*Kaṣr 'Antar* genannt). Hieronymus spricht von einem Tempel auf dem Hermon; in der That scheint ein solcher hier gestanden zu haben. Auf der höchsten Spitze des Berges findet sich eine Höhlung; diese ist von einem Oval von Steinen umringt, die einander berührend neben einander gelegt sind; die wohlbehauenen Quadern sind in Geröll oder Felsen auf unebenem Terrain eingesenkt. S. von dieser Steinellipse stand ein Gebäude, das nun aber gänzlich zerstört ist; wahrscheinlich war es ein Sacellum, ein viereckiges Gebäude ohne Dach; der Eingang war von O.; der Fels, welcher die Grundlage bildet, ist zugehauen. Im NO. ist eine Felshöhle mit Spuren von Säulen. — Man findet auf dem Hermon Kalkspath-Kristalle.

Den Abstieg kann man auf demselben Weg oder nach *Râschêjâ* (4 St., Führer nötig) nehmen.

Ein anderer Weg (Führer nötig) führt nach *Kal'at Dschendel* an der O.-Seite hinunter c. 4 St.; hier Ruinen eines Kastells (in *'Arnî*, 3 St. ssw., Ruinen eines Tempels). Von Ḳal'at Dschendel nach *el-Ḳaṭanâ* (S. 299) etwa $2^1/_2$ St.

Von Râschêjâ nach Damascus. (Führer nötig). a. *Direkt nach der Damascusstraße.* In 1 St. nö. *Kafr Kûḳ*, an zwei Hügeln am O.-Ende einer kesselartigen Ebene gelegen, in welcher sich im Winter ein See ohne Abfluß bildet, während sie im Sommer bepflanzt wird. Spuren von Altertümern. Râschêjâ ist hoch oben sichtbar. Nach 10 Min. beginnt man steil bergan zu steigen (ONO.); oben (20 Min.) reitet man auf dem zerrissenen Plateau weiter. Nach c. $^3/_4$ St. erreicht man eine Art Wasserscheide und steigt in das Thal hinunter; in 20 Min. biegt das Thal nach NO. und führt in c. 1 St. nach

Dêr el-'Aschâir. — *Dêr el-'Aschâir* liegt an dem O.-Ende einer kleinen Ebene, auf welcher sich zeitweise ein kleiner See ohne Abfluß bildet. Das Dorf ist von Drusen und Christen bewohnt. Inmitten der Häuser steht ein antiker Tempel, dessen Wände erhalten sind.

Von *Dêr el-'Aschâir* gegen ONO. in die Ebene hinunter; nach $^1/_2$ St. niedrige Wasserscheide; nach $^1/_2$ St. *Chân Meiṣelûn* (S. 306).

b. *Von Râschêjâ über el-Ḳaṭanâ nach Damascus.* (Führer notwendig). Man reitet ö. über das schmale Plateau hinweg; nach 15 Min. blickt man in den tiefen Kessel der Ebene von *Kafr Kûḳ* (s. oben); in 15 Min. Dorf *'Aiḥâ*; n. vom Dorfe stand ein Tempel, von dem jedoch nur geringe Überreste vorhanden sind.

Von *'Aiḥâ* nö. am Wâdi hinauf erreicht man in 1 St. 10 Min. die Spitze von *Ṭurra* (Hohlweg), dann an einigen Ruinen vorüber, nach 1 St. 15 Min. **Rachle.** Das Dorf steht auf einer kleinen Ebene 1527m ü. M., nach allen Seiten von Ruinen umgeben. Zwei Tempel standen hier, der obere im Dorfe liegt ganz in Trümmern (griechische Inschriften). Der besser erhaltene Tempel liegt einige 100 Schritte nö. unterhalb des Dorfes. Merkwürdig ist es, daß die Fronte des Tempels nach W. gegen den Hermon zu gerichtet ist, während die andern Tempel um den Hermon herum nach O. schauen. An der Außenseite der S.-Mauer, nahe bei der SO.-Ecke ist ein großer Steinblock, auf demselben eine Art Medaillonkopf (Sonnengott?), umgeben von Flammen; dazu gehörte ein jetzt losgeschlagener Stein mit einem Adler mit ausgebreiteten Flügeln; das ganze wahrscheinlich vom Architrav des Tempels. — In Rachle finden sich auch einige Felsengräber.

Von *Rachle* direkt nach *Dêr el-'Aschâir* c. 2 St. Nach *el-Ḳaṭanâ* c. 4 St.; von da nach Damascus s. S. 269.

Andere Ruinen, Namens Burḳusch, liegen 1 St. 20 Min. sö. von *Rachle*, 1586m ü. M. Das Interessanteste sind die künstlichen Substructionen einer großen Plattform, gegen 48m lang (NW. nach SO.) und 36m breit. Im

S. ist die Mauer 12m hoch; im N. ist der Felsen künstlich geebnet. Eine große 16m breite Kammer läuft der ganzen Länge der Substructionen nach; darüber ist eine Reihe von Bogen, die an der inneren Seite segmentartig sind. Daneben sind Kammern, von welchen eine als Bad gedient zu haben scheint. Auf der Plattform scheint eine große byzantinische Basilika vielleicht an Stelle eines älteren Baues gestanden zu haben. Viele verschiedenartige Kapitäle liegen herum. — 53m n. von diesem Gebäude liegen die Ruinen eines anderen Baues, dessen ursprüngliche Bestimmung nicht zu erkennen ist, der aber sicher als christliche Kirche gedient hat. Von hier nach *el-Kaṭana* 3½ St.

32. Von Beirût nach Damascus.

Eine Frucht der französischen Expedition von 1860 ist die 112km l. Poststraße von Beirût nach Damascus. Das Unternehmen wurde von *Comte F. de Perthuis* gegründet und zum größten Teil mit französischem Gelde gebaut. Die Straße führt durch eine der unfruchtbarsten Gegenden des Libanon, meist dem alten Saumpfad entlang, der noch immer von den Arabern benutzt wird, da auf der neuen Straße Chausséegeld für Lasttiere und Wagen erhoben wird. Der Postdienst ist prompt, und es wird sehr schnell gefahren; dagegen sind die Plätze unbequem, da man seine Beine nicht ausstrecken kann, und das daraus entstehende Mißbehagen wird gegen Ende der Fahrt sehr fühlbar. Bei Schneefall ist die Route oft wochenlang unterbrochen. Briefe werden nur mit der Nachtpost befördert. In der Reisesaison sind die Plätze oft auf 4-5 Tage zum voraus bestellt, namentlich von Damascus nach Beirût zu den Abfahrten der Dampfer; man thut wohl, sich bei Zeiten danach umzusehen. Die Nachtwagen haben nur fünf Plätze (NB. ein Platz beim Kutscher). — Mit einem guten Pferde kann man in 1½ Tag über den Libanon reiten.

Fahrpreise: *für die ganze Strecke:* Tagwagen Coupé 145, Intérieur oder Banquette 101 Pi.; Nachtpost jeder Platz 101 Pi. *Für Zwischenstationen:* Coupé 1½, Intérieur oder Banquette 1 Pi., Nachtwagen 1 Pi. der km; dazu 2 Pi. Billetgebühr; die Aufnahme von Passagieren an den Zwischenstationen findet nur statt, wenn Platz vorhanden ist; Durchreisende erhalten vor allen andern den Vorzug. Im Intérieur hat man gar keine Aussicht, im Coupé nur beschränkte und selbst auf dem Banquette ist solche, was den Rückblick betrifft, durch die enge Beschaffenheit der Sitze nur schwierig zu erlangen; immerhin ist es für Herren der angenehmste Platz; Damen können nur das Coupé benutzen. — Mit der Tagespost hat man 10 Oḳḳa = 12½ kg *Gepäck* frei (es ist ratsam, dasselbe am Tage vorher aufzugeben), mit der Nachtpost nur die Hälfte; Übergewicht (nachts nur 5 Oḳḳa = 6¼ kg zulässig), zahlt 1½ Pi. für die Oḳḳa.

Kurse der Compagnie: 1 Napoleond'or 95 Pi., 1 Fr. 4¾ Pi., 1 engl. Pfund 119½ Pi., 1 türk. Pfund 108½ Pi., 1 Silber-Medschidi 20 Pi., Altlik 3½ Pi.

Mundvorrat mitzunehmen empfiehlt sich, da es nur in *Schtôra* (S. 305) eine Restauration giebt, sonst nur dürftige Cafés.

Extrapost zu 5 Plätzen nach jeder Station, für Gesellschaften empfehlenswert, muß 24 St. vorher bestellt werden; Preise von Beirût nach Schtôra 460 Pi., hin und zurück 690 Pi.; nach Damascus 1125 Pi., hin und zurück 1688 Pi.; von Damascus nach Schtôra 660 Pi., hin und zurück 990 Pi. (Sommertaxe 7 P. der km). Nähere Auskunft auf dem Bureau der Gesellschaft, in Beirût auf dem Kanonenplatz, in Damascus im Compagniegebäude.

Die Chariots mit Personenbeförderung, die aber für Reisende kaum in Betracht kommen, gebrauchen 24 Std. zwischen Damascus und Beirût. Ein Platz für die ganze Reise kostet auf denselben 30 Pi. — Waren (Koffer) werden zum Mittelpreis von 85 Pi. für 115 kg berechnet.

Fahrplan.

Relais-Stationen:	Entfernung in Kilometern	Tagespost Abfahrt	Tagespost Fahrzeit	Tagespost Aufenth.	Nachtpost Abfahrt	Nachtpost Fahrzeit	Nachtpost Aufenth.
			St. M.	M.		St. M.	M.
Beirût	—	4,30 Vm.	—	—	6 Ab.	—	—
Dschemhûr	10,545	5,55 -	1 20	5	7,30 -	1 20	10
Bôduchân	9,009	7,40 -	1 50	5	9,25 -	1 45	10
Sôfar	8,006	9,05 -	1 10	5	10,50	1 15	10
Chân Murâd	9,976	10,10 -	1 10	5	12,10 Nts.	1 10	10
Sehtôra	9,136	11,30 -	— 50	30	1,20 Vm.	50	20
Zair	8,000	12,05 Nm.	30	5	2,05 -	— 35	10
Cisterne	6,813	12,40 -	— 10	5	2,50	35	10
ed-Dschudêde	9,232	2,05 -	1 10	5	4,15	1 15	10
Chân Meiselûn	13,360	3,20 -	1 10	5	5,30	1 15	10
Chân Dîmâs	8,123	4,10 -	— 45	5	6,35	— 55	10
el-Hâmi	9,340	5,– -	— 35	5	7,30	— 55	10
Damascus	10,557	5,50 -	— 50	—	8,25	— 55	—
Von Damascus nach Beirût.							
Damascus	—	4,30 Vm.	—	—	6 Nm.	—	—
el-Hâmi	10,557	5,35 -	1 —	5	7 -	— 50	10
Chân Dîmâs	9,340	6,35 -	— 55	5	8 -	— 50	10
Chân Meiselûn	8,123	7,35 -	— 55	5	9 -	— 50	10
ed-Dschudêde	13,360	9 -	1 20	5	10,40 -	1 30	10
Cisterne	9,232	9,50 -	— 45	5	11,45 -	— 55	10
Zair	6,813	10,25 -	— 30	5	12,25 Nts.	— 30	10
Sehtôra	8,000	11,30 -	— 35	30	1,20 Vm.	— 35	20
Chân Murâd	9,136	1,20 -	1 45	5	3,25 -	1 55	10
Sôfar	9,976	2,25 Nm.	1 —	5	4,45 -	1 10	10
Bôduchân	8,006	3,20 -	— 50	5	5,55 -	1 —	10
Dschemhûr	9,009	4,15 -	— 50	5	7,05 -	1 —	10
Beirût	10,545	5,10 -	— 55	—	8,05 -	1 —	—

Von der Station auf dem Kanonenplatz (Pl. F 3) fährt man in sö. Richtung neben der *Pineta* (S. 289) vorbei; r. und l. schöne Maulbeerpflanzungen und Gärten. 5 km *el-Hâzmîje* (s. S. 289); von hier steigt die Straße in großen Windungen aufwärts (s. S. 294) zum

(10,5 km) **Chân Dschemhûr**; dann (17 km) *Chân Schêch Maḥmûd*, r. Weg nach 'Âleih S. 294.

(19,5 km) **Chân Bôduchân**; dann *Chân Ruwêset el-Ḥamrâ* (das Rotköpfchen).

(27,5 km) **Chân 'Ain Sôfar** mit guter Quelle. Die Straße ist teilweise in den Felsen gehauen. Bald darauf verläßt man die S.-Seite der grünen Thalschlucht *Wâdi Ḥammâna*; l. der Ort gleichen Namens mit einer Seidenspinnerei. Am Wege *Chân Mudêridsch*. Die Vegetation hat aufgehört, die Gegend ist rauh; man erreicht (3/4 St. von Chân Sôfar) die Höhe des *Libanonpasses* mit dem *Chân Mizhir* (1542 m ü. M.). L. *Dschebel Keneise*

(2032m), r. *Dschebel el-Bârûk*, beides kahle Berge. Rückwärts zeigt sich zum letzten Mal das Meer und dann öffnet sich schnell die Aussicht auf die breite Thalsohle der *Biḳâ'* (s. unten). Jenseits erhebt sich der *Antilibanus*, im S. der Schneegipfel des *Hermon* (2759m); im N. reicht der Blick bis hinauf in die Gegend von Ba'albek (S. 341). Hierauf fährt man in das große Gehöft des

(37,5 km) **Chân Murâd** hinein, und in scharfem Trabe die Straße, die sich in großen Windungen zum Thale zieht, hinab. R. am Ausgange einer kleinen Thalöffnung *Kabb Eljâs*, l. in gleicher Entfernung *Dschedîde*; weiter, an *Chân el-Mrêdschât*, dann an dem Dorfe *Mekse* vorbei in wenigen Min. nach

(46,6 km) **Schtôra**, wo der einzige längere Aufenthalt (20 Min.) stattfindet.

Unterkommen: Hôt. Victoria, Filiale des Hôt. Victoria in Damascus (Bes. *Pietro Paulicevich*), neugebautes Hôtel. Pens. o. W. in der Saison 12-15 fr. — Hôt. d'Europe (Bes. *Anton Nicolai*), Pens. o. W. nach Übereinkunft 10-12 fr. — Außer der Saison in beiden Hôtels ein Drittel billiger. — Für Durchreisende Déjeuners und Diners nach einem von der Compagnie bestimmten gedruckten Tarif. — Wagen nach *Ba'albek* etc. s. S. 336.

Schtôra besteht aus mehreren stattlichen Ökonomiegebäuden; das große Gut r. von der Straße (beim Weiterfahren) gehört den Jesuiten. Von ihnen und einigen Franzosen wird in großem Maßstab Weinbau betrieben und ein vorzüglicher „Schtorawein" nach europäischer Weise gewonnen.

Die **Biḳâ'** (Spalt), die wir jetzt betreten haben, die große hochebenartige Thalsohle zwischen Libanon und Antilibanus, ist im S. durch Ausläufer des *Tômât Nîḥâ* (d. i. Zwillinge von Nîḥâ) geschlossen, und nur mit Mühe bricht dort der *Lîṭânî* seinen Lauf durch die Felsen. Im Altertum hieß sie *Coelesyrien* = das hohle Syrien; doch umfaßt diese Benennung im Sprachgebrauch der klassischen Autoren, der Makkabäerbücher und des III Buches Esra alles Land s. von Seleucia bis zur Sinaiwüste; nur Phönicien wird davon abgetrennt. Die *Biḳâ'* ist heute nicht besonders angebaut, war es aber im Altertum. — In der Ebene

(54,6 km) Station **Zaḥle** (arab. *Dêr Zeinûn*), gleich nachher Brücke (870m ü. M.) über den Hauptstrom des Thals, den *Nahr el-Lîṭânî* (S. 296), dessen Wasser trotz des Zuflusses von beiden Gebirgsketten in der trockenen Jahreszeit häufig kaum bemerkbar ist. Die Straße wendet sich noch mehr nach S. und erreicht die Station

(61,4 km) **Cisterne** (*el-Maṣna'*) am Eingang des kleinen *Wâdi Harîr*; r. ein niedriger langgestreckter Bergrücken, l. gegen den Berg hin, ¼ St. entfernt, die Ruinen von *'Andschar*, dessen heutige Überreste, Türme, Mauern und einige Säulen, noch dafür sprechen, daß im Altertum hier eine bedeutende Stadt und Festung gestanden haben muß. Josephus nennt sie *Chalcis*; ö. davon ist eine große Quelle. In ziemlich gleicher Entfernung, aber r. von der Station, liegt das ganz stattliche Dorf *Medschdel-'Andschar*.

10 Min. oberhalb desselben auf dem langgezogenen grünen Hügelrücken Reste eines Tempels; der nach NO. gerichtete Porticus ist verfallen, Stücke der Säulen und des Giebels liegen umher. Die W.-Seite ist am besten erhalten. Die Quadern sind fugenrändrig, einige derselben sehr groß. An der (w.) Mauer entlang zieht sich ein schmales Gesimsband unten am Boden, ein zweites in der Mitte der Höhe; das Portal ist 14,6m h., mit verzierten 7m h. Seitenpforten; auf jeder Seite ein kleiner Thorweg. Höhe des Tempels bis zum Carnies, von welchem noch ein Teil erhalten ist, 12-13m. Zwischen den Halbsäulen des Innern waren Nischen angebracht. — Schöne Aussicht: n. der schneebedeckte *Dschebel Ṣunnîn* (2608m), s. davon *Dschebel Keneise* (2032m), gerade gegen W. *Dschebel el-Bârûk* (S. 306); im S. der ganze Stock des Hermon (S. 300) und nö. der hohe Rücken des Antilibanus (*Dschebel esch-Scherki*) mit seiner höchsten Spitze, dem *Dahr Abu'l-Hin* (2339m), davor die Höhen von *ez-Zebedâni* (S. 340).

3/4 St. südl., bei dem Dorfe *Zekwe* liegt noch ein anderer Tempel, in dessen Umgebung sich Sarkophage und Felsengräber finden.

Unsere Straße steigt nun in dem wenig anziehenden *Wâdi Harîri* hinauf, dessen Höhe (1353m ü. M.) zugleich Wasserscheide ist, und führt dann zwischen Gebüsch über die langgezogene schmale Ebene *ed-Dschudêde*, welche n. von dem Bergrücken von *ez-Zebedânî* (S. 340) eingefaßt ist. Hinter Station

(70,7km.) **ed-Dschudêde** (1272m) beginnt das anmutige *Wâdi el-Ḳarn*, das später einförmig wird; man verläßt es an dem Punkte, wo ein Thal von S. kommend sich mit demselben vereinigt, um noch einmal etwas bergan zu steigen zum

(84km.) **Chân Meiṭelûn**, dann (92,2km.) **Chân Dimâs** (vorher l. am Bergabhang das gleichnamige Dorf), am Anfang der *Ṣaḥrat Dimâs*, eines öden Hochplateaus, auf dem einige Monate im Jahre abwechselnd ein Teil der Besatzung von Damascus campiert und manövriert. Die Straße führt in gerader Richtung ö. darüber hin. Nach 35 Min. Fahrens ist das Ende erreicht und etwas r. biegend, betritt man plötzlich das *Wâdi Baradâ*, dessen Grund mit Bäumen, besonders Pappeln bewachsen ist, nach der Einöde ein überraschend wohlthuender Anblick, dessen Einfluß sich auf die Insassen der Post, den Kutscher und die Pferde bemerkbar macht. Alles gewinnt Leben, Freudejauchzen und Allahpreisungen steigen gen Himmel; die Lungen erquicken sich an der prächtigen Luft, die Vegetation wird stets üppiger und reicher; es beginnt ein wahrer Park von Kulturbäumen, der soweit reicht als die Wasser des Baradâ dringen können; darüber hinaus behauptet die Wüste ihre Macht und bietet merkwürdige Kontraste.

(101,5km.) Dorf (Stat.) **el-Hâmi**; schöne Pferde mit besserem Geschirr werden vorgespannt. Nach 20 Min. Fahrens *Dummar* (S. 335), aus Villen bestehend; jenseits der Brücke auf der Anhöhe l. die Villa 'Abd el-Ḳâders, dessen Name in den Kämpfen der alger. Beduinen gegen die Franzosen so bekannt geworden ist; er verzehrte hier die ihm nach seiner Gefangennehmung von der franz. Regierung bewilligte Pension unter der Verpflichtung, den Bann von Damascus nicht zu verlassen (vergl. S. 311). Man beobachte die vielen Wasserleitungen. Bei einer Mühle (r.) werden die Bäume lichter; es folgt noch eine lange gerade Strecke zwischen Gärten

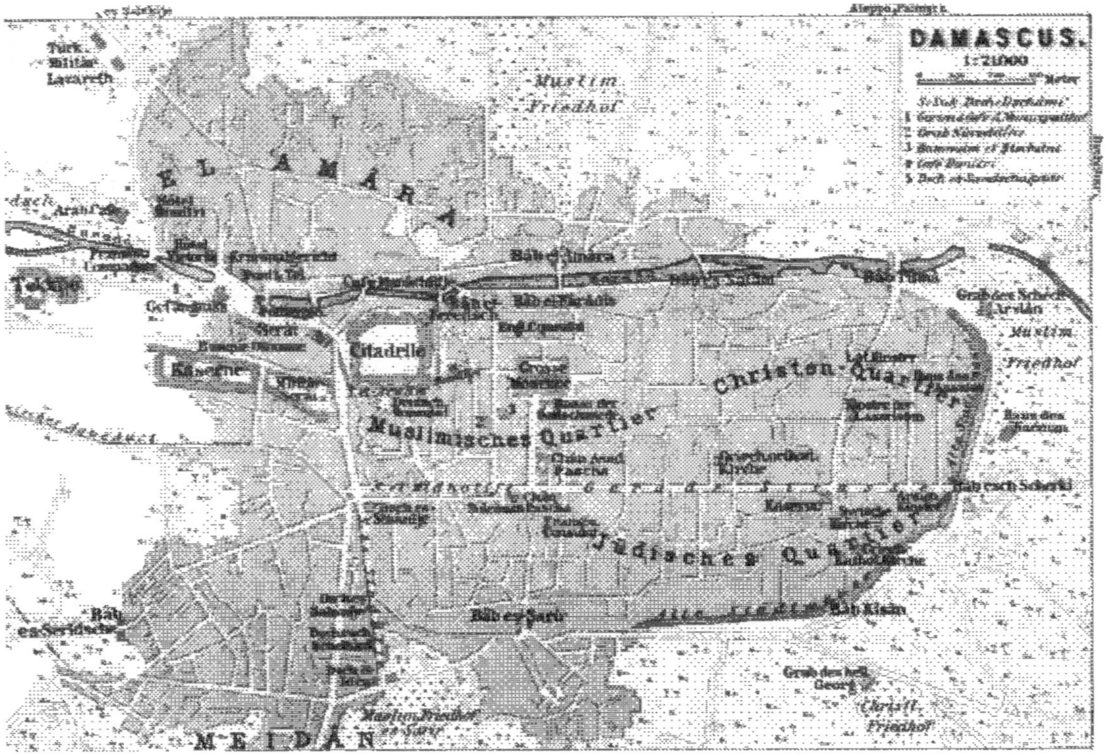

DAMASCUS.
1:21000
Türk.
Militär
Lazareth
Muslim
Friedhof
EL AMÂRA
Hôtel
Victoria
Tekkîje
Gefängnis
Serai
Citadelle
Kaserne
Bâb el-Farâdîs
Bâb Tûma
Christen-Quartier
Muslimisches Quartier
Jüdisches Quartier
Griech.-orthod.
Kirche
Bâb esch-Scherkî
Bâb Kisân
Bâb es-Sarîr
Bâb
es-Serîdsche
Grab des heil.
Georg
Christl.
Friedhof
MEIDÂN
Aleppo, Palmyra

hin, dann zeigen sich in der Ferne die Minarets von Damascus. Der Berg l. ist der *Dschebel Kasjûn* (S. 335). Das erste Gebäude geradeaus mit den vielen schwarzen Kuppeln und Minarets ist die *Tekkîje* (S. 335), ein ehemaliges Derwischkloster. Bevor die Post r. in den Compagniehof einlenkt, hat man r. am Fluß den *Merdsch* („Wiese"), auf dem besonders abends viel Leben und Treiben herrscht.

(112km) **Damascus** (S. 359); die Hôtels (Victoria und Dimitri, s. unten) sind nicht weit vom Halteplatze entfernt.

33. Damascus.

Gasthöfe: Hôt. Victoria (s. Pl.; Bes. *Pietro Paulicevich*, Dalmatiner), vorzügliches Hôtel, aber teuer. Pens. o. W. in der Saison 15-20 fr.; Gr. Hôt. Dimitri (s. Pl.; Bes. *Selim Besrawi*), ebenfalls gut, schöner Hof, Pens. o. W. 12-15 fr. Außer der Saison und für längeren Aufenthalt in beiden Hôtels nach Übereinkunft billiger. Man handle vorher wegen der Preise! Bayrisches Bier 1½-2 fr. die Flasche, einheimische Weine (von Schtôra s. S. 305) 2-3 fr. die Flasche, sehr gut. — Beide Hôtels liegen in der Nähe des Halteplatzes der französ. Post.

Restaurant (& Café): *Dimitri* (Pl. 4) am Platz vor dem Serâi, keine geistigen Getränke!

Die **Café's** von Damascus sind die größten im Orient und der Besuch des einen oder andern von Interesse. Bei den meisten grenzt die eine Seite an einen Wasserlauf; es sind große Hallen oder Gärten mit einer Menge kleiner Tischchen und noch kleinerer Stühlchen oder Bänken, auf welchen der Damascener, neben sich sein Nargile, mit gekreuzten Beinen sitzt und sein Triktrak spielt. Wir nennen als besuchenswert: *Café Manâchilîje* (S. 318; Aussicht auf die Citadelle); den *Garten der Municipalität* mit Café (neben der franz. Compagnie); die Gartencafé's an der Beirûtstraße und vor *Bâb Tûmâ* (S. 329).

Droschken von verschiedener Güte auf dem Platz vor dem Serâi. Preis: in der Stadt 10-12 Pi. die St., die einfache Fahrt 6-7 Pi. Bei großer Nachfrage in der Saison und an Feiertagen bedeutend mehr (vorher handeln!); s. auch bei den betr. Ausflügen.

Konsulate. Deutschland (s. Pl.): *Lütticke*, Vicekons.; Österreich: *J. Bertrand* (bei *Bâb Tûmâ*); Frankreich: *A. Guillois* (Christenquartier); England: *J. Dixon* (im muslim. Quartier); Italien: *Medana* VK. (bei *Bâb Tûmâ*); Amerika: *N. Meschâka* VK. (im Christenquartier).

Post & Telegraph (intern.) auf dem Platz beim Serâi (s. Pl.). Fahrpost nach Beirût s. S. 303. (Porto u. Telegraphentaxe s. S. xxxvii).

Geld. *Banque Ottomane* nahe dem Serâi (s. Pl.); *Lütticke & Co.* (Deutsches Konsulat); auch die meisten anderen großen Beirûter Häuser haben ihre Agenten hier. Kurse s. S. xxxiv.

Ärzte. *Dr. Hurdiciano; Dr. Nicolaki Bey, Dr. Tempel Bey.* — Hospital der Soeurs de charité.

Apotheken. *Pharmacie centrale* (bei der Einmündung der *'Aṣrûnîje* in den Griechenbasar.

Photographien bei *Suleimân Ḥakim* in der *'Aṣrûnîje*.

Wäsche in den Hôtels 3 fr. das Dutzend Stück; auch bei Dragoman *Franz* S. 308.

Friseur: *Ḥabîb*, nahe dem Hôt. Victoria (Haarschneiden ¼ Medsch.).

Schneider. *Manṣûr* im *Sûḳ el-Arwâm*; *Jûsuf Battârik* ebendas.

Dragomans: Zur Wanderung in den Straßen, Einkäufen, Besuch der Moschee etc. wird der Fremde gut thun, wenigstens für den Anfang einen

Lohndiener mitzunehmen. Als solche (zugleich auch als Reisedragomane) empfehlen wir den Österreicher *Franz*, der in den Verhältnissen von Damascus gut Bescheid weiß; ferner *Dadd Jasbek;* andere in den Hôtels zu erfragen. Preis in der Stadt c. 10 fr. in der Saison (handeln!). Man hute sich, irgend einem von ihnen Geld oder gekaufte Waren anzuvertrauen!

Basar. Die Mannigfaltigkeit der Waren, welche auf dem Basar von Damascus ausgestellt sind, ladet zum Kaufen ein. Zwar können die Seidenzeuge u. a. ebensogut in Beirût, als in Damascus gekauft werden, aber die Auswahl dieser Gegenstände ist in Damascus größer. Über Einkäufe vergl. S. XLIV. Da die Kaufleute in Damascus selten eine andere Sprache reden als die arabische, so ist ein Dragoman nötig. Diese Dragomane erhalten sämtlich ihre Procente bei den Verkäufern. Nähere Angaben über Preise etc. sind in dem Rundgang durch die Basare (S. 315 u. ff.) enthalten. Der Besitzer des Hôtel Victoria hält ebenfalls ein Lager der von den Fremden meist gekauften Damascenischen Arbeiten, allein sehr teuer! Weitaus vorzuziehen (schon weil sehr interessant) ist, in den Basaren selbst einzukaufen.

Die **Bäder** in Damascus, alle ausschließlich von Muslimen gehalten, auch diejenigen, die sich im Christenquartier befinden, sind wegen ihrer Pracht im ganzen Orient berühmt. Sie sind meistens mit Marmor vertäfelt und nach orientalischen Begriffen sehr bequem eingerichtet. Besuchenswert sind: *Hammâm el-Kischânî* (s. S. 319); *H. el-Chaijâtîn; H. ed-Derwischîje* oder *el-Malike* (S. 323). Näheres über Bäder s. S. XLI.

Das **Straßenleben** (vergl. S. 322 u. ff.) in Damascus steht dem in Kairo, was Buntheit der Trachten und echt orientalische Scenen anlangt, kaum nach, daher Wanderungen durch die Straßen nicht genug empfohlen werden können (der Gebrauch der Esel oder Pferde hierzu ist weder üblich noch empfehlenswert, da die Tiere schlecht sind und das Sattelzeug äußerst mangelhaft ist).

Damascus ist die größte Stadt Syriens: nirgends kann man die Eigentümlichkeiten dieses Landes besser beobachten als hier. In Damascus sind es weniger die Altertümer und Bauten, welche anziehen, als das bunte Treiben auf der Straße, die mannigfaltigen Trachten, die Landschaft. Es ist bei den Reisenden zwar Sitte, in Damascus nur sehr kurze Zeit, 1-2 Tage, zu verweilen, da der Kontrakt mit dem Dragoman fortläuft; es ist aber geraten, Damascus in Ruhe zu genießen und sich zu diesem Zwecke von vornherein einen bedeutend ermäßigten Preis für Ruhetage auszubedingen.

Über die Zeiteinteilung, bes. bei kurzem Aufenthalt, s. S. XV.

Geschichte von Damascus.

Über die Gründung der Stadt sind bei Juden, Christen und Muslimen eine Unzahl Fabeln verbreitet, die aber sämtlich unglaubwürdig sind. David eroberte die Stadt als Bundesgenossin von Zoba nach einem blutigen Kriege und legte eine Besatzung hinein (II Sam. 8, 5 ff.). Aber schon unter Salomo stiftete Reson (I Kön. 11, 23) mit einer Schar Freibeuter ein selbständiges Reich von Damascus. Die äußere Geschichte des Nordreiches dreht sich fast völlig um das Verhältnis zu Damascus, vgl. über solche Kämpfe I Kön. 15 u. 20. Die Politik des Reiches Juda ging dahin, die Fürsten von Damascus gegen das Nordreich aufzureizen. Verschiedene dieser Könige führten den Namen Ben Hadad. Der größte Gegner Israels war Hasael, an dessen Erhebung Elia und Elisa Anteil hatten (II Kön. 8, 7). Durch die Zwistigkeiten zwischen Israel und Juda bekamen die Damascener freies Feld. Hasael verwüstete das Ostjordanland, zog über den Jordan und eroberte die Stadt Gath; der König von Juda erkaufte die Nichtbelagerung Jerusalems teuer (II Kön. 12, 18). Hasaels Sohn Benhadad III. war weniger glücklich (II Kön. 13, 25 ff.). Jerobeam II.

eroberte wieder das ehemals jüdische Gebiet von Damascus (II Kön. 14, 28). Bald darauf finden wir Pekach von Israel im Bunde mit Rezin von Damascus gegen Jotham von Juda (II Kön. 15, 37). Beide zogen gegen Jerusalem, konnten aber Ahas nicht viel anhaben; doch mußte er den Hafen Elath am Roten Meere den Syrern überlassen (II Kön. 16, 5, 6). Ahas rief nun gegen die Syrer die Assyrer zu Hilfe. Diese erschienen; von den drei Staaten, welche sich hätten gegen sie vereinigen sollen, nahmen sie einen nach dem andern ein, zuerst Damascus, wohin Ahas zur Huldigung reiste. In den assyrischen Berichten heißt das Reich Damascus *Imirisu*, die Stadt *Dimasḳi*.

Seither scheint Damascus im Altertume keine selbständige Rolle mehr gespielt zu haben, denn die Zeit der kleinen Reiche hatte dem Zeitalter der großen Weltreiche Platz gemacht. Die Stadt freilich scheint sich schnell erholt zu haben, da schon Jeremias (49, 27) ihr wieder mit Strafe droht; aber Damascus wird von nun an in der israelitischen, sowie später in der griechischen und römischen Geschichte mehr nur gelegentlich erwähnt. Nach der Schlacht von Issus (333 v. Chr.) kam ganz Syrien unter die Herrschaft Alexanders, und Damascus, woselbst der Harem und die Schätze des Darius geblieben waren, wurde dem Parmenio durch Verrat überliefert. In den Kämpfen der Diadochen fiel Damascus und der Libanon bisweilen an die Ptolemäer. Im Jahre 112 teilten sich die Stiefbrüder Antiochus Grypus und Antiochus Kyzikenus in Syrien; letzterer regierte von Damascus aus Phönicien und die Biḳâ' (das Gebiet zwischen Libanon und Antilibanus). Während der Zwistigkeiten dieser Fürsten konnte Hyrkanus sein Gebiet vergrößern. Demetrius Eucärus, der vierte Sohn des Grypus, von Ägypten unterstützt, wurde hierauf in Damascus König; von den Juden eingeladen, rückte er i. J. 88 v. Chr. in Palästina ein und schlug den Alexander Jannäus bei Sichem. Demetrius, von seinem Bruder Philippus und den Parthern gestürzt, starb in der Gefangenschaft. Ein anderer Bruder, Antiochus Dionysus, herrschte nun 3 Jahre über Syrien, bis er in einer Schlacht gegen Aretas, König von Arabien, im J. 85 v. Chr. fiel. Dieser wurde nun König über Damascus. Später finden wir Damascus in den Händen des Armenierkönigs Tigranes; hierauf wurde es von Metellus erobert. Pompejus empfing hier im J. 64 Gesandte und Geschenke von den benachbarten Königen, und Syrien wurde römische Provinz. Hier besuchte der junge Herodes den Prokonsul Sextus Caesar und erhielt von ihm die Biḳâ'. Herodes ließ, obwohl die Stadt außerhalb seines Herrschaftsgebietes lag, ein Theater und ein Gymnasium erbauen. Römische Provinzialstadt wurde Damascus erst 150 J. später unter Trajan.

Die einheimische Kultur mag in Damascus keine unbedeutende gewesen sein; gewiß ragte die Stadt durch Handel und Industrie hervor, da sie den Karawanenverkehr mit dem Osten, besonders Persien, vermittelte. Die Sprache war syrisch, die Religion wohl der Dienst der Astarte (S. 271) und ähnlicher Götter. Doch drang natürlich auch hier griechisch-römisches Wesen ein und war zu Jesu Zeit hier gewiß bereits tiefer eingebürgert als bei den konservativeren Juden. Von den letzteren wohnte übrigens eine bedeutende Kolonie in Damascus. — Sehr merkwürdig ist es, wie früh die Araber — Aretas ist = Ḥâritâ — sich in jener Gegend Einfluß zu verschaffen wußten. Das Reich der Nabatäer reichte zeitweilig bis hierher (II Kor. 11, 32). Die Verhältnisse der Wanderstämme in der syrischen Wüste, östlich von der Stadt, mögen damals schon ähnliche gewesen sein, wie heutzutage. Noch heute halten nur die dichten und verschlungenen Baumgärten, die von Lehmmauern umgeben sind, den Angriff und die Räubereien jener wilden Horden ab. — Als politische Grenzwacht gegen die Wüste blieb die Stadt auch den Byzantinern wichtig. Damascus wurde später Sitz eines christlichen Bischofs, der dem Range nach der zweite im Patriarchat von Antiochien war. Von den Bischöfen kennt man viele. Der Kaiser Theodosius, der die heidnischen Tempel in Syrien zerstörte, verwandelte auch den großen Tempel von Damascus in eine christliche Kirche. Justinian baute dort eine neue Kirche. In den Kämpfen der Byzantiner und Perser hatte die Stadt viel zu leiden; unter Heraklius (610-641) wurde ein großer Teil der Bewohner von Damascus nach Persien in die Sklaverei weggeführt.

Mit dem Auftreten des Islâm begann für Damascus die dritte glänzendste Periode seiner Geschichte. Schon längst war wie gesagt Damascus von Arabern umgeben. Im Haurân hatten die mächtigen Ghassaniden (S. 197), die Vorkämpfer der Byzantiner, ihren Sitz. Sie waren Christen, vertauschten aber ihre Religion ohne Schwierigkeit mit dem Islâm und erleichterten das Vordringen ihrer Stammesgenossen wesentlich. Dem jugendlichen Impuls dieser beutegierigen Scharen konnten die morschen Zustände der byzantinischen Herrschaft in Syrien nicht widerstehen, da außerdem das Reich noch durch Einfälle an der Nordgrenze bedroht war. Nach der Schlacht am Jarmûk fiel Damascus in die Hände der Araber. Die muslimischen Feldherren stellten mit großer Umsicht ihre Heeresabteilungen so auf, daß Entsatz unmöglich war. Der Hauptbefehlshaber der Araber war Abu 'Ubeida; Châlid Ibn Welîd, der Sieger am Jarmûk, stand am östlichen Thore. Châlid, der sich durch Kühnheit auszeichnete, erstieg nachts mit Strickleitern die Wälle und ließ seine Truppen einziehen. Als die Damascener dies merkten, schlossen sie eine Kapitulation mit den Befehlshabern, die an den andern Thoren standen; auch hier rückten die Araber ein und trafen in der Mitte der Stadt auf die raubenden und sengenden Scharen Châlids. Die Stadt wurde daher zur Hälfte als eine eroberte, zur Hälfte als eine freiwillig übergebene betrachtet. Den Christen wurde der Besitz von 15 Kirchen verbrieft (Anfang 635).

Der Glanz von Damascus beginnt mit der Herrschaft der Omaijaden (S. LXXII). Die Omaijaden waren ohne Zweifel die bedeutendsten Fürsten, welche die Araber je hervorgebracht haben. Zunächst verlegte Mu'âwija den Sitz des Chalifats nach Damascus (über den Bau der großen Moschee s. S. 330). Durch die Abbasiden wurde der Schwerpunkt des Reiches wieder von Damascus weg nach O. verlegt. Die Damascener waren daher auch mit den 'Abbasiden nicht zufrieden. — In den folgenden Jahrh. geriet Damascus in die Gewalt der Tuluniden von Ägypten; hierauf verheerten die Kämpfe der Karmatensekte Syrien bis vor die Thore der Stadt. (Die Karmaten waren eine den Isma'iliern, S. CIII, ähnliche Sekte mit kommunistischen Principien.) Später (von 936 an) verwüsteten die Streitigkeiten der Ichschiden mit den im n. Syrien und Mesopotamien residierenden Hamdaniden (S. LXXIII) das Land. Hierauf kam Damascus in die Gewalt der Fâtimiden von Ägypten; aber diese Fürsten konnten die inneren Fehden und bisweilen selbst die Einfälle der Byzantiner nicht hindern. 1075/6 fiel Damascus in die Hände der Seldschucken (S. LXXIII). — 1126 rückten die Kreuzfahrer unter Balduin von Tiberias aus gegen Damascus vor; sie errangen zwar s. von der Stadt einen Sieg über Togtekin, mußten sich aber dennoch wieder zurückziehen. Einige Jahre später traten die Assassinen, die in Damascus mächtig waren, mit den Franken in Verbindung und versprachen ihnen Damascus (gegen Tyrus) auszuliefern. Dies wurde aber durch den Fürsten Bûri verhindert; dieser überfiel die heranziehenden Franken und plünderte ihr Lager. 1148 belagerte Konrad III. Damascus; aber der Fürst von Mosul Seifeddin Ghâzi und Nûreddin Mahmûd, der Bruder des Fürsten von Aleppo, kamen dem Fürsten von Damascus Mudschîreddin Eibek zu Hilfe. Dieser Fürst lag fast beständig im Krieg mit den Franken, bis Nûreddin ihm Damascus entriß (1153). Nûreddin verschönerte Damascus; er umgab die Stadt mit neuen Befestigungen, ließ viele Moscheen und Schulen erbauen und die Brunnen herstellen; er gründete ein Gerichtshaus, in welchem er selber zweimal in der Woche zu Gericht saß. Noch einmal bedrohten die Franken Damascus im J. 1177, und der Statthalter Saladins mußte sich von ihnen loskaufen. Später wurde Damascus Mittelpunkt der kriegerischen Unternehmungen Saladins. Wiederum hatte Damascus in den Kämpfen der Nachfolger Saladins mehrere Belagerungen auszuhalten. 1260 mußte sich die Stadt den Mongolen unter Hûlagû (S. LXXV) ergeben. Von diesen wurden die Christen sehr begünstigt; aber das Blatt wandte sich, als der Mamlukenfürst von Ägypten, Kotuz, die Stadt zurück eroberte. Dessen Nachfolger war Beibars, der die Citadelle von Damascus neu baute. 1300 plünderten die Tataren unter Ghazan Chân die Stadt wieder und verbrannten viele Gebäude. 1399 rückte Timur gegen Damascus; die Stadt kaufte sich jedoch durch Zahlung einer Million Goldstücke von der

Plünderung frei. Das Schloß hingegen ergab sich erst, nachdem die Tataren die oberhalb desselben befindliche Terrasse erobert hatten. Die berühmten Schwertschmiede wurden damals sämtlich weggeführt und brachten das Geheimnis der Verfertigung von Damascenerklingen nach Samarkand und Chorasan, woselbst diese Kunst noch heute blüht, während sie in Damascus fast gänzlich in Vergessenheit geraten ist. 1516 zog der türkische Sultan Selim in Damascus ein; seit dieser Zeit ist Damascus eine Provinzialhauptstadt des türkischen Reiches.

Nicht unerwähnt dürfen schließlich die blutigen Ereignisse und Greuelthaten des Jahres 1860 bleiben. Von wesentlichem Einfluß auf die Entstehungsursache derselben war ein Artikel des Pariser Friedens von 1856, welcher bestimmt war, die Einmischung der Fremden auszuschließen, aber dadurch den Schein erweckte, als wären die Christen der Willkür des Sultans preisgegeben. Zudem hatte der Aufstand gegen die Engländer in Indien die Gemüter der Muslimen entflammt. Der damalige Pascha Aḥmed hinderte aber nicht nur nicht die Drusen, welche zur Ermordung der Christen herbeiströmten, sondern soll selbst von einer nahen Kaserne das Zeichen dazu haben geben lassen; die Soldaten fraternisierten mit den Drusen und dem Pöbel von Damascus, welche das Christenquartier verheerten. Die Greuelscenen begannen am 9. Juli 1860. Das englische und das preußische Konsulat nahmen viele Flüchtlinge auf; ebenso zogen sich Haufen von Christen in die Citadelle zurück. Bald war das ganze Christenquartier in einen Schutthaufen verwandelt. Auch die Konsulatsgebäude wurden, mit Ausnahme des preußischen und des englischen, verbrannt; schauderhafte Greuel wurden von der tierisch gewordenen Volksmasse verübt. Manche Christen hatten sich in muslimische Häuser geflüchtet; am 11. Juli begann man dieselben aus diesen Häusern herauszuschleppen und zu ermorden. Der ehemalige algerische Häuptling ʿAbd el-Ḳâder (S. 306) bot seine Mauren auf und diese retteten vielen Christen das Leben. Der Pascha hingegen blieb vollständig unthätig. Man rechnet, daß in jenen Schreckenstagen gegen 6000 Christen in Damascus getötet worden sind; die Leichen lagen in Haufen übereinander. Besonders viele Ordensgeistliche waren niedergemetzelt worden, teilweise an den Altären, wohin sie sich geflüchtet hatten. Bis heute noch sind im Christenquartier die Spuren der greulichen Verwüstung sichtbar. Dieselbe Schlächterei wiederholte sich im Gebirge; hier machten die Drusen besonders ihrem alten Haß gegen die Maroniten Luft. Man schätzt die Zahl der Getöteten im ganzen auf 14000 Seelen. — Erst die allgemeine Entrüstung, welche sich bei allen Völkern des Abendlandes fühlbar machte, veranlaßte die türkische Regierung zum Einschreiten. Eine Anzahl Rädelsführer (auch Juden befanden sich darunter) sowie Aḥmed Pascha selbst wurden in Damascus festgenommen und erschossen. Ein französisches Corps von 10000 Mann wurde nach Syrien geschickt (vergl. S. LXXVII). Eine Schar Maroniten vereinigte sich mit den Franzosen; die Drusen wurden endlich zu Paaren getrieben. Viele Drusen wanderten damals aus dem Libanon aus und begaben sich nach dem Haurân (vgl. S. 107); von den Christen siedelten viele nach Beirût über. — Die Parteiverhältnisse in Damascus haben sich seit jener Zeit nicht wesentlich gebessert.

Zur Topographie, Bevölkerung etc.

Schon in früher Zeit erschien Damascus den Arabern als Abglanz des Paradieses, sodaß alle Herrlichkeiten des Himmels ihr irdisches Prototyp in Damascus haben sollten. Der Araber denkt sich nach dem Ḳorân das Paradies als Baumgarten, in welchem „Bäche fließenden Wassers" laufen und die Früchte ihm in den Mund hängen. Dieses auf der arabischen Halbinsel so selten erreichte Ideal schien den Arabern in Damascus verwirklicht. Daher sind die arabischen Dichter voll Lobes über Damascus und die die Stadt umgebenden Gartenhaine (die sogen. *Ġûṭa*). Vom europäischen Standpunkt aus kann nur bedingungsweise in dieses Lob eingestimmt werden. Die Ġûṭa, welche sich um Damascus herum nach S. und O. etwa 3 St. weit ausdehnt, macht auf den Europäer, der vielleicht an die fruchtbaren Thäler der Mittelschweiz oder Thüringens, an die Kultur Norditaliens gewohnt ist, nicht den überwältigenden Eindruck, wie auf den Orientalen, der aus der Wüste kommt. Der Frühling tritt infolge des Umstandes, daß die Stadt 691m ü. M. liegt, erst im März ein, wenn auch Ende Februar schon wärmere Tage vorkommen. Im Mai, wenn die Nußbäume in vollem Laube stehen und der Wein, der sich in gewaltigen Ranken von Baum zu Baum schlingt, Blätter getrieben hat, oder später, wenn über dem saftigen Grasteppich die großen Aprikosenbäume ihre unzähligen gelben Früchte tragen, wenn die Granaten in voller Blüte stehen, sind die Gärten wirklich schön.

Damascus heißt bei den Eingebornen *esch-Schâm* (S. LXIV), obwohl der alte Name *Dimischk* nicht ganz unbekannt ist. Die Stadt liegt am w. Rande der großen syrischen Wüste, auf drei Seiten von Bergen umgeben. Im N. zieht sich der Antilibanus gegen NO. in die Wüste hinein und findet, wenigstens scheinbar, in dem runden Hügel *'Akabet eṭ-Ṭenîje* seinen Abschluß; im NW. in unmittelbarer Nähe liegt der kahle *Dschebel Kasjûn*, an welchen sich dann mehr gegen W. der Hermon anschließt; im S. sind die vulkanischen Hügelrücken des *Dschebel Aswad* und des *Dschebel Mânî* sichtbar. — Aus den Gebirgsschluchten des Antilibanus strömen eine Anzahl Bäche in die Ġûṭa hinunter; der vorzüglichste derselben ist der *Nahr Baradâ* („der Kalte"), der bei den Griechen *Chrysorrhoas* (Goldstrom) hieß. Alle Bäche der Damascusebene münden in die sog. *Wiesenseen* c. 6 St. ö. von Damascus (S. 336). Im Frühjahr und Sommer sind diese Seen ziemlich groß; dann kommen auch die Beduinen in großer Anzahl dorthin. Im Herbst und Winter kann man sie höchstens als „Steppensümpfe" bezeichnen. — Der Baradâ entspricht dem *Amana* oder *Abana*; der südliche Bach *el-A'wadsch* (der Krumme, obwohl der heutige „Nahr Barbar" sich nicht mehr in den A'wadsch ergießt) dem *Parpar* von II Kön. 5, 12, „deren Wasser besser sein sollen, als die Wasser in Israels Lande". Der Baradâ ist reich an kleinen, wenig schmackhaften Fischen. — Schon am Ausgange der Schlucht, durch welche die franz. Straße führt (S. 306), teilt sich der Baradâ (über dessen Quellen s. S. 338) in sieben Arme, von welchen zwei für zahlreiche Leitungen *(kanât)* in der Stadt, die übrigen zur Bewässerung der Baumgärten verwendet werden. Sein Wasser ist nicht sehr gesund. Aufsicht über die Wasserleitungen im Innern der Stadt ist zwar vorhanden, wird aber mangelhaft gehandhabt, und manche öffentliche Brunnen sind versiegt. Die zahlreichen Springbrunnen im Innern der Häuser werden mit Baradâwasser gespeist. Des Trinkens wegen haben viele Häuser statt oder neben diesem Wasser auch noch Senkbrunnen. Solange die letzteren eine bedeutende Quantität von Sammelwasser enthalten, ist das Wasser nicht ungesund, wird es jedoch im Herbst und besonders nach einem Winter, während dessen nur wenig Regen gefallen ist, weil der Boden von Damascus bis auf eine sehr beträchtliche Tiefe aus Schuttanhäufung besteht.

Im Sommer leben die meisten Einwohner fast nur von Früchten, und zwar häufig von unreifen; trotz des starken Taues und der damit verbundenen Abkühlung schlafen sie auf den flachen Dächern; daher sind Ophthalmien, Wechselfieber, Dysenterie nicht selten. Man hüte sich in Damascus, nach einem heißen Tage (37-40° C. ist die höchste vorkommende Temperatur) sich der Abkühlung und Nachtluft in einem Garten am Rande des Wassers auszusetzen. In Krankheitsfällen ist Flucht ins Gebirge das ratsamste. Die in der Stadt herrschenden Miasmen sind im Hochsommer schrecklich; nur die sehr zahlreichen Hunde üben eine Art Sanitätspolizei, indem sie allen Unrat und selbst das Aas fressen; bösartig sind dieselben nur, wenn sie gereizt werden (vgl. S. XL). — Winters treten infolge der hohen Lage der Stadt öfters Fröste ein. Öfen giebt es jedoch nicht.

Die Stadt zerfällt in verschiedene Quartiere; das *jüdische Quartier* liegt wie bereits zur Zeit der Apostel bei der *„geraden Straße“* (die heute noch, vielleicht jedoch durch künstliche Repristination, diesen Namen trägt, arab. *Derb el-Mustakîm*, Ap.-Gesch. 9, 11; vgl. S. 320), und zwar im SO.-Teil der Stadt. N. davon dehnt sich das große *Christenviertel* aus (S. 328); die übrigen Quartiere sind muslimisch. Ein Quartier (der *Meidân*), in welchem bloß Bauern und ihre bäuerlichen Gastfreunde wohnen, erstreckt sich ziemlich weit gegen S. (s. S. 325). Die heutige Gestalt von Damascus ist am besten mit der Form eines Löffels zu vergleichen, dessen Stiel letztgenanntes Quartier ist. Die Quartiere sind wieder in kleinere Viertel geteilt. Früher waren diese Viertel durch hölzerne Thore abgesperrt und man mußte jedesmal den Wächter zum Öffnen herausrufen. Jetzt kann man ganz ungeniert und sicher zu jeder Stunde der Nacht die Stadt durchwandern. Bettler trifft man wenig, da das Leben sehr billig ist. Von den Derwischen und Verrückten, die durch ihren Mangel an Kleidung kenntlich sind, kauft man sich, wenn man von ihnen angesprochen werden sollte, am besten durch eine schnell gereichte Gabe los.

Die **Bevölkerung** (überaus schwierig zu schätzen) beträgt nach der Statistik der Regierung (1888): Muslimen 105017; Griech.-orthod. 4211; Griech.-uniert. 3978; Armenier 199; Armen.-uniert. 187; Syrisch.-uniert. 376; Maroniten 306; Lateiner 91; Protestanten 61; Juden 6329, zusammen 120750.

Die Muslimen haben nach einer Statistik insgesammt 248 Moscheen und Gelehrtenschulen in Damascus; darunter sind 71 Hauptmoscheen, in welchen am Freitag das Kanzelgebet gesprochen wird; 177 Kapellen und Schulen dienen bloß zur Verrichtung der kanonischen Gebete. Mutmaßlich waren 100 der letzteren ursprünglich wirkliche Gelehrtenschulen. Mit einigen dieser Schulen sind Bibliotheken verbunden, deren Besuch aber den Fremden sehr erschwert wird. Die meisten muslimischen Schulen sind eingegangen, indem die Stiftungen, aus denen sie bestanden, absichtlich oder unabsichtlich in Vergessenheit geraten sind. Nur fünf sog. Medresen sind erhalten, in welchen die Schüler noch Jahrzehnten aus den Stiftungen erhalten. Das Studium dreht sich hauptsächlich um Theologie, Erklärung des Korân und der Überlieferung des Propheten; dann folgt Jurisprudenz; Philosophie (bes. Logik) und Grammatik hängen teilweise mit den theolog. Disciplinen zusammen und werden daher gleichfalls betrieben; die anderen Wissenschaften sind fast gänzlich in Verfall geraten. Damascus, früher ein großer Sammelpunkt der Gelehrten, beherbergt deren nur sehr wenige mehr und ist von Kairo weit überflügelt worden. Einen neuen Aufschwung nahm das Schulwesen unter der segensreichen aber kurzen Verwaltung Midhat Paschas; allein die meisten von ihm gegründeten Schulen sind wieder eingegangen. Elementarschulen sind viele vorhanden, auch eine Militärschule.

Die Juden sind in Damascus meistens von alter Zeit her angesessen, und nicht neuerdings eingewandert wie die in Palästina; sie halten sich zu den Sephardim und haben 14 Synagogen. Ihre Schule ist von der Alliance Israélite gestiftet.

Die Christen haben in den letzten Jahrzehnten bedeutende Anstrengungen für Schulen gemacht. Was die *Protestantische Mission* betrifft, so arbeitet in Damascus seit Jahren die amerikanische Mission und hat eine gut besuchte Schule. Die Arbeit der englischen Judenmission ist bisher ohne Erfolg geblieben. Die „British Syrian Mission" unterhält vier Schulen (die größte ist die von St. Paul), sowie eine Blindenschule und 2 Schulen im Meidân (S. 325). Englischer und arabischer Gottesdienst in der Kapelle der St. Paulsschule. — Von den *Lateinern* haben die franz. Lazaristen eine vortreffliche Schule; ebenso die Franziskaner. Die Soeurs de Charité haben eine gut besuchte Mädchenschule und ein Waisenhaus (kleines Hospital und Klinik s. o.). Auch die Jesuiten haben sich hier angesiedelt. — Ebenso haben die anderen Denominationen ihre eigenen Schulen. Die *orthod. Griechen* namentlich entwickeln in dieser Beziehung eine große Thätigkeit. — Im allgemeinen wird viel Eifer auf die Kenntnis des Alt-Arabischen verwendet, was um so nötiger ist, als die arabische Umgangssprache im Munde der Damascener Christen besonders häßlich klingt.

Die Damascener halten sehr viel auf ihre Stadt. Sie sind, einerlei, welchem Religionsbekenntnis sie angehören, wegen ihres Fanatismus berüchtigt; es scheint bisweilen, als ob das Andenken an die Kämpfe der Kreuzfahrerzeit noch nicht verklungen sei. Auch der Charakter der Damascener stand bereits im Mittelalter als grob und übelwollend in Verruf. Der damascenische Muslim ist stolz und unwissend zugleich. Er fühlt die Überlegenheit des Abendlandes und läßt den Grimm darüber, daß er aus seinem ruhigen Konservativismus aufgestört wird, an den eingebornen Christen aus. Die europäische Industrie, durch abendländische Kolonien und besonders durch Christen eingeführt, hat die inländischen Manufakturen fast ganz vernichtet. Der Widerspruch, der darin liegt, daß der Araber sich bisher als vor allen Völkern bevorzugt betrachtet hat und jetzt einer unleugbar höheren Kultur gegenübertritt, macht ihn, statt daß er ihn zu energischer Thätigkeit anspornt, fanatisch.

Verwaltung. Damascus ist der Sitz des *Wâli* der Provinz *Sûrîja* (*Muhammed Nâẓif* Pascha) und des *Muschîr* (kommandierenden Generals) des 5. türk. Armeecorps, der die militärischen Angelegenheiten des Wilâjets unter sich hat. Die Besatzung von Damascus ist verhältnismäßig bedeutend. — Die städtischen Angelegenheiten werden von einem Municipalrate geleitet, in welchem auch einige Christen und Juden sitzen. Die öffentliche Ordnung läßt in Betreff der Sicherheit des Eigentums viel zu wünschen übrig. Die einzelnen Handwerke bilden, gleichwie sie auch auf dem Basar meist in Gruppen vereinigt sind, eine Menge Gilden; sogar die Bettler sind zunftmäßig organisiert.

Gang durch die Basare.

Vom Hôtel Victoria aus sich l. wendend (vom Hôtel Dimitri aus dem Baradâ entlang gehend), gelangt man nach wenigen Schritten auf einen freien Platz, in dessen Mitte ein Springbrunnen mit Bäumen umgeben sich findet. Im S. dieses Platzes liegt das *Serâi* (Regierungsgebäude). W. davon der Aufgang zur Banque Ottomane. Die W.-Seite des Platzes nimmt ein Gefängnis ein, auf der O.-Seite befindet sich das Polizeigebäude und daneben (n.) Café & Restaurant Dimitri (s. o.). Wir gehen der N.-Seite des Platzes entlang vorbei am Kriminalgericht, dem Post- und Telegraphengebäude und einem kleinen guten *Café*, und wenden uns dann l. zu einem schönen überdeckten Basar (meist Früchte und Tabak) *Sûḳ 'Ali Pascha*. Denselben durchschreitend kommen wir auf einen großen Platz; dies ist der **Pferdemarkt** (*Sûḳ el-Chêl*). An gewissen Tagen früh morgens sieht man hier Pferdemarkt oder Versteigerung halten und die Käufer auf den Tieren, welche sie zu prüfen wünschen, auf- und absprengen. Die besten Pferderassen heißen Koḥêlî und Seglâwî. Besonders nach Ankunft der Pilger-Karawane (S. 326) ist der Pferdemarkt lebendig. Der große Baum, welcher am Nordende des Pferdemarktes steht, dient häufig noch als Galgen.

Geht man schräg (nach r.) über den Platz an den offenen Läden vorbei, in welchen Hülsenfrüchte und Getreide, bes. Gerste verkauft werden, so kommt man in einen kleinen Basar, der nach S. führt; hier sind Schuhmacher und einige Wechsler, daher der Name *Ṣarrâfîje*. Am Ende dieses Basars gelangt man auf einen kleinen Platz mit einem großen Baum. Von r. (W.) her kommt die breite

Fahrstraße vom Serâi (an derselben Schneider und Schuhmacher für europ. Arbeit). Die Ecke dieser Straße bildet die *Dschâmf es-Sandschakdâr*. L. mündet ein breiter überdeckter Basar ein. Dieser Basar ist der **Sattelmarkt** *(Sûk es-Surûdschîje)* und es lohnt der Mühe, einen Augenblick in denselben einzutreten. Man sieht hier Sättel, die mehr bunt als schön verziert, teilweise mit kostbarem Tuch überzogen sind, daneben Schabraken, Stirnbänder für Pferde, Gurte, Riemen und Zäume, weiterhin auch die eigentümlichen scharfen Gebisse, welche der Araber den Reittieren in das Maul steckt, und die breiten plumpen Steigbügel, sowie viele Lederarbeiten, Pistolenhalfter mit aufgenähten Silberfäden u. s. w.

Vom Sattelmarkt kehren wir zurück auf den kleinen Platz und gehen die breite Straße nach S. Zu beiden Seiten treiben **Kupferarbeiter** (daher Name der Straße: *Sûk en-Naḥḥâsîn*) mit vielem Geräusch ihr Geschäft. Hier stehen Tafelaufsätze, bisweilen mit Inschriften verziert, zum Verkauf aus; sie bilden den Eßtisch der Eingeborenen und werden zu diesem Behufe auf einen kleinen, hölzernen Untersatz gestellt; die Hauptschüssel findet ihren Platz in der Mitte. Diese Platten haben bis gegen 2m Durchmesser. Einen großen Aufsatz dieser Art zu haben, gilt bei Bauern und Beduinen für ehrenvoll, weil es auf den Umfang der Gastfreiheit des Besitzers schließen läßt. Daneben finden sich Kochgeräte, so besonders auch kleine langschnäbelige Kaffeekannen aus verzinntem Kupfer oder Messing; der Kaffee wird darin ans Feuer gesetzt, bis er einigemal aufwallt.

L. haben wir bald den Eingang zur Citadelle mit Wachposten, r. geht darauf eine Straße ab, die in den **Trödelmarkt** (*Sûk el-Ḳumêle* = Läusemarkt) führt. Alte Kleider werden hier verhandelt; aber auch Waffen (worunter Luntenflinten) und sonstige Geräte. Zu gewissen Zeiten herrscht hier ein großes Gedränge. Der Ausrufer läuft, das Wort *„ḥarâdsch"* (Steigerung) und den Preis, der ihm zuletzt geboten ist, ausrufend, mit dem zu versteigernden Gegenstand durch die Menge von Laden zu Laden. Der oder jener besieht sich den Gegenstand und bietet höher.

Auf der andern Seite der Straße überragt die **Citadelle** die Verkaufsläden. Die Festung bildet ein großes Viereck und wurde im J. 580 d. Fl. (1219) von Melik el-Aschraf gebaut; sie ist 310 Schritt lang und 250 Schritt breit (NS.; übrigens ist die W.-Seite bedeutend kürzer als die O.-Seite) und ringsum von einem 6m breiten und etwa $4{,}_5$m tiefen Graben umgeben, in welchem nun Schilf wächst. Die Mauern sind sehr stark und die Unterbauten derselben sind alt. Das Hauptthor schaut gegen W., gegen O. ist ein kleines Ausfallthor. An den Ecken des Schlosses stehen vorspringende Türme mit Erkern (im Ganzen 12). Unter dem Eingangsthor stehen vier antike Säulen. Oberhalb dieses Thores war ehemals ein großes Staatszimmer mit Bogenfenstern; die Decke ist eingestürzt. In den noch erhaltenen Gemächern befinden sich Sammlungen alter Waffen (auch Pfeile); das heilige Zelt, welches die

Pilgerkarawane mit nach Mekka nimmt, wird hier aufbewahrt. — Die Aussicht von den Zinnen ist bemerkenswert. Das Betreten der Festung ist jedoch verboten.

Vom Trödelmarkt erreichen wir in wenig Schritten r. den Eingang zum *Militärserâi*, einem weitläufigen Bau. An bestimmten Tagen spielt hier die türkische Militärmusik.

Gegenüber dem Militärserâi liegt etwas zurücktretend der Eingang zu einer der größten Basarhallen, dem sogen. **Griechenbasar** (*Sûḳ el-Arwâm*). Auch hier werden Waffen, Kleidungsstücke, Shawls, Teppiche, sowie auch Antiquitäten verkauft. Der Fremde wird gewöhnlich von den Händlern angerufen, ihm ein angeblicher Damascenerdolch angetragen u. s. m. Die Händler kramen wohl auch im Gasthof ihre Schätze, Dolche, Harnische, sonstige Waffen, Pfeifen, Tabaksbeutel u. a. aus. Man kann nicht zu wenig bieten; gewisse Objekte schlagen sie dankend um ein Viertel des ursprünglich geforderten Preises los. Die Dolche sind meistens neuerer Arbeit und erinnern an Solinger Ware, die bekanntlich in großer Menge nach dem Orient exportiert wird; vor dem Ankauf solcher „Damascener Klingen“ zu warnen, wird kaum nötig sein, trotz der mit Perlmutter und andern Zieraten eingelegten Griffe. Bisweilen sind hübsche Untertassen (*ẓarf*) zu den kleinen orientalischen Kaffeetäßchen hier zu finden. Auch Münzen und Gemmen kommen zum Verkauf. Ferner kann man hier jene langen Pfeifenröhren kaufen, die aus dem Holz der Korkeiche verfertigt sind und mit Silber- und Goldfäden umwunden werden. Die Farben der Fäden verbleichen jedoch in wenigen Monaten. Pfeifenspitzen und Mundstücke sind ebenfalls hier zu haben. In diesem Basar sind hauptsächlich die (meist griechischen) Schneider, bes. die Verfertiger europäischer Kleidungsstücke, die unter den Christen leider mehr und mehr überhand nehmen, angesiedelt. Auch Kappen verschiedener Art sind hier ausgestellt: kleine sammtne Kinderkäppchen, der rote Fez, europäischen Fabrikates, die Filzmütze für die Bauern, das weiße leinene Schweißkäppchen, welches der Eingeborne unter dem Fez trägt. Die überdeckten Basarstraßen sind nicht gepflastert. Nach etwa 200m (vom Eingang aus) führt r. eine kleine Gasse zum *deutschen Konsulat*. Weiterhin r. in der Nähe eines Brunnens ist ein europäischer Laden mit Eß- und Trinkwaren, auch Weinen.

Die gerade Fortsetzung des Griechenbasars bildet ein neu durchgebrochener breiter Basar mit schön gewölbtem Dach. Er trägt den Namen *el-Ḥamîdîje*. In demselben u. a. arabische elegant eingerichtete Konditoreien (d. h. Verkauf von Gefrorenem, das sehr beliebt ist).

Die alte Straße und Markt biegt am Ende des Griechenbasars nach l. Hier sind einige Verkäufer von **Wasserpfeifen**, besonders der sogen. *Dschôzen*, welche die Bauern rauchen. Die Cocosnußschalen (daher der Name) werden mit Gold- und Silberblech beschlagen, ein ebenfalls verzierter Stock hineingesteckt, auf den der

Kopf *(er-râs)* aufgesetzt wird; die Nuß wird mit Wasser gefüllt und der Rauch durch das Wasser vermittelst eines Rohres, das in einem Winkel von 30-35° zu dem Pfeifenrohr steht, eingesogen. L. Hand die *Pharmacie centrale.*

Geradeaus geht der Weg zur Festung. Hier sieht man jenseits eines Grabens die Unterbauten derselben mit ihren großen, fugengeränderten Quadern von schöner Arbeit. An der N.-Seite der Festung läuft der Hauptarm des Baradâ vorbei. Diese N.-Seite ist am besten zu sehen, wenn man der O.-Seite der Citadelle entlang, dann (nach einigen Biegungen) durch das ehemalige Quartierthor *Bâb el-Feredsch (Bâb en-Naṣr)* in den Siebmacherbasar *(Sûḳ el-Munâchilîje)* geht. Nach wenig Schritten tritt man in das Café l. Hand (Café *Munâchilîje*) ein. Die mit Bäumen bepflanzte Terrasse dieses Kaffeehauses nimmt sich abends, wenn sie durch bunte Lampen erhellt ist, gut aus. Der Basar (eine Hauptverbindungsstraße zwischen der Mittelstadt und der Vorstadt *el-'Amâra*) führt weiterhin zu den Steinmetzen, dann auf den Markt der *Sättel* für Esel und Lasttiere.

Statt nach der Festung hin geradeaus zu gehen, biegt man schräg gegenüber der Pharmacie centrale in ein kleines Gäßchen r. ab *(Sûḳ el-'Arwânîje)*; zu beiden Seiten sind Kaufläden, teilweise schon nach europäischer Art: hier wird Glas (fränkische Ware), Tisch- und Küchengeschirr verkauft. Auf einigen offenen Tischchen liegt die grünlich aussehende Henna, womit die arabischen Damen ihre Fingernägel rot färben; in kleinen Fläschchen wird Rosenöl feilgeboten (teuer). — Der nun folgende, sich etwas r. wendende Basar heißt: *Sûḳ Bâb el-Berîd* (nach dem Thor der Moschee S. 331). Hier beginnt die lange Reihe der **Ellenwarenhändler**, welche ebenfalls bereits sehr viele europäische Fabrikate verkaufen. Nach wenig Schritten mündet dieses Marktgäßchen in die *Hamîdîje* (s. o.) ein und nach weiteren 50 Schritten kommt man zu einem Kreuzweg. L. läuft eine kleine Basarstraße in ein Gäßchen aus; in gerader Richtung geht man einige Stufen hinunter in die Basarstraße der **Buchhändler** (und zur Moschee, S. 331); jetzt finden sich nur noch 2 armselige Buchläden hier.

Statt jene Stufen hinunterzugehen, wenden wir uns r. und schreiten auf einer wohlüberdeckten Straße, in die nur von den Seitenwänden des Daches über den Verkaufsläden einiges Licht fällt, im Basar der Ellenwaren weiter. Besonders an Nachmittagen ist hier ein Gedränge von Weibern, die in ihre weißen Leintücher eingehüllt, den dünnen, beblümten Schleier vor dem Gesicht, von Laden zu Laden watscheln, hundertmal probieren und lebhaft mit dem Kaufmann wegen einiger Piaster Differenz handeln. Bisweilen verschieben sie wohl den Schleier, um den Kaufmann zu bethören. Man erinnere sich, daß es unanständig, selbst gefährlich ist, die muslimischen Frauen allzu scharf anzusehen. Dazwischen reitet der türkische Effendi, oft von einigen Soldaten begleitet, auf reich aufgezäumtem

Roß, durch das Getümmel; jeden Augenblick muß er innehalten und „*ḍahrak, ḍahrak*“ (eigentlich „dein Rücken“ = gieb acht) rufen. Bei der nächsten Straßenecke sehen wir l. in ein großes, schönes Bad (*Ḥammâm el-Ḳischâni*) hinein.

Wenn wir geradeaus gehen, so gelangen wir in den **Tuchbasar**, in welchem wir sächsische und englische Fabrikate finden. Der Damascener hält sehr viel auf schöne Kleider; er liebt es, sich seinen langen Rock (*ḳumbâz*) aus feinem Zeuge verfertigen zu lassen. Wohin wir blicken ist reges Leben; wenn der Kaufmann gerade keine Kunden hat, so liest er wohl auch auf seiner *masṭaba* (S. XLIV) den Ḳorân, verrichtet sein Gebet, entleiht von einem der mit gefülltem Kohlenbecken herumziehenden Nargilevermieter eine Pfeife oder plaudert mit seinem Nachbar, denn das Gefühl einer feindseligen Konkurrenz ist bei dem Orientalen nicht so ausgebildet wie bei uns: er wartet ruhig ab, bis Allah, der seinem Nachbar einen guten Käufer geschickt hat, ihm ebenfalls einen sendet, hat er doch über seiner Bude mit goldener Schrift die Worte *jâ rezzâḳ* oder *jâ fettâḥ*, d. h. „O du, der du den Unterhalt giebst“, angeschrieben. Am dicksten ist das Gewühl, wenn das große Beiramfest herannaht, weil sich dann jedermann mit neuen Kleidern versieht. Da der Orientale meistens auch in den Kleidern schläft, so braucht er deren sehr viele.

Gehen wir s.-wärts den Tuchbasar hinauf, so erblicken wir r. das **Grab Nûreddîns**, des berühmten Herrschers von Syrien, des eifrigen Vorkämpfers gegen die Kreuzfahrer, († 15. Mai 1174); den Nichtmuslimen wird jedoch der Eintritt verwehrt. Ein Ausbau in diesem Basare dient als Minaret. Der Weg läuft endlich in die große Basarstraße *Sûḳ eṭ-Ṭawîle* (S. 320, auch *el-Midḥatîje* genannt) aus.

Von dem oben erwähnten großen Bade (*Ḥammâm el-Ḳischâni*) aus geht l. der *Sûḳ el-Ḥarîr* („Seidenbasar“) ab (jetzt hauptsächlich Läden mit Manufakturwaren). Derselbe führt in das Gebiet der **Châne**, wo sich der Großhandel concentriert. Zuerst kommt der *Chân el-Ḥarîr*, der „Seidenchân“, jetzt Lager der Kürschner. Daneben liegt die *Medrese Sûḳ el-Ḥarîr*, die dazu gehörige Schule. Gleich darauf mündet der Weg in eine breite Querstraße aus, die sich nach l. (N.) zu einem kleinen überdeckten Marktplatz (mit zwei überdeckten Säulenreihen) erweitert; hier sind auf der l. (W-) Seite die Läden der *Schuhmacher*. Eine Unzahl von gelbem und rotem Schnabelschuhwerk ist hier aufgehängt; alle Nüancen von dem kleinen mit Silberfäden besetzten Kinderschuh, dem weichen Damenschuh von gelbem Leder bis zu dem groben, eisenbeschlagenen Stiefel, den die Bauern hier suchen, sind vertreten und billig zu haben. Am N.-Ende dieses Marktes liegt das S.-Thor der großen Moschee (*Bâb ez-Zijâde* S. 331); der Basar der Schreiner und der der Goldschmiede (über beide s. S. 332 u. f.). — Gehen wir aber vom *Sûḳ el-Ḥarîr* aus statt l. nach r. (S.) hinauf, so kommen wir an Tabaksverkäufern vorbei. R. liegt der *Chân et-Tûtûn*, der ehemalige „Tabakchân“. Der früher in dieser Gasse sich concentrierende große Tabakhandel ist seit Einführung der Regie fast ganz zu Grunde gerichtet. Das Haus, welches weiterhin am S.-Ende dieses Basars etwas l. abseits liegt, ist eines der schönsten in Damascus. Zutritt erlangt man am besten durch Vermittlung eines Lohndieners. Das Haus gehört vier Brüdern, Nachkommen des unten genannten *Asad Pascha*. Die Häuser von Damascus stehen ihrer glänzenden Ausschmückung wegen in hohem Ruf. Die Höfe sind sehr geräumig, mit verschiedenfarbigen Steinen gepflastert; in der Mitte ist stets ein großes Bassin mit einem Springbrunnen; Gruppen von Orangen-, Citronen-, Granatenbäumen, Jasminstöcken, auch Blumentöpfe stehen ringsum. Auf der Südseite, gegen N. geöffnet, ist meistens eine hohe offene Halle mit Spitzbogen, der sog. „*Liwân*“, ein herrlicher Platz zum Sitzen; an den Mauern gehen Polster herum. Die Wände sind mit Stuccatur oder Mosaik (oft mit Koränsprüchen) verziert. Hinter dem ersten Hofe folgt ein ähnlich ausgestatteter zweiter und vielleicht noch ein dritter. Über die Einrichtung arabischer Wohnhäuser vgl. S. xcvii.

Vom Hause Asad Paschas führt der Weg weiter in einen Basar, in welchem Verkäufer von Süßigkeiten und Droguen ihren Sitz haben; auch Läden mit verschiedenen Sorten von Zwieback (*ka'k*), der für größere Touren empfehlenswert ist, finden sich hier. Hierauf kommen wir zu dem größten und schönsten Chân der Stadt, dem *Chân Asad Pascha* (auf der O.-Seite der Straße). Das Eingangsthor desselben besteht aus einem hohen Stalaktitengewölbe. Das Material des Baues bilden abwechselnd Lagen von schwarzem und von gelblichem Stein. Der Hofraum wird durch vier große Pfeiler, welche unter sich durch vier, mit den Seitenwänden durch acht hohe Bogen verbunden sind, in neun Quadrate geteilt, über welchen sich neun ringsum von hohen Fenstern durchbrochene und mit Arabesken verzierte Kuppeln erheben; einige derselben sind im vorigen Jahrhundert eingestürzt und nur mangelhaft ersetzt worden. Die Mitte des Hofraumes nimmt ein großes, rundes Wasserbassin ein. Sowohl unten um den Hof herum, als hinten an der im 1. Stock herumlaufenden Galerie befinden sich Verkaufslokale; hier herrscht der Großhandel vor. Die Hinterseite begrenzen Höfe mit Niederlagen, Wohnungen etc.

In der Fortsetzung der Basargasse werden Hülsenfrüchte, Kaffe, Reis, Zucker etc. verkauft; ferner Papier u. a. Nach wenig Schritten mündet die Gasse in den **langen Basar** (*Sûk et-Tawîle*) ein (bei der Einmündung l. Hand der Chân der Kupferschmiede, besuchenswert). Diese Straße, eine der längsten von Damascus, läuft in gerader Linie fast durch die ganze Stadt von W. nach O. Sie endet am Ostthor (*Bâb esch-Scherki*, S. 328). Sie entspricht der „geraden Straße“ (*Derb el-Mustakîm*, vgl. S. 313) und war im Altertum mit Säulen versehen; manche Überreste derselben sind noch an und in den Häusern entdeckt worden. Der breite, luftige und reinliche

Basar (Fahrstraße) ist ein Werk Midhat Paschas, der eine Zeit lang Gouverneur von Syrien war. Derselbe ließ ohne weiteres in die engen, winkeligen Baracken, die sich früher hier drängten, Feuer legen und an ihre Stelle den jetzigen Basar bauen, der auch nach ihm *el-Midhatîje* genannt wird. Über die Fortsetzung dieser Straße nach O. s. S. 328; wir wenden uns in dem überdeckten Basar nach r. (W.) Auf der S.-Seite desselben liegt ganz nahe der *Chân Suleimân Pascha*, in demselben finden wir Seidenwaren und namentlich persische Teppiche. Die Muster der echten persischen Teppiche sind mehr bizarr als schön; dagegen sind die Farben unverwüstlich. Leider paßt die Form der Teppiche (meistens lange schmale Streifen) wenig für unsere europäischen Zimmer. Die Preise schwanken je nach der Nachfrage bedeutend. Bald läuft r. die Basarstraße, an der wir das Grab Nûreddîns fanden (Tuchbasar S. 319), hinunter. Hier befinden wir uns auf dem **Basar der Seidenstoffe**, der von Interesse ist, weil man hier noch am meisten die Erzeugnisse inländischen Gewerbfleißes vor Augen hat. Vor allem ziehen die seidenen *Keffîjen* (Kopftücher) den Blick an. Der Beduine und Bauer liebt die mit grellen gelben und roten Streifen; uns gefallen die weißen mit schmalen, bunten Randstreifen am besten. Man hat solche auch in kleinerer Form, die als Halstücher dienen können; sie sind äußerst dauerhaft. Preis nach Größe und Qualität 50-150 Pi. Gewöhnlich werden die Franzen, welche daran hängen, erst gelöst und in Ordnung gebracht, wenn das Stück verkauft ist. Sehr schön sind die dünnen, seidenen Überwürfe (*scherbe*) und die schweren Seidenzeuge. Eigentümlich sind die Tischteppiche mit Stickereien von bunter Seide auf rotem oder schwarzem Wolltuche; die Buchstaben darauf haben indessen keine Bedeutung. Ein schöner Tischteppich kostet 40-70 fr. Die Stickereien und gewebten Stoffe wie Tabaksbeutel, Pantoffeln u. s. w. kommen alle aus dem Libanon und werden ebenso gut in Beirût gekauft als hier. Sehr hübsch sind bisweilen die Fantasieanzüge, z. B. die Kinderjacken. Auch in den Chânen, welche an diesem Basar liegen, sind noch Detailverkäufer, die eine reiche Auswahl haben. Weiterhin sind *'Abâjen*, die Wollmäntel für Bauern und Beduinen, aufgestapelt, von der gestreiften braun oder schwarzweißen Sorte bis zur fein verbrämten braunen Bagdader 'Abâje. Dann folgen Mützen u. a. In Damascus und Ḥomṣ wird auch Baumwolle verarbeitet; die Taschentücher mit eingelegten gelben oder weißen Seidenfäden, wie sie von den Muslimen als Turbane getragen werden, sind beachtenswert. Die Frauenschleier freilich, welche hier verkauft werden, stammen fast sämtlich aus dem Kanton Glarus.

Am Ende der Seidenhändler biegt ein Gäßchen (die frühere Fortsetzung der „geraden Straße") l. ab, das zum *Sûḳ el-Ḳutn* („Baumwollbasar") führt; derselbe läuft der *Midhatîje* parallel (etwas s. davon): dort sitzen Matratzenmacher und Wollkrempler, die ihre Instrumente zum Zupfen der Wolle mit den Zehen fassen.

— Von Zeit zu Zeit sieht man auch in eine Leseschule hinein, in welcher ein Lehrer die Jungen den Korân im Chor recitieren läßt, wobei diese fortwährend den Oberkörper hin- und herbewegen (wie die Kinder in den Judenschulen). Das Gedränge wird um so größer, je weiter wir hier fortschreiten. Auch bemerken wir an dem Publikum, daß wir uns dem Beduinen- und Bauernquartier nähern. Schon aber unverschleiert schleichen die kleinen tättowierten Beduinenweiber herum, bis sie ihr Auge an all den Herrlichkeiten gesättigt haben. L. sehen wir, wenn wir gerade eine Gebetsstunde treffen, in dem Hofe einer Moschee die lange Reihe der Gläubigen mit einem Vorbeter sich niederwerfen, nachdem sie erst die Waschungen vollzogen haben. Es ist die große Moschee es-Sinânîje. Der mit Marmor gepflasterte Hof derselben ist länglich viereckig; auf der Seite befindet sich ein Säulengang aus sechs schwarzen Säulen, aus dem man in das Innere gelangt. Die Kuppel ist mit Blei gedeckt. Das Hauptportal auf der O.-Seite ist wegen seiner reichen Stalaktiten sehenswert. Ihr Minaret ist ganz mit grüner und blauer Glasur *(kischâni)* überzogen; das Geländer der Galerie, welche um das Minaret herumläuft, ist aus spitzenartig durchbrochenen Steinen gearbeitet. Der Basar trägt hier den Namen *Sûk el-'Attârîn*; hier sind wieder Gewürze und Droguen in einer unentwirrbaren Menge von Schachteln und Gläsern aufgestellt.

Wo der Basar in die breite Querstraße einmündet, stand früher das Johannisthor *(Bâb Jahjâ)*; l. geht der Weg in die lange Vorstadt *Meidân* (S. 325), geradeaus in die Vorstadt *Kanawât* (wo man, wie der Name besagt, eine große Wasserleitung sieht) und zu einem Stadtthor gleichen Namens.

Wir wenden uns r. die Straße nach N. hinauf. Nach wenig Schritten mündet von r. der *Sûk et-Tawîle* ein. Derselbe bietet von dem Punkt an, wo wir ihn oben verlassen haben, wenig Interessantes mehr; fast lauter europäische Schuhmacher haben dort ihre Läden, auch sieht man einige Weber, die die arabischen Seidengürtel *(zinnâr)* verfertigen. Beim Neubau des Basars hat man hier eine Anzahl von Säulen der alten „geraden Straße" entdeckt, die demnach ganz in der Richtung des jetzigen Basars lief. — Die breite Straße, die wir verfolgen (eine der Hauptstraßen von Damascus) läuft ziemlich gerade von S. nach N. vom S.-Ende des *Meidân* bis zur Citadelle. Zu beiden Seiten derselben liegen viele Restaurants. Man trifft dieselben hier und da im Basar an; am appetitlichsten sehen die großen Röstmaschinen aus, an welchen das in kleine Stücke zerschnittene Fleisch am Spieße langsam gebraten wird; Stückchen von dem fetten Hammelschwanz sind zwischen die Fleischstückchen eingeschoben *(kebâb)*. Auch Bohnen und viele andere Gerichte werden in diesen Garküchen zubereitet und vor denselben auf freier Straße verzehrt. Auf dem Griechenmarkt kann wohl auch der Fremde einmal das Fleisch der sog. Kebâb versuchen; die Buden beginnen dort schon civilisierter zu

werden; abgesonderte Hinterstübchen sind eingerichtet und dem
Gaste werden zwei Schemelchen hingesetzt.

Bald treten wir aus dem überdeckten Basar hinaus und gelangen
zu dem **Drechslermarkt**(*Sûk el-Charrâṭîn*). Die große Moschee l. mit
weiß-roten Streifen ist die *Dschâmi' el-Charrâṭîn*; dann folgt l. die
schöne *Derwischîje*, welche auch der Fortsetzung der Straße den
Namen giebt. Die letztgenannte Moschee ist ungefähr 200 Jahre alt.
Welterhin l. ein schönes Bad *Ḥammâm ed-Derwischîje* (oder *el-
Malike*). Die Straße wird hier von einigen Platanen beschattet. Hier
sind auch einige Buden, woselbst in runden Formen die roten Feze
gebügelt werden. Nach wenigen Schritten steht man wieder vor dem
Eingang des Griechenbasars und der Kaserne (S. 317).

Dies sind die Hauptbasare. Der größte Teil des öffentlichen
Lebens drängt sich auf diesen Basaren zusammen; alles spielt sich
auf der Straße ab. Zwar sieht man jetzt nicht mehr auf der Straße
schlachten, seitdem im Meidân ein Schlachthaus gebaut worden ist;
der Fleischer ladet die Schafe, nachdem er ihnen die Haut abgezogen
und die Gedärme entfernt hat, auf die Schultern und trägt sie in
sein Verkaufslokal. Die **Bäckerläden** sind interessant zu beobachten. Die dünnen Brotfladen werden an den *tannûr* (den Ofen) angeklebt. Der Orientale ißt das Brot am liebsten warm; die Fladen
werden nach dem Gewicht verkauft, oder auch einzeln zu 10 Para.
Der Junge, welcher sie herumträgt, ruft beständig „*jâ rezzâḳ*", o
Nahrungsspender (d. h. o Gott, der du mir dadurch, daß die Leute
mir meine Ware abkaufen, meinen Unterhalt zukommen lässest),
oder „*abu'l aschara*" = das von 10 Para. Man sieht etwa auch einen
mildthätigen Muslim einige Brote für die Hunde kaufen und sie an
diese verteilen. Neben dem gewöhnlichen Brot wird feineres Gebäck herumgetragen: so die *berâziḳ*, dünne, mit Butter und Trauben-
syrup bestrichene und mit Sesam bestreute Weizenbrote. Der Verkäufer derselben ruft: „*allâh er-râzik, jâ berâziḳ*" (Gott ist der Ernährer,
o Berâzik); oder „*akel es-ṣnûnû*", Schwalbenspeise, d. h. Speise für
zarte Mädchen. Während des Fastenmonats Ramaḍân wird besonders
viel von feinem Gebäck und Süßigkeiten verzehrt. Es giebt in Damascus sehr viele **Pasteten- und Zuckerbäcker**; auf ihren langen Laden-
tischen sind Fläschchen, die statt des Korkes mit Citronen oder bunten Eiern zugedeckt sind und eine Menge gewürzige, süße und pi-
kante Tränkchen, Gelées und Fruchtsäfte enthalten, ausgestellt; die
Limonaden werden mit Schnee aus dem Antilibanus gekühlt (20 Para
das Glas). In den Läden der Eßwarenhändler bemerkt man häufig
schöne kupferne Schüsseln mit verschlungenen Inschriften; diese Gefäße sollen alle aus der Zeit des Bôlbars stammen (S. 310). — Durch
die Straßen bahnt sich der Träger von **Erfrischungen** den Weg; er
trägt einen zweihenkligen weiten, aber enghalsigen thönernen Krug
oder ein Glasgefäß auf dem Rücken; in den Händen hält er messingene Tassen, mit denen er klappert; dazu ruft er seine Ware
aus: „*berrid 'alâ ḳalbak*", erfrische dein Herz; „*iṭfi el-ḥarâra*", lösche

die Hitze; so der Limonaden- und Zuckerwasserverkäufer. Der Verkäufer des *dschullâb* (Rosinenwasser) ruft: „*mu'allal, jâ weled*", gut geklärt, mein Kind u. s. Der Verkäufer des *chuschâf*, eines aus Rosinen, Orangen, Aprikosen etc. bereiteten Getränks ruft, um die Kälte seiner Ware anzupreisen: „*bâlak snûnak*", nimm deine Zähne in acht. Der Verkäufer des Süßholztrankes schenkt aus einem Ziegenschlauch, wie der Verkäufer des gewöhnlichen unvermischten Trinkwassers. Interessant ist der sogen. *sebîl*, wobei jemand, der ein gutes Werk thun will, dem Wasserträger den Preis des Inhalts seines Schlauches bezahlt, damit er denselben unentgeltlich verteile. Man wählt dazu Leute, welche eine gute Stimme haben; diese rufen dann fortwährend „*jâ 'atschân, es-sebîl*", o Durstiger, die Spende!

Auch alle Arten **Früchte** werden auf solche Weise ausgerufen, d. h. selten beim Namen genannt, sondern höchst originell umschrieben. Viele Gemüse werden in Essig oder Salzwasser eingelegt und häufig in hölzernen Behältern zu Esel durch die Straßen getragen, so die rote Rübe (*schawânder*), die weiße Rübe (*lift*), die Gurken (*chijâr*) u. a. m. Die Gurken bilden die Hauptnahrung des gemeinen Volkes während gewisser Monate; eine Art derselben wird roh, die andere mit Fleisch gekocht gegessen; man hört die Verkäufer ausrufen: „*jâbu 'ële, chudlak schêle, biltâtîn roṭl el-chijâr*", o Familienvater, kauf dir eine Last; um 30 Para das Roṭl (5 Pfd.) Gurken. — Die Kresse wird etwa folgendermaßen ausgerufen: „*'orra ṭarîje min 'ain ed-du'ije, tâkulha l'adschûz tiṣbiḥ ṣabîje*", zarte Kresse von der Quelle ed-D.; wenn die alte Frau sie ißt, so ist sie am andern Morgen wieder jung. — Die Feige wird ausgerufen: „*ṣêdnâwi jâ ba'l*", von Sêdnâja (S. 377), o Baal (Baal ist heute nicht mehr der Gott, sondern dasjenige Land, das, ohne bewässert zu werden, Früchte trägt; diese sind die süßesten). — Sehr häufig werden neben den Pistacien („*fistiḳ dschedîd*", frische P.) die gerösteten Kichererbsen herumgetragen, mit dem Ruf: „*umm en-nârên*", die Mutter von zwei Feuern, um zu sagen, daß sie gut geröstet seien, oder: „*haja halli ma teḥmil el-isnân*", hier ist etwas, was die Zähne nicht beißen können, weil es so hart ist. — Blumensträuße werden feilgeboten, etwa mit dem Rufe: „*ṣâliḥ ḥamâtak*", d. h. besänftige deine Schwiegermutter (indem du ihr einen Strauß kaufst).

Auf dem Basar ist fortdauernd viel Lärm und Geschrei. Man nehme nun noch die Bettler dazu, die laut singen, und die Gebetsrufer, die mit hoher Stimme von Minaret zu Minaret sich das Glaubensbekenntnis zurufen. Man trägt den Eindruck davon, daß besonders der Handwerker in Damascus seinem Geschäfte mit großem Fleiß nachgeht; ebenso auch der (übrigens ganz geschickte) Barbier, der in seiner mit Spiegeln behangenen Bude fast unaufhörlich beschäftigt ist, die Köpfe zu rasieren, oder auch zu Ader zu lassen. Bis auf die kleinsten Geschäfte herunter sieht man alle Leute schon früh fleißig an der Arbeit: der öffentliche Schreiber, der an der Ecke der Straße sitzt, wird von Bauern und Beduinen, oft auch von Frauen umlagert; der Verfertiger von Siegeln erfüllt hier ein wichtiges Geschäft, weil unter Dokumenten bloß das Siegel, nicht die Unterschrift gilt, und es sind als Siegelstecher und Kalligraphen besonders die Perser berühmt. Die Kaufleute hingegen öffnen ihre Buden erst um 8 Uhr und schließen sie 1 oder 1/2 Stunde vor Sonnenuntergang.

Gang durch den Meidân und um die Stadtmauer.
(Christenquartier.)

(Zu Fuß oder im Wagen.) Der lange Basar, der ziemlich geradlinig vom Eingang der Citadelle bis zum alten *Bâb Jahjâ* bei der *Sinânîje* führt (S. 310 u. 322), setzt sich nach SO. fort als *Sûḳ es-Sinânîje;* ein sehr breiter Basar und ganz bedeckt, in einem Abstand von je 9m sind c. 9m hohe steinerne Bogen, 19 an der Zahl, und auf denselben ruht das Holzdach. In diesem Basar kaufen die Beduinen und Bauern ihre Bedürfnisse: Kleider, Schafpelze, Stiefeln, Waffen, Pfeifen (sog. *sebîl's*, aus denen sie ohne Rohr rauchen), dann Melkkübel und andere Geräte verschiedener Art, ferner auch bunte, runde Strohmatten, welche ihnen als Eßtisch dienen; Kaffeemörser aus Eichenholz (diese gelten für die besten) u. a. — Am Ende des Basars die schöne *Medreset es-Sinânîje* mit Stalaktitenverzierungen an Thor und Fenstern; darauf r. die abwechselnd aus weißen und schwarzen Steinen gebaute Moschee *Dschâmi' es-Sabûnîje* mit geschmackvollen Arabesken. Ihr gegenüber auf der l. Seite der Eingang zum Begräbnisplatz *Maḳbaret Bâb eṣ-Ṣaġîr* (S. 327); quer über denselben gehend kann man in das Quartier *esch-Scharûr* gelangen. Etwas weiter (L) ein mit zwei Kuppeln überdecktes Grabmal; r. folgt noch eine Moschee *esch-Scheibânîje* und einige zerfallene Schulen (Medresen). Wo die Straße eine Biegung macht, steht r. die Moschee *Dschâmi' el-Idîn;* wir folgen der Biegung und sehen nun nach S. den *Meidân* vor uns.

Die Vorstadt **Meidân** ist reichlich 20 Min. lang. Ein Gang durch dieselbe ist deswegen empfehlenswert, weil die Stadt hier ein ganz verändertes Aussehen gewinnt. Die ganze Vorstadt ist neueren Ursprungs; auch die vielen zerfallenen Moscheen, die man auf beiden Seiten trifft, sind höchstens einige 100 Jahre alt. Der Basar setzt sich zunächst noch fort; viele Schmiede wohnen hier, sodann Getreidehändler, deren Korn in offenen Scheunen aufgeschüttet ist. Die Häuser sind ärmlicher als im Innern der Stadt. — Hauptsächlich anziehend wird das Bild bei der Ankunft von Karawanen. In langem Zuge ziehen die Kamele einher, von zerlumpten Beduinen mit struppigem Haar und wildem Blick begleitet. Dazwischen bringt der Haurâner sein Getreide zu Markte, oder es treibt ein mit einem viereckigen Filzmantel bekleideter kurdischer Hirte seine Schafe zum Schlächter. Die Beduinen, so dürftig sie häufig aussehen, reiten bisweilen herrliche Pferde, die sie nur mit einer Halfter leiten, und sind gewöhnlich mit einer langen Lanze, seltener einer Flinte bewaffnet; in dem Geräusch der Stadt fühlen diese Halbwilden sich nicht behaglich. Es giebt Beduinenstämme, die fast nur von der Gazellenjagd leben, auch ihre Leiber in Gazellenhäute hüllen; sie heißen *Ṣlêbi's*, kommen aber selten nach der Stadt. Dagegen macht ein vornehmer Druse (S. CIV), wenn er an der Spitze einer bewaffneten Schar einzieht, einen imposanten Eindruck; sein Turban ist blendend weiß; seine Rüstung besteht aus einer Lanze, schönen Pistolen, Schwert und vielleicht sogar noch einer Flinte; auch sein Pferd ist reich geschmückt. Es giebt zwei Tage im Jahr, an welchem man fast alle diese Typen mit einem Blick übersehen kann: dies ist der Tag des Auszugs der großen Pilgerkarawane nach Mekka, in noch höherem Grade aber der der Rückkehr derselben. Die Pilgerfahrt (S. C) fängt eigentlich bei Damascus an; seitdem freilich Dampfboote auf dem Roten Meer und dem persischen Meerbusen laufen, kommen wenige Perser und Nordafrikaner mehr nach Damascus, um von hier aus die beschwerliche Landreise (bis Medina 27 Tage) zu unternehmen. Doch sieht man noch Tscherkessen, ja selbst Mittelasiaten durchreisen. Das Thor am Ausgang des Meidân führt den Namen Gottespforte, *Bauwâbet Allâh*, wegen seiner Prärogative für die Pilgerfahrt (S. C). Im Jahre 1891 wird die Pilgerkarawane Mitte September ankommen; jedes folgende Jahr wird sie um etwa 12 Tage früher eintreffen. Bei dieser Gelegenheit sieht man jene wunderlichen Kamelsänften, ziemlich rohe, hölzerne Gestelle, mit buntem Zeug überzogen und nach vorn offen, in welchen die Insassen jederseits je eine Person auf Betten kauern. Bisweilen wird die Sänfte auf Stangen von zwei Kamelen getragen, die stets gleichen Schritt halten müssen. Die Kamele sind mit einer Haube aus Lederriemen geschmückt, auf welche Muscheln, Schellen und Geldstücke genäht werden. Ein edles, reich aufgezäumtes Kamel trägt eine große mit grünem goldgestickten Tuch behangene Sänfte, in welcher ein alter Korân und die grüne Fahne des Propheten aufbewahrt werden. Die Pilger bringen Waren aus Mekka mit; Damascener Kaufleute reisen ihnen daher in den Haurân entgegen; so auch der Pascha. Viele Derwische in dürftigem Kostüm ziehen mit; daneben die Eskorte von Soldaten, Drusen und Beduinen.

Die teilweise zerfallenen Moscheen im Meidân sind folgende: r. *Dschâmi' Sidi Dschumân*, dann r. die schöne *Dschâmi' Mendschek* (Mitte des vor. Jahrh.?), am Eingang und innen im Hof derselben rot angestrichene Säulen; l. *Dschâmi' er-Rifâ'i*. L. liegt das Stadtviertel *Ḥukla*, in welchem sich noch schöne Häuser, sowie auch Webereien befinden. Gegenüber einem Wachtposten ist eine ziemlich neue Moschee *Ḳâ'at et-Tânije*. Dann *Mesdschid Sa'adeddîn* und r. die herrliche Moschee *Ḳâ'at el-Ûla* mit schönen Arabesken und einem Stalaktitenthor zwischen zwei Kuppeln. Leider ist viel davon zerstört, wie auch einige Minarete im Meidân schief geworden sind.

Dann folgt l. die Moschee *Schihâbeddîn*; beim Thore liegt die Moschee *Masṭabet Sa'adeddîn*. Das Thor selbst ist ärmlich; vor demselben liegt ein Friedhof, dann beginnen Olivenwälder.

Anstatt den weiten Weg außen herum zu gehen, kehren wir zur *Dschâmi' el-Idên* (S. 325) zurück und begeben uns auf den *Begräbnisplatz* (*Maḳbaret Bâb eṣ-Ṣaṛîr*). Am Do. Mittag sieht man die Frauen bei den Gräbern weinen. Die Tochter Fâṭima und zwei Frauen des Propheten sind hier begraben; die Kuppel über ihrem Grabe besteht aus Lehm und ist modern. Von dem Grabe Mu'âwijas, des Stammvaters der Omaijaden, welcher hier begraben lag, ist keine Spur mehr vorhanden, dagegen soll sich in der jenseits dieses Begräbnisplatzes liegenden Moschee *Dschâmi' el-Dscherâḥ* das Grab des Eroberers von Damascus, Abu 'Ubeida, befinden. Hier mündet der Weg in das Quartier *esch-Schaṛûr* ein (nichts Bemerkenswertes); wir verfolgen den Weg außen um die Mauern herum. Die **Stadtmauer** zeigt Bausteine von sehr verschiedener Art. Die unteren 2-3 Lagen sind römisch, ohne Mörtel gefügt, die mittleren aus arabischer, die oberen aus türkischer Zeit. Türme, bald rund, bald viereckig, unterbrechen den Mauerlauf, sind aber meist in bedrohlichem Zustande. An einem derselben findet sich eine Inschrift, die den Namen Nûreddîns und das Datum 664 (1171) enthält. Bald danach erblickt man r. im Felde ein Grab mit weißer Kuppel: hier soll *Bilâl el-Ḥabeschi* (aus Äthiopien), Muḥammeds Gebetsrufer, begraben sein; dabei steht ein Minaret. Nach etwa 2 Min. sieht man ein vermauertes Thor in der Stadtmauer: das alte *Bâb Kîsân*, welches zur Zeit Mu'âwijas von einem gewissen Kisân an der Stelle eines älteren Thores erbaut worden sein soll. 50 Schritte gegenüber dem Thore ist ein *Grab des heil. Georg*, das bei den Christen in großer Verehrung steht. Der Heilige soll dem Apostel Paulus bei seiner Flucht geholfen haben; in der That wird noch heute hier am Bâb Kisân das Fenster (oberhalb der *türkischen* Mauer!) gezeigt, aus welchem die Christen den Apostel nachts in einem Korbe herunterließen (Ap.-Gesch. 9, 25; vgl. 2 Kor. 11, 32 ff.). Der Ort der Bekehrung des Paulus wurde im Mittelalter beim Dorf *Kôkeb*, etwa 2 St. w. von der Stadt gezeigt; seit dem vorigen Jahrh. hat ihn die Tradition (zur Bequemlichkeit) näher heran zu den christlichen Begräbnisplätzen gerückt, die 10 Min. ö. vom *Bâb Kîsân* liegen. Auf dem dort befindlichen Friedhof liegt der berühmte englische Historiker Buckle begraben.

Ungefähr 450 Schritt weiter gelangt man zu der SO.-Ecke der Mauer. Hier erblickt man die Überreste eines alten Turmes mit fugenrändrigen Steinen. Schräg gegenüber der Mauerecke ist der Lagerplatz für die Karawanen von Bagdad, die zwei bis dreimal des Jahres zwischen beiden Städten hin und hergehen; die Route führt über Palmyra. Sie bringen von Bagdad persische Teppiche und Tumbak (den Tabak für die Wasserpfeife, der nur in Persien wächst, s. S. XLVI) und führen europäische Waren u. a. dorthin. Die Spedition ist meistens in den Händen von 'Agêl beduinen (S. 362);

schon öfters ist die Karawane unterwegs ausgeplündert worden. — Das grünliche, übelriechende Kraut mit weißen Blüten, welches überall vor den Thoren von Damascus wild wächst, ist Peganum harmala.

Nun biegt man l. ab und verfolgt die Mauer, bei welcher Seiler ihr Handwerk treiben; auch hier sind die Unterbauten antik; auf der Mauer oben stehen einzelne Häuser des Judenquartiers. So gelangt man vor das **Ostthor** der Stadt *(Bâb esch-Scherḳi)*. Dieses Thor ist römischen Ursprungs; es bestand, wie aus dem Bogenansatz hervorgeht, aus einem großen Thor, 11,6m h., 6,7m br., und aus zwei kleineren halb so großen Thoren, von denen das s. wie auch das Hauptthor seit langer Zeit vermauert ist. Das n. kleine Thor dient heute als Stadtthor. Über dem Thore ist ein Minaret erbaut worden, das man aber (weil baufällig) nicht besteigen kann.

[Vom Ostthore nach dem Basar zurück auf der „geraden Straße" (S. 320). Innerhalb des Thores gelangt man zu dem traditionellen *Haus des Ananias*, wenn man die erste Gasse r. einschlägt, in 3 Min. (250 Schritt). Dieses Haus ist jetzt in eine kleine Kirche mit Krypta verwandelt und gehört den Lateinern. Hier im Christenquartier sind die Gäßchen sehr eng und ärmlich und die Häuser gleichen Ruinen, teilweise noch infolge der Ereignisse von 1860. Die zweite Straße r. führt zu dem *Aussätzigenhaus*, Namens Ḥadîra (4 Min. vom Thore), welches gegen ein Dutzend Kranker beherbergt. Man wird diesen Unglücklichen gern ein Almosen geben. Die *Kirchen* des Christenquartiers sind sämtlich seit 1860 neu gebaut worden und enthalten nichts Interessantes.

Wieder auf die „gerade Straße" zurückgekehrt, verfolgt man dieselbe (4 Min.) nach W. bis zu einer *Kaserne* l. Eine Straße r. führt von der Kaserne n.-wärts mitten durch das Christenquartier bis zum Thomasthor (S. 329); das große Gebäude, welches man nach der ersten Biegung der Straße zur R. hat, ist das *Kloster* und die *Schule der Lazaristen;* in dem schönen Hause l. gegenüber (für Reisende sehenswert) logierte der deutsche Kronprinz Friedrich 1869.

Von der Kaserne aus hat man noch einen Weg von 10 Min. bis zum *Sûḳ eṭ-Ṭawîle* (S. 320) zurückzulegen; doch gehört diese ganze Hauptstraße eigentlich zum Basar. L. Hand liegt das **Judenquartier**. Nach 5 Min. trifft man eine Querstraße; in dem Gäßchen l. kann man das Haus *(bêt) Schammai* erfragen, in welchem zwar nur ein einziges, aber sehr reich ausgestattetes Zimmer zu sehen ist. Auf der geraden Straße weiter gehend, kommt man in einen Basar, wo bes. *Schreiner* wohnen (auch arab. Thürschlösser höchst einfacher aber sinnreicher Konstruktion werden hier verfertigt); dann zum Basar der *Schachtelmacher* und dem Anfang der *Midhatije* (S. 320).]

Den Gang außen um die Stadtmauer fortsetzend sieht man zwischen *Bâb esch-Scherḳi* und der NO.-Ecke der Mauer r. bei den Gräbern ein zerfallenes Gebäude, von Aussätzigen bewohnt: nach der

Tradition das *Haus des Syrers Naeman* (II Kön. 5). Die Mauer enthält auch hier ältere Bestandteile. Der Eckturm ist von Melik eṣ-Ṣâliḥ Ejjûb, einem der letzten Ejjubiden (1249) erbaut. Wo die Straße eine Biegung macht, ist das große Grab des *Arslân*, eines berühmten Schêchs aus der Zeit Nûreddîns. Geht man hier durch das Thor des Grabmals nach O., so gelangt man in wenigen Minuten zu der sog. *Ṣûfanîje*, einem großen, öffentlichen Garten mit Café, einem Hauptvergnügungsplatz der Damascener. Die Straße l. führt dem Thomasthor zu, wobei man einen Arm des Baradâ überschreitet. Auch hier sind Häuser auf die Mauer hinaufgebaut. Das **Thomasthor**, arab. *Bâb Tûmâ*, ist noch gut erhalten. Innerhalb des Thores liegt das *Christenquartier* (Straße nach S. zur Kaserne s. oben); nach W. führt ein Weg an der alten Stadtmauer und dem Kanal des Baradâ, welcher hier den Namen *el-'Aḳrabânî* trägt, entlang. Die Mauer ist hier aus großen Quadern gebaut und stammt wohl aus der byzantinischen Zeit. Auf dem l. Ufer des Baches liegt das Viertel der Gerber und Kürschner (*Maḥallet el-Farrâîn*). Hierauf gelangt man zu dem Thore *Bâb es-Salâm*, das seinem Ansehen nach aus derselben Zeit stammt wie Bâb Tûmâ. Von hier führt ein Gäßchen Namens *Bên es-Sûrên* (= zwischen den 2 Mauern) innerhalb der alten Mauer herum, sodaß die Mauer r. durch die vorgebauten Häuser verdeckt ist; ob die Mauer l. noch existiert, ist unsicher. Sodann kommt man zu zwei Thoren: das innere heißt *Bâb el-Farâdîs*, das äußere *Bâb el-'Amâra*. Das enge Gäßchen führt dann weiter zum ehemaligen *Bâb el-Feredsch* (S. 318). — Der besprochene Gang um die Stadt herum nimmt 2-2½ St. in Anspruch.

Vom Thomasthor aus kann man auch die große Karawanenstraße nach Ḥômṣ, Palmyra u. s. w. etwas nach N. verfolgen. Hier, jenseit des Flußarmes und an demselben liegen einige schöne Kaffeehäuser und öffentliche Gärten, die man besuchen kann. Sie werden namentlich von Christen frequentiert, das am meisten genossene Getränk ist *Raḳi* d. h. Rosinenbranntwein. Auch Pikniks werden hier im Freien gehalten, und öfters hört man arabisch singen. (In neuerer Zeit verirren sich sogar böhmische Musikbanden hieher und lassen an den Ufern des Baradâ die „Wacht am Rhein" erklingen.) Der arabische Gesang behagt unserm Ohre nicht; er besteht aus recitativen Cadenzen, die mit aller Gewalt der Kopfstimme herausgestoßen werden; bisweilen wird er von einer Art Zither oder Guitarre begleitet. — Nach 2 Min. biegt man in die Straße l. ab (r. nach *Dschôbar*, S. 330). Dieselbe führt erst zwischen Gärten durch; dann r. Weg zu dem schönen Begräbnisplatz *ed-Daḥdâḥ*, so benannt nach einem hier begrabenen Gefährten Muḥammeds. Hierauf l. die *Dschâmi' el-Mu'allaḳ*. Weiter schreitend kommt man zu dem Markt, wohin die Bewohner des Merdsch-Landes, d. h. des außerhalb des Bezirks der umfangreichen Baumgärten liegenden Wiesenlandes (S. 211), ihre Bauholzstämme zum Verkaufe bringen. R. liegt die Vorstadt *el-'Amâra*. L. führt ein Weg zum Siebmacherbasar und Citadelle (s. S. 318); an der breiten Hauptstraße beginnt der Markt der Sättel für Lasttiere und Esel. Bei einer großen mächtigen Platane, deren Stamm 9m Umfang hat, mündet von l. der eigentliche Sattelmarkt (S. 316) ein. — Dann folgt der *Fruchtmarkt*. Im Mai giebt es besonders viel Aprikosen. Diese Früchte werden auch getrocknet, zu einer Masse verstampft und dünne, rotbraune Tafeln daraus geformt, die man *ḳamreddîn* nennt. Im Herbst giebt es verschiedene Sorten ausgezeichneter Trauben; die geschätzteste hat dünne Beeren, die 2-3 cm lang und sehr fleischig sind. Auch die Wassermelonen, die im Herbst reif werden, sind vorzüglich. Von Gemüsen werden hieher gebracht: *bâdindschân*, *lûbiye* (Bohnen), *bâmie* u. a. — Die große Straße läuft aus in den Pferdemarkt (S. 315).

*Die Omaijadenmoschee (*Dschâmi' el-Umawi*).

Geschichtliches. Wahrscheinlich hat in den ersten christlichen Jahrhunderten an der Stelle der heutigen Moschee ein heidnischer Tempel gestanden. Der Bau wurde, wohl von Kaiser Arcadius (395-408), wieder hergestellt und in eine christliche Kirche verwandelt. Hier war der Schrein, in welchem das Haupt Johannes des Täufers gezeigt wurde, daher die Kirche den Namen *Johanneskirche* führte. Noch heute schwört der Damascener beim Haupte „Jaḥjâs" (= Johannes). Bei dieser Kirche trafen Châlid und Abu 'Ubeida (S. 310) auf einander; daher wurde der östliche Teil derselben als erobert betrachtet, während den Christen der ungestörte Besitz des westlichen Teiles garantiert wurde. So frei von Fanatismus waren damals die Muslimen noch, daß sie selbst durch ein und dasselbe Thor wie die Christen sich zu ihrem Betorte verfügten. Erst Welid, der Sohn 'Abd el-Meliks, der sechste omaijadische Chalife (705-715), trat mit den Christen in Verhandlungen ein, um zu erreichen, daß sie ihm gegen Entschädigung das ganze Gebäude überlassen sollten. Die Christen jedoch weigerten sich. Entweder wurde ihnen nun ihr Anteil einfach weggenommen, oder nach anderem glaubwürdigerem Bericht der Besitz verschiedener Kirchen um und in Damascus, der ihnen früher nicht ausdrücklich garantiert worden war, als Ersatz verbrieft. Der Chalife selbst soll unter dem Jammern der Christen den ersten Hieb gegen den Altar der Kirche geführt haben. Er ließ nun, aber ohne die alten Umfassungsmauern völlig niederzureißen, eine herrliche Moschee an diesem Platze erbauen, die von arabischen Schriftstellern als Weltwunder gepriesen wird. Genien sollen zum Bau geholfen haben, in Wirklichkeit aber waren eben die Baumeister Griechen; ja es sollen 1200 Künstler von Constantinopel verschrieben worden sein. Antike Säulen wurden in den Städten Syriens gesucht und zum Bau verwendet. Der Fußboden und die unteren Mauern waren mit den seltensten Marmorarten bekleidet, die oberen Teile der Mauern und die Kuppel mit Mosaiken bedeckt. In die Gebetsnischen waren kostbare Steine eingelegt und über die Bogen der Nischen schlangen sich goldene Weinreben. Die Decke war von Holz, in welches Gold eingelegt war; 600 goldene Lampen hingen von ihr hinunter. Die auf den Bau verwendeten Summen werden ins Ungeheuerliche angegeben; so wird z. B. berichtet, daß die Rechnungen dem Welid auf 18 Maultieren vorgeführt worden seien, und daß er befohlen habe, diese Dokumente zu verbrennen. — Schon 'Omar ibn 'Abd el-'Azîz (717-720) ließ die goldenen Lampen durch einfachere ersetzen. Eine Feuersbrunst zerstörte im J. 461 (1069 n. Chr.) einen Teil der Moschee, und seit der Eroberung von Damascus durch Timur hat sie nie wieder ihren alten Glanz erlangt.

Der Besuch der Moschee, den kein Reisender unterlassen sollte, ist gegen ein Eintrittsgeld von 20 fr. für eine Gesellschaft bis zu 12 Personen gestattet. Man wende sich an das Konsulat, um sich von einem Kawassen begleiten zu lassen, oder an einen Dragoman.

Von den älteren Bauten ist an der Moschee noch manches erhalten, so vor allem der schöne *Triumphbogen* auf der W.-Seite. Um diesen, sowie die Kapitäle der doppelten Säulenreihe, die von hier nach dem Tempel führte, zu erblicken, gehe man die Treppe zu dem Buchhändlerbasar (S. 318) hinunter; dann findet man gleich l. ein Thürchen, welches zu einer Treppe führt. Man kommt vermittelst derselben auf das Dach eines Hauses (dessen Bewohnern man eine Vergütung von einigen Piastern geben kann) und hat hier die Reste des herrlichen Triumphbogens vor sich. Auf drei korinthischen Kapitälen ruht ein reich verzierter Architrav, an dessen einem Ende sich der Bogen ansetzt; derselbe muß eine Höhe von c. 21m gehabt haben. Über dem Architrav ist ein großes Stück eines Giebels erhalten, darin ein Fensterchen. Von der Straße aus sieht man die Säulenschäfte dieses Triumphbogens; der größte Teil des von hier auslaufenden Säulenganges ist jedoch zerstört.

Den Eintritt (Pantoffeln am Thor!) nimmt man entweder durch das *Bâb el-Berîd* („Postpforte")am Ende des Buchhändlerbasars, oder besser durch das *Bâb ez-Zijâde* (das „Thor der Hinzufügung", wohl weil die Muslimen es neu bauten). Auf den ersten Blick erkennt man, daß das Gebäude ganz nach Art einer Basilika gebaut ist (vgl. S. CXXIV). Durch zwei Reihen von Säulen werden 3 Langschiffe gebildet; der Bau ist jedoch gegen den Hof hin offen, weshalb auch hier Säulen stehen, die jetzt aber in gemauerte Pilaster eingehüllt worden sind. Das Gebäude ist 131m l. und 38m br., die Säulen sind 7m h.; die Bedachung ruht auf hufeisenförmigen schwach eingeschweiften Bogengewölben. Von außen sind diese zugespitzten hölzernen Dächer mit Blei bedeckt; im Innern hängen viele Lampen von der Decke herunter. An der w. Wand sind mit großen Buchstaben die Namen der vier ersten Chalifen Abu Bekr, 'Omar, 'Oṯmân und 'Ali angeschrieben; an der s. Mauer läuft ein Streifen großer dicker Schrift mit der Sure IX, 18 bis Schluß. Ebenso laufen an drei Seiten des Innern die Suren XXV und LXVI herum, und auch auf den Knäufen der Säulen stehen Koransprüche. An der s. Mauer über der Kanzel sind drei hohe Rundbogenfenster mit schönen farbigen Glasscheiben; darunter sind an der Wand in der Richtung gegen Mekka die Gebetsnischen angebracht: die w. (sowie noch drei andere Nischen) gehört den Schâfe'iten (S. CI), die bei der Kuppel den Hanefiten, der Hauptsekte in Damascus. Die ö. „Kible" heißt auch *Miḥrâb eṣ-Ṣaḥâbe*, Gebetsnische der Genossen Muḥammed's.

Die *Kuppel* heißt *Kubbet en-Nisr* (Geierkuppel), weil man sich von dem Querschiff aus die Hallen wie die Flügel eines Geiers auseinandergehend denkt. Sie ruht auf einem achteckigen Unterbau; auf jeder Seite desselben sind zwei kleine Rundbogenfenster angebracht. Unter der Kuppel liegt eine schöne Gebetsnische. Die kleinen Nischen werden von schlanken spiralförmigen Säulchen getragen. In der Kuppel, sowie an einigen Mauerteilen finden sich Spuren schöner alter Mosaiken, meist Gesträuche darstellend.

Das *Querschiff* besteht aus vier massiven Pfeilern, die mit buntem Marmor belegt sind. Zwischen der dritten und vierten Säule vom Seitenschiff an gerechnet liegt ein hölzernes Kuppelgebäude, dessen Holz dick vergoldet ist. Über der Kuppel ist ein goldener Halbmond. Dieses Gebäude steht über dem *Haupt Johannes des Täufers*; schon der Eroberer Châlid fand hier eine Krypta mit der Reliquie vor. Einige Schritte r. von der Kuppel steht eine schöne Kanzel, gegen den Hof zu der Brunnen des Johannes. — Über den Marmorboden der ganzen Moschee sind Teppiche gelegt.

Wir treten jetzt in den großen *Hof*. Auch dieser war ehemals mit kostbarem Marmor gepflastert. Der Hofraum ist auf einer Seite von der Moschee, auf den drei übrigen Seiten von Gängen umgeben. Die Pilaster derselben sind teilweise etwas plump; die Säulenkapitäle erinnern beinahe an ägyptische Motive; sie sind aus rotem Stein gearbeitet und waren wohl ursprünglich vergoldet. Auf den hervorstehenden viereckigen Knäufen ruhen 47 Rundbogen, die leise hufeisenförmig geschweift sind; jedem dieser Bogen entsprechen in der Obergalerie zwei Rundbogen. Gegen diese Bauart stechen die wunderschönen antiken Marmorsäulen, auf welchen im W.-Teil des Hofes die *Kubbet el-Chasne* (Schatzkuppel) ruht, sehr vorteilhaft ab. Das kleine Gebäude soll alte Bücher, Kostbarkeiten und Reliquien enthalten und nie (?) geöffnet werden. — In der Mitte des Hofes steht die *Kubbet en-Naufara* (Springbrunnenkuppel; angeblich Mitte des Wegs von Stambul nach Mekka); sie ruht ebenfalls auf Marmorsäulen, auf welchen wieder kleinere Säulen stehen. Darunter ist ein Platz für die religiösen Waschungen. — Die dritte ö. Kuppel heißt *Kubbet es-Sâ'a* (Stundenkuppel). — Hinter den Gängen, die den Hofraum umschließen, liegen Zimmer für Gelehrte und Studenten.

Zum Schlusse besteige man noch das Minaret im SW., *Mâdinet el-Ḳarbîje*; es ist achteckig, mit drei Galerien übereinander; oben verjüngt es sich und endigt in einem Knopf, auf welchem ein Halbmond ruht: das Ganze ist ein schönes Muster arab. Baukunst. Über die Moschee hinweg schweift der Blick von der Höhe aus weit über die Stadt hin. Die Citadelle ragt im W., die griechische Kirche im OSO. hervor. Das reiche Grün, das die Stadt wie ein Gürtel umgiebt, läßt die Kahlheit der Gebirge nur noch schroffer hervortreten. — Die andern 2 Minarete sind für den Fremden unzugänglich. Das *Mâdinet el-'Arûs (Brautminaret)* auf der N.-Seite soll von Welîd gebaut sein, welcher zugleich eine Stiftung für zwei Scharen von Gebetsrufern zu je 40 Mann gemacht haben soll. — Das Minaret im SO. heißt *Mâdinet 'Îsâ*, weil die Sage geht, daß 'Îsâ (Jesus) bei Anbruch des Jüngsten Gerichts sich zuerst auf dieses Minaret herunter lassen werde.

Wir verlassen die Moschee durch das Thor *Bâb ez-Zijâde* (S. 331) und treten l. in den **Basar der Schreiner**. Hier werden viele Holzarbeiten, mit Perlmutter eingelegt, verfertigt; die Arbeit ist teilweise etwas roh, sieht aber gut aus. Man findet hier Spiegel, *ḳabḳâb* (die hohen Stelzschuhe, welche in den Bädern und bei den Frauen gebräuchlich sind), große Truhen, worin den Damascenerinnen ihre (vom Manne bezahlte) Aussteuer mitgegeben wird, Wiegen, kleine Tische und der vieleckige Stuhl *(kursi)*, welcher den Eingebornen als Eßtisch dient und auf den die große Kupferplatte (S. 316) gesetzt wird.

Durch einen kleinen Durchgang biegt man r. in den **Basar der Goldschmiede**, ein großes Gewölbe mit vielen Gängen. Man sieht wenig Erzeugnisse der Goldschmiedekunst ausgestellt, da ein jeder seine Kostbarkeiten in einer Truhe verschlossen vor sich stehen hat; doch kann man sich leicht die Arbeiten zeigen lassen. Die Hals- und Armbänder, welche hier verfertigt werden, sind für unsern Geschmack zu massiv und zu plump; schöne Steine werden dem Fremden bisweilen angeboten, aber ebenso wie die Münzen zu unverschämten Preisen. Die Filigranarbeit kommt der italienischen an Feinheit nicht gleich; am hübschesten sind die Untertassen *(ẓarf)*, in welchen die Kaffeeschalen gereicht werden. — In der Wand, welche diesen Basar von dem Schreinerbasar scheidet, führt eine Treppe auf das oben geebnete Gewölbe; man sieht durch die Lichtlöcher in die Straße hinab. Man erblickt hier die ganze Reihe von Fenstern längs der s. Außenseite der Moschee. Ungefähr am Ende des Querschiffs schauen die herrlichen Überreste eines Thores hervor, mit zwei kleineren Nebenthoren zu beiden Seiten. Dies ist wahrscheinlich das Thor, durch welches bis zur Zeit Welids Christen und Muslimen gemeinschaftlich in das Heiligtum eingetreten sind (s. S. 330). Die Verzierungen des Architravs sind sehr reich und bestehen aus Reihen von Guirlanden und Blättern. Auf dem oberen Thorbalken ist eine wohlerhaltene griechische Inschrift: „Dein Reich, o Christus, ist ein Reich für alle Jahrhunderte, und deine Herrschaft besteht von Geschlecht zu Geschlecht“, aus Ps. 145, 13 mit Hinzufügung von „Christus“.

Wir durchschreiten nun den ganzen Schreinerbazar und biegen am Ende desselben l. zum O.-Thor der Moschee ab. Dieses Thor, *Bâb Dschêrûn* genannt, ist eines der schönsten der Moschee. Es besteht eigentlich aus drei verschiedenen Portalen. Das Mittelportal ist ebenfalls wieder dreiteilig; seine drei Thore sind durch zwei schöne Säulen von einander getrennt; über den Kapitälen ist noch ein kubischer Aufsatz angebracht. Die Thore sind von eisenbeschlagenem Holz. Das Portal ist von einer Vorhalle eingefaßt; im Altertum führte hier ein breiter Säulengang zu dem Heiligtum; noch sind einzelne Säulen desselben sichtbar, andere sind in den Häusern versteckt. Der Brunnen unterhalb der Treppe stammt aus dem Jahre 1020. Gegenüber liegt ein schönes Bad.

Wenn man neben dem Brunnen vorbei in das nächste Gäßchen l. abschwenkt und immer möglichst nahe bei der Moschee bleibt, so hat man zur linken Hand die Schulen, welche zu der Moschee gehören, die *Medreset es-Somêsatîje*, dann jenseits des Bâb el-'Amâra die *'Omarîje*, von 'Omar Ibn 'Abd el-'Azîz († 720) gestiftet. Hierauf liegt l. in einem Hof das *Grab Saladins*, ein hübsches Mausoleum mit schönen Fayencen (Eintritt 6 Pi.). Bei dem Kreuzweg, an den man zuletzt gelangt, liegt rechter Hand die Medrese des *Melik eẓ-Ẓâhir Beibars* (1260-1277). Die Mauern derselben bestehen aus fein poliertem rötlichen Sandstein. Das Portal mit Stalaktiten nimmt die ganze Höhe des Baues ein. In der Inschrift auf der Innenseite ist als Jahr der Erbauung 676 (1279) genannt. Auf jeder Seite des Portals sind zwei Fenster. Innen betrachte man die schönen Mosaikbilder an den Wänden. In den beiden einfachen Katafalken ruhen Beibars, der große Vorkämpfer gegen die Kreuzfahrer, dessen Name und Thaten noch jetzt im Volksmunde leben (vergl. S. LXXVI) und sein Sohn. Über den Katafalken stehen die Bücherschränke der von Midḥat Pascha hier gesammelten Bibliothek mit schönen Manuskripten, die dem Fremden bereitwillig gezeigt werden. — Auf der l. Seite der Straße steht eine Moschee, die der Sohn des Beibars bauen ließ. Beide Gebäude sind bis in ihre Details schöne Proben arabischer Baukunst.

Ausflüge.

Nach eṣ-Ṣâleḥîje und auf den Dschebel Ḳasjûn (Ḳâsijûn, vulgär [K]ësûn). Fahrstraße bis eṣ-Ṣâleḥîje. Von dem Compagniegebäude aus führt die Fahrstraße direkt nach N. am Hôtel Dimitri (r.) vorbei. Nach c. 3 Min. l. das türkische *Militärlazareth*. Der Bach, den man nach 10 Min. auf einer Brücke überschreitet, ist der *Tôra*, der schon ziemlich weit oben in der Schlucht aus dem Baradâ abgeleitet wird. Das Dorf selbst erreicht man in weiteren 10 Minuten. Es liegt an dem Arm des Baradâ, welcher *Jezîd* heißt. Das Haus r. Hand gleich zu Anfang des Dorfs ist die Residenz des Wâli.

Das Dorf **eṣ-Ṣâleḥîje** ist als Vorstadt von Damascus zu betrachten, mit dem es durch zahlreiche Landhäuser, welche längs der Straße liegen, in Verbindung steht; es enthält gegen 7000 Einwohner. Das Dorf erhielt seinen Namen erst im 5. Jahrh. der Flucht; damals wurde es von Turkomanen bevölkert, zu welchen in späterer Zeit noch Kurden kamen. In älterer Zeit war eṣ-Ṣâleḥîje ein durch seine Schulen und Moscheen ausgezeichneter Ort. Die alten Gebäude sind jedoch jetzt großenteils zerfallen, so schön und fest sie auch gebaut waren. Es lohnt der Mühe, diese Bauten etwas näher anzusehen; an manchen sieht man noch reiche Stalaktitengewölbe, sowie Wände und Kuppeln mit Arabesken verziert. Die schönste Moschee steht über dem Grabe des *Muḥieddîn Ibn el-'Arabi*; in neuerer Zeit sucht und bewallfahrtet man das Grab dieses Mannes in einem an die Moschee anstoßenden Gemache. Ibn el-'Arabi war Philosoph, Mystiker und Dichter; er schrieb eine große Anzahl Bücher und machte viele Reisen († 1240). Hier liegt auch 'Abd el-Ḳâder (S. 300) begraben. Die Moschee ist für Fremde schwer zu-

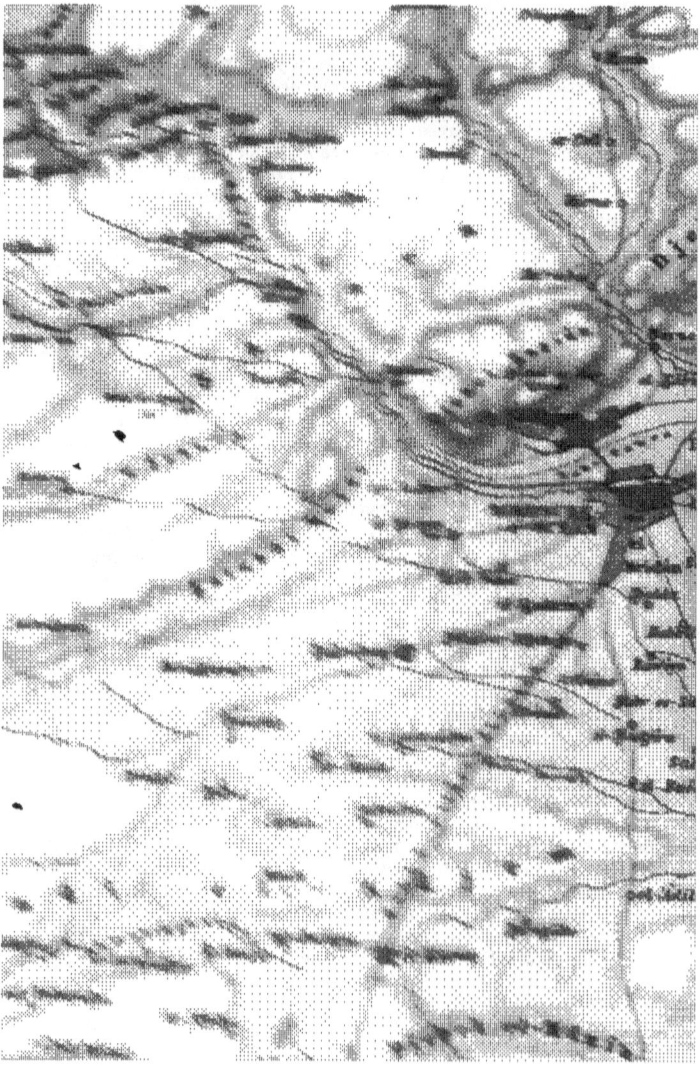

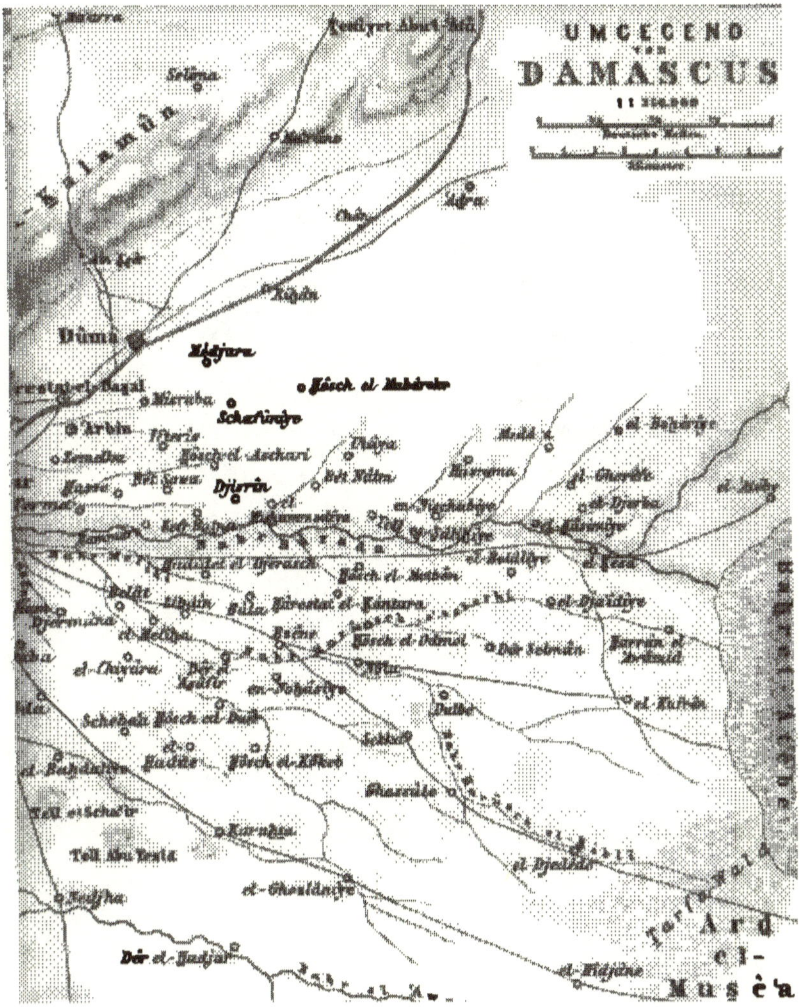
DAMASCUS
Dûma
Djisrîn
Ard el-Musè'a

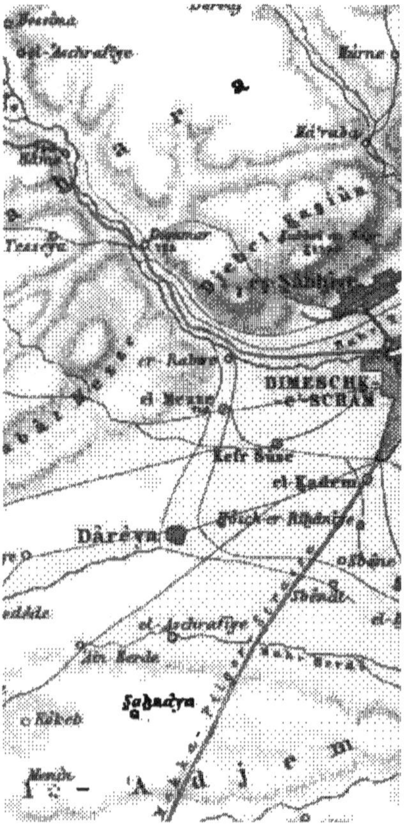

DIMESCHK-
e-SCHAM
Dârêya
Kefr Sûse
el-Ḳadem
er-Rabwe
el-Mezze
el-Aschrafiye
Ḳa'rabe
Ṣaḥnâya

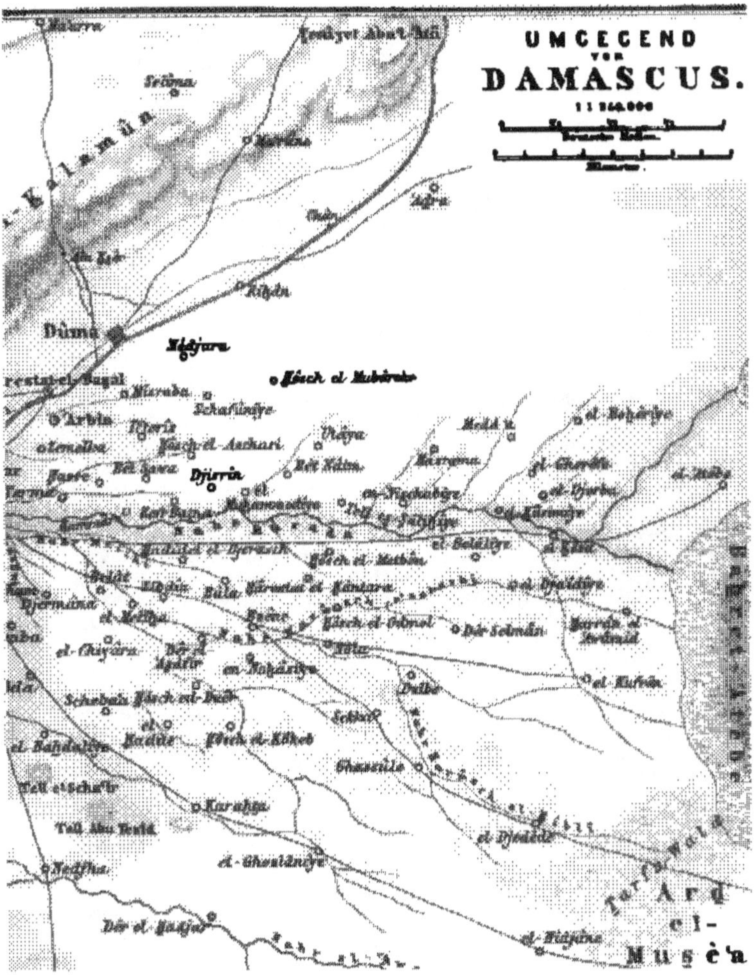
UMGEGEND
von
DAMASCUS.
Dûma
Arbîn
Djisrîn
Selîma
Kabûn
Nahr Barada
Ghassûle
Dêr Selmân
Ḳaraḥta
el-Ghoslânîye
Dêr el-Ḥadjar
el-Djoḍêde
el-Ḥaldjâne
Ard el-Muṣè'a

gänglich. — Viele reiche Leute ließen sich hier außen in eṣ-Ṣâleḥîje begraben, und noch liegen manche schöne Grabmäler an dem Berg verstreut. An dem n. Abhang desselben steht die *Kubbet el-Arba'în*, woselbst 40 muslim. Propheten begraben sein sollen. Die Damascener besuchen eṣ-Ṣâleḥîje häufig, besonders, wenn die Myrtenbeeren *(ḥabb el-âs)*, die gegessen werden, reif sind (im Dezember).

Der kahle Berg **Kasjûn**, welcher sich hinter dem Dorfe erhebt, ist den Muslimen heilig, denn hier soll Abraham zur Erkenntnis der Einheit Gottes gekommen sein (S. xcvi). Hier soll schon Adam gewohnt haben, und bis hierher soll Muḥammed gelangt sein; Damascus aber soll er nicht betreten haben. Der Berg besteht teilweise aus rötlichem Gestein, und dies gab die Veranlassung, daß hier die Bluthöhle gezeigt wurde, in welche der erschlagene Leib Hâbîls (Abels) gelegt wurde. Auf dem Berge kommen viele Versteinerungen vor. — Vom W.-Ende von eṣ-Ṣâleḥîje, wo die *Dschâmi' el-Efrem* neben einer zerstörten Medrese steht, steigt man, schon hier mit herrlicher Aussicht, den Berg hinan. Auf der Höhe (25 Min.) ist der Weg durch den Felsen gehauen. Oben findet man, indem man einige Schritte von der Straße abbiegt, ein kleines offenes Gebäude, Namens *Kubbet en-Naṣr* (Siegeskuppel). Wir stehen hier an der schönsten *A u s s i c h t der Umgebung von Damascus, das ausgebreitet zu unsern Füßen liegt, umgeben von einem weiten grünen Gürtel. Im W. und N. zieht sich der kahle Antilibanus hin; im fernen O. erscheinen die *Tulûl*, die vulkanischen Kegel des *Ṣafâ* (S. 336); im S. in weiter Ferne die Gebirgszüge des Ḥaurân, näher *Dschebel el-Mâni'* und *Dschebel Aswad*. Das Dorf beim Ausgang der Schlucht heißt *Meṣṣe*. Wenn man etwas weiter nach S. geht, kann man in die Schlucht selbst hinabsehen.

Vom *Dschebel Kasjûn* führt ein Weg w.-wärts nach *Dummar* hinunter (½ St.); von hier nach Damascus s. S. 306. Der Thalgrund längs des Wasserlaufs ist mit Bäumen bedeckt, die Vegetation herrlich, besonders fallen die gewaltigen Nußbäume auf. Auf dem sog. *Merdsch* tummeln sich gewöhnlich die Reiter, auch trifft man viele Spaziergänger; manche sitzen am Ufer des Baches und rauchen eine Wasserpfeife, die ihnen der herumziehende Vermieter darreicht. Hier werden auch meistens die Pferde geschwemmt. Bei der sog. **Tekkîje** (7 Min.) ist die Wiese am breitesten. Die *Tekkîje* ist um das J. 1516 von Sultan Selîm gebaut und zwar besonders zum Zwecke der Beherbergung von Pilgern. Es ist ein großer viereckiger mit einer Mauer umgebener Bau. Der Zugang befindet sich im O.; man geht zwischen einzelnen ärmlichen Häusern hindurch, in welchen Derwische wohnen. Der Hofraum ist sehr schön, teilweise mit Nußbäumen bepflanzt, und enthält zwei große Wasserbehälter. Er ist gepflastert und von einer Säulenhalle umgeben; hinter der Halle sind Zimmer, die mit Kuppeln überwölbt und mit Blei gedeckt sind; im ganzen sind 24 derartige Gemächer vorhanden. Sie dienen teils als Futterkammern, teils wohnen Tscherkessen und andere

Fremde darin. Im O.-Teile des Hofes ist eine alte Mühle. Die Moschee, auf der S.-Seite, hat eine Vorhalle mit Marmorsäulen und eine große Kuppel; auf jeder Seite steht ein schlankes Minaret. Das Ganze ist im Verfall begriffen. Gegen die Brücke hin ragt ein hübscher offener Vorbau mit Kuppel über die Mauer hervor.

Nach Dschôbar. Vom Thomasthor ein Stück weit auf der Aleppostraße; nach 2 Min. Weg r. an einem besuchten Vergnügungsplatz der Damascener vorbei; nach weiteren 2 Min. biegt man in eine Straße ab, die n.-wärts führt. Bis zum Dorfe **Dschôbar** hat man 25 Min. zu gehen. Das Dorf ist groß, wird von Muslimen bewohnt und beherbergt nur einige wenige jüdische Familien. Letztere haben hier ihre alte *Synagoge (kenîse)*, welche im SO.-Teile des Dorfes steht und bei festlichen Gelegenheiten von vielen Juden aus Damascus besucht wird. Nahe am Eingang derselben ist ein durch ein Geländer abgegrenzter Raum, in welchem Elias den Elisa zum Propheten sowie den Hasael zum König von Syrien gesalbt haben soll. R. hinten führt eine Thür in eine kleine Halle; dann kriecht man mühsam in eine Art Gemach hinunter, wo der Prophet Elias einige Zeit lang gelebt haben und von Raben gespeist worden sein soll (1 Kön. 17, 6). Abgesehen davon, daß der Bach Krith unmöglich hier gesucht werden kann, so wird auch dieser Tradition im 12. Jahrh. von Rabbi Tudela, der sonst alles derartige sammelte, noch nicht erwähnt. In dem Schrank befinden sich einige ziemlich alte Thorarollen.

Zu den Wiesenseen (s. Karte S. 334; 1½ Tag, Führer nötig). Der große See *Bahrat el-'Atîbe* ist c. 5 St. von Damascus entfernt. Auf der N.-Seite des Baradâ hinunter in 2½ St. zum runden Hügel von *es-Sâlehîje*; von da in 2½ St. zum Dorf *'Atîbe* auf einer Art Landzunge. Jenseits der Sümpfe sieht man die *Tulûl es-Sufâ*, eine große Reihe von erloschenen Kratern. Ö. vom *Bahrat el-'Atîbe* liegt ein Strich Landes, der *Derb el-Ghazawât* (Straße der Raubzüge) heißt, wegen der großen Unsicherheit; drei interessante Ruinen *ed-Dijûra* liegen darin. Von *'Atîbe* s.-wärts in 40 Min. zum Ausfluß des Baradâ; nach 30 Min. *Harrân el-'Awâmîd* (3 ionische Säulen von einem antiken Tempel). In etwa 4 St. reitet man von hier nach Damascus zurück. Der Ausflug giebt einen Einblick in die berühmte Landschaft um Damascus (*Ager Damascenus* der Alten); eine uralt angesessene Bauernbevölkerung kultiviert hier den herrlichsten fruchtbarsten Boden; viele Überreste alter Prachtbauten finden sich vor.

34. Von Damascus nach Ba'albek.

a. Über Schtôra.

Gute Landstraße. Post nach *Schtôra* s. S. 304. Von dort nach *Ba'albek* (45km; zu Wagen 5 St.) in der Saison regelmäßige Wagen des Hôt. Victoria (S. 305). Abgang von Schtôra mittags nach Ankunft der Post von Damascus und Beirût. Rückfahrt von Ba'albek morgens 6 Uhr mit Anschluß in Schtôra an die Post nach Damascus und Beirût. Preis 10 fr. für die einfache Fahrt. Extra-Wagen jeder Zeit. Preis hin und zurück in einem Tag für 6 Personen 110 fr., kleinere Wagen für 3 Personen 100 fr., bei längerem Aufenthalt in Ba'albek 10 fr. pro Tag mehr. — Ebenso Wagen des Hôt. d'Europe. Preise nach Übereinkunft; handeln! — Reitpferde vermittelt in Damascus das Hôtel oder der Dragoman; in Beirût s. S. 285; in Schtôra nicht zu erhalten.

Von Damascus auf der Poststraße nach *Schtôra* (6 St.) s. S. 305. (Beirût-Schtôra s. S. 304). Von hier führt die Straße in nö. Richtung über die *Bikâ'* (S. 305), dem O.-Abhang des Libanon entlang. Viele Weinberge. Nach 1 St. (bei *Hôsch en-Nauwar*) geht l. die Fahrstraße nach *Zahle* (S. 337) das Thal hinauf, gerade aus in ¼ St. nach *el-Mu'allaka*. Die beiden Dörfer, von denen ersteres zum Libanongebiet, letzteres zum *Wilâjet Surîja* gehört, sind nur durch eine schmale Gasse getrennt.

Zaḥle. — Ordentliche Unterkunft in der arab. Lokanda *Hôtel Central* nahe der Brücke. — Türk. Telegraph.

Zaḥle (945m ü. M.; c. 15000 Einw., meist Christen; Schulen der „British Syrian Mission", Kloster u. Kirche der Jesuiten, sowie viele andere Kirchen) zieht sich in großem Bogen zu beiden Seiten des durch einen Gebirgsspalt vom *Ṣannîn* herunterkommenden Baches *el-Bardûnî* hin. Das Städtchen, schön im Grünen gelegen, ist sehr gewerbreich (viel Weinbau). Die Einwohner sind turbulent; sie hatten 1860 viel zu leiden, denn hier concentrierte sich die Macht der Drusen, die das Städtchen eingenommen hatten.

Von *Zaḥle* aus kann die Besteigung des Sannin (2608m; S. 293) mit guten Führern unternommen werden; der Weg ist steil und abschüssig.

Von *el-Mu'allaḳa* (großes muslim. Dorf, Schule und Station der Britischen Mission, Niederlassung der Jesuiten) in 15 Min. nach *Kerak Nûḥ*, wo das Grab des „Propheten Noah" (über 40m l.!) gezeigt wird. Nach 3/4 St. *Ablaḥ* (kleines Christendorf), nach 1/2 St. hat man r. (1/4 St. vom Weg) *Temnîn et-Taḥtâ* (das „untere"), bald darauf l. oben am Berg *Temnîn el-Fôḳâ* (das „obere"), in dessen Nähe sich 200 Grabkammern mit Eingängen phönicischen Stils finden.

N. von Temnin in *Kasr Nebâ* (c. 1 St.) Ruinen eines Tempels; ebenso w. in *Niḥâ* (c. 1 St.), größenteils zerstört. Besser erhalten ist der Tempel *Ḥöṣn Niḥâ*, 1 St. oberhalb des Dorfes Niḥâ, 1280m ü. M. (306m ü. der Ebene) in einem Thälchen gelegen. Der Tempel (prostylos und korinthisch, 28,5m l., 12,5m br.) schaut gegen O.; er steht auf einem 3,5m hohen Stylobat, der auf der O.-Seite 8,5m weit vortritt. Stufen führen hinauf. Das W.-Ende der Cella ist höher als die übrigen Teile des Innern.

Nach 50 Min. l. oben *Bêt Schâmâ;* am Wege ein Chân, die Straße biegt hier nach r. (O.) um. Nach 1/2 St. Brücke über den *Lîṭânî*, nach weiteren 30 Min. r. vom Weg das Dorf *Tallîje*, nach 3/4 St. l. *Medschdelûn*. In diesem Teil der Ebene fehlt jeder Baumwuchs und die Steppe wird bloß von Herden abgeweidet. Nach 35 Min. r. Dorf *Dûris*, nach 10 Min. l. die Ruine *Kubbet Dûris* ein modernes Weli aus altem Material mit 8 schönen Granitsäulen, über welche ohne Kunstverständnis ein Architrav gelegt worden ist; dabei ein Sarkophag. Von hier in 20 Min. nach Ba'albek (S. 341).

b. Über ez-Zebedâni.

ez-Zebedânî 6 3/4 St., *Ba'albek* 6 1/2 St. Nachtquartier in *ez-Zebedânî*. — Reitpferde s. S. 336. — Zelte für Damen notwendig, für Herren entbehrlich (s. S. xxviii). Wer mit Zelt reist, kann zweimal (bei *'Ain Fidsche* und in *Serγâjâ*) übernachten und nach *'Ain Fidsche* den Weg über *eṣ-Ṣâleḥîje* und den *Dschebel Ḳasjûn* nehmen (vgl. S. 334 und S. xvi, Damascus 5. Tag).

Bis *Dummar* (S. 306) auf der Straße der französ. Compagnie 1 St.

[Man kann auch auf der Poststraße weiter bis (35 Min.) Station *el-Hâmî* (S. 306) reiten und von hier über (15 Min.) Dorf *el-Hâmî*, (30 Min.) *ed-Dschudêde*, (1 St. 30 Min.) *Dêr Ḳânûn*, (18 Min.) *el-Huseinîje* nach (32 Min.) *Sûḳ Wâdi Baradâ* (S. 339) gelangen. Indessen ist der nachstehende Weg interessanter.]

Hinter *Dummar* verlassen wir die Straße und wenden uns r. an einigen weißen Kalkhügeln vorbei (45 Min.); die Baradâschlucht ist hier zu eng, als daß man ihr folgen könnte. Man reitet sodann 1 St. über die kahle Ebene *eṣ-Ṣaḥra* (S. 300), r. oben Felsengräber; im S. sieht man den Hermon. Hierauf wendet man sich in ein angebautes Thälchen l. hinunter und erreicht, am Dorfe *el-Aschrafîje* vorbei, in 25 Min. das Dorf *Bessîmâ* im Baradâthal. Das saftige Grün der Bäume in der unmittelbaren Umgebung des Flusses sticht wohlthuend gegen die kahlen Berge ab. Ein merkwürdiger Felsengang verbindet heute *Bessîmâ* mit *el-Aschrafîje*; derselbe war ursprünglich wohl ein Wasserkanal, hört aber am w. Ende spurlos auf. Führte er wohl das reine Wasser der Fîdschequellen nach Damascus? Der Gang ist durchschnittlich $0{,}_{80}$m br., bald etwas höher, bald niedriger, stellenweise ist die Decke weggebrochen; dann folgen wieder Galerien mit Ausblick auf das Thal. Das Gestein, durch welches der Kanal läuft, ist ein Kalksteinkonglomerat.

Das Thal, welchem man aufwärts folgt, ist zuerst eng; die kleine „Wiese von Bessîmâ" l. hat schönes Grün. Man trifft nach 15 Min. eine Quelle; überall am Wasserlauf Pappeln und schöne Walnußbäume; nach 20 Min. erreicht man das Dorf

el-Fîdsche, 5 Min. später die Quelle. *el-Fîdsche* ist wahrscheinlich das griechische πηγή (Quelle). In der That gilt die Quelle noch heute als Hauptquelle des Baradâ, wenn sie auch nicht die am weitesten entfernte ist; aber sie führt diesem Bach doppelt so viel Wasser zu, als er weiter oben besitzt. Eine gewaltige Wassermasse bricht unter einem alten Gemäuer hervor und rauscht zum Baradâ hinab. Das Wasser ist sehr schön klar. Über den Quellhöhlen erhebt sich eine Art Plattform, teils aus Felsen, teils aus Mauerwerk, mit den Trümmern eines kleinen, aber aus mächtigen Quadern gebauten Tempels. Einige Schritte s. von der Quelle laufen parallele Mauern, jede $11{,}_{3}$m lang und $1{,}_{8}$m dick, hinten durch eine $8{,}_{2}$m lange, $1{,}_{2}$m dicke Mauer vereinigt. Nach den Überresten zu urteilen, war das Ganze überwölbt. An der Außenseite der Seitenmauern springen große Steine hervor; im Innern sind Nischen sichtbar. Gegen den Fluß zu befand sich ein Portal. Noch werden diese Reste ehem. Heiligtümer, die vielleicht bloß der Flußgottheit gewidmet waren, von einem Hain prächtiger Bäume beschattet, die zur Rast einladen.

Der Weg führt weiter im Thal zwischen 250-300m hohen kahlen Felsen den Windungen des Baches nach in die Höhe. Nach 25 Min. an *Dêr Muḳurrîn* vorbei, 15 Min. *Kafr ez-Zêt* (Öldorf). Nach 10 Min. gegenüber am r. Flußufer *Dêr Ḳânûn*, nach 15 Min. *el-Ḥuseinîje* (S. 337). Nach 15 Min. *Kafr el-ʿAwâmîd*; auf einem Vorsprung Ruinen eines kleinen griechischen Tempels; Stücke von Säulen, Kapitälen, Giebelwerk sind noch vorhanden. Hierauf passiert man den Fluß mittelst einer Brücke und gelangt auf die direkte Route (s. o.). Nach 25 Min. r. unten Dorf

Sûḳ Wâdi Baradâ. — Geschichtliches. Aus den Itinerarien etc. geht hervor, daß *Sûḳ Wâdi Baradâ* an der Stelle des antiken *Abila* steht. Das Gebiet dieser erst in nachchristl. Zeit erwähnten Stadt hieß Abilene; ein Lysanias wird Lucas 3, 1 als Tetrarch von Abilene aufgeführt, im 15. Jahre des Tiberius. Die anderweitigen Nachrichten darüber, besonders bei Josephus, sind nicht ganz klar. Eine Tetrarchie Abilene kann erst im J. 4 vor Chr. bei der Teilung des Erbes Herodes des Großen entstanden sein, und es ist wohl möglich, daß ein Lysanias, obwohl sonst nicht genannt, 11 J. später diesen Distrikt beherrschte. Man hat ihn aber wohl zu unterscheiden von einem früheren Lysanias, Sohn des Ptolemaus Sohnes des Mennaus; dieser Lysanias war Fürst von Chalcis (S. 306); ob er auch Abilene besessen hat, ist unsicher; er wurde 34 v. Chr. auf Anstiften der Kleopatra ermordet. — Die Tetrarchie Abilene wurde später von den römischen Kaisern dem Agrippa I. und Agrippa II. geschenkt.

Das Dorf *Sûḳ*, von Obstgärten umgeben, liegt an einer Biegung des Baradâ am Ausgang eines Passes, den sich der Fluß zwischen zwei steilen Klippen gebahnt hat.

In den Klippen oberhalb der Ortschaft, jenseits des Stromes, bemerkt man eine Anzahl Felsengräber, die teilweise unzugänglich sind; zu einigen führen Stufen hinauf. Die Grabhöhlen bieten nichts Besonderes. Eine volkstümliche Ableitung hat den Namen „Abila" in Verbindung mit „Abel" gebracht, und man zeigt auf dem westlichen Berge r. seit dem 10. Jahrh. das *Nebi Hâbîl*, wo Kain (Kâbîl) seinen Bruder erschlagen haben soll (nach dem Korân). An dem Gebäude ist nichts Interessantes; daneben liegen die Ruinen eines Tempels, etwa 14m l., 8m br. Am ö. Ende desselben ist ein Grabgewölbe; dabei Stufen in dem Felsen.

10 Min. oberhalb der Ortschaft an der engsten Stelle der Schlucht erreicht man die Brücke.

Jenseits auf dem l. Ufer oberhalb der Brücke etwas hinaufklimmend, gelangt man zu einer alten Straße, die etwa 30m über dem heutigen Weg der Felswand folgt. Die Straße ist in den Felsen gehauen, 4-5m br., gegen 300 Schritte lang; an einigen Stellen hat man einen Teil des Felsens als Brustwehr stehen lassen, an andern waren ursprünglich wohl Mauern. Am NO.-Ende bricht der Weg an einer Felswand ab; vielleicht war er als Viadukt auf Bogen weiter geführt. Latein. Inschriften an der Felswand bei der Straße besagen, daß dieser Weg unter den Kaisern Marcus Aurelius und Lucius Verus durch den Legaten Julius Verus auf Kosten der Einwohner von Abila hergestellt wurde; also etwa nach der Mitte des 2. Jahrh. Einige Schritte unterhalb der Straße läuft eine alte Wasserleitung, teilweise durch den Felsen gehauen und mit schräggelegten Steinen überdeckt; sie kann als Weg zu einigen Felsengräbern dienen.

Von der Brücke an verfolgt man den Lauf des Baches auf dem l. Ufer. Nach 10 Min. werden die Abhänge des Berges weniger steil, nach 10 Min. öffnet sich das Thal zu einer kleinen Ebene, der Bach bildet hier einen Wasserfall, etwas oberhalb desselben Brückenreste. Von SW. mündet aus einem Seitenthal der Abfluß des *Wâdi el-Karn* (S. 306) ein; die Compagniestraße ist in dieser Richtung nur 1 St. entfernt; ein Weg führt hinüber. Man biegt berganreitend um den Hügel r. herum und kommt plötzlich auf den unteren Teil der *Ebene von ez-Zebedânî*, die sich von N. nach S. zwischen ziemlich hohen Bergen hinzieht; der w. steile Zug heißt *Dschebel ez-Zebedânî*. Die Ebene, früher wohl ein großer See, ist beinahe 1 St. breit, wasserreich und bedeckt mit Bäumen, Pappeln, Walnuß-, Aprikosen- und besonders Apfelbäumen; die Gärten sind zum Teil mit grünen Hecken eingefaßt. Durch diese herrliche Landschaft reitend, erreicht man in 2 St. 20 Min. das Dorf

ez-Zebedâni (1213m ü. M.; Unterkommen bei Christen). Die Ortschaft, in üppigem Grün gelegen, hat an 3000 Einw., wovon die Hälfte Christen; sie leben vom Ertrag ihrer Baumgärten. Die Äpfel von ez-Zebedâni sind berühmt; auch die Trauben mit den länglichen Beeren sind hier häufig. Keine Altertümer.

Von *ez-Zebedâni* führt der Weg das Thal hinauf; in 30 Min. mündet r. der Weg von *Blûdân* (S. 341) ein; nach 25 Min. liegt r. die Quelle *'Ain Ḥawar* bei dem gleichnam. Dorf; hierauf erreicht man die Wasserscheide und langt nach 1 St. im Dorfe *Surrâjâ* an; die Aussicht ist beschränkt, doch die Umgebung grün.

Oben am Dorfe *Surrâjâ* am östlichen Vorhügel sind Felsengräber sichtbar; beim Beginn der Steigung liegt am Wege eine schöne in den Felsen gehauene Wein- oder Ölkelter. Die Felsengräber (dabei eine Marmorsäule mit griechischer Widmung) zeigen innen sechs Bogen und Einsätze für die Särge; hinter dem Felsen sind unbedeutende Ruinen eines Dorfes, bei einer großen Eiche einige andere Felsengräber.

In 28 Min. steigt man von der großen mitten im Dorfe gelegenen Quelle nach dem *Wâdi Jaḥfûfe (Jafûfe)* hinunter; dort liegt ein zerstörter Chân; eine Brücke Namens *Dschisr er-Rummâni* führt über das Wasser; die Thalwände sind sehr tief und steil.

Von dieser Brücke führen drei verschiedene Wege nach *Ba'albek*; der empfehlenswerteste ist der nachstehende:

Man folgt dem Thal l. abwärts auf dem r. Ufer; nach 16 Min. überschreitet man den Bach wieder. Der Thalgrund ist mit Eichen, Platanen, wilden Rosenbüschen bedeckt; nach 14 Min. überschreitet man eine dritte Brücke. Das Dorf *Jaḥfûfe* liegt etwas weiter unten l. Hierauf steigt man den Berg hinan, ein Weg bleibt l. liegen. Oben entfaltet sich nach 23 Min. eine herrliche Aussicht auf den Libanon und die *Biḳâ'*; im W. stechen die Schneegipfel des *Ṣannîn* und weiter n. des *Dahr el-Kodîb* von der roten Erde des Thales, welches im NW. mit Wald bedeckt ist, ab. Ein Dorf *en-Nebi Schît* (Seth?) mit dem weitsichtbaren Maḳâm des Propheten bleibt l. liegen; die Aussicht ist stets schön. Man trifft viele Kreuzwege, geht aber geradeaus. Nach 1 St. 15 Min. liegt l. unten das Dorf *Chortâne*; man durchreitet ein tiefes Thalbett. Nach 28 Min. läßt man etwa 10 Min. weit l. das Dorf *Bereitân* (wahrscheinlich das antike *Berothai* II Sam. 8, 8), das hinter einem Hügel liegt. Nach 37 Min. folgt ein tief eingeschnittenes Thal *Wâdi eṭ-Ṭaijibe*; nach 35 Min. läßt man einen Weg r. und kommt zum Dorf *'Ain Berdâi* (10 Min.); nach 4 Min. erblickt man die Gärten von *Ba'albek* und die Akropolis, besonders die großen Säulen. Nach 11 Min. erreicht man die große Straße, die von l. einmündet, und kommt nach 7 Min. zu den ersten Häusern der Ortschaft.

Die beiden andern Wege von der Brücke *Dschisr er-Rummâni* (s. oben) nach Ba'albek sind folgende:

a. Jenseits der Brücke den Berg hinauf nach *Chureibe* 1 St. 20 Min.; von dort in die Nähe von *Bereitân* (s. oben) 1 St. 50 Min.; 15 Min. vor Bereitân mündet der Weg in die oben angegebene Route.

b. Von der Brücke geht man den Bach thalaufwärts 20 Min. bis zu den Ruinen eines kleinen Tempels; nach 15 Min. r. auf einem Hügel die Ruinen des Dorfes *Ma'rabûn* (Quelle). Dann n. ein Thal *Wâdi Ma'rabûn* hinauf; nach 2 St. Thal von *Scha'îbe;* das Dorf bleibt r. In 30 Min. Thal, das l. nach *et-Taiyibe* hinunter geht. Nach 15 Min. Ruinen; nach 1 St. 10 Min. Quelle von Ba'albek (S. 346).

Von Damascus über Helbûn nach ez-Zebedânî. Von *Bâb Tûmâ* (S. 320) auf der Aleppostraße; nach 11 Min. biegt man l. ab; läßt nach 9 Min. einen Weg l. Nach 14 Min. kommt man aus den Gärten heraus; $^1/_4$ St. entfernt r. Dorf *Kâbûn*. Nach 20 Min. Dorf *Berze*. Die muslimische Legende macht diese Ortschaft zum Geburtsort Abrahams, oder zu dem Punkte, bis wohin er mit seinen „Knechten" (1 Mos. 14, 15) vorgedrungen sein soll. Bei Berze schlägt man den Weg l. ein und gelangt in 6 Min. zu dem Eingang einer Schlucht. Nach 33 Min. kommt man aus der engen Schlucht heraus und über eine Brücke; nach 6 Min. l. oben das Dorf *Ma'rabâ*. Dem Laufe des Hauptbaches entlang aufwärts nach $1^1/_2$ St. *'Ain es-Sâhib*, in 40 Min. nach Helbûn (s. u.).

Ein schöner Umweg führt von *Ma'rabâ* durch das Seitenthal n. nach *Menîn*. Nach 27 Min. Dorf *Herne* l.; nach 19 Min. Dorf *et-Tell* (Hügel). Nach 27 Min. setzt man bei einem Pappelhain über einen Bach. Nach 30 Min. Dorf **Menîn**; bei der Quelle jenseit des Dorfes am Felsabhang ist ein hübscher schattiger Ruheplatz. Die Felsengräber oberhalb Menîn zeigen, daß die Ortslage antik ist; das Dorf ist heute nur von Muslimen bewohnt. Auf dem östlichen Hügel (15 Min. hinauf) sind Überreste alter Bauten und Felsenkammern. Vor diesen Höhlen, die wohl ebenfalls religiösen Zwecken dienten, sieht man Überreste eines Tempels. Die Aussicht umfaßt einen Teil des Antilibanus und durch eine Lücke zwischen den kahlen Felsen ein Stück *Bûla* (S. 312) bis zum Haurângebirge.

Von *Menîn* in wsw. Richtung; nach 40 Min. Abstieg des *Wâdi Derrîdsch (Helbûn)*; nach 12 Min. gelangt man auf den Weg von *Ma'rabâ* bei *'Ain es-Sâhib* (s. o.); nach 40 Min. Dorf

Helbûn. — *Helbon* wird bei Ezech. 27, 18 als der Ort genannt, woher Tyrus durch Vermittlung von Damascus Wein bezog; damit ist die Notiz von Strabo (und Athenäus) zusammenzustellen, daß die Perserkönige ihren Wein von *Chalybon* bezogen hätten. Die Gegend ist wie geschaffen zum Weinbau: ungeheure schiefe Felder feinen Kreidegerölls ziehen sich an beiden Seiten des Thales hin. Noch sind sie zum Teil mit Reben bedeckt; aber es werden aus den Trauben bloß Rosinen bereitet. Das Dorf ist muslimisch; in die Häuser und Gartenmauern sind Säulenstücke und alte behauene Steine eingefügt. Die Moschee in der Mitte des Dorfes ist durch ihren alten Turm kenntlich; davor steht eine Art Porticus aus alten Säulen, die aus vielen Stücken zusammengesetzt sind. Eine reiche Quelle sprudelt unter der Moschee hervor. Man findet Fragmente griech. Inschriften.

Von *Helbûn* an der l. Thalseite hinan; nach 22 Min. l. oben am Berg felsengrabähnliche Höhlen; dann in das Thal hinunter zu der reichen Quelle *'Ain Fachûch* (4 Min.). Man verfolgt das Hauptthal aufwärts und erreicht durch Anpflanzungen von Sumachsträuchen (Rhus coriaria) nach 20 Min. einen Scheideweg; man geht r. hinauf. Nach 43 Min. Ausblick auf die Ebene von Damascus; nach 17 Min. steigt man in ein Thal hinunter, dessen Boden (20 Min.) bepflanzt ist. Hierauf steigt man r. in 24 Min. auf eine kleine Hochebene hinauf und nach 17 Min. zu dem Dorf *Blûdân* (1477m ü. M.) hinunter. Von *Blûdân* nach *ez-Zebedânî* 40 Min. Auf die Ba'albekstraße in n. Richtung in 1 St.

Ba'albek.

Gasthöfe: Gr. Hôt. de Palmyre (Bes. der Grieche *Mimikaki;* Cooks Hôt.), gut eingerichtet; Hôt. d'Europe (Bes. *Anton Arbîd*), Hôt. Victoria (Bes. *Periklî Arbîd*), letztere beide in einem Hauskomplex, bald vereinigt bald getrennt. Pens. o. W. schwankend (8-15 fr.), handeln!

Post und Telegraph (türk.).

Geschichtliches. *Ba'albek* ist sicher mit dem *Heliopolis* der griechisch-römischen Autoren zu identificieren; doch hat man erst aus dem 3.-4. nachchristlichen Jahrh. schriftliche Nachrichten über diese Stadt. Der griechische Name deutet auf den Kultus der Sonne, und Ba'al entsprach ja auch hauptsächlich dem Sonnengott. Bereits aus dem 1. Jahrh. sind Münzen von Heliopolis vorhanden, die berichten, daß die Stadt römische Kolonie war. Münzen von Septimius Severus (193-211) zeigen aber statt der früheren Devise vom Kolonisten mit dem Ochsen die Figur eines Tempels, oder vielmehr es kommen bereits beide Tempel, der größere und der kleinere, vor. Damit stimmt eine Nachricht aus dem 7. Jahrh. überein, daß Antoninus Pius (138-161) zu Heliopolis in Phönicien dem Jupiter einen großen Tempel, ein Weltwunder, errichtet habe. Auch die späteren Münzen zeigen Abbildungen der beiden Tempel; ob aber der größere je vollendet worden, ist ungewiß. Aus einer der Votivinschriften des Antoninus Pius scheint hervorzugehen, daß der größere Tempel ein allen Göttern von Heliopolis gewidmetes Heiligtum war; somit war der kleinere der Ba'altempel; beide Tempel stammen jedenfalls aus einer und derselben Zeit. Das Vestibulum wurde von Caracalla (211-217) begonnen, von Philipp (244-249) vollendet, letzterer ließ auch die vordere gekrümmte Treppe und die Umfassungsmauern aufführen. In Heliopolis wurde neben Ba'al besonders die Venus verehrt; doch soll bereits Constantin hier eine Basilika gegründet haben. Vor und noch nach Constantin fanden hier Christenverfolgungen statt. Theodosius der Große (379-395) zerstörte den großen „Trilithon"-Tempel in Heliopolis und baute an seiner Stelle eine christliche Kirche. Später werden Bischöfe von Heliopolis erwähnt. Ba'albek wurde von Abu 'Ubeida auf seinem Zuge von Damascus nach Ḥôms erobert. Die Araber rühmen die Fruchtbarkeit der Umgebung und bringen die Altertümer mit Salomo in Verbindung. Der arabische Name stimmt mit der älteren syrischen Benennung *Ba'aldach* fast überein. Die Araber erwähnen Ba'albek besonders als Festung; frühzeitig machten sie aus der Akropolis eine Citadelle. Als solche spielte sie eine Rolle in den Kriegen des Mittelalters: so in den Streitigkeiten der Seldschucken gegen die ägyptischen Sultane. 1139 eroberte Emîr Zengi die Stadt und die Burg; in demselben Jahrh. erlitt Ba'albek einige Erdbeben. 1175 kam die Gegend von Ba'albek in den Besitz Saladins; das Jahr darauf machten die Kreuzfahrer unter Raymund von Tripolis eine Expedition bis in die Nähe von Ba'albek, schlugen die Sarazenen und zogen sich mit Beute beladen zurück; ebenso Balduin IV. von Sidon aus. 1260 wurde Ba'albek durch Hûlagû zerstört, später von Timur erobert. In der Mitte des 16. Jahrh. wurden Ba'albeks Ruinen von Europäern wieder neu entdeckt; seitdem haben sie durch Erderschütterungen, besonders 1759, noch stark gelitten.

Ba'albek (1170m ü. M.) liegt an der ö. Seite der hier sehr fruchtbaren Thalsohle des *Lîṭâni*; nicht weit entfernt ist die Wasserscheide zwischen diesem Fluß und dem *el-'Âṣi* (Orontes). Es zählt c. 2000 Einw. (über die Hälfte Christen), 2 griech. und 2 maronit. Klöster befinden sich hier. Die „British Syrian Mission" hat in einem schönen Neubau eine Mädchenschule. Das Städtchen ist Sitz eines Ḳâimmaḳâm und einer kleinen Garnison.

Die *Akropolis von Ba'albek erhebt sich, von Baumgärten umgeben, w. vom Städtchen; ihre Längenrichtung ist OW.

Erlaubnis zur Besichtigung auf dem Serâi, 1 Medsch. die Person; dem begleitenden Polizeisoldaten giebt man je nach der gebrauchten Zeit und der Größe der Gesellschaft 6-18 Pi.

Der Eingang ist in der SO.-Ecke (Pl. b) durch die umfangreichen *Souterrains*. Diese bestehen aus zwei langen parallelen, von einem Quergang durchschnittenen Gängen, die gewölbt sind (Reste lateinischer Inschriften). Es finden sich Spuren älterer gedrückter Gewölbe, über die römische gesetzt sind. Die Seitenkammern wurden wohl im Mittelalter als Ställe und Vorratsräume benutzt.

Man beginnt die Besichtigung des Innern, um den Plan des Ganzen zu verfolgen, am besten vom Ö. Ende. Der eigentliche **Porticus** (Pl. 1) des großen Tempels liegt etwa 6m über der Erde oberhalb eines grünen Baumgartens; man nimmt an, daß hier von

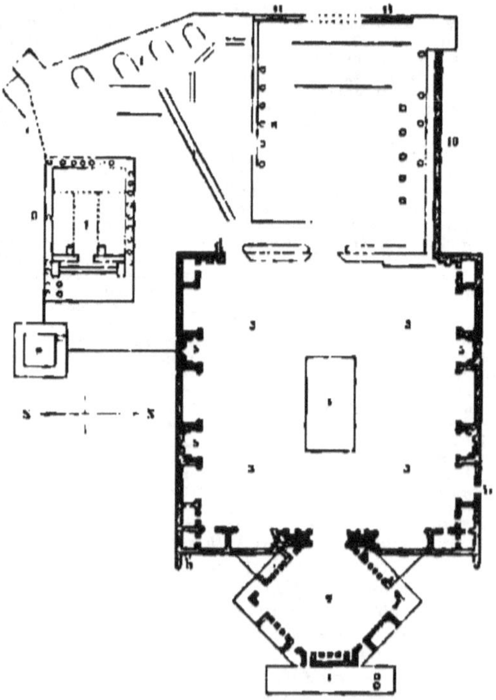

b. Eingang (durch die Souterrains). c. Ehemaliger, jetzt vermauerter Eingang. d. Innerer Ausgang der Souterrains. 1. Porticus. 2. Vorhof. 3. Großer Vorhof. 4. Erhöhte Plattform. 5. Exedra. 6. Säulen des großen Tempels. 7. Sonnentempel. 8. Halbliegende Säule. 9. Arabisches Gebäude. 10. Äußere Mauer. 11. Cyklopenmauer.

O. ein großer breiter Treppenaufgang hinaufgeführt habe; derselbe ist jedoch jetzt vollständig verschwunden und das Material wohl zum Bau der mittelalterlichen Citadelle und der heutigen O.-Mauer gebraucht worden. Der Porticus ist ein längliches Viereck von etwa 11m Tiefe; vorn hatte er 12 Säulen, von denen noch die Basen erhalten sind; an zweien derselben stehen lateinische Inschriften, aus welchen die Erbauung und Widmung des Tempels durch Antoninus Pius und Julia Domna hervorgeht. Zu beiden Seiten des Porticus sind turmähnliche Gebäude, von außen mit einem Gesims verziert, das in gleicher Höhe mit dem Porticus herumläuft; ebenso führen Thüren in viereckige Gemächer, die mit Pilastern von unmäßiger Schwellung, Nischen etc. reich verziert sind. Die oberen Teile dieser Gebäude sind im Mittelalter als Festungstürme neu aufgebaut worden; der N.-Turm ist besser erhalten, als der südliche.

In der reich geschmückten Hinterwand des Porticus befinden sich drei Portale, das mittlere größte 7m, die kleineren 3m br.; nur das kleine Portal l. ist offen. Der *Hof* (Pl. 2), in welchen man eintritt, hat die Form eines Sechsecks. Er ist ungefähr 60m l., von Winkel zu Winkel c. 76m br.; aber nur die Grundmauern und einige Muschelnischen sind erhalten. Ursprünglich waren auf jeder der sechs Seiten (außer der westlichen) viereckige Seitengemächer (Exedrae), vor denen je 4 Säulen standen; in die ö. Exedra trat man vom Porticus aus; zwischen den Exedrae lagen kleinere unregelmäßige Gemächer. — Von hier aus wird ersichtlich, welche Bauten die Sarazenen an der O.-Seite ausgeführt haben.

Ein dreifaches Portal führte von dem Hexagon in den großen, schönen **Vorhof** (Pl. 3) des Tempels. Nur das nördliche kleinere Portal ist erhalten (r.). Dieser Vorhof mißt ungefähr 135m in der Länge OW., 113m in der Breite. Zu beiden Seiten des Hofes, sowie an der O.-Seite sind wiederum Exedrae (Gemächer). Dieselben sind zunächst am besten von der viereckigen Plattform (Pl. 4) in der Mitte des Hofes zu übersehen. Die Baureste, welche hier in der Mitte erhalten sind, gehörten wohl einer Basilika an. Der Hof gewährt einen schönen Anblick, doch weisen bei näherer Betrachtung die Barockbildungen in den Details der Verzierungen auf eine späte Zeit, das 3. Jahrh., hin. Dies gilt vorzüglich von den Exedrae. Durchgängig findet man in denselben zwei übereinanderstehende Reihen von Nischen, ebenso an den Scheidemauern der Exedrae. Diese Nischen sind durch korinthische Pilaster, deren Kapitäle sehr reich sind, von einander getrennt; doch ist die Form der Nischen verschieden: bald sind sie in Muschelform, bald halbrund mit gebogenem Gebälk, oder die Giebel sind gekröpft. Am besten ist eine halbkreisförmige Exedra (Pl. 5) der N.-Seite erhalten; an den andern Seiten sind manche Nischen zerstört. Die Exedrae waren alle überdeckt, an einigen sind noch schöne Reste des Deckgesimses erhalten. Vor den Gemächern liefen Reihen von Säulen, teilweise aus Syenit, von denen einige noch umher liegen (im S.-Teil des Hofes). Die Gemächer der beiden Seiten entsprechen sich; wir beschreiben daher nur die eine Seite. Neben dem erhaltenen kleineren Eingangsportal r. finden wir zunächst eine große Nische, vielleicht für eine Kolossalstatue bestimmt; darauf folgt ein rechtwinkliges Gemach. In der NO.-Ecke des Hofraums waren drei viereckige Gemächer (jetzt eingestürzt); die Eckkammer ist nur von den Seitenkammern aus zugänglich. An der N.-Seite folgt ein viereckiges Gemach (ursprünglich mit vier Säulen); dann ein halbrundes (mit zwei Säulen); hierauf, die Mitte einnehmend, ein langes viereckiges, sodann wieder ein halbrundes und ein viereckiges Gemach, endlich eine Eckkammer. Das Mittelportal auf der W.-Seite, durch das man zum großen Tempel geht, ist in der Form einer Nische gebaut.

Von dem **großen Tempel** (Pl. 6), dessen Vorhöfe wir eben durchschritten haben, sind nur wenige Reste vorhanden. Die sechs gewaltigen **Säulen* des Peristyls, die einzigen Reste des einst weltberühmten Tempels, haben sich dem Reisenden auf seinem Wege nach Ba'albek schon aus weiter Ferne gezeigt. Der gelbliche Stein nimmt sich besonders bei Abendbeleuchtung schön aus. Die sechs Säulen sind gegen 19m hoch; sie sind noch mit Stylobaten versehen; die Basis der Säulen ist wenig schwungvoll gebildet. Die Säulen zeigen keine Verjüngung, tragen aber leidliche korinthische Kapitäle. Der Architrav ist dreiteilig; darüber ein Fries mit enggestellter Konsolenreihe, die kleine Löwen zu tragen scheint; dann Zahnschnitt, korinthische Konsolen und hoher Sims, im ganzen $5{,}_3$m h. Die glatten Schäfte haben $2{,}_2$m Durchmesser und bestehen aus drei Stücken, die mit Eisen in einander gefügt sind. Die Araber und Türken haben in barbarischer Weise an verschiedenen Stellen Einschnitte gemacht, um die Eisenklammern herauszuholen; es ist zu fürchten, daß die Säulen, da sie unterminiert sind und auch oben stark gelitten haben, nicht lange mehr stehen werden. — Diese sechs Säulen bildeten einen Teil des Peristyls des großen Tempels; an jeder Langseite desselben standen 18 Säulen, an den Breitseiten 10, schon im Jahre 1751 indes standen im ganzen bloß noch 9 Säulen. Viele Säulen liegen jetzt zerstreut umher. Welcher Art das Innere des so eingeschlossenen Tempels gewesen ist, ob derselbe ein Dach hatte u. s. w., läßt sich nicht bestimmen. Der Tempel stand gegen O. gerichtet auf einem hohen Unterbau etwa 15m über der umliegenden Ebene. Die S. Mauer dieses Stylobats lehnte an die Plattform des Vorhofes, die s. ist teilweise unter dem Schutt verborgen. Die w. Mauer ist von Mauerwerk überdeckt; gegen die Mitte dieser Mauer hin ist eine Bresche, durch welche man auf Gärten hinuntersieht. Die n. Mauer, über welcher noch einige Säulenfragmente eingefügt sind, ist frei; sie besteht aus 13 Lagen fugenrändriger Steine, jede Lage $1{,}_{15}$m h. Außerhalb dieser Mauern, 9m von ihnen entfernt, läuft eine Umfassungsmauer aus großen Werkstücken (S. 347).

Geht man nun von den 6 Säulen gegen SO., so bleibt l. der innere Ausgang der Souterrains, durch den man heraufgestiegen (Pl. d), und man gelangt zu dem kleineren Tempel, dem sog. ***Sonnentempel** (Pl. 7). Derselbe steht auf einem besonderen Unterbau, durchaus ohne Zusammenhang mit dem größeren Tempel, und niedriger als derselbe. Er hat keinen Hof, sondern man stieg von O. auf einer

Treppe unmittelbar zu dem Tempelportal hinauf; die Treppe war von Mauern eingefaßt und existiert vielleicht noch teilweise unter den Mauern des vorgebauten türkischen Forts. — Dieser Tempel ist eines der best erhaltenen und schönsten antiken Bauwerke Syriens. Er ist von einem teilweise erhaltenen Peristyl umgeben; dieser hatte ursprünglich an den Langseiten je 15, an den Breitseiten je 8 Säulen. Vor dem Portal war eine doppelte Säulenreihe; bevor man hierauf zwischen die vorspringenden Tempelmauern, welche die Vorhalle bildeten, trat, standen l. und r. je noch 2 kannelierte Säulen. Von dieser 5. Säulenreihe sind außer an der S.-Seite nur noch die Basen erhalten; die türkischen Mauern verdecken das Übrige. Der Zwischenraum zwischen den Säulen des Peristyls und der Mauer der Cella beträgt 3m. Die Höhe der Säulen einschließlich der korinthischen Kapitäle beträgt $14{,}_2$m; sie tragen ein hohes Gesims mit schönem doppelten Fries. Das Gesims ist mit der Cella durch ungeheure Steinplatten verbunden; diese bilden eine sehr kunstreich ausgeführte Felderdecke in Sechsecken, Rhomben, Dreiecken mit Mittelstücken; die Füllung bilden Brustbilder (von Kaisern, Göttern), die sich aus Blätterwerk erheben, durch muslimische Barbarei aber stark verstümmelt sind. Das Rankenwerk ist sehr zierlich gearbeitet und nähert sich byzantinischer Behandlungsweise.

An der S.-Seite sind vier verbundene Säulen erhalten, von den andern sieht man die Basen; die Schaftstücke sind großenteils über den Stylobat hinuntergestürzt. Eine Säule (Pl. 8) ist gegen die Cella hin umgeworfen worden, und so stark sind die Eisenklammern, welche ihre Teile verbinden, daß die Säule einige Steine der Cellamauer eingedrückt hat, ohne zu zerbrechen, doch „auch diese, schon geborsten, kann stürzen über Nacht". Auch hier haben die Türken die Säulenschäfte und Basen ruiniert, um das Eisen herauszuholen. Auf der W.-Seite sind noch 3 Säulen aufrecht und miteinander verbunden; von den andern sind nur Bruchstücke vorhanden. Ungeheure Stücke der Felderdecke sind heruntergestürzt; besonders zeichnet sich eine Frauenbüste aus, die von 5 andern Büsten umgeben ist. Der Peristyl der N.-Seite ist größtenteils erhalten; die Decke desselben besteht aus 13 mehr oder weniger gut erhaltenen Feldern mit schönen Büsten.

Inneres. Aus der Vorhalle, die $7{,}_5$m tief ist, kommt man zum **Portal* des Tempels. Dieses ist das Juwel des Ganzen, von allerreichster Ausführung. Zu beiden Seiten des rechtwinkligen Portals standen Säulen. Die Thürpfosten sind gewaltige Monolithe, verschwenderisch mit Reben und Blumengewinden, Genien u. s. w. ausgeschmückt. Die Oberschwelle besteht aus drei Steinen; auf der unteren Fläche derselben sieht man die Figur eines Adlers mit Federbusch, der in seinen Klauen einen Stab und im Schnabel Schnüre langer Guirlanden hält, deren Enden von Genien gehalten werden. Der Adler war wohl ein Symbol der Sonne. Seit 1759 hat sich der mittlere Stein gesenkt und hat 1870 durch eine vom Boden aufgeführte Mauer gestützt werden müssen, was dem Eindruck des Ganzen schadet, aber durchaus notwendig war. Gleich beim Eintreten sind l. und r. massive Pfeiler mit Wendeltreppen; der Eingang zu der einen ist vermauert; in dem andern Pfeiler kann man einige Stufen hinauf steigen. Die Länge der Cella beträgt gegen 27m, die Breite $22_{,5}$m. Die Cella ist halb zerstört. L. unter dem erhöhten Cellaraum sind an der Vorderwand noch Reste eines Hautreliefs erkennbar. Über dem Carnies der Cellawand waren fünf Nischen angebracht. Die N.-Seite ist weniger verwittert, als die S.-Seite; an jeder Seite stehen je 6 kannelierte Halbsäulen mit vorgekröpftem Gebälk, dann (w.) 3 Halbpfeiler. Die verschiedenen Reihen des Architravs stehen stark übereinander vor. Das Ganze war überwölbt. Der Fries ist durch eng aneinandergereihte Triglyphen gegliedert. Die leeren rechteckigen Nischen sind durch vorkragende kleine Giebel gekrönt; an der unteren Bogenstellung ist der ornamentierte Rundbogen bemerkenswert. Am w. Ende war das erhöhte Sanctum, wo in christlicher Zeit der Altar stand; von der Scheidemauer sind noch Stücke vorhanden; eine Thür führte zu Gewölben hinunter. — Trotz der schönen Details macht das Ganze doch den Eindruck einer späten Kunstepoche.

Gegenüber der Façade dieses Tempels steht ein späteres arabisches Gebäude (Pl. 9), ein fester und wohlgefügter Bau, wahrscheinlich meist aus antikem Material, mit einem Stalaktitenportal. Die Treppe, welche hinaufführt, ist zerfallen; das Gebäude enthält nur einige Souterrains und gewölbte Zimmer ohne Interesse.

Beim Hinausgehen aus der Akropolis gehe man um die **Umfassungsmauer** herum. Die Mauer des viereckigen Hofes überragt am NO.-Winkel die Umfassungsmauer um c. 29m; ein großes Portal führte unten an diesem Mauervorsprung in die Souterrains; l. über dem Portal liegt eine zweite, nun zugemauerte Thüre mit korinthischen Pfeilern. Die N.-Mauer, die hier nur etwa 6m hoch ist, ist wohl unvollendet geblieben. Hier an der N.-Seite tritt man durch ein Thor in den Zwischenraum zwischen der Umfassungsmauer und der Mauer, welche die Unterlage des Peristyls des großen Tempels bildet; hier liegen Säulenstücke vom Peristyl. Die äußere Mauer (Pl. 10) ist 3m dick und enthält 9 Steine je c. $9_{,5}$m l. und c. 4m h.; doch sind diese noch klein im Vergleich zu den ***Riesenquadern* (Pl. 11) der w. Mauer. Hier finden sich 3 Steine, einer von $19_{,52}$m, der andere von $19_{,45}$m, der dritte von $19_{,21}$m Länge, ungefähr 4m Höhe und wohl ebenso viel Dicke, wohl die größten Bausteine, die es giebt; merkwürdiger Weise sind sie noch dazu auf eine Unterlage, die bereits gegen 7m hoch war, hinaufgehoben worden — von wem und mit welchen Transportmitteln, wird wohl stets ungewiß bleiben. Man bemerkt an den Quadern zahllose, genau quadratisch eingemeißelte Löcher (wie auch an den Marmorquadern der Tempel), wohl zum Einsetzen von Hebewerkzeug. Die unteren Steine sind von grauer, die großen

Quadern von gelblicher Farbe. Von diesen drei Blöcken führte wohl der Tempel den Namen *Trilithon* (dreisteinig).

Ö. von der Akropolis in dem heutigen Dorfe steht ein dritter wohl erhaltener kleinerer *Tempel*. Man erkauft sich mittelst einiger Pi. den Durchgang durch ein n. vom Tempel gelegenes Haus. Die Außenseite ist das Vorzüglichste an diesem Tempel. Die Cella ist halbkreisförmig; um sie herum läuft ein Peristyl von acht schönen korinthischen Monolithsäulen. Zwischen denselben sind in der Cellawand Muschelnischen mit gebogenem Architrav, der von kleinen korinthischen Pilastern getragen wird. An der Cellawand oben läuft ein Fries mit Laubgewinden herum. Der Architrav und das Gesims des Peristyls sind halbrund eingebogen und kröpfen von der Cellamauer über die Säulen des Peristyls vor. Das Gesims ist außerordentlich reich mit Zahnschnitt etc. verziert. Die Pfosten des Portals bilden große Monolithe. Im Innern sind drei Nischen erhalten, zwei mit rundem, eine mit dreieckigem Architrav. Früher wurde das Gebäude als griechische Kapelle benutzt, daher noch die Reste von Kreuzen an den Innenwänden; leider geht es dem Verfall mit starken Schritten entgegen.

Umgebungen von Ba'albek. Gegen SO. liegen an den Hügeln, nahe an der Straße nach *ez-Zebedânî*, 10 Min. von Ba'albek entfernt, die alten *Steinbrüche*. Hier sieht man noch einen Block (*ḥadschar el-ḥublâ* „Stein der Schwangeren"), der jedenfalls zum Bau der Umfassungsmauer bestimmt war; der Block ist auf der einen Seite noch nicht vom Boden losgelöst, sonst aber fertig zugehauen. Erst in der Nähe erkennt man die kolossale Größe: er ist 21,35 m l., 4,33 m h. und 4 m br., hat also einen Inhalt von 370cbm und würde an 30 000 Centner wiegen. Es bleibt unverständlich, wie eine solche Masse transportiert werden konnte. Auch noch andere Steine, welche man begonnen hat, aus dem Felsen herauszuhauen, finden sich in der Nähe. — Von hier ersteigt man den Hügel, welcher sö. von Ba'albek liegt. Oben öffnet sich eine herrliche Übersicht über das Städtchen, die Akropolis, die weite schöne Ebene mit ihrer roten Erde (Eisenoxyd), den Gipfel des *Ṣunnîn*, n. davon den Bergrücken *Munêṭire*, unten bewaldet; gegen O. in dem Thälchen, das den Vorberg vom Antilibanus trennt, die Quelle *Râs el-'Ain*. Auf dem Hügel befinden sich die Reste eines muslimischen Bethauses und weiter oben ein Grab von Säulenstücken umgeben. — Die alte Stadtmauer von Ba'albek zieht sich hier am Abhang des Berges hin. Dem Abhang nach NO. folgend, kommt man zu einem Haufen Säulenstücke und in einigen Minuten zu Felsengräbern (große Höhlen), die sich am NO.-Abhang des Hügels entlang ziehen und noch wenig untersucht worden sind. (Von hier kann man durch das Städtchen zurückkehren.) — Wenn man von hier r. dem Hügelrücken folgt, so erreicht man in 20 Min. *Râs el-'Ain*. Ein starker Bach kommt hier aus dem Boden heraus und ist in ein Becken gefaßt. Daneben liegen die Ruinen von zwei Moscheen; die kleinere ist von Melik eẓ-Ẓâhir gebaut,

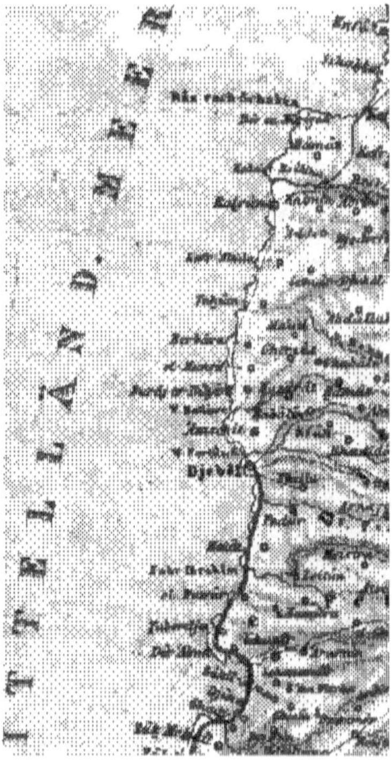
ITTELLÄND. MEER

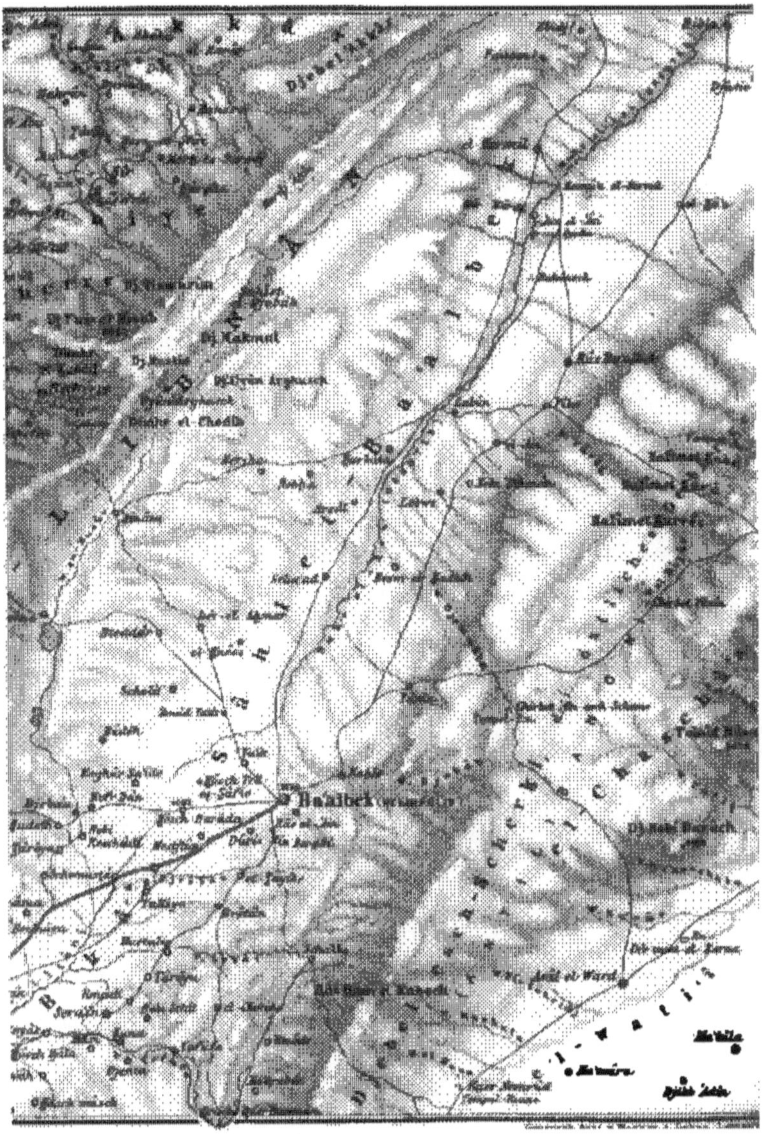

Ba'albek

laut Inschrift i. J. 670 d. Fl. = 1272, die größere von dessen Sohn Melik el-As'ad; von der letzteren ist die Umfassungsmauer noch vorhanden. Von hier führt eine schattige Straße dem Wasser entlang in c. 15 Min. zurück in das Städtchen.

Im NW. von Ba'albek steht eine große Kaserne (*Kischlak*) aus Ibrâhîm Paschas Zeit, dahinter noch einige verlassene Gebäude; r. öffnet sich ein felsiges Feld mit ausgedehnten Steinbrüchen, dazwischen ausgehauene Felsentreppen; einige Höhlen wurden wohl auch als Grabstätten benutzt. Ö. von der Akropolis finden sich sorgfältig ausgehauene antike Wasserkanäle.

35. Von Ba'albek über die Cedern des Libanon nach Tripoli und Beirût.

Zu den *Cedern*, c. 9¼ St., *Tripoli* 8¼ St., *Beirût* 10½ St. Wer ohne Zelt reist, muß 5 Tage auf die Tour verwenden (was in allen Fällen vorzuziehen ist). Nachtquartiere: 1. Nacht *Dêr el-Ahmar* (3 St.) oder *'Ainêta* (2¾ St. weiter), beides sehr bescheiden; 2. Nacht *Ehden* 6½ St. von 'Ainêta (oder *Bscherre* 4¾ St.); 3. Nacht *Tripoli* 5½ St. (bezw. von Bscherre 9 St.); 4. Nacht in *Dschebeil* (9¼ St.) sehr mangelhaft. — Dampfer von und nach Tripoli S. xx. Billete in der Saison vorauszubestellen.

1. Von Ba'albek nach den Cedern (9 St.).

Der Weg führt in nw.-Richtung über die Ebene. Man läßt das Kischlak (s. oben) r.; nach 4 Min. Weg r. nehmen, nach 27 Min. ebenfalls Weg r.; l. sieht man das Dorf *Hôschet es-Sûf*. Nach 5 Min. l. Dorf *Ja'ât*, (von Metâwile bewohnt, sehr arm an Wasser); nach 28 Min. mündet ein Weg von l. ein. L. im Felde wird nach 17 Min. die große *Säule von Ja'ât* sichtbar, welche man mit einem kleinen Umweg von 10 Min. erreichen kann; es ist eine einzelne Denksäule mit unleserlicher Inschrift (N.-Seite), die auf einem c. 2m h. Sockel steht, zu welchem Stufen hinaufführen; sie ist im ganzen c. 20m h.; das korinthische Kapitäl ist verwittert. — Nach 1 St. Ende der Ebene; im S. ist der Hermon sichtbar. Man reitet auf steinigem Wege n. um einen Vorhügel herum. Nach 32 Min.

Dêr el-Ahmar, ein weit ausgedehntes Dorf mit großer Kirche. Hier beginnt das eigentliche Gebiet der Maroniten; die Leute sind etwas zudringlich. Das Wasser ist schlecht. Der Name („Rotkirch") kommt von dem vielen roten Gestein, welches hier zu Tage tritt.

Führer von *Dêr el-Ahmar* nach *'Ainêta* nötig. Zuerst kommt man in das kleine Thal sw. vom Dorfe und beginnt durch einen Eichwald auf schlechtem Wege bergan zu steigen. Die Eichen sind niedrig, doch großstämmig; dazwischen wachsen Juniperus und Berberitzen. Nach 40 Min. auf der Höhe läßt man einen Weg r., nach 25 Min. steigt man in ein grünes Thal hinunter und folgt demselben aufwärts. In n. Richtung verschiedene kleine Thäler überschreitend (viele Kreuzwege) und das Dorf *Bschêtîje* l. liegen lassend gelangt man in 1¾ St. zu dem armseligen Maronitendorf

'Ainâta. Nahe bei dem Dorfe ist ein Thälchen mit Nußbäumen. Man überschreitet dasselbe auf dem oberen (n.) Weg (5 Min.); l. eine schöne Quelle, nach 12 Min. eine noch größere; hier Weg l. einschlagen, der auf der r. Thalseite aufwärts führt. Nach 25 Min. läßt man eine Schlucht, die hinauf führt, r. liegen. Man steigt fortwährend in Windungen steil bergan, schöne Aussicht auf das Dorf *'Aināta*, im S. der Bergsee von *Jammûne*, gegenüber die große Kette des Antilibanus; in der rötlichen *Bikâ'* erscheint Ba'albek als grünbrauner Fleck. Der Boden besteht aus Geröll; hier und da stehen verkrüppelte cedernartige Nadelhölzer. Die Aussicht auf den

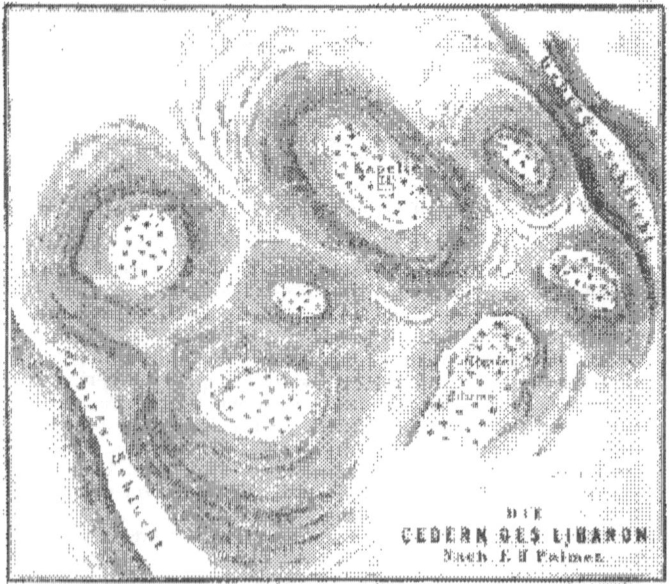

Dschebel Ṣannîn geht verloren, je mehr man sich in die Bergschlucht hinein vertieft. Nach 55 Min. geht man auf die l. Seite des Thales, dem man bisher gefolgt ist, über; nach 20 Min. erreicht man die Höhe des Passes, auf der sogar im Sommer häufig noch Schnee sich findet.

Die Paßhöhe des *„Cedernberges" (Dschebel el-Arz)* liegt 2348m ü. M. Der Libanonrücken zieht sich von SW. nach NO.; die höchsten Erhebungen sind n.-wärts vom Passe: *Ḍahr el-Ḳoḍib* (3063m), *Nab'a esch-Schemâla* oder *el-Miskîje* (3059m), *Dschebel Makmal* (3052m), westlich davon *Timârûn* (3212m). Von dem Gipfel des Paßhügels ist die Aussicht sehr umfassend; die ganze Landschaft erscheint blau in allen Stufen, vom Dunkelblau des Vordergrundes bis zum Hellblau des Horizontes. Das Thal der *Bikâ'* liegt wie eine Karte ausgebreitet zu Füßen; der lange Höhenzug des Antilibanus schließt mit der Hermonspitze; r. davon sieht man bis in die Einsenkung des Jordanthales hinein. Im S. erblickt man den *Dschebel Ṣannîn* und den See von *Jammûne;* bei letzterem ist eine intermittierende Quelle. Im W. senken sich die Berge zum Meer; Tripoli mit seinem Hafen ist sichtbar, sowie ein großes Stück des Mittelmeeres, im Vordergrund ein großes Bergamphitheater mit dem Cedernwäldchen. Viel Geröll liegt rings umher.

Man steigt nun in das Thalbecken hinunter, in welchem die tief eingeschnittene Schlucht des *Nahr Ḳadîscha* (heiliger Fluß) ihren Anfang nimmt. Nach 20 Min. hat man den steilsten Teil des Weges hinter sich; nach 55 Min. kommt man zum Bachbett und erreicht nach 20 Min. die

***Cederngruppe.** — Die *Ceder* (arab. *ars* wie hebr.) bedeckte einst viele der jetzt kahlen Rücken des Libanon; die vorliegende Baumgruppe ist eine der kleineren von denen, welche in der Höhe von 1600-1900m noch vorhanden sind, enthält aber sehr alte Bäume. Im hebräischen Altertum wurde die Ceder besonders als Schmuck des Libanon gepriesen (Ez. 31, 3 ff., Ps. 92, 12). Der beste Beweis dafür, daß im Lande Israel keine solche Bäume wuchsen, ist, daß Salomo zum Tempelbau die Cedern aus dem Libanon kommen ließ (I Kön. 5, 6), wie man sie später auch zum zweiten Tempel brauchte (Esra 3, 7). Schon David hatte einen Palast von Cedernholz bauen lassen (II Sam. 5, 11). Der Stamm des Baumes wurde auch zu Schiffsmasten verwendet (Ezech. 27, 5), und man schnitzte Götzenbilder aus Cedernholz (Jes. 44, 14 ff.). — Es ist freilich nicht ausgemacht, ob die Hebräer unter dem Namen ĕrĕz nicht auch noch andere Nadelhölzer verstanden haben.

In allen das Pflanzenreich behandelnden Schriften der Alten wird die Ceder als der ehrwürdigste und bedeutsamste Baum der Welt genannt. Theophrast nennt ihn die „bewunderungswürdige Ceder Syriens“, Plinius „Cedrus magna“; seit Barrelier ist die Benennung „Cedrus Libani“ die übliche geblieben. Der Baum reiht sich innerhalb der Coniferen am nächsten der Lärche an, unterscheidet sich jedoch von ihr durch die immergrünen, im Winter nicht abfallenden Nadeln, durch die schirmförmige horizontale Ausbreitung seiner Äste und die bedeutende Größe aller Teile, namentlich der Zapfen, die fast so groß als ein Gänseei sind. So flach dehnen sich die Äste und Zweige der Cedern aus, daß, von oben gesehen, die Zapfen auf neben und über einander liegenden kleinen Wiesenflächen zu liegen scheinen. Die Verästung kommt der uralter Lärchen nahe, übertrifft sie aber an starken Exemplaren und erinnert dann eher an gewaltige Eichen. Das Holz ist weißlich und ziemlich weich; an Nutzwert wird es von dem der Cypressen, die im Kadischathal Wälder bilden, weit übertroffen. Das große heutige Gebiet der Ceder ist der cilicische Taurus, wo die weite Gebirgsstrecke hinter Mersina, Tarsus und oberhalb der Engpässe herrliche Wälder von Cedern (gemischt mit Schwarzföhren) trägt. Im Taurus wie im Libanon zeigen sich zwei Formen gemischt durcheinander, die dunkelgrüne, deren Nadeln glänzend grün, und die silberweiße, deren Nadeln bläulich bereift sind, ein seltener Dimorphismus innerhalb derselben Art an gleicher Lokalität. Die Libanonceder wiederum ist (nach Hooker) nur eine lokale Form einer weiter verbreiteten Species, deren zwei übrige Glieder die Ceder des Himalaya (Cedrus Deodara Roxburgh) und die Ceder des Atlas (Cedrus atlantica Manetti) bilden. Specifische Merkmale sind an den einzelnen genannten Abarten nicht nachzuweisen; sie sind, entsprechend der Abstufung des Klimas von dem feuchten der indischen Gebirge zu dem trockenen Algeriens, nur an Größe unterschieden. Die indische

Ceder, das Götterholz (dêvadâru) des Sanscrit, gehört zu den gewaltigsten Erscheinungen der Pflanzenwelt; sie wird 50m h., erreicht einen Umfang von 12m und ist in allen T ilen, selbst in den Zapfen wohl doppelt so groß, als die Libanonceder; die Ceder des Atlas ist kleiner als die letztere, hat sehr kurze Nadeln, kleinere Zapfen und knorrigen Wuchs.

Man hat die Ceder vielfach in Europa angepflanzt. Sie gedeiht in England vorzüglich; die Exemplare des Jardin des plantes in Paris stammen von Samen, welche Tournefort am Anfang des 18. Jahrh. mitbrachte, und sind wohl die ältesten in Europa, aber weniger hoch, als eine Libanonceder bei Genf, welche 37m Höhe hat. Die Anforstung der Libanonceder wäre auf den Vogesen leicht und würde auch in Mitteldeutschland, wo die Himalayaceder nicht mehr fortkommen könnte, möglich sein.

Die Cederngruppe steht 1925m ü. M. am Fuße des *Ḍahr el-Ḳodîb* (S. 350), eines kahlen, steilen Schneeberges; w. gegenüber liegt der Berg *Fum el-Mizâb*. Die Gruppe steht auf einem Hügelrücken (einer Moräne); ö. und w. davon ist ein Wasserlauf. Sie besteht aus 397 Bäumen, von denen jedoch keiner über 25m hoch ist. Der Boden ist weißer Kalkstein; die Abfälle, Nadeln etc. haben einen dunkeln Humus gebildet. Die ältesten Bäume, 7 an der Zahl, finden sich auf der sö. Bodenerhebung; inmitten der NW.-Gruppe steht eine maronitische Kapelle. Wenige Schritte n. von der Kapelle am Hause steht die größte der Cedern; dieselbe hat in Brusthöhe einen Umfang von $14{,}_{50}$m. Der Hain ist jetzt mit einer Mauer eingefriedigt zum Schutz vor den Ziegen, sowie vor den Bauern, die hier jährlich im August ein großes Fest feiern. — Bei schlechtem Wetter gewährt die dunkle Gruppe in der rauhen Umgebung ein düsteres Bild.

---

2. Von den Cedern nach Ehden ($2^3/_4$ St.).

Von den Cedern geht man w.-wärts auf die Straße hinunter und verfolgt dieselbe nach NW. Nach 20 Min. verliert man die Bäume aus dem Gesicht; l. unten liegt *Bscherre* (S. 353) im Grünen. Nach 8 Min. Wegteilung: l. nach *Bscherre* hinunter; auf dem Weg r. erreicht man nach 20 Min. die große Quelle *'Ain en-Neb'a*. Man sieht immer wieder in das große Thal des *Ḳadîscha* hinunter, das von Dörfern umgeben ist, und windet sich zwischen Hügeln hindurch. Nach 40 Min. Anfang eines großen Thalbeckens, man steigt in dasselbe hinunter, am Fuße eines ansehnlichen Rückens r. entlang. Nach 1 St. kreuzt man ein Thal mit einem Bach, der von dem Kloster *Mâr Serkîs* am Fuße der Berge r. herunter kommt. Am Rande der Schlucht bergansteigend, erreicht man **Ehden** in 15 Min. (Unterkommen im Hause des *Chûri*, S. XLI; Zelte werden oberhalb des Dorfes unter den Nußbäumen aufgeschlagen). Das Dorf (1445m ü. M.; c. 450 maronitische Familien) liegt am äußersten Abhang des Gebirgsamphitheaters des Ḳadîschathals, von Pinien, Maulbeer- und Feigenbäumen und Weinbergen umgeben; im O. ein großer Bach. Gegen W. Aussicht auf das Meer und den Hafen von Tripoli; im O. das kahle Schneegebirge.

Von den Cedern über Bscherre und Ḳanôbîn nach Ehden (c. $6^1/_2$ St.). Interessanter Umweg von einem Tag; schöne Naturscenen Ordentliches Nachtquartier in Bscherre. Von der Wegteilung der Route

(28 Min. von den Cedern, S. 352) führt ein steiles Seitenthal nach **Bscherre** hinunter; das Wasser der Quelle *'Ain en-Neba'* fließt durch die Schlucht; der Weg (10 Min.) ist mühsam und schlüpfrig. Bscherre hat eine sehr malerische Lage auf einem Vorsprung über dem Kadischathal, in das hier von S. ein kleineres Thal mündet. Die Thalseiten sind terrassiert und überall mit Nuß-, Feigen-, Maulbeer- und Pappelbäumen bepflanzt; die Gegend ist sehr wasserreich. Das Ganze trägt das Gepräge von Fleiß und Wohlstand; das Dorf hat vier Kirchen und ein latein. Kloster; die große maronitische Kirche in der Mitte scheint alt zu sein.

Von hier (Führer nötig) auf der r. Seite thalabwärts. Unten in geschützter Lage ein kleines Franziskanerkloster, gegenüber auf der Anhöhe Dorf *Bakâfra*, dann *Bkarkâsche* (S. 360). Nach 16 Min. r. oben *Dêr Hamallâh*, l. unten *Mâr Dschirdschis;* nach 6 Min. größerer Bach; r. oben *Dêr Mâr Tedrus;* gegenüber auf der l. Thalseite das Dorf *Bez'ûn;* nach 7 Min. sieht man das *Wâdi Hadschît*, das wild von den Bergen r. herunterfällt, und überschreitet dasselbe nach 5 Min. Nach 11 Min. geht man unter den Bogen der Wasserleitung von *Hadschît* durch; gegenüber *Hasrûn*. Nach 31 Min. gegenüber, jenseits des Thals, *Ddimân*, darüber *Ḥadet* (S. 360); unten *Blûze*. Nach 15 Min. blickt man in das tiefe *Wâdi Ḳanôbîn*. Nach 43 Min. steilen Abstiegs gelangt man zum Kloster

Ḳanôbîn (freundliche Bewirtung, für die man „zum Besten des Klosters" einen entsprechenden Betrag zahlt). — Das Kloster Ḳanôbîn liegt auf der r. Seite des Kadischathales etwa 120m über dem Grunde desselben, von steilen Bergen umschlossen, in romantischer Lage, wie am Felsen angeklebt; im Hintergrunde des Hauptthales ist eine Partie des Hochgebirges sichtbar. An den Bergen hängen Dörfer mit weiß herüberschimmernden Kirchen; die Gegend ist trefflich angebaut und herrlich grün. In den Schluchten sind zahlreiche Höhlen, die einst Eremiten zum Aufenthalt dienten. Das Kloster, dessen Name von dem griech. κοινόβιον, Kloster, abzuleiten ist, soll von Theodosius dem Gr. (379-395) gestiftet sein; es ist seit Mitte des 15. Jahrh. Sitz der maronitischen Patriarchen, deren Gräber in einer Höhle gezeigt werden. Die Patriarchen führen stets den Namen Buṭrus (Petrus) oder Bûlus (Paulus); sie residieren abwechselnd hier und in Ddimân.

Man steigt auf demselben Wege wieder den Berg hinauf; nach 23 Min. geht man l.; im Thal unten das Dorf *Sib'il;* nach 25 Min. erreicht man *Hawar;* von r. mündet ein Thal ein, an dessen Abhang *Ehden* liegt; näher das Dorf *Bân*. Im NW. liegt *el-'Arbe* und weit oben das Kloster *Mâr Sim'ân*. Nach 12 Min. Abstiegs setzt man über ein Thälchen. *Bân* bleibt r. oben. Bald erblickt man unten im Thal das Kloster **Ḳezḥaijâ**, das man nach 35 Min. erreicht. Dasselbe neu gebaut, liegt abgeschieden in einem grünen Thal, unterhalb von *Mâr Anṭûn Ḳezḥaijâ*. Es soll von 100 Mönchen bewohnt sein. Das schöne große Gebäude mit einer aus vielen Bogen bestehenden Veranda nach SW. enthält eine Druckerei; auch Zimmer für Fremde sind vorhanden. Die 1860 gebaute Kirche mit einer Anzahl Heiligenbilder ist nicht besonders schön.

Von hier auf demselben Weg wieder zurück über die Brücke l. aufwärts; nach 10 Min. geht man l., wundervoller Rückblick auf das Kloster *Ḳezḥaijâ*. Nach 9 Min. unten im Thal eine Höhle mit Quelle. Nach 30 Min. das große Dorf *Kafr Sâb*, gegenüber *'Anṭûrîn*. Nach 20 Min. Brücke des Baches von Ehden; nach 15 Min. *Ehden*.

---

3. Von Ehden nach Tripoli (5½ St.).

Man verläßt das Dorf westwärts, r. oben wird das Kloster *Sêdet el-Ḥiṣn* sichtbar. Nach 15 Min. großartige Aussicht auf das Meer. Der schlechte und steinige Weg tritt nach 45 Min. in das bewaldete *Wâdi Heirûna*. Nach 25 Min. Wegteilung (der Weg l. ist besser); nach 8 Min. unten *Murhef Kersâbîje;* nach 33 Min. erreicht man die Tiefe; nach 21 Min. Thälchen mit Wasser; nach 23 Min. r. oben *Merschîne*. Man hat nun das Hügelland erreicht.

Nach 10 Min. bleibt r. oben das Dorf *Ijal* mit Burg; im Hintergrund die Schneeberge. Nach 18 Min. *Kafr Hatta;* nach 14 Min. schlägt man den Weg l., durch die Olivenbäume ein; 4 Min. *Zeraria*, mit großer Kirche; viele Einwohner von Ehden überwintern hier; Hütten von Gestrüpp. Hierauf steigt man in das Flußthal des *Kadîscha* hinab, der hier ein starker Strom ist, und passiert die Brücke; nach 10 Min. r. auf dem Hügel das Weli *Ardât;* nach 10 Min. l. *Hâret Nedschdeldja.* Nach 8 Min. läßt man einen Weg r., nach 20 Min. kommt man in die Ölbaumpflanzungen, nach 10 Min. sieht man unten *Tarâbulus*, dessen erste Häuser man in 3 Min. erreicht.

Tripoli. — Unterkommen. In *el-Mînâ* (s. u.) ist eine griech. Lokanda; außerdem durch die Konsuln zu erfragen oder im Kloster der Terra Sancta.

Vicekonsulate. Deutschland und Rußland: *A. Catzeflis*, Frankreich und England: *Blanche*, Konsul. Österreich und Spanien: *Theodor Catzeflis*. Amerika: *Ant. Janni;* Belgien: *César Catzeflis*.

Telegraph, *türkischer* in der Stadt, *internat.* in der Mînâ. — Tripoli ist Station der französischen und der russischen Dampfer (S. xx).

Geschichtliches. Der altphönicische Name von Tripoli ist unbekannt. Die Stadt wurde, wohl nicht vor 700 v. Chr., nach der Gründung von Aradus (S. 383) als phönicische Bundesstadt gebaut (vgl. S. 271), scheint aber als solche keine große Rolle gespielt zu haben; die Sidonier, Tyrier und Aradier bewohnten in derselben abgetrennte Quartiere. Aus dem Altertum weiß man sonst wenig von der Stadt; sie wurde wiederholt von Erdbeben heimgesucht. Von dem Palaste, den der Seleucidenfürst Demetrius I., Sohn des Seleucus IV. hier vorfand, von der Residenz dieses Fürsten, von den Prachtbauten, womit die Stadt zur Römerzeit ausgestattet war, ist nichts stehen geblieben. Die Stadt lag damals am Meere. Den Muslimen ergab sie sich ohne Widerstand. Als die Kreuzfahrer heranrückten, stand sie unter einem unabhängigen Emîr. Die Belagerung wurde durch den Provençalen Grafen Raymund von St. Giles 1104 begonnen; um die Stadt abzuschneiden, wurde auf dem Berge ihr gegenüber ein Schloß angelegt, das die Franken Mons pellegrinus, die Muslimen Sandschîl (St. Giles) nannten. Die Zwistigkeiten unter den Christen verhinderten die Eroberung der Stadt; erst nach 5 J. wurde dieselbe erobert, wobei eine große arabische Bibliothek von mehr als 100000 Bänden verbrannt sein soll. Es wurde dann eine Grafschaft gegründet, die bald darauf der Sohn jenes Raymund, Bertram, als Lehen erhielt. Unter den Franken war die Stadt 180 J. lang blühend, trotz vieler inneren Zwiste und furchtbarer Erdbeben. 1289 wurde sie von Kilâwûn erobert, wobei viele Franken ums Leben kamen und große Beute gemacht wurde; es soll damals in Tripoli 4000 Seidenwebstühle gegeben haben. Die neue muslimische *Tarâbulus* wurde landeinwärts bei dem „Pilgerberge" gebaut. Im 10. Jahrh. war sie wieder groß und volkreich und bestand wie heute aus einer Hafenstadt und einer Binnenstadt.

Tripoli, der Hauptort eines Liwâ im Wilâjet Beirût, hat 17000, der Hafenort 7000 Einw. (18000 Muslimen, 4800 orthodoxe Griechen, 1200 Maroniten); 18 Kirchen: 5 griech.-orthod., 7 latein. (in den 2 Franziskanerklöstern, 2 Klöstern der Soeurs de St. Vincent de Paul, 1 Lazaristen-, 1 Karmeliter-, 1 Kapuzinerkloster), 3 maronitische, 2 (?) griech.-unierte, 1 protestantische. Die Amerikaner haben daselbst eine Missionsstation mit Mädchenseminar; die französ. Schwestern haben ein Waisenhaus und Mädcheninstitut, ebenso besitzen die andern Konfessionen ihre Schulen. Die Muslimen sollen noch schöne Bibliotheken besitzen. Sie haben 20 Moscheen und ihre eigenen Schulen. Auch 1 Synagoge giebt es.

Tripoli ist als ungesund in Verruf; indes zeigen sich Fieber erst gegen den Herbst und sind selten gefährlich. Die Umgegend ist außerordentlich fruchtbar. Viel Seide kommt auf den Markt. Die Cocons werden meist nach Frankreich verkauft. Die Tabakkultur nimmt zu. Auch Orangen werden exportiert; von Gewerben blüht besonders die Seidenweberei und Seifenfabrikation.

Die Tripolitaner nennen ihre Stadt Klein-Damascus. Die Straßen von Tripoli sind ziemlich gut gepflastert und mit Trottoirs

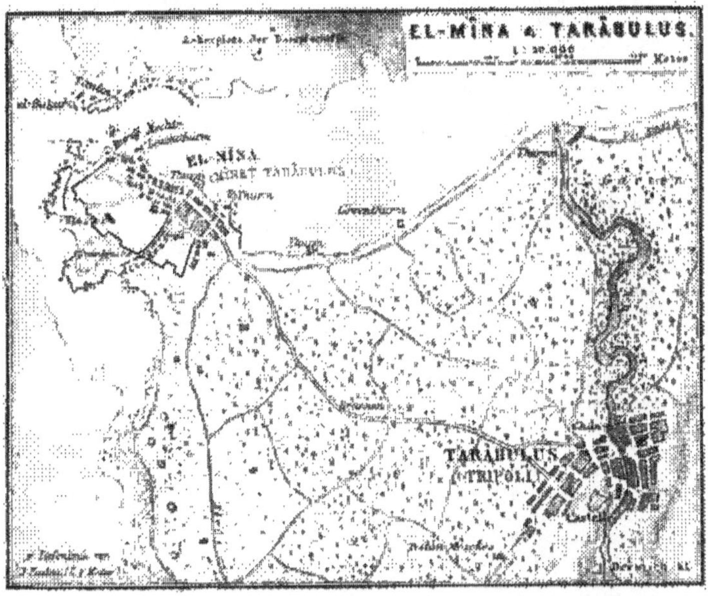

versehen; in den Straßen sind viele Bogengänge, wie in Jerusalem. Der Baustein ist ein poröses Konglomerat. Das Aussehen vieler Straßen ist rein mittelalterlich. Auf dem Basar sind noch Erzeugnisse der einheimischen Seidenweberei zu finden. Man blickt in einzelne große Châne hinein, von denen *Chân es-Sâra* der schönste ist. Die Lage von Tripoli ist am besten von der Höhe des *Kastells* aus zu übersehen; ein Weg von etwa 5 Min. führt auf die Terrasse vor demselben. Tripoli mit seinen blendend weißen Häusern, aus welchen besonders das Institut der franz. Schwestern hervorsticht, nimmt sich von hier gut aus; gegen S. sieht man die Moschee *Tailân*. Jenseits der Stadt dehnt sich ein großer herrlich grüner

Wald von Baumgärten aus, wovon die meisten den Muslimen gehören; auf der Landzunge liegt die Hafenstadt, dabei die alten Türme, dann das Meer in großer Ausdehnung und im S. Berge. Etwas weiter oben sieht man, wie die Festung auf einem schmalen Bergrücken liegt, der im W. gegen die Stadt, im O. nach der tiefen Schlucht des *Nahr Ḳadîscha* abfällt. Unten am Fuß liegt die *Derwischîje*, ein Kloster tanzender Derwische. Weiter oberhalb im Thale wird das Wasser nach der Stadt geleitet. — Der Besuch des Schlosses ist nicht gestattet. Wenig Altertümliches; gegen S. Stück eines Gewölbes, das wie der Rest der Apsis einer Kreuzfahrerkirche aussieht. Möglicherweise rühren einzelne Teile des Schlosses von dem ersten Bau unter Raymund her.

SW. von der Burg führt ein gepflasterter Weg r. hinunter; man kann von hier aus die (neu restaurierte) *Moschee Tailân* besuchen. Interessant ist das Minaret, mit doppelter Wendeltreppe; im Innern des Hofes ein Stalaktitenportal.

Zur **Hafenstadt** (25 Min.) führt eine Pferdebahn (1¼ Pi.); die Straße läuft in nw.-Richtung durch üppige Baumgärten; wenn man r. abbiegt, kommt man früher zum Meer. Um die alten *Türme* zu sehen, welche die Strecke von der Hafenstadt bis zum Ausfluß des *Ḳadîscha* (hier *Abu 'Ali* genannt) schützten, folgt man von Tripoli aus dem l. Ufer des Flusses gegen N. und erreicht das Meer in 20 Min. Zuerst l. die Reste des *Burdsch Râs en-Nahr*; dem Meere entlang in 12 Min. *Burdsch es-Sbĕ'a* (Löwenturm), der besterhaltene. Alle diese Türme (im ganzen 6) stammen aus dem Mittelalter und sind teilweise mit altem Material gebaut, d. h. mit geränderten Quadern und vielen Säulenstücken aus grauem Granit. Auf der S.-Seite des Löwenturms oben sind 6 Fenster mit leisen Spitzbogen, in der Mitte ein großer Bogen. Das Portal besteht aus einem Spitzbogen mit abwechselnd weißen und schwarzen Steinen; die Inschrifttafel ist ausgebrochen. — In 7 Min. gegen den Hafen zu *Burdsch et-Takkîje* mit Stalaktitenportal; von da zur Hafenstadt 8 Min. Herrliche Aussicht auf das Meer und das Gebirge.

Die Hafenstadt *(el-Minâ)* ist als solche unbedeutend. Nach 5 Min. trifft man am Meer die Reste eines vierten Turmes *Burdsch el-Maġâribe* (der Mogrebiner), auch ein Leuchtturm ist daselbst; man erblickt die Inseln, welche den Hafen bilden. Altertümer kommen zuweilen zum Verkauf; schöne Schwämme, die noch an der Koralle sitzen, werden dem Fremden zum Kauf angeboten. Die Dampfschiffagenturen liegen am Hafen, ebenso einige Kaffeehäuser.

Vom Hafen aus den Weg nach S. verfolgend, erreicht man die Straße nach Beirût und an derselben in 5 Min. einen modernen Turm *Burdsch esch-Schêch 'Affân*; hier liegen die Inseln gerade vor. In der Nähe die protest. Kirche, dann r. die griechische Kirche, weiter s. (8 Min.) Kloster der *Terra Sancta*. In 45 Min. erreicht man bei einem arabischen Café das Ende des Strandes.

4. Von Tripoli nach Beirût ($16^1/_2$ St.).

Nachtquartier in *Dschebeil* s. o. Von Beirût nach Tripoli ist eine Fahrstraße im Bau, die aber im Sommer 1890 erst auf der Strecke Beirût—Dschebeil fertig gestellt war.

In sw. Richtung von Tripoli der Telegraphenleitung folgend, erreicht man in 22 Min. den Vereinigungspunkt mit dem Wege, der von der Hafenstadt nach S. führt; von hier ersteigt man den Hügel (8 Min.) mit schöner Aussicht. Oben l. auf dem Berge liegt eine alte Burg. Nach 17 Min. kommt man wieder auf den Strandweg, und erreicht in 20 Min. das von Grün umgebene Dorf *Kalamûn* (*Calamos* bei Plinius). Nun wird das Vorgebirge *Râs en-Naṭûr* gekreuzt; nach 10 Min. schlägt man einen Seitenweg l. ein, nach 37 Min. sieht man r. unten das Dorf *Naṭûr*; nach 11 Min. r. am Wege die Spuren eines alten Gebäudes, nach 12 Min. l. das Dorf *Zekrûn*, r. Hügel mit Ruine. Hierauf sieht man r. unten das Dorf *Enfe* („Nase") und vor sich *Râs Schakkâ*. Nach 40 Min. l. oben am Abhang das Dorf *Sikka* mit Kirche. Nach 12 Min. am Wege ein Chân; nachdem man den *Nahr el-'Asfûr* überschritten hat, ein zweiter Chân im Hintergrunde der malerischen Bucht von *Râs Schakkâ* (35 Min.). Dieses Vorgebirge hieß im Altertum *Theouprosopon* (Gottesantlitz); viele griechische Klöster liegen auf dem Berge. Man umgeht die steil ins Meer abfallende Spitze, indem man nach OSO. ein Thälchen hinauf reitet; oben (40 Min.) liegt ein Chân. Gegen N. überblickt man hier die ziemlich kahlen Kreideberge, *Râs en-Naṭûr* und die Hafenstadt von Tripoli; gegen SW. ein bewaldetes Thal, in das man hinuntersteigt. Unten (30 Min.) stößt man auf bebaute Felder bei dem Dorf *Mseliha*. Man verfolgt das Thal abwärts; in der Mitte desselben liegt auf einem steilen Felsen eine arabische Burg, welche den Paß beherrscht, und von welcher aus früher Metâwile die Reisenden brandschatzten. Nach 9 Min. Chân, nach 2 Min. Brücke über den *Nahr el-Dschauz*; nach 5 Min. über einen Bach, der von S. kommt; Tabakpflanzungen. Nach 10 Min. kommt man aus dem Thal hinaus; am Abhang r. liegt das Dorf *Kubbe*, weiter gegen das Meer ein Schloß. Nach 7 Min. sieht man Batrûn und erreicht diesen Ort in 13 Min.

Batrûn, das antike *Botrys*, wurde noch vor Aradus von den Phöniciern (Ithoba'al zur Zeit Nebukadnezars) als Grenzfestung gegründet, um den Küstenweg zu beherrschen; doch war die Stadt nie bedeutend und besaß nie einen Hafen. Die Lage ist mit der von Tripoli nicht zu vergleichen; die Vorberge des Libanon sind spärlich grün. *Batrûn* (etwa 2000 Einw., meist Christen; türkischer *Telegraph*) gehört zum Sandschak des Libanon. In der Mitte des Ortes liegt ein mittelalterliches Schloß. Der Hafen ist sehr klein und unbedeutend. S. von Batrûn Felsengräber mit Sarkophagen.

S. von Batrûn treten die Felsen nahe an das Meeresufer; die Erosion der Klippen ist merkwürdig. Man folgt dem Strande; nach 33 Min. Chân (l. oben *Kafr 'Abîta*); 16 Min. l. oben *Thûm*; 12 Min. Chân und Brücke über das *Wâdi Medfûn*. Nach 22 Min. oben l. das Dorf *Berbâra*; 8 Min. kleiner Chân; man sieht die Bergkette im S., Batrûn aber nicht mehr. Nach 19 Min. oben l. *el-Munsif*; nach 8 Min. über ein Thälchen; nach 4 Min. zerfallener Chân l. oben; nach 25 Min. *'Amkîd*, Flußbett und zwei Châne; nach 12 Min. anderer Chân; oben einige Häuser und Gärten mit Palmen; nach 7 Min. Aussicht auf die große Bucht bis Beirût; darüber die Libanonkette mit dem *Sannîn*. Nach 15 Min. l. oben alte Kirche. Nach 13 Min. Chân und Bachbett; nach 10 Min. unten Felsengrab; nach 7 Min. an der Stadtmauer vorbei zu dem großen Chân im O. des Städtchens

Dschebeil. — GESCHICHTLICHES. *Dschebeil* hieß im Altertum *Gebal*; die Einwohner (Gibliter) werden 1 Kön. 5, 18 erwähnt als geschickt in der Bearbeitung von Bausteinen, Ezech. 27, 9 als des Schiffbaus kundig. Die Griechen änderten den Namen Gebal in *Byblos* um. Mit den Giblitern waren die Berytier verwandt. Aus Byblos stammte Philo (s. S. 271); Byblos soll nach ihm eine der ältesten Städte der Welt und von Ba'al-kronos selber gegründet sein. Über den Lokalkultus von Byblos vgl. S. 271. Der Adoniskultus verbreitete sich von Byblos bis zu den Griechen und Römern; nach Byblos wurde gewallfahrtet. — In der späteren Zeit war das Städtchen unbedeutend. 1103 wurde es von den Kreuzfahrern erobert (es hieß damals Giblet), 1188 von Saladin wieder genommen; dann fiel es wieder in den Besitz der Franken. Die Ortschaft hat nur einige Hundert Einwohner.

Viele Säulenstücke sind überall zerstreut. Das *Schloß*, wahrscheinlich in der Kreuzfahrerzeit gebaut mit Benutzung alten Materials, ist ein stattliches Gebäude. An dem Hauptturme finden sich einzelne große Quader (im SO. und SW.-Winkel). Im NO., gegen den Friedhof zu, ist eine Skulptur eingemauert mit zwei kleinen Säulen. — Auch auf dem Basar sieht man sehr viele Säulenreste. Im W.-Teil der Stadt liegt eine schöne Kirche aus dem Beginn des 12. Jahrh., die *St. Johanneskirche*, heute im Besitz der Maroniten. Auch hier (vgl. S. CXXIV) drei Schiffe: das Mittelschiff mit Gewölbebogen, die Kapitäle desselben eine Art gotische Imitation; auf den Seiten oben an den Kapitälen noch kleine Verzierungen. Die Arkaden sind Spitzbogen, die Fenster Rundbogen, außen mit Säulchen verziert. Die Spitzbogenfenster an den Apsiden sind vermauert, das Portal restauriert. Gegen N. stößt ein kleines Baptisterium an die Kirche. Die halbkreisförmige Kuppel desselben ruht auf vier Spitzbogen, von denen jeder verschiedenartig ornamentiert ist. Ein Carnies mit Sparrenköpfen geht oben daran herum. — Eine andere Kirche w. davon, der heil. Thekla gewidmet, hat elegante kleine Kuppeln; eine dritte in einem Hause stammt laut Inschrift aus dem J. 1264. — Am Hafen im Meere sind Haufen von Säulen; der Hafen war durch Festungswerke, die auf den vorliegenden Inseln standen, geschützt.

In der Umgegend von Dschebeil sind ausgedehnte *Nekropolen* der verschiedensten Art, viele Sarkophage und auch ägyptische Altertümer gefunden worden; Cippen mit stufenartigen Verzierungen sind speciell hier zu Hause. Die geflügelte Kugel mit Schwingen, ein phönicisches Motiv, finden sich auch in Dschebeil. Merkwürdig sind die besonders in der S.-Nekropole häufigen in den Felsen gegrabenen runden Löcher, die weder Luft- noch Lichtlöcher sind, sondern sich verengend auslaufen. Gewöhnlich liegt ein Stein über der Öffnung solcher Löcher. Der Boden ist an einigen Stellen ganz davon bedeckt. Am Meere s. von Dschebeil liegt eine große Felshöhle; viele Gräber und Keltern finden sich 10 Min. ö. bei *Ḳasûba*. Die dort befindliche Kapelle ist aus altem Material erbaut; hinter *Ḳasûba* Grundmauern eines großen Tempels (höchst wahrscheinlich der alte Adonistempel). Etwas weiter nö. liegen Höhlen, teilweise mit Grabtrögen; die Kapelle *Seijidet Mâr Nuḥra* n. ist eine interessante Felshöhle mit Treppe. — 3 Min. s. vom Chân r. und besonders l. von der Straße nach Beirût liegt eine große Nekropole, doch sind manche Gräber im Sande verschüttet.

Von Dschebeil südwärts erreicht man in 12 Min. eine Brücke bei einer Ruine, nach 22 Min. wieder eine Brücke, l. oben das Dorf *Me'aile*; nach 4 Min. liegt ein Turm r.; nach 26 Min. Chân, oben das Dorf *Hâlât*; nach 5 Min. Grabhöhlen l.; hierauf ein Chân, l. oben *Dêr Mâr Dschirdschis*. Dann kommt man zum *Nahr Ibrâhîm* (*Adonis* S. 361), der aus einer wilden Schlucht herausströmt; nach 19 Min. Brücke, hier sind viele Châne; 11 Min. *Mâr Dubît*; 11 Min. Chân; 10 Min. *Chân Buwâr*; nach 2 Min. r. Felsengräber. Nach 15 Min. kommt man zum Dorf *Berdscha* bei einer kleinen Bucht; nach 13 Min. Chân; hier öffnet sich die große Bucht von *Dschûne*, oben erscheint das Dorf *Ḳazîr*. Um den Berg herum führt eine in den Felsen gehauene und gepflasterte Römerstraße. In 37 Min. erreicht man *Ma'amiltên*; von hier führt ein Weg nach Ḳazîr hinauf; 20 Min. weiter Straße nach *Ḳazîr*.

Von Ma'amiltên über Ḳazîr nach dem Nahr el-Kelb. Nach Ḳazîr 1 St. Die Aussicht auf die Bai von Dschûne und Beirût erinnert an Neapel. Am schönsten ist die Rundsicht vom Dache des Jesuiteninstitutes aus. Von *Ḳazîr* (Führer angenehm) nach SO. hinauf; oben ein Wachthaus; nach 15 Min. gegenüber das armenische Kloster *Mâr Antânius*, das man in 15 Min. erreicht, nach 15 Min. im Thalgrund (berühmte Quelle). Nach 8 Min. Dorf *Schanan'ir*; nach 27 Min. sieht man das Maronitenkloster 'Ain Warḳa in einer malerischen Schlucht voller Pinien und erreicht dasselbe in 13 Min. In 10 Min. *Ḳusṭâ*; nach 40 Min. biegt man um die Ecke, unten r. liegt das Dorf *'Aimâ*; nun wieder Aussicht auf Beirût. S. unten *Der'ûn*; in der Ebene liegt Dorf an Dorf: *Dschûne*, *Ḳâdir*, *Sarba*, *Ḥâret Saḥen*. Nach 53 Min. sieht man *Bkerki*, ein schönes Kloster, wo sich der maronitische Patriarch bisweilen aufhält; daran vorbei erreicht man in 14 Min. den Thalgrund des *Wâdi 'Anṭûra* bei einer Mühle, und etwas hinaufsteigend das große Kloster 'Anṭûra in 25 Min. 'Anṭûra wurde Ende des 17. Jahrh. von den Jesuiten gestiftet, ging aber später in die Hände der Lazaristen über; letztere leiten dort noch jetzt eine sehr ausgedehnte Erziehungsanstalt. Im NO. sieht man das Dorf *Bzummâr*. In der Nähe s. von 'Anṭûra am Nahr el-Kelb sind interessante Grotten, große Höhlen und Hallen (Lichter und Seile mitnehmen). Sie liegen etwa 2 St. oberhalb des Ausflusses des Nahr el-Kelb. Von 'Anṭûra die Dörfer *Zûḳ Mekâjîl* und *Zûḳ Maṣbaḥ* r. liegen lassend in 1 St. zum *Nahr el-Kelb* hinab, 5 Min. oberhalb der alten Brücke S. 291.

Von der antiken Brücke über den *Nahr Ma'amiltên* reitet man um die schöne Bucht von *Dschûne* herum, die von einem großen Bergamphitheater gebildet wird; l. am Wege römische Meilensteine; das Dorf *Dschûne* (türkischer Telegraph), mit einer Art Hafen, bleibt nach 28 Min. l. in herrlich grüner Umgebung liegen; hierauf r. einige Häuser. auch l. am Bergabhang sind deren eine Menge zerstreut; später sieht man *Zûk Mekâjil*, dann *Zûk Masbaḥ*; in 50 Min. Brücke des *Nahr el-Kelb*. Von hier nach Beirût s. S. 291.

Von den Cedern über Bscherre und Afkâ nach Beirût.

3 Tage; c. 26½ St. Nachtquartiere: 1. Nacht *'Âkûra* (9¾ St.) oder *Muneiṭira* (2 St. weiter); 2. Nacht *Reifûn* (11 St. von 'Âkûra) oder *'Adscheltûn* (¾ St. weiter); von 'Adscheltûn nach *Beirût* 5½ St. Ordentliche Quartiere; Zelte empfehlenswert, für Damen unumgänglich nötig; Führer überall notwendig (c. 3 fr. den Tag). Proviant mitnehmen!

Von den Cedern nach *Bscherre* s. S. 352.

Man überschreitet den *Nahr Ḳadîscha* 30 Min. oberhalb Bscherre und steigt w.-wärts am Thalabhang hinan. Nach 20 Min. l. Dorf *Bakâfra*; nach 15 Min. *Bkarkâsche*; nach 15 Min. *Bez'ûn*; in 15 Min. erreicht man das große Dorf *Ḥaṣrûn* (gegenüber *Hadschît*, S. 353). Von hier nach l. mehr und mehr von der Ḳadîschaschlucht abbiegend (prächtige Aussicht), hat man nach 1 St. r. unten *Bdîmân* (S. 353); hoch oben liegt *Ḥadeṯ* (zwischen *Ḥadeṯ* und *Nîḥâ* ist eine Cederngruppe). L. das Seitenthal hinaufgehend, kommt man in 15 Min. nach *Brisât*, nach 40 Min. zur Höhe des Bergrückens (herrliche Aussicht), von hier über ein Tafelland nach 20 Min. zur Schlucht des *Wâdi ed-Duweir*, nach 10 Min. unten, dann 20 Min. bergan. Nach 40 Min. kreuzt man das *Wâdi Ḥarîsa*; 35 Min. danach einen kleinen Bach (man trifft hier Sandstein); in 35 Min. erreicht man die Höhe des Bergrückens. Man reitet über das Tafelland hinüber; r. unten die wilde Schlucht des *Wâdi Tannûrîn*; nach 40 Min. *Wâdi Buschrîch*; nach 20 Min. auf der Hochebene *Arḍ 'Aḳlûḳ* (Halb-Beduinen). Nach 45 Min. am Fuß eines pyramidenförmigen Hügels; nach 20 Min. höchster Punkt des Weges, Aussicht auf *'Âḳûra*, das man in 1 St. 20 Min. erreicht. Es liegt oben im *Wâdi el-Muṛeirîje* am Fuße steiler Felsen; in der Felsenmauer ist eine Spalte, durch welche ein interessanter Weg über Jammûne nach Ba'albek führt. Die Umgegend ist wohl bebaut.

Von *'Âḳûra* in 35 Min. zur *Naturbrücke über das Thal; hierauf geht man auf einer Terrasse um den Berg herum und erreicht das Dorf **el-Muneiṭira** in 1 St. 20 Min. (in der Geschichte der Kreuzzüge genannt, bei Anlaß der Expedition, welche der Graf von Tripolis 1176 gegen Ba'albek machte). Nach 15 Min. kommt man, steil hinuntersteigend, nach dem Winkel des Thals, woselbst der Fluß sich sammelt. Die Hauptquelle entströmt einer tiefen Höhle; w. davon sind noch zwei kleinere Gießbäche. Unterhalb der Brücke, die über das Becken führt, bilden sie drei schöne Wasserfälle. Auf einer Klippe, der Höhle gegenüber, liegen die Ruinen eines alten Tempels, von dem wenig mehr zu erkennen ist; er stand auf einer Plattform. -- In 15 Min. steigt man von der Quellhöhle hinauf zu dem Dorfe

Afḳâ. — *Afḳâ* war im Altertum unter dem Namen *Apheka* bekannt; hier stand ein berühmter Venustempel, der auf Befehl Constantins wegen des unzüchtigen Kultus zerstört wurde. Zugleich sind hier die Hauptquellen des Flusses *Adonis* (heute *Nahr Ibrâhîm*), daher die griechische Mythe von Venus und Adonis hier lokalisiert wird. Noch heute wird zu gewissen Zeiten der Fluß durch ein Mineral rot gefärbt; die Alten erblickten darin das vergossene Blut des Adonis, der von dem Eber zerrissen wurde (S. 271).

Besonders von *Afḳâ* aus gesehen ist die ganze *Scenerie sehr pittoresk. Das großartige Amphitheater, in welchem die Wasserfälle liegen, ist mit Grün bedeckt; Pinien und Nußbäume wachsen hier.

Von *Afḳâ* dem Berge nach auf einer schmalen Terrasse gegen WSW. Nach 1 St. 20 Min. beginnt man l. den Berg zu ersteigen; in 35 Min. erreicht man die Höhe, gegenüber der *Sannîn* (S. 293). In 35 Min. wird der Grund des *Wâdi Schebrûḥ* erreicht; nach $1\frac{1}{2}$ St. dem Thale folgend, mündet man in das Becken des *Nahr el-Kelb* ein. Das Dorf *Meirûbâ* liegt w. auf einer Terrasse (merkwürdiges Felsenlabyrinth). SÖ. gegen den Winkel des Berges einschwenkend, erreicht man in ½ St. die große Quelle *Neba' el-'Asal* (Honigquelle). Das Becken ist wild und wüst. Von hier w. in 30 Min. nach der Schlucht von *Neba' el-Leben* (Milchquelle), die man mittelst einer gewaltigen *Naturbrücke *(Dschisr el-Ḥadschar)* von 38m Spannung überschreitet, 21-24m über dem Strom. Die schöne Quelle selbst ist ¼ St. oberhalb der Brücke. Über einen niedrigen Rücken entlang der Wasserleitung von *Neba' el-Leben* kommt man in 30 Min. nach *Fakra;* zuerst l. vom Weg Ruine eines großen Tempels. Der Hof desselben wird teilweise von natürlichen Felsenmauern gebildet, die Vordermauer gegen O. und der Porticus waren künstlich hergestellt. Der Tempel steht weiter zurück zwischen den Felsen auf einer Terrasse, ist aber zerfallen. Beim Tempel sind Einhegungen von großen Steinen. 5 Min. n. davon Ruine eines soliden Turmes, vielleicht Grabmonumentes; r. vom Portal Inschrift mit dem Namen des Tiberius Claudius. W. vom Turme senkrechte Schichten von Kalksteinfelsen mit den merkwürdigsten Formen.

In 1 St. erreicht man am Abhang des Hügels die ersten Häuser von *el-Mezra'a;* man durchreitet das Dorf in seiner ganzen Länge (¾ St.) und steigt dann auf sehr steilem Wege zum engen Thalboden des *Nahr es-Salîb* hinunter (¾ St.). In ¾ St. erreicht man die Höhe bei *Kleі'ât* (l.). Man trifft fortwährend Pflanzungen von Maulbeerbäumen. Nach 30 Min. *Reifûn;* nach ¼ St. *Dêr Reifûn* (großes Maronitenkloster); nach 40 Min. das weit zerstreute Dorf *'Adscheltûn;* auch hier haben die Kalksteinfelsen phantastische Formen. Gegenüber liegt *Bukfeijâ* (S. 292). Nach $1\frac{1}{4}$ St. *Dsche'itâ*, nach 35 Min. *'Antûra*, von da zum Hundsfluß s. S. 359.

36. Von Damascus nach Palmyra.

Eskorte. Der Besuch von Palmyra ist ganz von den jeweiligen politischen Verhältnissen abhängig. In ruhigen Zeiten kann man bis Karjatên ohne Eskorte reisen, von dort mit Militärbegleitung, deren Stärke der Befehlshaber von Karjatên bestimmt. Besorgung und Bezahlung dieser Eskorte (c. 2 fr. per Mann und Tag) ist Sache des Dragomans (im Kontrakt ausdrücklich festsetzen!). In unruhigen Zeiten verweigert die Regierung den militärischen Schutz. Man erkundige sich über diese Verhältnisse auf dem Konsulat (nicht bei dem Dragoman). Als Führer wird empfohlen Schêch *Fâris* oder sein Schwager von Karjatên. Ist man mit den Leuten zufrieden, so wird man ihnen gern Essen und Tabak zukommen lassen; man hüte sich indessen, sie gleich von Anfang an zu verwöhnen.

Reisezeit. Von Mitte Mai bis Anfangs Oktober ist in der Wüste die Hitze bedeutend; im Winter jedoch kann es sehr kalt werden, daher eigentlich nur die Monate April und Mai zu diesem Ausfluge empfohlen werden können. Über die syrische Wüste vgl. S. L.

Ohne Dragoman und Zelt läßt sich diese Tour nicht machen (Kontrakt etc. s. S. xxiii). Zu empfehlen sind der Deutsch-Österreicher *Franz* und *Daûd Jasbek* in Damascus (vgl. S. 308). Man vergesse nicht, genügend Trinkwasser mitzuführen, denn auf der Strecke Karjatên-Palmyra findet sich kein Wasser, oder ist nur durch einen Umweg von 3 St. zur Quelle *'Ain el-Wu'ûl* zu erlangen. Man bedinge in dem Kontrakt aus, daß der Dragoman auf seine Kosten in Karjatên Kamele zum Mitführen des Wassers miete. Palmyra hat nur eine 23° warme Quelle, deren Wasser stark nach Schwefel schmeckt; dasselbe ist 10 Min. unterhalb der Quelle etwas besser und wird genießbarer, wenn es eine Zeit lang gestanden hat. Man versehe sich daher auch hinreichend mit geistigen Getränken, die ohnehin bei der zehrenden Wüstenluft sehr munden. — Ebenso nehme man genügend Tabak mit zum Austeilen an die Eskorte und Beduinen, denen man etwa begegnet.

Preise lassen sich nicht genau angeben. Für eine 14-tägige Tour (Damascus-Palmyra und zurück oder Damascus-Palmyra-Ba'albek) wird eine Person mindestens 800 fr., 2 zusammen 1200 fr., 3 zusammen 1500 fr. zahlen müssen; bei größerer Gesellschaft 3-400 fr. die Person.

Entfernung und Reittiere. Die Entfernung von *Damascus* beträgt c. 50 St. zu Pferd (240 km). Zu Kamel kann man Palmyra in 3-4 Tagen erreichen, zu Pferde muß man einen Tag mehr rechnen. Die gewöhnlichen Nachtquartiere sind: 9 St. *Dschêrûd* (S. 363), 12 St. *Karjatên* (S. 364), wo man zur Not beim Chûri (S. xli) einkehren kann; 13 St. *Chân el-Leben* (S. 361); 9½ St. *Palmyra*. — Man kann die Tour jetzt auch zu Wagen machen (4-5 Tage). Preis des Wagens einschl. Futter und Wasser für die Pferde c. 600 fr. — Seltener wird die Tour zu Kamel gemacht (gute Sättel nötig!).

Die Art der *Kamele*, welche zum Reiten benutzt wird, ist eine ganz besondere; man nennt sie „*delûl*“ (d. h. fügsam.) Die eigentlichen Delûls sind ausgewählte Tiere edler Rasse und entschieden schöner als das gewöhnliche Lastkamel der Karawanen. Die besten Delûls kommen aus dem Nedschd, dem centralen Hochland Arabiens. In Damascus (und in Aleppo) erkundige man sich, ob Leute vom Stamme der 'Agêl anwesend sind. Dieser Stamm wurde vor Zeiten aus dem Nedschd nach Bagdad verpflanzt; es sind die berühmtesten Karawanenführer, Kameltreiber und Kamelreiter der syrischen Wüste. Man schließe einen Kontrakt für die ganze Reise mit ihnen, bezeichne aber genau die Route und bedinge sich aus, über die Dauer des Aufenthalts an verschiedenen Orten ganz frei verfügen zu können. Preis für ein Kamel nach Palmyra und zurück c. 100 fr. Der Sattel, welcher auf den Höcker des Tieres gelegt wird, besteht aus einem Holzgerüst, aus welchem zwei hohe runde Knäufe hervorragen; auf dem Gerüst liegt ein Lederpolster (der Sitz), vor dem vordern Knauf befindet sich ein zweites Kissen. Der Reiter schlingt nach der Art, wie Damen zu Pferde sitzen, ein Bein um den Vorderknauf und legt die Ferse des einen Fußes auf den Rist des andern (abwechslungsweise).

Vom *Bâb Tûmâ* (S. 329) reitet man auf der breiten gepflasterten Aleppostraße zwischen Baumgärten. Herrliche Nußbäume überschatten den Weg. Nach 12 Min. l. *Zênabîje*, ein Brunnen, der das beste Wasser in Damascus liefern soll; ein Kaffeewirt bietet hier den Abschiedstrunk. Nach 4 Min. geht ein Weg l. ab; man gehe den Telegraphenstangen nach. Nach 1 St. Dorf *Harestat el-Basal*. Viele Ölbäume. Nach 40 Min. sieht man das große Dorf *Dûma*. Die Baumkultur nimmt ab, man kommt in das freie Feld. Nach 30 Min. gute Quelle mit reichlichem Wasser. Nach 17 Min. einige Häuser mit einem Schlößchen; nach 20 Min. Dorf *'Adrâ* r. unten im Grünen.

Bei *'Adrâ* biegt die Straße ab, welche nach *Dumêr* (römischer Tempel; 1 St. ö. bei *el-Chirbe* Ruinen eines großen römischen Kastells) führt. Von *Dumêr* kann man in 8 Tagen zu Kamel quer durch die große syrische Steppe den Euphrat bei *Hît*, und von dort in 3 Tagen Bagdad erreichen.

Bei *'Adrâ* beginnt die Wüste: man wendet sich nach l. (N.) dem Gebirge zu. Die runde Bergkuppe, die man von weit her, auch von Damascus, sieht, heißt *Tenîjet Abu'l-'Aṭâ* (Hügel des Abu'l-'Aṭâ). Nach 1 St. mehrere Karawanserais; das größte, *Chân el-'Asâfîr* (Sperlings-Chân), stammt aus neuerer Zeit, doch findet sich kein Wasser. Der Weg steigt mehr bergan und wird steiniger. Nach 25 Min. Cisterne mit schlechtem Regenwasser l., Ruinen r. Nach 55 Min. wiederum zerstörter Chân (*Maṭnâ el-Ma'lûli*). Der schöne Chân aus Quadersteinen gebaut, stammt aus dem J. 1000 d. Fl. (1592). Das Dorf *Ma'lûla* (s. S. 377) liegt $2^1/_2$ St. nw., jenseits der Ebene. In der Ferne sieht man die Dörfer *Aila* und *el-Kuṭêfe* vor sich; man erreicht letzteres in 1 St. 5 Min. Nach 42 Min. das Dorf *el-Mu'aḍḍamîje*. Deutliche Spuren einer alten Mauer mit kleinen Türmchen führen zu einem weiteren Dorf. Nach 1 St. r. Höhlungen im Boden, die Reste einer alten Wasserleitung, die am Fuß des Gebirges beginnt. Das System dieser Wasserleitung, die wir auch in der Nähe Palmyras wieder finden, ist das persische: der Aquädukt ist ganz unterirdisch; er ist ausgemauert und man kann darin gehen; zur Reinhaltung des Kanals sind von 15 zu 15m schachtartige Luftlöcher (mit Stufen) angebracht. In 1 St. erreicht man **Dscherûd** (das alte *Geroda*), dessen Gärten schon längst vorher sichtbar waren; r. in einiger Entfernung ein Salzsee, der bisweilen eintrocknet. Das Dorf ist groß, aber ganz modern, hat drei Moscheen und sieht ziemlich sauber aus. Sprache und Sitten der Bewohner (c. 2000) sind denen der Wanderstämme ähnlich. Gewöhnlich übernachtet man hier.

Eine Route nach Palmyra geht von hier direkt nö. ab, sie kann aber nur mit Kamelen benutzt werden, da sich auf der gesamten großen Strecke von c. 37 St. kein Wasser findet.

Der Weg führt nun in einem breiten Thal zwischen zwei kahlen Höhenzügen weiter. Nach 25 Min. das kleine Dorf *'Aṭni* (mit Quelle); von hier muß für den ganzen Tag Wasser mitgenommen werden. Die Gegend sieht traurig aus; r. gewahrt man Salzhügel, auf dem Boden nur dürre ästige Kräuter, die bloß dem Kamel einige

Nahrung gewähren oder als Brennstoff dienen. Nach $2^3/_4$ St. (c. 10 Min. entfernt) der zerstörte *Chân el-Abjad* (weißer Chân). Nach $1^3/_4$ St. Steinhaufen wie von Ruinen, nach 1 St. zerfallener Chân l., aber ohne Wasser; die Hügel l. sind mit Salzkrusten bedeckt. Nach $2^3/_4$ St. verläßt man den Rand dieser Bergkette und gelangt auf ein etwas höheres Plateau; im NW. wird ein neuer Höhenzug sichtbar, der das Thal zu schließen scheint. Nach 3 St. 10 Min. (gut geritten) erreicht man erst Ruinen, dann Baumgärten, endlich das Dorf

Ḳarjatên (das Zelt wird am besten im W. auf den Tennen aufgeschlagen). — *Ḳarjatên* ist das alte *Nezala*. Die Bewohner sind Muslimen und Christen (syrische Katholiken, Maroniten und Griechen). Um das Dorf herum liegen reiche Gärten, in denen auch Wein gezogen wird. — Ḳarjatên genießt unter den Beduinen einen Ruf als Heilort für Besessene. Die Kur ist sehr einfach: die Kranken werden in einem Zimmer über Nacht gefesselt (Marc. 5, 3) gelassen; am andern Morgen findet man sie ohne Fesseln; sie verlangen zu essen und sind gesund; wenn sie aber ihre Kur nicht bezahlen, bekommen sie einen Rückfall!

15-20 Min. w. liegt ein den Muslimen und Christen gleich wertes Heiligtum, Namens *Mâr Eljân* (oder *Aḥmed*). Es scheint hier ehemals ein großes Kloster gestanden zu haben. Von dem Hofraume aus gelangt man durch ein niedriges Thor in ein dunkles, kleines Gemach (Kerze anstecken), worin unter einem Baldachin ein alter Sarkophag steht. Die syrischen Inschriften rühren wohl von Pilgern her. In einem andern Zimmer ist ein Betort mit schön aus Holz geschnitzter Thüre (Gazellen darstellend). Der Platz scheint alt zu sein; man bemerkt Kapitäle und Säulenstücke, die über die Zeit des Islâm hinausreichen.

S. etwa 20 Min. von diesem Kloster in der Wüste gegen den Hügel zu ist eine *Masjada*, ein mit Mauern umgebenes längliches Gehege, wie sie von den Bauern zum Gazellenfang gebraucht werden (s. S. LXI); in den Mauern sind Lücken gelassen und an der Außenseite tiefe Gruben angebracht. Die Tiere springen in ihrer Angst an diesen Stellen über die Mauern und brechen sich die Beine.

3 St. n. von Ḳarjatên liegt ein für Gicht und Rheuma sehr heilkräftiges natürliches Dampfbad *Ḥammâm Belḳis* (Bad der Königin von Saba).

Von *Ḳarjatên* aus führt der Weg nach ONO. in einem breiten Wüstenthal des *Dschebel er-Ruwâḳ*. Nach $^1/_2$ St. findet man in einem Thälchen noch etwas Wasser. Die Route ist sehr einförmig; von Zeit zu Zeit unterbricht ein trockenes Bachbett die Ebene. Etwa $7^1/_2$ St. von Ḳarjatên altes Schloß *Ḳaṣr el-Ḥêr*, dessen Turm schon von ferne sichtbar ist. Es stehen noch große Mauern mit Fenstern; eine Unzahl Vögel nisten in denselben. Man will Malteserkreuze an den Wänden entdeckt haben; in der Nähe liegen viele Bausteine, auch von Marmor. (Etwaiger Wassermangel nötigt hier zu einem Umweg von 3 St. zur Steinbockquelle, *'Ain el-Wu'ûl*, nicht ohne Führer!) In 4 St. 15 Min. kreuzt man das kleine *Wâdi el-Muṭera*, die Mitte des Weges zwischen Ḳarjatên und Palmyra. In $1^3/_4$ St. Ruinen des verlassenen *Chân el-Leben*. Der Boden ist mit ästigen Kräutern bedeckt und manchmal ganz unterwühlt und durchlöchert durch die sog. Springmäuse (ar. *jerbû'*); auch wimmelt er von Eidechsen und kleinen Schlangen, die sich sonnen.

Der Gebirgszug l. heißt *Dschebel el-Abjad*; vor uns scheint eine Höhe das Thal zu schließen. Nach etwa 7 St. langweiligen Reitens sieht man von ferne einen Grabturm von Palmyra und steht nach 2 St. 10 Min. demselben gegenüber. Auch hier wieder Spuren der Wasserleitung; auf dem Hügel l. Ruinen. Man zieht durch ein Thälchen mit Grabtürmen; nach 5 Min. erblickt man den Sonnentempel und die Säulenreihe von Palmyra, auf dem Berge l. die muslim. Burg. Auch die Tiere haben das Ziel der Reise erkannt und beschleunigen ihren Gang, um zum Wasser zu gelangen.

Palmyra.

UNTERKOMMEN. Zelte werden am besten in den Baumgärten oder vor dem Thore des Tempels bei der Moschee aufgeschlagen. Schêch Aḥmed nimmt in seinem Haus außerhalb des Thors Fremde auf. — In Palmyra befindet sich eine Kaserne der Chaijâl. Bewachung der Zelte durch Soldaten nötig. Es empfiehlt sich dem Mudîr einen Besuch zu machen und ihm eine Kleinigkeit (etwa eine Oḳḳa Kaffe) zu schenken. — Als Führer dienen die verschiedenen Schêchs. — 2-3 Krämer verkaufen die nötigsten Lebensmittel (Kaffee, Tabak u. dgl.).

Die Leute von Tudmur sind, wie die Anwohner aller großen Ruinenorte, schon etwas durch die Fremden verdorben. In Betreff der Altertümer, welche sie anbieten, merke man, daß die Münzen meistens römisch, griechisch oder arabisch und durchgängig schlecht konserviert sind. Münzen, Lampen und geschnittene Steine mit palmyrenischer Schrift, derselben, die sich an den Grabmälern findet, sind wertvoll.

GESCHICHTLICHES. Die Meinung, daß Salomo die Stadt *Tadmor* erbaut habe, gründet sich auf 1 Kön. 9, 18: „Und Salomo baute Tadmor in der Wüste im Lande.“ Allein das *d* des Namens Tadmor an jener Stelle ist außerordentlich schlecht bezeugt, und der Zusatz „im Lande“ spricht dafür, daß hier nicht von dem weit im ö. Mittelsyrien gelegenen Tadmor die Rede sein kann, sondern daß wir *Tamar* zu lesen haben (an der Südgrenze des Stammes Juda, S. 190, Ezechiel 47, 19). Es ist allerdings wahrscheinlich, daß die Lage von Tadmor eine alte ist, daß der Ort weit in der Geschichte hinaufreicht. Denn wegen seiner Quelle war Tadmor von jeher der natürliche Durchgangspunkt für die Karawanen, die durch die syrische Wüste zogen. Noch heute gehen die Handelskarawanen von Damascus nach Bagdad über Palmyra, weil auf der direkten Route sich zu wenig Wasser findet. Auch seinem Klima nach hatte Palmyra die Fähigkeit, sich zu einer bedeutenden Handelsstadt zu entwickeln, doch wird es als solche erst um den Anfang unserer Zeitrechnung genannt. Damals vermittelte es den Handel der Seide und anderer ostasiatischer und indischer Produkte mit dem Westen. Antonius machte 34 v. Chr. einen Streif- oder Raubzug dorthin; aber die Einwohner brachten ihre Reichtümer jenseits des Euphrat in Sicherheit, woselbst sie an den Parthern gute Freunde hatten. Ins dritte christl. Jahrh. fiel die Blütezeit von Palmyra. Es war damals unter diesem neuen zur Griechenzeit aufgekommenen Namen eine Republik unter römischem Protektorat, und stand an der Spitze einer nach ihm benannten Landschaft. Die Palmyrener scheinen eine kluge Politik gegenüber den Römern befolgt zu haben; hauptsächlich leistete Odenathus den Römern wesentliche Dienste im Kampf gegen den Perserkönig Sapor. Schon vorher hatte er den Titel „König“ (rex) angenommen, nach diesem Kriege maßte er sich nun auch die Imperatorenwürde an. Er wurde aber ermordet und hinterließ die Herrschaft seiner Frau Zenobia (267). Die großen Eigenschaften dieser Frau sind weltberühmt: sie war kriegerisch und daneben fein gebildet. Ihre Regierung bezeichnet den Höhepunkt des Glanzes von Palmyra; unter ihr fand griechisch-römische Kultur Eingang, wie nie vorher. Das Volk sprach noch immer aramäisch, wie die meisten Inschriften beweisen; aber von den Angesehenen wurde Griechisch und Lateinisch studiert und verstanden. Die Ausdehnung der

Herrschaft Zenobias über Syrien, Mesopotamien und selbst einen Teil von Ägypten und ihr Ehrgeiz führte den Verfall herbei. Der Kaiser Aurelian schlug Zenobias Truppen bei Hôms und belagerte ihre Hauptstadt. Auf der Flucht wurde sie eingeholt (i. J. 273); sie zierte den Triumphzug des Kaisers zu Rom. Die Palmyrener, welche sich übergeben und römische Besatzung erhalten hatten, revoltierten bald nachher, und nun wurde Palmyra von Aurelian zerstört. Seitdem war Palmyras Glanz vorbei; die Stadtmauer und der Sonnentempel wurden zwar restauriert und wieder aufgebaut. Später war Palmyra mehr eine bloße Grenzstadt gegen die Wüste. Justinian legte dort Befestigungen an, wegen der Araber.

Ein anderes Volk hatte sich schon längere Zeit hindurch nach N. vorgedrängt, die Araber. Es ist erwähnenswert, daß so viele Namen der griechischen Inschriften im Haurân wie auch in Palmyra echt arabisch sind. Die Araber verdangen sich den Palmyrenern wohl auch als Söldner. Die einfachen, ungebildeten Söhne der Wüste sahen freilich in den großen Bauten leicht das Werk von Dschinnen (Dämonen). — Die muslimische Eroberung ging ohne Schädigung an Palmyra vorüber; aber die Stadt litt 745 in den Kämpfen der Omaijaden und 'Abbasiden. 1089 wurde sie durch ein Erdbeben heimgesucht, das wohl viele Bauten umwarf. Noch 1173 fand der Rabbi Benjamin von Tudela eine bedeutende Kolonie Juden in Palmyra. In arabischer Zeit erhielt Palmyra wieder seinen alten Namen *Tadmor* (gewöhnlich *Tedmur*). Es mußte von den Europäern förmlich wieder neu entdeckt werden; dies geschah zuerst durch Mitglieder der englischen Faktorei in Aleppo 1678.

Literatur. Das schönste Specialwerk über Palmyra ist: Les ruines de Palmyre autrement dite Tedmor au Désert, von *Wood* und *Dawkins* Paris 1812 (etwas veraltet). Damals stand noch bedeutend mehr als heute. Vergl. noch: Dix jours en Palmyrène par *R. Bernoville* (Paris 1868).

Um die *heutigen Ruinen* mit etwas Muße zu besichtigen, sind zwei Tage kaum genügend.

a. Der **große *Sonnentempel** war dem Ba'al geweiht. Zur Reparatur dieses Tempels wies Aurelian eine Summe Geldes aus der von ihm gemachten Beute an; welche Teile aber damals, also etwa im J. 273 hinzugefügt worden sind, läßt sich schwer bestimmen. Der ganze Tempel war von einer Umfassungsmauer umgeben und ruhte auf einer erhöhten Terrasse, einer sogenannten Krepis (κρηπίς). Jede Seite der 15-16m hohen Umfassungsmauer hatte eine Länge von 235m (Inneres). Nur *eine* dieser Seiten, die nördliche, ist noch größtenteils erhalten. Der Unterbau steckt wohl an manchen Stellen noch tief im Boden; er ist ungefähr 3m hoch, aus schönen Quadern gebaut und 6-7m breiter als die Mauer. Diese ist durch 13 erhaltene Pilaster in Felder eingeteilt und von je drei vorspringenden 21m hohen Pilastern flankiert, die den Schein von Ecktürmen hervorriefen. Die Ecke auf der NO.-Seite ist jedoch nicht mehr vorhanden; dagegen ist der Unterbau noch da. Die viereckigen Fenster zwischen den Pilastern sind größtenteils mit Steinen verrammelt, aber noch erhalten; man findet durch dieselben wohl noch einen Durchgang in das Innere. — Die übrigen drei Seiten der Umfassungsmauer sind nur in ihren Unterbauten antik und durch die Araber wieder hergestellt, weil sie den alten Tempel als Festung benutzten (wie die Akropolis von Ba'albek, S. 342). Sogar eine Art Festungsgraben ist angelegt worden. Die Mauern sind meist aus antiken Resten gebaut, aber ohne Sorgfalt und daher teilweise zerfallen. Auf der W.-Seite liegt der Haupteingang, ein Vorbau aus muslimischer Zeit mit hohem Spitzbogenportal; heute führt nur ein kleines Thürchen ins Innere. Dieses Portal steht, wie aus deutlichen Spuren hervorgeht, an der Stelle des antiken Hauptportals, welches absichtlich zerstört worden war. Aus den außen umherliegenden Säulenresten ergiebt sich, daß eine

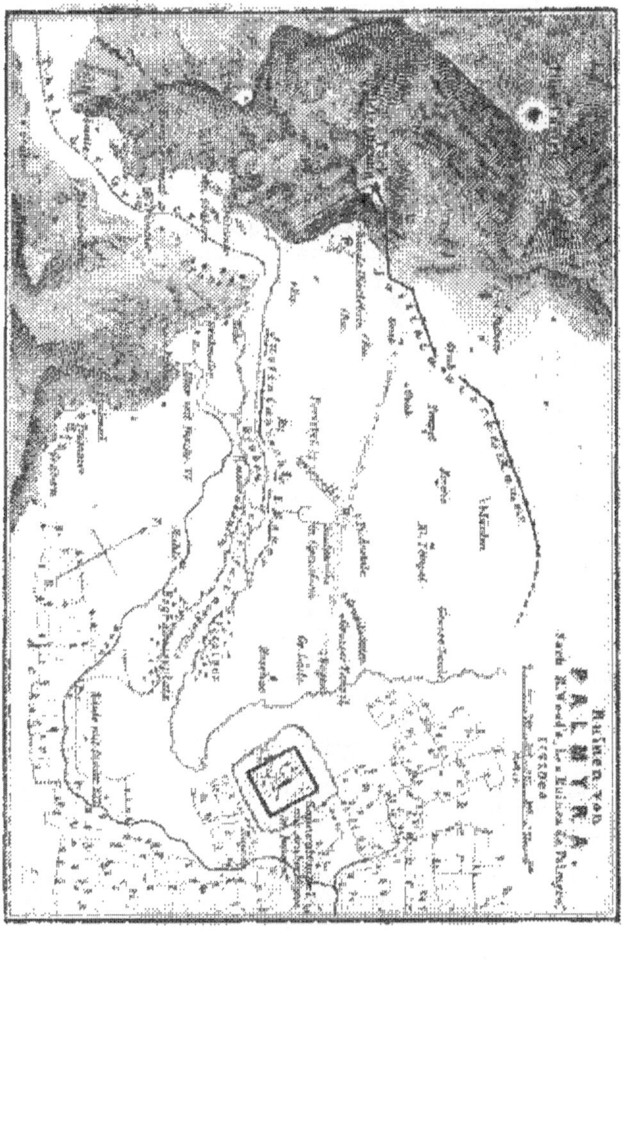

große Treppe (37m br.) in eine Vorhalle führte, die von $9{,}_7$m h. korinthischen Säulen gebildet war. Hierauf kam man zu einem großen dreifachen Portal; die Pilaster, welche an dem modernen Turme sichtbar sind, stehen kaum mehr an ihrer ursprünglichen Stelle. Innen schöne Überreste der antiken Vorhalle mit reichen Guirlanden.

Im Innern dieses großen Hofraumes wird der Überblick jetzt durch die Häuser des modernen Dorfes *Tudmur* gehemmt. Dasselbe besteht aus etwa 50 Hütten, und ist teilweise aus Säulentrümmern und antikem Material gebaut; lange Dorfgassen sind angelegt. In die Häuser und auf die Dächer gehe man ohne Bedenken; die Bauernweiber sind nicht so scheu wie die Stadtdamen.

Auf drei Seiten lief innerhalb der Umfassungsmauer eine doppelte Säulenreihe herum; auf der w. Seite, der Eingangsseite, war sie nur einfach. (Ähnlich der Herodische Tempel in Jerusalem S. 39.) Diese Säulenhallen waren mit der Umfassungsmauer durch ein Gebälk verbunden. Außer den Eckpilastern stehen noch ganze Reihen von Säulen mit Gebälk zwischen den Häusern zerstreut (über 50); ursprünglich waren ihrer an 390. Wo die Umfassungsmauern erhalten sind, findet man sie auch von innen mit Nischen und Blenden reich verziert. Die Säulenhalle erhielt durch die Fenster Licht; in der Umfassungsmauer waren Thürchen angebracht; eines derselben, das sich in seinen steinernen Angeln dreht, ist noch erhalten. Durch ein solches Thürchen versuchte Zenobia zu fliehen (S. 366).

Fast jede Säule hat unter dem oberen Dritteil einen Einsatz und eine Konsole, bisweilen auch zwei der letzteren; auf diese wurden Statuen oder ähnliche Votivgegenstände aufgestellt. Man kann nicht sagen, daß diese Konsolen einem geläuterten Geschmacke entsprächen; vielmehr liegt in ihrem massenhaften Vorkommen ein Zeichen des Verfalls oder des Nichtverständnisses römischer Baukunst. — Das Material der Bauten (die Steinbrüche liegen w. von der Burg) ist ein leise rötlicher Muschelkalk.

Die imposante Säulenhalle schloß einen großen viereckigen Hofraum ein; Spuren der Pflasterung desselben mit großen Steinplatten finden sich noch an einigen Stellen. Die großen Wasserbehälter (*birke*), die man noch sieht, dienten im Altertum zu religiösen Waschungen. In der Mitte dieses Hofes, etwas mehr nach S., stand nun auf einer zweiten Plattform der eigentliche Tempel, der (in den Dimensionen von 60m auf $31{,}_5$m) von S. nach N. gerichtet und etwas erhöht war. Derselbe war ein peripteros, d. h. er hatte ein einfaches Peristyl von Säulen. Von diesen über 15m hohen Säulen sind nur noch wenige erhalten, hauptsächlich hinter dem Gebäude (Ostseite). Die Säulen waren kanneliert, sind aber jetzt ihrer Kapitäle beraubt; letztere waren wahrscheinlich aus Bronze und wurden daher von gierigen Händen abgerissen. Dem alten Portal in der Umfassungsmauer (W.) gegenüber steht zwischen zwei Säulen ein reiches Portal, das in den

Porticus führte. Von hier läßt sich der reiche Schmuck des Tempelfrieses mit seinen Figuren und Guirlanden am besten betrachten. Eine Prachtthüre führt in das Innere des Tempels, und zwar in die westliche Langseite desselben. Letztere enthält neben dem Portal vier Fenster, ebenso die Rückseite des Gebäudes; die Schmalseiten (N. u. S.) haben keine Fenster, sondern es ragen nur je zwei Halbsäulen mit ionischen Kapitälen aus der Mauer hervor. Das Portal der Cella gehört zu den schönsten Bauüberresten von Palmyra; es ist gegen 10m hoch und überaus reich verziert. Die Decke der Thüre ist mit einem Relief geschmückt, das einen Adler mit ausgebreiteten Schwingen auf besterntem Grunde darstellt, zu beiden Seiten Genien. Ein großes Stück des Gesimses ist heruntergefallen und kann in der Nähe betrachtet werden. Innerhalb des Portals liegt eine große etwas roh gearbeitete Figur aus Stein auf dem Boden. Die Decke der alten Cella ist eingefallen; das Dach der jetzt dort eingerichteten Moschee ruht auf schlechten Bogen. Eigentlich ist nur die n. Apsis des Tempels interessant: hier findet sich in einer Nische ein facettiertes Viereck aus Stein, in welchem ein Kreis mit den Zeichen des Tierkreises, und in dessen Mitte sieben Fünfecke mit Büsten in Hautrelief dargestellt sind; aber muslimischer Vandalismus hat alles stark beschädigt. Die Tempelwände sind jedoch alle noch schön erhalten. Auf der s. Seite befindet sich jetzt der Miḥrâb (vgl. S. XLVI). Im n. Teile führt eine reich verzierte Thüre zu einer Treppe (einige Stufen sind ausgefallen); die Aussicht von oben ist höchst lohnend; man übersieht den Tempel, das Dorf, und im N. erblickt man auf dem Berge die Burg. Was für ein Anblick muß es gewesen sein, als der große, von Säulenhallen umringte Hof den Tempel einfaßte!

b. Jenseits des Platzes, welcher sich vor der w. Front des Tempels befindet, steht ein modernes kleines Gebäude, *Dschâmi' el-Faḍel*, ohne Interesse, wohl aus antikem Material gebaut; man beachte, wie merkwürdig das Minaret auf quer gelegte Säulenstücke gebaut ist.

Gehen wir nun der Säulenreihe zu, die ungefähr 150m von der NW.-Ecke des Tempels beginnt. Auf diesem Platze finden sich viele Spuren von Prachtgebäuden und Säulen. Besonders eine große Säule, die nun umgestürzt ist, erregt durch ihre Dimensionen unser Erstaunen. Riesige Kapitäle liegen auf dem Boden umher, so z. B. ein sehr schönes zwischen der Moschee und dem Porticus der Säulenreihe. L. sieht man Reste eines Mauerlaufes. Es dürfte hier wohl der *Marktplatz* gewesen sein; auf einer Säule hat man hier, vor dem Porticus, eine Votivinschrift des Führers einer Handelskarawane gefunden. Rings um den Porticus standen jedenfalls Prachtgebäude: hier war wohl der Mittelpunkt der palmyrenischen City, und wir müssen uns vorstellen, daß eine Menge Straßen hier zusammenliefen. Da die Säulenreihe nicht nach derselben Richtung lief wie das Hauptportal, sondern sich nach dem davor liegenden freien Platze hin präsentieren sollte, so mußte die Ungleichheit nach vorliegendem Plane maskiert werden. Erhalten sind: Pfeiler 1 und 2 mit Halbsäulen und Bogen b, über welchem Überreste eines großen viereckigen Fensters. Dieser Bogen b ist von NW. gesehen noch sehr reich verziert; besonders die abgeschrägten Eckpilaster und die Festons, die um den Bogen herumlaufen. Weiter Bogen c mit bedachter Nische darüber und Bogen d. Ferner Bogen e mit Pfeiler 7. Vor allem schön erhalten ist Bogen a, von der Säulenreihe aus betrachtet. Die korinthischen Pfeiler (Pl. 2, 3) an der Seite sind großartig, der Bogen (10.$_5$m h.) reich verziert; leider hat sich der Schlußstein oben gesenkt, sodaß auch dieser herrliche Porticus zusammenzustürzen droht. Man beachte an Pfeiler 1 die merkwürdige Erosion, wodurch der Stein wie von unten angefressen ist. Der verwendete Kalkstein ist zu weich; er hat nicht die Widerstandsfähigkeit des Bausteins von Jerusalem oder gar des Haurânbasalts.

Von dem mittleren, dem großen Porticus gehen die jetzt noch erhaltenen großen **Säulenreihen** (Pl. f und g) aus. Das Gebälk,

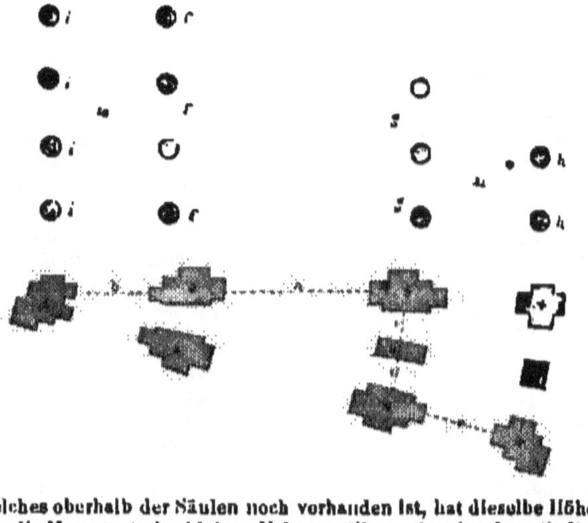

welches oberhalb der Säulen noch vorhanden ist, hat dieselbe Höhe, wie die Mauerreste der kleinen Nebenportiken. An einzelnen Stellen werden wir im Verlauf der Säulenreihe finden, daß über dem Gebälk sich noch eine zweite kleinere Säulenreihe erhob. Wir dürfen also wohl annehmen, daß die große Hauptstraße auf beiden Seiten von einer Säulen*halle* eingefaßt war, die an ihrer Rückseite gegen O. und W. (wo auf dem nach Wood gefertigten Plane die Säulenreihen *ii, hh* stehen) von Häusern abgeschlossen wurde; hier führten Thüren wohl zu Kaufläden. Auf der Säulenhalle oben lief, wenigstens an mehreren Stellen, noch eine zweite kleinere Säulenhalle; dort spazierend, konnte man auf das Getreibe in der großen Hauptstraße hinabblicken. — Die Säulenreihe (von 17m h. Säulen gebildet) war c. 1135m l., in einer Reihe standen ungefähr 375 Säulen. Noch etwa 150 sind ganz oder teilweise vorhanden; zunächst dem Porticus eine Reihe Säulen mit Gebälk. Alle Säulen haben unterhalb des oberen Drittels jene besprochenen Konsolen, welche nach der Hauptstraße hin hervorragen. Unter einigen dieser Konsolen sieht man Inschriften, Namen wohlverdienter Bürger, deren Statuen hier aufgestellt waren; doch sind keine Überreste dieser Statuen mehr vorhanden, es ist sogar fraglich, ob alle Plätze besetzt waren. Von der Pflasterung der Mittelstraße haben sich viele Spuren erhalten, jedoch ist der Weg heute durch Säulenstücke und Kapitäle oft versperrt. Die Piedestale der Säulen sind manchen Orts im Sande vergraben, der sonst in der syrischen Wüste selten ist.

Die Säulenreihe wird nun zunächst durch ein *Tetrapylon* (S. cxxiii) unterbrochen, d. h. sie wurde von einer Querstraße gekreuzt und war an diesem Punkte wahrscheinlich überwölbt. Hier standen statt der Säulen hohe Pilaster, neben welchen vier Säulen in die Straße vorragten. Von diesen vier Säulen steht nur noch *eine*, ein gewaltiger Monolith von blau gesprenkeltem Granit, wohl aus Ägypten hierher gebracht; eine zweite liegt am Boden und hat 8,8m Länge, an der Basis einen Durchmesser von etwas mehr, an der Spitze von etwas weniger als 1m. L. sind die Basen solcher Granitsäulen noch vorhanden; eine Säule liegt zerbrochen am Boden. R. an der Rückseite der weit auseinanderstehenden Pilaster sind Bogenansätze bemerklich und man kann einen Straßenlauf verfolgen; eine Säulenstraße führte zu einem Tempelchen, von dessen Peristyl zehn schöne korinthische Säulen (Monolithe) erhalten sind, die zwar nicht so hoch sind als die der Kolonnade, aber etwas tiefer im Boden stecken dürften. Die w. Front dieses Säulenperistyls ist erhalten; außerdem steht sw. ein Pilaster, nw. eine Säule. — Von dem besprochenen Tetrapylon aus beginnt nun eine wunderschön erhaltene Säulenreihe l. von der Straße, bestehend aus 11 durch Gebälk verbundenen Säulen; hierauf folgt ein Porticus zwischen den Säulen; der Bogen desselben ruht auf Pilastern, deren Höhe mit der der Konsolen an den Säulen gleich ist. Auch dieses Portal war gegen W. ein doppeltes. Bis zu einem zweiten Portal zählt man in der großen Säulenreihe 25 Säulen, die ebenfalls durch Gebälk noch verbunden sind; zwei von diesen Säulen haben auch Statuenkonsolen nach W. Die W.-Seite der Kapitäle hat durch den Einfluß der Witterung sehr gelitten. Bei der siebenten Säule (jener 25) findet man mitten auf der Hauptstraße eine große runde Öffnung wie von einer Cisterne, sicher einer alten Wasserleitung angehörend.

L. auf der Hinterseite der Säulenreihe stößt man auf ein ziemlich großes Gebäude, nahe an der Straße, *Dûr 'Adle* genannt; über dem Portal im Innern ist eine schöne Nische. Von hier ging eine etwas gebogene Säulenreihe nach l. ab. Ob wir hierin ein Stadium, eine Art Rennbahn, sehen dürfen? Der Raum wäre klein; andererseits wissen wir, daß die Palmyrener Reiterspiele pflegten. 10 Säulen sind noch erhalten und führen auf einen großen Tempel, vielleicht auch einen Palast zu, das sog. *Serâi*. Die ganze Anlage ist wegen der Sandanhäufung nicht deutlich wiederzuerkennen; man bemerkt nur ein Konglomerat von Gebäuden, die um einen großen Hof gruppiert waren. NÖ. von diesem Serâi läuft nun eine schön erhaltene einfache Säulenreihe von 20 Säulen gegen die Säulenstraße zu. Nicht weit von dem Anfang derselben, einige Schritte n., steht der gut erhaltene Peristyl eines kleineren Tempels.

Gehen wir in die große Säulenstraße nach *Dûr 'Adle* zurück, so ist zunächst die Säulenreihe l. Hand erhalten. Es folgt ein schönes Portal 9 Schritt br.; dasselbe führt gerade zur großen Thüre des Gebändes l. Hierauf geht die Reihe der erhaltenen Säulen l. noch weiter; merkwürdiger Weise sind die nun folgenden Säulen höher als die bisherigen; r. finden wir vier Säulen, wovon die erste noch eine andere kleinere Säule trägt. So gelangen wir zu einem kleinen offenen Platze, an dessen Ecken sich vier massive Postamente aus großen Quadern befinden (ähnlich wie in Dscherasch, S. 185). Der Zwischenraum zwischen diesen Postamenten beträgt 13 Schritt. Hier war ein bedeutender Kreuzweg und Angelpunkt der Stadt, wohl ebenfalls wieder ein überwölbtes Tetrapylon. Von hier lief die oben genannte Säulenstraße nach l. zum Serâi. Merkwürdiger Weise läuft nun die Hauptstraße von hier in einem kleinen *Winkel* gegen die bisherige Säulenreihe weiter, wodurch wohl nur die Schönheit der Perspektive erhöht werden sollte. Noch finden wir, wenn wir nach NW. weiter gehen, bald l., bald r. Säulen oder wenigstens Überreste von solchen am Boden, und zwar erst 6 Säulen r., dann 7 l., 2 l. entfernter, dann 7 r., dann wieder 2 r., dann 6 l., wovon die dritte umgestürzt ist. Hierauf beginnt ein Chaos von Säulentrümmern, die augenscheinlich durch Erdbeben so zusammengeworfen worden sind; etwas nw. stehen zwei schöne Sarkophage. Dann bemerkt man Spuren einer Säulenstraße, die nach l. führte, nebst Grundmauern eines Gebäudes, weiterhin l. 7 Säulen, r. etwas entfernt, aber parallel mit der Straßenlinie 2 Säulen; dann l. einen Pilaster und 2 Säulen. Weiter folgen r. 7 verbundene Säulen, l. nur Säulenstümpfe; darauf r. ein Gebäude mit 3 Säulen parallel der Straße u. s. w. So gelangen wir an den Punkt, wo die Säulenhallen mit einem quer vorgeschobenen Gebäude abschlossen. Dasselbe war wahrscheinlich ein Grabmal; auf etwas erhöhtem Boden erhebt sich noch die Front desselben, 6 monolithische Säulen, auf wohlerhaltenen Basen; auch ein Teil des Giebels ist erhalten, sowie dahinter ein prachtvoller Pilaster, welcher eine Ecke des Gebäudes bildete. Eine Menge großer Quadern, teilweise mit reicher Ornamentierung, füllen und umgeben die Überreste dieses Bauwerks. Ganz in der Nähe steht ein zweites ähnliches Grabmal. Man unterlasse nicht hier einen Rückblick auf die durchwanderten Säulenhallen zu werfen, um das Bild dieser großartigen Anlage auch von dieser Seite sich einzuprägen.

c. Zu beiden Seiten der Säulenreihe dehnte sich nun die Stadt aus. Die *südwestliche* und *nordöstliche* Seite der Säulenreihe war mit Gebäuden, vornehmlich Palästen überdeckt. Überall sehen wir Spuren von Prachtgebäuden. Die Straßenläufe freilich sind dem Auge entzogen, obwohl der Schutt nirgends tief liegen kann, und nur aus der Stellung der Gebäude können wir uns einen Begriff machen, wie etwa die Nebenstraßen liefen.

Im nö. Stadtteil ist eine Anzahl größerer Gebäude erhalten; dieselben waren einst wohl durch eine Straße verbunden. Etwas n. gegen den Berg hin liegen die Reste einer alten *Stadtmauer*, worin die alten Grabtürme als Befestigungstürme verwendet worden sind. Die ganze Anlage ist römisch und stammt wohl erst aus der Zeit Justinians († 565), der die damals schon sehr verkleinerte Stadt gegen die Araber schützen wollte. Die Wohnhäuser des alten Palmyra müssen sich weit gegen O. und S. ausgedehnt haben. Die Mauer Justinians läuft bis zum SO.-Winkel des Sonnentempels. Außerhalb derselben gegen den Abhang des Berges hin (N.) erblickt man eine Reihe von zerstörten *Grabtürmen* (S. 374), in der Nähe der Mauer läuft eine *Wasserleitung*.

Statt dem Mauerlauf zu folgen, wenden wir uns dem ersten *Tempel* zu, der auf dieser Seite der Säulenreihe noch erhalten ist. Es ist ein kleiner viereckiger Bau aus stattlichen Quadern mit je einem Pilaster auf jeder Ecke. Das Gebälk ist heruntergestürzt, ebenso das Dach. Das Ganze steckt ziemlich tief im Boden.

Von hier gegen OSO. vorwärts schreitend, gelangen wir ebenfalls wieder zu den Überresten eines kleinen *Tempels* (oder einer Kirche). Auf jeder Seite stehen noch drei Säulen; bei fünfen ist das Kapitäl heruntergefallen. Wenn wir wiederum geradeaus gehen, treffen wir einen schön erhaltenen *Tempel*, dessen Vorhalle aus sechs Säulen besteht, von welchen vier in der Front stehen. Das Ganze ruht sicher auf einem Unterbau, und auch die nur $0{,}_{50}$m über dem Boden erhabenen Statuenkonsolen an den Säulen beweisen, daß die Basen viel tiefer zu suchen sind; die Säulen machen jetzt einen entschieden plumpen Eindruck. Das Portal ist verwittert; die überdachten Fenster an den Seiten sind besser erhalten. Während das Gesims über der Vorhalle und den Wänden noch besteht, ist das Dach des Gebäudes eingestürzt. Innen sind nur nackte Wände.

Von hier gehen wir wieder ö. über einen mit Trümmern besäten Boden der großen, einzeln stehenden Säule zu, etwa 300 Schritt weit. Diese fast 18m h. Riesensäule (Ehrensäule für die Familie eines gewissen Alilamos) steht noch auf einem Piedestal und trägt auf der Südseite eine bilingue (griechische und palmyrenische) Inschrift vom J. 450 der seleucidischen Ära (138 n. Chr.).

Geht man nun geradeaus den Baumgärten zu, so kommt man an einen Wasserlauf und findet eine Menge antiker Fragmente in den Lehmmauern und zwischen den Bäumen zerstreut. Der Boden ist fruchtbar, wo er nur immer bewässert wird: man sieht Granaten- und Aprikosenbäume, selbst einzelne Palmen. Durch die Gärten hinten um den Sonnentempel herumgehend, gelangt man zu dem Bach, der von der Schwefelquelle herkommt, und trifft, dem Bachbette folgend, in $^1/_4$ St. eine ähnliche Säule, wie die oben beschriebene (der Umweg lohnt sich kaum).

d. Ein dritter Gang führt uns vom Sonnentempel aus w. Unter den muslimischen Gräbern, die hier am Rande eines Bachbettes zerstreut liegen, erblickt man einige Steine, die palmyrenische Inschriften haben. Man steigt, den Bachlauf im Auge, zu der kleinen arabischen Mühle hinunter. In der Nähe derselben überschreitet man das dampfende Bachbett und gelangt so bis zur Quelle an den w. Hügeln. Eine Sage bringt den Schwefelgehalt der Quelle mit Salomo in Verbindung. Ein Bad in diesem herrlichen klaren warmen Wasser ist sehr angenehm. Durch eine enge Öffnung des Felsens kann man watend in eine Höhle vordringen, in welcher die Quelle hervorsprudelt. Etwas unterhalb derselben auf dem r. Ufer steht ein antiker Altar mit Inschrift.

Am ganzen Abhang des Berges sieht man turmähnliche Gebände in mehr oder weniger gut erhaltenem Zustande zerstreut. In der Ebene etwas südlich von der Quelle liegt ebenfalls noch eine Nekropole; aber die meisten Gräber derselben sind mit Erde bedeckt und bekunden ihr Dasein nur durch eine geringe Erhebung des Bodens. Die Gräber sind in den Felsen gehauen und meistens überwölbt, einige aber auch offen. Die in Menge vorhandenen Skulpturen sind zwar teilweise roh, und edle Gesichtszüge finden sich selten; aber gerade das Anklingen orientalischer Motive in die griechische Kunst hinein verleiht ihnen Interesse, abgesehen davon, daß einzig sie, sowie die sie begleitenden Inschriften im stande sind, über Geschichte und Lebensverhältnisse der Palmyrener Aufschluß zu geben. Daher ist eine genaue Erforschung der Gräber von höchstem Interesse.

Wenn die Palmyrener sonst in ihren Prachtbauten den römischen Stil mit mehr oder weniger Geschmack kopierten, so beruht die Anlage der **Grabtürme** wesentlich auf asiatischen Vorbildern. Diese Grabtürme sind wohl als Familiengrüfte anzusehen; nur die Reichsten konnten sich solche kostbare Monumente errichten. Bei den Reichen ist wohl auch der Schwerpunkt abendländischer Kultur zu suchen: in der That finden wir durchweg bilingue Inschriften außen an den Grabtürmen angebracht. Innen sind die Namen wohl auch bloß palmyrenisch geschrieben.

Von den über die ganze Ebene zerstreuten Grabtürmen brauchen wir nur einige der besterhaltenen zu besuchen. Diese liegen am r. Ufer des von W. kommenden Bachbettes, das s. durch den *Dschebel Sitt Belkîs* (Königin von Saba), n. vom *Dschebel Hesêni* begrenzt ist und häufig, wie man aus den Spuren erkennt, große Wassermassen führt, im Sommer aber trocken ist. Vor dem zweiten Grab auf dieser Seite liegt ein Stein mit langer palmyrenischer Inschrift; die Thüre ist verschüttet; man gelangt durch eine Öffnung in einen langen Gang, wie wir ihn in dem danebenliegenden großen Grabturm finden. Man tritt durch ein schönes Portal in eine Kammer; l. und r. findet man tiefe aber schmale Recesse. Hinten scheint das Gemach weiter in den Berg hineingegangen zu sein. In den einzelnen Recessen, die lebhaft an jüdische Schiebgräber (S. cxxi) erinnern, sind noch heraussstehende Leisten zu bemerken, auf welche vermutlich die Bahren gelegt wurden. Die Leichen wurden wohl auf Bahren von Holz oder Stein in die Recesse hineingeschoben. In dem Staub und Schutt, welcher das Innere der Grabmäler füllt, liegen Mumienreste, zerfetzte Leichentücher, die mit Pech getränkt sind, Knochen, Überreste von Büsten und durch muslimischen Vandalismus zerschlagene Reliefs; andere sind von den Facetten der Decke heruntergefallen. Gleich l. vom Eingang führt eine Treppe in ein ähnlich angelegtes Obergemach; das Gebäude hatte vier Stockwerke.

Das nächste Grab gegen Westen ist aus großen Quadern gebaut und enthält eine Doppelbüste mit zerstörten Köpfen; im Innern ist ein mächtiger Sarkophag und vor allem die wohlerhaltene Zimmerdecke des ersten Stockwerks höchst bemerkenswert. — An einem ganz verschütteten Grabe vorbeigehend gelangt man zu einem andern, dessen Unterstock in der Erde steckt, aber dessen Höhlungen in den Berg hineinzureichen scheinen. Vorn am Gebäude sieht man Statuen und eine Halbfigur ohne Kopf, in der Hand einen Zweig haltend. — Wiederum ein Monument bei Seite lassend, gelangen wir zu dem besterhaltenen Turme. Er steigt, nach oben sich verjüngend, zur Höhe von wohl 18m empor. Über dem Portal (gegen N.) ist ein kleines Dach. Etwa in halber Turmhöhe ist eine Tafel mit bilinguer Inschrift eingemauert, darüber eine Konsole mit zwei geflügelten Figuren; auf der Konsole ruhte, wie noch aus deutlichen Spuren hervorgeht, die Büste des Hauptheros, und darüber ist ein Schutzdach angebracht. Auch das Innere des Grabes ist sehr reich; das Grabzimmer ist 8,9m lang und 6m hoch; korinthische Pilaster trennen die Leichenrecesse. Im Hintergrunde des Gemaches befanden sich zwei Reihen von je 5 Büsten, darüber eine ruhende Figur in Hochrelief. Namentlich schön ist die Decke mit ihren Facettierungen, obschon ein ansehnliches Stück heruntergestürzt und an den Reliefs manches zerstört worden ist; man erkennt noch die blauen und roten Farben, womit die Stuck-Facetten übermalt waren. Ähnlich ist die Decke des oberen Stockwerks ausgeschmückt; doch bemerkt man, daß häufig die oberen Stockwerke dieser Gebäude nie ausgebaut worden sind. In diesem Grabe liegen viele Mumienüberreste.

Die andern zerstörten Grabmonumente, die noch weiter oben liegen, sind unwichtig. Jenseits auf dem l. Ufer des Bachbettes fällt hauptsächlich noch ein Grab auf, welches den arabischen Namen *Kasr el-'Adbâ* trägt, mit der Büste einer Frau, die die Hand auf ihre Schulter legt, und einer Inschrift darunter. NÖ. finden sich noch einige Höhlen; vor einer derselben liegt ein Sarkophag mit Büsten und Guirlanden. — Der Boden ist mit schönen Bauresten bedeckt. In ö. Richtung auf der l. Seite des Bachbetts das Thälchen verlassend, trifft man die schon oben besprochene Mauer wieder an: sie macht hier, etwas an der Berganhöhe hinauflaufend, einen Winkel. Innerhalb desselben stehen auf stark erhöhter Terrasse, zu welcher Treppen hinaufführen, die Reste eines bedeutenden Gebäudes, das einer Basilika gleicht. Eine große Apsis ist noch vorhanden und mit Blenden und bedachten Fenstern versehen. Daneben auf der Terrasse viele Postamente von Säulen; auch stehen noch einige Säulen (3), sind aber stark verwittert, und die reichen Akanthuskapitäle sind heruntergefallen; auf einem großen Quader eine lateinische Inschrift, mit dem Namen Diocletians († 313). Vor diesem Gebäude in wildem Durcheinander Reste von andern Prachtbauten, namentlich von reich verzierten Portalen.

c. Zum Schluß ersteigt man die *Burg* auf dem Hügel im N. (10 Min.); ein tiefer Festungsgraben trennt uns von dem Gebäude. Es nützt nichts, die Burg zu umgehen; auch die Brücke, die gegen O. auf schönen Stützpfeilern über den Felsengraben (12m tief) führt, ist nicht zu passieren, denn sie besteht nur aus zwei Palmstämmen. Ein rüstiger Kletterer kann am leichtesten an der SW.-Ecke durch ein Seitenpförtchen ins Innere gelangen; es ist ratsam, zu dieser Expedition einige Leute mitzunehmen. Das Schloß stammt entschieden aus dem Mittelalter, wenn nicht aus noch jüngerer Zeit; man erzählt, ein Drusenfürst habe es erbaut, um sich hierher zurückzuziehen. Es enthält eine Menge Gänge und Zimmer, darunter im N. eines mit einer Cisterne, sowie auch manche mit Schießscharten. Man gehe durch die Gänge hindurch auf die höchste Zinne, um die *R u n d s i c h t zu genießen. Hier versuchen wir noch einmal die Pracht des alten Palmyra uns zu vergegenwärtigen; unter uns liegt die Säulenreihe mit ihren verschiedenen Abzweigungen, dahinter der Sonnentempel und an den w. Hügeln die Gräberstadt. Nach N. und W. dehnt sich die Wüste aus, von kahlen Höhenzügen umsäumt; nur gegen O. kann sich das Auge an einigem Grün erquicken, r. vom Sonnentempel an den Baumgärten, l. an den Saatfeldern; dahinter ein großer Strich gelben Sandes, weiterhin die Steppe, in welcher als weiße Streifen einige Salzlaken hervorschimmern. Ruinen von Mausoleen finden sich $^1/_2$–$^3/_4$ St. s. vom Sonnentempel. — Der Weg zum Euphrat nach O. kann nur zu Kamel in fünf starken Tagereisen zurückgelegt werden.

Von Ḳarjatên nach Damascus über Nebk und Ṣêdnâja (25-28 St.). Dieser Weg ist interessanter, als der über Dscherûd (S. 383). 30 Min. von Ḳarjatên kreuzt man eine Wasserleitung mit Gruben (nach Palmyra?); nach 20 Min. Wâdi; nach 15 Min. steigt man etwas bergan. Der Weg ist steinig und führt an Salzlaken vorbei. Nach 2 St. Dorf *Mahîn*. Man reitet nach SW. über wüsten hügeligen Boden; vor sich sieht man die weißglänzenden Ausläufer des Antilibanus, und nach einigen Stunden auch *Dêr 'Aṭîje*, r. *Ḥafar*; bis zu dem Punkte, wo man (5½ St. von *Mahîn* aus) auf die Straße von Ḥafar nach Dêr 'Aṭîje kommt, findet man nirgends Wasser. Nach 45 Min. Gärten des großen von Christen und Muslimen bewohnten Dorfes *Dêr 'Aṭîje* (amerik. Missionsstation); bei einer Mühle r. schönes Wasser. Von hier 2½ St. nach

Nebk. — *Nebk* (c. 2000 Einw., worunter viele Christen; Station der Amerikaner) liegt in sehr fruchtbarer Gegend, von reichen wohlbewässerten Baumgärten umgeben, die man schon ½ St. vorher erreicht. Das griechisch katholische Kloster ist sehr schön und sauber, wie überhaupt die Häuser in allen diesen Dörfern; in den Lehmwänden sind zur Verzierung häufig bunte Teller eingemauert. S. vom Dorfe Ruinen eines großen Châns. Von Nebk auf der großen Karawanenstraße nach Damascus s. S. 397.

Von *Nebk* folgt man sw. der Telegraphenleitung; nach 1 St. ausgedehnte Rebenpflanzungen. 25 Min. **Jabrûd**, bei Ptolemäus *Jebruda;* ein Bischof von Jabrûd war am Konzil von Nicäa anwesend. In dem Orte sollen 1000 Familien wohnen (wovon ⅓ Griechen, auch einige Protestanten). Die Kirche der Griechen soll durch die Kaiserin Helena erbaut sein. In der That ist ihr Inneres basilikenähnlich; die Holzdecke ist modern. Nach den verschiedenartigen Bausteinen der n. Außenseite zu schließen, müßte das Gebäude in ein hohes Altertum zurückreichen. N. im Städtchen liegt ein Schloß *Kaṣr Berdawîl* (Balduin) mit antiken Resten; gegen O. ist ein Porticus halb erhalten.

Von *Jabrûd* s. hinauf; r. am Bach Baumgärten, darüber ein kahles Gebirge mit einem tief eingeschnittenen Thale. Nach 27 Min. jenseits der Wiese große Quelle; l. Felsengräber: viereckige Gemächer mit je 3 Bogennischen; an der Straße liegen Cisternen; nach 2 St. l. ein Weg nach dem muslimischen Dorf *Bach'â*. Nach 13 Min. Cisterne, nach 4 Min. lasse man das Gepäck den direkten Weg nach *Ṣêdnâja* einschlagen, und steige l. in das große mit Reben bedeckte Bergamphitheater hinunter. In 45 Min. erreicht man das schon von weitem sichtbare griechisch-katholische Kloster *Mâr Serkis* (vortrefflicher Wein), in äußerst malerischer Lage. Einige Schritte weiter ö. fallen die Felsen steil ab. Man befindet sich auf einem Bergkamm zwischen zwei tiefen Schluchten; senkrecht in der Tiefe unten liegt das Dorf *Ma'lûla* (das alte *Magluda*). An der O.-Seite der einen nach N. ziehenden engen Schlucht liegt das griechisch-orthodoxe Kloster *Mâr Thekla;* an der diesseitigen (w.) Felswand, über welche ein steiler Weg in die Schlucht führt, sieht man zahlreiche Felsengräber. Durch Schluchten führen Wege nach dem Dorf hinunter (für Pferde schwer gangbar). Das Dorf *Ma'lûla* (7 Min.) ist groß und nur von Christen bewohnt. Hier, in *Bach'â* (s. oben) und in dem nahen *Dschubb 'Adîn* (Dschubb'adin) wird noch ein Überrest jenes Aramäischen (Syrischen) gesprochen, welches zu Jesu Zeit, mit Hebräisch untermischt, durch ganz Palästina und Syrien herrschte; doch ist diese Sprache auch hier im Aussterben begriffen. — Von Ma'lûla über den Antilibanus kann man in 1 Tag Ba'albek erreichen. Führer und Bedeckung notwendig, da der Distrikt von den als räuberisch bekannten Metâwile bewohnt wird.

Ma'lûla verlassend, hält man sich r. an der Anhöhe des Berges; viele Wasserreservoire am Wege. Nach 50 Min. kommt der Telegraph und die Straße von r. aus dem Gebirge heraus (von *Dschubb 'Adîn*). Nach 42 Min. l. das Dorf *Dawdni;* nach 40 Min. l. *'Akôbar*, über welches Dorf der direkte Weg nach *Ma'arrâ* und Damascus führt. Nach 1 St. sieht man die Dörfer *Telfita* und *Ma'arrâ* l.; nach 45 Min. erreicht man

Ṣêdnâja. — Ziemlich großer, von Christen bewohnter Ort. Unterhalb des Klosters steht ein merkwürdiges viereckiges Gebäude (jetzt in den Händen der Katholiken), bekannt unter dem Namen *Mâr Buṭrus er-Rasûl* (Apostel Petrus). Es steht auf einer Unterlage von 3 Stufen, ist turmähnlich, 9m br. ins Geviert, 8m hoch; jede Wand besteht aus 10 schön behauenen Steinlagen; gegen S. ist eine kleine Thür von einem Gesimsband umgeben. Das Innere ist überwölbt; es ist einfach und enthält einige moderne Bilder. Man kann auf das Dach des Gebäudes steigen. Dasselbe stammt wohl aus der Römerzeit und war vielleicht ein Grabmal. — Das große *Kloster*, welches das Dorf überragt, ist ein griechisches Nonnenkloster (30 Schwestern). Es steht auf steilem Felsen, an welchem Treppen hinaufführen, und soll sehr alt sein, ist aber kürzlich restauriert worden, ebenso auch die Kirche; in ihrem Ikonostasium sind alte Bilder, darunter auch ein als wunderthätig berühmtes Marienbild. In der O.-Seite des Felsens sind alte Gräber; oben im Gebirge liegt ein Mönchskloster *Mār Dscherdschis*. — Man übernachtet im Nonnenkloster.

Von *Ṣêdnâja* giebt es zwei Wege nach Damascus. Der eine führt über die Ebene, dann den Berg hinunter durch einen Engpaß in c. 1¾ St. nach *Menin* (S. 311); der andere über *Ma'arrâ*. Man steigt ins Thal hinab (12 Min.); in 22 Min. *Ma'arrâ*, schöne Quelle; man geht dem Telegraphen nach. In 35 Min. auf der Höhe, schöne Aussicht auf die *Ġûṭa* und Damascus; l. liegt die *Tekîje* (S. 363). Nach 35 Min. Reservoir. Nach 50 Min. Gebirgsweg von r.; nach 14 Min. Baumgärten von *et-Tell*; nach 27 Min. Reservoir. Nach 5 Min. steiler Abstieg; nach 22 Min. Reservoir; nach 13 Min. Gärten des Dorfes *Berze* (S. 311). Nach 18 Min. l. *Abûn*; nach 20 Min. kommt man auf die Aleppostraße in 25 Min. erreicht man das *Bâb Tûmâ* von Damascus (S. 329).

Von Palmyra nach Tripoli.

a. Über Ḥômṣ. Nach Ḥômṣ giebt es zwei Wege, einen sicheren über die Höhen (29-30 St.) und einen den Raubanfällen der Beduinen mehr ausgesetzten durch die Ebene (25 St.). Auf dem weiteren Weg kommt man 6-7 St. von Palmyra zu den interessanten Gräbern *(Beni Ḳeldi)* und Höhlen bei *Ala Haljai*.

Ḥômṣ. — Geschichtliches. Der Staat *Aram Zoba* (II Sam. Kap. 8 u. 10) wird von einigen in der Gegend von Ḥômṣ, von anderen in der Biḳâ' gesucht. Ḥômṣ ist das alte *Emisa*, das zuerst von Plinius als *Hemisa* erwähnt wird; doch schon früher werden unter den „Sceniten" (Zeltbewohnern), mit denen die Römer zu kämpfen hatten, Emisener genannt. Berühmt wurde Emisa erst durch den aus dieser Stadt stammenden Heliogabal oder Bassianus, der im J. 217 zum römischen Kaiser ausgerufen wurde. In Emisa stand damals ein berühmter Tempel des Sonnengottes (Ba'al). Hier schlug Aurelian die Palmyrener i. J. 272 und verfolgte sie durch die Wüste nach ihrer Hauptstadt. Unter den Arabern war Ḥômṣ eine bedeutende Stadt mit einer festen Burg. Die Kreuzfahrer eroberten sie 1099.

Ḥômṣ (türk. Telegraph) liegt in schöner fruchtbarer Umgebung; die Stadt ist aus Basaltsteinen erbaut und ziemlich gut gepflastert; sie enthält an 20000 Einw., worunter viele Christen (orthodoxe Griechen, auch eine protestant. Gemeinde und Schule). Immer noch ist hier ein Hauptmarkt für die umwohnenden Stämme; auch hat sich noch etwas Industrie erhalten. Die Stadt ist von Mauern und Graben im Umfang von fast ½ St. umgeben. Die Citadelle, welche im SW. den Ort überragt, ist sehr zerstört, da in unserm Jahrh. Ibrâhîm Pascha wegen einer Rebellion der Ḥömser sie in die Luft sprengen ließ. Schöne Aussicht auf Stadt und Ebene. In der Nähe w. finden sich Überreste eines turmartigen antiken Grabmals.

¾ St. w. von Ḥômṣ fließt der *el-'Âṣi*, der *Orontes* der Alten, nordwärts vorbei. Der Thalausgang des Orontesthales, d. h. der *Biḳâ'* (S. 306), ist in der Bibel genannt, wo von den idealen Grenzen des israelitischen Reiches die Rede ist, unter der Bezeichnung: „bis man gen Hamat kommt" (Josua 13, 5. u. a. O.). Das Gebiet von Hamath selber wurde erst durch Jerobeam II. für kurze Zeit erobert.

Von Ḥômṣ nach Tripoli (91km) führt eine neue Fahrstraße: 4km Brücke über den Orontes; 10km r. Dorf *Chirbet et-Tîn*; 7km r. Dorf *Chirbet el-Ḥammâm*; 8km Dorf *el-Ḥadîde*; 6km Brücke über den *Nahr es-Safa*; 4km *Dschisr el-Aswad*; 20km Brücke über den *Nahr el-Kebîr* (*Dschisr el-*

Abjad), *Chân 'Aijâsch*; 3km r. *Schêch 'Aijâsch* (alter Chân); 7km *Nahr 'Akkâr* (S. 381); 2km r. *Kulei'at*; 5km *Nahr 'Arka*; 6km *Nahr el-Bârid*; 9km *Ḳubbet el-Beddâwi*; 4km *Tripoli* (vgl. auch S. 381).

Von Ḥôms nach Ribla (c. 7½ St.). An der Citadelle vorbei s.-wärts; nach 1 St. r. *Raba'Amer*, nach 25 Min. l. *Kafr 'Ajd*. Bei dem (1 St.) Dorf *el-Ḳuṭṭine* übersieht man den 2 St. langen und 1 St. breiten *See von Ḥôms* (im Mittelalter *See Kadas*). Nach 25 Min. *Kenuin*; nach 1½ St. r. in einiger Entfernung *Tell Mindau*, auf dessen Gipfel weiße Gebäude, vielleicht das alte *Laodicea*. Im W. zeigt sich *Ḳal'at el-Ḥöṣn* (s. unten). Nach 45 Min. *el-Ḳuṣeir*. Schöner Blick auf die Gebirgszüge des Libanon. Man passiert einen Zufluß des *el-'Âṣi*; nach 1 St. 15 Min. kommt man zur Fähre über letzteren bei

Ribla. — Geschichtliches. Ribla wird als Stadt der ideellen israelitischen Nordgrenze genannt (IV Mos. 34, 11). Pharao Necho lagerte hier auf seinem Zug gegen Assyrien und setzte Joahas ab (II Kön. 23, 33). Auch Nebukadnezar hielt sich in Ribla auf (II Kön. 25, 6 ff.; Jer. 39, 5).

Von Ribla nach Ba'albek s. S. 380.

b. Über Karjatên und Ribla. Von Palmyra nach *Ḳarjatên* s. S. 361. Von Karjatên nw. in 3 St. nach dem muslimischen Dorf *Ḥawârîn* (einige Altertümer, römisches Kastell und Basilika); 3 St. *Ṣadad*, wo jakobitische Christen wohnen (*Sedad* IV Mos. 34, 8; Ez. 47, 15 an der idealen Nordgrenze der Israeliten). 4 St. *Ḥasjâ*, an der Karawanenstraße von Ḥôms nach Damascus, 3 St. *Zarâ'a*; 40 Min. *Ribla* (s. oben).

In Ribla setzt man über den Orontes; dann reitet man n.; nach 45 Min. wieder am Fluß, dann nw. über die Ebene; nach 45 Min. Quelle *'Ain et-Tannûr*; nach 20 Min. Meilenstein; nach 15 Min. Dorf *Buweiḍa* (alles aus Basalt gebaut). Nach 25 Min. sieht man den See von Ḥôms mit der Insel und das Kastell von Ḥôms; nach 35 Min. die Ruinen *Umm el-Ḥâretên*; nach 25 Min. Ruinen *el-Kuneijise* („kleine Kirche“), dabei ein großes Gebäude. Nach 20 Min. Wasserbett; nach 10 Min. Dorf *Ḥuneidir*; nach 15 Min. oben auf einem Plateau, Eichenbüsche; man sieht *el-Ḥöṣn* (s. unten). In 10 Min. Dorf *Ḥarbu'âna*, in 5 Min. bei einem merkwürdigen Grabturm, denen in Palmyra ähnlich (S. 374), doch viel roher. Absteigend in das Hauptthal *Wâdi el-Kebîr* (*Eleutheros* der Alten) kommt man in 10 Min. zu einer Mühle. Nach ½ St. r. oben *Muscheirife*; das Thal läuft in eine Ebene *Buḳê'a* aus, mit welcher der Libanon abschließt, und die N. von dem Gebirge der Noṣairier begrenzt ist. Der gerade Weg führt nw. in 40 Min. zur *Dschisr el-Aswad* (schwarze Brücke) auf die Fahrstraße Ḥôms-Tripoli (S. 378).

Ein sehr interessanter Umweg führt über *Dschisr el-Ḳamar* (Mondsbrücke) nach der bereits hier sichtbaren Festung *el-Ḥöṣn*. Die Ebene ist im Frühjahr sumpfig, so daß man sie dann nicht (2 St.) überschreiten kann, sondern dem Ostrand der Hügel folgen muß (3-3½ St.), um an den Fuß des Berges zu gelangen, auf welchem die Burg steht. Man steigt in etwa 1 St. zur Burg hinauf.

Ḳal'at el-Ḥöṣn oder *Ḥöṣn el-Akrâd* (Kurdenfestung) spielte eine große Rolle in den Kreuzzügen; es fiel früh in die Hände der Franken; 1180 ff. war es im Besitz der Hospitaliter; 1271 kam es jedoch durch Kapitulation in die Gewalt von Beibars. Das Kastell beherrschte den Paß, welcher von der Meeresküste nach Ḥôms und Ḥamâ führte. Heute ist in dem Schlosse ein Dorf und der Sitz der Statthalterschaft eines Distrikts. Das Schloß ist sehr gut erhalten; über dem Portal der W.-Seite sind zwei Löwen eingemeißelt. Man sieht ein Stück des Mittelmeeres gegen NW., sowie den Nordabhang des Libanon. Eine Anzahl Dörfer liegen um das Kastell herum.

Von el-Ḥöṣn nw. zu dem Paß hinunter; in 40 Min. Kloster *Mâr Dschirdschis* (Georg); 20 Min. thalabwärts intermittierende Quelle *Fuwâr ed-Dêr* (der *Sabbathfluß* der Alten, an welchem Titus vorbeizog (Jos., jüd. Krieg VII, 5, 1). Nach 15 Min. verläßt man das Thal, in 35 Min. Dorf *Schelûh* l., nach 25 Min. Bergzunge *Tell el-Ḥôsch*; nach 15 Min. r. *Kafr Risch*; nach 15 Min. sieht man weit im NW. *Burdsch Ṣâfîtâ*; nach 10 Min. kommt man in eine fruchtbare von vielen Bächen durchströmte Ebene, Richtung SW.; nach 1 St. 20 Min. auf der Fahrstraße Ḥôms-Tripoli (S. 378).

Palmyra-Karjatên-Ba'albek.

a. Über Jabrûd. Bis Jabrûd s. S. 377. Von Jabrûd bis Ba'albek 12 St. Hinter Jabrûd an der Quelle r. abbiegend gelangt man in 2 St. nach *Ma'arra* (S. 378). Man umgeht den Gipfel des *Râs el-Faṭ* („Schattenkopf") auf der N.-Seite; oben schöne Aussicht. Einige schlecht erhaltene griech. Inschriften am Weg. Abstieg nach Ba'albek steil und steinig.

b. Über Ribla. Bis Ribla s. S. 379. Von Ribla nach Ba'albek c. 13½ St.). Von der Straße r. abbiegend, kann man das interessante Monument *Kamû'at el-Harmel* besuchen (c. 3 St.). Es steht auf einem Hügel, von welchem aus man die Gegend von dem Kastell von Ḥoms bis zum Hermon überblickt. Das Dorf *Harmel* liegt kaum ½ St. jenseits des Flusses nw. Das Monument, aus weiter Ferne sichtbar, steht auf einem Piedestal aus Basalt mit drei Stufen, 1,2m hoch. Darauf ruht ein Stockwerk 9m ins Geviert, 7m hoch; oben läuft ein Carnies herum; darüber ein zweites Stockwerk, geringer an Umfang, 6m hoch. Darauf ruht eine aus kleineren Steinen gebaute Pyramide, c. 4,5m hoch. Dies alles ist aus Kalkstein aufgeführt; auf der SW.-Ecke sieht man, daß das Gebäude innen massiv ist. Die Seiten des unteren Stockes sind mit Skulpturarbeiten in Relief bedeckt, welche Jagdscenen darstellen; es ist schwer auszumachen, welche Tiere dargestellt sein sollen; auf der N.-Seite erkennt man 2 Hirsche.

½ St. ssw. von hier *Dêr Mâr Marûn* (am Flusse). In einer senkrechten 9m hohen Klippe wird die Höhle gezeigt, wo dieser Stifter der Maronitensekte (S. xcii) gelebt haben soll; man bemerkt kleine, dunkle, schmutzige Zellen. 500 Schritt weiter sw. bricht eine große Quelle hervor, die als eine Hauptquelle des *el-'Âṣi* gilt.

Über eine felsige und wüste Ebene sw. kehrt man nach der großen Straße zurück, nach 2½ St. großer Kanal, ½ St. *er-Râs* oder *Râs Ba'albek* (vielleicht das alte *Conna* des Itinerarium Antonini). Dieser Ort ist von griechischen Katholiken bewohnt und mit Baumgärten umgeben. Grundmauern verschiedener großer, alter Gebäude, besonders Kirchen, sind vorhanden. Im oberen Teil des Dorfes steht ein Kloster.

Um nach *Lebwe* zu gelangen, geht man sw. bergan (25 Min.); von oben sieht man *Kamû'at el-Harmel* und den See von Ḥoms (S. 379). Nach ½ St. das tiefe *Wâdi Fîke*; l. das gleichnamige Dorf; in 35 Min. das Dörfchen *el-'Ain*; in 20 Min. bleibt *Weli 'Otmân* l.; in 30 Min. Kanal und *'Ain Lebwe*, das alte *Libo*. Hier entspringt (¼ St. vom Dorf *Lebwe*) eine sehr große Quelle mit verschiedenen kleineren; doch ist dieselbe nicht die südlichste Quelle des Orontes. Nach 1 St. auf der Anhöhe sw.; hier hat man zum letztenmal einen freien Blick nach N. Wieder abwärts an einem Bach läßt man nach 55 Min. das Dorf *Resm el-Hadeṯ* 15 Min. r. liegen; nach 1 St. 20 Min. sieht man gegenüber das Dorf *Jûnîn*. Nach 45 Min. steigt man bergab, in 15 Min. *Naḥle*: Ruinen eines aus großen Steinen erbauten antiken Tempels. Dorf und Tempel liegen in einer tiefen Schlucht. Am Hügel ö. vom Dorfe sind Felsengräber. Über wüstes Terrain sw. erreicht man Ba'albek in 1 St. 20 Min.

V. NORDSYRIEN.

Route		Seite
37.	Von Tripoli auf dem Küstenwege nach Lâdiḳîje	381
	Von Lâdiḳîje nach Aleppo	388
	Von Lâdiḳîje nach Antiochien	388
	Von Urdo über den Dschebel Aḳra' nach Suwêdîje (Seleucia)	389
	Von Suwêdîje nach Antiochien	391
38.	Von Beirût nach Alexandrette und Mersina zur See	392
	Von Mersina nach Soli	394
	Von Mersina nach Tarsus und Adana	394
	Von Alexandrette nach Mersina zu Lande	394
39.	Von Alexandrette nach Aleppo	395
40.	Von Damascus nach Aleppo durch das Binnenland	397
	Von Ḥama nach Ḳal'at el-Muḍîk (Apamea)	400
	Von Ḳal'at el-Muḍîk nach el-Bâra	401
	Von el-Bâra nach Riḥâ	403
	Von Riḥâ nach Dânâ durch den Dschebel el-A'lâ	404
41.	Aleppo	404
	Von Aleppo nach Kinnesrîn	410
	Von Aleppo nach Ḳal'ât Sim'ân	410
	Von Ḳal'ât Sim'ân nach Turmânîn	414
42.	Von Aleppo nach Alexandrette über Antiochien	414
	Von Antiochien nach Bêt el-Mâ (Daphne)	420

37. Von Tripoli auf dem Küstenwege nach Lâdiḳîje.

$26\frac{1}{2}$ St. Von Beirût nach Tripoli s. S. 357. N. von Tripoli bildet das Meer eine große Bucht *(Dschûn 'Akkâr)* und die Libanonkette nähert sich als *Dschebel 'Akkâr* ihrem N.-Ende; die breitere, wohlbebaute Uferebene heißt *Dschûnije* (griech. „Winkel, Ecke“). Von Tripoli erst auf der Fahrstraße nach Ḥômṣ zur (4km) *Ḳubbet el-Beddâwi*, Derwischkloster, bei welchem eine schöne Quelle mit einer Menge von heilig gehaltenen Fischen (Capoeta fraterculа). Nach 9km Brücke über den *Nahr el-Bârid* („Kalter Fluß“), der in dem alten Itinerarium Hierosolymit. (vom J. 333) *Bruttus* heißt. Am S.-Ufer des Flusses die Ruinen von *Orthosia* (I Makk. 15, 37), jenseits ein Chân. Nach 6km Brücke über den *Nahr 'Arkâ*; nach 4km l. Dorf *Ḳuleî'ât*, nach $2\frac{1}{2}$km Brücke über den *Nahr 'Akkâr*. Man verläßt die Fahrstraße und reitet l. dem Meere entlang nach N.; nach $1\frac{1}{4}$ St. Brücke des *Nahr el-Kebîr* („der große Fluß“). Dieser Fluß, der *Eleutheros* der Alten (I Makk. 12, 30), scheidet das Libanongebiet von dem n. liegenden Nosairiergebirge, dem *Mons Bargylus* der Alten. 25 Min. weiter n. sieht man das Dorf *Sumra* (das alte *Simyros*; Heimat der Zemariter I Mose 10, 18 ?

s. S. 385). Nach 1 St. *Nahr el-Abrasch* („der gefleckte Bach“); n. von demselben ein Dickicht von Bäumen. Auf den Bergen r. oben liegt der Distrikt *eṣ-Ṣâfîtâ*; die gleichnamige Hauptstadt mit großem Kastell aus der Kreuzfahrerzeit ist wegen der Unsicherheit der Gegend schwer zu erreichen. Näher am Meere am Abhange der Ṣâfîtâberge liegt *Ḳal'at Jahmûr* (c. 1½ St. s. von Amrît), schönes Schloß aus der Kreuzfahrerzeit, obgleich eine Inschrift dort den Namen Constantins zu enthalten scheint. — Vom *Nahr el-Abrasch* in c. 1¼ St. zum *Nahr el-Ḳible* (s. u.); von da in ¼ St. vorbei an *'Ain el-Ḥaiyât* („Schlangenquelle“ s. u.), zum

Nahr Amrît. — Geschichtliches. In „*Amrît*“ ist noch der Name der Stadt *Marathus*, welche früher hier lag, erhalten. Marathus war eine Gründung der Arvaditer (S. 383) und dem König von Aradus unterthan. Alexander fand die Stadt groß und blühend. Schon im J. 219 war Marathus von Aradus getrennt; ungefähr im J. 148 v. Chr. suchten die Arvaditer sogar Marathus zu zerstören. Später ist von Marathus wenig die Rede; zur Römerzeit spielte es keine Rolle mehr. In der That stammen die Überreste von Marathus wahrscheinlich aus phönicischer Zeit.

Marathus lag schräg gegenüber den Inseln *Hebles* (SW.) und *Aradus* (NW.) am Ufer zweier Bäche, von denen der nördliche *Nahr Amrît*, der südliche *Nahr el-Ḳible* (Südbach) heißt. Letzterer biegt nahe dem Meer nach N. um und läuft heute zwischen Gebüschen und Sümpfen dem Meeresufer parallel, um sich in den Nahr Amrît, kurz vor dessen Ausmündung, zu ergießen. Weiter landeinwärts liegt zwischen beiden Bächen ein ebenfalls dem Meeresufer parallel laufender Höhenrücken.

10 Min. bevor man den *Nahr el-Ḳible* überschreitet, finden sich r. vom Wege (l. Gebüsch) die *ersten* Altertümer von Amrît: zuerst ein Felsengrab. Ungefähr 150m n. davon ein anderes größeres, Namens *Ḥadschar el-Ḥublâ* (Stein der schwangeren Frau), dabei Reste einer Pyramide. Man steigt durch eine viereckige Öffnung in eine Höhle hinunter, deren Seitenwände nach oben zu gegeneinander geneigt sind. Das Grab besteht aus drei Gemächern mit tiefen Nischen. Eine Art Gang führt in dem zweiten Gemach zu einer Grabnische. — 5 Min. NW. von diesem Grabe, l. von der Straße, findet sich ein großer kubischer Fels. Ein ebensolcher größerer Felswürfel, Namens *Burdsch el-Bezzâḳ* („Schneckenturm“), findet sich im Gebüsch c. 100m wnw. Zwei Eingänge (ö. und s.) führen in ein ziemlich rohes Gemach, und neben einem Fenster führt eine Treppe auf die Spitze des c. 5m hohen Kubus, der wahrscheinlich eine Pyramide trug. An der Façade sieht man Balkeneinsätze, wohl für eine Vorhalle. — Nach c. 5 Min. *Nahr el-Ḳible*. Die Karawanenstraße führt in nw. Richtung in 9 Min. zu der „Schlangenquelle“ *'Ain el-Ḥaiyât*. In dem Gebüsche bei der Quelle Reste zweier kleiner Tempelchen, von denen nur noch wenig vorhanden ist. Der Stil derselben war ägyptisch.

Die am besten erhaltenen Denkmäler von Amrît liegen der Schlangenquelle ö. gegenüber c. 5 Min. entfernt, r. von der Straße auf dem erwähnten, mit dem Meeresufer parallel laufenden Höhenzuge, von welchem man eine herrliche Aussicht genießt. Wir finden hier einige Grabmonumente, welche die Araber *el-Maġâzil* (Spindeln) nennen. Das nördliche derselben besteht aus einem ziemlich rohen, kubischen Piedestal, auf welches ein 4m hoher monolithischer Cylinder gesetzt ist, dessen Durchmesser nach oben hin etwas abnimmt; eine kleine fünfseitige Pyramide krönt das Ganze. Das zweite 6m entfernte Monument ist viel sorgfältiger behandelt. Das runde Piedestal dieses Grabmals, das aus vier Steinen besteht, ist mit vier etwas rohen und vielleicht unvollendeten Löwenfiguren geschmückt. Auf diesem eigentümlichen Piedestal erhebt sich ein 2m h. monolithischer Steincylinder mit halbrunder Spitze. Sowohl der untere Teil des Cylinders als die Spitze haben eine herumlaufende Verzierung von Zacken und Stufen (vergl. S. 358). — Die beiden Monumente gehören zu Felsengräbern, deren Eingänge sich auf der S.-Seite befinden. — Ein drittes ähnliches aber einfacheres Monument liegt c. 2 Min. sö. von den ebengenannten. Der Kubus ruht hier auf einem Unterbau von zwei Stufen. Über dem Kubus ist eine Kehlleiste; darüber ein zweiter kleinerer kubischer Block, der eine Pyramide trug. Der Treppeneingang zu der unterhalb des Monumentes befindlichen Grabhöhle ist mit einem großen, schön zubehauenen Steinblock bedeckt.

5 Min. n. von dieser Nekropole steht ein großes aus dem Felsen gehauenes Haus. Die gegen W. gerichtete Façade ist 30m l., die Mauern sind c. 6m h. und 85cm dick. Das Innere war durch ebenfalls aus dem Felsen gehauene Mauern in drei Gemächer geteilt, die N.-Seite durch eine Mauer aus Bausteinen geschlossen, ebenso teilweise die S.-Seite. Thüren und Fenster sind unregelmäßig verteilt; im Innern sind Nischen und Löcher zu Balkeneinsätzen. In der Nähe Felsenkeltern (und Mosaiken).

Von diesem Hause wendet man sich NW. zum *Nahr Amrît* (5 Min.). Bevor man zu demselben gelangt, sieht man l. das Sanctuarium *el-Ma'bed*. Dasselbe besteht aus einem 48m breiten, 55m langen in den Felsen gehauenen Hof, dessen Boden künstlich nivelliert worden ist. Die S.-Wand des Hofes ist heute 5m hoch, die W.- und O.-Wand senken sich nach N. gegen den Bach hin. Die N.- (Vorder-) Seite war wohl einst mit Bausteinen verschlossen, hatte aber Thore; heute ist dort eine Hecke. Reste von Pfeilern in den Ecken des Hofes, aber von diesen abstehend aufgestellt, scheinen darauf hinzudeuten, daß an den Wänden Hallen liefen. Eine Öffnung an der W.-Wand führt zu Steinbrüchen oder Grotten. Ein kleiner Kanal an der O.- und S.-Wand endigt 8m vom NO.-Winkel bei Höhlen. In der Mitte des Hofes ein mehr als 3m h. aus dem Felsen gehauener Würfel von 5,5m ins Geviert, der als Basis für eine nach N. gegen das Thal offene Cella dient, die aus vier Werkstücken besteht und ein monolithisches, innen gewölbtes, nach vorn vorspringendes Dach hat (wahrscheinlich war eine Vorhalle vorhanden). Ein Gesimsband und Carnies in strengem Stil sind der einzige Schmuck des Baues; zu beiden Seiten Spuren von Treppen. Der Kubus scheint lange im Wasser gestanden zu haben; an der O.-Seite des Hofes ist eine Quelle, vielleicht sollte ursprünglich bloß die Cella aus dem Wasser hervorragen.

Gegenüber dem el-Ma'bed, jenseits auf dem n. (r.) Ufer des Baches sind Reste ähnlicher Tempel und sonstiger Gebäude. Etwas weiter oben r. die Ruinen eines großen *Stadiums*, 125m l., 30m br. Die Arena ist von zehn Sitzreihen eingefaßt, die auf der N.-Seite alle in den Felsen gehauen, auf der S.-Seite zur Hälfte von Quadern aufgebaut sind. Das Stadium war im O. durch ein Amphitheater abgeschlossen.

N. von Amrît sieht man im Meere l. die Insel *Ruâd;* nach 40 Min. *Nahr Ḳamḳe*, nach 20 Min.

Ṭarṭûs *(Tortosa)*. — Geschichtliches. Es wird berichtet, daß *Aradus* (heute Ruâd) von Flüchtlingen aus Sidon gegründet worden sei. Wahrscheinlich hat man an keine Neugründung zu denken. In der persischen Zeit tritt Aradus als dritte Bundesstadt der Sidonier auf. Die Arvaditer (od. Aradier) gelten als geschickte Seefahrer und tapfere Krieger (Ezech. 27, 8. 11). Aber die kleine Insel war nur ihr Stamm- und Hauptsitz; auf dem Festlande lag der Staat, über welchen sie die Suprematie hatten: ihre Kolonien Paltus, Balanea, Karne, Enhydra (zwischen Ṭarṭûs und Amrît), Marathus. Die Insel konnte ihren Wasserbedarf nur auf dem Festlande, oder zu Kriegszeiten aus süßen Quellen im Meere, die noch heute vorhanden sind, schöpfen. Die Aradier entwickelten eine große Handelsthätigkeit, doch lag das Emporium von Aradus mit dem Schiffsplatz 1 St. n. auf dem Festland bei Karne (heute Karnûn). Der König Strato von Aradus unterwarf sich mit seinem ganzen Gebiete, das bis an den Orontes gereicht zu haben scheint, Alexander dem Großen. Der Staat behielt aber lange noch eine gewisse Selbständigkeit und das Asylrecht. In späterer Zeit wurde Aradus von seiner Festlandskolonie *Antaradus* überflügelt. Diese Stadt wird erst von Ptolemäus (2. Jahrh. n. Chr.) erwähnt; oft werden von nun an die beiden Städte Aradus und Antaradus neben einander genannt, wie auch eine jede später ihren besonderen Bischof hatte. Constantin ließ 346 Antaradus neu aufbauen, und sie hieß eine Zeitlang *Constantina*. Im Mittelalter wird Antaradus *Tortosa* genannt. Tortosa spielte in den Zeiten der Kreuzzüge eine bedeutende Rolle; sie gehörte zur Grafschaft Tripoli. Sie stand damals eine Zeitlang leer. 1188 konnte Saladin die Stadt, von den beiden Kastellen aber nur eines einnehmen, da das andere vom Großmeister der Johanniter gut verteidigt wurde. 1291 wurde Tortosa, der von den Templern verteidigte letzte feste Platz der Christen in Syrien, von den Muslimen eingenommen.

Auf der SO.-Seite der alten *Tortosa* liegt eine schöne Kreuzfahrerkirche (40m lang, 28m breit). Ihre drei Schiffe sind durch schlanke Pfeiler mit korinthisierenden Kapitälen von einander getrennt. Die Westfaçade hat ein Spitzbogenportal und darüber 3 (2 und 1) Fenster. An den W.-Enden der Schiffe sind Spitzbogenfenster und weiter oben kleinere viereckige Fenster. Auf jeder Seite befinden sich zwei Seitenkapellchen, die nach außen durch massive Stützpfeiler von einander getrennt sind. Die Seitenapsiden mit gewölbten Sakristeien sind in viereckige Türme eingeschlossen, die sich bis zur Höhe des Daches erheben. Das Dach der Kirche besteht aus einem spitzzulaufenden Tonnengewölbe; in dem unteren Teile der Wölbung sind viereckige Fenster angebracht. Das Portal ist reich ornamentiert. Die Muslimen haben die Kirche, um sie zu ihren Kultuszwecken zu gebrauchen, nur mit einem Minaret, und innen mit einer hölzernen Kanzel verunstaltet.

Die *Stadtmauer* von Ṭarṭûs hat einen Umfang von c. 2000 Schritt und ist auf ihrer S.-Seite durch einen Graben geschützt. Die heutigen Einwohner hausen innerhalb der Mauern des alten Kastells: in der Mitte des Dorfes ist ein offener Platz. Das *Kastell* datiert aus der Kreuzfahrerzeit, doch sind wohl Werkstücke älterer Gebäude benutzt worden. Es hat von N. nach S. eine Länge von 200 Schritt, und war, ausgenommen auf der Strandseite, mit einer doppelten Mauer aus geränderten Quadern umgeben und durch doppelte in Fels gehauene Gräben geschützt. Der Haupteingang liegt auf der NO.-Seite nahe am Meer, wo früher eine Brücke über den Graben führte. Innerhalb des Thorweges ist eine hohe gotische Halle mit Steindecke. Man überschreitet den inneren Graben, passiert die zweite Mauer und gelangt in den inneren Schloßhof. L. Hand liegt eine große Halle, 47m l. und 17m br., deren Dachgewölbe von fünf roten Granitsäulen mit korinthisierenden Kapitälen getragen wird; eines der Kapitäle stellt den Kopf eines gekrönten Königs dar. Die Fronte dieser Halle hat sechs große Fenster, über einem derselben ist ein Lamm in Relief angebracht.

Von Ṭarṭûs fährt man in einer kleinen Stunde nach der Insel Ruâd hinüber. Ruâd hat eine sehr schöne Lage: die Aussicht auf Ṭarṭûs, die Ebene und die Berge, im N. auf den Dschebel el-Aḳra', im S. auf den Libanon ist herrlich. Die Insel liegt c. 3km vom Festland entfernt und ist eine c. 800m lange, 500m breite unregelmäßige Felsenklippe, an der sich Sand angehäuft hat. Sie ist beinahe ganz von dem modernen Dorfe *Ruâd* bedeckt; die 2-3000 Einwohner desselben beschäftigen sich mit Schifferei und Schwammfischerei. Eine breite Mauer, die auf der behauenen Kante des Felsens stand, faßte die Insel ein, ausgenommen auf der O.-Seite, wo gegen das Festland gerichtet der Hafen lag. Viele Säulenreste liegen beim Hafen in und außerhalb des Meeres (vgl. S. cxxvi). Die mächtigsten Überreste der Stadtmauern liegen auf der W.-Seite; hier ist die Mauer noch 9-12m h., man bewundert ihren cyklopischen Quaderbau. Auf dem höchsten Punkte der Insel erhebt sich ein großes sarazenisches Schloß, dessen Substruktionen aus dem Felsen gehauen sind, in welchem außerdem auch viele Magazine angebracht sind. Das Innere des Schlosses ist bewohnt. Ein zweites Kastell lag in der Nähe des Hafens. — Man findet auf der Insel einige schöne Cisternen, auf der S.-Seite Überreste einiger aus dem Felsen gehauener Wohnungen mit Nischen für Lampen etc.

N. von Ṭarṭûs gelangt man in 10 Min. zu dem schlechten und kleinen Hafen dieser Stadt. Auf einem Felsen findet sich dort ein Gebäude, das wohl in der Kreuzfahrerzeit als ein Warenlager diente. In der Nähe einige Felsgräber. Von da in 50 Min. nach *Karnûn*, dem antiken *Karne* (S. 383), nach 10 Min. *Nahr el-Ḥusein*, in 10 Min. *'Ain el-Tîn* (Feigenquelle), in 25 Min. *Chirbet Nasîf* mit vielen Ruinen, in 30 Min. *Tell Busîre*, in 20 Min. *Zemre* (Zemariter I Mose 10, 18? s. S. 381). Nach 35 Min. Bach *Marakîja*, so gen. nach einer alten Ortschaft gleichen Namens. Im Mittelalter hatten die Franken der Stadt Marakija gegenüber einen gewaltigen Turm von 7 Stockwerken im Meere erbaut, mußten ihn aber 1285 den Muslimen übergeben und halfen den letzteren, ihn zu schleifen. Nach 1 St. 10 Min. *'Ain el-Frari*, nach 30 Min. *Nahr Bûs*; von hier direkt (Lavaboden) nach *Bâniĵâs* (2 St. 20 Min.) oder etwas landeinwärts zur alten Festung *el-Merķab* in c. 2 St.

El-Merķab (die Warte) ist der Hauptort eines Distriktes, der größtenteils von Nosairiern bewohnt wird. Das sehr große Kastell bedeckt die ganze Höhe eines Trappkegels, der sich c. 300m über den Meeresspiegel erhebt und nach allen Seiten, außer gegen S. steil abfällt. Die Mauer zieht sich um den Bergrand; gegen S. ist ein tiefer Graben in den Felsen gehauen, vor einem 21m hohen Turm mit 5m dicken Mauern aus Basaltblöcken, in welchem eine gotische Kapelle noch erhalten ist (jetzt Moschee). Die Festung konnte 200 Familien und 1000 Pferde beherbergen; es finden sich eine Menge Ställe und Vorratskammern. Zu einer sehr großen Cisterne außerhalb des Kastells war früher Wasser von den ö. Bergen hingeleitet. — Man erfährt nicht, wer zuerst dieses Schloß gebaut hat. Im Mittelalter spielte es eine große Rolle als *Castrum Merghatum*; es war in den Händen der Hospitaliter und widerstand den Muslimen bis 1285, wo Sultan Ķilâwûn von Ägypten es eroberte.

In c. $1^1/_2$ St. steigt man von el-Merķab nach *Bâniĵâs* hinunter.

Bâniĵâs ist das *Balanaia* Strabos. Schon beim Nicäischen Konzil wird ein Balaneorum Episcopus genannt. Bei den Muslimen des Mittelalters hieß die Stadt *Bulunĵâs*; bei den Franken *Valania*. Hier wohnten die Johanniterritter, aber das Episkopat war wegen der Unsicherheit nach Merghat verlegt worden. Der Fluß Valania bildete die Grenze zwischen dem Königreich Jerusalem und dem Fürstentum Antiochien.

Die Stadt liegt reizend an der N.-Seite des Flusses; sie ist heute verlassen und man bemerkt nur ö. von der Stadt noch die Grundmauern einer alten Kirche, am Meere viele Granitsäulen und Reste einer Burg. — In 1 St. erreicht man auf dem Küstenwege den Fluß *Dschobâr*, nach 20 Min. den *Nahr Ḥuseisûn*, nach 45 Min. *Nahr es-Sin* (nach andern *Nahr el-Melek*). Die erstere Bezeichnung hat man mit dem Namen der Siniter (1 Mose 10, 17) kombiniert. S. vom Flusse bemerkt man bedeutende Ruinenhaufen, unter welchen

Granitsäulen. Die Ruinen heißen *Belde*, was dem antiken *Paltos* der klass. Geographen entspricht. An der N.-Seite der Brücke steht ein großer Chân. Etwas weiter n. liegt der alte Hafen, der künstlich geschützt war. Von dem Flusse ging ein Kanal gegen O. und machte einen Teil des n. vom Flusse gelegenen Stadtteils zur Insel. — Vom *Nahr es-Sin* in 35 Min. zum *Nahr Sukât*, der sich in eine hübsche Bucht mit weitläufigen Ruinen ergießt; an der NO.-Seite liegt der Berg *Tell Sukât* mit Ruinen einer Burg. **In 1 St.** erreicht man den *Nahr 'Ain Burġus*, nach 1/4 St. die Ortschaft

Dscheble. — Geschichtliches. Dscheble ist das *Gabala* der alten Geographen. Als die Muslimen 638-40 diese Gegend eroberten, war hier eine Festung der Byzantiner; der Chalife Mu'âwija baute eine zweite daneben. Der arabische Geograph Jâkût giebt an, daß Dscheble 969 von den Byzantinern erobert wurde, aber 1081 wieder in den Besitz der Muslimen überging. Durch Bestechung des Grafen Raymund von Toulouse wendete Dscheble eine Belagerung von Seiten der Kreuzfahrer 1099 von sich ab, wurde aber 1109 dennoch erobert; 1189 ging sie in den Besitz Saladins über.

Dscheble (türk. *Telegraph*) ist von einer fruchtbaren Ebene umgeben, doch ist die heutige, meist von Muslimen bewohnte Ortschaft sehr armselig. Es finden sich außer zahlreichen Bausteinen manche Reste von Altertümern vor. Der kleine Hafen ist durch mehrere Mauerdämme, die aus kolossalen, bis $3^1/_2$m langen Quadern gebaut sind, geschützt. Am Meere sieht man Granitsäulen, von denen einige ins Wasser gestürzt sind; augenscheinlich stand hier ehemals ein Prachtbau. An der Meeresküste finden sich Felsengräber, von denen mehrere in christlicher Zeit als Kapellen benutzt worden zu sein scheinen. Im N. der Stadt liegt ein großes *römisches Theater*, leider von den Muslimen sehr demoliert und überbaut. Der Radius des Theaters beträgt 45m; die Gewölbe, auf denen die Zuschauerreihen ruhten, bestehen noch und haben 17 Eingänge zwischen massiven Pfeilern. In der Arena und teilweise über den Bankreihen stehen jetzt Häuser. Mit den Bausteinen des Theaters ist ein Bad erbaut worden, das in der Nähe neben einer großen Moschee liegt. Diese Moschee, ursprünglich eine christliche Kirche, ist einem berühmten Heiligen, Sulṭân Ibrâhîm gewidmet. In der Nähe der Moschee findet sich ein Orangenhain.

Durch eine öde, häufig von nosairischen Räubern unsicher gemachte Gegend führt der Weg n. Nach 1/2 St. *Nahr Rumaile*; nach 1 St. *Nahr Rûs*, zerfallene antike Brücke; n. davon großer Festungsberg mit Ruinen. Nach 1 St. *Nahr Mudîjuke*, nach 30 Min. *Nahr Snûbar*, nach 1 St. *Nahr el-Kebîr*, der „große Fluß“ (nicht zu verwechseln mit dem S. 361 gen.). Von hier 1 St. w.

Lâdiḳîje. — Vicekonsulate: Deutschland: *Jakob Elias*; Österreich und Frankreich: *Alph. Geoffroy*; Rußland: *George Markos*.
Internat. Telegraph.

Geschichtliches. *Lâdiḳîje* hieß im phönicischen Altertum *Ramitha*. Bekannter wird die Stadt erst nach ihrer Neubegründung durch Seleukus Nikator, der seiner Mutter zu Ehren 6 *Laodiceen* nach ihrem Namen gründete, von denen die vorliegende zur Unterscheidung den Beinamen „die am Meere gelegene“ erhielt. Sie hatte eine günstige Lage gegen

Cypern, einen guten Hafen und reiche Weinberge. Zugleich war Laodicäa Festung; während der Bürgerkriege nach Cäsars Tode hielt Dolabella hier eine lange Belagerung aus, wobei die Weinberge verwüstet wurden. Antonius schenkte der Stadt Unabhängigkeit und Abgabenfreiheit. Der Gegenkaiser Pescennius Niger verwüstete die Stadt; sein Nachfolger Severus (193-211) verschönerte sie. In christlicher Zeit blühte Laodicäa als Hafenort von Antiochien auf. Als die Kreuzfahrer heranrückten, war sie im Besitz der byzantinischen Kaiser, daher die Pisaner und Genueser Flotten unbelästigt in ihren Hafen einlaufen konnten. 1102 wurde Laodicäa von Tankred erobert, 1170 durch ein Erdbeben zerstört, 1188 von Saladin erobert und zerstört; die Besatzung ihrer beiden Burgen erhielt freien Abzug. Ebenso blieben gegen Zahlung eines Tributs manche Europäer hier. Neue Befestigungen wurden angelegt, die Stadt fing an unter dem Schutze des Grafen von Tripoli empor zu blühen, wurde aber 1287 durch ein heftiges Erdbeben zerstört; nun machte Sultan Ḳilâwûn der christlichen Herrschaft vollständig ein Ende; die Burg ließ er schleifen.

Lâdiḳîje liegt in einer fruchtbaren Ebene und hat c. 10 000 Einw., wovon ein Fünftel Griechen; Sitz eines Mutaṣerrif; amerikanische Missionsstation. Die Stadt ist unsauber und elend; viel Tabakbau, auch Seidenzucht und Schwammfischerei wird betrieben.

Der Hafen ist eine kleine halbe Stunde von dem heutigen Städtchen entfernt. Das Ufer bildet hier eine Bucht gegen S.; die sogenannte Lâdiḳîjespitze springt im N. weit gegen das Meer vor. Die Einfahrt in den eigentlichen Hafen ist schmal und außerdem durch die Ruinen des Hafenkastells, welches einst gegen NO. mit dem Festland durch einen Damm verbunden war, beengt. Der Hafen ist klein, rund und von großen halbzerfallenen Warenhäusern umgeben. An den Hafenmauern und Turmresten sieht man viele Säulen eingemauert; ö. vom Hafen scheint ein kleines viereckiges Bassin ausgegraben gewesen zu sein. In der Nähe finden sich Kaffeehäuser, Zollhaus, Quarantäne u. s. w. Man geht vom Hafen durch schöne Olivenwälder zur eigentlichen Stadt; der Boden ist sehr kulturfähig und in geringer Tiefe quillt überall gutes Wasser. Das heutige Städtchen liegt an der O.-, der Hafen an der W.-Seite der früheren Stadt. Die niedrigen Hügel s. von der jetzigen Ortschaft zeigen wohl den Lauf der alten Stadtmauer an. Im O. ist die Stadt von einigen Hügeln begrenzt, im SO. lag wohl einst ein Kastell; dort ist in diesem Jahrh. eine Moschee erbaut worden. Von O. läuft eine Wasserleitung gegen das Städtchen hin. Im SO. des heutigen Städtchens liegt das wichtigste der noch erhaltenen Monumente: eine Art Triumphbogen, vielleicht aus der Zeit des Septimius Severus stammend. Das Gebäude ist viereckig, c. 15m ins Geviert; auf jeder Seite findet sich ein (nun vermauerter) Bogen, der auf einem Pilaster ruht. Der große Bogen der Fronte ist von zwei Ecksäulen eingefaßt, die ein schönes Gebälk tragen; über demselben ist ein vorspringender Giebel angebracht. Darüber liegt eine Art attischen Geschosses, an welchem ein Basrelief, das Kriegsinstrumente darstellte, sich befand. In der Nähe dieses Monumentes stehen noch 4 korinthische Säulen mit schönem Gebälk, welche vielleicht dem Porticus eines Tempels angehörten. — N. von dem heutigen Städtchen kann ein doppelter Mauerlauf verfolgt werden; zwischen den beiden Mauern ausgedehnte Felsengräber. N. von der äußersten Nordmauer Ruinen einer Kirche.

Von Lâdikîje nach Aleppo (27 St.). Die Gebirgspässe werden zuweilen von nossairischen Räubern unsicher gemacht; in Lâdikîje Erkundigungen einziehen, je nach dem eine Eskorte mitnehmen!

Von *Lâdikîje* über eine Ebene mit niedrigen Höhen (reich an Petrefakten) in 1 St. nach *Skin*, in $1^1/_2$ St. *Dschendîje*, in 1 St. *Nahr el-Kebîr* bei *Dumal*; dann über *Bestîn* in $^1/_2$ St. nach *Bahlulîje*. Ansteigend kommt man in c. 1 St. auf den Gipfel eines Berges, wo allmählich schöner Baumwuchs beginnt; das Land ist sehr wasserreich. In 2 starken St. *Crusia* (Chân). Nach c. 2 St. Thal, in welchem sich ein Sturzbach ein tiefes Loch (*Schakk el-'Adschûz*) ausgehöhlt hat. Immer durch Gebirg oft auf schlechten Wegen kommt man in das *Wâdi ed-Dûme*; nach c. 4 St. esch-Schurr im Orontesthale (*el-Rûb*), ziemlich bedeutendes muslim. Dorf mit den Ruinen zweier Kastelle, *Kal'at el-Harûn* und *Kal'at es-Sultân* (das obere), nur durch einen Graben von einander getrennt (viele arabische Inschriften). *Esch-Schurr* spielte in der Kreuzfahrerzeit eine bedeutende Rolle. — Man passiert den Orontes auf einer Brücke von 13 Bogen; bergansteigend in c. 3 St. zum Dorf *Urim el-Dschôz* (S. 404).

Von Lâdikîje nach Antiochien direkt ($22^3/_4$ St.). Die Gegend ist zeitweilig unsicher (vgl. oben), aber landschaftlich von hohem Interesse. Durch die Küstenebene u. in $2^1/_2$ St. zum Nossairierdorf *Kussina*; in c. 2 St. über den *Nahr el-'Arab* (woselbst die Sprachgrenze des Arabischen und Türkischen) zum *Wâdi Kandîl*; man verfolgt dieses Thal, in welchem man die türkischen Dörfer r. *Kandîldschik* und *Beliwrân*, l. *el-Kufr*, *Kirdschali*, *Karâine*, *Kainardschik* sieht, 2 St. lang aufwärts; dann verläßt man es und erreicht ansteigend das Dorf *Kestel el-Ma'af* in $1^1/_4$ St. In weiter Ferne erblickt man den Libanon. Von hier ersteigt man in c. 2 St. die Höhe der Wasserscheide zwischen dem Stromgebiet des *Kuruschi*, eines Nebenflusses des *Nahr el-Kebîr*, und den Uferbächen. Der Distrikt, in dem wir uns befinden, heißt *Bair*, der westliche *Budschâk*, der östliche *Dschebel el-Akrâd* (Kurdengebirge). Diese Distrikte sind von Türken und Nossairiern bewohnt. Von hier in 2 St. zum Fluß *Kuruschi* hinunter, in c. $^1/_2$ St. nach *Urde* hinauf in einem schönen wasserreichen Hochthale am ö. Fuß des *Dschebel el-Akra'* (s. unten). 1 St. weiter erreicht man ein Thal, welches man 1 St. verfolgt (viel Platanen); dann führt der Weg über Hügel in 3 St. zu dem Flecken *Schêch Köi* (?). Von hier erreicht man *Bêt el-Mâ* (Daphne) in c. 4 St. (vgl. S. 420).

Von Urde über den Dschebel el-Akra' nach Suwêdîje (11 St.). In c. 2 St. zum großen Armenierdorf *Kesâb* (protestantische Gemeinde), das an dem SO.-Abhang des *Dschebel el-Akra'* inmitten einer sehr fruchtbaren Gegend liegt. Die Häuser des Dorfes sind, wie in Armenien, halb unterirdisch.

Von *Kesâb* aus ist die Besteigung des Dschebel el-Akra' (c. 3 St.) sehr lohnend. Nach c. 1 St. Quelle; Eschen, Buchen und Eichen wachsen hier häufig. Von der Quelle an muß man zu Fuß gehen, kann aber die Pferde um die Bergleline in gleicher Höhe an die N.-Seite des Berges vorausschicken. Weiter oben findet man Weißtannen und selbst Cedern, sowie eine reiche Kräutervegetation. Der Berg hat seinen Namen *el-Akra'* von der Kahlheit seines oberen Teiles.

Der Berg *el-Akra'* hieß im Altertum *Casius*. Der Berg, die weithin sichtbare Landmarke von N.-Syrien, scheint schon in uralter Phönicierzeit für heilig gegolten zu haben, ungefähr wie der Karmel (S. 239). Die Griechen und Römer verehrten hier den Zeus oder Jupiter Casius, wahrscheinlich in Erinnerung eines älteren Kultus. Hadrian soll den Berg bestiegen haben, um das Schauspiel zu genießen, von hier während der 4. Nachtwache im O. den Tag, im W. die Nacht zu sehen! Julian Apostata opferte hier. — Die Höhe des Berges beträgt 1628m. Die Aussicht ist außerordentlich umfassend: im ganzen W. dehnt sich das Meer aus und greift tief unter dem Berge ein. Die Insel Cypern erscheint als ein großes

Dreieck. Im weiten Norden erheben sich die beschneiten Massen des Taurus zackig und tief zerrissen. Mehr in der Nähe sieht man die Kette des Amanus (S. 393); dieser läuft im Dschebel Mûsâ aus, indem er die wohlbebaute von einigen Hügeln bedeckte Ebene von Antiochien w. einfaßt. Jenseits der letzteren sieht man den See von Antiochien. Gegen SO. dehnt sich ein weites, kahles Hügelland aus, das nur in der Nähe bewaldet ist. Im S. sieht man den beschneiten Gebirgsstock des Libanon.

Der Abstieg auf der N.-Seite des Casius ist am kürzesten, aber wegen seiner Steilheit beschwerlich. In c. 2½ St. das türkische Dorf *Besga.* Am Fuße des Gebirges findet sich in der letzten Felsenterrasse eine Riesentreppe mit einer durch den Fels gehauenen Straße. Das Thal ist sumpfig und mit Oleandergebüschen bedeckt. — Von Besga in c. 3 St. zur Fähre des Orontes nahe bei seiner Mündung. Etwa 1 St. n. *Suwêdîje.*

Der Thalboden des unteren Orontesslaufes ist ein äußerst fruchtbares Alluvialland. Wegen der kühlenden Seewinde ist die Gegend gesund. Auch ist sie relativ dicht bevölkert; es wohnen hier Nosairier, Griechen und Armenier, doch wird meistens noch Arabisch gesprochen. Das *Suwêdîje* des Mittelalters, der Hafenort Antiochiens (wohl *St. Simeonshafen* der Kreuzfahrer) lag s. von dem alten Hafen *Seleucia*, ungefähr in der Nähe der *Kapelle des heil. Georg* (S. xcviii). Dieser Heilige wird besonders bei Sturm von den Schiffern angerufen und auch von den Nosairiern verehrt. Man berührt das Weli auf dem Weg zu den Ruinen der alten Prachtstadt Seleucia (NW. 1 kleine St. von Suwêdîje aus). Die Uferebene ist sandig, der direkte Weg zur Orontesmündung der Lagunen wegen gefährlich.

Seleucia. — Geschichtliches. Dieselbe Mythe, die wir bei der Gründung Antiochias finden (S. 416), wird auch bei der Gründung Seleucias berichtet. Die Schicksale der Hafenstadt *Seleucia Pieria*, welche wie Antiochien Seleukus Nikator an der Stelle einer älteren Ortschaft erbaut hatte, waren denen von Antiochien ähnlich. Die Stadt war in den Diadochenkriegen eine Zeit lang im Besitz der Ptolemäer, bis sie von Antiochus dem Gr. im J. 219 v. Chr. für Syrien zurückerobert wurde. Die Seleuciden scheinen Seleucia reich ausgestattet zu haben. Pompejus erklärte Seleucia für eine freie Stadt, weil sie den armenischen König Tigranes, den die Antiochener zu Hilfe gerufen, nicht aufgenommen hatte. Noch Constantius verschönerte Seleucia und ließ den Hafen durch großartige Felsenabhauung vergrößern (338 n. Chr.). Schon vor der Einnahme durch die Muslimen scheint jedoch die Stadt ihre Wichtigkeit verloren zu haben. Der Hafen war ganz verfallen. Heute liegt Seleucia, das die Araber noch unter dem alten Namen *Selûkîje* kannten, in einer Einöde, ein benachbartes kleines Dörfchen *el-Kabuse* abgerechnet. Der NW.-Winkel der schönen Ebene, in welchem die alte Stadt lag, ist auf der einen Seite vom Meere, auf der andern von den steil sich erhebenden Vorbergen des *Dschebel Mûsâ* (*Rhosus* der Alten) eingefaßt. In der Uferebene, die sich am W.-Fuße jener Felswände nach N. hinzieht, bis sie durch vorspringende Felsen abgeschlossen wird, lag die *untere* Stadt Seleucia.

Von Suwêdîje kommt man, bevor man das Terrain der Stadt betritt, zu einem kleinen Bach, der nur ½ St. östlich entspringt und gutes Wasser hat. Am S.-Ufer desselben, nahe der Felswand, aus der er hervortritt, liegen die Ruinen eines Amphitheaters (oder Circus?), von dem noch einige Bogen und Galerien sichtbar sind. Nach Überschreitung des Baches sieht man l. an der c. 60m hohen Felswand eine Menge von Felsengräbern. Hierauf gelangt man zu den Überresten eines Stadtthores. Dieses, das sogenannte Antiochiathor, stand in Verbindung mit der hier durchlaufenden großen Stadtmauer, die einen Umfang von c. 2 St. hatte. Die Felsenwand r. beschreibt hier einen Halbkreis, innerhalb dessen einige Gartenanlagen sich befinden; zwischen denselben liegen Ruinen einer alten Vorstadt. Die Ebene bis zum Meere l., c. 1 engl. M. breit, ist größtenteils unbebaut. — Nach N. weiterschreitend kommt man an zwei Sarkophagen vorüber zu dem Punkte, wo die Felsen dem Meere wieder näher treten und von ihrer westlichen Richtung wieder nach N. abbiegen. An der Ecke der Felsen liegt das alte Königsthor, das durch eine noch jetzt gangbare Schlucht in die Oberstadt führte (S. 391). Etwas weiter gegen W. liegt das Marktthor und ziehen sich nun die sehr starken, mit großen Steinblöcken gebauten Befestigungen der Altstadt und Hafenstadt w.-wärts zum Hafen herum. Außerhalb der Mauer, c. 500 Schritt S. vom Marktthore liegt ein großer quadratischer mit Steinplatten sorgfältig gepflasterter Platz. — Wir gelangen nun zu dem Hafen. Derselbe bestand aus einem inneren Bassin von c. 600m Länge und 410m Breite. Wann dieses Bassin gegraben wurde ist ungewiß. Die Form desselben gleicht, auf der Karte besehen, der eines Destillierkolbens. Die Mauern, welche das Bassin umgeben, sind wohl erhalten; am O.-Ende des Bassins sind auch Ruinen von Magazinen u. a. vorhanden. Besonders sind die gegen W. gerichteten Mauern sehr stark und noch ist auf dieser Seite ein Turm sowie ein Abzugskanal erhalten. Dieser schöne Hafen ist heute teilweise trocken gelegt, teilweise mit Schlamm

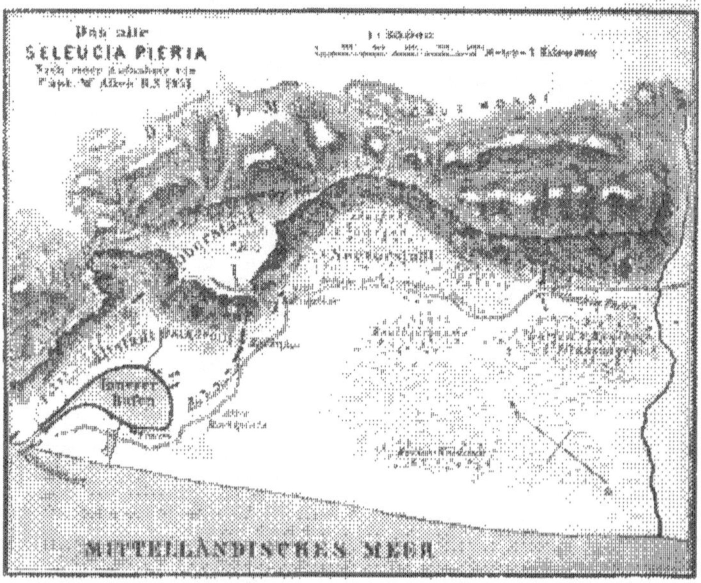

und Wasser gefüllt, dennoch fließt von W. Wasser ein. — Ein 450m langer Kanal führt von dem Bassin w.-wärts zum Meere, ist jetzt aber mit Schlamm und Trümmern gefüllt. Zu beiden Seiten dieses Kanals sind Reste von Wachthäusern, von denen eines in den Felsen gehauen ist. Der Eingang des äußeren Seehafens am Meere hat 23m Weite, ist jetzt aber versandet. Zu den beiden Seiten desselben springen zwei schöne Molen weit ins Meer vor, von denen der nördliche sehr zerstört ist, der südliche 110m lange, c. 9m breite ist größtenteils noch wohl erhalten und nach dem Apostel Paulus benannt (Ap.-Gesch. 13, 4).

Der merkwürdigste Rest des alten Seleucia ist der große Felsenkanal (arab. *dehliz*). Nördlich von dem inneren Hafen findet sich ein von 120-150m hohen Klippen eingefaßtes Felsenthal. Durch dieses floß ein Bach herunter, der zu gewissen Zeiten mit seiner Wassermasse der Stadt gefährlich wurde. Der Bach wurde daher mittels eines großen Felsenkanals w.-wärts zum Meere geleitet, doch zugleich auch für die Bedürfnisse der Stadt und des Hafens nutzbar gemacht, und zwar letzteres in der Weise, daß man (wie am Bâb el-Ḥadîd bei Antiochien, S. 419) vor den Ausgang des Thales eine sehr starke Mauer aus großen Quadern setzte. Diese Mauer ist noch erhalten, aber das Wasser strömt heute durch eine Öffnung derselben, wo früher Schleusen angebracht waren, ungehindert hinab. — Es ist nicht überall leicht, das Innere des c. 1100m langen Felsenkanals zu verfolgen. Der erste, obere Tunnel beginnt 16m vom westlichen Ende der besprochenen Quermauer; er ist 130m lang, 6½m hoch und 6½m breit und hat in der Mitte eine Kanalvertiefung von 1-1,2m Breite. Auf diesen Tunnel folgt ein oben offener Felsdurchschnitt von 80m Länge; die Felswände steigen zu beiden Seiten bis zu einer Höhe von 45m empor. An der linken Seite des Felsdurchschnitts findet sich hier eine unten abgebrochene Felsentreppe. Beim Eingang zum zweiten Tunnel sind die Felsen 23m hoch; der zweite Tunnel ist 41m lang; weiter unten bleibt der Felsdurchschnitt von der Höhe von 15m allmählich sich senkend, offen. Unterhalb des Tunnels führt eine Brücke in der Höhe von 8m zu einer sehr schönen Nekropole, und eine Felsentreppe führt in die Schlucht hinunter. — Etwa 300m vom oberen Kanaleingang ist ein Wasserabfluß in der s. Seitenwand. An den Felsen sieht man weiter unten Reste von Inschriften. Der ganze Felsengang endet in einem plötzlichen Absturz.

Etwa 200 Schritt s. von der Brücke über dem Felsenkanal liegen am Bergrande Felsengräber, die man für die Grabstätte der Seleuciden hält. Man tritt in eine 8m l., 2-2½m br. Vorhalle, dann durch eine Doppelreihe schöner Säulen (die Gewölbdecke besteht aus Fels) in die mit Gesimsen, Voluten u. a. reich geschmückte Hauptkammer; von hier in die innersten Kammern; die Loculi haben verschiedene Größen und Formen.

Es bleibt noch die Oberstadt zu besuchen. Das oben besprochene Königsthor war, nach den vorhandenen Resten zu schließen, stark befestigt, um den Weg nach der Akropole zu verteidigen. Eine durch den Felsen gehauene, in Windungen aufsteigende Straße führt zur Oberstadt. Vor dem letzten Drittel des Weges passiert man eine Brücke. An dieser Stelle sind l. geräumige Gewölbe in den Felsen gehauen, vielleicht Wachtstuben, da unmittelbar darüber wohl die Akropole lag. Oben auf der Plateaufläche teilt sich der Weg. Links den Klippen nachgehend findet man eine in den Felsen gehauene Kunststraße. Rechts gegen O. zieht sich am Rande des Plateaus die Stadtmauer hin; in einiger Entfernung findet man einen schönen Turm. Auf dem Plateau sind sehr viele Ruinen und Säulenreste, teilweise von Büschen und Bäumen beschattet. Hier standen wohl einst die Paläste der Vornehmen. Einige Säulen bezeichnen die Lage eines ehemaligen Tempels.

Der Weg von Suwêdîje nach Antiochien (c. 5 St.) führt über hügeligen Terrain in 1 St. zum Dorf *Zeitûnî*, das von arabisch redenden Nosairiern bewohnt ist; nach 15 Min. ein ähnliches Dorf *el-Mischraktje*. Nach ¾ St. überschreitet man den *Bûjûk Karasû* (großer Schwarzbach) und nach ¾ St. den durch Maulbeerwälder fließenden *Kûdschûk Karasû* (kleiner Schwarzbach). In 1 St. 45 Min. erreicht man die Ebene, l. Dorf *el-Chanzi* in einiger Entfernung. Nach ½ St. Steinbrücke von *Haina* über ein von N. kommendes, in den Orontes fließendes Flüßchen; in ½ St. Orontesbrücke von Antiochien.

Eine etwas südlichere Route längs des oberen Randes der schönen Thalebene des Orontes führt in 1½ St. nach der isolierten Bergkuppe des *Mâr Sim'ân*. Oben Ruinen der Kirche dieses Heiligen. Dieselbe ist, wie die bei Ḳal'at Sim'ân (S. 410), in der Form eines griechischen Kreuzes gebaut und mißt 60m von N. nach S. und 58m von O. nach W. In der Mitte des Schiffes steht ein 2½m im Quadrat haltendes, 3m hohes Piedestal, aus dem Felsen gehauen. Darauf stand die Säule, auf welcher der Säulenheilige gelebt haben soll (S. 411). — Von der Simeonskirche reitet man ½ St. auf der Höhe hin, dann durch eine steile Schlucht ins Orontesthal hinunter auf die obige Straße.

Von *Suwêdîje* kann man auch den Orontes kreuzen und in c. 6 St. *Bêt el-Mâ* (vgl. S. 420) erreichen.

38. Von Beirût nach Alexandrette und Mersina

(zur See).

Fahrplan der Dampfer s. S. xix. Von *Beirût* nach *Smyrna* sind die französischen Dampfer (über *Alexandrette* und *Mersina*) 8 Tage unterwegs, die österreich. Dampfer (über *Larnaka* und *Rhodus*) 3½ Tage. Der Preisunterschied ist jedoch sehr gering. Demnach kann für die Wahl der einen oder der andern Linie füglich nur die Zeit maßgebend sein, vgl. auch S. 8. — Die französischen Dampfer haben den Vorzug, daß sie auf dieser Route nicht so überfüllt sind, wie dies bei den österreichischen häufig gegen das Ende der Reisesaison der Fall ist. Die Fahrt mit den französischen Dampfern ist lohnend durch den Anblick der reich gegliederten Küste; auch hat der Reisende an den Hafenorten genügend Zeit, sich am Lande umzusehen; freilich bieten Alexandrette und Mersina wenig Sehenswertes und Anziehendes, auch fehlen überall Gasthöfe und Restaurants. An den Punkten, wo das Schiff kürzere Zeit hält, nehme man ohne Zögern eine Barke (1-1½ fr. für einen Einzelnen) und lasse sich ans Land setzen; bei der Rückfahrt zahle man erst auf dem Dampfboot. Vor dem Verlassen des Dampfers erkundige man sich nach der Abfahrtsstunde.

Einschiffung in Beirût: Barken von und nach den Dampfschiffen für den Einzelnen ½ Medsch., für mehrere Personen ½-1 Medsch. Zollrevision auf der Douane oder auf Verlangen auch im Hôtel. Die Douane ist von früh 6 Uhr bis Sonnenuntergang offen. Hat man das Gepäck bei Tage über die Douane an Bord gebracht, so kann man sich auch spät nachts von jedem beliebigen Punkte aus einschiffen.

Die Ausfahrt aus der Bucht von *Beirût*, *St. Georgs-Bai* genannt, ist großartig, besonders bei mondheller Nacht. Im Hintergrund erhebt sich der Libanon mit dem schneebedeckten *Ṣannîn*.

Nach 8stündiger Fahrt (über die Küste vgl. S. 357) ankert man vor *el-Mînâ*, der Hafenstadt von **Tripoli** (s. S. 356); auch hier hat man einen wundervollen Rundblick auf Meer und Gebirge; r. eine Anzahl kleiner Inseln und die Reste des ehemaligen Molo. — Mehrstündiger Aufenthalt der Dampfer; Boot ans Land c. 1 fr. die Person. Von der Hafenstadt führt ein Weg durch Baumgärten in 25 Min. nach der Stadt *Tripoli* (Pferdebahn 1¼ Pi., S. 354); auf dem Hin- oder Rückwege kann man die mittelalterlichen Türme (vgl. S. 356) besichtigen, welche zwischen der Hafenstadt und dem Ausfluß des *Ḳadîscha* liegen (40 Min.). In Tripoli steige man auf die Kastellhöhe *(el-Ḳal'a)* und besichtige etwa noch die Moschee *Tailân* (S. 355).

Von Tripoli nach Ehden und den Cedern s. R. 35; nach Beirût s. R. 35; nach Lâdiḳîje s. R. 37; nach Biblâ s. R. 36.

N. von Tripoli (vgl. S. 381 ff.) bildet das Meer eine große Bucht *Dschûn 'Akkâr*. **Lâdiḳîje** erscheint vom Schiff aus gesehen als ein kleines Städtchen, an einem Sandhügel gelegen, doch von Grün umgeben. Die Gebirgszüge, welche sich darüber erheben, sind das *Nosairiergebirge* (S. 381), das dem Libanon an Formenschönheit nicht gleichkommt. Das Städtchen *Lâdiḳîje* (s. S. 386) erreicht man vom Hafen aus (bei wenig Zeit am besten mit Führer) in ½ St. durch schöne dichte Olivenanlagen. Der Boden der Umgebung ist sehr kulturfähig, und in geringer Tiefe quillt überall gutes Wasser.

Von Lâdiḳîje nach Aleppo und Antiochien s. S. 388.

N. von *Lâdiḳîje* hat die Küste viele Buchten. Zuerst springt das kleine Vorgebirge *Râs Ibn Hâni* vor, darauf das *Râs el-Basît*, das Vorgebirge *Posidium* der Alten. Weiter n. ragt die schöne runde Kuppe des *Dschebel el-Aḳra'* (S. 388) hervor; man fährt an derselben vorbei, indem man die Bucht kreuzt, in welche sich der *Orontes* ergießt. Die Berge, hier der *Dschebel Mûsâ*, der *Mons Rhosus* der Alten (auch *Koryphaios* gen.), treten näher an das Ufer heran; sie sind nicht hoch aber größtenteils bewaldet. Beim *Râs el-Chanzîr* („Schweinsvorgebirge", *Promontorium Rhosicum* der Alten), das mit Wäldern der aleppinischen Fichte bedeckt ist, fährt man in die schöne Bucht von Alexandrette ein und hält nach c. 10stündiger Fahrt (von Lâdiḳîje an gerechnet) vor

Alexandrette. — Unterkommen (notdürftig) im Chân; am Markt ein Restaurant; einige Cafés. — Telegraph (internat.) im N. des Städtchens, der Beamte wohnt im Sommer jedoch in Beilân. — Kurse: türk. Lira 125 Pi., franz. Lira 109 Pi., engl. Pfund 137 Pi., Medschîdi 23 Pi.

Deutsches Vicekonsulat: Gerent *Etienne Coidan*.

Geschichtliches. Die Gründung der Stadt Alexandria am Issicus Sinus fand wahrscheinlich nicht unmittelbar nach dem großen Siege Alexanders bei Issus statt, durch welchen er im Oktober 333 sich den Eingang nach Syrien öffnete, sondern erst später. Diese nördliche Alexandria war dazu bestimmt, der Ausgangspunkt der großen Karawanenwege Mesopotamiens zu werden, aber schon die Seleuciden wählten statt derselben Antiochia und Seleucia. Im 4. Jahrh. nach Chr. wird die Stadt „die kleine Alexandria" genannt (auch *Al. Scabiosa* oder Alexandria am Issus); im 3. Jahrh. war sie durch Sapor zerstört worden. Es ist nicht sicher, ob die spätere arabische Stadt genau an dem Platze der alten erbaut worden ist. Wâtiḳ, ein Enkel Harûn er-Raschîds, baute sie im 9. Jahrh. neu auf. Das Städtchen spielte nie eine große Rolle.

Iskenderûn, franz. *Alexandrette*, von einem schönen grünen Bergkranz umgeben, liegt an der herrlichen Bucht, die nach der Stadt benannt ist. Das Gebirge, im Altertum *Amanus Mons*, heute türk. *Akma Dag* (früher auch *Dschebel el-Aḥmar* „Rotberg") genannt, ist ein Ausläufer des cilicischen Taurus; weiter s. an der Küste trägt es den Namen *Dschawur Dag*. Seinem Charakter nach gehört es zu Kleinasien, und im Altertum wurde diese Gegend in der That zu Cilicien gerechnet. Der Reisende, welcher aus Palästina kommt, wird durch das schöne Grün der Gebirgsabhänge freudig überrascht. Der Hafen von Alexandrette, zu drei Vierteilen von schützenden Bergen umgeben, ist der beste und geräumigste an der ganzen Küste von Syrien. Dampfer können dicht am Ufer ausund einladen. Die Einwohner (7000 Seelen, davon $^2/_3$ orthod. Griechen) leben fast nur vom Warentransport und Handel nach Aleppo; sie haben wegen der Fieber, die in diesem Winkel den größten Teil des Jahres heftig grassieren, alle eine gelbliche Farbe. — Altertümer giebt es keine außer einigen unbedeutenden Mauerresten.

Von Alexandrette gelangt der Dampfer in 7-8 St. nach

Mersina. — Unterkommen zur Not im *Kaisarly-Chân*, wo auch die besten Pferde zu mieten sind; Cafés am Hafen. — Internat. Telegraph.

Vicekonsulate. Österreich: *Daras*; Frankreich: *Geoffroy*; Amerika: *Dawson*; Italien: *Rossi*.

Mersina ist Sitz eines Ḳâimmaḳâm. Um die Ortschaft herum ziehen sich Gärten, aber die Gegend ist ungesund und von Fiebern heimgesucht. In Mersina wird viel Baumwolle verladen, so daß die Dampfer meist 48 St. vor Anker bleiben, welche Zeit man zu einem Besuche von Tarsus (s. u.) benutzen kann. Viele Griechen wohnen in Mersina.

Ausflüge. 1. Nach Soli 40 Min., auf der Fahrstraße nach Seleucia; (Pferd 1 Medsch.). Daselbst Reste einer 40 Schritt langen Säulenstraße der alten durch Tigranes (91 v. Chr.) zerstörten Stadt. Es stehen noch 31 glatte Säulen mit Kapitälen, am Ende gegen das Meer zu r. 5 glatte und 1 cannelierte, ebenfalls mit Kapitälen; viele derselben mit Konsolen; alle c. $2^{3}/_{4}$m auseinander und auf mächtigem Sockel ruhend. Außerdem liegen die ganze Reihe entlang umgestürzte Säulen. Einige Minuten l. (w.) davon im Felde ein umgestürzter Sarkophag auf gemauerter Grundlage. — Auf der Weiterfahrt von Mersina nach Rhodus erblickt man vom Schiffe aus diese Säulenstraße.

2. Nach Tarsus und Adana mit der Eisenbahn. Abfahrt von Mersina Morgens früh, Rückkunft Abends c. 5 Uhr zur Abfahrt des Dampfers. Tarsus (27,6km) ist ein kleines, schmutziges Städtchen von 10-15000 Einwohnern; es hat viel Wasser und ist daher ungesund. Tarsus ist Sitz eines Ḳâimmaḳâm; auch europäische Vicekonsuln sind am Orte. Zur Zeit des Augustus war die Stadt sehr blühend und auch wegen ihrer Schulen berühmt. Hier wurde Paulus geboren. — Unterkommen im Chân oder bei den Vicekonsuln.

Adana (67,8km von Mersina). In der Ebene schön gelegen, mit Aussicht auf das Taurusgebirge, dessen strategischer Schlüssel es ist. Der Ort hatte schon im Altertum diesen Namen. Der Fluß, welcher hier vorbeiströmt, heißt *Seiḥûn*, der *Saros* der Alten; er ist von einer vielbogigen alten Brücke überspannt. Adana soll 35000 Einwohner haben, von denen ungefähr die Hälfte Christen (Griechen und Armenier) sind. Die Stadt ist Sitz des Wâli der Provinz Adana, hat eine Filiale der Banque Ottomane; auch ein franz. Vicekonsul wohnt daselbst. Unterkommen in den griechischen Wirtshäusern. Adana ist besonders bedeutend für den Export von Baumwolle. Der Ort hat ein gesundes, aber sehr heißes Klima.

Von Alexandrette nach Mersina auf dem Landweg (c. 35 St., 4-5 Tage). Nach $1^{1}/_{2}$ St. Steilabfall des Gebirges, Namens *Sakal Tutan* (auch *Jonaspfeiler* genannt); Ruinen eines Triumphbogens, der vielleicht von den Seleuciden zu Ehren Alexanders errichtet worden ist. Hierauf zu dem Bache *Karasû* oder *Merkez*; letzteren Namen („Station") hat er nach einem Kastell an seiner S.-Seite. Nach c. $2^{1}/_{4}$ St. *Bajâs*, kleines türkisches Städtchen am Meeresufer mit vielen Ruinen; gut erhaltenes altes Schloß; c. 3 St. Fluß *Deli Tschai* und Dörfer *Jûsler* und *Kôi Tschai*. Hier in der erweiterten Strandebene, wo die eigentliche alte Landschaft Cilicien beginnt, wurde die berühmte Schlacht von Issus geschlagen, durch welche Alexander sich 333 den Weg nach Osten bahnte, denn der Fluß *Deli Tschai* (der „tolle Fluß") entspricht dem antiken *Pinaros*, an welchem Issus lag. Am N.-Ufer des *Deli Tschai*, c. $2^{1}/_{4}$ St. vom Meere entfernt, liegen die Ruinen von *Nikopolis*. Nach c. $1^{1}/_{4}$ St. am N.-Ende des Golfes von Alexandrette (oder Issus). Hier bei dem heutigen *Kara Kapu* („Schwarzthor") liegen die *Amanides Pylae* Strabos; man bemerkt noch Reste einer alten Straße. 2 St. w. *Chân Kurkulâg*, auf einem Hügel gelegen (3 St. S. von Kurkulâg liegt am Meer das alte Schloß *Ajâs* mit einem sehr schönen Hafen, noch bis in die Neuzeit ein berüchtigtes Räubernest, wie ja schon Cicero hier gegen die cilicischen Räuber kämpfte). Von Chân Kurkulâg in c. 5 St. über die Ebene, dann über den *Dschebel en-Nûr* („Lichtberg") nach *Messis* (das alte *Mopsuhestia*). Man setzt hier auf einer alten Brücke über den *Dschihân*, den *Pyramus* der Alten; 5 St. von hier *Adana* s. oben.

39. Von Alexandrette nach Aleppo.

Fahrstraße 160km; Weg der Mukâri 120km; gute Pferde selten; bester Mukâri: *Nikola*. — Postwagen nach Ankunft der Postdampfer 3mal wöchentl., sehr unangenehm! — Wagen nach Aleppo c. 80 fr. Da die Wagenbesitzer ihre Remisen in Aleppo haben, thut man gut, einen Wagen in Aleppo vorauszubestellen. — Wir geben die Entfernungen für den kürzeren Reitweg, der zum großen Teil mit der Fahrstraße zusammen fällt.

Die Strecke von *Alexandrette* bis an den Fuß des Gebirges ist bei Tage gewöhnlich sehr heiß. R. Spuren einer Römerstraße. Die Berge sind mit immergrünen Eichen, dann auch mit Pinus halepensis und Pinus sylvestris bewaldet. In $2^1/_2$ St. erreicht man die Ortschaft *Beilân*. Eine kurze Strecke vor Beilân fängt Schieferformation an, und der Weg ist durch die Felsen gehauen. Diese Stelle war, wie die umliegenden Mauern zeigen, ehemals befestigt.

Beilân. — Geschichtliches. Der Gebirgspaß, heute nach dem am n. Abhang liegenden Dorfe *Beilân* benannt, hieß im Altertum *Pylae Syriae* und war der hier durchgehenden Römerstraße nach zu schließen, von jeher sehr begangen. Hier zog Alexander durch nach dem Sieg bei Issus.

Das Dorf *Beilân* (Unterkommen in dem sehr großen Chân gleich im Eingang des Dorfes) liegt in einer Kluft zwischen zwei Bergketten. Die Wohnhäuser sind terrassenartig übereinander erbaut; überall strömt frisches Wasser den Berg hinunter. In der Schlucht des Beilânthales finden sich Reste einer Wasserleitung. Der Ort wird von den Einwohnern von Alexandrette und selbst von Aleppo als Sommerfrische benutzt. Die Häuser sind aus Holz gebaut. Die Vegetation ist sehr schön, viele Reben und Obstbäume. Das Dorf soll 200 armenische und 300 muslimische (türkische) Familien enthalten. Es ist wegen seiner Lage am steilen Abhang der Schlucht leicht zu verteidigen und war früher ein Raubnest.

Von *Beilân* aus an der Seite des engen Thales weiter. Nach 50 Min. sieht man den großen See von Antiochien unter sich liegen; die Paßhöhe bei den eigentlichen Pylae Syriae (899m ü. M.) ist erreicht (schöne Aussicht), man beginnt hinunterzusteigen. Nach 15 Min. Wachthaus r., nach 1 St. Plateauland, mit großen Eichen besetzt. R. unten sieht man immer noch den See und unterscheidet nun auch die Sümpfe. Nach NO. hinabsteigend erreicht man in c. 40 Min. ein von einem Bache durchzogenes Thälchen. In 1 St. Ruine des *Chân Diarbekerli*, daneben einige Häuschen (Café). Der kürzeste Weg von hier nach der nächsten Karawanenstation *'Ain el-Bêdâ* (nur im Sommer und Herbst gangbar, bei höherem Wasserstand muß man der Fahrstraße folgen) ist folgender: in 1 St. zu dem Flusse *Karasû* („Schwarzwasser"), der nur bei niedrigem Wasserstande durchritten werden kann. Man bemerkt Rohrhütten und Zelte von turkomanischen Wanderstämmen. Die Ebene, in der wir uns befinden, hieß im Altertum *Ebene Antiochiens* oder auch *Amykion Pedion*, heute *el-'Amk* („Einsenkung"); sie enthält sehr viele künstliche kegelförmige Erdhügel. Hier besiegte Aurelian die Zenobia im J. 273. Die Ebene liegt c. 111m ü. M. und ist ein alter Seeboden. Im O. ist sie von den Höhen des *Anguli Dagh*, im N. von dem sogen. *Kurdengebirge* begrenzt. Schöner Rückblick auf die Amanuskette (S. 393). — Vom *Karasu* in $1\frac{1}{2}$ St. zur langen antiken Brücke *Dschisr Murâd*, die über einen tiefen Sumpf führt. Von da zwischen niedrigen Hügelketten hindurch in $1\frac{1}{2}$ St. zu dem Turkomanendorf *'Ain el-Bêdâ* („die weiße Quelle“).

Von *'Ain el-Bêdâ* in $1\frac{1}{2}$ St. zu der kleinen Oase *el-Hammâm* (warmes Schwefelbad). Von Zeit zu Zeit trifft man Rohrhütten von Beduinen; sehr viele große Landschildkröten finden sich in dieser Gegend. Nach $1\frac{1}{2}$ St. *Afrîn*, am Flusse gleichen Namens (dem antiken *Ufrenus*) gelegen. Nicht weit entfernt lag im Altertum an dem gegen W. fließenden Bach *Afrîn* die Stadt *Gindarus* (heute *Dschindaris*), die Strabo bereits als Räubersitz kennzeichnet. Weiterhin führt der Weg durch eine öde Gegend. Nach 2 St. findet man, ein Thal hinanreitend, Reste einer Wasserleitung; nach c. 2 St.[1] das Dorf *Hazre*; nach 20 Min. *Turmânîn*. Im obern Teil des Fleckens finden sich einige Altertümer; an einem kleinen Gebäude sieht man einige Rosetten und Kreuze, an einem Haus einige verbundene Säulchen; im W. des Dorfes Grabhöhlen mit Steintreppen. — Die Gegend von Turmânîn mit ihren unbedeutenden Höhenzügen zeigt ein spärliches Grün.

Sehr schöne Ruinen Namens **ed-Dêr** (das Kloster) finden sich in einem Thälchen nö. von *Turmânîn* (23 Min.). Die ganze Anlage war ursprünglich von einer Mauer in weitem Kreise umschlossen. Innerhalb dieser Mauer steht ein größeres Gebäude, vielleicht ein *Pandocheion* (eine Art Wirtshaus). Der Bau ist wohl erhalten, selbst der Giebel mit 3 kleinen Bogenfenstern ist noch vorhanden. Merkwürdig sind die Reste eines aus großen schön behauenen Blöcken gebauten Peristyls, der um einen Teil des Hauses herumläuft. Vor diesem Gebäude liegt ein mit großen Steinplatten gepflasterter Hof und zwei Wasserreservoirs. Auch einen Sarkophag bemerkt man, sowie Felsgräber. Im Detail reicher ist die daneben befindliche *Kirche* aus dem 6. Jahrh. Sie ist eine Säulenbasilika (vgl. S. cxxiv), die sich dadurch auszeichnet, dass die Apsis des Hauptschiffes, deren Halbrund noch größtenteils erhalten ist, auch nach außen als Rundung vorspringt, während die beiden Nebenapsiden in viereckige Türme eingeschlossen sind. Die Hauptapsis hat 3, die Nebenapsiden je 1 von einem Gesimsband umgebene Fenster. Die Fronte des Gebäudes ist von zwei Türmen von je drei Stockwerken eingefaßt, welche einst wie das Hauptschiff Giebel trugen und durch einen über dem nicht mehr vorhandenen Portal laufenden Säulengang verbunden waren.

Von dem Dorfe *Turmânîn* steigt man in s. Richtung den Hügel hinan und erreicht in 35 Min. das Dorf *Deramân*; nach 10 Min. steigt man in ein Thal hinunter, nach 15 Min. sieht man $\frac{1}{4}$ St. r. im Thal die großen Ruinen von *Erhâb*. Nach 6 Min. liegt ein zerstörtes Schloß mit alten Unterbauten am Wege; man beginnt bergan zu steigen, erreicht den höchsten Punkt der Aleppo-Straße in 30 Min. und sieht r. zwischen den Feigenpflanzungen das Dorf *Tokat*. Bei hellem Wetter kann man von hier das Citadellminaret von Aleppo erblicken. Die Gegend wird immer kahler und wüster. Nach 55 Min. ein Dorf l., nach 20 Min. ein Dorf r.; nach 25 Min. ein Dorf $\frac{1}{4}$ St. r. Nach 13 Min. l. die Ruinen von *'Aindschâra*. Nach 40 Min. erblickt man im SO. die Citadelle von Aleppo. Nach 23

Min. l. ($^1/_4$ St. entfernt) das Dorf *Kafr Sitl* (?). Nach 55 Min. verlassener Chân l. Hinunterzusteigend erreicht man nach 40 Min. einen Chân; nach 47 Min. über die Brücke des *Ḳuweiḳ* reitend das Anṭâkîjethor von Aleppo.

40. Von Damascus nach Aleppo durch das Binnenland.

9 Karawanentage. Von Damascus nach Nebk giebt es zwei Wege: der eine (S. 377) führt über *Ṣêdnâja* in 13 St. nach *Nebk* (nur zum Reiten). Der andere, die große (fahrbare) Karawanenstraße geht über *el-Ḳuṭêfe* ($6^1/_2$ St. S. 363). Von hier erreicht man, den Salzsee *(Sbacha)* weiter r. lassend, über die Ebene in 50 Min. den verfallenen *Chân el-'Arûs;* vor dem nächsten Chân (1 St. 7 Min.) läuft ein Graben. Dann kommt man durch den *Boṛâs* („Engpaß") von *'Ain et-Tîne* (Feigenquelle) in 2 St. 5 Min. nach dem musl. Dorfe *el-Ḳasṭal* und über einen steinigen hügeligen Boden in 3 St. nach **Nebk** (S. 377).

Von Nebk nach Ḥômṣ (17 St.). Von Nebk erreicht man in $2^3/_4$ St. das von Christen und Muslimen bewohnte Dorf *Ḳâra*, an einer Anhöhe gelegen, mit zerfallenen Chânen; die hier befindliche Moschee war einst eine christliche Kirche. — Durch niedere felsige Klippen mit Ruinen von Wachttürmen gelangt man in 40 Min. zu den Quellen *'Ujûn el-'Alaḳ*, weiter in $1^3/_4$ St. zu dem kleinen Dörfchen *Burêdsch* (kleiner Turm), Chân. In starken 4 Stunden erreicht man von hier *Ḥasjâ* (S. 379), ein ummauertes, meist von Christen bewohntes Dorf. Die Gegend wird häufig durch Beduinen ('Äneze: es-Seb'a, el-Feddân, el-Ḥesene etc.) unsicher gemacht. Die Umgegend ist steinig und unfruchtbar. Bald hören die Gebirgszüge des Antilibanus l. auf. In 3 St. 10 Min. *Schemsîn;* nach 1 St. 25 Min. *Schinschâr* r. Nach und nach eröffnet sich die Aussicht in die Biḳâ' (S. 305), in 3 St. 20 Min. erreicht man **Ḥômṣ** (S. 378).

Von Ḥômṣ nach Ḥamâ Fahrstraße 47km. Man verläßt die Stadt auf der N.-Seite und reitet über den mit schwarzen Leichensteinen bedeckten großen Begräbnisplatz (bei Ḥômṣ beginnt wieder das Basaltgebiet, hierauf durch eine wohl bebaute und fruchtbare, aber baumlose Ebene in n. Richtung. Nach $^1/_2$ St. sieht man r. das Dorf *Dêr Balaba* 25 Min. entfernt, nach 1 St. l. *Za'ferâne* (vielleicht das antike *Zifron* von IV Mose 34, 9, wo von der ideellen N.-Grenze des israelitischen Reiches die Rede ist?). Nach $^3/_4$ St. r. auf einem isolierten Hügel das Dorf *Tell Bîse* (13km von Ḥômṣ); die Häuser desselben bestehen aus einem würfelförmigen fensterlosen Unterbau mit hohem zuckerhutförmigen Dach, das durch nach innen überragende Steinschichten gebildet wird. Nach 35 Min. Wasserbehälter; nach 1 St. 10 Min. (22km)

er-Restan. — Geschichtliches. *er-Restan* entspricht der alten Ortschaft *Arethusa*, welche von Seleukus Nikator (301-280 v. Chr.) gegründet wurde. Hier ungefähr begann die Landschaft *Seleucis* der Alten. Bis hieher dehnte sich der Besitz des Fürstentums Antiochien zur Kreuzfahrerzeit aus. Die Ortschaft war bereits im 13. Jahrh. unbedeutend.

Die heutige Ortschaft, aus Basalt gebaut, auf einem Hügel an der S.-Seite des Orontes, enthält von Altertümern nur unförmliche Reste. Man steigt zu dem wasserreichen Flusse hinab. Dieser fließt von S. auf die Ortschaft zu und wendet sich in einem 80-90m tiefen Thale nach O.

Jenseits der Brücke (24km von Ḥômṣ) steigt man auf ein Plateau hinauf, von wo man den Lauf des Flusses, der sich erst nach O., dann hinter einem Höhenzug mit drei kegelförmigen Kuppen nach N. wendet, mit dem Auge verfolgen kann. Nach 1 St. 20 Min. hat man diesen Höhenzug (*Dschebel Arbaʿîn*) r. zur Seite; am Abhang der mittleren Kuppe das Dorf *Tell Ardo*. Nach 25 Min. passiert man das Dorf *Epsirin*; bald darauf wird *Ḥamâ* (47km) sichtbar und nach 2 St. 30 Min. erreicht man den Begräbnisplatz im S. der Stadt (man hüte sich, das Zelt in der Nähe eines der großen Wasserräder aufzuschlagen).

Ḥamâ. — Geschichtliches. *Hamath* war das Centrum eines Staates, über dessen Ausdehnung wir nichts erfahren. David wurde von König Thoi von Hamath wegen seines Sieges über den König von Rechob beglückwunscht (II Sam. 8, 9 ff.). Der jüdische Staat erstreckte sich zur Zeit seiner größten Ausdehnung von Hamath bis zum Bache Ägyptens (S. 159; I Kön. 8, 65). Nach Amos 6, 2 war Hamath eine große Stadt. Ihre Eroberung durch die Assyrer wird II Kön. 18, 34 erwähnt (vgl. Jes. 10, 9). Nach dem Eintritt der macedonischen Herrschaft erhielt Ḥamâ (wahrsch. von Antiochus IV. Epiphanes) bei den Griechen den Namen *Epiphania*; bei christlichen Schriftstellern des Altertums hieß sie *Emath* (oder *Chamat*) *Epiphania*. Der alte Name, der im Volksmund nie untergegangen war, kam (S. LXXXVII) nach der Eroberung durch die Araber wieder zur Geltung. Ḥamâ unterwarf sich den anrückenden Muslimen (Abu ʿUbeida) friedlich 639; die christliche Kirche wurde in die Moschee „des obersten Marktes" verwandelt. In der unruhigen Kreuzfahrerzeit kam Ḥamâ in den Besitz der Ismaʿîlier (S. CIII); diese erhoben einen ihrer Freunde Riḍwân zum Fürsten von Ḥamâ, während sie die Citadelle besetzt hielten. Dies hatte die Intervention Tankreds zur Folge, der nach mehreren vergeblichen Versuchen die Stadt 1108 eroberte; die Ismaʿîlier wurden niedergehauen. 1115 entriss der Türke Togtekin Ḥamâ den Franken wieder. Ein furchtbares Erdbeben zerstörte Ḥamâ 1157; es sollen dabei 15,000 Menschen umgekommen sein. 1178 kam das Land in die Gewalt Saladins.

Nur noch *eine* kurze Blütezeit erlebte die Stadt unter ihrem einheimischen Fürsten *Abulfedâ*. Dieser höchst bedeutende Mann war 1273 geboren und stammte aus Saladins Geschlecht. Er genoß eine sehr sorgfältige Erziehung und mußte schon früh die Kriege bes. gegen die Franken mitmachen. 1310 wurde er zum Fürsten (Sultan) von Ḥamâ (Maʿarrâ und Barzin) erhoben, und hieß als solcher el-Melik el-Muaijad (der von Gott unterstützte König). Selbst bei seinen Kriegszügen ließ er wissenschaftliche Studien nicht außer Augen und umgab sich mit hervorragenden Gelehrten. Von seinen Schriften sind ein geographisches Werk und eine Weltgeschichte noch heute geschätzt. Mit seinem Tode (26. Okt. 1331) war auch diese letzte Glanzperiode für Ḥamâ zu Ende. Die Stadt ist seitdem nie mehr zu selbständiger Bedeutung gelangt. Zu erwähnen ist, daß auch der arabische Geograph Jâķût († 1229), den wir öfters angeführt haben, aus Ḥamâ gebürtig war.

Ḥamâ (60000 Einw., *türkischer Telegraph*) ist Sitz eines von Damascus abhängigen Mutaṣerrif und Garnisonstadt. Der franz. Vicekonsul *Geoffroy* zu Lâdiķîje ist zugleich auch Konsul für Ḥamâ und Ḥômṣ; der russische Vicekonsul *Kamsarakan* residiert meist in Beirût. Die Stadt liegt malerisch in dem schmalen Thal des

Orontes (*el-'Âṣi*), der sie von SO. nach NW. durchströmt, indem er in der Mitte der Stadt einen Bogen bildet; vier Brücken führen hinüber. Der höchste Teil der Stadt (*el-'Alîjât*) liegt ö., 45m über dem Fluß. Vier andere Bodenerhebungen sind: der *Kastellhügel* n., das *Buschûra-Quartier* nö., *Schêch 'Ambar el-'Abd* auf der l. Seite des Flusses, *Schêch Muhammed el-Ḥaurâni*, eine Fortsetzung des älteren und breiteren Thales. Die Lage von Ḥamâ ist heiß und ungesund. Die Einwohner gelten für stolz und fanatisch. Der Kastellhügel ist c. 27m h. und scheint zum Teil künstlich zu sein. Von der alten Festung sind keine Überreste vorhanden. Oben schöne Aussicht auf das Thal und die weite fruchtbare Ebene im W. Die Stadt ist schlecht gepflastert und schmutzig, die Häuser von Lehm, nur wenige Steinbauten. Eine Hauptmerkwürdigkeit Ḥamâs sind die riesigen Wasserräder (*nâ'ûra*), welche knarrend Tag und Nacht Wasser aus dem Orontes hinaufziehen; ein jedes derselben hat seinen besonderen Namen. Um die Stadt herum liegen Gärten mit vielen Pappeln. — Der Handel von Ḥamâ ist immer noch ansehnlich, besonders mit den umwohnenden Beduinen und Nosairiern. Die Basare sind geräumig und mit Waren wohl versehen. Auch hier hat die inländische Industrie durch die europäische Konkurrenz starke Einbuße erlitten, doch werden immer noch 'Abâjen (Mäntel) u. a. verfertigt.

Die Stadt bietet wenig Sehenswürdigkeiten. Bei der zweiten Brücke (von S.) auf dem r. Flußufer ist der „Palast“ der Emire aus dem Geschlecht Kilânî. Sehr schöne Minarete (im ganzen 24) finden sich an den Moscheen der Stadt; das schönste an der *Dschâmi' el-Kebîr* („große Moschee“). Die *Dschâmi' el-Ḥaija* („Schlangenmoschee“) hat ihren Namen von zwei sich dort vorfindenden Säulen, welche schlangenartig in einander gewunden sind. Das Haus des *Muaijad Bej* verdient seiner inneren Ausschmückung wegen einen Besuch. — In der NW.-Ecke der Stadt, wo sich der Fluß nach N. wendet, sollen sich in einiger Höhe über dem Flußbett am r. Ufer Katakomben finden. — Eigentümliche Inschriften sind in Ḥamâ gefunden worden; doch sind ihre hieroglyphenähnlichen „hettitischen“ Schriftcharaktere bis jetzt noch nicht entziffert.

NÖ. und sö. von Ḥamâ liegt das Gebiet des *Dschebel el-A'lâ* („das höchste Gebirge“), welches die Wüste Syriens vom Orontesthale trennt. Die Araber behaupten, es gebe im Dschebel el-A'lâ 365 Ortschaften. Der ganze Distrikt ist basaltisch; doch liegt die Lavaformation nur in einer dünnen Schicht auf dem Kalkgebirge. Nach den Fragmenten von Säulen, Ornamenten und Inschriften zu schließen, war die Gegend jedenfalls zur Römerzeit reich und bevölkert.

Von Ḥamâ nach Aleppo (22-27 St.) Nach c. 40 Min. Dorf *Duffei*, man reitet nun parallel mit der Kette des *Nosairiergebirges* (S. 381) über die offene, nicht überall angebaute Ebene. Nach 10 Min. *eṭ-Ṭaijibe*, in 2 St. 30 Min. *Laṭmîn*, in 1 St. 50 Min. *Schêchûn* mit einem großen Chân, in 40 Min. *Ais* (mit See). Weiterhin erblickt man am Wege Grabhöhlen; nach 2 St. *Markaḍât* mit einem alten zerstörten Chân und tiefem Brunnen, in 2 St. die große Ortschaft **Ma'arret en-No'mân**, die ihren Namen von einem Gefährten Muḥammeds Namens No'mân Ibn Beschir hat. Die Kreuzfahrer belagerten, zerstörten und plünderten diese Stadt, die sie *Marra* nannten, 1099 unter Boemund. Das Städtchen (c. 1500 Einw.) liegt auf einer Anhöhe; die Umgegend ist wohl bebaut (auch Feigen und Pistacien), doch ist kein fließendes Wasser am Orte. Man bemerkt Spuren von Altertümern außerhalb des Ortes; schöner Chân. Das Schloß *Ḳal'at en-No'mân* liegt in Trümmern.

Von *Ma'arret en-No'mân* geht der direkte Weg ö. von *Sermîn* vorüber in 5½ St. nach *Serâkib*, in 7½ St. nach *Chân Ṭûmân* (s. unten); öfter wird aber von den Karawanen *Sermîn* selbst berührt (6-7 St. von Ma'arret en-No'mân). Man findet in Sermîn sehr viele in den Felsen gehauene Cisternen und Brunnen, sö. vom Dorfe künstliche Felsenhöhlen. Die Häuser der nordsyrischen Dörfer haben meist kegelförmige Dächer, doch giebt es auch unterirdische Wohnungen, öfter mit Benutzung alter Grabhöhlen oder Cisternen. — Von *Sermîn* aus erreicht man durch eine weite traurige Wüste in c. 5½ St. *Ma'arret el-Ichwân*, ein elendes Dorf mit ungastlichen Bewohnern. Immer der Telegraphenleitung folgend, kommt man nach c. 1 St. durch eine fruchtbare Niederung bei dem Dorfe *Ḳanâṭir* (l. ½ St. entfernt *Herâde*); in 2 St. 20 Min. das Flußthal des *Ḳuweiḳ*; jenseits desselben auf der Anhöhe *Chân Ṭûmân* bei einem gleichnamigen Dorf (Ṭûmân war ein Mamlukensultan). Nach 1 St. 25 Min. erblickt man die Minarete und die Citadelle von Aleppo, bald darauf von der Anhöhe die Stadt, eine Oase in einer großen Wüste; nach 50 Min. Dorf *Anṣâri*, in ½ St. den *Nahr Ḳuweik* überschreitend zum S.-Thor von Aleppo.

Von **Ḥamâ nach Lâdiḳîje** führt eine Fahrstraße.

Von **Ḥamâ nach Kal'at el-Muḍîḳ** (8 St. 15 M.). Eskorte notwendig. Man steigt an der W.-Seite der Stadt die steile Thalwand empor und reitet in w. Richtung über die weite angebaute Ebene. Bei *Tîsîn* (1¾ St.) biegt man nach N. ab; in 40 M. *Kefreidûn*. In nw. Richtung kommt man in ein grünes Thal, woselbst man auf einer vierbogigen alten Brücke (*Dschisr el-Medschdel*, Turmbrücke) einen Nebenfluß des Orontes überschreitet; in der Nähe Ruinen. Nach c. 1 St. *Emhardi* ¼ St. r.; nach 25 Min. wieder in die weite Ebene des Orontesthales. Auf der N.-Spitze der Felswand, welche das Orontesthal im O. überragt, liegt *Ḳal'at Seidschar* (früher Scheizar), an der Stelle der alten Stadt *Larissa*, welche von Seleukus Nikator hier gegründet (oder wieder hergestellt) wurde. Das heutige Dorf liegt innerhalb der Mauern des großen Kastells. Der Orontes strömt hier aus einer engen Felsschlucht hervor und ist von einer Brücke mit 10 Bogen überspannt, die man überschreitet. Über ein unebenes wüstes Terrain führt der Weg weiter; in der Ebene sieht man eine Anzahl künstlicher Hügel. Nach 2 St. das elende Dorf *Hejalîn*; von da in c. ½ St. nach

Ḳal'at el-Muḍîḳ. — Geschichtliches. *Ḳal'at el-Muḍîḳ* war die Citadelle der Griechenstadt *Apamea*. Seleukus gab der Stadt diesen Namen nach seiner persischen Gemahlin Apame. Derselbe Seleukus umgab die Stadt, die früher *Pharnake* geheißen haben und von den Gefährten Alexanders *Pella* genannt worden sein soll, mit Mauern. Apamea war ein großes Centrum der Seleucidischen Macht; die Rechnungskammer des Kriegsheeres und die sehr ausgedehnten Stutereien (30000 Stuten und 300 Hengste) befanden sich hier; Seleukus Nikator unterhielt hier 500 Elefanten, die er von einem indischen Könige erhalten hatte. Das Kastell von Apamea war sehr stark. Pompejus zerstörte dasselbe. Die Stadt war später Bischofssitz, wurde aber im 7. Jahrh. n. Chr. von Chosroes II. gänzlich verheert und verbrannt, die Einwohner in die Sklaverei geführt. — Die arabischen Autoren nennen die Stadt noch *Fâmija* oder *Afâmija*, sie spielte aber keine große Rolle mehr; im J. 1152 wurde sie durch ein Erdbeben zerstört.

Die Lage von *Apamea* ist sehr schön. Das grüne, sumpfige 1½ St. breite Orontesthal *(el-Ghâb)* ist mit saftigen Wiesen bedeckt. Im W. steigen die steilen und kahlen Felswände des Nosairiergebirges empor, im NO. der *Dschebel Rîhâ*, im S. sieht man die Gipfel des Libanon. Im S. liegt *Sekiebîje*, im NW. *Schemsâe*. — Die Bewohner des *Ghâb* sind arme Halbbeduinen und den Räubereien der Nosairier ausgesetzt. — Das heutige Dorf liegt innerhalb des modernen arabischen Kastells. Die Ruinen der alten Stadt liegen n. vom Kastell, sind aber sehr zerfallen und formlos. Das N.-Thor der Stadt ist noch erhalten, aber mit den Quadern eines eingestürzten Turmes überlagert. Vom N.-Thore lief eine große Säulenstraße nach S. Die am Boden zerstreuten Säulenschäfte sind von verschiedener Form und Größe, die Säulenstraße war nicht einheitlich zusammengesetzt, folglich stammt sie wohl aus später Römerzeit. Sie war 12m br., die Säulen, c. 1800 an der Zahl, 9m h. Zu beiden Seiten der Kolonnaden finden sich nischenartige Plätze, auch stehen manche Portale noch aufrecht. Man bemerkt viele sich rechtwinklig schneidende Straßenläufe. Ungefähr in der Mitte der Kolonnade, wo diese von einer andern Säulenstraße gekreuzt wurde, sind die Ruinen eines großen Gebäudes. — Auf der O.-Seite der Hauptstraße stehen noch einige Säulen um einen viereckigen Grabbau herum aufrecht. In den Ruinen wächst viel Gestrüpp. — Man kann beim Schêch übernachten.

Von Ḳal'at el-Muḍîḳ nach el-Bâra (7 St. 40 Min.). Von *Ḳal'at el-Muḍîḳ* führt der Weg über eine Nekropole, dann in nw. Richtung. Nach 1½ St. l. ein Hügel, mit turmähnlichem Gebäude, am Fuße birnenförmige Wasserbehälter. Hierauf tritt man in den *Dschebel ez-Zâwi*, der auch *Dschebel el-Arba'în* (Berg der 40 Märtyrer) oder *Dschebel Rîhâ* (nach dem Orte *Rîhâ*) heißt, einen langgestreckten kahlen Höhenzug. Namentlich im Bereich dieses Gebirges findet sich jene Unmasse von alten Ortschaften und Kirchen, deren Stil wir S. cxxiv kurz skizziert haben. Auf schlechtem Wege reitet man in einem Thale aufwärts, bis man nach 1½ St. in einen kesselartigen Thalgrund hinabsteigt. Nach 1 St. 35 M. *Têfile* mit Resten einer alten Kirche. Nach ¾ St. an *Seburrâ* vorbei nach *Fattîre*. Nach 1 St. l. oben auf kahlem Felsenvorsprung *Ḳal'at Dschîdar*; r. in weiter Entfernung sieht man große Ruinen. Nun reitet man n. durch ein Thal, das sich allmählich zu einer Schlucht verengt; nach 1 St. 20 M. verlassene Stadt *Mudschdeleia* mit fast vollkommen erhaltenen Häusern (Ställen, Gräbern, Kirche); nach ½ St.

el-Bâra. — Die Stadt wurde 1098 von den Kreuzfahrern erobert und zum Bischofssitz erhoben; 1104 und 1123 wurde die wohl befestigte Stadt jedoch bereits von den Muslimen überfallen, geplündert und zerstört. El-Bâra liegt in einem einsamen Hochthal und ist heute ein elendes Dorf.

Die sehr weitläufige Ruinenstätte der an Pompeji erinnernden Stadt ist hauptsächlich deswegen interessant, weil eine ganze Reihe von Straßen mit Privatbauten erhalten sind. Da der Stil dieser Bauten des 5., 6. u. 7. Jahrh. n. Chr. im ganzen *Dschebel ez-Zâwi* ein einheitlicher ist, so genügt eine nochmalige kurze Skizzierung desselben. Das Pflaster der engen und öfters gebrochenen Gassen ist aus großen Polygonen gefügt. Die Häuser öffnen sich (vgl. S. XLVII) nur mit der Pforte, nicht mit den Fenstern gegen die Gasse. Durch die viereckige oder mit einem Bogen überdeckte Hausthüre tritt man in einen meist unregelmäßig angelegten länglich viereckigen Hof. Dieser ist nur auf einer Seite, bei Klostergebäuden wohl auch auf zweien, mit Portiken in zwei Geschossen eingefaßt, hinter welchen die Wohnräume sich als eine Reihe von mäßig großen Kammern hinziehen. Die davor hinlaufenden Arkaden sind in der Regel prächtig durchgeführt. Gewöhnlich sind in beiden Geschossen des Hauses Säulenreihen angebracht, die unteren bei größerer Stockwerkhöhe schlanker, die oberen gedrungener und außerdem mit Balustraden aus Steinplatten versehen, beide durch horizontales Gebälk abgeschlossen, das im oberen Geschoß das Giebeldach trägt. Die Säulenkapitäle sind sehr mannigfaltig, meistens kelchförmig. Das Quaderwerk der Häuser ist unverwüstlich; man sieht Steinbalken bis zu 10' Länge; Mörtel ist nirgends angewendet. Überall, besonders an den Portalen, sind Verzierungen in Rankenwerk angebracht; an manchen Orten finden sich christliche Embleme, Kreuze, Monogramme (α und ω). An den Façaden treten bisweilen Balkone hervor; neben den Thüren und Fenstern, die auf die Arkaden hinausgehen, sind oft Nischen angebracht. Verzierungen (Weinblätter, Akanthus, Vasen mit Pfauen, bisweilen ein das Kreuz tragendes Lamm) sind reichlich vorhanden. Holz ist in diesen Häusern nur zum Bau der Dachstühle verwendet worden.

Die Stadt el-Bâra zerfällt in ein S.- und W.-Quartier. Der südliche Teil enthält die Ruinen zweier Kirchen (und einer Kapelle) neben einem Komplex kirchlicher Gebäude. Eine Straße führt von diesem Stadtteil zu der nördlich gelegenen Nekropole. Zwischen den beiden Quartieren steht am Hügel eine wohl erhaltene zweistöckige Villa mit Veranden. Unmittelbar hinter der Villa sind Säulen im Viereck aufgestellt; dieselben tragen ein Schutzdach für darunter stehende Sarkophage. In der Gegend des Dschebel ez-Zâwi scheint ehemals viel Weinbau getrieben worden zu sein; noch jetzt sind die Ruinen teilweise von Reben überwuchert. — Der westliche Stadtteil enthält ebenfalls die Ruinen zweier Kirchen, die größere unterhalb eines alten saracenischen Kastells. Im SW. dieses Stadtteils, durch eine Schlucht getrennt, liegt die Nekropole. Besonders merkwürdig sind drei Grabmäler, welche aus einem kubischen Unterbau bestehen, der eine Pyramide trägt. Der Unterbau des einen Grabmals ist von gedrungenen Pilastern in drei Stellungen übereinander eingefaßt und hat zwei reiche Gesimse. Die Pyramiden sind bis zur Spitze hohl; an den einzelnen Quadern sind nach außen spitze Bossen stehen geblieben. Eine Thüre führt in das Innere der Grabmäler, an deren Wänden die Sarkophage in einem gewissen Abstand aufgestellt waren. Neben diesen Monumenten finden sich auch schöne Felsengräber; besonders ist eines derselben am S.-Rand der Schlucht wohl erhalten. Man tritt durch eine Vorhalle mit zwei Säulen in das Innere der Grabkammer von 6 Schritt ins Geviert. An jeder der 3 Wände sind zwei Troggräber, deren Deckel aber nicht mehr vorhanden sind. — Die Umgegend von el-Bâra ist mit Ruinen derselben Art, wie sie diese Stadt bietet, besät; überall finden sich leerstehende Häuser von so vollkommener Erhaltung, daß nur Holzbedeckung über die Dachgerüste gelegt zu werden brauchte, um die Häuser wieder bewohnbar zu machen. Noch heute ist die Gegend fruchtbar; im Altertum muß der Boden höchst ertragsfähig gewesen sein; großer Wohlstand muß hier einst geherrscht und die Einwohner befähigt haben, diese wunderschönen Basiliken, diese herrlichen Grabmonumente und Felsengräber, die wir auf Schritt und Tritt treffen, herzustellen. Der Stil aller dieser Bauten ist einheitlich, und wenn auch manche Details mißlungen, manche Formen etwas schwer sind, so spricht sich doch unleugbar ein frischer Kunstsinn, eine großartige Behandlung des Materials aus, und man findet hier noch manche Reminiscenz der klassischen, ja der griechischen Baukunst.

Zu den schönsten Ruinen gehören neben denen des S. 101 genannten Mudschdeleia die von **Chirbet Ḥâss**, c. 1 St. sö. von el-Bâra. Unter den Gebäuden ist ein Komplex kirchlicher Bauten, darunter eine größere Hauptbasilika mit sieben Säulenpaaren; wie so oft hat hier außer den drei Eingängen der W.-Seite jedes Seitenschiff an seiner Langmauer noch zwei Pforten, die durch eine auf zwei Säulen ruhende Vorhalle vorbereitet werden. Neben dem Chor, der auf das Hauptschiff beschränkt und nur nach innen rund gebildet ist, liegen zwei viereckige Räume, so dass die Kirche nach außen die Gestalt eines oblongen Rechtecks hat. — Außer der Hauptkirche ist noch eine kleinere Basilika vorhanden. Auch die Nekropole von Chirbet

Hâss ist bewunderungswert. Es ist hier ein schönes Mausoleum mit Giebel und Felsanschnitten erhalten. Zu den Eingängen zweier Felsgräber steigt man auf schiefer Ebene hinunter. — In dem benachbarten Dorfe *Hâss* findet sich ebenfalls eine Basilika mit Porticus; sie hat große Bogenfenster und viereckige Apsiden, die über die Linie der Langschiffe vorspringen. Die Nekropole von Hâss enthält ein besonders schönes Monument, das Grab eines gewissen Diogenes aus dem 4. Jahrh. Vor dem sehr schönen steinernen Portal, welches in das Innere des kubischen Unterhaus führt, ist ein Porticus angebracht. Das zweite Stockwerk des Kubus hatte einen ringsherumlaufenden Säulenperistyl, darüber eine Pyramide mit Buckeln; auch finden sich hier einige merkwürdige Grabmonumente mit Bogengewölben und viele interessante Felsgräber.

Etwa 1 St. n. von Hâss liegt *Serdschillâ*. Hier sind ganze Reihen von Wohnhäusern erhalten, sowie Thermen und Kirchen. Eins der Grabmonumente besteht aus einem viereckigen Bau mit Giebeldach. Große monolithische Sarkophagdeckel sind über Sarkophagen, deren Öffnungen in gleichem Niveau mit dem Felsboden liegen, angebracht oder bedecken Felsentreppen, welche zu Grabhöhlen hinunterführen (auch in *Dêr Sambil* nw. von Serdschillâ finden sich Ruinen und Gräber). — Serdschillâ liegt c. 1 St. ö. von el-Bâra. 1 St. 15 Min. weiter nach O. Ruinen des schönen Klosters *Dêr Dârîn*, 45 Min. *Ma'arret en-No'mân* (S. 400).

Etwa 1 St. nnw. von *Ma'arret en-No'mân* liegen die Ruinen von *Dâna*. Hier findet sich ein schönes Mausoleum mit einem Porticus von 4 Säulen. In der Nähe liegt das Monument eines gewissen Olympus; vier im Viereck aufgestellte freistehende ziemlich rohe Säulen tragen ein Schutzdach für das Grab. Eine Stunde weiter nördlich liegen die ausgedehnten Ruinen von *Ruweiḥa* (Klein-Riḥâ). Innerhalb einer Umfassungsmauer findet sich hier eine interessante Kirche und zwei Grabmonumente. Die Kirche aus dem 4. Jahrh. ist nicht wie die bisher betrachteten eine Säulen-, sondern eine Pfeilerbasilika. Die beiden kurzen Pfeiler, welche zu jeder Seite des Mittelschiffes stehen, sind mit kühnen Arkadenbögen verbunden und Querbögen über das Mittelschiff ausgespannt. Die Apsis ist nach außen in ein Viereck eingeschlossen. Rechts von der Kirche liegt das Grabmonument eines gewissen Bizzos mit Säulenvorbau für das Portal; über den Eckpilastern ist hier ausnahmsweise eine Hohlkehle angebracht. Links von der Kirche steht ein zierliches Mausoleum ganz in der Art eines kleinen antiken Tempels mit einer Vorhalle in antis.

Von *Ruweiḥa* kann man in 3-4 St. in nnö. Richtung *Sermîn* (S. 409) erreichen. Ein anderer Weg führt nw. in 1 St. 15 Min. nach *Mu'emlif*, am Fuße des *Dschebel Riḥâ*; von hier 3/4 St. nach *Kafr Lâta*. Auf dem Berge hat man eine weite Rundsicht; gegen O. dehnt sich eine Wüste, gegen W. und N. dagegen eine gut bebaute, mit vielen Bäumen bedeckte Ebene aus. Im N. ragen die schneebedeckten Höhen des Taurus empor. *Kafr Lâta* ist von sehr ausgedehnten Nekropolen umgeben; man findet viele aus dem Felsen gehauene Sarkophage und Begräbnisgrotten, sowohl auf der W.- als auf der O.-Seite des Dorfes. In dem engen Thal, welches sich an der N. Seite des Dorfes hinzieht, steht über einer Quelle ein Monument, dessen Kuppel von vier Säulen getragen wird. An der N.-Seite des Thales findet man ein großes aus dem Felsen gehauenes Viereck, in den Wänden mit mehreren Nischen und in der Mitte mit einem großen Steinsarge. Weiter im O. ein ähnlicher viereckiger Raum mit Sarkophagen und Grabhöhlen. — Von *Kafr Lâta* nach *Riḥâ* 45 Min.

Von el-Bâra nach Riḥâ *direkt* (3 St. 50 Min.). Unmittelbar hinter dem Dorfe entspringt eine Quelle; man passiert das Kastell und reitet zwischen Wein und Olivenpflanzungen an der nördlichen Thalwand empor; viele Gräber und Sarkophage liegen r. und l. Nach 40 Min. r. zwei Dörfer *Belijûm* und *Schtîda* (?). Nach 30 Min. *Mêschûn*. In der Nähe des Dorfes findet sich eine in den Felsboden eingesenkte Nekropole mit Troggräbern, die mit Bogen überwölbt sind. Im NW. *Tell Nebi Ejjûb* („Prophet Hiob“). Nach 20 Min. *Mer'ajân* r., darauf steigt man bergan; von der Höhe erblickt man n. eine schöne wohlbebaute Landschaft. Nach 45 Min. an *Râmâ* vorüber; nach 1/2 St. erreicht man die Ebene, in einiger Entfernung l. *Urim el-Dschôz*. Nach 45 Min. passiert man einen isolierten Hügel mit Felsgräbern und erreicht in 20 Min. **Rîhâ**, ein von c. 3000 Seelen bewohntes Städtchen in schöner Lage am N.-Fuß des *Dschebel el-Arba'în*, inmitten von Olivenpflanzungen. Im NW. von Rîhâ erstreckt sich der *Dschebel Chairedschîje*, welcher das Orontesthal begrenzt. — Von *Rîhâ* reitet man in 3 St. direkt nach *Sermîn* (S. 400).

Von Rîhâ nach Dânâ durch den Dschebel el-A'lâ (9-10 St.). Interessante Ruinengruppen finden sich weiter nördlich von Rîhâ in dem Gebiet des *Dschebel el-A'lâ* (von dem S. 390 genannten Gebirge gleichen Namens wohl zu unterscheiden). In c. 2½ St. reitet man über *Tell Stummak* u. nach *Edlib* (einige Christen). Von hier 2-3 St. nnw. *Herbânûsch* im *Dschebel el-A'lâ*. ½ St. weiter n. *Dêr Sêta*: schöne Ruinen von Wohnungen; von kirchlichen Gebäuden findet sich hier eine Basilika mit fünffacher Säulenstellung und Resten eines hexagonalen Baptisteriums. — Etwa 15 Min. nw. von *Dêr Sêta* liegt *Bakûza*: Basilika aus dem 6. Jahrh.; die Kirche hat eine Vorhalle mit zwei Säulen, vor den Seiteneingängen sind kleine Vorhallen angebracht, die Apsis des Hauptschiffes tritt auch nach außen halbkreisförmig mit 3 Fenstern vor. — Etwa ½ St. nw. von *Bakûza* liegt *Kokanaja*; außer sehr schön erhaltenen Häusern findet sich hier eine Kapelle aus dem 6. Jahrh. mit besonders reichen Verzierungen, Rosetten u. s. w.; außerdem Sarkophage und ein Grabmonument mit Pyramidenaufsatz (halb zerstört). — N. von *Kokanaja* (c. 1 St.) liegt *Beschindelaja*; hier findet sich das früheste der datierten Gräber Nordsyriens, das Grab des Tib. Cl. Sosandros, am 27. April 134 vollendet. Es hat eine in trockenen Formen dorisierende Pfeilerhalle, einen inschriftbedeckten Architrav und einen mit Stierköpfen und Festons geschmückten Fries; neben dem Grabe steht ein hoher Denkpfeiler, am oberen Ende mit einer figürlichen Darstellung in flach vertiefter Nische. — *Kafr Kîle*, c. 20 Min. nö. von *Beschindelaja*, enthält eine schöne Basilika, über deren Seitenportal ein besonders reicher Architrav. Von *Kafr Kîle* kann man nach N. über *Salkîn* das Kastell *Hârim* (S. 415) in c. 2½ St. erreichen. — Etwa ½ St. n. von *Kafr Kîle* liegt *Kalb Lôze* mit einer der schönsten Kirchen Nordsyriens, Pfeilerbasilika aus dem 6. Jahrh. Das große Bogenportal der Vorhalle ist eingestürzt, jedoch die Mauer linker Hand mit 3 Stockwerken von Fenstern erhalten. Im Innern sind die Pfeiler, über welche die Bogen gespannt sind, massiv und niedrig. Über den Bogen ist am Hauptschiff eine Reihe von viereckigen Fenstern angebracht. Die kleinen Säulchen, welche zwischen diesen Fenstern standen, sind größtenteils verschwunden, doch ihre Konsolen sowie die der Deckbalken erhalten. Ganz besonders schön ist der Chor, zu dem Stufen hinaufführen. Die Apsis des Mittelschiffes ist auch nach außen halbrund gebildet und mit doppelter Wandsäulenstellung gegliedert. Auf den Kapitälen liegen Konsolen, ebenso sind solche zwischen den einzelnen Säulen angebracht; diese tragen das Kranzgesimse des kleinen Daches, über welchem sich der vorspringende Giebel des Mittelschiffes erhebt. — C. 10 Min. von *Kalb Lôze* liegt *Behio* (Basilika und schöne in den Felsen gehauene Keltern). — C. 2½ St. NNO. *Sermada*, wo sich ein Grabmonument befindet, das aus zwei durch Gebälk verbundenen Säulen besteht, die auch in ⅔ der Höhe durch einen kleinen Balkon verbunden sind. — Von *Sermada* reitet man in c. ¾ St. N. nach *Dânâ* (S. 414) und kann von hier mit Umgehung von *Turmânîn* die Straße nach Aleppo erreichen.

41. Aleppo.

Unterkommen mäßig gut in den von Levantinern gehaltenen Hôtels: *Ararat*, *Popolani*, *Ismakûn* und *'Azîzîje* (letzteres in der Vorstadt gleichen Namens). Pens. o. W. 5-7 fr.

Banken: *Zollinger & Co.*, Repräsentant der *Banque Ottomane* (S. XXXIII); *Lütticke & Co.*; *Vincenzo Marcopoli & Co.* Kurse (im J. 1890): Türk. Lira 125 Pi.; franz. Lira 100 Pi.; engl. Lira 137½ Pi.; Medschîdî 23 Pi.

Post. Die türk. Post schickt die Briefe mit Kurier nach Alexandrette auf die verschiedenen Dampfer. Landpost nach Damascus je nach An-

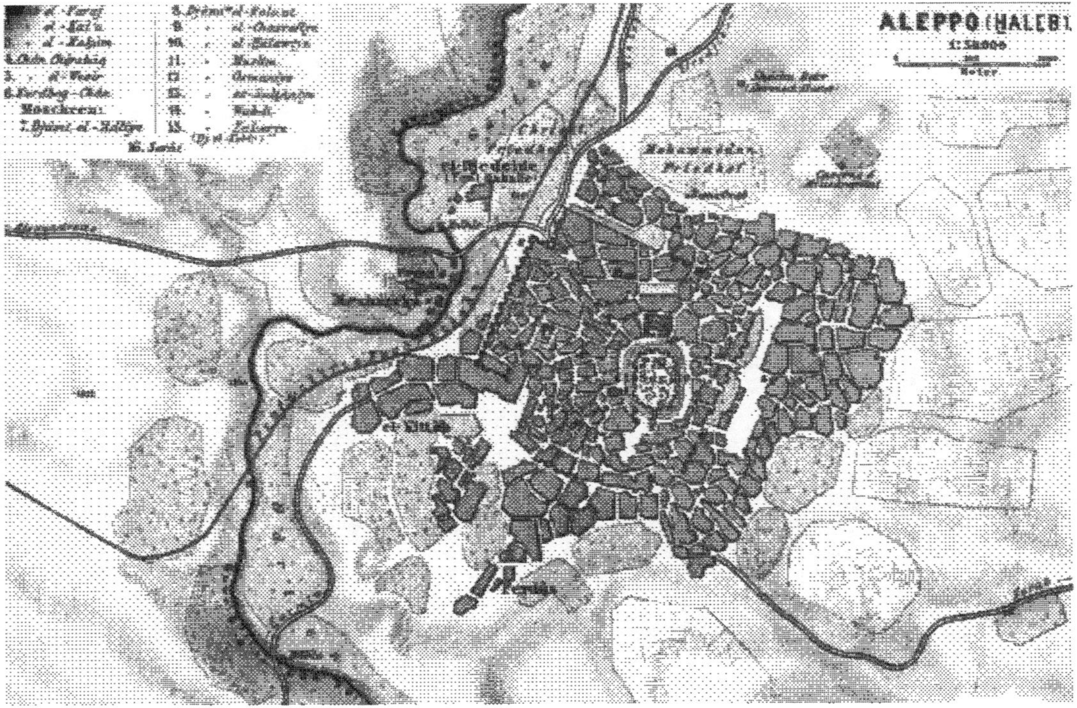
ALEPPO (HALEB)
Meter
Moscheen:
Mohammedan. Friedhof

kunft der Landpost von Constantinopel; von Damascus jeden Sa. Morgen, nach Constantinopel Sa. Mittag. — Telegraph (internat.) im Serâi.

Konsulate. Mit Ausnahme Belgiens und der Schweiz sind alle Staaten vertreten. Deutschland: *Zollinger;* Österreich: *Picciotto.* England: *Jago;* Frankreich: *Gilbert;* Amerika: *Bosch.*

Ärzte: Dr. *Lorenz* (Deutscher); Dr. *Curado* (Sanitätsarzt); Dr. *Zacr-lewsky*, von denen jeder seine eigene Apotheke hat.

Geschichtliches. Das Dasein von Aleppo wird durch ägyptische Monumente bereits für das zweite Jahrtausend vor Christus bezeugt. Die Griechen (Seleukus Nikator) gründeten an diesem Platze eine Stadt *Beröa*. Der Perserkönig Chosroes II. marschierte von Hierapolis (heute *el-Mambedsch*) am Euphrat gegen Beröa (611 n. Chr.). Der Bischof von Beröa, Megas, befand sich damals in Antiochien, und reiste zu Chosroes, um mit ihm zu unterhandeln. Beröa wurde zwar von den Persern niedergebrannt; doch konnten die Beröer sich so lange in der Festung halten, bis Megas bei Chosroes Fürbitte einlegte. — Die Stadt ergab sich den Arabern unter Abu 'Ubeida ohne Widerstand, ja Haleb gewann fortan an Bedeutung, da die Araber das nahe gelegene *Kinnesrîn* (S. 410) zerstört hatten. Der Hamdanide Seifeddaule (936-967) machte Haleb zu seiner Residenz; doch gelang es 961 den Byzantinern unter dem Kaiser Nikephoros die Stadt, jedoch ohne die Citadelle, für kurze Zeit einzunehmen. Es folgten die unruhigen Zeiten der Kreuzzüge. Unter dem Fürsten Ridwân, der Haleb den Assassinen entrissen hatte, mußte die Stadt den Fürsten von Antiochien Tribut zahlen. 1114 wurde Haleb durch ein Erdbeben zerstört. 1124 von König Balduin vergeblich belagert. 1139 trat wieder ein Erdbeben ein. Nach dem furchtbaren Erdbeben 1170 ließ der berühmte Nûreddîn Stadt und Festung neu aufbauen. 1260 zerstörten die Mongolen unter Hûlagû die Stadt und metzelten ihre Bewohner größtenteils nieder; auch das Schloß wurde geschleift. 1280 wurde Haleb nochmals von den Mongolen verheert, erholte sich jedoch bald wieder. Auch unter der Herrschaft der Mamlukensultane von Ägypten war Haleb die Hauptstadt von Nordsyrien. 1400 wurden die Syrer vor den Thoren Halebs durch Timur geschlagen, die Stadt zerstört; das Blutvergießen und die Plünderung dauerten vier Tage. Den Emiren, welche die Festung nach tapferer Gegenwehr übergaben, wurde das Wort nicht gehalten, sie wurden niedergehauen. Der Wiederaufbau der Festungswerke wurde 1427 beendet. 1516 machte der Sultan Selim der Mamlukenherrschaft ein Ende und zog ohne Widerstand in Haleb ein; die Stadt wurde Hauptort eines Paschaliks.

Haleb verdankt sein immerwährendes Wiederaufblühen großenteils dem Karawanenhandel, denn es lag an der direkten Route nach Persien und Indien, und von jeher war hier großer Verkehr in Seide, Spezereien, Leinwand, Tuchen, Edelsteinen etc. Schon früh besaßen die Franzosen und Venetianer hier ihre Faktoreien. Gegen Ende des 16. Jahrh. unter der Regierung der Königin Elisabeth gründeten auch die Engländer eine solche und hatten ihren eigenen Konsul. Der Seeweg nach Ostindien that freilich dem Karawanenhandel und somit der Bedeutung von Aleppo Abbruch. Auch die Holländer hatten ihre Faktorei in Haleb. — Im Anfange unseres Jahrh. litt Haleb sehr, indem es in die Hände der Janitscharen geraten war. 1822 zerstörte ein großes Erdbeben Aleppo; dabei soll der dritte Teil der Einwohner umgekommen, zwei Drittel der Häuser eingestürzt sein. 1830 war wieder ein Erdbeben. Unter der ägyptischen Herrschaft 1831-1840 blühte die Stadt wieder auf, da Ibrâhîm Pascha sie zum Hauptsitz seiner Macht erhob. 1850 gab es in Haleb einen Aufruhr; die Beduinen drangen in die Stadt, der Pascha 'Abdallâh mußte fliehen.

Die Einwohnerzahl von Aleppo beträgt nach amtlicher Zählung 119000 Seelen, davon über die Hälfte Muslimen. Die christliche Bevölkerung besteht größtenteils aus Griechen, dann c. 3000 Armenier, ebensoviele Maroniten und einige katholische Syrer. Auch eine kleine protestantische Gemeinde haben die Amerikaner hier gesammelt. Jede Religionsgemeinschaft hat ihre besondere Schule. Auch die Franziskaner der Terra Sancta leiten eine solche; die St. Josephsschwestern eine Mädchenschule. Beim Serâi liegt eine große muslimische Schule. Ebenso ist eine große italienische Staatsschule dort gegründet.

Aleppo liegt unter 32° 11′ 32″ n. Br., 420m ü. M. Das Klima ist im Winter rauh; Schnee und Frost sind nicht selten. Die Sommerhitze wird durch kühlende Westwinde gelindert. Die Stadt liegt von Hügeln umgeben in einer Tiefebene an der Grenze der Wüste. Durch den nw. Stadtteil fließt der Fluß *Ḳuweiḳ* (türk. *Gök Sû*), der *Chalus* des Xenophon; derselbe entspringt einige Tagereisen n. von der Stadt und fließt durch die Ebene von *Killis* herunter. Die Stadt erhält ihr Trinkwasser teils vom Flusse; teils durch eine Leitung von *Ḥeilân* (3 St. n.) her. Der Ḳuweiḳ fließt oberhalb der Stadt in ziemlich tiefen Ufern; wo er das ihn umgebende Land berieselt, bringt er eine herrliche Vegetation hervor. Diese beginnt einige Stunden n. von Aleppo; in unmittelbarer Nähe der Stadt ist der Fluß von einem schmalen aber prächtig grünen Streifen von Baumgärten eingefaßt. Das Flußwasser, welches nicht aufgebraucht wird, verliert sich 2 St. s. von der Stadt in einem Sumpfe (*el-Match*). Der Boden in der Umgebung ist sehr gut; es lassen sich dreierlei Arten unterscheiden: der sandige Alluvialboden des Flußthales; dann die stechend ziegelrote Erde, die sich vorzüglich zum Anbau von Weizen und Pistacien eignet (die Pistacia vera bedeckt namentlich die Höhen ö. von Aleppo und liefert sehr guten und reichen Ertrag; schon Kaiser Vitellius ließ die Pistacien aus dieser Gegend kommen); endlich die lettige, schwarze Erde, welche gleich nach dem Aufhören des Regens sich in Staub verwandelt und zerbröckelt. — In der Umgebung des Flusses wachsen Eschen, Ahorn, Platanen, Weißpappeln; dann Nebk, Sumach, Walnuß, Quitten und auch Olivenbäume. Für die Orangen ist das Klima zu rauh. Die Getreideernte fällt Ende Mai. N. von Aleppo bei *'Aintâb* wird viel Wein gebaut. — Der Fluß Ḳuweiḳ ist sehr fischreich und enthält besonders schöne Aale. — Das Salz wird von den großen Salzseen bei *Dschebbûl* ö. und sö. von Aleppo dorthin gebracht.

Einer trotz vieler Nachforschungen noch nicht ergründeten Ursache ist jene eigentümliche Krankheit zuzuschreiben, welche von Aleppo bis nach Persien hinein verbreitet und unter dem Namen „*ḥabb ḥaleb*“ (Aleppobeule, franz. bouton d'Alep), oder „*ḥabb es-sene*“ (Jahresbeule) bekannt ist. Dieselbe besteht aus einem oder einer Anzahl Geschwüren, die an allen möglichen Stellen des Körpers hervorbrechen und nach ihrer Heilung (übrigens schmerzlos) einen bisweilen thalergroßen weißlichen Fleck in Vertiefungen auf der Haut zurücklassen. Diese Krankheit befällt alle Einheimischen, sogar Hunde und Katzen; sie kann bei Fremden, die sich auch nur einige Zeit in Aleppo aufgehalten haben, lange nach ihrem Weggang ausbrechen. Eine arab. Redensart wünscht dem Feinde an, die Aleppobeule möge sein Haus befallen. Man hat bis jetzt kein Mittel gegen diese Krankheit gefunden. Es giebt jedoch Leute, welche davon verschont bleiben, wie auch andere, welche sogar in Südsyrien davon befallen werden.

Trotz dieses Umstandes ist die europäische Kolonie, welche sich in Aleppo befindet, viel größer als in Damascus, ja die lange Anwesenheit der Franken hat auch der Stadt ein anderes Gepräge gegeben. Außer den europäischen Handlungshäusern findet sich auch eine ganze Anzahl Levantiner (S. LXXXVI). Der Reisende trifft daher in Aleppo äußerlich mehr europäisches Wesen, als in Damascus, und dies spricht sich auch im Handel aus. Auf dem Basar Aleppos treten die inländischen Industrieprodukte gegenüber den europäischen sehr zurück, sodaß ein Gang durch den Basar lange nicht so belehrend ist, wie in Damascus. Die inländische Industrie ist von der europäischen beinahe ganz vernichtet. Unter den Kaufleuten von Aleppo giebt es, wie in Beirût, auch Eingeborne, welche ihre Waren direkt aus Europa beziehen und die in Aleppo befindlichen Agenturen europäischer Fabriken umgehen. Im Austausch gegen europäische Waren, besonders Stoffe aller Art, werden nur Rohprodukte: Getreide, Weizen, Wolle, Baumwolle (deren Anpflanzung im Zunehmen begriffen), Galläpfel, Kreuzbeeren (zum Färben), Gummi, Tragant, Manna, Scamoneu, Safran, Sesam, sodann auch Häute verschiedener Art ausgeführt. — Für das Inland, besonders für die türkischen Provinzen, werden noch Seiden- und Baumwollenstoffe verfertigt, auch in Posamenterie- und Lederwaren gearbeitet. Der Bau einer Eisenbahn nach O. könnte Aleppo wieder zu einem bedeutenden Handelsplatz emporheben. Literarische und gelehrte Interessen werden in Aleppo wenig verfolgt. Daß aber Aleppo eine bedeutende Handelsstadt ist, dafür sprechen die sehr weitläufigen und geräumigen *Châne*, in denen sich der Großhandel concentriert; die oberen Stockwerke dienen zu Wohnungen, selbst für Europäer (einen der schönsten dieser Châne findet man gleich r. am W.-Eingang des Basars). Nicht nur die Châne sind aber in Aleppo aus großen soliden Quadern erbaut, sondern durchgängig alle Häuser. Die unsoliden Lehmbauten Mittelsyriens (S. 399) sind hier unbekannt. Die Häuser sind meist einstöckig und bieten allerdings, wie überall im Orient, gegen die Gasse zu kein schönes Aussehen; dafür sehen die inneren Hofräume desto stattlicher aus, obwohl selten viel Schmuck daran verschwendet ist. Auch die Straßen sind sauberer als in irgend einer anderen Stadt Syriens; sie sind mit großen Steinplatten gut gepflastert und haben meist Trottoirs. Charakteristisch für Aleppo sind die vielen Spitzbogendurchgänge auf den Gassen. Übrigens geht Aleppo bedeutend zurück infolge der starken Abnahme der Ausfuhr.

Aleppo ist der Sitz eines Wâli, dessen Wilâjet ganz Nordsyrien bis zum Euphrat umfaßt. In der Nähe von Aleppo beginnt die Sprachgrenze des Arabischen und Türkischen; während die Sprache der Aleppiner durchgängig noch arabisch ist, wird hier doch schon mehr türkisch verstanden und gesprochen, als in Damascus. Der arabische Dialekt weicht von von dem des übrigen Syriens nur in unbedeutenden Kleinigkeiten ab.

Der Charakter der Aleppiner steht in keinem guten Rufe; „*el-halebi tschelebi*“, sagt das Sprichwort: der Aleppiner ist ein Stutzer. Der Name *halebi* ist zum Schimpfwort geworden.

Die Stadt ist heutzutage offen und zerfällt in verschiedene Quartiere und Vorstädte. Im NW. der Stadt liegt das von Christen bewohnte Quartier *Salîbe* und die Vorstadt *'Azizîje*; schöne Schulen nach europäischer Art und Kirchen sind dort gebaut worden. Salîbe ist nach O., N. und W. umgeben von dem Quartiere *el-Dschedeide* mit gemischter Bevölkerung. SW. am r. Kuweiḳufer befindet sich die kleine Vorstadt *el-Kittâb* mit ausschließlich christlich-levantinischer Bevölkerung. Im N. der Stadt ist das *Judenquartier* (*Bahsîta*). Die Mitte der Stadt nimmt der Hügel ein, welcher die Festung trägt (s. u.). Von den alten Befestigungen Halebs kann man hauptsächlich auf der W.-Seite noch eine gut erhaltene Mauer mit Türmen sehen. Aber die Erdbeben, besonders im J. 1822, haben den Stadtmauern wie den übrigen älteren Bauten Aleppos hart zugesetzt, sodaß nur geringe Reste von Altertümern, von dem alten Beröa gar keine Spuren übrig geblieben sind.

Den besten Blick über Aleppo gewinnt man von der **Citadelle** aus. Dieselbe darf jedoch nicht besichtigt werden.

Die Citadelle liegt auf einem Hügel, der künstlich zu sein scheint; arabische Autoren berichten, derselbe ruhe auf 8000 Säulen. Die Anlage der Festung an diesem Punkte ist sicher uralt; ja man hat behauptet, die ganze antike Stadt Beröa habe bloß auf diesem Hügel gelegen. Der Hügel, der übrigens bis 1822 bewohnt war, hat die verschiedenartigsten Gebäude getragen und es sind von sehr vielen muslimischen Herrschern Befestigungen darauf errichtet worden. Jetzt ist die Citadelle von einem tiefen Graben umgeben, der mit Wasser gefüllt werden kann. Die Mauerböschung besteht aus soliden Steinplatten. Man schreitet über eine schöne Brücke von einem Bogen und gelangt in einen Vorturm, dessen Façade mit hübschen Fensterchen und Schießscharten sich sehr gut ausnimmt; man bemerke besonders die schönen eisernen Thürverzierungen. Über einen Damm von acht Bogen gelangt man aufwärts in eine Vorhalle; r. über der starken eisernen Thüre sind Basilisken ausgemeißelt. Die Inschriften sind von Melik eẓ-Ẓâhir und datieren vom J. 605 d. Fl. (1209). Hierauf sieht man an der zweiten Thüre r. und l. Leopardenköpfe ausgemeißelt. Dann gelangt man auf eine große, ebene Fläche innerhalb der Umfassungsmauer, die mit formlosen Ruinen von Gebäuden bedeckt ist; Straßenläufe sind sichtbar; viele Bögen noch erhalten. In der Mitte des Terrains findet man ein großes Gewölbe, das teilweise in den Felsen gehauen ist und dessen Dach von 4 gemauerten Säulen getragen wird; um zu der Treppe zu gelangen, welche hinunterführt, muß man durch ein enges Loch schlüpfen. Dieses Souterrain scheint eine Cisterne gewesen zu sein. Die Aussicht vom Minaret der Citadelle ist umfassend. Nach N. sieht man gerade unten das *Serâi* und etwas weiter in der Stadt l. vom Serai die *Dschâmi' 'Oṯmânîje*; weiterhin zieht sich der grüne Strich eines Begräbnisplatzes in die Stadt hinein. Außerhalb der Stadt gegen N. ein großes Gebäude *Schêche Bekr* (Derwischkloster, s. S. 409), r. davon eine Kaserne und Militärhospital. Jenseits des grünen Saumes des Flußufers sind niedrige Wüstenzüge. Gegen W. die großen Châne, *Chân Wezîr* und *Chân Chêrabâg*; in der Stadt erhebt sich die Hauptmoschee *Dschâmi' Zakarja* (Zacharias), am Berge ein Ort *Schêch Mehassin*. Gegen SW. erblickt man die Moschee *el-'Adilîje* und am Berge den Ort *Ansâri*. Gegen S. sieht man das Eingangsportal der Burg und den großen Vorbau. Auf dem freien Platz im S. die Moschee *el-Chasrafîje* mit einer großen Kuppel und einem vieleckigen Minaret, dessen Galerie schön durchbrochen ist.

Weiter s. auf dem Berge liegt *Schêch Sa'îd*. L. von der *Chosrefîje* auf dem Platze liegt die Moschee *es-Sultânîje*. Hier wurden 1814 die Janitscharen, welche damals in Aleppo regierten, beim Essen überfallen und niedergemacht. Gegen O. jenseits der Stadt erblickt man die Tennen und bei hellem Wetter im SO. die Salzlaken von *Dschebbûl* (S. 406). — Interessant sind die zwei alten Kanonen auf der NW.-Seite der Festung; sie bestehen aus eisernen Ringen, die mit Blei zusammengelötet sind. Auch ein Vorrat alter Waffen, Pfeile u. a. soll sich in der Festung vorfinden.

Der *Basar* von Aleppo enthält wenig Bemerkenswertes; er besteht aus einer Anzahl schöner, sehr reinlicher, ungepflasterter Straßen unter meist steingewölbter, hier und da auch bloß hölzerner Bedachung. An letzterer sind Luftlöcher angebracht; vor denselben hängen Schirme, welche man vermittelst Schnüren vor die Luftlöcher ziehen kann, um die Sonne abzuhalten. — Nicht weit vom westlichen Eingang des Basars geht l. eine Straße nach der *großen Moschee (Dschâmi' Zakarja)* ab. Diese steht an dem Platze einer christlichen Kirche, welche die Kaiserin Helena erbaut haben soll. Ihre spätere Erbauung wird den Omaijaden zugeschrieben, daher die Moschee auch *Dschâmi' el-Umawi* heißt; sie soll der großen Moschee in Damascus geglichen haben. 1169 wurde die Moschee von den Isma'iliern verbrannt und darauf von Nûreddîn wieder aufgebaut. Auch die Mongolen zerstörten die Moschee wieder. Altertümliches ist wenig mehr vorhanden. Das große c. 54m hohe Minaret, welches in der NW.-Ecke des Hofes steht, stammt aus dem J. 1290. Auf drei Seiten gehen Kolonnaden um den großen Hofraum der Moschee herum; das Moscheegebäude liegt auf der S.-Seite desselben und ist durch ein hölzernes Gitter in zwei Abteilungen geteilt, von denen nur die kleinere dem täglichen Gebrauche dient, die größere Freitags zur Predigt benutzt wird. Das sog. Grab des Zacharias, des Vaters von Johannes, das auch in Samaria u. a. O. gezeigt wird, ist von einem hübschen vergoldeten Gitter umgeben und hat eine vergoldete Decke.

Gegenüber der großen Moschee liegt die *Dschâmi' el-Halâwîje*; über dem Eingang ein schöner Stein mit Malteser Kreuz, im Innern Pilaster mit Akanthuskapitälen und ein eben solcher Carnies.

Die große *Synagoge* im Judenquartier ist sehenswert; in der Mitte ein Hof mit Arkaden. Die hebräischen Inschriften, welche man erblickt, scheinen nicht sehr alt, obwohl der Synagoge ein Alter von mehreren 1000 Jahren zugeschrieben wird.

Im s. Stadtteil bei *Bâb el-Makâm* finden sich eine Anzahl Felshöhlen, wahrscheinlich meist alte Steinbrüche.

In der S.-Mauer der *Dschâmi' el-Kakûn* unweit der Citadelle findet sich ein Basaltblock mit Inschrift in den Charakteren der Hamâsteine (S. 399). Vielleicht wären deren noch mehrere zu finden. Für Altertümer, bes. Münzen werden in Aleppo hohe Preise bezahlt.

Anzuempfehlen ist ein Ritt n. zur Stadt hinaus, an dem Derwischkloster *Schêchu Bekr* vorbei, in die schönen Baumgärten am Ufer des Flusses Ḳuweiḳ. Dort liegen Gartenhäuser, in welchen die Aleppiner oft ganze Tage zubringen.

Von Aleppo nach Kinnesrîn führt die Straße s.-wärts. Bei *Chân Tûmân* (c. 3 St.) erweitert sich das Thal. 1/2 St. s. *Kal'adschîje*, in 1/2 St. *Zeitân*, in 3/4 St. *Berne*, in 1/2 St. *Nebi 'Îs*, ein auf dem höchsten Punkte der Hügelkette in den Ruinen einer alten Kirche erbautes Weli. Hier endet der *Nahr Ḳuweiḳ*. Oberhalb des Sumpfes *el-Maṭch*, auf einer s. Vorterrasse der Hügel liegen die Ruinen von

Ḳinnesrîn. — *Kinnesrîn* („Adlernest") ist der ältere, sowie auch wieder spätere arabische Name von *Chalcis*, einer Stadt, die nach den klassischen Autoren von Seleukus Nikator gegründet wurde. Später war Chalcis Grenzstadt gegen die Perser und gegen die Araber. Unter Justinian wird die Stadt als Durchgangspunkt Belisars erwähnt. Vor der Plünderung durch Chosroes schützte sich Chalcis durch Zahlung von 200 Pfund Gold. In der arabischen Zeit spielte die Stadt (638 durch Abu 'Ubeida erobert und zerstört) unter dem Namen Ḳinnesrîn eine bedeutende Rolle als große Militärkolonie und nominelle Hauptstadt von Nordsyrien. Je mehr aber Aleppo an Wichtigkeit zunahm, desto mehr sank Kinnesrîn, zumal auch der Lauf der großen Handelsstraße geändert wurde und die Stadt umging. Als 961 Nikephoros sich der Stadt Ḥaleb bemächtigte, flohen die Einwohner von Ḳinnesrîn; später wurden viele derselben in Aleppo ansässig. Im 13. Jahrh. waren nur wenige Bewohner mehr hier zu finden. Die Türken nennen den Ort heute *Eski Ḥaleb* (Alt-Aleppo).

Die *Ruinen* sind formlos: große Mauerreste (von über 2m Dicke) aus mächtigen Quadern; auf der SO.-Seite Reste eines quadratischen Turmes; auf der Anhöhe nö. Ruinen einer Burg mit Felsensouterrains. In die Felsen des Hügels sind zahlreiche Grabgrotten eingehauen.

Von Ḳinnesrîn nach Sermîn (S. 400) 4 St., Serâkib 4 1/2 St.

Von Aleppo nach Ḳal'at Sim'ân (7 St. 45 Min.). — Die Mukâris von Nordsyrien betreiben fast nur den Warentransport auf einigen wenigen bekannten Routen, daher muß sich der Reisende stets genau vergewissern, ob sein Pferdevermieter im stande ist, auf den Touristentouren als Führer zu dienen. Auch läßt die Sicherheit der Wege bisweilen zu wünschen übrig, da ein großer Teil von Nordsyrien nur von kurdischen und turkomanischen Wanderstämmen bewohnt wird.

Man folgt dem Telegraph in einiger Entfernung l.; schöner Rückblick auf Aleppo. Nach 1 St. 35 Min. r. *Beleramûn*; bald darauf *Kafr Ḥamra* s. 10 Min. r. unten. Nach 20 Min. sieht man unten das Dorf *Ma'arra*, weit r. *Amda*. Nach 27 Min. auf dem Hügel oben ein Wallfahrtsort, nach 15 Min. l. *Jaḳir*, nach 5 Min. dem Telegraph entlang zum Dorfe *Bâsîn*. Der kahle *Dschebel Sim'ân* dehnt sich im W. aus. Nach 40 Min. im NO. 1/2 St. entfernt ein Wallfahrtsort. Nach 10 Min. Ruinendorf *Erkîje*, mit schlechtem Wasser und einigen Felsgräbern. Hinansteigend bekommt man Aleppo wieder in Sicht und erblickt nach 10 Min. *'Ain Dschâra* s. gegenüber; nach 45 Min. in der Ferne ssw. *Ḥumdr*. Nach 1/2 St. Ruinen in einem Thälchen l., nach 30 Min. Cisternen, man biegt bei einem Scheidewege nach r. ab. Nach 25 Min. Ruinen eines großen Dorfes (*Fafertîn?*); dabei die schön erhaltene Apsis einer Kirche; an den Thüren Kreuze. Am Eingang und Ausgang des Dorfes eine Reihe Felsengräber mit Nischen. Nach 30 Min. schöne kleine Kirche aus Werkstücken von 2 1/2m Länge gebaut, über den Thüren an der w. Giebel- und an der s. Langseite sind Rosetten mit Kreuzen und Arabeskenverzierungen angebracht. Die 5 Bogenfenster der Langseite sind von einem Gesimsband umgeben; die Apsis schaut gegen O. Nahe bei der Kirche liegt ein auf einem Piedestal ruhender Turm gleichen Stils; n. die Ruinen eines Dorfes. Nach 30 Min. Ruinendorf *Basêr* l. Nach 32 Min. erblickt man die großartige Anlage von *Ḳal'at Sim'ân*. Nach 13 Min. r. an der Straße ein in den Felsen gehauenes Wasserreservoir; nach 3 Min.

Ḳal'at Sim'ân. — Unterkunft nur in **Zellen**; ***Mundvorrat*** ist mitzubringen).

Geschichtliches. Im 5. Jahrh. n. Chr. bildeten in Syrien die *Styliten* oder Säulenheiligen eine besondere Klasse von Asketen. Der Stifter derselben, Namens *Simeon*, wurde 391 als Sohn eines Bauern geboren und starb 459. Er fing früh an sich zu kasteien und sich die schwersten Kasbehrungen aufzulegen: er entzog sich in der Fastenzeit Speise und Schlaf vollständig. Im Jahre 422 bestieg er eine niedrige Säule, 7 Jahre später eine 12m hohe Säule, um diese letztere bis an sein Lebensende nie mehr zu verlassen. Hier Wind und Wetter ausgesetzt, oft fastend, immer stehend, ohne Schlaf zu gewinnen, oder mit untergeschlagenen Beinen sitzend, weil die Wunden und die Schwäche später das Stehen nicht mehr zuließen, angebunden, oder von einem Gitter umgeben, hielt er Vorlesungen über die heilige Schrift und zog Tausende von Zuhörern und Schüler herbei. Letztere siedelten sich bei ihm an, und so bildete sich ein Konvent (*Mandra*). — Die Nachrichten über die Beerdigung des Heiligen weisen darauf hin, dass wir wirklich die Mandra des berühmten Säulenheiligen hier zu suchen haben und die vorliegenden Gebäude der hohen Verehrung, in welcher Simeon stand, ihre Entstehung verdanken. Die Hauptkirche stammt aus dem *fünften* Jahrh. Die Beschreibung, welche der Schriftsteller Evagrius (6. Jahrh.) von der Kirche des heil. Simeon (I.) entwirft, paßt trefflich auf die vorliegenden Ruinen.

Ḳal'at Sim'ân, bei weitem der schönste Ruinenkomplex Nordsyriens, ist von öden Bergen umgeben, auf denen einige Ruinen sichtbar sind. In der Ferne s. sieht man den Bach *Afrîn*. Die noch sehr wohl erhaltenen Ruinen bedecken den Gipfel des *Dschebel Barakât* (der seinen Namen von einem unbedeutenden *Weli Abu Barakât* hat), ein c. 600 Schritt langes, 150 Schritt breites Plateau, das, außer auf der N.-Seite, von tiefen Thälern umgeben ist. In muslimischer Zeit ist aus den Ruinen der alten Simeonskirche und des Klosters eine Festung (*Ḳal'a*) gemacht worden. Die Umfassungsmauer mit Türmen ist an manchen Orten deutlich zu verfolgen; an einigen Stellen bildete die Mauer der Gebäude selbst die Schutzwehr. Ein Turm auf der N.-Seite, zwei auf der S.-Seite sind noch erhalten. „Den Mittelpunkt der ganzen Anlage bildet die imposante K l o s t e r k i r c h e. Diese entspricht in ihrer Anlage so sehr der Beschreibung, welche Prokopius von der Apostelkirche, die sich Constantin als Begräbnisstätte erbaut hatte, entwirft, daß wir sie für eine Nachbildung jenes älteren Baues halten müssen. Sie besteht aus vier ausgedehnten dreischiffigen Querarmen, die in Gestalt eines griechischen Kreuzes in gleicher Länge mit je sechs Säulenstellungen (nur der östliche Arm (E.) hat neun Säulenpaare) angelegt sind. Wo dieselben zusammenstoßen, ergiebt sich ein imposanter, achteckiger, unbedeckter Centralraum, dessen Grenzen durch die Schlußpfeiler der Kreuzarme bestimmt werden. Die Nebenschiffe sind um die Diagonalseiten dieses Hauptarmes herumgeführt und durch eine kleine Apsis erweitert, die sich in die äußeren Winkel der zusammenstoßenden Querarme hinausbaut. Als eine der originellsten, frühesten und bedeutendsten Verbindungen des Basilikenplanes mit der Centralform gebührt dieser merkwürdigen Kirche ein Ehrenplatz unter den großen Denkmälern altchristlicher Kunst."

Gehen wir von der N.-Seite vom Flügel D aus. Vor derselben lief ehemals ein Peristyl, von dem aber keine Spuren mehr vorhanden sind. Über den drei Portalen (a^1, a^2, a^3), einem größeren und zwei kleineren, welche in das N.-Schiff der Kirche führen, läuft ein doppeltes Gesimsband; das obere Band legt sich um die kleinen Bogenfenster, welche über den Portalen angebracht sind, und um die beiden höheren Fenster herum, welche das Mittelportal flankiren. Thüren und Fenster dieser Fronte sind mit Steinen verrammelt. Das Gesims der Langseiten (b, c) setzt sich außerdem über den kleineren Portalen der Fronte fort; über dem Mittelportale (a^2) ist weiter oben ein kleines Gesims, welches drei kleine Säulen trug, von denen noch zwei in situ sind. Über diesen sind wieder kleine Bogenfenster angebracht. Der übrige Teil der Fronte a ist zerstört; nur auf der r. Seite reicht die Mauer, Einsturz drohend, bis zu der Höhe empor, wo sie den Giebel trug, welcher das Ganze abschloß. — Gehen wir nun um die mit korinthischen Pilastern verzierte NW.-Ecke herum. Hier (c) finden wir zwei Portale; in der Höhe, in welcher die Oberschwelle derselben beginnt, läuft ein Gesimsband die ganze Mauer entlang, und über diesem sind bis zum ersten Portale 3, zwischen den beiden Portalen wieder 3 und gegen den Winkel zu noch ein Bogenfenster angebracht; über den Portalen niedrigere Bogenfenster. Ein Gesimsband umgiebt sämtliche 9 Fenster. In der Ecke springt die kleine Apsis (1) des Oktogons mit 3 Fensterchen vor. Von dem Peristyl der W.-Seite (c) ist wenig mehr vorhanden. — Um den Flügel, welcher w. vom Oktogon liegt (E), auf eine ebene Fläche zu stellen, mußten, da das Terrain sich hier rasch senkt, künstliche Fundamente geschaffen werden. Die großen Bogen, welche in diese Unterbauten hineinführen, sind jetzt noch sichtbar. Der Peristyl lief einst auf der Seite d gegen Süden weiter. Der Südeingang (e) war wohl das Hauptportal der Kirche; man gelangte auf einer breiten Treppe zu demselben hinauf, welche die jetzt sichtbaren 4 Eingänge in die Souterrains verdeckte. Die Front war „in antis" und bestand aus drei Portalen; von diesen ist noch das Portal t. mit einem

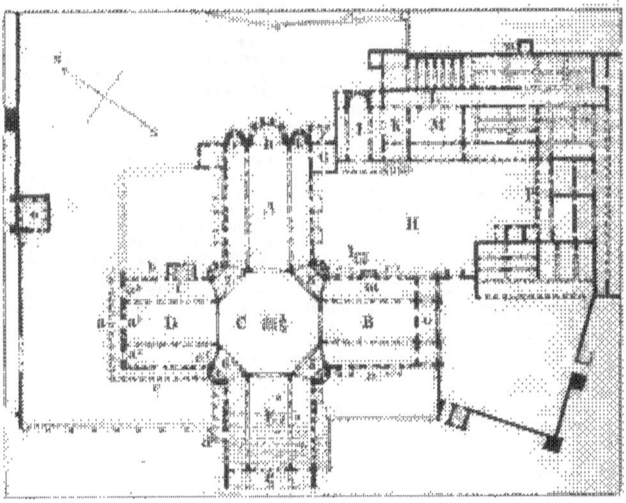

kleinen Bogenfenster darüber ganz, das kleine Portal r. zu $^2/_3$ erhalten. In der Fronte des Mittelportals standen drei Säulen, von denen noch eine erhalten ist; von den beiden andern sieht man die Basen und daneben den Thürpfosten rechts.

Kehren wir zu der Westseite des Nordflügels D zurück und treten durch die Thüre c^1 ein. Die korinthisierenden Säulen mit Bogenstellung, welche die drei Schiffe dieses Raumes trennten, sind noch teilweise erhalten, ebenso eine Nebenkapelle f. Ein sehr großer Bogen führt nun in das herrliche **Oktogon** C. Im Mittelpunkt von C ist noch das Postament einer Säule (g) vorhanden, auf welcher vielleicht der Stylit stand. Die Bogen des Oktogons sind mit einem Bogenfries verziert; sie ruhen auf massiven korinthisierenden Eckpilastern und in einem kleinen Abstand von denselben stehenden monolithischen Säulen. Der Bogenfries der einzelnen Bogen setzt sich über dem Kapitäl der Pilaster geradlinig fort, und in den Winkeln, welche die Pilaster bilden, sind Postamente für Statuen angebracht. Vier Bogen des Oktogons führen in die Hauptschiffe von ABDE; die vier andern in die Verbindungsräume der Seitenschiffe 5, 6, 7, 8, und die daran stoßenden runden Apsiden 1, 2, 3, 4. Die Verbindungsräume sind von je zwei Bogen eingefaßt, welche einerseits auf den Eckpilastern des Oktogons, andrerseits auf denen der Nebenschiffe aufliegen. — Das östliche Nebenschiff A ist länger als die übrigen; der Bogen, welcher in dasselbe führt, ist zugebaut. Man tritt daher jetzt durch eine viereckige Thüre in dieses Schiff. An den Kapitälen l. sieht man noch Spuren von roter Bemalung; die Fenster r. sind zugemauert. Die Apsiden h, i, k dieses Raumes A sind ganz besonders reich gegliedert. Der große Hauptbogen derselben ruht auf einem Pilaster, dessen Cannelierung gegen das obere Ende durch einen geblümten Hals unterbrochen ist. Hierauf setzt sich die Cannelierung bis zum hervorspringenden Kapitäl fort und darüber erhebt sich ein herrlicher Bogen mit sehr breitem Band. Über den fünf unteren Bogenfenstern der Hauptapsis (jetzt zugemauert) läuft ein reiches Gesimsband. Die Nebenapsiden haben je ein Rundbogenfenster. — Sehr schön ist diese dreifache Apsis von außen betrachtet. Sie ist (vgl. S. CXXVI) auch nach außen rund entwickelt, und mit Wandsäulenstellungen gegliedert, die in zwei Ordnungen übereinander angebracht sind. Diese beiden Stellungen sind durch einen Abakus voneinander getrennt, und die oberen Säulen sind als Stützen der Kragsteine des Gesimses verwendet. Zwischen diesen Konsolen sind noch andere frei herunterhängende Kragsteine und darüber je zwei kleine Muschelnischen angebracht.

Von der Außenseite können wir durch eine Thüre in den neben der Apsis befindlichen Raum F und G eintreten, welcher von Muslimen benutzt worden zu sein scheint. Wir kreuzen den großen Hofraum H. In demselben findet sich ein großes herausragendes Felsenstück l, zu dessen Höhe Stufen hinauf führen. Hier war entweder eine Kanzel oder zweite Säule; vielleicht aber auch die Säule, auf welcher der Stylit stand; denn nach den Berichten war der untere Teil derselben Fels. Die W.-Seite des Flügels B, gegen den Hofraum zu links, ist sehr schön erhalten, mit zwei Portalen, vier Fensterchen und einem kleinen Ausbau in der Mitte m. Man bemerke die große Mannigfaltigkeit in der Behandlung der Gesimse sowohl, als der Kapitäle. Der W.-Seite des Flügels B gleicht die O.-Seite n. Diese hat drei Portale (nun verrammelt) mit kleinen Bogenfenstern darüber; zwischen den Portalen größere Bogenfenster. Auf der S.-Seite von B ist ein großes Portal mit Vorhalle o. In letztere führen vier viereckige Thore. Über den beiden Mittelthüren sind hohe Bogen, über den Thüren der Nebenschiffe kleine Bogenfenster angebracht. Wir schreiten nun durch die Vorhalle und betrachten das äußere Portal von einiger Entfernung. Die drei weitgeschweiften Bogen desselben ruhen auf vorspringenden Eckpilastern; der mit einem außerordentlich reichen Gesimsband verzierte Mittelbogen, außerdem auf zwei von dem Pilaster etwas abstehenden Monolithsäulen. Über den drei Portalen sind schöne wohl erhaltene Giebel. Die äußersten Giebelbalken setzen sich, gegeneinander laufend, nach oben fort, biegen um und bilden über dem Hauptportal ein langgestrecktes Gesimsband. Dieses trägt den Oberbau des Portales, der, von gedrungenen Pilastern eingefaßt, ein reich verziertes Gebälk trägt und von vier Bogenfenstern mit Gesimsband, das sich bis unter die Kapitäle des Eckpilasters hinzieht, durchbrochen ist. Am Gebälk der Giebel, des Gesimsbandes, und dem obersten Gebälk sind (wie auch an den erst besprochenen inneren Portalen) Zahnschnitte angebracht. Die drei Säulen, welche die Konsolen des obersten Gebälkes trugen und die zwei Säulen, welche einst zwischen den Giebeln standen, sind nicht mehr vorhanden.

Die beschriebene Kirche ist bei weitem der wichtigste Teil der Ruinen von Ḳal'at Sim'ân. An die Kirche schließen sich S. eine ganze Reihe von anderen Gebäuden an, welche einst ein Kloster (*Mandra*) bildeten. Die Ornamentierung ist an diesen Nebengebäuden weniger sorgfältig, als an der Kirche. Von der Kapelle J ist nur noch die Mauer gegen N., die Fundamente derselben gegen S. und die der Apsis erhalten. Das anstoßende Zimmer K ist fast ganz zerstört, von M nur noch ein großes Portal gegen W. erhalten. Den längeren Korridor L kann man noch verfolgen; jedoch sind die Räume n. davon beinahe ganz zerstört, nur mit Mühe kann man über die herumliegenden Bausteine, zwischen welchen Feigenbäume aufgesproßt sind, klettern; der Ausbau N ist erhalten. Die S.-Seite des großen Hofraumes p ist ziemlich gut erhalten, wenigstens in Betreff ihrer Balkenlagen.

Südlich von diesem großen Gebäudekomplex steht noch eine Kirche, deren Inneres heute von einigen Familien bewohnt ist. Der Stil der Kirche ist derselbe, wie der der Hauptgebäude; die Umfassungsmauer von Kal'at Sim'ân schließt auch noch diesen Bau ein. Wir haben hier einen Kuppelbau vor uns. Das Mittelschiff bildet ein Achteck, das in ein Quadrat eingebaut ist. Die Diagonalseiten des Achteckes enthalten Ecknischen (zwei runde und zwei viereckige); die Hauptapsis springt vor. Um den quadratischen Kern ziehen sich, ein größeres Quadrat bildend, Säulenschiffe herum; ein Säulenporticus verbindet diese Kirche mit einer dicht neben ihr liegenden Basilika. Letztere hat vier Säulenpaare; die runde Apsis des Centralschiffes ist nach außen viereckig umschlossen.

Auf der N.-Seite von Kal'at Sim'ân, noch innerhalb der das Plateau umgebenden Ringmauer, liegt ein kleines Gebäude O mit Giebeldach. Der Giebel hat drei Fenster; ein Portal führt in das teilweise aus dem Felsen gehauene Innere. Die Langseiten S. und N. enthalten je 3, die hintere Wand (O.) zwei überwölbte Nischen.

Von Kal'at Sim'ân nach Turmânîn (3 St. 35 Min.). Von *Kal'at Sim'ân* reitet man in sw. Richtung das Thal hinunter und auf der O.-Seite des Dorfes, in welchem auch noch einige alte Gebäude aufrecht stehen, herum. Nach 20 Min. kreuzt man das Thal; schöner Rückblick auf Kal'at Sim'ân. Nach 20 Min. Wegtheilung: Weg r. einschlagen, in c. 15 Min. jenseit der Ebene *Erfêdi*; hier herrliches Haus vom 13. Aug. 510 datiert. Von dem oberen Stockwerk läuft eine elegante von Säulen getragene Galerie mit verzierten Balustraden. Die Arkaden sind mit einem Gesimsband umgeben, das auf den Seiten in Voluten ausläuft. Die Kapitäle der Säulen sind sehr verschiedenartig, einige haben Kreuze. — W. am Ende des Thales liegt der Ruinenort *Chatûra* (c. 20 Min.); daselbst finden sich hauptsächlich zwei interessante Gräber. Das Grab eines gewissen Isidor vom 9. Oct. 222 besteht aus zwei Pilastern mit Gebälk, das eines gewissen Ämilius Reginus vom 20. Juli 195 aus zwei Säulen mit Gebälk. Die letztgenannten Säulen stehen auf einer Art Piedestal mit Nische. (Von *Chatûra* sw. in c. 6 St. nach *Jeni Scheher*, S. 415.)

Nun reitet man in c. 10 Min. auf den direkten Weg zurück. Nach 5 Min. steigt man auf schlechtem Weg (Steinwüste) den Berg l. hinan; nach 25 Min. schöner Blick auf Kal'at Sim'ân; nach 10 Min. beginnt man wieder hinunterzusteigen. Die Gegend ist spärlich grün, doch trifft man Ölbäume. Nach 20 Min. Dorf *'Ezze* (von hier soll ein Weg direkt nach Dânâ gehen); am Ausgang des Dorfes r. hinauf, dann (10 Min.) auf der Hochebene weiter. Nach 35 Min. *Magâret Zê'ter*, eine Höhlenwohnung, bei der sich Wasser findet. Hier öffnet sich die Aussicht nach S.; im SSW. *Turmânîn*. Nach 35 Min. Abstieg r. *Tellâdi*. Nach 17 Min. l. die Ruinen von *ed-Dêr* (S. 396), in 23 Min. *Turmânîn* (s. S. 396).

42. Von Aleppo nach Alexandrette über Antiochien.

1. Von Aleppo nach Antiochien (18 St.).

Bis *Turmânîn* (6 St. 20 Min.) s. S. 396. Von da über eine wohlbebaute Ebene mit rötlicher Dammerde in 53 Min. nach **Dânâ** (gastliche Aufnahme beim Schêch); im NNO. *Dschebel Sim'ân*, im S. *Dschebel el-Arba'în*, im NW. bedeutende Nekropole. Nahe beim Ort eine Reihe von Felsenkammern mit Behältern für Leichen und Nebenkammern ähnlicher Art. Überall eine Menge Felsentreppen. Besonders fällt hier ein offenes Säulengrab in die Augen: auf einem c. 3m h. Sockel stehen vier Säulen mit ionischen Kapitälen im Viereck aufgestellt, darüber erhebt sich ein Dach, welches eine kleine abgestumpfte Pyramide trägt. Das Grab stammt aus dem 4. Jahrh. — N. von diesem Grab finden sich noch große Felsenkammern und Ölkeltern im Felsboden. — Im Innern des Dorfes (mehr auf der W.-Seite) findet sich ein schöner Bau, der aber ganz von Häusern verdeckt und schwer zugänglich ist. W. davon eine kleine Kirche mit schönen Rosetten und einigen Fenstern; etwas weiter nach S. ein kleiner Turm mit Kuppel, die auf 4 Säulen ruht.

Von der S.-Seite des Dorfes aus geht man nach SW. L. (s.) c. $^1/_4$ St. entfernt *Terîb;* nach c. 40 Min. erblickt man am Ende der Ebene die Ruinen von *Sermada* (S. 404). Nach 18 Min. Ruinengruppe, l. Cisternen mit Wasser, r. viele Thüren und Bogengänge. Nach 9 Min. Ruinen einer schönen Kirche; nach 12 Min. Ruinen l.; nach 9 Min. läßt man r. einen Weg den Berg hinauf liegen; bald darauf Spuren einer in den Fels gehauenen Römerstraße. Nach 17 Min. r. Ruinen *Kaṣr el-Benât* (Mädchenhaus), nach der Tradition ein ehemaliges Nonnenkloster. Die W.-Seite einer Basilika mit Turm ist am besten erhalten. Nach 25 Min. *Burdsch er-Rakse*, viele Ruinen und Gräber; nach 30 Min. erweitert sich das Thal. Nach 25 Min. sieht man l. ein kleines Dorf, bald darauf die große Ebene *(el-ʿAmk)*, den See und die Amanuskette; l. laufen unbedeutende Höhenzüge. Nach 40 Min. mündet ein Hauptweg von r. ein, nach 5 Min. (schlechter) *Chân Jeni Scheher* (Neustadt). Die Gegend ist gut bebaut, aber wegen vieler Diebe berüchtigt.

Man passiert die Brücke, welche über den Bach führt westwärts; den Höhenzügen l. entlang in c. $1^1/_2$ St. zu den Ruinen von *Hârim*.

Das Araber-Schloß Hârim war schon in der Kreuzfahrerzeit unter dem Namen *Castrum Harench* berühmt; die Kreuzfahrer bauten es neu zum Schutz ihrer Herden. 1163 schlug Nûreddîn in der Nähe von Hârim ein Heer von 30000 Franken in die Flucht. Nach Vertreibung der Franken baute Melik el-ʿAziz hier ein neues, sehr festes Schloß 1232. Das Gebiet war so fruchtbar, daß es Klein-Damascus genannt wurde.

Das Schloß, in schöner Lage auf einem künstlichen Hügel, besteht aus einer Reihe von Gemächern, Felsentreppen, einem tiefen Felsengraben und einem Felsentunnel. In der Nähe viele Felsengräber.

W. den Bergen nachreitend, überschreitet man einen Bach, in 1 St. *Chân Kûsâ;* r. sieht man viele einzelne Hügel; nach 1 St. *Orontes;* nach 25 Min. vierbogige Brücke *Dschisr el-Ḥadîd* (Eisenbrücke). Die Brücke war im Mittelalter und schon früher unter diesem Namen bekannt und spielte eine wichtige Rolle. Noch heute finden sich Brückenköpfe an derselben; am Flusse Wasserräder, eine Mühle und jenseits ein Chân. Man behält den See von Antiochien r., überall wächst Süßholzgebüsch (Glycyrrhiza glabra). Nach 1 St. 40 Min. biegt man in ein breites Thal mehr gegen S. ab; bald darauf Brunnen am Wege. Nach $^1/_2$ St. mündet ein Thälchen von l. ein; Wasserleitung und einige Häuser Namens *Dschilidscha*. Nach 23 Min. Brunnen l., nach 20 Min. zwei Dörfer r.; 10 Min. später fangen die Baumgärten an. Nach 7 Min. Felsengräber l. an der Straße; oben am Berg die Mauern des alten Antiochiens. Nach 10 Min. Ruinen eines Thores *Bâb Bûlus* (Paulsthor); nach 15 Min. l. am Felsen viele Gräber. Nach 13 Min. erreicht man *Antiochia*.

Antâkije. — Unterkommen bei Konsularagenten (Empfehlung nötig), oder in einer Art Casino (griech. Café) im W. des Städtchens am Fluß; unsauber; die Betten muß man selber mitbringen. — Türk. Telegraph.

Geschichtliches. Als Seleukus Nikator den Sieg bei Ipsus (301 v. Chr.) durch Gründung einer Residenz verherrlichen wollte, opferte er in *Antigonia* (2 St. n. von dem späteren Antiochia) dem Zeus. Ein Adler soll die „Schenkelstücke" der Opfertiere von Antigonia weg auf den Altar des Zeus Bottios getragen haben, welcher von Alexander d. Gr. auf dem Platze der späteren Antiochia erbaut worden war. Schon vor der Gründung waren dort griechische Kolonien (*Iopolis* auf dem Vorberge Silpius (S.) und *Pagus Bottia*) angesiedelt. Seleukus nannte die Stadt, welche er nun hier gründete, nach seinem Vater *Antiochia*. Die Einwohner von Antigonia wurden in der neuen Stadt angesiedelt, welche sich zunächst s. vom Orontes erstreckte. Später wurden die älteren Kolonien und einheimische Niederlassungen dazu gezogen und ein zweites Quartier gegründet. Auch Juden waren in der Stadt vorhanden. Die Bürger zerfielen in 18 Tribus (demoi), welche sich in ihren Theatern versammelten und sich selbst regierten. Seleukus und seine Nachfolger schmückten die Stadt mit herrlichen Bauten. Ein drittes Quartier wird dem Seleukus Kallinikus, nach dem Bericht des Libanius (vgl. unten) Antiochus dem Großen zugeschrieben. Diese Neustadt lag auf einer Insel im Flusse; sie hatte in ihrem Mittelpunkte eine bedeckte viertorige Säulenhalle (Tetrapylon), von welcher Säulenstraßen nach allen Seiten ausgingen. Die nach N. laufende Säulenstraße diente dem Königspalast, der fast ein Viertel der Insel bedeckte, als Propyläen. Ein vierter Stadtteil wurde von Antiochus Epiphanes zwischen der Ebene und dem Berge (S.) und an diesem angefügt. Derselbe König umgab die vier Quartiere, deren jedes einzeln ummauert war, mit einer gemeinsamen Mauer. Mitten durch die Stadt ging eine prachtvolle vierfache Säulenstraße (ein porticus tetrastichos) von einem Thore zum andern (von ONO. nach WSW.), beinahe 1 St. l. Der mittlere Säulengang war unbedeckt. Eine ähnliche Querstraße durchschnitt die Stadt vom Bergabhang nordwärts bis zur Orontesinsel; diese Hauptstraßen trennten die vier Quartiere.

Rasch und großartig blühte Antiochien auf, die Residenz der kunstliebenden Seleuciden, ein Centrum des Handels. Noch in der römischen Kaiserzeit stellte man sie mit Rom und Alexandrien zusammen oder nannte sie die erste Stadt des Orients. Doch erwuchs in ihr aus dem Zusammentreffen von griechischen und syrischen Elementen ein üppiges Volk, das selbst bei den häufigen Verheerungen durch Erdbeben seinen Leichtsinn nur auf kurze Zeit ablegte. Große und kleine Herrscher erwiesen der Stadt Gunst, bald aus Prachtliebe, bald aus Politik. Trotz allen Glanzes fehlte aber A. der Hauch des echten Griechentums: sie war eine Schöpfung des macedonischen Griechentums, und es klebte ihr ein gewisser Wankelmut, ein Buhlen um Fürstengunst an.

Bereits unter Demetrius Nikator wurden die Antiochener von jüdischen Mietstruppen, die den König verteidigten, zur Unterwerfung gezwungen (I Makk. 11, 49). In den Wirren der späteren seleucidischen Herrschaft wurde A. im J. 83 vorübergehend die Residenz des armenischen Großkönigs Tigranes; daher wurden die Römer als Retter freudig begrüßt. Als Syrien im J. 64 römische Provinz wurde, ließ Pompejus den Antiochenern eine gewisse Selbständigkeit. A. wurde Sitz eines Präfekten und Centrum einer militärisch-politischen Verwaltung. Doch jauchzten die Antiochener nach der Schlacht von Pharsalus (48 v. Chr.) sogleich Cäsar zu, und dieser belohnte sie durch Anerkennung ihrer Privilegien und durch Erbauung eines Cäsareums (Basilika), eines Theaters und eines Bades. Nach der Schlacht bei Actium im J. 31 wiederholte sich dieselbe Politik: Octavian hielt einen triumphierenden Einzug und baute ein Bad und einen Circus. Agrippa legte schöne Villen an und Herodes d. Gr. verherrlichte die Triumphstadt seines Gönners durch die Anlage einer schönen Straße. Indes empörten sich die Antiochener immer wieder, aber die Kaiser, welche gern in A. sich aufhielten, verschönerten dennoch die Stadt. So ließ Tiberius eine Menge von Statuen in den Säulenstraßen aufstellen und Antoninus Pius ließ die unbedeckte Straße ihrer ganzen

Länge nach mit ägyptischem Granit überziehen. Auch die Erdbeben, welche i. J. 184 v. Chr., 37 n. Chr., unter Claudius (41-54), und besonders i. J. 115 unter Trajan (wobei der in A. anwesende Kaiser in den Circus flüchten mußte) die Stadt verheerten, schadeten ihr insofern nicht, als sie stets herrlicher wieder aufgebaut wurde. Natürlich siedelten sich viele Römer in A. an; doch neben römischen Lustbarkeiten, wie Gladiatorenspiele und Feste, wurden auch geistige Interessen gepflegt, und Cicero rühmt die gelehrten und schönwissenschaftlichen Studien, die dort betrieben wurden.

Eine ganz besondere Rolle spielte Antiochien im Beginn des Christentums. Wie in Alexandrien bestand daselbst eine Judengemeinde, zu welcher Griechen übergetreten waren; aber in A. zuerst bildete sich eine christliche Gemeinschaft, welche sich nicht mehr an die Synagoge anlehnte. Im Streit zwischen Judenchristentum und Heidenchristentum spielte A. die Hauptrolle, wie denn auch hier zuerst die neue Gemeinschaft mit dem Namen „Christianoi" bezeichnet wurde (Ap.-Gesch. 11, 26), ein Name, welchen sie selber jedoch erst viel später annahmen. Von A. aus begab sich Paulus auf seine Missionsreise (Ap.-Gesch. 13, 4). Antiochien, die Metropole des Orients, wurde auf diese Weise die zweite Wiege des Christentums; auch viele Märtyrer hatte sie aufzuweisen, unter andern den Bischof Ignatius (zur Zeit Trajans). Die Tradition hat nach Gal. 2, 11 ff. angenommen, daß Petrus in A. längere Zeit das Bischofsamt verwaltet habe. Das Patriarchat von A. spielte früh eine bedeutende Rolle und hat sich über die arabische Zeit hinaus, dem Titel nach bei den orthod. Griechen, kathol. Griechen und Maroniten bis heute erhalten. Doch behielt das Volk von A. seinen Hang zu wilden Vergnügungen und zu allerhand Aberglauben bei. — Im J. 260 wurde A. durch den Perserkönig Sapor verwüstet. Constantin war der Stadt günstig; an der Stelle der älteren einfachen sogen. apostolischen Kirche baute er eine große prachtvolle Kirche (außerdem ein Prätorium u. a.). Erst sein Sohn Constantius, in dessen fünftem Regierungsjahre (341) wiederum ein Erdbeben die Stadt verheerte, baute diese Kirche aus. Julian (355 ff.), welcher das Heidentum wieder einführen wollte, wurde von den Antiochenern verspottet; jedoch mehr seines Äußeren wegen, als wegen seiner Tendenzen. Der Kaiser Theodosius (379-395) war der Stadt günstig trotz des Aufstands der Antiochener i. J. 387. Aus dem vierten Jahrh. haben wir Berichte über A. durch den heidnischen Rhetor Libanius (315 geb.) und durch den christlichen Prediger Joh. Chrysostomus (354 geb.). Letzterer giebt am Anfang des fünften Jahrh. die Zahl der Einwohner (mit Ausschluß der Kinder und Sklaven und der Vorstädte) auf 200000 Seelen an. — Nun aber mehrten sich die Schicksalsschläge. Die Erdbeben i. J. 457 u. 458 zerstörten den auf der Insel gelegenen Stadtteil vollständig. Unter Justinian sollen im J. 526 durch ein Erdbeben 250000 Menschen ihr Leben verloren haben; im J. 528 dann wieder 5000. Im J. 538 plünderte Chosroes (Chosrew Anuschirwân) die Stadt und führte einen Teil der Einwohner fort. Justinian ließ es sich zwar sehr angelegen sein, A. wieder herzustellen, konnte ihm aber seinen alten Glanz nicht mehr geben; die neue Mauer, welche er bauen ließ, umfaßte ein viel kleineres Areal, als die Stadt früher eingenommen hatte. Auch Kirchen ließ Justinian erbauen. — Die Araber eroberten A. im J. 637. Im J. 969 gelang es dem griech. Kaiser Nikephoros Phokas ihnen die Stadt wieder zu entreißen. Durch die Festigkeit ihrer Mauern (und infolge von Tributzahlung von Seiten des Kaisers) konnte sie sich lange der andringenden Muslimen erwehren, bis ihre Thore im J. 1084 durch Verrat dem türkischen Fürsten Suleimân von Ikonium geöffnet wurden.

Den Kreuzfahrern wurde es 1097 schwer, die Stadt mit ihren 5 Thoren (in der Ebene) und weiten Befestigungen auf dem Gebirge gleichmäßig einzuschließen. Auch konnten sie sich dem verweichlichenden Einfluß des antiochen. Lebens nur mit Mühe entziehen; sie zerstreuten sich nach allen Seiten, um Beute zu machen. Erst als im Jan. 1098 ein Erdbeben eintrat, ermannten sie sich, und brachten im fünften Monate der Belagerung eine völlige Einschließung der Stadt zu stande, konnten aber erst im neunten Monate, und auch dann nur mit Hilfe eines Verräters (eines Renegaten) die Stadt erobern. Sie richteten ein furchtbares Blutbad an.

Als ein persisches Heer zum Entsatz heranrückte, bemächtigte sich der Franken Verzweiflung; doch begeisterte sie die Auffindung der heil. Lanze unter dem Altarboden der Hauptkirche durch Peter v. Amiens 750), sodaß sie einen vollständigen Sieg über den weit zahlreicheren Feind davontrugen. Nach vielen Streitigkeiten wurde Boemund, Fürst von Tarent, zum Fürsten von A., aber unter der nominellen Lehnsherrlichkeit des byzant. Kaisers eingesetzt. Schwere Seuchen lichteten die Reihen der Kreuzfahrer, bis sie Ende Nov. 1098 weiterzogen. Das Fürstentum A. reichte von *Tarsus* bis zum *Nahr el-Kebîr*, o.-wärts bis *Beidschâr* (S. 400) und *Hârim* (S. 415). Ein schreckliches Erdbeben zerstörte 1170 das fränkische Antiochien. Aber erst am 19. Mai 1268 konnten die Muslimen unter Beibars die Stadt, nun für immer, in ihre Gewalt bringen.

Literatur. *Gottfr. Müller.* Antiquitates Antiochenae, Gött. 1839. — *Ritter* VIII (17b.) Zweite Abt. S. 1147-1210.

Antâkije (c. 6000 Einw., einige Christen) liegt in der schönen, überaus fruchtbaren Ebene des unteren Orontesthales. Während im Altertum die Stadt den Verkehr des Abend- und Morgenlandes vermittelte, der Kreuzpunkt der Straßen vom Euphrat zum Meere und von der *Bikâ'* nach Kleinasien war, nimmt das heutige, armselige Dorf, im NW.-Teile der alten Stadt auf dem l. Ufer des *el-'Âṣi* gelegen, sich in dem mehr als zehnmal zu weiten Mauergewande höchst ärmlich aus. Auch ist das Bild des Städtchens einem raschen Wechsel unterworfen. Seit das letzte Erdbeben April 1872 mehr als die Hälfte der Häuser umgeworfen hat, erhebt sich wieder eine neue Stadt. Die Einwohner geben sich jedoch nicht die Mühe, solide Steinbauten zu errichten, die den immer wiederkehrenden Stößen Widerstand zu leisten im stande wären — Moscheen und Minarets, die aus Stein gebaut sind, tragen in der Regel keine Beschädigung davon —, sondern sie bauen ihre Wohnungen aus rohen, mit Lehm oder einem wenig besseren Mörtel zusammengehaltenen Bruchsteinen. Das Innere des Orts besteht aus wüsten Ruinenhaufen oder geflickten baufälligen Wohnungen, überall Schmutz und Unrat in Menge; der Basar ist ganz unbedeutend.

Im S. der Stadt liegt eine große Seifenfabrik; in der Nähe derselben wohnen auch die Vicekonsuln, alles Eingeborene, die nur die Landessprache (hier meist türkisch) sprechen (außer dem franz. und dem ital. Vicekonsul). Am Flusse sind eine Anzahl großer Wasserräder zur Bewässerung der Baumgärten. Den besten Eindruck von der Stadt erhält man, wenn man sie jenseits der vierbogigen Orontesbrücke, also vom r. Ufer besieht. Der Fluß ist hier 38m br. und fischreich (viele Aale). Das Städtchen dehnt sich in grüner Umgebung am Fuße des Gebirges (*Mons Casius* der Alten) aus, und sieht, den Schmutz abgerechnet, mit seinen schrägen Ziegeldächern recht abendländisch aus; im Vordergrund ein Minaret und ein alter Turm, der zu den ehemaligen Befestigungen gehörte.

Die einzig wichtigen Ruinen liegen im S. an den Abhängen des zur Casiuskette gehörigen Berges *Silpius* (*Habîb en-Nedschâr?*). Die verschiedenen Kuppen dieses Gebirges, im Altertum *Silpius*, *Orocassius* und *Thyrminus* gen., sind durch meist wasserlose Thäler von einander getrennt. Die Mauer Justinians läuft vom Flusse an zu

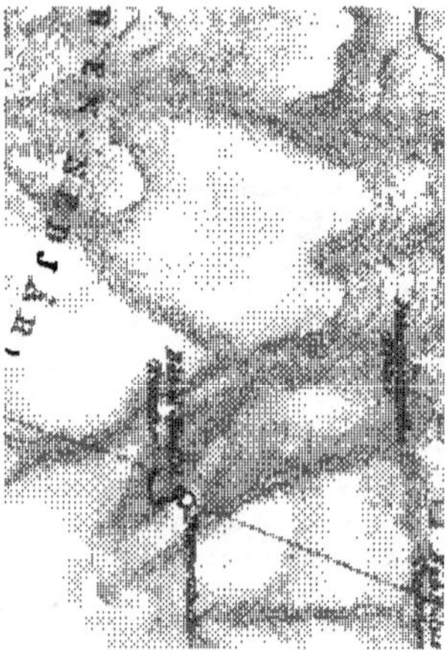

den Höhen hinauf und über dieselben hin; die alte Stadt lag sowohl auf dem Plateau der Hügel, als an den Abhängen und in der Ebene. Ein Gang der Mauer entlang (c. 3 St.) ist wegen der herrlichen Aussicht besonders lohnend.

Die Befestigungen schließen sich ö. von der heutigen Stadt an die Mauer an, welche dem Fluß entlang läuft, und hatten dort zwei Thore (*Bâb es-Zeitûn* und *Bâb Jeḥûdy*). Man verläßt die Stadt an ihrer SO.-Ecke, r. unten die große Kaserne, welche Ibrahîm Pascha aus Steinen der alten Mauer erbauen ließ. Den Spuren einer Römerstraße nach steigt man an gut erhaltenen Mauerresten vorbei den Berg hinan; nach 10 Min. schöne vierbogige Brücke über das Thal, r. unten Gräber. Man steigt l. der Mauer nach hinauf.

Die Stadtmauer ist so dick, daß der Bericht, es hätten Viergespanne darauf herumfahren können, glaubwürdig erscheint; doch gilt das sicher nur von der Mauer in der Ebene. Ihr Inneres besteht aus unbehauenen Steinen, die mit Mörtel verbunden sind; zur äußeren Bekleidung wurden größere und kleinere Quadern angewendet. Wahrscheinlich stieg man auf der Mauerzinne wie auf einer Treppe empor. Große Befestigungstürme (angeblich 360, einige sind noch vorhanden) unterbrachen in einer Entfernung von je 70-80 Schritt die Mauer. Die Türme auf dem Gebirge waren 23-25m, die in der Ebene 8-9m h.

Nach 15 Min. kommt man durch ein großes einbogiges Thor; nach 20 Min. geht man um einen engen Thalriß herum, man erblickt unten das Städtchen, jenseits die Abhänge des *Dschebel Mûsâ* (S. 380), im NO. den See von Antiochien. Eine besonders schöne Aussicht hat man (15 Min.) da, wo die Mauer wieder gegen N. umbiegt, auf die große Bergpyramide des *Dschebel Bajasîd* bei *Beilân* im N. und den ganzen Lauf des Orontes. Der innern Seite der Mauer entlang in 8 Min. zu einem großen Wasserbehälter, nach der Tradition der Eingebornen einst eine Naumachie. Nach 10 Min. Ruinen einer großen Burg; dann einen steilen Abhang hinunter in c. 1/2 Stunde zum Engpaß von *Bâb el-Hadîd* (Eisenthor). Dieses Thor, eines der wichtigsten Thore der alten Stadt, liegt zwischen steilen, aber mit Buchs, Stechpalmen, Lorbeer u. a. bedeckten Höhen; es war zugleich Schleuse, durch welche man das Wasser des oben daran liegenden Thales stauen und regulieren konnte. Die Befestigungen setzen bei dem Bâb el-Hadîd über das Thal hinüber und steigen den jenseitigen Berg hinan. Unmittelbar unterhalb des Thores öffnet sich das Thal; an den Bergen Spuren von Basalt. L. oben sieht man Gräber und ein Gebäude; früher stand dort eine Kapelle des heil. Georg. Beim Ausgang des Thales sieht man r. eine Felsenhöhle, die alte *Johanneskirche*, in welcher die Lateiner noch Gottesdienst halten. Von hier wieder um den Berg herum zurück zur Stadt auf herrlichem Wege in 3/4 St. (von Bâb el-Hadîd). — Im Orontesthale ist der Lauf der Stadtmauer ebenfalls zu verfolgen. Das ö. Thor war *Bâb Bûlus*, das bei dem letzten Erdbeben stark gelitten hat; in der Nähe stand früher eine Paulskirche. Das Thor im NW. heißt *Bâb el-Dschenêne*, Gartenthor; vor demselben soll Gottfried von Bouillon bei der Belagerung sein Zelt gehabt haben. — Dem Fremden werden in Antiochien öfters seleucidische und griechische Städtemünzen, phönicisches, jüdisches, parthisches Geld angeboten.

Etwa $1\frac{1}{2}$ St. ssw. liegt **Bêt el-Mâ** (Haus des Wassers), das alte *Daphne*. Wegen der überaus reichen Vegetation ist der Ausflug dorthin anzuempfehlen, obwohl keine Altertümer mehr vorhanden sind, außer ein paar Grundmauern. Die Wasserfülle ist außerordentlich; einige Mühlen liegen jetzt dort. Das Dorf *Bêt el-Mâ* liegt an einem Bergabhange. — *Daphne* wurde mit Antiochien von Seleukos Nikator gegründet. Die Gegend wurde wegen ihres Wasserreichtums und ihrer Lorbeerhaine mit dem Tempe Thessaliens verglichen und dem Pythischen Apollo geweiht, in welchem die Seleuciden ihren eigenen Ahnherrn verehrten. Hier sollte Daphne von dem ihr nacheilenden Apollo in den Lorbeer verwandelt worden sein. Man gab Antiochien selbst nach diesem Orte den Beinamen *Epidaphne*. Neben dem Tempel des Apollo lagen hier Tempel der Diana, der Venus, der Isis etc., die mit dem größten Luxus ausgestattet waren, außerdem Prachtgebäude aller Art. Die späteren Kaiser verschönerten Daphne und stellten ihre Bildsäulen neben denen der Götter dort auf. In christlicher Zeit wurden auch Kirchen daselbst errichtet. Der Baumgarten um Daphne soll einen Umfang von 4 St. gehabt haben.

2. Von Antiochien nach Alexandrette ($8\frac{1}{4}$ St.).

Jenseits der Brücke r. (n.) dem Telegraph nach; nach 3 Min. l. alte Gräber. Nach 25 Min. Brücke über den *Nahr el-Kuwêsc*. Man läßt den Telegraph immer mehr l. liegen. Der Boden ist etwas sumpfig, aber mit Grün bedeckt; die ganze Gegend, von den Griechen *Syria Pieria* gen., hat eher griechischen als syrischen Charakter. Nach c. 1 St. ein Dorf r. an einem Hügel, nach 1 St. **See von Antiochien**; r. in der Ferne der *Dschebel Sim'ân*.

Die Größe des Sees ist nach den Jahreszeiten sehr verschieden. Der See wird erst im 9. Jahrh. genannt, man glaubt, daß er im Altertum gar nicht existiert hat. Heute heißt er *Bahr el-Abjad*, türk. *Ak Deniz* („weißer See“) und wird von dem Flusse *Karasû* (S. 391) oder *Nahr el-Aswad* (Schwarzbach), dem *Melas* der Alten, durchströmt, der sich c. 1 St. oberhalb Antiochien in den Orontes ergießt.

Nach $1\frac{1}{4}$ St. Ende der Ebene, man gelangt wieder zur Telegraphenlinie bei einem einsamen Eichbaum; l. auf dem Berge kleine Ruine. Nach 33 Min. Chân und Dörfchen *Karamurt*. Bei dem von Oleandern umsäumten Bache geht man l. L. oben (sw.) c. $\frac{1}{4}$ St. entfernt sieht man Ruinen eines mächtigen alten Schlosses, *Kal'at Bagrâs*.

Schon Strabo nennt hier ein Kastell *Pagrae*; eine sehr wichtige Rolle hat diese Burg im Mittelalter gespielt, da sie den S.-Eingang zu dem viel begangenen Amanuspaß beherrschte. Sie war lange Zeit in den Händen der Kreuzfahrer und wurde 1189 von Saladin erobert. Ihre Lage ist romantisch und man sieht sie noch lange Zeit von der Straße.

Nach 50 Min. mündet eine alte Straße von r. ein; man folgt ihr und dem Telegraph. Die Abhänge der Berge sind mit Arbutus, Myrten, Fichten u. a. bedeckt. Bergansteigend erreicht man nach 30 Min. die Höhe; schöne Aussicht. Nach 27 Min. Wachthaus, in welchem Soldaten stationiert sind, 6 Min. später mündet von r. die Aleppostraße ein. Von da in 1 St. nach *Beilân*, s. S. 395.

REGISTER.

Das nachstehende Register umfasst den ganzen Inhalt des vorliegenden Handbuchs und enthält ausser den im beschreibenden Theil desselben vorkommenden Ortsnamen eine grössere Anzahl von Personennamen und anderen Wörtern, welche sich entweder auf die Einleitung beziehen oder sonst im Text eine Erklärung finden. Alle historischen Namen sind mit *liegender* Schrift gesetzt.

el-ʿAbadîje 225.
Abana (Nahr Baradâ) 312.
ʿabâje xxx. 321.
ʿAbâra 169.
ʿAbbasiden LXXII.
ʿAbdallâh Pascha LXXVII.
ʿAbd el-Kâder 336.
ʿAbdûn 189.
ʿAbeih 299.
Abel Beth Maacha (Âbil) 265.
Âbil 265.
Abila 190.
Abila (Sûk Wâdi Baradâ) 339.
Abilene 339.
Abimelech, Pfeiler des 218.
Abklatschen von Inschriften XXXI.
Ablah 337.
Abner, Grab des 140.
Abraham, castellum (praesidium) ad sanctum 139.
— (im Islam) XCVI.
—, Eiche des 142.
—, Geburtsort des 341.
—, Grab des 141.
Absalom LXVII.
Abu ʿAli (Nahr Ḳadîscha) 350.
Abu'l-Aswad 278.
— Dis 165.
Abulfedâ 393.
Abûn 378.
Abu Ṛôsch (Ḳarjet el-ʿInab) 19.
Abu Schûsche (Ebene Jesreel) 231.
— — (am Tiberias-See) 257.
Abu ʿUbeida, Grab des 327.
Abu Zabûrâ 241.
Achor 165.
Achsib (ez-Zib) 272.
Adam (im Islam) XCV.
Adana 394.
ʿAdawîje 201.
Adbâje 291.
el-ʿAdlîje 211.
ʿAdlûn 278.
Adonis (Nahr Ibrâhîm) 361.
— Kultus des 358.
Adoraim (Dora) 154.
ʿAdrâ 363.
ʿAdschêlât (Beduinen) 206.
ʿAdschellûn 361.
ʿAdschlân 156.
ʿAdschlûn 195.
ʿAdschûr 182.
Adullam 135. 163.
Adummim 165.
ʿAdwân (Bed.) 200. 223.
Aelia Capitolina 32.
Afâmija 401.
el-ʿAfîne 206.
Afkâ 361.
Afrîn 390. 411.
ʿAfûle 213.
ʿAgêl (Stamm) 327. 362.
Agrippa I. LXX.
Ägyptische Post-Dampfer XXI.
Ahas LXVIII.
ʿAi 121.
ʿAihâ 302.
Aijê 263.
Aila (ʿAḳaba) 194.
— (Mittelsyrien) 363.
ʿAimo 153.
el-ʿAin 350.
ʿAin el-ʿAḳabe 215.
— ʿAnûb 293.
— el-ʿArûs 152.
— ʿAtân 134.
— Babûk 378.
— el-Bahal 160.
ʿAin el-Bâride 250.
— el-Bêḍâ (bei Aleppo) 396.
— — (bei Bêsân) 169.
— — (bei Dschebel Usdum) 152.
— el-Belâta 250.
— Berdâi 340.
— Berdi 269.
— Bêt Sûrik 120.
— Charêtûn 136.
— el-Chirwa'a 268.
— Defne 218.
— Dilb (bei Jâfâ) 14.
— — (bei Abu Rôsch) 19.
— ed-Dirwe 139.
— Dschâlûd 244.
— Dschammâm 147.
— Dschâra 410.
— Dschedîde 140.
— Dschêdûr 180.
— el-Dschehaijir 175.
— Dschidi 143.
— Dschurfa 208.
— Dûk 168.
— Fachûch 341.
— Fâra 120.
— Farûdsche 134.
— Fer'ûn 162.
— Feschcha 175.
— Fidsche 338.
— Frandschi 151.
— el-Frari 385.
— el-Haba 116.
— Ḥadschle 172.
— el-Ḥaijât 382.
— el-Ḥamrâ 250.
— el-Ḥanîje 117.
— el-Ḥarâmîje 216.
— Harschâ 299.
— Ḥawar 340.
— Ḥasi 179.
— Ḥemâr 191.
— el-Ḥeschîba 135.
— Jâlô 118.

Arḍ el-Cheït 230.
— el-Fedajân 210.
— el-Hammă 251.
'Are 206.
'Areījā 294.
el-Areme 189.
Areopolis (Rabba) 193.
Arethusa (er-Restân) 307.
Argob 195.
Arimathia 11.
Arindela 152.
el-'Arîsch 159.
Armenischejakobiten xc.
'Aruś 202.
Arnôn (Môgschib) 193.
'Arnûn 262. 226.
Arnutije 210.
Aroër ('Ar'âra) 153.
— ('Arâir) 195.
Aron, Grab des 153.
'Arrabône 241.
Arsûf 211.
'Artâs 131.
'Artûs 209.
el-'Asalije 210.
Ascher (Stamm) LXIII.
Aschkenaxim xciı.
el-Aschrafïje (bei Damascus) xII. 260.
— (bei 'Ain Fidsche) 338.
Asdod (Esdûd) 161.
'Askalân 161.
Askalon ('Askalân) 140.
'Asker 224.
Asklepios (Nahr el-Barûti) 279.
Asochis (Sahel el-Battôf) 232.
Asphaltsee 173.
Assassinen LXXIV. cIII.
Astarte 271.
Astharoth 200.
Atabyrion (Tabor) 200.
Ataroth Addar (Chirbet el-'Atâra) 211.
Ataroth Gad ('Attârûs) 193.
'Atêbe 336.
Atergatis 157.
'Atlît 217.
'Atlît 237.
'Atni 303.
'Aūārûs 193.
'Atûr 159.
'Audallah 217.
Aufleggräber cxxı.
Auranitis LXIII. 195.
Aussatz 107.
'Auwâlîn 217.
Aviler LXIII.
el-A'wadsch 269.
'Aweris 217.
el-'Azarîje 161.

'Asiaïje 408.
'Aṣmûl 242. 244.
Avolos (Esdûd) 161.

Ba'abdâ 284.
Ba'abdât 285.
Ba'akilp 299.
Ba'al LXVI.
— Camos 191.
— Gad 297.
— Hator 215.
— Me'ôn (Ma'în) 192.
Ba'albek 311.
Ba'aldach 312.
Banitis 211.
Ba'atzebub 157.
Bâb el-Wâd 18.
Rabbîla 211.
Bach'â 377.
Bachdache 272.
Bachschisch xxxvIII.
el-Baddsche 198.
Bäder xLI.
Bäder in Damascus 363.
Bäder, heiße (bei Tiberias) 235.
Baġdâd 363.
Baḥûra (Mönch), Haus des 291.
—, Kirche des 291.
—, Kloster des 291.
Bahlulîje 388.
Nahr el-Aḥjâd 130.
— Lût 173.
Bahrat el-'Atêbe 336.
Baïr 888.
Bajâs 304.
Bak'a 122.
Bakâfra 252. 302.
Bakûza 301.
Balaneio (Bâniâs) 385.
Bajâta 218.
Balduin I. LXXIV.
— II. LXXIV.
Balduins Stein 162.
ballût Eiche 112.
Balsamstaude 166.
el-Baldr'a 218.
Bân 353.
Bânîjâs (Balaneia) 385.
— (Paneas) 285.
Bankgräber cxxxı.
Banque Impériale Ottomane xxxIII.
el-Bâra 301.
Baradâ 312.
Barak, Grab des Richters 201. 234.
Baraunie 282.
Barê'schît 282.
Barbâra 161.
Bardscha 283.
ul-Barddni 337.

Burgvlus mons 281.
el-Bârid 152.
el-Barîba 152.
Bar Kochba LXX.
Haszus 224.
Barûk 298.
Basaltformation 221.
Basan 193.
Basavo xLIV.
Basiliken cxxıv.
Basim 110.
el-Baṣṣa 272. 278.
Batansea LXIII. 195.
el-Baṣlîn 256.
Bâṭir 298.
Baîrâṇ 357.
el-Baṭûf 240.
Bauart der Hauräudörfer 196.
Bauart in Nordsyrien 301.
Baumwolle LXIII.
Bazêr 412.
Bdinân 303.
Beduinen LXXXVII.
Beerôth 211.
Begräbnisse cv.
Behio 404.
Beibars LXXVI.
el-Beidâ 162.
Beilân 395.
Beiram, der große cı.
—, der kleine c.
Beirût 284.
el-Bejâd 131.
Bel'ame 225.
Belât 299.
Belde 336.
Beled esch-Schêch 211.
Beleramûn 410.
Belfort (Kal'at esch-Schakîf) 262.
Belljûm 403.
el-Belkâ 171.
Bellurîn 344.
Belus (Nahr Na'mên) 230.
Belvoir (Kaukab) 225.
Bemekkîn 291.
Beni Ḥamîdu (Beduinen) 193.
Benî Na'îm (Bed.) 152.
Benî Sacher (Beduinen) LXXXVIII. 112. 226.
Benjamin LXIII.
Berbâra 357.
Berdâla 160.
Berdscha 303.
Bereitân 310.
Berfilja 21.
Berna 410.
Beroea (Aleppo) 405.
Berothai (Beirût) 285.
— (Bereitân?) 310.
Berrîjet er-Ramle 17.

REGISTER.

Beth Nakkerem 135.
— Horon 21.
— Jesimoth 171.
— Nimra (in Gad) 175.
Beth Thappuah (Tuffûh) 154.
Beth Zur (Burêdsch Sûr) 129.
Bethabara 180, 171.
Bethauten 231.
Bethur (Bittir) 117.
Bethel 215.
Bethlehem 123.
Bethsaida 226, 237, 258.
Betheron (Bêtûn) 211.
Bethsames ('Ain Schems) 131.
Bethulia (Mithilje) 226.
Bêtûna 302.
Bêtîn 215.
Betogabroi (Bêt Dschibrîn) 131.
Bettler XXXVIII.
Bevölkerung, alte LXII.
—, heutige LXXXVI.
Bezed 231, 300.
Bidd 119.
Bidjân 278.
Bijâr es-Seid 273.
Bikâ' 305.
Bilâd Beschâra 361.
Bint Umm Dschebl 362.
Bir Abu Jeûs 310.
— Adas 18.
— el-Ainûnîje 198.
— ed-Bedwije 237.
— ed-Dârâdsch 231.
— Bijâh (bei 'Amwâs) 18.
— Hanna 117.
— Huseini 283.
— Kadisma 123.
— el-Kenise 237.
— el-Melh 21.
— Nebâla 21.
— Rafah 154.
— es-Sabnî 163.
— esch-Schems 178.
— es-Sebak 17.
— es-Sweid 231.
— Tire 243.

Birket Ummel-'Amûd 101.
Bischer (Bedâinen) LXXXVIII.
Bitir 117, 145.
Bkarkâsche 362.
Bkêjife 290.
Bkerki 358.
Blanca guarda 164.
Bidda 281.
Blize 381.
Bîddîn 241.
Boaz, Feld des 131.
Boferlîn (?) 410.
Boris 387.
BosuitRUM 299.
Bosrâ (Klein) 184.
Bosra 302.
Bostra, Nova Trajana 302.
Bostrenische Ära 367.
Bostrenus (Nahr el-Auwali) 283, 293.
Bot(anische)Übersicht LVI.
Botrys (Batrûn) 287.
Bottei pagus 416.
Beiadrî 1.
Bridât 300.
Brot XXV.
Braunsäure 263.
Bruttus (Nahr el-Bârid) 331.
Bscherre 354.
Bschêlje 319.
Bseddin 290.
Buchdruck (im Orient) LXXXII, 367.
Budschûk 353.
el-Buḳâ'a 179, 180.
Bukei'a 379.
Bukfelja 362.
Belaorât (Baniiâs) 236.
el-Burak 192.
Burâk 240.
el-Burdsch (bei Sebaste) 211.
— (bei Sindschil) 216.
Burdsch el-Barâdsch bâs 290.
— el-Bojâḳa 278.
— Bella 121.
— el-Bezâk 359.
— el-Chidr 279.
— el-Fâr'a 227.

el-Burêdsch (bei Bêt Nûbâ) 20.
— (bei Nebk) 397.
Burêr 158.
Burka (bei Dêr Diwân) 121.
Burka (bei Sebastîje) 228.
Burkusch 302.
Bus 215.
Bûsân 205.
Buṣêlîje 169.
Buṣêra 153.
Buwêḍa (am Lîtânî) 299.
— (bei Ribla) 379.
Büjük Karasû 301.
Byblos (Dschebeil) 285. 358.
—, Kultus von 271.
Dzummâr 370.

Caesarea (el-Kaiṣârîje) 229.
— *Philippi* (Bânijâs) 265.
Calamos (Kalamûn) 357.
Capitolias 189.
Casale de Gatin (Dschez-zîn) 297.
— *Saint Giles* (Sindschil) 210.
— *Maktara* (el-Muchtâra) 288.
— *Homelaria Templi* 272)
Casius (Dschebel el-Akra' 388.
Castellum Peregrinorum ('Atlît) 237.
Castrum Harench (Ḥarîm) 415.
— *Merghatum* (el-Merkab) 385.
Ceder LIX. 351.
Cedernberg 350.
Cederngruppe 351.
Chalchale 210.
Chalcis ('Andschar) 305.
— (Kinnesrîn) 410.
el-Chalîl 130.
Chalus (Kuweik) 406.
chalwe CIV.
Chalwet el-Bijâḍ 297.
Chalybon 311.
Chamat Epiphania (Ḥamâ) 398.
Chamsin LIII.
Châne XXVIII. XLI.
el-Chân 259.
Chân el-Abjaḍ 364.
— el-Aḥmar bei Beisân 225.
— — (Weg n. Jericho) 165.
— 'Aljâsch 379.
— 'Ain Sôfar 314.
— el-'Akaba 201.
— el-'Arûs 307.
Chân el-'Aṣâfîr 303.
— el-Bâschâ 242.
— Bûduchân 304.
— el-Burâk 279.
— Buwâr 358.
— Chêrabâg 408.
— el-Chulde 283.
— el-Churêbe 270.
— Denûn 301.
— Diarbekerli 395.
— Dimâs 306.
— Dschembûr 294. 304.
— Dschubb Jûsuf 259.
— Ḥaḍrûr 165.
— el-Ḥamrâ 273.
— Jeni Scheher 415.
— Jûnus 159.
— Karamurt 420.
— el-Kâsimîje 278.
— el-Kasis 283.
— Kurkulâg 394.
— Kûsâ 415.
— el-Leben 364.
— el-Leddschûn 229.
— el-Lubban 216.
— Lûbije 252.
— Makmal 301.
— Meitelûn 306.
— Minje 257.
— Mizhir 304.
— el-Mredschât 305.
— Mudêridsch 304.
— Muḥammed 'Alî 298.
— Murâd 305.
— en-Nâ'ime 283.
— en-Nâkûra 273.
— en-Nebi Jûnus 289.
— Ruwêsel el-Ḥamrâ 301.
— es-Sâwîje 217.
— Schêch Maḥmûd 291. 304.
— et-Tudschâr 251.
— Tumân 400. 410.
— Wezir 408.
— Zebîb 193.
— ez-Zêt 159.
el-Channî 301.
Chanzîre 154.
Charaba 202.
Charâbe 288.
el-Charâib 214.
el-Charâr 153.
Charesmier LXXV.
Charêjûn 135.
Charnûb (Distrikt) 283. 298.
Chaschm Usdum 146.
Chasfon (Chisfîn) 201.
Chasidim XCII.
Château des Pèlerins ('Atlît) 237.
Chatûra 411.
el-Chaṭwa 289.
el-Chazne 169.
Chaznet Fir'aun 150.
Chesulloth (Iksâl) 245.
Chetiter. LXII.
Chiḍr XCVII.
el-Chijâra 201.
el-Chirbe 363.
Chirbet Adschbêbât 189.
— 'Ain el-Hâscha 189.
— el-'Âl 191.
— el-'Aṭâra 211.
— Bêt Faṣûr 137.
— Bêt Ṣâwir 137.
— el-Bordsch 150.
— Brike 187. 189.
— el-Chân 103.
— Dabûk 191.
— Dakar 102.
— ed-Dêr 100.
— Dschorasch 103.
— el-Etle 109.
— el-Ḥammâm 378.
— Ḥâss 402.
— el-Jehûd 118.
— el-Kakûn 108.
— Kuneise 229.
— el-Kursi 191.
— el-Lôza 120.
— el-Melaṣṣafe 110.
— en-Naḥle 115.
— en-Naṣârâ 139.
— Nasif 385.
— Nimrîn 191.
— es-Sâfût 180.
— Ṣâr 101.
— esch-Schmêli 163.
— esch-Schuweijâ 301.
— Sîlim 262.
— Tanṭûra 238.
— Teḳû'a 135.
— et-Tîn 378.
— Umm es-Somak 191.
— Zei 180.
— ez-Zenêbe 180.
Chisfîn 201.
Chorasin (Korâze) 258.
Chorlâne 390.
Chosroes LXXI.
Christliche Konfessionen LXXXIX.
Chronolog. Übersicht LXXVIII ff.
Chrysorrhoas (Nahr Baradâ) 312.
Chrysorrhoas Grab des 177.
Chûl 259.
Churêibe 340.
el-Chusne 253.
Cigarren XXXVI. XLV.
Cigaretten XLV.
Cisterne (Libanonpost) 306.
Cisternen CXXI.

Coelesyria LXIII. LXIV. 315.
Colonia Augusta (*Sidon*) 270.
Commagene LXIV.
Conna 330.
Constantina (Ṭarṭus) 381.
Cooks Reisebureau XII.
Crocodilon 238.
Cromlech CXX. 215.
Crusia 388.
Cypresse LIX.

Dabrath (Debûrije) 243.
Dabûra 270.
Dagon 157.
Ḍahr Abu'l-Ḥîn 306.
— el-Dschuwê'id 183.
— el-Kadîb 302.
— esch-Schuweir 203.
Dâlije 231.
Dâlijet el-Karmal 231.
Damascus 307.
'Abd el-Ḳâders Grab 331.
Abu 'Ubeida, Grab des 327.
Ager Damascenus 336.
el 'Akrabâni 329.
el-'Amâra 318. 320.
Ananias, Haus des 328.
Arslân, Grab des 330.
Asad Pascha, Haus des 320.
Aussätzigenhaus 328.
el-A'wadsch 312.
Bâb el-'Amâra, 320.
— el-Farâdîs 329.
— el-Feradsch 318.
— Jaḥjâ 322.
— Kisân 327.
— en-Naṣr 318.
— es-Salâm 320.
— esch-Scherki 328.
— Sinânije 325.
— Tûmâ 329.
Bäckerläden 323.
Bäder 308.
Banque Ottomane 315.
Baradâ 312.
Basare 315.
Baumwolle 321.
Buchhändler 318.
Drechsler 323.
Ellenwaaren 318.
Goldschmiede 333.
Griechen 317.
Kupferarbeiter 310.
der lange 320.
Matratzenmacher 321.
Sattler 318. 318.
Schachtelmacher 328.

Damascus:
Basare:
Schreiner 323. 332.
Schuhmacher 319.
Seidenstoffe 319. 321.
Siebmacher 318.
Trödelsachen 316.
Tuche 319.
Wasserpfeifen 317.
Wechsler 315.
Bauwâbet Allah 326.
Begräbnisplätze 327. 329.
Bên es-Sûrên 329.
Bevölkerung 313.
Bilâl el-Ḥabeschi, Grab des 327.
Brotverkäufer 323.
Cafés 307. 329.
Chân Asad Pascha 320.
— el-Ḥarîr 319.
— der Kupferschmiede 321.
— Suleimân Pascha 321.
— et-Tutûn 319.
Christenviertel 313. 328.
Citadelle 316.
ed-Daḥdâḥ 329.
Derb el-Mostakîm 313.
Derwischîje 323.
Deutsches Konsulat 317.
Dschâmi' el-Charrâṭîn 323.
— el-Dscherâḥ 327.
— el-Kfrem 335.
— el-Jdên 325.
— Mendschek 326.
— el-Mu'allak 329.
— er-Rifâ'i 326.
— eṣ-Ṣabûnîje 325.
— es-Sandschaḳdâr 318.
— Schihâbeddîn 327.
— Sîdî Dschumân 326.
— es-Sinânîje 322.
— el-Umawî 330.
Dschebel Kasjûn (Ḳê-ṣûn) 312. 334.
Dschôbar 336.
Dschôzem 317.
Früchte 315. 321.
Fruchtmarkt 330.
Garküchen 322.
Georg, Grab des heil. 327.
Gerade Straße 313. 321. 322.
Hadîra 328.
el-Ḥamîdîje 317.
Ḥammâm ed-Derwischîje 323.

Damascus:
Ḥammâm el-Ḳischâni 319.
Hakla 321.
Johanneskirche 330.
Johannesthor 332.
Judenquartier 313. 328.
Ḳâ'at et-Tânije 325.
— el-Ûla 320.
Ḳanawât 322.
ḳeffîje 321.
Klima 312.
Konditoreien 317.
Kriminalgericht 315.
Ḳubbet et-Arba'în 335.
— en-Naṣr 335.
Lazaristen, Kloster u. Schule der 328.
Maḥallet el-Farrâîn 321.
Makbaret Bâb eṣ-Ṣaghîr 327.
Maṣṭabet Sa'deddîn 327.
Medresen 313.
Medreset Beibars 331.
— el-'Omarîye 331.
— es-Sinânîye 325.
— es-Someisâtîje 334.
— Sûk el-Ḥarîr 319.
Meidân 313. 325.
Mesdschid Sa'adeddîn 326.
Messe 325.
el-Midḥatîje 321.
Militärlazareth 334.
Militärserâi 317.
Mission 314.
Muhieddîn Ibn 'Arabi, Grab des 331.
Nahr Barbar 312.
Naeman, Haus d. Syrers 329.
Nûreddîn, Grab des 319.
Omaijadenmoschee 330.
Bâb el-Berîd 331.
— Dschêrûn 333.
— ez-Zijâde 331.
Hof 332.
Johannes d. Täufers Haupt 332.
Ḳubbet el-Chazne 332.
— en-Naufara 332.
— en-Nisr 331.
— es-Sâ'a 332.
Kuppel 331.
Mâdinet el-'Arûs 332.
— 'Isâ 332.
— el-Ḳarbîje 332.
Miḥrâb eṣ-Ṣaḥâbe 331.

Damascus:
 Omaijaden-
  moschee:
  Querschiff 332.
  Thor, altes an der
   S.-Seite 333.
  Triumphbogen 331.
 Osttbor 328.
 Parpar (el-A'wadsch)
  312.
 Pasteteubäcker 323.
 Pauli Bekehrung, Stelle
  von 327.
 — Flucht, Ort der 327.
 Pferdemarkt 315.
 Pharmacie centrale 319.
 Polizeigebäude 315.
 Postamt 315.
 Quartiere der Stadt
  313.
 Religionsgenossen-
  schaften 313.
 Saladin, Grab des 334.
 es-Sâlehije 334.
 Schammai, Haus (bei)
  328.
 esch-Scharûr 325. 327.
 esch-Scheibanije 325.
 Schulwesen 314.
 Seidenchan 319.
 Serâi 315.
 Siegelstecher 325.
 Stadtmauer 327.
 Sâfanije 329.
 Sûk 'Ali Pascha 315.
  — el-Arwâm 317.
  — el-'Asrûnije 318.
  — el-'Attârîn 322.
  — Bâb el-Berid 318.
  — el-Charrâtîn 325.
  — el-Chail 315.
  — el-Hasîr 319.
  — el-Kumêle 316.
  — el-Kutn 321.
  — el-Mankebilije 318.
  — en-Nabbâsîn 316.
  — es-Sarrâdîje 315.
  — es-Sinânîje 325.
  — es-Sûrûdschîje 316.
  — el-Tawile 320.
 Tekkije 301. 335.
 Telegraphenamt 315.
 Thomasthor 329.
 Thor mit Inschrift 333.
 Triumphbogen 331.
 Wasserleitungen 312.
 Wohnhäuser 320.
 Zuckerbäcker 321.
Damât 388.
Dampfboote XVIII.
Dan LXIII, 265.
Dânâ (bei Ma'arret en-
 No'mân) 403.

Dânâ (bei Turmânîn) 444.
Dannâbe 13.
Daphne (Bet el-Mâ) 420.
Dârâja 369.
Dârûn 152.
Dattelpalme LIX.
ed-Daura 261.
David LXVI.
Davidsbrunnen 125.
Dawâni 377.
ed-Debâr 281.
Debora, Grab der 264.
Debûrije 242.
Defne, Quelle 218.
ed-Dekâkîn 200.
Dekapolis LXIII, 151, 187.
Dekîr 240.
Delâta 253.
ed-Delhemîje 225.
Deli Tschai 390.
ed-Demûn 189.
ed-Dêr (bei Jârûn) 261.
— (in Petra) 154.
— (bei Turmânîn) 396.
Dêr el-'Abûd 200.
— el-Ahmar 349.
— 'Ali 212.
— el-Arba'în 140.
— el-Aschâir 302.
— 'Aşfûr 164.
— 'Atîje 317.
 Balaba 307.
— el-Betah 164.
— el-Benât 137.
 Benin 229, 282, 296.
— el-Butûm 162.
— el-Chidr 132.
 Dârûn 402.
— ed-Dibbân 162.
 Diwân 124.
 Dôsî 178.
 Kijûb (bei 'Amwâs) 18.
 — (in Hauran) 200.
 Eaneid 160.
 Ḥamâilah 353.
 el-Ḥatab 224.
 Ibn 'Obêd 178.
 Jâsîn 115.
 el-Kafr 294.
 el-Ḳamar 269.
 Kânûn (bei Tyrus) 277.
 — (bei Damascus) 337.
 443.
 — el-Karkafe 294.
 Mâr Dschirdschis 369.
 Mâr Juhanna 170.
 Mâr Juhannâ Hâdschle
 172.
 Mâr Mârûn 389.
 Mâr Tedrus 353.
 Mimâs 296.
 Mukarrin 338.
 el-Muşallabe 113.

Dêr Nachle 20.
— Nile 210.
— Reifûn 361.
— Sambil 401.
— Scherîf 13.
— esch-Scheraf 226.
— Senân 206.
— Sêta 404.
— es-Sik 178.
— es-Şumeid 303.
 Tarîf 10.
— et-Trûf 216.
 Zeinûn 305.
— ez-Zôr, Sandschak
 LXIV.
— ez-Zubêr 346.
Derâ'a 147.
Deramân 386.
Der'ât 192, 201.
Derb el-Ḥazawât 336.
Derdâra 205.
Derketo 107, 109.
Der'ûn 359.
Derwische ci. cii.
Derwischîje (bei Tripoli)
 359.
Deschûn 263.
Deutsch-kath. Palästina-
 verein, Kolonie 256, 258.
Deutsche Tempelkolo-
 nien 12, 116, 232.
Diadochen LXVIII.
Dibân 192.
Dibbîn 182.
Dibon (Dibân) 193.
Didi 201.
ed-Dijûra 336.
Dimischk 312.
Dimitriberg 290.
Dimre 169.
Diocaesarea (Şaffûrije)
 232.
Diospolis (el-Ludd) 10.
Doch (Castell) 108.
Dolipen cxx, 122.
dôm 167.
Dôr (Tanţûra) 238.
Dôra 134.
Dotân 228.
Dothain (Dotân) 228.
Dragoman XXII.
Drusen 197, 284, 291, 326.
— Religion der cIV.
Drusengebirge 197.
Drususthurm des Herodes
 240.
Dschadar 196.
Dschadûr Mykês, Mühlen
 von 188.
Dschahâlîn (Beduinen)
 132, 145.
Dschaïr 302.
Dschâlûd 162, 224.

Dscha'ûne 226.
Dschawar Dag 333.
Dscheba' (in Judäa) 120.
— (in Samarien) 228.
— (bei 'Aṭlit) 238.
Dschebâ'a 297.
Dschebâl 133.
Dschehbûl 402.
Dschebeil 359.
Dschebel el-Ahjad 365.
— 'Adschlûn 141, 195.
— el-Aḥmar (Akma Dag) 365.
— 'Akkâr 341.
— el-Akra' 388.
— el-Akrâd 388.
— eb-A'lâ (bei Ḥamâ) 399.
— (bei Dâna) 401.
— 'Ali 115.
— Amrije (80).
— Arba'în (bei Ḥamâ) 384.
— (bei Dâna) 411.
— el-Arba'în (bei Riḥâ) 401, 403.
— el-Arz 360.
— el-Aswâd 195, 209, 312.
— Baja'tid 110.
— Barakât 311.
— el-Bârûk 276.
— Chân 311.
— Chazredsehije 404.
— ed-Dahr 203.
— Dschell's 224.
— Dschermak 205.
— Dschifâd 178.
— Dschôbar 112.
— Eslâmije (es-Sulêmije) 220, 221.
— Fuḳû'a 214.
— el-Furêdis 130.
— Ḥârit 262.
— Ḥaurân 195.
— Ḥemâr 191.
— Ḥsaêni 275.
— Ḥusne 182.
— Kafra 302.
— el-Kaḥmûn 175.
— Karanṭal 163.
— Kagûn 212, 334.
— Keneise 304.
— el-Kibli 220.
— Libnân LI.
— Makmal 231.
— Mânî 211, 214, 312.
— Mûsâ 389.
— Muschaḳḳa 272.
— Nebâ 187.
— en-Nûr 304.
— Oscha' 193.
— Riḥâ 401.
— Risân 206.

Dschebel Ruwâḳ 361.
— Schakif 175.
— esch-Schêch 311.
— esch-Schemâli 232.
— esch-Scherḳi 143.
— Schûhân 193.
— es-Sîch 240, 248.
— sim'ân 410.
— Sitt Belḳis 315.
— et-Turfûje 193.
— et-Teldsch siehe Dschebel esch-Schêch.
— et-Tih 152.
— Tîmârûn 360.
— et-Tinije 193.
— eṭ-Ṭôr (Garizim) 220.
— (Tabor) 230.
— Usdum 146.
— ez-Zâwi 401.
— ez-Zebedâni 306, 340.
— Zebûd 200.
Dschebla 386.
Dschêla 241.
Dschedelde (bei Beirût) 291.
— (bei Dschisr el-Chardeli) 296.
Dschedide 345.
Dschedîre 21.
Dschedûr (in Judäa) 138.
Dschedûr (Landschaft) 195, 270.
Dschefat 243.
Dschajaiden 197.
Dsche'îta 361.
el-Dscheîsma 230, 241.
Dschêjûn 241.
el-Dscheleme 241.
ed-Dschelli 211.
Dschemarrin 205.
Dschemle 116.
Dschenân eṣ-Ṣûr 191.
Dschendîje 368.
Dschenîn 228.
Dschenmâni 204.
Dscherasch 181.
Dscherbâ 228.
Dscherdschû'a 297.
Dschermak 201, 205.
Dscheredd 363.
Dschezzin 277.
ed-Dschib (Gibeon) 21.
Dschifnâ 216.
Dschiḥân 341.
el-Dschija 283.
Dschildscha 415.
Dschimzû (Gimzo) 21.
Dschindares 396.
Dschiun XCIV.
el-Dschisch 201.
Dschisr el-Abjaḍ 378, 379.
— el-Aswâd 378.
— Benât Ja'ḳûb 299, 270.

Dschisr el-Chân 226.
— el-Chardeli 296.
— ed-Dâmije 224.
— el-Ḥadid 415.
— el-Ḥadschâr 361.
— el-Ḳamar 379.
— el-Makṭû' 244.
— el-Medschdel 401.
— el-Mudschâmi' 226.
— Murâd 386.
— el-Radschar 296.
— er-Ḳummâni 310.
Dschize 222.
Dschobâr 335.
Dschôlân 270.
Dschôlis 162.
ed-Dschôra 100, 161.
Dschôz (bei Nebi Samwîl) 118.
— (im Libanon) 283.
Dschubb 'Adîn 377.
Dschubb Jûsuf (Jôtân) 229.
Dschubbâta 267.
Dschudêde(bei Akkâ) 272.
el-Dschudêde (bei Dêrja) 290.
ed-Dschudêde (Libanonpost) 306, 337.
Dschudra 242.
Dschuêde 210.
Dschûn 'Akkâr 381.
Dschûne (bei Bêtrûs) 269.
— (n. v. Beirût) 362.
Dschûnije 361.
Duffei 398.
Dûmâ (im Ḥaurân) 205.
— (n. v. Damascus) 363.
Dumêr 363.
Dummar 306, 335.
Dûr 'Adâs 372.
Idris 337.
Dusṭrî 237.
Duweine 133.

Ebâl (Dschebel Eslâmije) 222, 223.
Ebene, Grosse 228.
Ecdippa (Achsib) 272.
Eder, Thurm 131.
Edlib 414.
Edomiter LXII.
Edreï (Derât) 195, 211.
Eglon (Adschlûn) 156.
Ebden 352.
Eiche, Eichenwälder LIX, 178, 187, 211.
Eiswäiden LXXV.
Einteggäber CXXI.
Eisenbahnprojekte XXII, 231.
Eiron ('Aḳir) 162.
el 211.

Elath (Akaba) 123.
Eldschi 149, 151.
Elealei(Chirbet el-'Al)184.
Eleazar, Grab des 217.
Eleazar (Rabbi), Grab des 264.
Eleutheropolis(Bêt Dschibrîn) 151.
Eleutheros (Nahr el-Kebîr) 381.
Elias (Prophet) 310.
— Fasspur des 122.
—, Wohnung des 234.
Eliasquelle 237.
Elisa, Brunnen des 168.
—, Geburtsort des 182.
—, Grab des 327.
Elon 211.
Emath Epiphania (Hamâh) 398.
Emburdi 140.
Emêsa (Hôms) 395.
Emder 139.
Emmaus 13.
Enakiter LXII.
Endor (Endôr) 244.
Endûr 216.
Enfe 367.
Enganním 223.
Engeddi (Tell Dschidî) 113.
Engel (im Islam) xcv.
Engelskapelle(Nazareth) 217.
Englische Unterdampfer xxi.
Epactus 17.
Epaenus 165.
Ephraim LXIII.
Ephraim 123.
Epidaphne(Antiokia)420.
Epiphanea (Hamâh) 398.
Epstein 388.
Erbsenacker 171.
Erbdil 411.
Erikh 105.
Erihâ (Jericho) 167.
(in Moab) 135.
Erkije 410.
Eruie LIII.
Eslibbet 141.
Eschmunazar, Sarg des Königs 294.
— 's Vater, Sieg von 293.
Eschtemoa (Semū'a) 138.
Esdrelon (Zer'în) 214.
—, Ebene 209.
Esdûd 104.
Esfije 208.
Eski Halab 440.
— Schâm 315.
Eskôi 141.
Esskarte xxxix, 362.

Esym, Feld 175, 168.
Euphratensis LXIV.
Eusebius von Cremona, Grab u. Altar 123.
Eusebium, Grab der 123.
ExplorationFundcxxvii.
Ezeongaber 132.
'Ezra 444.
et-'Eurije 333.

Faba (Fûle) 214.
Fachreddin 286.
Fahrplan der Compagnie 382.
Fahrpläne d. Dampfbootgesellschaften xvii.
Fahrpreise d.Massageries Maritimes xxi.
— des Norddeutschen Lloyd xix.
— des Oesterreichisch-Ungarischen Lloyd xx.
Fakra 361.
Fandūqo 381.
el-Fandukûmije 223.
Fantasija 167.
Fâra 162.
Fasâil 169.
Fasten xcii. c.
Fatima, Grab der 377.
Fatimiden LXXIII.
Fatîra 161.
Fauna LIX.
el-Feddân (Beduinen).
Feigenbaum, Stelle des verfluchten 161.
Fekr Jedid (Beirût) 285.
Felsengräber cxxi.
Ferdês 176.
Ferkeles 215.
el-Eldschle 353.
Fieber xxxi.
Fik 311.
Fike 243.
Filistin LXIV.
Fische LXXI. 221.
Fischung Petri, Ort der 244.
Finus Neapolis (Nâbulus) 220.
Flächenmasse xxxv.
Flora LV.
Foulepeule ('Amwâs) 13.
Forschungsreisen xxxv.
Forum (in Dschebrasch) 184.
— (in Palmyra) 402.
Frosche Horde 352.
Franken LXXXVI.
Frankenberg 138.
Frau, Stellung der xLIX, xcix.

Frauenhöhle 190.
Freidenker im Islam c.
Friedhöfe cvi.
Friedrich I. Barbarossa's Grab 251.
Füle 214.
Fum el-Mizâb 322.
Furêdis 126.
Fuwâr ed-Dir 372.

Gabala (Dschebele) 383.
el-Gabon 147.
Gabriels Brunnen 238.
Gabrielskirche 249.
Gad (Stamm) LXIV.
Gad (Prophet), Grab des 153.
Gadara (Mukês) 192. 310.
Galilâa LXIII. 202.
Gallâpfel LVII.
Galatia 256.
Garizim(Dschebel et-Tûr) 221, 222.
Gastfreundschaft II.
Gastkasse XI.
Gath 102, 104.
Goth Hopher (el-Meshhed) 202.
Gaulanitis (Dschôlân) LXIII. 196, 310.
Gaza 107.
Gazelle LXI.
Gazellenfang 304.
Gebâa (Dscheb'a) 134.
Gebaal (Dschebeil) 363.
Gebalene (Dschebâl) 152.
Gebet der Muslim. xcii.
Gudûr (Dschedûr) 174.
Geldkurse xxxiii.
— der Compagnie 303.
Genesareth, Ebene (el-Rawêr) 252.
—, See 257.
Genesareth, See (See von Tiberias) 252, 255.
Genua 1.
Geographische Übersicht L.
Geologie LIV.
Georg d. h. xcvi.
—, Grab des 14.
St. Georgsthal 378.
Gophek xxiv.
Gerasa (Dscherasch) 181.
Gergesa 245.
Geruda (Dscherâd) 402.
Gesellschaftsreisen xii.
Gesundheitspflege xxxi.
Getreide LVII.
Gewichte xxxv.
Gezer (Tell el-Duchêrîr) 17.

Gibea Benjamins 121, 211. Haleb 405. Hebräs 199.
— Gottes 121. Halbûl 135. Hebron 189.
— Sauls 121. Hamâ 395. Heerdenthurm 131.
Giberin (Bet Dschibrin) Hamâme 161. Heilân 406.
154. Hamath (Hamâ) 378, 395. Heiligenkult im Islam
Gibeon (el-Dschib) 21. Hambaliten ci. cvi.
Gibla (Dschebeil) 373. Hamîdaniden LXXIII. Hejrat cv.
Giblîter 285, 359. el-Hâmi 300. Hejalîn 401.
Gilbo'a-Gebirge (Dsche- el-Hammâd 185. el-Héjât 211.
bel Fukû'a) 241. el-Hammâm (in Bêsân) el-Helâljîe 382.
Gilead LXXII, 178. 22. Helbon (Helbûn) 311.
Gilyal 160. — (Nordsyrien) 396. Helbûn 341.
Gih 132. Hammâm Belkîs 369. Helûwa (el-Chulde) 287.
Ginno (Dschimzû) 21. — Eljûb 203. Helenacisterne (bei
Ginilarus (Dschindârês) — es-Sikuâni 242. Ramle) 15.
396. — ez-Zerkâ 192. Heliopolis (Ba'albek) 311.
Ginea 226. Hammas 372. Hemêmât 181.
Gischala (ed-Dschîsch) 261. el-Hammi 193. Hemiza (Hôam) 378.
Giuseppe, bottega di 243. Hammun 273. Hemta 180.
Gloria in excelsis 131. el-Hamra 252. henná 106.
Golan 220. Hâmûl 273. el-Henu 171.
Gophna (Dschifnâ) 216. Hanefiten ci. Heptapegon (Aïn et Tâ-
Gottfried von Bouillon el-Hannâne 238. bira) 258.
  LXXIV. Hannâwe 307. Herabaturze, Berg des
Gök Su (Kuwelk) 406. el-Hâra (im Hauran) 201. 245.
Grabhöhlen CXXI, 234. — (bei Sidon) 282. Herâke 400.
Grabkammern CXXII. Harâm (Hebron) 141. Herbîje 193.
Grabstätten CVI. — 'Alî Ibn 'Alûn 241. Hermon (Dschebel esch-
Grabtürme(vonPalmyra) — Râmet el-Chalîl 132. Schêch) 300.
  311. Harbaâna 370. —, Kleiner 225, 245.
Granatbaum LVIII. Harbânûsch 404. Herne 331.
Griechischer Einfluß in Hârestât el-Basal 303. Herodes Antipas LXIX.
  der Kunst CXXIII. el-Dschenêdîe 308. — d. Große LXIX.
Griechisch-katholische — Nedschdelâja 354. —, Grab des 136.
  Kirche XCI. — Sahen 309. Herodia } 136.
— orthodoxe Kirche XC, Hârim 415. Herodium }
Griechische Kolonien el-Härîtîje 230, 241. Husbân 180, 191.
  LXXII. Harmel 380. Hesbân (Husbân) 191.
Guido v. Lusignan LXXV. Haroseth 211. el-Hesene (Beduinen)
Gumrân 175. Harra 195.   LXXXVIII, 207.
Gusch Halab(ed-Dschîsch) Harrân el-'Awânid 338. el-Hibbârîje 283.
  261. Harûn er-Raschid LXXII. Heuschrecken LXI.
  Hasâja, Hochebene 115. Hibikke 205.
Habîb en-Nedschâr (?) Hâsbâja 269, 207. Hierapolis (el-Man-
  408. Hâschim, Grab des 158. bedsch) 405.
el-Hala 117. 159. Hieromyces (Scheri'at el-
Hadar 210. Haajâ 372, 397. Menâdire) 193.
el-Hadet (bei Beirût) 290. Hasmonäer LXIX. Hieronymus, Grab des h.
— (bei Bscherre) 300. Hasrûn 353, 360. 130.
el-Hadîde 378. Haurân 195. Hillel, Rabbi, Grab des
Hadschar Berkwil 100. Hausthiere LIX. 261.
— el-Hublâ bei Amrit Hawâr (bei Kannôbin) Hîne 209.
  382. 303. Hiobsbad 200.
— (bei Ba'albek) 341. Hawâr (in Nordsyrien) Hiobskloster 200.
Hadschît 358. 410. Hiobstein 200.
Hafar 377. Hawârîn 370. Hippos (Kal'at el-Hösn)
el-Hafire 238. Hazire 243. 256.
Haidara 233. el-Hâzmîje 290. Hirams Grab 282.
Haifâ 234. Hazor 204. Hirten, Feld und Grotte
Haina 301. Hazre 396. der 131.
Hâkim Biamrillah LXXIII. Hazûr 203. Hiskia LXVIII.
  CIV. Hebbes 362. el-Hit (im Haurân) 210.
Hâlât 329. Hebrân 336. Hît (am Euphrat) 383.

el-Hizme 121.
Hōbāl er-Rijāh 110.
Hōd el-ʿAzarīje 165.
Höhendienst LXVI.
Höhlen CXXI. 155.
Hohlmaße XXXV.
Höng 379.
—, See von 379.
Hōr 151. 151.
Horiter LXII. 153.
el-Horwāt 212.
Hosch en-Nauwar 336.
Höschel es-Sāf 319.
Hosea, Grab des 180.
el-Hössu 121.
Hosn el-Akrād 370.
— Nihā 337.
Hospize XL.
Hrēm (Beduinen) 176.
Hūlayā LXXVI.
Hūle-See 259.
Hunde LX.
Hundsfluß (Nahr el-Kelb) 291.
Hunciblr 375.
Hunin 261.
Hurdschille 211.
el-Hnselnije 337.
Huwāra 217.
Huwētāt (Beduinen) 242.
Huzhuz 338.
Hyrkan II. LXIX.

Iacob LXIX.
Iabne XII.
Iacba (Jebna) 161.
Ibrāhīm (Abraham)XXVI.
Ibrāhīm Pāscha LXXVII.
Ichmūr LXIII.
Idsender LXIII. 158.
Idschīm 223.
Ijat 211.
Ijōn (Merdsch ʿAjūn) 261.
ʿIjūn 355.
Ikāāl 229. 245.
Ikzīm 332.
Iname XCVII. CIII.
el-Indūne 210.
Inschil 250.
Inschriften XXII. LXXVI.
—am Nahr el-Kelb 291.
Insekten LXI.
Ipsolla 115.
Irbid (Im ʿAdschlūn) 195.
— beim Tiberiassee 202.
ʿIsā XCVI.
Isaak, Grab des 141.
Isau, Grab des 192.
el-Isawīje 120.
Iscariot LXVI.
—, Grab des 140.
Iskanderūne 362.
Iskenderūn 362.—

Islām, Glaubenslehre des XXIII.
Ismaeliten LXXI.
Ismaʿīliter CIII.
Israel, Reich LXVII.
Israeliten LXII.
—, Geschichte der LXVI.
Issāchar LXIII.
Itaburion (Tabor) 229.
Italienische Dampfschiffe XXI.
Ithrīa LXII. 136.

Jaʿbī 318.
Jabīs (Iabīs) 191.
Jabneel 161.
Jabok 184.
Jafrūd 371.
el-Jādschūr 211.
Jadschūz 187.
Jaeser (in Gilead) 191.
Jāfa (Joppe) 9.
— (Asphīa) 222.
Jahfūfe 310.
Jahmūr 359.
Jahreszeiten LIX.
Jahwekultus LXVI. LXVII.
Jakīr 110.
Jakob, Grab des 141.
Jakobs Söhne, Grab der 221.
Jakobiten XC.
Jakobsbrunnen 242.
Jakobus (Sohn d. Zebedaeus) Geburtsort des 229.
Jāīr (Ajalon) 91.
Jemnidne, See von 251.
Jemma (Jebna) 161.
Jemin 222.
Jenūn 232.
Jopha (Jāfā) 222.
Japho (Jāfā) 10.
Jaralīn 101.
Jarmuk (Scherīʿat el-Menādire) 181. 195.
Jārūn 304.
Jeāīr 270.
Jasīf 317.
Jata 146.
Jaṭīr 264.
Jattīr (ʿAttīr) 153.
Jāzūr 13.
St. Jean d'Acre 236.
Jebus 215.
Jebrūd 375.
Jehuda (Jahūdī) 377.
Jebus 31.
Jebusiter LXIV.
Jechājīje 19.
Jemeniten LXXI.
Jeremias, Heimat des 215.

Jerewa (Jārīā) 264.
Jericho 167.
Jerichorose 123. 167.
Jerobeam I. LXVII.
Jerobeam II. LXVII.
Jerusalem 21.
Abendmahlszimmer 68.
Abessinische Kirche 87.
Abessinisches Kloster 79.
Absalomsgrab 98.
Aeldschemije 80.
ʿAin Silwān 102.
— Sitti Marjam 101.
— Umm ed-Deredsch 101.
ʿAkabet eṣ-Ṣawān 97.
Akra 27.
Anagypsieos 83.
Annas Gerichtshof 82.
St. Anneukirche 70.
Antonia 28. 41.
antrum crucis 81.
Apostolschule 125.
Apostelkirche 88.
Armenisches Kloster 85.
Armenwohnungen d. Lateiner 78.
Aussätzigenhaus, neues 116.
Aussichtsturm 85.
Bāb (ʿAbdu'l-Hamīd 84.
— el-ʿAmūd 31.
— el-Asbāt 79.
— el-Chalīl 30.
— en-Nebī Dāūd 82.
— es-Sāhira 95.
— Sitti Marjam 79.
Bāris 27.
Basar, alter Haupt- 83.
—, neuer 84.
Bain el-Hawā 101.
Baumwollengrotte 100.
Berg des Aergernisses 101.
— dem bösen Rathes 102. 94.
Bethesda 71. 88. 80.
Bethphage 98.
Betseiā 21.
Bīr Eijūb 102.
Bzeta 27.
Birket el-Asbāṭ 92.
— Hammām el-Baṭrak 88.
— el-Hamrā 102.
— Isrāīn 71.
— Sitti Marjam 99.
— eṣ-Sulṭān 102.
Blutacker, Berg des 102.

Jerusalem:
- Blutacker-Gebäude 106.
- Brücke (Kidronthal) obere 90.
- — — untere 98.
- Burdsch Laklak 97.
- St. Caralombos 82.
- Casa Nuova 21.
- Christenstraße 82.
- Christuskirche, engl. 85.
- Citadelle 84.
- *Coenaculum* 88.
- Credokirche 96.
- Damascusthor 108.
- Davidsburg 84. 85.
- David's Grab 88.
- Davidstadt 25.
- Davidstraße 60. 83.
- Dêr Mâr Hannâ 77.
- — er-Rûm el-Kebîr 81.
- — es-Sultân 76.
- — ez-Zêtûn 87.
- Derwischkloster der Inder 81.
- Deutsch-Evang. Kapelle 79.
- Dominikaner, Besitzungen der 110.
- Drachenbrunnen 90. 101.
- Dschebel Abu Tôr 103.
- Dschebel et-Tûr 93.
- Eccehomobogen 81.
- *Eckthor* 27.
- el-Edhemîje 109.
- Engelstein 89.
- Englische Kirche 85.
- *Ephraimthor* 27.
- el-Ferdûs 105.
- Ferdûs er-Rûm 106.
- Feuerthal 104.
- *Fischthor* 27.
- *Gehenna* 104.
- Geißelungskapelle 80.
- *Gennath*-Thor (Thalthor) 27. 89.
- Gerichtspforte 82.
- Gethsemanegarten (d. Lateiner) 92.
- — (d. Griechen) 92.
- Gethsemanekloster 77.
- *Gichon*, Quelle 26. 101.
- — -Thal 104.
- Gobatschule 87.
- Goliathsburg 84.
- Gräber der Könige 110.
- — der Richter 111.
- Gräberberg 108.
- Grabeskirche 63 ff.
  - Abessinische Kapelle 65. 76.
  - Adamskapelle 74.

Jerusalem:
- Grabeskirche:
  - *Anastasis Konstantins* 63.
  - Apostelkirche 65.
  - *Balduin* I., Grab 75.
  - *Basilica Konstantins* 72.
  - Bogen, 7, der heiligen Jungfrau 71.
  - *Calvarienkirche* 63.
  - Calvarienstätte 73.
  - Dâr Ishâk Beg 70.
  - Dêr es-Sultân 76.
  - Dornenkrönung, Kapelle der 72.
  - *Dreieinigkeit, Kloster der h.* 63.
  - Engelskapelle 69.
  - Erscheinungskapelle 70.
  - Erzengel-Michaelskapelle 65.
  - Felsenspalt 74.
  - Feuer, das heil. 75.
  - Fußspuren Jesu 72.
  - Gefängnis Jesu 72.
  - Geißelungssäule 70.
  - Glockenturm 65.
  - *Golgotha* 63. 73.
  - *Gottfried von Bouillon*, Grabmal des 75.
  - Grab, das heil. 68.
  - Grabkapelle 68.
  - Grabrotunde 68.
  - Helenakapelle 72.
  - Jakobskapelle, armenische 65.
  - —, griech. 65.
  - *Joseph von Arimathia*, Grab des 70.
  - Kaiserbogen 71.
  - Katholikon 71.
  - Kleiderverteilung, Kapelle der 72.
  - Kopten, Kapelle der 70.
  - Kreuzannagelung, Kapelle der 74.
  - Kreuzeserhöhung, Kapelle der 73.
  - Kreuzfahrerkirche 71.
  - Kreuzfindungskapelle 73.
  - *Longinus*, Kapelle des h. 72.
  - Maria-Kapelle 74.
  - Maria, ägypt., Kapelle der 65.
  - — Magdalena, Kapelle der 65.

Jerusalem:
- Grabeskirche:
  - *Marienkirche* 64. 67.
  - Martyrer, 40, Kapelle der 65.
  - *Martyrion* 63.
  - *Melchisedek*, Altar des 65.
  - —, Grab des 74.
  - Mitte der Welt 71.
  - Nikodemus, Grab des 70.
  - Opferungskapelle 65.
  - Osterfeierlichkeiten 75.
  - Ostseite 75.
  - Patriarchensitz 71.
  - Sakristei, lat. 71.
  - Salbungsstein 67.
  - Schächerkreuze, Ort der 74.
  - Schmerzenskapelle 74.
  - Stabat, Altar des 74.
  - Südfaçade 65.
  - Syrer, Kapelle der 70.
  - St. Thekla-Kapelle 65.
  - Verspottung, Kapelle der 72.
  - —, Säule der 72.
  - Vorplatz 65.
- Griechisches Kloster 83.
- Habs el-Mesîh 89.
- Hakeldama-Gebäude 106.
- Hammâm esch-Schifâ 58.
- — Sitti Marjam 90.
- *Hananael* 27.
- Harâm esch-Scherîf 39 ff.
  - el-Aksâ 50.
  - *Aron*, Söhne des, Grab der 53.
  - Bâb el-Asbât 57. 70.
  - — el-'Atem 57.
  - — ed-Dâhirîje 56.
  - — Dâûd 43.
  - — el-Dschenne 43.
  - — el-Habs 42.
  - — el-Hadîd 42.
  - — Hitta 57.
  - — Hotta 57.
  - — el-Kattânîn 42. 58.
  - — el-Kible 48.
  - — el-Maghâribe 42.
  - — el-Matara 42.
  - — el-Mutawaddâ 42.
  - — en-Nâzir 42.
  - — er-Rahme 50.

Jerusalem:
Ḥarâm esch-Scherîf:
Bâb el-Ḳarb 43.
— el-Ḳawânime 42.
— es-Serâî 42.
— es-Silsele (ö. Thüre der Sachra) 48.
— — — (Eingangsthor zum Ḥarâm) 42. 49. 60.
— et-Tôbe 56.
Balâṭat el-Dschenne 48.
Barclays Thor 60.
Basilika Theotokos 54.
Bîr el-Arwâḥ 47.
— el-Waraḳa 50.
Burâḳteich 59.
Devadâr-Thor 57.
Eben schatijâ 47.
Fels, der heilige 47.
Felsendom 42.
Fußspur des Propheten 48.
Geisterkuppel 49.
St. Georgskuppel 49.
Gerichtshaus 59.
Goldenes Thor 55.
Helenaspital 58.
Himmelfahrtskuppel 49.
Hulda, Pforte der 51.
Jupitertempel Hadrians 40.
Kanzel des Ḳâḍi *Burhâneddîn* 49.
—, des *Nûreddîn* 52.
el-Kâs 50.
Kanṭal ma'arbê 60.
Kettendom 48.
Kettenthor 48.
Klagemauer der Juden 60.
Königscisterne 50.
Ḳubbet el-Arwâḥ 49.
— el-Chiḍr 49.
— el-Mi'râdsch 40.
— eṣ-Ṣachra 42.
— Schekîf eṣ-Ṣachra 67.
— es-Silsele 48.
Maria nova 54.
Marienkirche 50.
Meer 50.
Meḥkeme 59.
Meḥkemet Dâûd 48.
Mesdschid el-Aḳṣâ 41. 51.
Mogrebinerthor 61.
Moschee der 40 Zeugen 53.
'Omarmoschee 53.
Jerusalem:
Ḥarâm esch-Scherîf:
Portes precieuses 56.
Quadern am Ḥarâm 58.
Robinsons Bogen 61.
Salomonis palatium (porticus, templum) 53.
Salomos Halle 39.
— Ställe 54.
— Thron 56.
Säulenstrunk 55.
Scheref el-Anbijâ 57
Schöne Pforte 56.
Sebîl Ḳâït Bei 49.
Sommerkanzel 49.
Susan, Pforte 56.
templum domini 40.
Thor, doppeltes 54.
—, dreifaches 55.
—, einfaches 55.
— des Propheten 60.
Thore 44.
Tôdi, Thor 57.
Umfassungsmauer des Ḥarâm 55. 58 ff.
Unterbauten 53 ff.
—, Material der 58.
Weiße Moschee 53.
Wiege Davids 55.
— Jesu 51.
Wilsons Bogen 59.
Zacharias, Platz des 53.
Ḥâret el-Bizâr 83.
— Dêr er-Rûm 83.
— en-Naṣâra 82.
Haus des armen Mannes 82.
— des reichen Mannes 82.
Helenacisterne 70.
Helene von Adiabene, Grab der 111.
Helena-Spital 58.
Herodesthor 98.
Hezekia-Cisterne 90.
Himmelfahrtskapelle 93.
Hinnom Thal 103.
Hiobsbrunnen 103.
Hippicus 29.
Hiskia, Teich des 83.
Hospital, griech. 84.
— der Municipalität 87.
Hospiz der unierten Armenier 81.
—, deutsch-katholisches 88.
—, Johanniter (Preuss.) 82.
Jerusalem:
Hospiz, jüdisches (Montefiores) 106.
—, österreichisches 81.
— des russischen Palästinavereins 86.
House of industry 111.
Hulda, Grab der 94.
Ibrâhîm (Sultan), Grab des 101.
Jâfâstrasse 86.
Jâfâthor 85.
Jâfâvorstadt 85.
Jakobshöhle 101.
Jeremias, Grab des 109.
—, Grotte des 108.
Joachims Grabmal 90.
St. Johannes Eleemon 77.
Johanneskloster, griech. 83.
Johanniter-Hospiz, preussisches 82.
Josaphat, Grabhöhle des 99.
— -Thal 98.
Josephs Grab 90.
Judenquartier 84.
Jüdische Kolonien, neue 87.
Kaiphas, Haus des 89.
—, Landhaus des 103. 122.
el-Kal'a 84.
Kalba Sabua, Grab 111.
Karem eṣ-Ṣaijâd 97.
Karmeliterinnen, Kloster der 96.
Kasernen 58. 81.
Kaṣr Dschâlûd 84.
Ḳerm esch-Schêch 97.
Kidronthal 88.
Klima 36.
Königsteich 101.
Konsulat, deutsches 87.
—, engl. 86.
—, österreichisches 87.
Kopten, Kloster der 76.
Koptischer Chân 83.
Kubbet ed-Dergâh 77.
Ḳubûr el-Anbijâ 112.
— el-Kuḍât 111.
— es-Salâṭîn 110.
Labyrinth, kleines (Propheten-Gräber) 96.
Lichtberg 93.
St. Louis, Spital 80.
Mâmilla-Teich 85.
Maġâret el-Kettân 109.
St. Maria die Große 77.
Maria Latina, Kirche 77.
Maria parva, Kirche 77.

Jerusalem:
Maria, Sarg der 91.
— Bad 92.
— Grab 92.
— Sarg 91.
Mariensäule 29.
Marienkirche 88.
Marienquelle 101.
Marienstift, Kinderhospital 87.
Marienthal 94.
Markuskirche 96.
Mauerläufe, alte 29 ff.
Max, Thurm 27.
Melisende, Grabmal der 101.
Mescharif 98.
Millo, Bastei 24.
Milchor 21. 61.
Monasterium de Latina (Benediktinerkloster) 17.
Mons offensionis 101.
— oliveti 93.
— scandali 101.
Montefiores jüd. Hospiz 110.
Moria 25.
Müristan 77.
Nābulusstraße 108.
Nebi Dâûd 88.
Nikanor, Brunnen des 113.
Nekropole 104.
Neustadt 25.
Notre-Dame de Spasme 81.
Oberstadt 24.
Ölberg 82. 93.
Onophrius, Mühle des 101.
Ophel 24.
Paternosterkirche 93.
Patriarchal, lat. 84.
Patriarchenbad 87.
Patriarchenteich 52.
St. Paulskirche 86.
Pelagia, Grab der h. 94.
Peristereon 97.
Phasael 28. 35.
Pilatus, Bogen des 81.
Piscina probatica 87.
Porta judiciaria 82.
Prætorium 81.
Prophetengräber 96.
Psephinus-Thurm 27. 34.

Jerusalem:
Russische Bauten (a. d. Ölberg) 94.
— Kathedrale 86.
es-Ṣalâhîje 80.
Säulenthor 108.
Schafteich 87.
Schafthor 47.
Schlangenteich 86.
Schlummstatt 81. Peter (Batishonnes) 87.
Schule, deutsche 86.
Schweißhöhle 92.
Scopus 98.
Serâi, altes 58.
—, heutiges 58.
Sidna 'Omar Moschee 77.
Silôa 101.
— -Kanal 102.
— -Quelle 102.
— -Teich 102.
Silwân 100.
Simon des Gerechten Grab 113.
Soheleth 103.
Sonnenquelle 101.
St. Sophia, Basilika 81.
Stationen der Via dolorosa 81.
Steinbrüche, alte 109.
Stephanskirche 110.
Stephansthor 79.
Stephansthor (Dammescusthor) 108.
Stephanus, Ort der Steinigung des 90.
Storchenturm 97.
Sûḳ el-Ḳaṭṭânîn 68.
— eṣ-Ṣemâni 82.
Sultanbad 87.
Sultansteich 107.
Synagogen 84.
Talitha Kumi 87.
Tantûr Firâûn 98.
Tarîḳ el-Âḳṣâ 82.
— Bâb Sitti Marjam 80.
Teich, oberer 85.
Tempel, der erste (Salomonische) 25. 39.
—, der zweite 39.
—, der dritte (Herodes) 39.
Tempelberg 21.
Tempelkolonie, deutsche 103.
Thaddeus(?) Gemach 87.

Jerusalem:
Tophet 101.
Topographie der alten Stadt 23.
— der modernen Stadt 33.
et-Tûr 93.
Tyropoeon-Thal 24.
Veronica, Grab der h. 82.
—, Haus der 82.
Via dolorosa 81.
Viri Galilaei 47.
Wâdî et-Dschôz 111.
— Kattûn 101. 172.
— en-Nâr 101.
— er-Rabâbi 101.
— Sitti Marjam 98.
Waisenhaus, syrisches 87.
Walkerquelle 103.
Wasserthor 27.
Wasserversorgung, alte 25. 134.
Weinen Jesu, Ort des 93.
Wohnhäuser, Bauart der 84.
Xystus 29.
Zacharias, Pyramide des 101.
Zedekias Höhle 111.
ez-Zehwele 103.
Zion 24.
Zionsbergkloster, armenisches 89.
Zionskirche 88.
Zionsschwestern, Institut der 81.
— Kirche der 81.
Zionsvorstadt 87.
Zionthor 18.
Jerusalemsfreunde ("Tempel") 22.
Jeschimon 242.
Jesreel (Ebene) 224. 229.
— (Zer'în) 244.
Jesus Sain.
— (im Islam) xlvi.
Jesu, Brunnen 249.
— Taufe, Ort der 171.
Jethro, Grab des 261.
Jetma 217.
Jezid 334.
Jibleam (Bel'ame) 228.
Joachim, Wohnort des 243.

St. Johann ('Ain Kârim) 115.
Johannes Damascenus, Grab des 177.
Johannes Hyrkanus LXIX.
Johannes (d. T.) Geburtsstätte des 116.
—, Grab des 227.
— Schädel des 225.
— (des Zebedaeus Sohn), Geburtsort des 242.
Johannesgrotte 116.
Johanneskirche ('Ain Kârim) 116.
— (Sebastîje) 228.
Johanneskloster 116.
Johanneswüste 117.
Johanniter LXXIV.
Jojachin LXVIII.
Jokneam 230.
Joktaniden LXXI.
Jonas, Grab des 138. 202. 261.
Jonaspfeiler 391.
Joppe 10.
Jordan 170.
—, Badeplatz der Pilger 171.
—, Brücken über den 171. 179.
—, Furten des 171. 250.
—, Mündung des 172.
—, Quellen des 265.
—, Taufe im 171.
—, Thal 170.
Jordan, kleiner 265.
Joseph, Grab des 142. 218.
— des h. Hans 248.
— — Kapelle 248.
— — Werkstatt 248.
Joseph von Arimathia, Schloß des 118.
Jotapata 245.
Jotham LXVIII.
Juda (Ortschaft) 116. 140.
—, Reich LXVII.
—, Stamm LXIII.
el-Kabîre 272.
Kabiren, Kultus der 21
kabkâb 333.
Ḳabr el-ʿÂzar 104.
— Ḥairân 264.
— Ḥârûn 158.
— Ḥirâm 262.
— es-Sitt 211.
— es-Sulṭân 189.
el-Kabu (bei Bittîr) 16
— (bei Mukês) 199.
Kabul 274.
Kâbûn 341.
el-Kabusî 381.
kadâ LXV.
Kadas, See 379.
el-Kadem 201. 269.
Kades 254.
Ḳadîta 261.
Kadytis 107.
Kafar Nachum 258.
— *Tanchûm* 258.
Kafartoba (Kafr Tâb) 17.
Kaffee XLI.
Kaffeehäuser XLI.
el-Kafr 205.
Kafr ʿAbîta 357.
— ʿAjâ 379.
— ʿÂnâ 16.
— el-ʿAwâmîd 338.
— Bir'im 261.
— Dschenîs 16.
— Ettâ 242.
— Hamrâ 410.
— Ḥârib 201.
— Ḥatta 364.
— Ḥauwâr 260.
— Jâsîf 272.
— Kallîn 217.
— Kennâ 252.
— Kîla 404.
— Kôk 302.
— Lâm 238.
— Lâta 403.
— Menda 243.
— Murr 216.

Kapernaum 258.
Kâra 397.
Kara kapu 394.
Karâbi 155.
Karâlne 388.
Karamurt 420.
Karasû 394, 395.
Ksarâwa 169.
Karwanserais XXVIII.
Karem ('Aîn Kârim) 116.
el-Karja (Abu Gôsch) 19.
Karjatên (in Juda) 146.
— (Palmyra-Route) 344.
Karjet el - Ineb (Abu Gôsch) 19.
Karmel 232.
Karmeliter 233.
Karmelkloster 232.
Karn Hattîn 251.
— Seriabe 169.
Karne (Karnûn) 385.
el-Karnife 224.
Karnûn 385, 386.
Kaschkala 141.
Kasr el-'Abd 191.
— el-'Adhâ 376.
— 'Antar 302.
— el-Benât 415.
— Berdawil (bei 'Aîn el-Ihrâmîje) 216.
— — (bei Jabrûd) 377.
— Fir'aun 149.
— Hadschle 172.
— el-Hêr 364.
— el-Jehûd 120.
— el-Melfâf 189.
— Nebâ 337.
— Rabba 193.
Kassûba 358.
Kastal 20.
el-Kastal 397.
Katamôn 122.
el-Katanâ (bei Damascus) 259, 270.
— (in Galiläa) 270.
Kaufregeln XLIV.
Ka'ân 224.
Kawassen XXXVII.
Kebâ'a 229.
kebâb 322.
Kebâla 19.
Kedes in Galiläa 264.
Keffîje XXX, 321.
Kefretûn 400.
Keisân 220.
Kemân 370.
Kenâkir 206.
Kenath 207.
Kenchar 293.
Kenisat es-Sâmiré 221.
el-Kerak (in Moab) 193.

Kerak (Am Tiberias-See) 225.
Kerak Nûh 337.
Kerâze 256.
Kerioth (Kurêjât) 189.
Kêrîz 206.
el-Kerr 193.
Kesâb 385.
Kesrawân 292.
Kestel el-Ma'af 388.
Ketgrabba 151.
Kezbaijâ 353.
Kildúch LXXVI.
Kilja 259.
Kilkilîje 13.
Killis 361.
Kinneret, *Kinnerot* (See von Tiberias) 254.
Kinnesrîn 111.
Kir Haresel 194.
Kir Moab (el-Kerak) 193.
Kirâschalî 388.
Kiriath Arba (Hebron) 139.
Kirioth Jearim 19.
Kirîft 206.
Kirkis 153.
Kischlak 349.
Kison, Bach 230.
el-Kiawe 221.
el-Kittâb 405.
Klêb 202.
Kleiât 361.
Kleidung XXIX.
Kleile 217.
Klima von Beirût 287.
— — Damascus 312.
— — Jordanthal LIV.
— — Jerusalem 35.
— — ganz Syrien LII.
Klippdachs LX, 145.
Kloster XL.
Kobe (el-Kubâb) 18.
Kôkab 270.
— el-Hawâ 225.
Kokanaja 404.
Kôkeb (in Galiläa) 243.
— (bei Damascus) 327.
Kôm Harz 202.
Konsulate XXXVI.
Kontrakt mit dem Reise-dragoman XXII.
Koptische Jakobiten XC.
Kopfbedeckung XXX.
Korân XCVII.
Koryphaion (Dschebel Mûsâ) 395.
Kotur LXXVI.
Kôk Tschaï 394.
Krankheiten XXXI.
Kreditbriefe XXXIII.
Kresengquelle 222.
Kreuzfahrer LXXIV.

Kreutzfahrerbauten CXXVI.
Kreuzkloster 114.
Kreuzzüge LXXIV.
Krith 166.
Krokodil LXI, 230.
Krokodilfluss (Nahr ez-Zerkâ) 230.
el-Kubâb (*Kobe*) 11.
Kubâtîje 228.
Kubb el-Dschânib 141.
Kubbe XLVII.
Kubbe 357.
Kubbet el-Bani 151.
— el-Heidâwî 372.
— Dûris 337.
— Râhîl 123.
el-Kubêbe 119.
Kubûr Bani Isrâ'îm 121.
— el-Mulûk 278.
Kudêra 121.
el - Kuds 31.
Kôdschuk Karasû 391.
Kufêr 228.
Knfeir 209.
Kûfîn 139.
el-Kufr 382.
Kulêb 206.
Kulei'ât 379, 381.
Kulos (Kalônije) 21.
Kulturpflanzen LVII.
el-Kuneijise 379.
el-Kunêtra 270.
Kunstgeschichtliches CXX.
Kûra 152.
Kurascbi 388.
Kurêjât 193.
el-Kurdje 205.
el-Karmul 146.
Kurnet esch - Schaûwân 292.
Kurnub 153.
kursi XLVI, 256.
Kusâna 388.
el-Kusêfe 210.
el-Kuseir 379.
el-Kusêr 156.
el-Kubâfe 388.
el-Kuîjine 379.
el-Kôwe 300.
Kuweik 406.
el-Knwêkât 222.
Kuwêra 152.
Kûza 217.

Lachis 160.
Lâden XLIV.
Lâdikîje 386.
Lâhite 210.
Lais 265.
Landreisa, große XVII.
—, kleine XVII.

Landstraßen XXII.
Laodicaea (Lâdiḳîje) 380.
— (?) 370.
Laris (el-'Arîsch) 160.
Larisa (Ḳal'at Seldschar) 400.
Lateinische Kirche XCI.
Laṭmin 399.
Laṭrûn 18.
Laura 177.
Lazarus, Schloß des 164.
— Grab des 164.
Längenmaße XXXV.
Lea, *Grab* der 141.
Lebwe 380.
el-Leddân 265.
Ledschâ 210.
Legio 229.
lehâf XXXI.
Levantiner LXXXVI.
Levi LXIII.
Libbêja 300.
Libanon LI.
Libanonpaß 304.
Libna (Ebene Juda) 154. 162.
— (Lubban) 217.
Libo ('Ain Lebwe) 380.
Liftâ 21.
el-Lisân 173.
Litteratur ü. d. Dschôlân 250.
—: Ḥarâm esch-Scherîf 41.
—: Ḥaurân 105.
—: Jerusalem 38.
—: Palästina u. Syrien CXXVII.
— über Palmyra 368.
—: Petra 148.
—: Phönicien 272.
Liwa LXV.
Lloyd, Norddeutscher XIX.
—, Österreichischer XIX.
Lôd (el-Ludd) 10.
el-Lubban 217.
Lûbîje 252.
el-Ludd 10.
Lus (*Bethel*) 215.
Lydda (el-Ludd) 10.
Lykos (Nahr el-Kelb) 291.

Ma'amiltên 359.
Ma'ân 152.
Ma'arath 138.
Ma'arrâ (bei Damascus) 378.
— N.-Syrien 410.
Ma'arret el-Ichwân 400.
— en-No'mân 400.
el-Ma'bed 383.
Mabortha (Nâbulus) 220.
Macedonische Herrschaft LXVIII.
Machâdet el-'Adesîje 198.
— Ḥadschle 171.
Machaerus (Mukaur) 192.
el-Machna 217.
Machpela 139. 141.
Mâchûs 109.
Mâdebâ 191.
Madḥak 206.
el-Mâdschdîje 212.
Magdala (Medschdel) 257.
Magierbrunnen 122.
Magluda (Ma'lûla) 377.
Magoras (Nahr Beirût) 291.
Mahîn 377.
Maimonides, Grab des 255.
Ma'în (in Juda) 146.
Mâ'în (in Moab) 192.
Majumas 157.
Maḳâm Eijûb 200.
— Schêch Husein 214.
— — Sa'd 200.
Makbûl 153.
Makkabäer LXIX.
Makrûn 121.
Maḳṣaba 283.
Maḳîale 14.
Malekiten CI.
Malekschah LXXIV.
Mâlliḥa 118.
Ma'lûl 241.
Ma'lûla 377.
Mâmâs 234. 238.
Mamluken LXXVI.
Mamortha (Nâbulus) 220.
Mamre, Eiche von 142.
— Hain des 139.
Manasse LXIII.
el-Manbedsch 406.
Mâr Aḥmed 364.
— Antânius 353.
— Antûn Kezhaljâ 353.
— Buṭrus er-Rasûl 377.
— Dschirdschis (bei Ḳanôbîn) 353.
— — (bei Sêdnâja) 378.
— — (bei Ḳal'at el-Ḥoṣn) 390.
— Dubît 359.
— Eljân 364.
— Eljâs (bei Jerusalem) 122.
— — (bei Ṣaidâ) 262.
— Ḥannâ 156.
— Mûsâ ed-Duwâr 203.
— Rôkus 291.
— Sâbâ 170.
— Serkîs (bei Ehden) 352.
— — (bei Ma'lûla) 377.
Mâr Sim'ân (bei Antiochien) 391.
— — (bei Ḳanôbîn) 353.
— Thekla 377.
— Theodosius 178.
Ma'rabâ 311.
Ma'rabûn 311.
Marakija 385.
Maṛâret Ablûn 282.
— Abu Jâṣi 225.
— el-Hezêz 278.
— Charêṭûn 135.
— el-Maḳdûra 282.
— Râs en-Nebe' 264.
— Sandaḥanne 156.
— Schuwelîjâ 301.
— Za'ter 414.
— ez-Zêtûn 282.
Marathus (Amrît) 382.
el-Maṛâzîl 382.
Mardûsche 282.
Maresa (Merâsch) 155.
Marbaṭât 300.
Maria Magdalena, Bußkapelle der 165.
— u. Martha, Haus der 165.
—, Küche der 249.
Marienbrunnen 219.
Marnas 157.
Maroniten XCI.
Marra (Ma'arret en-No'mân) 400.
Mârscha'jâ 203.
Marseille 5.
Marûs 259.
el-Ma'şâ 135.
Masada 141.
Ma'sara 18.
el-Ma'schûk 270.
maṣjada 364.
el-Maṣna' 305.
Maße XXXV.
el-Maṭeh 400. 410.
Maṭnâ el-Ma'lûli 363.
Mathathias LXIX.
Mausoleen XLVII.
Maximianopolis 207.
Me'alle 359.
el-Mebrak 204.
Medba (Mâdebâ) 191.
meḍâfe 197.
el-Medîne 207.
el-Medje (*Modin*) 10.
Medresen XLVII.
Medschdel (bei Askalon) 161. 162.
— (am Tiberiassee) 257.
— 'Andschar 305.
— esch-Schems 268.
Medschdelûn 337.
Megiddo 229.

Meir (Rabbi)Grab des 256.
Meïrûba 301.
el-Mekr 272.
Mekse 305.
Melas (Karasû) 420.
el-Melâł 239.
Melchisedek, Grotte des 210.
Metchilen xci.
Melik el-'Adil lxxv.
Melkart 274.
el-Melûha 117.
Memnonsdenkmal 235.
Menâra 204.
Menin 341.
menzûl 197.
Ner'ajân 403.
Merâsch 196.
Merdasch 211, 307, 335.
— 'Ajûn 207.
— el-Hadr 268.
— Ibn 'Amir 220.
— el-'Id 215.
— Jafûri 207.
— el-Barak 228.
— Sufra 262.
Merdschânâ 212.
el-Merkab 385.
Merka 202.
el-Merkez (im Haurân) 200.
Merkez Karaad 304.
Maron Sea 259.
Mörön 260.
Merschine 353.
Mersina 303, 394.
Mert 176.
Mes 204.
Mesa, König von Moab, 193, 194.
Mess'adet 'Isâ 169.
el-Moschlied 252.
Mesuhûn 409.
Meskara 252.
Messageries Maritimes xx.
Messo 335.
Moslembaum 262.

Migdal-El 257.
— *Gad* (Medschdel) 16
Migron (Makrûn) 124.
mineâh xlvi.
Mijamâs 231, 238.
Mijâmije 279.
Milchgrotte (Bethleher 130.
mimbar xlvi.
Mime 132.
Mimla 299.
el-Minâ 354, 356.
Mirdasiden lxxiii.
Mirjam xlvi.
Mirâba 153.
Mischnische 293.
el-Mischraklje 391.
Misie 193.
el-Mismije 212.
Misrefot Majim 272.
Mission xcii, 36, 283.
Mitjitje 228.
Mirpa (en-Nebi Samw 119.
— (in Juda) 162.
Mkês 196.
Moabiter lxii. 193.
Modin (el-Medje) 19.
Mûdschib 199.
Moladà (Tell Milh) 11
Monate, Muslim. cxii.
Mönche, fränkische xc
Mongolen lxxv.
Monophysiten 90.
Mons fortis 278.
— *gaudii* 119.
— *pellegrinus* 354.
— *regalis* 153.
Mont Royal 153.
Montferrat, Konrad v Grab des 276.
Montfort 278.
Montreyal, Herr von lxiv.
Mopsuhestia (Messis) 391.
More 215.
Moscheen xlvi.

Nahr Antelját 291.
— el-'Arab 348.
— 'Arkâ 372, 381.
— el-'Aşfûr 357.
— el-'Aşi 378.
— el-Auwad 320.
— el-'Audschâ 12.
— el-'Auwali 283, 279.
— el-A'wadseh 211, 312.
— Barbar 269.
— el-Bârid 381.
— el-Barrût 279, 282.
— Bârûk 209.
— Beirût 201.
— Bis 346.
— el-Hurdach 283.
— Chârâbe 238.
— ed-Dâmûr 283.
— Derdâra 2'9.
— ed-Dille 230.
— Darbalûd 321.
— ol-Dachaus 357.
— el-Dscherariîje 270.
— el Fâlik 211.
— Haisarâni 279.
— el-Hâsbâni 215, 297.
— Henîâdach 259.
— el-Husein 385.
— Huseinân 385.
— Ibrâhîm 311.
— Iskanderûne 241.
— Kadiseba 351.
— el Kâsimije 278.
— el Kebir (Eleutheros) 178, 381.
— — (bei Lâdikije) 386. 388.
— el Kelb 291.
— el Kibie 382.
— Kuwêik 400.
— el-Kuwôse 120.
— el-Litâni 262, 296, 299.
— Ma'amiltên 359.
— el-Mansûra 273.
— el-Maui 291.
— el-Mefdschir 240.
— Mefschûh 272.
— el-Melek 385.
— Mudijuke 395.
— Na'mén 296.
— el-Radir 283.
— Ramke 383.
— Rûbîn 161.
— Rumaile 346.
— Rûs 364.
— eş-Salib 361.
— eş-Şefa 378.
— Sailarâni 201.
— Sonik 262.
— es-Sin 355.
— Sudher 386.
— Sukât 346.
— es-Zaherâni 296.

Nahr ez-Zerkâ (Jabbok) 170, 178, 181.
— — (bei Caesarea) 23).
Naîn 215.
en-Nâkûra 226.
Na'lja 160.
Naphtali (Stamm) LXIII.
Nargile XLI.
Nasîb 212.
en-Nâsira 246.
Nathanael, Haus des 252.
Natûr 357.
Nauarchis (Sidon) 279.
Naumachîe (in Antiochien) 419.
— (In Dscherasch) 162.
Nawâ 200.
Nazâr 262.
Nazareth (en-Nâsira) 245.
Neapolis (bei Kanawât) 209.
— (Nâhulus) 220.
Neba' el-'Asal 361.
— likale'a (Kale'a) 293.
— el-Leben 361.
— Manbûleh 243.
— Sannin 293.
Nebi Irabî 223, 211.
Neba Habîl 339.
— 'ls 310.
Jahja (in Sebastije) 227.
— (bei Saida) 282.
— Ja'kûb 170.
— Jûnus 138.
— Mezâr 241.
— Mûsâ 176.
— Oscha' 168, 180.
— Şafa 310.
— Sa'în 213, 218.
— Samwil (Berg) 119.
— — (Dorf) 118.
— Scha'îb 179.
— Sohît 310.
— Schu'aib 251.
nekk Haum 167.
Nebk 377.
Nebo 192.
Nebukadnezar LXVIII.
Nedschd 156.
Nedschhâ 211.
Nekb Wâdi Mûsâ 170.
Nemela 153.
Nephtoah (Liftâ?) 20.
Neronias (Bânijâs) 286.
Netopha 130.
Nese (Nawâ) 200.
Nezala (Karjatên) 361.
Nidjad 153.
Nihâ (bei Zahle) 337.
— (bei Ilscherre) 370.
Nikopolis ('Amwâs) 18.
— (in Cilicien) 311.
Nimrim, Wasser von 179.

Nizâm el-mulk LXXIV.
Nkeb el-Chêt 168.
Noah (im Islam) XCV.
—, Grab des 154, 337.
Nôb 21, 121, 213.
Nosairier CIII.
—, Gebirge der 381.
Nu'srân 270.
en-Nu'êmo 212.
en-Nukra 115, 203.
Nûreddîn LXXIV.

Obadja, Grab des 227, 261.
Obed Edom, Haus des 19.
Obêd's 200.
Odenathus 365.
Okeilîden LXXIII.
Omaijaden LXXII.
'Omar LXXI.
Omri LXVII.
Ono (Kafr 'Anâ) 16.
Ophra (in Benjamin) 120.
Oreb 109.
'Orûbe 145.
'Ormân 355.
Ornithopolis 278.
Orocassias 418.
Orontes (el-'Âşi) 378.
Orthosia 381.
'oschr LVII, 143.
Osmanen LXXVI.
Ostjordanland LXIII, 178.
Oikellern CXXI.
Örâk 155.
'Orâk 151.

Pagrae (Kal'alBarrâs) 120.
Palästina (Röm. Provinz) LXIII.
Palästina Salutaris LXIV.
Palästinaverein, Deutscher CXXVII.
Paldigrus 271.
Palestine Exploration Fund CXXVII.
Palmyra 365.
Paltos (Belde) 386.
Paneas 285.
Panium 286.
Papyrusstaude LVII, 250.
Parpar 201.
Parvum Gerinum (Zer'în) 211.
Paß XXXV.
Paula, Grab der 130.
Peluschtîm 157.
Pella 401.
Peninsular and Oriental Company XXI.
Pentakomias (Fandakûmije) 228.
Pentapolis der Philister 157.

... 153.
...ije 225.
..., Haus der 168.
..., Grab der 123.
... 29.
...ith 253.
... m 214.
... 403.
Benjamin (er-Râm)

dân c.
ilâh 214.
thaim Zophim (Sûbâ)

... 228.
t el-Chalîl 138.
n 226.
iha (Lâdikije) 386.
e 13.
hurm von 15.
aon 121.
ih Gilead 179.
la (Ramle) 13.
'a (Bir Rafah) 159.

Reiseapotheke xxxi.
Reisedragoman xxii.
Reisekosten xxxii.
Reiserouten xiii.
Reiseschein xxxvi.
Reisezeit xi.
Reitzeug xxiii.
Religionen lxxxix.
Remeth (Râme) 228.
er-Rêne 243.
Rephaim (Bak'a) 122.
Rephaiter lxii.
Resân 206.
er-Reschidije 277.
Resm el-Hadet 380.
Restan 397.
Rhinocolura (el-'Arîsch) 159.
Rhosus mons (Dschebel Mûsâ) 380. 393.
Ribla 370.
Ridschâl el-'Amûd 218.
Ridschm el-Anchîde 189.
— el-Hakara 146.

Sachrat Eljûb 240.
Ṣadad 370.
eṣ-Ṣafâ 153.
eṣ-Ṣafâfâ 118.
Ṣafed (Safet) 272. 260.
Saffûrije 242.
Ṣâfrije 16.
eṣ-Ṣafiṭâ 382.
es-Sâḥel 238.
Sahel el-Baṭṭôf 242.
Sahla 117.
Sahrat Dimâs 300.
Saḥwet el-Belâṭ 206.
— el-Chiḍr 205.
Saidâ 280.
Ṣakal Tutan 394.
Sâkija 16.
Sakkaia (Schakkâ) 210.
Sâkût 109.
Sâlâ 205.
Salaheddin LXXIV.
Salcha 205.
Salchad 205.
Salchun 401.
eṣ-Ṣâleḥije 334.
Sâlim 223. 224.
Salim 220.
Salomo LXVII. 25.
Salomonische Teiche 133.
es-Salṭ 179.
Salzberg 140.
Salzthal 137.
Samach 261.
Samachonitis (Ḥûle-See) 259.
Samaria (Land) LXIII. 218.
— (Sebasṭije) 226.
Samaritaner LXIII. 218.
—, Glauben der 220.
Samgar, Grab des Richters 262.
Samuel LXVI.
—, Grab des 119.
eṣ-Ṣanamên 191. 200.
Sandaḥanne 156.
sandschak LXV.
Sandschil 364.
Sannin 293. 337.
Sanoah 103.
Sânûr 228.
Ṣâr 189.
Sara, Grab der 141.
—, Quellbrunnen der 140.
Sarazenische Bauten CXXVI.
Sarafand (bei Ramle) 14.
— (bei Ṭanṭûra) 258.
Ṣarafand (*Sarepta*) 270.
Sarbâ 360.
Sarepta (Ṣarafand) 270.
Sariphäa 18.
Sâris 18.
Sarkophage CXXII. 281.
Saron, Ebene 13.
Sarona 12.
Saros (Sarûs) 394.
Sarrâjâ 340.
Sariaho 168. 169.
Ṣarûs 394.
Sa'sa' (bei Damascus) 270.
— (bei Ṣafed) 263.
Sättel XXIII.
Säugetiere LIX.
Saul LXVI.
Säulenreihen in Dscherasch 181.
— in Palmyra 370.
— in Sebasṭije 227.
Sawâfîr 162.
es-Sâwije 217.
Sbacha 357.
Shê' (Beduinen) 152.
Scala Tyriorum 273.
Scandalium (*Scandarium*) 273.
esch-Schadschara 262.
Schaf LIX.
Scha'fât 214.
Schâfe'iten CI.
Schafir 162.
Schakal LX.
Schakk el-'Adschûz 388.
Schakkâ 210.
Schakkâra 270.
esch-Schâm (Damascus) 312.
— (Syrien) LXIV.
Schammai, Rabbi, Grab des 261.
Schamûr 293.
Schanan'ir 350.
schawâbid 176.
schêch XLVII.
Schêch Abrêk 230.
— 'Aljâsch 379.
— 'Ali Bakkâ, Moschee des 130.
— Damûn 272.
— Dâûd 272.
— Iskander 230.
— Jûsuf 205.
— Kôl (?) 388.
— Madkûr 103.
— Mehassan 108.
— Sa'd 200.
— Sa'îd 409.
— Ṣâleḥ 117.
— Zuwêd 159.
Schêchu Bekr 108.
Schêchûn 309.
Schefâ 'Amr 242.
Scheilûh 370.
Schemâse 401.
Schemsîn 397.
esch-Scherâ 153.
esch-Scherâfât 122.
esch-Scheri'a 170.
Scheri'at el-Menâḍire 198.
esch-Schijâh 280.
Schiherije 273.
Schiebgräber CXXI.
Schîhân 180.
Schi'iten CIII.
Schimschâr 307.
Schlangen LXI.
Schôbek 153. 184.
Schomron 218. 226.
Schtîda (?) 403.
Schtôra 305.
esch-Schûf (Distrikt) 298.
Schuhba 209.
Schumlân 294. 299.
esch-Schûni 198.
esch-Schuṭr 388.
esch-Schuruk 202.
esch-Schuweifât 294.
Schuweijâ 301.
esch-Schuweir 292.
Schuwêke 163.
Sê' 218.
es-Seb'a 307.
Sebasṭije 224. 228.
es-Sebbe 144.
es-Sebcha 117.
sebîl XLVII.
Sebîl Abu Nebbût 13.
Sebulon (Stamm) LXIII.
—, *Ebene* von (Sahel el-Baṭṭôf) 242.
— Grab des 282.
Seburrâ 401.
Sedad (Ṣadad) 370.
Sedakîn 263.
Sêdet el-Ḥiḍr 353.
Ṣêdnâja 377.
es-Sefîne 290.
Seifeddaule LXXIII.
Seijidet el-Mantara 282.
— Mâr Nuhra 340.
Se'îr (?) 143.
sejâl 149.
Seklebîje 401.
es-Seksekîje 279.
Sekten, Muslimische CI.
Sêl ed-Derâ'a 147.
Sela (Petra) 148.
Selâfe 223.
Seldschukiden LXXIII.
Seleucia (*Pieria*) 380.
Seleucis 377.
Seligkeiten, Berg der 251.
Selim LXXVI.
Selûkîje 389.
Sôlân 210.
es-Semîrîje 272.
Semiten LXII.
Semû'a 146. 153.
Semûnîje 241.

Senir 340.
Senkgräber CXXI.
Sennabris 225.
Sephardim CXII.
Sepphoris (Saffûrije) 242.
Serâkib 401.
Serdschillâ 403.
Sermada 400.
Sermîn 400.
Sibʿil 353.
Sichem (Nâbulus) 233.
—, Eiche von 218.
Siddim 136.
Sidon 279.
Sidr 167.
Şifsâf 261.
es-Sîk 150.
Sikka 351.
Siknâni 292.
Silbit 20.
Silet ed-Dahr 228.
Sill 223.
Silo (Sêlûn) 217. (119).
Siloa-Inschrift 102.
Silpius 416. 418.
Simeon (Stamm) LXIII.
— (Luc. 2, 9), Wohnstätte des 121.
— des Aussätzigen Haus 165.
— *ben Jochai*, Rabbi, Grab des 261.
— Stylites 410.
St. Simeonshafen 380.
Simon, des Gerbers Wohnung 11.
Simron Meron 272.
Simsim 156.
Simson 157.
—, Grab des 150.
Simyros (Sumra) 381.
Sindijâne 238.
Sindschil 216.
Siniter 385.
es-Sinnabra 225.
Siph (Tell Zîf) 142.
Sippori (Saffûrije) 242.
Sirion (Dschebel esch-Schêch) 340.
Sirocco LIII.
Skin 388.
Skythopolis (Bêsân) 224.
Socho (Schuwêke) 163.
Sodom 138.
Sodomsapfel 133. 167.
Sôlem 244.
Soll 394.
Sonnenstich XXXI.
Sonnentempel in Baʿalbek 315.
—, d. grosse in Palmyra 366.
Sorek, Thal (Wâdi Şarâr) 162.
Specula alba 162.
Speisung, Ort der 258.
Springmaus LX. 361.
Stahl 136.
Stangens Reisebureau XII.
Statistik der Bevölkerung LXXXIX.
Steinbock LXI. 145.
Steinbrüche von Baʿalbek 348.
Stein der Rast 165.
St. Stephan, Kloster 107.
Steppenvegetation LVI.
Stinkstein (-Arbeiten) 125.
Stratons Thurm 239.
Styliten 410.
Sûbâ 19.
Şubbet Firʿaun 301.
Sudeid 146.
Sûf 199.
Suhb 202.
Sûk el-Chân 286.
— Chêir 161.
Wâdi Barada 339.
Sûkanije 258.
Sukkot (Sâkût) 231.
Sulêm 258.
Sûlem (*Sunem*) 244.
Sultansquelle 168.
Sumachbaum LVIII. 180. 311.
Sumêd 210.
Summârîn 238.
Sumra 381.
Sunem 244.
Sunniten CIII.
Sûr 271.
— Bâher 178.
Sûrija, Wilâjet LXIV.
Sûristân LXIV.
Susiter LXII.
Sussholz LVIII.
Suţûh Bêda 153.
Suwân 201.
Suwârat el-Kebîre 318.
— es-Ṣaghîre 210.
es-Suwêdâ 285.
Suwêdije 380.
Suweifije 180.
Suweini 202.
es-Suwêmira 210.
es-Şuwênije 193.
Suwêsi 201.
Sycaminum (Ḥaifâ) 231.
Sychar (Askar) 224.
Synagoge (in Nazareth) 248.
Synagogen, Baustil der CXXIV.
Syrer (der Name) L.
— (ethnographisch) LXXXVI.
Syria Euphratensis LXIII.
— *Pieria* 420.
— *Salutaris* LXIV.
Syrien (Grenzen u. Eintheilung) L.
—, Röm. Provinz LXIII.
Syrisch-Jakobitische Kirche XC.
Syrisch-Katholische Kirche XCI.

Taʿâmire (Beduinen) 132. 142.
Taʿannuk 229.
Tabak XLV. LVIII.
Tabaka 189.
Ţabarîje 252.
Tabitha, Haus der 13.
Tabor 250.
Tadmor 365.
Taffûḥ 154.
Ţafḥâ 210.
et-Ţafîle 153.
Tafnit 252.
et-Taijibe (bei Baʿalbek) 341.
— (bei Bêtîn) 120. 215.
— (bei Ḥamâ) 390.
— (im Ḥaurân) 202.
— (s. von Hebron) 136.
— (zw. Jâfâ u. Nâbulus) 13.
Taijân, Moschee 356.
Taijeba 263.
Ţalîje 337.
Tallûza 223.
Ţamar 365.
Tamyras (Dâmûr) 281.
Tanţûr 123.
Ţanţûra 238.
Ţarâbulus 324.
et-Tarâibe 163.
Tarbâ 206.
tarbûsch XXX.
Tarichea 257.
Tarsus 301.
Tarţûs 383.
Taubengrotten, die 200.
Taufe Jesu, Ort der 171.
Tauros (Castell) 168.
Ţawâḥîn es-Sukkar 168.
Teffûḥ (Distrikt) 283. 288.
Têille 301.
Tekweni 233.
Telʿat ed-Dam 165.
Telegrammtarif XXXVII.
Telegraphenstationen, alphabet. Verzeichnis der XXXVIII.
Telfîta 377.

et-Tell (bei 'Ain el-Harā-
mije) 210.
— (bei Menin) 311. 375.
Tell Abū 139.
— Abu 'Alāik 166.
— Abu'l-Chanzir 270.
— Abu Jūsuf 210.
— — en-Nedā 270.
— Schadschara 211.
— el-'Adschūl 159.
— 'Arād 146.
— Ardo 462.
— el-Asch'ari 200.
— 'Asūr 315.
— Bise 207.
— el-Burāk 279.
— Burnāt 104.
— Busire 385.
— el-Chidr 128.
— Churēbe 263.
— ed-Daba' 272.
— ed-Derā'a 117.
— Dūtan 238.
— Dschefāt 211.
— Dscheldschūl 109.
— Dschem'a 180.
— el-Dscheser(Gezer)17.
— Dschōchadār 201.
— Dubbe 230.
— Ehdēb 180.
— el-Faras 301.
— el-Fūl 211.
— el-Hādschūr 121.
— el-Hamīr 204.
— Hara 270.
— el-Hōsch 379.
— el-Hūsn 226.
— Hūm 258.
— Huma 169.
— Irmid 273.
— 'Izān 211.
— Ja'būd 224.
— el-Kāḍi 205.
— Kaimūn 230.
— el-Kasīs 230.
— Kisān 241.
— el-Kurdāni 213.
— el-Lādsche 156.
— Ma'dschera 224.
— el-Mansūra 105.
— el-Mastaba 224.
— Miḥ 152.
— Mindau 379.
— Mukehelz 211.
— el-Mutesellim 220.
— Nebi Eijūb 408.
— Nimrin 175. 179.
— 'Obnar 211.
— es-Sāfije 156. 162.
— Sāichad 204.
— es-Sāmerāt 166.
— Sandahanne 151.
— Seha'l 205.

Tell Schēch Hasan 225.
— esch-Schihāb 116.
— Schihān 210.
— Sedeida 151.
— es-Semek 237.
— es-Semen 200.
— Stammak 404.
— Sukāt 385.
— Zif 142.
— ez-Zīr 211.
— Tellādi 111.
— Telfaia 300.
— Tema 205.
Temnin el-Fōkā 237.
— et-Tahtā 237.
Tempel (Jerusalems-
  freunde) 12.
Templer (Ritterorden)
  LXXIV.
Tenūjet Abu'l-'Alā 363.
Teppiche, Persische 321.
Terebinthenthal 162. (116.
  139).
Terīh 118.
Terkūmije 154.
Tetrapylon, allgem.
  CXXIII.
— in Dscherasch186.186.
— in Palmyra 371. 372.
tezkere XXXVI.
Thaannach(Ta'annuk)229.
Thebes (Tūbās) 223.
Thekon 153.
Theman 205.
Theouprosopon (Rās
  Schakkā) 247.
Thimna (Tibne) 163.
Thimnatha Daux 216.
Thimnath Serach (Tibne)
  216.
Thirza 223. 226.
Thormaria (Turmus
  'Atjā) 216.
Thrax (Castell) 166.
Thūm 337.
Thyrminus 418.
Tiberias 253.
— , See von 251.
Tibne (im 'Adschlūn) 135.
— (Thimna in Juda)
  163.
— (Thimnath Serach) 216.
Tibnīn 262.
et-Tih 409.
Timur LXXVI.
et-Tīre (bei 'Akkā) 213.
— (bei Haifā) 237.
— (im Haurān) 202.
— (bei Lydda) 16.
Tisch Christi 218.
Tischteppiche 321.
Tīzīn 410.
Tokāt 386.

Tōmāt Nīḥā 297. 305.
Tophel (et-Tafilei 153.
Toron (Tibnin) 262.
Tortosa (Tartūs) 383.
Totes Meer 173.
Trachonitis LXIII. 195.
Triest 4.
Trikomias (Terkūmije)
  154.
Trilithon 312. 318.
Tripoli 354.
Troggräber CXXII.
Troglodytenwohnungen
  196.
Tscherkessen LXXVI. 181.
  270.
Tubās 224.
Tudmur 366. 368.
Tūl Karm 13.
Tulūl LII.
Tulūl eṣ-Ṣafā 336.
tumbāk XLVI.
Tūra 278.
Turān 271.
Tur'ān 262.
Türken (ethnographisch)
  LXXXVIII.
—, Herrschaft der LXXVI.
Turkomanen LXXXIX.
Turmānin 396.
Turmus 'Atjā 216.
Turra 202.
Tyrus (Burg in 'Arāk el-
  Emir) 181.
Tyrus (Sūr) 271.

Ufrenus (Afrīn) 396.
Ujūn el-'Alak 307.
Ulatha 250.
Umgangsregeln XLVIII.
Umm el-'Amūd (bei He-
  bron) 146.
— (bei Rās en-Nākūra)
  273.
— el-'Awēmid 273.
— Bārek 146.
— ed-Deba 189.
— ed-Dschemāl 203.
— Dscherār 180.
— Dschūnijo 224.
— (bei Mār Sāba) 170.
— el-Fūs (bei Masada)
  144.
— Habīb 264.
— el-Hārattēn (im Hau-
  rān) 210.
— (bei Ribla) 379.
— Lākis 150.
— Lākis 150.
— el-Mejādīn 202.
— el-Nezābil 202.
— er-Rasās 193.
— Reifer 172.

Umm Rûsch 21.
— er-Ruwâk 206.
— Sidre 117.
— ez-Zêtûn 210.
Ungeziefer xxviii. lxi.
Urde 388.
el-Urdunn lxiv.
Urin el-Dschôz 388. 404.
'Uschsch el-Ḳurâb 160.

Valania (Bânijâs) 385.
Venedig 5.
Verklärung, Stelle der 250.
Versuchung (Jesu), Kapelle der 168.
Via maris 250.
Vögel lxi.
Vokabular cx.
Vulkanische Formationen lii. lv. 268.

Wâdi Bittîr 117. 169.
— Buḳê'a (bei Ḳarn Ṣarṭabe) 169.
— — (bei Mâr Sâbâ) 17
— Buschrîch 360.
— el-Buwêride 152.
— Chabrâ 113.
— el-Chalîl 16.
— el-Charrûb 123. 124.
— Chaschâbe 266.
— Chazne 224.
— Cherabîje 176.
Cheslân 147.
— Chilâl 261.
— el-Chuḍêra 240.
— Chureibe 268.
— ed-Dahr 175.
— Dabûk 191.
ed-Dâmie 388.
— ed-Debab 205.
— Dênûn 168.

Wâdi el-Mŏars 116.
— Mudabbire 169.
— el-Mureirije 240.
— Mûsâ 149.
— el-Mujera 304.
— en-Nâr (Kidronthal) 175. 176.
— (bei 'Arâk el-Emîr) 131.
— Naschif 204.
— Nâsir 201.
— en-Nawâ'ime 168. 170.
— Nemrije 144.
— Nimra 216.
— Nimrin 179.
— Ntâra 203.
— en-Numêra 147.
— en-Nuwêdschie 169.
— el-'Orêdsche 143.
— er-Râhib 124.
— er-Ramle 17.
— Rarandel 152.
— Râs el-Bedr 206.
— Reschasch 109.
— Rubä'i 152.
— er-Rumâne 105.
— Ruschmija 234. 241.
— el-Ruwêr 175.
— Sabra 162.
— es-Sâfije 160. 162.
— Sahûr 147.
— Saidûn 181. 191.
— Salimâ 205.
— es-Samak 256.
— Samar 199.
— es-Sant 162.
— Sarâr 162.
— Sâris 19.
— Sâtâf 111.
— Schabrûr 201.
— Scha'fh 179.
— Scha'îbe 241.
— asch-Schû'ir 13.
— Schakif 170.
— Schehrûh 361.
— asch-Scheïlâle 195. 199.
— esch-Schewâil 242.
— Schilfa 263. 301.
— esch-Schûta 189.
— esch-Schomarije 241.
— Schuweïfât 233.
— Sebbe 146.
— Sederije 145.
— Sejâl 144. 145.
— es-Sekakîn 133.
— es-Sekke 233.
— Selâm 121.
— Seliha 181.
— Sêtûn 217.
— es-Semîrije 272.

Wâdi Serajib 208.
— es-Sidr 195.
— Simsim 156. 160.
— es-Sir 190.
— Sudâr 175.
— es-Sûr 163.
— es-Suwême 172.
— es-Suwênît 121. 211.
— et-Ta'âmire 175.
— et-Tafile 152.
— et-Taijibe 340.
— et-Tananije 181.
— et-Tannûr 163.
— Tanndrîn 360.
— et-Tawâhîn 204.
— et-Teïm 205. 207. 226.
— 302.
— et-Teïsch 279.
— Tûbâs 163.
— Umm Ahmed 122.
— — er-Rummân 131.
— el-Werd 117.
— Zaʿâre 266.
— Zakaska 224.
— Zêdi 201.
— Zêmir 13.
— Zenût 144.
— ez-Zuwêra 147.
Wahhabiten cii.
el-Wakkás 259.
wâli lxv.
Wallfahrt nach Mekka u. 326.
Wein xxv.
Weinbau lvii.
Weinkellern cxxi.
Weißpappel lix.
el-Weledsche 117.
weli xlvii.
Weli Abu ʿAuf 218.
— — Barakât 411.
— — Iama'în 217.
— — Nedschôm 137.
— — Schâsche 17.
— — Tôr 122.
— — Ardât 354.
— — Chêmet oḍ-Ḍchûr 228.
— — el-Chiḍr 279.
— — Imân ʿAli 13.
— — el-Maʿschûk 217.
— — en-Nebi Ôsche' 180.
— — Nebi Seidûn 282.
— — Seir 218.
— — Suijid Jahûda 265.
— — 'Otmân 380.
— — Schêch 'Abd er-Rahmân 17.
— — 'Amer 190.
— — Bedr 30.
— — Chiḍr 207.

Weli Schêch 'Otmân el-Hazûri 368.
— — Râhin 222.
— — Scha'bân 159.
— — Suleimân 17.
— — Schîhân 210.
— — Sim'ân 248.
Wiesenseen 312. 336.
wilâjet lxiv.
Wohnungen xlvii.
Wuld ʿAli (Beduinen) lxxxviii. 332.

Zaʿûre, 267.
Zacharias, Grab des 402.
—, Haus des 116.
Zachäus, Haus des 167.
Zaʿferâne 397.
Zahalte 267.
ez-Zaherâni 279.
Zahle 337.
Zaïr 305.
Zakarjâ 103.
zakkûm 167.
Zanû'a 163.
Zarʿa 379.
Zarpath (Sarafend) 279.
Zautar 202.
Zawâta 225.
ez-Zebâd 251.
ez-Zebedâni 339. 340.
Zebedäus, Heimat des 242.
Zedekîas lxviii.
Zeilân 410.
Zeitrechnung, muslimische ci.
Zeitûni 301.
Zekrûn 307.
Zekwe 309.
Zemariter 381. 385.
Zemre 385.
Zenâbija 363.
Zenqt, Emir lxxiv.
Zenobia 365.
Zeparta 364.
Zerʿin 241.
Zerkâ Mâʿin 175. 192.
ez-Zîb 272.
Zifron 307.
Zifte 294.
zinnâr 322.
Zion 24.
Zoll xxxvi.
Zôr, Sandschak lxiv.
Zoraʿ 163.
Zorea (Zorʿa) 163.
Zûk Maṣḥab 359.
— Mekâjîl 295.
— el-Harb 294.
ez-Zuwêra 147.
Zuwêret el-Fôkâ 140.

Druck von Breitkopf und Härtel in Leipzig.

www.ingramcontent.com/pod-product-compliance
Lightning Source LLC
Chambersburg PA
CBHW021225300426
44111CB00007B/432
9783741150098